최신 개정판

총회
강도사고시
문제집

총회 강도사고시 합격의 지름길

✝ 대한예수교장로회총회

격려사

교회여, 일어나라! 목회자여, 일어나라!

할렐루야! 신학의 영봉에 올라 배움과 훈련의 과정을 위해 각고의 노력을 기울여오신 여러분을 주님의 이름으로 축복합니다.

여러분은 총신대학교 신학대학원 3년의 과정 동안 치열한 학업과 사역을 감당하며 분주한 시간을 보내고 이제 강도사 고시의 큰 산을 마주하게 되었습니다. 이 과정 또한 여러분을 바울과 같이 복음전파와 교회사역에 전력투구하는 사역자로 거듭나게 할 영적 모멘텀(momentum)이 될 것입니다.

'5 Sola'의 정신으로 무장하고 강도사 고시에 성실히 임하여 합격의 은혜와 은총이 충만하기를 기원합니다.

Sola Scriptura!(오직 성경) : 목회자로 하나님 앞에 드려지고 세상에서 균형 잡힌 삶을 살기 위해 철저하게 성경을 바탕으로 한 사역을 해야 합니다. 오직 성경만이 우리 신앙과 삶의 표준이기 때문입니다.

Sola Gratia!(오직 은혜) : 목회자가 신분에 합당한 삶을 살기 위해서 계속 은혜 안에 머물러 있어야 합니다.

Sola Fide!(오직 믿음) : 목회자는 성도들에게 믿음을 강조하여 거룩한 삶으로 이어지게 해야 합니다. 행함이 없는 믿음은 죽은 믿음이기 때문입니다.

Solus Christus!(오직 그리스도) : 그리스도 중심의 사역은 성도의 영적 건강을 보장하고 교회의 본질을 회복시킬 것입니다.

Soli Deo Gloria!(오직 하나님께 영광) : 하나님께만 영광을 올려드리는 목회자는 늘 자원하는 심령으로 사역하고 예배를 일으키며 교회를 세우는 하나님의 마음에 합한 사람입니다.

하나님께서 여러분을 향한 마스터플랜(master plan)을 세우셨음을 항상 기억하며 말씀의 종, 기도의 종, 순종의 종으로 강도사 고시의 순간과 그 이후에도 유종의 미의 열매를 주님 앞에 올려드리는 여러분이 되시기를 축복합니다! Soli Deo Gloria!

2024년 2월

총회장

발 간 사

『총회 강도사고시 문제집』을 수정 보완하여 발간하도록 인도하신 하나님께 감사와 영광을 돌립니다. 어려운 여건과 상황 속에서도 적극적으로 협력해 주신 고시부와 관련 임원들, 이 일의 진행을 위해 실무로 수고하신 총회 직원들에게도 감사를 드립니다. 또한 그동안 여러 번에 걸쳐 기초를 다져 놓고, 필요 회기 때 개정과 증보판이 만들어질 수 있도록 앞서서 수고하신 교수님들과 목사님들에게도 감사를 드립니다.

이번 『총회 강도사고시 문제집』은 반복적인 출제 문제, 역사신학에서 연도가 맞지 않아 혼란을 가중할 수 있는 문제, 우리 개혁주의 신앙과 전혀 관계는 없으나 혼란을 가져올 만한 표기 등 우려할 만한 내용을 찾아내어 수정하였고, 조직신학에서 이론 설명이 충분하지 않았던 부분에 보충설명을 넣었습니다. 또한 기출문제에서 이해되지 않는 부분을 보완하고, 성경 구절을 정리하였으며, 답안을 아래로 넣어 반복적 학습에 용이하도록 수정 개편하였습니다.

특히 예전에 없었던 헌법 12신조 등을 수록하였으며, 주님의 지상명령을 수행할 다음 세대를 위한 사역자들이 세계적인 장자교단으로서 본 교단 역사의 뿌리를 이해하고 흐름을 정리할 수 있도록 개혁주의 신학의 틀에서 역사신학·조직신학 교수님을 통해 수정할 부분을 꼼꼼히 찾아 보완하였습니다. 그리고 그 수정된 부분을 우리 교단 산하 신학대학교 대학원 교수님들을 통해 감수하여 이질성에서 벗어나지 않도록 공감하는 데 최선을 다했습니다.

본 총회 강도사고시 문제집은 내용 면에서 이전과 전혀 다른 책은 아니며 큰 틀에서 동일하게 4부로 구성하였습니다. 설명과 문제, 최근 고시의 기출문제 등은 그대로 수록하였습니다.

모쪼록 금번에 새롭게 발간된 책이 고시를 준비하는 수험생들에게 많은 도움이 되길 바라며 유익한 참고 자료로 활용될 수 있기를 기원합니다.

출간을 위하여 어려운 가운데서도 협력해주신 출판국장님께 다시 한 번 감사를 드리고 자율적으로 헌신하신 교수님들과 고시부 임원들 한 분 한 분에게도 감사의 마음을 전합니다. 하나님의 은총이 함께하길 기원합니다.

2024년 2월
고시부장 나기철 목사

총회 강도사고시 문제집

■ 목차

격려사

발간사

제1부 조직신학

- I. 신학서론 ········· 10
- II. 신론 ········· 28
- III. 인간론 ········· 44
- IV. 기독론 ········· 57
- V. 구원론 ········· 94
- VI. 교회론 ········· 114
- VII. 종말론 ········· 129
- VIII. 실전문제 ········· 150
  - 1. 신학서론 ········· 150
  - 2. 신론 ········· 164
  - 3. 인간론 ········· 180
  - 4. 기독론 ········· 189
  - 5. 구원론 ········· 203
  - 6. 교회론 ········· 213
  - 7. 종말론 ········· 225

제2부 교회사

- I. 초대교회사 ········· 234
  - 1. 초대교회의 배경과 박해 ········· 234
  - 2. 초기 기독교 신학: 속사도교부와 변증가들 ········· 236
  - 3. 콘스탄티누스 이후의 기독교 ········· 239
  - 4. 기독교 신학의 발전: 삼위일체론 정립 ········· 242
  - 5. 기독론 정립 ········· 246

　6. 어거스틴의 신학 ··· 251
　7. 교회의 제도화와 새로운 대응 ··· 254

Ⅱ. 중세교회사 ··· 258
　1. 중세의 시작과 이교도 선교 ··· 258
　2. 카롤링거 시대 서방 기독교와 동방 비잔틴 기독교 ··················· 260
　3. 교황권 강화와 수도원의 개혁운동 ·· 263
　4. 이슬람 세력의 확장과 십자군 운동 ·· 265
　5. 중세 스콜라신학 ··· 268
　6. 중세 탁발수도회 운동과 교황권의 전성기 ································ 272
　7. 중세 후기 교회의 혼란과 변화의 시도 ····································· 274

Ⅲ. 종교개혁사 ··· 282
　1. 인문주의와 루터 ··· 282
　2. 초기 개혁파 종교개혁: 츠빙글리와 부써 ·································· 285
　3. 급진종교개혁 ·· 290
　4. 칼빈과 개혁파 종교개혁의 확산 ··· 293
　5. 잉글랜드와 스코틀랜드의 종교개혁 ·· 297
　6. 로마 가톨릭의 대응과 루터파 종교개혁의 전개 ······················· 302
　7. 개혁파 종교개혁의 전개 ·· 306

Ⅳ. 근현대교회사 ··· 310
　1. 17세기 종교전쟁과 청교도 운동 ·· 310
　2. 웨스트민스터 회의와 표준문서 ··· 314
　3. 개신교 정통주의와 도르트 회의 ·· 319
　4. 프랑스의 절대왕정과 합리주의 시대 ·· 322
　5. 근대 신비주의와 경건주의 운동 ··· 327
　6. 신대륙과 근대 유럽의 기독교 ··· 331
　7. 미국의 기독교와 19세기 이후 기독교의 세계화 ······················· 334

Ⅴ. 한국교회사 ··· 342
　1. 한국개신교 전래 준비 ·· 342
　2. 선교사들의 입국과 복음의 수용 ··· 343

Contents

   3. 선교사들의 활동과 한국교회의 발전 ·· 343
   4. 초기 한국교회의 부흥운동 ··· 344
   5. 한국교회 신학교의 설립과 총회의 조직 ····································· 345
   6. 일제강점기 한국교회 ··· 345
   7. 신학적 도전과 해방 이후의 한국교회 ··· 347

Ⅵ. 실전문제 ·· **349**
   1. 초대교회사 ··· 349
   2. 중세교회사 ··· 387
   3. 종교개혁사 ··· 412
   4. 근현대교회사 ··· 432
   5. 한국교회사 ··· 465
   6. 주제별 시대 종합 문제 ··· 488
   7. 기출문제 ··· 503

제3부 헌법(정치)

Ⅰ. 헌법(정치) 전문 ··· **539**
   *총론 ··· 539
   제1장 원리 ·· 540
   제2장 교회 ·· 541
   제3장 교회 직원 ·· 542
   제4장 목사 ·· 543
   제5장 치리 장로 ·· 545
   제6장 집사 ·· 546
   제7장 교회 예배 의식 ··· 547
   제8장 교회 정치와 치리회 ··· 547
   제9장 당회 ·· 548
   제10장 노회 ·· 550
   제11장 대회 ·· 552
   제12장 총회 ·· 553
   제13장 장로 집사 선거 및 임직 ·· 555
   제14장 목사 후보생과 강도사 ·· 556

총회 강도사고시 문제집

제15장 목사 선교사 선거 및 임직 ········· 557
제16장 목사 전임 ········· 560
제17장 목사 사면 및 사직 ········· 561
제18장 선교사 ········· 561
제19장 회장과 서기 ········· 562
제20장 교회 소속 각 회의 권리 및 책임 ········· 563
제21장 의회 ········· 563
제22장 총회 총대 ········· 565
제23장 헌법 개정 ········· 565

Ⅱ. 신조 ········· 566

Ⅲ. 대한예수교장로회 표준 회의 규정 ········· 569

Ⅳ. 실전문제 ········· 581

제4부 부록

Ⅰ. 이렇게 준비하라 ········· 762
  1. 주해 이렇게 준비하라(목사와 설교) / 김근수 목사(칼빈대학교 총장) ········· 762
  2. 설교 이렇게 준비하라(설교 작성 준비) / 문병호 교수(총신대학교 신학대학원) ········· 767
  3. 논문 이렇게 준비하라(논문 작성 준비) / 황건영 교수(칼빈대학교 부총장) ········· 771

Ⅱ. 기출문제 ········· 774
  1. 2021년 ········· 774
  2. 2022년 ········· 799
  3. 2023년 ········· 823

제1부
교의신학
(조직신학)

Ⅰ. 신학서론 [1-50]
Ⅱ. 신론 [51-69]
Ⅲ. 인간론 [70-86]
Ⅳ. 기독론 [87-131]
Ⅴ. 구원론 [132-144]
Ⅵ. 교회론 [145-162]
Ⅶ. 종말론 [163-172]

I. 신학서론
[1-50]

1. 신학
2. 교의신학(조직신학)의 필요성
3. 교의신학(조직신학)의 임무
4. 교의신학(조직신학)의 분류
5. 하나님의 자기 계시
6. 계시 의존 신학
7. 계시의 내용
8. 신앙수위론
9. 거듭난 이성(중생 이성)
10. 참 신학
11. 신학이 자리하는 교회의 당위성
12. 신학의 방법
13. 신학 혹은 계시의 원리
14. 그릇된 신학 방식
15. 신학의 목적
16. 종교의 본질
17. 기독교와 이방 종교의 차이점
18. 교리
19. 교리의 기원
20. 기독교 신학의 3대 교리
21. 개혁신학의 5대 '오직'
22. 개혁신학의 특성
23. 계시의 삼위일체론적 특성
24. 일반계시와 특별계시
25. 일반계시
26. 일반계시의 한계
27. 특별계시(말씀 계시, 구원 계시)
28. 특별계시의 필요성
29. 특별계시의 내용
30. 특별계시의 방법
31. 구속계시의 특성
32. 계시의 정점
33. 성경
34. 성경에 대한 성경의 증언
35. 성경의 저자
36. 성경의 영감
37. 영감의 양상
38. 성경 영감에 관한 이론
39. 성경의 무오
40. 성경에 대한 세 가지 비유(칼빈)
41. 정경
42. 외경
43. 성경의 신적 권위
44. 성경의 충분성
45. 성경의 명료성
46. 성경 자해석의 원칙
47. 율법
48. 율법의 세 가지 용법(칼빈)
49. 복음
50. 성경 해석의 원리

1. 신학

헬라어 'Θεδλογία'(테오-로기아)의 라틴어 번역인 *theologia*에서 유래한 '신학'(theology)은 어원적으로 '하나님에 대한 강설 혹은 교설'을 뜻한다. 신학이란 "성경 진리를 확정하고 해석하며 변호하는 학문"(A. A. Hodge) 또는 "(좁은 의미에서) 하나님에 관한 그리고 (넓은 의미에서) 하나님과 피조물 사이의 관계에 관한 학문"(H. C. Thiessen)이라고 정의할 수 있다. 특히 조직신학은 성경 계시로부터 도출한 모든 신학적 주제를 통합하고 체계화하는 분야이다. 이는 주로 세 가지 방면으로 전개된다.

1) 교의: 보편교회가 성경에 복속하면서 공적으로 결정하여 공식화한 교리. 기독교 전체의 일치된 고백이자 핵심 교리(예. 삼위일체 교리, 그리스도의 양성 교리)
2) 교리: 성경이 가르치는 신앙의 내용에 대한 체계적인 진술(예. 유아세례, 종말론)
3) 신조(신경): 교회가 예배나 성례에서 공적으로 사용하기 위해 신앙의 핵심이라 여겨지는 것들을 고백의 양식으로 작성한 신앙적 진술

2. 교의신학(조직신학)의 필요성

1) 역사적 필요: 교리사적 정통에 부합하는 성경 해석을 위함
2) 전도적 필요: 성경 진리를 땅끝까지 전함
3) 교회적 필요: 교회에서 말씀을 가르치고 선포(설교)함
4) 인성적 요구: 인간의 생명 구원과 거룩한 삶을 위한 진리를 구축

3. 교의신학(조직신학)의 임무

1) 교리 수립의 임무
2) 교육적 임무
3) 전도적 임무
4) 변증적 임무

4. 교의신학(조직신학)의 분류

서론, 신론, 인간론, 기독론, 구원론, 교회론, 종말론

5. 하나님의 자기 계시

라틴어 'revelatio'(드러냄)에서 유래한 계시(啓示, revelation)는 "하나님이 신적 진리를 알려주고 전달해 주시는 의식적이고 자발적이며 의도적인 행위"(벌코프) 혹은 "하나님 자신이 그의 본성과 생각과 행동과 목적을 계시하고 증언하시는 것"을 의미한다. 계시에 해당하는 구약 히브리어는 גלה(갈라, 벗어진다)이며, 신약 헬라어는 ἀποκαλυψις(아포칼립시스, 베일을 벗기다) 또는 φανέρωσις(파네로시스, 꺼내 보여준다)이다.

계시 개념은 (a) 능동적으로 자신과 자신의 진리를 전해주시는 인격적인 하나님이 계시다, (b) 신적 계시가 없다면 인지할 수 없는 진리들이 있다, (c) 계시의 대상이자 계시를 수납할 수 있는 이성적 존재가 있다는 것을 전제로 한다.

6. 계시 의존 신학

기독교인의 믿음은 하나님에 의해서 계시된 말씀에 대한 믿음의 반응이다. 하나님 편에서의 선재적 계시 행위가 없다면, 믿음은 어떠한 근거나 대상도 가질 수 없다. 신학은 계시에 의존하는 학문이므로 계시를 넘어서서 신학을 할 수 없다. 하나님이 자신을 드러내시고 알리시는 한도 내에서 '신학을 함'(doing theology)이 가능하다.

7. 계시의 내용

계시의 내용은 하나님의 존재(영광, 권능)와 사역(창조, 섭리, 구원)과 경륜(언약, 하나님 나라)을 포함한다. 다시 말해서, '삼위일체 하나님의 어떠하심(being)'과 '삼위일체 하나님의 행하심(doing)'이 계시의 내용이다. 신학의 대상으로서 계시의 내용을 칼빈은 '하나님을 아는 지식'과 '우리 자신을 아는 지식'으로 구분했다.

8. 신앙수위론

성경의 계시를 믿음으로 수납함이 신학의 올바른 방법이다. 철학자들은 신앙에 대한 이성의 우위성을 전제하는 이성수위론(理性首位論)을 주장하나, 타락한 인간의 이성은 전적으로 부패해서 성령의 감동이 없이는 성경을 하나님의 말씀으로 받아들일 수 없다.

기독교 신앙의 진리(지식)는 인간 이성의 범위를 넘어가는 실재들에 대한 지식이기에 우리의 이해는 끊임없이 믿음으로 돌아와야 하고, 우리의 믿음은 끊임없이 더 깊은 이해를 통해 자라나야 한다. 이성에 대한 신앙의 우위를 주장하는 신앙수위론(信仰首位論)은 아우구스티누스부터 안셀무스를 거쳐 마르틴 루터와 존 칼빈, 아브라함 카이퍼와 헤르만 바빙크, 찰스 핫지와 박형룡까지 정통 기독교의 입장이었다. 신앙수위론의 근거는 다음과 같다.

1) 그리스도 안에 있는 하나님을 아는 빛을 우리에게 비춤(고후 4:6)[1]
2) 자연인의 이성으로는 하나님을 알 수 없음(고전 1:20-21)[2]
3) 신령한 일은 신령한 것으로 분별(고전 2:13-14)[3]
4) 믿음으로만 하나님이 창조주이심을 알 수 있음(히 11:3)[4]
5) 거듭난 사람만이 하나님을 볼 수 있음(요 3:3)[5]

---

1) [고후 4:6] 어두운 데에 빛이 비치라 말씀하셨던 그 하나님께서 예수 그리스도의 얼굴에 있는 하나님의 영광을 아는 빛을 우리 마음에 비추셨느니라
2) [고전 1:20-21] ²⁰지혜 있는 자가 어디 있느냐 선비가 어디 있느냐 이 세대에 변론가가 어디 있느냐 하나님께서 이 세상의 지혜를 미련하게 하신 것이 아니냐 ²¹하나님의 지혜에 있어서는 이 세상이 자기 지혜로 하나님을 알지 못하므로 하나님께서 전도의 미련한 것으로 믿는 자들을 구원하시기를 기뻐하셨도다
3) [고전 2:13-14] ¹³우리가 이것을 말하거니와 사람의 지혜가 가르친 말로 아니하고 오직 성령께서 가르치신 것으로 하니 영적인 일은 영적인 것으로 분별하느니라 ¹⁴육에 속한 사람은 하나님의 성령의 일들을 받지 아니하나니 이는 그것들이 그에게는 어리석게 보임이요, 또 그는 그것들을 알 수도 없나니 그러한 일은 영적으로 분별되기 때문이라
4) [히 11:3] 믿음으로 모든 세계가 하나님의 말씀으로 지어진 줄을 우리가 아나니 보이는 것은 나타난 것으로 말미암아 된 것이 아니니라
5) [요 3:3] 예수께서 대답하여 이르시되 진실로 진실로 네게 이르노니 사람이 거듭나지 아니하면 하나님의 나라를 볼 수 없느니라

9. 거듭난 이성(중생 이성)

믿음으로 수납한 계시를 논리적으로 이해하고 판단하며 종합적·체계적으로 서술하고 가르치며 선포하는 데 거듭난 이성이 작용한다.

10. 참 신학

'참 신학'은 위로부터 아래로 주어지는 계시의 말씀을 믿음으로 수납하는 신학, 즉 하강 신학, 계시 신학, 믿음 신학, 말씀 신학(로고스의 신학)이다.

11. 신학이 자리하는 교회의 당위성

신학은 교회의 신앙과 교리를 추구하는 학문이다. 신학이 자리하는 교회의 당위성은 다음에 있다.
1) 고백하는 교회: 믿음의 공동체로서 교회는 교리를 신앙고백의 형식으로 표현한다.
2) 가르치는 교회: 교회는 진리를 변증할 뿐만 아니라 교훈하는 교리의 체계가 필요하다.
3) 선포하는 교회: 교회는 말씀의 설교와 전도를 통해 구령의 직무를 감당하고 그리스도의 몸 된 교회를 확장해 간다.

12. 신학의 방법

1) 사색적 방법(Speculative Method)
   (1) 이신론적·합리주의적 방식(Deistic and Rationalistic Form): 이신론(理神論, Deism)은 하나님의 초월성을 부인하고 하나님을 자연법칙이나 인간 사상에 종속시킨다. 합리주의(Rationalism)는 이신론의 기초 위에 세워진다. 이는 성경의 특별계시를 철학적 혹은 도덕적 이유로 거부하며, 하나님을 내적 세계의 존재로만 이해한다.
   (2) 교리적·합리주의적 방식(Dogmatic and Rationalistic Form): 성경의 계시를 믿는다고 하면서도 그것을 철학에 제한시키는 방법론이다. 이는 성경적 믿음을 현자들의 지식으로 풀어내고자 한 중세 스콜라 신학자들에 의해서 추구되었다.
   (3) 독단주의(Dogmatism) 혹은 초월주의(Transcendentalism): 모든 진리를 인간 사고의 산물이라고 여기고 이성에 기반하지 않은 어떤 계시도 인정하지 않는 철학적 방법론으로서, 삼위일체, 성육신, 구원, 종말, 심판 등의 개념을 성경에 무관하게 자의적으로 혹은 직관적으로 해석한다. 유니테리언주의가 대표적이다.
2) 신비적 방법(Mystic Method): 하나님이 직접 사람 영혼의 지성과 교통하며 감정과 직관을 통하여 진리를 깨닫게 한다고 보며, 성경 계시가 객관적·절대적 진리임을 믿지 않고, 정통적 교리 체계를 부인한다.
3) 귀납적 방법(Inductive Method): 신학의 직무를 성경의 사실들(Biblical facts)로부터 진리의 체계를 세우는 데서 찾고, 성경의 모든 진리는 자명한 것으로서 서로 모순되지 않으며 우리 본성의 구조와 경험을 통해서 인식되고 확증된다고 여긴다.
4) 종합적-발생적 방법(Synthetic-Genetic Method): 신학의 원리에 부합하게 성경 말씀 전체를 교리 조목별로 믿음으로 수납하는 방식으로서, 서론(계시론, 성경론)-신론-인간론-기독론-구원론-교회론-종말론의 편별을 제시한다. 귀납적 방법은 종합적-발생적 방법과 함께

추구될 때 성경적 신학 방식으로서 유익함이 있다.

13. 신학 혹은 계시의 원리
성경에 기록된 하나님의 말씀을 믿음으로 받아들임(수납)
  1) 존재의 원리(*principium essendi*, principle of being)
   : 하나님의 자기 계시로서 하나님이 신학의 근원이 되시며, 계시가 절대적·객관적 진리로서 주어짐
  2) 외적 인식의 원리(*principium cognoscendi externum*, external principle of knowing)
   : 하나님의 말씀에 대한 영감된 기록인 성경
  3) 내적 인식의 원리(*principium cognoscendi internum*, internal principle of knowing)
   : 하나님의 말씀을 성령의 조명과 감화로 받아들이는 믿음

14. 그릇된 신학 방식
신학은 수학적 이성이나(데카르트 René Descartes), 경험이나(로크 John Locke), 비판적 이성이나(칸트 Immanuel Kant), 경험적 회의나(흄 David Hume), 근원적이고 보편적인 인간의 절대 의존 감정이나(슐라이어마허 Friedrich E. D. Schleiermacher), 실천적이고 윤리적인 공동체의 진보나(리츨 Albrecht Ritechl), 실존적 해석이나(바르트 Karl Barth), 초월론적 자기 고양(라너 Karl Rahner)을 통하여 추구될 수 없다.

15. 신학의 목적
하나님을 믿고, 섬기고, 영화롭게 하는 것(잠 16:4; 롬 11:36; 고전 8:6; 골 3:17)6)

16. 종교의 본질
  1) 아퀴나스(Thomas Aquinas): 하나님께 봉사와 존영을 드리는 덕행
  2) 헤겔(Georg W. F. Hegel): 절대정신(Weltgeist, 세계정신)에 대한 철학적 인식
  3) 슐라이어마허(Friedrich E. D. Schleiermacher): 신에 대한 절대 의존 감정
  4) 칸트(Immanuel Kant): 윤리와 종교를 일치. 실천이성의 지상명령을 신의 명령으로 인식
  5) 종교개혁자들: 하나님과 언약적 관계. ① 경건(종교의 기본 원리) ② 예배 의식(종교의 행동) ③ 믿음, 소망, 사랑(종교의 행위)

---

6) [잠 16:4] 여호와께서 온갖 것을 그 쓰임에 적당하게 지으셨나니 악인도 악한 날에 적당하게 하셨느니라
 [롬 11:36] 이는 만물이 주에게서 나오고 주로 말미암고 주에게로 돌아감이라 그에게 영광이 세세에 있을지어다 아멘
 [고전 8:6] 그러나 우리에게는 한 하나님 곧 아버지가 계시니 만물이 그에게서 났고 우리도 그를 위하여 있고 또한 한 주 예수 그리스도께서 계시니 만물이 그로 말미암고 우리도 그로 말미암아 있느니라
 [골 3:17] 또 무엇을 하든지 말에나 일에나 다 주 예수의 이름으로 하고 그를 힘입어 하나님 아버지께 감사하라

17. 기독교와 이방 종교의 차이점
   1) 이방 종교
   : 객관적 요소로서 일반계시에 근거하며, 주관적 요소로서 타락한 이후 부패한 하나님의 형상(이성, 지성, 양심)에 근거함. 이방 종교는 객관적·주관적 요소가 모두 불완전하므로 하나님을 찾을 수 없음.
   2) 기독교
   : 객관적 요소로서 특별계시와 일반계시에 근거하며, 주관적 요소로서 구원의 은혜로 거듭난 하나님의 형상(이성, 지성, 양심)과 믿음에 근거함. 오직 기독교에서만 하나님을 알고 예배하며 영생의 구원에 이르게 됨.

18. 교리
교리는 하나님의 구원 진리를 신적 권위에 근거하여 교회가 신앙고백의 형식으로 표현한 명제로서 교회의 서고 넘어짐의 근본 진리를 뜻한다. 성경이 절대적 권위를 지닌 '규정하는 규범(*norma normans*, the ruling rule)' 혹은 원규범임에 비해, 교리는 '[성경에 의해] 규정받는 규범(*norma normata*, the ruled rule)'이자 이차적 규범이다.

19. 교리의 기원
초대교회에서 세례 선포문(마 28:19)과 성찬 제정문으로 사용하던 진술이나 베드로의 신앙고백(마 16:16)[7]은 보편적이고 정통적인 교회의 가르침으로 제시되었다. 초대교회의 "기도의 법이 믿음의 법이다"(Lex orandi, lex credendi, the law of prayer is the law of belief)라는 원칙대로, 교회의 믿는 바(교리)는 예배와 예전 속에 담겨서 전해졌고 이것들을 토대로 신조와 교리가 형성되었다.
   1) 교리는 신앙고백, 신조 등과 같은 신앙의 규범에서 기원한다.
   2) 교회는 교회의 정체성을 지키고, 성도의 신앙과 삶을 위한 올바른 규범을 확정하며, 이단에 대항해서 진리를 변증하기 위하여 교리를 수립하는 데 몰두했다.
   3) 교리는 교회와 성도가 마땅히 자리해야 할 신학과 신앙과 경건의 근본 요체를 담고 있으므로 '교회의 서고 넘어짐의 조항'이라고 할 수 있다.

20. 기독교 신학의 3대 교리
   1) 삼위일체론(존재적, 경륜적)
   2) 기독론(신인 양성의 위격적 연합과 사역)
   3) 구원론(이신칭의)

21. 개혁신학의 5대 '오직'
   1) *Sola Fide*(오직 믿음으로)!

---

[7] [마 16:16] 시몬 베드로가 대답하여 이르되 주는 그리스도시요 살아 계신 하나님의 아들이시니이다

2) *Solus Christus*(오직 그리스도로)!
3) *Sola Gratia*(오직 은혜로)!
4) *Soli Deo Gloria*(오직 하나님께 영광)!
5) *Sola Scriptura*(오직 성경으로)!

22. 개혁신학의 특성

개혁교회(Reformed Church)의 신학이 개혁신학(Reformed Theology)이다. 개혁교회는 칼빈과 그의 후계자들의 신학을 기초로 삼는 교회를 칭한다. 개혁신학은 하나님의 영광 및 주권과 그 자신의 계시의 무오한 기록인 성경의 유일한 권위를 확정하고, 성경으로 성경을 해석하고 적용하며, 성경의 진리로서 교리 체계를 수립하고 가르치고 전하며 변증함을 사명으로 한다.

23. 계시의 삼위일체론적 특성

1) 계시는 성부 하나님에게서 유래한다.
2) 계시는 성자 하나님의 말씀(로고스)으로, 말씀을 통하여 주어진다.
3) 계시는 성령의 역사로 믿음 가운데 진리로서 수납된다.

24. 일반계시와 특별계시

일반계시(general revelation)와 특별계시(special revelation)는 모두 하나님의 은총의 산물로서 그의 주권적인 선하심과 기뻐하심에서 비롯한다. 일반계시는 모든 인류를 전체적으로 존속시키는 방식으로 작용하나, 특별계시는 선택된 백성을 구원하는 방식으로 작용한다. 또한 일반계시는 하나님의 말씀이신 성자의 창조 중보에 따른 것이지만(요 1:1-9; 히 1:2-3),[8] 특별계시는 그 말씀의 성육신을 통한 구원 중보에 따른 것이다(요 1:12-14).[9]

25. 일반계시

일반계시는 모든 사람이 자연계와 역사, 인간의 삶 일반에 임하시는 하나님의 임재의 증거를 사색함으로써 획득할 수 있는 하나님의 자기 계시이다. 하나님은 모든 사람의 마음에 신성에 대한

---

8) [요 1:1-9] [1]태초에 말씀이 계시니라 이 말씀이 하나님과 함께 계셨으니 이 말씀은 곧 하나님이시니라 [2]그가 태초에 하나님과 함께 계셨고 [3]만물이 그로 말미암아 지은 바 되었으니 지은 것이 하나도 그가 없이는 된 것이 없느니라 [4]그 안에 생명이 있었으니 이 생명은 사람들의 빛이라 [5]빛이 어둠에 비치되 어둠이 깨닫지 못하더라 [6]하나님께로부터 보내심을 받은 사람이 있으니 그의 이름은 요한이라 [7]그가 증언하러 왔으니 곧 빛에 대하여 증언하고 모든 사람이 자기로 말미암아 믿게 하려 함이라 [8]그는 이 빛이 아니요 이 빛에 대하여 증언하러 온 자라 [9]참 빛 곧 세상에 와서 각 사람에게 비추는 빛이 있었나니
[히 1:2-3] [2]이 모든 날 마지막에는 아들을 통하여 우리에게 말씀하셨으니 이 아들을 만유의 상속자로 세우시고 또 그로 말미암아 모든 세계를 지으셨느니라 [3]이는 하나님의 영광의 광채시요 그 본체의 형상이시라 그의 능력의 말씀으로 만물을 붙드시며 죄를 정결하게 하는 일을 하시고 높은 곳에 계신 지극히 크신 이의 우편에 앉으셨느니라
9) [요 1:12-14] [12]영접하는 자 곧 그 이름을 믿는 자들에게는 하나님의 자녀가 되는 권세를 주셨으니 [13]이는 혈통으로나 육정으로나 사람의 뜻으로 나지 아니하고 오직 하나님께로부터 난 자들이니라 [14]말씀이 육신이 되어 우리 가운데 거하시매 우리가 그의 영광을 보니 아버지의 독생자의 영광이요 은혜와 진리가 충만하더라

의식(신 의식, *sensus divinitatis*, sense of divinity), 종교의 씨앗(*semen religionis*, seed of religion), 양심(*conscientia*, conscience)을 새겨주셔서 그들이 피조물, 사람, 사회(국가, 질서)를 통하여 하나님을 아는 지식을 얻게 하셨다(롬 1:20).10)

26. 일반계시의 한계

만약 아담이 타락하지 않았다면 사람은 일반계시를 통하여 하나님의 존재, 신성, 지혜, 선, 의, 거룩, 능력, 영광을 분명히 알게 되었을 것이다(롬 1:21-23; 시 19:1).11) 그러나 인류는 죄로 인한 부패와 무지로 말미암아 자기들의 지혜로는 하나님을 알지 못하고(고전 1:21)12) 하나님이 없다고 하며 선을 행하는 자가 하나도 없게 되었다(시 14:1, 3).13) 그리하여 그 무지를 하나님 앞에서 변명할 수 없게 되었다(롬 1:20).14) 따라서 일반계시를 통한 신지식은 그 자체만으로는 충분치 못하며, 특별계시로부터 파생된 지식에 의해서 해석되고, 보완되고, 수정되어야 한다.

27. 특별계시(말씀 계시, 구원 계시)

1) 타락한 인류는 일반계시로는 하나님의 존재 및 속성, 사역 및 경륜, 언약과 구속사적 진리를 알 수 없으므로 특별계시가 부여되었다. 즉 특별계시는 인간의 죄로 인한 일반계시의 한계로 말미암아 요청되는 타락 후의 현상이다. 특별계시는 특정한 시대, 특정한 장소에서 특정한 사람들에게 임한 하나님의 자기 계시이다.

2) 특별계시는 이스라엘 역사의 사건들에서 나타났으며, 특별히 예수 그리스도의 삶과 사역에서 가장 충만하게 나타났다. 특별계시로서 성경은 이스라엘 역사 가운데 일하신 하나님, 예수 그리스도의 삶과 사역, 역사 속에서 자신을 계시하신 하나님에 대한 사도적 증거를 담고 있다 (히 1:1).15)

3) 특별계시는 하나님이 사람을 자기 형상에 따라 인격체로 창조하시고 그들에게 언어를 부여하시고 그 언어를 통해 계시하셨다는 점에서 인격적·언어적 계시이다.

4) 일반계시가 주의 손에서 나온 사역을 사람이 스스로 발견하게끔 인간에게 남겨 두셨다면(인간이 하나님을 찾는, 아래로부터의 신학), 특별계시는 하나님 자신이 직접 사상들을 표현하시고, 방황하며 하나님을 발견할 수 없는 인류를 직접 찾아가신다(하나님이 인간을 찾는, 위로부터의 신학).

---

10) [롬 1:20] 창세로부터 그의 보이지 아니하는 것들 곧 그의 영원하신 능력과 신성이 그가 만드신 만물에 분명히 보여 알려졌나니 그러므로 그들이 핑계하지 못할지니라
11) [롬 1:21-23] 21하나님을 알되 하나님을 영화롭게도 아니하며 감사하지도 아니하고 오히려 그 생각이 허망하여지며 미련한 마음이 어두워졌나니 22스스로 지혜 있다 하나 어리석게 되어 23썩어지지 아니하는 하나님의 영광을 썩어질 사람과 새와 짐승과 기어다니는 동물 모양의 우상으로 바꾸었느니라
   [시 19:1] 하늘이 하나님의 영광을 선포하고 궁창이 그의 손으로 하신 일을 나타내는도다
12) [고전 1:21] 하나님의 지혜에 있어서는 이 세상이 자기 지혜로 하나님을 알지 못하므로 하나님께서 전도의 미련한 것으로 믿는 자들을 구원하시기를 기뻐하셨도다
13) [시 14:1, 3] 1어리석은 자는 그의 마음에 이르기를 하나님이 없다 하는도다 그들은 부패하고 그 행실이 가증하니 선을 행하는 자가 없도다 3다 치우쳐 함께 더러운 자가 되고 선을 행하는 자가 없으니 하나도 없도다
14) [롬 1:20] 창세로부터 그의 보이지 아니하는 것들 곧 그의 영원하신 능력과 신성이 그가 만드신 만물에 분명히 보여 알려졌나니 그러므로 그들이 핑계하지 못할지니라
15) [히 1:1] 옛적에 선지자들을 통하여 여러 부분과 여러 모양으로 우리 조상들에게 말씀하신 하나님이

5) 말씀은 하나님의 창조와 구원을 계시한다. 하나님은 말씀으로 천지를 창조하시고(창 1:3; 시 29:3-9; 33:6, 9; 104:24),16) 말씀으로 자신을 드러내시고(시 94:9),17) 육신이 되신 말씀을 통하여 구원 사역을 이루신다(요 1:12-18).18)

28. 특별계시의 필요성

1) 특별계시는 계시의 수납자를 타락에서 돌이켜 하나님과의 구속적 관계로 들어오게 해준다.
2) 특별계시는 하나님에 대한 인간의 지식과 하나님과의 관계를 치료해주는 성격의 계시이다.
3) 하나님은 말씀으로써 언약을 체결하시고 인류의 본분과 궁극적 목표인 영생을 주시고자 하셨다.
4) 하나님은 말씀으로써 구속주뿐 아니라 창조주로서 자신의 존재와 사역과 경륜을 더욱 분명하고 확실하게 알리셨다.

29. 특별계시의 내용

1) 하나님 자신의 존재와 속성
2) 창조
3) 인류의 타락과 심판과 하나님의 구원 계획
4) 범죄 이후의 타락상, 홍수 심판, 언어의 혼란과 인류의 분파
5) 아브라함의 소명과 언약 백성의 형성
6) 이스라엘 민족의 구원
7) 율법과 절기 및 제사 제도의 수립과 순종
8) 선지자들의 메시야 예언과 예수 그리스도의 출현 준비
9) 그리스도의 사역과 가르침과 해석
10) 보혜사 성령의 임재와 그리스도의 의의 전가 및 교회의 형성

---

16) [창 1:3] 하나님이 이르시되 빛이 있으라 하시니 빛이 있었고
   [시 29:3-9] ³여호와의 소리가 물 위에 있도다 영광의 하나님이 우렛소리를 내시니 여호와는 많은 물 위에 계시도다 ⁴여호와의 소리가 힘 있음이여 여호와의 소리가 위엄차도다 ⁵여호와의 소리가 백향목을 꺾으심이여 여호와께서 레바논 백향목을 꺾어 부수시도다 ⁶그 나무를 송아지 같이 뛰게 하심이여 레바논과 시룐으로 들송아지 같이 뛰게 하시도다 ⁷여호와의 소리가 화염을 가르시도다 ⁸여호와의 소리가 광야를 진동하심이여 여호와께서 가데스 광야를 진동시키시도다 ⁹여호와의 소리가 암사슴을 낙태하게 하시고 삼림을 말갛게 벗기시니 그의 성전에서 그의 모든 것들이 말하기를 영광이라 하도다
   [시 33:6, 9] ⁶여호와의 말씀으로 하늘이 지음이 되었으며 그 만상을 그의 입 기운으로 이루었도다 ⁹그가 말씀하시매 이루어졌으며 명령하시매 견고히 섰도다
   [시 104:24] 여호와여 주께서 하신 일이 어찌 그리 많은지요 주께서 지혜로 그들을 다 지으셨으니 주께서 지으신 것들이 땅에 가득하니이다
17) [시 94:9] 귀를 지으신 이가 듣지 아니하시랴 눈을 만드신 이가 보지 아니하시랴
18) [요 1:12-18] ¹²영접하는 자 곧 그 이름을 믿는 자들에게는 하나님의 자녀가 되는 권세를 주셨으니 ¹³이는 혈통으로나 육정으로나 사람의 뜻으로 나지 아니하고 오직 하나님께로부터 난 자들이니라 ¹⁴말씀이 육신이 되어 우리 가운데 거하시매 우리가 그의 영광을 보니 아버지의 독생자의 영광이요 은혜와 진리가 충만하더라 ¹⁵요한이 그에 대하여 증언하여 외쳐 이르되 내가 전에 말하기를 내 뒤에 오시는 이가 나보다 앞선 것은 나보다 먼저 계심이라 한 것이 이 사람을 가리킴이라 하니라 ¹⁶우리가 다 그의 충만한 데서 받으니 은혜 위에 은혜라 ¹⁷율법은 모세로 말미암아 주어진 것이요 은혜와 진리는 예수 그리스도로 말미암아 온 것이라 ¹⁸본래 하나님을 본 사람이 없으되 아버지 품 속에 있는 독생하신 하나님이 나타내셨느니라

11) 그리스도의 재림과 부활 및 최후의 심판

30. 특별계시의 방법
1) 직접적 말씀: 하나님은 말씀으로 자신의 존재(여호와, 출 3:4)[19]와 뜻(율법)을 계시하시고 말씀으로 인류와 약속을 맺으신다(언약). 그리고 구원의 큰 때에 하나님의 말씀 자체이신 아들 그리스도로 직접 말씀하셨다.
2) 예언의 방식: 선지자들은 성령의 감동을 받아 예언했다. 하나님은 사람의 언어나 우림과 둠밈, 꿈, 이상을 통해서 미래에 될 일을 알려 주셨다.
3) 하나님의 현현: 하나님은 친히 아담과 하와에게 찾아오셨다. 그리고 족장들에게 '하나님[여호와]의 사자'로서 오셨다(참조. 출 3:2).[20]
4) 꿈과 환상과 이적: 이는 말씀의 보조 방편들이다.
5) 사건과 그 해석

31. 구속계시의 특성
1) 타락 이후의 특별계시는 구속 계시이다. 전체적으로 구속계시는 ① 타락 전 인간의 상태와 ② 타락과 ③ 구원의 약속·성취·완성을 포함한다.
2) 역사적 계시이다. 특별계시는 원시 복음의 선포와(창 3:15)[21] 그 약속이 역사 가운데 성취됨을 드러낸다(사 7:14; 마 1:23).[22] 구약의 약속이 그리스도에 의해서 성취되었고, 그 성취된 대속의 의가 값없이 전가(轉嫁)되는 신약의 은혜가 보혜사 성령의 임재로 부여되고 확정되었다(행 2:33; 고후 1:22; 5:5; 엡 4:30).[23]

32. 계시의 정점
계시는 삼위일체 하나님이 자신을 알리심이며, 그 정점은 하나님의 아들이 사람의 아들이 되심, 즉 그리스도의 성육신에 있다. 그 안에는 은혜와 진리가 충만하다(요 1:14, 17).[24] 우리 안에 임하

---

[19] [출 3:4] 여호와께서 그가 보려고 돌이켜 오는 것을 보신지라 하나님이 떨기나무 가운데서 그를 불러 이르시되 모세야 모세야 하시매 그가 이르되 내가 여기 있나이다
[20] [출 3:2] 여호와의 사자가 떨기나무 가운데로부터 나오는 불꽃 안에서 그에게 나타나시니라 그가 보니 떨기나무에 불이 붙었으나 그 떨기나무가 사라지지 아니하는지라
[21] [창 3:15] 내가 너로 여자와 원수가 되게 하고 네 후손도 여자의 후손과 원수가 되게 하리니 여자의 후손은 네 머리를 상하게 할 것이요 너는 그의 발꿈치를 상하게 할 것이니라 하시고
[22] [사 7:14] 그러므로 주께서 친히 징조를 너희에게 주실 것이라 보라 처녀가 잉태하여 아들을 낳을 것이요 그의 이름을 임마누엘이라 하리라
[마 1:23] 보라 처녀가 잉태하여 아들을 낳을 것이요 그의 이름은 임마누엘이라 하리라 하셨으니 이를 번역한즉 하나님이 우리와 함께 계시다 함이라
[23] [행 2:33] 하나님이 오른손으로 예수를 높이시매 그가 약속하신 성령을 아버지께 받아서 너희가 보고 듣는 이것을 부어 주셨느니라
[고후 1:22] 그가 또한 우리에게 인치시고 보증으로 우리 마음에 성령을 주셨느니라
[고후 5:5] 곧 이것을 우리에게 이루게 하시고 보증으로 성령을 우리에게 주신 이는 하나님이시니라
[엡 4:30] 하나님의 성령을 근심하게 하지 말라 그 안에서 너희가 구원의 날까지 인치심을 받았느니라
[24] [요 1:14, 17] [14]말씀이 육신이 되어 우리 가운데 거하시매 우리가 그의 영광을 보니 아버지의 독생자의 영

시는 보혜사 성령은 그리스도의 영으로서 구원의 영이시며 진리의 영이시다(요 14:16-17, 26; 15:26; 16:13-15; 17:17-19; 롬 8:9, 14-16, 갈 2:20; 4:6).25) 그리스도는 말씀 자체일 뿐만 아니라 말씀의 선포자이며 해석자, 말씀의 완성자이다.

33. 성경

성경은 하나님의 말씀이며 신앙과 행위에 대하여 정확 무오한 유일의 법칙이다(12신조 1, 웨스트민스터 신도게요서 1.2).

1) 성경은 '기록된 하나님의 말씀'이다.
    (1) 하나님은 자기의 계시가 보존되고 전파되어 인류를 구원하고 교회를 견고하게 설립하기 위하여 문자로 기록되게 하셨다.
    (2) 성경의 권위는 성경의 저자이시며 진리 자체이신 하나님에 의거한다. 성경은 '하나님'의 말씀이므로 수납되어야 한다.
    (3) 성경은 하나님의 말씀을 담고 있을 뿐 아니라 하나님의 말씀 자체이다. 그러므로 성경이 계시 자체이며 궁극적 계시이고 완결된 계시이다.

2) '정확 무오한' 하나님의 말씀이다.
    (1) 교회는 성경의 완전성을 변증한다.
    (2) 성경의 진리와 신적 권위에 대한 감화와 확신은 성령의 내적 증거로 말미암는다.
    (3) 성경 해석의 법칙은 성경 자체이며, 성경 진리에 대한 최고의 심판주는 오직 성경에서

광이요 은혜와 진리가 충만하더라 [17]율법은 모세로 말미암아 주어진 것이요 은혜와 진리는 예수 그리스도로 말미암아 온 것이라

25) [요 14:16-17, 26] [16]내가 아버지께 구하겠으니 그가 또 다른 보혜사를 너희에게 주사 영원토록 너희와 함께 있게 하리니 [17]그는 진리의 영이라 세상은 능히 그를 받지 못하나니 이는 그를 보지도 못하고 알지도 못함이라 그러나 너희는 그를 아나니 그는 너희와 함께 거하심이요 또 너희 속에 계시겠음이라 [26]보혜사 곧 아버지께서 내 이름으로 보내실 성령 그가 너희에게 모든 것을 가르치고 내가 너희에게 말한 모든 것을 생각나게 하리라

[요 15:26] 내가 아버지께로부터 너희에게 보낼 보혜사 곧 아버지께로부터 나오시는 진리의 성령이 오실 때에 그가 나를 증언하실 것이요

[요 16:13-15] [13]그러나 진리의 성령이 오시면 그가 너희를 모든 진리 가운데로 인도하시리니 그가 스스로 말하지 않고 오직 들은 것을 말하며 장래 일을 너희에게 알리시리라 [14]그가 내 영광을 나타내리니 내 것을 가지고 너희에게 알리시겠음이라 [15]무릇 아버지께 있는 것은 다 내 것이라 그러므로 내가 말하기를 그가 내 것을 가지고 너희에게 알리시리라 하였노라

[요 17:17-19] [17]그들을 진리로 거룩하게 하옵소서 아버지의 말씀은 진리니이다 [18]아버지께서 나를 세상에 보내신 것 같이 나도 그들을 세상에 보내었고 [19]또 그들을 위하여 내가 나를 거룩하게 하오니 이는 그들도 진리로 거룩함을 얻게 하려 함이니이다

[롬 8:9, 14-16] [9]만일 너희 속에 하나님의 영이 거하시면 너희가 육신에 있지 아니하고 영에 있나니 누구든지 그리스도의 영이 없으면 그리스도의 사람이 아니라 [14]무릇 하나님의 영으로 인도함을 받는 사람은 곧 하나님의 아들이라 [15]너희는 다시 무서워하는 종의 영을 받지 아니하고 양자의 영을 받았으므로 우리가 아빠 아버지라 부르짖느니라 [16]성령이 친히 우리의 영과 더불어 우리가 하나님의 자녀인 것을 증언하시나니

[갈 2:20] 내가 그리스도와 함께 십자가에 못 박혔나니 그런즉 이제는 내가 사는 것이 아니요 오직 내 안에 그리스도께서 사시는 것이라 이제 내가 육체 가운데 사는 것은 나를 사랑하사 나를 위하여 자기 자신을 버리신 하나님의 아들을 믿는 믿음 안에서 사는 것이라

[갈 4:6] 너희가 아들이므로 하나님이 그 아들의 영을 우리 마음 가운데 보내사 아빠 아버지라 부르게 하셨느니라

말씀하시는 성령이시다.
3) '신앙과 행위의 유일한 법칙'이다.
    (1) 성경은 구원에 필요한 하나님과 그의 뜻에 관한 지식을 충분히, 궁극적으로, 완전하게 드러낸다.
    (2) 유식자든 무식자든 통상적 방법을 사용하면 구원의 진리에 충만하게 이를 수 있다.
    (3) 성도의 생명의 구원과 거룩한 삶에 대한 모든 교훈이 궁극적으로 신약과 구약에 기록되어 있다.
    (4) 성경은 하나님의 감동으로 된 것으로 구원에 이르게 하는 정확하고 유일한 신앙과 삶의 규범이다.

34. 성경에 대한 성경의 증언
1) 정경(*scriptura*)으로서 말씀: 성경은 하나님의 말씀이다(시 19:7-10; 딤후 3:15-17; 고전 4:6).26) 말씀은 구약시대에는 דָּבָר(다바르), 신약시대에는 λόγος(로고스), ῥῆμα(레마)로 번역된다.
2) 역사하는 말씀: 말씀으로 천지를 창조(창 1:3; 히 11:3; 시 33:6).27) 말씀 가운데 예수가 성령으로 잉태하심(눅 1:37).28)
3) 계시로서 말씀: 말씀으로 선지자들을 부르심(삼상 3:7; 렘 1:2, 4).29) 이후에 성취될 일들을 계시하심(암 4:1; 5:1)30). 말씀을 통하여 하나님의 뜻을 드러내심(마 15:6).31) 궁극적으로 그리스도 자신이 하나님임을 계시하심(요 1:1).32)

---

26) [시 19:7-10] ⁷여호와의 율법은 완전하여 영혼을 소성시키며 여호와의 증거는 확실하여 우둔한 자를 지혜롭게 하며 ⁸여호와의 교훈은 정직하여 마음을 기쁘게 하고 여호와의 계명은 순결하여 눈을 밝게 하시도다 ⁹여호와를 경외하는 도는 정결하여 영원까지 이르고 여호와의 법도 진실하여 다 의로우니 ¹⁰금 곧 많은 순금보다 더 사모할 것이며 꿀과 송이꿀보다 더 달도다
[딤후 3:15-17] ¹⁵또 어려서부터 성경을 알았나니 성경은 능히 너로 하여금 그리스도 예수 안에 있는 믿음으로 말미암아 구원에 이르는 지혜가 있게 하느니라 ¹⁶모든 성경은 하나님의 감동으로 된 것으로 교훈과 책망과 바르게 함과 의로 교육하기에 유익하니 ¹⁷이는 하나님의 사람으로 온전하게 하며 모든 선한 일을 행할 능력을 갖추게 하려 함이라
[고전 4:6] 형제들아 내가 너희를 위하여 이 일에 나와 아볼로를 들어서 본을 보였으니 이는 너희로 하여금 기록된 말씀 밖으로 넘어가지 말라 한 것을 우리에게서 배워 서로 대적하여 교만한 마음을 가지지 말게 하려 함이라
27) [창 1:3] 하나님이 이르시되 빛이 있으라 하시니 빛이 있었고
[히 11:3] 믿음으로 모든 세계가 하나님의 말씀으로 지어진 줄을 우리가 아나니 보이는 것은 나타난 것으로 말미암아 된 것이 아니니라
[시 33:6] 여호와의 말씀으로 하늘이 지음이 되었으며 그 만상을 그의 입 기운으로 이루었도다
28) [눅 1:37] 대저 하나님의 모든 말씀은 능하지 못하심이 없느니라
29) [삼상 3:7] 사무엘이 아직 여호와를 알지 못하고 여호와의 말씀도 아직 그에게 나타나지 아니한 때라
[렘 1:2, 4] ²아몬의 아들 유다 왕 요시야가 다스린 지 십삼 년에 여호와의 말씀이 예레미야에게 임하였고 ⁴여호와의 말씀이 내게 임하니라 이르시되
30) [암 4:1] 사마리아의 산에 있는 바산의 암소들아 이 말을 들으라 너희는 힘 없는 자를 학대하며 가난한 자를 압제하며 가장에게 이르기를 술을 가져다가 우리로 마시게 하라 하는도다
[암 5:1] 이스라엘 족속아 내가 너희에게 대하여 애가로 지은 이 말을 들으라
31) [마 15:6] 그 부모를 공경할 것이 없다 하여 너희의 전통으로 하나님의 말씀을 폐하는도다
32) [요 1:1] 태초에 말씀이 계시니라 이 말씀이 하나님과 함께 계셨으니 이 말씀은 곧 하나님이시니라

4) 복음으로서 말씀: 거듭나게 하는 말씀(벧전 1:23-25).33)

35. 성경의 저자

성경의 원저자(primary author)는 하나님, 더 구체적으로 말하면 성령이시다. 하나님은 구약시대의 모세와 선지자들, 신약시대의 복음서 기록자들과 사도들을 계시의 도구로 사용하셨다. 인간 저자들(human authors)은 이차적 저자들(secondary authors)이라고 부를 수 있다.

36. 성경의 영감

성경의 영감(the inspiration of the Bible)이란 성령께서 성경의 저자들에게 초자연적으로 역사하셔서 그들의 글이 정확한 계시의 기록이 되게 하시거나 혹은 그들의 저작이 실제로 하나님의 말씀이 되는 결과를 낳게 하는 성령의 역사를 말한다. 성경 저자들은 하나님으로부터 직접적으로 받은 계시를 기록하든(계 1:1-3; 암 1:1),34) "모든 일을 자세히 미루어 살핀" 것을 기록하든(눅 1:3),35) 혹은 그들이 많은 자료, 기록, 구전을 사용하여 기록하든 성령의 영감으로 했다. 모든 성경은 하나님의 감동으로 된 것이며(딤후 3:16)36) "오직 성령의 감동하심을 입은 사람들이 하나님께 받아 말한 것"이다(벧후 1:21).37) 성경은 하나님과 그리스도의 계시로 주어진 것이므로 하나님의 말씀으로 받아야 한다(살전 2:13; 고전 14:37; 갈 1:11-12).38)

37. 영감의 양상

1) 계시 구술의 영감: 성경 기록자들이 성령의 영감으로 자신들에게 구술된 하나님의 말씀을 기록하였다. "여호와께서 말씀하시되", "여호와의 말씀이 내게 임하사", "주 여호와께서 내게

---

33) **[벧전 1:23-25]** ²³너희가 거듭난 것은 썩어질 씨로 된 것이 아니요 썩지 아니할 씨로 된 것이니 살아 있고 항상 있는 하나님의 말씀으로 되었느니라 ²⁴그러므로 모든 육체는 풀과 같고 그 모든 영광은 풀의 꽃과 같으니 풀은 마르고 꽃은 떨어지되 ²⁵오직 주의 말씀은 세세토록 있도다 하였으니 너희에게 전한 복음이 곧 이 말씀이니라
34) **[계 1:1-3]** ¹예수 그리스도의 계시라 이는 하나님이 그에게 주사 반드시 속히 일어날 일들을 그 종들에게 보이시려고 그의 천사를 그 종 요한에게 보내어 알게 하신 것이라 ²요한은 하나님의 말씀과 예수 그리스도의 증거 곧 자기가 본 것을 다 증언하였느니라 ³이 예언의 말씀을 읽는 자와 듣는 자와 그 가운데 기록한 것을 지키는 자는 복이 있나니 때가 가까움이라
 [암 1:1] 유다 왕 웃시야의 시대 곧 이스라엘 왕 요아스의 아들 여로보암의 시대 지진 전 이년에 드고아 목자 중 아모스가 이스라엘에 대하여 이상으로 받은 말씀이라
35) **[눅 1:3]** 그 모든 일을 근원부터 자세히 미루어 살핀 나도 데오빌로 각하에게 차례대로 써 보내는 것이 좋은 줄 알았노니
36) **[딤후 3:16]** 모든 성경은 하나님의 감동으로 된 것으로 교훈과 책망과 바르게 함과 의로 교육하기에 유익하니
37) **[벧후 1:21]** 예언은 언제든지 사람의 뜻으로 낸 것이 아니요 오직 성령의 감동하심을 받은 사람들이 하나님께 받아 말한 것임이라
38) **[살전 2:13]** 이러므로 우리가 하나님께 끊임없이 감사함은 너희가 우리에게 들은 바 하나님의 말씀을 받을 때에 사람의 말로 받지 아니하고 하나님의 말씀으로 받음이니 진실로 그러하도다 이 말씀이 또한 너희 믿는 자 가운데에서 역사하느니라
 [고전 14:37] 만일 누구든지 자기를 선지자나 혹은 신령한 자로 생각하거든 내가 너희에게 편지하는 이 글이 주의 명령인 줄 알라
 [갈 1:11-12] ¹¹형제들아 내가 너희에게 알게 하노니 내가 전한 복음은 사람의 뜻을 따라 된 것이 아니니라 ¹²이는 내가 사람에게서 받은 것도 아니요 배운 것도 아니요 오직 예수 그리스도의 계시로 말미암은 것이라

보이시되"와 같은 말을 반복해서 사용한다(구약에서만 3천 8백 회 이상). 사도들은 자기들이 받은 말씀이 하나님의 말씀이며(고전 2:4, 13),[39] 진정한 복음임을 확신하였다(갈 1:8).[40]

2) 계시 기록의 영감: 선지자와 사도들은 성령의 영감으로 말씀을 기록하였다(딤후 3:16).[41]

3) 완전 영감: "모든 성경"은 하나님의 감동으로 된 것이다(딤후 3:16).[42] 성경의 일부가 아닌 전체(the whole Bible)가 영감을 받아서 기록되었다.

4) 축자 영감: 성경은 내용(규범)뿐만 아니라 문장과 단어에 이르기까지 영감되었다. 이는 하나님이 말씀을 문자로 기록자에게 넣어주셨음과(렘 1:9; 겔 3:4)[43] 하나님의 말씀을 받아서 기록한 성경이 일점일획도 폐하여지지 않음에서(마 5:18; 요 10:35)[44] 뒷받침된다. 예수와 바울이 구약에 사용된 구체적 단어들을 두고 변론한 것도 이를 증언한다(요 10:35; 마 22:43-45; 갈 3:16).[45]

5) 유기적 영감(organic inspiration): 성경의 기록자들은 단지 기계와 같이 성령에 의해서 진술된 대로 개성 없이 받아 쓴 것이 아니라 성령의 영감 가운데 자신들의 성격과 기질, 은사와 재능, 교육과 문화, 어휘, 문체, 스타일 등을 사용하여 계시를 기록했다.

38. 성경 영감에 관한 이론

1) 기계적 영감 이론(Mechanical Theory) 혹은 받아쓰기 이론(Dictation Theory): 인간 저자들은 하나님이 구술하신 것을 받아적은 '서기'에 불과했다는 견해이다. 이에 따르면 성경은 저자들이 기계적으로 사용된 탓에 완전히 초자연적인 산물이다(리처드 후커).

2) 동력적 영감 이론(Dynamic Theory): 성령이 인간의 사상, 언어, 문체, 경험 등을 자유롭게 사용하여 사람에게 영감하셨으나, 특정한 단어나 표현을 선택하는 데 있어서 인간 저자 자신의 특징적인 성품이 그 역할을 감당하도록 허용함으로써 본질적인 것까지 무오를 보장하지는 않는다(아우구스투스 스트롱).

---

39) [고전 2:4, 13] [4]내 말과 내 전도함이 설득력 있는 지혜의 말로 하지 아니하고 다만 성령의 나타나심과 능력으로 하여 [13]우리가 이것을 말하거니와 사람의 지혜가 가르친 말로 아니하고 오직 성령께서 가르치신 것으로 하니 영적인 일은 영적인 것으로 분별하느니라

40) [갈 1:8] 그러나 우리나 혹은 하늘로부터 온 천사라도 우리가 너희에게 전한 복음 외에 다른 복음을 전하면 저주를 받을지어다

41) [딤후 3:16] 모든 성경은 하나님의 감동으로 된 것으로 교훈과 책망과 바르게 함과 의로 교육하기에 유익하니

42) [딤후 3:16] 모든 성경은 하나님의 감동으로 된 것으로 교훈과 책망과 바르게 함과 의로 교육하기에 유익하니

43) [렘 1:9] 여호와께서 그의 손을 내밀어 내 입에 대시며 여호와께서 내게 이르시되 보라 내가 내 말을 네 입에 두었노라
    [겔 3:4] 그가 또 내게 이르시되 인자야 이스라엘 족속에게 가서 내 말로 그들에게 고하라

44) [마 5:18] 진실로 너희에게 이르노니 천지가 없어지기 전에는 율법의 일점 일획도 결코 없어지지 아니하고 다 이루리라
    [요 10:35] 성경은 폐하지 못하나니 하나님의 말씀을 받은 사람들을 신이라 하셨거든

45) [요 10:35] 성경은 폐하지 못하나니 하나님의 말씀을 받은 사람들을 신이라 하셨거든
    [마 22:43-45] [43]이르시되 그러면 다윗이 성령에 감동되어 어찌 그리스도를 주라 칭하여 말하되 [44]주께서 내 주께 이르시되 내가 네 원수를 네 발 아래에 둘 때까지 내 우편에 앉아 있으라 하셨도다 하였느냐 [45]다윗이 그리스도를 주라 칭하였은즉 어찌 그의 자손이 되겠느냐 하시니
    [갈 3:16] 이 약속들은 아브라함과 그 자손에게 말씀하신 것인데 여럿을 가리켜 그 자손들이라 하지 아니하시고 오직 한 사람을 가리켜 네 자손이라 하셨으니 곧 그리스도라

3) 조명적 영감 이론(Illumination Theory): 영감이란 성경 저자의 정상적인 능력들을 고양시킨 것에 불과하여, 특정한 진리를 전해주는 것이 아니라 단지 종교적인 문제들에 관한 인지력이나 감각을 증대시켜주는 것이라고 본다(슐라이어마허).
4) 직관적 영감 이론(Intuition Theory): 영감을 고도의 통찰력 또는 예술적인 능력과 같이 항속적으로 소유되는 자연적 재능이라고 본다(유니테리언, 펠라기우스주의).
5) 유기적 영감 이론(Organic Theory): 유기적 영감 이론은 하나님이 성경 저자들의 내적 존재 법칙에 조화되는 방식으로, 즉 유기적 방법으로 작용하셨다고 본다. 하나님이 저자들을 있는 그대로, 즉 그들의 성격과 기질, 은사와 재능, 교육과 문화, 어휘나 문체, 스타일 등을 유기적으로 사용하셨다는 것이다. 네덜란드 개혁주의 신학자인 카이퍼와 바빙크가 전개한 이론이다.

39. 성경의 무오
1) 성경의 내용에 오류가 없다.
2) 성경의 계시를 담지하는 문장에 오류가 없다.
3) 역사적·과학적 사실에서 무오하며 도덕적인 오류도 없다.
4) 성경의 첫 원본이 무오하며, 번역본도 영감성을 지니므로 원문에 충실하게 번역되었으면 원리적인 무오성을 지닌다.

40. 성경에 대한 세 가지 비유(칼빈)
1) 안경: 성경이란 안경은 하나님에 대한 혼란한 지식을 우리 마음에서 바로잡고 우리의 우둔함을 쫓아버리고, 참 하나님을 우리에게 보여준다(『기독교강요』, 1.6.1).
2) 실: '가까이 가지 못할 빛에 거하시는'(딤전 6:16) 하나님께 나아가기 위해서는 성경이라는 길잡이가 필요하다. 하나님의 신비의 광채는 '말씀의 실'로 인도받지 못하면, 우리에게는 이해할 수 없는 미궁과 같을 것이기 때문이다(『기독교강요』, 1.6.3).
3) 학교: 성경은 참으로 하나님에 대해 알고 하나님을 찾고 하나님에게 도달할 수 있는 '하나님의 자녀들의 특별한 학교'이다(『기독교강요』, 1.6.4).

41. 정경
정경(Canon, κανών)은 성경 저자들이 성령의 감동을 받아서 기록하여 선지자적 유래와 사도성이 확실한 책으로, 교회가 하나님의 말씀으로서 그 유일하고 고유한 권위를 인정한 구약 39권, 신약 27권의 총 66권이다. 헬라어 '카논'은 '측량하는 자'라는 어원을 가지며 '표준, 규범, 기준, 목록'이라는 의미로 사용된다(참조. 갈 6:16; 고후 10:13).[46]

42. 외경
외경(Apocrypha, ἀπόκριπα)이란 BC 2세기부터 AD 1세기 사이에 쓰인 15권의 책으로, 구약

---

46) [갈 6:16] 무릇 이 규례를 행하는 자에게와 하나님의 이스라엘에게 평강과 긍휼이 있을지어다
[고후 10:13] 그러나 우리는 분수 이상의 자랑을 하지 않고 오직 하나님이 우리에게 나누어 주신 그 범위의 한계를 따라 하노니 곧 너희에게까지 이른 것이라

히브리 성경에 포함되지 않았던 것을 70인역이 추가한 것이다. 웨스트민스터 신앙고백서(신도게 요서)는, 외경은 하나님의 영감에 속하지 않은 것으로서 성경 정경의 일부가 아니므로 하나님의 교회에 어떤 권위도 없으며 인간의 작품 이상으로 사용되어서는 안 된다고 단언한다.

43. 성경의 신적 권위

1) 성경의 신적 권위(the divine authority)는 하나님이 성경의 저자(author)이시며 하나님이 성경에서 친히 말씀하신다는 사실에서 나온다.
2) 성경은 하나님의 입에서 나온 말씀이므로 그 자체로 스스로 믿을 만하다(자기가신성[自己可信性]).
3) 성경의 진리는 이성적 증명에 의해서가 아니라 성령의 내적 조명과 감화에 의해서 스스로 확증된다(자증성[自證性]).
4) 성경은 규범적 권위(διδαχή[디다케, 지혜]와 κήρυγμα[케리그마, 선포])와 역사적 권위를 모두 가진다.

44. 성경의 충분성

1) 성경의 충분성은 구원 얻음과 믿음 생활에 필요한 모든 진리를 성경이 담고 있어서 추후의 계시나 전통에 의해서 새롭게 보충될 필요가 전혀 없음을 말한다.
2) 성경은 창조와 구원 사역에 관한 필수적인 모든 사항을 담고 있다. 그리스도는 계시의 정점으로서 최고의 최종적 계시로 제시된다(마 11:27; 요 1:18; 17:6; 히 1:1; 요일 1:3).47)
3) 성경의 완전성은 본질적 완전성과 보존의 완전성으로 나눈다.
4) 로마 가톨릭교회는 성경으로 충분하지 않으며 이를 보충하는 구전 전승과 교회의 전통이 필요하다고 주장했다. 성경의 최종 승인권과 해석권을 사실상 교황에게 부여하며, 교황은 교회 회의와 더불어 새로운 진리를 창출하고 시달하기도 한다.
5) 이에 반해 종교개혁자들은 성경 외에 기록된 하나님의 말씀은 없고, 구원의 방도는 오직 성경에만 계시되기에 구원의 길을 위하여 성경만으로 충분하다고 주장했다.

45. 성경의 명료성

1) 로마교회는 '성경의 모호성'(the obscurity of Scripture)을 주장한다. 성경은 모호하여 신앙과 실천의 규범이 되기 위해 교회에 의한 해석이 절대적으로 필요하다는 것이다.
종교개혁자들은 로마교회의 입장에 반대하여 '성경의 명료성'(the clarity of Scripture)을

---

47) [마 11:27] 내 아버지께서 모든 것을 내게 주셨으니 아버지 외에는 아들을 아는 자가 없고 아들과 또 아들의 소원대로 계시를 받는 자 외에는 아버지를 아는 자가 없느니라
[요 1:18] 본래 하나님을 본 사람이 없으되 아버지 품 속에 있는 독생하신 하나님이 나타내셨느니라
[요 17:6] 세상 중에서 내게 주신 사람들에게 내가 아버지의 이름을 나타내었나이다 그들은 아버지의 것이었는데 내게 주셨으며 그들은 아버지의 말씀을 지키었나이다
[히 1:1] 옛적에 선지자들을 통하여 여러 부분과 여러 모양으로 우리 조상들에게 말씀하신 하나님이
[요일 1:3] 우리가 보고 들은 바를 너희에게도 전함은 너희로 우리와 사귐이 있게 하려 함이니 우리의 사귐은 아버지와 그의 아들 예수 그리스도와 더불어 누림이라

강조하였다.

2) 성경의 명료성 원칙에 따르면, 성경은 말하고자 하는 바가 명료하며, 성령의 도움과 적합한 해석을 통해 누구든지 성경 안에 있는 하나님의 메시지를 이해할 수 있다.

3) 구약의 선지자들은 하나님의 말씀을 등이요 빛이라고 강조하였고, 예수님은 자신의 메시지를 군중에게 전파하여 알게 하셨으며, 사도들도 말씀을 듣는 사람들이 스스로 판단하고 분별하라고 강조하였다(고전 2:15; 10:15; 요일 2:20).[48]

4) 성경은 성령의 내적 조명에 의한 감화와 성경의 진리에 대한 내적 증언을 통하여 믿음으로 수납되므로 성경의 진리를 깨닫기 위해 교회의 해석과 지도가 결코 필수적인 것은 아니다.

46. 성경 자해석의 원칙

성경의 명료성은 개혁자들의 중요한 해석학적 원칙인 '성경은 스스로 자신을 해석한다'(*Sacra Scriptura sui ipsius interpres*; Sacred Scripture is its own interpreter)라는 성경 자해석의 원칙과 밀접하게 연관된다(딤후 3:16).[49]

하지만 이는 성경을 해석함에 있어서 교회(해석자)의 역할을 전적으로 부인하는 것은 아니며, 교회의 교훈권(*potestas doctrinae*, the power of doctrine)은 긍정된다.

47. 율법

율법은 본질상 '경건하고 올바른 삶의 규범'(rule of living piously and uprightly)으로서 하나님이 자기 백성에게 부여하신, 거룩하고 의롭고 선하고 신령한 것이다(롬 7:12, 14).[50] 율법은 언약의 법으로서 명령(precept)과 약속(promise)을 함께 지니고 있으며(갈 3:17),[51] 그리스도가 그 약속의 성취자이시다(마 5:17; 롬 10:4).[52] 율법이 정죄의 도구가 되는 것은 사람의 죄 때문이며, 하나님의 은혜로 거듭난 자에게는 율법이 본래의 기능을 회복하여 삶의 규범으로서 달콤하게 작용한다(시 19:7-10).[53]

---

48) [고전 2:15] 신령한 자는 모든 것을 판단하나 자기는 아무에게도 판단을 받지 아니하느니라
[고전 10:15] 나는 지혜 있는 자들에게 말함과 같이 하노니 너희는 내가 이르는 말을 스스로 판단하라
[요일 2:20] 너희는 거룩하신 자에게서 기름 부음을 받고 모든 것을 아느니라
49) [딤후 3:16] 모든 성경은 하나님의 감동으로 된 것으로 교훈과 책망과 바르게 함과 의로 교육하기에 유익하니
50) [롬 7:12, 14] [12]이로 보건대 율법은 거룩하고 계명도 거룩하고 의로우며 선하도다. [14]우리가 율법은 신령한 줄 알거니와 나는 육신에 속하여 죄 아래에 팔렸도다
51) [갈 3:17] 내가 이것을 말하노니 하나님께서 미리 정하신 언약을 사백삼십 년 후에 생긴 율법이 폐기하지 못하고 그 약속을 헛되게 하지 못하리라
52) [마 5:17] 내가 율법이나 선지자를 폐하러 온 줄로 생각하지 말라 폐하러 온 것이 아니요 완전하게 하려 함이라
[롬 10:4] 그리스도는 모든 믿는 자에게 의를 이루기 위하여 율법의 마침이 되시니라
53) [시 19:7-10] [7]여호와의 율법은 완전하여 영혼을 소성시키며 여호와의 증거는 확실하여 우둔한 자를 지혜롭게 하며 [8]여호와의 교훈은 정직하여 마음을 기쁘게 하고 여호와의 계명은 순결하여 눈을 밝게 하시도다. [9]여호와를 경외하는 도는 정결하여 영원까지 이르고 여호와의 법도 진실하여 다 의로우니 [10]금 곧 많은 순금보다 더 사모할 것이며 꿀과 송이꿀보다 더 달도다

48. 율법의 세 가지 용법(칼빈)
1) 정죄적 혹은 교육적 용법: 삶의 규범인 율법이 하나님의 뜻을 알게 함으로써 모든 사람의 불의를 드러내고 정죄하여 자신들의 죄인 됨을 깨닫게 하는 것
2) 정치적 용법: 형벌에 대한 두려움으로 죄를 억제하는 것
3) 규범적 용법: 거듭난 자들에게 하나님의 뜻을 가르치고 권고하여 말씀대로 살아가는 성화 단계의 작용. 오직 그리스도의 중보하심으로 말미암아 율법은 중생한 자들에게 그 본래의 목적인 규범적 사역을 감당하게 된다. 율법의 고유한 본질에 가장 가까운 용법으로 칼빈이 강조함

49. 복음
복음은 예수 그리스도 안에 계시된 은혜의 엄숙한 선포이다. 복음의 실체는 그리스도가 중보직을 수행하는 것, 즉 그리스도의 탄생, 죽음, 부활에 나타난 구원의 총화이다. 복음은 오직 그리고 전적인 은혜로 말미암는 죄 용서와 의의 전가, 이를 통한 성도의 그리스도와의 연합(union with Christ), 중생, 이신칭의, 이중적 은혜(칭의와 성화), 무조건적 선택과 제한 속죄 교리 등을 포괄한다.

50. 성경 해석의 원리
1) 성경은 하나님의 말씀으로써 자증하기 때문에 성경은 성경으로 해석되어야 한다.
2) 성경은 성경 본문의 문맥에서 해석되어야 한다.
3) 성경의 역사적·규범적 권위에 대한 구속사적 의의는 기독론적 관점에서 파악된다. 그리스도는 신약만의 중심이 아니고 구약의 목표이며 실체이고 성취이다. 신약과 구약 전체가 그리스도를 중심으로 해석된다. 즉 그리스도의 문맥에서 읽어야 한다.
4) 성경 해석에 의해서 성경의 뜻이 분명하게, 명료하게, 확실하게 드러나게 되는 것은 성령의 조명으로 말미암을 때이다.
5) 성경 해석은 본문이 말하려고 하는 뜻을 도와야 하고 당대 사상으로 번역하면 안 된다. 성경의 자증성과 성경이 성경의 해석자임을 믿고 하나님의 자기 계시를 믿음으로 수납하는 성령의 조명하에 성경을 해석해야 한다. 당대의 문화와 철학을 잣대로 해석해서는 안 된다.

II. 신 론
[51-69]

51. 신론
52. 하나님을 아는 지식을 얻는 길
53. 신 존재 증명
54. 하나님의 이름
55. 하나님의 비공유적 속성
56. 하나님의 공유적 속성
57. 삼위일체
58. 삼위 각 위의 개별적 고찰
59. 삼위일체 교리의 역사
60. 필리오케 논쟁
61. 하나님의 사역의 종류
62. 작정
63. 예정
64. 선택과 유기(이중예정)
65. 타락 전 선택설과 타락 후 선택설
66. 칼빈주의 예정론과 알미니우스주의 예정론
67. 창조
68. 천사 창조
69. 섭리

51. 신론

신론(神論)은 '삼위일체 하나님의 존재와 속성'에 대한 교리로서 다음을 다룬다.
1) 하나님의 '본질'과 '속성'
2) 삼위일체 하나님
3) 하나님의 존재 내적 사역인 '작정'과 '예정'
4) 하나님의 존재 외적 사역인 '창조'와 '섭리'

52. 하나님을 아는 지식을 얻는 길
1) 하나님이 자신을 계시해 주셔야만 하나님을 알 수 있다.
2) 하나님은 성경에서 자신을 계시하셨다.
3) 성경은 하나님의 존재를 전제한다(창 1:1).54)
4) 거듭난 성도가 성경 진리를 믿음으로써 하나님을 알 수 있다(요 3:3; 히 11:6).55)
5) 계시된 지식은 하나님이 연약한 인간에게 자신을 낮추어 적응시켜주신 부분적 지식이나 참지식이다.

53. 신 존재 증명
신의 존재에 대한 합리적 논증은 플라톤과 아리스토텔레스에 의해 제안된 것에서부터 현대 종교철학자들에 의해 덧붙여진 것까지 오랜 역사를 지니고 있다. 이러한 시도들 중 대표적인 것은 다음과 같다.
1) 우주론적 논증: 우주에 있는 모든 알려진 것에는 원인이 있으며, 따라서 우주는 무한히 큰 원인을 가져야 하는데 그것은 하나님일 수밖에 없다는 논증(플라톤, 아리스토텔레스, 토마스 아퀴나스, 데이비드 흄, 알프레드 노스 화이트헤드)
2) 목적론적 논증: 우주의 어느 곳에서나 지성과 질서와 조화와 목적이 드러나므로 이러한 세계 배후에는 지성적이고 목적적인 존재, 즉 우주의 목적을 가진 초월적 존재가 있음이 분명하다는 논증. 우주론적 논증의 연장선에 있는 경험적 논증임(플라톤, 아리스토텔레스, 토마스 아퀴나스, 윌리엄 페이비언)
3) 존재론적 논증: 유한한 인간은 절대적으로 완전한 존재, 즉 하나님의 존재에 대한 관념을 가진다는 논증(안셀름, 데카르트)
4) 도덕론적 논증: 도덕적 존재인 인간으로부터 모든 사람에게 정의를 보이는 존재, 즉 정언명령의 입법자이자 재판관으로서 인간에게 명령할 수 있는 절대적 존재의 실재를 추론하는 논증(임마누엘 칸트)
5) 역사적 혹은 인종학적 논증: 모든 민족과 종족들의 역사와 문화 속에 신적 존재에 대한 보편적 인식이 있다는 논증(윌리엄 제임스)
6) 이러한 이성적·합리적 논증들은 그것만으로 구원에 이르는 믿음에 이르게 하지 못한다. 하나님의 존재는 오직 성경의 계시로만 인식되고 확증되며, 신 존재 증명은 신자들에게 하나님의 존재에 대한 증명이라기보다는 하나님의 일반계시에 대한 해석이나 신적 존재에 관한 합리성을 보여주는 정도의 역할을 할 뿐이다.

---
54) [창 1:1] 태초에 하나님이 천지를 창조하시니라
55) [요 3:3] 예수께서 대답하여 이르시되 진실로 진실로 네게 이르노니 사람이 거듭나지 아니하면 하나님의 나라를 볼 수 없느니라
  [히 11:6] 믿음이 없이는 하나님을 기쁘시게 하지 못하나니 하나님께 나아가는 자는 반드시 그가 계신 것과 또한 그가 자기를 찾는 자들에게 상 주시는 이심을 믿어야 할지니라

54. 하나님의 이름

1) 성경에서 하나님에 관한 이름을 거론할 때 그 이름들은 백성들과 관계를 맺고 계신 하나님에 대한 온전한 현현을 상징하거나, 혹은 하나님과 동의어가 되는 인격에 대한 것이다.
2) 구약에 계시된 이름

   (1) יהוה(여호와): 구약성경에서 히브리인에게 처음으로 자신을 계시한 명칭이자 하나님이 지닌 인격적인 이름. 가장 성스럽고 특별하며 불가해한 하나님의 이름으로 영원하고 자존하며 불변하신 하나님(출 3:14),56) 언약에 신실하신 하나님(레 26:44-45; 시 111:5; 사 54:10)57)을 가리킴.

   여호와 이레(준비하시는 여호와), 여호와 로페(치료하시는 여호와), 여호와 닛시(승리케 하시는 여호와), 여호와 샬롬(우리의 평화가 되시는 여호와), 여호와 츠바오트(만군의 여호와),58) 여호와 치드케누(우리의 의가 되시는 여호와), 여호와 로이(나의 목자 되신 여호와), 여호와 삼마(거기 계시는 여호와) 등의 여호와 복합명사로 계시됨.

   (2) אל(엘), אלהים(엘로힘): 고대 셈족 세계에서 하나님을 가리키는 가장 단순한 명칭. 위엄·권위·권능을 지니신 경외의 대상으로서 하나님을 가리킴. 특히 창조주, 통치자(창 1:1)59)이신 하나님을 의미함. 아래와 같은 복합명사가 있음.

   ① 엘샤다이: '높은 산 위에 계시는 전능하신 자'라는 의미(창 17:1; 35:11). 위로와 축복의 하나님. 초월적 위엄보다 내재적 위로를 강조(출 6:3)60)

   ② 엘 엘룐: '지극히 높으신 하나님'이란 의미. 하나님을 가장 높고 존귀하신 분으로 나타내며 대제사장 멜기세덱이 아브라함을 축복할 때 처음으로 사용함(창 14:18-19).61)

   ③ 엘 올람: '영생하시는 하나님'이란 의미(창 21:33)

   ④ 엘 로이: '살피시는 하나님'이란 의미(창 16:13)

   (3) אדני(아도나이): 모든 것이 종속되고 인간이 종으로 관계되어 있는 전능한 통치자로서의 하나님을 가리킴. 이스라엘 백성이 하나님을 부르는 일상적인 이름이었으며 나중에 '여호

---

56) [출 3:14] 하나님이 모세에게 이르시되 나는 스스로 있는 자이니라 또 이르시되 너는 이스라엘 자손에게 이같이 이르기를 스스로 있는 자가 나를 너희에게 보내셨다 하라
57) [레 26:44-45] 44그런즉 그들이 그들의 원수들의 땅에 있을 때에 내가 그들을 내버리지 아니하며 미워하지 아니하며 아주 멸하지 아니하고 그들과 맺은 내 언약을 폐하지 아니하리니 나는 여호와 그들의 하나님이 됨이니라 45내가 그들의 하나님이 되기 위하여 민족들이 보는 앞에서 애굽 땅으로부터 그들을 인도하여 낸 그들의 조상과의 언약을 그들을 위하여 기억하리라 나는 여호와이니라
[시 111:5] 여호와께서 자기를 경외하는 자들에게 양식을 주시며 그의 언약을 영원히 기억하시리로다
[사 54:10] 산들이 떠나며 언덕들은 옮겨질지라도 나의 자비는 네게서 떠나지 아니하며 나의 화평의 언약은 흔들리지 아니하리라 너를 긍휼히 여기시는 여호와께서 말씀하셨느니라
58) [슥 1:3] 그러므로 너는 그들에게 말하기를 만군의 여호와께서 이처럼 이르시되 너희는 내게로 돌아오라 만군의 여호와의 말이니라 그리하면 내가 너희에게로 돌아가리라 만군의 여호와의 말이니라
59) [창 1:1] 태초에 하나님이 천지를 창조하시니라
60) [출 6:3] 내가 아브라함과 이삭과 야곱에게 전능의 하나님으로 나타났으나 나의 이름을 여호와로는 그들에게 알리지 아니하였고
61) [창 14:18-19] 18살렘 왕 멜기세덱이 떡과 포도주를 가지고 나왔으니 그는 지극히 높으신 하나님의 제사장이었더라 19그가 아브람에게 축복하여 이르되 천지의 주재이시요 지극히 높으신 하나님이여 아브람에게 복을 주옵소서

와'라는 이름을 대체함. 아도나이는 하나님을 높고 존귀하시며 절대적 권위를 지니신 초월적 하나님으로 묘사함(시 86:8).62)

3) 신약에 계시된 이름

(1) Θεος(데오스, 하나님): 구약의 엘, 엘론, 엘로힘에 해당하는 가장 일반적인 명칭. 구약이 '이스라엘의' 하나님을 부각한 데 비해, 신약에서는 '나의', '우리의', '너희의' 등과 함께 사용되어 개인의 하나님, 모든 성도의 하나님을 부각(요 1:1).63)

(2) κυριος(퀴리오스, 주): 하나님을 법적 권세와 권위를 가지신 전능자와 주님, 소유자, 통치자로 묘사하는 칭호. 구약의 '아도나이'에 해당. 하나님뿐만 아니라 그리스도에 대해서도 쓰임(계 4:8).64)

(3) Πατηρ(파테르, 아버지): 구약성경에서 아버지라는 칭호는 이스라엘에 대한 하나님의 관계(신정적 관계)를 지시하기 위해 사용되었음. 신약성경에서는 창조자의 일반적인 의미로도 사용되며, 삼위일체의 제1 위격으로서 아들이신 그리스도와 맺으시는 특별한 관계를 드러냄. 또한 하나님이 영적 자녀들인 모든 신자와 맺으시는 윤리적 관계를 표현해주기도 함(마 6:9).65)

55. 하나님의 비공유적 속성

1) 비공유적 속성은 피조물에게서 어떤 유비도 찾을 수 없는 속성이다. 비전달적 속성, 절대 존재로서 하나님의 속성을 가리킨다. 비공유적 속성을 인식하는 방법은 '부정의 길'(*via negativa*)이다. 부정의 길은 피조물의 존재에서 불완전하고 불충분하다고 여겨지는 모든 것을 하나님으로부터 배제함으로써 하나님이 무엇이 아닌지를 서술한다.

2) 자존성(독립성): 하나님은 스스로 존재하시며 어떤 것도 의존하지 않으신다(출 3:14; 시 33:11).66)

3) 불변성: 하나님은 변치 않으시며(말 3:6),67) 존재·속성·목적·약속에 있어서 변함이 없으시다(민 23:19; 히 6:17).68)

4) 무한성: 하나님은 모든 제한으로부터 자유하시다. 무한성은 양적 개념이 아니라 질적 개념이다.

(1) 완전성: 본질적 무한성(시 145:3)69)

---

62) [시 86:8] 주여 신들 중에 주와 같은 자 없사오며 주의 행하심과 같은 일도 없나이다
63) [요 1:1] 태초에 말씀이 계시니라 이 말씀이 하나님과 함께 계셨으니 이 말씀은 곧 하나님이시니라
64) [계 4:8] 네 생물은 각각 여섯 날개를 가졌고 그 안과 주위에는 눈들이 가득하더라 그들이 밤낮 쉬지 않고 이르기를 거룩하다 거룩하다 거룩하다 주 하나님 곧 전능하신 이여 전에도 계셨고 이제도 계시고 장차 오실 이시라 하고
65) [마 6:9] 그러므로 너희는 이렇게 기도하라 하늘에 계신 우리 아버지여 이름이 거룩히 여김을 받으시오며
66) [출 3:14] 하나님이 모세에게 이르시되 나는 스스로 있는 자이니라 또 이르시되 너는 이스라엘 자손에게 이같이 이르기를 스스로 있는 자가 나를 너희에게 보내셨다 하라
    [시 33:11] 여호와의 계획은 영원히 서고 그의 생각은 대대에 이르리로다
67) [말 3:6] 나 여호와는 변하지 아니하나니 그러므로 야곱의 자손들아 너희가 소멸되지 아니하느니라
68) [민 23:19] 하나님은 사람이 아니시니 거짓말을 하지 않으시고 인생이 아니시니 후회가 없으시도다 어찌 그 말씀하신 바를 행하지 않으시며 하신 말씀을 실행하지 않으시랴
    [히 6:17] 하나님은 약속을 기업으로 받는 자들에게 그 뜻이 변하지 아니함을 충분히 나타내시려고 그 일을 맹세로 보증하셨나니

(2) 영원성: 시간과의 관계에서 하나님의 무한성. 존재에 있어 시간이나 끝, 혹은 순간의 연속이 없음. 그럼에도 시간 안에서 사건과 행동을 관찰하심.
(3) 광대성 혹은 편재성: 공간과의 관계에서 하나님의 무한성. 모든 공간적 한계를 초월하시면서도 모든 순간의 공간에 전 존재로 참여하심. 자신이 기뻐하시는 대로 '자유롭게' 시간과 공간의 방식을 선택하여 임재하심.
5) 단일성 혹은 통일성: 삼위일체 하나님은 유일한 존재이시다.
(1) 단수성: 하나님의 유일성과 독특성을 가리킴. 하나님의 수적인 유일성은 오직 여호와라는 이름을 받기에 합당한 독특한 하나님임을 말해줌.
(2) 단순성 혹은 통일성: 신적 본질과 속성들이 구분되지 않고, 하나님의 본질에 덧붙여진 것도 아니라는 의미. 하나님의 전 존재는 모든 속성을 포함. 하나님의 본질과 속성이 하나이므로 성경은 하나님을 빛과 생명으로, 의로움과 사랑으로 칭할 수 있음.

56. 하나님의 공유적 속성
1) 공유적 속성은 최소한 인간성 속에서 부분적으로 상응하는 것이 있는 하나님의 특성들이다. 공유적 속성을 인식하는 방법은 '인과율의 길'(via causalitatis) 또는 '탁월성의 길'(via eminentiae)을 따라 만물의 원인이신 하나님이 창조세계에 존재하는 모든 선한 덕의 원인이라고 간주하여, 피조물의 덕이 하나님 안에서 가장 완전하고 탁월하게 실현된다고 추론하는 것이다.
2) 영성(인격성, 생명성, 불가견성, 비물질성, 비육체성): 하나님은 절대적이고 순수한 영으로서, 하나님 안에는 영의 완전한 개념에 속하는 모든 본질적인 속성이 있다(요 4:24).[70] 하나님은 완전한 영으로서 그의 온전한 본질을 우리가 절대로 볼 수 없을 것이나, 그럼에도 불구하고 하나님께서는 가시적이고 창조된 것을 통해 자신을 끊임없이 계시하신다.
3) 지성(지식, 지혜, 진실성): 하나님은 완전히 독특한 방식으로 자기 자신과 또한 가능하고 현실적인 모든 것을 하나의 영원하며 가장 순수한 행위로 아신다(지식). 하나님은 언제나 최선의 목표를 이루시기 위하여 최상의 수단을 아시고 선택하신다(지혜). 하나님은 참되신 하나님이며 모든 지식과 말씀은 참되어서 진리의 최종적 기준이 되신다(진실성).
4) 도덕성(선, 거룩, 의): 하나님은 선의 최종 기준이 되시며, 하나님의 모든 것과 행하시는 모든 일은 선하다고 인정받기에 합당하시다(선). 절대 죄와 교제하실 수 없는 거룩한 하나님은 영원히 자기 자신의 도덕적인 탁월성을 원하시고, 유지하시며, 죄를 혐오하시고, 자신의 도덕적인 피조물들 속에서 순결을 요청하신다(거룩). 하나님은 자신 안에서 무한히 의로우심을 드러내시고, 자신의 거룩함을 침해하는 모든 것을 용납하지 않으신다(의).
5) 주권적 속성(의지, 능력): 하나님은 자신의 이름을 위하여 피조물의 존재와 지속적인 실존을 결정하신다(의지). 하나님은 자신의 의지를 실행하기 위한 (이차적인 원인들의 간섭이 없는) 절대적인 능력을 지니시며, 또한 (이차적인 원인들을 질서 있게 작용하게 하셔서) 절대적인 질서를 창조하신다.

---

69) [시 145:3] 여호와는 위대하시니 크게 찬양할 것이라 그의 위대하심을 측량하지 못하리로다
70) [요 4:24] 하나님은 영이시니 예배하는 자가 영과 진리로 예배할지니라

6) 복 되신(유복적[有福的]) 속성(완전, 복됨, 영광): 절대적으로 완전하신 하나님은 자기 자신과 모든 피조물에게 지극히 복되시며, 엄위롭고 지고하신 분으로서 감사, 찬양, 숭경(崇敬), 복종, 순종의 대상이시다.

57. 삼위일체

1) 삼위일체 교리
   (1) 성경이 명백히 진술하는 것은, 하나님이 그의 본질적 존재에서는 하나(유일)이시며, 한 하나님은 성부, 성자, 성령이라 불리는 삼위(세 신적 인격)로 존재하신다는 사실이다. 따라서 우리는 신성의 한 본질 안에서 한편으로는 세 분의 하나님이 아니고, 다른 한편으로는 하나님의 세 부분이나 세 양태도 아니며, 서로 동등하게 영원한 하나님이신 세 '위격'을 구분해내야 한다.
   (2) 하나인 것은 하나의 분리되지 않는 본질(헬라어 ousia, 라틴어 essentia 또는 substantia)이다. 하나님은 그의 본질적 존재 혹은 구성된 본질에서 하나이시다.
   (3) 셋인 것은 위격(헬라어 *hypostases*, 라틴어 *personae*), 즉 자의식을 소유하고 모든 변화 안에서 자신의 존재와 신분을 의식하는 구분된 존재이다.
   (4) 하나님의 전(全) 본질은 성부, 성자, 성령에게 동일하게 속한다. 삼위는 본질에서 서로에 대해 종속되지 않고 동등하시기에 성부, 성자, 성령은 '동일본질'(호모우시아, ὁμοούσια)이시다. 그러므로 성부도 하나님, 성자도 하나님, 성령도 하나님이시다(요 10:30).[71]
   (5) 성부, 성자, 성령은 신적 본성과 속성에서 동일하지만, 공유하거나 대체할 수 없는 위격적 속성이 있다. 성자는 영원히 내쉰 바 될 수 없으며 성부와 성령도 낳으신 바 될 수 없다. 성자는 신성의 근원이 되실 수 없고, 성령은 성육신한 말씀이 될 수 없다. 신성의 외적 사역에서 성부는 언제나 근원이시고 성자는 언제나 중재자이시며 성령은 언제나 완성하는 행위자이시다. 삼위 간의 내적 사역에서 본체적 위엄의 선후나 우열이 없다.

2) 삼위일체의 성경적 근거
   (1) 구약
      ① 복수 명사(엘로힘)와 복수 대명사(우리)(창 1:26-27)[72]: 하나님 안에서 위격의 구별을 내포한다.
      ② 여호와와 구별되는 '여호와의 사자'(창 16:7, 13; 22:11-18; 출 3:2-6; 삿 13:21-22)[73]:

---

71) [요 10:30] 나와 아버지는 하나이니라 하신대
72) [창 1:26-27] ²⁶하나님이 이르시되 우리의 형상을 따라 우리의 모양대로 우리가 사람을 만들고 그들로 바다의 물고기와 하늘의 새와 가축과 온 땅과 땅에 기는 모든 것을 다스리게 하자 하시고 ²⁷하나님이 자기 형상 곧 하나님의 형상대로 사람을 창조하시되 남자와 여자를 창조하시고
73) [창 16:7, 13] ⁷여호와의 사자가 광야의 샘물 곁 곧 술 길 샘 곁에서 그를 만나 ¹³하갈이 자기에게 이르신 여호와의 이름을 나를 살피시는 하나님이라 하였으니 이는 내가 어떻게 여기서 나를 살피시는 하나님을 뵈었는고 함이라
[창 22:11-18] ¹¹여호와의 사자가 하늘에서부터 그를 불러 이르시되 아브라함아 아브라함아 하시는지라 아브라함이 이르되 내가 여기 있나이다 하매 ¹²사자가 이르시되 그 아이에게 네 손을 대지 말라 그에게 아무 일도 하지 말라 네가 네 아들 네 독자까지도 내게 아끼지 아니하였으니 내가 이제야 네가 하나님을 경외하는

구약에 나타난 성육신 이전의 그리스도를 가리킨다.

③ 하나님의 지혜나 말씀이나 영의 인격화(잠 8:1, 22-31; 시 33:4, 6)[74]: 이 개념들은 '하나님 혹은 하나님의 활동'과 동일시되면서 동시에 하나님과는 구별되는 인격적인 개념으로 사용된다.

④ 한 위격 이상이 언급됨(사 63:7-11)[75]: 하나님, 메시야, 성령의 인격성이 함께 언급되는 경우가 있다.

(2) 신약

① 신격 안의 위격들 구별이 분명하게 계시된다: 성자를 보내신 성부(요 3:16),[76] 성령을 파송하신 성부와 성자(요 14:26; 15:26; 16:7; 갈 3:6),[77] 성자에게 말씀하시는 성부

줄을 아노라 ¹³아브라함이 눈을 들어 살펴본즉 한 숫양이 뒤에 있는데 뿔이 수풀에 걸려 있는지라 아브라함이 가서 그 숫양을 가져다가 아들을 대신하여 번제로 드렸더라 ¹⁴아브라함이 그 땅 이름을 여호와 이레라 하였으므로 오늘날까지 사람들이 이르기를 여호와의 산에서 준비되리라 하더라 ¹⁵여호와의 사자가 하늘에서부터 두 번째 아브라함을 불러 ¹⁶이르시되 여호와께서 이르시기를 내가 나를 가리켜 맹세하노니 네가 이같이 행하여 네 아들 네 독자도 아끼지 아니하였은즉 ¹⁷내가 네게 큰 복을 주고 네 씨가 크게 번성하여 하늘의 별과 같고 바닷가의 모래와 같게 하리니 네 씨가 그 대적의 성문을 차지하리라 ¹⁸또 네 씨로 말미암아 천하 만민이 복을 받으리니 이는 네가 나의 말을 준행하였음이니라 하셨다 하니라

[출 3:2-6] ²여호와의 사자가 떨기나무 가운데로부터 나오는 불꽃 안에서 그에게 나타나시니라 그가 보니 떨기나무에 불이 붙었으나 그 떨기나무가 사라지지 아니하는지라 ³이에 모세가 이르되 내가 돌이켜 가서 이 큰 광경을 보리라 떨기나무가 어찌하여 타지 아니하는고 하니 그 때에 ⁴여호와께서 그가 보려고 돌이켜 오는 것을 보신지라 하나님이 떨기나무 가운데서 그를 불러 이르시되 모세야 모세야 하시매 그가 이르되 내가 여기 있나이다 ⁵하나님이 이르시되 이리로 가까이 오지 말라 네가 선 곳은 거룩한 땅이니 네 발에서 신을 벗으라 ⁶또 이르시되 나는 네 조상의 하나님이니 아브라함의 하나님, 이삭의 하나님, 야곱의 하나님이니라 모세가 하나님 뵈옵기를 두려워하여 얼굴을 가리매

[삿 13:21-22] ²¹여호와의 사자가 마노아와 그의 아내에게 다시 나타나지 아니하니 마노아가 그제야 그가 여호와의 사자인 줄 알고 ²²그의 아내에게 이르되 우리가 하나님을 보았으니 반드시 죽으리로다 하니

74) [잠 8:1, 22-31] ¹지혜가 부르지 아니하느냐 명철이 소리를 높이지 아니하느냐 ²²여호와께서 그 조화의 시작 곧 태초에 일하시기 전에 나를 가지셨으며 ²³만세 전부터, 태초부터, 땅이 생기기 전부터 내가 세움을 받았나니 ²⁴아직 바다가 생기지 아니하였고 큰 샘들이 있기 전에 내가 이미 났으며 ²⁵산이 세워지기 전에, 언덕이 생기기 전에 내가 이미 났으니 ²⁶하나님이 아직 땅도, 들도, 세상 진토의 근원도 짓지 아니하셨을 때라 ²⁷그가 하늘을 지으시며 궁창을 해면에 두르실 때에 내가 거기 있었고 ²⁸그가 위로 구름 하늘을 견고하게 하시며 바다의 샘들을 힘 있게 하시며 ²⁹바다의 한계를 정하여 물이 명령을 거스르지 못하게 하시며 또 땅의 기초를 정하실 때에 ³⁰내가 그 곁에 있어서 창조자가 되어 날마다 그의 기뻐하신 바가 되었으며 항상 그 앞에서 즐거워하였으며 ³¹사람이 거처할 땅에서 즐거워하며 인자들을 기뻐하였느니라

[시 33:4, 6] ⁴여호와의 말씀은 정직하며 그가 행하시는 일은 다 진실하시도다 ⁶여호와의 말씀으로 하늘이 지음이 되었으며 그 만상을 그의 입 기운으로 이루었도다

75) [사 63:7-11] ⁷내가 여호와께서 우리에게 베푸신 모든 자비와 그의 찬송을 말하며 그의 사랑을 따라, 그의 많은 자비를 따라 이스라엘 집에 베푸신 큰 은총을 말하리라 ⁸그가 말씀하시되 그들은 실로 나의 백성이요 거짓을 행하지 아니하는 자녀라 하시고 그들의 구원자가 되사 ⁹그들의 모든 환난에 동참하사 자기 앞의 사자로 하여금 그들을 구원하시며 그의 사랑과 그의 자비로 그들을 구원하시고 옛적 모든 날에 그들을 드시며 안으셨으나 ¹⁰그들이 반역하여 주의 성령을 근심하게 하였으므로 그가 돌이켜 그들의 대적이 되사 친히 그들을 치셨더니 ¹¹백성이 옛적 모세의 때를 기억하여 이르되 백성과 양 떼의 목자를 바다에서 올라오게 하신 이가 이제 어디 계시냐 그들 가운데에 성령을 두신 이가 이제 어디 계시냐

76) [요 3:16] 하나님이 세상을 이처럼 사랑하사 독생자를 주셨으니 이는 그를 믿는 자마다 멸망하지 않고 영생을 얻게 하려 하심이라

77) [요 14:26] 보혜사 곧 아버지께서 내 이름으로 보내실 성령 그가 너희에게 모든 것을 가르치고 내가 너희에게 말한 모든 것을 생각나게 하리라

(마 3:16-17; 17:5),78) 성부에게 말씀하시는 성자(요 17:5; 15:10),79) 그리스도의 세례 때 말씀하시는 성부와 비둘기 모양으로 임하신 성령(마 3:16-17).80)

② 삼위가 동렬로 기록되어 있다: 예수 그리스도의 대위임 명령(마 28:19-20),81) 서신서의 축복기도문(고후 13:13).82) 그 외 고전 12:4-6; 벧전 1:2 참고.83)

③ 신약은 하나님은 유일하시며, 성부, 성자, 성령이 모두 하나님이심을 증거한다.

58. 삼위 각 위의 개별적 고찰

1) 내재적 삼위일체: 세상이 조성되기 전, 세상과 관계없는 내적 사역(opera ad intra)에서의 삼위일체
   (1) 성부: ① 나시지도 않고 나오시지도 않는다. ② 성자를 영원히 낳으시고, 성령을 영원히 나오게 하신다.
   (2) 성자: ① 영원히 성부에게서 나신다. ② 성부와 함께 성령을 영원히 나오게 하신다.
   (3) 성령: 영원히 성부에게서 '그리고 성자에게서'(*Filioque*) 나오신다(출래, 발출).

2) 경륜적 삼위일체: 하나님이 피조물과 맺는 외향적 사역(opera ad extra)에서의 삼위일체
   (1) 성부: ① 창조주로서 창조와 섭리를 주관, ② 구원을 계획, ③ 구원의 적용을 위한 소명과 칭의
   (2) 성자: ① 창조와 구원의 중보자, ② 성부의 구속 계획을 성취
   (3) 성령: ① 창조와 구원의 능력 및 효력, ② 생명의 발생(창 2:7),84) ③ 인간에게 재능

[요 15:26] 내가 아버지께로부터 너희에게 보낼 보혜사 곧 아버지께로부터 나오시는 진리의 성령이 오실 때에 그가 나를 증언하실 것이요
[요 16:7] 그러나 내가 너희에게 실상을 말하노니 내가 떠나가는 것이 너희에게 유익이라 내가 떠나가지 아니하면 보혜사가 너희에게로 오시지 아니할 것이요 가면 내가 그를 너희에게로 보내리니
[갈 3:6] 아브라함이 하나님을 믿으매 그것을 그에게 의로 정하셨다 함과 같으니라
78) [마 3:16-17] 16예수께서 세례를 받으시고 곧 물에서 올라오실새 하늘이 열리고 하나님의 성령이 비둘기 같이 내려 자기 위에 임하심을 보시더니 17하늘로부터 소리가 있어 말씀하시되 이는 내 사랑하는 아들이요 내 기뻐하는 자라 하시니라
[마 17:5] 말할 때에 홀연히 빛난 구름이 그들을 덮으며 구름 속에서 소리가 나서 이르시되 이는 내 사랑하는 아들이요 내 기뻐하는 자니 너희는 그의 말을 들으라 하시는지라
79) [요 17:5] 아버지여 창세 전에 내가 아버지와 함께 가졌던 영화로써 지금도 아버지와 함께 나를 영화롭게 하옵소서
[요 15:10] 내가 아버지의 계명을 지켜 그의 사랑 안에 거하는 것 같이 너희도 내 계명을 지키면 내 사랑 안에 거하리라
80) [마 3:16-17] 16예수께서 세례를 받으시고 곧 물에서 올라오실새 하늘이 열리고 하나님의 성령이 비둘기 같이 내려 자기 위에 임하심을 보시더니 17하늘로부터 소리가 있어 말씀하시되 이는 내 사랑하는 아들이요 내 기뻐하는 자라 하시니라
81) [마 28:19-20] 19그러므로 너희는 가서 모든 민족을 제자로 삼아 아버지와 아들과 성령의 이름으로 세례를 베풀고 20내가 너희에게 분부한 모든 것을 가르쳐 지키게 하라 볼지어다 내가 세상 끝날까지 너희와 항상 함께 있으리라 하시니라
82) [고후 13:13] 주 예수 그리스도의 은혜와 하나님의 사랑과 성령의 교통하심이 너희 무리와 함께 있을지어다
83) [고전 12:4-6] 4은사는 여러 가지나 성령은 같고 5직분은 여러 가지나 주는 같으며 6또 사역은 여러 가지나 모든 것을 모든 사람 가운데서 이루시는 하나님은 같으니
[벧전 1:2] 곧 하나님 아버지의 미리 아심을 따라 성령이 거룩하게 하심으로 순종함과 예수 그리스도의 피 뿌림을 얻기 위하여 택하심을 받은 자들에게 편지하노니 은혜와 평강이 너희에게 더욱 많을지어다

부여, ④ 성경의 영감, 조명, 감화, 감동의 역사, ⑤ 그리스도의 성육신, ⑥ 구원 적용, ⑦ 교회 설립과 유지

59. 삼위일체 교리의 역사
1) 사도시대 이후 전개된 삼위일체론과 기독론 발전의 역사에 이정표를 제시하고 정통삼위일체 교리를 확립한 계기는 325년에 열린 니케아 공의회이다.
2) 대표적인 삼위일체론 이단
   (1) 양자론과 양태론: 군주론적 일신론자
   ① 역동적 군주신론자: 하나님의 능력이 인간 예수에게 임하여 그를 양자로 삼았고 예수는 존재론적으로는 하나님이 아니고 단지 성령에 감동된 인간에 불과하다는 양자론을 주장함. 사모사타의 바울이 대표적 인물.
   ② 양태적 군주신론자: 아버지와 아들과 성령이 분리된 실체가 아니라 하나의 신적 존재가 발현되는 '양태들'(modes)이라고 주장. 사벨리우스가 대표적 인물.
   사벨리우스주의는 ㉠ 성부 잉태설(성부가 마리아에게서 잉태되었다) ㉡ 성부 고난설(십자가에서 성부가 고난당했다) ㉢ 성부 속성설(성자와 성령은 창조와 구속을 위해 일시적으로 인격을 취한 신적 속성이다) 등의 삼위일체 이단으로 이어짐.
   (2) 아리우스주의: 성자의 신성을 부인
   ① 아들이 만물 위에 뛰어나며 높임을 받은 분이었지만, 여전히 하나님의 피조물이 성자는 성부와 동일본질이 아니라 상이본질(헤테로우시오스)이라고 주장. "하나님 아들 자신은 무로부터 만들어졌고, 그에게는 존재하지 않은 때가 있었다", "아들은 자신의 시작 이전에는 존재하지 않았고, 다른 피조물들과 같이 '창조의 기원'을 갖는다."
   ② 아리우스주의는 "성자는 영원한 존재로서 피조물은 아니나 성부보다 열등하다"(순교자 저스틴, 터툴리안, 알렉산드리아의 클레멘트, 오리겐)는 종속론적 삼위일체론의 영향을 받음.
   ③ 아리우스주의의 영향: ㉠ 종교개혁 당시 등장한 소시니우스주의("예수 그리스도는 성부가 창조한 거룩한 인간이다.", 비들John Biddle) ㉡ 세르베투스("예수 그리스도는 성부와 동등한 신성을 지니지 않고 단지 인간의 몸을 입은 하나님의 아들이다.") ㉢ 세르베투스에게 영향을 받은 유니테리언("성자의 실제적 존재는 성육신에서 비롯된다.", 라시우스)

60. 필리오케 논쟁
1) '필리오케'는 중세 초기 삼위일체에 관한 가장 큰 논쟁이었다. 서방교회는 터툴리안의 아우구스티누스의 삼위일체 교리를 기반으로 니케아-콘스탄티노플 신조의 성령 발출 부분에 '그리고 아들에게서'라는 의미의 라틴어 '필리오케'(filioque, and the son)를 사용해오다가, 589년에 열린 제3차 톨레도 공의회에서 이를 명문화하였다.
2) 서방교회는 성령이 성부에게서뿐만 아니라 성자에게서도 나오신다는 '필리오케'를 통해 당

---

84) [창 2:7] 여호와 하나님이 땅의 흙으로 사람을 지으시고 생기를 그 코에 불어넣으시니 사람이 생령이 되니라

시 스페인에 퍼져 있던 아리우스주의에 대항하려고 했다.
3) 동방교회는 이 문구의 삽입이 성령을 아들에게 종속시키는 결과를 낳고, 신조의 본래 의미에 위배된다는 점에서 반대하였다. 동방교회는 필리오케가 성령과 아버지와 아들의 동일성을 파괴하고 결국 삼위일체의 통일성을 무너뜨리는 것이라고 주장했다.
4) 서방교회와 동방교회의 서로 다른 삼위일체 이해에서 비롯된 필리오케 논쟁은 동방과 서방의 감독들 사이에 상호 파문의 바람을 몰고 왔고, 신학자들뿐만 아니라 교황들과 동서방의 황제들까지 휘말리게 되어서 1054년 동방과 서방이 공식적으로 서로를 파문하고 결별하는 결과를 낳았다.

61. 하나님의 사역의 종류
1) 하나님의 계획: 하나님의 작정(일반계획), 예정(특별계획)
2) 하나님의 창조: 물질세계 창조, 영적 세계 창조
3) 하나님의 섭리: 일반 섭리, 특별 섭리, 통상 섭리, 비상 섭리

62. 작정
1) 하나님의 작정은 영원에서의 하나님의 역사로서, 전지전능하신 하나님이 절대적 자유와 지혜로 영원하신 계획과 목적을 통해 우주의 모든 사건을 정하시고 확실케 하시는 그의 계획이며, 존재하며 발생할 것을 미리 정하신 것이다(사 14:26; 엡 1:11).[85] 작정에는 창조, 섭리, 구속, 심지어 인간의 죄를 포함한 모든 행동이 포함된다(행 2:23, 4:28).[86] 죄에 대한 작정은 허용적 작정이며, 하나님은 죄의 조성자가 아니다. 하나님의 작정은 여럿이라기보다는 하나이다. 완전하고 영원하신 하나님의 지식에 기초한 하나님의 작정은 단일하고 전 포괄적이며 동시적인 행동이다.
2) 하나님의 작정에 대한 성경적 증거: 성경은 모든 사물, 특별 사물, 구속 역사 등 모두 하나님의 영원한 작정에 의하여 생성 및 진행한다고 가르친다.
   (1) 모든 사물에 대한 작정: 우주 만물
   (2) 특별한 사물들의 작정: 인간의 연대, 거처, 생명
   (3) 구속 사역의 작정: 성도의 구원, 하나님의 왕국
3) 하나님 작정의 특징: ① 영원하신 하나님의 지혜에 기초(엡 3:9-10)[87] ② 하나님의 뜻대로 하는 자유로운 작정 ③ 신적 속성으로 인해 '영원하고'(벧전 1:20)[88] '불변하며'(욥

---

85) [사 14:26] 이것이 온 세계를 향하여 정한 경영이며 이것이 열방을 향하여 편 손이라 하셨나니
    [엡 1:11] 모든 일을 그의 뜻의 결정대로 일하시는 이의 계획을 따라 우리가 예정을 입어 그 안에서 기업이 되었으니
86) [행 2:23] 그가 하나님께서 정하신 뜻과 미리 아신 대로 내준 바 되었거늘 너희가 법 없는 자들의 손을 빌려 못 박아 죽였으나
    [행 4:28] 하나님의 권능과 뜻대로 이루려고 예정하신 그것을 행하려고 이 성에 모였나이다
87) [엡 3:9-10] ⁹영원부터 만물을 창조하신 하나님 속에 감추어졌던 비밀의 경륜이 어떠한 것을 드러내게 하려 하심이라 ¹⁰이는 이제 교회로 말미암아 하늘에 있는 통치자들과 권세들에게 하나님의 각종 지혜를 알게 하려 하심이니
88) [벧전 1:20] 그는 창세 전부터 미리 알린 바 되신 이나 이 말세에 너희를 위하여 나타내신 바 되었으니

23:13)⁸⁹⁾ '절대적이고' '전 포괄적'(창 50:20; 마 10:29-30)⁹⁰⁾임 ④ 결과에 있어서 반드시 유효함(효과적, 사 46:10)⁹¹⁾ ⑤ 하나님이 직접 실현되도록 하지 않으신 행동(이성적인 피조물의 죄악된 행동)과 관계되는 작정은 '허용적'(permissive, 창 45:7-8; 행 17:30)⁹²⁾임

4) 작정과 예정의 구별: 작정은 온 우주적인 하나님의 계획으로서 일반적 계획이라면, 예정은 모든 도덕적 피조물(인간, 천사)의 구원에 관한 하나님의 특별계획이다.

63. 예정

1) 하나님의 예정이란 "하나님의 영원한 작정으로, 하나님 자신이 각 사람에게 일어나기 원하는 것을 결정하는 것"(칼빈)이다.
2) 예정의 주체: 성부의 사역으로 돌려진다.
3) 예정의 대상: 도덕적이고 인격적 존재(중보자 그리스도, 선악 간의 모든 인간, 선악 간의 천사)
4) 예정의 두 구분: 선택과 유기

64. 선택과 유기(이중예정)

1) 선택
   (1) 선택은 하나님이 그의 주권적인 선하심과 기뻐하심으로, 또한 인간들 속에 아무런 예견된 공로가 없으므로, 일정 수의 인간을 예수 그리스도 안에서 영원한 구원과 특별은혜의 수령자가 되도록 선택하시는 하나님의 영원한 행위이다(롬 8:29; 11:5).⁹³⁾
   (2) 종류: 민족의 선택(구약의 이스라엘 민족), 참된 구원을 위한 선택, 은혜의 외적 수단을 위한 선택, 직무와 봉사를 위한 선택
   (3) 특징: 영원적, 불변적, 불가항력적, 주권적, 무조건적. 선택은 유일한 중보자이신 예수 그리스도 안에서 이루어짐(엡 1:4)⁹⁴⁾
   (4) 목적: 선택된 자의 구원을 통하여 하나님이 영광 받으시는 것

---

89) [욥 23:13] 그는 뜻이 일정하시니 누가 능히 돌이키랴 그의 마음에 하고자 하시는 것이면 그것을 행하시나니
90) [창 50:20] 당신들은 나를 해하려 하였으나 하나님은 그것을 선으로 바꾸사 오늘과 같이 많은 백성의 생명을 구원하게 하시려 하셨나니
    [마 10:29-30] ²⁹참새 두 마리가 한 앗사리온에 팔리지 않느냐 그러나 너희 아버지께서 허락하지 아니하시면 그 하나도 땅에 떨어지지 아니하리라 ³⁰너희에게는 머리털까지 다 세신 바 되었나니
91) [사 46:10] 내가 시초부터 종말을 알리며 아직 이루지 아니한 일을 옛적부터 보이고 이르기를 나의 뜻이 설 것이니 내가 나의 모든 기뻐하는 것을 이루리라 하였노라
92) [창 45:7-8] ⁷하나님이 큰 구원으로 당신들의 생명을 보존하고 당신들의 후손을 세상에 두시려고 나를 당신들보다 먼저 보내셨나니 ⁸그런즉 나를 이리로 보낸 이는 당신들이 아니요 하나님이시라 하나님이 나를 바로에게 아버지로 삼으시고 그 온 집의 주로 삼으시며 애굽 온 땅의 통치자로 삼으셨나이다
    [행 17:30] 알지 못하던 시대에는 하나님이 간과하셨거니와 이제는 어디든지 사람에게 다 명하사 회개하라 하셨으니
93) [롬 8:29] 하나님이 미리 아신 자들을 또한 그 아들의 형상을 본받게 하기 위하여 미리 정하셨으니 이는 그로 많은 형제 중에서 맏아들이 되게 하려 하심이니라
    [롬 11:5] 그런즉 이와 같이 지금도 은혜로 택하심을 따라 남은 자가 있느니라
94) [엡 1:4] 곧 창세 전에 그리스도 안에서 우리를 택하사 우리로 사랑 안에서 그 앞에 거룩하고 흠이 없게 하시려고

(5) 유익: 구원의 근거가 변치 않는 하나님의 주권적 의지에 있음이 구원받은 자들에게 위로와 확신이 됨

2) 유기
  (1) 유기는 죄인 가운데 얼마에게 구원의 특별한 은총을 주시지 않고 간과하시며, 죄에 대해서 형벌을 내리기로 하신 하나님의 영원한 작정이다(벧전 2:8; 롬 1:28; 9:22).[95]
  (2) 유기의 두 요소
    ① 간과: 어떤 인간에게 특별한 구원의 은총을 주시지 않고 그냥 내버려두는 것
    ② 정죄: 죄인을 자기의 죄에 대하여 벌하심으로써 하나님의 공의를 드러내시기로 한 작정
  (3) 유기의 성경적 근거: 마 11:25-26(어린아이들에게는 나타내시고 지혜롭고 슬기로운 사람들에게는 숨김),[96] 롬 9:13, 21(토기장이 비유)[97]
  (4) 예수 그리스도를 믿는 성도는 십자가에서 우리 대신 유기당하신 그리스도의 대속으로 인해 하나님께 감사하게 된다.

65. 타락 전 선택설(Supralapsarianism)과 타락 후 선택설(Infralapsarianism)

1) 논쟁의 초점: 선택과 유기의 작정이 하나님의 다른 작정과 어떤 관계가 있는가? 인간의 타락이 신적 작정에 포함되었는지에 관한 것
2) 타락 전 선택설(전택설): 선택→창조의 작정→타락의 허용→구원의 작정
  (1) 전택설은 하나님이 타락을 작정하시기 전에 먼저 예정하셨다는 것을 의미한다.
  (2) 하나님의 절대적 주권, 특히 죄에 관계된 하나님의 주권성을 강조
  (3) 그리스도의 대속에 따른 택함 받은 사람의 구원이 창세 전 삼위일체 하나님에 의해 작정되었음과 그 구속사적 성취로서 언약을 설명하기에 적합
  (4) 죄에 대한 허용적 설명이 쉽고 후택설보다 더 논리적이고 통일적이지만, 죄의 원인이 하나님이 된다는 오해를 낳을 수 있음.
  (5) 데오도르 베자Theodore Beza, 윌리엄 휘태커William Whitaker, 윌리엄 퍼킨스William Perkins, 프란시스쿠스 고마루스Franciscus Gomarus, 버미글리Peter Martyr Vermigli, 지스베르투스 보에티우스Gisbertus Voetius, 코케이우스Johannes Cocceius, 아브라함 카이퍼Abraham Kuyper, 헤르만 훅세마Herman Hoeksema, 게할더스 보스Geerhardus Vos 등이 주장함
3) 타락 후 선택설(후택설): 창조→타락의 허용→선택→구원의 작정

---

[95] [벧전 2:8] 또한 부딪치는 돌과 걸려 넘어지게 하는 바위가 되었다 하였느니라 그들이 말씀을 순종하지 아니하므로 넘어지나니 이는 그들을 이렇게 정하신 것이라
[롬 1:28] 또한 그들이 마음에 하나님 두기를 싫어하매 하나님께서 그들을 그 상실한 마음대로 내버려 두사 합당하지 못한 일을 하게 하셨으니
[롬 9:22] 만일 하나님이 그의 진노를 보이시고 그의 능력을 알게 하고자 하사 멸하기로 준비된 진노의 그릇을 오래 참으심으로 관용하시고
[96] [마 11:25-26] [25]그 때에 예수께서 대답하여 이르시되 천지의 주재이신 아버지여 이것을 지혜롭고 슬기 있는 자들에게는 숨기시고 어린 아이들에게는 나타내심을 감사하나이다 [26]옳소이다 이렇게 된 것이 아버지의 뜻이니이다
[97] [롬 9:13, 21] [13]기록된 바 내가 야곱은 사랑하고 에서는 미워하였다 하심과 같으니라 [21]토기장이가 진흙 한 덩이로 하나는 귀히 쓸 그릇을, 하나는 천히 쓸 그릇을 만들 권한이 없느냐

(1) 후택설은 선택의 작정이 인간의 타락을 전제로 이루어진 것이라고 주장한다. 인간의 첫 범죄는 신적 예지의 대상이라면서 예정에 포함시키지 않는다.
(2) 선택과 유기보다 타락을 먼저 상정함으로써 덜 추상적이고 역사적 순서와도 더 조화롭게 보인다.
(3) 구원받은 자들에게는 구원하시는 은혜가 강조되고, 버려둔 자들에 대해서는 하나님의 공의가 강조된다.
(4) 그러나 신적 작정에 대한 통일성이 부족하며, 역시 왜 죄를 허용하셨는지에 대한 난제도 있지만, 죄의 창시자가 하나님이 아니시라는 것을 방어할 수 있다.
(5) 안드레 리벳Andre Rivet, 안토니우스 월레우스Antonius Wallaeus, 프란시스 튜레틴Francis Turretin, 존 오웬John Owen, 찰스 핫지Charles Hodge, 벤자민 워필드B. B. Warfield 등이 지지했다.

4) 개혁주의 신학은 두 입장을 병행해 왔다. 도르트신조는 본질적으로 전택설을 지지하였지만 후택설주의자들도 동의했고, 웨스트민스터 신앙고백은 두 가지 이론에 대한 입장을 확실하게 언급하지 않았다. 두 입장은 "하나님이 창조와 구속 가운데 만물을 통해서 친히 영광을 받으신다"는 점에서 공통의 이해를 가지고 있다. 또한 하나님이 창조와 구속의 모든 일을 통치하고 다스리시며, 하나님의 작정이 없이 일어나는 것은 아무것도 없다는 것에 동의한다. 두 입장이 차이를 보이는 지점은 친히 영광을 받으시려는 하나님의 제일차적인 목적이 예정을 통한 것인지, 아니면 창조를 통한 것인지에 관한 것이다. 그럼에도 불구하고 하나님이 영원부터 선택된 자와 유기된 자를 결정하셨고 그들의 운명이 바뀌지 않을 것이라는 결론에서는 차이가 없다.

66. 칼빈주의 예정론과 알미니우스주의 예정론

	칼빈주의(Calvinism)	알미니우스주의(Arminianism)
인생	전적 부패	자유의지 잔존, 전적 부패 부인
예정	무조건적 선택	예지 예정
속죄	제한 속죄	만인 속죄(보편구원론)
은총	불가항력적 은혜	가항력적 은혜
구원	성도의 견인	궁극적 구원 부인

67. 창조

1) 창조: 창조에 관한 선언은 특별계시의 서두를 장식한다. "태초에 하나님이 천지를 창조하시니라"(창 1:1)는 선언은 삼위일체 하나님이 자신 안의 영원한 관계에만 머물러 계시지 않고 창조를 통해 삼위일체적 삶 너머로 자신을 내어주고 확장시키셨다는 것을 말해준다.
2) 창조 교리
   (1) 삼위일체 하나님의 자유로운 사역: 성경은 세계가 필연에 의해서가 아니라 삼위일체 하나님의 자유로운 행위를 통해서 생겨났다고 말한다.
   (2) 무로부터의 창조: 무로부터의 창조는 하나님이 어떤 물질도 사용하지 않고 우주를 창조하셨다는 표현이 아니다. 하나님이 자기 외부에 있는 어떤 힘이나 고려 혹은 선재하는 물

질을 통해서가 아니라 순전히 자기의지적 행동으로 창조하셨다는 의미이다. 창조는 하나님의 일부분이나 그의 실재로부터의 유출(transfusio ex Deo)이 아니다.
- (3) 전 포괄적 창조: 하나님은 시간과 공간을 포함하여 존재하는 모든 것을 지으셨다.
- (4) 피조세계의 창조주에 대한 전적 의존: 하나님은 세계를 자신과 구별되게 존재하도록 창조하셨지만, 세계의 창조 이후에 배후로 물러가시지 않고 세계와 친밀한 관계를 유지하신다. 모든 존재는 창조주이신 하나님을 절대적으로 의존한다.
- (5) 이원론의 거부: 창조에 대한 성경의 가르침은 어떤 형태의 이원론도 거부한다. 창조주는 유일하시며 그는 실재를 존재하게 하신 유일한 분이다. 따라서 사탄과 같은 존재로부터 창조에 내재하는 악의 기원을 찾는 것은 부정된다.
- (6) 하나님의 형상인 인간 창조로 종결된다.

3) 창조 목적
- (1) 인간의 행복을 위한 창조설: 플라톤, 세네카 같은 고대 철학자들과 칸트, 슐라이어마허, 리츨과 같은 자유주의 신학자들이 주장한 것으로, 하나님은 스스로 충족하시므로 창조는 인간의 행복을 위함이라는 것이다. 그러나 이는 비성경적 견해이며, 하나님은 최고선이시며 창조주이시기 때문에 피조물인 인간이 창조의 목적이 될 수 없으며, 현 세계의 모든 고통을 고려할 때 인간의 행복을 위한 창조라는 것은 모순이다.
- (2) 하나님의 영광을 위한 창조설: 이는 성경이 증거하며 교회가 주장하는 것으로서, 창조의 목적은 하나님이 영광을 받기 위해서가 아니라 자신의 영광을 나타내시기 위함이라는 것이다. 이 최고의 목적 가운데 이성적 피조물들의 행복과 구원, 감사와 찬미의 마음으로부터 받는 찬양이 예속되는 것이 포함된다. 하나님의 영광은 그의 독립성과 주권성과 일치되는 유일한 목적이며, 우주에서 실제적이고 완전하게 성취된 유일한 목적이다.

4) 우주의 기원에 대한 다양한 이론
- (1) 창조론: 하나님이 만물을 '무로부터(ex nihilo, out of nothing)' 창조하셨음을 말하는 성경적 입장이다.
- (2) 이원론(플라톤, 아리스토텔레스, 영지주의자들): 창조된 물질세계는 저급하며 하급 신에 의해 조성되었다고 보는 비성경적 주장이다.
- (3) 유출론(신플라톤주의자들): 세계가 신적 존재로부터 필연적으로 유출되었다고 보는 범신론적 주장이다.
- (4) 진화론(다윈 Charles R. Darwin): 하나님이 피조물을 종류별로 창조하셨음을 부인하고 개별 생명의 기원을 창조가 아닌 진화에서 찾는 비성경적 입장이다.
- (5) 유신론적 진화론 혹은 진화적 창조론: 하나님의 창조 행위는 인정하나 진화의 방법에 의해서 개별 존재가 창조되었다는 주장으로서 성경의 진리에 부합하지 않는 입장이다.

68. 천사 창조
1) 중세 로마교회의 신학에서 천사론과 귀신론은 '그들의 본질이 무엇인가'에 집중되었다. 종교개혁자들은 중세시대의 철학적 사변들을 배제하고 천사와 귀신에 관한 성경적 내용을 조직화하려고 노력했다.

2) 천사(구약 히브리어로 '말아크', 신약 헬라어에서 '앙겔로스')는 '보냄을 받은 자' 즉 사자(使者)를 의미하며 성경에서는 특별한 임무를 띠고 하나님에 의해서 보내진 영적 존재들을 가리킬 때 사용된다.
3) 천사의 사역: ① 하나님을 예배하고 찬양 ② 하나님의 뜻을 자연과 인간과 역사 속에서 수행 ③ 성도와 교회를 위해 봉사·보호 ④ 하나님의 특별계시를 중개 ⑤ 하나님의 백성에게 축복 전달 ⑥ 원수들에게 심판 집행 ⑦ 영원히 하나님께 봉사
4) 악한 천사에 대하여
   (1) 정체: 하나님이 악하게 창조하신 것이 아니라 스스로 타락한 존재이며, 인간보다 먼저 타락하였다(참고. 창 3:1-6, 13-15; 벧후 2:4; 유 1:6).
   (2) 분류: 귀신(다이몬, 우두머리 사탄을 따라 악의 왕국을 형성하여 하나님 나라를 대적하는 존재), 사탄('고소자, 대적자'라는 의미, 욥 1:6[98]) 혹은 마귀('디아블로스, 유혹자, 원수, 중상가'라는 의미)
   (3) 신약성경의 복음은 예수께서 악의 세력들에 대하여 승리하셨다는 것을 선포한다. 그리고 종말의 날에 예수는 모든 마귀의 세력을 완전히 멸하실 것이다.

69. 섭리

1) 하나님의 섭리는 하나님이 작정하신 바를 실행하시는 사역으로서, 창조주 하나님이 창조하신 모든 피조물을 보존하시고, 세계에서 일어나는 모든 일에서 활동하시며, 만물을 그들의 지정된 목적으로 인도하시는 하나님의 지속적인 사역이다.
2) 섭리의 성질
   (1) 보편성: 섭리의 범위는 보편적
   (2) 주밀성: 세밀하게 다스림
   (3) 주권성: 만물을 다스림
   (4) 허용성: 죄에 대해서 허용적
3) 섭리의 3요소
   (1) 보전: 하나님이 창조하신 만물과 그 만물에 부여하신 특성과 능력 모두를 유지하시는 하나님의 계속적인 사역(시 136:25; 행 17:28)[99]
   (2) 협력: 사물들이 특정한 영역에서 계속해서 활동할 수 있게 해주는 신적 능력과 모든 이차적인 능력의 협력(창 45:5; 출 4:11-12)[100]
   (3) 통치: 하나님이 신적 목적의 성취를 위해 만물을 목적론적으로 다스리시는 하나님의 지속

---

98) [욥 1:6] 하루는 하나님의 아들들이 와서 여호와 앞에 섰고 사탄도 그들 가운데에 온지라
99) [시 136:25] 모든 육체에게 먹을 것을 주신 이에게 감사하라 그 인자하심이 영원함이로다
   [행 17:28] 우리가 그를 힘입어 살며 기동하며 존재하느니라 너희 시인 중 어떤 사람들의 말과 같이 우리가 그의 소생이라 하니
100) [창 45:5] 당신들이 나를 이 곳에 팔았다고 해서 근심하지 마소서 한탄하지 마소서 하나님이 생명을 구원하시려고 나를 당신보다 먼저 보내셨나이다
   [출 4:11-12] [11]여호와께서 그에게 이르시되 누가 사람의 입을 지었느냐 누가 말 못 하는 자나 못 듣는 자나 눈 밝은 자나 맹인이 되게 하였느냐 나 여호와가 아니냐 [12]이제 가라 내가 네 입과 함께 있어서 할 말을 가르치리라

　　　　적 행동(시 103:19; 딤전 1:17)[101]
　4) 섭리의 종류
　　(1) 일반섭리: 우주 만물에 대한 섭리
　　(2) 특별섭리: 하나님의 자녀가 중심인 섭리
　　(3) 통상섭리: 자연법칙에 의한 섭리
　　(4) 비상섭리: 이적, 즉 제2의 원인을 통하지 않는 하나님의 직접적인 행동

---

101) **[시 103:19]** 여호와께서 그의 보좌를 하늘에 세우시고 그의 왕권으로 만유를 다스리시도다
　　[딤전 1:17] 영원하신 왕 곧 썩지 아니하고 보이지 아니하고 홀로 하나이신 하나님께 존귀와 영광이 영원무궁하도록 있을지어다 아멘

III. 인간론
[70-86]

70. 인간론
71. 인간 창조의 특징
72. 인간의 계통적 단일성
73. 인간의 구조
74. 개별 영혼의 기원
75. 인간 안의 하나님 형상에 관한 성경적 근거
76. '하나님의 형상'의 신학적 의미
77. 죄의 본질
78. 아담의 죄의 결과
79. 죄의 전가
80. 원죄
81. 자범죄 또는 본죄
82. 죄에 대한 형벌로서의 사망
83. 구속 언약(구속 협약)
84. 행위 언약
85. 은혜 언약
86. 새 언약

70. 인간론

인간론(人間論, anthropology)은 '하나님의 형상'대로 창조되어 하나님의 '언약의 대상'인 인간에 대한 교리로서 다음을 다룬다.
1) 하나님의 형상(*Imago Dei*)
2) 인간의 타락(인죄론)
3) 언약(구원협약, 행위언약, 은혜언약, 새 언약)

71. 인간 창조의 특징

1) 하나님은 인간을 하나님의 형상대로 창조하셨다(창 1:26).[102]

2) 인간은 영혼과 육체로 구성된 '생령'이다(창 2:7).[103]
3) 인간은 모든 피조물 중에 가장 탁월한 지위를 가졌다(창 1:28; 2:19).[104]
4) 하나님께서 인간을 마지막으로 창조하신 후에 지으신 모든 것을 보시니 심히 좋으셨다(창 1:31).[105]

72. 인간의 계통적 단일성

하나님은 인간을 남자와 여자로 창조하시고 "생육하고 번성하고 땅에 충만하라"라고 하심으로써(창 1:28)[106] 인류가 그들에게서 유래하게 하셨기에(창 3:20)[107] 모든 인간은 계통적 단일성뿐만 아니라(행 17:26)[108] 동일한 인간 본성을 가진다.

73. 인간의 구조

1) 성경적 입장: 영육통일체(Psycho-somatic unity, 존 머레이와 안토니 후크마의 표현)
   (1) 주장: 통전적 관점에서 인간을 '한 실체를 지녔지만 복합적인 기능적 능력을 지닌 존재'로 본다. 즉 인간은 영혼이라고 표현될 수 있는 비물질적 차원과 육체라고 표현될 수 있는 물질적 차원이 구분되지 않은 전체를 이루는 하나의 실체이다.
   (2) 성경적 근거
      ① '영혼'과 '육체'라는 두 요소가 유기적 단일성을 이룬다(창 2:7).[109]
      ② 성경에서 '영'('רוּחַ(루아흐)'[시 31:5],[110] 'πνεῦμα(프뉴마)'[눅 23:46][111])이나 '혼'('נֶפֶשׁ(네페쉬)'[창 35:18],[112] 'ψυχή(프쉬케)'[계 6:9][113])은 동일한 실체를 가리키며 교차적으로 사용된다.

---

102) [창 1:26] 하나님이 이르시되 우리의 형상을 따라 우리의 모양대로 우리가 사람을 만들고 그들로 바다의 물고기와 하늘의 새와 가축과 온 땅과 땅에 기는 모든 것을 다스리게 하자 하시고
103) [창 2:7] 여호와 하나님이 땅의 흙으로 사람을 지으시고 생기를 그 코에 불어넣으시니 사람이 생령이 되니라
104) [창 1:28] 하나님이 그들에게 복을 주시며 하나님이 그들에게 이르시되 생육하고 번성하여 땅에 충만하라, 땅을 정복하라, 바다의 물고기와 하늘의 새와 땅에 움직이는 모든 생물을 다스리라 하시니라
   [창 2:19] 여호와 하나님이 흙으로 각종 들짐승과 공중의 각종 새를 지으시고 아담이 무엇이라고 부르나 보시려고 그것들을 그에게 이끌어 가시니 아담이 각 생물을 부르는 것이 곧 그 이름이 되었더라
105) [창 1:31] 하나님이 지으신 그 모든 것을 보시니 보시기에 심히 좋았더라 저녁이 되고 아침이 되니 이는 여섯째 날이니라
106) [창 1:28] 하나님이 그들에게 복을 주시며 하나님이 그들에게 이르시되 생육하고 번성하여 땅에 충만하라, 땅을 정복하라, 바다의 물고기와 하늘의 새와 땅에 움직이는 모든 생물을 다스리라 하시니라
107) [창 3:20] 아담이 그의 아내의 이름을 하와라 불렀으니 그는 모든 산 자의 어머니가 됨이더라
108) [행 17:26] 인류의 모든 족속을 한 혈통으로 만드사 온 땅에 살게 하시고 그들의 연대를 정하시며 거주의 경계를 한정하셨으니
109) [창 2:7] 여호와 하나님이 땅의 흙으로 사람을 지으시고 생기를 그 코에 불어넣으시니 사람이 생령이 되니라
110) [시 31:5] 내가 나의 영을 주의 손에 부탁하나이다 진리의 하나님 여호와여 나를 속량하셨나이다
111) [눅 23:46] 예수께서 큰 소리로 불러 이르시되 아버지 내 영혼을 아버지 손에 부탁하나이다 하고 이 말씀을 하신 후 숨지시니라
112) [창 35:18] 그가 죽게 되어 그의 혼이 떠나려 할 때에 아들의 이름을 베노니라 불렀으나 그의 아버지는 그를 베냐민이라 불렀더라
113) [계 6:9] 다섯째 인을 떼실 때에 내가 보니 하나님의 말씀과 그들이 가진 증거로 말미암아 죽임을 당한 영혼들이 제단 아래에 있어

③ 사람 전체 즉 전인(全人)을 가리키는데 '혼'과 '육체'가 함께(마 6:25; 10:28)[114] 또는 '영'과 '육체'가 함께(전 12:7; 고전 5:3, 5)[115] 사용되는 경우에도, '영혼'이라는 한 실체를 가리킨다.

2) 이분설(dichotomy)이나 삼분설(trichotomy)
  (1) 주장: 인간이 '몸'(물질적 부분), '혼'(정신적 부분), '영'(영적 부분) / '영혼'과 '육체'로 구성된다.
  (2) 성경적 근거: 살전 5:23[116]; 히 4:12[117]에서 영과 혼과 육을 가리키는 표현을 문자 그대로 해석하여 인간의 각기 다른 구성요소라고 본다.
  (3) 비판
    ① 성경에서 '영, 혼, 육체'를 각각 말하는 경우는 인간 전체를 표시하기 위해 사용된 것이지 세 가지 실체를 지시함이 아니다.
    ② 성경에서 '영혼'과 '육체'를 각각 말하는 경우 작용적 구별일 뿐 실체적 구별이 아니다. 즉 한 실체의 두 측면을 가리킨다.
    ③ 삼분설을 주장한 아폴리나리우스는 예수님의 인성이 '혼'과 '육체'로만 이루어지고 '영'은 로고스로 대체되었다고 주장함으로써 결과적으로 성육신하신 그리스도의 참된 인성을 부인하는 결과를 낳았다.

74. 개별 영혼의 기원

1) 영혼 창조설(성경적 입장)
  (1) 주장: 하나님이 인간의 육체가 태어나는 순간에 인간에게 영혼을 창조하여 부여하신다는 견해(제롬, 힐러리, 롬바르드, 칼빈, 베자, 튜레틴)
  (2) 성경적 근거
    ① 영혼의 기원을 구별하여 하나님께 돌린다(전 12:7; 사 42:5).[118]
    ② 영혼의 창조를 하나님께 돌린다(슥 12:1; 히 12:9).[119]

---

114) [마 6:25] 그러므로 내가 너희에게 이르노니 목숨을 위하여 무엇을 먹을까 무엇을 마실까 몸을 위하여 무엇을 입을까 염려하지 말라 목숨이 음식보다 중하지 아니하며 몸이 의복보다 중하지 아니하냐
   [마 10:28] 몸은 죽여도 영혼은 능히 죽이지 못하는 자들을 두려워하지 말고 오직 몸과 영혼을 능히 지옥에 멸하실 수 있는 이를 두려워하라
115) [전 12:7] 흙은 여전히 땅으로 돌아가고 영은 그것을 주신 하나님께로 돌아가기 전에 기억하라
   [고전 5:3, 5] ³내가 실로 몸으로는 떠나 있으나 영으로는 함께 있어서 거기 있는 것 같이 이런 일 행한 자를 이미 판단하였노라 ⁵이런 자를 사탄에게 내주었으니 이는 육신은 멸하고 영은 주 예수의 날에 구원을 받게 하려 함이라
116) [살전 5:23] 평강의 하나님이 친히 너희를 온전히 거룩하게 하시고 또 너희의 온 영과 혼과 몸이 우리 주 예수 그리스도께서 강림하실 때에 흠 없게 보전되기를 원하노라
117) [히 4:12] 하나님의 말씀은 살아있고 활력이 있어 좌우에 날선 어떤 검보다도 예리하여 혼과 영과 및 관절과 골수를 찔러 쪼개기까지 하며 또 마음의 생각과 뜻을 판단하나니
118) [전 12:7] 흙은 여전히 땅으로 돌아가고 영은 그것을 주신 하나님께로 돌아가기 전에 기억하라
   [사 42:5] 하늘을 창조하여 펴시고 땅과 그 소산을 내시며 땅 위의 백성에게 호흡을 주시며 땅에 행하는 자에게 영을 주시는 하나님 여호와께서 이같이 말씀하시되
119) [슥 12:1] 이스라엘에 관한 여호와의 경고의 말씀이라 여호와 곧 하늘을 펴시며 땅의 터를 세우시며 사람 안에 심령을 지으신 이가 이르시되

(3) 장점
① 영혼의 단순성에 부합함: 영혼은 분리되거나 분할되지 않는다.
② 성육신(그리스도의 무죄) 교리를 잘 설명함: 그리스도께서 마리아의 몸에서 잉태되실 때 어머니의 실체로부터 인성을 취하시되 그때 영혼을 창조하시고 거룩하게 하셨기에 무죄하시다.

2) 영혼 선재설(先在說)
(1) 주장: 하나님이 창조 전에 이미 모든 인간의 영혼을 창조해두셨다가 나중에 준비된 육체와 결합하게 하셨다는 견해(오리겐, 아퀴나스, 에리우게나)
(2) 영혼 선재설 비판
① 성경적 근거가 없다.
② 육체를 경시하는 헬라의 이원론에 기초한다.
③ 인류의 단일성 파괴: 개별 영혼의 기원이 각각 다르다고 보기 때문에 인류의 단일성이 성립될 수 없다.

3) 영혼 유전설(遺傳說)
(1) 주장: 영혼은 창조되는 것이 아니라 부모로부터 생식에 의해 육체와 함께 유전된다고 보며, 그 결과 원죄도 개별적으로 유전되는 죄로 여긴다(터툴리안, 아폴리나리우스, 닛사의 그레고리).
(2) 영혼 유전설 비판
① 하나님의 창조적 권능을 제한한다.
② 영혼의 단순성에 부합하지 않는다.
③ 성육신(그리스도의 무죄) 교리를 바르게 설명할 수 없다.
④ 원죄의 전이를 잘못 설명함: 원죄의 전이는 영혼의 유전에 의한 것이 아니라 언약적 전가에 의한 것이다.

75. 인간 안의 '하나님 형상'에 관한 성경적 근거

1) 구약
(1) 창 1:26-27[120])은 모든 피조물 가운데 인간이 하나님의 형상으로서 가장 높고 풍부한 계시임을 밝히며 인간 창조의 독특성을 말하고 있다. 여기서 형상(첼렘)과 모양(데무쓰)은 의미의 차이가 없는 반복적 표현이다.
(2) 창 9:6[121])에서 살인 행위는 살해된 사람이 하나님의 형상대로 지음을 받고, 하나님을 반영하는, 하나님과 같은, 하나님을 나타내고 있는 존재이기 때문에 금지된다.

[히 12:9] 또 우리 육신의 아버지가 우리를 징계하여도 공경하였거든 하물며 모든 영의 아버지께 더욱 복종하며 살려 하지 않겠느냐
120) [창 1:26-27] ²⁶하나님이 이르시되 우리의 형상을 따라 우리의 모양대로 우리가 사람을 만들고 그들로 바다의 물고기와 하늘의 새와 가축과 온 땅과 땅에 기는 모든 것을 다스리게 하자 하시고 ²⁷하나님이 자기 형상 곧 하나님의 형상대로 사람을 창조하시되 남자와 여자를 창조하시고
121) [창 9:6] 다른 사람의 피를 흘리면 그 사람의 피도 흘릴 것이니 이는 하나님이 자기 형상대로 사람을 지으셨음이니라

2) 신약
(1) 약 3:9[122])에서 묘사되는 사람은 과거에 하나님의 형상대로 지음을 받았을 뿐 아니라 아직도 그 형상을 소유하고 있는 존재이다. 그러므로 우리가 사람을 저주하면 하나님이 모욕을 당하신다.
(2) 고후 4:4[123])에서 형상으로 쓰인 헬라어 '에이콘'은 히브리어 '첼렘'과 동의어이다. 신약에서 하나님의 형상은 성육신하신 그리스도에게서 가장 선명히 나타난다.
(3) 롬 8:29[124])는 구속의 목적이 하나님의 형상을 회복하는 것임을 말한다.
(4) 고전 15:49[125])은 하나님의 온전한 형상이신 그리스도를 따라 신자에게 하나님의 형상이 온전하게 회복될 것임을 말한다.

76. '하나님의 형상'의 신학적 의미

1) 인간이 하나님의 형상대로 지음 받았다는 성경의 선언이 지니는 신학적 의미는 인간존재의 전체성의 관점에서 이해되어야 한다. 인간 안에 하나님의 형상은 전인을 포함한다(고전 6:20).[126]) "육체를 포함한 인간의 어떠한 부분도 하나님의 형상의 불꽃이 그 빛을 발하지 않는 부분은 없다."(칼빈)
2) 하나님의 형상은 '인간이 무엇인가'라는 구조적 차원의 질문과 '인간이 무엇을 해야 하는가'라는 기능적 차원의 질문이 그것이다. 학자에 따라서 이 두 차원은 광의적/협의적(바빙크, 벌코프), 형식적, 실질적(부르너), 본체성, 관계성(헨드리쿠스 베르코프), 부여적 차원, 창조적 차원(케언) 등으로 분류한다.
3) 구속의 목적은 하나님 형상의 회복에 있다. 하나님 형상의 회복은 옛사람을 벗고 새사람을 입는 것으로 묘사되기도 한다. 그리스도의 형상을 닮아가는 것은 이생에서 계속되는 과정이며 성령의 사역이다. 형상을 입는 과정은 일회적이며 동시에 점진적이다. 신자들은 전적으로(totally) 새로워지지는 않았으나, 진정으로(genuinely) 새로워졌다. 신약에서 하나님의 형상은 종말론적 관점에서 이해되는 개념이다(고전 15:44; 빌 3:21).[127])
4) 타락으로 인해 하나님의 형상이 전적으로 사라지지 않았지만, 그 형체를 알아보기 힘들 만큼 손상되었다. 초자연적 은사(참된 지식, 의로움, 거룩함-골 3:10; 엡 4:24)[128])는 상실되

---

122) [약 3:9] 이것으로 우리가 주 아버지를 찬송하고 또 이것으로 하나님의 형상대로 지음을 받은 사람을 저주하나니
123) [고후 4:4] 그 중에 이 세상의 신이 믿지 아니하는 자들의 마음을 혼미하게 하여 그리스도의 영광의 복음의 광채가 비치지 못하게 함이니 그리스도는 하나님의 형상이니라
124) [롬 8:29] 하나님이 미리 아신 자들로 또한 그 아들의 형상을 본받게 하기 위하여 미리 정하셨으니 이는 그로 많은 형제 중에서 맏아들이 되게 하려 하심이니라
125) [고전 15:49] 우리가 흙에 속한 자의 형상을 입은 것 같이 또한 하늘에 속한 이의 형상을 입으리라
126) [고전 6:20] 값으로 산 것이 되었으니 그런즉 너희 몸으로 하나님께 영광을 돌리라
127) [고전 15:44] 육의 몸으로 심고 신령한 몸으로 다시 살아나나니 육의 몸이 있은즉 또 영의 몸도 있느니라
    [빌 3:21] 그는 만물을 자기에게 복종하게 하실 수 있는 자의 역사로 우리의 낮은 몸을 자기 영광의 몸의 형체와 같이 변하게 하시리라
128) [골 3:10] 새 사람을 입었으니 이는 자기를 창조하신 이의 형상을 따라 지식에까지 새롭게 하심을 입은 자니라
    [엡 4:24] 하나님을 따라 의와 진리의 거룩함으로 지으심을 받은 새 사람을 입으라

었으나 자연적 은사는 약화하거나 부패한 채로 남아 있다.
5) 인간 속에 뒤틀려지고 왜곡되고 손상된 하나님의 형상은 말씀을 통해 역사하시는 성령의 사역으로 새롭게 될 수 있다. 중생의 목표는 하나님 형상의 갱신, 즉 우리의 지식과 의로움과 거룩의 새로워짐이다.
6) 사람 속에 있는 하나님의 형상이 진정 무엇인지 알기 위해서 우리는 무엇보다도 먼저 그리스도를 바라보아야 한다. 다시 말해서 하나님의 온전한 형상으로서의 인간이 어떠해야 하는지를 그리스도께서 보여주신다.
7) 하나님의 형상 됨에는 피조세계와의 관계 속에서 청지기적 책임과 권위를 지닌다는 의미가 포함된다. "정복하고 다스리라"는 문화적 위임명령은 사람이 하나님을 영화롭게 하는 문화를 창조하고 발전시켜야 하는 일에 부름받았음을 말해준다(창 1:26).[129]
8) '하나님의 형상'에 대한 그릇된 이해 비판
   (1) 로마 가톨릭은 하나님의 형상과 모양을 구별하여 하나님의 형상에 속한 것은 자연적 은사로 여기고, 하나님의 모양에 속한 것은 초자연적 은사로 여겨, 타락을 통해 초자연적 은사만 상실하고 자연적 은사는 온전히 유지한다고 주장하는데, 이런 경우에 타락은 단지 초자연적 은사의 상실일 뿐 본성의 전적 부패일 수 없다.
   (2) 루터파는 '참된 지식과 의와 거룩함'만을 하나님의 형상으로 보는 협소한 관점을 가졌기에, 타락으로 하나님의 형상을 전적으로 상실한 인간을 신학적으로 동물과 다르지 않게 본다.

77. 죄의 본질

1) 구약성경에서 '죄'를 지칭하는 가장 보편적인 단어는 '하타'이다. 이 용어는 '올바른 목표를 빗나가다' 혹은 '규범으로부터 일탈하다'라는 의미를 지닌다. 신학적 의미에서 '하타'는 '하나님의 목적(율법)에서 떠나거나 빗나간' 죄악된 인간의 상황을 말해준다.
2) 신약성경에서 '죄'를 가리키는 용어로 가장 빈번히 사용된 것은 '하마르티아'로서 '과녁을 빗나가다'라는 의미이다. 하마르티아는 특정한 행위로서의 죄를 가리키는 동시에 인간 안팎에서 활동하고 지배하는 권세를 염두에 둔 '인간의 결함 있는 내면세계'를 지칭하기도 한다(마 5:22, 28; 롬 7:7; 갈 5:17, 24).[130] 본질적으로 죄는 하나님이 원하시는 모습대로 되지 못하고, 하나님이 의도하시는 바대로 충족될 수 없는 '근본적인 실패'이다.
3) 인간은 가장 깊은 내면에서부터 하나님의 선한 의도들을 선호하지 않을 뿐만 아니라 적극

---

129) [창 1:26] 하나님이 이르시되 우리의 형상을 따라 우리의 모양대로 우리가 사람을 만들고 그들로 바다의 물고기와 하늘의 새와 가축과 온 땅과 땅에 기는 모든 것을 다스리게 하자 하시고
130) [마 5:22, 28] [22]나는 너희에게 이르노니 형제에게 노하는 자마다 심판을 받게 되고 형제를 대하여 라가라 하는 자는 공회에 잡혀가게 되고 미련한 놈이라 하는 자는 지옥 불에 들어가게 되리라 [28]나는 너희에게 이르노니 음욕을 품고 여자를 보는 자마다 마음에 이미 간음하였느니라
[롬 7:7] 그런즉 우리가 무슨 말을 하리요 율법이 죄냐 그럴 수 없느니라 율법으로 말미암지 않고는 내가 죄를 알지 못하였으니 곧 율법이 탐내지 말라 하지 아니하였더라면 내가 탐심을 알지 못하였으리라
[갈 5:17, 24] [17]육체의 소욕은 성령을 거스르고 성령은 육체를 거스르나니 이 둘이 서로 대적함으로 너희가 원하는 것을 하지 못하게 하려 함이니라 [24]그리스도 예수의 사람들은 육체와 함께 그 정욕과 탐심을 십자가에 못 박았느니라

적이고 실질적으로 저항한다. 죄의 이러한 특질은 '하나님의 율법에 대한 불순종'으로 드러난다. 하나님의 뜻에 대한 불순종은 결국 하나님에 대한 부정이다.
4) 첫 사람 아담은 본래 순전하였기에 그 본성에 죄가 있지 않았으나, 그 본성이 부패하여 죄를 지었다. 이처럼 죄는 본성에서 나오는 것이 아니라 본성의 부패에서 나온다.
5) 아담은 자유의지로 죄를 지어 타락하였기에 죄는 적극적이며 도덕적이고 특정한 악이다.
6) 죄는 죄책과 오염을 포함하는데, 죄책이란 율법이나 도덕적 요구를 위반하여 형벌을 받기에 합당한 상태이고, 오염이란 모든 죄인이 종속된, 본성의 타고난 부패이다.
7) 죄에 대한 그릇된 철학적 견해
   (1) 선과 악의 이원론에 입각하여 죄를 영원한 악의 원리로 보는 견해(영지주의)
   (2) 죄는 부정(否定) 혹은 결여이기에 유한한 존재에게 죄는 필연적이라는 견해(라이프니츠)
   (3) 죄의식은 인간 지식이 불충분해서 가질 뿐이기에 충분한 지식을 가져 죄의식이 없는 이에게 죄는 존재하지 않는다고 여겨 죄를 허상으로 보는 견해(스피노자)
   (4) 신을 지각하는 인간이 이 지각에 반하는 자기의 하등한 본성을 의식하는 것을 죄와 죄책으로 잘못 느끼는바, 죄는 객관적으로 존재하는 것이 아니라 감각적 본성에 의한 신-의식의 결여일 뿐이라고 보는 견해(슐라이어마허)
   (5) 죄의 본질을 이기심이라고 보는 견해(스트롱Augustus H. Strong)
   (6) 인간 본성의 하등한 성향이 점진적으로 발전하는 도덕의식과 대립될 때 죄로 여겨진다는 견해(테넌트William Tennent)

78. 아담의 죄의 결과
1) 전적 타락(창 6:5; 시 14:3; 롬 7:18)[131]: 아담의 죄와 함께 발생
2) 영적 죽음(엡 2:1, 5, 12; 4:18)[132]: 하나님과의 교제 상실
3) 수치심, 죄책감(창 3:7-10)[133]
4) 육체적 죽음(창 3:19; 롬 5:12; 6:23)[134]

---

[131] [창 6:5] 여호와께서 사람의 죄악이 세상에 가득함과 그의 마음으로 생각하는 모든 계획이 항상 악할 뿐임을 보시고
[시 14:3] 다 치우쳐 함께 더러운 자가 되고 선을 행하는 자가 없으니 하나도 없도다
[롬 7:18] 내 속 곧 내 육신에 선한 것이 거하지 아니하는 줄을 아노니 원함은 내게 있으나 선을 행하는 것은 없노라
[132] [엡 2:1, 5, 12] [1]그는 허물과 죄로 죽었던 너희를 살리셨도다 [5]허물로 죽은 우리를 그리스도와 함께 살리셨고 (너희는 은혜로 구원을 받은 것이라) [12]그 때에 너희는 그리스도 밖에 있었고 이스라엘 나라 밖의 사람이라 약속의 언약들에 대하여는 외인이요 세상에서 소망이 없고 하나님도 없는 자이더니
[엡 4:18] 그들의 총명이 어두워지고 그들 가운데 있는 무지함과 그들의 마음이 굳어짐으로 말미암아 하나님의 생명에서 떠나 있도다
[133] [창 3:7-10] [7]이에 그들의 눈이 밝아져 자기들이 벗은 줄을 알고 무화과나무 잎을 엮어 치마로 삼았더라 [8]그들이 그 날 바람이 불 때 동산에 거니시는 여호와 하나님의 소리를 듣고 아담과 그의 아내가 여호와 하나님의 낯을 피하여 동산 나무 사이에 숨은지라 [9]여호와 하나님이 아담을 부르시며 그에게 이르시되 네가 어디 있느냐 [10]이르되 내가 동산에서 하나님의 소리를 듣고 내가 벗었으므로 두려워하여 숨었나이다
[134] [창 3:19] 네가 흙으로 돌아갈 때까지 얼굴에 땀을 흘려야 먹을 것을 먹으리니 네가 그것에서 취함을 입었음이라 너는 흙이니 흙으로 돌아갈 것이니라 하시니라
[롬 5:12] 그러므로 한 사람으로 말미암아 죄가 세상에 들어오고 죄로 말미암아 사망이 들어왔나니 이와 같

5) 자연이 저주받음(롬 8:20-22)135)
6) 에덴에서 추방(창 3:24)136): 생명 나무 접근 금지

79. 죄의 전가
1) 직접 전가론(행위언약 교리, 성경적 입장)
   아담은 행위언약에 있어서 그 후손의 대표적 머리이기에 아담의 죄에 대한 결과가 그 후손에게도 직접 미친다(롬 5:12, 14; 고전 15:22).137) 즉 하나님은 아담과 그 후손과의 언약 관계에 따라 아담의 죄에 대한 죄책과 오염을 그 후손에게 전가하시고, 그 결과 그 후손은 나면서부터 사망의 형벌에 속하고 전적 무능과 전적 부패의 오염 상태에 놓이게 되었다.
2) 간접 전가론
   (1) 주장: 아담의 죄가 후손에게 직접적으로 전가되는 것이 아니라 아담의 죄로 인해 인간의 본성이 부패하였고, 그 부패한 본성이 후손에게 전달된다는 교리이다. 즉 죄책이 전가되지 않고 죄성만 전가되며, 이로 인해 각 사람은 자신의 죄성에 기인한 자기 죄로 인하여 사망에 이르게 된다고 주장한다(소뮈르 학파의 모세 아미라우트Moses Amyraut, 플라케우스Placeus, 루이스 카펠Louis Cappel).
   (2) 비판
      ① 죄책이 오염에 따르는 것이 아니라 오염이 죄책에 따름을 설명하지 못한다.
      ② 죄책과 부패가 전가되는 근거를 제시하지 못한다.
      ③ 부패가 죄책을 낳는 법적 근거가 된다면 어떤 전가도 필요 없게 된다.
2) 실재론적 견해
   (1) 주장: 모든 인류가 잠재적으로 그리고 수적으로 아담 안에 현존해 있으므로 아담이 범죄했을 때 그들도 범죄했고 아담이 부패했을 때 모든 인간이 부패했다는 견해이다(터툴리안, 쉐드WilliamG. T. Shedd, 돈웰James H. Thornwell).
   (2) 비판
      ① 영혼의 실체를 유물론적으로 본다.
      ② 인간의 인격성과 개별성 훼손
      ③ 아담이 지은 죄만 후손과 관련되고, 선조들이 지은 죄에 대해서 설명 못 함

이 모든 사람이 죄를 지었으므로 사망이 모든 사람에게 이르렀느니라
[롬 6:23] 죄의 삯은 사망이요 하나님의 은사는 그리스도 예수 우리 주 안에 있는 영생이니라
135) [롬 8:20-22] 20피조물이 허무한 데 굴복하는 것은 자기 뜻이 아니요 오직 굴복하게 하시는 이로 말미암음이라 21그 바라는 것은 피조물도 썩어짐의 종 노릇 한 데서 해방되어 하나님의 자녀들의 영광의 자유에 이르는 것이니라 22피조물이 다 이제까지 함께 탄식하며 함께 고통을 겪고 있는 것을 우리가 아느니라
136) [창 3:24] 이같이 하나님이 그 사람을 쫓아내시고 에덴 동산 동쪽에 그룹들과 두루 도는 불 칼을 두어 생명 나무의 길을 지키게 하시니라
137) [롬 5:12, 14] 12그러므로 한 사람으로 말미암아 죄가 세상에 들어오고 죄로 말미암아 사망이 들어왔나니 이와 같이 모든 사람이 죄를 지었으므로 사망이 모든 사람에게 이르렀느니라 14그러나 아담으로부터 모세까지 아담의 범죄와 같은 죄를 짓지 아니한 자들까지도 사망이 왕 노릇 하였나니 아담은 오실 자의 모형이라
[고전 15:22] 아담 안에서 모든 사람이 죽은 것 같이 그리스도 안에서 모든 사람이 삶을 얻으리라

④ 그리스도께서 아담 안에 있는 죄에 대해서 무죄한 이유를 설명하지 못한다(언약론의 부재로 인함).

80. 원죄

1) 원죄는 아담의 죄에서 비롯된, 인류에게 전가된 죄이며 모든 자범죄의 근원이다.
2) 원죄의 두 요소
   (1) 죄책: 형벌의 책임으로서 형벌을 받을 만함이고, 또는 율법을 자기 결정으로써 위반한 데 대하여 하나님의 공의를 충족해야 하는 의무이며, 전가될 수 있다.
   (2) 죄성(오염): 적극적 악의 현존을 포함하는 것으로서 말 그대로 죄이고, 죄책이 부속하며, 전적 타락과 전적 무능으로도 볼 수 있다.
   ① 전적 부패(total depravity)
      ㉠ 성경적 근거: 롬 7:18, 23[138]; 엡 4:18[139]
      ㉡ 생득적인 부패가 인간 성품의 모든 부분 곧 영혼과 육체의 모든 기능과 능력에까지 확대되었다. 죄인 안에는 하나님과의 관계에서 영적으로 선한 것이 아무것도 없다.
      ㉢ 모든 인간이 그 가능성에서 철저하게 타락했다는 의미는 아니다. 죄인에게 하나님의 뜻에 관한 내적 지식, 또는 선과 악을 분별하는 양심이 없다는 의미가 아니다.
   ② 전적 무능(total inability)
      ㉠ 성경적 근거: 롬 8:7-8[140]
      ㉡ 죄인은 아무리 작은 행위일지라도 근본적으로 하나님의 인정을 받고 하나님의 거룩한 율법의 요구에 반응하는 행위를 할 수 없다. 죄인은 근본적으로 자기중심적 태도를 바꿀 수 없으며, 그 같은 변화를 위한 조치를 취할 수조차 없다. 다시 말해서, 죄인은 하나님 보시기에 어떤 영적 선도 행할 수 없다.
      ㉢ 자연인이 선을 행할 수 없다는 의미가 아니다. 그들도 자연적인 선이나 시민법적인 선 혹은 외적인 종교적 선을 행할 수 있다.
   ③ 자유의지 상실: 죄인은 전적 무능으로 인해 하나님 보시기에 선을 행할 의지가 없다.

81. 자범죄 또는 본죄

1) 자범죄(自犯罪) 또는 본죄(本罪)는 사람이 자기가 아는 바대로 자기 뜻 가운데 행하는 개별적인 죄들로서, 내적인 죄와 외적인 죄를 포함한다.
2) 모든 죄는 본질적으로 불법이며 영원한 형벌을 받아 마땅하다.
3) 무지와 연약함과 실수 등으로 부지불식간에 지은 죄보다 고의로 범한 죄가 죄책의 정도가

---

138) [롬 7:18, 23] [18]내 속 곧 내 육신에 선한 것이 거하지 아니하는 줄을 아노니 원함은 내게 있으나 선을 행하는 것은 없노라 [23]내 지체 속에서 한 다른 법이 내 마음의 법과 싸워 내 지체 속에 있는 죄의 법으로 나를 사로잡는 것을 보는도다
139) [엡 4:18] 그들의 총명이 어두워지고 그들 가운데 있는 무지함과 그들의 마음이 굳어짐으로 말미암아 하나님의 생명에서 떠나 있도다
140) [롬 8:7-8] [7]육신의 생각은 하나님과 원수가 되나니 이는 하나님의 법에 굴복하지 아니할 뿐 아니라 할 수도 없음이라 [8]육신에 있는 자들은 하나님을 기쁘시게 할 수 없느니라

더 크고(민 15:29-31),[141] 하나님의 말씀을 아는 자의 죄책이 모르는 자의 죄책보다 더 크다(눅 12:47-48; 23:34).[142]

82. 죄에 대한 형벌로서의 사망

죄에 대한 실제적 형벌은 사망이다. 여기서 죽음은 전인으로서의 죽음(롬 5:12; 6:23)[143] 곧 성경적 의미에서의 죽음이다. 성경은 육체적 죽음, 영적 죽음, 영원한 죽음을 구분하는 우리의 통상적인 생각을 지지하지 않는다. 성경은 죽음을 종합적인 관점에서 생각하며, 죽음을 하나님으로부터의 분리로 간주한다.

1) 영적 죽음: 죄는 인간과 하나님을 분리시키고, 이런 분리는 죽음을 의미한다. 영적인 죽음은 죄책을 의미할 뿐만 아니라 오염을 의미하기도 한다.
2) 삶의 고통: 죄가 세상에 들어옴으로써 초래되는 삶의 고통도 죄에 대한 형벌의 일부가 된다.
3) 육체적 죽음: 영혼과 육체의 분리도 죄의 형벌의 일부이다(창 3:19; 고전 15:12-23).[144]
4) 영원한 죽음: 영적 죽음의 절정이요 완성이다. 생명과 기쁨의 근원이신 하나님과 완전히 분리되어 영원한 형벌에 처함이다(계 14:11).[145]

---

141) [민 15:29-31] ²⁹이스라엘 자손 중 본토 소생이든지 그들 중에 거류하는 타국인이든지 누구든 부지중에 범죄한 자에 대한 법이 동일하거니와 ³⁰본토인이든지 타국인이든지 고의로 무엇을 범하면 누구나 여호와를 비방하는 자니 그의 백성 중에서 끊어질 것이라 ³¹그런 사람은 여호와의 말씀을 멸시하고 그의 명령을 파괴하였은즉 그의 죄악이 자기에게로 돌아가서 온전히 끊어지리라
142) [눅 12:47-48] ⁴⁷주인의 뜻을 알고도 준비하지 아니하고 그 뜻대로 행하지 아니한 종은 많이 맞을 것이요 ⁴⁸알지 못하고 맞을 일을 행한 종은 적게 맞으리라 무릇 많이 받은 자에게는 많이 요구할 것이요 많이 맡은 자에게는 많이 달라 할 것이니라
[눅 23:24] 이에 빌라도가 그들이 구하는 대로 하기를 언도하고
143) [롬 5:12] 그러므로 한 사람으로 말미암아 죄가 세상에 들어오고 죄로 말미암아 사망이 들어왔나니 이와 같이 모든 사람이 죄를 지었으므로 사망이 모든 사람에게 이르렀느니라
[롬 6:23] 죄의 삯은 사망이요 하나님의 은사는 그리스도 예수 우리 주 안에 있는 영생이니라
144) [창 3:19] 네가 흙으로 돌아갈 때까지 얼굴에 땀을 흘려야 먹을 것을 먹으리니 네가 그것에서 취함을 입었음이라 너는 흙이니 흙으로 돌아갈 것이니라 하시니라
[고전 15:12-23] ¹²그리스도께서 죽은 자 가운데서 다시 살아나셨다 전파되었거늘 너희 중에서 어떤 사람들은 어찌하여 죽은 자 가운데서 부활이 없다 하느냐 ¹³만일 죽은 자의 부활이 없으면 그리스도도 다시 살아나지 못하셨으리라 ¹⁴그리스도께서 만일 다시 살아나지 못하셨으면 우리가 전파하는 것도 헛것이요 또 너희 믿음도 헛것이며 ¹⁵또 우리가 하나님의 거짓 증인으로 발견되리니 우리가 하나님이 그리스도를 다시 살리셨다고 증언하였음이라 만일 죽은 자가 다시 살아나는 일이 없으면 하나님이 그리스도를 다시 살리지 아니하셨으리라 ¹⁶만일 죽은 자가 다시 살아나는 일이 없으면 그리스도도 다시 살아나신 일이 없었을 터이요 ¹⁷그리스도께서 다시 살아나신 일이 없으면 너희의 믿음도 헛되고 너희가 여전히 죄 가운데 있을 것이요 ¹⁸또한 그리스도 안에서 잠자는 자도 망하였으리니 ¹⁹만일 그리스도 안에서 우리가 바라는 것이 다만 이 세상의 삶뿐이면 모든 사람 가운데 우리가 더욱 불쌍한 자이리라 ²⁰그러나 이제 그리스도께서 죽은 자 가운데서 다시 살아나사 잠자는 자들의 첫 열매가 되셨도다 ²¹사망이 한 사람으로 말미암았으니 죽은 자의 부활도 한 사람으로 말미암는도다 ²²아담 안에서 모든 사람이 죽은 것 같이 그리스도 안에서 모든 사람이 삶을 얻으리라 ²³그러나 각각 자기 차례대로 되리니 먼저는 첫 열매인 그리스도요 다음에는 그가 강림하실 때에 그리스도에게 속한 자요
145) [계 14:11] 그 고난의 연기가 세세토록 올라가리로다 짐승과 그의 우상에게 경배하고 그의 이름 표를 받는 자는 누구든지 밤낮 쉼을 얻지 못하리라 하더라

83. 구속 언약(구속 협약)

1) 구속 언약은 삼위일체 하나님이 주권적인 구원의 은혜를 베푸심에 있어서 성부, 성자, 성령 사이의 창세 전 내적 협약을 칭하는 것으로(엡 1:3-14; 3:11)[146] '구속 협약' 혹은 '평화의 의논'(슥 6:13)이라고도 불린다.
2) 창세 전 세 가지 작정
   (1) 구속자: 그리스도(성자)
   (2) 구속방식: 신인 양성의 중보를 통한 대속
   (3) 구속 백성: 택함 받은 성도(선택과 유기의 이중예정)
3) '구속 언약'과 '행위/은혜 언약'의 차이

	행위 언약	구속 언약
당사자	하나님과 사람	성부, 성자, 성령
체결의 때	역사상	창세 전
조건	하나님께 대한 사람의 순종	없음
조건 불이행 시	사망의 형벌	없음
대표의 원리	언약적 전가	없음

4) 구속 언약과 은혜 언약의 관계
   (1) 은혜 언약은 영원한 구속 언약이 역사상 성취되는 경륜을 뜻한다.
   (2) 구속 언약은 은혜 언약과 그 성취인 새 언약의 영원한 기초가 된다.

84. 행위 언약

1) 행위 언약은 하나님이 사람과 맺으신 첫 언약인바, 하나님은 주권적으로 첫 사람 아담을 인류의 머리(대표자)로 삼으시며 그에게 불순종에는 죽음을, 완전한 순종에는 영생을 약정하셨다(창 2:17).[147]
2) 목적: 이 언약에서 하나님은 자기 형상으로 창조하신 인류를 자기 자녀로 삼고자 그 머리인 아담의 자유의지에 따른, 뜻을 다한 순종, 즉 자원적 순종을 받기를 원하셨는데 이는 다름 아닌 인격적 찬미였다.

---

146) [엡 1:3-14] ³찬송하리로다 하나님 곧 우리 주 예수 그리스도의 아버지께서 그리스도 안에서 하늘에 속한 모든 신령한 복을 우리에게 주시되 ⁴곧 창세 전에 그리스도 안에서 우리를 택하사 우리로 사랑 안에서 그 앞에 거룩하고 흠이 없게 하시려고 ⁵그 기쁘신 뜻대로 우리를 예정하사 예수 그리스도로 말미암아 자기의 아들들이 되게 하셨으니 ⁶이는 그가 사랑하시는 자 안에서 우리에게 거저 주시는 바 그의 은혜의 영광을 찬송하게 하려는 것이라 ⁷우리는 그리스도 안에서 그의 은혜의 풍성함을 따라 그의 피로 말미암아 속량 곧 죄 사함을 받았느니라 ⁸이는 그가 모든 지혜와 총명을 우리에게 넘치게 하사 ⁹그 뜻의 비밀을 우리에게 알리신 것이요 그의 기뻐하심을 따라 그리스도 안에서 때가 찬 경륜을 위하여 예정하신 것이니 ¹⁰하늘에 있는 것이나 땅에 있는 것이 다 그리스도 안에서 통일되게 하려 하심이라 ¹¹모든 일을 그의 뜻의 결정대로 일하시는 이의 계획을 따라 우리가 예정을 입어 그 안에서 기업이 되었으니 ¹²이는 우리가 그리스도 안에서 전부터 바라던 그의 영광의 찬송이 되게 하려 하심이라 ¹³그 안에서 너희도 진리의 말씀 곧 너희의 구원의 복음을 듣고 그 안에서 또한 믿어 약속의 성령으로 인치심을 받았으니 ¹⁴이는 우리 기업의 보증이 되사 그 얻으신 것을 속량하시고 그의 영광을 찬송하게 하려 하심이라
[엡 3:11] 곧 영원부터 우리 주 그리스도 예수 안에서 예정하신 뜻대로 하신 것이라
147) [창 2:17] 선악을 알게 하는 나무의 열매는 먹지 말라 네가 먹는 날에는 반드시 죽으리라 하시니라

3) 창조주에 대한 피조물의 순종이 마땅함에도 이 순종에 상을 약속하셨으니, 행위 언약은 하나님의 은총의 선물이었다.
4) 타락 이후의 행위 언약
　(1) 유효한 면
　　① 하나님과 사람 간의 자연적 관계: 하나님께 대한 완전한 순종의 의무
　　② 상급과 형벌에 대한 조건적 약속(레 18:5; 롬 10:5; 갈 3:12)[148]
　(2) 폐지된 면
　　① 인간이 타락하여 하나님 보시기에 선을 행할 능력이 없으므로 더 이상 영생을 얻는 수단으로서는 폐지되었다.
　　② 중보자 그리스도가 자기 백성을 위하여 행위 언약의 모든 조건을 성취하셨다는 점에서 폐지되었다.
5) 다른 언약들과의 관계: 하나님은 행위 언약을 은혜로 이루실 것을 은혜 언약으로 약속하셨고, 이 땅에 오신 그리스도가 그 약속을 새 언약의 피로써 성취하셨다(마 26:28; 고전 11:25; 요 19:30).[149]

85. 은혜 언약

1) 은혜 언약은 행위 언약을 은혜로 이루심에 대한 약속인바, 첫 사람의 범죄로 타락하여 순종의 행위로는 하나님의 의를 만족시킬 수 없는 사람들이 행위 언약의 조건을 다 이루실 그리스도를 믿음으로 구원에 이르게 되도록, 하나님이 그리스도 안에 있는 자들과 맺으신 언약이다(갈 3:29).[150]
2) 첫 언약(행위 언약) 이후 구약시대의 모든 언약은 은혜 언약이다.
3) 은혜 언약에서 그리스도는 하나님과 사람 사이의 중보자이시다.
4) 은혜 언약은 창조주이신 하나님이 그의 피조물과 언약을 수립하시면서 주권적 우선권과 권위를 행사하신다는 점에서는 일방적이다. 하나님이 '먼저' 언약의 말씀 안에서 우리를 만나기 위해 우리의 낮은 곳으로 내려오신다. 하지만 언약적 관계가 일단 시작된 이후에는 언약은 쌍방적으로 유지된다. 우리는 하나님으로부터 언약의 동반자로서 자신의 역할을 수행하도록 부르심을 받는다. 언약의 관계적 부르심은 책임 있는(responsible) 동반자적 부르심이다(창 18:19).[151]

---

[148] [레 18:5] 너희는 내 규례와 법도를 지키라 사람이 이를 행하면 그로 말미암아 살리라 나는 여호와이니라
　[롬 10:5] 모세가 기록하되 율법으로 말미암는 의를 행하는 사람은 그 의로 살리라 하였거니와
　[갈 3:12] 율법은 믿음에서 난 것이 아니니 율법을 행하는 자는 그 가운데서 살리라 하였느니라
[149] [마 26:28] 이것은 죄 사함을 얻게 하려고 많은 사람을 위하여 흘리는 바 나의 피 곧 언약의 피니라
　[고전 11:25] 식후에 또한 그와 같이 잔을 가지시고 이르시되 이 잔은 내 피로 세운 새 언약이니 이것을 행하여 마실 때마다 나를 기념하라 하셨으니
　[요 19:30] 예수께서 신 포도주를 받으신 후에 이르시되 다 이루었다 하시고 머리를 숙이니 영혼이 떠나가시니라
[150] [갈 3:29] 너희가 그리스도의 것이면 곧 아브라함의 자손이요 약속대로 유업을 이을 자니라
[151] [창 18:19] 내가 그로 그 자식과 권속에게 명하여 여호와의 도를 지켜 의와 공도를 행하게 하려고 그를 택하였나니 이는 나 여호와가 아브라함에 대하여 말한 일을 이루려 함이니라

5) 모든 은혜 언약은 새 언약을 예표한다.

86. 새 언약

1) 새 언약은 구원 협약과 행위 언약과 다양한 은혜 언약의 성취와 완성으로서 그리스도가 하나님과 성도 사이의 언약 당사자가 되셔서 성도의 칭의와 성화를 위한 모든 의를 자기의 완전한 순종으로써 다 이루시고 전가해 주시는 언약이다.
2) 새 언약은 예레미야 선지자가 예언하였고(렘 31:31-33),[152] 그리스도가 성찬을 제정하시면서 제자들에게 공표하셨다(마 26:26-28; 막 14:22-24; 눅 22:15-20; 고전 11:23-25).[153]
3) 그리스도는 새 언약의 중보자이시자 보증으로서(히 7:22; 8:6)[154] 하나님과의 관계에서 죽기까지 완전히 순종하셔서 의를 다 이루심으로 행위 언약을 성취하였고, 성도와의 관계에서는 그 이루신 의를 믿기만 하면 전가해 주심으로써 은혜 언약을 성취하셨다.

---

152) [렘 31:31-33] ³¹여호와의 말씀이니라 보라 날이 이르리니 내가 이스라엘 집과 유다 집에 새 언약을 맺으리라 ³²이 언약은 내가 그들의 조상들의 손을 잡고 애굽 땅에서 인도하여 내던 날에 맺은 것과 같지 아니할 것은 내가 그들의 남편이 되었어도 그들이 내 언약을 깨뜨렸음이라 여호와의 말씀이니라 ³³그러나 그 날 후에 내가 이스라엘 집과 맺을 언약은 이러하니 곧 내가 나의 법을 그들의 속에 두며 그들의 마음에 기록하여 나는 그들의 하나님이 되고 그들은 내 백성이 될 것이라 여호와의 말씀이니라

153) [마 26:26-28] ²⁶그들이 먹을 때에 예수께서 떡을 가지사 축복하시고 떼어 제자들에게 주시며 이르시되 받아서 먹으라 이것이 내 몸이니라 하시고 ²⁷또 잔을 가지사 감사 기도 하시고 그들에게 주시며 이르시되 너희가 다 이것을 마시라 ²⁸이것은 죄 사함을 얻게 하려고 많은 사람을 위하여 흘리는 바 나의 피 곧 언약의 피니라
[막 14:22-24] ²²그들이 먹을 때에 예수께서 떡을 가지사 축복하시고 떼어 제자들에게 주시며 이르시되 받으라 이것은 내 몸이니라 하시고 ²³또 잔을 가지사 감사 기도 하시고 그들에게 주시니 다 이를 마시매 ²⁴이르시되 이것은 많은 사람을 위하여 흘리는 나의 피 곧 언약의 피니라
[눅 22:15-20] ¹⁵이르시되 내가 고난을 받기 전에 너희와 함께 이 유월절 먹기를 원하고 원하였노라 ¹⁶내가 너희에게 이르노니 이 유월절이 하나님의 나라에서 이루기까지 다시 먹지 아니하리라 하시고 ¹⁷이에 잔을 받으사 감사 기도 하시고 이르시되 이것을 갖다가 너희끼리 나누라 ¹⁸내가 너희에게 이르노니 내가 이제부터 하나님의 나라가 임할 때까지 포도나무에서 난 것을 다시 마시지 아니하리라 하시고 ¹⁹또 떡을 가져 감사 기도 하시고 떼어 그들에게 주시며 이르시되 이것은 너희를 위하여 주는 내 몸이라 너희가 이를 행하여 나를 기념하라 하시고 ²⁰저녁 먹은 후에 잔도 그와 같이 하여 이르시되 이 잔은 내 피로 세우는 새 언약이니 곧 너희를 위하여 붓는 것이라
[고전 11:23-25] ²³내가 너희에게 전한 것은 주께 받은 것이니 곧 주 예수께서 잡히시던 밤에 떡을 가지사 ²⁴축사하시고 떼어 이르시되 이것은 너희를 위하는 내 몸이니 이것을 행하여 나를 기념하라 하시고 ²⁵식후에 또한 그와 같이 잔을 가지시고 이르시되 이 잔은 내 피로 세운 새 언약이니 이것을 행하여 마실 때마다 나를 기념하라 하셨으니

154) [히 7:22] 이와 같이 예수는 더 좋은 언약의 보증이 되셨느니라
[히 8:6] 그러나 이제 그는 더 아름다운 직분을 얻으셨으니 그는 더 좋은 약속으로 세우신 더 좋은 언약의 중보자시라

IV. 기독론
[87-131]

87. 기독론
88. 구속사적-구원론적 관점
89. 구속사적 성취
90. 구원론적 적용
91. 정통기독론
92. 기독론의 요체
93. 그리스도의 명칭
94. 정통기독론 형성과 관련한 중요한 공의회와 결정
95. 칼케돈 신경
96. 위격적 연합
97. 신인 양성의 속성교통
98. 그리스도의 신분: 비하와 승귀
99. 그리스도의 선재
100. 그리스도의 신성에 대한 구약의 증언
101. 그리스도의 신성에 대한 신약의 증언
102. 그리스도의 신성을 부인하는 견해들
103. 인성을 취하심
104. 속성의 귀속
105. 성육신
106. 성육신의 방식: 성령 잉태
107. 성육신의 필연성: 신인 양성의 중보자를 통한 유일한 대속의 길
108. 성육신 부인
109. 그리스도의 인성
110. 인성에 따른 지식의 한계
111. 그리스도의 인성의 무죄성
112. 주님의 세례 받으심
113. 그리스도의 인성을 부인하는 견해들
114. 케노시스 기독론
115. 주님의 전 생애의 대리적 순종
116. 겟세마네에서 주님의 기도
117. 십자가의 도(고전 1:18; 갈 3:1): 가상칠언(架上七言)
118. 십자가의 복음
119. 지옥 강하
120. 부활
121. 승천: 통치의 시작
122. 하나님 우편에 앉으심(재위): 통치의 계속
123. 재림: 통치의 완성
124. 선지자직
125. 제사장직
126. 왕직
127. 속죄론
128. 칼빈과 개혁신학자들의 정통 속죄론: 객관설, 직접전가설
129. 형벌적 무름과 제한속죄
130. 보편적 속죄론과 만인구원론 거부
131. 그릇된 속죄론

87. 기독론

기독론은 이 땅에 오신 하나님의 아들 예수 그리스도를 대상으로 삼고 그의 '인격'과 '사역' 및 '속죄론'을 주제로 다루며, 이와 함께 '구속 언약'이라고 불리는 창세 전 삼위일체 하나님의 '구속 언약'과 그 역사적 성취 경륜으로서 '언약'을 다룬다.

88. 구속사적-구원론적 관점

1) 구속사적 관점: 그리스도를 중심으로 일어나는 구속의 사건들이 지닌 객관적이고 계시적 측면을 강조하는 관점으로, 영원하신 하나님의 아들이 사람의 아들이 되셔서 사람의 자리에서 죽기까지 복종하심으로 대속의 의를 다 이루셨음에 주목한다. 이는 '예수'라는 주님의 이름에 함의되어 있다(마 1:21).[155] 이 이름은 주님이 십자가에서 모든 의를 다 이루심으로 성취되었다(요 19:30).[156]

2) 구원론적 관점: 그리스도에 의해서 이뤄진 객관적인 구속사건이 각 개인의 구원을 이루는 주관적이고 적용적인 측면을 강조하는 관점으로, 그리스도가 부활하시고 승천하셔서 하나님의 보좌 우편에서 성령을 부어주심으로 그 의를 우리의 것으로 삼아주심(전가해주심)에 주목한다. 이는 '임마누엘'이라는 주님의 이름에 함의되어 있다(마 1:23).[157] 이 이름은 주님이 하나님 우편에서 부어주시는 보혜사 성령의 임재로(행 2:33)[158] 우리 안에 들어와 사심으로 성취되었다(갈 2:20).[159]

89. 구속사적 성취

1) 그리스도가 유일한 대속의 '씨'로서 우리를 위하여, 우리를 대신하여, 죄의 값을 치르셨다. 이것이 '새 언약'(히 8:8, 13; 9:15)[160] 혹은 '더 좋은 언약'(히 7:22; 8:6)[161]이라고 불리는 신약의 복음이다. 주님은 구약의 언약과 절기와 제사를 다 이루셨다.

---

155) [마 1:21] 아들을 낳으리니 이름을 예수라 하라 이는 그가 자기 백성을 그들의 죄에서 구원할 자이심이라 하니라

156) [요 19:30] 예수께서 신 포도주를 받으신 후에 이르시되 다 이루었다 하시고 머리를 숙이니 영혼이 떠나가시니라

157) [마 1:23] 보라 처녀가 잉태하여 아들을 낳을 것이요 그의 이름은 임마누엘이라 하리라 하셨으니 이를 번역한즉 하나님이 우리와 함께 계시다 함이라

158) [행 2:33] 하나님이 오른손으로 예수를 높이시매 그가 약속하신 성령을 아버지께 받아서 너희가 보고 듣는 이것을 부어 주셨느니라

159) [갈 2:20] 내가 그리스도와 함께 십자가에 못 박혔나니 그런즉 이제는 내가 사는 것이 아니요 오직 내 안에 그리스도께서 사시는 것이라 이제 내가 육체 가운데 사는 것은 나를 사랑하사 나를 위하여 자기 자신을 버리신 하나님의 아들을 믿는 믿음 안에서 사는 것이라

160) [히 8:8, 13] [8]그들의 잘못을 지적하여 말씀하시되 주께서 이르시되 볼지어다 날이 이르리니 내가 이스라엘 집과 유다 집과 더불어 새 언약을 맺으리라 [13]새 언약이라 말씀하셨으매 첫 것은 낡아지게 하신 것이니 낡아지고 쇠하는 것은 없어져 가는 것이니라

[히 9:15] 이로 말미암아 그는 새 언약의 중보자시니 이는 첫 언약 때에 범한 죄에서 속량하려고 죽으사 부르심을 입은 자로 하여금 영원한 기업의 약속을 얻게 하려 하심이라

161) [히 7:22] 이와 같이 예수는 더 좋은 언약의 보증이 되셨느니라

[히 8:6] 그러나 이제 그는 더 아름다운 직분을 얻으셨으니 그는 더 좋은 약속으로 세우신 더 좋은 언약의 중보자시라

2) 주님은 하나님이 노아, 아브라함, 이삭, 야곱, 모세, 다윗 등과 맺은 구약의 모든 언약을 성취하셨다.
3) 주님은 '우리의 유월절 양'(고전 5:7),162) 부활의 '첫 열매'(고전 15:20),163) '성전보다 큰 이'로서 자기 자신을 깨뜨려 우리가 영원히 거할 처소가 되심으로(마 12:6),164) 유월절, 오순절, 수장절의 모든 절기를 성취하셨다.
4) 주님은 자기 몸을 제물로 삼아 단번에, 영원한, 온전한 제사를 드리셨다(히 7:26-27; 9:12, 26, 28; 10:10-14; 요 17:19; 롬 6:10; 벧전 1:19; 3:18).165) 주님은 속죄제, 속건제, 감사제, 화목제, 번제, 거제, 요제, 소제, 전제 등 모든 조목과 형식의 제사를 다 성취하셨다(레 1-7장).

90. 구원론적 적용

1) 보혜사 성령의 임재로 주님이 십자가에서 다 이루신 의가 전가된다. 성도에게 전가되는 그리스도의 의는 그가 자신을 주신 의이므로 그 의의 전가가 곧 성도의 그리스도와의 연합이다(행 2:33; 롬 8:9; 갈 2:20).166) 보혜사 성령은 주님이 잡히시던 밤 제자들에게 하셨던 다락방 강화에 잘 나타난다(요 14-16장).

---

162) [고전 5:7] 너희는 누룩 없는 자인데 새 덩어리가 되기 위하여 묵은 누룩을 내버리라 우리의 유월절 양 곧 그리스도께서 희생되셨느니라
163) [고전 15:20] 그러나 이제 그리스도께서 죽은 자 가운데서 다시 살아나사 잠자는 자들의 첫 열매가 되셨도다
164) [마 12:6] 내가 너희에게 이르노니 성전보다 더 큰 이가 여기 있느니라
165) [히 7:26-27] 26이러한 대제사장은 우리에게 합당하니 거룩하고 악이 없고 더러움이 없고 죄인에게서 떠나 계시고 하늘보다 높이 되신 이라 27그는 저 대제사장들이 먼저 자기 죄를 위하고 다음에 백성의 죄를 위하여 날마다 제사 드리는 것과 같이 할 필요가 없으니 이는 그가 단번에 자기를 드려 이루셨음이라
[히 9:12, 26, 28] 12염소와 송아지의 피로 하지 아니하고 오직 자기의 피로 영원한 속죄를 이루사 단번에 성소에 들어가셨느니라 26그리하면 그가 세상을 창조한 때부터 자주 고난을 받았어야 할 것이로되 이제 자기를 단번에 제물로 드려 죄를 없이 하시려고 세상 끝에 나타나셨느니라 28이와 같이 그리스도도 많은 사람의 죄를 담당하시려고 단번에 드리신 바 되셨고 구원에 이르게 하기 위하여 죄와 상관 없이 자기를 바라는 자들에게 두 번째 나타나시리라
[히 10:10-14] 10이 뜻을 따라 예수 그리스도의 몸을 단번에 드리심으로 말미암아 우리가 거룩함을 얻었노라 11제사장마다 매일 서서 섬기며 자주 같은 제사를 드리되 이 제사는 언제나 죄를 없게 하지 못하거니와 12오직 그리스도는 죄를 위하여 한 영원한 제사를 드리시고 하나님 우편에 앉으사 13그 후에 자기 원수들을 자기 발등상이 되게 하실 때까지 기다리시나니 14그가 거룩하게 된 자들을 한 번의 제사로 영원히 온전하게 하셨느니라
[요 17:19] 또 그들을 위하여 내가 나를 거룩하게 하오니 이는 그들도 진리로 거룩함을 얻게 하려 함이니이다
[롬 6:10] 그가 죽으심은 죄에 대하여 단번에 죽으심이요 그가 살아 계심은 하나님께 대하여 살아 계심이니
[벧전 1:19] 오직 흠 없고 점 없는 어린 양 같은 그리스도의 보배로운 피로 된 것이니라
[벧전 3:18] 그리스도께서도 단번에 죄를 위하여 죽으사 의인으로서 불의한 자를 대신하셨으니 이는 우리를 하나님 앞으로 인도하려 하심이라 육체로는 죽임을 당하시고 영으로는 살리심을 받으셨으니
166) [행 2:33] 하나님이 오른손으로 예수를 높이시매 그가 약속하신 성령을 아버지께 받아서 너희가 보고 듣는 이것을 부어 주셨느니라
[롬 8:9] 만일 너희 속에 하나님의 영이 거하시면 너희가 육신에 있지 아니하고 영에 있나니 누구든지 그리스도의 영이 없으면 그리스도의 사람이 아니라
[갈 2:20] 내가 그리스도와 함께 십자가에 못 박혔나니 그런즉 이제는 내가 사는 것이 아니요 오직 내 안에 그리스도께서 사시는 것이라 이제 내가 육체 가운데 사는 것은 나를 사랑하사 나를 위하여 자기 자신을 버리신 하나님의 아들을 믿는 믿음 안에서 사는 것이라

2) 첫째, 보혜사 성령은 '임마누엘의 영'이다. 그 임재로 하나님이 우리와 영원히 함께 계신다(요 14:16).167) 성령이 임하시면 주님이 우리 안에 사신다(갈 2:20; 빌 1:21; 골 1:27; 요일 4:4).168) 그리하여 하나님이 우리와 '함께' 그리고 우리 '속에' 거하게 되신다(요 14:17).169)

3) 둘째, 보혜사 성령은 아버지가 아들을 통하여 말씀하시고 가르치신 모든 것을 알리시고 생각나게 하시는 '진리의 영'이시다(요 14:17, 26; 15:26; 16:13).170) 보혜사 성령의 '기름 부음'으로 우리는 모든 것을 알게 되며(요일 2:20, 27)171) 십자가를 밝히 보게 된다(갈 3:1).172)

4) 셋째, 보혜사 성령은 '능력의 영'이다. 이는 '은혜의 영'이라고 부를 수도 있다. 보혜사 성령을 받은 성도는 아들의 이름으로 구한 것을 아버지께 얻게 된다(요 14:13-14).173) 아들이 "예"라고 순종한 것을 우리가 "아멘"이라고 하고 누리게 된다(고후 1:20).174) 아들의 낮아지심과 고난으로 우리가 죄 사함을 받고 평강을 얻고 부요함을 누리게 된다(사 53:5; 고후 8:9; 약 2:5).175)

---

167) [요 14:16] 내가 아버지께 구하겠으니 그가 또 다른 보혜사를 너희에게 주사 영원토록 너희와 함께 있게 하리니

168) [갈 2:20] 내가 그리스도와 함께 십자가에 못 박혔나니 그런즉 이제는 내가 사는 것이 아니요 오직 내 안에 그리스도께서 사시는 것이라 이제 내가 육체 가운데 사는 것은 나를 사랑하사 나를 위하여 자기 자신을 버리신 하나님의 아들을 믿는 믿음 안에서 사는 것이라
[빌 1:21] 이는 내게 사는 것이 그리스도니 죽는 것도 유익함이라
[골 1:27] 하나님이 그들로 하여금 이 비밀의 영광이 이방인 가운데 얼마나 풍성한지를 알게 하려 하심이라 이 비밀은 너희 안에 계신 그리스도시니 곧 영광의 소망이니라
[요일 4:4] 자녀들아 너희는 하나님께 속하였고 또 그들을 이기었나니 이는 너희 안에 계신 이가 세상에 있는 자보다 크심이라

169) [요 14:17] 그는 진리의 영이라 세상은 능히 그를 받지 못하나니 이는 그를 보지도 못하고 알지도 못함이라 그러나 너희는 그를 아나니 그는 너희와 함께 거하심이요 또 너희 속에 계시겠음이라

170) [요 14:17, 26] 17그는 진리의 영이라 세상은 능히 그를 받지 못하나니 이는 그를 보지도 못하고 알지도 못함이라 그러나 너희는 그를 아나니 그는 너희와 함께 거하심이요 또 너희 속에 계시겠음이라 26보혜사 곧 아버지께서 내 이름으로 보내실 성령 그가 너희에게 모든 것을 가르치고 내가 너희에게 말한 모든 것을 생각나게 하리라
[요 15:26] 내가 아버지로부터 너희에게 보낼 보혜사 곧 아버지로부터 나오시는 진리의 성령이 오실 때에 그가 나를 증언하실 것이요
[요 16:13] 그러나 진리의 성령이 오시면 그가 너희를 모든 진리 가운데로 인도하시리니 그가 스스로 말하지 않고 오직 들은 것을 말하며 장래 일을 너희에게 알리시리라

171) [요일 2:20, 27] 20너희는 거룩하신 자에게서 기름 부음을 받고 모든 것을 아느니라 27너희는 주께 받은 바 기름 부음이 너희 안에 거하나니 아무도 너희를 가르칠 필요가 없고 오직 그의 기름 부음이 모든 것을 너희에게 가르치며 또 참되고 거짓이 없으니 너희를 가르치신 그대로 주 안에 거하라

172) [갈 3:1] 어리석도다 갈라디아 사람들아 예수 그리스도께서 십자가에 못 박히신 것이 너희 눈 앞에 밝히 보이거늘 누가 너희를 꾀더냐

173) [요 14:13-14] 13너희가 내 이름으로 무엇을 구하든지 내가 행하리니 이는 아버지로 하여금 아들로 말미암아 영광을 받으시게 하려 함이라 14내 이름으로 무엇이든지 내게 구하면 내가 행하리라

174) [고후 1:20] 하나님의 약속은 얼마든지 그리스도 안에서 예가 되니 그런즉 그로 말미암아 우리가 아멘 하여 하나님께 영광을 돌리게 되느니라

175) [사 53:5] 그가 찔림은 우리의 허물 때문이요 그가 상함은 우리의 죄악 때문이라 그가 징계를 받으므로 우리는 평화를 누리고 그가 채찍에 맞으므로 우리는 나음을 받았도다
[고후 8:9] 우리 주 예수 그리스도의 은혜를 너희가 알거니와 부요하신 이로서 너희를 위하여 가난하게 되

91. 정통기독론

정통기독론은 '위로부터의 기독론'(하강 기독론)으로서 하나님의 말씀을 절대적·객관적 진리로 받아들이고, 그 주어진 계시를 믿음으로 받아들여, 영원하신 하나님의 아들이 사람의 아들이 되셔서 신인 양성의 위격적 연합 가운데 대리적 속죄 사역을 다 이루심과 그 의를 값없이 전가해 주심을 믿고 고백하며 선포한다. 칼빈과 개혁신학자들이 전개한 언약신학이 이에 정확히 부합한다.

92. 기독론의 요체

1) 중보자 그리스도의 위격적 존재(성육신하신 하나님의 아들)
2) 중보자 그리스도를 아는 지식
3) 참 하나님이시며 참 사람이신 그리스도의 신인 양성의 위격(인격)
4) 그리스도의 의의 전가를 통하여 우리가 그와 하나가 되며 전 구원 과정의 은혜를 누림

93. 그리스도의 명칭

1) 예수: 히브리어 여호수아(Jehoshua, Joshua, 수 1:1; 슥 3:1), 또는 예수아 (Jeshua, 스 2:2)의 헬라어식 이름. '자기 백성을 그들의 죄에서 구원할 자'라는 구속사적 의미를 지님(마 1:21).[176] 구세주를 의미하는 일상적인 이름으로 메시야의 사적인 명칭
2) 그리스도: 구약의 마쉬아흐('기름 붓다'의 뜻인 '마샤흐'에서 파생)에 해당하는 헬라어이며 '기름 부음 받은 자'(the anointed)라는 뜻으로 하나님의 보내심을 받아 백성을 구원하는 사명을 수행하는 자의 공적 명칭(마 16:16; 참조. 요 11:27의 마르다의 고백)[177]
3) 인자: 하나님의 아들이 사람의 아들이 되심으로 대속의 사역을 수행하신 구원론적이며 종말론적인 의의를 부각시킴. 예수께서 스스로를 칭할 때 가장 일상적으로 사용한 명칭. '인자'는 대속물로서(막 10:45),[178] 죽기까지 고난당하시고(막 8:31; 9:12, 31; 10:33; 14:21, 41; 요 3:15),[179]

심은 그의 가난함으로 말미암아 너희를 부요하게 하려 하심이라
[약 2:5] 내 사랑하는 형제들아 들을지어다 하나님이 세상에서 가난한 자를 택하사 믿음에 부요하게 하시고 또 자기를 사랑하는 자들에게 약속하신 나라를 상속으로 받게 하지 아니하셨느냐

176) [마 1:21] 아들을 낳으리니 이름을 예수라 하라 이는 그가 자기 백성을 그들의 죄에서 구원할 자이심이라 하니라

177) [마 16:16] 시몬 베드로가 대답하여 이르되 주는 그리스도시요 살아 계신 하나님의 아들이시니이다
[요 11:27] 이르되 주여 그러하외다 주는 그리스도시요 세상에 오시는 하나님의 아들이신 줄 내가 믿나이다

178) [막 10:45] 인자가 온 것은 섬김을 받으려 함이 아니라 도리어 섬기려 하고 자기 목숨을 많은 사람의 대속물로 주려 함이니라

179) [막 8:31] 인자가 많은 고난을 받고 장로들과 대제사장들과 서기관들에게 버린 바 되어 죽임을 당하고 사흘 만에 살아나야 할 것을 비로소 그들에게 가르치시되
[막 9:12, 31] [12]이르시되 엘리야가 과연 먼저 와서 모든 것을 회복하거니와 어찌 인자에 대하여 기록하기를 많은 고난을 받고 멸시를 당하리라 하였느냐 [31]이는 제자들을 가르치시며 또 인자가 사람들의 손에 넘겨져 죽임을 당하고 죽은 지 삼 일만에 살아나리라는 것을 말씀하셨기 때문이더라
[막 10:33] 보라 우리가 예루살렘에 올라가노니 인자가 대제사장들과 서기관들에게 넘겨지매 그들이 죽이기로 결의하고 이방인들에게 넘겨 주겠고
[막 14:21, 41] [21]인자는 자기에 대하여 기록된 대로 가거니와 인자를 파는 그 사람에게는 화가 있으리로다 그 사람은 차라리 나지 아니하였더라면 자기에게 좋을 뻔하였느니라 하시니라 [41]세 번째 오사 그들에게 이르

부활하시고(막 8:31; 9:9, 31; 10:34),[180] 영광으로 들어가셔서(요 12:23; 13:31),[181] 다시 오실 때까지 하나님의 보좌 우편에서 다스리실 것임(막 13:26; 14:62)[182]

4) 하나님의 아들: ① 하나님의 후사와 대표자라는 직분(메시야)의 의미 ② 선재하신 하나님의 아들이라는 삼위일체적 의미(요 10:30)[183] ③ 인성의 기원이 하나님의 직접적이고 초자연적인 출생에 의한다는 의미(눅 1:35)[184] 등으로 복합적으로 쓰임. 그리스도는 아버지의 유업을 이을 '상속자'이시며(막 12:7)[185] '찬송 받으실 아들'로서 아버지의 우편에서 다스리심(막 14:61-62)[186]

5) 주(퀴리오스): 하나님의 명칭이 여호와(히브리어)→아도나이(히브리어)→마르야(아람어)→퀴리오스(헬라어)로 변천해옴. 히브리 전통에서 주(퀴리오스)는 오직 여호와 하나님께 돌려질 수 있는 신적 존칭. 따라서 예수께 붙여진 주라는 호칭은 권위의 최고 함축어로서 승귀된 인격을 표현하여 사실상 하나님과 동의어임(롬 10:9-10; 빌 2:11).[187] 주 되신 그리스도는 만유의 주이시자 구원의 주로서 산 자와 죽은 자를 다스리심

94. 정통기독론 형성과 관련한 중요한 공의회와 결정

1) 325년 니케아 공의회: 아타나시우스가 아리우스를 정죄하여 성부와 성자의 동일본질(호모우시오스, homoousios)을 선포하고 그리스도의 신성 교리를 공식적으로 확립함.
2) 381년 콘스탄티노플 공의회: 갑바도기아 교부들이 아폴리나리우스를 정죄하여 성육신 교리를 지켜냄(니케아주의자였던 아폴리나리우스는 삼분설에 의거하여 그리스도의 실질적인

시되 이제는 자고 쉬라 그만 되었다 때가 왔도다 보라 인자가 죄인의 손에 팔리느니라
[요 3:15] 이는 그를 믿는 자마다 영생을 얻게 하려 하심이니라
180) [막 8:31] 인자가 많은 고난을 받고 장로들과 대제사장들과 서기관들에게 버린 바 되어 죽임을 당하고 사흘 만에 살아나야 할 것을 비로소 그들에게 가르치시되
[막 9:9, 31] ⁹그들이 산에서 내려올 때에 예수께서 경고하시되 인자가 죽은 자 가운데서 살아날 때까지는 본 것을 아무에게도 이르지 말라 하시니 ³¹이는 제자들을 가르치시며 또 인자가 사람들의 손에 넘겨져 죽임을 당하고 죽은 지 삼 일만에 살아나리라는 것을 말씀하셨기 때문이더라
[막 10:34] 그들은 능욕하며 침 뱉으며 채찍질하고 죽일 것이나 그는 삼 일 만에 살아나리라 하시니라
181) [요 12:23] 예수께서 대답하여 이르시되 인자가 영광을 얻을 때가 왔도다
[요 13:31] 그가 나간 후에 예수께서 이르시되 지금 인자가 영광을 받았고 하나님도 인자로 말미암아 영광을 받으셨도다
182) [막 13:26] 그 때에 인자가 구름을 타고 큰 권능과 영광으로 오는 것을 사람들이 보리라
[막 14:62] 예수께서 이르시되 내가 그니라 인자가 권능자의 우편에 앉은 것과 하늘 구름을 타고 오는 것을 너희가 보리라 하시니
183) [요 10:30] 나와 아버지는 하나이니라 하신대
184) [눅 1:35] 천사가 대답하여 이르되 성령이 네게 임하시고 지극히 높으신 이의 능력이 너를 덮으시리니 이러므로 나실 바 거룩한 이는 하나님의 아들이라 일컬어지리라
185) [막 12:7] 그 농부들이 서로 말하되 이는 상속자니 자 죽이자 그러면 그 유산이 우리 것이 되리라 하고
186) [막 14:61-62] ⁶¹침묵하고 아무 대답도 아니하시거늘 대제사장이 다시 물어 이르되 네가 찬송 받을 이의 아들 그리스도냐 ⁶²예수께서 이르시되 내가 그니라 인자가 권능자의 우편에 앉은 것과 하늘 구름을 타고 오는 것을 너희가 보리라 하시니
187) [롬 10:9-10] ⁹네가 만일 네 입으로 예수를 주로 시인하며 또 하나님께서 그를 죽은 자 가운데서 살리신 것을 네 마음에 믿으면 구원을 받으리라 ¹⁰사람이 마음으로 믿어 의에 이르고 입으로 시인하여 구원에 이르느니라
[빌 2:11] 모든 입으로 예수 그리스도를 주라 시인하여 하나님 아버지께 영광을 돌리게 하셨느니라

성육신을 부인하였음)
3) 431년 에베소 공의회: 알렉산드리아의 키릴이 네스토리우스를 정죄하여 그리스도의 신성과 인성이 혼합되거나 분리되지 않고 분할할 수 없음을 선언함으로써 그리스도의 신성과 인성을 모두 강조하는 정통기독론의 기틀을 마련함(네스토리우스와 안디옥 학파는 그리스도의 인성이 신성에 함몰되는 것을 막기 위해 두 본성을 분리해서 보는 양성론을 주장함)
4) 451년 칼케돈 공의회: 그리스도의 위격의 단일성과 그의 신성과 인성 모두의 진성성과 완전함을 선언함으로써 정통기독론을 확립함. 그리스도의 인성이 신성에 흡수되거나 둘이 융합하여 단일한 본성만 남았다고 주장한 극단적인 단성론자 유티케스를 정죄함

95. 칼케돈 신경
1) 성육신의 주체는 제2위 성자 예수 그리스도 자신, 즉 그의 위격이다.
2) 성육신으로 성자의 위격 안에 신성과 인성의 연합이 일어나서 신성과 인성에 속한 모든 속성과 사역이 그 위격에 돌려진다. 이를 위격적 연합이라고 칭한다.
3) 성육신하신 주님은 신성에 따라서 '성부와 동일본질'이시며, 인성에 따라서 '우리와 동일본질'로서 영혼과 육체를 지니시되, 죄는 없으시다(히 4:15).[188]
4) 성육신하신 주님의 위격 안에 그의 신성과 인성이 '혼합이나 변화나 분열이나 분리 없이' 연합되어 있다.

96. 위격적 연합
1) 성육신이 위격적 연합의 역사적 사건이다.
2) 위격적 연합은 성자 하나님이 인성을 취하셔서 신성과 인성의 연합을 이룸을 뜻한다. 주님이 영원하신 하나님의 아들로 계시면서("ὑπάρχων", being, 빌 2:6)[189] 사람이 되셨다("γενόμενο," became, 빌 2:7).[190]
3) 성자의 위격 안에 신성과 인성이 연합되어 그가 참 하나님이시자 참 사람으로서 신인(神人)의 중보자가 되신다(딤전 2:5).[191]
4) 위격적 연합으로 두 본성은 고유한 속성을 그대로 지닌다(골 2:9).[192]
5) 성경은 위격적 연합을 분명히 증언한다(요 1:14, 18; 요일 1:1-2; 롬 1:3-4; 딤전 3:16; 빌 2:6-8; 히 2:14).[193]

---

188) [히 4:15] 우리에게 있는 대제사장은 우리의 연약함을 동정하지 못하실 이가 아니요 모든 일에 우리와 똑같이 시험을 받으신 이로되 죄는 없으시니라
189) [빌 2:6] 그는 근본 하나님의 본체시나 하나님과 동등됨을 취할 것으로 여기지 아니하시고
190) [빌 2:7] 오히려 자기를 비워 종의 형체를 가지사 사람들과 같이 되셨고
191) [딤전 2:5] 하나님은 한 분이시요 또 하나님과 사람 사이에 중보자도 한 분이시니 곧 사람이신 그리스도 예수라
192) [골 2:9] 그 안에는 신성의 모든 충만이 육체로 거하시고
193) [요 1:14, 18] [14]말씀이 육신이 되어 우리 가운데 거하시매 우리가 그의 영광을 보니 아버지의 독생자의 영광이요 은혜와 진리가 충만하더라 [18]본래 하나님을 본 사람이 없으되 아버지 품 속에 있는 독생하신 하나님이 나타내셨느니라
 [요일 1:1-2] [1]태초부터 있는 생명의 말씀에 관하여는 우리가 들은 바요 눈으로 본 바요 자세히 보고 우리

97. 신인 양성의 속성교통

성육신하신 중보자 그리스도는 신성과 인성의 위격적 연합으로 그 두 본성이 위격 안에서 (in), 위격을 통하여(through), 위격에로(unto), 간접적인(indirect) 교통을 한다. 이를 속성교통이라고 하며, 다음 세 가지가 있다.

1) 속성의 교통(*communicatio idiomatum*): 성육신으로 신성과 인성에 속한 모든 속성이 위격에 돌려짐을 뜻한다. 두 본성과 실체의 속성들이 한 위격 안에 보존되고 공존하게 된 것이다. 이에 따르면, 그리스도의 위격은 전능, 전지, 편재한다고 할 수 있지만 동시에 비애와 제한된 지식과 능력의 소유자요, 인간적 결핍과 비참에 얽매여 있다.

2) 업적 또는 사역의 교통(*communicatio apotelesmatum* or *operationum*): 성육신으로 신성과 인성에 따른 사역이 모두 위격에 돌려짐을 뜻한다. 그리스도의 모든 구속사역과 그 결과는 신성과 인성의 성격을 모두 띤다. 신적 사랑이 있고 동시에 인간적 의지가 있으며, 신적인 자기 부인이 있으면서 동시에 인간적 자기 부인도 있다. 신적인 고통 참여와 함께 인간적 고통 참여가 있으며, 신적인 주권과 인간적 주권이 있다. 이렇듯 중보자의 구속 사역은 두 본성의 협력으로 이루어진다.

3) 은사 또는 은혜의 교통(*communicatio charismatum* or *gratiarum*): 그리스도가 지니신 탁월한 재능(은사)은 두 본성의 연합의 결과로 생겨난 것들이다. 그리스도의 인성이 처음 존재할 때부터 모든 부요하고 영광스러운 각종 은사로 치장하였는데, 신적 로고스의 위격과 연합하는 은혜를 통해 인성은 모든 피조물보다 더 높이 고양되며 심지어 찬미의 대상이 된다.

98. 그리스도의 신분: 비하와 승귀

1) 비하(卑下, humiliation)와 승귀(昇貴, exaltation)는 하나님의 아들로서 사람의 아들이 되신 신인 양성의 중보자 그리스도의 두 신분(two states)을 의미한다. 신분의 참된 주체는 중보자의 위격이다.

비하는 중보자 그리스도가 아버지의 뜻을 다 이루심이며, 승귀는 그 다 이루신 의를 아버지가 받으심이다. 승귀는 비하의 결과이며, 목적이며, 인침이다.

2) 비하 신분에서 그리스도는 행위 언약의 조건인 율법과 그 저주 아래 처해 있었고, 승귀

의 손으로 만진 바라 ²이 생명이 나타내신 바 된지라 이 영원한 생명을 우리가 보았고 증언하여 너희에게 전하노니 이는 아버지와 함께 계시다가 우리에게 나타내신 바 된 이시니라
[롬 1:3-4] ³그의 아들에 관하여 말하면 육신으로는 다윗의 혈통에서 나셨고 ⁴성결의 영으로는 죽은 자들 가운데서 부활하사 능력으로 하나님의 아들로 선포되셨으니 곧 우리 주 예수 그리스도시니라
[딤전 3:16] 크도다 경건의 비밀이여, 그렇지 않다 하는 이 없도다 그는 육신으로 나타난 바 되시고 영으로 의롭다 하심을 받으시고 천사에게 보이시고 만국에서 전파되시고 세상에서 믿은 바 되시고 영광 가운데서 올려지셨느니라
[빌 2:6-8] ⁶그는 근본 하나님의 본체시나 하나님과 동등됨을 취할 것으로 여기지 아니하시고 ⁷오히려 자기를 비워 종의 형체를 가지사 사람들과 같이 되셨고 ⁸사람의 모양으로 나타나사 자기를 낮추시고 죽기까지 복종하셨으니 곧 십자가에 죽으심이라
[히 2:14] 자녀들은 혈과 육에 속하였으매 그도 또한 같은 모양으로 혈과 육을 함께 지니심은 죽음을 통하여 죽음의 세력을 잡은 자 곧 마귀를 멸하시며

신분에서 그리스도는 행위 언약의 조건을 충족시키고 죗값을 지불하셔서 율법으로부터 자유로웠다. 비하 신분의 본질적 요소는 천지의 주재이자 최고의 입법자이신 분이 그 백성을 위해 율법의 계약적·형벌적 조항을 이행하고자 스스로 율법 아래 속하신 사실에 있다. 비하가 없이는 중보도 있을 수 없으며, 대리적 속죄의 공로와 의도 있을 수 없다.
3) 개혁신학은 비하의 단계를 성육신-고난-죽음-장사 지냄-음부에 내려가심의 다섯 단계로 말한다.
4) 승귀의 단계는 부활-승천-하나님 아버지의 우편에 앉으심(재위)-재림을 포함한다.

99. 그리스도의 선재

1) 선재하신 그리스도(preexistent Christ)는 제2위 성자 하나님으로서 영원히 존재하신다. 그는 태초에 계시는 말씀으로서 하나님의 아들이다(요 1:1; 요일 1:1).[194] 그는 아브라함 전에 계시며 세례 요한보다 먼저 계신다(요 1:15, 30; 8:58).[195] 그는 아버지 품에 영원히 계시는 독생하신 하나님이시며(요 1:18),[196] 아버지와 함께 영원히 영광 가운데 계시며(요 17:5), 아버지와 함께 영원히 일하신다(요 5:17).[197] 그가 만물을 지으시고 붙드신다(요 1:3; 히 1:2-3; 11:3).[198] 그는 영원히 동일하시며(히 13:8),[199] "알파와 오메가요 처음과 마지막이요 시작과 마침"이 되신다(계 22:13. 참조. 계 1:17; 21:6).[200]
2) 그리스도의 선재적 신분에서 그의 비하와 승귀가 예견될 수 있다. 삼위일체 하나님의 구속 언약에서 그리스도의 비하는 우리의 구원을 위하여 공로를 세우시고 그 일을 집행하실 것을 자원하여 담당하셨다는 점에서 미리 나타났고, 승귀는 장차 우리의 중보자가 되실 그가

---

194) [요 1:1] 태초에 말씀이 계시니라 이 말씀이 하나님과 함께 계셨으니 이 말씀은 곧 하나님이시니라
[요일 1:1] 태초부터 있는 생명의 말씀에 관하여는 우리가 들은 바요 눈으로 본 바요 자세히 보고 우리의 손으로 만진 바라
195) [요 1:15, 30] [15]요한이 그에 대하여 증언하여 외쳐 이르되 내가 전에 말하기를 내 뒤에 오시는 이가 나보다 앞선 것은 나보다 먼저 계심이라 한 것이 이 사람을 가리킴이라 하니라 [30]내가 전에 말하기를 내 뒤에 오는 사람이 있는데 나보다 앞선 것은 그가 나보다 먼저 계심이라 한 것이 이 사람을 가리킴이라
[요 8:58] 예수께서 이르시되 진실로 진실로 너희에게 이르노니 아브라함이 나기 전부터 내가 있느니라 하시니
196) [요 1:18] 본래 하나님을 본 사람이 없으되 아버지 품 속에 있는 독생하신 하나님이 나타내셨느니라
197) [요 5:17] 예수께서 그들에게 이르시되 내 아버지께서 이제까지 일하시니 나도 일한다 하시매
198) [요 1:3] 만물이 그로 말미암아 지은 바 되었으니 지은 것이 하나도 그가 없이는 된 것이 없느니라
[히 1:2-3] [2]이 모든 날 마지막에는 아들을 통하여 우리에게 말씀하셨으니 이 아들을 만유의 상속자로 세우시고 또 그로 말미암아 모든 세계를 지으셨느니라 [3]이는 하나님의 영광의 광채시요 그 본체의 형상이시라 그의 능력의 말씀으로 만물을 붙드시며 죄를 정결하게 하는 일을 하시고 높은 곳에 계신 지극히 크신 이의 우편에 앉으셨느니라
[히 11:3] 믿음으로 모든 세계가 하나님의 말씀으로 지어진 줄을 우리가 아나니 보이는 것은 나타난 것으로 말미암아 된 것이 아니니라
199) [히 13:8] 예수 그리스도는 어제나 오늘이나 영원토록 동일하시니라
200) [계 22:13] 나는 알파와 오메가요 처음과 마지막이요 시작과 마침이라
[계 1:17] 내가 볼 때에 그의 발 앞에 엎드러져 죽은 자 같이 되매 그가 오른손을 내게 얹고 이르시되 두려워하지 말라 나는 처음이요 마지막이니
[계 21:6] 또 내게 말씀하시되 이루었도다 나는 알파와 오메가요 처음과 마지막이라 내가 생명수 샘물을 목마른 자에게 값없이 주리니

성육신 이전에 누리셨던 영광(요 17:5)201)에서 미리 나타났다.

100. 그리스도의 신성에 대한 구약의 증언

1) 구약시대의 메시야 대망은 선지자들에 의해서 명확하게 계시되었다. 그들은 영원하신 하나님의 아들이 사람의 아들로 오셔서 인류 구속의 역사를 완성하고 이스라엘을 회복하실 것을 믿었다(시 45:6; 사 9:6; 단 7:13; 시 2:7-9; 110:1, 4; 미 5:2; 렘 23:6; 슥 13:7; 말 3:1). 202)

2) 메시야가 왕이자 목자로서 섬기는 종으로 오심(בוא)은 이스라엘 백성에게 소망이 되었다. 그들은 메시야의 오심과 그가 나심을 같은 의미로 사용하였다(창 49:10; 민 24:17; 슥 9:9; 사 7:14; 9:6; 11:1; 렘 23:5; 겔 34:23; 슥 3:8; 단 7:13).203)

---

201) [요 17:5] 아버지여 창세 전에 내가 아버지와 함께 가졌던 영화로써 지금도 아버지와 함께 나를 영화롭게 하옵소서

202) [시 45:6] 하나님이여 주의 보좌는 영원하며 주의 나라의 규는 공평한 규이니이다
[사 9:6] 이는 한 아기가 우리에게 났고 한 아들을 우리에게 주신 바 되었는데 그의 어깨에는 정사를 메었고 그의 이름은 기묘자라, 모사라, 전능하신 하나님이라, 영존하시는 아버지라, 평강의 왕이라 할 것임이라
[단 7:13] 내가 또 밤 환상 중에 보니 인자 같은 이가 하늘 구름을 타고 와서 옛적부터 항상 계신 이에게 나아가 그 앞으로 인도되매
[시 2:7-9] ⁷내가 여호와의 명령을 전하노라 여호와께서 내게 이르시되 너는 내 아들이라 오늘 내가 너를 낳았도다 ⁸내게 구하라 내가 이방 나라를 네 유업으로 주리니 네 소유가 땅 끝까지 이르리로다 ⁹네가 철장으로 그들을 깨뜨림이여 질그릇 같이 부수리라 하시도다
[시 110:1, 4] ¹여호와께서 내 주에게 말씀하시기를 내가 네 원수들로 네 발판이 되게 하기까지 너는 내 오른쪽에 앉아 있으라 하셨도다 ⁴여호와는 맹세하고 변하지 아니하시리라 이르시기를 너는 멜기세덱의 서열을 따라 영원한 제사장이라 하셨도다
[미 5:2] 베들레헴 에브라다야 너는 유다 족속 중에 작을지라도 이스라엘을 다스릴 자가 네게서 내게로 나올 것이라 그의 근본은 상고에, 영원에 있느니라
[렘 23:6] 그의 날에 유다는 구원을 받겠고 이스라엘은 평안히 살 것이며 그의 이름은 여호와 우리의 공의라 일컬음을 받으리라
[슥 13:7] 만군의 여호와가 말하노라 칼아 깨어서 내 목자, 내 짝 된 자를 치라 목자를 치면 양이 흩어지려니와 작은 자들 위에는 내가 내 손을 드리우리라
[말 3:1] 만군의 여호와가 이르노라 보라 내가 내 사자를 보내리니 그가 내 앞에서 길을 준비할 것이요 또 너희가 구하는 바 주가 갑자기 그의 성전에 임하시리니 곧 너희가 사모하는 바 언약의 사자가 임하실 것이라

203) [창 49:10] 규가 유다를 떠나지 아니하며 통치자의 지팡이가 그 발 사이에서 떠나지 아니하기를 실로가 오시기까지 이르리니 그에게 모든 백성이 복종하리로다
[민 24:17] 내가 그를 보아도 이 때의 일이 아니며 내가 그를 바라보아도 가까운 일이 아니로다 한 별이 야곱에게서 나오며 한 규가 이스라엘에게서 일어나서 모압을 이쪽에서 저쪽까지 쳐서 무찌르고 또 셋의 자식들을 다 멸하리로다
[슥 9:9] 시온의 딸아 크게 기뻐할지어다 예루살렘의 딸아 즐거이 부를지어다 보라 네 왕이 네게 임하시나니 그는 공의로우시며 구원을 베푸시며 겸손하여서 나귀를 타시나니 나귀의 작은 것 곧 나귀 새끼니라
[사 7:14] 그러므로 주께서 친히 징조를 너희에게 주실 것이라 보라 처녀가 잉태하여 아들을 낳을 것이요 그의 이름을 임마누엘이라 하리라
[사 9:6] 이는 한 아기가 우리에게 났고 한 아들을 우리에게 주신 바 되었는데 그의 어깨에는 정사를 메었고 그의 이름은 기묘자라, 모사라, 전능하신 하나님이라, 영존하시는 아버지라, 평강의 왕이라 할 것임이라
[사 11:1] 이새의 줄기에서 한 싹이 나며 그 뿌리에서 한 가지가 나서 결실할 것이요
[렘 23:5] 여호와의 말씀이니라 보라 때가 이르리니 내가 다윗에게 한 의로운 가지를 일으킬 것이라 그가 왕이 되어 지혜롭게 다스리며 세상에서 정의와 공의를 행할 것이며
[겔 34:23] 내가 한 목자를 그들 위에 세워 먹이게 하리니 그는 내 종 다윗이라 그가 그들을 먹이고 그들

101. 그리스도의 신성에 대한 신약의 증언

1) 신약은 그리스도가 참 하나님이시라는 사실을 신앙고백의 형식으로 증언한다. 베드로는 그리스도를 "살아 계신 하나님의 아들"(마 16:16),[204] 도마는 "나의 주님이시요 나의 하나님"(요 20:28),[205] 바울은 "세세에 찬양을 받으실 하나님"(롬 9:5)[206]이시라고 전한다.

2) 영원히 독생하신 하나님의 아들은(요 1:18; 3:16; 요일 4:9)[207] 아버지와 하나이시며(요 10:30),[208] 아버지와 다름없이 스스로 존재하시며(요 8:24, 58; 18:5-6; 눅 22:67, 70),[209] 아들이 아버지 안에 아버지가 아들 안에 한 영광 가운데 계시며(요 10:38; 14:20; 17:21-22),[210] 아버지와 항상 함께 일하시며(요 5:17-18),[211] 함께 축복하시며 은혜를 베푸신다(고후 13:13; 살후 1:12).[212]

3) 아버지의 것은 다 아들의 것이며 아들의 것은 다 아버지의 것이다(요 16:15; 17:10).[213]

의 목자가 될지라
[슥 3:8] 대제사장 여호수아야 너와 네 앞에 앉은 네 동료들은 내 말을 들을 것이니라 이들은 예표의 사람들이라 내가 내 종 싹을 나게 하리라
[단 7:13] 내가 또 밤 환상 중에 보니 인자 같은 이가 하늘 구름을 타고 와서 옛적부터 항상 계신 이에게 나아가 그 앞으로 인도되매

204) [마 16:16] 시몬 베드로가 대답하여 이르되 주는 그리스도시요 살아 계신 하나님의 아들이시니이다
205) [요 20:28] 도마가 대답하여 이르되 나의 주님이시요 나의 하나님이시니이다
206) [롬 9:5] 조상들도 그들의 것이요 육신으로 하면 그리스도가 그들에게서 나셨으니 그는 만물 위에 계셔서 세세에 찬양을 받으실 하나님이시니라 아멘
207) [요 1:18] 본래 하나님을 본 사람이 없으되 아버지 품 속에 있는 독생하신 하나님이 나타내셨느니라
[요 3:16] 하나님이 세상을 이처럼 사랑하사 독생자를 주셨으니 이는 그를 믿는 자마다 멸망하지 않고 영생을 얻게 하려 하심이라
[요일 4:9] 하나님의 사랑이 우리에게 이렇게 나타난 바 되었으니 하나님이 자기의 독생자를 세상에 보내심은 그로 말미암아 우리를 살리려 하심이라
208) [요 10:30] 나와 아버지는 하나이니라 하신대
209) [요 8:24, 58] ²⁴그러므로 내가 너희에게 말하기를 너희가 너희 죄 가운데서 죽으리라 하였노라 너희가 만일 내가 그인 줄 믿지 아니하면 너희 죄 가운데서 죽으리라 ⁵⁸예수께서 이르시되 진실로 진실로 너희에게 이르노니 아브라함이 나기 전부터 내가 있느니라 하시니
[요 18:5-6] ⁵대답하되 나사렛 예수라 하거늘 이르시되 내가 그니라 하시니라 그를 파는 유다도 그들과 함께 섰더라 ⁶예수께서 그들에게 내가 그니라 하실 때에 그들이 물러가서 땅에 엎드러지는지라
[눅 22:67, 70] ⁶⁷이르되 네가 그리스도이거든 우리에게 말하라 대답하시되 내가 말할지라도 너희가 믿지 아니할 것이요 ⁷⁰다 이르되 그러면 네가 하나님의 아들이냐 대답하시되 너희들이 내가 그라고 말하고 있느니라
210) [요 10:38] 내가 행하거든 나를 믿지 아니할지라도 그 일은 믿으라 그러면 너희가 아버지께서 내 안에 계시고 내가 아버지 안에 있음을 깨달아 알리라 하시니
[요 14:20] 그 날에는 내가 아버지 안에, 너희가 내 안에, 내가 너희 안에 있는 것을 너희가 알리라
[요 17:21-22] ²¹아버지여, 아버지께서 내 안에, 내가 아버지 안에 있는 것 같이 그들도 다 하나가 되어 우리 안에 있게 하사 세상으로 아버지께서 나를 보내신 것을 믿게 하옵소서 ²²내게 주신 영광을 내가 그들에게 주었사오니 이는 우리가 하나가 된 것 같이 그들도 하나가 되게 하려 함이니이다
211) [요 5:17-18] ¹⁷예수께서 그들에게 이르시되 내 아버지께서 이제까지 일하시니 나도 일한다 하시매 ¹⁸유대인들이 이로 말미암아 더욱 예수를 죽이고자 하니 이는 안식일을 범할 뿐만 아니라 하나님을 자기의 친 아버지라 하여 자기를 하나님과 동등으로 삼으심이러라
212) [고후 13:13] 주 예수 그리스도의 은혜와 하나님의 사랑과 성령의 교통하심이 너희 무리와 함께 있을지어다
[살후 1:12] 우리 하나님과 주 예수 그리스도의 은혜대로 우리 주 예수의 이름이 너희 가운데서 영광을 받으시고 너희도 그 안에서 영광을 받게 하려 함이라
213) [요 16:15] 무릇 아버지께 있는 것은 다 내 것이라 그러므로 내가 말하기를 그가 내 것을 가지고 너희에게 알리시리라 하였노라

아버지는 아들을 사랑하사 만물을 다 그에게 주셨다(마 11:27; 28:18; 요 3:35).[214] 아버지 속에 생명이 있음같이 아들에게도 생명을 주어 그 속에 있게 하셨다(요 1:4; 5:26; 8:12).[215]

4) 아들은 아버지의 지식이 되신다. 아들은 아버지의 "영광의 광채요 그 본체의 형상"이시다(히 1:3).[216] 아버지는 아들을 아시고 아들은 아버지를 아신다(요 10:15).[217] 그러므로 아들을 보면 아버지를 보고, 아들을 알면 아버지를 안다(요 12:45; 14:7, 9).[218]

5) 아들을 믿고 영접하는 것이 아버지를 믿고 영접하는 것이다(요 12:44; 13:20).[219] "하나님께서 보내신 이를 믿는 것이 하나님의 일"이다(요 6:29).[220] 그리하여 아들은 "우리가 믿는 도리의 사도", "믿음의 주"라고 불리신다(히 3:1; 12:2).[221] 그러므로 우리는 아버지를 믿듯이 아들을 믿고, 아버지를 공경하듯이 아들을 공경해야 한다(요 5:23).[222]

6) "죄를 사하는 권능"(마 9:6; 눅 5:21; 행 5:31; 골 2:13; 3:13)[223]과 "심판하는 권한"이

[요 17:10] 내 것은 다 아버지의 것이요 아버지의 것은 내 것이온데 내가 그들로 말미암아 영광을 받았나이다

214) [마 11:27] 내 아버지께서 모든 것을 내게 주셨으니 아버지 외에는 아들을 아는 자가 없고 아들과 또 아들의 소원대로 계시를 받는 자 외에는 아버지를 아는 자가 없느니라
[마 28:18] 예수께서 나아와 말씀하여 이르시되 하늘과 땅의 모든 권세를 내게 주셨으니
[요 3:35] 아버지께서 아들을 사랑하사 만물을 다 그의 손에 주셨으니

215) [요 1:4] 그 안에 생명이 있었으니 이 생명은 사람들의 빛이라
[요 5:26] 아버지께서 자기 속에 생명이 있음 같이 아들에게도 생명을 주어 그 속에 있게 하셨고
[요 8:12] 예수께서 또 말씀하여 이르시되 나는 세상의 빛이니 나를 따르는 자는 어둠에 다니지 아니하고 생명의 빛을 얻으리라

216) [히 1:3] 이는 하나님의 영광의 광채시요 그 본체의 형상이시라 그의 능력의 말씀으로 만물을 붙드시며 죄를 정결하게 하는 일을 하시고 높은 곳에 계신 지극히 크신 이의 우편에 앉으셨느니라

217) [요 10:15] 아버지께서 나를 아시고 내가 아버지를 아는 것 같으니 나는 양을 위하여 목숨을 버리노라

218) [요 12:45] 나를 보는 자는 나를 보내신 이를 보는 것이니라
[요 14:7, 9] [7]너희가 나를 알았더라면 내 아버지도 알았으리로다 이제부터는 너희가 그를 알았고 또 보았느니라 [9]예수께서 이르시되 빌립아 내가 이렇게 오래 너희와 함께 있으되 네가 나를 알지 못하느냐 나를 본 자는 아버지를 보았거늘 어찌하여 아버지를 보이라 하느냐

219) [요 12:44] 예수께서 외쳐 이르시되 나를 믿는 자는 나를 믿는 것이 아니요 나를 보내신 이를 믿는 것이며
[요 13:20] 내가 진실로 진실로 너희에게 이르노니 내가 보낸 자를 영접하는 자는 나를 영접하는 것이요 나를 영접하는 자는 나를 보내신 이를 영접하는 것이니라

220) [요 6:29] 예수께서 대답하여 이르시되 하나님께서 보내신 이를 믿는 것이 하나님의 일이니라 하시니

221) [히 3:1] 그러므로 함께 하늘의 부르심을 받은 거룩한 형제들아 우리가 믿는 도리의 사도이시며 대제사장이신 예수를 깊이 생각하라
[히 12:2] 믿음의 주요 또 온전하게 하시는 이인 예수를 바라보자 그는 그 앞에 있는 기쁨을 위하여 십자가를 참으사 부끄러움을 개의치 아니하시더니 하나님 보좌 우편에 앉으셨느니라

222) [요 5:23] 이는 모든 사람으로 아버지를 공경하는 것 같이 아들을 공경하게 하려 하심이라 아들을 공경하지 아니하는 자는 그를 보내신 아버지도 공경하지 아니하느니라

223) [마 9:6] 그러나 인자가 세상에서 죄를 사하는 권능이 있는 줄을 너희로 알게 하려 하노라 하시고 중풍병자에게 말씀하시되 일어나 네 침상을 가지고 집으로 가라 하시니
[눅 5:21] 서기관과 바리새인들이 생각하여 이르되 이 신성모독 하는 자가 누구냐 오직 하나님 외에 누가 능히 죄를 사하겠느냐
[행 5:31] 이스라엘에게 회개함과 죄 사함을 주시려고 그를 오른손으로 높이사 임금과 구주로 삼으셨느니라
[골 2:13] 또 범죄와 육체의 무할례로 죽었던 너희를 하나님이 그와 함께 살리시고 우리의 모든 죄를 사하시고
[골 3:13] 누가 누구에게 불만이 있거든 서로 용납하여 피차 용서하되 주께서 너희를 용서하신 것 같이 너희도 그리하고

예수 그리스도께 부여되었다(요 5:27; 마 25:31-33; 딤후 4:1; 고후 5:10).[224]

102. 그리스도의 신성을 부인하는 견해들

초대교회 유대 기독교 분파였던 에비온주의자들, 프락세아스와 사벨리우스 등의 양태론자들, 성자가 나신 것이 아니라 지음을 받으셨기 때문에 시작이 있고 계시지 않으신 적이 있다고 한 아리우스, 삼위일체론 자체를 부인하고 예수의 실제적 존재를 성육신 때부터라고 본 세르베투스 Michael Servetus, 그리스도의 신격과 신성을 믿지 않고 성육신 자체를 부인한 소시니우스주의자들이 있다.

103. 인성을 취하심

1) 성자가 인성을 취하심(assumption)이 성육신이다. 그 취하심이 없었다면 우리가 그와 함께 자녀 됨(adoption)이 없었을 것이다(롬 8:15; 갈 4:6).[225] 하나님의 아들이 사람의 아들의 영혼과 육체를 취하셔서(요 1:14)[226] 모든 의를 다 이루셨다(마 3:15; 요 19:30).[227] 그가 우리와 같이 혈과 육을 취하신 것은 한평생 죽음에 매여 종노릇 하는 우리를 놓아 주시기 위함이었다(히 2:14-15).[228]

2) 인성을 취하심에도 그리스도의 신성에는 하등의 근본적 변화를 겪지 않는다. 다시 말해서, 성육신으로 그리스도는 완전한 하나님 되심을 계속 유지하면서 동시에 완전한 인간이 되셨다.

104. 속성의 귀속

위격적 연합 가운데 신성과 인성에 속한 모든 속성이 성자 예수 그리스도께 돌려진다(웨스트민

---

224) [요 5:27] 또 인자됨으로 말미암아 심판하는 권한을 주셨느니라
[마 25:31-33] [31]인자가 자기 영광으로 모든 천사와 함께 올 때에 자기 영광의 보좌에 앉으리니 [32]모든 민족을 그 앞에 모으고 각각 구분하기를 목자가 양과 염소를 구분하는 것 같이 하여 [33]양은 그 오른편에 염소는 왼편에 두리라
[딤후 4:1] 하나님 앞과 살아 있는 자와 죽은 자를 심판하실 그리스도 예수 앞에서 그가 나타나실 것과 그의 나라를 두고 엄히 명하노니
[고후 5:10] 이는 우리가 다 반드시 그리스도의 심판대 앞에 나타나게 되어 각각 선악간에 그 몸으로 행한 것을 따라 받으려 함이라
225) [롬 8:15] 너희는 다시 무서워하는 종의 영을 받지 아니하고 양자의 영을 받았으므로 우리가 아빠 아버지라고 부르짖느니라
[갈 4:6] 너희가 아들이므로 하나님이 그 아들의 영을 우리 마음 가운데 보내사 아빠 아버지라 부르게 하셨느니라
226) [요 1:14] 말씀이 육신이 되어 우리 가운데 거하시매 우리가 그의 영광을 보니 아버지의 독생자의 영광이요 은혜와 진리가 충만하더라
227) [마 3:15] 예수께서 대답하여 이르시되 이제 허락하라 우리가 이와 같이 하여 모든 의를 이루는 것이 합당하니라 하시니 이에 요한이 허락하는지라
[요 19:30] 예수께서 신 포도주를 받으신 후에 이르시되 다 이루었다 하시고 머리를 숙이니 영혼이 떠나가시니라
228) [히 2:14-15] [14]자녀들은 혈과 육에 속하였으매 그도 또한 같은 모양으로 혈과 육을 함께 지니심은 죽음을 통하여 죽음의 세력을 잡은 자 곧 마귀를 멸하시며 [15]또 죽기를 무서워하므로 한평생 매여 종 노릇 하는 모든 자들을 놓아 주려 하심이니

스터 신앙고백서 8.7). 이를 속성의 귀속(歸屬, appropriation)이라고 한다. '인성에 따라서' 죽음에 복종하시는 분과 '신성에 따라서' 죽음을 이기시는 분이 한 분 동일하신 그리스도시다.

105. 성육신

성경에서 말씀이 육신이 되셨다고 전함은(요 1:14)[229] 하나님의 아들이 사람의 아들이 되심을 뜻한다. 성육신의 주체는 아버지와 함께 영원히 계시며 아버지와 동일하신 성자 예수 그리스도이시다(요 1:1; 10:30).[230] 아버지 품속에 있는 독생하신 하나님이(요 1:18)[231] 사람의 전 본성(영혼과 육체)을 취하셨다. 그리하여 하나님의 아들이시자 사람의 아들(인자)로서 우리를 위한 중보자가 되셨다.

106. 성육신의 방식: 성령 잉태

1) 주님은 동정녀 마리아의 태에서 성령으로 잉태되셨다(사 7:14; 마 1:18, 20, 23; 눅 1:35).[232]
2) 그리스도의 거룩한 인성은 인간적 수단에 의하지 않고 성령의 능력으로 동정녀 마리아의 태중에서 형성되었다. 이는 마리아가 원죄에 속하지 않아서가 아니라 그 잉태가 성령의 초자연적 역사이기 때문이다.
3) 주님은 성령으로 잉태되셨기 때문에 처음부터 원죄에 속하지 아니하시며 거룩하지 않으신 적이 없으시다. 주님은 '큰 자'이시며 '지극히 높으신 아들'로서(눅 1:32)[233] '하나님의 아들'(눅 1:35)[234]이라고 칭해지는 '거룩한 이'(눅 1:35)시다.
4) 성육신은 마리아가 아니라 '능하신 이가 큰 일을' 행하신 것이다(눅 1:49).[235] 하나님이 '말씀대로' 이루신 것이다(눅 1:37-38).[236] 그러므로 마리아의 경건과 증인 됨에 주목하여

---

229) [요 1:14] 말씀이 육신이 되어 우리 가운데 거하시매 우리가 그의 영광을 보니 아버지의 독생자의 영광이요 은혜와 진리가 충만하더라
230) [요 1:1] 태초에 말씀이 계시니라 이 말씀이 하나님과 함께 계셨으니 이 말씀은 곧 하나님이시니라
[요 10:30] 나와 아버지는 하나이니라 하신대
231) [요 1:18] 본래 하나님을 본 사람이 없으되 아버지 품 속에 있는 독생하신 하나님이 나타내셨느니라
232) [사 7:14] 그러므로 주께서 친히 징조를 너희에게 주실 것이라 보라 처녀가 잉태하여 아들을 낳을 것이요 그의 이름을 임마누엘이라 하리라
[마 1:18, 20, 23] [18]예수 그리스도의 나심은 이러하니라 그의 어머니 마리아가 요셉과 약혼하고 동거하기 전에 성령으로 잉태된 것이 나타났더니 [20]이 일을 생각할 때에 주의 사자가 현몽하여 이르되 다윗의 자손 요셉아 네 아내 마리아 데려오기를 무서워하지 말라 그에게 잉태된 자는 성령으로 된 것이라 [23]보라 처녀가 잉태하여 아들을 낳을 것이요 그의 이름은 임마누엘이라 하리라 하셨으니 이를 번역한즉 하나님이 우리와 함께 계시다 함이라
[눅 1:35] 천사가 대답하여 이르되 성령이 네게 임하시고 지극히 높으신 이의 능력이 너를 덮으시리니 이러므로 나실 바 거룩한 이는 하나님의 아들이라 일컬어지리라
233) [눅 1:32] 그가 큰 자가 되고 지극히 높으신 이의 아들이라 일컬어질 것이요 주 하나님께서 그 조상 다윗의 왕위를 그에게 주시리니
234) [눅 1:35] 천사가 대답하여 이르되 성령이 네게 임하시고 지극히 높으신 이의 능력이 너를 덮으시리니 이러므로 나실 바 거룩한 이는 하나님의 아들이라 일컬어지리라
235) [눅 1:49] 능하신 이가 큰 일을 내게 행하셨으니 그 이름이 거룩하시며
236) [눅 1:37-38] [37]대저 하나님의 모든 말씀은 능하지 못하심이 없느니라 [38]마리아가 이르되 주의 여종이오니 말씀대로 내게 이루어지이다 하매 천사가 떠나가니라

야 하며, 마리아를 칭송하거나 경배하거나 마리아의 의를 논해서는 안 된다.
5) 주님은 초자연적인 방식으로 잉태되셨어도 출생은 자연적인 방식을 따랐다. 로마 가톨릭은 마리아의 '자궁이 닫힌 채로'(*utero clauso*) 아들이 나셨다고 하며, 마리아가 영원한 동정녀 됨을 주장하나(649년 라테란 회의) 이는 궤변에 불과하다.

107. 성육신의 필연성: 신인 양성의 중보자를 통한 유일한 대속의 길
1) 타락이 없었으면 성육신도 없었을 것이다. 의를 구할 다른 길이 있었다면 그리스도의 죽음이 헛되었을 것이다(갈 2:21).[237] 성육신의 목적이 하나님과 사람 사이의 화목에 있으므로, 그리스도가 십자가에서 참 하나님과 참 사람으로서 육체 가운데 죽으셨다(엡 2:16).[238]
2) 성육신이 없었다면 십자가의 대속이 있을 수 없었다. 특히 히브리서는 영원하신 하나님의 아들이 마지막 날에 나타나신 성육신과(히 1:1-3)[239] 우리의 죄를 위하여 자기 자신을 제물로 삼아 영원한 제사를 하나님께 드리신 그 아들이 우리 '구원의 창시자'이며 '구원의 근원'이 되시는(히 2:10; 5:9)[240] 대리적 속죄를 중점적으로 다루고 있다.

108. 성육신 부인
1) 기독교 영지주의자들은 헬라 철학을 계승하여 영혼은 고상하나 육체는 저급하다는 사상에 빠져서 성육신과 육체의 부활을 모두 부인하였다.
2) 하지만 성경에서 요한일서 4:2-3[241]은 "예수 그리스도께서 육체로 오신 것을 시인하는 영마다 하나님께 속한 것이요 예수를 시인하지 아니하는 영마다 하나님께 속한 것이 아니니 이것이 곧 적그리스도의 영이니라"고 하여 이를 극명하게 배척하고 있다.

109. 그리스도의 인성
1) 하나님의 영원한 아들이신 주님은 영혼과 육체의 사람이 되셨다(칼케돈 신경, 웨스트민스터 신앙고백서 제8장 4조). '한 사람 예수 그리스도의 은혜로' 구원의 선물이 많은 사람에게 임하였다(롬 5:15).[242]

---

237) [갈 2:21] 내가 하나님의 은혜를 폐하지 아니하노니 만일 의롭게 되는 것이 율법으로 말미암으면 그리스도께서 헛되이 죽으셨느니라
238) [엡 2:16] 또 십자가로 이 둘을 한 몸으로 하나님과 화목하게 하려 하심이라 원수 된 것을 십자가로 소멸하시고
239) [히 1:1-3] ¹옛적에 선지자들을 통하여 여러 부분과 여러 모양으로 우리 조상들에게 말씀하신 하나님이 ²이 모든 날 마지막에는 아들을 통하여 우리에게 말씀하셨으니 이 아들을 만유의 상속자로 세우시고 또 그로 말미암아 모든 세계를 지으셨느니라 ³이는 하나님의 영광의 광채시요 그 본체의 형상이시라 그의 능력의 말씀으로 만물을 붙드시며 죄를 정결하게 하는 일을 하시고 높은 곳에 계신 지극히 크신 이의 우편에 앉으셨느니라
240) [히 2:10] 그러므로 만물이 그를 위하고 또한 그로 말미암은 이가 많은 아들들을 이끌어 영광에 들어가게 하시는 일에 그들의 구원의 창시자를 고난을 통하여 온전하게 하심이 합당하도다
[히 5:9] 온전하게 되셨은즉 자기에게 순종하는 모든 자에게 영원한 구원의 근원이 되시고
241) [요일 4:2-3] ²이로써 너희가 하나님의 영을 알지니 곧 예수 그리스도께서 육체로 오신 것을 시인하는 영마다 하나님께 속한 것이요 ³예수를 시인하지 아니하는 영마다 하나님께 속한 것이 아니니 이것이 곧 적그리스도의 영이니라 오리라 한 말을 너희가 들었거니와 지금 벌써 세상에 있느니라

2) 성경은 그리스도의 인성을 분명히 전하고 있다. 주님은 친히 자신을 '사람'(ἄνθρωπος)이라고 지시하셨으며(마 4:4; 요 8:40),243) 사도들도 그를 그렇게 칭하였다(롬 5:15, 19; 고전 15:21, 47; 딤전 2:5).244) 본디오 빌라도는 자색 옷을 입고 가시관을 쓰신 주님을 무리 앞에 세우고 "보라 이 사람이로다"라고 하였다(요 19:5).245)

3) 주님은 '여자에게서'(갈 4:4)246) '육신으로'(딤전 3:16)247) 나셨다. 우리와 같이 혈과 육을 지니시고(히 2:14),248) 사람들과 같이 되셨다(빌 2:7).249) 그가 육신으로 오셨기 때문에 사람들은 그의 말씀을 듣고, 그를 보고, 자세히 보고, 손으로 만질 수 있었다(요일 1:1).250)

4) 주님은 사람의 생애를 사셨다. 그는 범사에 우리와 같이 되셨다(히 2:17).251) 지혜와 키가 자라시고(눅 2:40, 52),252) 질문을 하시고(눅 2:46-47; 막 9:21; 요 11:34),253) 부모에게 순종하시고(눅 2:51),254) 예배에 참석하시고(눅 4:16),255) 기도하시고(마 14:23; 막 1:35; 6:46; 눅

---

242) [롬 5:15] 그러나 이 은사는 그 범죄와 같지 아니하니 곧 한 사람의 범죄를 인하여 많은 사람이 죽었은즉 더욱 하나님의 은혜와 또한 한 사람 예수 그리스도의 은혜로 말미암은 선물은 많은 사람에게 넘쳤느니라

243) [마 4:4] 예수께서 대답하여 이르시되 기록되었으되 사람이 떡으로만 살 것이 아니요 하나님의 입으로부터 나오는 모든 말씀으로 살 것이라 하였느니라 하시니
[요 8:40] 지금 하나님께 들은 진리를 너희에게 말한 사람인 나를 죽이려 하는도다 아브라함은 이렇게 하지 아니하였느니라

244) [롬 5:15, 19] ¹⁵그러나 이 은사는 그 범죄와 같지 아니하니 곧 한 사람의 범죄를 인하여 많은 사람이 죽었은즉 더욱 하나님의 은혜와 또한 한 사람 예수 그리스도의 은혜로 말미암은 선물은 많은 사람에게 넘쳤느니라 ¹⁹한 사람이 순종하지 아니함으로 많은 사람이 죄인 된 것 같이 한 사람이 순종하심으로 많은 사람이 의인이 되리라
[고전 15:21, 47] ²¹사망이 한 사람으로 말미암았으니 죽은 자의 부활도 한 사람으로 말미암는도다 ⁴⁷첫 사람은 땅에서 났으니 흙에 속한 자이거니와 둘째 사람은 하늘에서 나셨느니라
[딤전 2:5] 하나님은 한 분이시요 또 하나님과 사람 사이에 중보자도 한 분이시니 곧 사람이신 그리스도 예수라

245) [요 19:5] 이에 예수께서 가시관을 쓰고 자색 옷을 입고 나오시니 빌라도가 그들에게 말하되 보라 이 사람이로다 하매

246) [갈 4:4] 때가 차매 하나님이 그 아들을 보내사 여자에게서 나게 하시고 율법 아래에 나게 하신 것은

247) [딤전 3:16] 크도다 경건의 비밀이여, 그렇지 않다 하는 이 없도다 그는 육신으로 나타난 바 되시고 영으로 의롭다 하심을 받으시고 천사들에게 보이시고 만국에서 전파되시고 세상에서 믿은 바 되시고 영광 가운데서 올려지셨느니라

248) [히 2:14] 자녀들은 혈과 육에 속하였으매 그도 또한 같은 모양으로 혈과 육을 함께 지니심은 죽음을 통하여 죽음의 세력을 잡은 자 곧 마귀를 멸하시며

249) [빌 2:7] 오히려 자기를 비워 종의 형체를 가지사 사람들과 같이 되셨고

250) [요일 1:1] 태초부터 있는 생명의 말씀에 관하여는 우리가 들은 바요 눈으로 본 바요 자세히 보고 우리의 손으로 만진 바라

251) [히 2:17] 그러므로 그가 범사에 형제들과 같이 되심이 마땅하도다 이는 하나님의 일에 자비하고 신실한 대제사장이 되어 백성의 죄를 속량하려 하심이라

252) [눅 2:40, 52] ⁴⁰아기가 자라며 강하여지고 지혜가 충만하며 하나님의 은혜가 그의 위에 있더라 ⁵²예수는 지혜와 키가 자라가며 하나님과 사람에게 더욱 사랑스러워 가시더라

253) [눅 2:46-47] ⁴⁶사흘 후에 성전에서 만난즉 그가 선생들 중에 앉으사 그들에게 듣기도 하시며 묻기도 하시니 ⁴⁷듣는 자가 다 그 지혜와 대답을 놀랍게 여기더라
[막 9:21] 예수께서 그 아버지에게 물으시되 언제부터 이렇게 되었느냐 하시니 이르되 어릴 때부터니이다
[요 11:34] 이르시되 그를 어디 두었느냐 이르되 주여 와서 보옵소서 하니

254) [눅 2:51] 예수께서 함께 내려가사 나사렛에 이르러 순종하여 받드시더라 그 어머니는 이 모든 말을 마음에 두니라

255) [눅 4:16] 예수께서 그 자라나신 곳 나사렛에 이르사 안식일에 늘 하시던 대로 회당에 들어가사 성경을 읽

3:21; 6:12 등),256) 배고픔(마 4:2; 21:18; 눅 4:2)257)과 목마름(요 19:28)258)과 곤하심(요 4:6)259)을 느끼시고, 기뻐하시고(요 15:11),260) 슬퍼하시고(마 26:37),261) 다른 사람을 사랑하시고(막 10:21),262) 민망히 여기시고(마 9:36),263) 분히 여기시고(막 10:14), 264) 노하시고(막 3:5),265) 불쌍히 여기시고 눈물을 흘리셨다(요 11:33, 35, 38).266)

5) 주님은 경건하심 가운데 기도하시고 순종하시고(히 5:7-9),267) 고난을 당하시고(히 2:18; 4:15),268) 십자가에서 죽으셨다(마 27:45-50; 막 15:33-37; 눅 23:44-46; 요 19:28-30).269)

으려고 서시매
256) [마 14:23] 또 잔을 가지사 감사 기도 하시고 그들에게 주시니 다 이를 마시매
[막 1:35] 새벽 아직도 밝기 전에 예수께서 일어나 나가 한적한 곳으로 가사 거기서 기도하시더니
[막 6:46] 무리를 작별하신 후에 기도하러 산으로 가시니라
[눅 3:21] 백성이 다 세례를 받을새 예수도 세례를 받으시고 기도하실 때에 하늘이 열리며
[눅 6:12] 이 때에 예수께서 기도하시러 산으로 가사 밤이 새도록 하나님께 기도하시고
257) [마 4:2] 사십 일을 밤낮으로 금식하신 후에 주리신지라
[마 21:18] 이른 아침에 성으로 들어오실 때에 시장하신지라
[눅 4:2] 마귀에게 시험을 받으시더라 이 모든 날에 아무 것도 잡수지 아니하시니 날 수가 다하매 주리신지라
258) [요 19:28] 그 후에 예수께서 모든 일이 이미 이루어진 줄 아시고 성경을 응하게 하려 하사 이르시되 내가 목마르다 하시니
259) [요 4:6] 거기 또 야곱의 우물이 있더라 예수께서 길 가시다가 피곤하여 우물 곁에 그대로 앉으시니 때가 여섯 시쯤 되었더라
260) [요 15:11] 내가 이것을 너희에게 이름은 내 기쁨이 너희 안에 있어 너희 기쁨을 충만하게 하려 함이라
261) [마 26:37] 베드로와 세베대의 두 아들을 데리고 가실새 고민하고 슬퍼하사
262) [막 10:21] 예수께서 그를 보시고 사랑하사 이르시되 네게 아직도 한 가지 부족한 것이 있으니 가서 네게 있는 것을 다 팔아 가난한 자들에게 주라 그리하면 하늘에서 보화가 네게 있으리라 그리고 와서 나를 따르라 하시니
263) [마 9:36] 무리를 보시고 불쌍히 여기시니 이는 그들이 목자 없는 양과 같이 고생하며 기진함이라
264) [막 10:14] 예수께서 보시고 노하시어 이르시되 어린 아이들이 내게 오는 것을 용납하고 금하지 말라 하나님의 나라가 이런 자의 것이니라
265) [막 3:5] 그들의 마음이 완악함을 탄식하사 노하심으로 그들을 둘러 보시고 그 사람에게 이르시되 네 손을 내밀라 하시니 내밀매 그 손이 회복되었더라
266) [요 11:33, 35, 38] 33예수께서 그가 우는 것과 또 함께 온 유대인들이 우는 것을 보시고 심령에 비통히 여기시고 불쌍히 여기사 35예수께서 눈물을 흘리시더라 38이에 예수께서 다시 속으로 비통히 여기시며 무덤에 가시니 무덤이 굴이라 돌로 막았거늘
267) [히 5:7-9] 7그는 육체에 계실 때에 자기를 죽음에서 능히 구원하실 이에게 심한 통곡과 눈물로 간구와 소원을 올렸고 그의 경건하심으로 말미암아 들으심을 얻었느니라 8그가 아들이시면서도 받으신 고난으로 순종함을 배워서 9온전하게 되셨은즉 자기에게 순종하는 모든 자에게 영원한 구원의 근원이 되시고
268) [히 2:18] 그가 시험을 받아 고난을 당하셨은즉 시험 받는 자들을 능히 도우실 수 있느니라
[히 4:15] 우리에게 있는 대제사장은 우리의 연약함을 동정하지 못하실 이가 아니요 모든 일에 우리와 똑같이 시험을 받으신 이로되 죄는 없으시니라
269) [마 27:45-50] 45제육시로부터 온 땅에 어둠이 임하여 제구시까지 계속되더니 46제구시쯤에 예수께서 크게 소리 질러 이르시되 엘리 엘리 라마 사박다니 하시니 이는 곧 나의 하나님, 나의 하나님, 어찌하여 나를 버리셨나이까 하는 뜻이라 47거기 섰던 자 중 어떤 이들이 듣고 이르되 이 사람이 엘리야를 부른다 하고 48그 중의 한 사람이 곧 달려가서 해면을 가져다가 신 포도주에 적시어 갈대에 꿰어 마시게 하거늘 49그 남은 사람들이 이르되 가만 두라 엘리야가 와서 그를 구원하나 보자 하더라 50예수께서 다시 크게 소리 지르시고 영혼이 떠나시니라
[막 15:33-37] 33제육시가 되매 온 땅에 어둠이 임하여 제구시까지 계속하더니 34제구시에 예수께서 크게 소리 지르시되 엘리 엘리 라마 사박다니 하시니 이를 번역하면 나의 하나님, 나의 하나님 어찌하여 나를 버

6) 부활하신 주님의 몸에는 살과 뼈가 있으며(눅 24:39),270) 부활하신 주님의 몸은 볼 수 있고 만질 수 있는 몸이었으며(요 20:17, 20, 27; 마 28:9),271) 부활하신 주님은 숨을 내쉬셨으며(요 20:22),272) 하늘로 올라가시기 전에 손을 들어 제자들을 축복하셨다(눅 24:50).273) 그는 사람들이 '보는데' 올려져 가셨으며(행 1:9),274) '본 그대로' 다시 오실 것이다(행 1:9, 11).275)

110. 인성에 따른 지식의 한계

주님은 재림의 날에 대해서 "그 날과 그 때는 아무도 모르나니 하늘에 있는 천사들도, 아들도 모르고 아버지만 아시느니라"고 하셨다(막 13:32; 참조. 마 24:36)276). 주님은 인성에 따른 지식의 한계를 지니시나 신성에 따라서는 전지하시다. 신성에 따른 전지가 인성의 한계에 의해서 제한되지 않는다. 신성에 따라서 모든 것을 아시는 분이 인성에 따라서 묻기도 하시고 모른다고도 하시니, 이는 위격적 연합에서 주님의 비하를 단적으로 보여준다.

111. 그리스도의 인성의 무죄성

1) 주님은 우리와 동일하시되, 성령 잉태로 동정녀 마리아에게서 나셨다는 사실과 죄가 없으시며 죄를 알지 못하신 분이라는 사실에서 우리와 다르시다(히 7:26; 벧전 2:22; 요일 3:5; 고후 5:21).277)

리셨나이까 하는 뜻이라 35곁에 섰던 자 중 어떤 이들이 듣고 이르되 보라 엘리야를 부른다 하고 36한 사람이 달려가서 해면에 신 포도주를 적시어 갈대에 꿰어 마시게 하고 이르되 가만 두라 엘리야가 와서 그를 내려 주나 보자 하더라 37예수께서 큰 소리를 지르시고 숨지시니라
[눅 23:44-46] 44때가 제육시쯤 되어 해가 빛을 잃고 온 땅에 어둠이 임하여 제구시까지 계속하며 45성소의 휘장이 한가운데가 찢어지더라 46예수께서 큰 소리로 불러 이르시되 아버지 내 영혼을 아버지 손에 부탁하나이다 하고 이 말씀을 하신 후 숨지시니라
[요 19:28-30] 28그 후에 예수께서 모든 일이 이미 이루어진 줄 아시고 성경을 응하게 하려 하사 이르시되 내가 목마르다 하시니 29거기 신 포도주가 가득히 담긴 그릇이 있는지라 사람들이 신 포도주를 적신 해면을 우슬초에 매어 예수의 입에 대니 30예수께서 신 포도주를 받으신 후에 이르시되 다 이루었다 하시고 머리를 숙이니 영혼이 떠나가시니라
270) [눅 24:39] 내 손과 발을 보고 나인 줄 알라 또 나를 만져 보라 영은 살과 뼈가 없으되 너희 보는 바와 같이 나는 있느니라
271) [요 20:17, 20, 27] 17예수께서 이르시되 나를 붙들지 말라 내가 아직 아버지께로 올라가지 아니하였노라 너는 내 형제들에게 가서 이르되 내가 내 아버지 곧 너희 아버지, 내 하나님 곧 너희 하나님께로 올라간다 하라 하시니 20이 말씀을 하시고 손과 옆구리를 보이시니 제자들이 주를 보고 기뻐하더라 27도마에게 이르시되 네 손가락을 이리 내밀어 내 손을 보고 네 손을 내밀어 내 옆구리에 넣어 보라 그리하여 믿음 없는 자가 되지 말고 믿는 자가 되라
[마 28:9] 예수께서 그들을 만나 이르시되 평안하냐 하시거늘 여자들이 나아가 그 발을 붙잡고 경배하니
272) [요 20:22] 이 말씀을 하시고 그들을 향하사 숨을 내쉬며 이르시되 성령을 받으라
273) [눅 24:50] 예수께서 그들을 데리고 베다니 앞까지 나가사 손을 들어 그들에게 축복하시더니
274) [행 1:9] 이 말씀을 마치시고 그들이 보는데 올려져 가시니 구름이 그를 가리어 보이지 않게 하더라
275) [행 1:9, 11] 9이 말씀을 마치시고 그들이 보는데 올려져 가시니 구름이 그를 가리어 보이지 않게 하더라 11이르되 갈릴리 사람들아 어찌하여 서서 하늘을 쳐다보느냐 너희 가운데서 하늘로 올려지신 이 예수는 하늘로 가심을 본 그대로 오시리라 하였느니라
276) [막 13:32] 그러나 그 날과 그 때는 아무도 모르나니 하늘에 있는 천사들도, 아들도 모르고 아버지만 아시느니라
[마 24:36] 그러나 그 날과 그 때는 아무도 모르나니 하늘의 천사들도, 아들도 모르고 오직 아버지만 아시느니라

2) 주님은 무죄한 가운데 시험을 받으시고(사 53:9; 히 4:15; 요일 3:5),278) 나무에 달려 저주의 죽음을 당하셨다(갈 3:13; 신 21:23; 벧전 2:23).279)
3) 주님은 '하나님의 거룩하신 자'로서(요 6:69)280) 거룩하지 않으신 적이 없으며 죄가 없으시므로 그 무엇으로도 책망받지 않으신다(요 8:46, 29; 마 27:4, 19; 요 19:6).281)
4) 주님은 죄가 없으신 의인으로서 불의한 자를 대신하셔서 자기 몸을 우리를 위한 대속물로 주셨다(벧전 3:18).282) 그리하여 그가 우리를 구원하고 깨끗하게 하신다(히 9:14).283)

112. 주님의 세례 받으심
1) 주님은 세례를 통하여 성령으로 기름 부음을 받으시고 메시야의 직임을 감당하실 자리에 서셨다(눅 1:17-18, 21).284) 이는 세상 죄를 지고 가는 하나님의 어린 양으로서 대속의 모든 의를 이루시기 위함이었다(요 1:29, 36; 3:15).285)

---

277) [히 7:26] 이러한 대제사장은 우리에게 합당하니 거룩하고 악이 없고 더러움이 없고 죄인에게서 떠나 계시고 하늘보다 높이 되신 이라
[벧전 2:22] 그는 죄를 범하지 아니하시고 그 입에 거짓도 없으시며
[요일 3:5] 그가 우리 죄를 없애려고 나타나신 것을 너희가 아나니 그에게는 죄가 없느니라
[고후 5:21] 하나님이 죄를 알지도 못하신 이를 우리를 대신하여 죄로 삼으신 것은 우리로 하여금 그 안에서 하나님의 의가 되게 하려 하심이라
278) [사 53:9] 그는 강포를 행하지 아니하였고 그의 입에 거짓이 없었으나 그의 무덤이 악인들과 함께 있었으며 그가 죽은 후에 부자와 함께 있었도다
[히 4:15] 우리에게 있는 대제사장은 우리의 연약함을 동정하지 못하실 이가 아니요 모든 일에 우리와 똑같이 시험을 받으신 이로되 죄는 없으시니라
[요일 3:5] 그가 우리 죄를 없애려고 나타나신 것을 너희가 아나니 그에게는 죄가 없느니라
279) [갈 3:13] 그리스도께서 우리를 위하여 저주를 받은 바 되사 율법의 저주에서 우리를 속량하셨으니 기록된 바 나무에 달린 자마다 저주 아래에 있는 자라 하였음이라
[신 21:23] 그 시체를 나무 위에 밤새도록 두지 말고 그 날에 장사하여 네 하나님 여호와께서 네게 기업으로 주시는 땅을 더럽히지 말라 나무에 달린 자는 하나님께 저주를 받았음이니라
[벧전 2:23] 욕을 당하시되 맞대어 욕하지 아니하시고 고난을 당하시되 위협하지 아니하시고 오직 공의로 심판하시는 이에게 부탁하시며
280) [요 6:69] 우리가 주는 하나님의 거룩하신 자이신 줄 믿고 알았사옵나이다
281) [요 8:46, 29] 46너희 중에 누가 나를 죄로 책잡겠느냐 내가 진리를 말하는데도 어찌하여 나를 믿지 아니하느냐 29나를 보내신 이가 나와 함께 하시도다 나는 항상 그가 기뻐하시는 일을 행하므로 나를 혼자 두지 아니하셨느니라
[마 27:4, 19] 4이르되 내가 무죄한 피를 팔고 죄를 범하였도다 하니 그들이 이르되 그것이 우리에게 무슨 상관이냐 네가 당하라 하거늘 19총독이 재판석에 앉았을 때에 그의 아내가 사람을 보내어 이르되 저 옳은 사람에게 아무 상관도 하지 마옵소서 오늘 꿈에 내가 그 사람으로 인하여 애를 많이 태웠나이다 하더라
[요 19:6] 대제사장들과 아랫사람들이 예수를 보고 소리 질러 이르되 십자가에 못 박으소서 십자가에 못 박으소서 하는지라 빌라도가 이르되 너희가 친히 데려다가 십자가에 못 박으라 나는 그에게서 죄를 찾지 못하였노라
282) [벧전 3:18] 그리스도께서도 단번에 죄를 위하여 죽으사 의인으로서 불의한 자를 대신하셨으니 이는 우리를 하나님 앞으로 인도하려 하심이라 육체로는 죽임을 당하시고 영으로는 살리심을 받으셨으니
283) [히 9:14] 하물며 영원하신 성령으로 말미암아 흠 없는 자기를 하나님께 드린 그리스도의 피가 어찌 너희 양심을 죽은 행실에서 깨끗하게 하고 살아 계신 하나님을 섬기게 하지 못하겠느냐
284) [눅 1:17-18, 21] 17그가 또 엘리야의 심령과 능력으로 주 앞에 먼저 와서 아버지의 마음을 자식에게, 거스르는 자를 의인의 슬기에 돌아오게 하고 주를 위하여 세운 백성을 준비하리라 18사가랴가 천사에게 이르되 내가 이것을 어떻게 알리요 내가 늙고 아내도 나이가 많으니이다 21백성들이 사가랴를 기다리며 그가 성전 안에서 지체함을 이상히 여기더라

2) 주님이 세례를 받으시고 "이는 내 사랑하는 아들이요 내 기뻐하는 자라"는 소리가 들렸다(마 3:17; 막 1:11; 눅 3:22).286) '내 사랑하는 아들'은 주님이 메시야로서 왕이 되심을 선포하는 일종의 임직이다. '내 기뻐하는 자'는 아들이 메시야로서 감당하실 제사장의 직분과 관계된다. 그러므로 여기서 주님이 멜기세덱의 반차에 따른 왕-제사장으로서 대속의 중보자 자리에 서게 되심이 선포되었다(히 4:14-15; 7장).287)

3) 주님이 세례를 받으심으로 성령이 그의 위에 머물렀다(요 1:32).288) 주님은 성령의 충만함을 입어(요 1:33; 눅 4:1)289) 십자가에서 자신을 제물로 드리신 후(히 9:14)290) 부활하시고 승천하셔서 하나님의 보좌 우편에서 성령을 파송하셨다(행 2:33; 요 15:26).291)

113. 그리스도의 인성을 부인하는 견해들

주님은 사람의 환영(幻影)만 취했을 뿐이라는 마르시온, 주님의 몸은 물질적이지 않고 천상적이었다는 마니, 주님은 마리아의 몸을 마치 물이 수로를 흐르듯 지나쳤을 뿐이라는 영지주의자 발렌티누스, 주님의 영혼은 그 지성적 부분이 신성으로 대체되었다는 아폴리나리우스, 주님의 몸은 영적인 형상일 뿐이라는 스웨덴보르그Emanuel Swedenborg.

114. 케노시스 기독론

1) 19세기 초반 이후 독일 루터파를 중심으로 제기되어 영국 등지로 확산한 특정한 신학적 사조 혹은 유파를 칭한다.

2) 케노시스 이론을 처음으로 주장한 엘랑겐 학파의 토마시우스Gottfried Thomasius는 절대 권능, 거룩, 진리, 사랑과 같은 하나님의 절대적·본질적 속성(윤리적 속성)과 전능, 편재, 전지와 같이 신성에 비본질적인 상대적 속성(형이상학적 속성)을 구별하고, 그리스도가 성육신

---

285) [요 1:29, 36] 29이튿날 요한이 예수께서 자기에게 나아오심을 보고 이르되 보라 세상 죄를 지고 가는 하나님의 어린 양이로다 36예수께서 거니심을 보고 말하되 보라 하나님의 어린 양이로다
[요 3:15] 이는 그를 믿는 자마다 영생을 얻게 하려 하심이니라
286) [마 3:17] 하늘로부터 소리가 있어 말씀하시되 이는 내 사랑하는 아들이요 내 기뻐하는 자라 하시니라
[막 1:11] 하늘로부터 소리가 나기를 너는 내 사랑하는 아들이라 내가 너를 기뻐하노라 하시니라
[눅 3:22] 성령이 비둘기 같은 형체로 그의 위에 강림하시더니 하늘로부터 소리가 나기를 너는 내 사랑하는 아들이라 내가 너를 기뻐하노라 하시니라
287) [히 4:14-15] 14그러므로 우리에게 큰 대제사장이 계시니 승천하신 이 곧 하나님의 아들 예수시라 우리가 믿는 도리를 굳게 잡을지어다 15우리에게 있는 대제사장은 우리의 연약함을 동정하지 못하실 이가 아니요 모든 일에 우리와 똑같이 시험을 받으신 이로되 죄는 없으시니라
288) [요 1:32] 요한이 또 증언하여 이르되 내가 보매 성령이 비둘기 같이 하늘로부터 내려서 그의 위에 머물렀더라
289) [요 1:33] 나도 그를 알지 못하였으나 나를 보내어 물로 세례를 베풀라 하신 그이가 나에게 말씀하시되 성령이 내려서 누구 위에든지 머무는 것을 보거든 그가 곧 성령으로 세례를 베푸는 이인 줄 알라 하셨기에
[눅 4:1] 예수께서 성령의 충만함을 입어 요단 강에서 돌아오사 광야에서 사십 일 동안 성령에게 이끌리시며
290) [히 9:14] 하물며 영원하신 성령으로 말미암아 흠 없는 자기를 하나님께 드린 그리스도의 피가 어찌 너희 양심을 죽은 행실에서 깨끗하게 하고 살아 계신 하나님을 섬기게 하지 못하겠느냐
291) [행 2:33] 하나님이 오른손으로 예수를 높이시매 그가 약속하신 성령을 아버지께 받아서 너희가 보고 듣는 이것을 부어 주셨느니라
[요 15:26] 내가 아버지께로부터 너희에게 보낼 보혜사 곧 아버지께로부터 나오시는 진리의 성령이 오실 때에 그가 나를 증언하실 것이요

하시면서 전능과 전지와 같은 신성의 상대적 속성들을 버리시고, 거룩과 사랑 같은 본질적 속성들만 유지하셨다고 주장했다.

3) 게스W. F. Gess는 케노시스가 상대적 속성들뿐만 아니라 본질적 속성들까지도 포기하는 절대적인 것이었다고 주장하면서, 성육신으로 하나님의 말씀은 성자로서의 신격 자체를 일시적으로 포기하셨다고 주장했다. 성자의 신성은 인성의 한계 내로 제한되었으며 필요에 따라서만 성부의 초자연적인 능력과 교통하게 되었다는 것이다.

4) 도르너(I. A. Dorner)는 케노시스론을 공박하면서, 성육신을 신성이 인성을 그 잉태 때부터 부활에 이르기까지의 전 생애를 통하여 받아들이는 과정으로 여기는 소위 '점진적 성육신론'을 개진한다. 이에 따르면 성육신은 신성이 그것에 속한 속성을 버리고 인성과 연합하는 것이 아니라 신성이 인성에 속한 속성들을 취하여 완전해지는 것을 의미한다.

5) 영국의 케노시스주의자인 포사이스P. T. Forsyth, 고어Charles Gore, 매킨토시H. R. Mackintosh 등은 신성의 비움을 좀 더 주관적·내재적·경험적 측면에서 전개하였다. 브루스A. B. Bruce는 절대적이든 상대적이든 '하나님의 본체'가 '사람의 본체'로 바뀌는 변화를 수반해야 한다고 주장한다.

6) 이러한 입장은 빌립보서 2:5-11²⁹²⁾의 가르침에 정면 배치된다. 성육신은 신인 양성의 위격적 연합과 동일시되며, 주님의 비움(케노시스)은 신성을 버리심이 아니라 인성을 취하심이기 때문이다.

115. 주님의 전 생애의 대리적 순종

1) 주님의 의로 생명과 경건(생활)에 속한 모든 것이 우리에게 주어졌다(벧후 1:1, 3).²⁹³⁾
2) 주님은 자기 몸을 대속물로 삼아 그 형벌의 값으로 잃어버린 자를 구원하시는 일을 이루셨다(마 20:28; 막 10:45; 눅 19:10; 요 11:50).²⁹⁴⁾ 주님이 받으신 고난과 죽음의 순종이 우리 구원의 값이 되었다(히 5:8; 9:14; 빌 2:8).²⁹⁵⁾

---

292) [빌 2:5-11] ⁵너희 안에 이 마음을 품으라 곧 그리스도 예수의 마음이니 ⁶그는 근본 하나님의 본체시나 하나님과 동등됨을 취할 것으로 여기지 아니하시고 ⁷오히려 자기를 비워 종의 형체를 가지사 사람들과 같이 되셨고 ⁸사람의 모양으로 나타나사 자기를 낮추시고 죽기까지 복종하셨으니 곧 십자가에 죽으심이라 ⁹이러므로 하나님이 그를 지극히 높여 모든 이름 위에 뛰어난 이름을 주사 ¹⁰하늘에 있는 자들과 땅에 있는 자들과 땅 아래에 있는 자들로 모든 무릎을 예수의 이름에 꿇게 하시고 ¹¹모든 입으로 예수 그리스도를 주라 시인하여 하나님 아버지께 영광을 돌리게 하셨느니라

293) [벧후 1:1, 3] ¹예수 그리스도의 종이며 사도인 시몬 베드로는 우리 하나님과 구주 예수 그리스도의 의를 힘입어 동일하게 보배로운 믿음을 우리와 함께 받은 자들에게 편지하노니 ³그의 신기한 능력으로 생명과 경건에 속한 모든 것을 우리에게 주셨으니 이는 자기의 영광과 덕으로써 우리를 부르신 이를 앎으로 말미암이라

294) [마 20:28] 인자가 온 것은 섬김을 받으려 함이 아니라 도리어 섬기려 하고 자기 목숨을 많은 사람의 대속물로 주려 함이니라
[막 10:45] 인자가 온 것은 섬김을 받으려 함이 아니라 도리어 섬기려 하고 자기 목숨을 많은 사람의 대속물로 주려 함이니라
[눅 19:10] 인자가 온 것은 잃어버린 자를 찾아 구원하려 함이니라
[요 11:50] 한 사람이 백성을 위하여 죽어서 온 민족이 망하지 않게 되는 것이 너희에게 유익한 줄을 생각하지 아니하는도다 하였으니

295) [히 5:8] 그가 아들이시면서도 받으신 고난으로 순종함을 배워서
[히 9:14] 하물며 영원하신 성령으로 말미암아 흠 없는 자기를 하나님께 드린 그리스도의 피가 어찌 너희

3) 주님의 의를 전가받아 새 생명으로 거듭난 하나님의 자녀는 거듭난 새 삶을 살게 된다. 주님이 율법 아래에 나셔서 율법에 순종하시고 율법 아래에 있는 우리를 속량하심으로(갈 4:4-5)296) 우리는 더 이상 법 아래에 있지 않고 은혜 아래에 있고(롬 6:14-15),297) 의의 종이 되었다(롬 6:16-18).298)

4) 주님의 전 생애가 우리를 위한 구원의 값이 되었다. 아들의 생애 자체가 아버지의 뜻을 이루는 것이었다(마 26:42; 요 4:34; 5:30; 6:38).299)

5) 주님의 십자가 죽음의 '큰 고난'(*passio magna*, great passion)은 전 생애의 순종을 모두 아우른다. 십자가에서 전혀 흠이나 티가 없는 완전한 제물로 평생을 준비해서 드리셨기 때문이다.

116. 겟세마네에서 주님의 기도

1) 주님은 겟세마네에서 기도하실 때 영혼의 극심한 고통을 겪으셨다. 주님은 심히 놀라시고(막 14:33),300) 슬퍼하시고(마 26:37; 막 14:33),301) 고민하시고(마 26:37-38; 막 14:34),302) 괴로워하셨다(요 12:27).303)

2) 주님이 겟세마네에서 드리신 기도의 다섯 마디는 고난에 대한 '순종'의 절규였다(히 5:8).304)

3) "아빠 아버지여"(막 14:36).305) '아빠'는 호칭이며 '아버지'는 고백을 담고 있다.

양심을 죽은 행실에서 깨끗하게 하고 살아 계신 하나님을 섬기게 하지 못하겠느냐
[빌 2:8] 사람의 모양으로 나타나사 자기를 낮추시고 죽기까지 복종하셨으니 곧 십자가에 죽으심이라

296) [갈 4:4-5] ⁴때가 차매 하나님이 그 아들을 보내사 여자에게서 나게 하시고 율법 아래에 나게 하신 것은 ⁵율법 아래에 있는 자들을 속량하시고 우리로 아들의 명분을 얻게 하려 하심이라

297) [롬 6:14-15] ¹⁴죄가 너희를 주장하지 못하리니 이는 너희가 법 아래에 있지 아니하고 은혜 아래에 있음이라 ¹⁵그런즉 어찌하리요 우리가 법 아래에 있지 아니하고 은혜 아래에 있으니 죄를 지으리요 그럴 수 없느니라

298) [롬 6:16-18] ¹⁶너희 자신을 종으로 내주어 누구에게 순종하든지 그 순종함을 받는 자의 종이 되는 줄을 너희가 알지 못하느냐 혹은 죄의 종으로 사망에 이르고 혹은 순종의 종으로 의에 이르느니라 ¹⁷하나님께 감사하리로다 너희가 본래 죄의 종이더니 너희에게 전하여 준 바 교훈의 본을 마음으로 순종하여 ¹⁸죄로부터 해방되어 의에게 종이 되었느니라

299) [마 26:42] 다시 두 번째 나아가 기도하여 이르시되 내 아버지여 만일 내가 마시지 않고는 이 잔이 내게서 지나갈 수 없거든 아버지의 원대로 되기를 원하나이다 하시고
[요 4:34] 예수께서 이르시되 나의 양식은 나를 보내신 이의 뜻을 행하며 그의 일을 온전히 이루는 이것이니라
[요 5:30] 내가 아무 것도 스스로 할 수 없노라 듣는 대로 심판하노니 나는 나의 뜻대로 하려 하지 않고 나를 보내신 이의 뜻대로 하려 하므로 내 심판은 의로우니라
[요 6:38] 내가 하늘에서 내려온 것은 내 뜻을 행하려 함이 아니요 나를 보내신 이의 뜻을 행하려 함이니라

300) [막 14:33] 베드로와 야고보와 요한을 데리고 가실새 심히 놀라시며 슬퍼하사

301) [마 26:37] 베드로와 세베대의 두 아들을 데리고 가실새 고민하고 슬퍼하사
[막 14:33] 베드로와 야고보와 요한을 데리고 가실새 심히 놀라시며 슬퍼하사

302) [마 26:37-38] ³⁷베드로와 세베대의 두 아들을 데리고 가실새 고민하고 슬퍼하사 ³⁸이에 말씀하시되 내 마음이 매우 고민하여 죽게 되었으니 너희는 여기 머물러 나와 함께 깨어 있으라 하시고
[막 14:34] 말씀하시되 내 마음이 심히 고민하여 죽게 되었으니 너희는 여기 머물러 깨어 있으라 하시고

303) [요 12:27] 지금 내 마음이 괴로우니 무슨 말을 하리요 아버지여 나를 구원하여 이 때를 면하게 하여 주옵소서 그러나 내가 이를 위하여 이 때에 왔나이다

304) [히 5:8] 그가 아들이시면서도 받으신 고난으로 순종함을 배워서

305) [막 14:36] 이르시되 아빠 아버지여 아버지께는 모든 것이 가능하오니 이 잔을 내게서 옮기시옵소서 그러나

4) "만일 아버지의 뜻이거든 이 잔을 내게서 옮기시옵소서"(눅 22:42).306) 여기서 '만일'은 순수한 가정이 아니라 이미 어떠함을 전제하고 그것을 환기시킨다.
5) "그러나 나의 원대로 마시옵고 아버지의 원대로 하옵소서 하시고"(막 14:36).307) 하나님의 뜻은 모든 것의 규범이다. 하나님의 전능하심은 그의 공의에 배치될 수 없다.
6) "아버지여 나를 구원하여 이 때를 면하게 하여 주옵소서"(요 12:27).308) 죄가 없으신 주님이 우리의 자리에서, 우리의 목소리로 구원을 간구하신다.
7) "그러나 내가 이를 위하여 이 때에 왔나이다"(요 12:27).309) 아버지의 뜻은 아들의 존재 이유이자 가치가 된다. 주님이 하나님의 진노로 말미암아 십자가에서 죽으신 것은 그가 "범죄자 중 하나로 헤아림을 받았"기 때문이다(사 53:12).310) 곧 하나님이 "죄를 알지도 못하신 이를 우리를 대신하여 죄로 삼으신 것" 때문이다(고후 5:21).311)

117. 십자가의 도(고전 1:18; 갈 3:1)312): 가상칠언(架上七言)

1) 제1언: "아버지 저들을 사하여 주옵소서 자기들이 하는 것을 알지 못함이니이다"(눅 23:34).313) 십자가가 세상에는 미련하게 보이나 우리에게는 지혜이며 우리 구원의 유일한 지식이다(고전 1:24; 2:2).314)
2) 제2언: "내가 진실로 네게 이르노니 오늘 네가 나와 함께 낙원에 있으리라"(눅 23:43).315) 주님의 죽음으로 영혼과 육체가 분리된다. 영혼은 피조된 영적 실체로서, 죽음 후에는 육체 없이 독자적으로 존재한다. 주님이 죽음 가운데 계신 사흘 동안 신인 양성의 연합이 해소되지 않고, 신성이 영혼으로만의 인성과 연합한다.

나의 원대로 마시옵고 아버지의 원대로 하옵소서 하시고
306) [눅 22:42] 이르시되 아버지여 만일 아버지의 뜻이거든 이 잔을 내게서 옮기시옵소서 그러나 내 원대로 마시옵고 아버지의 원대로 되기를 원하나이다 하시니
307) [막 14:36] 이르시되 아빠 아버지여 아버지께는 모든 것이 가능하오니 이 잔을 내게서 옮기시옵소서 그러나 나의 원대로 마시옵고 아버지의 원대로 하옵소서 하시고
308) [요 12:27] 지금 내 마음이 괴로우니 무슨 말을 하리요 아버지여 나를 구원하여 이 때를 면하게 하여 주옵소서 그러나 내가 이를 위하여 이 때에 왔나이다
309) [요 12:27] 지금 내 마음이 괴로우니 무슨 말을 하리요 아버지여 나를 구원하여 이 때를 면하게 하여 주옵소서 그러나 내가 이를 위하여 이 때에 왔나이다
310) [사 53:12] 그러므로 내가 그에게 존귀한 자와 함께 몫을 받게 하며 강한 자와 함께 탈취한 것을 나누게 하리니 이는 그가 자기 영혼을 버려 사망에 이르게 하며 범죄자 중 하나로 헤아림을 받았음이니라 그러나 그가 많은 사람의 죄를 담당하며 범죄자를 위하여 기도하였느니라
311) [고후 5:21] 하나님이 죄를 알지도 못하신 이를 우리를 대신하여 죄로 삼으신 것은 우리로 하여금 그 안에서 하나님의 의가 되게 하려 하심이라
312) [고전 1:18] 십자가의 도가 멸망하는 자들에게는 미련한 것이요 구원을 받는 우리에게는 하나님의 능력이라
[갈 3:1] 어리석도다 갈라디아 사람들아 예수 그리스도께서 십자가에 못 박히신 것이 너희 눈 앞에 밝히 보이거늘 누가 너희를 꾀더냐
313) [눅 23:34] 이에 예수께서 이르시되 아버지 저들을 사하여 주옵소서 자기들이 하는 것을 알지 못함이니이다 하시더라 그들이 그의 옷을 나눠 제비 뽑을새
314) [고전 1:24] 오직 부르심을 받은 자들에게는 유대인이나 헬라인이나 그리스도는 하나님의 능력이요 하나님의 지혜니라
[고전 2:2] 내가 너희 중에서 예수 그리스도와 그가 십자가에 못 박히신 것 외에는 아무 것도 알지 아니하기로 작정하였음이라
315) [눅 23:43] 예수께서 이르시되 내가 진실로 네게 이르노니 오늘 네가 나와 함께 낙원에 있으리라 하시니라

3) 제3언: "여자여 보소서 아들이니이다 … 보라 네 어머니라"(요 19:26-27).316) 주님은 이 땅에 계시는 동안 마지막까지 하나님의 말씀에 순종하셨다(출 20:12; 엡 6:2-3).317)
4) 제4언: "엘리 엘리 라마 사박다니"(마 27:46; 참조. 시 22:1).318) 죽음은 하나님의 '내버려두심' 곧 '유기'의 쓴 열매이다. 우리 대신에 유기를 겪으신 주님이 '임마누엘'이 되셔서 우리가 그와 함께, 그를 통하여 영원히 아버지와 함께 거하게 하셨다(마 1:23; 요 14:16; 요일 2:24-27).319)
5) 제5언: "내가 목마르다"(요 19:28).320) 신성에 따라서 모든 만물을 지으시고 주장하시는 분이 인성에 따라서 목말라 하신다. 만물이 그에게서 나오고, 그로 말미암고, 그를 위하여 있으며(롬 11:36; 골 1:16; 요 1:3; 히 1:2)321) 그가 만물을 붙들고 계심에도(히 1:3)322) 우리의 자리에서 목마름을 겪으심으로, 그의 피가 우리를 위한 영원히 갈하지 않는 참된 음료가 되신다(요 6:55).323)
6) 제6언: "다 이루었다"(요 19:30).324) 이 말씀으로 주님의 대속의 의가 잉태부터 죽음까지의

---

316) [요 19:26-27] ²⁶예수께서 자기의 어머니와 사랑하시는 제자가 곁에 서 있는 것을 보시고 자기 어머니께 말씀하시되 여자여 보소서 아들이니이다 하시고 ²⁷또 그 제자에게 이르시되 보라 네 어머니라 하신대 그 때부터 그 제자가 자기 집에 모시니라

317) [출 20:12] 네 부모를 공경하라 그리하면 네 하나님 여호와가 네게 준 땅에서 네 생명이 길리라
[엡 6:2-3] ²네 아버지와 어머니를 공경하라 이것은 약속이 있는 첫 계명이니 ³이로써 네가 잘되고 땅에서 장수하리라

318) [마 27:46] 제구시쯤에 예수께서 크게 소리 질러 이르시되 엘리 엘리 라마 사박다니 하시니 이는 곧 나의 하나님, 나의 하나님, 어찌하여 나를 버리셨나이까 하는 뜻이라
[시 22:1] 내 하나님이여 내 하나님이여 어찌 나를 버리셨나이까 어찌 나를 멀리 하여 돕지 아니하시오며 내 신음 소리를 듣지 아니하시나이까

319) [마 1:23] 보라 처녀가 잉태하여 아들을 낳을 것이요 그의 이름은 임마누엘이라 하리라 하셨으니 이를 번역한즉 하나님이 우리와 함께 계시다 함이라
[요 14:16] 내가 아버지께 구하겠으니 그가 또 다른 보혜사를 너희에게 주사 영원토록 너희와 함께 있게 하리니
[요일 2:24-27] ²⁴너희는 처음부터 들은 것을 너희 안에 거하게 하라 처음부터 들은 것이 너희 안에 거하면 너희가 아들과 아버지 안에 거하리라 ²⁵그가 우리에게 약속하신 것은 이것이니 곧 영원한 생명이니라 ²⁶너희를 미혹하는 자들에 관하여 내가 이것을 너희에게 썼노라 ²⁷너희는 주께 받은 바 기름 부음이 너희 안에 거하나니 아무도 너희를 가르칠 필요가 없고 오직 그의 기름 부음이 모든 것을 너희에게 가르치며 또 참되고 거짓이 없으니 너희를 가르치신 그대로 주 안에 거하라

320) [요 19:28] 그 후에 예수께서 모든 일이 이미 이루어진 줄 아시고 성경을 응하게 하려 하사 이르시되 내가 목마르다 하시니

321) [롬 11:36] 이는 만물이 주에게서 나오고 주로 말미암고 주에게로 돌아감이라 그에게 영광이 세세에 있을지어다 아멘
[골 1:16] 만물이 그에게서 창조되되 하늘과 땅에서 보이는 것들과 보이지 않는 것들과 혹은 왕권들이나 주권들이나 통치자들이나 권세들이나 만물이 다 그로 말미암고 그를 위하여 창조되었고
[요 1:3] 만물이 그로 말미암아 지은 바 되었으니 지은 것이 하나도 그가 없이는 된 것이 없느니라
[히 1:2] 이 모든 날 마지막에는 아들을 통하여 우리에게 말씀하셨으니 이 아들을 만유의 상속자로 세우시고 또 그로 말미암아 모든 세계를 지으셨느니라

322) [히 1:3] 이는 하나님의 영광의 광채시요 그 본체의 형상이시라 그의 능력의 말씀으로 만물을 붙드시며 죄를 정결하게 하는 일을 하시고 높은 곳에 계신 지극히 크신 이의 우편에 앉으셨느니라

323) [요 6:55] 내 살은 참된 양식이요 내 피는 참된 음료로다

324) [요 19:30] 예수께서 신 포도주를 받으신 후에 이르시되 다 이루었다 하시고 머리를 숙이니 영혼이 떠나가시니라

전 생애에 미침을 선포하셨다. 이는 모든 것이 소진되어 가슴을 쪼개며 치밀어 오르는 타는 목마름으로 혀가 말라붙어 움직이지도 않을 때 겨우 뱉어진 가장 작은 '큰 소리'였다(마 27:50; 막 15:37).325) 주님이 복종하신 것은 '죽음'이 아니라 '아버지의 뜻'이었다.

7) 제7언: "내 영혼을 아버지 손에 부탁하나이다"(눅 23:46).326) 주님은 죽음조차도 '아버지 손'에 맡기신다. 아들은 아버지의 뜻을 행하심으로 그가 아버지 안에 아버지가 그 안에 계심을 드러내셨다(요 10:38).327)

118. 십자가의 복음

1) 십자가는 복음의 핵심이다(고전 1:23; 2:2; 갈 6:14).328) 십자가는 새로운 시대를 여는 여명이며(히 10:20),329) 십자가를 밝히 바라봄으로 생명의 지식을 얻는다(갈 3:1; 빌 3:8; 골 3:10).330) 십자가에 우리 옛사람이 주님과 함께 못 박혔다(롬 6:6; 갈 2:20; 5:24).331) 십자가로 원수 된 것이 소멸되고 서로의 담이 허물어졌으며(엡 2:16)332) 우리를 얽어매었던 법조문의 증서가 제하여졌다(골 2:14-15).333)

2) 십자가가 새로운 생명의 길이며(히 10:20),334) 십자가를 짊어짐이 없이는 주님을 합당하게

---

325) [마 27:50] 예수께서 다시 크게 소리 지르시고 영혼이 떠나시니라
[막 15:37] 예수께서 큰 소리를 지르시고 숨지시니라
326) [눅 23:46] 예수께서 큰 소리로 불러 이르시되 아버지 내 영혼을 아버지 손에 부탁하나이다 하고 이 말씀을 하신 후 숨지시니라
327) [요 10:38] 내가 행하거든 나를 믿지 아니할지라도 그 일은 믿으라 그러면 너희가 아버지께서 내 안에 계시고 내가 아버지 안에 있음을 깨달아 알리라 하시니
328) [고전 1:23] 우리는 십자가에 못 박힌 그리스도를 전하니 유대인에게는 거리끼는 것이요 이방인에게는 미련한 것이로되
[고전 2:2] 내가 너희 중에서 예수 그리스도와 그가 십자가에 못 박히신 것 외에는 아무 것도 알지 아니하기로 작정하였음이라
[갈 6:14] 그러나 내게는 우리 주 예수 그리스도의 십자가 외에 결코 자랑할 것이 없으니 그리스도로 말미암아 세상이 나를 대하여 십자가에 못 박히고 내가 또한 세상에 대하여 그러하니라
329) [히 10:20] 그 길은 우리를 위하여 휘장 가운데로 열어 놓으신 새로운 살 길이요 휘장은 곧 그의 육체니라
330) [갈 3:1] 어리석도다 갈라디아 사람들아 예수 그리스도께서 십자가에 못 박히신 것이 너희 눈 앞에 밝히 보이거늘 누가 너희를 꾀더냐
[빌 3:8] 또한 모든 것을 해로 여김은 내 주 그리스도 예수를 아는 지식이 가장 고상하기 때문이라 내가 그를 위하여 모든 것을 잃어버리고 배설물로 여김은 그리스도를 얻고
[골 3:10] 새 사람을 입었으니 이는 자기를 창조하신 이의 형상을 따라 지식에까지 새롭게 하심을 입은 자니라
331) [롬 6:6] 우리가 알거니와 우리의 옛 사람이 예수와 함께 십자가에 못 박힌 것은 죄의 몸이 죽어 다시는 우리가 죄에게 종 노릇 하지 아니하려 함이니
[갈 2:20] 내가 그리스도와 함께 십자가에 못 박혔나니 그런즉 이제는 내가 사는 것이 아니요 오직 내 안에 그리스도께서 사시는 것이라 이제 내가 육체 가운데 사는 것은 나를 사랑하사 나를 위하여 자기 자신을 버리신 하나님의 아들을 믿는 믿음 안에서 사는 것이라
[갈 5:24] 그리스도 예수의 사람들은 육체와 함께 그 정욕과 탐심을 십자가에 못 박았느니라
332) [엡 2:16] 또 십자가로 이 둘을 한 몸으로 하나님과 화목하게 하려 하심이라 원수 된 것을 십자가로 소멸하시고
333) [골 2:14-15] 14우리를 거스르고 불리하게 하는 법조문으로 쓴 증서를 지우시고 제하여 버리사 십자가에 못 박으시고 15통치자들과 권세들을 무력화하여 드러내어 구경거리로 삼으시고 십자가로 그들을 이기셨느니라
334) [히 10:20] 그 길은 우리를 위하여 휘장 가운데로 열어 놓으신 새로운 살 길이요 휘장은 곧 그의 육체니라

따를 수 없다(마 16:24; 눅 9:23).335) 십자가의 죽음은 어느 한 사람의 순교의 죽음이 아니라 유일하신 '구주'의 대리적 속죄의 죽음이다(눅 2:11).336)

119. 지옥 강하

1) 지옥 강하는 교회 초기의 보편적 신경 속에 포함되지 않았지만, 사도신경의 후기 본(390년 무렵에 나온 아퀼레이아 본)에 최초로 사용되었다. 이 표현은 본질적 조목이 아니며, 그것을 뒷받침할 만한 성경의 결정적 근거 구절이 없다.
2) 지옥 강하의 근거 구절로 언급되는 벧전 3:18-19337)에 대해서는 교부 시대부터 다양한 해석이 공존했다. 칼빈과 그를 잇는 개혁신학자들(튜레틴, 바빙크, 핫지 등)은 비하의 한 양상으로서 지옥 강하를 중요하게 다루지만, 그것을 문자 그대로 '특정 공간으로의 강하'로 이해하는 대신 주님이 당하신 '영혼의 극심한 고통'을 표현하는 것으로 여겼다("이 고백은 그리스도가 십자가에서 고난당했던 지옥 같은 고통과 부활 이전까지 처했던 죽음의 상태를 묘사하는 것이다."-바빙크).
3) 주님은 십자가에서 대속의 의를 다 이루셨기 때문에 지옥에 내려가실 필요가 없다. 로마 가톨릭은 구약 때 죽은 믿음의 조상들이 머무는 림보(Limbo, 조상림보)에 내려갔다고 궤변을 늘어놓고, 루터란들과 동방정교는 복음 선포와 전파의 목적을 위해 지옥으로 내려가심을 말하지만, 이런 주장에는 성경적 근거가 부족하다.
4) 종교개혁자들이 지옥 강하 고백을 중요하게 여긴 것은 중세 로마 가톨릭 신학자들이 주님의 대속은 육체의 고난에만 미치고 영혼의 고통에는 미치지 않는다고 보았기 때문에 이를 바로 잡기 위함이었다.
5) 웨스트민스터 대요리문답 제50문에서는 지옥 강하를 죽음 가운데 사흘 동안 계심 즉 장사되심과 동일하게 여기고, 하이델베르크 신앙교육서 제44문답은 지옥 강하를 지옥의 고뇌와 고통에서 구원하셨음을 말한다고 천명한다.

120. 부활

1) 예수가 부활하심으로 우리의 주와 그리스도가 되셨다(행 2:36).338) 그리스도의 부활로 그의 죽음이 죽음을 죽이는 죽음이라는 것이 선포되었다. 그의 부활로써 그의 의가 우리를 위한 대속의 의로 확정되었다. 부활은 아들의 사역이 자신의 뜻에 합당함을 확정하는 아버지의 선포이다(롬 1:3-4; 행 13:33-39; 빌 2:9-11; 엡 2:5-7).339)

---

335) [마 16:24] 이에 예수께서 제자들에게 이르시되 누구든지 나를 따라오려거든 자기를 부인하고 자기 십자가를 지고 나를 따를 것이니라
[눅 9:23] 또 무리에게 이르시되 아무든지 나를 따라오려거든 자기를 부인하고 날마다 제 십자가를 지고 나를 따를 것이니라
336) [눅 2:11] 오늘 다윗의 동네에 너희를 위하여 구주가 나셨으니 곧 그리스도 주시니라
337) [벧전 3:18-19] 그리스도께서도 단번에 죄를 위하여 죽으사 의인으로서 불의한 자를 대신하셨으니 이는 우리를 하나님 앞으로 인도하려 하심이라 육체로는 죽임을 당하시고 영으로는 살리심을 받으셨으니 그가 또한 영으로 가서 옥에 있는 영들에게 선포하시니라
338) [행 2:36] 그런즉 이스라엘 온 집은 확실히 알지니 너희가 십자가에 못 박은 이 예수를 하나님이 주와 그리스도가 되게 하셨느니라 하니라

2) 그리스도의 부활이 없이는 우리의 부활이 있을 수 없다. 사망이 한 사람으로 말미암았으니 죽은 자의 부활도 한 사람으로 말미암는다(고전 15:21).340) "주 예수를 다신 살리신 이가 예수와 함께 우리도 다시 살리신다(고후 4:14; 참조. 고전 6:14; 딤후 2:11).341) 그리스도가 잠자는 자들의 첫 열매가 되셨다(고전 15:20; 참조. 고전 15:23).342)

3) 성도가 믿어서 구원에 이름으로 죄와 사망으로부터 자유롭게 되는 것은 부활하신 그리스도가 살려 주는 영이 되셨기 때문이다(고전 15:45).343) 부활하신 주님이 새 언약의 머리가 되심으로(엡 1:22; 4:15; 골 1:18; 계 1:5)344) 그의 순종하심의 의로운 행위(롬 5:18-19)가 우리 생명의 값이 되었다.

4) 칼빈은 부활의 권능을 세 가지로 말한다. ① 옛사람이 죽고 새사람이 사는 '생명' ② 우리가 날마다 죽고 다시 사는 거룩한 '생활' ③ 주님의 부활이 우리 부활의 '보증'이 되심(벧전 1:3)345)

---

339) [롬 1:3-4] ³그의 아들에 관하여 말하면 육신으로는 다윗의 혈통에서 나셨고 ⁴성결의 영으로는 죽은 자들 가운데서 부활하사 능력으로 하나님의 아들로 선포되셨으니 곧 우리 주 예수 그리스도시니라
[행 13:33-39] ³³곧 하나님이 예수를 일으키사 우리 자녀들에게 이 약속을 이루게 하셨다 함이라 시편 둘째 편에 기록한 바와 같이 너는 내 아들이라 오늘 너를 낳았다 하셨고 ³⁴또 하나님께서 죽은 자 가운데서 그를 일으키사 다시 썩음을 당하지 않게 하실 것을 가르쳐 이르시되 내가 다윗의 거룩하고 미쁜 은사를 너희에게 주리라 하셨으며 ³⁵또 다른 시편에 일렀으되 주의 거룩한 자로 썩음을 당하지 않게 하시리라 하셨느니라 ³⁶다윗은 당시에 하나님의 뜻을 따라 섬기다가 잠들어 그 조상들과 함께 묻혀 썩음을 당하였으되 ³⁷하나님께서 살리신 이는 썩음을 당하지 아니하였나니 ³⁸그러므로 형제들아 너희가 알 것은 이 사람을 힘입어 죄 사함을 너희에게 전하는 이것이며 ³⁹또 모세의 율법으로 너희가 의롭다 하심을 얻지 못하던 모든 일에도 이 사람을 힘입어 믿는 자마다 의롭다 하심을 얻는 이것이라
[빌 2:9-11] ⁹이러므로 하나님이 그를 지극히 높여 모든 이름 위에 뛰어난 이름을 주사 ¹⁰하늘에 있는 자들과 땅에 있는 자들과 땅 아래에 있는 자들로 모든 무릎을 예수의 이름에 꿇게 하시고 ¹¹모든 입으로 예수 그리스도를 주라 시인하여 하나님 아버지께 영광을 돌리게 하셨느니라
[엡 2:5-7] ⁵허물로 죽은 우리를 그리스도와 함께 살리셨고 (너희는 은혜로 구원을 받은 것이라) ⁶또 함께 일으키사 그리스도 예수 안에서 함께 하늘에 앉히시니 ⁷이는 그리스도 예수 안에서 우리에게 자비하심으로써 그 은혜의 지극히 풍성함을 오는 여러 세대에 나타내려 하심이라
340) [고전 15:21] 사망이 한 사람으로 말미암았으니 죽은 자의 부활도 한 사람으로 말미암는도다
341) [고후 4:14] 주 예수를 다시 살리신 이가 예수와 함께 우리도 다시 살리사 너희와 함께 그 앞에 서게 하실 줄을 아노라
[고전 6:14] 하나님이 주를 다시 살리셨고 또한 그의 권능으로 우리를 다시 살리시리라
[딤후 2:11] 미쁘다 이 말이여 우리가 주와 함께 죽었으면 또한 함께 살 것이요
342) [고전 15:20, 23] ²⁰그러나 이제 그리스도께서 죽은 자 가운데서 다시 살아나사 잠자는 자들의 첫 열매가 되셨도다 ²³그러나 각각 자기 차례대로 되리니 먼저는 첫 열매인 그리스도요 다음에는 그가 강림하실 때에 그리스도에게 속한 자
343) [고전 15:45] 기록된 바 첫 사람 아담은 생령이 되었다 함과 같이 마지막 아담은 살려 주는 영이 되었나니
344) [엡 1:22] 또 만물을 그의 발 아래에 복종하게 하시고 그를 만물 위에 교회의 머리로 삼으셨느니라
[엡 4:15] 오직 사랑 안에서 참된 것을 하여 범사에 그에게까지 자랄지라 그는 머리니 곧 그리스도라
[골 1:18] 그는 몸인 교회의 머리시라 그가 근본이시요 죽은 자들 가운데서 먼저 나신 이시니 이는 친히 만물의 으뜸이 되려 하심이요
[계 1:5] 또 충성된 증인으로 죽은 자들 가운데에서 먼저 나시고 땅의 임금들의 머리가 되신 예수 그리스도로 말미암아 은혜와 평강이 너희에게 있기를 원하노라 우리를 사랑하사 그의 피로 우리 죄에서 우리를 해방하시고
345) [벧전 1:3] 우리 주 예수 그리스도의 아버지 하나님을 찬송하리로다 그의 많으신 긍휼대로 예수 그리스도를 죽은 자 가운데서 부활하게 하심으로 말미암아 우리를 거듭나게 하사 산 소망이 있게 하시며

5) 부활의 주체: 부활은 신인 양성의 위격적 연합 가운데 계신 예수 그리스도의 인격을 주체로 한다. 부활은 신인(神人, θεάνθρωπό)의 주님이 신성에 따른 능력으로 인성에 따른 영혼과 육체의 재결합을 이루신 사건이었다.

6) 부활체: 부활의 몸은 '신령한 몸'[영의 몸]($σῶμα\ πνευματικόν$)이며(고전 15:42-44),346) 첫 사람 아담은 육의 사람으로서 생령이 된 반면에 마지막 아담은 신령한 사람으로서 살려 주는 영이 되셨다(고전 15:45-46).347) 주님의 부활로 영혼과 이전의 몸이 다시 연합하며, 다만 그 몸의 성질(특성, quality)은 '영광의 몸의 형체와 같이' 변화된다(빌 3:21)348)고 했다.

121. 승천: 통치의 시작

1) 승천은 장소의 이동을 통한 것이었다. 참되고 실제적인 장소의 옮김이 있었다. 주님은 하늘로 올려지셨다(눅 24:51; 엡 4:10).349) '하늘'은 구체적으로 그 위치를 지정할 수는 없지만, 공간의 특정한 부분을 뜻한다.
2) 주님은 가시적으로 승천하셨다. 주님은 보는데 올려져 가셨다(행 1:9-11).350)
3) 신인 양성의 위격적 연합 가운데 계신 인격이 승천의 주체시다. 신성에 따라서는 모든 곳에 계시는 분이 인성에 따라서 하늘에 올라가셨다.
4) 주님이 하늘에 올라가심은 보혜사 성령을 내려주시기 위함이었다(요 16:7).351) 승천은 보혜사 성령을 부어주심으로써 통치를 시작하심을 뜻한다(행 2:33).352)

122. 하나님 우편에 앉으심(재위): 통치의 계속

1) 하나님 우편에 앉으심(재위, 在位, session)은 승천과 연속되지만 다른 사건으로서 서로 구별된다(행 2:33, 35; 벧전 3:21-22; 롬 8:34).353)

---

346) [고전 15:42-44] 42죽은 자의 부활도 그와 같으니 썩을 것으로 심고 썩지 아니할 것으로 다시 살아나며 43욕된 것으로 심고 영광스러운 것으로 다시 살아나며 약한 것으로 심고 강한 것으로 다시 살아나며 44육의 몸으로 심고 신령한 몸으로 다시 살아나나니 육의 몸이 있은즉 또 영의 몸도 있느니라
347) [고전 15:45-46] 45기록된 바 첫 사람 아담은 생령이 되었다 함과 같이 마지막 아담은 살려 주는 영이 되었나니 46그러나 먼저는 신령한 사람이 아니요 육의 사람이요 그 다음에 신령한 사람이니라
348) [빌 3:21] 그는 만물을 자기에게 복종하게 하실 수 있는 자의 역사로 우리의 낮은 몸을 자기 영광의 몸의 형체와 같이 변하게 하시리라
349) [눅 24:51] 축복하실 때에 그들을 떠나 [하늘로 올려지시니]
[엡 4:10] 내리셨던 그가 곧 모든 하늘 위에 오르신 자니 이는 만물을 충만하게 하려 하심이라
350) [행 1:9-11] 9이 말씀을 마치시고 그들이 보는데 올려져 가시니 구름이 그를 가리어 보이지 않게 하더라 10올라가실 때에 제자들이 자세히 하늘을 쳐다보고 있는데 흰 옷 입은 두 사람이 그들 곁에 서서 11이르되 갈릴리 사람들아 어찌하여 서서 하늘을 쳐다보느냐 너희 가운데서 하늘로 올려지신 이 예수는 하늘로 가심을 본 그대로 오시리라 하였느니라
351) [요 16:7] 그러나 내가 너희에게 실상을 말하노니 내가 떠나가는 것이 너희에게 유익이라 내가 떠나가지 아니하면 보혜사가 너희에게로 오시지 아니할 것이요 가면 내가 그를 너희에게로 보내리니
352) [행 2:33] 하나님이 오른손으로 예수를 높이시매 그가 약속하신 성령을 아버지께 받아서 너희가 보고 듣는 이것을 부어 주셨느니라
353) [행 2:33, 35] 33하나님이 오른손으로 예수를 높이시매 그가 약속하신 성령을 아버지께 받아서 너희가 보고 듣는 이것을 부어 주셨느니라 35내가 네 원수로 네 발등상이 되게 하기까지 너는 내 우편에 앉아 있으라 하셨도다 하였으니
[벧전 3:21-22] 21물은 예수 그리스도께서 부활하심으로 말미암아 이제 너희를 구원하는 표니 곧 세례라 이

2) 신인 양성의 위격적 연합 가운데 계신 인격이 재위의 주체시다. 신성에 따라서는 모든 곳에 계시는 분이 인성에 따라서 하나님 우편에 계신다. '우편'은 그 위치를 지정할 수는 없지만, 공간의 특정한 부분을 뜻한다.

3) 주님은 하나님 우편에서 성령을 부어주심으로써 계속적으로 다스리신다. 그 다스리심은 성도의 구원과 교회 및 천지 만물에 미친다(고전 15:27; 엡 1:22; 골 1:15-20; 행 2:30-36).354)

123. 재림: 통치의 완성

1) 그리스도의 재림은 육체적이고 가시적이다. 하늘로 가심을 본 그대로 오시며(행 1:11)355) 나타나신다(고전 1:7; 딛 2:13).356)

2) 주님의 통치가 그의 재림으로 완성된다(고전 15:24-28).357) 주님은 언약의 자녀들을 구원에 이르게 하기 위하여 다시 오신다(히 9:28).358)

3) 신인 양성의 위격적 연합 가운데 계신 인격이 재위의 주체시다. 신성에 따라서는 모든 곳에

는 육체의 더러운 것을 제하여 버림이 아니요 하나님을 향한 선한 양심의 간구니라 22그는 하늘에 오르사 하나님 우편에 계시니 천사들과 권세들과 능력들이 그에게 복종하느니라
[롬 8:34] 누가 정죄하리요 죽으실 뿐 아니라 다시 살아나신 이는 그리스도 예수시니 그는 하나님 우편에 계신 자요 우리를 위하여 간구하시는 자시니라

354) **[고전 15:27]** 만물을 그의 발 아래에 두셨다 하셨으니 만물을 아래에 둔다 말씀하실 때에 만물을 그의 아래에 두신 이가 그 중에 들지 아니한 것이 분명하도다
[엡 1:22] 또 만물을 그의 발 아래에 복종하게 하시고 그를 만물 위에 교회의 머리로 삼으셨느니라
[골 1:15-20] 15그는 보이지 아니하는 하나님의 형상이시요 모든 피조물보다 먼저 나신 이시니 16만물이 그에게서 창조되되 하늘과 땅에서 보이는 것들과 보이지 않는 것들과 혹은 왕권들이나 주권들이나 통치자들이나 권세들이나 만물이 다 그로 말미암고 그를 위하여 창조되었고 17또한 그가 만물보다 먼저 계시고 만물이 그 안에 함께 섰느니라 18그는 몸인 교회의 머리시라 그가 근본이시요 죽은 자들 가운데서 먼저 나신 이시니 이는 친히 만물의 으뜸이 되려 하심이요 19아버지께서는 모든 충만으로 예수 안에 거하게 하시고 20그의 십자가의 피로 화평을 이루사 만물 곧 땅에 있는 것들이나 하늘에 있는 것들이 그로 말미암아 자기와 화목하게 되기를 기뻐하심이라
[행 2:30-36] 30그는 선지자라 하나님이 이미 맹세하사 그 자손 중에서 한 사람을 그 위에 앉게 하리라 하심을 알고 31미리 본 고로 그리스도의 부활을 말하되 그가 음부에 버림이 되지 않고 그의 육신이 썩음을 당하지 아니하시리라 하더니 32이 예수를 하나님이 살리신지라 우리가 다 이 일에 증인이로다 33하나님이 오른손으로 예수를 높이시매 그가 약속하신 성령을 아버지께 받아서 너희가 보고 듣는 이것을 부어 주셨느니라 34다윗은 하늘에 올라가지 못하였으나 친히 말하여 이르되 주께서 내 주에게 말씀하시기를 35내가 네 원수로 네 발등상이 되게 하기까지 너는 내 우편에 앉아 있으라 하셨도다 하였으니 36그런즉 이스라엘 온 집은 확실히 알지니 너희가 십자가에 못 박은 이 예수를 하나님이 주와 그리스도가 되게 하셨느니라 하니라
355) **[행 1:11]** 이르되 갈릴리 사람들아 어찌하여 서서 하늘을 쳐다보느냐 너희 가운데서 하늘로 올려지신 이 예수는 하늘로 가심을 본 그대로 오시리라 하였느니라
356) **[고전 1:7]** 너희가 모든 은사에 부족함이 없이 우리 주 예수 그리스도의 나타나심을 기다림이라
[딛 2:13] 복스러운 소망과 우리의 크신 하나님 구주 예수 그리스도의 영광이 나타나심을 기다리게 하셨으니
357) **[고전 15:24-28]** 24그 후에는 마지막이니 그가 모든 통치와 모든 권세와 능력을 멸하시고 나라를 아버지 하나님께 바칠 때라 25그가 모든 원수를 그 발 아래에 둘 때까지 반드시 왕 노릇 하시리니 26맨 나중에 멸망 받을 원수는 사망이니라 27만물을 그의 발 아래에 두셨다 하셨으니 만물을 아래에 둔다 말씀하실 때에 만물을 그의 아래에 두신 이가 그 중에 들지 아니한 것이 분명하도다 28만물을 그에게 복종하게 하실 때에는 아들 자신도 그 때에 만물을 자기에게 복종하게 하신 이에게 복종하게 되리니 이는 하나님이 만유의 주로서 만유 안에 계시려 하심이라
358) **[히 9:28]** 이와 같이 그리스도도 많은 사람의 죄를 담당하시려고 단번에 드리신 바 되셨고 구원에 이르게 하기 위하여 죄와 상관 없이 자기를 바라는 자들에게 두 번째 나타나시리라

계시는 분이 인성에 따라서 내려오신다. 그 위치를 지정할 수는 없지만 공간의 특정한 부분을 점하며 내려오신다.

4) 마지막 때 주님의 재림에 따르는 부활과 심판이 있다. 주님은 심판하는 권한을 받아 택함 받은 자들은 생명의 부활로, 그렇지 않은 자들은 심판의 부활로 나오게 하신다(요 5:26-27, 29).359) 심판하시는 그가 우리를 위하여 죽임을 당한 어린 양이시다(계 5:12).360) 구원하심이 그에게 있다(계 7:10).361) 그러므로 그를 대망함이 마땅하며(계 22:20; 고전 16:22),362) 오직 그에게만 찬송과 존귀와 영광과 권능을 세세토록 돌려야 한다(계 5:13).363)

124. 선지자직

1) 생명의 말씀이신 하나님의 아들이 사람의 아들이 되셨다(요일 1:1; 요 1:12).364) 하나님은 마지막에 아들을 통하여 말씀하셨다(히 1:1-2).365) 그가 천국 복음을 가르치고 전파하셨다(마 4:23).366) 그에게는 은혜와 진리가 충만하고(요 1:14)367) 가르침에 권위가 있었다(마 7:29).368)

2) 주님은 하나님의 말씀 자체로서 모든 계시의 원천이시므로 우리는 그의 말을 들어야 한다(마 17:5).369)

3) 주님은 구약의 선지자들이 예언한 바로 그 선지자셨다(눅 24:25-27, 44-47; 요 5:45-47; 벧전 1:10-12).370)

---

359) [요 5:26-27, 29] ²⁶아버지께서 자기 속에 생명이 있음 같이 아들에게도 생명을 주어 그 속에 있게 하셨고 ²⁷또 인자됨으로 말미암아 심판하는 권한을 주셨느니라 ²⁹선한 일을 행한 자는 생명의 부활로, 악한 일을 행한 자는 심판의 부활로 나오리라

360) [계 5:12] 큰 음성으로 이르되 죽임을 당하신 어린 양은 능력과 부와 지혜와 힘과 존귀와 영광과 찬송을 받으시기에 합당하도다 하더라

361) [계 7:10] 큰 소리로 외쳐 이르되 구원하심이 보좌에 앉으신 우리 하나님과 어린 양에게 있도다 하니

362) [계 22:20] 이것들을 증언하신 이가 이르시되 내가 진실로 속히 오리라 하시거늘 아멘 주 예수여 오시옵소서
[고전 16:22] 만일 누구든지 주를 사랑하지 아니하면 저주를 받을지어다 우리 주여 오시옵소서

363) [계 5:13] 내가 또 들으니 하늘 위에와 땅 위에와 땅 아래와 바다 위에와 또 그 가운데 모든 피조물이 이르되 보좌에 앉으신 이와 어린 양에게 찬송과 존귀와 영광과 권능을 세세토록 돌릴지어다 하니

364) [요일 1:1] 태초부터 있는 생명의 말씀에 관하여는 우리가 들은 바요 눈으로 본 바요 자세히 보고 우리의 손으로 만진 바라
[요 1:12] 영접하는 자 곧 그 이름을 믿는 자들에게는 하나님의 자녀가 되는 권세를 주셨으니

365) [히 1:1-2] ¹옛적에 선지자들을 통하여 여러 부분과 여러 모양으로 우리 조상들에게 말씀하신 하나님이 ²이 모든 날 마지막에는 아들을 통하여 우리에게 말씀하셨으니 이 아들을 만유의 상속자로 세우시고 또 그로 말미암아 모든 세계를 지으셨느니라

366) [마 4:23] 예수께서 온 갈릴리에 두루 다니사 그들의 회당에서 가르치시며 천국 복음을 전파하시며 백성 중의 모든 병과 모든 약한 것을 고치시니

367) [요 1:14] 말씀이 육신이 되어 우리 가운데 거하시매 우리가 그의 영광을 보니 아버지의 독생자의 영광이요 은혜와 진리가 충만하더라

368) [마 7:29] 이는 그 가르치시는 것이 권위 있는 자와 같고 그들의 서기관들과 같지 아니함일러라

369) [마 17:5] 말할 때에 홀연히 빛난 구름이 그들을 덮으며 구름 속에서 소리가 나서 이르시되 이는 내 사랑하는 아들이요 내 기뻐하는 자니 너희는 그의 말을 들으라 하시는지라

370) [눅 24:25-27, 44-47] ²⁵이르시되 미련하고 선지자들이 말한 모든 것을 마음에 더디 믿는 자들이여 ²⁶그리스도가 이런 고난을 받고 자기의 영광에 들어가야 할 것이 아니냐 하시고 ²⁷이에 모세와 모든 선지자의 글로 시작하여 모든 성경에 쓴 바 자기에 관한 것을 자세히 설명하시니라 ⁴⁴또 이르시되 내가 너희와 함께 있

4) 주님의 선지자직은 복음에 대한 가르침과 선포에 그치지 않고 전해진 말씀대로 이루어지는 역사(役事)를 함의한다. 그리하여 사도 바울은 "믿음은 들음에서 나며 들음은 그리스도의 말씀으로 말미암았느니라"라고 전한다(롬 10:17).371)
5) 주님은 진리의 영이신 보혜사 성령을 부어주셔서(요 14:16-17, 26; 15:26; 행 2:33)372) 사람들의 마음을 조명하고 감화하심으로 지금도 선지자직을 계속 수행하신다.
6) 주님은 제자들을 사도와 교사로 파송하심으로써 여호와를 아는 지식이 땅끝까지 편만해지도록 하신다(마 28:18-20; 행 1:8).373)
7) 주님에 의해서 성경 계시는 완성되었으나, 그의 선지자적 중보 사역은 계속된다. "오직 주의 말씀은 세세토록 있도다"(벧전 1:25).374)

125. 제사장직

1) 선지자가 백성을 향한 하나님의 대리자라면, 제사장은 하나님을 향한 백성의 대리자다. 제사장의 직무는 크게 두 가지이다.
2) 첫째, 제사를 드리는 일이다(히 5:1).375) 주님은 자기 자신을 제물로 삼아 단번에 영원한 제사

을 때에 너희에게 말한 바 곧 모세의 율법과 선지자의 글과 시편에 나를 가리켜 기록된 모든 것이 이루어져야 하리라 한 말이 이것이라 하시고 45이에 그들의 마음을 열어 성경을 깨닫게 하시고 46또 이르시되 이같이 그리스도가 고난을 받고 제삼일에 죽은 자 가운데서 살아날 것과 47또 그의 이름으로 죄 사함을 받게 하는 회개가 예루살렘에서 시작하여 모든 족속에게 전파될 것이 기록되었으니
[요 5:45-47] 45내가 너희를 아버지께 고발할까 생각하지 말라 너희를 고발하는 이가 있으니 곧 너희가 바라는 자 모세니라 46모세를 믿었더라면 또 나를 믿었으리니 이는 그가 내게 대하여 기록하였음이라 47그러나 그의 글도 믿지 아니하거든 어찌 내 말을 믿겠느냐 하시니라
[벧전 1:10-12] 10이 구원에 대하여는 너희에게 임할 은혜를 예언하던 선지자들이 연구하고 부지런히 살펴서 11자기 속에 계신 그리스도의 영이 그 받으실 고난과 후에 받으실 영광을 미리 증언하여 누구를 또는 어떠한 때를 지시하시는지 상고하니라 12이 섬긴 바가 자기를 위한 것이 아니요 너희를 위한 것임이 계시로 알게 되었으니 이것은 하늘로부터 보내신 성령을 힘입어 복음을 전하는 자들로 이제 너희에게 알린 것이요 천사들도 살펴 보기를 원하는 것이니라

371) [롬 10:17] 그러므로 믿음은 들음에서 나며 들음은 그리스도의 말씀으로 말미암았느니라
372) [요 14:16-17, 26] 16내가 아버지께 구하겠으니 그가 또 다른 보혜사를 너희에게 주사 영원토록 너희와 함께 있게 하리니 17그는 진리의 영이라 세상은 능히 그를 받지 못하나니 이는 그를 보지도 못하고 알지도 못함이라 그러나 너희는 그를 아나니 그는 너희와 함께 거하심이요 또 너희 속에 계시겠음이라 26보혜사 곧 아버지께서 내 이름으로 보내실 성령 그가 너희에게 모든 것을 가르치고 내가 너희에게 말한 모든 것을 생각나게 하리라
[요 15:26] 내가 아버지께로부터 너희에게 보낼 보혜사 곧 아버지께로부터 나오시는 진리의 성령이 오실 때에 그가 나를 증언하실 것이요
[행 2:33] 하나님이 오른손으로 예수를 높이시매 그가 약속하신 성령을 아버지께 받아서 너희가 보고 듣는 이것을 부어 주셨느니라
373) [마 28:18-20] 18예수께서 나아와 말씀하여 이르시되 하늘과 땅의 모든 권세를 내게 주셨으니 19그러므로 너희는 가서 모든 민족을 제자로 삼아 아버지와 아들과 성령의 이름으로 세례를 베풀고 20내가 너희에게 분부한 모든 것을 가르쳐 지키게 하라 볼지어다 내가 세상 끝날까지 너희와 항상 함께 있으리라 하시니라
[행 1:8] 오직 성령이 너희에게 임하시면 너희가 권능을 받고 예루살렘과 온 유대와 사마리아와 땅 끝까지 이르러 내 증인이 되리라 하시니라
374) [벧전 1:25] 오직 주의 말씀은 세세토록 있도다 하였으니 너희에게 전한 복음이 곧 이 말씀이니라
375) [히 5:1] 대제사장마다 사람 가운데서 택한 자이므로 하나님께 속한 일에 사람을 위하여 예물과 속죄하는 제사를 드리게 하나니

를 드리셨다(히 7:27; 9:12, 26; 10:11-14; 12:24).376) 그는 자신을 속건제물(사 53:10),377) 화목제물(롬 3:25; 요일 2:2; 4:10),378) 향기로운 제물과 희생제물(엡 5:2)379)로 드리셨다. 그는 하나님의 어린 양으로서 제물이 되셔서(고전 5:7; 요 1:29)380) 나무에 달려(벧전 2:24; 요 3:14),381) 불의한 자를 대신해서 죽으셨다(벧전 3:18).382)

   3) 둘째, 백성을 위하여 중재하시며 기도하시는 일이다. 그가 우리의 대언자로서(요일 2:1)383) 하나님 우편에서 간구하시며(롬 8:34)384) 항상 살아서 기도하신다(히 7:25; 사 53:12).385) 그리하여 우리가 그 안에서 하나님께 당당히 나아간다(엡 3:12).386)

---

376) [히 7:27] 그는 저 대제사장들이 먼저 자기 죄를 위하고 다음에 백성의 죄를 위하여 날마다 제사 드리는 것과 같이 할 필요가 없으니 이는 그가 단번에 자기를 드려 이루셨음이라
[히 9:12, 26] ¹²염소와 송아지의 피로 하지 아니하고 오직 자기의 피로 영원한 속죄를 이루사 단번에 성소에 들어가셨느니라 ²⁶그리하면 그가 세상을 창조한 때부터 자주 고난을 받았어야 할 것이로되 이제 자기를 단번에 제물로 드려 죄를 없이 하시려고 세상 끝에 나타나셨느니라
[히 10:11-14] ¹¹제사장마다 매일 서서 섬기며 자주 같은 제사를 드리되 이 제사는 언제나 죄를 없게 하지 못하거니와 ¹²오직 그리스도는 죄를 위하여 한 영원한 제사를 드리시고 하나님 우편에 앉으사 ¹³그 후에 자기 원수들을 자기 발등상이 되게 하실 때까지 기다리시나니 ¹⁴그가 거룩하게 된 자들을 한 번의 제사로 영원히 온전하게 하셨느니라
[히 12:24] 새 언약의 중보자이신 예수와 및 아벨의 피보다 더 나은 것을 말하는 뿌린 피니라
377) [사 53:10] 여호와께서 그에게 상함을 받게 하시기를 원하사 질고를 당하게 하셨은즉 그의 영혼을 속건제물로 드리기에 이르면 그가 씨를 보게 되며 그의 날은 길 것이요 또 그의 손으로 여호와께서 기뻐하시는 뜻을 성취하리로다
378) [롬 3:25] 이 예수를 하나님이 그의 피로써 믿음으로 말미암는 화목제물로 세우셨으니 이는 하나님께서 길이 참으시는 중에 전에 지은 죄를 간과하심으로 자기의 의로우심을 나타내려 하심이니
[요일 2:2] 그는 우리 죄를 위한 화목제물이니 우리만 위할 뿐 아니요 온 세상의 죄를 위하심이라
[요일 4:10] 사랑은 여기 있으니 우리가 하나님을 사랑한 것이 아니요 하나님이 우리를 사랑하사 우리 죄를 속하기 위하여 화목제물로 그 아들을 보내셨음이라
379) [엡 5:2] 그리스도께서 너희를 사랑하신 것 같이 너희도 사랑 가운데서 행하라 그는 우리를 위하여 자신을 버리사 향기로운 제물과 희생제물로 하나님께 드리셨느니라
380) [고전 5:7] 너희는 누룩 없는 자인데 새 덩어리가 되기 위하여 묵은 누룩을 내버리라 우리의 유월절 양 곧 그리스도께서 희생되셨느니라
[요 1:29] 이튿날 요한이 예수께서 자기에게 나아오심을 보고 이르되 보라 세상 죄를 지고 가는 하나님의 어린 양이로다
381) [벧전 2:24] 친히 나무에 달려 그 몸으로 우리 죄를 담당하셨으니 이는 우리로 죄에 대하여 죽고 의에 대하여 살게 하려 하심이라 그가 채찍에 맞음으로 너희는 나음을 얻었나니
[요 3:14] 모세가 광야에서 뱀을 든 것 같이 인자도 들려야 하리니
382) [벧전 3:18] 그리스도께서도 단번에 죄를 위하여 죽으사 의인으로서 불의한 자를 대신하셨으니 이는 우리를 하나님 앞으로 인도하려 하심이라 육체로는 죽임을 당하시고 영으로는 살리심을 받으셨으니
383) [요일 2:1] 나의 자녀들아 내가 이것을 너희에게 씀은 너희로 죄를 범하지 않게 하려 함이라 만일 누가 죄를 범하여도 아버지 앞에서 우리에게 대언자가 있으니 곧 의로우신 예수 그리스도시라
384) [롬 8:34] 누가 정죄하리요 죽으실 뿐 아니라 다시 살아나신 이는 그리스도 예수시니 그는 하나님 우편에 계신 자요 우리를 위하여 간구하시는 자시니라
385) [히 7:25] 그러므로 자기를 힘입어 하나님께 나아가는 자들을 온전히 구원하실 수 있으니 이는 그가 항상 살아 계셔서 그들을 위하여 간구하심이라
[사 53:12] 그러므로 내가 그에게 존귀한 자와 함께 몫을 받게 하며 강한 자와 함께 탈취한 것을 나누게 하리니 이는 그가 자기 영혼을 버려 사망에 이르게 하며 범죄자 중 하나로 헤아림을 받았음이니라 그러나 그가 많은 사람의 죄를 담당하며 범죄자를 위하여 기도하였느니라
386) [엡 3:12] 우리가 그 안에서 그를 믿음으로 말미암아 담대함과 확신을 가지고 하나님께 나아감을 얻느니라

126. 왕직

1) 주님이 '위로' 자기 자신을 아버지께 올려드리심이 제사장직이며, '아래로' 자기 자신을 우리에게 내려주심이 왕직이다. 아버지께 올려드리심이 없으면 우리에게 내려주심이 없다. 곧 제사장직이 없으면 왕직이 없다. 주님이 우리를 다스리시는 방식 혹은 질서는 자기 자신을 우리에게 주심에 있다.
2) 주님은 하나님의 우편에서(히 10:12)[387] 아버지의 약속하신 성령을 부어주심으로 이 직분을 수행하신다(행 2:33; 요 15:26).[388]
3) 주님의 궁극적 통치는 그 자신이 우리 안에 들어와 사심(갈 2:20; 빌 2:13; 골 1:29; 고후 13:5),[389] 우리와 하나가 되심(요 17:21)[390]에 있다.
4) 주님은 교회의 머리로서 영원히 중보하신다(엡 1:21-22; 5:22-24).[391] 마지막에 구속을 위한 중보자 직분을 완성했다고 하더라도, 영원하신 성자로서 본래의 중보는 영원히 계속된다.

127. 속죄론

1) 속죄론(atonement)은 그리스도가 언약의 머리로서 대속의 의를 다 이루시고 전가해 주시는 의의 가치에 대해서 다룬다.
2) 속죄론을 칭하는 'atonement'는 라틴어 *satisfactio*에서 유래하는데, 그 일차적 의미는 '배상'이나 '보상' 등 값을 치르는 데 있고, 여기서 '만족'이라는 의미가 파생된다. 따라서 속죄론을 칭하는 단어 'atonement'나 'satisfaction'은 히브리어 '무르다'(카알, גאל)의 명사형 '무름'(크울라, גְּאֻלָּה)으로 번역함이 합당하다. 보아스가 룻의 기업을 무르고 룻을 유다 지파에 들여 아내 삼았듯이, 주님은 우리의 '기업 무를 자'(코엘, גֹּאֵל)가 되신다(룻 3:12;

---

[387] [히 10:12] 오직 그리스도는 죄를 위하여 한 영원한 제사를 드리시고 하나님 우편에 앉으사
[388] [행 2:33] 하나님이 오른손으로 예수를 높이시매 그가 약속하신 성령을 아버지께 받아서 너희가 보고 듣는 이것을 부어 주셨느니라
[요 15:26] 내가 아버지께로부터 너희에게 보낼 보혜사 곧 아버지께로부터 나오시는 진리의 성령이 오실 때에 그가 나를 증언하실 것이요
[389] [갈 2:20] 내가 그리스도와 함께 십자가에 못 박혔나니 그런즉 이제는 내가 사는 것이 아니요 오직 내 안에 그리스도께서 사시는 것이라 이제 내가 육체 가운데 사는 것은 나를 사랑하사 나를 위하여 자기 자신을 버리신 하나님의 아들을 믿는 믿음 안에서 사는 것이라
[빌 2:13] 너희 안에서 행하시는 이는 하나님이시니 자기의 기쁘신 뜻을 위하여 너희에게 소원을 두고 행하게 하시나니
[골 1:29] 이를 위하여 나도 내 속에서 능력으로 역사하시는 이의 역사를 따라 힘을 다하여 수고하노라
[고후 13:5] 너희는 믿음 안에 있는가 너희 자신을 시험하고 너희 자신을 확증하라 예수 그리스도께서 너희 안에 계신 줄을 너희가 스스로 알지 못하느냐 그렇지 않으면 너희는 버림 받은 자니라
[390] [요 17:21] 아버지여, 아버지께서 내 안에, 내가 아버지 안에 있는 것 같이 그들도 다 하나가 되어 우리 안에 있게 하사 세상으로 아버지께서 나를 보내신 것을 믿게 하옵소서
[391] [엡 1:21-22] [21]모든 통치와 권세와 능력과 주권과 이 세상뿐 아니라 오는 세상에 일컫는 모든 이름 위에 뛰어나게 하시고 [22]또 만물을 그의 발 아래에 복종하게 하시고 그를 만물 위에 교회의 머리로 삼으셨느니라
[엡 5:22-24] [22]아내들이여 자기 남편에게 복종하기를 주께 하듯 하라 [23]이는 남편이 아내의 머리 됨이 그리스도께서 교회의 머리 됨과 같음이니 그가 바로 몸의 구주시니라 [24]그러므로 교회가 그리스도에게 하듯 아내들도 범사에 자기 남편에게 복종할지니라

4:6, 14; 레 25:23-28).392)

3) 우리에게 전가되는 주님의 의는 그가 우리 자신을 사서 그와 함께 하나님의 자녀가 되는 권세를 얻게 하는(요 1:12; 롬 8:17)393) 대리적 무름의 값이 된다.

4) 그리스도의 의는 성도의 구원 전 과정을 위한 값이 된다(객관설). 그 의는 법정적으로 전가 되며(직접 전가설), 칭의와 성화에 모두 미치며(이중 은혜론), 속죄(εξπιατιον)와 용서 (προπιτιατιον)와 화목(ρεχονχιλιατιον)의 열매를 맺는다(롬 3:25; 5:9-10; 고후 5:18-19; 갈 3:13).394)

128. 칼빈과 개혁신학자들의 정통 속죄론: 객관설, 직접 전가설

1) 구속의 본질은 대리적 무름에 있다. 주님이 우리를 대신하여 자신을 대속물로 주셨다(딛 2:14; 마 20:28).395) 그리하여 우리가 하나님과 화목하게 되었다(롬 3:25; 5:10).396)

2) 하나님이 언약의 은혜를 베푸시는 두 요소는 '하나님의 사랑'과 '그리스도의 공로'에 있다.

---

392) [룻 3:12] 참으로 나는 기업을 무를 자이나 기업 무를 자로서 나보다 더 가까운 사람이 있으니
[룻 4:6, 14] 6그 기업 무를 자가 이르되 나는 내 기업에 손해가 있을까 하여 나를 위하여 무르지 못하노니 내가 무를 것을 네가 무르라 나는 무르지 못하겠노라 하는지라 14여인들이 나오미에게 이르되 찬송할지로다 여호와께서 오늘 네게 기업 무를 자가 없게 하지 아니하셨도다 이 아이의 이름이 이스라엘 중에 유명하게 되기를 원하노라
[레 25:23-28] 23토지를 영구히 팔지 말 것은 토지는 다 내 것임이니라 너희는 거류민이요 동거하는 자로서 나와 함께 있느니라 24너희 기업의 온 땅에서 그 토지 무르기를 허락할지니 25만일 네 형제가 가난하여 그의 기업 중에서 얼마를 팔았으면 그에게 가까운 기업 무를 자가 와서 그의 형제가 판 것을 무를 것이요 26만일 그것을 무를 사람이 없고 자기가 부유하게 되어 무를 힘이 있으면 27그 판 해를 계수하여 그 남은 값을 산 자에게 주고 자기의 소유로 돌릴 것이니라 28그러나 자기가 무를 힘이 없으면 그 판 것이 희년에 이르기까지 산 자의 손에 있다가 희년에 이르러 돌아올지니 그것이 곧 그의 기업으로 돌아갈 것이니라

393) [요 1:12] 영접하는 자 곧 그 이름을 믿는 자들에게는 하나님의 자녀가 되는 권세를 주셨으니
[롬 8:17] 자녀이면 또한 상속자 곧 하나님의 상속자요 그리스도와 함께 한 상속자니 우리가 그와 함께 영광을 받기 위하여 고난도 함께 받아야 할 것이니라

394) [롬 3:25] 이 예수를 하나님이 그의 피로써 믿음으로 말미암는 화목제물로 세우셨으니 이는 하나님께서 길이 참으시는 중에 전에 지은 죄를 간과하심으로 자기의 의로우심을 나타내려 하심이니
[롬 5:9-10] 9그러면 이제 우리가 그의 피로 말미암아 의롭다 하심을 받았으니 더욱 그로 말미암아 진노하심에서 구원을 받을 것이니 10곧 우리가 원수 되었을 때에 그의 아들의 죽으심으로 말미암아 하나님과 화목하게 되었은즉 화목하게 된 자로서는 더욱 그의 살아나심으로 말미암아 구원을 받을 것이니라
[고후 5:18-19] 18모든 것이 하나님께로서 났으며 그가 그리스도로 말미암아 우리를 자기와 화목하게 하시고 또 우리에게 화목하게 하는 직분을 주셨으니 19곧 하나님께서 그리스도 안에 계시사 세상을 자기와 화목하게 하시며 그들의 죄를 그들에게 돌리지 아니하시고 화목하게 하는 말씀을 우리에게 부탁하셨느니라
[갈 3:13] 그리스도께서 우리를 위하여 저주를 받은 바 되사 율법의 저주에서 우리를 속량하셨으니 기록된 바 나무에 달린 자마다 저주 아래에 있는 자라 하였음이라

395) [딛 2:14] 그가 우리를 대신하여 자신을 주심은 모든 불법에서 우리를 속량하시고 우리를 깨끗하게 하사 선한 일을 열심히 하는 자기 백성이 되게 하려 하심이라
[마 20:28] 인자가 온 것은 섬김을 받으려 함이 아니라 도리어 섬기려 하고 자기 목숨을 많은 사람의 대속물로 주려 함이니라

396) [롬 3:25] 이 예수를 하나님이 그의 피로써 믿음으로 말미암는 화목제물로 세우셨으니 이는 하나님께서 길이 참으시는 중에 전에 지은 죄를 간과하심으로 자기의 의로우심을 나타내려 하심이니
[롬 5:10] 곧 우리가 원수 되었을 때에 그의 아들의 죽으심으로 말미암아 하나님과 화목하게 되었은즉 화목하게 된 자로서는 더욱 그의 살아나심으로 말미암아 구원을 받을 것이니라

하나님이 먼저 우리를 값없이 사랑하시되(요일 4:19)[397] 자기 아들을 주심으로 헤아릴 수 없는 값을 치르시고 우리를 구원하셨다(요 3:16; 롬 8:32).[398] 칼빈이 말하듯이 "사랑의 시작은 의이다(principium amoris est iustitia)."
3) 주님의 대리적 무름의 의는 그의 전(全) 생애의 의로서 성도 구원의 전(全) 과정에 미친다. 칼빈이 말하듯이 "전(全) 역정(歷程)의 그리스도의 순종"이 우리를 위한 의가 된다.
4) 그리스도의 대속의 의는 그 자신을 주신 의이다. 그러므로 의의 전가가 곧 그리스도와의 연합이다. 이 연합은 윤리나 경건이나 신비주의적 일치가 아니라 법정적이다.

129. 형벌적 무름과 제한속죄

그리스도의 무름은 '형벌적'(penal), 혹은 '법정적'(forensic)인 것으로서 모든 죄의 삯인 사망의 죄책을 속하여 방면해 준다. 그 값은 실제이며 무한하나 오직 택함받은 사람들을 위한 것이다. 이와 같이 성경은 제한속죄(limited atonement 혹은 definite atonement)를 전한다(엡 1:4; 롬 9:6-8, 22-23; 딤후 1:9).[399]

130. 보편적 속죄론과 만인 구원론 거부

1) 보편적 속죄(로마 가톨릭, 루터파, 알미니우스주의): 예수님은 모든 사람을 구원하시기 위해 죽임을 당하셨으나 사람들의 거부로 그 계획이 좌절되어 일부 사람만 구원을 얻게 되었다는 주장
2) 만인 구원론: 영생이 따로 있지 않고 현세의 복리가 구원이라고 주장하며 누구나 그 구원에 이를 수 있다는 주장. 불신자는 내세에서 일정 기간 형벌을 받고 난 후에 천국에 합류하게 된다는 제2 시련설도 같은 맥락
3) 그리스도의 속죄 범위는 삼위일체 하나님에 의해서 선택된 백성에 제한된다. 그들은 주님의 양(요 10:26),[400] 주님의 백성(마 1:21),[401] 주님의 몸 된 교회(골 1:24),[402] 하나님

---

397) [요일 4:19] 우리가 사랑함은 그가 먼저 우리를 사랑하셨음이라
398) [요 3:16] 하나님이 세상을 이처럼 사랑하사 독생자를 주셨으니 이는 그를 믿는 자마다 멸망하지 않고 영생을 얻게 하려 하심이라
[롬 8:32] 진리를 알지니 진리가 너희를 자유롭게 하리라
399) [엡 1:4] 곧 창세 전에 그리스도 안에서 우리를 택하사 우리로 사랑 안에서 그 앞에 거룩하고 흠이 없게 하시려고
[롬 9:6-8, 22-23] ⁶그러나 하나님의 말씀이 폐하여진 것 같지 않도다 이스라엘에게서 난 그들이 다 이스라엘이 아니요 ⁷또한 아브라함의 씨가 다 그의 자녀가 아니라 오직 이삭으로부터 난 자라야 네 씨라 불리리라 하셨으니 ⁸곧 육신의 자녀가 하나님의 자녀가 아니요 오직 약속의 자녀가 씨로 여기심을 받느니라 ²²만일 하나님이 그의 진노를 보이시고 그의 능력을 알게 하고자 하사 멸하기로 준비된 진노의 그릇을 오래 참으심으로 관용하시고 ²³또한 영광 받기로 예비하신 바 긍휼의 그릇에 대하여 그 영광의 풍성함을 알게 하고자 하셨을지라도 무슨 말을 하리요
[딤후 1:9] 하나님이 우리를 구원하사 거룩하신 소명으로 부르심은 우리의 행위대로 하심이 아니요 오직 자기의 뜻과 영원 전부터 그리스도 예수 안에서 우리에게 주신 은혜대로 하심이라
400) [요 10:26] 너희가 내 양이 아니므로 믿지 아니하는도다
401) [마 1:21] 아들을 낳으리니 이름을 예수라 하라 이는 그가 자기 백성을 그들의 죄에서 구원할 자이심이라 하니라
402) [골 1:24] 나는 이제 너희를 위하여 받는 괴로움을 기뻐하고 그리스도의 남은 고난을 그의 몸된 교회를 위

의 택하신 자들(롬 8:33)⁴⁰³⁾이다.
4) 중세 신학자 안셀름은 『왜 하나님이 사람이 되셨는가(Cur Deus Homo)』에서 객관적 속죄론을 전개했지만, 죄의 본질을 하나님의 영예를 손상하는 데 있다고 보거나 주님의 육체의 고통만 전가된다고 본 점에서 한계를 드러냈다.

131. 그릇된 속죄론
1) 사탄 배상설 또는 사탄 속전설(The ransom-to-satan theory)
   (1) 그리스도의 죽음이 인간에 대한 사탄의 정당한 요구권을 무효화하기 위해 사탄에게 지불된 속전이라고 함.
   (2) 초기 주창자 중 한 사람인 오리겐(185-254)은 그리스도께서 죽으신 목적은 죽음의 권세를 쥔 사탄을 파멸시키는 것이었다고 함. 닛사의 그레고리는 그리스도가 일종의 미끼라고 하면서 사탄이 속아서 자기에게 주어진 것을 삼켰지만 결국 감춰진 신성의 고리에 걸렸다고 함.
   (3) 몇몇 초기 교부들에 의해서 지지되면서 거의 천 년 동안 교회의 통속적인(exoteric, 개방적인) 이론으로 자리 잡았던 이 이론은 치명적인 약점이 있다. 속죄를 본질적으로 하나님(신성)의 사역으로 봄으로써 그리스도의 인성을 인정할 여지를 없애고 가현설적인 입장으로 기우는 것이다.
2) 총괄갱신설(The recapitulation theory)
   (1) 이 이론의 주창자인 이레네우스는 그리스도께서 자신 안에, 죄인 된 우리의 신분 단계들을 포함하는 인생의 모든 단계를 총괄 갱신하셨다고 주장함. 그리스도는 성육신을 통하여 우리와 연합하심으로써 우리가 그분의 것이 되게 하시고 성육신 속에서 인류와 결합하심으로써 인류를 하나님께 부속시키셨다고 함.
   (2) 그리스도가 아담의 삶의 실패와 불순종의 정반대 쪽 균형을 이루심으로써 아담의 불순종을 무효화하고 인간으로부터 사탄의 결박을 풀었다고 함.
   (3) 초대교회의 비의적인(esoteric, 비밀스런) 이론으로서 이후 아타나시우스와 키릴루스에게 영향을 주었으나 치명적인 약점이 있음. ① 윤리적 이원론(아담의 불순종 vs 그리스도의 순종)을 토대로 그리스도의 윤리적 순종을 절대적으로 중요시함. ② 타락의 핵심은 도덕적 타락과 죽음이었으며 구원의 목적은 인간이 신성을 공유하는 것이라고 함. ③ 총체의 개념으로서의 인류는 그리스도께서 그 인간성에 자신을 연합시킴으로써 그리스도의 신성을 나누어 주신다는 헬라적 범신론의 신성 개념이 반영됨.
2) 도덕 감화설(The moral influence theory)
   (1) 중세의 주지주의 신학자 피터 아벨라르(Peter Abelard, 1079-1142)가 안셀름의 만족설에 대한 반론으로서 처음 주창함. 죄인들에게 필연적으로 보상을 요구하는 신성의 원리는 존재하지 않으며, 그리스도의 죽음을 죄에 대한 보상으로 간주하면 안 된다고 함.
   (2) 속죄는 일차적으로 죄 많은 피조물과 고통을 함께 나누시며 그들의 고뇌와 슬픔을 직접

하여 내 육체에 채우노라
403) [롬 8:33] 누가 능히 하나님께서 택하신 자들을 고발하리요 의롭다 하신 이는 하나님이시니

담당하시는 하나님 사랑의 현시이며, 그것의 효력은 그리스도께서 이루신 사역을 명상할 때 우리 안에 일어나는 도덕적·주관적 변화에 있다고 함.

3) 모범설(The example theory)
    (1) 소시누스Faustus Socinus는 둔스 스코투스Duns Scotus의 주의주의(主意主義)의 영향을 받아 그리스도의 대리적 무릎을 반대하는 주관설을 극단화함. 그는 속죄를 위해서 하나님의 사랑 외에 그 어떤 값도 요구되지 않는다고 봄.
    (2) 그리스도는 사람들에게 영생의 길이 되는 믿음과 순종의 방법을 계시하시고 그 자신의 삶과 죽음을 통해 참된 모범을 보이사 그들도 이 같은 삶을 살도록 감화하심으로써 인간을 구원하신다고 주장함. 이런 입장은 알미니우스Jacob Arminus를 추종하는 림보르크Philipp Van Limborch와 쿠르켈라에우스Stephan Curcellaeus 등의 항변론자들에게 계승됨.

4) 통치설(The governmental theory)
    그로티우스Hugo Grotius의 통치설은 그리스도의 고난과 죽음의 근본적이고 고유한 가치는 십자가를 통하여 공동선을 추구하는 데 있다고 봄. 십자가는 대속의 값을 치른 곳이 아니라 이타적 삶의 전형을 제시하여 공동체가 사랑으로 하나가 되는 도덕적 본을 보인 곳일 뿐임.

5) 대리 회개설(The theory of vicarious repentance)
    19세기 중반에 존 맥클라우드 캠벨John MacLeod Campbell과 호레이스 부쉬넬Horace Bushnell은 그리스도의 고난은 형벌적인 것이기보다는 성육신이 보여준 거룩함과 사랑의 고난으로서 회개할 능력이 없는 인간을 위하여 죄의 대리적 고백을 한 것이라고 주장함. 부쉬넬도 그리스도의 제의적 죽음에 대해서 우리가 가지게 되는 영혼의 정서에 속죄론의 본질이 있다고 주장함.

6) 쉐드William G. T. Shedd나 스트롱Augustus H. Strong, 테일러William Taylor 등도 그리스도의 의의 전가에 따른 대속의 절대적 가치를 윤리적이거나 통치적인 이념으로 상대화함.

V. 구원론
[132-144]

---

132. 구원론
133. 일반은총
134. 특별은총
135. 구원 서정
136. 그리스도와 연합
137. 소명
138. 중생
139. 회개
140. 신앙
141. 칭의
142. 성화
143. 성도의 견인
144. 영화

---

132. 구원론

구원론은 보혜사 성령의 임재로 예수 그리스도의 대속의 의를 성도에게 전가해 주심(요 19:30; 롬 3:21-24)[404]과 그 의의 전가로 말미암아 성도가 누리는 구원의 은혜를 조목별로 다룬다(롬 8:29-30).[405]

---

[404] **[요 19:30]** 이로써 그 보배롭고 지극히 큰 약속을 우리에게 주사 이 약속으로 말미암아 너희가 정욕 때문에 세상에서 썩어질 것을 피하여 신성한 성품에 참여하는 자가 되게 하려 하셨느니라
[롬 3:21-24] 21이제는 율법 외에 하나님의 한 의가 나타났으니 율법과 선지자들에게 증거를 받은 것이라 22곧 예수 그리스도를 믿음으로 말미암아 모든 믿는 자에게 미치는 하나님의 의니 차별이 없느니라 23모든 사람이 죄를 범하였으매 하나님의 영광에 이르지 못하더니 24그리스도 예수 안에 있는 속량으로 말미암아 하나님의 은혜로 값 없이 의롭다 하심을 얻은 자 되었느니라

[405] **[롬 8:29-30]** 29하나님이 미리 아신 자들을 또한 그 아들의 형상을 본받게 하기 위하여 미리 정하셨으니 이는 그로 많은 형제 중에서 맏아들이 되게 하려 하심이니라 30또 미리 정하신 그들을 또한 부르시고 부르신 그들을 또한 의롭다 하시고 의롭다 하신 그들을 또한 영화롭게 하셨느니라

133. 일반은총

1) 일반은총은 모든 사람에게 미치는 하나님의 은총으로서, 양심의 작용으로 죄를 억제하고, 선을 추구하며, 사람 본연의 자아를 실현하며, 사회를 이루며, 그 질서 가운데 함께 살아가는 데 이르게 한다.
2) 특징
   (1) 성령의 사역이다.
   (2) 모든 인류에게 주어진다.
   (3) 양심의 내적 작용으로 기능한다(롬 2:14-15).[406]
   (4) 죄 억제, 선악 구분, 자연의 혜택을 누림, 사회적 질서와 법 존중, 인류에 대한 보편적 사랑, 문화와 교육 개발과 진작 등으로 나타난다(출 28:3; 31:3; 35:30).[407]
3) 일반은총의 방편
   (1) 하나님이 주시는 지식인 일반계시(피조물, 사람, 사회)와 특별계시(성경)를 통해(롬 2:14-15)[408]
   (2) 죄를 억제하고 사회적 질서와 법을 권장하는 국가 및 사회 통치 기구를 통해(롬 13:4-5)[409]
   (3) 인문적·사회적·문화적 인식과 공적 유익을 표출하는 일반적 인식을 통해
   (4) 하나님의 형벌과 상급을 통해
4) 일반은총의 효과
   (1) 형의 집행을 유예함: 육체적 생명을 유지, 인류 보존, 회개의 기회를 얻음(롬 2:4; 벧후 3:9).[410]
   (2) 죄를 억제함(창 20:6; 31:7; 욥 1:12; 2:6; 왕하 19:27-28; 롬 13:1-4)[411]: 인류가

---

[406] **[롬 2:14-15]** ¹⁴(율법 없는 이방인이 본성으로 율법의 일을 행할 때에는 이 사람은 율법이 없어도 자기가 자기에게 율법이 되나니 ¹⁵이런 이들은 그 양심이 증거가 되어 그 생각들이 서로 혹은 고발하며 혹은 변명하여 그 마음에 새긴 율법의 행위를 나타내느니라

[407] **[출 28:3]** 너는 무릇 마음에 지혜 있는 모든 자 곧 내가 지혜로운 영으로 채운 자들에게 말하여 아론의 옷을 지어 그를 거룩하게 하여 내게 제사장 직분을 행하게 하라
[출 31:3] 하나님의 영을 그에게 충만하게 하여 지혜와 총명과 지식과 여러 가지 재주로
[출 35:30] 모세가 이스라엘 자손에게 이르되 볼지어다 여호와께서 유다 지파 훌의 손자요 우리의 아들인 브살렐을 지명하여 부르시고

[408] **[롬 2:14-15]** ¹⁴(율법 없는 이방인이 본성으로 율법의 일을 행할 때에는 이 사람은 율법이 없어도 자기가 자기에게 율법이 되나니 ¹⁵이런 이들은 그 양심이 증거가 되어 그 생각들이 서로 혹은 고발하며 혹은 변명하여 그 마음에 새긴 율법의 행위를 나타내느니라

[409] **[롬 13:4-5]** ⁴그는 하나님의 사역자가 되어 네게 선을 베푸는 자니라 그러나 네가 악을 행하거든 두려워하라 그가 공연히 칼을 가지지 아니하였으니 곧 하나님의 사역자가 되어 악을 행하는 자에게 진노하심을 따라 보응하는 자니라 ⁵그러므로 복종하지 아니할 수 없으니 진노 때문에 할 것이 아니라 양심을 따라 할 것이라

[410] **[롬 2:4]** 혹 네가 하나님의 인자하심이 너를 인도하여 회개하게 하심을 알지 못하여 그의 인자하심과 용납하심과 길이 참으심이 풍성함을 멸시하느냐
[벧후 3:9] 주의 약속은 어떤 이들이 더디다고 생각하는 것 같이 더딘 것이 아니라 오직 주께서는 너희를 대하여 오래 참으사 아무도 멸망하지 아니하고 다 회개하기에 이르기를 원하시느니라

[411] **[창 20:6]** 하나님이 꿈에 또 그에게 이르시되 네가 온전한 마음으로 이렇게 한 줄을 나도 알았으므로 너를 막아 내게 범죄하지 아니하게 하였나니 여인에게 가까이 하지 못하게 함이 이 때문이니라
[창 31:7] 그대들의 아버지가 나를 속여 품삯을 열 번이나 변경하였느니라 그러나 하나님이 그를 막으사 나

서로를 해쳐 완전한 멸망에 이르게 하지 않음.
(3) 진리·도덕·종교의식을 갖게 함: 이는 사람에게 하나님의 형상이 남아 있다는 증거이며 (롬 2:14-15; 행 17:22),412) 이로써 보편적 선과 의가 추구됨(눅 6:33).413)
(4) 자연적 혜택과 축복을 받게 함(마 5:44-45; 눅 6:35-36; 행 14:16-17; 딤전 4:10)414): 이는 하나님이 선을 베푸심으로 말미암음(시 145:9, 15-16).415)

134. 특별은총
1) 특별은총은 택함 받은 사람에게만 주어지는 구원의 은총으로서, 성령의 특별한 역사로 예수 그리스도의 의를 전가받아 누림에 그 본질이 있다(롬 16:13; 갈 5:5; 6:8).416)
2) 구원 서정 전 과정에서 성도가 누리는 은총이 특별은총이다.

를 해치지 못하게 하셨으며
[욥 1:12] 여호와께서 사탄에게 이르시되 내가 그의 소유물을 다 네 손에 맡기노라 다만 그의 몸에는 네 손을 대지 말지니라 사탄이 곧 여호와 앞에서 물러가니라
[욥 2:6] 여호와께서 사탄에게 이르시되 내가 그를 네 손에 맡기노라 다만 그의 생명은 해하지 말지니라
[왕하 19:27-28] 27네 거처와 네 출입과 네가 내게 향한 분노를 내가 다 아노니 28네가 내게 향한 분노와 네 교만한 말이 내 귀에 들렸도다 그러므로 내가 갈고리를 네 코에 꿰고 재갈을 네 입에 물려 너를 오던 길로 끌어 돌이키리라 하셨나이다
[롬 13:1-4] 1각 사람은 위에 있는 권세들에게 복종하라 권세는 하나님으로부터 나지 않음이 없나니 모든 권세는 다 하나님께서 정하신 바라 2그러므로 권세를 거스르는 자는 하나님의 명을 거스름이니 거스르는 자들은 심판을 자취하리라 3다스리는 자들은 선한 일에 대하여 두려움이 되지 않고 악한 일에 대하여 되나니 네가 권세를 두려워하지 아니하려느냐 선을 행하라 그리하면 그에게 칭찬을 받으리라 4그는 하나님의 사역자가 되어 네게 선을 베푸는 자니라 그러나 네가 악을 행하거든 두려워하라 그가 공연히 칼을 가지지 아니하였으니 곧 하나님의 사역자가 되어 악을 행하는 자에게 진노하심을 따라 보응하는 자니라
412) [롬 2:14-15] 14(율법 없는 이방인이 본성으로 율법의 일을 행할 때에는 이 사람은 율법이 없어도 자기가 자기에게 율법이 되나니 15이런 이들은 그 양심이 증거가 되어 그 생각들이 서로 혹은 고발하며 혹은 변명하여 그 마음에 새긴 율법의 행위를 나타내느니라)
[행 17:22] 바울이 아레오바고 가운데 서서 말하되 아덴 사람들아 너희를 보니 범사에 종교심이 많도다
413) [눅 6:33] 너희가 만일 선대하는 자만을 선대하면 칭찬 받을 것이 무엇이냐 죄인들도 이렇게 하느니라
414) [마 5:44-45] 44나는 너희에게 이르노니 너희 원수를 사랑하며 너희를 박해하는 자를 위하여 기도하라 45이같이 한즉 하늘에 계신 너희 아버지의 아들이 되리니 이는 하나님이 그 해를 악인과 선인에게 비추시며 비를 의로운 자와 불의한 자에게 내려주심이라
[눅 6:35-36] 35오직 너희는 원수를 사랑하고 선대하며 아무 것도 바라지 말고 꾸어 주라 그리하면 너희 상이 클 것이요 또 지극히 높으신 이의 아들이 되리니 그는 은혜를 모르는 자와 악한 자에게도 인자하시니라 36너희 아버지의 자비로우심 같이 너희도 자비로운 자가 되라
[행 14:16-17] 16하나님이 지나간 세대에는 모든 민족으로 자기들의 길들을 가게 방임하셨으나 17그러나 자기를 증언하지 아니하신 것이 아니니 곧 여러분에게 하늘로부터 비를 내리시며 결실기를 주시는 선한 일을 하사 음식과 기쁨으로 여러분의 마음에 만족하게 하셨느니라 하고
[딤전 4:10] 이를 위하여 우리가 수고하고 힘쓰는 것은 우리 소망을 살아 계신 하나님께 둠이니 곧 모든 사람 특히 믿는 자들의 구주시라
415) [시 145:9, 15-16] 9여호와께서는 모든 것을 선대하시며 그 지으신 모든 것에 긍휼을 베푸시는도다 15모든 사람의 눈이 주를 앙망하오니 주는 때를 따라 그들에게 먹을 것을 주시며 16손을 펴사 모든 생물의 소원을 만족하게 하시나이다
416) [롬 16:13] 주 안에서 택하심을 입은 루포와 그의 어머니에게 문안하라 그의 어머니는 곧 내 어머니니라
[갈 5:5] 우리가 성령으로 믿음을 따라 의의 소망을 기다리노니
[갈 6:8] 자기의 육체를 위하여 심는 자는 육체로부터 썩어질 것을 거두고 성령을 위하여 심는 자는 성령으로부터 영생을 거두리라

3) 일반은총과 특별은총의 차이점
    (1) 일반은총
        ① 모든 인류에게 차별 없이 주어진다.
        ② 창조 영역에 관계된다.
        ③ 도덕적·합리적 방법으로 역사한다.
    (2) 특별은총
        ① 택함 받은 자에게만 제한적으로 주어진다.
        ② 하나님이 거듭나게 하셔서 베푸시는 구원의 영역에 관계된다.
        ③ 불가항력적·법정적·언약적으로 역사한다.

135. 구원 서정

1) 구원 서정(救援序程, *ordo salutis*)은 그리스도 안에서 행해진 구원의 사역이 죄인의 심령과 삶에 주관적으로 실현되는 과정으로서 구속사역을 적용하시는 성령의 다양한 활동의 논리적인 순서와 상호연관성을 서술한다(롬 8:29-30).[417]
2) 구원 서정의 의미
    (1) 구원 서정은 성도가 은혜를 누리게 되는 신학적 순서로서, 가르침을 위한 논리적 순서이지 시간적 순서가 아니다.
    (2) 성도는 그리스도의 의의 전가로써 그와 연합하여 그가 이루신 모든 의를 누리게 된다. 구원 서정은 그 핵심이 그리스도에게 있으며, 그가 성취하신 대속의 의의 다면적 역사, 구원의 은혜를 풍성히 누림, 그와 하나가 되는 생명과 생활의 역동성을 제시한다(요 10:10; 고후 8:9).[418]
    (3) 구원 서정을 논할 때 시간적 순서에 집착하거나 주관적 체험을 부각해서는 안 되며, 인간이 하나님의 은혜를 획득하는 데 무엇을 행하는가가 아니라, 하나님께서 이를 적용하실 때 무엇을 행하시는가를 주목해야 한다.
3) 구원 서정의 요소(넓게는 창세 전 선택을 포함하기도 함)
    (1) 소명(召命): 부르심(Calling)
    (2) 중생(重生): 거듭남(Regeneration)
    (3) 회개(悔改): 회심(Conversion)
    (4) 신앙(信仰): 믿음(Faith)
    (5) 칭의(稱義): 의롭다 여김 받음(Justification)
    (6) 수양(收養): 양자 삼음(Adoption)

---

[417] **[롬 8:29-30]** ²⁹하나님이 미리 아신 자들을 또한 그 아들의 형상을 본받게 하기 위하여 미리 정하셨으니 이는 그로 많은 형제 중에서 맏아들이 되게 하려 하심이니라 ³⁰또 미리 정하신 그들을 또한 부르시고 부르신 그들을 또한 의롭다 하시고 의롭다 하신 그들을 또한 영화롭게 하셨느니라
[418] **[요 10:10]** 도둑이 오는 것은 도둑질하고 죽이고 멸망시키려는 것뿐이요 내가 온 것은 양으로 생명을 얻게 하고 더 풍성히 얻게 하려는 것이라
[고후 8:9] 우리 주 예수 그리스도의 은혜를 너희가 알거니와 부요하신 이로서 너희를 위하여 가난하게 되심은 그의 가난함으로 말미암아 너희를 부요하게 하려 하심이라

(7) 성화(聖化): 거룩하게 되어감(Sanctification)
(8) 성도의 견인(牽引, 堅忍): 하나님의 이끄심(牽引)과 성도의 인내(堅忍)(Perseverance of the Saints)
(9) 영화(榮化): 성화의 완성으로서 부활(Glorification)
4) 구원 서정에 대한 입장
(1) 칼빈: 예정(선택과 유기), 그리스도와 연합, 소명과 신앙, 중생, 회심, 칭의와 성화
(2) 루터: 소명, 조명, 회심, 중생, 신앙, 칭의, 그리스도와 연합, 갱신, 보전
(3) 알미니안: 소명, 회개, 신앙, 칭의, 중생, 성화, 견인
(4) 로마 가톨릭: 충족한 은혜, 협력적 은혜, 주입된 은혜(성례)
(5) 펠라기우스: 자력 회개, 순종

136. 그리스도와 연합

1) 그리스도와 연합(*unio cum Christo*, union with Christ): 칼빈은 자신의 구원론에서 죄인이 그리스도와 연합되지 않는다면 그리스도의 구속 사역으로 성취된 구원의 혜택에 참여할 수 없다면서 그리스도와의 연합을 구원론의 핵심으로 강조하였다. 은혜 언약의 모든 복은 중보자와 인격적인 연합을 전제로 한다(갈 2:20).[419] 특별은혜는 그리스도와 연합된 자들에게만 부여되며 그들에 의해서만 향유될 수 있다. 그리스도와 신자의 연합은 신비적이며 초자연적인 방식으로 성령에 의하여 이루어지며(고전 6:17; 12:13; 고후 3:17-18; 갈 3:2-3),[420] 바로 그러한 이유로 신비적 연합(*unio mystica*)이라고 한다.

2) 개혁파 신학은 이 개념을 그리스도와 신자의 주관적 연합뿐만 아니라 그 연합 배후에 있으며 그 기초가 되는 연합, 즉 구속의 경륜에서 그리스도와 그의 소유가 된 자들과의 언약적 연합 및 그 영원한 경륜에서 관념적으로 확립된 신비적 연합, 그리스도의 성육신과 구속 사역에서 객관적으로 성취되는 연합에 대한 통칭으로 사용한다.

3) 신비적 연합은 그리스도가 그들의 생명의 힘, 복과 구원의 근원이 되게 하는 그리스도와 그의 백성 간의 친밀하고 생동적이며 영적인 연합으로 정의될 수 있다. 포도나무와 가지(요 15:5), 건물의 기초와 건물(벧전 2:4-5), 남편과 아내(엡 5:23-32), 머리와 몸의 지체들(엡 4:15-16) 등이 성경적 비유이지만, 신비적 연합은 모든 이해를 초월하는 연합이다.

4) 이 연합의 효력으로 성도는 그리스도의 의를 전가받아 그와 함께 죽고 그와 함께 사는, 살

---

419) [갈 2:20] 내가 그리스도와 함께 십자가에 못 박혔나니 그런즉 이제는 내가 사는 것이 아니요 오직 내 안에 그리스도께서 사시는 것이라 이제 내가 육체 가운데 사는 것은 나를 사랑하사 나를 위하여 자기 자신을 버리신 하나님의 아들을 믿는 믿음 안에서 사는 것이라

420) [고전 6:17] 주와 합하는 자는 한 영이니라
[고전 12:13] 우리가 유대인이나 헬라인이나 종이나 자유인이나 다 한 성령으로 세례를 받아 한 몸이 되었고 또 다 한 성령을 마시게 하셨느니라
[고후 3:17-18] [17]주는 영이시니 주의 영이 계신 곳에는 자유가 있느니라 [18]우리가 다 수건을 벗은 얼굴로 거울을 보는 것 같이 주의 영광을 보매 그와 같은 형상으로 변화하여 영광에서 영광에 이르니 곧 주의 영으로 말미암음이니라
[갈 3:2-3] [2]내가 너희에게서 다만 이것을 알려 하노니 너희가 성령을 받은 것이 율법의 행위로냐 혹은 듣고 믿음으로냐 [3]너희가 이같이 어리석으냐 성령으로 시작하였다가 이제는 육체로 마치겠느냐

아남(생명, 칭의)과 살아감(생활, 성화)의 은혜를 누리게 된다(롬 6:4, 6-7).421) 이 점에서 그리스도와 연합은 구원의 서정 전체의 기초와 근간이 된다(롬 8:29-30).422)

5) 성격

(1) 영적 혹은 신비적 연합: 그리스도의 영이신 성령에 의해 중재되는 연합이다. 그리스도는 성령을 통해 신자들 안에 내주하시며, 이들을 자신과 연합시키신다(롬 8:9; 빌 1:19; 고후 12:13).423)

(2) 생동적 연합: 그리스도는 신자들의 몸 전체에 생명을 부여하고 이를 지배하는 원리가 되신다(갈 4:19).424) 이 연합에 의해서 그리스도는 신자들의 삶의 구성적 원리가 되시며, 그들의 삶을 하나님께로 인도하신다(요 15:5; 롬 6:4-6, 12-14; 8:10; 고후 13:5; 갈 4:19-20).425)

(3) 상호작용을 내포하는 연합: 그리스도는 신자들을 중생시키며 신앙을 일으킴으로써 자신과 연합시키신다. 신자도 신앙의 자각적 행위를 통해 자신을 그리스도와 연합시키며 성령의 영향으로 지속적인 신앙을 통해 이 연합을 유지한다(갈 2:20).426)

---

421) **[롬 6:4, 6-7]** ⁴그러므로 우리가 그의 죽으심과 합하여 세례를 받음으로 그와 함께 장사되었나니 이는 아버지의 영광으로 말미암아 그리스도를 죽은 자 가운데서 살리심과 같이 우리로 또한 새 생명 가운데서 행하게 하려 함이라 ⁶우리가 알거니와 우리의 옛 사람이 예수와 함께 십자가에 못 박힌 것은 죄의 몸이 죽어 다시는 우리가 죄에게 종 노릇 하지 아니하려 함이니 ⁷이는 죽은 자가 죄에서 벗어나 의롭다 하심을 얻었음이라

422) **[롬 8:29-30]** ²⁹하나님이 미리 아신 자들을 또한 그 아들의 형상을 본받게 하기 위하여 미리 정하셨으니 이는 그로 많은 형제 중에서 맏아들이 되게 하려 하심이니라 ³⁰또 미리 정하신 그들을 또한 부르시고 부르신 그들을 또한 의롭다 하시고 의롭다 하신 그들을 또한 영화롭게 하셨느니라

423) **[롬 8:9]** 만일 너희 속에 하나님의 영이 거하시면 너희가 육신에 있지 아니하고 영에 있나니 누구든지 그리스도의 영이 없으면 그리스도의 사람이 아니라
[빌 1:19] 이것이 너희의 간구와 예수 그리스도의 성령의 도우심으로 나를 구원에 이르게 할 줄 아는 고로
[고후 12:13] 내 자신이 너희에게 폐를 끼치지 아니한 일 밖에 다른 교회보다 부족하게 한 것이 무엇이 있느냐 너희는 나의 이 공평하지 못한 것을 용서하라

424) **[갈 4:19]** 나의 자녀들아 너희 속에 그리스도의 형상을 이루기까지 다시 너희를 위하여 해산하는 수고를 하노니

425) **[요 15:5]** 나는 포도나무요 너희는 가지라 그가 내 안에, 내가 그 안에 거하면 사람이 열매를 많이 맺나니 나를 떠나서는 너희가 아무 것도 할 수 없음이라
[롬 6:4-6, 12-14] ⁴그러므로 우리가 그의 죽으심과 합하여 세례를 받음으로 그와 함께 장사되었나니 이는 아버지의 영광으로 말미암아 그리스도를 죽은 자 가운데서 살리심과 같이 우리로 또한 새 생명 가운데서 행하게 하려 함이라 ⁵만일 우리가 그의 죽으심과 같은 모양으로 연합한 자가 되었으면 또한 그의 부활과 같은 모양으로 연합한 자도 되리라 ⁶우리가 알거니와 우리의 옛 사람이 예수와 함께 십자가에 못 박힌 것은 죄의 몸이 죽어 다시는 우리가 죄에게 종 노릇 하지 아니하려 함이니 ¹²그러므로 너희는 죄가 너희 죽을 몸을 지배하지 못하게 하여 몸의 사욕에 순종하지 말고 ¹³또한 너희 지체를 불의의 무기로 죄에게 내주지 말고 오직 너희 자신을 죽은 자 가운데서 다시 살아난 자 같이 하나님께 드리며 너희 지체를 의의 무기로 하나님께 드리라 ¹⁴죄가 너희를 주장하지 못하리니 이는 너희가 법 아래에 있지 아니하고 은혜 아래에 있음이라
[롬 8:10] 또 그리스도께서 너희 안에 계시면 몸은 죄로 말미암아 죽은 것이나 영은 의로 말미암아 살아 있는 것이니라
[고후 13:5] 너희는 믿음 안에 있는가 너희 자신을 시험하고 너희 자신을 확증하라 예수 그리스도께서 너희 안에 계신 줄을 너희가 스스로 알지 못하느냐 그렇지 않으면 너희는 버림 받은 자니라
[갈 4:19-20] ¹⁹나의 자녀들아 너희 속에 그리스도의 형상을 이루기까지 다시 너희를 위하여 해산하는 수고를 하노니 ²⁰내가 이제라도 너희와 함께 있어 내 언성을 높이려 함은 너희에 대하여 의혹이 있음이라

426) **[갈 2:20]** 내가 그리스도와 함께 십자가에 못 박혔나니 그런즉 이제는 내가 사는 것이 아니요 오직 내 안에 그리스도께서 사시는 것이라 이제 내가 육체 가운데 사는 것은 나를 사랑하사 나를 위하여 자기 자신을 버

(4) 개인적 연합: 중생한 신자는 (교회의 중재를 통해서가 아니라) 직접적으로 그리고 (성례의 물질적 주입을 통해서가 아니라) 인격적으로 그리스도와 연합하여 있다(고후 5:17; 갈 2:20; 엡 3:17, 18).

(5) 유기적 연합: 그리스도와 연합한 각 성도는 서로 간에 한 몸을 형성한다(요 15:5; 고전 6:15-19; 엡 1:22-23; 4:15-16; 5:29-30).[427]

(6) 변혁적 연합: 이 연합에 의해 신자들은 '그리스도의 인성을 따라' 그리스도의 형상대로 변화한다.

137. 소명

1) 소명은 그리스도에 의해 성취된 구원을 신앙으로 수납하도록 사람들을 초청하시는 하나님의 은혜로운 사역이다(롬 8:29-30).[428]

2) 외적 소명과 내적 소명

  (1) 특징

    ① 외적 소명: 모든 사람에게 말씀의 선포를 통하여 외적으로 주어지는, 일반적·보편적·자연적인 것이다(마 22:2-14; 28:19; 막 16:15-16).[429]

리신 하나님의 아들을 믿는 믿음 안에서 사는 것이라

427) [요 15:5] 나는 포도나무요 너희는 가지라 그가 내 안에, 내가 그 안에 거하면 사람이 열매를 많이 맺나니 나를 떠나서는 너희가 아무 것도 할 수 없음이라
[고전 6:15-19] ¹⁵너희 몸이 그리스도의 지체인 줄 알지 못하느냐 내가 그리스도의 지체를 가지고 창녀의 지체를 만들겠느냐 결코 그럴 수 없느니라 ¹⁶창녀와 합하는 자는 그와 한 몸인 줄 알지 못하느냐 일렀으되 둘이 한 육체가 된다 하셨나니 ¹⁷주와 합하는 자는 한 영이니라 ¹⁸음행을 피하라 사람이 범하는 죄마다 몸 밖에 있거니와 음행하는 자는 자기 몸에 죄를 범하느니라 ¹⁹너희 몸은 너희가 하나님께로부터 받은 바 너희 가운데 계신 성령의 전인 줄 알지 못하느냐 너희는 너희 자신의 것이 아니라
[엡 1:22-23] ²²또 만물을 그의 발 아래에 복종하게 하시고 그를 만물 위에 교회의 머리로 삼으셨느니라 ²³교회는 그의 몸이니 만물 안에서 만물을 충만하게 하시는 이의 충만함이니라
[엡 4:15-16] ¹⁵오직 사랑 안에서 참된 것을 하여 범사에 그에게까지 자랄지라 그는 머리니 곧 그리스도라 ¹⁶그에게서 온 몸이 각 마디를 통하여 도움을 받음으로 연결되고 결합되어 각 지체의 분량대로 역사하여 그 몸을 자라게 하며 사랑 안에서 스스로 세우느니라
[엡 5:29-30] ²⁹누구든지 언제나 자기 육체를 미워하지 않고 오직 양육하여 보호하기를 그리스도께서 교회에게 함과 같이 하나니 ³⁰우리는 그 몸의 지체임이라

428) [롬 8:29-30] ²⁹하나님이 미리 아신 자들을 또한 그 아들의 형상을 본받게 하기 위하여 미리 정하셨으니 이는 그로 많은 형제 중에서 맏아들이 되게 하려 하심이라 ³⁰또 미리 정하신 그들을 또한 부르시고 부르신 그들을 또한 의롭다 하시고 의롭다 하신 그들을 또한 영화롭게 하셨느니라

429) [마 22:2-14] ²천국은 마치 자기 아들을 위하여 혼인 잔치를 베푼 어떤 임금과 같으니 ³그 종들을 보내어 그 청한 사람들을 혼인 잔치에 오라 하였더니 오기를 싫어하거늘 ⁴다시 다른 종들을 보내며 이르되 청한 사람들에게 이르기를 내가 오찬을 준비하되 나의 소와 살진 짐승을 잡고 모든 것을 갖추었으니 혼인 잔치에 오소서 하라 하였더니 ⁵그들이 돌아 보지도 않고 한 사람은 자기 밭으로, 한 사람은 자기 사업하러 가고 ⁶그 남은 자들은 종들을 잡아 모욕하고 죽이니 ⁷임금이 노하여 군대를 보내어 그 살인한 자들을 진멸하고 그 동네를 불사르고 ⁸이에 종들에게 이르되 혼인 잔치는 준비되었으나 청한 사람들은 합당하지 아니하니 ⁹네거리 길에 가서 사람을 만나는 대로 혼인 잔치에 청하여 오라 한 대 ¹⁰종들이 길에 나가 악한 자나 선한 자나 만나는 대로 모두 데려오니 혼인 잔치에 손님들이 가득한지라 ¹¹임금이 손님들을 보러 들어올새 거기서 예복을 입지 않은 한 사람을 보고 ¹²이르되 친구여 어찌하여 예복을 입지 않고 여기 들어왔느냐 하니 그가 아무 말도 못하거늘 ¹³임금이 사환들에게 말하되 그 손발을 묶어 바깥 어두운 데에 내던지라 거기서 슬피 울며 이를 갈게 되리라 하니라 ¹⁴청함을 받은 자는 많되 택함을 입은 자는 적으니라

② 내적 소명: 성령의 역사로 택함 받은 사람이 말씀을 듣고 순종하여 내적으로 주어지는, 특별적·불가항력적·초자연적인 것이다(요 10:15; 행 20:28; 롬 8:32-33; 참조. 요 17:9).430)
  (2) 공통점
    ① 주체는 삼위일체 하나님이시다(성부의 뜻, 성자의 말씀, 성령의 역사).
    ② 도구는 하나님의 말씀, 즉 복음이다.
  (3) 차이점

	외적 소명	내적 소명
대상	하나님의 말씀을 듣는 모든 사람	말씀을 듣고 순종하는 자
영역	외면적 들음	내면적 받아들임
기능	복음에 대한 자연적 인식	복음을 믿어 구원에 이르는 초자연적 은혜
성령의 작용	일반은총적 영역	특별은총적 영역

138. 중생

1) 중생이란 인간 안에 새로운 영적 생명의 원리를 불어넣고 성령의 영향으로 하나님을 향해 나아가는 새로운 생명을 탄생시키는 변화로서 영혼의 지배적 성향이 근본적으로 바뀌는 것을 말한다.
2) 중생의 성질
  (1) 하나님의 창조 사역으로서 인간의 협력을 필요로 하지 않는다.
  (2) 인간의 전인격, 즉 지성, 의지, 감정과 정서 전반에서 일어나는 변화이다.
  (3) 인간 본성의 '즉각적인' 변화이다(인간 영혼 안에서 점진적으로 예비되는 사역이 아니다).
  (4) 이는 인간에 의해 직접적으로는 인식될 수 없는, 하나님의 은밀하고 불가사의한 사역이다.
  (5) 초자연적·불가항력적 변화로서 취소되지 않는다.
3) 중생의 필요성: 인간의 타락으로 죄에 오염되어 전적으로 무능하고 전적으로 부패한 영혼의 회복을 위해 전적인 거듭남이 필요하다(요 3:3-8; 딛 3:5).431)

[마 28:19] 그러므로 너희는 가서 모든 민족을 제자로 삼아 아버지와 아들과 성령의 이름으로 세례를 베풀고
[막 16:15-16] 15또 이르시되 너희는 온 천하에 다니며 만민에게 복음을 전파하라 16믿고 세례를 받는 사람은 구원을 얻을 것이요 믿지 않는 사람은 정죄를 받으리라
430) [요 10:15] 아버지께서 나를 아시고 내가 아버지를 아는 것 같으니 나는 양을 위하여 목숨을 버리노라
[행 20:28] 여러분은 자기를 위하여 또는 온 양 떼를 위하여 삼가라 성령이 그들 가운데 여러분을 감독자로 삼고 하나님이 자기 피로 사신 교회를 보살피게 하셨느니라
[롬 8:32-33] 32자기 아들을 아끼지 아니하시고 우리 모든 사람을 위하여 내주신 이가 어찌 그 아들과 함께 모든 것을 우리에게 주시지 아니하겠느냐 33누가 능히 하나님께서 택하신 자들을 고발하리요 의롭다 하신 이는 하나님이시니
[요 17:9] 내가 그들을 위하여 비옵나니 내가 비옵는 것은 세상을 위함이 아니요 내게 주신 자들을 위함이니이다 그들은 아버지의 것이로소이다
431) [요 3:3-8] 3예수께서 대답하여 이르시되 진실로 진실로 네게 이르노니 사람이 거듭나지 아니하면 하나님의 나라를 볼 수 없느니라 4니고데모가 이르되 사람이 늙으면 어떻게 날 수 있사옵나이까 두 번째 모태에 들어갔다가 날 수 있사옵나이까 5예수께서 대답하시되 진실로 진실로 네게 이르노니 사람이 물과 성령으로 나지 아니하면 하나님의 나라에 들어갈 수 없느니라 6육으로 난 것은 육이요 영으로 난 것은 영이니 7내가 네게

4) 중생의 위치
   (1) 오직 성령의 역사로 중생의 은혜가 베풀어진다.
   (2) 중생은 하나님의 단독 사역으로서, 중생된 자는 반드시 구원받으며, 중생은 신앙 활동의 원천이 된다(벧전 1:3-5).432)
5) 중생과 거룩함과 견인: 중생은 지식에서도 새롭게 되는 전인적 변화이나, 중생의 순간부터 완전한 지식을 얻게 되거나 완전한 거룩함에 이르게 되는 것은 아니다. 중생한 자는 모두 불가항력적 은혜를 누려 날마다 거룩해지며 구원의 완성에까지 이르게 된다.

139. 회개

1) 회개란 회심이라고도 일컬으며, 중생의 사역에 기초한 변화이자 하나님의 영에 의해 죄인의 의식 생활에 일어나는 변화요, 이전의 삶의 방향이 현명치 못하고 잘못되었다는 자책을 포함하고, 생의 전 과정을 변혁시키고자 하는 생각과 의견, 욕망과 의지의 변화이다(고후 7:10; 눅 19:8-9; 요 4:29, 39; 행 9:5; 16:14).433)
2) 특징
   (1) 구원 과정의 전부가 아닌 한 부분이다.
   (2) 중생의 직접적 성과로서, 중생은 무의식영역에서 이루어진다면, 회개는 의식영역에서 이루어진다.
   (3) 하나님의 법적 행동이라기보다 재창조적 행위이며, 신분의 변화가 아닌 상태가 개선되는 것이다.
   (4) 옛사람을 벗어 버릴 뿐만 아니라 새사람을 입는 일, 즉 죄를 떠나고 거룩한 생활을 위하여 힘쓰는 일을 의식적으로 시작한다. 회심은 출발점이지 옛것과 새것의 투쟁이 단번에 종식된다는 것을 의미하지 않는다.
   (5) 하나님의 초자연적인 사역이다(시 85:4; 렘 31:18; 애 5:21; 행 11:18; 딤후 2:25).434)

거듭나야 하겠다 하는 말을 놀랍게 여기지 말라 8바람이 임의로 불매 네가 그 소리는 들어도 어디서 와서 어디로 가는지 알지 못하나니 성령으로 난 사람도 다 그러하니라
[딛 3:5] 우리를 구원하시되 우리가 행한 바 의로운 행위로 말미암지 아니하고 오직 그의 긍휼하심을 따라 중생의 씻음과 성령의 새롭게 하심으로 하셨나니

432) [벧전 1:3-5] 3우리 주 예수 그리스도의 아버지 하나님을 찬송하리로다 그의 많으신 긍휼대로 예수 그리스도를 죽은 자 가운데서 부활하게 하심으로 말미암아 우리를 거듭나게 하사 산 소망이 있게 하시며 4썩지 않고 더럽지 않고 쇠하지 아니하는 유업을 잇게 하시나니 곧 너희를 위하여 하늘에 간직하신 것이라 5너희는 말세에 나타내기로 예비하신 구원을 얻기 위하여 믿음으로 말미암아 하나님의 능력으로 보호하심을 받았느니라

433) [고후 7:10] 하나님의 뜻대로 하는 근심은 후회할 것이 없는 구원에 이르게 하는 회개를 이루는 것이요 세상 근심은 사망을 이루는 것이니라
[눅 19:8-9] 8삭개오가 서서 주께 여짜오되 주여 보시옵소서 내 소유의 절반을 가난한 자들에게 주겠사오며 만일 누구의 것을 속여 빼앗은 일이 있으면 네 갑절이나 갚겠나이다 9예수께서 이르시되 오늘 구원이 이 집에 이르렀으니 이 사람도 아브라함의 자손임이로다
[요 4:29, 39] 29내가 행한 모든 일을 내게 말한 사람을 와서 보라 이는 그리스도가 아니냐 하니 39여자의 말이 내가 행한 모든 것을 그가 내게 말하였다 증언하므로 그 동네 중에 많은 사마리아인이 예수를 믿는지라
[행 9:5] 대답하되 주여 누구시니이까 이르시되 나는 네가 박해하는 예수라
[행 16:14] 두아디라 시에 있는 자색 옷감 장사로서 하나님을 섬기는 루디아라 하는 한 여자가 말을 듣고 있을 때 주께서 그 마음을 열어 바울의 말을 따르게 하신지라

(6) 가장 엄밀한 의미에서 회심은 순간적 변화이지 점진적 과정이 아니다.
3) 회개의 3요소
   (1) 지성적 요소: 관점의 변화를 일으켜서 죄를 죄로 인식한다(롬 3:20; 1:32).435)
   (2) 감정적 요소: 감정의 변화를 일으켜서 하나님께 지은 죄를 슬퍼한다(시 51:2, 10, 14). 436)
   (3) 의지적 요소: 의지의 변화를 일으켜서 죄에서 떠나 선을 향한다(시 51:5, 7, 10; 렘 25:5; 행 2:38; 롬 2:4).437)
4) 회개의 조성자
   : 회개는 오직 은혜로 주어지는 것으로서, 그 조성자는 하나님이시며(시 85:4; 렘 31:18; 애 5:21; 행 11:18; 딤후 2:25),438) 하나님의 내적 역사로 사람이 회개로 반응하게 하셔

---

434) [시 85:4] 우리 구원의 하나님이여 우리를 돌이키시고 우리에게 향하신 주의 분노를 거두소서
[렘 31:18] 에브라임이 스스로 탄식함을 내가 분명히 들었노니 주께서 나를 징벌하시매 멍에에 익숙하지 못한 송아지 같은 내가 징벌을 받았나이다 주는 나의 하나님 여호와이시니 나를 이끌어 돌이키소서 그리하시면 내가 돌아오겠나이다
[애 5:21] 여호와여 우리를 주께로 돌이키소서 그리하시면 우리가 주께로 돌아가겠사오니 우리의 날들을 다시 새롭게 하사 옛적 같게 하옵소서
[행 11:18] 그들이 이 말을 듣고 잠잠하여 하나님께 영광을 돌려 이르되 그러면 하나님께서 이방인에게도 생명 얻는 회개를 주셨도다 하니라
[딤후 2:25] 거역하는 자를 온유함으로 훈계할지니 혹 하나님이 그들에게 회개함을 주사 진리를 알게 하실까 하며
435) [롬 3:20] 그러므로 율법의 행위로 그의 앞에 의롭다 하심을 얻을 육체가 없나니 율법으로는 죄를 깨달음이니라
[롬 1:32] 그들이 이같은 일을 행하는 자는 사형에 해당한다고 하나님께서 정하심을 알고도 자기들만 행할 뿐 아니라 또한 그런 일을 행하는 자들을 옳다 하느니라
436) [시 51:2, 10, 14] ²나의 죄악을 말갛게 씻으시며 나의 죄를 깨끗이 제하소서 ¹⁰하나님이여 내 속에 정한 마음을 창조하시고 내 안에 정직한 영을 새롭게 하소서 ¹⁴하나님이여 나의 구원의 하나님이여 피 흘린 죄에서 나를 건지소서 내 혀가 주의 의를 높이 노래하리이다
437) [시 51:5, 7, 10] ⁵내가 죄악 중에서 출생하였음이여 어머니가 죄 중에서 나를 잉태하였나이다 ⁷우슬초로 나를 정결하게 하소서 내가 정하리이다 나의 죄를 씻어 주소서 내가 눈보다 희리이다 ¹⁰하나님이여 내 속에 정한 마음을 창조하시고 내 안에 정직한 영을 새롭게 하소서
[렘 25:5] 그가 이르시기를 너희는 각자의 악한 길과 악행을 버리고 돌아오라 그리하면 나 여호와가 너희와 너희 조상들에게 영원부터 영원까지 준 그 땅에 살리라
[행 2:38] 베드로가 이르되 너희가 회개하여 각각 예수 그리스도의 이름으로 세례를 받고 죄 사함을 받으라 그리하면 성령의 선물을 받으리니
[롬 2:4] 혹 네가 하나님의 인자하심이 너를 인도하여 회개하게 하심을 알지 못하여 그의 인자하심과 용납하심과 길이 참으심이 풍성함을 멸시하느냐
438) [시 85:4] 우리 구원의 하나님이여 우리를 돌이키시고 우리에게 향하신 주의 분노를 거두소서
[렘 31:18] 에브라임이 스스로 탄식함을 내가 분명히 들었노니 주께서 나를 징벌하시매 멍에에 익숙하지 못한 송아지 같은 내가 징벌을 받았나이다 주는 나의 하나님 여호와이시니 나를 이끌어 돌이키소서 그리하시면 내가 돌아오겠나이다
[애 5:21] 여호와여 우리를 주께로 돌이키소서 그리하시면 우리가 주께로 돌아가겠사오니 우리의 날들을 다시 새롭게 하사 옛적 같게 하옵소서
[행 11:18] 그들이 이 말을 듣고 잠잠하여 하나님께 영광을 돌려 이르되 그러면 하나님께서 이방인에게도 생명 얻는 회개를 주셨도다 하니라
[딤후 2:25] 거역하는 자를 온유함으로 훈계할지니 혹 하나님이 그들에게 회개함을 주사 진리를 알게 하실까 하며

서 사람은 그 은혜를 불가항력적으로 누리게 된다.

140. 신앙

1) 신앙이란 성령에 의해 심령 안에서 일어나는 복음 진리에 대한 확신과(롬 10:17; 벧전 1:23-25)439) 그리스도 안에 있는 하나님의 약속에 대한 진실한 의존과 신뢰이다(눅 18:42-43; 19:8-10; 요 3:16, 36; 4:29, 42; 행 8:35-36, 39; 16:14-15).440)
2) 신앙의 3요소
   (1) 지적 요소(지식): 하나님께서 말씀하신 모든 것, 특히 인간의 타락과 예수 그리스도 안에 있는 구속에 대해 말씀하신 모든 것이 진리라고 받아들이는, 진리에 대한 긍정적 인식(눅 24:27, 45; 엡 2:17-19)441)
   (2) 감정적 요소(동의): 인간이 그리스도를 신앙으로 영접할 때, 진리와 신앙 대상의 실재를 깊이 확신하고, 이것이 자신의 생활에서 주요한 욕구들을 충족시키는 것을 깨닫고 신앙에 열렬한 관심을 자각하는 것(눅 24:31-32)442)
   (3) 의지적 요소(신뢰): 그리스도를 구세주와 주로 영접하고 인격적으로 신뢰하는 것(눅

---

439) [롬 10:17] 그러므로 믿음은 들음에서 나며 들음은 그리스도의 말씀으로 말미암았느니라
[벧전 1:23-25] ²³너희가 거듭난 것은 썩어질 씨로 된 것이 아니요 썩지 아니할 씨로 된 것이니 살아 있고 항상 있는 하나님의 말씀으로 되었느니라 ²⁴그러므로 모든 육체는 풀과 같고 그 모든 영광은 풀의 꽃과 같으니 풀은 마르고 꽃은 떨어지되 ²⁵오직 주의 말씀은 세세토록 있도다 하였으니 너희에게 전한 복음이 곧 이 말씀이니라
440) [눅 18:42-43] ⁴²예수께서 그에게 이르시되 보라 네 믿음이 너를 구원하였느니라 하시매 ⁴³곧 보게 되어 하나님께 영광을 돌리며 예수를 따르니 백성이 다 이를 보고 하나님을 찬양하니라
[눅 19:8-10] ⁸삭개오가 서서 주께 여짜오되 주여 보시옵소서 내 소유의 절반을 가난한 자들에게 주겠사오며 만일 누구의 것을 속여 빼앗은 일이 있으면 네 갑절이나 갚겠나이다 ⁹예수께서 이르시되 오늘 구원이 이 집에 이르렀으니 이 사람도 아브라함의 자손임이로다 ¹⁰인자가 온 것은 잃어버린 자를 찾아 구원하려 함이니라
[요 3:16, 36] ¹⁶하나님이 세상을 이처럼 사랑하사 독생자를 주셨으니 이는 그를 믿는 자마다 멸망하지 않고 영생을 얻게 하려 하심이라 ³⁶아들을 믿는 자에게는 영생이 있고 아들에게 순종하지 아니하는 자는 영생을 보지 못하고 도리어 하나님의 진노가 그 위에 머물러 있느니라
[요 4:29, 42] ²⁹내가 행한 모든 일을 내게 말한 사람을 와서 보라 이는 그리스도가 아니냐 하니 ⁴²그 여자에게 말하되 이제 우리가 믿는 것은 네 말로 인함이 아니니 이는 우리가 친히 듣고 그가 참으로 세상의 구주신 줄 앎이라 하였더라
[행 8:35-36, 39] ³⁵빌립이 입을 열어 이 글에서 시작하여 예수를 가르쳐 복음을 전하니 ³⁶길 가다가 물 있는 곳에 이르러 그 내시가 말하되 보라 물이 있으니 내가 세례를 받음에 무슨 거리낌이 있느냐 ³⁹둘이 물에서 올라올새 주의 영이 빌립을 이끌어간지라 내시는 기쁘게 길을 가므로 그를 다시 보지 못하니라
[행 16:14-15] ¹⁴두아디라 시에 있는 자색 옷감 장사로서 하나님을 섬기는 루디아라 하는 한 여자가 말을 듣고 있을 때 주께서 그 마음을 열어 바울의 말을 따르게 하신지라 ¹⁵그와 그 집이 다 세례를 받고 우리에게 청하여 이르되 만일 나를 주 믿는 자로 알거든 내 집에 들어와 유하라 하고 강권하여 머물게 하니라
441) [눅 24:27, 45] ²⁷이에 모세와 모든 선지자의 글로 시작하여 모든 성경에 쓴 바 자기에 관한 것을 자세히 설명하시니라 ⁴⁵이에 그들의 마음을 열어 성경을 깨닫게 하시고
[엡 2:17-19] ¹⁷또 오셔서 먼 데 있는 너희에게 평안을 전하시고 가까운 데 있는 자들에게 평안을 전하셨으니 ¹⁸이는 그로 말미암아 우리 둘이 한 성령 안에서 아버지께 나아감을 얻게 하려 하심이라 ¹⁹그러므로 이제부터 너희는 외인도 아니요 나그네도 아니요 오직 성도들과 동일한 시민이요 하나님의 권속이라
442) [눅 24:31-32] ³¹그들의 눈이 밝아져 그인 줄 알아 보더니 예수는 그들에게 보이지 아니하시는지라 ³²그들이 서로 말하되 길에서 우리에게 말씀하시고 우리에게 성경을 풀어 주실 때에 우리 속에서 마음이 뜨겁지 아니하더냐 하고

24:33-35)[443]
3) 신앙의 대상
    (1) 광의의 대상: 일반적인 의미에서 구원적 신앙은 '하나님의 말씀에 포함된 신적 계시 전체'를 대상으로 한다.
    (2) 협의의 대상: 특별한 신앙의 대상은 예수 그리스도와 그가 다 이루신 의를 말한다(막 16:15-16; 히 3:1; 12:2; 요 19:30; 행 16:31; 엡 1:13-14).[444]
4) 신앙의 근거
    (1) 하나님의 진실성과 신실성: 신앙의 궁극적 근거는 복음의 약속들과 관련된 하나님의 진실성이다.
    (2) 하나님의 말씀: 하나님의 말씀을 떠나서는 복음을 알 수 없으므로 성령의 증언으로 역사하는 하나님의 말씀도 신앙의 근거이다(롬 10:17; 요일 5:6).[445]
5) 신앙의 조성자
    (1) 수여하시는 성부 하나님: 신앙은 선물이다(엡 2:8-9).[446]
    (2) 역사하시는 성령 하나님: 성도에게 말씀을 조명하고 감화하신다(행 8:29-30, 35-36, 39).[447]
    (3) 믿음의 말씀이신 성자 하나님: 믿음으로 그리스도의 말씀을 듣는다(마 17:5; 롬 10:8, 17).[448]

---

443) [눅 24:33-35] [33]곧 그 때로 일어나 예루살렘에 돌아가 보니 열한 제자 및 그들과 함께 한 자들이 모여 있어 [34]말하기를 주께서 과연 살아나시고 시몬에게 보이셨다 하는지라 [35]두 사람도 길에서 된 일과 예수께서 떡을 떼심으로 자기들에게 알려지신 것을 말하더라
444) [막 16:15-16] [15]또 이르시되 너희는 온 천하에 다니며 만민에게 복음을 전파하라 [16]믿고 세례를 받는 사람은 구원을 얻을 것이요 믿지 않는 사람은 정죄를 받으리라
[히 3:1] 그러므로 함께 하늘의 부르심을 받은 거룩한 형제들아 우리가 믿는 도리의 사도이시며 대제사장이신 예수를 깊이 생각하라
[히 12:2] 믿음의 주요 또 온전하게 하시는 이인 예수를 바라보자 그는 그 앞에 있는 기쁨을 위하여 십자가를 참으사 부끄러움을 개의치 아니하시더니 하나님 보좌 우편에 앉으셨느니라
[요 19:30] 예수께서 신 포도주를 받으신 후에 이르시되 다 이루었다 하시고 머리를 숙이니 영혼이 떠나가시니라
[행 16:31] 이르되 주 예수를 믿으라 그리하면 너와 네 집이 구원을 받으리라 하고
[엡 1:13-14] [13]그 안에서 너희도 진리의 말씀 곧 너희의 구원의 복음을 듣고 그 안에서 또한 믿어 약속의 성령으로 인치심을 받았으니 [14]이는 우리 기업의 보증이 되사 그 얻으신 것을 속량하시고 그의 영광을 찬송하게 하려 하심이라
445) [롬 10:17] 그러므로 믿음은 들음에서 나며 들음은 그리스도의 말씀으로 말미암았느니라
[요일 5:6] 이는 물과 피로 임하신 이시니 곧 예수 그리스도시라 물로만 아니요 물과 피로 임하였고 증언하는 이는 성령이시니 성령은 진리니라
446) [엡 2:8-9] [8]너희는 그 은혜에 의하여 믿음으로 말미암아 구원을 받았으니 이것은 너희에게서 난 것이 아니요 하나님의 선물이라 [9]행위에서 난 것이 아니니 이는 누구든지 자랑하지 못하게 함이라
447) [행 8:29-30, 35-36, 39] [29]성령이 빌립더러 이르시되 이 수레로 가까이 나아가라 하시거늘 [30]빌립이 달려가서 선지자 이사야의 글 읽는 것을 듣고 말하되 읽는 것을 깨닫느냐 [35]빌립이 입을 열어 이 글에서 시작하여 예수를 가르쳐 복음을 전하니 [36]길 가다가 물 있는 곳에 이르러 그 내시가 말하되 보라 물이 있으니 내가 세례를 받음에 무슨 거리낌이 있느냐 [39]둘이 물에서 올라올새 주의 영이 빌립을 이끌어간지라 내시는 기쁘게 길을 가므로 그를 다시 보지 못하니라
448) [마 17:5] 말할 때에 홀연히 빛난 구름이 그들을 덮으며 구름 속에서 소리가 나서 이르시되 이는 내 사랑하는 아들이요 내 기뻐하는 자니 너희는 그의 말을 들으라 하시는지라

6) 신앙과 확신

신앙에서 확신은 두 가지로 구분된다.

  (1) 객관적 신앙의 확신(히 10:22)[449]: 구원하는 신앙의 본질에 속하는 것으로서, 그리스도는 우리를 구원하기에 유능하시다는 것, 그는 신실하시어 우리가 믿으면 우리를 구원하시리라는 것을 확실히 믿는 것이 참 신앙의 본질이다.

  (2) 주관적 신앙의 확신 혹은 소망의 확신(히 6:12)[450]: 개인적 구원의 확신으로서, 성도 자신이 죄 용서를 받고 영혼의 구원을 받았다고 확실히 인정함에 도달하는 평안과 안전감이다. 이는 신앙의 열매이고, 그리스도인의 생활의 고등한 성취 중 하나이다.

  (3) 소망의 확신이 신앙의 본질인지에 대해서는 두 가지로 의견이 나뉜다. ① 확신이 신앙의 본질이다(하이델베르크 요리문답, 카이퍼, 바빙크, 보스), ② 확신은 신앙의 본질이라기보다는 신앙의 열매이다(웨스트민스터 신앙고백서).

141. 칭의

1) 정의: 예수 그리스도의 의를 기초로 율법의 모든 요구가 충족되었다고 죄인에 대해 선언하시는 하나님의 법적인 행위이다(창 15:6; 합 2:4; 롬 1:16-17; 롬 3:21-26).[451]

2) 본질

  (1) 법적 선언이므로 갱신행위나 과정적 행위(중생, 회심)와 구별되어야 함.

  (2) 죄인과 관련되지만, 내면적·주관적 삶을 변화시키지 않음. 객관적 관계를 변화시켜 의의 신분을 야기함.

  (3) 로마 가톨릭 신학의 칭의(의화) 방법인 주입(*infusa*)과 달리, 그리스도의 의가 죄인에게 '전가'(*imputatio*)하는 방법으로 의롭다고 선언됨.

3) 성질

  (1) 은혜성: 그리스도의 의에 기초한 하나님의 사랑(롬 5:8)[452]

[롬 10:8, 17] ⁸그러면 무엇을 말하느냐 말씀이 네게 가까워 네 입에 있으며 네 마음에 있다 하였으니 곧 우리가 전파하는 믿음의 말씀이라 ¹⁷그러므로 믿음은 들음에서 나며 들음은 그리스도의 말씀으로 말미암았느니라

449) [히 10:22] 우리가 마음에 뿌림을 받아 악한 양심으로부터 벗어나고 몸은 맑은 물로 씻음을 받았으니 참 마음과 온전한 믿음으로 하나님께 나아가자

450) [히 6:12] 게으르지 아니하고 믿음과 오래 참음으로 말미암아 약속들을 기업으로 받는 자들을 본받는 자 되게 하려는 것이니라

451) [창 15:6] 아브람이 여호와를 믿으니 여호와께서 이를 그의 의로 여기시고
[롬 1:16-17] ¹⁶내가 복음을 부끄러워하지 아니하노니 이 복음은 모든 믿는 자에게 구원을 주시는 하나님의 능력이 됨이라 먼저는 유대인에게요 그리고 헬라인에게로다 ¹⁷복음에는 하나님의 의가 나타나서 믿음으로 믿음에 이르게 하나니 기록된 바 오직 의인은 믿음으로 말미암아 살리라 함과 같으니라
[롬 3:21-26] ²¹이제는 율법 외에 하나님의 한 의가 나타났으니 율법과 선지자들에게 증거를 받은 것이라 ²²곧 예수 그리스도를 믿음으로 말미암아 모든 믿는 자에게 미치는 하나님의 의니 차별이 없느니라 ²³모든 사람이 죄를 범하였으매 하나님의 영광에 이르지 못하더니 ²⁴그리스도 예수 안에 있는 속량으로 말미암아 하나님의 은혜로 값 없이 의롭다 하심을 얻은 자 되었느니라 ²⁵이 예수를 하나님이 그의 피로써 믿음으로 말미암는 화목제물로 세우셨으니 이는 하나님께서 길이 참으시는 중에 전에 지은 죄를 간과하심으로 자기의 의로우심을 나타내려 하심이니 ²⁶곧 이 때에 자기의 의로우심을 나타내사 자기도 의로우시며 또한 예수 믿는 자를 의롭다 하려 하심이라

(2) 법정성: 하나님의 은혜로운 사죄의 심판(히 10:17-18; 롬 4:7-8)[453]
(3) 즉각·단회·완전·최종성: 마지막까지 반복되거나 변함이 없음.
(4) 선언성: 죄인에게 의롭다 함이 주어지는 선언(롬 3:24; 4:5; 6:10-11)[454]
(5) 언약적 전가: 새 언약의 머리이신 그리스도의 의가 우리의 것으로 여겨짐(롬 5:16, 18-19, 21; 사 53:11).[455]

3) 칭의의 요소
(1) 소극적 요소: 단회적인 죄책과 형벌의 제거. 그리스도의 공로에 의해 과거, 현재, 미래의 모든 죄의 죄책과 형벌이 방면됨(롬 4:5-8).[456]
(2) 적극적 요소: 양자 됨과 영생의 권리. 칭의로 하나님은 죄인을 자녀의 지위로 택하심. 하나님의 자녀로 양자 됨으로써 모든 법적인 자녀의 권리를 누리고 그리스도와 함께 하나님의 상속자가 되어 영생의 기업을 얻음(롬 8:1-2, 14-17; 갈 4:4-6).[457]

---

452) [롬 5:8] 우리가 아직 죄인 되었을 때에 그리스도께서 우리를 위하여 죽으심으로 하나님께서 우리에 대한 자기의 사랑을 확증하셨느니라

453) [히 10:17-18] ¹⁷또 그들의 죄와 그들의 불법을 내가 다시 기억하지 아니하리라 하셨으니 ¹⁸이것들을 사하셨은즉 다시 죄를 위하여 제사 드릴 것이 없느니라
[롬 4:7-8] ⁷불법이 사함을 받고 죄가 가리어짐을 받는 사람들은 복이 있고 ⁸주께서 그 죄를 인정하지 아니하실 사람은 복이 있도다 함과 같으니라

454) [롬 3:24] 그리스도 예수 안에 있는 속량으로 말미암아 하나님의 은혜로 값 없이 의롭다 하심을 얻은 자 되었느니라
[롬 4:5] 일을 아니할지라도 경건하지 아니한 자를 의롭다 하시는 이를 믿는 자에게는 그의 믿음을 의로 여기시나니
[롬 6:10-11] ¹⁰그가 죽으심은 죄에 대하여 단번에 죽으심이요 그가 살아 계심은 하나님께 대하여 살아 계심이니 ¹¹이와 같이 너희도 너희 자신을 죄에 대하여는 죽은 자요 그리스도 예수 안에서 하나님께 대하여는 살아 있는 자로 여길지어다

455) [롬 5:16, 18-19, 21] ¹⁶또 이 선물은 범죄한 한 사람으로 말미암은 것과 같지 아니하니 심판은 한 사람으로 말미암아 정죄에 이르렀으나 은사는 많은 범죄로 말미암아 의롭다 하심에 이름이니라 ¹⁸그런즉 한 범죄로 많은 사람이 정죄에 이른 것 같이 한 의로운 행위로 말미암아 많은 사람이 의롭다 하심을 받아 생명에 이르렀느니라 ¹⁹한 사람이 순종하지 아니함으로 많은 사람이 죄인 된 것 같이 한 사람이 순종하심으로 많은 사람이 의인이 되리라 ²¹이는 죄가 사망 안에서 왕 노릇 한 것 같이 은혜도 또한 의로 말미암아 왕 노릇 하여 우리 주 예수 그리스도로 말미암아 영생에 이르게 하려 함이라
[사 53:11] 그가 자기 영혼의 수고한 것을 보고 만족하게 여길 것이라 나의 의로운 종이 자기 지식으로 많은 사람을 의롭게 하며 또 그들의 죄악을 친히 담당하리로다

456) [롬 4:5-8] ⁵일을 아니할지라도 경건하지 아니한 자를 의롭다 하시는 이를 믿는 자에게는 그의 믿음을 의로 여기시나니 ⁶일한 것이 없이 하나님께 의로 여기심을 받는 사람의 복에 대하여 다윗이 말한 바 ⁷불법이 사함을 받고 죄가 가리어짐을 받는 사람들은 복이 있고 ⁸주께서 그 죄를 인정하지 아니하실 사람은 복이 있도다 함과 같으니라

457) [롬 8:1-2, 14-17] ¹그러므로 이제 그리스도 예수 안에 있는 자에게는 결코 정죄함이 없나니 ²이는 그리스도 예수 안에 있는 생명의 성령의 법이 죄와 사망의 법에서 너를 해방하였음이라 ¹⁴무릇 하나님의 영으로 인도함을 받는 사람은 곧 하나님의 아들이라 ¹⁵너희는 다시 무서워하는 종의 영을 받지 아니하고 양자의 영을 받았으므로 우리가 아빠 아버지라고 부르짖느니라 ¹⁶성령이 친히 우리의 영과 더불어 우리가 하나님의 자녀인 것을 증언하시나니 ¹⁷자녀이면 또한 상속자 곧 하나님의 상속자요 그리스도와 함께 한 상속자니 우리가 그와 함께 영광을 받기 위하여 고난도 함께 받아야 할 것이니라
[갈 4:4-6] ⁴때가 차매 하나님이 그 아들을 보내사 여자에게서 나게 하시고 율법 아래에 나게 하신 것은 ⁵율법 아래에 있는 자들을 속량하시고 우리로 아들의 명분을 얻게 하려 하심이라 ⁶너희가 아들이므로 하나님이 그 아들의 영을 우리 마음 가운데 보내사 아빠 아버지라 부르게 하셨느니라

4) 칭의와 성화의 차이
   (1) 칭의: 죄인의 '죄책'을 제거하고 하나님의 자녀로서의 신분에 내포된 모든 권리를 회복
       성화: 죄의 '부패'를 제거, 죄인을 하나님의 형상으로 점진적으로 새롭게 함
   (2) 칭의: 하나님의 법정에서 죄인의 외부에서 일어남(객관적)
       성화: 인간의 내면적 삶에서 일어나고 점차 전 존재에 영향을 미침(주관적)
   (3) 칭의: 단회적이며 반복될 수 없고 부분적일 수도 없음
       성화: 지속적 과정이며 현세에서는 완성될 수 없음
   (4) 양자는 모두 그리스도의 공로를 공로적 요인으로 가지지만 그 동인이 다름
       칭의: 성부가 죄인을 의롭다고 선언하심
       성화: 성령이 신자를 성화시킴

142. 성화

1) 성화란 칭의받은 죄인을 죄의 부패로부터 해방하고 그의 본성 전체를 하나님의 형상으로 갱신하며 그가 선행을 할 수 있게 하는 성령의 자비롭고 지속적인 사역이다(롬 6:12-14, 18-19, 22; 8:14; 엡 2:10).[458]
2) 성화의 필요성
   (1) 하나님이 거룩하시기 때문이다.
   (2) 거룩한 삶이 성도의 의무이기 때문이다(레 11:45; 엡 2:10).[459]
   (3) 거듭난 자라도 완전하지 않으며 여전히 죄를 짓게 되기 때문이다(롬 7:21-8:2).[460]
3) 특징
   (1) 성령의 사역이다(롬 8:11; 15:16; 갈 5:16, 22-23; 엡 2:22; 3:16; 벧전 1:2).[461]

---

458) [롬 6:12-14, 18-19, 22] ¹²그러므로 너희는 죄가 너희 죽을 몸을 지배하지 못하게 하여 몸의 사욕에 순종하지 말고 ¹³또한 너희 지체를 불의의 무기로 죄에게 내주지 말고 오직 너희 자신을 죽은 자 가운데서 다시 살아난 자 같이 하나님께 드리며 너희 지체를 의의 무기로 하나님께 드리라 ¹⁴죄가 너희를 주장하지 못하리니 이는 너희가 법 아래에 있지 아니하고 은혜 아래에 있음이라 ¹⁸죄로부터 해방되어 의에게 종이 되었느니라 ¹⁹너희 육신이 연약하므로 내가 사람의 예대로 말하노니 전에 너희가 너희 지체를 부정과 불법에 내주어 불법에 이른 것 같이 이제는 너희 지체를 의에게 종으로 내주어 거룩함에 이르라 ²²그러나 이제는 너희가 죄로부터 해방되고 하나님께 종이 되어 거룩함에 이르는 열매를 맺었으니 그 마지막은 영생이라
[롬 8:14] 무릇 하나님의 영으로 인도함을 받는 사람은 곧 하나님의 아들이라
[엡 2:10] 우리는 그가 만드신 바라 그리스도 예수 안에서 선한 일을 위하여 지으심을 받은 자니 이 일은 하나님이 전에 예비하사 우리로 그 가운데서 행하게 하려 하심이니라

459) [레 11:45] 나는 너희의 하나님이 되려고 너희를 애굽 땅에서 인도하여 낸 여호와라 내가 거룩하니 너희도 거룩할지어다
[엡 2:10] 우리는 그가 만드신 바라 그리스도 예수 안에서 선한 일을 위하여 지으심을 받은 자니 이 일은 하나님이 전에 예비하사 우리로 그 가운데서 행하게 하려 하심이니라

460) [롬 7:21-8:2] ²¹그러므로 내가 한 법을 깨달았노니 곧 선을 행하기 원하는 나에게 악이 함께 있는 것이로다 ²²내 속사람으로는 하나님의 법을 즐거워하되 ²³내 지체 속에서 한 다른 법이 내 마음의 법과 싸워 내 지체 속에 있는 죄의 법으로 나를 사로잡는 것을 보는도다 ²⁴오호라 나는 곤고한 사람이로다 이 사망의 몸에서 누가 나를 건져내랴 ²⁵우리 주 예수 그리스도로 말미암아 하나님께 감사하리로다 그런즉 내 자신이 마음으로는 하나님의 법을 육신으로는 죄의 법을 섬기노라 ¹그러므로 이제 그리스도 예수 안에 있는 자에게는 결코 정죄함이 없나니 ²이는 그리스도 예수 안에 있는 생명의 성령의 법이 죄와 사망의 법에서 너를 해방하였음이라

(2) 성화는 인간 전체, 즉 몸과 영혼, 지성과 감성과 의지 전체에 영향을 준다(살전 5:23; 고후 5:17; 롬 6:12; 고전 6:15, 20).462)

(3) 신자가 협력하는 하나님의 사역: 하나님께서 신자에게 성령의 사역에 기도와 지성으로 협력할 것을 요구함으로써 신자는 언약적 당사자로서 부분적으로 성화의 사역에 참여하고 수행한다.

(4) 현실적이며 점진적 변화: 성화는 통상적으로 장구한 과정이며 이생에서는 결코 완성에 도달할 수 없다(왕상 8:46; 잠 20:9; 전 7:20; 약 3:2; 요일 1:8).463)

4) 성화 완성의 시기: 신자의 영혼은 사망 바로 그 순간에 혹은 사망 직후에 성화가 완성되며 몸의 성화는 부활 시에 완성된다.

5) 성화의 방편
  (1) 하나님의 말씀(벧전 1:22; 2:2; 벧후 1:4)464)
  (2) 성례(롬 6:3; 고전 12:13; 딛 3:5; 벧전 3:21)465)

---

461) [롬 8:11] 예수를 죽은 자 가운데서 살리신 이의 영이 너희 안에 거하시면 그리스도 예수를 죽은 자 가운데서 살리신 이가 너희 안에 거하시는 그의 영으로 말미암아 너희 죽을 몸도 살리시리라
[롬 15:16] 이 은혜는 곧 나로 이방인을 위하여 그리스도 예수의 일꾼이 되어 하나님의 복음의 제사장 직분을 하게 하사 이방인을 제물로 드리는 것이 성령 안에서 거룩하게 되어 받으실 만하게 하려 하심이라
[갈 5:16, 22-23] 16내가 이르노니 너희는 성령을 따라 행하라 그리하면 육체의 욕심을 이루지 아니하리라 22오직 성령의 열매는 사랑과 희락과 화평과 오래 참음과 자비와 양선과 충성과 23온유와 절제니 이같은 것을 금지할 법이 없느니라
[엡 2:22] 너희도 성령 안에서 하나님이 거하실 처소가 되기 위하여 그리스도 예수 안에서 함께 지어져 가느니라
[엡 3:16] 그의 영광의 풍성함을 따라 그의 성령으로 말미암아 너희 속사람을 능력으로 강건하게 하시오며
[벧전 1:2] 곧 하나님 아버지의 미리 아심을 따라 성령이 거룩하게 하심으로 순종함과 예수 그리스도의 피 뿌림을 얻기 위하여 택하심을 받은 자들에게 편지하노니 은혜와 평강이 너희에게 더욱 많을지어다
462) [살전 5:23] 평강의 하나님이 친히 너희를 온전히 거룩하게 하시고 너희의 온 영과 혼과 몸이 우리 때에 흠 없게 보전되기를 원하노라
[고후 5:17] 그런즉 누구든지 그리스도 안에 있으면 새로운 피조물이라 이전 것은 지나갔으니 보라 새 것이 되었도다
[롬 6:12] 그러므로 너희는 죄가 너희 죽을 몸을 지배하지 못하게 하여 몸의 사욕에 순종하지 말고
[고전 6:15, 20] 15너희 몸이 그리스도의 지체인 줄을 알지 못하느냐 내가 그리스도의 지체를 가지고 창녀의 지체를 만들겠느냐 결코 그럴 수 없느니라 20값으로 산 것이 되었으니 그런즉 너희 몸으로 하나님께 영광을 돌리라
463) [왕상 8:46] 범죄하지 아니하는 사람이 없사오니 그들이 주께 범죄함으로 주께서 그들에게 진노하사 그들을 적국에 넘기시매 적국이 그들을 사로잡아 원근을 막론하고 적국의 땅으로 끌어간 후에
[잠 20:9] 내가 내 마음을 정하게 하였다 내 죄를 깨끗하게 하였다 할 자가 누구냐
[전 7:20] 선을 행하고 전혀 죄를 범하지 아니하는 의인은 세상에 없기 때문이로다
[약 3:2] 우리가 다 실수가 많으니 만일 말에 실수가 없는 자라면 곧 온전한 사람이라 능히 온 몸도 굴레 씌우리라
[요일 1:8] 만일 우리가 죄가 없다고 말하면 스스로 속이고 또 진리가 우리 속에 있지 아니할 것이요
464) [벧전 1:22] 너희가 진리를 순종함으로 너희 영혼을 깨끗하게 하여 거짓이 없이 형제를 사랑하기에 이르렀으니 마음으로 뜨겁게 서로 사랑하라
[벧전 2:2] 갓난 아기들 같이 순전하고 신령한 젖을 사모하라 이는 그로 말미암아 너희로 구원에 이르도록 자라게 하려 함이라
[벧후 1:4] 이로써 그 보배롭고 지극히 큰 약속을 우리에게 주사 이 약속으로 말미암아 너희가 정욕 때문에 세상에서 썩어질 것을 피하여 신성한 성품에 참여하는 자가 되게 하려 하셨느니라

(3) 기도
(4) 섭리적 인도(순경이든 역경이든 성화의 방편임)(시 107편; 119:71; 롬 2:4; 히 12:10) 466)

6) 칭의와 성화의 관계
   (1) 칭의와 성화는 모두 오직 믿음으로써 주어지는 하나님의 은혜임. 믿음은 칭의뿐만 아니라 성황에서도 도구적 원인임.
   (2) 칭의와 성화의 은혜는 모두 그리스도의 대리적 속죄의 의로 말미암음.
   (3) 칭의와 성화는 유일한 중보자 그리스도 안에서 얻는 은혜로서 그리스도가 나뉘지 않듯이 이 둘도 '구분할지언정 분리할 수 없는' 이중적 은혜(duplex gratia)임.
   (4) 칭의는 성화에 (논리적으로) 선행하며 성화의 법적 기초가 됨.
   (5) 칭의와 성화는 모두 하나님의 사역임. 칭의와 마찬가지로 성화도 전적으로 하나님의 사역이지만, 신자가 협력하는 하나님의 사역임.

143. 성도의 견인

1) 성도의 견인(perseverance)은 하나님께서 중생시키셔서 은혜의 신분으로 효과적으로 부르신 사람들이 그 신분에서 완전히 혹은 궁극적으로 타락하지 않고 끝까지 견뎌내어 영원히 구원받게 될 것이라는 교리이다(롬 8:30; 요 10:27-29; 빌 1:6). 467)
2) 성도의 견인의 추론적 증명
   (1) 무조건적 선택: 선택은 불변이어서 택함 받은 자의 구원을 확실히 보장한다(롬 11:29). 468)
   (2) 창세 전 삼위일체 하나님의 구속 언약: 구속 언약을 통하여 하나님은 아들의 순종과 고난의 보상으로 자기 백성을 아들에게 주셨다. 이 보상은 영원 전부터 결정된 것으로 인

---

465) [롬 6:3] 무릇 그리스도 예수와 합하여 세례를 받은 우리는 그의 죽으심과 합하여 세례를 받은 줄을 알지 못하느냐
[고전 12:13] 우리가 유대인이나 헬라인이나 종이나 자유인이나 다 한 성령으로 세례를 받아 한 몸이 되었고 또 다 한 성령을 마시게 하셨느니라
[딛 3:5] 우리를 구원하시되 우리가 행한 바 의로운 행위로 말미암지 아니하고 오직 그의 긍휼하심을 따라 중생의 씻음과 성령의 새롭게 하심으로 하셨나니
[벧전 3:21] 물은 예수 그리스도께서 부활하심으로 말미암아 이제 너희를 구원하는 표니 곧 세례라 이는 육체의 더러운 것을 제하여 버림이 아니요 하나님을 향한 선한 양심의 간구니라

466) [시 119:71] 고난 당한 것이 내게 유익이라 이로 말미암아 내가 주의 율례들을 배우게 되었나이다
[롬 2:4] 혹 네가 하나님의 인자하심이 너를 인도하여 회개하게 하심을 알지 못하여 그의 인자하심과 용납하심과 길이 참으심이 풍성함을 멸시하느냐
[히 12:10] 그들은 잠시 자기의 뜻대로 우리를 징계하였거니와 오직 하나님은 우리의 유익을 위하여 그의 거룩하심에 참여하게 하시느니라

467) [롬 8:30] 또 미리 정하신 그들을 또한 부르시고 부르신 그들을 또한 의롭다 하시고 의롭다 하신 그들을 또한 영화롭게 하셨느니라
[요 10:27-29] 27내 양은 내 음성을 들으며 나는 그들을 알며 그들은 나를 따르느니라 28내가 그들에게 영생을 주노니 영원히 멸망하지 아니할 것이요 또 그들을 내 손에서 빼앗을 자가 없느니라 29그들을 주신 내 아버지는 만물보다 크시매 아무도 아버지 손에서 빼앗을 수 없느니라
[빌 1:6] 너희 안에서 착한 일을 시작하신 이가 그리스도 예수의 날까지 이루실 줄을 우리는 확신하노라

468) [롬 11:29] 하나님의 은사와 부르심에는 후회하심이 없느니라

간의 여하한 불확실한 충성에 의존하지 않는다.
- (3) 그리스도의 공로와 중보기도의 효력: 그리스도의 완전하고 효과적인 속죄 사역으로 칭의 받은 자들이 다시 정죄받는 것은 불가능하다. 또한 그리스도는 아버지가 그에게 주신 자들을 위해 계속 중보기도를 드리시며, 백성을 위한 그의 중보기도는 항상 효과적이다.
- (4) 신자 안에서 일하시는 성령의 사역: 성령에 의하여 신자는 이미 이생에서 구원과 영생을 소유한다. 견인을 부인하는 것은 성령의 지혜와 신자의 심령에서 일하시는 성령의 사역을 과소평가하거나 멸시하는 것이다.
- (5) 구원의 확신: 성경은 신자들이 이생에서 구원의 확신을 획득할 수 있다고 말한다(히 3:14; 6:11; 10:22; 벧후 1:10).[469]

3) 성도의 견인의 성경적 증명
- (1) 믿는 순간 영원한 생명을 갖게 된다(요 3:36; 5:24; 6:54).[470]
- (2) 하나님의 구원이 성령으로 인쳐진다(엡 4:30).[471]
- (3) 하나님의 능력의 보호를 받는다(살후 3:3; 딤후 1:12; 4:18; 벧전 1:5).[472]
- (4) 하나님의 사랑에서 끊을 자가 없다(롬 8:38-39).[473]

144. 영화

1) 영화란 예수 그리스도의 재림으로 하나님의 자녀가 부활하여 영혼과 육체가 함께 죄와 사망의 세력으로부터 완전히 해방되는 구속의 최종 완성을 칭한다(롬 8:23, 29-30).[474]

---

469) [히 3:14] 우리가 시작할 때에 확신한 것을 끝까지 견고히 잡고 있으면 그리스도와 함께 참여한 자가 되리라
[히 6:11] 우리가 간절히 원하는 것은 너희 각 사람이 동일한 부지런함을 나타내어 끝까지 소망의 풍성함에 이르러
[히 10:22] 우리가 마음에 뿌림을 받아 악한 양심으로부터 벗어나고 몸은 맑은 물로 씻음을 받았으니 참 마음과 온전한 믿음으로 하나님께 나아가자
[벧후1:10] 그러므로 형제들아 더욱 힘써 너희 부르심과 택하심을 굳게 하라 너희가 이것을 행한즉 언제든지 실족하지 아니하리라
470) [요 3:36] 아들을 믿는 자에게는 영생이 있고 아들에게 순종하지 아니하는 자는 영생을 보지 못하고 도리어 하나님의 진노가 그 위에 머물러 있느니라
[요 5:24] 내가 진실로 진실로 너희에게 이르노니 내 말을 듣고 또 나 보내신 이를 믿는 자는 영생을 얻었고 심판에 이르지 아니하나니 사망에서 생명으로 옮겼느니라
[요 6:54] 내 살을 먹고 내 피를 마시는 자는 영생을 가졌고 마지막 날에 내가 그를 다시 살리리니
471) [엡 4:30] 하나님의 성령을 근심하게 하지 말라 그 안에서 너희가 구원의 날까지 인치심을 받았느니라
472) [살후 3:3] 주는 미쁘사 너희를 굳건하게 하시고 악한 자에게서 지키시리라
[딤후 1:12] 이로 말미암아 내가 또 이 고난을 받되 부끄러워하지 아니함은 내가 믿는 자를 내가 알고 또한 내가 의탁한 것을 그 날까지 그가 능히 지키실 줄을 확신함이라
[딤후 4:18] 주께서 나를 모든 악한 일에서 건져내시고 또 그의 천국에 들어가도록 구원하시리니 그에게 영광이 세세무궁토록 있을지어다 아멘
[벧전 1:5] 너희는 말세에 나타내기로 예비하신 구원을 얻기 위하여 믿음으로 말미암아 하나님의 능력으로 보호하심을 받았느니라
473) [롬 8:38-39] [38]내가 확신하노니 사망이나 생명이나 천사들이나 권세자들이나 현재 일이나 장래 일이나 능력이나 [39]높음이나 깊음이나 다른 어떤 피조물이라도 우리를 우리 주 그리스도 예수 안에 있는 하나님의 사랑에서 끊을 수 없으리라
474) [롬 8:23, 29-30] [23]그뿐 아니라 또한 우리 곧 성령의 처음 익은 열매를 받은 우리까지도 속으로 탄식하여 양자 될 것 곧 우리 몸의 속량을 기다리느니라 [29]하나님이 미리 아신 자들을 또한 그 아들의 형상을 본받게

2) 영화에는 영혼 성화의 완성과 몸의 부활이 포함된다.
   (1) 영혼 성화의 완성: 성도는 죽음의 순간에 영혼의 성화가 완성되어 죄의 최종 흔적으로부터 구출된다(참조. 눅 23:43; 계 7:14-15).[475]
   (2) 몸의 부활: 성도는 주님의 재림 때(마 16:27; 롬 8:19; 딛 2:13; 벧전 4:13; 계 22:20)[476] 육체가 부활하여 썩지 않을 몸으로 변화된다(롬 8:23; 고전 15:42-44, 49, 53-54).[477] 성도의 부활의 몸은 그리스도의 몸과 유사할 것이다(빌 3:21; 요일 3:2).[478]
3) 영화는 그리스도와 더불어서의 영화이다(벧전 4:13).[479]
4) 성도의 최종 영화는 피조물의 갱신과 밀접하게 관계되어 있다. 죄의 모든 결과로부터 구출되어 다시는 저주가 없고, 오직 의(義)가 완전한 소유와 조용한 거주를 가질 갱신된 우주, 즉 새 하늘과 새 땅과 밀접하게 관계되는 것이다(롬 8:20-21; 벧후 3:12-13; 계 21:27; 22:3-4).[480]

하기 위하여 미리 정하셨으니 이는 그로 많은 형제 중에서 맏아들이 되게 하려 하심이니라 ³⁰또 미리 정하신 그들을 또한 부르시고 부르신 그들을 또한 의롭다 하시고 의롭다 하신 그들을 또한 영화롭게 하셨느니라

475) **[눅 23:43]** 예수께서 이르시되 내가 진실로 네게 이르노니 오늘 네가 나와 함께 낙원에 있으리라 하시니라
[계 7:14-15] ¹⁴내가 말하기를 내 주여 당신이 아시나이다 하니 그가 나에게 이르되 이는 큰 환난에서 나오는 자들인데 어린 양의 피에 그 옷을 씻어 희게 하였느니라 ¹⁵그러므로 그들이 하나님의 보좌 앞에 있고 또 그의 성전에서 밤낮 하나님을 섬기매 보좌에 앉으신 이가 그들 위에 장막을 치시리니

476) **[마 16:27]** 인자가 아버지의 영광으로 그 천사들과 함께 오리니 그 때에 각 사람이 행한 대로 갚으리라
[롬 8:19] 피조물이 고대하는 바는 하나님의 아들들이 나타나는 것이니
[딛 2:13] 복스러운 소망과 우리의 크신 하나님 구주 예수 그리스도의 영광이 나타나심을 기다리게 하셨으니
[벧전 4:13] 오히려 너희가 그리스도의 고난에 참여하는 것으로 즐거워하라 이는 그의 영광을 나타내실 때에 너희로 즐거워하고 기뻐하게 하려 함이라
[계 22:20] 이것들을 증언하신 이가 이르시되 내가 진실로 속히 오리라 하시거늘 아멘 주 예수여 오시옵소서

477) **[롬 8:23]** 그뿐 아니라 또한 우리 곧 성령의 처음 익은 열매를 받은 우리까지도 속으로 탄식하여 양자 될 것 곧 우리 몸의 속량을 기다리느니라
[고전 15:42-44, 49, 53-54] ⁴²죽은 자의 부활도 그와 같으니 썩을 것으로 심고 썩지 아니할 것으로 다시 살아나며 ⁴³욕된 것으로 심고 영광스러운 것으로 다시 살아나며 약한 것으로 심고 강한 것으로 다시 살아나며 ⁴⁴육의 몸으로 심고 신령한 몸으로 다시 살아나나니 육의 몸이 있은즉 또 영의 몸도 있느니라 ⁴⁹우리가 흙에 속한 자의 형상을 입은 것 같이 또한 하늘에 속한 이의 형상을 입으리라 ⁵³이 썩을 것이 반드시 썩지 아니할 것을 입겠고 이 죽을 것이 죽지 아니함을 입으리로다 ⁵⁴이 썩을 것이 썩지 아니함을 입고 이 죽을 것이 죽지 아니함을 입을 때에는 사망을 삼키고 이기리라고 기록된 말씀이 이루어지리라

478) **[빌 3:21]** 그는 만물을 자기에게 복종하게 하실 수 있는 자의 역사로 우리의 낮은 몸을 자기 영광의 몸의 형체와 같이 변하게 하시리라
[요일 3:2] 사랑하는 자들아 우리가 지금은 하나님의 자녀라 장래에 어떻게 될지는 아직 나타나지 아니하였으나 그가 나타나시면 우리가 그와 같을 줄을 아는 것은 그의 참모습 그대로 볼 것이기 때문이니

479) **[벧전 4:13]** 오히려 너희가 그리스도의 고난에 참여하는 것으로 즐거워하라 이는 그의 영광을 나타내실 때에 너희로 즐거워하고 기뻐하게 하려 함이라

480) **[롬 8:20-21]** ²⁰피조물이 허무한 데 굴복하는 것은 자기 뜻이 아니요 오직 굴복하게 하시는 이로 말미암음이라 ²¹그 바라는 것은 피조물도 썩어짐의 종 노릇 한 데서 해방되어 하나님의 자녀들의 영광의 자유에 이르는 것이니라
[벧후 3:12-13] ¹²하나님의 날이 임하기를 바라보고 간절히 사모하라 그 날에 하늘이 불에 타서 풀어지고 물질이 뜨거운 불에 녹아지려니와 ¹³우리는 그의 약속대로 의가 있는 곳인 새 하늘과 새 땅을 바라보도다
[계 21:27] 무엇이든지 속된 것이나 가증한 일 또는 거짓말하는 자는 결코 그리로 들어가지 못하되 오직 어린 양의 생명책에 기록된 자들만 들어가리라
[계 22:3-4] ³다시 저주가 없으며 하나님과 그 어린 양의 보좌가 그 가운데에 있으리니 그의 종들이 그를 섬기며 ⁴그의 얼굴을 볼 터이요 그의 이름도 그들의 이마에 있으리라

5) 영화 이후의 삶의 특성: 영화의 때, 흠 없는 영혼들과 완전한 육체들이 구원의 원천이신 삼위일체 하나님과 친밀한 교제의 모든 행복으로 허락되어 들어간다. 그때에도 하나님은 우리의 전인격, 즉 영혼 못지않게 몸으로도 예배를 받으실 것이다. 영화롭게 변한 성도들은 부활한 몸을 가지고 행위나 말로 하나님을 영화롭게 해야 할 것이다.

VI. 교회론
[145-162]

145. 교회론
146. 교회의 명칭
147. 교회의 머리이신 그리스도
148. 교회의 성격
149. 교회의 본질적 속성
150. 참된 교회의 표지
151. 교회의 정체
152. 교회의 직분
153. 교회의 치리회

154. 교회의 권세
155. 은혜의 방편
156. 은혜의 방편으로서 말씀
157. 은혜의 방편으로서 성례
158. 성례의 요소
159. 신약 성례의 수
160. 세례
161. 성찬
162. 교회와 국가

145. 교회론

교회는 그리스도께서 성령의 사역을 통해 사람들을 자신에게 연합시키고 그들에게 참된 믿음을 주어서 자기의 몸, 곧 '성도의 무리'(*communio fidelium* 또는 *communio sanctorum*)로 삼으신 공동체이다.

교회론(敎會論, ecclesiology)은 '교회는 무엇인가'와 '교회는 무엇을 해야 하는가'라는 두 가지 큰 질문을 던지고, 이에 답하기 위해 교회의 본질(속성), 구조(정치), 권세와 사명(예배와 선교)을 탐구한다.

146. 교회의 명칭

1) 구약: 구약에서는 하나님의 백성을 가리키는 용어로 히브리어 'קָהָל'(카할)과 'עֵדָה'(에다)가 사용되었다. 에다는 '약속을 따라 함께 모인 백성의 무리'를 가리키며 오늘날의 회중(congregation)이란 용어가 여기서 유래하였다. 카할은 '하나님에 의해 회집된 신정국가로서의 온 이스라엘'이란 의미로 사용되었다. 이 둘은 모두 하나님이 자기 백성을 부르시는 '소명'과 그 부르심에 따른 '회집'을 함의하는 언약적 개념이다.

2) 신약: 신약에서는 구약의 קָהָל(카할)과 עֵדָה(에다)를 각각 헬라어 'ἐκκλησία'(에클레시아)와 'συναγωγή'(쉬나고게)'로 번역하였는데, 대체로 '쉬나고게'가 유대인의 종교적 회합을 가리킨 데 비해서 '에클레시아'는 신약의 교회를 지칭하였다.

3) 교회를 일컫는 성경의 표현
　(1) 그리스도의 '몸'(엡 1:23; 4:12; 골 1:18)[481]
　(2) 그리스도의 '신부' 또는 '아내'(엡 5:31-32; 계 19:7)[482]
　(3) '하나님의 성전'(고전 3:16-17)[483]
　(4) '위에 있는 예루살렘'(갈 4:26),[484] '하늘의 예루살렘'(히 12:22),[485] '거룩한 성 새 예루살렘'(계 21:2, 10)[486]
　(5) '진리의 기둥과 터'(딤전 3:15)[487]

147. 교회의 머리이신 그리스도

1) 그리스도는 교회의 머리이시다(엡 1:22; 5:23; 골 1:18).[488]

---

481) [엡 1:23] 교회는 그의 몸이니 만물 안에서 만물을 충만하게 하시는 이의 충만함이니라
　　[엡 4:12] 이는 성도를 온전하게 하여 봉사의 일을 하게 하며 그리스도의 몸을 세우려 하심이라
　　[골 1:18] 그는 몸인 교회의 머리시라 그가 근본이시요 죽은 자들 가운데서 먼저 나신 이시니 이는 친히 만물의 으뜸이 되려 하심이요
482) [엡 5:31-32] ³¹그러므로 사람이 부모를 떠나 그의 아내와 합하여 그 둘이 한 육체가 될지니 ³²이 비밀이 크도다 나는 그리스도와 교회에 대하여 말하노라
　　[계 19:7] 우리가 즐거워하고 크게 기뻐하며 그에게 영광을 돌리세 어린 양의 혼인 기약이 이르렀고 그의 아내가 자신을 준비하였으므로
483) [고전 3:16-17] ¹⁶너희는 너희가 하나님의 성전인 것과 하나님의 성령이 너희 안에 계시는 것을 알지 못하느냐 ¹⁷누구든지 하나님의 성전을 더럽히면 하나님이 그 사람을 멸하시리라 하나님의 성전은 거룩하니 너희도 그러하니라
484) [갈 4:26] 오직 위에 있는 예루살렘은 자유자니 곧 우리 어머니라
485) [히 12:22] 그러나 너희가 이른 곳은 시온 산과 살아 계신 하나님의 도성인 하늘의 예루살렘과 천만 천사와
486) [계 21:2, 10] ²또 내가 보매 거룩한 성 새 예루살렘이 하나님께로부터 하늘에서 내려오니 그 준비한 것이 신부가 남편을 위하여 단장한 것 같더라 ¹⁰성령으로 나를 데리고 크고 높은 산으로 올라가 하나님께로부터 하늘에서 내려오는 거룩한 성 예루살렘을 보이니
487) [딤전 3:15] 만일 내가 지체하면 너로 하여금 하나님의 집에서 어떻게 행하여야 할지를 알게 하려 함이니 이 집은 살아 계신 하나님의 교회요 진리의 기둥과 터니라
488) [엡 1:22] 또 만물을 그의 발 아래에 복종하게 하시고 그를 만물 위에 교회의 머리로 삼으셨느니라
　　[엡 5:23] 이는 남편이 아내의 머리 됨이 그리스도께서 교회의 머리 됨과 같음이니 그가 바로 몸의 구주시니라
　　[골 1:18] 그는 몸인 교회의 머리시라 그가 근본이시요 죽은 자들 가운데서 먼저 나신 이시니 이는 친히 만물의 으뜸이 되려 하심이요

2) 그리스도께 연합한 성도는 그 한 몸의 지체이다(롬 12:5; 고전 10:17; 12:12-13, 18; 엡 3:6; 4:4; 5:30).[489]
3) 교회는 그리스도의 몸이다(고전 10:16; 엡 1:23).[490]
4) 그리스도께 연합되어 그분의 의를 전가받은 그 지체들만이 미래의 기업을 분깃으로 받고(엡 3:6)[491] 그에게 공급받으며 그에게까지 자란다(고전 12:13; 엡 4:15; 골 2:19).[492]
5) 머리이신 그리스도와 연합한 지체들이 그가 거저 주신 은혜와 은사를 힘입어 서로 형제적 일치를 이루고 형제적 사랑을 나누며 그리스도의 몸을 세운다(엡 4:12, 16; 골 3:15).[493]

148. 교회의 성격

1) 가시적 교회와 비가시적 교회: 교회의 비가시성은 가시적 교회에 역사하는 은혜가 비가시적이라는 점을 함의한다. '택자들의 모임' 혹은 '부름받은 자들의 모임'으로서 교회는 비가시적이다. 지상의 가시적 교회는 비가시적 교회와 일치하지 않지만, 비가시적 교회에 기초하지 않고는 참 교회로 설 수 없다.
2) 전투하는 교회와 승리하는 교회: 지상의 교회는 믿음의 경주를 하며 영적 싸움을 하는 전투하는 교회인 반면, 천상의 교회는 경주와 전투를 끝내고 영화롭게 된 승리하는 교회이다.
3) 유기체로서의 교회와 조직체로서의 교회: 가시적 교회의 두 가지 측면으로서, 유기체로서의 교회는 성령의 끈으로 연합된 성도들의 공동체인 반면, 조직체로서의 교회는 성도들의 어머니로서 구원의 방편인 말씀을 가르치고 선포하는 역할을 한다.

---

[489] [롬 12:5] 이와 같이 우리 많은 사람이 그리스도 안에서 한 몸이 되어 서로 지체가 되었느니라
[고전 10:17] 떡이 하나요 많은 우리가 한 몸이니 이는 우리가 다 한 떡에 참여함이라
[고전 12:12-13, 18] [12]몸은 하나인데 많은 지체가 있고 몸의 지체가 많으나 한 몸임과 같이 그리스도도 그러하니라 [13]우리가 유대인이나 헬라인이나 종이나 자유인이나 다 한 성령으로 세례를 받아 한 몸이 되었고 또 다 한 성령을 마시게 하셨느니라 [18]그러나 이제 하나님이 그 원하시는 대로 지체를 각각 몸에 두셨으니
[엡 3:6] 이는 이방인들이 복음으로 말미암아 그리스도 예수 안에서 함께 상속자가 되고 함께 지체가 되고 함께 약속에 참여하는 자가 됨이라
[엡 4:4] 몸이 하나요 성령도 한 분이시니 이와 같이 너희가 부르심의 한 소망 안에서 부르심을 받았느니라
[엡 5:30] 우리는 그 몸의 지체임이라
[490] [고전 10:16] 우리가 축복하는 바 축복의 잔은 그리스도의 피에 참여함이 아니며 우리가 떼는 떡은 그리스도의 몸에 참여함이 아니냐
[엡 1:23] 교회는 그의 몸이니 만물 안에서 만물을 충만하게 하시는 이의 충만함이니라
[491] [엡 3:6] 이는 이방인들이 복음으로 말미암아 그리스도 예수 안에서 함께 상속자가 되고 함께 지체가 되고 함께 약속에 참여하는 자가 됨이라
[492] [고전 12:13] 우리가 유대인이나 헬라인이나 종이나 자유인이나 다 한 성령으로 세례를 받아 한 몸이 되었고 또 다 한 성령을 마시게 하셨느니라
[엡 4:15] 오직 사랑 안에서 참된 것을 하여 범사에 그에게까지 자랄지라 그는 머리니 곧 그리스도라
[골 2:19] 머리를 붙들지 아니하는지라 온 몸이 머리로 말미암아 마디와 힘줄로 공급함을 받고 연합하여 하나님이 자라게 하시므로 자라느니라
[493] [엡 4:12, 16] [12]이는 성도를 온전하게 하여 봉사의 일을 하게 하며 그리스도의 몸을 세우려 하심이라 [16]그에게서 온 몸이 각 마디를 통하여 도움을 받음으로 연결되고 결합되어 각 지체의 분량대로 역사하여 그 몸을 자라게 하며 사랑 안에서 스스로 세우느니라
[골 3:15] 그리스도의 평강이 너희 마음을 주장하게 하라 너희는 평강을 위하여 한 몸으로 부르심을 받았나니 너희는 또한 감사하는 자가 되라

149. 교회의 본질적 속성

381년 콘스탄티노플 공의회에서 '유일한, 거룩한, 보편적, 사도적 교회'(*ecclesia una, sancta, catholica, apostolocs*)가 고백되었다.

1) 통일성(unity): 그리스도가 교회의 유일한 머리이시기에 그 몸인 교회는 하나이다(고전 12:12-13, 27; 엡 4:4-6, 15-16).[494] 종교개혁 이후 개신교 신학은 제도화된 유형교회가 아니라 내적이고 영적인 무형교회에서 교회의 통일성을 찾는다. 이러한 통일성은 영적인 성격이지만 객관적이고 가시적인 실재로 나타난다. 개혁교회는 유형교회의 통일성을 부정하지 않는다. 다만 제도적인 교회 조직이 아니라 말씀의 선포와 성례의 시행을 교회 연합의 끈으로 삼아야 한다고 본다.

2) 거룩성(sanctity): 그리스도 의를 전가받은 성도가 거룩하기에, 성도의 모임인 교회도 거룩하다(고전 1:2).[495] 개혁신학은 교회의 거룩성이 제도와 의식과 성직에 있다고 말하지 않는다. 교회가 거룩한 것은 (객관적 의미에서) 그리스도의 중보적 의로 인하여 하나님 앞에서 거룩하다고 인정받는 것이며, 또한 (주관적 의미에서) 삶과 실천에서 실제적으로 거룩하고 완전한 거룩을 지향한다. 성도가 날마다 거룩해져야 하듯이, 교회도 날마다 거룩해져야 한다. 이 점에서 "개혁된 교회는 항상 개혁되어야 한다(*Ecclesia reformata est semper reformanda!*)."

3) 보편성(catholicity): 누구든지 차별 없이 복음을 믿음으로 구원받기에(갈 3:28)[496] 교회는 어느 때든지(everytime), 어느 곳이든지(everywhere), 누구에게나(everyone) 존재해야 하며, 그 가운데 교회의 충만이 종말에 완성된다(엡 1:23; 계 7:9).[497] 개혁교회는 근본적으로 무형교회가 참된 보편교회라고 주장한다. 그 이유는 무형교회만이 이 세상의 각 시대에 속한 모든 신자를 예외 없이 포함할 수 있으며, 그 결과로서 복음화된 세계의 모든 나라에 그 회원들이 있기 때문이다. 보편교회는 인간적 조직이 아니라 그리스도의 말씀과 성령의 통치를 통해서 인간 삶의 전 영역에 지배적인 영향력을 행사한다.

4) 사도성(apostolocity): 개혁교회는 사도적 교회가 '베드로의 자리'와 같은 합법적인 사도적 지위의 승계가 아니라 사도적 가르침을 계승하느냐의 문제라고 본다(마 16:18; 엡 2:20).

---

494) [고전 12:12-13, 27] ¹²몸은 하나인데 많은 지체가 있고 몸의 지체가 많으나 한 몸임과 같이 그리스도도 그러하니라 ¹³우리가 유대인이나 헬라인이나 종이나 자유인이나 다 한 성령으로 세례를 받아 한 몸이 되었고 또 다 한 성령을 마시게 하셨느니라 ²⁷너희는 그리스도의 몸이요 지체의 각 부분이라
[엡 4:4-6, 15-16] ⁴몸이 하나요 성령도 한 분이시니 이와 같이 너희가 부르심의 한 소망 안에서 부르심을 받았느니라 ⁵주도 한 분이시요 믿음도 하나요 세례도 하나요 ⁶하나님도 한 분이시니 곧 만유의 아버지시라 만유 위에 계시고 만유를 통일하시고 만유 가운데 계시도다 ¹⁵오직 사랑 안에서 참된 것을 하여 범사에 그에게까지 자랄지라 그는 머리니 곧 그리스도라 ¹⁶그에게서 온 몸이 각 마디를 통하여 도움을 받음으로 연결되고 결합되어 각 지체의 분량대로 역사하여 그 몸을 자라게 하며 사랑 안에서 스스로 세우느니라
495) [고전 1:2] 고린도에 있는 하나님의 교회 곧 그리스도 예수 안에서 거룩하여지고 성도라 부르심을 받은 자들과 또 각처에서 우리의 주 곧 그들과 우리의 주 되신 예수 그리스도의 이름을 부르는 모든 자들에게
496) [갈 3:28] 너희는 유대인이나 헬라인이나 종이나 자유인이나 남자나 여자나 다 그리스도 예수 안에서 하나이니라
497) [엡 1:23] 교회는 그의 몸이니 만물 안에서 만물을 충만하게 하시는 이의 충만함이니라
[계 7:9] 이 일 후에 내가 보니 각 나라와 족속과 백성과 방언에서 아무도 능히 셀 수 없는 큰 무리가 나와 흰 옷을 입고 손에 종려 가지를 들고 보좌 앞과 어린 양 앞에 서서

498) 교회의 사도성은 예수 그리스도를 향한 사도들의 신앙고백을 계승함으로 그리고 예수 그리스도가 사도들에게 명하신 복음 전도의 사명을 수행하는 실천을 통해 드러나야 한다. 합법적인 직분은 그러한 신앙고백과 실천에서 파생되는 것이다.

150. 참된 교회의 표지

참된 교회와 거짓 교회를 분간하는 교회의 표지 문제가 대두된 것은 이단이 발흥하고 분리주의 운동이 일어난 초기 교부시대부터였다. 종교개혁으로 개신교회는 로마 가톨릭교회와 분리, 개신교 내부에서의 대립과 분열 등을 거치면서 성경을 유일한 척도로 삼는 참된 교회의 표지를 논했다. 개혁교회에서 교회의 표지는 세 가지로 언급된다.

1) 말씀의 순수한 선포: 가장 중요하고 중심적인 표지로서, 다른 두 표지가 이것에 의존한다. 교회가 믿음의 근본 조목들을 거부하고 거짓 복음을 전하거나 가르침과 삶이 하나님의 말씀에서 벗어날 때 거짓 교회가 된다(요 8:31-32, 47; 요일 4:1-3; 요이 1:9).499)

2) 성례의 합법적 거행: 성례는 말씀에 제정된 바대로 말씀에 따라 거행되어야 한다. 주님은 말씀 선포와 성례 거행을 함께 명하셨고(마 28:19; 막 16:15-16; 고전 11:23-26),500) 초대 교회는 이를 따랐다(행 2:42).501)

3) 권징의 합당한 시행: 권징은 교회의 힘줄과 같아서 교회를 품위 있게 하고 질서 있게 하며 성도의 덕을 세우는 데(건덕, 建德) 필히 요구된다(고전 8:1; 14:5, 12, 26, 40).502) 매고

---

498) [마 16:18] 또 내가 네게 이르노니 너는 베드로라 내가 이 반석 위에 내 교회를 세우리니 음부의 권세가 이기지 못하리라
[엡 2:20] 너희는 사도들과 선지자들의 터 위에 세우심을 입은 자라 그리스도 예수께서 친히 모퉁잇돌이 되셨느니라

499) [요 8:31-32, 47] 31그러므로 예수께서 자기를 믿은 유대인들에게 이르시되 너희가 내 말에 거하면 참으로 내 제자가 되고 32진리를 알지니 진리가 너희를 자유롭게 하리라 47하나님께 속한 자는 하나님의 말씀을 듣나니 너희가 듣지 아니함은 하나님께 속하지 아니하였음이로다
[요일 4:1-3] 1사랑하는 자들아 영을 다 믿지 말고 오직 영들이 하나님께 속하였나 분별하라 많은 거짓 선지자가 세상에 나왔음이라 2이로써 너희가 하나님의 영을 알지니 곧 예수 그리스도께서 육체로 오신 것을 시인하는 영마다 하나님께 속한 것이요 3예수를 시인하지 아니하는 영마다 하나님께 속한 것이 아니니 이것이 곧 적그리스도의 영이니라 오리라 한 말을 너희가 들었거니와 지금 벌써 세상에 있느니라
[요이 1:9] 지나쳐 그리스도의 교훈 안에 거하지 아니하는 자는 다 하나님을 모시지 못하되 교훈 안에 거하는 그 사람은 아버지와 아들을 모시느니라

500) [마 28:19] 그러므로 너희는 가서 모든 민족을 제자로 삼아 아버지와 아들과 성령의 이름으로 세례를 베풀고
[막 16:15-16] 15또 이르시되 너희는 온 천하에 다니며 만민에게 복음을 전파하라 16믿고 세례를 받는 사람은 구원을 얻을 것이요 믿지 않는 사람은 정죄를 받으리라
[고전 11:23-26] 23내가 너희에게 전한 것은 주께 받은 것이니 곧 주 예수께서 잡히시던 밤에 떡을 가지사 24축사하시고 떼어 이르시되 이것은 너희를 위하는 내 몸이니 이것을 행하여 나를 기념하라 하시고 25식후에 또한 그와 같이 잔을 가지시고 이르시되 이 잔은 내 피로 세운 새 언약이니 이것을 행하여 마실 때마다 나를 기념하라 하셨으니 26너희가 이 떡을 먹으며 이 잔을 마실 때마다 주의 죽으심을 그가 오실 때까지 전하는 것이니라

501) [행 2:42] 그들이 사도의 가르침을 받아 서로 교제하고 떡을 떼며 오로지 기도하기를 힘쓰니라

502) [고전 8:1] 우상의 제물에 대하여는 우리가 다 지식이 있는 줄을 아나 지식은 교만하게 하며 사랑은 덕을 세우나니
[고전 14:5, 12, 26, 40] 5나는 너희가 다 방언 말하기를 원하나 특별히 예언하기를 원하노라 만일 방언을 말하는 자가 통역하여 교회의 덕을 세우지 아니하면 예언하는 자만 못하니라 12그러므로 너희도 영적인 것을

푸는 열쇠의 권한을 교회에 맡긴 것은 그 권세가 사람이 아니라 말씀에 있기 때문이다(마 16:19; 18:15-18; 요 20:23; 계 3:7).503)

151. 교회의 정체

교회의 정치구조를 뜻하는 정체(政體)는 다음과 같이 분류된다.

1) 장로회 정체: 장로회 정체는 대의정치(代議政治)를 행하는바, 통상 한 목사와 여러 장로가 당회를 구성하여 지 교회를 다스리고 그 상위 회로는 노회, 대회, 총회가 있다. 이러한 상위 회는 목사와 장로가 동수로 참여한다. 은사에 따른 직분의 분화가 다양하며 계급적 고하가 없다.

- 장로회 정체의 다섯 가지 원리
  (1) 그리스도는 비가시적·가시적 교회의 머리이며 권위의 원천이시다.
  (2) 말씀이 권위 행사의 방편이다.
  (3) 교회에 부여된 권세는 개인이 아니라 교회 자체에 속한다.
  (4) 대표적 기관들에 의하여 권세가 행사된다.
  (5) 교회의 권세는 지교회 치리회로부터 상회로 확장된다.

2) 감독 정체: 그리스도가 교회의 운영을 직접 그리고 전적으로 사도들의 후계자인 고위 성직자나 감독에게 위임하셨으며, 이 감독을 구별되고 독립적이며 무제한으로 계속할 수 있는 성직으로 만드셨다고 여긴다. 초기 로마 가톨릭, 영국의 성공회, 감리교 등이 이에 속하며, 이 경우 일반 성도는 교회의 정치에 참여할 기회를 얻지 못한다.

3) 회중 정체: 일체의 권위를 성도들의 직접 결의에 둔다. 그러므로 지교회 위에 상회가 없고, 다만 효율을 기하여 교회 간의 협의회가 있을 뿐이다. 이러한 협의회는 유기적이지 않고, 단지 권고하고 선언할 뿐 법적인 기속력을 갖지 않으며, 교회의 직분은 단지 교훈과 교회의 사무를 집행하기 위하여 선임될 뿐이다. 침례교가 여기에 속하며, 중우정치의 위험이 상존하고, 효과적 연합 사역이 어렵다.

4) 에라스투스주의 정체: 스위스의 의사이자 신학자인 토마스 에라스투스Thomas Erastus에 의해 주창된 정체로서, 교회를 정부의 관할에 두어 교회의 행정과 사법이 국법에 따라 수행

사모하는 자인즉 교회의 덕을 세우기 위하여 그것이 풍성하기를 구하라 26그런즉 형제들아 어찌할까 너희가 모일 때에 각각 찬송시도 있으며 가르치는 말씀도 있으며 계시도 있으며 방언도 있으며 통역함도 있나니 모든 것을 덕을 세우기 위하여 하라 40모든 것을 품위 있게 하고 질서 있게 하라

503) [마 16:19] 내가 천국 열쇠를 네게 주리니 네가 땅에서 무엇이든지 매면 하늘에서도 매일 것이요 네가 땅에서 무엇이든지 풀면 하늘에서도 풀리리라 하시고
[마 18:15-18] 15네 형제가 죄를 범하거든 가서 너와 그 사람과만 상대하여 권고하라 만일 들으면 네가 네 형제를 얻은 것이요 16만일 듣지 않거든 한두 사람을 데리고 가서 두세 증인의 입으로 말마다 확증하게 하라 17만일 그들의 말도 듣지 않거든 교회에 말하고 교회의 말도 듣지 않거든 이방인과 세리와 같이 여기라 18진실로 너희에게 이르노니 무엇이든지 너희가 땅에서 매면 하늘에서도 매일 것이요 무엇이든지 땅에서 풀면 하늘에서도 풀리리라
[요 20:23] 너희가 누구의 죄든지 사하면 사하여질 것이요 누구의 죄든지 그대로 두면 그대로 있으리라 하시니라
[계 3:7] 빌라델비아 교회의 사자에게 편지하라 거룩하고 진실하사 다윗의 열쇠를 가지신 이 곧 열면 닫을 사람이 없고 닫으면 열 사람이 없는 그가 이르시되

되고, 국가는 교회의 재정 등을 돕는다. 독일 루터교회가 전형적인 예를 보여주며, 이는 교회의 권위가 하나님께 있고 그 머리가 그리스도라는 성경의 가르침에 배치된다.

5) 무교회주의: 모든 외형적인 교회가 필연적으로 부패하고 기독교 정신에 어긋난다고 보고 조직체로서의 교회를 부정한다. 영국의 플리머스 형제단, 네덜란드의 철학자 키르케고르, 영국에서 발흥한 퀘이커파, 일본의 우찌무라 간조(內村鑑三) 등이 주장하였다. 교회를 향한 하나님의 특별한 섭리를 부정하고, 직분의 사역에 있는 하나님의 경륜을 무시하며, 그리스도가 교회의 머리이심과 교회가 성도의 어머니 됨 등을 모두 거부하므로, 사실상 교회 파괴주의라고 할 수 있다.

152. 교회의 직분

1) 대리적 사역: 하나님은 자신의 말씀으로 교회를 다스리실 때 사람을 도구로 사용하여 대리적 사역을 감당하게 하시되, 그 고유한 권리와 영예는 언제나 하나님께 있다.
2) 교회 직분의 영예와 신비: 복음 사역은 가장 뛰어나고 영광스러운 일이며 이를 맡은 교회 직분은 성도가 누리는 최고의 영예이다(고후 3:9).[504]
3) 비상직(Extraordinary officers): 기독교 초기에 교회의 기초를 위해 한시적으로 있던 특별한 직분
   (1) 사도(아포스톨로스): 엄밀한 의미에서 예수님의 열두 제자와 바울에게만 적용되나(마 10:2; 고전 15:8-9),[505] 사도적 은사와 은혜를 받은 사도적 인물에게도 적용되었다(행 14:4, 14).[506] 사도는 전 세계를 향하여 교회를 세우고 말씀을 전하며 가르칠 직무를 가졌으며, 사도 중 다수가 성경을 기록하였다.
   (2) 선지자(프로페테이아): 신약의 선지자(행 15:32)[507]는 교회의 건덕을 위한 말씀의 은사를 특별히 받은 자로서 복음의 비밀을 밝히고 미래의 일을 예언하는 도구로 사용되었다.
   (3) 전도자(유앙겔리스테스): 복음을 전하는 자로서 사도를 도와서 복음을 전하고 성례를 거행하는 일을 하였다(행 21:8; 엡 4:11; 딤후 4:5).[508]
4) 통상직(Ordinary Officers): 사도적 인도 아래 교회가 세워진 이후에 지도와 통치를 위해 세워진 일반적이고 상시적인 직분
   (1) 감독(에피스코포이)과 장로(프레스뷔테로이)
      ① 신약성경에서 장로와 감독은 원래 동일한 신분을 가리키는 용어였다. 모든 감독은 장로이

---

504) [고후 3:9] 정죄의 직분도 영광이 있은즉 의의 직분은 영광이 더욱 넘치리라
505) [마 10:2] 열두 사도의 이름은 이러하니 베드로라 하는 시몬을 비롯하여 그의 형제 안드레와 세베대의 아들 야고보와 그의 형제 요한,
    [고전 15:8-9] ⁸맨 나중에 만삭되지 못하여 난 자 같은 내게도 보이셨느니라 ⁹나는 사도 중에 가장 작은 자라 나는 하나님의 교회를 박해하였으므로 사도라 칭함 받기를 감당하지 못할 자니라
506) [행 14:4, 14] ⁴그 시내의 무리가 나뉘어 유대인을 따르는 자도 있고 두 사도를 따르는 자도 있는지라 ¹⁴두 사도 바나바와 바울이 듣고 옷을 찢고 무리 가운데 뛰어 들어가서 소리 질러
507) [행 15:32] 유다와 실라도 선지자라 여러 말로 형제를 권면하여 굳게 하고
508) [행 21:8] 이튿날 떠나 가이사랴에 이르러 일곱 집사 중 하나인 전도자 빌립의 집에 들어가서 머무르니라
    [엡 4:11] 그가 어떤 사람은 사도로, 어떤 사람은 선지자로, 어떤 사람은 복음 전하는 자로, 어떤 사람은 목사와 교사로 삼으셨으니
    [딤후 4:5] 그러나 너는 모든 일에 신중하여 고난을 받으며 전도자의 일을 하며 네 직무를 다하라

지만, 모든 장로가 감독인 것은 아니다. 장로들은 하나의 신분 또는 그룹을 형성하지만, 감독은 직분을 지닌 자이다.

② 장로라는 명칭은 점차 사역의 관점에서 '감독'이라는 명칭으로 바뀌고 서로 구별되기 시작했다. 감독은 '다스리는 자들'(롬 12:8), '인도하는 자들'(히 13:7), '목자들'(엡 4:11)로 불린다. 감독은 일차적으로 교회의 감독과 다스림과 인도의 과업을 담당했다.

③ 칼빈이 정착한 개혁교회의 4직분에서 감독의 직분은 목사가 맡았고, 평신도 장로를 세워서 당회를 구성하였다. 목사의 직분(엡 4:11)[509]은 강도권, 성례 거행권, 교사권, 치리권을 포함하며, 이는 목사가 마땅히 수행해야 할 의무가 된다. 목사가 장로와 구별된 것은 치리와 가르침을 함께하는 사역의 필요성 때문이었다(딤전 5:17).[510]

④ 장로: 장로는 말씀의 가르침에 충실히 서서 다른 사람을 권하고 다스리는 직분(고전 12:28; 롬 12:8; 딤전 5:17)[511]이다. 장로는 '도덕적인 견책'과 '권징'을 시행하는 직분을 감당한다. 오늘날의 장로 직분은 칼빈 이후에 개혁교회에 정착하였다.

(2) 교사(디다스칼리아): 감독의 직분은 본래 가르치는 직분이 아니라 다스리는 직분이었다. 교회가 확장되면서 가르치는 것은 점차 감독의 직분과 긴밀하게 연관되었다. 교사의 직분은 성경을 해석하고 변증하며 가르치는 데 있다. 목사는 이러한 교사직을 겸한다(고전 12:28; 딤후 2:2).[512]

(3) 집사(디아코노스): 집사는 가난한 사람들을 구제하는 사역과 가난하고 병든 사람들을 돌보는 사역으로 이루어진다(행 6:2-3; 롬 12:7).[513] 즉 '구제하는 자'와 '긍휼을 베푸는 자'를 포함한다(롬 12:8).[514]

---

509) [엡 4:11] 그가 어떤 사람은 사도로, 어떤 사람은 선지자로, 어떤 사람은 복음 전하는 자로, 어떤 사람은 목사와 교사로 삼으셨으니

510) [딤전 5:17] 잘 다스리는 장로들은 배나 존경할 자로 알되 말씀과 가르침에 수고하는 이들에게는 더욱 그리할 것이니라

511) [고전 12:28] 하나님이 교회 중에 몇을 세우셨으니 첫째는 사도요 둘째는 선지자요 셋째는 교사요 그 다음은 능력을 행하는 자요 그 다음은 병 고치는 은사와 서로 돕는 것과 다스리는 것과 각종 방언을 말하는 것이라

[롬 12:8] 혹 위로하는 자면 위로하는 일로, 구제하는 자는 성실함으로, 다스리는 자는 부지런함으로, 긍휼을 베푸는 자는 즐거움으로 할 것이니라

[딤전 5:17] 잘 다스리는 장로들은 배나 존경할 자로 알되 말씀과 가르침에 수고하는 이들에게는 더욱 그리할 것이니라

512) [고전 12:28] 하나님이 교회 중에 몇을 세우셨으니 첫째는 사도요 둘째는 선지자요 셋째는 교사요 그 다음은 능력을 행하는 자요 그 다음은 병 고치는 은사와 서로 돕는 것과 다스리는 것과 각종 방언을 말하는 것이라

[딤후 2:2] 또 네가 많은 증인 앞에서 내게 들은 바를 충성된 사람들에게 부탁하라 그들이 또 다른 사람들을 가르칠 수 있으리라

513) [행 6:2-3] ²열두 사도가 모든 제자를 불러 이르되 우리가 하나님의 말씀을 제쳐 놓고 접대를 일삼는 것이 마땅하지 아니하니 ³형제들아 너희 가운데서 성령과 지혜가 충만하여 칭찬 받는 사람 일곱을 택하라 우리가 이 일을 그들에게 맡기고

[롬 12:7] 혹 섬기는 일이면 섬기는 일로, 혹 가르치는 자면 가르치는 일로,

514) [롬 12:8] 혹 위로하는 자면 위로하는 일로, 구제하는 자는 성실함으로, 다스리는 자는 부지런함으로, 긍휼을 베푸는 자는 즐거움으로 할 것이니라

153. 교회의 치리회
1) 당회: 지교회의 대의정치 기관인 당회는 교회 권세의 기초이며 시발이 되는 자리이다. 교회는 치리 장로를 세워서(행 14:23)515) 목사와 함께 당회를 구성한다.
2) 노회: 어떤 지방 내의 모든 목사와 각 지교회의 회중이 파견한 한 사람의 장로로 구성된다.
3) 대회: 각 노회에서 파송한 같은 수의 목사들과 장로들로 구성된다.
4) 총회: 각 노회에서 동등하게 파송된 목사들과 장로들의 대표로 구성된다.

154. 교회의 권세
그리스도가 교회를 세우시고 직분자들을 임명하실 때 교회에 필요한 권세도 주신다. 그리스도는 유기적 교회뿐만 아니라 제도적 교회의 머리이시며 모든 교회 권세의 원천이시다. 성경에 그리스도가 자신의 교회에 준 권세를 천국 열쇠(마 16:19)라고 부른다.
1) 교회 권세의 원천: 교회의 머리이신 예수 그리스도가 교회에 권세를 부여하셨다.
2) 교회 권세의 성격
   (1) 영적: 교회의 권세는 그리스도의 이름과 성령의 능력을 통해서만 행사될 수 있으며(요 20:22, 23; 고전 5:4), 신자들에게만 속해 있고(고전 5:12), 도덕적이고 영적인 방법으로만 행사될 수 있다.
   (2) 사역적: 교회의 권세는 그리스도로부터 유래한 것이기에 교회에 대한 그의 주권적 권위에 종속된다(마 28:18). 교회는 오직 그리스도와 연관된 봉사와 섬김이라는 차원에서 권세를 지닌다.
   (3) 독립적: 교회의 권세는 지상의 다른 모든 권세에 대해 반드시 독립적이어야 한다. 교회의 권세는 전적으로 독특하며 다른 권세에 의해 이양되거나 행사될 수 없다.
3) 교회 권세의 종류
   (1) 교리권(교도권): 교회가 진리의 기둥과 터로서(딤전 3:15)516) 하나님의 말씀을 수호하고(딤후 1:13),517) 하나님의 말씀을 권하고 가르치고 선포하며(딤후 4:2),518) 신경과 신앙고백서를 작성하는 것 등이 여기에 해당한다. 그리스도의 선지자 직분에 상응한다.
   (2) 치리권(통치권): 교회는 질서와 순결이 유지되어야 한다(고전 14:33, 40).519) 이를 위해 교회는 그리스도께서 교회를 위하여 공포한 법을 실행에 옮길 권한이 있고, 또한 교회법규나 교회 헌장을 작성할 수 있는 권세가 있다. 여기에는 권징권이 포함된다. 권징은 그리스도의 몸 된 교회의 거룩함을 유지하기 위함이요, 또한 교회 회원의 영적인 덕을 증진하고 동시에 죄인을 구원하기 위함이다. 치리와 통치의 권세는 그리스도의 왕직에 상

---
515) [행 14:23] 각 교회에서 장로들을 택하여 금식 기도 하며 그들이 믿는 주께 그들을 위탁하고
516) [딤전 3:15] 만일 내가 지체하면 너로 하여금 하나님의 집에서 어떻게 행하여야 할지를 알게 하려 함이니 이 집은 살아 계신 하나님의 교회요 진리의 기둥과 터니라
517) [딤후 1:13] 너는 그리스도 예수 안에 있는 믿음과 사랑으로써 내게 들은 바 바른 말을 본받아 지키고
518) [딤후 4:2] 너는 말씀을 전파하라 때를 얻든지 못 얻든지 항상 힘쓰라 범사에 오래 참음과 가르침으로 경책하며 경계하며 권하라
519) [고전 14:33, 40] 33하나님은 무질서의 하나님이 아니시요 오직 화평의 하나님이시니라 40모든 것을 품위 있게 하고 질서 있게 하라

응한다.
(3) 사역권(봉사권): 교회는 그리스도께서 보이신 풍성한 자비를 따라 봉사와 섬김을 시행해야 한다. 이런 자비의 사역은 그리스도의 제사장직에 상응한다. 가르침이 교사의 직분과 연관되고, 다스림이 장로의 직분과 연관되며, 자비의 봉사는 집사의 직분과 연관된다.

155. 은혜의 방편
1) 영적 은혜가 전달되는 방식
   (1) 전적으로 자유로우신 주권적 하나님은 은혜를 분여하고 전달하면서 통상적으로 사용하시는 방편에 얽매이지 않으신다. 그러나 동일한 주권적 하나님은 자신의 은혜로운 목적을 이루기 위해 자유롭게 그 방편들을 사용하신다. 이처럼 하나님이 거룩한 은혜를 전달하는 데 사용하시는 일정한 수단을 '은혜의 방편'(media gratiae, means of grace)이라고 한다.
   (2) 넓은 의미에서 교회는 가장 중요한 은혜의 방편이다. 성령을 통하여 역사하시는 그리스도께서 이 방편을 이용하여 택한 자들을 모으시고 성도들을 성화시키며 자신의 몸을 세우신다. 그러나 교회는 말씀과 성례를 통하지 않고서는 은혜를 전달하는 도구가 될 수 없다.
   (3) 말씀과 성례만이 그리스도께서 교회에 제정하신 객관적인 통로인 은혜의 방편이다. 이것은 교회와 분리될 수 없으며 성령의 효율적인 작용을 통해서만 영적인 결과를 산출할 수 있다.
   (4) 믿음, 회심, 기도는 영적 생활을 강화시키는 도구들이기는 하지만 은혜의 열매들이다. 그것들은 객관적 의식이 아니라 언약의 복을 소유하고 누리기 위한 주관적 조건들이다.
2) 은혜의 방편으로서 말씀과 성례의 특징
   (1) 말씀과 성례는 죄를 제거하고 죄인을 하나님의 형상에 맞게 새롭게 변화시키는 특별은혜의 방편이다.
   (2) 말씀과 성례는 그 자체로 은혜의 방편이며, 그 효력은 성령의 역사에 의존한다.
   (3) 말씀과 성례는 하나님의 계속적인 은혜의 방편이며, 구속의 은혜를 전달하는 정례적이고 합당한 방편으로서 영구적인 가치를 가진다.
   (4) 말씀의 전파와 성례의 시행은 교회가 공적으로 제정한 방편으로서 이를 통하여 성령이 역사하며 신자들의 마음속에서 믿음을 확증한다.

156. 은혜의 방편으로서 말씀
1) 구약과 신약: 구약과 신약은 '경륜'(經輪, oeconomia)에서 서로 다양하나 '실체'(實體, substantia)에서 동일하다. 구약과 신약은 하나님이 각 시대에 맞추어 다양한 방식으로 역사하심을 보여주나(히 1:1-2)[520] 공히 중보자 그리스도의 은총에 의해서 하나님의 언약 백성이

---

[520] [히 1:1-2] ¹옛적에 선지자들을 통하여 여러 부분과 여러 모양으로 우리 조상들에게 말씀하신 하나님이 ²이 모든 날 마지막에는 아들을 통하여 우리에게 말씀하셨으니 이 아들을 만유의 상속자로 세우시고 또 그로 말미암아 모든 세계를 지으셨느니라

하나님의 자녀로서 영생의 복을 누리게 됨을 계시한다.

2) 복음과 율법: 구약에도 율법과 복음이 있고 신약에도 율법과 복음이 있다. 복음은 '모든 믿는 자에게 구원을 주시는 하나님의 능력'으로서(롬 1:16)521) '율법과 선지자들에게 증거를 받은 것'이다(롬 3:21).522) 복음은 율법을 폐지한 것이 아니라 율법의 약속을 성취했으며 '그림자'에 '몸'을 부여했다(마 5:17; 롬 10:4; 골 2:17).523) 그러므로 '율법주의'나 '율법폐지'가 모두 거부된다.

157. 은혜의 방편으로서 성례

1) 성례(sacrament)는 그리스도가 제정하신 거룩한 말씀의 규례로서, 가시적이며 지각되는 물질인 표징(sign)으로써 거행되는 예식을 통하여 그 표징의 의미인 그리스도의 대속의 은혜를 제시한다.
2) 말씀은 성례가 없이도 존재할 수 있고, 또한 완전한 반면, 성례는 말씀이 없이는 결코 완전하지 않다(성례의 말씀에의 의존).
3) 필연성에서 말씀은 필수불가결한 것이지만 성례는 그렇지 않고, 그 목적에서 말씀은 믿음을 일으키고 강화하는 반면, 성례는 다만 믿음을 강화할 뿐이며, 그 범위에서 말씀은 온 세상을 향하여 나아가는 반면, 성례는 오직 교회 안에 있는 자들에게만 시행된다는 점에서 다르다.

158. 성례의 요소

1) 외적/가시적 표징(sign)
   (1) 물질적 요소와 예식(창 9:12-13; 17:11; 롬 4:11)524)
   (2) 세례는 물 혹은 씻음, 성찬은 떡과 잔
2) 말씀의 제정과 성령의 역사
   (1) 말씀의 제정이 없는 성례는 거짓 성례이다.
   (2) 성령의 역사 가운데 믿음으로 받지 않는 성례는 효과적이지 않다.
3) 의미하고 인치게 되는 영적 은혜
   (1) 표징이 의미하는 바는 제정된 말씀에 있고, 그 말씀의 약속을 믿는 믿음 가운데 합당하

---

521) [롬 1:16] 내가 복음을 부끄러워하지 아니하노니 이 복음은 모든 믿는 자에게 구원을 주시는 하나님의 능력이 됨이라 먼저는 유대인에게요 그리고 헬라인에게로다
522) [롬 3:21] 이제는 율법 외에 하나님의 한 의가 나타났으니 율법과 선지자들에게 증거를 받은 것이라
523) [마 5:17] 내가 율법이나 선지자를 폐하러 온 줄로 생각하지 말라 폐하러 온 것이 아니요 완전하게 하려 함이라
   [롬 10:4] 그리스도는 모든 믿는 자에게 의를 이루기 위하여 율법의 마침이 되시니라
   [골 2:17] 이것들은 장래 일의 그림자이나 몸은 그리스도의 것이니라
524) [창 9:12-13] 12하나님이 이르시되 내가 나와 너희와 및 너희와 함께 하는 모든 생물 사이에 대대로 영원히 세우는 언약의 증거는 이것이니라 13내가 내 무지개를 구름 속에 두었나니 이것이 나와 세상 사이의 언약의 증거니라
   [창 17:11] 너희는 포피를 베어라 이것이 나와 너희 사이의 언약의 표징이니라
   [롬 4:11] 그가 할례의 표를 받은 것은 무할례시에 믿음으로 된 의를 인친 것이니 이는 무할례자로서 믿는 모든 자의 조상이 되어 그들도 의로 여기심을 얻게 하려 하심이라

게 참여한다(출 12:13; 고전 11:27).525)
  (2) 성례의 은혜는 표징으로 의미가 제시된 그리스도 자신과 그의 의를 통하여 언약의 영적인 복을 누림에 있다(마 3:11; 고전 10:16-17; 롬 6:3-4).526)
4) 표징과 의미 된 실체 사이의 성례적 연합
  (1) 표징(물, 떡과 잔)과 의미 된 실체(중생과 입교, 그리스도 안에 있는 생명의 참여) 사이에 그리스도의 영적이나 실제적인 현존(the spiritual, but real presence)이 있다. 이를 성례적 연합(sacramental union)이라고 한다.
  (2) 의미 된 실체는 표징에 '물질적으로나 장소적으로'가 아니라 '영적으로, 관계적으로, 의미적으로' 현존(연합)한다.
  (3) 성례 집례자: 성례는 말씀 선포를 필히 수반해야 하므로 목사만이 집례자이며, 삼위일체를 부인하는 교파의 세례는 인정하지 않는다.

159. 신약 성례의 수

세례와 성찬의 두 가지이다. (주님이 말씀으로 제정하신 것만 유효하기에 로마 가톨릭이 악의적으로 고안한 견진성사, 고해성사, 종부성사, 신품성사, 결혼성사, 이 다섯 가지는 성례가 아니다).

160. 세례

1) 세례의 제정
  (1) 제정자: 예수 그리스도(마 28:19-20)527)
  (2) 세례의 형식: "아버지와 아들과 성령의 이름으로"(마 28:19)528)
2) 세례의 의미: 그리스도와 함께 죽고 함께 살아나는 중생(거듭남, 롬 6:3-5)529)과 입교의

---

525) [출 12:13] 내가 애굽 땅을 칠 때에 그 피가 너희가 사는 집에 있어서 너희를 위하여 표적이 될지라 내가 피를 볼 때에 너희를 넘어가리니 재앙이 너희에게 내려 멸하지 아니하리라
[고전 11:27] 그러므로 누구든지 주의 떡이나 잔을 합당하지 않게 먹고 마시는 자는 주의 몸과 피에 대하여 죄를 짓는 것이니라
526) [마 3:11] 나는 너희로 회개하게 하기 위하여 물로 세례를 베풀거니와 내 뒤에 오시는 이는 나보다 능력이 많으시니 나는 그의 신을 들기도 감당하지 못하겠노라 그는 성령과 불로 너희에게 세례를 베푸실 것이요
[고전 10:16-17] 16우리가 축복하는 바 축복의 잔은 그리스도의 피에 참여함이 아니며 우리가 떼는 떡은 그리스도의 몸에 참여함이 아니냐 17떡이 하나요 많은 우리가 한 몸이니 이는 우리가 다 한 떡에 참여함이라
[롬 6:3-4] 3무릇 그리스도 예수와 합하여 세례를 받은 우리는 그의 죽으심과 합하여 세례를 받은 줄을 알지 못하느냐 4그러므로 우리가 그의 죽으심과 합하여 세례를 받음으로 그와 함께 장사되었나니 이는 아버지의 영광으로 말미암아 그리스도를 죽은 자 가운데서 살리심과 같이 우리로 또한 새 생명 가운데서 행하게 하려 함이라
527) [마 28:19-20] 19그러므로 너희는 가서 모든 민족을 제자로 삼아 아버지와 아들과 성령의 이름으로 세례를 베풀고 20내가 너희에게 분부한 모든 것을 가르쳐 지키게 하라 볼지어다 내가 세상 끝날까지 너희와 항상 함께 있으리라 하시니라
528) [마 28:19] 그러므로 너희는 가서 모든 민족을 제자로 삼아 아버지와 아들과 성령의 이름으로 세례를 베풀고
529) [롬 6:3-5] 3무릇 그리스도 예수와 합하여 세례를 받은 우리는 그의 죽으심과 합하여 세례를 받은 줄을 알지 못하느냐 4그러므로 우리가 그의 죽으심과 합하여 세례를 받음으로 그와 함께 장사되었나니 이는 아버지의 영광으로 말미암아 그리스도를 죽은 자 가운데서 살리심과 같이 우리로 또한 새 생명 가운데서 행하게 하려 함이라 5만일 우리가 그의 죽으심과 같은 모양으로 연합한 자가 되었으면 또한 그의 부활과 같은 모양으로 연합한 자도 되리라

표(고전 12:12-13)530)
3) 세례의 거행
   (1) 표징의 의미: 영적 정결 또는 씻음(행 2:38; 22:16; 히 10:22; 벧전 3:21)531)
   (2) 물질적 요소: 물
   (3) 방식: 뿌림, 부음, 침수 중 어느 하나가 지정되지 않았음
4) 수세자
   (1) [성인] 세례: 말씀을 믿고 고백하는 성인
   (2) 유아세례: 구약의 할례가 그러했듯이(창 17:7)532) 부모 중 하나라도 성도라면(고전 7:14)533) 그들 중에 태어난 유아는 구원의 약속을 받은 언약의 자녀로 간주하여(행 2:39)534) 세례를 받는다.

161. 성찬

1) 성찬의 제정
   (1) 제정자: 예수 그리스도(마 26:26-29; 막 14:22-25; 눅 22:15-20; 고전 11:23-26)535)

---

530) [고전 12:12-13] 12몸은 하나인데 많은 지체가 있고 몸의 지체가 많으나 한 몸임과 같이 그리스도도 그러하니라 13우리가 유대인이나 헬라인이나 종이나 자유인이나 다 한 성령으로 세례를 받아 한 몸이 되었고 또 다 한 성령을 마시게 하셨느니라

531) [행 2:38] 베드로가 이르되 너희가 회개하여 각각 예수 그리스도의 이름으로 세례를 받고 죄 사함을 받으라 그리하면 성령의 선물을 받으리니
[행 22:16] 이제는 왜 주저하느냐 일어나 주의 이름을 불러 세례를 받고 너의 죄를 씻으라 하더라
[히 10:22] 우리가 마음에 뿌림을 받아 악한 양심으로부터 벗어나고 몸은 맑은 물로 씻음을 받았으니 참 마음과 온전한 믿음으로 하나님께 나아가자
[벧전 3:21] 물은 예수 그리스도께서 부활하심으로 말미암아 이제 너희를 구원하는 표니 곧 세례라 이는 육체의 더러운 것을 제하여 버림이 아니요 하나님을 향한 선한 양심의 간구니라

532) [창 17:7] 내가 내 언약을 나와 너 및 네 대대 후손 사이에 세워서 영원한 언약을 삼고 너와 네 후손의 하나님이 되리라

533) [고전 7:14] 믿지 아니하는 남편이 아내로 말미암아 거룩하게 되고 믿지 아니하는 아내가 남편으로 말미암아 거룩하게 되나니 그렇지 아니하면 너희 자녀도 깨끗하지 못하니라 그러나 이제 거룩하니라

534) [행 2:39] 이 약속은 너희와 너희 자녀와 모든 먼 데 사람 곧 주 우리 하나님이 얼마든지 부르시는 자들에게 하신 것이라 하고

535) [마 26:26-29] 26그들이 먹을 때에 예수께서 떡을 가지사 축복하시고 떼어 제자들에게 주시며 이르시되 받아서 먹으라 이것이 내 몸이니라 하시고 27또 잔을 가지사 감사 기도 하시고 그들에게 주시며 이르시되 너희가 다 이것을 마시라 28이것은 죄 사함을 얻게 하려고 많은 사람을 위하여 흘리는 바 나의 피 곧 언약의 피니라 29그러나 너희에게 이르노니 내가 포도나무에서 난 것을 이제부터 내 아버지의 나라에서 새것으로 너희와 함께 마시는 날까지 마시지 아니하리라 하시니라
[막 14:22-25] 22그들이 먹을 때에 예수께서 떡을 가지사 축복하시고 떼어 제자들에게 주시며 이르시되 받으라 이것은 내 몸이니라 하시고 23또 잔을 가지사 감사 기도 하시고 그들에게 주시니 다 이를 마시매 24이르시되 이것은 많은 사람을 위하여 흘리는 나의 피 곧 언약의 피니라 25진실로 너희에게 이르노니 내가 포도나무에서 난 것을 하나님 나라에서 새 것으로 마시는 날까지 다시 마시지 아니하리라 하시니라
[눅 22:15-20] 15이르시되 내가 고난을 받기 전에 너희와 함께 이 유월절 먹기를 원하고 원하였노라 16내가 너희에게 이르노니 이 유월절이 하나님의 나라에서 이루기까지 다시 먹지 아니하리라 하시고 17이에 잔을 받으사 감사 기도 하시고 이르시되 이것을 갖다가 너희끼리 나누라 18내가 너희에게 이르노니 내가 이제부터 하나님의 나라가 임할 때까지 포도나무에서 난 것을 다시 마시지 아니하리라 하시고 19또 떡을 가져 감사 기도 하시고 떼어 그들에게 주시며 이르시되 이것은 너희를 위하여 주는 내 몸이라 너희가 이를 행하여 나를 기념하라 하시고 20저녁 먹은 후에 잔도 그와 같이 하여 이르시되 이 잔은 내 피로 세우는 새 언약이니

(2) 말씀의 제정: "받아서 먹으라 … 마시라"(마 26:26-27),536) "이것은 너희를 위하여 주는 내 몸이라"(눅 22:19),537) "이 잔은 내 피로 세우는 새 언약이니 곧 너희를 위하여 붓는 것이라"(눅 22:20),538) "너희가 이를 행하여 나를 기념하라"(눅 22:19; 참조. 고전 11:25-26).539)

2) 성찬의 의미: 십자가에서 죽기까지 복종하심으로 다 이루신 그리스도의 의를 믿고 그의 살과 피로 영생을 누림(요 6:53-55).540) 성찬이 제시하는 바는 다음과 같다.
  (1) 그리스도의 죽으심(고전 11:26)541)
  (2) 그리스도의 살과 피를 먹고 마심으로 생명을 얻음(요 6:53; 10:10)542)
  (3) 그리스도와 하나가 된 성도 서로 간의 연합(고전 10:17)543)

3) 성례에 있어서 그리스도의 현존: 성례적 연합
  (1) 개혁파의 영적 임재설: 그리스도의 살과 피는 인성에 따른 것으로서 하늘을 떠나지 않으나, 그는 신성에 따라서 모든 곳에 편재하시며, 성찬 거행에 있어서 성령의 능력으로써 떡과 잔을 믿음으로 받는 자에게 그 살과 피가 현존한다. 그 현존은 물질적이지 않고 '영적 그러나 실제적 현존'(spiritual, but real presence)이다. 중보자 그리스도의 신인 양성의 위격적 연합 교리에 충실한 이 입장만이 성경적이다.
  (2) 로마 가톨릭의 화체(化體)설: 사제가 "이것은 내 몸이니라"라고 낭독할 때, 떡과 포도즙의 외양은 변함이 없을지라도 그 실체가 그리스도의 살과 피로 변화된다는 주장으로서,

---

곧 너희를 위하여 붓는 것이라
[고전 11:23-26] ²³내가 너희에게 전한 것은 주께 받은 것이니 곧 주 예수께서 잡히시던 밤에 떡을 가지사 ²⁴축사하시고 떼어 이르시되 이것은 너희를 위하는 내 몸이니 이것을 행하여 나를 기념하라 하시고 ²⁵식후에 또한 그와 같이 잔을 가지시고 이르시되 이 잔은 내 피로 세운 새 언약이니 이것을 행하여 마실 때마다 나를 기념하라 하셨으니 ²⁶너희가 이 떡을 먹으며 이 잔을 마실 때마다 주의 죽으심을 그가 오실 때까지 전하는 것이니라

536) [마 26:26-27] ²⁶그들이 먹을 때에 예수께서 떡을 가지사 축복하시고 떼어 제자들에게 주시며 이르시되 받아서 먹으라 이것은 내 몸이니라 하시고 ²⁷또 잔을 가지사 감사 기도 하시고 그들에게 주시며 이르시되 너희가 다 이것을 마시라

537) [눅 22:19] 또 떡을 가져 감사 기도 하시고 떼어 그들에게 주시며 이르시되 이것은 너희를 위하여 주는 내 몸이라 너희가 이를 행하여 나를 기념하라 하시고

538) [눅 22:20] 저녁 먹은 후에 잔도 그와 같이 하여 이르시되 이 잔은 내 피로 세우는 새 언약이니 곧 너희를 위하여 붓는 것이라

539) [눅 22:19] 또 떡을 가져 감사 기도 하시고 떼어 그들에게 주시며 이르시되 이것은 너희를 위하여 주는 내 몸이라 너희가 이를 행하여 나를 기념하라 하시고
[고전 11:25-26] ²⁵식후에 또한 그와 같이 잔을 가지시고 이르시되 이 잔은 내 피로 세운 새 언약이니 이것을 행하여 마실 때마다 나를 기념하라 하셨으니 ²⁶너희가 이 떡을 먹으며 이 잔을 마실 때마다 주의 죽으심을 그가 오실 때까지 전하는 것이니라

540) [요 6:53-55] ⁵³예수께서 이르시되 내가 진실로 진실로 너희에게 이르노니 인자의 살을 먹지 아니하고 인자의 피를 마시지 아니하면 너희 속에 생명이 없느니라 ⁵⁴내 살을 먹고 내 피를 마시는 자는 영생을 가졌고 마지막 날에 내가 그를 다시 살리리니 ⁵⁵내 살은 참된 양식이요 내 피는 참된 음료로다

541) [고전 11:26] 너희가 이 떡을 먹으며 이 잔을 마실 때마다 주의 죽으심을 그가 오실 때까지 전하는 것이니라

542) [요 6:53] 예수께서 이르시되 내가 진실로 진실로 너희에게 이르노니 인자의 살을 먹지 아니하고 인자의 피를 마시지 아니하면 너희 속에 생명이 없느니라
[요 10:10] 도둑이 오는 것은 도둑질하고 죽이고 멸망시키려는 것뿐이요 내가 온 것은 양으로 생명을 얻게 하고 더 풍성히 얻게 하려는 것이라

543) [고전 10:17] 떡이 하나요 많은 우리가 한 몸이니 이는 우리가 다 한 떡에 참여함이라

주님이 '이다'(be)(마 26:26; 막 14:22; 눅 22:19; 고전 11:24)544)라고 말씀하신 것을 '변한다'(be changed)로 곡해한다.

(3) 루터파의 공재(共在)설: 성찬에서 살과 피를 포함한 그리스도의 전인격이 성찬의 떡과 포도주 '안에', '아래', '함께' 현존한다는 주장으로서, 주님이 '이다'라고 말씀하신 것을 '함께 있다'(be with)로 곡해한다. 이는 그리스도의 위격적 연합 교리에 대한 오류에서 비롯된다.

(4) 츠빙글리Ulrich Zwingli의 상징설: 성찬의 영적 효력보다 상징적 의미를 강조하는 주장으로서, 주님이 '이다'라고 말씀하신 것을 단지 '상징한다'(symbolize)로 곡해한다.

4) 수찬자
  (1) 합당한 자
    ① 세례 받은 자: 유아세례자는 입교한 후
    ② 자기를 돌아보아 하나님의 은혜를 갈망하는 자(고전 11:28)545)
  (2) 합당하지 않은 자
    ① 불신자
    ② 세례 받지 않은 자 또는 유아세례자 중 입교하지 않은 자
    ③ 자기를 돌아보지 않고 은혜를 멸시하는 자(고전 11:29)546)

162. 교회와 국가

1) 이중적 통치: 사람은 '영적 통치'와 '국가적 통치'라는 '이중적 통치'를 받는다.
2) 영적 통치: 영혼의 구원을 위한 영적 통치는 교회의 교리권, 입법권, 사법권으로 논의된다.
3) 국가적 통치: 국가적 통치는 세속 정부의 다스림을 통하여서 시민질서를 수립하고 유지하는 것을 목적으로 한다. 이는 성도들의 경건한 삶에도 무관하지 않다(롬 13:1-7).547)

---

544) [마 26:26] 그들이 먹을 때에 예수께서 떡을 가지사 축복하시고 떼어 제자들에게 주시며 이르시되 받아서 먹으라 이것은 내 몸이니라 하시고
[막 14:22] 그들이 먹을 때에 예수께서 떡을 가지사 축복하시고 떼어 제자들에게 주시며 이르시되 받으라 이것은 내 몸이니라 하시고
[눅 22:19] 또 떡을 가져 감사 기도 하시고 떼어 그들에게 주시며 이르시되 이것은 너희를 위하여 주는 내 몸이라 너희가 이를 행하여 나를 기념하라 하시고
[고전 11:24] 축사하시고 떼어 이르시되 이것은 너희를 위하는 내 몸이니 이것을 행하여 나를 기념하라 하시고
545) [고전 11:28] 사람이 자기를 살피고 그 후에야 이 떡을 먹고 이 잔을 마실지니
546) [고전 11:29] 주의 몸을 분별하지 못하고 먹고 마시는 자는 자기의 죄를 먹고 마시는 것이니라
547) [롬 13:1-7] ¹각 사람은 위에 있는 권세들에게 복종하라 권세는 하나님으로부터 나지 않음이 없나니 모든 권세는 다 하나님께서 정하신 바라 ²그러므로 권세를 거스르는 자는 하나님의 명을 거스름이니 거스르는 자들은 심판을 자취하리라 ³다스리는 자들은 선한 일에 대하여 두려움이 되지 않고 악한 일에 대하여 되나니 네가 권세를 두려워하지 아니하려느냐 선을 행하라 그리하면 그에게 칭찬을 받으리라 ⁴그는 하나님의 사역자가 되어 네게 선을 베푸는 자니라 그러나 네가 악을 행하거든 두려워하라 그가 공연히 칼을 가지지 아니하였으니 곧 하나님의 사역자가 되어 악을 행하는 자에게 진노하심을 따라 보응하는 자니라 ⁵그러므로 복종하지 아니할 수 없으니 진노 때문에 할 것이 아니라 양심을 따라 할 것이라 ⁶너희가 조세를 바치는 것도 이로 말미암음이라 그들이 하나님의 일꾼이 되어 바로 이 일에 항상 힘쓰느니라 ⁷모든 자에게 줄 것을 주되 조세를 받을 자에게 조세를 바치고 관세를 받을 자에게 관세를 바치고 두려워할 자를 두려워하며 존경할 자를 존경하라

Ⅶ. 종말론
[163-172]

163. 종말론
164. 육체적 죽음
165. 성도의 죽음의 의미
166. 영혼의 불멸성
167. 중간 상태
168. 그리스도의 재림
169. 천년왕국설
170. 죽은 자의 부활
171. 최후의 심판
172. 최후의 상태

163. 종말론

종말론(終末論, eschatology)이란 용어는 헬라어의 '에스카토스'(eschatos, 마지막 일들)와 '로고스'(logos, 교리나 교설)의 합성어로 '마지막 일들에 대한 교리'를 뜻한다. 종말론은 크게 두 범주로 나뉜다.
1) 일반적·역사적 종말론: 이 세상과 인류 역사의 종말과 관련하여 그리스도의 재림, 보편적 부활, 마지막 심판, 최종적 상태 등을 다룬다.
2) 개별적·개인적 종말론: 개인과 관련하여 육체적 죽음, 불멸, 중간상태(육체적 죽음과 부활 사이의 상태)를 다룬다.

164. 육체적 죽음
1) 육체적 죽음의 본질: 존재의 끝이나 중단이 아니라 '영혼과 육체의 분리에 의한 육체적 생명의 종결'임
2) 죄와 죽음의 관계
   (1) 사람은 하나님의 형상으로서 순전한 상태로 지음 받았기 때문에 본래 죽음에 속하지 않

앉다.
(2) 성경은 육체의 죽음이 영적 죽음의 결과라고 말한다(롬 6:23).[548]
(3) 죽음은 죄로 말미암아 들어온 것으로서 죄에 대한 형벌이다(창 2:17; 롬 5:12, 17).[549] 그렇기에 죽음은 인간 생명에 이질적이고 적대적이다(시 90:7, 11).[550]
(4) 하나님은 일반은총으로써 죽음의 권세와 작용을 억제하시고, 특별은총으로써 죽음의 세력을 이기시고 무력하게 하신다(롬 5:17; 딤후 1:10; 히 2:14; 계 1:18).[551]

165. 성도의 죽음의 의미

1) 죽음은 성화를 위해 하나님이 정하신 최고의 징계이다. 죽음 자체는 여전히 성도들이 두려워하는바 자연스럽지 못한 것으로 남아 있지만, 하나님의 은혜의 경륜 속에서 이 죽음은 영적인 진보와 하나님 나라에 최고의 유익을 끼치는 것으로 바뀐다.
2) 죽음의 본질과 결과에 대한 사유, 질병과 고통을 통한 죽음의 예기, 죽음이 임박함에 대한 의식 등은 하나님을 경배하고 섬기는 경건한 삶에 이르게 하고, 지상의 세속적이고 정욕적인 것을 멀리하게 한다.
3) 죽음에는 영화가 따름을 부활하신 그리스도를 통하여 확신한다.
4) 죽음은 종종 믿음에 대한 최고의 시험이 되나, 믿음으로써 그 시험을 이김으로 성도에게 부여된 자유자의 삶을 살게 된다(벧전 4:12-13).[552]
5) 죽음은 영혼의 성화를 완성하고 완전한 삶으로 나아가는 시작이다(히 12:23; 계 21:27).[553]

---

548) [롬 6:23] 죄의 삯은 사망이요 하나님의 은사는 그리스도 예수 우리 주 안에 있는 영생이니라
549) [창 2:17] 선악을 알게 하는 나무의 열매는 먹지 말라 네가 먹는 날에는 반드시 죽으리라 하시니라
[롬 5:12, 17] [12]그러므로 한 사람으로 말미암아 죄가 세상에 들어오고 죄로 말미암아 사망이 들어왔나니 이와 같이 모든 사람이 죄를 지었으므로 사망이 모든 사람에게 이르렀느니라 [17]한 사람의 범죄로 말미암아 사망이 그 한 사람을 통하여 왕 노릇 하였은즉 더욱 은혜와 의의 선물을 넘치게 받는 자들은 한 분 예수 그리스도를 통하여 생명 안에서 왕 노릇 하리로다
550) [시 90:7, 11] [7]우리는 주의 노에 소멸되며 주의 분내심에 놀라나이다 [11]누가 주의 노여움의 능력을 알며 누가 주의 진노의 두려움을 알리이까
551) [롬 5:17] 한 사람의 범죄로 말미암아 사망이 그 한 사람을 통하여 왕 노릇 하였은즉 더욱 은혜와 의의 선물을 넘치게 받는 자들은 한 분 예수 그리스도를 통하여 생명 안에서 왕 노릇 하리로다
[딤후 1:10] 이제는 우리 구주 그리스도 예수의 나타나심으로 말미암아 나타났으니 그는 사망을 폐하시고 복음으로써 생명과 썩지 아니할 것을 드러내신지라
[히 2:14] 자녀들은 혈과 육에 속하였으매 그도 또한 같은 모양으로 혈과 육을 함께 지니심은 죽음을 통하여 죽음의 세력을 잡은 자 곧 마귀를 멸하시며
[계 1:18] 곧 살아 있는 자라 내가 전에 죽었었노라 볼지어다 이제 세세토록 살아 있어 사망과 음부의 열쇠를 가졌노니
552) [벧전 4:12-13] [12]사랑하는 자들아 너희를 연단하려고 오는 불 시험을 이상한 일 당하는 것 같이 이상히 여기지 말고 [13]오히려 너희가 그리스도의 고난에 참여하는 것으로 즐거워하라 이는 그의 영광을 나타내실 때에 너희로 즐거워하고 기뻐하게 하려 함이라
553) [히 12:23] 하늘에 기록된 장자들의 모임과 교회와 만민의 심판자이신 하나님과 및 온전하게 된 의인의 영들과
[계 21:27] 무엇이든지 속된 것이나 가증한 일 또는 거짓말하는 자는 결코 그리로 들어가지 못하되 오직 어린 양의 생명책에 기록된 자들만 들어가리라

166. 영혼의 불멸성

1) 가장 절대적인 의미에서 불멸성은 오직 하나님께만 해당한다(딤전 6:16).[554] 하나님만이 본래적이고 영원하며 필연적인 속성으로서의 '불멸성'을 소유하고 계신다.
2) 신학적 의미에서 불멸성은 썩음과 죽음에 전혀 얽매이지 않는 상태를 가리킨다. 타락 전에 인간은 불멸성의 씨앗을 가진 존재였다.
3) 종말론적 의미에서 불멸성은 죽음에 전혀 영향을 받지 않고 받을 수도 없는 영화의 상태를 가리킨다. 이런 불멸성은 구속 사역을 통해서만 이루어지고, 구속의 완성 시에 완전해진다.
4) 영혼의 불멸성에 대한 성경의 증거
   (1) 구약
      ① 불멸성에 관한 이스라엘의 소망이 그들을 저버리지 않으시는, 언약의 하나님에 대한 믿음에서 발견된다(전 3:11).[555]
      ② 스올: 사후에도 인간이 의식을 갖고 존재함을 말한다(시 16:10; 49:14-15).[556] 사람은 스올에서 구원받아야 완전한 복의 상태로 들어간다는 구약의 믿음은 복된 불멸성에 대한 구약적 소망을 말해준다.
      ③ 죽은 자의 부활에 관한 가르침이 암시적으로(출 3:6; 참조. 마 22:32), 명시적으로 (욥 19:25-26; 사 26:19; 단 12:2)[557] 나타난다.
      ④ 죽음 후에 성도가 하나님과 교제하는 복에 관하여 말한다(시 16:9-11).[558]
   (2) 신약
      ① 의인의 영혼(눅 23:43; 고후 5:1)[559]과 악인의 영혼의 존속(롬 2:5-11; 고후 5:10)[560]

---

[554] [딤전 6:16] 오직 그에게만 죽지 아니함이 있고 가까이 가지 못할 빛에 거하시고 어떤 사람도 보지 못하였고 또 볼 수 없는 이시니 그에게 존귀와 영원한 권능을 돌릴지어다 아멘
[555] [전 3:11] 하나님이 모든 것을 지으시되 때를 따라 아름답게 하셨고 또 사람들에게는 영원을 사모하는 마음을 주셨느니라 그러나 하나님이 하시는 일의 시종을 사람으로 측량할 수 없게 하셨도다
[556] [시 16:10] 이는 주께서 내 영혼을 스올에 버리지 아니하시며 주의 거룩한 자를 멸망시키지 않으실 것임이니이다
[시 49:14-15] [14]그들은 양 같이 스올에 두기로 작정되었으니 사망이 그들의 목자일 것이라 정직한 자들이 아침에 그들을 다스리리니 그들의 아름다움은 소멸하고 스올이 그들의 거처가 되리라 [15]그러나 하나님은 나를 영접하시리니 이러므로 내 영혼을 스올의 권세에서 건져내시리로다 (셀라)
[557] [욥 19:25-26] [25]내가 알기에는 나의 대속자가 살아 계시니 마침내 그가 땅 위에 서실 것이라 [26]내 가죽이 벗김을 당한 뒤에도 내가 육체 밖에서 하나님을 보리라
[사 26:19] 주의 죽은 자들은 살아나고 그들의 시체들은 일어나리이다 티끌에 누운 자들아 너희는 깨어 노래하라 주의 이슬은 빛난 이슬이니 땅이 죽은 자들을 내놓으리로다
[단 12:2] 땅의 티끌 가운데에서 자는 자 중에서 많은 사람이 깨어나 영생을 받는 자도 있겠고 수치를 당하여 영원히 부끄러움을 당할 자도 있을 것이며
[558] [시 16:9-11] [9]이러므로 나의 마음이 기쁘고 나의 영도 즐거워하며 내 육체도 안전히 살리니 [10]이는 주께서 내 영혼을 스올에 버리지 아니하시며 주의 거룩한 자를 멸망시키지 않으실 것임이니이다 [11]주께서 생명의 길을 내게 보이시리니 주의 앞에는 충만한 기쁨이 있고 주의 오른쪽에는 영원한 즐거움이 있나이다
[559] [눅 23:43] 예수께서 이르시되 내가 진실로 네게 이르노니 오늘 네가 나와 함께 낙원에 있으리라 하시니라
[고후 5:1] 만일 땅에 있는 우리의 장막 집이 무너지면 하나님께서 지으신 집 곧 손으로 지은 것이 아니요 하늘에 있는 영원한 집이 우리에게 있는 줄 아느니라
[560] [롬 2:5-11] [5]다만 네 고집과 회개하지 아니한 마음을 따라 진노의 날 곧 하나님의 의로우신 심판이 나타나는 그 날에 임할 진노를 네게 쌓는도다 [6]하나님께서 각 사람에게 그 행한 대로 보응하시되 [7]참고 선을 행하여 영광과 존귀와 썩지 아니함을 구하는 자에게는 영생으로 하시고 [8]오직 당을 지어 진리를 따르지 아니하고 불의

② 성도의 부활과 악인의 부활(요 5:25-29)561)
③ 내세에 하나님과 교제하는 성도의 복된 삶(마 13:43; 25:34; 계 21:3-4; 22:1-5)562)

167. 중간 상태
1) '중간기'와 '중간 상태': 죽음과 부활 사이의 기간을 '중간기'라고 하며, 그동안 죽은 자들이 처한 상태를 '중간 상태'라고 한다.
    (1) 죽음과 부활 사이에 있는 신자들의 상태: 신자들이 죽은 직후 그리스도께서 영혼을 즉각적으로 취하여 하늘로 올라간다(눅 23:43; 고후 5:8).563) 그 영혼은 영광 중에 계신 하나님을 뵙고, 무한히 복된 상태에서(계 14:13)564) 육신의 완전한 구속을 기다린다.
    (2) 죽음과 부활 사이에 있는 악인의 상태: 악인의 영혼은 죽으면 지옥에 던져져서 고통과 완전한 어둠 아래 최후의 심판 날까지 머문다(눅 16:22-23).565)
2) 스올(שְׁאוֹל)과 하데스(ᾅδης)의 의미
    (1) 성경에서 이 두 용어는 다양한 의미로 사용된다.
    (2) 장소를 칭할 때, 지옥(시 9:17; 눅 16:22-23)566)이나 무덤(창 42:38)567)을 뜻한다.

를 따르는 자에게는 진노와 분노로 하시리라 9악을 행하는 각 사람의 영에는 환난과 곤고가 있으리니 먼저는 유대인에게요 그리고 헬라인에게며 10선을 행하는 각 사람에게는 영광과 존귀와 평강이 있으리니 먼저는 유대인에게요 그리고 헬라인에게라 11이는 하나님께서 외모로 사람을 취하지 아니하심이라
[고후 5:10] 이는 우리가 다 반드시 그리스도의 심판대 앞에 나타나게 되어 각각 선악간에 그 몸으로 행한 것을 따라 받으려 함이라
561) [요 5:25-29] 25진실로 진실로 너희에게 이르노니 죽은 자들이 하나님의 아들의 음성을 들을 때가 오나니 곧 이 때라 듣는 자는 살아나리라 26아버지께서 자기 속에 생명이 있음 같이 아들에게도 생명을 주어 그 속에 있게 하셨고 27또 인자됨으로 말미암아 심판하는 권한을 주셨느니라 28이를 놀랍게 여기지 말라 무덤 속에 있는 자가 다 그의 음성을 들을 때가 오나니 29선한 일을 행한 자는 생명의 부활로, 악한 일을 행한 자는 심판의 부활로 나오리라
562) [마 13:43] 그 때에 의인들은 자기 아버지 나라에서 해와 같이 빛나리라 귀 있는 자는 들으라
[마 25:34] 그 때에 임금이 그 오른편에 있는 자들에게 이르시되 내 아버지께 복 받을 자들이여 나아와 창세로부터 너희를 위하여 예비된 나라를 상속받으라
[계 21:3-4] 3내가 들으니 보좌에서 큰 음성이 나서 이르되 보라 하나님의 장막이 사람들과 함께 있으매 하나님이 그들과 함께 계시리니 그들은 하나님의 백성이 되고 하나님은 친히 그들과 함께 계셔서 4모든 눈물을 그 눈에서 닦아 주시니 다시는 사망이 없고 애통하는 것이나 곡하는 것이나 아픈 것이 다시 있지 아니하리니 처음 것들이 다 지나갔음이러라
[계 22:1-5] 1또 그가 수정 같이 맑은 생명수의 강을 내게 보이니 하나님과 및 어린 양의 보좌로부터 나와서 2길 가운데로 흐르더라 강 좌우에 생명나무가 있어 열두 가지 열매를 맺되 달마다 그 열매를 맺고 그 나무 잎사귀들은 만국을 치료하기 위하여 있더라 3다시 저주가 없으며 하나님과 그 어린 양의 보좌가 그 가운데에 있으리니 그의 종들이 그를 섬기며 4그의 얼굴을 볼 터이요 그의 이름도 그들의 이마에 있으리라 5다시 밤이 없겠고 등불과 햇빛이 쓸 데 없으니 이는 주 하나님이 그들에게 비치심이라 그들이 세세토록 왕 노릇 하리로다
563) [눅 23:43] 예수께서 이르시되 내가 진실로 네게 이르노니 오늘 네가 나와 함께 낙원에 있으리라 하시니라
[고후 5:8] 우리가 담대하여 원하는 바는 차라리 몸을 떠나 주와 함께 있는 그것이라
564) [계 14:13] 또 내가 들으니 하늘에서 음성이 나서 이르되 기록하라 지금 이후로 주 안에서 죽는 자들은 복이 있도다 하시매 성령이 이르시되 그러하다 그들이 수고를 그치고 쉬리니 이는 그들의 행한 일이 따름이라 하시더라
565) [눅 16:22-23] 22이에 그 거지가 죽어 천사들에게 받들려 아브라함의 품에 들어가고 부자도 죽어 장사되매 23그가 음부에서 고통중에 눈을 들어 멀리 아브라함과 그의 품에 있는 나사로를 보고

(3) 상태를 칭할 때, 죽음을 뜻한다(삼상 2:6; 행 2:27, 31).568)

168. 그리스도의 재림
1) 성경의 용어

아래 세 용어는 '마지막', '끝'(마 24:6; 고전 1:8; 고후 1:13-14), '심판의 날'(고전 3:13; 벧후 2:9), '주의 날'(고전 5:5), '하나님의 날'(벧후 3:12), '그날'(눅 10:12) 등의 용어들과 함께 그리스도의 재림이라는 단일한 사건을 지칭하는 데 사용된다.

(1) ἀποκάλυψις(아포칼립시스, '베일을 벗기다', 고전 1:7)569): 그리스도를 보지 못하게 하던 것이 사라져 그가 성도에게 나타나심을 의미

(2) ἐπιφάνεια(에피파네이아, '현현하다', 살후 2:8)570): 그리스도가 의와 진리 가운데서 심판하실 모든 사람에게 가시적이고 공적으로 나오실 것을 의미

(3) παρουσία(파루시아, '임재하다', 마 24:3)571): 왕이신 그리스도께서 산 자와 죽은 자를 심판하고 만물을 아버지의 발 앞에 굴복시키는 사역을 완성하고 종결하시려고 직접 임하실 것을 의미

2) 단일 재림

① 세대주의 종말론은 살전 4:16-17을 근거로 그리스도의 재림을 성도들이 휴거를 받는 공중 재림과 지상 재림의 이중 재림으로 본다. 하지만 "공중에서 주를 영접한다"는 것은 공중 재림과 지상 재림 구분의 근거가 될 수 없다.

② 성경은 일관되게 그리스도의 재림이 단일한 사건이라고 말한다.

3) 재림 이전의 사건

(1) 이방인을 부르심: 이방인의 충만한 수가 차기까지(롬 11:25)572)

(2) 온 이스라엘의 회심: 혈통적 이스라엘이 아니라 영적 참 이스라엘의 충만한 수 전체(롬 11:26)573)

---

566) [시 9:17] 악인들이 스올로 돌아감이여 하나님을 잊어버린 모든 이방 나라들이 그리하리로다
[눅 16:22-23] 22이에 그 거지가 죽어 천사들에게 받들려 아브라함의 품에 들어가고 부자도 죽어 장사되매 23그가 음부에서 고통중에 눈을 들어 멀리 아브라함과 그의 품에 있는 나사로를 보고
567) [창 42:38] 야곱이 이르되 내 아들은 너희와 함께 내려가지 못하리니 그의 형은 죽고 그만 남았음이라 만일 너희가 가는 길에서 재난이 그에게 미치면 너희가 내 흰 머리를 슬퍼하며 스올로 내려가게 함이 되리라
568) [삼상 2:6] 여호와는 죽이기도 하시고 살리기도 하시며 스올에 내리게도 하시고 거기에서 올리기도 하시는도다
[행 2:27, 31] 27이는 내 영혼을 음부에 버리지 아니하시며 주의 거룩한 자로 썩음을 당하지 않게 하실 것임이로다 31미리 본 고로 그리스도의 부활을 말하되 그가 음부에 버림이 되지 않고 그의 육신이 썩음을 당하지 아니하시리라 하더니
569) [고전 1:7] 너희가 모든 은사에 부족함이 없이 우리 주 예수 그리스도의 나타나심을 기다림이라
570) [살후 2:8] 그 때에 불법한 자가 나타나리니 주 예수께서 그 입의 기운으로 그를 죽이시고 강림하여 나타나심으로 폐하시리라
571) [마 24:3] 예수께서 감람 산 위에 앉으셨을 때에 제자들이 조용히 와서 이르되 우리에게 이르소서 어느 때에 이런 일이 있겠사오며 또 주의 임하심과 세상 끝에는 무슨 징조가 있사오리이까
572) [롬 11:25] 형제들아 너희가 스스로 지혜 있다 하면서 이 신비를 너희가 모르기를 내가 원하지 아니하노니 이 신비는 이방인의 충만한 수가 들어오기까지 이스라엘의 더러는 우둔하게 된 것이라
573) [롬 11:26] 그리하여 온 이스라엘이 구원을 받으리라 기록된 바 구원자가 시온에서 오사 야곱에게서 경건하지 않은 것을 돌이키시겠고

(3) 대배교(마 24:10; 살후 2:3; 딤전 4:1)[574]와 대환난(핍박)(마 24:9, 21; 딤후 3:1)[575]
(4) 적그리스도가 나타남: 그리스도를 대적하는 원리 또는 인물(요일 2:18, 22)[576]
(5) 시대의 표적
　① 전쟁, 지진, 기근 등의 재난 발생(마 24:6-8)[577]
　② 표적과 기사로 미혹하는 거짓 선지자들, 거짓 그리스도의 등장(마 24:24)[578]
　③ 하늘에 무서운 징조가 나타남(마 24:29-30)[579]

4) 재림의 시기와 방식
(1) 재림의 때: 시대의 표적들은 그리스도 재림의 임박성을 가리키는 역사적 사건이 아니다. 그것들은 역사 가운데 현재의 과정이 주의 날을 향해 나아가고 있음을 확인시켜주는 모든 사건 혹은 징조일 뿐이다. 시대의 표적을 통해서 그리스도 재림의 때를 예측하려는 노력은 성경적으로 타당하지 않다(마 24:36).[580]
(2) 재림의 방식: 그리스도 자신이 신인 양성의 연합 가운데 인성에 따라 강림
　① 인격적 강림(행 1:11)[581]
　② 육체적 강림(계 1:7)[582]
　③ 가시적 강림(마 24:30)[583]
　④ 갑작스러운 강림(살전 5:2-3)[584]

---

574) **[마 24:10]** 그 때에 많은 사람이 실족하게 되어 서로 잡아 주고 서로 미워하겠으며
　[살후 2:3] 누가 어떻게 하여도 너희가 미혹되지 말라 먼저 배교하는 일이 있고 저 불법의 사람 곧 멸망의 아들이 나타나기 전에는 그 날이 이르지 아니하리니
　[딤전 4:1] 그러나 성령이 밝히 말씀하시기를 후일에 어떤 사람들이 믿음에서 떠나 미혹하는 영과 귀신의 가르침을 따르리라 하셨으니
575) **[마 24:9, 21]** ⁹그 때에 사람들이 너희를 환난에 넘겨 주겠으며 너희를 죽이리니 너희가 내 이름 때문에 모든 민족에게 미움을 받으리라 ²¹이는 그 때에 큰 환난이 있겠음이라 창세로부터 지금까지 이런 환난이 없었고 후에도 없으리라
　[딤후 3:1] 너는 이것을 알라 말세에 고통하는 때가 이르러
576) **[요일 2:18, 22]** ¹⁸아이들아 지금은 마지막 때라 적그리스도가 오리라는 말을 너희가 들은 것과 같이 지금도 많은 적그리스도가 일어났으니 그러므로 우리가 마지막 때인 줄 아노라 ²²거짓말하는 자가 누구냐 예수께서 그리스도이심을 부인하는 자가 아니냐 아버지와 아들을 부인하는 그가 적그리스도니
577) **[마 24:6-8]** ⁶난리와 난리 소문을 듣겠으나 너희는 삼가 두려워하지 말라 이런 일이 있어야 하되 아직 끝은 아니니라 ⁷민족이 민족을, 나라가 나라를 대적하여 일어나겠고 곳곳에 기근과 지진이 있으리니 ⁸이 모든 것은 재난의 시작이니라
578) **[마 24:24]** 거짓 그리스도들과 거짓 선지자들이 일어나 큰 표적과 기사를 보여 할 수만 있으면 택하신 자들도 미혹하리라
579) **[마 24:29-30]** ²⁹그 날 환난 후에 즉시 해가 어두워지며 달이 빛을 내지 아니하며 별들이 하늘에서 떨어지며 하늘의 권능들이 흔들리리라 ³⁰그 때에 인자의 징조가 하늘에서 보이겠고 그 때에 땅의 모든 족속들이 통곡하며 그들이 인자가 구름을 타고 능력과 큰 영광으로 오는 것을 보리라
580) **[마 24:36]** 그러나 그 날과 그 때는 아무도 모르나니 하늘의 천사들도, 아들도 모르고 오직 아버지만 아시느니라
581) **[행 1:11]** 이르되 갈릴리 사람들아 어찌하여 서서 하늘을 쳐다보느냐 너희 가운데서 하늘로 올려지신 이 예수는 하늘로 가심을 본 그대로 오시리라 하였느니라
582) **[계 1:7]** 볼지어다 그가 구름을 타고 오시리라 각 사람의 눈이 그를 보겠고 그를 찌른 자들도 볼 것이요 땅에 있는 모든 족속이 그로 말미암아 애곡하리니 그러하리라 아멘
583) **[마 24:30]** 그 때에 인자의 징조가 하늘에서 보이겠고 그 때에 땅의 모든 족속들이 통곡하며 그들이 인자가 구름을 타고 능력과 큰 영광으로 오는 것을 보리라

⑤ 영광과 승리의 강림(살전 4:16; 살후 1:10)585)
(3) 재림의 목적: 마지막 때 새 시대를 열고 천하 만물에 영원한 상태를 부여하기 위함
(4) 재림의 후속 결과: 죽은 자의 부활(살전 4:13-17)586)과 최후 심판(계 22:12)587)

169. 천년왕국설
1) 분류
    (1) 천년왕국론은 그리스도의 재림을 기준으로 천년왕국을 그 이전으로 보느냐, 그 이후로 보느냐에 따라 크게 전천년왕국설(천년왕국 '전' 재림설)과 후천년왕국설(천년왕국 '후' 재림설)로 나눌 수 있다.
    (2) 이런 구분은 다시 네 가지 이론으로 세분된다. 전천년왕국설은 역사적 전천년왕국설과 세대주의적 전천년왕국설로, 후천년왕국설은 전통적인 후천년왕국설(황금시대 후천년왕국설)과 무천년왕국설로 나눌 수 있다.
2) 역사적 전천년설
    (1) 그리스도의 재림으로 이스라엘이 회복되고 구약의 예언들이 문자적으로 성취되어 지상에 완전한 평화와 정의가 이뤄지는 천년왕국이 이뤄질 것이라고 보는 견해이다.
    (2) 역사적 전천년설은 세대주의적 전천년설과 달리 유대인과 이방인이 함께 참여하는 하나의 교회, 하나의 하나님 백성만이 존재한다고 본다.
3) 세대주의 전천년설
    (1) 그리스도의 재림을 공중 재림과 지상 재림의 이중 재림으로 본다. 공중 재림과 휴거가 일어날 때 교회 세대는 끝나고, 지상 재림 이후 실제적이고 가시적이며 지역적이고 물질적인 유대인의 왕국인 천년왕국이 건설될 것이라고 본다.
    (2) 구속사에서 교회와 이스라엘을 철저히 구분한다. 교회가 이스라엘과 구분되며 교회 세대 이전과 이후에 이스라엘을 다루시는 하나님의 방식이 다르다고 본다.
    (3) 세대의 구분방식은 구속사의 통일성을 해치고, 이중 재림, 여러 차례의 부활, 세 번의 심판, 두 종류의 하나님의 백성을 주장하는 등 신학적 오류가 많다.

---

584) [살전 5:2-3] ²주의 날이 밤에 도둑 같이 이를 줄을 너희 자신이 자세히 알기 때문이라 ³그들이 평안하다, 안전하다 할 그 때에 임신한 여자에게 해산의 고통이 이름과 같이 멸망이 갑자기 그들에게 이르리니 결코 피하지 못하리라
585) [살전 4:16] 주께서 호령과 천사장의 소리와 하나님의 나팔 소리로 친히 하늘로부터 강림하시리니 그리스도 안에서 죽은 자들이 먼저 일어나고
[살후 1:10] 그 날에 그가 강림하사 그의 성도들에게서 영광을 받으시고 모든 믿는 자들에게서 놀랍게 여김을 얻으시리니 이는 (우리의 증거가 너희에게 믿어졌음이라)
586) [살전 4:13-17] ¹³형제들아 자는 자들에 관하여는 너희가 알지 못함을 우리가 원하지 아니하노니 이는 소망 없는 다른 이와 같이 슬퍼하지 않게 하려 함이라 ¹⁴우리가 예수께서 죽으셨다가 다시 살아나심을 믿을진대 이와 같이 예수 안에서 자는 자들도 하나님이 그와 함께 데리고 오시리라 ¹⁵우리가 주의 말씀으로 너희에게 이것을 말하노니 주께서 강림하실 때까지 우리 살아 남아 있는 자도 자는 자보다 결코 앞서지 못하리라 ¹⁶주께서 호령과 천사장의 소리와 하나님의 나팔 소리로 친히 하늘로부터 강림하시리니 그리스도 안에서 죽은 자들이 먼저 일어나고 ¹⁷그 후에 우리 살아 남은 자들도 그들과 함께 구름 속으로 끌어 올려 공중에서 주를 영접하게 하시리니 그리하여 우리가 항상 주와 함께 있으리라
587) [계 22:12] 보라 내가 속히 오리니 내가 줄 상이 내게 있어 각 사람에게 그가 행한 대로 갚아 주리라

4) 후천년설
   (1) 이 견해는 전 세계를 향해 복음이 전례 없이 퍼져나가고 교회를 위한 풍성한 복의 시대가 열리면서 현재의 하나님 나라가 확장되어 결국 온 세상이 기독교화된 번영의 시기가 올 것인데, 그 시기를 천년왕국이라고 본다.
   (2) 그리스도의 재림은 천년왕국이라 불리는 의와 평화의 시기 말미에 일어날 것이라고 본다.
   (3) 현대의 후천년주의자들은 천년왕국이 진보에 의해 점차적으로 생겨나게 될 것이며, 그리스도인들은 세계 개혁의 정책을 받아들임으로써 이 새로운 세대에 스스로 참여해야만 한다고 주장한다('재건주의자' 혹은 '신율주의자').

5) 무천년설
   (1) 무천년설은 그리스도의 재림 이전 혹은 이후에 있을 '황금시대로서의 천년왕국'을 기대하지 않는다. 그보다는 그리스도의 초림과 재림 사이의 역사 전체를 천년왕국 기간이라고 생각한다.
   (2) 무천년설은 계 20:1-6[588])이 그리스도의 초림에서 재림까지의 모든 시대에 걸쳐 일어나는 사건들에 대한 상징적 환상이라고 보고 '천년'을 상징적으로 해석함으로써 천년왕국의 현재성을 강조한다.

170. 죽은 자의 부활

1) 신구약 성경은 공히 부활을 가르친다(단 12:2; 고전 15:20).[589])
2) 부활의 성격
   (1) 삼위일체 하나님의 사역(고후 1:9; 요 5:21; 롬 8:11)[590])
   (2) 몸의 부활(고전 15:53)[591])
   (3) 의인과 악인 모두의 부활(행 24:15)[592])

---

588) [계 20:1-6] [1]또 내가 보매 천사가 무저갱의 열쇠와 큰 쇠사슬을 그의 손에 가지고 하늘로부터 내려와서 [2]용을 잡으니 곧 옛 뱀이요 마귀요 사탄이라 잡아서 천 년 동안 결박하여 [3]무저갱에 던져 넣어 잠그고 그 위에 인봉하여 천 년이 차도록 다시는 만국을 미혹하지 못하게 하였는데 그 후에는 반드시 잠깐 놓이리라 [4]또 내가 보좌들을 보니 거기에 앉은 자들이 있어 심판하는 권세를 받았더라 또 내가 보니 예수를 증언함과 하나님의 말씀 때문에 목 베임을 당한 자들의 영혼들과 또 짐승과 그의 우상에게 경배하지 아니하고 그들의 이마와 손에 그의 표를 받지 아니한 자들이 살아서 그리스도와 더불어 천 년 동안 왕 노릇 하니 [5](그 나머지 죽은 자들은 그 천 년이 차기까지 살지 못하더라) 이는 첫째 부활이라 [6]이 첫째 부활에 참여하는 자들은 복이 있고 거룩하도다 둘째 사망이 그들을 다스리는 권세가 없고 도리어 그들이 하나님과 그리스도의 제사장이 되어 천 년 동안 그리스도와 더불어 왕 노릇 하리라
589) [단 12:2] 땅의 티끌 가운데에서 자는 자 중에서 많은 사람이 깨어나 영생을 받는 자도 있겠고 수치를 당하여 영원히 부끄러움을 당할 자도 있을 것이며
[고전 15:20] 그러나 이제 그리스도께서 죽은 자 가운데서 다시 살아나사 잠자는 자들의 첫 열매가 되셨도다
590) [고후 1:9] 우리는 우리 자신이 사형 선고를 받은 줄 알았으니 이는 우리로 자기를 의지하지 말고 오직 죽은 자를 다시 살리시는 하나님만 의지하게 하심이라
[요 5:21] 아버지께서 죽은 자들을 일으켜 살리심 같이 아들도 자기가 원하는 자들을 살리느니라
[롬 8:11] 예수를 죽은 자 가운데서 살리신 이의 영이 너희 안에 거하시면 그리스도 예수를 죽은 자 가운데서 살리신 이가 너희 안에 거하시는 그의 영으로 말미암아 너희 죽을 몸도 살리시리라
591) [고전 15:53] 이 썩을 것이 반드시 썩지 아니할 것을 입겠고 이 죽을 것이 죽지 아니함을 입으리로다
592) [행 24:15] 그들이 기다리는 바 하나님께 향한 소망을 나도 가졌으니 곧 의인과 악인의 부활이 있으리라 함이니이다

(4) 의인의 부활은 영생, 악인의 부활은 영원한 죽음으로 귀결(요 5:28-29)[593]
3) 부활의 시기: 성경에 따르면 부활은 재림으로 도래할 이 세상의 종말과 동시에 일어나며(고전 15:23),[594] 그런 뒤에 바로 전체적인 마지막 심판이 있을 것이다. 의인의 부활과 악인의 부활은 동시적으로 일어난다.

171. 최후의 심판
1) 최후 심판의 성격
   (1) 죽은 자의 부활 후에 있는 마지막 심판(계 20:11-15)[595]
   (2) 현세에 다 벌하거나 상 주지 못한 것에 대한 최종적 판단이자 결론적 해결(히 9:27)[596]
   (3) 단일한 심판 "그날"(마 7:22; 롬 2:5; 딤후 4:8)[597]
2) 재판장: 왕이신 중보자 그리스도(행 10:42; 딤후 4:1)[598]
3) 심판의 대상
   (1) 타락한 천사들(벧후 2:4; 유 1:6)[599]
   (2) 신자와 불신자 모두: 신자에게는 용서받은 죄가 드러남(마 25:32; 고후 5:10; 고전 4:5)[600]

---

593) [요 5:28-29] ²⁸이를 놀랍게 여기지 말라 무덤 속에 있는 자가 다 그의 음성을 들을 때가 오나니 ²⁹선한 일을 행한 자는 생명의 부활로, 악한 일을 행한 자는 심판의 부활로 나오리라
594) [고전 15:23] 그러나 각각 자기 차례대로 되리니 먼저는 첫 열매인 그리스도요 다음에는 그가 강림하실 때에 그리스도에게 속한 자요
595) [계 20:11-15] ¹¹또 내가 크고 흰 보좌와 그 위에 앉으신 이를 보니 땅과 하늘이 그 앞에서 피하여 간 데 없더라 ¹²또 내가 보니 죽은 자들이 큰 자나 작은 자나 그 보좌 앞에 서 있는데 책들이 펴 있고 또 다른 책이 펴졌으니 곧 생명책이라 죽은 자들이 자기 행위를 따라 책들에 기록된 대로 심판을 받으니 ¹³바다가 그 가운데에서 죽은 자들을 내주고 또 사망과 음부도 그 가운데에서 죽은 자들을 내주매 각 사람이 자기의 행위대로 심판을 받고 ¹⁴사망과 음부도 불못에 던져지니 이것은 둘째 사망 곧 불못이라 ¹⁵누구든지 생명책에 기록되지 못한 자는 불못에 던져지더라
596) [히 9:27] 한 번 죽는 것은 사람에게 정해진 것이요 그 후에는 심판이 있으리니
597) [마 7:22] 그 날에 많은 사람이 나더러 이르되 주여 주여 우리가 주의 이름으로 선지자 노릇 하며 주의 이름으로 귀신을 쫓아 내며 주의 이름으로 많은 권능을 행하지 아니하였나이까 하리니
[롬 2:5] 다만 네 고집과 회개하지 아니한 마음을 따라 진노의 날 곧 하나님의 의로우신 심판이 나타나는 그 날에 임할 진노를 네게 쌓는도다
[딤후 4:8] 이제 후로는 나를 위하여 의의 면류관이 예비되었으므로 주 곧 의로우신 재판장이 그 날에 내게 주실 것이며 내게만 아니라 주의 나타나심을 사모하는 모든 자에게도니라
598) [행 10:42] 우리에게 명하사 백성에게 전도하되 하나님이 살아 있는 자와 죽은 자의 재판장으로 정하신 자가 곧 이 사람인 것을 증언하게 하셨고
[딤후 4:1] 하나님 앞과 살아 있는 자와 죽은 자를 심판하실 그리스도 예수 앞에서 그가 나타나실 것과 그의 나라를 두고 엄히 명하노니
599) [벧후 2:4] 하나님이 범죄한 천사들을 용서하지 아니하시고 지옥에 던져 어두운 구덩이에 두어 심판 때까지 지키게 하셨으며
[유 1:6] 또 자기 지위를 지키지 아니하고 자기 처소를 떠난 천사들을 큰 날의 심판까지 영원한 결박으로 흑암에 가두셨으며
600) [마 25:32] 모든 민족을 그 앞에 모으고 각각 구분하기를 목자가 양과 염소를 구분하는 것 같이 하여
[고후 5:10] 이는 우리가 다 반드시 그리스도의 심판대 앞에 나타나게 되어 각각 선악간에 그 몸으로 행한 것을 따라 받으려 함이라
[고전 4:5] 그러므로 때가 이르기 전 곧 주께서 오시기까지 아무 것도 판단하지 말라 그가 어둠에 감추인

4) 심판의 기준
    (1) 기준: 하나님이 계시하시는 뜻
    (2) 지상에서 행한 일에 따라 천국의 복락과 지옥의 형벌은 차이가 있다(눅 20:47).601)
    (3) 하나님이 계시하신 뜻을 더 많이 알수록 더 큰 책임이 있다(눅 12:47-48).602)
5) 심판의 다양한 부분들
    (1) 사실 심리: 하나님이 모든 사람의 마음과 행위의 모든 것을 심리하신다(단 7:10).603)
    (2) 판결의 선포: 모든 사람이 최고 심판장의 재판정에 서고(고후 5:10),604) 각 사람에 대한 판결이 공개적으로 선포되어 하나님의 의와 은혜가 찬란하게 빛난다.
    (3) 판결의 집행: 판결에 따라 의인은 영원한 복, 악인은 영원한 저주를 받는다(마 13:49-50).605)

172. 최후의 상태
1) 악인의 최후의 상태
    (1) 악인이 처한 곳: 지옥(마 10:28; 계 20:14)606)
    (2) 악인이 처한 상태: 영원한 형벌(마 25:46; 살후 1:9)607)
        ① 하나님의 은총이 전혀 없음
        ② 죄의 완전한 지배로 인한 삶의 끝없는 혼란
        ③ 몸과 영혼의 극심한 고통
        ④ 양심의 가책과 고뇌와 절망과 비탄과 이를 갊과 같은 주관적 형벌들(마 8:12)608)
    (3) 형벌의 기간: 영원(계 14:11; 20:10)609)

것들을 드러내고 마음의 뜻을 나타내시리니 그 때에 각 사람에게 하나님으로부터 칭찬이 있으리라
601) [눅 20:47] 그들은 과부의 가산을 삼키며 외식으로 길게 기도하니 그들이 더 엄중한 심판을 받으리라 하시니라
602) [눅 12:47-48] 47주인의 뜻을 알고도 준비하지 아니하고 그 뜻대로 행하지 아니한 종은 많이 맞을 것이요 48알지 못하고 맞을 일을 행한 종은 적게 맞으리라 무릇 많이 받은 자에게는 많이 요구할 것이요 많이 맡은 자에게는 많이 달라 할 것이니라
603) [단 7:10] 불이 강처럼 흘러 그의 앞에서 나오며 그를 섬기는 자는 천천이요 그 앞에서 모셔 선 자는 만만이며 심판을 베푸는데 책들이 펴 놓였더라
604) [고후 5:10] 이는 우리가 다 반드시 그리스도의 심판대 앞에 나타나게 되어 각각 선악간에 그 몸으로 행한 것을 따라 받으려 함이라
605) [마 13:49-50] 49세상 끝에도 이러하리라 천사들이 와서 의인 중에서 악인을 갈라 내어 50풀무 불에 던져 넣으리니 거기서 울며 이를 갈리라
606) [마 10:28] 몸은 죽여도 영혼은 능히 죽이지 못하는 자들을 두려워하지 말고 오직 몸과 영혼을 능히 지옥에 멸하실 수 있는 이를 두려워하라
    [계 20:14] 사망과 음부도 불못에 던져지니 이것은 둘째 사망 곧 불못이라
607) [마 25:46] 그들은 영벌에, 의인들은 영생에 들어가리라 하시니라
    [살후 1:9] 이런 자들은 주의 얼굴과 그의 힘의 영광을 떠나 영원한 멸망의 형벌을 받으리로다
608) [마 8:12] 그 나라의 본 자손들은 바깥 어두운 데 쫓겨나 거기서 울며 이를 갈게 되리라
609) [계 14:11] 그 고난의 연기가 세세토록 올라가리로다 짐승과 그의 우상에게 경배하고 그의 이름 표를 받는 자는 누구든지 밤낮 쉼을 얻지 못하리라 하더라
    [계 20:10] 또 그들을 미혹하는 마귀가 불과 유황 못에 던져지니 거기는 그 짐승과 거짓 선지자도 있어 세

2) 의인의 최후의 상태
   (1) 새 창조: 성도의 최종적 상태에 앞서 현 세상이 사라지고 새 하늘과 새 땅의 새 창조가 있을 것이다(마 19:28; 계 21:1).610)
      ① 루터파 이해: 전적으로 새로운 창조(계 20:11; 21:1)611)
      ② 개혁파 이해: 현 창조의 갱신(시 102:26-27; 히 12:26-28)612)
   (2) 의인의 영원한 거처: 새 하늘과 새 땅(계 21:1)613)
   (3) 의인이 받는 상급의 본성
      ① 영생(무궁하고 완전하며 가장 충만한 생명)
      ② 하나님과의 교제(계 21:3),614) 그리스도 안에서 하나님을 대면함(고전 13:12)615)
      ③ 하나님 안에서 전인이 누리는 완전한 만족과 희락, 높은 수준의 인식과 사회적 교제
      ④ 하나님을 영화롭게 함
      ⑤ 천국의 기쁨에 있어서 정도의 차이가 있음(단 12:3; 고후 9:6).616) 우리의 선행은 은혜로운 상급의 척도

세토록 밤낮 괴로움을 받으리라
610) [마 19:28] 예수께서 이르시되 내가 진실로 너희에게 이르노니 세상이 새롭게 되어 인자가 자기 영광의 보좌에 앉을 때에 나를 따르는 너희도 열두 보좌에 앉아 이스라엘 열두 지파를 심판하리라
[계 21:1] 또 내가 새 하늘과 새 땅을 보니 처음 하늘과 처음 땅이 없어졌고 바다도 다시 있지 않더라
611) [계 20:11] 또 내가 크고 흰 보좌와 그 위에 앉으신 이를 보니 땅과 하늘이 그 앞에서 피하여 간 데 없더라
[계 21:1] 또 내가 새 하늘과 새 땅을 보니 처음 하늘과 처음 땅이 없어졌고 바다도 다시 있지 않더라
612) [시 102:26-27] 26천지는 없어지려니와 주는 영존하시겠고 그것들은 다 옷 같이 낡으리니 의복 같이 바꾸시면 바뀌려니와 27주는 한결같으시고 주의 연대는 무궁하리이다
[히 12:26-28] 26그 때에는 그 소리가 땅을 진동하였거니와 이제는 약속하여 이르시되 내가 또 한 번 땅만 아니라 하늘도 진동하리라 하셨느니라 27이 또 한 번이라 하심은 진동하지 아니하는 것을 영존하게 하기 위하여 진동할 것들 곧 만드신 것들이 변동될 것을 나타내심이라 28그러므로 우리가 흔들리지 않는 나라를 받았은즉 은혜를 받자 이로 말미암아 경건함과 두려움으로 하나님을 기쁘시게 섬길지니
613) [계 21:1] 또 내가 새 하늘과 새 땅을 보니 처음 하늘과 처음 땅이 없어졌고 바다도 다시 있지 않더라
614) [계 21:3] 내가 들으니 보좌에서 큰 음성이 나서 이르되 보라 하나님의 장막이 사람들과 함께 있으매 하나님이 그들과 함께 계시리니 그들은 하나님의 백성이 되고 하나님은 친히 그들과 함께 계셔서
615) [고전 13:12] 우리가 지금은 거울로 보는 것 같이 희미하나 그 때에는 얼굴과 얼굴을 대하여 볼 것이요 지금은 내가 부분적으로 아나 그 때에는 주께서 나를 아신 것 같이 내가 온전히 알리라
616) [단 12:3] 지혜 있는 자는 궁창의 빛과 같이 빛날 것이요 많은 사람을 옳은 데로 돌아오게 한 자는 별과 같이 영원토록 빛나리라
[고후 9:6] 이것이 곧 적게 심는 자는 적게 거두고 많이 심는 자는 많이 거둔다 하는 말이로다

Ⅶ. 종말론
[173-183]

173. 종말론
174. 육체적 죽음
175. 죄와 죽음의 관계
176. 성도의 죽음의 의미
177. 영혼의 불멸성
178. 중간 상태
179. 그리스도의 재림
180. 천년왕국
181. 죽은 자의 부활
182. 최후의 심판
183. 최후의 상태

173. 종말론
종말론(終末論)은 다음과 같이 두 방면으로 다룬다.
1) 일반적 종말론: 이 세상과 인류 역사의 종말.
2) 개인적 종말론: 개인의 죽음과 그 이후 부활의 때까지 있을 상태.

174. 육체적 죽음
1) 존재의 끝이나 중단이 아니라 영혼으로부터 육체가 분리됨.
2) 죽음으로써 영혼으로만 존재하게 되며, 육체적 생명은 종결됨.

175. 죄와 죽음의 관계
1) 사람은 하나님의 형상으로서 순전한 상태로 지음 받았기 때문에 본래 죽음에 속하지 않았다.
2) 육체의 죽음은 영적 죽음의 결과이다(롬 6:23)[617].
3) 죽음은 죄로 말미암아 들어온 것으로서, 죄에 대한 형벌이다(창 2:17; 롬 5:12, 17)[618].

4) 죽음은 인간 생명에 이질적이고 적대적이다(시 90:7, 11)[619].
5) 하나님은 일반은총으로써 죽음의 권세와 작용을 억제하시고, 특별은총으로써 죽음의 세력을 이기시고 무능하게 하신다(롬 5:17; 딤후 1:10; 히 2:14; 계 1:18)[620].

176. 성도의 죽음의 의미

1) 죽음은 성화를 위해 하나님이 정하신 최고의 징계이다.
2) 죽음의 본질과 결과에 대한 사유, 질병과 고통을 통한 죽음의 예기, 죽음이 임박함에 대한 의식 등은 하나님을 경배하고 섬기는 경건한 삶에 이르게 하고, 지상의 세속적이고 정욕적인 것을 멀리하게 한다.
3) 죽음에는 영화가 따름을 부활하신 그리스도를 통하여 확신한다.
4) 죽음은 종종 믿음에 대한 최고의 시험이 되나, 믿음으로써 그 시험을 이김으로 성도에게 부여된 자유자의 삶을 살게 된다(벧전 4:12-13)[621].
5) 죽음은 영혼의 성화를 완성하고 완전한 삶으로 나아가는 시작이다(히 12:23; 계 21:27)[622].

177. 영혼의 불멸성

1) 불멸성의 기원은 하나님이시다(딤전 6:16)[623].
2) 신학적 불멸성: 썩음과 죽음에 전혀 얽매이지 않은 타락 전 인간의 상태.
3) 종말론적 불멸성: 죽음에 전혀 영향을 받지도 받을 수도 없는 영화의 상태.
4) 영혼의 불멸성

---

617) [롬 6:23] 죄의 삯은 사망이요 하나님의 은사는 그리스도 예수 우리 주 안에 있는 영생이니라
618) [창 2:17] 선악을 알게 하는 나무의 열매는 먹지 말라 네가 먹는 날에는 반드시 죽으리라 하시니라
[롬 5:12, 17] [12]그러므로 한 사람으로 말미암아 죄가 세상에 들어오고 죄로 말미암아 사망이 들어왔나니 이와 같이 모든 사람이 죄를 지었으므로 사망이 모든 사람에게 이르렀느니라 [17]한 사람의 범죄로 말미암아 사망이 그 한 사람을 통하여 왕 노릇 하였은즉 더욱 은혜와 의의 선물을 넘치게 받는 자들은 한 분 예수 그리스도를 통하여 생명 안에서 왕 노릇 하리로다
619) [시 90:7, 11] [7]우리는 주의 노에 소멸되며 주의 분내심에 놀라나이다 [11]누가 주의 노여움의 능력을 알며 누가 주의 진노의 두려움을 알리이까
620) [롬 5:17] 한 사람의 범죄로 말미암아 사망이 그 한 사람을 통하여 왕 노릇 하였은즉 더욱 은혜와 의의 선물을 넘치게 받는 자들은 한 분 예수 그리스도를 통하여 생명 안에서 왕 노릇 하리로다
[딤후 1:10] 이제는 우리 구주 그리스도 예수의 나타나심으로 말미암아 나타났으니 그는 사망을 폐하시고 복음으로써 생명과 썩지 아니할 것을 드러내신지라
[히 2:14] 자녀들은 혈과 육에 속하였으매 그도 또한 같은 모양으로 혈과 육을 함께 지니심은 죽음을 통하여 죽음의 세력을 잡은 자 곧 마귀를 멸하시며
[계 1:18] 곧 살아 있는 자라 내가 전에 죽었었노라 볼지어다 이제 세세토록 살아 있어 사망과 음부의 열쇠를 가졌노니
621) [벧전 4:12-13] [12]사랑하는 자들아 너희를 연단하려고 오는 불 시험을 이상한 일 당하는 것 같이 이상히 여기지 말고 [13]오히려 너희가 그리스도의 고난에 참여하는 것으로 즐거워하라 이는 그의 영광을 나타내실 때에 너희로 즐거워하고 기뻐하게 하려 함이라
622) [히 12:23] 하늘에 기록된 장자들의 모임과 교회와 만민의 심판자이신 하나님과 및 온전하게 된 의인의 영들과
[계 21:27] 무엇이든지 속된 것이나 가증한 일 또는 거짓말하는 자는 결코 그리로 들어가지 못하되 오직 어린 양의 생명책에 기록된 자들만 들어가리라
623) [딤전 6:16] 오직 그에게만 죽지 아니함이 있고 가까이 가지 못할 빛에 거하시고 어떤 사람도 보지 못하였고 또 볼 수 없는 이시니 그에게 존귀와 영원한 권능을 돌릴지어다 아멘

(1) 구약
① 불멸성에 관한 이스라엘의 소망이 그들을 저버리지 않으시는, 언약의 하나님에 대한 믿음에서 발견된다(전 3:11)624).
② 스올: 사후에도 인간이 의식을 갖고 존재함을 말한다(시 16:10; 49:14-15)625).
③ 죽은 자의 부활에 관한 가르침이 암시적으로(출 3:6; 참조. 마 22:32)626)도, 명시적으로(욥 19:25-26; 사 26:19; 단 12:2)627)도 나타난다.
④ 죽음 후에 성도가 하나님과 교제하는 복에 관하여 말한다(시 16:9-11)628).

(2) 신약
① 의인의 영혼(눅 23:43; 고후 5:1)629)과 악인의 영혼의 존속(롬 2:5-11; 고후 5:10)630).
② 성도의 부활과 악인의 부활(요 5:25-29)631).

---

624) [전 3:11] 하나님이 모든 것을 지으시되 때를 따라 아름답게 하셨고 또 사람들에게는 영원을 사모하는 마음을 주셨느니라 그러나 하나님이 하시는 일의 시종을 사람으로 측량할 수 없게 하셨도다

625) [시 16:10] 이는 주께서 내 영혼을 스올에 버리지 아니하시며 주의 거룩한 자를 멸망시키지 않으실 것임이니이다
[시 49:14-15] ¹⁴그들은 양 같이 스올에 두기로 작정되었으니 사망이 그들의 목자일 것이라 정직한 자들이 아침에 그들을 다스리리니 그들의 아름다움은 소멸하고 스올이 그들의 거처가 되리라 ¹⁵그러나 하나님은 나를 영접하시리니 이러므로 내 영혼을 스올의 권세에서 건져내시리로다 (셀라)

626) [출 3:6] 또 이르시되 나는 네 조상의 하나님이니 아브라함의 하나님, 이삭의 하나님, 야곱의 하나님이니라 모세가 하나님 뵈옵기를 두려워하여 얼굴을 가리매
[마 22:32] 나는 아브라함의 하나님이요 이삭의 하나님이요 야곱의 하나님이로라 하신 것을 읽어 보지 못하였느냐 하나님은 죽은 자의 하나님이 아니요 살아 있는 자의 하나님이시니라 하시니

627) [욥 19:25-26] ²⁵내가 알기에는 나의 대속자가 살아 계시니 마침내 그가 땅 위에 서실 것이라 ²⁶내 가죽이 벗김을 당한 뒤에도 내가 육체 밖에서 하나님을 보리라
[사 26:19] 주의 죽은 자들은 살아나고 그들의 시체들은 일어나리이다 티끌에 누운 자들아 너희는 깨어 노래하라 주의 이슬은 빛난 이슬이니 땅이 죽은 자들을 내놓으리로다
[단 12:2] 땅의 티끌 가운데에서 자는 자 중에서 많은 사람이 깨어나 영생을 받는 자도 있겠고 수치를 당하여 영원히 부끄러움을 당할 자도 있을 것이며

628) [시 16:9-11] ⁹이러므로 나의 마음이 기쁘고 나의 영도 즐거워하며 내 육체도 안전히 살리니 ¹⁰이는 주께서 내 영혼을 스올에 버리지 아니하시며 주의 거룩한 자를 멸망시키지 않으실 것임이니이다 ¹¹주께서 생명의 길을 내게 보이시리니 주의 앞에는 충만한 기쁨이 있고 주의 오른쪽에는 영원한 즐거움이 있나이다

629) [눅 23:43] 예수께서 이르시되 내가 진실로 네게 이르노니 오늘 네가 나와 함께 낙원에 있으리라 하시니라
[고후 5:1] 만일 땅에 있는 우리의 장막 집이 무너지면 하나님께서 지으신 집 곧 손으로 지은 것이 아니요 하늘에 있는 영원한 집이 우리에게 있는 줄 아느니라

630) [롬 2:5-11] ⁵다만 네 고집과 회개하지 아니한 마음을 따라 진노의 날 곧 하나님의 의로우신 심판이 나타나는 그 날에 임할 진노를 네게 쌓는도다 ⁶하나님께서 각 사람에게 그 행한 대로 보응하시되 ⁷참고 선을 행하여 영광과 존귀와 썩지 아니함을 구하는 자에게는 영생으로 하시고 ⁸오직 당을 지어 진리를 따르지 아니하고 불의를 따르는 자에게는 진노와 분노로 하시리라 ⁹악을 행하는 각 사람의 영에는 환난과 곤고가 있으리니 먼저는 유대인에게요 그리고 헬라인에게며 ¹⁰선을 행하는 각 사람에게는 영광과 존귀와 평강이 있으리니 먼저는 유대인에게요 그리고 헬라인에게라 ¹¹이는 하나님께서 외모로 사람을 취하지 아니하심이라
[고후 5:10] 이는 우리가 다 반드시 그리스도의 심판대 앞에 나타나게 되어 각각 선악간에 그 몸으로 행한 것을 따라 받으려 함이라

631) [요 5:25-29] ²⁵진실로 진실로 너희에게 이르노니 죽은 자들이 하나님의 아들의 음성을 들을 때가 오나니 곧 이 때라 듣는 자는 살아나리라 ²⁶아버지께서 자기 속에 생명이 있음 같이 아들에게도 생명을 주어 그 속에 있게 하셨고 ²⁷또 인자됨으로 말미암아 심판하는 권한을 주셨느니라 ²⁸이를 놀랍게 여기지 말라 무덤 속에 있는 자가 다 그의 음성을 들을 때가 오나니 ²⁹선한 일을 행한 자는 생명의 부활로, 악한 일을 행한 자는 심판의 부활로 나오리라

③ 내세에 하나님과 교제하는 성도의 복된 삶(마 13:43; 25:34; 계 21:3-4; 22:1-5)632).

178. 중간 상태
1) '중간기'와 '중간 상태': 죽음과 부활 사이의 기간을 '중간기'라 하며 그때의 영혼으로만의 존재를 '중간 상태'라고 한다.
    (1) 성도의 경우
        ① 그리스도와 함께 있음(눅 23:43; 고후 5:8)633).
        ② 천국(고후 5:1).
        ③ 완전한 의식을 가지고 살아 있음(눅 16:22-23)634).
        ④ 안식과 무한히 복된 상태(계 14:13)635).
    (2) 악인의 경우: 지옥에 있음(눅 16:22-23)636).
2) 'שְׁאוֹל(스올)'과 'ᾅδης(하데스)'의 의미
    (1) 성경에서 이 두 용어는 다양한 의미로 사용된다.
    (2) 장소를 칭할 때, 지옥(시 9:17; 눅 16:22-23)637)이나 무덤(창 42:38)638)을 뜻한다.
    (3) 상태를 칭할 때, 죽음을 뜻한다(삼상 2:6; 행 2:27, 31)639).

---

632) [마 13:43] 그 때에 의인들은 자기 아버지 나라에서 해와 같이 빛나리라 귀 있는 자는 들으라
[마 25:34] 그 때에 임금이 그 오른편에 있는 자들에게 이르시되 내 아버지께 복 받을 자들이여 나아와 창세로부터 너희를 위하여 예비된 나라를 상속받으라
[계 21:3-4] ³내가 들으니 보좌에서 큰 음성이 나서 이르되 보라 하나님의 장막이 사람들과 함께 있으매 하나님이 그들과 함께 계시리니 그들은 하나님의 백성이 되고 하나님은 친히 그들과 함께 계셔서 ⁴모든 눈물을 그 눈에서 닦아 주시니 다시는 사망이 없고 애통하는 것이나 곡하는 것이나 아픈 것이 다시 있지 아니하리니 처음 것들이 다 지나갔음이러라
[계 22:1-5] ¹또 그가 수정 같이 맑은 생명수의 강을 내게 보이니 하나님과 및 어린 양의 보좌로부터 나와서 ²길 가운데로 흐르더라 강 좌우에 생명나무가 있어 열두 가지 열매를 맺되 달마다 그 열매를 맺고 그 나무 잎사귀들은 만국을 치료하기 위하여 있더라 ³다시 저주가 없으며 하나님과 그 어린 양의 보좌가 그 가운데에 있으리니 그의 종들이 그를 섬기며 ⁴그의 얼굴을 볼 터이요 그의 이름도 그들의 이마에 있으리라 ⁵다시 밤이 없겠고 등불과 햇빛이 쓸 데 없으니 이는 주 하나님이 그들에게 비치심이라 그들이 세세토록 왕 노릇 하리로다
633) [눅 23:43] 예수께서 이르시되 내가 진실로 네게 이르노니 오늘 네가 나와 함께 낙원에 있으리라 하시니라
[고후 5:8] 우리가 담대하여 원하는 바는 차라리 몸을 떠나 주와 함께 있는 그것이라
634) [눅 16:22-23] ²²이에 그 거지가 죽어 천사들에게 받들려 아브라함의 품에 들어가고 부자도 죽어 장사되매 ²³그가 음부에서 고통중에 눈을 들어 멀리 아브라함과 그의 품에 있는 나사로를 보고
635) [계 14:13] 또 내가 들으니 하늘에서 음성이 나서 이르되 기록하라 지금 이후로 주 안에서 죽는 자들은 복이 있도다 하시매 성령이 이르시되 그러하다 그들이 수고를 그치고 쉬리니 이는 그들의 행한 일이 따름이라 하시더라
636) [눅 16:22-23] ²²이에 그 거지가 죽어 천사들에게 받들려 아브라함의 품에 들어가고 부자도 죽어 장사되매 ²³그가 음부에서 고통중에 눈을 들어 멀리 아브라함과 그의 품에 있는 나사로를 보고
637) [시 9:17] 악인들이 스올로 돌아감이여 하나님을 잊어버린 모든 이방 나라들이 그리하리로다
[눅 16:22-23] ²²이에 그 거지가 죽어 천사들에게 받들려 아브라함의 품에 들어가고 부자도 죽어 장사되매 ²³그가 음부에서 고통중에 눈을 들어 멀리 아브라함과 그의 품에 있는 나사로를 보고
638) [창 42:38] 야곱이 이르되 내 아들은 너희와 함께 내려가지 못하리니 그의 형은 죽고 그만 남았음이라 만일 너희가 가는 길에서 재난이 그에게 미치면 너희가 내 흰 머리를 슬퍼하며 스올로 내려가게 함이 되리라
639) [삼상 2:6] 여호와는 죽이기도 하시고 살리기도 하시며 스올에 내리게도 하시고 거기에서 올리기도 하시는도다
[행 2:27, 31] ²⁷이는 내 영혼을 음부에 버리지 아니하시며 주의 거룩한 자로 썩음을 당하지 않게 하실 것

179. 그리스도의 재림

1) 성경의 용어
   (1) ἀποκάλυψις(아포칼럽시스, 감추인 것이 드러남, 고전 1:7)640): 그리스도를 보지 못하게 하던 것이 사라져 그가 성도에게 드러나심.
   (2) ἐπιφάνεια(에피파네이아, 나타남, 살후 2:8)641): 그리스도가 구원의 부요한 복과 함께 성도에게 나타나심.
   (3) παρουσία(파루시아, 현존, 마 24:3)642): 그리스도가 성도에게 오셔서 그들 가운데 현존하심.
2) 단일 재림: 그리스도의 재림은 단일하며, 공중 재림과 지상 재림의 이중 재림으로 나뉘지 않는다.
3) 재림 이전의 사건
   (1) 이방인들을 부르심: 이방인의 충만한 수가 차기까지(롬 11:25)643).
   (2) 온 이스라엘의 회심: 혈통적 이스라엘이 아니라 영적 참 이스라엘의 충만한 수 전체(롬 11:26)644).
   (3) 대배교(마 24:10; 살후 2:3; 딤전 4:1)645)와 대환난(핍박)(마 24:9, 21; 딤후 3:1)646).
   (4) 적그리스도가 나타남: 그리스도를 대적하는 원리 또는 인물(요일 2:18, 22)647).
   (5) 징조와 기사들
      ① 전쟁, 지진, 기근 등의 재난 발생(마 24:6-8)648).

임이로다 31미리 본 고로 그리스도의 부활을 말하되 그가 음부에 버림이 되지 않고 그의 육신이 썩음을 당하지 아니하시리라 하더니
640) [고전 1:7] 너희가 모든 은사에 부족함이 없이 우리 주 예수 그리스도의 나타나심을 기다림이라
641) [살후 2:8] 그 때에 불법한 자가 나타나리니 주 예수께서 그 입의 기운으로 그를 죽이시고 강림하여 나타나심으로 폐하시리라
642) [마 24:3] 예수께서 감람 산 위에 앉으셨을 때에 제자들이 조용히 와서 이르되 우리에게 이르소서 어느 때에 이런 일이 있겠사오며 또 주의 임하심과 세상 끝에는 무슨 징조가 있사오리이까
643) [롬 11:25] 형제들아 너희가 스스로 지혜 있다 하면서 이 신비를 너희가 모르기를 내가 원하지 아니하노니 이 신비는 이방인의 충만한 수가 들어오기까지 이스라엘의 더러는 우둔하게 된 것이라
644) [롬 11:26] 그리하여 온 이스라엘이 구원을 받으리라 기록된 바 구원자가 시온에서 오사 야곱에게서 경건하지 않은 것을 돌이키시겠고
645) [마 24:10] 그 때에 많은 사람이 실족하게 되어 서로 잡아 주고 서로 미워하겠으며
[살후 2:3] 누가 어떻게 하여도 너희가 미혹되지 말라 먼저 배교하는 일이 있고 저 불법의 사람 곧 멸망의 아들이 나타나기 전에는 그 날이 이르지 아니하리니
[딤전 4:1] 그러나 성령이 밝히 말씀하시기를 후일에 어떤 사람들이 믿음에서 떠나 미혹하는 영과 귀신의 가르침을 따르리라 하셨으니
646) [마 24:9, 21] 9그 때에 사람들이 너희를 환난에 넘겨 주겠으며 너희를 죽이리니 너희가 내 이름 때문에 모든 민족에게 미움을 받으리라 21이는 그 때에 큰 환난이 있겠음이라 창세로부터 지금까지 이런 환난이 없었고 후에도 없으리라
[딤후 3:1] 너는 이것을 알라 말세에 고통하는 때가 이르러
647) [요일 2:18, 22] 18아이들아 지금은 마지막 때라 적그리스도가 오리라는 말을 너희가 들은 것과 같이 지금도 많은 적그리스도가 일어났으니 그러므로 우리가 마지막 때인 줄 아노라 22거짓말하는 자가 누구냐 예수께서 그리스도이심을 부인하는 자가 아니냐 아버지와 아들을 부인하는 그가 적그리스도니
648) [마 24:6-8] 6난리와 난리 소문을 듣겠으나 너희는 삼가 두려워하지 말라 이런 일이 있어야 하되 아직 끝은 아니니라 7민족이 민족을, 나라가 나라를 대적하여 일어나겠고 곳곳에 기근과 지진이 있으리니 8이 모든 것은 재난의 시작이니라

② 표적과 기사로 미혹하는 거짓 선지자들, 거짓 그리스도의 등장(마 24:24)649).
③ 하늘에 무서운 징조 나타남(마 24:29-30)650).
4) 재림
(1) 재림의 시간: 알 수 없음(마 24:36)651).
(2) 재림의 방식: 그리스도 자신이 신인양성의 연합 가운데 인성에 따라 강림.
① 인격적 강림(행 1:11)652).
② 육체적 강림(계 1:7)653).
③ 가시적 강림(마 24:30)654).
④ 갑작스러운 강림(살전 5:2-3)655).
⑤ 영광과 승리의 강림(살전 4:16; 살후 1:10)656).
(3) 재림의 목적: 마지막 때 새 시대를 열고 천하 만물에 영원한 상태를 부여하기 위함.
(4) 재림의 후속 결과: 죽은 자의 부활(살전 4:13-17)657)과 최후 심판(계 22:12)658).

180. 천년왕국

1) 무천년설: 승천하신 그리스도가 하나님 우편에서 다스리심에 의해 하나님의 나라가 도래하고 그 마지막의 완성에 이르며 그 연속선에 성도의 구원의 완성이 있다고 본다. 천 년을 문자적으로

---

649) [마 24:24] 거짓 그리스도들과 거짓 선지자들이 일어나 큰 표적과 기사를 보여 할 수만 있으면 택하신 자들도 미혹하리라
650) [마 24:29-30] 29그 날 환난 후에 즉시 해가 어두워지며 달이 빛을 내지 아니하며 별들이 하늘에서 떨어지며 하늘의 권능들이 흔들리리라 30그 때에 인자의 징조가 하늘에서 보이겠고 그 때에 땅의 모든 족속들이 통곡하며 그들이 인자가 구름을 타고 능력과 큰 영광으로 오는 것을 보리라
651) [마 24:36] 그러나 그 날과 그 때는 아무도 모르나니 하늘의 천사들도, 아들도 모르고 오직 아버지만 아시느니라
652) [행 1:11] 이르되 갈릴리 사람들아 어찌하여 서서 하늘을 쳐다보느냐 너희 가운데서 하늘로 올려지신 이 예수는 하늘로 가심을 본 그대로 오시리라 하였느니라
653) [계 1:7] 볼지어다 그가 구름을 타고 오시리라 각 사람의 눈이 그를 보겠고 그를 찌른 자들도 볼 것이요 땅에 있는 모든 족속이 그로 말미암아 애곡하리니 그러하리라 아멘
654) [마 24:30] 그 때에 인자의 징조가 하늘에서 보이겠고 그 때에 땅의 모든 족속들이 통곡하며 그들이 인자가 구름을 타고 능력과 큰 영광으로 오는 것을 보리라
655) [살전 5:2-3] 2주의 날이 밤에 도둑 같이 이를 줄을 너희 자신이 자세히 알기 때문이라 3그들이 평안하다, 안전하다 할 그 때에 임신한 여자에게 해산의 고통이 이름과 같이 멸망이 갑자기 그들에게 이르리니 결코 피하지 못하리라
656) [살전 4:16] 주께서 호령과 천사장의 소리와 하나님의 나팔 소리로 친히 하늘로부터 강림하시리니 그리스도 안에서 죽은 자들이 먼저 일어나고
[살후 1:10] 그 날에 그가 강림하사 그의 성도들에게서 영광을 받으시고 모든 믿는 자들에게서 놀랍게 여김을 얻으시리니 이는 (우리의 증거가 너희에게 믿어졌음이라)
657) [살전 4:13-17] 13형제들아 자는 자들에 관하여는 너희가 알지 못함을 우리가 원하지 아니하노니 이는 소망 없는 다른 이와 같이 슬퍼하지 않게 하려 함이라 14우리가 예수께서 죽으셨다가 다시 살아나심을 믿을진대 이와 같이 예수 안에서 자는 자들도 하나님이 그와 함께 데리고 오시리라 15우리가 주의 말씀으로 너희에게 이것을 말하노니 주께서 강림하실 때까지 우리 살아 남아 있는 자도 자는 자보다 결코 앞서지 못하리라 16주께서 호령과 천사장의 소리와 하나님의 나팔 소리로 친히 하늘로부터 강림하시리니 그리스도 안에서 죽은 자들이 먼저 일어나고 17그 후에 우리 살아 남은 자들도 그들과 함께 구름 속으로 끌어 올려 공중에서 주를 영접하게 하시리니 그리하여 우리가 항상 주와 함께 있으리라
658) [계 22:12] 보라 내가 속히 오리니 내가 줄 상이 내게 있어 각 사람에게 그가 행한 대로 갚아 주리라

이해하지 않는다(계 20:1-6)659).

2) 역사적 전천년설: 천년왕국이 있기 전에 그리스도가 재림하신다. 그리스도가 지상에 재림하셔서 천 년간 다스리신다. 대사건들 - 그리스도 재림 - 죽은 성도 부활 - 천년왕국 - 나머지 죽은 자의 부활 - 최후심판 - 새 하늘과 새 땅

3) 후천년설: 천년왕국이 있은 후에 그리스도가 재림하신다. 그리스도의 영의 역사로 큰 부흥의 시대가 있은 후 그리스도가 재림하신다.

4) 세대주의적 전천년설: 역사를 일반적으로 일곱 세대로 나누는데, 각 세대에 독자적이고 서로 다른 원리와 심판들이 적용된다고 여기므로 구속사의 통일성이 훼손된다. 두 번의 재림, 여러 차례의 부활, 세 번의 심판, 두 종류의 하나님의 백성을 주장하는 등 신학적 오류가 많다.

181. 죽은 자의 부활

1) 신구약 성경은 공히 부활을 가르친다(단 12:2; 고전 15:20)660).
2) 부활의 성격
   (1) 삼위일체 하나님의 사역(고후 1:9; 요 5:21; 롬 8:11)661).
   (2) 몸의 부활(고전 15:53)662).
   (3) 의인과 악인 모두의 부활(행 24:15)663).
   (4) 의인의 부활은 영생, 악인의 부활은 영원한 죽음으로 귀결된다(요 5:28-29)664).
3) 부활의 시기: 그리스도의 재림의 때(고전 15:23)665).

---

659) [계 20:1-6] ¹또 내가 보매 천사가 무저갱의 열쇠와 큰 쇠사슬을 그의 손에 가지고 하늘로부터 내려와서 ²용을 잡으니 곧 옛 뱀이요 마귀요 사탄이라 잡아서 천 년 동안 결박하여 ³무저갱에 던져 넣어 잠그고 그 위에 인봉하여 천 년이 차도록 다시는 만국을 미혹하지 못하게 하였는데 그 후에는 반드시 잠깐 놓이리라 ⁴또 내가 보좌들을 보니 거기에 앉은 자들이 있어 심판하는 권세를 받았더라 또 내가 보니 예수를 증언함과 하나님의 말씀 때문에 목 베임을 당한 자들의 영혼들과 또 짐승과 그의 우상에게 경배하지 아니하고 그들의 이마와 손에 그의 표를 받지 아니한 자들이 살아서 그리스도와 더불어 천 년 동안 왕 노릇 하니 ⁵(그 나머지 죽은 자들은 그 천 년이 차기까지 살지 못하더라) 이는 첫째 부활이라 ⁶이 첫째 부활에 참여하는 자들은 복이 있고 거룩하도다 둘째 사망이 그들을 다스리는 권세가 없고 도리어 그들이 하나님과 그리스도의 제사장이 되어 천 년 동안 그리스도와 더불어 왕 노릇 하리라

660) [단 12:2] 땅의 티끌 가운데에서 자는 자 중에서 많은 사람이 깨어나 영생을 받는 자도 있겠고 수치를 당하여서 영원히 부끄러움을 당할 자도 있을 것이며
[고전 15:20] 그러나 이제 그리스도께서 죽은 자 가운데서 다시 살아나사 잠자는 자들의 첫 열매가 되셨도다

661) [고후 1:9] 우리는 우리 자신이 사형 선고를 받은 줄 알았으니 이는 우리로 자기를 의지하지 말고 오직 죽은 자를 다시 살리시는 하나님만 의지하게 하심이라
[요 5:21] 아버지께서 죽은 자들을 일으켜 살리심 같이 아들도 자기가 원하는 자들을 살리느니라
[롬 8:11] 예수를 죽은 자 가운데서 살리신 이의 영이 너희 안에 거하시면 그리스도 예수를 죽은 자 가운데서 살리신 이가 너희 안에 거하시는 그의 영으로 말미암아 너희 죽을 몸도 살리시리라

662) [고전 15:53] 이 썩을 것이 반드시 썩지 아니할 것을 입겠고 이 죽을 것이 죽지 아니함을 입으리로다

663) [행 24:15] 그들이 기다리는 바 하나님께 향한 소망을 나도 가졌으니 곧 의인과 악인의 부활이 있으리라 함이니이다

664) [요 5:28-29] ²⁸이를 놀랍게 여기지 말라 무덤 속에 있는 자가 다 그의 음성을 들을 때가 오나니 ²⁹선한 일을 행한 자는 생명의 부활로, 악한 일을 행한 자는 심판의 부활로 나오리라

665) [고전 15:23] 그러나 각각 자기 차례대로 되리니 먼저는 첫 열매인 그리스도요 다음에는 그가 강림하실 때에 그리스도에게 속한 자요

182. 최후의 심판
1) 최후의 심판의 성격
   (1) 죽은 자의 부활 후에 있는 마지막 심판(계 20:11-15)[666].
   (2) 현세에 다 벌하거나 상 주지 못한 것에 대한 최종적 판단이자 결론적 해결(히 9:27)[667].
   (3) 단일한 심판("그 날"[마 7:22; 롬 2:5; 딤후 4:8][668]).
2) 재판장: 왕이신 중보자 그리스도(행 10:42; 딤후 4:1)[669].
3) 심판의 대상
   (1) 타락한 천사들(벧후 2:4; 유 1:6)[670].
   (2) 신자와 불신자 모두: 신자에게는 용서받은 죄가 드러남(마 25:32; 고후 5:10; 고전 4:5)[671].
4) 심판의 기준
   (1) 기준: 하나님이 계시하시는 뜻.
   (2) 지상에서 행한 일에 따라 천국의 복락과 지옥의 형벌은 차이가 있다(눅 20:47)[672].
   (3) 하나님이 계시하신 뜻을 더 많이 알수록 더 큰 책임이 있다(눅 12:47-48)[673].

---

666) [계 20:11-15] ¹¹또 내가 크고 흰 보좌와 그 위에 앉으신 이를 보니 땅과 하늘이 그 앞에서 피하여 간 데 없더라 ¹²또 내가 보니 죽은 자들이 큰 자나 작은 자나 그 보좌 앞에 서 있는데 책들이 펴 있고 또 다른 책이 펴졌으니 곧 생명책이라 죽은 자들이 자기 행위를 따라 책들에 기록된 대로 심판을 받으니 ¹³바다가 그 가운데에서 죽은 자들을 내주고 또 사망과 음부도 그 가운데에서 죽은 자들을 내주매 각 사람이 자기의 행위대로 심판을 받고 ¹⁴사망과 음부도 불못에 던져지니 이것은 둘째 사망 곧 불못이라 ¹⁵누구든지 생명책에 기록되지 못한 자는 불못에 던져지더라

667) [히 9:27] 한 번 죽는 것은 사람에게 정해진 것이요 그 후에는 심판이 있으리니

668) [마 7:22] 그 날에 많은 사람이 나더러 이르되 주여 주여 우리가 주의 이름으로 선지자 노릇 하며 주의 이름으로 귀신을 쫓아 내며 주의 이름으로 많은 권능을 행하지 아니하였나이까 하리니
[롬 2:5] 다만 네 고집과 회개하지 아니한 마음을 따라 진노의 날 곧 하나님의 의로우신 심판이 나타나는 그 날에 임할 진노를 네게 쌓는도다
[딤후 4:8] 이제 후로는 나를 위하여 의의 면류관이 예비되었으므로 주 곧 의로우신 재판장이 그 날에 내게 주실 것이며 내게만 아니라 주의 나타나심을 사모하는 모든 자에게도니라

669) [행 10:42] 우리에게 명하사 백성에게 전도하되 하나님이 살아 있는 자와 죽은 자의 재판장으로 정하신 자가 곧 이 사람인 것을 증언하게 하셨고
[딤후 4:1] 하나님 앞과 살아 있는 자와 죽은 자를 심판하실 그리스도 예수 앞에서 그가 나타나실 것과 그의 나라를 두고 엄히 명하노니

670) [벧후 2:4] 하나님이 범죄한 천사들을 용서하지 아니하시고 지옥에 던져 어두운 구덩이에 두어 심판 때까지 지키게 하셨으며
[유 1:6] 또 자기 지위를 지키지 아니하고 자기 처소를 떠난 천사들을 큰 날의 심판까지 영원한 결박으로 흑암에 가두셨으며

671) [마 25:32] 모든 민족을 그 앞에 모으고 각각 구분하기를 목자가 양과 염소를 구분하는 것 같이 하여
[고후 5:10] 이는 우리가 다 반드시 그리스도의 심판대 앞에 나타나게 되어 각각 선악간에 그 몸으로 행한 것을 따라 받으려 함이라
[고전 4:5] 그러므로 때가 이르기 전 곧 주께서 오시기까지 아무 것도 판단하지 말라 그가 어둠에 감추인 것들을 드러내고 마음의 뜻을 나타내시리니 그 때에 각 사람에게 하나님으로부터 칭찬이 있으리라

672) [눅 20:47] 그들은 과부의 가산을 삼키며 외식으로 길게 기도하니 그들이 더 엄중한 심판을 받으리라 하시니라

673) [눅 12:47-48] ⁴⁷주인의 뜻을 알고도 준비하지 아니하고 그 뜻대로 행하지 아니한 종은 많이 맞을 것이요 ⁴⁸알지 못하고 맞을 일을 행한 종은 적게 맞으리라 무릇 많이 받은 자에게는 많이 요구할 것이요 많이 맡은 자에게는 많이 달라 할 것이니라

5) 심판의 다양한 부분들
   (1) 사실 심리(審理): 하나님이 모든 사람의 마음과 행위의 모든 것을 인식하신다(단 7:10)[674].
   (2) 판결의 선포: 모든 사람이 최고 재판장의 재판정에 서고(고후 5:10)[675], 각 사람에 대한 판결이 공개적으로 선포되어 하나님의 의와 은혜가 찬란하게 빛난다.
   (3) 판결의 집행: 판결에 따라 의인은 영원한 복, 악인은 저주를 받는다(마 13:49-50)[676].

183. 최후의 상태
1) 악인의 최후의 상태
   (1) 악인이 처한 곳: 지옥(마 10:28; 계 20:14)[677].
   (2) 악인이 처한 상태: 영원한 형벌(마 25:46; 살후 1:9)[678].
      ① 하나님의 은총이 전혀 없음.
      ② 죄의 완전한 지배로 인한 삶의 끝없는 혼란.
      ③ 몸과 영혼의 극심한 고통.
      ④ 양심의 가책과 고뇌와 절망과 비탄과 이를 갊과 같은 주관적 형벌들(마 8:12)[679].
   (3) 형벌의 기간: 영원(계 14:11; 20:10)[680].
2) 의인의 최후의 상태
   (1) 새 창조: 성도의 최종적 상태에 앞서 현 세상이 사라지고 새 하늘과 새 땅의 새 창조가 있을 것이다(마 19:28; 계 21:1)[681].
      ① 루터파 이해: 전적으로 새로운 창조(계 20:11; 21:1)[682].
      ② 개혁파 이해: 현 창조의 갱신(시 102:26-27; 히 12:26-28)[683].

---

674) [단 7:10] 불이 강처럼 흘러 그의 앞에서 나오며 그를 섬기는 자는 천천이요 그 앞에서 모셔 선 자는 만만이며 심판을 베푸는데 책들이 펴 놓였더라
675) [고후 5:10] 이는 우리가 다 반드시 그리스도의 심판대 앞에 나타나게 되어 각각 선악간에 그 몸으로 행한 것을 따라 받으려 함이라
676) [마 13:49-50] ⁴⁹세상 끝에도 이러하리라 천사들이 와서 의인 중에서 악인을 갈라 내어 ⁵⁰풀무 불에 던져 넣으리니 거기서 울며 이를 갈리라
677) [마 10:28] 몸은 죽여도 영혼은 능히 죽이지 못하는 자들을 두려워하지 말고 오직 몸과 영혼을 능히 지옥에 멸하실 수 있는 이를 두려워하라
    [계 20:14] 사망과 음부도 불못에 던져지니 이것은 둘째 사망 곧 불못이라
678) [마 25:46] 그들은 영벌에, 의인들은 영생에 들어가리라 하시니라
    [살후 1:9] 이런 자들은 주의 얼굴과 그의 힘의 영광을 떠나 영원한 멸망의 형벌을 받으리로다
679) [마 8:12] 그 나라의 본 자손들은 바깥 어두운 데 쫓겨나 거기서 울며 이를 갈게 되리라
680) [계 14:11] 그 고난의 연기가 세세토록 올라가리로다 짐승과 그의 우상에게 경배하고 그의 이름 표를 받는 자는 누구든지 밤낮 쉼을 얻지 못하리라 하더라
    [계 20:10] 또 그들을 미혹하는 마귀가 불과 유황 못에 던져지니 거기는 그 짐승과 거짓 선지자도 있어 세세토록 밤낮 괴로움을 받으리라
681) [마 19:28] 예수께서 이르시되 내가 진실로 너희에게 이르노니 세상이 새롭게 되어 인자가 자기 영광의 보좌에 앉을 때에 나를 따르는 너희도 열두 보좌에 앉아 이스라엘 열두 지파를 심판하리라
    [계 21:1] 또 내가 새 하늘과 새 땅을 보니 처음 하늘과 처음 땅이 없어졌고 바다도 다시 있지 않더라
682) [계 20:11] 또 내가 크고 흰 보좌와 그 위에 앉으신 이를 보니 땅과 하늘이 그 앞에서 피하여 간 데 없더라
    [계 21:1] 또 내가 새 하늘과 새 땅을 보니 처음 하늘과 처음 땅이 없어졌고 바다도 다시 있지 않더라

(2) 의인의 영원한 거처: 천국(마 5:3; 히 11:16)[684].
(3) 의인이 받는 상급의 본성
① 영생(무궁하고 완전하며 가장 충만한 생명): 하나님과의 교제(계 21:3)[685].
② 그리스도 안에서 하나님을 대면함(고전 13:12)[686].
③ 하나님 안에서 완전한 만족.
④ 하나님 안에서 희락.
⑤ 하나님을 영화롭게 함.
⑥ 영과 육의 희락.
⑦ 높은 수준의 인식과 사회적 교제.
⑧ 천국의 기쁨에 있어서 정도의 차이가 있다(단 12:3; 고후 9:6)[687].
⑨ 우리의 선행은 우리의 은혜로운 상급의 척도이다.
⑩ 각 개인의 희락은 완전하고 충만하다.

---

683) [시 102:26-27] ²⁶천지는 없어지려니와 주는 영존하시겠고 그것들은 다 옷 같이 낡으리니 의복 같이 바꾸시면 바뀌려니와 ²⁷주는 한결같으시고 주의 연대는 무궁하리이다
[히 12:26-28] ²⁶그 때에는 그 소리가 땅을 진동하였거니와 이제는 약속하여 이르시되 내가 또 한 번 땅만 아니라 하늘도 진동하리라 하셨느니라 ²⁷이 또 한 번이라 하심은 진동하지 아니하는 것을 영존하게 하기 위하여 진동할 것들 곧 만드신 것들이 변동될 것을 나타내심이라 ²⁸그러므로 우리가 흔들리지 않는 나라를 받았은즉 은혜를 받자 이로 말미암아 경건함과 두려움으로 하나님을 기쁘시게 섬길지니
684) [마 5:3] 심령이 가난한 자는 복이 있나니 천국이 그들의 것임이요
[히 11:16] 그들이 이제는 더 나은 본향을 사모하니 곧 하늘에 있는 것이라 이러므로 하나님이 그들의 하나님이라 일컬음 받으심을 부끄러워하지 아니하시고 그들을 위하여 한 성을 예비하셨느니라
685) [계 21:3] 내가 들으니 보좌에서 큰 음성이 나서 이르되 보라 하나님의 장막이 사람들과 함께 있으매 하나님이 그들과 함께 계시리니 그들은 하나님의 백성이 되고 하나님은 친히 그들과 함께 계셔서
686) [고전 13:12] 우리가 지금은 거울로 보는 것 같이 희미하나 그 때에는 얼굴과 얼굴을 대하여 볼 것이요 지금은 내가 부분적으로 아나 그 때에는 주께서 나를 아신 것 같이 내가 온전히 알리라
687) [단 12:3] 지혜 있는 자는 궁창의 빛과 같이 빛날 것이요 많은 사람을 옳은 데로 돌아오게 한 자는 별과 같이 영원토록 빛나리라
[고후 9:6] 이것이 곧 적게 심는 자는 적게 거두고 많이 심는 자는 많이 거둔다 하는 말이로다

VIII. 실전문제

1. 신학서론

1. '신학'에 대한 서술 중 적절치 않은 것은?
   ① 신학은 "하나님"과 "말씀"의 합성어에서 기원한다
   ② 주어진 계시를 탐구하여 종합적·체계적으로 구성하고 서술하는 것이다
   ③ 신학자의 입장을 철학적 체제를 갖추어 서술하고 그 당위를 논변하는 것이다
   ④ 하나님의 존재와 사역에 대한 지식을 대상으로 한다
   ※ 교리 1. 신학

2. 신학을 칭하는 교리사적 용어가 아닌 것은?
   ① 전통   ② 교리
   ③ 교의   ④ 신조
   ※ 교리 1. 신학

3. '교의 신학(조직신학)의 필요성' 중 타당치 않은 것은?
   ① 전도적 임무   ② 사변적 임무
   ③ 변증적 임무   ④ 교육적 임무
   ※ 교리 2. 교의 신학(조직신학)의 필요성 / 3. 교의 신학(조직신학)의 임무

정답 1.③ 2.① 3.②

4. 교의 신학(조직신학)의 분류 중 '신론'의 위치로 적절한 것은?
   ① 서론과 인간론 사이
   ② 인간론과 기독론 사이
   ③ 기독론과 구원론 사이
   ④ 구원론과 교회론 사이

   ※ 교리 4. 교의신학(조직신학)의 분류

5. 하나님을 아는 지식은 하나님 자신으로부터 나온다는 것을 뜻하는 개념은?
   ① 계시의 신앙수위론
   ② 신앙의 유비
   ③ 하나님의 자기계시
   ④ 성경의 영감

   ※ 교리 5. 하나님의 자기계시

6. '계시'를 뜻하는 용어가 아닌 것은?
   ① 아포루트로시스
   ② 파네로시스
   ③ 칼라
   ④ 아포칼립시스

   ※ 교리 5. 하나님의 자기계시

7. '신학 함'의 올바른 자세는?
   ① 계시 창출 신학
   ② 계시 구성 신학
   ③ 계시 의존 신학
   ④ 계시 유추 신학

   ※ 교리 6. 계시 의존 신학

8. 계시의 내용을 이루는 주요한 세 가지에 들지 않는 것은?
   ① 하나님의 존재
   ② 하나님의 사역
   ③ 하나님의 경륜
   ④ 하나님의 주권

   ※ 교리 7. 계시의 내용

9. 신학 함에 있어서 '신앙수위론'에 서 있지 않는 학자는?
   ① 찰스 핫지
   ② 아브라함 카이퍼
   ③ 에밀 브룬너
   ④ 박형룡

   ※ 교리 8. 신앙수위론

10. 신학 함에 있어서 '신앙수위론'에 반대되는 개념은?
    ① 이성수위론
    ② 과학수위론
    ③ 경험수위론
    ④ 감정수위론

    ※ 교리 8. 신앙수위론

정답 4.① 5.③ 6.① 7.③ 8.④ 9.③ 10.①

11. 영적인 일은 영적인 것으로 분별함을 전하는 구절은?
   ① 롬 8:15   ② 창 15:6   ③ 갈 2:16   ④ 고전 2:13-14
   ※ 교리 8. 신앙수위론

12. 믿음으로만 하나님이 만물을 지으셨음을 알게 됨을 전하는 구절은?
   ① 히 11:3   ② 살전 5:16   ③ 행 20:28   ④ 롬 6:15
   ※ 교리 8. 신앙수위론

13. 믿음으로 수납한 지식을 종합적·체계적으로 서술하고 가르치며 선포하는 데 작용하는 것은?
   ① 거듭난 의지   ② 거듭난 이성
   ③ 거듭난 정서   ④ 거듭난 의식
   ※ 교리 9. 거듭난 이성(중생 이성)

14. '참 신학'이라고 볼 수 없는 것은?
   ① 위로부터의 신학   ② 말씀 신학   ③ 믿음 신학   ④ 경험 신학
   ※ 교리 10. 참 신학

15. '신학의 특성'에 드는 것은?
   ① 아래로부터의 신학   ② 사변 신학
   ③ 윤리 신학   ④ 계시 신학
   ※ 교리 10. 참 신학

16. 교회의 당위가 되는 성도의 자라감을 위한 교회의 대표적인 책무는?
   ① 개별 교회와 보편 교회   ② 문화적 교회와 사회적 교회
   ③ 인적 계승과 인적 직제   ④ 가르치는 교회와 선포하는 교회
   ※ 교리 11. 신학이 자리하는 교회의 당위성

17. 신학이 자리하는 교회의 당위성에 들지 않는 것은?
   ① 보편 신앙의 교회   ② 가르치는 교회
   ③ 구제하는 교회   ④ 선포하는 교회
   ※ 교리 11. 신학이 자리하는 교회의 당위성

18. 하나님의 초월성을 부인하고 하나님을 자연법칙이나 인간 사상에 종속시키는 신학 방법론은?
   ① 독단주의, 혹은 초월주의   ② 이신론적·합리주의적 방식
   ③ 신비적 방법   ④ 귀납적 방법
   ※ 교리 12. 신학의 방법

정답 11.④ 12.① 13.② 14.④ 15.④ 16.④ 17.④ 18.②

19. 성경의 계시를 믿는다고 하면서도 그것을 철학에 제한시키는 중세 스콜라 신학자들에 의해서 추구된 신학 방법은?
  ① 신비적 방법
  ② 독단주의 혹은 초월주의
  ③ 교리적·합리주의적 방식
  ④ 이신론적·합리주의적 방식
  ※ 교리 12. 신학의 방법

20. 신학의 원리에 부합하게 성경 말씀 전체를 교리 조목별로 믿음으로 수납하는 신학의 방식은?
  ① 귀납적 방법
  ② 종합적-발생적 방법
  ③ 계시 실존적 방법
  ④ 연역적 방법
  ※ 교리 12. 신학의 방법

21. 개혁 신학에 있어서 신학 혹은 계시의 원리 중 내적 인식의 원리는?
  ① 믿음   ② 성경   ③ 교리   ④ 신의식
  ※ 교리 13. 신학 혹은 계시의 원리

22. 개혁신학에 있어서 신학 혹은 계시의 원리 중 외적 인식의 원리는?
  ① 믿음   ② 성경   ③ 교리   ④ 신의식
  ※ 교리 13. 신학 혹은 계시의 원리

23. 개혁신학에 있어서 신학 혹은 계시의 원리 중 존재의 원리는?
  ① 하나님의 전지성
  ② 하나님의 불변성
  ③ 하나님의 자기계시
  ④ 하나님의 전능성
  ※ 교리 13. 신학 혹은 계시의 원리

24. 신학 방식에 있어서 신에 대한 절대 의존 감정을 중심에 둔 학자는?
  ① 칼 라너
  ② 안드레아 오시안더
  ③ 프리드리히 슐라이어마허
  ④ 칼 바르트
  ※ 교리 14. 그릇된 신학 방식

25. 신학 방식에 있어서 초월론적 자기 고양을 강조한 학자는?
  ① 프리드리히 슐라이어마허
  ② 볼프하르트 판넨베르그
  ③ 데이비드 슈트라우스
  ④ 칼 라너
  ※ 교리 14. 그릇된 신학 방식

26. 신학의 중심을 공동체 윤리에서 찾고 사랑을 강조한 학자는?
  ① 에브하르트 융엘
  ② 위르겐 몰트만
  ③ 알브레히트 리츨
  ④ 칼 바르트
  ※ 교리 14. 그릇된 신학 방식

정답 19.③ 20.② 21.① 22.② 23.③ 24.③ 25.④ 26.③

27. 이성주의와 경험주의의 극단을 피하고 모든 지식을 사람의 지식으로 환원한 코페르니쿠스적인 전회를 이루며 신은 불가지한 물 자체의 영역이므로 지식의 대상이 될 수 없다고 본 학자는?
   ① 르네 데카르트   ② 존 로크   ③ 임마누엘 칸트   ④ 데이비드 흄

   ※ 교리 14. 그릇된 신학 방식

28. 신학의 목적을 가장 적절하게 표현한 말은?
   ① 하나님의 지식 체계를 인간 이해의 영역에서 재구성하는 것
   ② 하나님의 존재 증명에 대한 포괄적 인식을 추구하며 초월자를 기술하는 것
   ③ 하나님의 말씀과 성경의 상관성을 과학적으로 논구하여 그 당위를 설명하는 것
   ④ 하나님을 믿고, 섬기고, 영화롭게 하는 것

   ※ 교리 15. 신학의 목적

29. 종교의 본질을 하나님께 봉사와 존영을 드리는 덕행이라고 본 학자는?
   ① 토마스 아퀴나스   ② 프리드리히 헤겔
   ③ 마틴 켐니츠   ④ 윌리엄 퍼킨스

   ※ 교리 16. 종교의 본질

30. 프리드리히 헤겔의 입장은?
   ① 하나님은 그 개념에 대한 사유가 있으므로 존재가 명증하다
   ② 하나님에 대한 관념 자체가 하나님의 존재이다
   ③ 하나님을 아는 것은 그의 덕성을 아는 것이다
   ④ 하나님에 대한 신비한 합일 경험이 그를 아는 유일한 길이다

   ※ 교리 16. 종교의 본질

31. '교리'의 정의에 들지 않는 것은?
   ① 신앙 고백의 형식   ② 구원 진리를 신적 권위에 근거하여 표현
   ③ 성경에 의해서 규범된 규범   ④ 신학자의 교리적 진술

   ※ 교리 18. 교리

32. 교리가 이차적 규범으로서 '규범된 규범'이라면 그 '원 규범'은?
   ① 신앙고백   ② 전통   ③ 신앙의 규범   ④ 성경

   ※ 교리 18. 교리

33. 교리의 기원이 되는 '세례 선포문'이 나오는 구절은?
   ① 갈 3:16   ② 고후 13:13   ③ 마 28:19   ④ 행 2:33

   ※ 교리 19. 교리의 기원

정답 27.③ 28.④ 29.① 30.② 31.④ 32.④ 33.③

34. '교회의 서고 넘어짐의 조항'으로 칭해지는 것은?
① 교리　　　② 전통　　　③ 성경　　　④ 신학
※ 교리 18. 교리

35. 기독교 신학의 3대 교리에 들지 않는 것은?
① 성례론　　② 삼위일체론　　③ 기독론　　④ 구원론
※ 교리 20. 기독교 신학의 3대 교리

36. 개혁신학의 5대 '오직'에 들지 않는 것은?
① 오직 믿음으로　　　　② 오직 그리스도로
③ 오직 은혜로　　　　　④ 오직 하나님의 주권으로
※ 교리 21. 개혁신학의 5대 '오직'

37. 개혁신학의 정의에 부합하지 않는 것은?
① 칼빈과 그를 잇는 개혁신학자들에 의해서 전개된 신학
② 하나님의 영광과 주권 및 계시의 무오한 기록인 성경의 유일한 권위를 인정
③ 하나님의 은혜와 함께 성도의 공로의 합력에 따른 구원의 역사
④ 신경 진리로서 교리 체계를 수립하고 가르치고 전하며 변증함을 목적
※ 교리 22. 개혁신학의 특성

38. 개혁신학의 특성에 속하지 않는 것은?
① 하나님 주권　　　　　　　② 성경의 유일한 권위
③ 교회의 성경 승인권과 성경 해석권　④ 성경으로 성경을 해석하고 변증
※ 교리 22. 개혁신학의 특성

39. 계시의 삼위일체론적 특성에 부합하지 않는 것은?
① 계시는 성부 하나님에게서 유래한다
② 계시는 성자 하나님의 말씀(로고스)으로, 말씀을 통하여 주어진다
③ 계시는 성령의 역사로 믿음 가운데 진리로서 수납된다
④ 계시의 의미는 성경 해석을 통한 규범화를 통하여 확정된다
※ 교리 23. 계시의 삼위일체론적 특성

40. 다음 중 일반계시에 대한 설명으로 적절하지 않은 것은?
① 일반계시는 하나님의 은총과 무관하게 작용한다
② 일반계시는 피조물과 사람 등을 통하여 드러난다
③ 일반계시는 하나님이 모든 사람에게 알게 하시는 지식이다
④ 타락한 인류는 일반계시만으로는 구원 지식을 얻을 수 없다
※ 교리 24. 일반계시와 특별계시 / 25. 일반계시 / 26. 일반계시의 한계

정답 34.① 35.① 36.④ 37.③ 38.③ 39.④ 40.①

41. '일반 계시물'에 들지 않는 것은?
    ① 사람
    ② 성경
    ③ 피조물
    ④ 사회(국가, 질서)
    ※ 교리 25. 일반계시

42. '일반계시의 인식 도구'로서 하나님이 모든 사람에게 심어 주지 않으신 것은?
    ① 신성에 대한 의식
    ② 믿음
    ③ 종교의 씨앗
    ④ 양심
    ※ 교리 25. 일반계시

43. 사람이 타락으로 인하여 하나님을 알 수 없게 되었으므로 그 무지를 변명할 수 없음을 전하는 구절은?
    ① 롬 1:20
    ② 고전 4:6
    ③ 갈 6:12
    ④ 요 17:3
    ※ 교리 26. 일반계시의 한계

44. 다음은 무엇에 대한 설명인가?

    > 하나님이 창조 때 베푸신 은사들이 인류의 타락에도 불구하고 계속 유지되어 역사하는 은총이다.

    ① 유예은총
    ② 보편은총
    ③ 자연은총
    ④ 일반은총
    ※ 교리 27. 일반은총

45. 특별계시를 칭하는 말이 아닌 것은?
    ① 말씀 계시
    ② 구원 계시
    ③ 보조 계시
    ④ 성경
    ※ 교리 24. 일반계시와 특별계시 / 25. 일반계시 / 26. 일반계시의 한계

46. 특별계시에 대한 설명으로 적절하지 않은 것은?
    ① 일반계시의 한계는 특별계시의 필연성을 요청한다.
    ② 특별계시는 일반계시를 대체하므로 일반계시와 양립할 수 없다
    ③ 특별계시는 창조 후에 말씀으로 온 계시이다
    ④ 타락한 인류는 일반계시로는 하나님의 존재 및 속성, 사역 및 경륜, 언약과 구속사적 진리를 알 수 없으므로 특별계시가 부여되었다
    ※ 교리 27. 특별계시(말씀 계시, 구원 계시)

정답 41.② 42.② 43.① 44.④ 45.③ 46.②

47. 특별계시에 대한 설명으로 적절하지 않은 것은?
   ① 특별계시인 성경 안에는 일반계시에 대한 내용이 없다
   ② 특별계시를 통해 하나님 자신이 직접 사상들을 표현하시고, 방황하며 하나님을 발견할 수 없는 인류를 직접 찾아가신다
   ③ 특별계시는 선지자들과 사도들이 전한 성경 말씀과 성자 예수를 통한 말씀을 모두 포함한다
   ④ 하나님은 사람을 자기 형상에 따라 인격체로 창조하시고 그들에게 언어를 부여하시며 그 언어로써 계시하셨다
   ※ 교리 27. 특별계시(말씀 계시, 구원 계시)

48. 성자 예수 그리스도가 영원하신 말씀으로서 육신이 되셔서 이 땅에 구원자로 오심을 선포하는 구절은?
   ① 요 1:12-18
   ② 마 13:1-30
   ③ 행 3:12-15
   ④ 딤후 3:15-16
   ※ 교리 27. 특별계시(말씀 계시, 구원 계시)

49. 특별계시의 필요성에 해당하지 않는 것은?
   ① 타락한 인류의 회복
   ② 일반계시의 충족성과 완전성
   ③ 언약을 통하여 인류의 본분과 궁극적 목표인 영생을 주시고자 하심
   ④ 하나님의 존재와 사역과 경륜을 더욱 분명하고 확실하게 알리심
   ※ 교리 28. 특별계시의 필요성

50. 특별계시의 내용에 해당하지 않은 것은?
   ① 하나님 자신의 존재와 속성
   ② 인류의 타락과 심판과 하나님의 구원 계획
   ③ 그리스도의 사역과 가르침과 해석
   ④ 시민적 규율을 통한 범죄의 억제
   ※ 교리 29. 특별계시의 내용

51. 특별계시의 내용으로 적절하지 않는 것은?
   ① 아브라함의 소명과 언약 백성의 형성
   ② 그리스도의 재림과 부활 및 최후의 심판
   ③ 율법의 고대 근동법적 기원
   ④ 보혜사 성령의 임재와 그리스도의 의의 전가 및 교회의 형성
   ※ 교리 29. 특별계시의 내용

정답 47.① 48.① 49.② 50.④ 51.③

52. 특별계시의 방법이 아닌 것은?
    ① 직접적 말씀
    ② 피조물
    ③ 예언의 방식
    ④ 하나님의 현현
    ※ 교리 30. 특별계시의 방법

53. '원 복음' 혹은 '모 복음'이라고 일컫는 구절은?
    ① 창 3:15
    ② 창 15:6
    ③ 출 3:12
    ④ 출 20:2
    ※ 교리 31. 구속 계시의 특성

54. 구속 계시의 주요 부분에 해당하지 않는 것은?
    ① 타락 전 인간의 상태
    ② 타락
    ③ 인간의 책임
    ④ 구원의 약속·성취·완성
    ※ 교리 31. 구속 계시의 특성

55. 보혜사 성령의 임재가 주님이 제자들에게 가르쳐 주신 말씀(요 14-16장)의 성취임을 선포한 구절은?
    ① 행 2:11
    ② 행 2:33
    ③ 행 3:15
    ④ 행 16:24
    ※ 교리 31. 구속 계시의 특성

56. 구속사적으로 '계시의 정점'은 누구를 칭하는가?
    ① 성부 하나님
    ② 성자 하나님
    ③ 성령 하나님
    ④ 신약의 사도들
    ※ 교리 32. 계시의 정점

57. 중보자 그리스도가 계시의 정점으로서 그의 영광을 보니 은혜와 진리가 충만하셨음을 전하는 구절은?
    ① 요 1:14
    ② 요 5:17
    ③ 요 10:30
    ④ 요 20:28
    ※ 교리 32. 계시의 정점

58. 중보자 그리스도를 칭하는 말로서 적절하지 않은 것은?
    ① 말씀 자체
    ② 말씀의 해석자
    ③ 말씀의 완성자
    ④ 말씀의 보조자
    ※ 교리 32. 계시의 정점

정답 52.② 53.① 54.③ 55.② 56.② 57.① 58.④

59. '성경이 기록된 하나님의 말씀'임에 대해 잘못 설명한 것은?
   ① 성경은 하나님의 말씀을 담고 있을 뿐 아니라 하나님의 말씀 자체이다
   ② 성경이 계시 자체이며, 궁극적 계시이고 완결된 계시이다
   ③ 하나님은 자기의 계시가 문자로 기록되게 하셨다
   ④ 성경의 의미는 교회의 해석에 의해서 확정된다
   ※ 교리 33. 성경

60. '성경이 정확무오한 하나님의 말씀'임에 대해 잘못 설명한 것은?
   ① 성경이 정확무오함은 연역적 추론과 귀납적 논증을 통하여 확정된다
   ② 교회는 성경의 완전성을 변증한다
   ③ 성경 해석의 법칙은 성경 자체이다
   ④ 성경의 진리와 신적 권위에 대한 감화와 확신은 성령의 내적 증거로 말미암는다
   ※ 교리 33. 성경

61. 성경에 대해 옳게 설명한 것은?
   ① 성경의 진리와 신적 권위에 대한 감화와 확신은 내적 신의식으로 확정된다
   ② 성경 기록자가 불완전하듯이, 성경도 불완전하다
   ③ 성경 진리에 대한 최고의 심판주는 오직 성경에서 말씀하시는 성령이시다
   ④ 성경 해석은 성경 자체의 해석을 우선하되 철학적 사변으로 논리화된다
   ※ 교리 33. 성경

62. '성경이 신앙과 행위의 유일한 법칙'임에 대해 잘못 설명한 것은?
   ① 유식자든 무식자든 통상적 방법을 사용하면 구원의 진리에 충만하게 이를 수 있다
   ② 성경은 구원에 필요한 하나님의 지식을 충분히, 궁극적으로, 완전하게 드러낸다
   ③ 구원과 거룩한 삶에 대한 모든 교훈이 궁극적으로 신약과 구약에 기록되어 있다
   ④ 성경이 요구하는 바는 성도가 자기 능력하에 행할 수 있는 것이다
   ※ 교리 33. 성경

63. "대저 하나님의 모든 말씀은 능하지 못하심이 없느니라"는 누구의 말인가?
   ① 천사 가브리엘   ② 다윗
   ③ 사도 바울   ④ 베드로
   ※ 교리 34. 성경에 대한 성경의 증언

64. 성경에 대한 성경의 증언으로 적합하지 않은 것은?
   ① 경(經)으로서 말씀   ② 변론으로서 말씀
   ③ 복음으로서 말씀   ④ 계시로서 말씀
   ※ 교리 34. 성경에 대한 성경의 증언

정답 59.④ 60.① 61.③ 62.④ 63.① 64.②

65. 성경의 '원저자'는 누구인가?
    ① 하나님　　　② 선지자들　　　③ 사도들　　　④ 천사들
    ※ 교리 35. 성경의 저자

66. '모든 성경이 하나님의 감동으로 된 것'임을 선포하는 구절은?
    ① 딤후 3:16; 벧후 1:21　　　② 딤전 3:16; 벧전 1:23
    ③ 딤후 3:16; 벧전 1:23　　　④ 딤전 3:16; 벧후 1:21
    ※ 교리 36. 성경의 영감

67. '성경의 성령 영감'에 대한 설명으로서 적절치 않은 것은?
    ① 성경은 성령의 감동하심을 입은 사람들이 하나님께 받아 말한 것이다
    ② 성령으로 영감되지 않은 성경 말씀도 있으며, 오직 영감된 말씀만 무오하다
    ③ 모든 성경은 하나님의 감동으로 된 것이다
    ④ 영감은 성경 저자들의 마음속에 작용하는 성령의 내적 역사이다
    ※ 교리 36. 성경의 영감

68. '성경의 성령 영감의 양상'이 아닌 것은?
    ① 계시 구술의 영감　　　② 성경 전부의 영감
    ③ 계시 전승의 영감　　　④ 계시 기록의 영감
    ※ 교리 37 영감의 양상

69. 여호와가 친히 말씀하셨다거나 말씀을 주셨다거나 한 경우의 영감의 양상은?
    ① 성경 전부의 영감　　　② 계시 구술의 영감
    ③ 성경 전승의 영감　　　④ 문자들의 영감
    ※ 교리 37 영감의 양상

70. 그리스도의 복음 외에 다른 복음이 없음을 전하는 구절은?
    ① 갈 1:7　　　② 롬 1:16-17
    ③ 골 2:9　　　④ 딤후 3:5
    ※ 교리 37 영감의 양상

71. 다음 중 '유기적 영감'에 대한 설명으로 적절하지 않은 것은?
    ① 하나님의 말씀을 받은 그대로 복기(復記)
    ② 저자들의 성격과 기질 및 은사와 재능 반영
    ③ 저자들의 교육과 문화, 어휘, 문체, 스타일 반영
    ④ 저자들이 처한 상황과 성경을 기록하는 목적 및 취지 반영
    ※ 교리 38. 성경 영감에 관한 이론

정답 65.① 66.① 67.② 68.③ 69.② 70.① 71.①

72. 성경의 기록이 영감된 것이 아니라 기록자들이 영감되었으며, 그 정도는 다르나 종류는 같다고 보는 슐라이어마허의 입장은?
   ① 동력적 영감
   ② 조명적 영감
   ③ 직관적 영감
   ④ 유기적 영감

   ※ 교리 38. 성경 영감에 관한 이론

73. 성경의 기록이 자연인의 진리 통찰력이 고등하게 반영된 것이라고 보는 유니테리안과 펠라기우스주의의 입장은?
   ① 동력적 영감
   ② 조명적 영감
   ③ 직관적 영감
   ④ 유기적 영감

   ※ 교리 38. 성경 영감에 관한 이론

74. 성경의 무오에 대한 설명 중 적절하지 않은 것은?
   ① 역사적, 과학적 사실에 있어서 무오하며, 도덕적인 오류도 없다
   ② 성경의 계시를 담지하는 문장에 오류가 없다
   ③ 성경의 내용에 있어서 오류가 없다
   ④ 첫 원본이 무오하며 번역본도 언제나 무오하다

   ※ 교리 39. 성경의 무오

75. 칼빈이 성경에 대하여 비유한 세 가지에 들지 않는 것은?
   ① 극장
   ② 안경
   ③ 실
   ④ 학교

   ※ 교리 40. 성경에 대한 세 가지 비유(칼빈)

76. 성경의 정경성을 결정하는 가장 주요한 요소는?
   ① 기록자의 배경
   ② 기록 동기의 적절성
   ③ 내용의 논리적 일관성
   ④ 성경의 성령 영감

   ※ 교리 41. 정경

77. 외경에 대한 웨스트민스터 신앙고백서의 입장은?
   ① 정경과 일치하는 한에 있어서 유익함
   ② 인간의 작품과 다름 없음
   ③ 이차적 정경으로서 권위가 있음
   ④ 부분적으로 영감성이 있음

   ※ 교리 42. 외경

정답 72.② 73.③ 74.④ 75.① 76.④ 77.②

78. 성경의 권위는 어디에서 나오는가?
　　① 내용의 신성성　　② 저자의 소명　　③ 하나님 자신　　④ 천사
　　※ 교리 43. 성경의 신적 권위

79. 성경의 권위에 대한 설명 중 적절하지 않은 것은?
　　① 성경의 권위는 하나님이 성경의 저자이심에 있음
　　② 성경의 권위는 기록자의 성령 충만한 상태에 있음
　　③ 하나님은 성경에서 친히 말씀하심
　　④ 성경은 스스로 믿을 만함
　　※ 교리 43. 성경의 신적 권위

80. 성경의 권위와 무관한 사항은?
　　① 성경의 자기가신성
　　② 성경의 자증성
　　③ 하나님의 자기계시
　　④ 성경과 교회의 이중적 권위
　　※ 교리 43. 성경의 신적 권위

81. 성경이 구원 얻음과 믿음 생활에 필요한 모든 진리를 다 담고 있어서 추후의 계시나 전통에 의해 새롭게 보충될 필요가 전혀 없음을 말하는 특성은?
　　① 성경의 자존성　　　　　　② 성경의 완전성
　　③ 성경의 무오성　　　　　　④ 성경의 독자성
　　※ 교리 44. 성경의 충분성

82. 성경의 충족성에 대한 개혁신학자들의 입장과 무관한 것은?
　　① 성경 외에 기록된 하나님의 말씀은 없다
　　② 구원의 방도는 오직 성경에만 계시된다
　　③ 성경 외에 전통에 이차적 권위를 인정한다
　　④ 오직 성경만으로 완전 충족하다
　　※ 교리 44. 성경의 충분성

83. 성경의 명료성에 대한 설명으로 적절하지 않은 것은?
　　① 보혜사 성령이 진리의 영으로서 성도 가운데 역사하심
　　② 하나님의 말씀을 듣는 사람이 성령의 역사로 말씀을 받아들임
　　③ 성도는 성령의 내적 증언을 통해 말씀을 들음
　　④ 성경의 진리를 깨닫기 위해서 교회의 해석과 지도가 필요불가결함
　　※ 교리 45. 성경의 명료성

정답 78.③ 79.② 80.④ 81.② 82.③ 83.④

84. '신앙의 유비'와 '성경의 유비'에 대한 다음 설명 중 적절치 않은 것은?
   ① 성경은 성령의 내적 조명과 감화에 의해서 믿음으로 받아들여 알게 된다
   ② 성경은 성경으로, 성경에 의해서 해석한다
   ③ 성경의 자구적 의미를 문맥 가운데서 읽어야 한다.
   ④ 성경의 유비를 절대시하는 한 신앙의 유비는 전제되지 않는다
   ※ 교리 46. 성경 자해석의 원칙

85. 다음 중 '개혁신학 율법관'에 배치되는 것은?
   ① 율법은 항상 정죄한다
   ② 율법은 본질상 경건하고 올바른 삶의 규범이다
   ③ 율법은 언약의 법이다
   ④ 율법은 거듭난 자에게 본질적 규범성을 회복한다
   ※ 교리 47. 율법

86. 율법이 '언약의 법'으로서 지니는 두 가지 요소는?
   ① 명령과 약속   ② 조건과 성취
   ③ 공로와 상급   ④ 지식과 의지
   ※ 교리 47. 율법

87. 칼빈이 말한 율법의 제3 용법에 대한 설명과 무관한 것은?
   ① 거듭난 자들을 위한 용법이다
   ② 경건하고 올바른 삶의 규범으로서의 용법이다
   ③ 율법이 여전히 정죄하는 가운데 작용하는 용법이다
   ④ 율법의 고유한 본질에 가장 가까운 용법이다
   ※ 교리 48. 율법의 세 가지 용법(칼빈)

88. 개혁신학적 입장에서 본 복음의 내용이 아닌 것은?
   ① 그리스도의 유일한 중보   ② 성도의 그리스도와의 연합
   ③ 이중적 은혜(칭의와 성화)   ④ 간접전가
   ※ 교리 49. 복음

89. '성경 해석의 원리'로서 적절하지 않은 것은?
   ① 성경은 성경으로 해석되어야 한다
   ② 성경은 당대 사상에 따른 해석으로 최종적 의미를 지닌다
   ③ 성령의 조명으로 성경의 뜻이 분명하게, 명료하게, 확실하게 드러나게 된다
   ④ 성경의 역사적, 규범적 권위에 대한 구속사적 의의는 기독론적 관점에서 파악된다
   ※ 교리 50. 성경 해석의 원리

정답 84.④ 85.① 86.① 87.③ 88.④ 89.②

2. 신 론

90. 신론에서 다루는 내용이 아닌 것은?
① 하나님의 본질과 속성
② 삼위일체 하나님
③ 하나님의 존재 내적 사역인 작정과 예정
④ 예수 그리스도의 인격과 사역

※ 교리 51. 신론

91. 하나님을 아는 지식의 길과 관련이 없는 것은?
① 하나님이 자신을 계시해 주셔야만 하나님을 알 수 있다
② 하나님은 성경에서 자신을 계시하셨다
③ 성경은 하나님의 존재를 전제하지 않고 증명하려 한다
④ 계시된 지식은 하나님이 맞추어 주신 부분적 지식이나 참 지식이다

※ 교리 52. 하나님을 아는 지식을 얻는 길

92. 신 존재 증명에 해당하지 않는 것은?
① 존재론적 증명
② 삼위일체 전제적 증명
③ 목적론적 증명
④ 도덕적 증명

※ 교리 53. 신 존재 증명

93. 목적론적 증명에 대한 설명으로 적절한 것은?
① 우주에는 인과(因果)에 따른 목적이 존재한다
② 만물의 존재는 창조주의 존재를 증거한다
③ 인간은 유한하면서도 무한하고 완전한 존재에 대한 관념을 가진다
④ 양심은 하나님을 궁극적인 도덕적 존재로서 인식한다

※ 교리 53. 신 존재 증명

94. 도덕적 증명을 주장한 철학자는?
① 데카르트   ② 로크   ③ 칸트   ④ 플라톤

※ 교리 53. 신 존재 증명

95. 구약에 계시된 하나님의 이름이 아닌 것은?
① 엘룐   ② 여호와   ③ 아도나이   ④ 퀴리오스

※ 교리 54. 하나님의 이름

정답 90.④ 91.③ 92.② 93.① 94.③ 95.④

96. 구약에 계시된 하나님의 이름인 '엘샤다이'의 의미로 적절한 것은?
   ① 천군 천사에 둘러싸이신 영광의 하나님
   ② 전능하신 하나님, 위로와 축복의 하나님. 초월적 위엄보다 내재적 위로를 강조
   ③ 주, 통치자. 많은 경우 여호와를 대신하여 부른 이름
   ④ 영원하고 자존하며 불변하신 하나님
   ※ 교리 54. 하나님의 이름

97. 구약에 계시된 하나님의 이름인 '여호와'의 의미로 적절한 것은?
   ① 위엄·권위·권능의 하나님. 특히 창조주, 통치자
   ② 전능하신 하나님, 위로와 축복의 하나님. 초월적 위엄보다 내재적 위로를 강조
   ③ 지극히 높으셔서 예배받기에 합당하신 하나님
   ④ 영원하고 자존하며 불변하신 하나님. 언약에 신실하신 하나님
   ※ 교리 54. 하나님의 이름

98. 신약에 계시된 하나님의 이름이 아닌 것은?
   ① 아도나이   ② 데오스
   ③ 퀴리오스   ④ 파테르
   ※ 교리 54. 하나님의 이름

99. 신약에 계시된 하나님의 이름인 '파테르'에 해당하는 내용이 아닌 것은?
   ① 제2위 성자의 아버지, 모든 성도의 아버지
   ② 구약에서는 백성 각자의 아버지 되심을 강조
   ③ 모든 성도의 아버지
   ④ 신약에서는 성도 각자의 아버지 되심을 부각
   ※ 교리 54. 하나님의 이름

100. 하나님의 비공유적 속성에 해당하지 않는 것은?
   ① 자존성   ② 불변성
   ③ 영성   ④ 단일성
   ※ 교리 55. 하나님의 비공유적 속성

101. 하나님의 비공유적 속성인 무한성에 해당하지 않는 것은?
   ① 완전성   ② 단수성
   ③ 영원성   ④ 무변성
   ※ 교리 55. 하나님의 비공유적 속성

정답 96.② 97.④ 98.① 99.② 100.③ 101.②

102. 하나님의 비공유적 속성인 단순성에 대한 설명으로 적절한 것은?
　① 신적 존재는 복합적이거나 분할되지 않는다
　② 하나님은 변치 않으시며, 존재·속성·목적·약속에 있어서 변함이 없으시다
　③ 하나님은 절대적이고 순수한 영으로서, 하나님 안에는 영의 완전한 개념에 속하는 모든 본질적인 속성들이 있다
　④ 하나님은 모든 공간적 제한과 한계를 초월하시며, 전 존재로 모든 공간을 채우신다
　※ 교리 55. 하나님의 비공유적 속성

103. 하나님의 비공유적 속성인 '자존성'을 다르게 부르는 이름은 무엇인가?
　① 불변성　　　　　　　② 무한성
　③ 편재성　　　　　　　④ 독립성
　※ 교리 55. 하나님의 비공유적 속성

104. 한 분의 신적 존재만 존재하신다는 수적 유일성을 의미하는 비공유적 속성은?
　① 단순성　　　　　　　② 단수성
　③ 무량성　　　　　　　④ 독립성
　※ 교리 55. 하나님의 비공유적 속성

105. 하나님은 변치 않으시며 존재, 속성, 목적, 약속에 있어서 변함이 없으시다는 것에 해당하는 하나님의 비공유적 속성은?
　① 자존성　　　　　　　② 독립성
　③ 단순성　　　　　　　④ 불변성
　※ 교리 55. 하나님의 비공유적 속성

106. 하나님의 공유적 속성에 대한 정의로 옳은 것은?
　① 비전달적 속성, 절대 존재로서의 하나님의 속성이다
　② 그 무엇으로도 제한되지 아니하시는 하나님의 속성이다
　③ 천사와 사람에게 그 '형상'이 부여된 속성으로서 인격적인 영이신 하나님의 속성이다
　④ 스스로 존재하시며 어떤 것도 의존하지 않으시는 하나님의 속성이다
　※ 교리 56. 하나님의 공유적 속성

107. 하나님의 공유적 속성인 '영성'에 해당하지 않는 속성은?
　① 거룩성　　　　　　　② 인격성
　③ 불가견성　　　　　　④ 비육체성
　※ 교리 56. 하나님의 공유적 속성

정답 102.① 103.④ 104.② 105.④ 106.③ 107.①

108. 하나님의 영성을 알려주는 구절은?
   ① 요 10:10   ② 사 53:6   ③ 계 7:14   ④ 요 4:24
   ※ 교리 56. 하나님의 공유적 속성

109. 하나님의 공유적 속성인 '영성'에 대한 정의로 바른 것은?
   ① 하나님은 그 무엇으로도 제한되지 않으신다
   ② 하나님이 피조물에게 행하시는 가장 눈부신 신적 탁월성으로서, 다른 속성들보다 더 찬란한 광채로 사람에게 나타난다
   ③ 하나님은 절대적이고 순수한 영으로서, 하나님 안에는 영의 완전한 개념에 속하는 모든 본질적인 속성들이 있다
   ④ 하나님의 의지와 그 의지를 행하시는 능력에서 표현되는 속성이다
   ※ 교리 56. 하나님의 공유적 속성

110. 하나님의 지성적 속성에 해당되지 않는 것은?
   ① 지혜   ② 지고
   ③ 진리   ④ 진실
   ※ 교리 56. 하나님의 공유적 속성

111. 하나님의 공유적 속성 중 피조물에게 행하시는 가장 눈부신 신적 탁월성으로서, 다른 속성들보다 더 찬란한 광채로 사람에게 나타나는 속성은?
   ① 영성   ② 지성적 속성
   ③ 도덕적 속성   ④ 주권적 속성
   ※ 교리 56. 하나님의 공유적 속성

112. 하나님의 도덕적 속성에 해당하지 않는 것은?
   ① 의지   ② 선   ③ 거룩   ④ 의
   ※ 교리 56. 하나님의 공유적 속성

113. 하나님의 주권적 속성에 대해 바르게 정의한 것은?
   ① 하나님이 피조물에게 행하시는 가장 눈부신 신적 탁월성으로서, 다른 속성들보다 더 찬란한 광채로 사람에게 나타난다
   ② 하나님의 주권은 신적 의지와 그 의지를 행하시는 능력에서 표현된다
   ③ 하나님은 절대적이고 순수한 영으로서, 하나님 안에는 영의 완전한 개념에 속하는 모든 본질적인 속성들이 있다
   ④ 절대적으로 완전하신 하나님은 자기 자신과 모든 피조물에게 지극히 복되시며, 엄위롭고 지고하신 분으로서 감사, 찬양, 숭경, 복종, 순종의 대상이시다
   ※ 교리 56. 하나님의 공유적 속성

정답 108.④ 109.③ 110.② 111.③ 112.① 113.②

114. 하나님의 복되신 속성(유복성)에 해당하지 않는 속성은?
    ① 완전   ② 복됨   ③ 무량   ④ 영광
    ※ 교리 56. 하나님의 공유적 속성

115. 하나님의 복되신 속성(유복성)에 대한 설명으로 옳지 않은 것은?
    ① 절대적으로 완전하신 하나님은 자기 자신에게 지극히 복되시다
    ② 하나님은 엄위롭고 지고하신 분으로서 감사, 찬양, 숭경, 복종, 순종의 대상이시다
    ③ 절대적으로 완전하신 하나님은 모든 피조물에게 지극히 복되시다
    ④ 하나님은 존재·속성·목적·약속에 있어서 변함이 없으시다
    ※ 교리 56. 하나님의 공유적 속성

116. '삼위일체'에 대한 정의로 바른 것은?
    ① 성부, 성자, 성령은 위격에 있어서는 구별되시나, '동일본질'이시다
    ② 성자, 성령은 성부로부터 나시고 나오신 분들로서 시작이 있고 본질(실체)적으로 종속된다
    ③ 성부, 성자, 성령의 위격 구별은 단지 나타나는 모양만이 다른 것이다
    ④ 성부, 성자, 성령은 서로 유사본질이시다
    ※ 교리 57. 삼위일체

117. '삼위일체'에 대한 정의로 바르지 않은 것은?
    ① 하나님의 신격에는 삼위가 계시며 본질은 하나이시다
    ② 하나님의 전(全) 본질은 성부, 성자, 성령 삼위 각자에게 동일하게 속한다
    ③ 동등하신 삼위 사이에 본질의 속성과 구별되는 고유한 위격적 특성이란 없다
    ④ 삼위는 본질에 있어서 서로에 대해 종속되지 않고 동등하시다
    ※ 교리 57. 삼위일체

118. 성자께서 성부와 동일한 하나님이심을 증거하는 구절은?
    ① 요 8:32   ② 요 10:30
    ③ 요 4:24   ④ 요 5:24
    ※ 교리 57. 삼위일체

119. 성부, 성자, 성령 하나님이 권능과 영광에 있어서 동등하시다고 할 때, 이것은 어떠한 영역에서 동등하시다는 것을 의미하는가?
    ① 본질   ② 위격
    ③ 인격   ④ 위격적 존재
    ※ 교리 57. 삼위일체

정답 114.③ 115.④ 116.① 117.③ 118.② 119.①

120. 성부, 성자, 성령 세 위격의 본질이 동등하심을 나타내는 용어는?
① 위격적 존재　　　　　　　　② 유사본질
③ 동일본질　　　　　　　　　　④ 위격적 특성

※ 교리 59. 삼위일체

121. 삼위일체의 성경적 증거 중 구약에 해당하지 않는 것은?
① 복수 명사(엘로힘)와 복수 대명사(우리)는 하나님 안에서의 위격 구별을 내포한다
② 보좌 우편에서 성령을 파송하시는 성자, 성자에게 말씀하시는 성부, 성부에게 말씀하시는 성자
③ 여호와와 구별되는 '여호와의 사자'는 성자의 현현이다
④ 하나님의 말씀과 지혜의 인격화는 성자를 가리킨다

※ 교리 57. 삼위일체

122. 삼위일체의 성경적 증거 중 신약에 해당하지 않는 것은?
① 하나님은 유일하시며, 성부, 성자, 성령이 모두 하나님이심을 증거한다
② 신격 안의 위격 구별이 분명하게 계시된다
③ 하나님의 말씀과 지혜의 인격화
④ 삼위가 동렬로 기록되어 있다

※ 교리 57. 삼위일체

123. 신약에서 삼위를 동렬로 기록하고 있는 구절은?
① 마 1:1　　② 고후 13:13　　③ 막 10:45　　④ 계 7:14

※ 교리 57. 삼위일체

124. 성부의 존재적 특성에 해당하는 것은?
① 나시지도 않고, 나오시지도 않는다
② 영원히 나신다
③ 영원히 나오신다
④ 영원히 나시며, 영원히 나오신다

※ 교리 58. 삼위 각 위의 개별적 고찰

125. 성자의 존재적 특성에 해당하는 것은?
① 나시지도 않고, 나오시지도 않는다
② 영원히 나신다
③ 영원히 나시며, 영원히 나오신다
④ 영원히 나오신다

※ 교리 58. 삼위 각 위의 개별적 고찰

정답 120.③ 121.② 122.③ 123.② 124.① 125.②

126. 성령의 존재적 특성에 해당하는 것은?
① 영원히 나신다
② 영원히 나시며, 영원히 나오신다
③ 영원히 나오신다
④ 나시지도 않고, 나오시지도 않는다
※ 교리 58. 삼위 각 위의 개별적 고찰

127. 성부의 사역적 특성에 해당하지 않는 것은?
① 창조주로서 창조와 섭리를 주관하신다
② 구원을 계획하신다
③ 구원의 적용을 위한 소명과 칭의를 담당하신다
④ 구속 계획을 성취하신다
※ 교리 58. 삼위 각 위의 개별적 고찰

128. 성자의 사역적 특성에 해당하지 않는 것은?
① 창조의 중보자
② 구원의 중보자
③ 창조와 구원의 능력 및 효력
④ 성부의 구속 계획을 성취
※ 교리 58. 삼위 각 위의 개별적 고찰

129. 성령의 사역적 특성에 해당하지 않는 것은?
① 창조와 구원의 능력 및 효력
② 성부의 구속 계획을 성취
③ 생명의 발생
④ 구원 적용
※ 교리 58. 삼위 각 위의 개별적 고찰

130. 성자가 성부와 동일본질이심이 확증된 공의회는?
① 325년 니케아 공의회
② 381년 콘스탄티노플 공의회
③ 431년 에베소 공의회
④ 451년 칼케돈 공의회
※ 교리 59. 삼위일체 교리의 역사

131. 아리우스주의가 부인한 진리의 내용은?
① 성부의 위격
② 성자의 신격
③ 성부의 본질
④ 성령의 존재
※ 교리 61. 삼위일체 교리의 역사

정답 126.③ 127.④ 128.③ 129.② 130.① 131.②

132. 아리우스주의의 주장과 관련이 없는 것은?
   ① 성자는 나셨으므로 성부와 동일본질이 아니다
   ② 성자는 피조물이다
   ③ 성자는 성부와 동일본질인 하나님이다
   ④ 성자는 존재하지 않은 때가 있었다
   ※ 교리 59. 삼위일체 교리의 역사

133. 아리우스주의의 역사적 발전과 관계가 없는 것은?
   ① 종속주의   ② 소시니우스주의
   ③ 유니테리안주의   ④ 사벨리우스주의
   ※ 교리 59. 삼위일체 교리의 역사

134. 소시니우스주의의 주장으로 옳은 것은?
   ① 성부가 마리아에게서 잉태되었다
   ② 십자가에서 성부가 고난당했다
   ③ 성자는 성부가 창조한 거룩한 인간이다
   ④ 성자와 성령은 창조와 구속을 위해 일시적으로 인격을 취한 신적 속성이다
   ※ 교리 59. 삼위일체 교리의 역사

135. 유니테리안의 아버지로 불리는 대표적 이단은?
   ① 순교자 저스틴   ② 세르베투스
   ③ 오리겐   ④ 비들
   ※ 교리 59. 삼위일체 교리의 역사

136. 사벨리우스주의가 부인한 진리의 내용은?
   ① 신격 안에 위격의 구별을 부인
   ② 신성을 부인
   ③ 하나님의 존재하심을 부인
   ④ 성부에 대한 성자의 종속
   ※ 교리 59. 삼위일체 교리의 역사

137. 사벨리우스주의의 역사적 발전과 거리가 먼 것은?
   ① 성부잉태설   ② 유니테리안주의
   ③ 성부고난설   ④ 성부속성설
   ※ 교리 59. 삼위일체 교리의 역사

정답 132.③ 133.④ 134.③ 135.② 136.① 137.②

138. 성부 속성설이 주장하는 것은?
   ① 성부가 마리아에게서 잉태되었다
   ② 성자는 영원한 존재로서 피조물은 아니나 성부보다 열등하다
   ③ 성자와 성령은 창조와 구속을 위해 일시적으로 인격을 취한 신적 속성이다
   ④ 십자가에서 성부가 고난당했다

   ※ 교리 59. 삼위일체 교리의 역사

139. 성부잉태설이 주장하는 것은?
   ① 성자와 성령은 창조와 구속을 위해 일시적으로 인격을 취한 신적 속성이다
   ② 성자는 영원한 존재로서 피조물은 아니나 성부보다 열등하다
   ③ 십자가에서 성부가 고난당했다
   ④ 성부가 마리아에게서 잉태되었다

   ※ 교리 59. 삼위일체 교리의 역사

140. '필리오케'(Filioque) 교리를 부인한 전통은?
   ① 개혁파 교회
   ② 로마가톨릭교회
   ③ 동방정교회
   ④ 루터파 교회

   ※ 교리 60. 필리오케 교리

141. '필리오케'(Filioque) 교리의 내용으로 옳은 것은?
   ① 성령은 성부에게서만 나오신다
   ② 성령은 성부에게서, 그리고 성자에게서 나오신다
   ③ 성령은 성자에게서만 나오신다
   ④ 성령은 성부와 성자에게서 나오시지 않는다

   ※ 교리 60. 필리오케 교리

142. '필리오케'(Filioque)가 의미하는 것은?
   ① '그리고 아들에게서'
   ② '그리고 아버지에게서'
   ③ '그리고 성령에게서'
   ④ '그리고 아버지와 아들에게서'

   ※ 교리 60. 필리오케 교리

143. '필리오케'(Filioque) 교리를 정립한 대표적인 교부는?
   ① 클레멘트
   ② 어거스틴
   ③ 순교자 저스틴
   ④ 오리겐

   ※ 교리 60. 필리오케 교리

정답 138.③ 139.④ 140.③ 141.② 142.① 143.②

144. '필리오케'(Filioque) 교리의 증거구절이 아닌 것은?
   ① 요 14:26
   ② 요 15:26
   ③ 요 17:3
   ④ 요 16:7
   ※ 교리 60. 필리오케 교리

145. '필리오케'(Filioque) 교리를 확정한 공의회는?
   ① 325년 니케아 공의회
   ② 431년 에베소 공의회
   ③ 451년 칼케돈 공의회
   ④ 589년 톨레도 제3차 회의
   ※ 교리 60. 필리오케 교리

146. 동방교회가 '필리오케'(Filioque) 교리를 부인한 주요 원인은?
   ① 아리우스 이단 경계
   ② 성상파괴
   ③ 니케아 신조의 본래 의미 위배
   ④ 십자군 원정
   ※ 교리 60. 필리오케 교리

147. 하나님의 사역 종류에 해당하지 않는 것은?
   ① 예정론   ② 이신론   ③ 창조론   ④ 섭리론
   ※ 교리 61. 하나님의 사역의 종류

148. 성경이 하나님의 작정에 의해 생성 및 진행된다고 가르치는 것과 거리가 먼 것은?
   ① 성자의 영원한 나심
   ② 모든 사물
   ③ 특별 사물
   ④ 구속 역사
   ※ 교리 62. 작정

149. 하나님의 작정에 대한 내용과 거리가 먼 것은?
   ① 하나님의 작정이란 영원에서의 하나님의 역사이다
   ② 죄에 대해서도 적극적 작정이 있었다
   ③ 작정에는 창조, 섭리, 구속, 심지어 인간의 죄를 포함한 모든 행동이 포함된다
   ④ 작정은 우리의 눈에는 여럿으로 보일 수 있으나, 작정 그 자체는 하나(단수)이다
   ※ 교리 62. 작정

150. 하나님의 작정에서 특별한 사물들에 대한 작정과 거리가 먼 것은?
   ① 인간의 연대
   ② 인간의 거처
   ③ 우주 만물
   ④ 신자의 구원
   ※ 교리 62. 작정

정답 144.③ 145.④ 146.③ 147.② 148.① 149.② 150.③

151. 하나님의 작정에서 구속 사역의 작정에 해당하는 것은?
① 우주 만물 ② 인간의 연대
③ 인간의 생명 ④ 하나님의 왕국
※ 교리 62. 작정

152. 하나님의 작정의 특징과 거리가 먼 것은?
① 신적 지혜에 기초한다 ② 불변의 계획이다
③ 죄에 대해서는 허용적이지 않다 ④ 결과에 있어서 반드시 유효하다
※ 교리 62. 작정

153. 작정과 예정의 구별로 옳은 것은?
① 작정은 하나님의 존재와 관계되며, 예정은 피조물과 관계된다
② 작정은 온 우주적인 일반계획이며, 예정은 구원에 대한 특별계획이다
③ 작정은 이성적 피조물의 구원이 주요한 내용이며, 예정은 온 우주만물을 대상으로 한다
④ 작정은 하나님의 사역이지만, 예정은 피조물의 사역이다
※ 교리 63. 예정

154. 예정의 정의로 옳은 것은?
① 하나님의 예정은 이성적 피조물에 대한 하나님의 특별한 계획이다
② 하나님의 예정은 우주 만물에 대한 하나님의 일반적 계획이다
③ 하나님의 예정은 인간 역사에 대한 하나님의 일반적 계획이다
④ 하나님의 예정은 천사들만 해당되는 하나님의 특별한 계획이다
※ 교리 63. 예정

155. 예정의 주체는?
① 성자 ② 성부 ③ 성령 ④ 성도
※ 교리 63. 예정

156. 예정의 대상과 관계가 없는 것은?
① 하나님의 형상을 한 인격체 ② 선악 간의 모든 인간
③ 선악 간의 모든 동물 ④ 선악 간의 천사
※ 교리 63. 예정

157. 예정의 두 구분에 해당하는 것은?
① 작정과 선택 ② 작정과 예정 ③ 선택과 섭리 ④ 선택과 유기
※ 교리 63. 예정

정답 151.④ 152.③ 153.② 154.① 155.② 156.③ 157.④

158. 선택의 정의로 바른 것은?
① 선택은 전지전능하신 하나님이 절대적 자유와 지혜로 영원하신 계획과 목적을 통해 우주의 모든 사건을 정하시고 확실케 하시는 그의 계획이다
② 선택은 죄인들 가운데 얼마에게 구원의 특별한 은총을 주시지 않고 간과하시며, 죄에 대해서 형벌을 내리기로 하신 하나님의 영원한 작정이다
③ 선택은 하나님이 자신의 주권적 열의로 죄인 가운데 얼마를 예수 그리스도 안에서 구원하시기로 하신 하나님의 영원한 계획이다
④ 선택에는 창조, 섭리, 구속, 심지어 인간의 죄를 포함한 모든 행동이 포함된다

※ 교리 64. 선택과 유기(이중예정)

159. 선택의 종류와 관계가 없는 것은?
① 민족의 선택
② 우주 만물 선택
③ 참된 구원을 위한 선택
④ 은혜의 외적 수단을 위한 선택

※ 교리 64. 선택과 유기(이중예정)

160. 선택의 특징과 관계가 없는 것은?
① 조건적   ② 영원적   ③ 불변적   ④ 주권적

※ 교리 64. 선택과 유기(이중예정)

161. 선택이 주는 유익으로 옳은 것은?
① 우주 만물에 대한 하나님의 일반적 은총을 통해 위로를 얻게 된다
② 구원의 근거가 변치 않는 하나님의 주권에 있음이 구원받은 자들에게 위로와 확신이 된다
③ 인간의 역사를 주관하시는 하나님의 섭리에 대한 지식을 제공한다
④ 예수 그리스도를 믿는 성도는 십자가에서 우리 대신 유기당하신 그리스도의 대속으로 인해 하나님께 감사하게 된다

※ 교리 64. 선택과 유기(이중예정)

162. 유기의 원인은?
① 하나님의 선하심
② 예수 그리스도의 대속
③ 인간의 타락
④ 성령의 구원 적용

※ 교리 64. 선택과 유기(이중예정)

정답 158.③ 159.② 160.① 161.② 162.③

163. 타락 전 선택설(전택설)에 해당하지 않는 것은?
① 전택설은 하나님이 타락을 작정하시기 전에 먼저 예정하셨다는 것을 의미한다
② 하나님이 먼저 선택과 유기를 작정하셨다는 것을 통해 하나님의 절대주권을 강조한다
③ 그리스도의 대속에 따른 택함 받은 사람의 구원이 창세 전 삼위일체 하나님에 의해 작정되었음과 그 구속사적 성취로서 언약을 설명하기에 적합하다
④ 선택과 유기보다 타락을 먼저 상정함으로써 역사적 순서와 조화가 된다

※ 교리 65. 타락 전 선택설과 타락 후 선택설

164. 타락 전 선택설(전택설)을 주장한 개혁신학자는?
① 테오도르 베자
② 자카리아스 우르시누스
③ 페트루스 반 마스트리흐트
④ 윌리엄 퍼킨스

※ 교리 65. 타락 전 선택설과 타락 후 선택설

165. 타락 전 선택설(전택설)의 순서로 옳은 것은?
① 창조의 작정 → 선택 → 구원의 길 작정 → 타락의 허용
② 선택 → 창조의 작정 → 타락의 허용 → 구원의 작정
③ 창조 → 타락의 허용 → 선택 → 구원의 작정
④ 타락의 허용 → 창조의 작정 → 선택 → 구원의 작정

※ 교리 65. 타락 전 선택설과 타락 후 선택설

166. 타락 후 선택설(후택설)에 해당하지 않는 것은?
① 하나님이 타락을 작정하시기 전에 먼저 예정하셨다는 것을 의미한다
② 선택과 유기보다 타락을 먼저 상정함으로써 역사적 순서와 조화가 된다
③ 하나님이 타락을 작정하신 후에 예정하셨다는 것을 의미한다
④ 구원받은 자들에게는 구원하시는 은혜에 대한 강조가 되고, 버려둔 자들에 대해서는 하나님의 공의가 강조된다

※ 교리 65. 타락 전 선택설과 타락 후 선택설

167. 타락 후 선택설(후택설)을 주장한 개혁신학자는?
① 테오도르 베자
② 프란시스 튜레틴
③ 윌리엄 퍼킨스
④ 아브라함 카이퍼

※ 교리 65. 타락 전 선택설과 타락 후 선택설

정답 163.④ 164.③ 165.② 166.① 167.②

168. 타락 후 선택설(후택설)의 순서로 옳은 것은?
   ① 선택 → 창조의 작정 → 타락의 허용 → 구원의 작정
   ② 선택 → 타락의 허용 → 창조 → 구원의 작정
   ③ 창조 → 타락의 허용 → 선택 → 구원의 작정
   ④ 구원의 작정 → 창조 → 선택 → 타락의 허용

   ※ 교리 65. 타락 전 선택설과 타락 후 선택설

169. 칼빈주의와 알미니우스주의의 예정론을 비교한 것 중 옳지 않은 것은?
   ① 전적 부패 vs 자유의지 잔존
   ② 무조건적 선택 vs 예지 예정
   ③ 제한 속죄 vs 만인 속죄(보편구원론)
   ④ 성도의 견인 vs 불가항력적 은혜

   ※ 교리 66. 칼빈주의 예정론과 알미니우스주의 예정론

170. 칼빈주의 예정론과 거리가 먼 것은?
   ① 전적 부패   ② 무조건적 선택
   ③ 불가항력적 은혜   ④ 궁극적 구원 부인

   ※ 교리 66. 칼빈주의 예정론과 알미니우스주의 예정론

171. 알미니우스주의 예정론에 해당하는 것은?
   ① 무조건적 선택   ② 만인 속죄(보편구원론)
   ③ 제한 속죄   ④ 성도의 견인

   ※ 교리 66. 칼빈주의 예정론과 알미니우스주의 예정론

172. 창조 교리에 해당하지 않는 내용은?
   ① 무(無)로부터의 창조가 아니다
   ② 삼위일체 하나님의 사역이다
   ③ 하나님이 시간과 공간도 지으셨다
   ④ 하나님의 형상인 인간 창조로 종결된다

   ※ 교리 67. 창조

173. 창조의 목적에 가장 부합하는 것은 무엇인가?
   ① 인간의 행복을 위한 창조
   ② 하나님의 영광을 위한 창조
   ③ 천사의 행복을 위한 창조
   ④ 하나님의 필요에 의한 창조

   ※ 교리 67. 창조

정답 168.③ 169.④ 170.④ 171.② 172.① 173.②

174. 하나님의 영광을 위한 창조설의 내용에 해당하지 않는 것은?
   ① 성경이 증거하며 교회가 주장하는 내용이다
   ② 창조의 목적은 하나님의 영광 발현이다
   ③ 하나님은 스스로 충족하시므로 창조는 인간의 행복을 위함이라는 것이다
   ④ 창조의 목적에 있어서 하나님의 영광은 그의 독립성과 주권성과 일치되는 유일한 목적이다
   ※ 교리 67. 창조

175. 우주의 기원에 대한 다양한 이론 중 성경적인 것은?
   ① 이원론   ② 유출론
   ③ 진화론   ④ 창조론
   ※ 교리 67. 창조

176. '유신론적 진화론' 혹은 '진화적 창조론'이란?
   ① 하나님이 만물을 '무로부터(ex nihilo, out of nothing)' 창조하셨음을 말함
   ② 창조된 물질세계는 저급하며 하급 신에 의해 조성되었다는 주장
   ③ 하나님의 창조 행위는 인정하나 진화의 방법에 의해서 개별 존재가 창조되었다는 주장
   ④ 세계가 신적 존재로부터 필연적으로 유출되었다고 보는 범신론적 주장
   ※ 교리 67. 창조

177. 천사의 속성과 관계가 없는 것은?
   ① 창조된 존재   ② 하나님의 언약의 대상
   ③ 인격적 존재   ④ 하나님의 심부름꾼
   ※ 교리 68. 천사 창조

178. 천사의 사역과 관계가 없는 것은?
   ① 주도적이고 독립적인 사역
   ② 하나님을 예배하고 찬양하며, 하나님께 봉사
   ③ 성도와 교회를 위해 봉사 및 보호
   ④ 하나님의 뜻을 자연, 인간, 역사 가운데 수행
   ※ 교리 68. 천사 창조

179. 악한 천사와 관계가 없는 것은?
   ① 하나님이 악하게 창조하신 것이 아니라 스스로 타락한 존재이다
   ② 언약 안에서 구원의 기회를 갖고 있다
   ③ 인간보다 먼저 타락하였다
   ④ 종말의 날에 모든 악한 천사의 세력은 완전히 멸해질 것이다.
   ※ 교리 68. 천사 창조

정답 174.③ 175.④ 176.③ 177.② 178.① 179.②

180. 하나님의 섭리에 대한 내용으로 옳지 않은 것은?
   ① 하나님이 작정하신 바를 실행하시는 사역이다
   ② 하나님이 창조하신 모든 피조물을 보존하신다
   ③ 세계를 창조하셨지만 질서에 따라 그대로 두시며 관여하지 않으신다
   ④ 만물을 그들의 지정된 목적으로 인도하시는 하나님의 지속적인 사역이다
   ※ 교리 69. 섭리

181. 섭리의 범위가 보편적임을 의미하는 섭리의 성질은?
   ① 주밀성   ② 주권성   ③ 허용성   ④ 보편성
   ※ 교리 69. 섭리

182. 섭리의 성질에 해당하지 않는 것은?
   ① 보편성   ② 주밀성   ③ 비허용성   ④ 주권성
   ※ 교리 69. 섭리

183. 섭리의 3요소 중 보전에 해당하는 설명은?
   ① 미리 제정된 그들의 작용 법칙에 따라 그들을 행동하게 하고 정확하게 행동하게 하는 신적 능력의 작용이다
   ② 하나님이 창조하신 만물과 그것들에게 부여하신 특성과 능력 모두를 유지하시는 하나님의 계속적인 사역이다
   ③ 전지전능하신 하나님이 절대적 자유와 지혜로 영원하신 계획과 목적을 통해 우주의 모든 사건을 정하시고 확실케 하시는 그의 계획이다
   ④ 하나님이 신적 목적의 성취를 위해 만물을 목적론적으로 다스리시는 하나님의 지속적 행동이다
   ※ 교리 69. 섭리

184. 섭리의 종류에 해당하지 않는 것은?
   ① 일반섭리   ② 조건섭리   ③ 통상섭리   ④ 비상섭리
   ※ 교리 69. 섭리

185. 하나님의 자녀가 중심인 섭리는?
   ① 일반섭리   ② 통상섭리   ③ 특별섭리   ④ 비상섭리
   ※ 교리 69. 섭리

186. 섭리의 종류 중 제2 원인을 통하지 않고 하나님이 직접적으로 행동하시는 섭리는?
   ① 일반섭리   ② 특별섭리   ③ 통상섭리   ④ 비상섭리
   ※ 교리 69. 섭리

정답 180.③ 181.④ 182.③ 183.② 184.② 185.③ 186.④

3. 인간론

187. 조직신학 인간론에 관한 설명으로 적절하지 않은 것은?
① 인간의 생물학적, 심리적, 사회적 본질을 다룬다
② 하나님이 사람과 맺으신 언약을 다룬다
③ 하나님의 형상을 다룬다
④ 인간의 타락을 다룬다
※ 교리 70. 인간론

188. 창세기 1-2장에서 알 수 있는 인간 창조의 특징으로 올바르지 않은 것은?
① 하나님은 인간을 하나님의 형상대로 창조하셨다
② 인간은 영혼과 육체로 구성된 생령이다
③ 인간과 다른 모든 피조물은 원래 동등한 지위를 가진다
④ 하나님이 인간을 창조하셨을 때, 인간은 하나님이 보시기에 심히 좋았다
※ 교리 71. 인간 창조의 특징

189. 하나님이 인간을 하나님의 형상대로 창조하셨다는 말씀이 있는 구절은?
① 창 1:24-25   ② 창 1:26-27   ③ 창 1:28-29   ④ 창 1:30-31
※ 교리 71. 인간 창조의 특징

190. 인간의 계통적 단일성에 관한 설명 중 그릇된 것은?
① 첫 인류는 아담과 하와이다
② 하와는 모든 산 자의 어머니로 여겨진다
③ 인류의 시작은 복수 혈통이 아닌 단일 혈통이다
④ 인류 각자가 가진 인간 본성은 서로 다르다
※ 교리 72. 인간의 계통적 단일성

191. 인간론에서 '인간의 구조'에 관한 설명으로 올바른 것은?
① 인간은 피부, 근육, 뼈, 장기 등 육체로만 구성되어 있다
② 영혼은 육체에서 비롯되는 정신적 현상이다
③ 인간은 다른 동물들과 다름없는 영혼을 가진다
④ 영혼과 육체가 유기적 단일성을 이룬다.
※ 교리 73. 인간의 구조

정답 187.① 188.③ 189.② 190.④ 191.④

192. 인간의 영혼에 관한 성경 원어에 관한 설명 중 그릇된 것은?
① 히브리어 '루아흐'는 의미에 있어서 헬라어 '프뉴마'에 상응한다
② 히브리어 '네페쉬'는 의미에 있어서 헬라어 '프쉬케'에 상응한다
③ 히브리어 '루아흐'와 '네페쉬'는 영혼이라는 동일한 실체를 가리킨다
④ 헬라어 '프뉴마'와 '프쉬케'는 각각 '영'과 '혼'이라는 서로 다른 실체를 가리킨다
※ 교리 73. 인간의 구조

193. 인간의 구조에 있어서 이분설에 관한 설명 중 올바른 것은?
① 영혼과 육체는 한 실체의 두 측면이다
② 인간은 영혼과 육체라는 두 실체의 연합체이다
③ '영'과 '혼'은 영혼을 구성하는 두 실체이다
④ 인간에게 영혼과 육체는 함께 있지만 서로 대립한다
※ 교리 73. 인간의 구조

194. 하나님이 흙으로 사람을 지으시고 생기를 그 코에 불어넣어 사람이 생령이 되었다는 구절은?
① 창 1:27   ② 창 1:28   ③ 창 2:7   ④ 창 5:1
※ 교리 73. 인간의 구조

195. 인간의 구조에 있어서 삼분설에 관한 비판 중 그릇된 것은?
① 아폴리나리우스는 인간을 삼분설로 이해하는 가운데 예수님의 인성을 잘못 이해하여 그의 참 인성을 부인하였다
② 성경에서 '영, 혼'을 각각 말하는 경우는 작용적 구별일 뿐 실체적 구별이 아니다
③ 성경에서 '영, 혼, 육체'를 각각 말하는 경우는 인성 전체를 표시하기 위해 사용된 것이며, 세 실체를 지시함이 아니다
④ 살전 5:23과 히 4:12은 인간이 영과 혼과 육체로 구성되었음을 증언한다
※ 교리 73. 인간의 구조

196. 개별 영혼의 기원에 있어서 영혼 창조설에 관한 설명으로 틀린 것은?
① 하나님이 천지를 창조하실 때 모든 영혼을 창조해 두셨다
② 성경은 영혼의 기원을 하나님께 돌린다
③ 성경은 영혼의 창조를 하나님께 돌린다
④ 성자의 성육신 교리에서 그리스도의 무죄성을 설명하는 데 유익하다
※ 교리 74. 개별 영혼의 기원

197. 영혼 창조설을 주장하지 않은 인물은?
① 제롬   ② 에리우게나   ③ 롬바르드   ④ 칼빈
※ 교리 74. 개별 영혼의 기원

정답 192.④ 193.② 194.③ 195.④ 196.① 197.②

198. 하나님을 모든 영의 아버지라고 칭하는 구절은?
① 요 15:1   ② 빌 2:22   ③ 히 12:9   ④ 계 14:1
※ 교리 74. 개별 영혼의 기원

199. 영혼 선재설에 관한 비판으로 올바르지 않은 것은?
① 모든 영혼은 창세 전에 존재하거나 천지창조 때 창조되었다
② 성경은 영혼이 선재한다고 가르치지 않는다
③ 육체를 경시하는 헬라 이원론에 기초한다
④ 개별 영혼의 기원이 각각 다르다고 보기 때문에 인류의 단일성이 성립될 수 없다
※ 교리 74. 개별 영혼의 기원

200. 영혼 선재설을 주장하지 않은 인물은?
① 플라톤   ② 필로   ③ 오리겐   ④ 터툴리안
※ 교리 74. 개별 영혼의 기원

201. 영혼 유전설에 관한 비판으로 적절치 않은 것은?
① 하나님의 창조적 권능을 제한한다
② 성육신(그리스도의 무죄) 교리를 올바르게 설명할 수 없다
③ 원죄가 언약적 전가로써 전이된다고 설명한다
④ 영혼은 부모로부터 생식에 의해 육체와 함께 유전된다는 개념은 영혼의 단순성에 부합하지 않는다
※ 교리 74. 개별 영혼의 기원

202. 영혼 유전설을 주장하지 않은 인물은?
① 루피누스   ② 아폴리나리우스   ③ 닛사의 그레고리   ④ 베자
※ 교리 74. 개별 영혼의 기원

203. 아담의 타락 이후에 하나님이 사람을 자기 형상대로 지은 존재라고 전하는 구절은?
① 창 9:6   ② 출 20:4   ③ 신 4:15   ④ 시 17:15
※ 교리 75. 인간 안의 하나님의 형상에 관한 성경적 근거 / 78. 하나님의 형상

204. 하나님의 형상에 관한 설명 중 올바르지 않은 것은?
① 하나님의 형상과 모양은 서로 구별된 개념이 아니라 한 개념이다
② 하나님의 형상은 좁은 의미와 넓은 의미로 나눌 수 있다
③ 인간이 하나님과 교제를 나눌 수 있는 존재론적 토대는 하나님의 형상에 있다
④ 인간은 타락함으로써 모든 의미에 있어서 하나님의 형상을 완전히 상실했다
※ 교리 76. 하나님의 형상의 신학적 의미

정답 198.③ 199.① 200.④ 201.③ 202.④ 203.① 204.④

205. 하나님의 형상에 관한 설명으로 적절치 않은 것은?
① 넓은 의미의 하나님의 형상은 인간 영혼이 지닌 영성, 비가시성, 단일성, 단순성 등과 같은 속성들을 포함한다
② 넓은 의미의 하나님의 형상은 지·정·의라는 인간 영혼의 인격적 능력을 포함한다
③ 좁은 의미의 하나님의 형상은 '참된 지식과 의와 거룩함'을 칭한다
④ 넓은 의미의 하나님의 형상은 인간의 타락으로 오염되고 부패하였으나 여전히 순전하게 남아 있다
※ 교리 76. 하나님의 형상의 신학적 의미

206. 로마 가톨릭의 하나님의 형상에 대한 이해를 잘못 설명한 것은?
① 하나님의 형상과 모양은 서로 구별된다
② 하나님의 형상은 자연적 은사들이고, 하나님의 모양은 초자연적 은사들이다
③ 타락으로 초자연적 은사들만 상실하고 자연적 은사들은 온전히 유지한다
④ 타락 이후에 자연적 은사들은 훼손된 채로 유지되기에 인간 본성은 전적으로 부패했다
※ 교리 76. 하나님의 형상의 신학적 의미

207. 행위언약에 관한 설명으로 올바르지 않은 것은?
① 하나님과 사람이 맺은 첫 언약이다
② 하나님께 대한 순종에는 영생이, 불순종에는 죽음이 약정되었다
③ 하나님이 순종하는 인간에게 상을 주시는 것은 공의에 따른 마땅한 바이므로 전혀 은혜가 아니다
④ 첫 사람 아담을 인류의 머리로 삼았다
※ 교리 84. 행위언약

208. 행위언약에 관한 설명으로 올바른 것은?
① 인간 타락 이후에도 행위언약은 인간이 자연적 관계에 있어서 하나님께 순종해야 하는 존재임을 알려 준다
② 인간 타락 이후에 행위언약은 모든 의미에 있어서 폐지되었다
③ 인간 타락 이후에도 행위언약은 여전히 인간이 영생을 얻는 수단이다
④ 행위언약의 모든 조건을 중보자 그리스도가 자기 백성을 위해 성취하셨으므로 성도는 하나님께 순종할 의무가 없다
※ 교리 84. 행위언약

209. 율법에 대한 순종의 상으로 생명을 약속하는 구절이 아닌 것은?
① 레 18:5   ② 신 6:4
③ 롬 10:5   ④ 갈 3:12
※ 교리 84. 행위언약

정답 205.④ 206.④ 207.③ 208.① 209.②

210. 죄의 본질에 관한 성경적 이해는?
① 죄는 영원한 악의 원리이다
② 죄는 결여이기에 유한한 존재에게는 필연적이다
③ 죄는 하나님의 뜻에 불순종하는 것이다
④ 죄는 자기의 도덕 의식과 하등한 성향 간의 불일치로 인한 죄책감일 뿐이다

※ 교리 77. 죄의 본질

211. 죄의 본질에 관한 성경적 이해로 올바르지 않은 것은?
① 죄는 인간 본성의 부패에서 나왔다
② 아담은 유혹을 받아 죄를 지었으므로 죄는 소극적인 악이다
③ 죄는 죄책과 오염을 포함한다
④ 사악한 행위뿐만 아니라 사악한 생각도 죄이다

※ 교리 77. 죄의 본질

212. "만물보다 거짓되고 심히 부패한 것은 마음이라"고 전하는 구절은?
① 잠 16:5   ② 전 7:4   ③ 렘 17:9   ④ 욜 2:13

※ 교리 77. 죄의 본질

213. 아담의 죄의 결과가 아닌 것은?
① 인간의 전적 타락
② 자녀 출산
③ 영적 죽음, 하나님과의 교제 상실
④ 수치심, 죄책감

※ 교리 78. 아담의 죄의 결과

214. 인간의 타락의 결과로 피조물도 썩어짐의 종노릇하게 되었음을 전하는 구절은?
① 롬 1:20-21   ② 롬 8:20-22
③ 롬 11:36-12:1   ④ 롬 14:8-9

※ 교리 78. 아담의 죄의 결과

215. 죄의 전가에 관한 성경적 견해는?
① 직접 전가론   ② 간접 전가론
③ 실재론적 견해   ④ 모방설

※ 교리 79. 죄의 전가

정답 210.③ 211.② 212.③ 213.② 214.② 215.①

216. 직접 전가론에 관한 설명으로 올바르지 않은 것은?
   ① 행위언약과 긴밀한 관련이 없다
   ② 아담은 자기 후손의 머리이기에 그의 죄에 대한 결과가 그의 후손에게 미친다
   ③ 하나님은 아담의 죄에 대한 죄책과 오염 모두를 그의 후손에게 전가하신다
   ④ 아담의 후손은 태어나면서부터 아담의 죄책을 가지고, 오염의 상태에 처한다
   ※ 교리 79. 죄의 전가

217. 죄의 전가에 관한 실재론적 견해는?
   ① 행위언약에 의해서 아담의 죄가 그 후손에게 전가된다
   ② 인류는 본성상 하나이고 보편적 동일체이므로 아담의 죄를 공유한다
   ③ 아담의 타락한 본성만 후손에게 전이되어 인류가 본성에 따라 죄를 짓는다
   ④ 인류는 타인의 죄를 학습하여 모방한다
   ※ 교리 79. 죄의 전가

218. 죄의 전가에 관한 실재론적 견해에 대한 비판이 아닌 것은?
   ① 인간의 개별성을 확실히 보존한다
   ② 영혼의 실체를 유물론적으로 본다
   ③ 왜 아담의 첫 번째 죄만 그 후손들이 공유하는지 설명하지 못한다
   ④ 그리스도의 무죄를 설명하지 못한다
   ※ 교리 79. 죄의 전가

219. 간접 전가론의 주장은?
   ① 행위언약에 의해서 아담의 원죄의 죄책과 오염이 모두 그 후손에게 전가된다
   ② 인류는 본성상 하나이고 보편적 동일체이므로 아담의 죄를 공유한다
   ③ 아담의 타락한 본성만 후손에게 전이되어 인류가 본성에 따라 죄를 짓는다
   ④ 인류는 타인의 죄를 학습하여 모방한다
   ※ 교리 79. 죄의 전가

220. 간접 전가론에 대한 설명이 아닌 것은?
   ① 죄책이 오염에 따르는 것이 아니라 오염이 죄책에 따름을 설명하지 못한다
   ② 소뮈르 학파보다 개혁파에서 강하게 주장되었다
   ③ 죄책과 부패가 전가되는 근거를 제시하지 못한다
   ④ 부패가 죄책을 낳는 법적 근거가 된다면 어떤 전가도 필요 없게 된다
   ※ 교리 79. 죄의 전가

정답 216.① 217.② 218.① 219.③ 220.②

221. 원죄에 대한 설명으로 올바르지 않은 것은?
   ① 아담의 죄에서 비롯되었다
   ② 인류에게 전가된 죄이다
   ③ 원죄는 아담의 죄책 자체가 아니라 그 결과인 오염에 제한된다
   ④ 모든 자범죄의 근원이다
   ※ 교리 80. 원죄

222. 원죄의 죄책에 관한 설명으로 올바르지 않은 것은?
   ① 형벌의 책임이다
   ② 전가된다
   ③ 율법을 자기 의지대로 위반한 데 대하여 하나님의 공의를 충족해야 하는 의무이다
   ④ 아담이 자기 죄책을 짊으로써 그의 후손에게는 전가되지 않았다
   ※ 교리 80. 원죄

223. 원죄의 오염에 관한 설명으로 올바르지 않은 것은?
   ① 적극적 악의 현존이다
   ② 오염 자체로는 아직 죄가 아니다
   ③ 죄책과 함께한다
   ④ 전적 타락과 전적 무능으로도 볼 수 있다
   ※ 교리 80. 원죄

224. 전적 부패에 관한 설명으로 올바르지 않은 것은?
   ① 원죄에 속한다
   ② 타고난 부패가 영혼과 육체의 인간 본성 모든 부분에 미친다
   ③ 타고난 부패는 죄책과 무관하게 누구에게나 존재한다
   ④ 하나님 보시기에 선한 자는 아무도 없다
   ※ 교리 80. 원죄

225. 전적 무능에 관한 설명으로 올바르지 않은 것은?
   ① 하나님 보시기에 선을 행할 자는 아무도 없다
   ② 하나님의 율법에 대한 인격적 순종을 할 수 없게 된다
   ③ 모든 사람은 맹목적 자기애에 빠져 하나님을 사랑하지 않고 자기의 뜻을 하나님의 뜻보다 앞세운다
   ④ 전혀 도덕적인 삶을 살 수 없다
   ※ 교리 80. 원죄

정답 221.③ 222.④ 223.② 224.③ 225.④

226. 원죄로 인한 자유의지 상실에 관한 설명으로 올바른 것은?
① 자기 의지가 없이 타자의 의지에 의해서 사는 상태이다
② 하나님 보시기에 선을 행할 의지를 상실한 것이다
③ 하나님은 모든 것을 작정하셨으므로 인간에게는 자유의지가 없다
④ 인간은 타락 이후로 자유의지를 상실하였기에 자기 선택에 책임을 질 필요가 없다

※ 교리 80. 원죄

227. 자범죄 또는 본죄에 관한 설명으로 올바른 것은?
① 말이나 행동으로 실행한 죄만 해당된다
② 원죄에서 비롯되었다
③ 죄의 형벌은 원죄에만 해당하고 자범죄에는 해당하지 않는다
④ 모르고 지은 죄나 고의로 지은 죄나 죄책은 같다

※ 교리 81. 자범죄 또는 본죄

228. 죄의 형벌로서 사망에 관한 설명으로 올바르지 않은 것은?
① 죄의 형벌로서 사망의 본질은 하나님으로부터의 분리이다
② 영적 죽음은 죄책이며 오염의 상태에 놓이는 것이다
③ 육체적 죽음은 영혼과 육체의 분리이다
④ 영원한 죽음은 영혼과 육체가 영원히 분리되는 것이다

※ 교리 82. 죄에 대한 형벌로서의 사망

229. 구원협약(구속언약)에 관한 설명으로 올바르지 않은 것은?
① 삼위일체 하나님의 창세 전 내적 협약이다
② 값없는 은혜 베푸심을 작정하셨다
③ 구속자는 성부이시다
④ 구속방식은 신인양성의 중보를 통한 대속이다

※ 교리 83. 구속언약(구속협약)

230. 구원협약이 '구속언약'이라고도 불리지만 언약과 구별되는 이유가 아닌 것은?
① 체결의 때에 있어서 언약은 역사상 이루어졌지만 구원협약은 창조 직후에 이루어졌다
② 당사자에 있어서 언약은 하나님과 사람이지만 구원협약은 삼위 또는 성부와 성자이다
③ 조건에 있어서 언약은 하나님께 대한 순종이지만 구원협약은 없다
④ 조건 불이행 시 언약은 사망의 형벌을 부과하지만 구원협약은 없다

※ 교리 87. 83. 구속언약(구속협약)

정답 226.② 227.② 228.④ 229.③ 230.①

231. 구원협약에 관한 설명으로 올바른 것은?
   ① 구속백성은 자력으로 순종하는 성도이다
   ② 구원협약은 은혜언약과 새 언약의 영원한 기초이다
   ③ 영원한 구원협약이 초역사적으로 성취되는 경륜이 언약이다
   ④ 선택만 작정되었기에 이중예정은 아니다
   ※ 교리 83. 구속언약(구속협약)

232. 은혜언약에 관한 설명으로 올바르지 않은 것은?
   ① 행위언약을 은혜로 이루심에 대한 약속이다
   ② 행위언약의 조건을 다 이루실 그리스도를 믿음으로 구원에 이르게 되는 언약이다
   ③ 하나님이 그리스도 안에 있는 자들과 맺은 언약이다
   ④ 첫 사람의 타락 이전에 맺어진 언약이다
   ※ 교리 85. 은혜언약

233. 은혜언약에 관한 설명으로 올바른 것은?
   ① 첫 언약과 시내산 언약을 제외한 구약시대의 모든 언약은 은혜언약이다
   ② 은혜언약은 믿음을 조건으로 하기에 쌍무계약이다
   ③ 모든 은혜언약은 새 언약의 예표이다
   ④ 은혜언약에서 하나님과 사람 사이의 중보자는 모세이다
   ※ 교리 85. 은혜언약

234. 새 언약에 관한 설명으로 올바르지 않은 것은?
   ① 새 언약의 당사자는 하나님과 성도 자신이다
   ② 새 언약은 구원협약과 행위언약 및 은혜언약의 성취와 완성이다
   ③ 그리스도는 새 언약의 중보자이자 보증이시다
   ④ 그리스도는 성찬을 제정하시면서 제자들에게 새 언약을 공표하셨다
   ※ 교리 86. 새 언약

정답 231.② 232.④ 233.③ 234.①

4. 기독론

235. 기독론의 주요 부분이 아닌 것은?
① 그리스도의 인격　　② 그리스도의 사역
③ 구원서정　　　　　　④ 속죄론
※ 교리 87. 기독론

236. 기독론의 일부로서 그리스도의 인격과 사역을 다루기 전에 논하는 것은?
① 삼위일체 하나님의 존재와 경륜
② 행위언약과 타락
③ 구원협약과 언약
④ 예정론과 구원서정
※ 교리 87. 기독론

237. 기독론에 있어서 구속사적 관점을 가장 잘 표현한 말은?
① 영원하신 하나님의 아들이 사람의 아들이 되셔서 사람의 자리에서 죽기까지 복종하심으로 대속의 의를 다 이루심
② 하나님의 형상을 한 인류의 타락과 회복
③ 삼위일체 하나님의 창세 전 작정과 경륜
④ 지상의 성도가 구원을 얻고 은혜를 누리는 방편
※ 교리 88. 구속사적-구원론적 관점

238. 천사에 의해 미리 알려진 이름으로서 구속사적 관점을 가장 잘 드러내는 그리스도의 칭호는?
① 중보자　　② 그리스도　　③ 예수　　④ 인자
※ 교리 88. 구속사적-구원론적 관점

239. 기독론에 있어서 구원론적 관점을 가장 잘 표현한 말은?
① 창세 전 삼위일체 하나님의 구원협약
② 그리스도가 부활하시고 승천하셔서 하나님의 보좌 우편에서 성령을 부어 주심으로 그 의를 우리의 것으로 삼아 주심
③ 언약의 체결과 인간의 전적 타락
④ 그리스도의 재림에 따른 구원의 완성
※ 교리 88. 구속사적-구원론적 관점

정답　235.③　236.③　237.①　238.③　239.②

240. 보혜사 성령의 임재로 그리스도가 우리 안에 들어와 사심을 뜻하는 그리스도의 칭호는?
① 예수
② 하나님의 아들
③ 사람의 아들
④ 임마누엘

※ 교리 88. 구속사적-구원론적 관점

241. 부활하시고 승천하신 그리스도가 보혜사 성령을 부어 주심을 전하는 구절은?
① 행 2:11
② 행 2:33
③ 행 2:36
④ 행 3:15

※ 교리 88. 구속사적-구원론적 관점

242. 그리스도의 구속사적 성취의 주요 조목이 아닌 것은?
① 언약
② 절기
③ 제사
④ 성전

※ 교리 89. 구속사적 성취

243. 그리스도가 "우리의 유월절 양"이심을 전하는 구절은?
① 고전 5:7
② 마 12:6
③ 히 7:22
④ 요 3:16

※ 교리 89. 구속사적 성취

244. 그리스도가 "단번에 죄를 위하여 죽으사 의인으로서 불의한 자를 대신하셨으니"라는 말씀을 전하는 구절은?
① 벧전 3:18
② 요일 2:2
③ 히 3:2
④ 빌 3:21

※ 교리 89. 구속사적 성취

245. 그리스도의 의를 전가해 주시는 방식은?
① 율법의 재공포
② 믿는 자들의 수를 채우심
③ 보혜사 성령의 임재
④ 선행에 대한 상급을 부여

※ 교리 90. 구원론적 적용

246. 보혜사 성령이 "진리의 영"이심을 전하는 구절이 아닌 것은?
① 요 14:17
② 요 15:26
③ 요 16:13
④ 요 17:21

※ 교리 90. 구원론적 적용

정답 240.④ 241.② 242.④ 243.① 244.① 245.③ 246.④

247. 보혜사 성령을 '능력의 영'이라고 할 때 그 본질은?
① 모든 것을 행하여 성취함
② 무엇이든지 아들의 이름으로 구하여 얻음
③ 성령의 은사대로 수고함
④ 하나님의 영광에 동참함
※ 교리 90. 구원론적 적용

248. 정통기독론에 대한 설명 중 틀린 것은?
① 상승기독론이다
② 하강기독론이다
③ 하나님의 말씀을 절대적·객관적 진리로 받아들인다
④ 영원하신 하나님의 아들이 사람의 아들이 되심의 성육신을 믿는다
※ 교리 91. 정통기독론

249. 정통기독론의 교리에 부합하지 않는 것은?
① 대리적 속죄
② 신인양성의 위격적 연합
③ 신인양성의 중보
④ 종속설과 단성론
※ 교리 91. 정통기독론

250. 기독론의 요체에 들지 않는 것은?
① 예정과 칭의와 성화의 구원서정
② 참 하나님이시며 참 사람이신 그리스도의 신인양성의 위격
③ 한 위격 안에 신성과 인성의 속성교통
④ 구원의 모든 은혜가 되는 그리스도의 의의 성취
※ 교리 92. 기독론의 요체

251. 그리스도를 "나의 주님이시요 나의 하나님이시니이다"라고 고백한 제자는?
① 도마 ② 빌립
③ 나다나엘 ④ 마태
※ 교리 93. 그리스도의 명칭

252. 그리스도를 "진실로 하나님의 아들이었도다"라고 고백한 사람은?
① 본디오 빌라도 ② 백부장
③ 대제사장 가야바 ④ 사마리아 여자
※ 교리 93. 그리스도의 명칭

정답 247.② 248.① 249.④ 250.① 251.① 252.②

253. 교리사적으로 그리스도의 신격을 확정한 공의회는?
① 325년 니케아 공의회
② 381년 콘스탄티노플 공의회
③ 431년 에베소 공의회
④ 451년 칼케돈 공의회
※ 교리 94. 정통기독론 형성과 관련한 중요한 공의회와 결정

254. 교리사적으로 그리스도의 신인양성의 위격적 연합을 확정한 공의회는?
① 325년 니케아 공의회　　② 381년 콘스탄티노플 공의회
③ 431년 에베소 공의회　　④ 451년 칼케돈 공의회
※ 교리 94. 정통기독론 형성과 관련한 중요한 공의회와 결정

255. 안디옥 학파의 극단에 선 학자로서 그리스도의 신성과 인성의 분할과 분리를 주장하여 이단으로 정죄된 인물은?
① 아타나시우스　② 네스토리우스　③ 유티케스　④ 고백자 막시무스
※ 교리 94. 정통기독론 형성과 관련한 중요한 공의회와 결정

256. 칼케돈 신경의 내용과 부합하지 않는 것은?
① 성육신의 주체는 제2위 성자 예수 그리스도 자신, 즉 그의 위격이다
② 성육신으로 성자의 위격 안에 신성과 인성의 연합이 일어나며 두 본성에 속한 속성이 모두 그 위격에 돌려진다.
③ 그리스도의 중보는 신성 혹은 인성에 따라서 단성적으로 일어난다
④ 성육신하신 주님은 신성에 따라서 성부와 동일본질이시며, 인성에 따라서 우리와 동일본질이시다
※ 교리 95. 칼케돈 신경

257. 칼케돈 신경의 네 가지 공식은?
① 신성과 인성의 혼합 가운데 신성이 인성으로 변화되어 하나가 됨
② 신성과 인성이 혼합 없이, 변화 없이, 분할 없이, 분리 없이 연합
③ 신성과 인성이 결합하되 각각 독자적 위격으로 존재함
④ 신성과 인성이 결합되어 제3의 본성을 이룸
※ 교리 95. 칼케돈 신경

258. 신인양성의 위격적 연합의 역사적 사건을 칭하는 말은?
① 성육신　　　　　　　② 중보자 그리스도의 현존
③ 공생애의 시작　　　④ 대속의 의를 다 이루심
※ 교리 96. 위격적 연합

정답 253.① 254.④ 255.② 256.③ 257.② 258.①

259. 위격적 연합에 대한 설명 중 올바르지 않은 것은?
① 성육신이 위격적 연합의 역사적 사건이다
② 성자 하나님이 인성을 취하셔서 신성과 인성의 연합을 이룸을 뜻한다
③ 하나님의 아들이 사람의 아들이 되셨으므로 하나님의 아들로서의 속성이 제한된다
④ 위격적 연합으로 두 본성은 고유한 속성을 그대로 지닌다

※ 교리 96. 위격적 연합

260. 위격적 연합을 전하는 구절이 아닌 것은?
① 요일 1:1-2   ② 엡 1:4-5
③ 롬 1:3-4   ④ 빌 2:6-8

※ 교리 96. 위격적 연합

261. 성육신에 대한 올바른 진술은?
① 성자의 위격이 인성을 취하심
② 성자의 신성이 인성을 취하심
③ 성자의 위격이 인성으로 입양되심
④ 성자의 신성이 인성으로 입양되심

※ 교리 103. 인성을 취하심 / 105. 성육신

262. 위격적 연합 가운데 신성과 인성에 속한 속성이 모두 성자의 위격에 돌려짐을 칭하는 말은?
① 귀속   ② 내재   ③ 지정   ④ 변환

※ 교리 104. 속성의 귀속

263. 성육신의 주체는?
① 만물을 창조하시고 다스리시는 성부 하나님
② 아버지 품속에 독생하신 성자 하나님
③ 성부와 성자에게서 출래하시는 성령 하나님
④ 영원히 동일하신 한 분 삼위일체 하나님

※ 교리 105. 성육신

264. 성육신에 대한 잘못된 설명은?
① 성령의 역사로 마리아의 몸에서 주님의 거룩한 인성이 형성되었다
② 성령의 초자연적인 잉태이다
③ 마리아가 원죄에 속하지 않으므로 주님이 취한 인성은 무죄하다
④ 하나님의 말씀대로 마리아의 몸에서 이루어진 사건이다

※ 교리 105. 성육신

정답 259.③ 260.② 261.① 262.① 263.② 264.③

265. 성령 잉태와 관련하여 올바른 설명은?
① 마리아의 몸에서 잉태된 것이 아니라 마리아의 몸을 거쳐갔다
② 성령에게서 씨를 취하셨다
③ 마리아가 원죄에 속하지 않음 때문이 아니라 성령 잉태이므로 주님은 거룩하지 않으신 적이 없다
④ 성령은 단지 도구로서만 작용하였다

※ 교리 106. 성육신의 방식: 성령 잉태

266. 주님의 탄생과 관련하여 그릇된 설명은?
① 주님은 초자연적인 방식으로 잉태되셨어도 출생은 자연적인 방식을 따랐다
② 마리아의 몸을 찢지 않고 비상한 출생을 하셨다
③ 주님은 인성에 따라서 우리와 동일본질이시되 죄는 없으시다
④ 주님의 인성은 영혼과 육체의 전인이시다

※ 교리 106. 성육신의 방식: 성령 잉태

267. 성육신의 필연성은 무엇에 기인하는가?
① 창조의 불완전성
② 인성의 본질적 연약함
③ 죄 혹은 타락
④ 하나님의 형상을 온전하게 이룸

※ 교리 107. 성육신의 필연성: 신인양성의 중보를 통한 유일한 대속의 길

268. 그리스도가 마지막 때 나타나셔서 우리 구원의 "창시자"이시며 "근원"이 되심을 전하는 성경은?
① 로마서
② 갈라디아서
③ 고린도후서
④ 히브리서

※ 교리 107. 성육신의 필연성: 신인양성의 중보를 통한 유일한 대속의 길

269. 예수가 육체로 오신 것을 시인하지 않는 영을 적그리스도의 영이라고 배척하는 구절은?
① 행 4:12
② 요일 4:2-3
③ 고후 5:21
④ 엡 3:11

※ 교리 108. 성육신 부인

270. 그리스도의 선재(先在)를 전하는 구절과 무관한 것은?
① 요 1:15
② 요 1:30
③ 요 8:58
④ 요 11:25

※ 교리 99. 그리스도의 선재

정답 265.③ 266.② 267.③ 268.④ 269.② 270.④

271. 하나님과 그리스도께서 "알파와 오메가요 처음과 마지막이요 시작과 마침"이시라는 말씀과 직접 관련이 없는 구절은?
① 계 1:17
② 계 14:1
③ 계 21:6
④ 계 22:13

※ 교리 99. 그리스도의 선재

272. 사 9:6에서 오실 주님을 칭하는 이름이 아닌 것은?
① 기묘자
② 능력
③ 전능하신 하나님
④ 평강의 왕

※ 교리 100. 그리스도의 신성에 대한 구약의 증언

273. 주님이 목자로 오심과 목자를 쳐서 양이 흩어짐을 예언한 구절은?
① 슥 13:7
② 단 7:13
③ 렘 23:6
④ 창 49:10

※ 교리 100. 그리스도의 신성에 대한 구약의 증언

274. 아버지의 것은 모두 아들의 것이며 아버지가 아들에게 모든 것을 주셨음을 전하는 구절이 아닌 것은?
① 요 15:9
② 마 11:27
③ 마 28:18
④ 요 3:35

※ 교리 101. 그리스도의 신성에 대한 신약의 증언

275. 주님은 제자들의 질문에 답변하시면서 무엇이 하나님의 일이라고 하셨는가?
① 열심을 다하여 하나님의 나라를 섬김
② 마음과 뜻과 정성을 다하여 말씀에 순종
③ 하나님께서 보내신 이를 믿는 것
④ 은밀하게 기도하며 구제하는 것

※ 교리 101. 그리스도의 신성에 대한 신약의 증언

276. 주님께 죄 사하는 권능이 있음을 전하는 구절이 아닌 것은?
① 마 9:6
② 막 7:37
③ 행 5:31
④ 눅 5:21

※ 교리 101. 그리스도의 신성에 대한 신약의 증언

277. "기름 부음 받은 자"라는 의미의 "메시야"와 동일한 뜻을 지닌 칭호는?
① 그리스도
② 예수
③ 주
④ 하나님의 아들

※ 교리 93. 그리스도의 명칭

정답 271.② 272.② 273.① 274.① 275.③ 276.② 277.①

278. 예수의 "주" 되심을 칭하는 구절로 볼 수 없는 것은?
① 만유의 주
② 바알세불의 왕
③ 안식일의 주
④ 산 자와 죽은 자의 주
※ 교리 93. 그리스도의 명칭

279. 성부의 사랑과 성자의 은혜와 성령의 교통으로 축복하는 말씀을 전하는 구절은?
① 고후 13:13
② 롬 16:27
③ 엡 6:24
④ 히 13:25
※ 교리 93. 그리스도의 명칭

280. 다음 중 "인자"라는 칭호가 사용되지 않은 경우는?
① 대속물로서 나무에 달려 죽기까지 고난당하심
② 인자가 하늘로부터 오셔서 우리와 더불어 먹고 마심
③ 인자는 영원하신 말씀이심
④ 인자가 영광 가운데 다시 오심
※ 교리 93. 그리스도의 명칭

281. 초대교회 유대교 분파로서 그리스도의 신성을 부인한 자들은?
① 아리우스주의자들
② 프락세아스와 사벨리우스 등의 양태론자들
③ 에비온주의자들
④ 소시니우스주의자들
※ 교리 102. 그리스도의 신성을 부인하는 견해들

282. 그리스도를 "사람"이라고 칭한 구절이 아닌 것은?
① 마 4:4
② 눅 24:26
③ 요 19:5
④ 롬 5:15
※ 교리 110. 그리스도의 인성

283. 다음 중 주님의 인성의 속성에 따른 구절이 아닌 것은?
① 자라심
② 질문하심
③ 예배드리고 기도하심
④ 영원히 계심
※ 교리 110. 그리스도의 인성

정답 278.② 279.① 280.③ 281.③ 282.② 283.④

284. 부활체에 대한 올바른 설명은?
① 부활 후 그리스도의 인성이 신성으로 변하였다
② 부활의 몸은 육체적으로 가현적이며 영혼으로만 실체적이다
③ 부활체는 영혼과 육체의 결합이며 그 몸이 신성과 연합되었다
④ 부활로 신인양성의 위격적 연합이 해소되었다

※ 교리 110. 그리스도의 인성

285. 주님이 "그날과 그때는 아무도 모르나니 하늘에 있는 천사들도, 아들도 모르고 아버지만 아시느니라"고 하신 말씀에 대한 올바른 설명은?
① 주님은 신성에 따라서도 그날과 그때를 모르신다
② 주님의 전지성이 성육신으로 인하여 제한되었다
③ 주님은 인성에 따라서 이렇게 말씀하신 것이며 신성에 따라서는 전지하시므로 아신다
④ 주님의 신성은 성육신으로 인하여 속성의 일부를 비우거나 포기하게 되었다

※ 교리 111. 인성에 따른 지식의 한계

286. 주님은 인성에 따라서도 무죄하심에 대한 설명 중 그릇된 것은?
① 주님은 원죄에 속하나 자범죄는 짓지 않으셨다
② 주님은 성령으로 잉태되셔서 거룩하지 아니하신 적이 없으시다
③ 주님은 죄의 본성과 성향 및 죄행이 모두 없으시다
④ 주님이 시험 받으심은 내적 유혹에 빠졌음이 아니라 외적 유혹 상태에 놓였음을 뜻한다

※ 교리 112. 그리스도의 인성의 무죄성

287. 그리스도의 무죄성(sinlessness)을 전하는 구절이 아닌 것은?
① 사 53:9
② 롬 8:3
③ 히 4:15
④ 요일 3:15

※ 교리 112. 그리스도의 인성의 무죄성

288. 주님의 영혼은 그 지성적 부분이 신성으로 대체되었다고 보아 주님의 참 인성을 부인한 자는?
① 아폴리나리우스
② 네스토리우스
③ 몹수에티아의 테오도레
④ 오리겐

※ 교리 114. 그리스도의 인성을 부인하는 견해들

289. 근대 케노시스 이단을 주도한 인물로 성육신 이후 주님은 신성의 편재성, 전지성, 전능성 등의 상대적 속성을 포기하셨고 의, 거룩, 선, 사랑 등 윤리적 속성만 지니셨다고 주장한 학자는?
① 게스
② 토마시우스
③ 포사이스
④ 브루스

※ 교리 115. 케노시스 기독론

정답 284.③ 285.③ 286.① 287.② 288.① 289.②

290. 점진적 성육신론을 주장하여 예수의 생애 전체를 성육신의 과정이라고 본 학자는?
① 도르너　　　② 켈러　　　③ 고어　　　④ 불트만
※ 교리 115. 케노시스 기독론

291. 중보자 그리스도의 신인양성의 속성교통 양상이 아닌 것은?
① 은사의 교통　② 위격의 교통　③ 속성의 교통　④ 사역의 교통
※ 교리 97. 신인양성의 속성교통

292. 중보자 그리스도의 신인양성의 속성교통에 대한 설명 중 그릇된 것은?
① 직접적으로, 자체적으로 교통한다
② 말씀에 따라 속성과 사역이 교통한다
③ 위격 안에서, 위격에로, 위격을 통하여 간접적으로 교통한다
④ 속성교통의 주체는 성자의 위격이다
※ 교리 97. 신인양성의 속성교통

293. 성육신으로 인성이 얻는 연합의 은혜로서 인성이 신성과 연합하는 자체의 고상함과 탁월함을 뜻하는 것은?
① 은사의 교통　② 속성의 교통　③ 사역의 교통　④ 위격의 교통
※ 교리 97. 신인양성의 속성교통

294. 중보자 그리스도의 선지자직에 대한 설명 중 그릇된 것은?
① 생명의 말씀이신 하나님의 아들이 사람의 아들이 되셨다
② 주님은 구약의 선지자들이 예언한 바로 그 선지자셨다
③ 선지자직은 말씀의 진리에만 관계되며 말씀의 성취와는 무관하다
④ 주님은 진리의 영이신 보혜사 성령을 부어 주셔서 지금도 선지자직을 계속 수행하신다
※ 교리 125. 선지자직

295. 주님이 자기 자신을 제물로 드리신 제사장이심을 전하는 구절이 아닌 것은?
① 엡 5:2　　　② 히 12:24　　　③ 고전 4:15　　　④ 롬 3:25
※ 교리 126. 제사장직

296. 주님이 왕직을 수행하는 방식은?
① 사람들을 대리인으로 세움
② 천사들을 통하여 중보하심
③ 하나님 우편에서 보혜사 성령을 부어 주심
④ 하나님의 자녀에게 자신을 본받게 하심
※ 교리 127. 왕직

정답 290.① 291.② 292.① 293.① 294.③ 295.③ 296.③

297. 중보자 그리스도의 신인양성의 위격적 연합 가운데서의 두 상태를 총괄하여 칭하는 말은?
① 참 하나님과 참 사람
② 죽으심과 부활
③ 비하와 승귀
④ 성취와 적용

※ 교리 98. 그리스도의 신분: 비하와 승귀

298. 다음 중 중보자 그리스도의 비하의 양상이 아닌 것은?
① 성육신(잉태) ② 나심
③ 사심 ④ 신성의 비움과 포기

※ 교리 98. 그리스도의 신분: 비하와 승귀

299. 성육신의 비하성에 대해서 바르게 설명한 것은?
① 성육신 자체가 비하이다
② 성육신 이후 높아진 인성의 어떤 속성을 사용하지 않는 것이 비하이다
③ 성육신 이후 높아진 인성의 어떤 속성을 포기하는 것이 비하이다
④ 성육신으로 신성이 인성과 혼합됨이 비하이다

※ 교리 98. 그리스도의 신분: 비하와 승귀

300. 승귀의 양상이 아닌 것은?
① 부활 ② 신화(神化)
③ 재위 ④ 재림

※ 교리 98. 그리스도의 신분: 비하와 승귀

301. 주님의 대속의 "신기한 능력으로 생명과 경건에 속한 모든 것을 우리에게 주셨으니"라고 전하는 구절은?
① 벧전 3:18 ② 벧후 1:3
③ 요일 2:2 ④ 딤후 1:10

※ 교리 116. 주님의 전 생애의 대리적 순종

302. 주님의 순종에 대한 설명 중 그릇된 것은?
① 주님은 자기 몸을 대속물로 삼아 그 형벌의 값으로 잃어버린 자를 구원하시는 일을 이루셨다
② 주님의 전 생애가 우리를 위한 구원의 값이 되었다
③ 주님이 율법 아래 나셔서 율법에 순종하시고 율법 아래에 있는 우리를 속량하셨다
④ 주님의 영혼의 순종은 언약적 전가의 대상이 되지 않는다

※ 교리 116. 주님의 전 생애의 대리적 순종

정답 297.③ 298.④ 299.① 300.② 301.② 302.④

303. 주님의 겟세마네 기도에 대해 잘못 설명한 것은?
① 신인양성의 위격적 연합 가운데 인성에 따라 그의 영혼으로 기도하셨다
② "아빠 아버지여"라고 부르실 때, "아빠"는 호칭이며, "아버지"는 고백을 담고 있다
③ 주님의 기도는 신성에 따른 것이므로 우리의 대속을 위함이 아니다
④ 주님의 기도는 죽음의 고난을 회피하기 위함이 아니다

※ 교리 117. 겟세마네에서의 주님의 기도

304. 십자가에 달린 주님의 일곱 말씀에 대해 잘못 설명한 것은?
① 주님은 십자가에서 죄를 사하는 대속의 죽음을 죽으셨다
② 주님은 인성에 따라 죽기까지 고난당하셨다
③ "다 이루었다"라는 말씀은 구원의 완전한 의를 다 이루셨음을 선언한다
④ 주님은 십자가에서 육체의 고난만 당하셨다

※ 교리 118. 십자가의 도(고전 1:18; 갈 3:1): 가상칠언(架上七言)

305. 십자가의 복음에 부합하지 않는 것은?
① 주님이 자기 몸으로 단번에 영원한 제사를 드리셨다
② 십자가의 죽음은 대속의 값을 치르신 것이 아니라 희생의 모범을 보이신 것이다
③ 십자가의 죽음 어느 한 사람의 순교의 죽음이 아니라 하나님이시자 사람이신 분의 대리적 속죄의 죽음이다
④ 주님과 함께 우리의 옛 사람이 십자가에 못 박혔다

※ 교리 119. 십자가의 복음

306. 지옥강하에 대한 개혁신학자들의 입장과 배치되는 것은?
① 주님이 실제로 지옥에 내려가셨음을 뜻한다
② 주님이 우리의 자리에서 당하신 영혼의 극심한 고통을 칭한다
③ 웨스트민스터 대요리문답 제50문에서는 이를 장사되심과 동일시한다
④ 칼빈, 튜레틴, 바빙크, 핫지 등은 이를 문자적으로 이해하지 않는다

※ 교리 120. 지옥강하

307. 부활의 의의와 가치를 잘못 설명한 것은?
① 예수가 부활하심으로 우리의 주와 그리스도가 되셨다
② 그리스도의 부활로 그의 죽음이 죽음을 죽이는 죽음이라는 것이 선포되었다
③ 부활은 아들의 사역이 자신의 뜻에 합당함을 확정하는 아버지의 선포이다
④ 부활의 역사성 자체보다 그 정황적인 규범적 의미가 중요하다

※ 교리 121. 부활

정답 303.③ 304.④ 305.② 306.① 307.④

308. 부활의 권능에 들지 않는 것은?
    ① 옛 사람이 죽고 새사람이 사는 '생명'
    ② 더 이상 죄와 허물에서 머물지 않고 완전함을 지님
    ③ 우리가 날마다 죽고 다시 사는 거룩한 '생활'
    ④ 주님의 부활이 우리 부활의 '보증'이 되심

    ※ 교리 121. 부활

309. 부활의 주체는?
    ① 중보자 그리스도의 신성
    ② 중보자 그리스도의 인성
    ③ 중보자 그리스도의 신인양성의 위격
    ④ 삼위일체 하나님

    ※ 교리 121. 부활

310. 승천의 의미를 잘못 설명한 것은?
    ① 참되고 실제적인 장소의 옮김이 있었다
    ② 주님은 가시적으로 승천하셨다
    ③ 주님의 승천과 함께 그의 인성이 신화(神化)되었다
    ④ 주님이 하늘에 올라가심은 보혜사 성령을 내려 주시기 위함이었다

    ※ 교리 122. 승천: 통치의 시작

311. 승천의 신학적 의미는?
    ① 주님의 인성의 신화
    ② 하나님 나라의 완성
    ③ 주님은 더는 지상에 계시지 않음
    ④ 성령을 부어 주심으로 통치를 시작하심

    ※ 교리 122. 승천: 통치의 시작

312. 재위의 의미를 잘못 설명한 것은?
    ① 참되고 실제적인 장소의 옮김이 있었다
    ② 주님의 보좌 우편에 앉으심은 단지 공간적 의미를 갖는다
    ③ 하나님 우편에서 성령을 부어 주심으로 계속적으로 다스리신다
    ④ 재위의 주체는 신인양성의 위격적 연합 가운데 계시는 주님 자신이시다

    ※ 교리 123. 하나님 우편에 앉으심(재위): 통치의 계속

313. 재림의 의미를 잘못 설명한 것은?
    ① 재림은 영적이고 비가시적이다
    ② 주님의 통치는 재림으로 완성된다
    ③ 주님의 재림에 부활과 심판이 따른다
    ④ 재림의 주체는 신인양성의 위격적 연합 가운데 계시는 주님 자신이시다

    ※ 교리 124. 재림: 통치의 완성

정답 308.② 309.③ 310.③ 311.④ 312.② 313.①

314. 속죄론의 정의로서 가장 합당한 것은?
   ① 중보자 그리스도가 이 땅에 오셔서 대속의 역사를 다 이루심 자체를 다룬다
   ② 성도가 구원을 받고 누리는 은혜의 양상을 다룬다
   ③ 그리스도가 언약의 머리로서 대속의 의를 이루시고 전가해 주시는 의의 가치에 대해서 다룬다
   ④ 성도가 구원을 받고 변화된 모습을 결과론적으로 다룬다
   ※ 교리 128. 속죄론

315. 칼빈과 개혁신학자들의 정통적 입장의 속죄론은?
   ① 객관설, 직접전가설   ② 객관설, 간접전가설
   ③ 주관설, 직접전가설   ④ 주관설, 간접전가설
   ※ 교리 129. 칼빈과 개혁신학자들의 정통 속죄론: 객관설, 직접전가설

316. 그리스도의 의를 우리를 위한 무름의 값으로 삼아 주심으로 우리가 그리스도와 연합하게 되는데, 그 연합의 특성에 부합하지 않는 것은?
   ① 언약적 전가에 따름
   ② 윤리적, 경건주의적 본받음
   ③ 보혜사 성령의 임재에 따름
   ④ 법정적
   ※ 교리 129. 칼빈과 개혁신학자들의 정통 속죄론: 객관설, 직접전가설

317. 그리스도의 대속에 대한 설명 중 그릇된 것은?
   ① 형벌적 대속   ② 제한속죄
   ③ 민사적 대속   ④ 법정적
   ※ 교리 130. 형벌적 무름과 제한속죄

318. 속죄론에 대한 올바른 견해는?
   ① 그리스도의 속죄의 범위는 삼위일체 하나님에 의해서 선택된 백성에 제한된다
   ② 주님은 모든 사람을 위해 죽으셨으나 사람들의 거부로 일부만 구원을 얻게 되었다
   ③ 영생이 따로 있지 않고 현세의 복리가 구원이며 누구나 그 구원에 이를 수 있다
   ④ 주님의 대속은 그 실체와 작용에 있어서 모두 무제한적이다
   ※ 교리 130. 형벌적 무름과 제한속죄 / 131. 보편적 속죄론과 만인구원론 거부

319. 『왜 하나님이 사람이 되셨는가(Cur Deus Homo)』라는 책에서 객관적 속죄론을 전개했지만 죄의 본질을 하나님의 영예를 손상하는 데 있다고 본 점, 주님의 육체의 고통만 전가된다고 본 점 등에서 한계를 드러낸 중세 신학자는?
   ① 안셀름   ② 토마스 아퀴나스   ③ 둔스 스코투스   ④ 윌리엄 오컴
   ※ 교리 131. 보편적 속죄론과 만인구원론 거부

정답 314.③ 315.① 316.② 317.③ 318.① 319.①

320. 그리스도가 인류를 구원하심은 아담이 자신의 몸속에 모든 후손을 배태하고 있었던 것이라고 보는 초대교부 이레네우스의 견해는?
① 총괄갱신설　　　　　　　② 대표설
③ 대신통회설　　　　　　　④ 모범설
※ 교리 132. 그릇된 속죄론

321. 신비설에 영향을 받아서 구원을 '본질적 의의 주입'으로 여기고 사람의 인성과 그리스도의 신성이 본성적으로 연합하는 데 속죄의 의미가 있다고 주장한 학자는?
① 아벨라르　　　　　　　　② 오시안더
③ 둔스 스코투스　　　　　　④ 안셀름
※ 교리 132. 그릇된 속죄론

322. 다음 중 올바르게 연결되지 않은 것은?
① 아벨라르 - 신애설
② 소시누스 - 객관설
③ 캠벨 - 대리적 통회설
④ 그로티우스 - 통치설
※ 교리 132. 그릇된 속죄론

5. 구원론

323. 구원론이란?
① 삼위일체 하나님의 존재와 속성에 대한 교리로서 하나님의 본질과 속성, 삼위일체, 작정, 예정, 창조, 섭리를 다룬다
② 하나님의 형상대로 창조되어 하나님의 '언약의 대상'인 인간에 대한 교리로서 하나님의 형상, 인간의 타락, 언약에 대해 다룬다
③ 이 땅에 오신 하나님의 아들 예수 그리스도를 대상으로 삼고 그의 인격, 사역, 속죄론, 구원협약, 언약을 다룬다
④ 보혜사 성령의 임재로 예수 그리스도의 대속의 의를 성도에게 전가해 주심과 그 의의 전가로 말미암아 성도가 누리는 구원의 은혜를 조목별로 다룬다
※ 교리 133. 구원론

정답 320.① 321.② 322.② 323.④

324. 일반은총에 대한 설명으로 적절하지 않은 것은?
① 모든 사람에게 미치는 하나님의 은총이다
② 양심의 작용으로 죄를 억제한다
③ 택함 받은 사람에게만 주어지는 구원의 은총이다
④ 선을 추구하게 한다

※ 교리 134. 일반은총

325. 일반은총의 특징으로 적절하지 않은 것은?
① 성령의 사역이다
② 택함 받은 사람에게만 주어진다
③ 모든 인류에게 주어진다
④ 양심의 내적 작용으로 기능한다

※ 교리 134. 일반은총

326. 일반은총의 방편과 거리가 먼 것은?
① 성찬
② 일반계시
③ 사회적 질서와 법
④ 하나님의 형벌과 상급

※ 교리 134. 일반은총

327. 일반은총의 효과와 거리가 먼 것은?
① 형의 집행을 유예하심
② 예수 그리스도를 구주로 고백하게 하심
③ 죄를 억제하심
④ 진리, 도덕, 종교의식을 갖게 하심

※ 교리 134. 일반은총

328. 특별은총의 정의로 바른 것은?
① 모든 사람에게 미치는 하나님의 은총으로서, 양심의 작용으로 죄를 억제한다
② 양심의 내적 작용으로 기능한다
③ 택함받은 사람에게만 주어지는 구원의 은총으로서, 성령의 특별한 역사로 예수 그리스도의 의를 전가 받아 누림에 그 본질이 있다
④ 죄 억제, 선악 구분, 자연의 혜택을 누림, 사회적 질서와 법 존중, 인류에 대한 보편적 사랑, 문화와 교육 개발과 진작 등으로 나타난다

※ 교리 135. 특별은총

정답 324.③ 325.② 326.① 327.② 328.③

329. 특별은총에 대한 설명으로 적절하지 않은 것은?
① 택함 받은 사람에게만 주어지는 구원의 은총이다
② 성령의 특별한 역사로 예수 그리스도의 의를 전가받아 누림에 그 본질이 있다
③ 성도가 누리는 구원 서정 전 과정의 은총이다
④ 성령의 사역으로 양심의 작용을 통해 죄를 억제하고 선을 추구하게 한다

※ 교리 135. 특별은총

330. 일반은총과 특별은총의 차이점으로 바르지 않은 것은?
① 일반은총은 모든 인류에게 차별 없이 주어지나, 특별은총은 택함 받은 자에게만 제한적으로 주어진다
② 일반은총은 창조 영역에 관계되나, 특별은총은 하나님이 거듭나게 하셔서 베푸시는 구원 영역에 관계된다
③ 일반은총은 교회와 직접적으로 연관된 은총이지만, 특별은총은 교회와 상관없이 주어지는 은총이다
④ 일반은총은 도덕적, 합리적 방법으로 역사하나, 특별은총은 불가항력적, 법정적, 언약적으로 역사한다

※ 교리 135. 특별은총

331. 구원서정의 의미와 거리가 먼 것은?
① 그리스도의 대속의 의가 성령의 역사로써 성도에게 적용되는 질서이다
② 구원서정은 시간적 순서이며 주관적 체험이 기준이 된다
③ 성도가 은혜를 누리게 되는 신학적 순서로서, 가르침을 위한 순서이지 시간적 순서가 아니다
④ 그 핵심이 그리스도에게 있으며, 그리스도께서 성취하신 대속의 의의 다면적 역사이다

※ 교리 136. 구원서정

332. 구원서정의 요소와 거리가 먼 것은?
① 작정　　　　② 소명
③ 칭의　　　　④ 성화

※ 교리 136. 구원서정

333. 칼빈의 구원서정을 옳게 나열한 것은?
① 소명, 조명, 회심, 중생, 신앙, 칭의, 그리스도와 연합, 갱신, 보전
② 예정(선택과 유기), 그리스도와 연합, 소명과 신앙, 중생, 회심, 칭의와 성화
③ 소명, 회개, 신앙, 칭의, 중생, 성화, 견인
④ 충족한 은혜, 협력적 은혜, 주입된 은혜(성례)

※ 교리 136. 구원서정

정답　329.④　330.③　331.②　332.①　333.②

334. 그리스도와의 연합을 옳게 설명한 것이 아닌 것은?
① 그리스도와 연합은 구원서정 중 성화에 해당한다
② 보혜사 성령의 임재에 따른 그리스도의 의의 전가로써 법정적으로 이루어진다
③ 성도에게 전가되는 그리스도의 의는 그가 그 자신을 주신 의이므로, 의의 전가가 곧 그리스도와 연합이다
④ 이 연합은 성령의 은밀하고 내적인 역사에 따라 성도에게 법정적으로 인쳐지는 비밀이다
※ 교리 137. 그리스도와 연합

335. 그리스도와의 연합의 근본 특성과 관계 없는 것은?
① 영적
② 육체적
③ 생기적
④ 유기적
※ 교리 137. 그리스도와 연합

336. 그리스도와의 연합의 근본 특성 중 '신비적'에 해당하는 설명은?
① 그리스도의 영이신 성령의 내주로 인한 연합이다
② 그리스도가 성도의 거듭난 생명과 거룩한 생활의 능력과 힘과 원리가 되신다
③ 우리의 이해를 초월하나 때가 되어 그 성질이 드러나는 연합이다
④ 그리스도와 연합한 각 성도는 서로 간에 한 몸을 형성한다
※ 교리 137. 그리스도와 연합

337. 그리스도와의 연합이 그리스도와 성도가 한 몸을 형성함을 의미하는 특성은?
① 영적
② 생기적
③ 신비적
④ 유기적
※ 교리 137. 그리스도와 연합

338. 그리스도에 의해 성취된 구원을 신앙으로 수납하도록 사람들을 초청하시는 하나님의 은혜로운 사역은?
① 중생
② 신앙
③ 성화
④ 소명
※ 교리 138. 소명

339. 외적 소명의 성격과 거리가 먼 것은?
① 특별적
② 일반적
③ 보편적
④ 자연적
※ 교리 138. 소명

340. 내적 소명의 성격과 거리가 먼 것은?
① 특별적
② 보편적
③ 불가항력적
④ 초자연적
※ 교리 138. 소명

정답 334.① 335.② 336.③ 337.④ 338.④ 339.① 340.②

341. 모든 사람에게 말씀의 선포를 통해 주어지는 일반적 소명은?
① 내적 소명 ② 구원적 소명
③ 외적 소명 ④ 특별 소명

※ 교리 138. 소명

342. 성령의 역사로 택함 받은 사람에게 내적으로 주어지는 불가항력적 소명은 무엇인가?
① 외적 소명 ② 일반 소명
③ 보편 소명 ④ 내적 소명

※ 교리 138. 소명

343. 외적 소명과 내적 소명의 공통점에 해당하는 것은?
① 말씀을 듣고 순종하는 자가 대상이다
② 복음을 믿어 구원에 이르는 초자연적 은혜이다
③ 삼위일체 하나님이 주체시다
④ 특별은총적 영역이다

※ 교리 138. 소명

344. 외적 소명과 내적 소명의 차이점으로 적절하지 않은 것은?
① 외적 소명은 하나님의 말씀을 듣는 모든 사람이 대상이며, 내적 소명은 말씀을 듣고 순종하는 자가 대상이다
② 외적 소명의 영역은 외면적 들음이지만, 내적 소명의 영역은 외면적 동의이다
③ 외적 소명의 기능은 복음에 대한 자연적 인식이 그 기능이지만, 외적 소명은 복음을 믿어 구원에 이르는 초자연적 은혜가 그 기능이다
④ 외적 소명에 있어서 성령의 작용은 일반은총적 영역이지만, 내적 소명은 특별은총적 영역이다

※ 교리 138. 소명

345. 중생의 정의로 적절한 것은?
① 사람을 거듭나게 해서 새것이 되게 하시고 더 이상 육체에 속한 것이 아니라 영적인 것이 되어 속사람이 새롭게 되는 전체적·인격적 변화를 칭한다
② 죄인이 죄에서 떠나 하나님에게로 돌이키는 내면의 의식적 변화를 의미한다
③ 성령의 역사에 따른 말씀의 감화로서, 그리스도를 구주로 받아들여 구원에 이르는 내적 확신과 의뢰이다
④ 예수 그리스도의 의의 전가로써 죄인이 그리스도를 믿음으로 의롭다 함을 얻게 되는 하나님의 법정적 선언이다

※ 교리 139. 중생

정답 341.③ 342.④ 343.③ 344.② 345.①

346. 중생의 성질과 거리가 먼 것은?
① 전 인격이 새롭게 되는 근본적 변화이다
② 초자연적·불가항력적 변화이나 취소될 수 있다
③ 갑자기 주어지는 즉각적 변화이다
④ 사망에서 생명으로 옮겨지는 영혼의 변화로서 속사람이 거듭나는 것이다

※ 교리 139. 중생

347. 중생이 필요한 이유로 가장 적절한 것은?
① 그리스도의 다 이루신 의를 전가 받기 위해
② 하나님 앞에서 법정적으로 의롭다 여김을 받기 위해
③ 인간의 타락으로 죄에 오염되어 전적으로 무능하고 전적으로 부패한 영혼의 회복을 위해
④ 의롭게 된 성도가 거룩하게 되기 위해

※ 교리 139. 중생

348. 중생의 위치로 적절하지 않은 것은?
① 오직 성령의 역사로 중생의 은혜가 베풀어진다
② 중생은 하나님의 단독 사역이다
③ 중생된 자는 반드시 구원받는다
④ 중생은 신앙 활동의 원천은 아니다

※ 교리 139. 중생

349. 중생과 거룩함과 견인에 대한 설명으로 적절하지 않은 것은?
① 중생은 지식에 있어서도 새롭게 되는 전인적 변화이다
② 중생의 순간부터 완전한 지식을 얻는 것은 아니다
③ 중생의 순간 완전한 거룩함에 이르게 된다
④ 중생한 자는 모두 불가항력적 은혜를 누려 날마다 거룩해지며 구원의 완성에까지 이른다

※ 교리 139. 중생

350. 회심이라고도 일컬으며, 죄인이 죄에서 떠나 하나님에게로 돌이키는 내면의 의식적 변화는?
① 소명   ② 중생   ③ 회개   ④ 신앙

※ 교리 140. 회개

351. 회개의 특징으로 적절하지 않은 것은?
① 내적 의식과 관계 없는 구원서정이다   ② 새것이 되는 역사이다
③ 하나님의 초자연적 사역이다   ④ 단회적 변화이다

※ 교리 140. 회개

정답 346.② 347.③ 348.④ 349.③ 350.③ 351.①

352. 회개의 3요소에 포함되지 않는 것은?
① 지성적 요소　　　　　　　② 무의식적 요소
③ 감정적 요소　　　　　　　④ 의지적 요소
※ 교리 140. 회개

353. 성령의 역사에 따른 말씀의 감화로써 그리스도를 구주로 받아들여 구원에 이르는 내적 확신과 의뢰에 해당하는 구원서정은?
① 소명　　　② 회개　　　③ 신앙　　　④ 성화
※ 교리 141. 신앙

354. 신앙의 3요소 중 가장 첫 번째에 해당하는 것은?
① 하나님의 말씀을 나에게 주시는 말씀으로 들음
② 하나님의 말씀을 진리로 받음
③ 하나님의 말씀을 선포
④ 하나님의 말씀
※ 교리 141. 신앙

355. 하나님의 말씀을 나에게 주시는 말씀으로 받아들이는 신앙의 요소는?
① 성령의 조명　　　　　　　② 성령의 영감
③ 성령의 감화　　　　　　　④ 복음
※ 교리 141. 신앙

356. 협의의 신앙 대상으로 적절치 않은 것은?
① 복음　　　　　　　　　　② 성령
③ 예수 그리스도　　　　　　④ 예수 그리스도의 의
※ 교리 141. 신앙

357. 신앙의 조성자와 관계가 없는 것은?
① 수여하시는 성부 하나님
② 믿음의 말씀이신 성자 하나님
③ 역사하시는 성자 하나님
④ 믿는 주체인 성도 자신
※ 교리 141. 신앙

358. 신앙이 하나님의 선물임을 증거하는 구절은?
① 엡 1:7　　　② 엡 2:8-9　　　③ 엡 4:32　　　④ 엡 5:2
※ 교리 141. 신앙

정답 352.② 353.③ 354.④ 355.③ 356.② 357.④ 358.②

359. 예수 그리스도의 의의 전가로써 죄인이 그리스도를 믿음으로 의롭다 함을 얻게 되는 하나님의 법정적 선언은?
   ① 칭의　　　　　　　　　　　② 성화
   ③ 수양　　　　　　　　　　　④ 견인
   ※ 교리 142. 칭의

360. 하나님의 은혜로운 사죄의 심판에 해당하는 칭의의 성질은?
   ① 은혜성　　② 선언성　　③ 법정성　　④ 최종성
   ※ 교리 142. 칭의

361. 칭의의 성질에 해당하지 않는 것은?
   ① 법정성　　② 은혜성　　③ 선언성　　④ 합력성
   ※ 교리 142. 칭의

362. 새 언약의 머리이신 그리스도의 의가 우리의 것으로 여겨지는 것을 나타내는 용어는?
   ① 전달　　② 주입　　③ 전가　　④ 귀속
   ※ 교리 142. 칭의

363. 칭의의 두 가지 요소로 가장 적절한 것은?
   ① 부패한 본성의 새롭게 됨 및 의식적 변화
   ② 모든 죄책과 형벌의 방면 및 하나님의 자녀 됨
   ③ 거룩함 및 견인
   ④ 부활 및 영화
   ※ 교리 142. 칭의

364. 그리스도의 의에 기초한 하나님 사랑의 확증을 증거하는 구절은?
   ① 롬 5:8　　② 롬 6:10-11　　③ 롬 7:25　　④ 롬 8:1-2
   ※ 교리 142. 칭의

365. 수양에 대한 정의로 옳은 것은?
   ① 예수 그리스도의 의의 전가로써 죄인이 그리스도를 믿음으로 의롭다 함을 얻게 되는 하나님의 법정적 선언이다
   ② 하나님이 성도에게 그리스도의 의를 전가하셔서 그리스도와 함께 자녀로 삼으심을 뜻한다
   ③ 하나님의 자녀로서 의롭다 함을 받은 자를 지상의 삶 동안에 거룩하게 하셔서 하나님의 형상을 온전하게 이루어가게 하시는 하나님의 사역이다
   ④ 택함 받아 구원을 얻은 자들을 끝내 구원의 완성에 이르게 하시는 하나님의 사역이다
   ※ 교리 142. 칭의

정답 359.① 360.③ 361.④ 362.③ 363.② 364.① 365.②

366. 수양의 결과와 거리가 먼 것은?
   ① 죄의 속박에서 해방
   ② 하나님의 자녀로서 참된 자유를 누림
   ③ 그리스도의 의를 전가 받음
   ④ 그리스도와 함께 한 자녀이자 상속자
   ※ 교리 142. 칭의

367. 하나님이 아버지로 불리는 경우와 거리가 먼 것은?
   ① 성자에 대한 아버지
   ② 만물의 근원으로서의 아버지
   ③ 성도의 아버지
   ④ 구약 시대 때 이방 민족의 아버지
   ※ 교리 142. 칭의

368. 성도가 양자의 영을 받아 하나님을 '아빠 아버지'로 부르게 되었음을 증거하는 구절은?
   ① 롬 5:8   ② 롬 6:4   ③ 롬 8:15   ④ 롬 10:17
   ※ 교리 142. 칭의

369. 하나님의 자녀로서 의롭다 함을 받은 자를 지상의 삶 동안 거룩하게 하셔서 하나님의 형상을 온전하게 이루어가게 하시는 하나님의 사역은?
   ① 중생   ② 성화   ③ 견인   ④ 영화
   ※ 교리 143. 성화

370. 성화의 필요성으로 적절하지 않은 것은?
   ① 이 땅에서 완전하게 성화될 수 있기 때문
   ② 하나님이 거룩하시기 때문
   ③ 거룩한 삶이 성도의 의무이기 때문
   ④ 거듭난 자라도 완전하지 않으며 여전히 죄를 짓게 되기 때문
   ※ 교리 143. 성화

371. 성화의 특징으로 바르지 않은 것은?
   ① 성령의 사역이다
   ② 지상 삶에서 완성될 수 있다
   ③ 영혼과 육체 전 인격에 미친다
   ④ 죄의 요소를 제거하고 죄에서 떠나게 한다
   ※ 교리 143. 성화

정답 366.③ 367.④ 368.③ 369.② 370.① 371.②

372. 성화의 완성 시기와 관계가 없는 것은?
   ① 성도 개인의 죽음의 때   ② 육체의 부활의 때
   ③ 성도의 이 땅에서의 삶   ④ 그리스도의 재림의 때
   ※ 교리 143. 성화

373. 성도 개인의 죽음의 때 완성되는 성화의 영역은?
   ① 영혼과 육체   ② 전 인격   ③ 육체   ④ 영혼
   ※ 교리 143. 성화

374. 성화의 방편에 해당하지 않는 것은?
   ① 말씀   ② 성례   ③ 자질   ④ 섭리
   ※ 교리 143. 성화

375. 칭의와 성화의 관계가 거리가 먼 것은?
   ① 칭의와 성화는 모두 오직 믿음으로써 주어지는 하나님의 은혜이다
   ② 칭의는 하나님의 일이며, 성화는 사람의 일이다
   ③ 칭의와 성화의 은혜는 모두 그리스도의 대리적 속죄의 의로 말미암는다
   ④ 칭의가 성화의 시작이며, 칭의로 성화가 결정된다
   ※ 교리 143. 성화

376. 택함 받아 구원을 얻은 자들을 끝내 구원의 완성에 이르게 하시는 하나님의 사역은?
   ① 성도의 견인   ② 영화   ③ 칭의   ④ 신앙
   ※ 교리 151. 성도의 견인

377. 성도의 견인이 추론되는 교리적 내용과 거리가 먼 것은?
   ① 무조건적 선택
   ② 창세 전 삼위일체 하나님의 구원협약
   ③ 외적 소명
   ④ 은혜의 방편
   ※ 교리 144. 성도의 견인

378. 성도의 견인의 성경적 증거로 적절하지 않은 것은?
   ① 하나님의 구원이 성령으로 인쳐진다
   ② 하나님의 능력의 보호를 받는다
   ③ 하나님의 사랑에서 끊을 자가 없다
   ④ 하나님의 섭리로 외적 소명을 받았다
   ※ 교리 144. 성도의 견인

정답 372.③ 373.④ 374.③ 375.② 376.① 377.③ 378.④

379. 성도를 향한 하나님의 사랑을 끊을 자가 없음을 강조하는 구절은?
   ① 롬 1:16-17
   ② 롬 8:38-39
   ③ 롬 13:13-14
   ④ 롬 15:13
   ※ 교리 144. 성도의 견인

380. 예수 그리스도의 재림으로 하나님의 자녀가 부활하여 영혼과 육체가 함께 죄와 사망의 세력으로부터 완전히 해방되는 구속의 최종 완성을 칭하는 구원서정은?
   ① 중생
   ② 신앙
   ③ 성화
   ④ 영화
   ※ 교리 145. 영화

381. 영화에 대한 설명으로 바르지 않은 것은?
   ① 성도의 육체가 부활하여 썩지 않을 몸으로 변화된다
   ② 성도의 부활의 몸은 그리스도의 몸과 유사할 것이다
   ③ 육체의 부활은 그리스도의 재림 때가 아닌 성도 개인의 죽음의 때 이루어진다
   ④ 성도의 영화는 피조물의 갱신과 밀접하게 관계된다
   ※ 교리 145. 영화

382. 성도의 육체의 부활에 대해 자세히 증거하는 성경 장은?
   ① 로마서 15장
   ② 고린도전서 15장
   ③ 사도행전 15장
   ④ 요한계시록 15장
   ※ 교리 145. 영화

6. 교회론

383. 교회의 본질에 대한 설명 중 그릇된 것은?
   ① 그리스도가 머리이심
   ② 그리스도의 의를 전가 받은 하나님의 자녀들의 모임
   ③ 공동체적 윤리 구현을 이루는 지상의 모임
   ④ 그리스도와 연합한 지체들의 모임
   ※ 교리 148. 교회의 머리이신 그리스도

정답 379.② 380.④ 381.③ 382.② 383.③

384. 신약에서 교회를 칭하는 "에클레시아"에 해당하는 구약의 단어는?
① 카할　　② 다바르　　③ 암　　④ 에다
※ 교리 147. 교회의 명칭

385. 신약에서 교회의 회집을 칭하는 "쉬나고게"에 해당하는 구약의 단어는?
① 카할　　② 다바르　　③ 암　　④ 에다
※ 교리 147. 교회의 명칭

386. 다음 중 교회를 칭하는 말이 아닌 것은?
① 그리스도의 몸
② 그리스도의 신부
③ 진리의 기둥과 터
④ 긍휼의 그릇
※ 교리 147. 교회의 명칭

387. 교회를 "진리의 기둥과 터"라고 칭한 구절은?
① 갈 4:26　　② 딤전 3:15
③ 요 3:29　　④ 히 12:22
※ 교리 147. 교회의 명칭

388. 교회를 "예루살렘"이라는 호칭으로 부른 구절이 아닌 것은?
① "위에 있는 예루살렘"
② "하늘의 예루살렘"
③ "거룩한 성 예루살렘"
④ "시온의 성 예루살렘"
※ 교리 147. 교회의 명칭

389. 그리스도가 교회의 머리이심에 관한 설명으로 잘못된 것은?
① 성도 각자는 그리스도께 연합되어 있다
② 성도 각자는 그리스도의 의를 전가받는다
③ 그리스도께 연합된 모든 성도는 그리스도의 한 몸의 지체들이다
④ 서로 가시적 일치를 이루고 사랑하면 그리스도와 연합하게 된다
※ 교리 148. 교회의 머리신 그리스도

390. 성도가 그리스도의 몸의 지체라고 전하는 구절이 아닌 것은?
① 롬 12:5　　② 고전 12:18　　③ 엡 3:6　　④ 엡 5:33
※ 교리 148. 교회의 머리신 그리스도

정답 384.① 385.④ 386.④ 387.② 388.④ 389.④ 390.④

391. 성도가 머리이신 그리스도께로 자람을 전하는 구절은?
   ① 고전 12:23   ② 고후 12:13   ③ 엡 4:15   ④ 골 2:9
   ※ 교리 148. 교회의 머리이신 그리스도

392. 비가시적 교회의 정의에 부합하는 것은?
   ① 택함 받은 자들의 총수
   ② 직분 중심의 제도적 기구
   ③ 그리스도의 은혜를 누림
   ④ 예배와 말씀 공동체
   ※ 교리 149. 교회의 성격

393. 다음 중 지상의 교회를 칭하는 개념이 아닌 것은?
   ① 가시적 교회   ② 전투하는 교회
   ③ 어머니로서의 교회   ④ 승리하는 교회
   ※ 교리 149. 교회의 성격

394. 교회가 성령의 끈으로 연합된 성도들의 공동체임을 칭하는 개념은?
   ① 유기체로서의 교회   ② 가시적 교회
   ③ 조직체로서의 교회   ④ 혼합교회
   ※ 교리 149. 교회의 성격

395. 교회의 속성에 들지 않는 것은?
   ① 유일성   ② 거룩성
   ③ 보편성   ④ 가시성
   ※ 교리 150. 교회의 본질적 속성

396. 교회는 머리이신 그리스도의 몸으로서 하나임을 칭하는 특성은?
   ① 유일성   ② 거룩성
   ③ 보편성   ④ 사도성
   ※ 교리 150. 교회의 본질적 속성

397. 교회의 유일성에 대한 설명 중 그릇된 것은?
   ① 가시적 교회와 비가시적 교회의 머리는 그리스도이시다
   ② 교회는 기구적-조직체로서 지상에서 완전한 하나를 이룬다
   ③ 교회는 유일하신 중보자 그리스도의 의를 전가받은 언약의 공동체이다
   ④ 성도 서로 간의 교제는 성도 각자의 그리스도와의 연합을 전제한다
   ※ 교리 150. 교회의 본질적 속성

정답 391.③ 392.① 393.④ 394.① 395.④ 396.① 397.②

398. 교회의 거룩성에 대한 설명 중 그릇된 것은?
    ① 지상 교회의 지체인 성도가 완전하지 않듯이 교회도 완전하지 않다
    ② 교회는 유일한 남편이자 신랑이신 그리스도와 한 몸을 이룬다
    ③ 지상의 성도가 날마다 거룩해지듯이 교회는 항상 개혁되어야 한다
    ④ 지상의 성도는 완전하지 않으나 그리스도의 몸 된 교회는 기구적으로 완전하다
    ※ 교리 150. 교회의 본질적 속성

399. 어느 때든지, 어느 곳에든지, 누구에게나 교회가 있어야 한다는 점을 제시하는 교회의 특성은?
    ① 유일성   ② 거룩성
    ③ 보편성   ④ 사도성
    ※ 교리 150. 교회의 본질적 속성

400. 교회가 복음을 선포하고 가르치는 본연의 직무와 관련된 교회의 특성은?
    ① 유일성   ② 거룩성
    ③ 보편성   ④ 사도성
    ※ 교리 150. 교회의 본질적 속성

401. 교회의 사도성에 대한 그릇된 견해는?
    ① 교회는 가르치는 교회와 선포하는 교회로서 어머니의 양육을 감당한다
    ② 교회의 계승은 직분을 통한 인적 계승에 있다
    ③ 교회는 말씀을 가르치고 선포하신 그리스도의 지상 사역을 계속한다
    ④ 교회의 계승은 말씀과 고백의 계승에 있다
    ※ 교리 150. 교회의 본질적 속성

402. 참 교회의 표지 세 가지에 들지 않는 것은?
    ① 말씀의 순수한 선포
    ② 성례의 합법적 거행
    ③ 위계를 갖춘 직분 체제
    ④ 권징의 합당한 시행
    ※ 교리 151. 참된 교회의 표지

403. 교회의 표지 중 가장 중요하고 중심적인 것으로서 다른 표지도 이에 의존하는 것은?
    ① 말씀의 순수한 선포   ② 성례의 합법적 거행
    ③ 권징의 합당한 시행   ④ 교회법에 따른 행정
    ※ 교리 151. 참된 교회의 표지

정답 398.④ 399.③ 400.④ 401.② 402.③ 403.①

404. 교회가 진리에 서지 않고 거짓된 것을 가르치거나 삶이 진리에서 벗어나면 거짓 교회가 됨을 전하는 구절이 아닌 것은?
① 요 8:31-32, 47
② 요일 4:1-3
③ 요이 1:9
④ 고전 12:28-29

※ 교리 151. 참된 교회의 표지

405. 권징에 대한 설명 중 그릇된 것은?
① 교회 질서 유지의 궁극적 가치는 건덕이 아니라 준법이다
② 권징은 교회의 힘줄과 같다
③ 권징은 폐하려는 데 있지 않고 세우고자 함에 있다
④ 권징은 세속적 징벌이 아니라 말씀의 징계로 시행해야 한다

※ 교리 151. 참된 교회의 표지

406. 교회에 부여된 매고 푸는 권세는 궁극적으로 무엇에 기초하고 있는가?
① 직분의 권위
② 말씀의 권세
③ 은사의 능력
④ 교회의 규정

※ 교리 151. 참된 교회의 표지

407. 교회의 매고 푸는 열쇠의 권세에 대해서 전하는 구절은?
① 골 1:24-25
② 고전 12:18-20
③ 마 18:15-18
④ 롬 12:3-5

※ 교리 151. 참된 교회의 표지

408. 성경적 교회 정치 구조는?
① 장로회
② 감독제
③ 회중제
④ 국가교회제

※ 교리 152. 교회의 정체

409. 장로회의 원리와 무관한 것은?
① 그리스도는 비가시적·가시적 교회의 머리이며 권위의 원천이시다
② 말씀이 권위 행사의 방편이다
③ 교회에 부여된 권세는 개인이 아니라 교회 자체에 속한다
④ 직접통치의 방식을 취한다

※ 교리 152. 교회의 정체

정답 404.④ 405.① 406.② 407.③ 408.① 409.④

410. 장로회의 정치 원리에 배치되는 것은?
① 교회의 사법은 권징으로 행해진다
② 교회의 직분은 임의적이므로 회중의 뜻에 따라 둔다
③ 대표적 기관들에 의하여 권세가 행사된다
④ 교회의 권세는 지교회 치리회로부터 상회로 확장된다

※ 교리 152. 교회의 정체

411. 장로회에서 지교회 당회의 상회가 아닌 것은?
① 노회
② 대회
③ 총회
④ 협의회

※ 교리 152. 교회의 정체

412. 장로회에 대한 설명 중 틀린 것은?
① 상위 회는 다수 장로와 소수 목사로 구성된다
② 장로회는 대의정치를 행한다
③ 은사에 따른 직분의 분화가 있다
④ 직분에는 계급의 고하가 없다

※ 교리 152. 교회의 정체

413. 다음 중 감독 정체를 취하지 않는 교파는?
① 초기 로마 가톨릭
② 영국의 성공회
③ 침례교
④ 감리교

※ 교리 152. 교회의 정체

414. 회중 정체에 대한 설명 중 틀린 것은?
① 일체의 권위를 성도들의 직접 결의에 둔다
② 지교회 위에 상회가 없고, 다만 효율을 기하여 교회 간의 협의회가 있을 뿐이다
③ 효과적 연합 사업을 하기에 유리하다
④ 교회의 직분은 단지 교훈과 교회의 사무를 집행하기 위하여 선임될 뿐이다

※ 교리 152. 교회의 정체

415. 에라스투스에 의해서 주장된 교회 정치 구조는?
① 형제단
② 국가교회 정체
③ 무교회주의
④ 회중교회

※ 교리 152. 교회의 정체

정답 410.② 411.④ 412.① 413.③ 414.③ 415.②

416. 에라스투스주의 정체에 대한 설명 중 틀린 것은?
   ① 교회를 정부의 관할에 두어 교회의 행정과 사법이 국법에 따라서 수행된다
   ② 교회와 국가의 관계에 유기성을 강조하는 성경적 정체이다
   ③ 국가가 교회의 재정을 돕고 성직 수여에 간섭한다
   ④ 교회의 권위가 하나님께 있고 그 머리가 그리스도라는 성경의 가르침에 배치된다
   ※ 교리 152. 교회의 정체

417. 다음 중 무교회주의를 주장하는 자들에 속하지 않는 경우는?
   ① 회중교회   ② 플리머스 형제단
   ③ 퀘이크파   ④ 우찌무라 간조
   ※ 교리 152. 교회의 정체

418. 사도시대에 한시적으로 존재했던 비상직이 아닌 것은?
   ① 사도   ② 선지자
   ③ 장로   ④ 전도인
   ※ 교리 153. 교회의 직분

419. 사도에 대한 설명 중 틀린 것은?
   ① 주님의 열두 제자와 바울에게만 적용된다
   ② 전 세계를 향하여 교회를 세우고 말씀을 전하며 가르칠 직무를 가졌다
   ③ 사도 중 다수가 성경을 기록하였다
   ④ 사도는 오늘날 목사와 같이 사역의 지경이 정해져 있었다
   ※ 교리 153. 교회의 직분

420. 초대교회에서 사도를 도와서 복음을 전하고 성례를 거행하는 일을 한 직분은?
   ① 전도인   ② 감독
   ③ 집사   ④ 말씀 전하는 자
   ※ 교리 153. 교회의 직분

421. 초대교회에서 말씀의 특별한 은사를 받아 복음의 비밀을 밝히고 미래의 일을 예언하는 도구로서 한시적으로 사용된 직분은?
   ① 선지자   ② 제사장   ③ 전도인   ④ 교사
   ※ 교리 153. 교회의 직분

422. 교회에 항존하는 통상직이 아닌 것은?
   ① 목사   ② 조사   ③ 교사   ④ 장로
   ※ 교리 153. 교회의 직분

정답 416.② 417.① 418.③ 419.④ 420.① 421.① 422.②

423. 목사의 권세에 속하지 않는 것은?
① 강도권   ② 구제권
③ 성례 거행권   ④ 교사권

※ 교리 153. 교회의 직분

424. 목사가 장로와 구별된 까닭은?
① 교회 직분의 위계 수립을 위해
② 장로회에 대표를 세우기 위해서
③ 치리와 가르침을 함께하는 사역의 필요에서
④ 치리를 가르침과 분리하기 위해서

※ 교리 153. 교회의 직분

425. 교사의 직무에 속하지 않는 것은?
① 성경 해석   ② 성경 변증
③ 말씀을 가르침   ④ 말씀을 선포함(설교)

※ 교리 153. 교회의 직분

426. 장로의 직무는?
① 교회 행정 관장   ② 교회 재정 충당과 구제
③ 도덕적인 견책과 권징   ④ 말씀을 가르치고 선포

※ 교리 153. 교회의 직분

427. 초대교회 집사의 주요 직무는?
① 구제하는 것과 긍휼을 베푸는 것   ② 재정 관리 및 충당
③ 교회 건물 및 부속 시설 관리   ④ 예배 시종

※ 교리 153. 교회의 직분

428. 교회 권세의 기초이며 시발이 되는 치리회는?
① 교회 자치회   ② 당회   ③ 노회   ④ 총회

※ 교리 154. 교회의 치리회

429. 교회 권세의 원천은 어디에 있는가?
① 교회의 머리이신 그리스도
② 교회 직분자들의 연합체
③ 회중 전체
④ 교회법 규정

※ 교리 155. 교회의 권세

정답 423.② 424.③ 425.④ 426.③ 427.① 428.② 429.①

430. 교회의 권세에 속하지 않는 것은?
   ① 교리권(교도권)   ② 입법권
   ③ 통치권   ④ 사법권
   ※ 교리 155. 교회의 권세

431. 교회의 교리권의 본질은?
   ① 교회 회원의 신분과 재정을 관리함
   ② 성경의 가르침대로 교리를 수립하고 말씀을 가르치고 선포함
   ③ 교회의 예배와 행사를 관리함
   ④ 교회 직분 체계 수립과 직원 임명
   ※ 교리 155. 교회의 권세

432. 다음 중 교리권에 속하지 않는 것은?
   ① 말씀을 가르치고 선포한다
   ② 말씀을 변증하고 수호한다
   ③ 신경과 신앙고백서 등 교리를 수립한다
   ④ 교회가 성경 승인권과 성경 해석권을 갖는다
   ※ 교리 155. 교회의 권세

433. 교회의 치리권에 대한 설명으로 적절치 않은 것은?
   ① 교회의 치리권은 권징으로 시행된다
   ② 교회는 국가의 법을 준용하여 적용할 수 있다
   ③ 교회의 치리권은 일체 세속적 방식을 금하며 오직 말씀의 검을 사용해야 한다
   ④ 교회의 치리권은 영적인 제도로서 시행된다
   ※ 교리 155. 교회의 권세

434. 교회의 은혜의 방편 세 가지에 속하지 않는 것은?
   ① 말씀   ② 성례   ③ 예배   ④ 기도
   ※ 교리 156. 은혜의 방편

435. 구약과 신약의 관계에 대한 설명 중 틀린 것은?
   ① 구약과 신약의 실체는 그리스도로서 동일하다
   ② 구약과 신약의 경륜은 다양하다
   ③ 구약과 신약 백성은 모두 믿음으로써 의롭다 함을 얻었다
   ④ 구약은 지상의 복락을 추구하고 신약은 영생을 추구하였다
   ※ 교리 157. 은혜의 방편으로서 말씀

정답 430.③ 431.② 432.④ 433.② 434.③ 435.④

436. 율법과 복음의 관계에 대한 설명 중 틀린 것은?
   ① 율법의 의는 복음에 의해서 폐지되었다
   ② 율법은 언약의 법으로서 명령과 약속을 포함한다
   ③ 그리스도는 율법의 약속을 성취하셨다
   ④ 율법주의와 율법폐지는 모두 거부된다

   ※ 교리 157. 은혜의 방편으로서 말씀

437. 성례의 정의에 부합하지 않는 것은?
   ① 성례는 그리스도가 제정하신 거룩한 말씀의 규례이다
   ② 성례는 가시적이며 지각되는 물질인 표징으로써 보이지 않는 은혜를 제시한다
   ③ 신약의 성례는 세례와 성찬이 있다
   ④ 성례는 실제적이지 않으며 단지 보이지 않는 은혜를 상징하는 것이다

   ※ 교리 158. 은혜의 방편으로서 성례

438. 성례에 대한 설명 중 적절치 않은 것은?
   ① 말씀의 제정이 없는 성례는 거짓 성례이다
   ② 세례의 표징은 물 혹은 씻음, 성찬의 표징은 떡과 잔이다
   ③ 성례는 물질적 요소를 통하여 물질적으로 받는 것이다
   ④ 성령의 역사 가운데 믿음으로 받지 않는 성례는 효과적이지 않다

   ※ 교리 158. 은혜의 방편으로서 성례

439. 성례의 표징이 제시하는 의미는 무엇으로 규정되는가?
   ① 제정된 말씀   ② 집례자의 선포
   ③ 받는 자의 믿음   ④ 회중의 고백

   ※ 교리 159. 성례의 요소

440. 성례에 있어서 표징과 의미된 실체 사이에 그리스도의 영적이나 실제적인 현존이 있음을 뜻하는 개념은?
   ① 성례적 연합   ② 말씀의 제정
   ③ 성례의 열매   ④ 회중의 참여

   ※ 교리 159. 성례의 요소

441. 세례에서 물[씻음]의 의미는?
   ① 칭의와 성화   ② 중생과 입교
   ③ 정결례   ④ 죽음과 부활에 연합

   ※ 교리 159. 성례의 요소

정답 436.① 437.④ 438.③ 439.① 440.① 441.②

442. 성례에 있어서 그리스도의 현존은?
① 물질적 그리고 실제적 현존
② 영적 그리고 상징적 현존
③ 물질적 그러나 상징적 현존
④ 영적 그러나 실제적 현존
※ 교리 159. 성례의 요소

443. 성례 집례자는 누구인가?
① 목사와 장로
② 목사와 감독
③ 목사와 교사
④ 오직 목사만
※ 교리 159. 성례의 요소

444. 성례 집례자가 목사에 한정되는 이유는?
① 성례에는 말씀 선포가 필히 수반되어야 하므로
② 성례에는 목사의 중보가 필요하므로
③ 성례는 교회의 대표에 의해서 거행되어야 하므로
④ 성례에 불성실한 자를 권징하기 위해
※ 교리 159. 성례의 요소

445. 로마 가톨릭의 다섯 가지 거짓 성례에 속하지 않는 것은?
① 견진성사
② 미사
③ 고해성사
④ 종부성사
※ 교리 160. 신약 성례의 수

446. 세례에 대한 설명으로 옳지 않은 것은?
① 세례의 제정자는 그리스도시다
② 아버지와 아들과 성령의 이름으로 세례를 베푼다
③ 세례는 신앙고백과 무관하게 거행된다
④ 세례는 중생과 입교의 표가 된다
※ 교리 161. 세례

447. 세례의 표징인 물이 정결 및 씻음을 의미함을 전하는 구절이 아닌 것은?
① 롬 6:5
② 행 2:38; 22:16
③ 히 10:22
④ 벧전 3:21
※ 교리 161. 세례

정답 442.④ 443.④ 444.① 445.② 446.③ 447.①

448. 믿음의 자녀에게 유아세례를 베푸는 것은?
① 부모의 유익한 훈육이 있으므로
② 교회의 질서에 따라
③ 믿는 부모에게 난 자녀를 언약의 자녀로 간주
④ 교회의 건덕을 위하여

※ 교리 161. 세례

449. 성찬이 그 의미로 제시하는 바가 아닌 것은?
① 중생과 수양의 은혜
② 그리스도의 죽으심
③ 그리스도의 살과 피를 먹고 마심으로 생명을 얻음
④ 그리스도와 하나가 된 성도 서로 간의 연합

※ 교리 162. 성찬

450. 성찬에 대한 루터파의 공재설에 대한 비판으로 잘못된 것은?
① 주님이 "이다"라고 말씀하신 것을 "함께 있다(be with)"로 곡해한다
② 승천 이후 편재하는 주님의 살과 피가 성찬의 떡과 포도주 '안에', '아래', '함께' 현존한다는 주장이다
③ 그리스도의 위격적 연합 교리에 대한 오류에서 비롯된다
④ 표징과 제시된 의미 사이의 성례적 연합을 적절하게 설명한다

※ 교리 162. 성찬

451. 성찬에 대한 로마 가톨릭의 화체설에 대한 비판으로 잘못된 것은?
① 주님이 "이다"라고 말씀하신 것을 "변한다(be changed)"로 곡해한다
② 표징인 떡과 잔 속에서 신비한 변화가 일어나 살과 피로 변한다는 주장이다
③ 사제 중보주의와 궤를 같이하며 사제의 축성으로 물질적 변화가 일어난다고 여긴다
④ 표징과 제시된 의미 사이의 성례적 연합을 적절하게 설명한다

※ 교리 162. 성찬

452. 성찬에 대한 개혁파의 영적 임재설에 대한 설명으로 잘못된 것은?
① 성령의 능력으로써 떡과 잔을 믿음으로 받는 자에게 그리스도의 살과 피가 현존한다
② 살과 피의 현존은 물질적이지 않고 영적이며, 영적이라고 해서 상징적이지 않으며 실제적이다
③ 중보자 그리스도의 신인양성의 속성교통이 직접적이라고 여긴다
④ 중보자 그리스도의 신인양성의 위격적 연합 교리에 충실한, 성경적 입장이다

※ 교리 162. 성찬

정답 448.③ 449.① 450.④ 451.④ 452.③

453. 개혁 성찬론에 있어서 수찬자에 대한 설명 중 올바른 것은?
① 믿음을 고백하는 자는 세례를 받지 않아도 참여할 수 있다
② 유아세례를 받은 자는 입교하지 않아도 적정 연령이 되면 참여할 수 있다
③ 떡과 잔은 각각 효과가 있으므로 둘 중 하나만 받아도 된다
④ 세례를 받았거나 입교한 자가 성령의 감화 가운데 믿음으로 말씀을 받고 참여해야 한다

※ 교리 162. 성찬

454. 교회와 국가에 대한 올바른 이해가 아닌 것은?
① 모든 성도는 영적 통치와 국가적 통치의 이중적 통치를 받는다
② 영적 통치는 교회 직분의 위계에 따라 제도적으로 이루어진다
③ 국가적 통치는 성도들의 경건한 삶에 영향을 미치지만 영적 통치와는 영역을 달리한다
④ 국가적 통치는 일반은총의 영역에, 영적 통치는 특별은총의 영역에 본질적으로 미친다

※ 교리 163. 교회와 국가

7. 종말론

455. 종말론의 내용에 관한 설명으로 올바르지 않은 것은?
① 크게 일반적 종말론과 개인적 종말론으로 나뉜다
② 일반적 종말론은 이 세상과 인류 역사의 종말을 다룬다
③ 개인적 종말론은 개인의 죽음과 그 이후 부활 때까지의 상태를 다룬다
④ 임박한 종말을 맞아 성도가 특별히 준비해야 할 바를 다룬다

※ 교리 164. 종말론

456. 육체적 죽음에 관한 설명으로 올바르지 않은 것은?
① 존재의 끝이 아니며 중단도 아니다
② 영혼으로부터 육체가 분리됨이다
③ 죽음으로써 영혼과 육체가 모두 소멸한다
④ 육체적 생명의 종결이다

※ 교리 165. 육체적 죽음

정답 453.④ 454.② 455.④ 456.③

457. 죄와 죽음의 관계에 관한 설명으로 올바르지 않은 것은?
① 본래 인간은 의존적이고 유한한 존재였기에 죽음은 자연스러운 것이었다
② 육체의 죽음은 영적 죽음의 결과이다
③ 죽음은 죄로 말미암아 들어온 것이다
④ 죽음은 죄에 대한 형벌이다

※ 교리 165. 육체적 죽음

458. 죄와 죽음에 관계에 관한 설명으로 올바른 것은?
① 죽음은 인간 생명에 자연스럽고 조화로운 것이다
② 하나님은 특별은총으로써 죽음의 세력을 이기시고 무능하게 하신다
③ 하나님의 일반은총은 죽음의 권세와 작용에 영향을 미치지 않는다
④ 죄는 타락과 무관하게 인간 본성의 고유한 속성이다

※ 교리 165. 육체적 죽음

459. 그리스도가 죽음의 세력을 이기고 무능하게 하셨음을 말하는 구절이 아닌 것은?
① 롬 4:17
② 딤후 1:10
③ 히 2:14
④ 계 1:18

※ 교리 165. 육체적 죽음

460. 성도의 죽음이 의미하는 바가 아닌 것은?
① 성도는 죽음과 함께 부활을 묵상하고, 부활을 묵상하면 죽음을 생각한다
② 죽음에 관한 올바른 지식은 경건에 도움이 된다
③ 부활하신 그리스도를 통해 죽음 이후의 영화를 확신한다
④ 죽음은 역사의 종말 때까지의 영적 수면이다

※ 교리 166. 성도의 죽음의 의미

461. 영혼의 불멸성에 관한 설명으로 올바르지 않은 것은?
① 불멸성의 기원은 하나님이시다
② 인간은 하나님의 형상으로 지음받았으므로 필연적인 속성으로 불멸성을 소유한다
③ 신학적 불멸성은 썩음과 죽음에 전혀 얽매이지 않는 타락 전 인간의 상태이다
④ 종말론적 불멸성은 죽음에 전혀 영향을 받지도 받을 수도 없는 영화의 상태이다

※ 교리 167. 영혼의 불멸성

정답 457.① 458.② 459.① 460.④ 461.②

462. 구약에서 영혼의 불멸성에 관한 설명으로 올바르지 않은 것은?
   ① 불멸성에 관한 이스라엘의 소망이 그들을 저버리지 않으시는, 언약의 하나님에 대한 믿음에서 발견된다
   ② 스올에 관한 언급에서 인간이 사후에도 의식을 갖고 존재함을 말한다
   ③ 죽은 자의 부활에 관한 언급이 명시적으로 나타나지 않는다
   ④ 구약의 믿음의 조상들도 죽음 후 부활에 대한 소망 가운데 영생을 간구하였다
   ※ 교리 167. 영혼의 불멸성

463. 하나님이 사람들에게 영원을 사모하는 마음을 주셨다고 전하는 구절은?
   ① 창 6:5   ② 시 13:5   ③ 잠 14:14   ④ 전 3:11
   ※ 교리 167. 영혼의 불멸성

464. 신약에서 영혼의 불멸성에 관한 설명으로 올바르지 않은 것은?
   ① 사후 의인의 영혼의 존속을 말한다
   ② 사후 악인의 영혼의 소멸을 말한다
   ③ 내세에 하나님과 교제하는 신자의 복된 삶을 말한다
   ④ 성도의 부활을 말한다
   ※ 교리 167. 영혼의 불멸성

465. 선인과 악인이 모두 부활함을 전하는 구절은?
   ① 마 5:38-42   ② 막 4:26-29
   ③ 눅 6:39-45   ④ 요 5:25-29
   ※ 교리 167. 영혼의 불멸성

466. 새 예루살렘에서 주 하나님이 성도들을 비추셔서 밤이 없고 등불과 햇빛이 쓸데없게 됨을 전하는 구절은?
   ① 계 22:5   ② 계 22:6
   ③ 계 22:7   ④ 계 22:8
   ※ 교리 167. 영혼의 불멸성

467. 중간 상태에 관한 설명으로 올바르지 않은 것은?
   ① 인간이 죽음과 부활 사이의 기간을 '중간기'라고 한다
   ② 인간이 중간기에 영혼으로만 존재하는 것을 '중간 상태'라고 한다
   ③ 악인은 지옥이나 연옥에 거하게 된다
   ④ 성도는 그리스도와 함께 있는다
   ※ 교리 168. 중간 상태

정답 462.③ 463.④ 464.② 465.④ 466.① 467.③

468. 사도 바울이 "차라리 몸을 떠나 주와 함께 있는 그것"을 원한다고 고백한 구절은?
① 고전 5:8
② 고후 5:8
③ 고전 6:8
④ 고후 6:8

※ 교리 168. 중간 상태

469. '스올'과 '하데스'에 관한 설명으로 올바르지 않은 것은?
① 이 두 용어는 고정된 한 의미로만 쓰인다
② 장소를 지칭할 때는 지옥이나 무덤을 뜻한다
③ 상태를 칭할 때는 죽음을 뜻한다
④ '스올'은 히브리어이고, '하데스'는 헬라어이다

※ 교리 168. 중간 상태

470. 그리스도의 재림을 가리키는 신약의 헬라어가 아닌 것은?
① 아포칼륍시스
② 알레떼이아
③ 에피파네이아
④ 파루시아

※ 교리 169. 그리스도의 재림

471. 그리스도의 재림에 관한 설명으로 올바른 것은?
① 그리스도의 재림은 단일하며, 공중 재림과 지상 재림의 이중 재림으로 나뉘지 않는다
② 성경은 재림 이전에 어떤 징조도 없음을 강조한다
③ 재림의 때는 알 수 없으나 결국 그 날짜를 특정할 수 있게 된다
④ 재림의 목적은 성도들이 지상의 환난을 피할 수 있도록 휴거시키기 위함이다

※ 교리 169. 그리스도의 재림

472. 그리스도 재림의 특징이 아닌 것은?
① 은밀한 강림
② 영광스러운 강림
③ 승리의 강림
④ 갑작스러운 강림

※ 교리 169. 그리스도의 재림

473. 그리스도 재림의 목적과 결과가 아닌 것은?
① 약속의 성취로서 새 시대를 엶
② 전도
③ 죽은 자의 부활과 최후 심판
④ 천하 만물에 영원한 상태 부여

※ 교리 169. 그리스도의 재림

정답 468.② 469.① 470.② 471.① 472.① 473.②

474. 그리스도의 재림 이전 사건이 아닌 것은?
① 이방인을 그 충만한 수가 차기까지 부르심
② 영적인 참 이스라엘의 충만한 수 전체가 회심함
③ 안온한 교회
④ 적그리스도 나타남
※ 교리 169. 그리스도의 재림

475. 그리스도의 재림 이전의 징조와 기사들이 아닌 것은?
① 전쟁　　　② 지진　　　③ 기근　　　④ 무지개
※ 교리 169. 그리스도의 재림

476. 마태복음에서 종말에 관한 본문은?
① 마 21:12-17　　　② 마 22:15-22
③ 마 23:1-36　　　④ 마 24:1-51
※ 교리 169. 그리스도의 재림

477. 그리스도의 재림 방식에 관한 설명으로 올바르지 않은 것은?
① 인격적 강림　　　② 영적 강림
③ 가시적 강림　　　④ 갑작스러운 강림
※ 교리 169. 그리스도의 재림

478. 천사가 제자들에게 "너희 가운데서 하늘로 올려지신 이 예수는 하늘로 가심을 본 그대로 오시리라"라고 전하는 구절은?
① 눅 24:44　　② 눅 24:49　　③ 행 1:8　　④ 행 1:11
※ 교리 169. 그리스도의 재림

479. 천년왕국에 관한 견해들 중에서 구속사를 곡해하는 치명적인 신학적 오류가 가장 많은 것은?
① 무천년설　　　② 역사적 전천년설
③ 후천년설　　　④ 세대주의적 전천년설
※ 교리 170. 천년왕국설

480. 각 천년왕국에 관한 설명 중 잘못된 것은?
① 무천년설: 그리스도가 공중에 재림하셔서 영원히 다스리신다
② 역사적 전천년설: 그리스도의 재림 후 천년왕국이 시작된다
③ 후천년설: 그리스도의 재림 전에 천년왕국이 시작된다
④ 세대주의적 전천년설: 그리스도의 두 번 재림 이후에 천년왕국이 있다
※ 교리 170. 천년왕국설

정답 474.③ 475.④ 476.④ 477.② 478.④ 479.④ 480.①

481. 무천년설에 관한 설명으로 올바르지 않은 것은?
① 천년왕국은 없다
② 승천하신 그리스도가 하나님 우편에서 다스리심으로써 하나님의 나라가 도래한다
③ 하나님 나라의 완성과 연속선에 성도 구원의 완성이 있다
④ 요한계시록 20장의 "천 년"을 문자적으로 이해하지 않는다

※ 교리 170. 천년왕국설

482. 역사적 전천년설에 관한 설명으로 올바르지 않은 것은?
① 천년왕국이 있기 전에 그리스도가 재림하신다
② 그리스도가 지상에 재림하셔서 천 년간 다스리신다
③ 죽은 자의 부활이 단회적이다
④ 그리스도의 재림 전에 대사건들이 있다

※ 교리 170. 천년왕국설

483. 후천년설에 관한 설명으로 올바르지 않은 것은?
① 천년왕국이 있은 후에 그리스도가 재림하신다
② 그리스도가 재림하셔서 천년왕국을 다스리신다
③ 그리스도의 영의 역사로 큰 부흥의 시대가 있다
④ 큰 부흥의 시대 후에 그리스도가 재림하신다

※ 교리 170. 천년왕국설

484. 세대주의적 전천년설에 관한 설명으로 올바르지 않은 것은?
① 역사를 일반적으로 일곱 세대로 나눈다
② 각 세대에 독자적이고 서로 다른 원리와 심판들이 적용된다
③ 구속사의 통일성이 온전히 보존된다
④ 두 번의 재림, 여러 차례의 부활, 세 번의 심판, 두 종류의 하나님의 백성이 있다

※ 교리 170. 천년왕국설

485. 죽은 자의 부활에 관한 설명으로 올바르지 않은 것은?
① 부활은 삼위일체 하나님의 사역이다
② 몸의 부활이다
③ 의인과 악인 모두의 부활이다
④ 그리스도의 재림 전에 성도가 부활하여 그리스도를 맞이한다

※ 교리 171. 죽은 자의 부활

486. 다음 중 죽음에 대한 성경적 개념이 아닌 것은?
① 육체적 죽음 ② 정신적 죽음 ③ 영적 죽음 ④ 영원한 죽음

※ 교리 171. 죽은 자의 부활

정답 481.① 482.③ 483.② 484.③ 485.④ 486.②

487. 최후의 심판에 관한 설명으로 올바르지 않은 것은?
① 죽은 자의 부활 후에 있는 마지막 심판이다
② 현세에 다 이루지 못한 공의에 대한 최종적 판단이자 결론적 해결이다
③ 세 번의 심판이 있다
④ 재판장은 왕이신 중보자 그리스도이시다

※ 교리 172. 최후의 심판

488. 최후의 심판에 관한 설명으로 올바른 것은?
① 천사들은 심판의 대상이 아니다
② 성도는 심판의 대상이 아니다
③ 심판의 기준은 하나님이 계시하신 뜻이다
④ 지상에서 행한 일에 따라 복락 또는 형벌에 차이가 없다

※ 교리 172. 최후의 심판

489. 최후의 심판의 부분들이 아닌 것은?
① 하나님이 모든 사람의 마음과 행위의 모든 것을 인식하신다
② 악인들만이 최고 재판장의 재판정에 선다
③ 각 사람에 대한 판결이 공개적으로 선포되어 하나님의 의와 은혜가 찬란하게 빛난다
④ 판결에 따라 의인은 영원한 복, 악인은 저주를 받는다

※ 교리 172. 최후의 심판

490. 모든 인류가 하나님의 심판대에서 판단 받을 것이라고 전하는 구절이 아닌 것은?
① 마 25:43 ② 고전 4:5 ③ 고후 4:5 ④ 고후 5:10

※ 교리 172. 최후의 심판

491. 인간의 최후 상태에 관한 설명으로 올바르지 않은 것은?
① 악인이 처하는 곳은 지옥이다
② 악인은 임시적 형벌을 받는다
③ 악인은 영원히 형벌을 받는다
④ 의인의 영원한 거처는 천국이다

※ 교리 173. 최후의 상태

정답 487.③ 488.③ 489.② 490.③ 491.②

492. 악인이 처한 상태에 관한 설명으로 올바르지 않은 것은?
　① 하나님의 은총이 미약하게나마 남아 있다
　② 죄의 완전한 지배로 인하여 삶에 끝없는 혼란이 있다
　③ 몸과 영혼에 극심한 고통이 있다
　④ 양심의 가책과 고뇌와 절망과 비탄과 이를 갊과 같은 주관적 형벌들이 있다
　※ 교리 173. 최후의 상태

493. 의인의 최후의 상태에 관한 개혁파의 설명으로 올바르지 않은 것은?
　① 새 하늘과 새 땅의 새 창조는 전적으로 새로운 창조이다
　② 의인이 받는 상급이 있다
　③ 신자의 최종적 상태에 앞서 새 하늘과 새 땅의 새 창조가 있을 것이다
　④ 의인은 무궁하고 완전하며 가장 충만한 생명을 누릴 것이다
　※ 교리 173. 최후의 상태

494. 의인이 받는 상급의 본성으로 올바르지 않은 것은?
　① 그리스도 안에서 하나님을 대면한다
　② 하나님 안에서 완전한 만족과 희락을 누린다
　③ 하나님을 영화롭게 한다
　④ 성도의 선행은 은혜로운 상급의 척도가 아니다
　※ 교리 173. 최후의 상태

495. 요한계시록에서 새 하늘과 새 땅의 새 창조를 말하는 장은?
　① 계 18장　　　　　　② 계 19장
　③ 계 20장　　　　　　④ 계 21장
　※ 교리 173. 최후의 상태

정답 492.① 493.① 494.④ 495.④

제2부
교회사

Ⅰ. 초대교회사
Ⅱ. 중세교회사
Ⅲ. 종교개혁사
Ⅳ. 근현대교회사
Ⅴ. 한국교회사
Ⅵ. 실전문제

I. 초대교회사

1. 초대교회의 배경과 박해

4세기 역사가인 가이사랴의 유세비우스는 갈 4:4의 "때가 차매"를 하나님의 말씀이 많은 사람에게 전파되어 교회가 세워진 때를 의미한다고 해석했다. 실제로 초대교회 시대는 로마 제국에 의해 지중해 주변 일대의 정치적 안정이 확보되었을 뿐 아니라 헬레니즘의 확산을 통해 언어와 사상의 일관성이 확보된 시대였다. 이와 같은 정치적 안정과 문화적 일관성은 팔레스타인에서 시작된 기독교의 복음이 빠른 속도로 확산할 수 있는 중요한 배경이었다. 그러나 로마 제국은 기독교의 급속한 확산을 정치적 위협으로 여기고 여러 차례에 걸쳐 기독교를 강하게 박해했다. 또 보편성을 추구하는 제국의 사상이었던 헬레니즘은 교회가 성장하는 가운데 여러 이단이 출현해 기독교의 정통 신앙을 위협하게 만든 사상적 배경이었다.

1) 초대교회의 배경

① 정치 사회적 배경: 로마 제국
  - '로마의 평화'(Pax Romana) - 아우구스투스 황제(BC. 27-AD. 14) 치하 강력한 제국의 통치 시작
  - 경제적 번영: 로마의 평화 시기 군사도로와 지중해 해운 발달, "모든 길은 로마로 통한다."
  - 발달한 법률: 광대한 제국을 운영하기 위한 체계적인 법률이 발전함
  - 문화 및 종교적 포용성: 제국 내 다양한 국가들의 자치와 종교적 자유 인정

② 문화 사상적 배경: 헬레니즘
  - 소크라테스 이전의 헬라 철학: 우주의 기원 및 본질에 관한 자연철학
  - 소크라테스 이후의 헬라 철학: 인간의 본질, 영혼 불멸, 이성을 강조
  - 플라톤: 현상계와 이데아계를 구분하는 이원론적 세계관, 영육이원론

- 아리스토텔레스: 이전 관념론을 거부. '질료형상론' 주장, 질료는 형상을 항상 수반한다.
- 스토아주의: 인간의 이성적 삶과 우주 법칙과 조화로운 덕을 강조, 적극적인 윤리주의 추구
- 에피쿠로스주의: 금욕을 통해 육신의 야망을 제어함으로써 정신적 쾌락인 지속적 행복을 추구
- 신플라톤주의: 플라톤의 이데아론의 대안으로서 '절대적 초월자 혹은 일자(一者)'라는 개념을 도입하여 "모든 만물이 일자(一者)로부터 유출된다"라고 주장. 대표자: 플로티누스(205-270), 포르피리우스(233-305), 영지주의에 영향을 줌

③ 유대주의적 배경: 다양한 분파들의 활동과 디아스포라 유대인
  - 바리새인: 율법 준수의 삶을 강조한 민족주의적 분파
  - 사두개파: 제사장 출신의 율법학자들로서 천사, 마귀, 내세를 거부
  - 에세네파: 폐쇄적이며 종말론적인 공동체로서 유대민족주의적 성향, 육체 부활 거부
  - 디아스포라 유대인: 구약과 신약시대 중간기에 지중해 전역에 흩어진 유대인 공동체. 많은 지역에서 히브리어를 상실하고 회당을 중심으로 유대 종교의 전통을 이어감. 알렉산드리아를 중심으로 히브리어 성경의 헬라어 번역인 70인경 번역이 이루어짐

2) 3세기까지 로마의 박해

① 박해의 이유
  - 정치적 이유: 황제 권력 유지
  - 종교 및 문화적 이유: 기독교의 기존 로마 자연신 거부. 헬레니즘 사상 거부
  - 기독교 교리 오해: 로마는 기독교의 성만찬을 인육과 근친상간으로 오해

② 대표적인 박해
  - 네로(재위 54-68): 로마 중심의 한시적 박해. 사도 베드로와 바울의 순교
  - 도미티아누스(재위 81-96): 티투스의 예루살렘 파괴 후 즉위. 소아시아 지역까지 유대교와 기독교 모두 박해. 사도 요한의 밧모섬 유배. 클레멘스와 도미틸라 순교
  - 트라야누스(재위 98-111): 비두니아 총독 플리니우스의 서신에 대한 답변에서 황제 숭배를 거부하는 기독교인 박해를 명령함. 이그나티우스 순교
  - 마르쿠스 아우렐리우스(재위 161-180): 스토아 철학의 관점에서 기독교 신앙을 멸시하며 박해함. 순교자 유스티니아누스 및 펠리키타스와 일곱 아들의 순교
  - 셉티무스 세베루스(재위 202-211): 기독교 개종 금지. 이레네우스 순교
  - 데키우스(재위 249-251): 로마 제국 전 지역 박해. 황제 숭배를 강요하고 숭배 시 증서(Libellus) 발급. 노바티아누스 분파의 등장 배경
  - 발레리아누스(재위 257-260): 기독교인 재산 압류 및 집회 금지. 오리겐, 키프리아누스 순교. 후임 갈리에누스 황제의 관용령으로 일단 박해 종식

3) 초대 기독교 이단

① 유대주의적 이단: 일반적으로 율법 준수를 강조하고 금욕주의적 성향을 주장하며 기독교 신앙을 왜곡함

- 나사렛파: 「나사렛 사람의 복음서」를 경전으로 수용
- 에비온파: 할례 강조, 율법준수, 바울을 율법 배교자로 정죄, 마태복음만 활용
- 엘크사이트파: 「엘크사이 책」이 기록된 계시라고 주장, 반복적 세례 강조, 영지주의 성향

② 헬라주의적 이단
- 영지주의: 영은 선하고 육은 악하다는 영육이원론 주장. 플라톤의 주장에 따라 육체의 부활을 거부하고 영혼의 불멸을 강조. 플라톤주의와 조로아스터교와 유대교에서 비롯된 이단. 신비한 방식을 통한 지식의 획득을 추구하는 혼합주의. 성육신을 부정하는 도케티즘적 경향. 금욕주의와 쾌락주의의 원천
- 마르키온주의: 구약의 신은 유대인의 신으로서 폭력적인 열등신. 신약의 신은 은혜와 사랑의 신. 구약성경 배척. 신약 중 일부만 일정
- 몬타누스주의: 2세기 중엽 프리기아 출신 몬타누스가 두 여성 예언자 프리스길라와 막시밀라와 함께 활동. 기성교회 거부 및 직통계시와 종말론적 금욕주의 주장. 예수 재림 임박 강조

③ 이단에 대한 교회의 대응
- 정경의 확립: 70인경을 중심으로 구약 히브리어 정경을 승인하고 네 복음서와 서신서 등을 확정함 (397년 카르타고 공의회에서 신약 27권 정경 공인)
- 신앙기준(regula fidei) 활용: 예배와 새 신자 세례문답을 위한 신앙고백의 도구로 활용함. 로마신경 및 사도신경
- 사도전승 개념의 부각: 영지주의의 비밀한 지식에 맞서 사도들의 가르침을 이어받은 감독들의 합법적 계승과 가르침의 일치성에 정통 교회의 기초를 놓으려 함
- 변증신학: 헬레니즘 사상과의 대화 및 반박을 병행

2. 초기 기독교 신학: 속사도교부와 변증가들

로마 제국의 박해와 여러 이단의 출현 속에서도 교회는 성경에 충실한 신학을 정립하고 각 지역의 교회가 공유하는 신학적 체계를 갖추어 갔다. 속사도교부의 신학은 사도들의 제자나 사도들에게 직접적 가르침을 받은 최초의 신학자들, 혹은 그들이 남긴 문헌들에서 발견할 수 있는 신학이다. 변증가는 박해와 이단에 맞서 기독교 신앙의 정당성을 옹호하려 했던 신학자들로서, 순교자 유스티누스는 헬레니즘 사상과 기독교 신학의 연속성을 적극적으로 주장했지만, 타티안은 이와 달리 헬레니즘 사상의 약점과 무자격을 주장함으로써 기독교 신학을 변증하려 했다. 3세기에 접어들면서 기독교 신학은 더욱 체계적으로 발전하였다. 동방 헬라 신학은 안디옥과 알렉산드리아를 중심으로 형이상학적 논의를 통해 신론과 기독론을 정립하는 데 관심을 기울였다. 다른 한편 서방 라틴 신학은 로마와 카르타고를 중심으로 수사학적 기독교 변증과 더불어 주제별로는 구원론과 교회론에 더 큰 관심을 기울였다. 그러나 동방과 서방 모두 성경을 최고의 권위로 삼아 당시 벌어지고 있는 기독교 박해와 각종 이단의 사상적 도전에 맞서 정통 신학을 변호하는 작업을 수행했다. 어려운 시대 속에서도 초대교회의 위대한 신학자들을 통해 기독교는 성경이 가르치는 진리를 바르게 전수하고 전파할 수 있었다.

1) 속사도교부: 사도들의 직접 제자로 알려진 2세기 기독교 신학자들이나 익명의 저술들

① 대표적 인물 및 저술
- 로마의 클레멘트(Clement of Rome): 「고린도인에게 보내는 서신」 등
- 폴리갑(Polycarp): 사도 요한의 제자, 서머나의 감독 - 「빌립보 교인에게 보내는 서신」, 마르키온주의를 반박함
- 파피아스(Papias): 히에라폴리스의 감독, 「주님의 말씀 강해」
- 이그나티우스(Ignatius): 안디옥의 감독으로서 7편의 서신 서술 - 「마그네시아인에게」, 「에베소인에게」, 「로마인에게」, 「빌라델비아인에게」, 「서머나인에게」, 「트랄레스인에게」, 「폴리갑에게」
- 「바나바의 서신」: 사도행전의 바나바로 여겨지는 저자의 저술로서 유대주의를 반박하는 내용을 담고 있음
- 「디오그네테스에게 보내는 서신」: 기독교 예배와 생활을 변호함
- 「디다케」(12사도의 교훈): 두 가지 길-교회전례-교회규범-예수님의 재림
- 「헤르마스의 목자」: 신자의 선한 삶을 강조하고 행위의 가치를 중시함

② 의의
- 신약의 정경성과 완전성의 증거
- 신약성경과 2세기 사색적 문헌들을 위한 교량 역할

③ 한계
- 전승의 증거와 신학적 정교함의 한계: 성경을 반복하거나 기초적인 내용만 다룸
- 주로 예수님의 말씀과 사도들의 교훈에 대한 자신들의 이해를 재진술함

2) 변증가

① 인물: 로마 제국의 정치적 박해와 이단 사상에 맞서 기독교를 변증할 필요에 따라 신학적 저술을 기록한 2세기 기독교 신학자들

② 주요 인물
- 순교자 유스티누스(Justin Martyr): 「제1변증서」, 「트리포와의 대화」, 황제인 마르쿠스 아우렐리우스 당대에 순교 / 기독교를 진정한 철학이라고 주장: "로고스 개념은 헬라 사상과 기독교 교리 가운데 공유한다."
- 타티안(Tatianus): 「헬라인에게 주는 글」 - 헬라 철학의 가치를 인정하지 않음: "헬라, 로마인이 기독교인보다 결코 더 문명적인 것이 아니다."
- 아테나고라스(Athenagoras): 「그리스도인을 탄원」, 「죽은 자들의 부활에 대하여」
- 테오필루스(Theophilus of Antioch): 「오토리쿠스에서 주는 글 3권」

3) 초대교회의 초기 신학자들

① 서방신학과 동방신학

	서방 라틴 신학	동방 헬라 신학
사용언어	헬라어 + 라틴어	헬라어
주요주제	구원론, 교회론	신론, 기독론
신학방법	수사학적 방법	형이상학적 방법
변증방법	헬레니즘의 한계 지적	성경과 헬레니즘의 유사성 강조
대표인물	이레네우스 / 히톨리투스 터툴리안 / 키프리아누스	알렉산드리아의 클레멘트 / 오리겐
주요도시	로마, 카르타고	알렉산드리아, 안디옥

② 주요 라틴 교부들
- 이레네우스(c.130-200): 소아시아 출신으로서 폴리갑의 제자이며 리용의 감독. 당시 변증가로서 다른 교부들과 달리 플라톤주의에서 벗어나 매우 성경적 신학 사상을 주장. 저서:「사도적 신앙의 증명」,「소위 지식에 대한 반박」 - 마르키온주의와 영지주의자 발렌티누스를 반박함. 그는 구원을 점진적 교육과 갱신의 과정으로 이해. 로마서에 근거한 아담과 그리스도의 병행적 해석. '총괄갱신(recapitulation)'론 주장 - 구원의 목적은 하나님의 교제를 통해 인간을 성숙시켜 천사들을 능가하는 존재로 만드시는 것이라는 구원 역사를 제시함
- 히폴리투스(Hyppolytus): 이레네우스의 제자. 저서:「제 이단에 대한 반박」- 알레고리적 성경 해석 추구
- 터툴리안 (c.150-c.212): 젊은 시절 개종한 이후 장로로 사역. 저서:「영혼의 증언에 대하여」,「프락세아스 반박」- 삼위일체 교리의 개념으로 '한 본질 세 위격' 제시. 로마법에 익숙하여 법률적 용어와 개념들을 사용하여 헬라 철학을 맹렬하게 비판함. "이단들에 불리한 취득 시효" - "이단이나 철학은 자격조차 없다." 변증신학 - "순교자의 피는 교회의 씨앗이다." "나는 모순되기 때문에 믿는다." 말년에 도덕적 엄격주의에 치우쳐 이단 몬타누스주의에 빠지게 됨
- 키프리아누스(200-258): 카르타고의 감독, 저서:「교회의 일치에 관하여」- 노바티아누스파에 반박하여 감독의 일치를 통한 보편교회의 일치를 주장. "교회를 어머니로 가지지 않는 사람은 하나님을 아버지로 가질 수 없다." "교회 밖에는 구원이 없다."

③ 주요 헬라 교부들
- 알렉산드리아의 클레멘트(150-215): 아테네 출신으로서 판테누스(Pantenus)의 제자. 저서:「이교도들에게의 권면」- 이교예배, 신화적 미신, 쾌락주의를 비판. 기독교와 플라톤 철학의 조화를 통해 기독교 변증에 노력. 영지주의 문제점을 비판.
- 알렉산드리아의 오리겐(Origen, 185-254): 18세에 아버지가 순교 당함. 항상 순교적 삶을 추구. 스토아주의, 플라톤주의, 아리스토텔레스주의 등과 기독교의 조화를 시도함. 플라톤주의적 신학자라는 약점. 저서:「켈수스 반박」- 변증가들의 이해 공유.「원리에 대하여」: 신플라톤주의와 영지주의를 공격하였으며 최초의 조직신학 서적.「헥사플라」- 6개의 성경 번역본을 대조한 성경 연구서. 신플라톤주의

적 색채, 영적-우의적 성경 해석. 삼위일체론 - 로고스의 '영원 전 출생'을 주장하여 역동적 단일신론 경계

4) 노바티아누스와 키프리아누스의 변절자 논쟁

① 노바티아누스의 엄격성: 데시우스 황제의 박해 이후 돌아온 배교자들을 용납한 기존 교회를 비판하고 자신의 엄격성에 동의하는 사람들에게만 재세례를 베풂 - "무자격 감독이 베푼 세례는 효력이 없다."

② 키프리아누스(Cyprian, c.200-258)의 보편교회론
  - 노바티아누스 분파에 맞서 교회 일치의 근거를 주장: De Unitate Ecclesiae(교회일치에 관하여)
  - 감독교회의 교리를 발전시킴: 교회는 합법적인 감독 위에 세워졌다고 주장
  - "교회 밖에는 구원이 없다": 노바티아누스 분파의 재세례는 분열이며 정당성이 없다고 주장
  - 이후 분파주의의 세례도 인정해야 한다고 명령한 로마 감독 스테파누스와 대립함
  - 258년 발레리아누스 황제 박해 때 순교함

3. 콘스탄티누스 이후의 기독교

콘스탄티누스 황제는 황제권의 통일을 위한 전투의 과정에서 경쟁자 막센티우스를 물리친 후 동방 황제 리키니우스와 313년 밀라노에서 칙령을 발표해 기독교를 공인하고 예배의 자유를 허용했다. 이제까지 로마 제국의 박해 대상이던 기독교는 이제 제국의 보호를 받는 위치가 되었다. 이와 같은 급작스러운 변화는 그동안의 박해를 신앙의 절개로 지켜온 교회에 베풀어주신 하나님의 은혜이기도 했지만 다른 한편으로는 순교 신앙을 대체할 수 있는 신앙적 목표를 새로 모색해야만 하는 새로운 도전이기도 했다. 콘스탄티누스의 기독교 공인 이후 기독교회는 로마 제국 전국에 걸쳐 제도를 정비하고 신학을 체계화했다. 신학적으로는 삼위일체 교리와 교회론을 비롯해 여러 신학적 논의를 활발하게 전개하여 정통 교리를 확립해 나갔다. 새롭게 제기된 중요한 주제는 국가와 교회의 관계를 새롭게 정립하는 일이었다.

동방의 수도 콘스탄티노플의 황제는 자신의 권위 아래 교회를 두게 되었는데, 그 결과 당시 콘스탄티노플 감독 크리소스톰은 황실과의 갈등으로 인해 감독직에서 물러나게 되었다. 한편 서방의 로마 감독을 비롯한 교회의 감독들은 황제의 권한을 극복하고 비교적 독립적으로 교회를 운영하는 방향으로 교회와 국가의 관계를 형성하였다. 당시 밀라노 감독 암브로시우스는 황제의 실정을 비판하며 회개를 촉구하기 위해 황제를 위한 성찬 집례를 거부할 정도로 막강한 권한을 행사하였다.

1) 박해의 종식

① 디오클레티아누스 황제(재위 284-305)의 대박해
  - 제국을 4분할함
  - 기독교 박해: 집권 초기 20년간 갈리에누스(260-268)의 기독교 관용령을 유지하였으나, 296년 군대 내 탈영 사건 이후 기독교인 탄압 시작. 303년 디오클레티아누스의 칙령으로 전국적인 박해 시작
  - 기독교인을 공직에서 파면하고 성전 파괴와 성경 소각을 명령함

- 304년 막시미아누스의 칙령: 교회를 모두 철거하고 성경 사본을 압수하여 모두 불사름. 기독교인의 시민권과 공직을 박탈. 로마의 신들에게 제사하지 않으면 처형
- 전국적인 박해: 갈리아 등 서방 일부에서는 약함
- 305년 디오클레티아누스 퇴위 후 갈레리우스가 동방 황제로 즉위하여 박해를 강화함

② 기독교 공인
- 311년 갈레리우스 사후에도 기독교 박해가 계속됨
- 로마에서 막센티우스를 물리친 콘스탄티누스가 313년 밀라노에서 리키니우스와 동맹을 맺고 밀라노 칙령을 공포
- 밀라노 칙령: 기독교에 대한 탄압을 중단하고 예배의 자유를 인정하며 교회와 묘지, 기타 재산을 환원. 그 결과 기독교는 로마의 종교 중 하나로 수용됨

2) 콘스탄티누스 이후의 기독교

① 콘스탄티누스 황제(272-337)
- 서방의 황제였던 콘스탄티우스 클로루스와 헬레나 사이에서 태어남
- 305년 아버지가 서방 황제에 즉위하자 갈리아로 가서 아버지와 합류
- 브리타니아 원정 중 사망한 아버지 콘스탄티우스의 뒤를 이어 306년 부하들의 추대로 황제 즉위
- 로마의 황제로 즉위한 막시미아누스의 아들 막센티우스와 황제권을 놓고 격돌
- 콘스탄티누스는 312년 로마로 진격해 막센티우스를 밀비안 다리에서 격파
- 동방 황제 막시미누스 다이어(Maximinus Daia)를 격파
- 리키니우스와도 전쟁을 벌여 324년 제국을 통일한 이후 새로운 수도로 콘스탄티노플 건설
- 자신의 세 아들에게 제국을 분할해 나누어줌

② 콘스탄티누스의 기독교 정책
- 교회 정치: 자신을 '감독 중의 감독'이라고 지칭함
- 황실 예법이 교회 예배에 적용됨. 성인 유물과 유품의 기적적 능력을 믿음
- 로마 제국의 전통 종교인 태양 숭배는 계속됨

③ 당대 기독교의 특징
- 교회 제도의 체계화: 동방은 주요 도시 감독들이 중심. 서방은 로마 감독이 중심이 됨
- 순교를 대체하여 고난을 자초하려는 사막 교부들의 출현
- 종교 회의를 통한 신학논쟁 해결과 정통교리 확립: 325년 니케아 종교회의
- 예전의 형식화: 목회자가 사치스런 복장 착용, 미신적 요소들의 도입 및 순교자 숭배 사상이 대두됨

3) 기독교 공인 이후의 교부들

① 암브로시우스(Ambrose of Milan, 339-397)
- 339년 트리어에서 갈리아 총독의 아들로 출생

- 373년 밀라노 감독인 아리우스파 아욱센티우스가 사망한 후 행정관으로서 후임자 선정 문제를 관리하다가 회중들이 그를 감독으로 추대한 이후 감독으로 취임(374)
- 고트족의 침입으로 발생한 피난민을 위해 교회의 재산을 사용: "주님을 위해 황금보다는 영혼을 보존하는 것이 낫다."
- 이교도에 대한 강력한 개종 정책을 황제에게 건의함
- 탁월한 설교: 풍유적 성경 해석으로 큰 감화를 줌. 어거스틴이 그의 설교를 듣고 회심
- 아리우스파를 비판하고 니케아 종교회의를 지지함. 아리우스주의자를 지지한 동방 황제가 밀라노에서 아리우스파의 독립된 예배를 요구하자 거부: "황제가 교회 안에 있지 교회 위에 있는 것이 아니다."
- 황제 테오도시우스와의 갈등: 데살로니가의 폭동에 대한 징벌로 황제가 7천 명을 살해하자 황제의 회개 없는 성찬 참여를 거부하여 황제의 공개적 회개를 받아냄

② 크리소스톰(John Chrysostom, c.349-407)
- 안디옥에서 로마 군단 장교의 아들로 출생. 법학을 공부하다가 기독교로 개종
  수도 생활과 신학 공부 이후 안디옥에서 감독 멜레티우스에 의해 부제(381), 사제(386) 서품받음
- 398년 콘스탄티노플 감독에 취임. 탁월한 설교로 큰 인기를 얻음: '황금의 입' 호칭
- 397년 넥타리우스를 이어 콘스탄티노플의 총대주교로 임명됨
- 콘스탄티노플에서의 개혁적 설교: 화려한 생활을 거부하고 수도원적 삶을 추구
- 성직자들의 생활 개혁: 당시 성적으로 문란한 사제들을 축출하고 엄격하고 청빈한 삶을 요구함. 교회 재정의 투명성 촉구
- 그의 교회 개혁과 간소화 정책에 반감을 품은 황제 아르카디우스의 황후 유독시아와 갈등. 이로 인해 황후의 사주를 받은 알렉산드리아 감독 테오필루스에 의해 정죄당하고 면직됨
- 삼위일체 논쟁과 기독론 논쟁: 아리우스주의와 노바티아누스 분파에 반대
- 600여 편의 강해 설교: 도덕적·실천적 강조점

③ 제롬(Saint Jerome. 또는 Eusebius Hieronyimus, c.347-420)
- 달마티아의 부유한 기독교 가정에서 출생
- 젊은 시절의 지적 방황: 고전 학문에 대한 열렬한 숭배
- 극한 질병을 겪은 이후 개종: 고전 숭배를 버리고 수도원적 금욕주의에 몰두
- 374-379년 5년간 칼키스의 금욕 생활 가운데 익명의 유대인에게 히브리어를 배움
- 381년 콘스탄티노플 종교회의에 참여
- 로마 감독 다마수스 1세의 비서로 발탁되어 성경 번역 작업을 제의받고 2세기 라틴어 성경 이탈라(Itala)를 개정함 - 라틴 벌게이트(Vulgata) 출간
- 20년 작업 끝에 405년 베들레헴에서 성경 라틴어 번역 완료
- 과부 알비나의 저택에서 경건한 여성들과 교제함
- 여성들과 함께 예루살렘을 순례한 후 베들레헴에 두 개의 수도원을 세움
- 동시대 어거스틴을 지지하고 펠라기우스 신학을 반대

4. 기독교 신학의 발전: 삼위일체론 정립

초대교회 역사 가운데 가장 뜨거운 논쟁점은 '삼위일체론'이었다. 비록 성경에는 '삼위일체'(Trinitas)라는 용어가 나오지 않지만, 유일신의 삼위의 속성을 여실히 보여주고 있다. 한 하나님의 삼위, 즉 성부와 성자와 성령의 위격과 속성에 대한 신학자들의 다양한 입장은 초대교회 신학 형성에 매우 혼란을 주었다. 그리스와 로마의 종교가 다신론을 취하고, 유대교와 이슬람교가 유일신론 가운데 단일신론을 취한다면, 기독교는 유일신론 중 삼위일체론을 고백한다. 삼위일체 교리는 하나님 아버지와 독생자 예수 그리스도, 성령의 관계를 성경이 가르치는 대로 정리하고 고백하는 교리이다. 그리고 이 교리는 초대교회 당시 오랜 기간 전개된 신학적 논쟁을 통해 정교하고 체계적으로 정리되었다.

3세기부터 그리스도께서 성부 하나님과 신성에 있어 동등함을 부인하는 역동적 단일신론과 그리스도와 아버지의 위격적 구별을 거부하는 양태론적 단일신론이 대두되었다. 단일신론 혹은 군주신론으로 불리는 이와 같은 잘못된 주장에 맞서 여러 신학자가 성경적 삼위일체론을 정립하기 위한 신학적 노력을 기울였다. 특히 터툴리안의 '한 본질 세 위격' 개념과 오리겐이 제시한 그리스도의 '영원 전 출생' 개념은 이후 삼위일체 교리 발전에 중요한 토대를 제시했다. 그러나 313년 콘스탄티누스 황제가 기독교를 공인한 이후 성자 그리스도의 신성에 대한 이해의 차이로 발생한 신학적 논쟁은 동방교회를 분열시키는 상황에 이르렀다. 알렉산드리아에서 발생한 이 논쟁에서 성자와 성부가 동일본질임을 강조하는 감독 알렉산더에 맞서 아리우스는 성자께서는 성부께서 낳으신 분이므로 존재하지 않은 때가 있었고 따라서 아들의 본질은 아버지의 본질과 동일하지 않다는 주장을 펼쳤다.

삼위일체 교리로 인한 동방교회의 분열 양상을 해결하기 위해 콘스탄티누스 황제는 니케아에 공의회를 소집했다. 공의회는 성부와 성자의 신성이 동일하다는 '동일본질'(homoousios) 교리를 정통 교리로 채택했다. 그러나 논쟁은 정치적 이유로 인해 종결되지 않았다. 이후 한 세기가 넘도록 '유사본질' 혹은 '상이본질'(homoiousios)을 주장하는 세력이 알렉산드리아의 감독 아타나시우스를 여러 차례 추방하는 등 니케아 신조의 정통 교리를 약화시키기 위해 노력했다. 4세기 후반 갑바도기아 출신의 세 신학자가 등장해 니케아 신조의 삼위일체 교리를 신학적으로 변호하고 정교하게 설명했다. 대 바실리우스는 위격(hypostasis)이라는 용어를 성부, 성자, 성령을 구별하는 용어로 사용할 것을 제안해 니케아 신조가 양태론을 인정했다는 공격을 극복하기 위해 노력했다. 나지안주스의 그레고리우스는 성부와 성자와 성령의 독립적인 위격과 동일한 본질을 관계적인 신학적 용어로 설명하면서 동시에 성령의 신성을 강조했다. 닛사의 그레고리우스는 상호내재 혹은 상호관통(perichoresis)이라는 개념을 도입해 세 위격의 구별과 동시에 함께하심을 강조하고, 세 분 모두 영광과 예배를 받으실 하나님이심을 강조했다. 갑바도기아 출신 신학자들의 개념 정립을 위한 신학적 노력 등을 통해 삼위일체 교리는 신학적으로나 논리적으로 더 정확한 체계를 갖출 수 있었다. 마침내 381년 소집된 콘스탄티노플 공의회에서 니케아 고백이 다시 확립되었으며 성령의 신성도 분명하게 고백됨으로써 초대교회의 삼위일체 논쟁은 일단 종결되었다.

1) 삼위일체 교리(Doctrine of Trinity)의 쟁점과 배경

① 핵심 질문: 삼위 중 성자의 본질과 속성에 가장 많은 논쟁이 벌어졌다. 그리스도는 누구인가? 그가 하나님이시라면 성부 하나님과는 어떤 관계가 있는가? 성부와 성자는 어떤 관계가 있는가?

② 삼위일체 교리를 위한 개념 제시
- 변증가 테오필루스: '삼위일체'
- 터툴리안: '한 본질에 세 위격'
- 오리겐: '성자의 영원 전 출생'

2) 3세기 단일신론(Monarchianism)

① 역동적 단일신론(Dynamic Monarchianism)
- 하나님의 통일성을 주장하기 위해 그리스도의 인성을 강조: "그리스도는 온전한 의미의 하나님은 아니다."
- 그리스도의 인성 강조: 그리스도를 신성이 충만한 피조물이나 인간이라고 생각함
- 비잔틴의 데오도투스(Theodotus)의 양자설: 세례 요한이 세례를 베풀 때 예수에게 신성이 부여됨
- 사모사타의 바울(Paul of Samosata): 로고스의 점진적 침투설: "세례를 받을 때 예수에게 로고스가 임했다."

② 양태론적 단일신론(Modalistic Monarchianism)
- 한 분 하나님께서 때로는 성부의 모습과 성자의 모습과 성령의 모습으로 활동하신다.
- 삼위를 하나님 현현의 세 가지 양식이라고 주장함
- 성부수난설(Patripassianist): 서머나의 노에투스(Noetus)와 로마의 프락세아스(Praxeas) – "성부께서 십자가에서 죽으셨다고 말할 수 있다."
- 사벨리우스(Sabellius): 삼위의 인격적 구분이 아닌 현현의 방식에서 세 가지 다양성을 주장. 태양과 빛과 열의 유비

③ 단일신론에 대한 교회의 반론
- 서방: 터툴리안과 히폴리투스 – 양태론에 맞서 세 위격의 구별됨을 강조하면서 동시에 세 위격의 실질적 통일성 주장
- 동방: 오리겐 – 역동적 단일신론에 맞서 성부와 성자가 모두 신적 실체임을 주장하고 성자의 영원 전 출생을 주장

3) 아리우스와 아타나시우스 논쟁

① 배경: 318년경 동방 알렉산드리아 교회 내에서 감독 아타나시우스와 장로 아리우스 사이에 일어난 신학 논쟁

② 아리우스의 주장
- 종속론: "성부는 유일무이한 신성을 가지고 있고 성자는 성부에게 영원히 종속한다."
- "만일 성부가 성자를 낳았다면 난 자는 존재의 시작을 가졌을 것이며 따라서 아들은 존재하지 않은 때가 있었을 것이고, 그러므로 아들의 존재는 성부의 신적 본질에서 나온 것이 아니라 다른 존재로부터 왔을 것이다."

- 성자의 피조성: "아들은 사실상 피조물이며 모든 피조물의 장자: 천사들보다 높지만 성부 하나님보다는 낮은 존재이다."
- 성자의 가변성: "아들은 죄를 지을 가능성이 있었고 고난과 죽음과 슬픔 등 인간적 경험을 겪은 성부보다는 낮은 존재였다." "성자는 성부의 지식을 공유하지 않는다."
- 양자론과 유사한 주장: "그리스도도 가변적이지만 예견된 공로로 인하여 하나님의 선택을 받았고 미래의 영광을 예견하여 하나님의 아들이라는 칭송을 받았다."

③ 아타나시우스(Athanasius, 300-373)
- 328년 알렉산더 사후 후임으로 알렉산드리아 감독에 취임
- 니케아 신조를 변호하다가 동일본질 반대자들의 공격으로 다섯 차례 면직됨
- 367년 저술한 편지에서 신약정경 27권의 목록 작성. 이집트의 수도자 안토니우스의 생애 저술
- 아리우스의 주장에 맞서 삼위의 각 신격이 하나님의 단일성(oneness)을 공유하며 세 신격이 본질상 별개의 존재로 간주될 수 없다고 주장
- 성경적이며 구원론적 해석을 시도: 오리겐과 아리우스를 지지하던 철학적 토대를 거부하고 성경적 구속 개념을 토대로 삼음
- 동일본질(homoousios)을 주장: 성자의 시간 이전 창조를 거부하고 하나님의 필연적이며 영원한 행동으로서의 출생. 독립적이고 영원하신 성자의 인격적 실체를 주장

4) 니케아 회의

① 배경
- 삼위일체 교리를 둘러싼 교회 분열의 해결을 시도하기 위한 최초의 보편교회 회의
- 알렉산드리아에서 감독 알렉산더와 장로 아리우스 사이에서 발생한 논쟁이 동방교회의 분열로 비화됨
- 콘스탄티누스 황제는 제국의 통일성 유지에 관심을 둠

② 개요
- 기간: 325년 5월 20일부터 7월 25일까지
- 참가자: 318명 중 대부분 동방교회에서 참여. 서방에서는 소수만 참석 - 로마 감독은 참석하지 않음
- 진행: 처음에는 아리우스적인 신조 채택을 시도했으나 황실 감독 호시우스의 개입으로 '동일본질'을 채택함
- 회의의 결정에 대해 니코메디아의 유세비우스 등을 제외하고 대부분 동의 서명함
- 교리 문제뿐 아니라 감독 임명과 권징에 대한 교회법 제정

③ 니케아 신조

> 우리는 한 분이신 하나님을 믿는다.
> 그분은 전능하신 아버지이시며, 유형무형한 만물의 창조주이시다.
> 그리고 한 분 주 예수 그리스도를 믿으니,
> 그는 하나님의 외아들로 나시었고,

> 즉 아버지의 본질로부터 나셨고,
> 하나님으로부터의 하나님이시요 빛으로부터의 빛이시요,
> 참 하나님으로부터의 참 하나님으로서 출생하셨으나 만들어지지는 아니하셨고,
> 아버지와 동일본질이시며,
> 하늘에 있는 것이나 땅에 있는 것이나 만물이 다 그를 말미암아 만들어졌고,
> 우리 인간들을 위하여, 그리고 우리의 구원을 위하여 내려오시고,
> 성육신하시어 사람이 되었으며,
> 고난을 받으시고, 사흘 만에 다시 살아나셔서 하늘에 오르셨고,
> 산 자와 죽은 자를 심판하시기 위하여 오실 것이다.
> 그리고 우리는 성령을 믿는다.
>
> 파문장: "성자가 존재하지 않은 시대가 있었다", "그가 나시기 전에 존재하지 않았다"라고 말하는 사람들과, "그가 비존재에서 생겨났다거나 다른 휘포스타시스(hypostasis) 또는 우시아(ousia)에서 존재한다"고 말하는 사람들과, "하나님의 아들이 창조되었으며, 변할 수 있으며, 달라질 수 있다"고 말하는 사람들을 보편적이며 사도적인 교회에서 파문한다.

④ 니케아 회의 이후 아리우스파의 득세
 - 역사적 배경: 콘스탄틴 사망 후 337-361. 황제의 세 아들의 통치기
             371-381 배교자 율리우스 황제의 통치기
 - 니케아 회의에도 불구하고 아리우스주의는 계속 세력을 얻음: 황제에 의한 기독교 신앙 결정에 반발. 양태론에 대한 비판이 니케아 신조에 잘 반영되지 않음. 정교한 설명의 필요성. 콘스탄티누스의 아들들이 니케아 신조를 약화시킴
 - 호시우스 후임으로 유배당한 니코데미아의 유세비우스가 황실 감독이 됨
 - 니케아주의자들을 축출하려는 시도: 안디옥 감독 유스타스와 아타나시우스 파문(335년)
 - 동일본질 반대자: 니코메디아의 유세비우스, 안디옥의 유독시우스, 알렉산드리아의 게오르기우스, 무르사의 발렌스 등 - 대부분 니케아 신조의 '동일본질'이 양태론이라고 공격
 - 앙키라의 마르켈루스(?-c.374): 니케아 회의에 참석했으며 이후 강력하게 '동일본질'을 옹호하다가 추방당함
 - 357년 일리리아 시르미움 회의: '본질'이라는 용어로 성부와 성자의 관계를 설명하는 것을 금지함
 - 성령의 신성에 대한 도전: 콘스탄티노플 감독 마케도니우스(재위 324-326, 351-360)가 성경이 온전한 의미에서의 신성을 가지고 있지 못하다고 주장

⑤ 갑바도기아의 신학자
 - 대 바실리우스(330-379). 저서: 「유노미우스 반박」- 삼위일체 교리를 위한 신학적 용어 정립. 우시아(본질)와 휘포스타시스(위격)의 구별. "한 본체(ousia=substantia), 세 위격(hypostasis=persona)"
 - 나지안주스의 그레고리우스(330-390). 저서: 「신학적 웅변」- 하나님의 한 신적 본질보다 세 신적 위격으로부터 시작해 세 위격이 하나의 신적 본질 아래 있음을 설명함
 - 세 위격의 관계 설명: 아버지는 나시지 않은 신성의 근원임. 아들은 아버지로부터 나신 사역을 행하시는 자. 성령은 아들을 통해 아버지로부터 나오신 사역을 완성시키시는 자

- 닛사의 그레고리우스(335-394). 저서: 「모세의 생애」, 「완전에 대하여」. 페리코레시스(parachoresis)를 주장: 삼위 하나님의 상호관통, 상호내재, 상호침투. 성부, 성자, 성령의 불가분적이며 역동적인 관계를 표현하는 개념
- 니케아 신조를 사벨리우스주의의 양태론의 위협으로부터 변호하려 함

⑥ 콘스탄티노플 회의
- 테오도시우스 황제 2년인 381년 소집됨
- 나지안주스의 그레고리우스가 의장직 수행
- 니케아 신조 확립
- 아리우스파의 종말: 니케아 신조를 따르지 않으면 처벌한다는 칙령 발표
- 반(Semi)아리우스파인 마케도니우스의 주장을 거부하고 성령의 신성을 확고하게 함

> 우리는 주님이시며 생명을 주시는 성령을 믿나니, 성령은 성자와(filioque) 성부로부터 나오시며, 성부와 성자로 더불어 같은 경배와 영광을 받으시며, 선지자들을 통하여 말씀하셨나이다.

- 아폴리나리스의 잘못된 기독론 정죄

5) 필리오케 논쟁

① 논쟁의 진행
- 논쟁점: 성령께서 성부에게서만 나오시는가? 성부와 성자에게서 나오시는가?
- 8세기경 라틴 교회가 니케아-콘스탄티노플 신조의 성령 관련 조항에 'filioque', '성자와'를 삽입하여 예배 중에 고백함
- 신조의 전통을 중시하던 동방 헬라 교회가 이 점을 지적하며 논쟁이 벌어짐

② 동방 헬라 교회의 입장
- '성부에게서만': 신성의 유일한 근원인 성부의 독특성을 양보하지 않으려 함
- 나오심의 구별: 성자는 출생(beget), 성령은 산출(proceed)
- 이유: "성자와 성령이 모두 성부로부터의 출생이라면 아들이 둘이 된다."
- 삼위의 구별을 강조하는 헬라 전통의 삼위일체론을 반영함

③ 서방 라틴 교회의 입장
- '성부와 성자에게서'(filioque): 성자와 성령 사이의 긴밀한 관계를 설명하려 함
- 어거스틴의 주장: 요한복음 20:22 부활하신 그리스도께서 성령을 주심
- 이유: 성부의 독특성을 강조하면서 동시에 성령을 성부와 성자 사이의 사랑의 끈으로 여김
- 삼위의 연합을 강조하는 라틴 전통의 삼위일체론을 반영함

5. 기독론 정립

초대교회는 수많은 이단과 오류의 도전에 맞서 기독교 신앙의 바른 교리를 지키기 위해 노력했다. 4세기

에 전개된 삼위일체 논쟁 이후 예수 그리스도의 한 인격 안에 신성과 인성이 어떻게 존재하는가에 관련한 기독론 논쟁이 동방교회에서 이어졌다. 이 논쟁의 배후에는 예수 그리스도의 인성을 강조하며 그의 모범을 따르는 것을 구원의 중요한 요점으로 이해하는 안디옥 학파의 전통과 예수 그리스도의 신성을 강조하며 하나님의 은혜로 인한 구원을 강조하는 알렉산드리아 학파 사이의 갈등이 자리 잡고 있다. 안디옥 학파는 예수 그리스도의 인성을 강조하기 위해 신성과 인성의 구별을 강조하는 반면, 알렉산드리아 학파는 두 본성의 연합을 강조하는 경향이 있었다.

381년 콘스탄티노플 회의에서 아폴리나리스의 로고스와 인간 혼과 인간 육의 결합으로서의 성육신 이론이 이단으로 정죄되는 것을 시작으로 본격적인 기독론 논쟁이 시작되었다. 특히 안디옥 출신인 콘스탄티노플 감독 네스토리우스와 알렉산드리아의 감독 키릴루스의 논쟁은 가장 중요한 기독론 논쟁이었다. 네스토리우스는 그리스도가 참 하나님의 아들이며 참 사람이지만 신성과 인성은 엄격하게 구별해야 하며 이 둘의 결합은 다분히 기계적인 것이라고 설명했다. 그 결과 마리아를 '테오토코스'(theotokos) 즉 하나님을 낳으신 분이라고 부를 수 없으며 하나님은 한두 달 된 아기는 아니셨다고 주장하기까지 했다. 이에 맞서 키릴루스는 예수 그리스도 안의 인성과 신성의 연합을 강조하였고 한 인격 안에서 신성과 인성이 교류(communicatio idiomatum)한다고 주장했다. 431년 소집된 에베소 회의에서는 결국 키릴루스의 기독론 교리를 채택하고 네스토리우스의 주장을 잘못된 것으로 정죄했다.

그러나 이후 유티케스가 나타나 신성과 인성의 교류 결과 두 본성은 결국 신성 혹은 제3의 본성과 같은 한 본성이 되었다는 단성론을 주장하게 되었고 이것이 콘스탄티노플에서 감독 플라비아누스와의 논쟁을 불러일으켜 동방교회 전체의 분열이 일어나게 되었다. 이에 로마 감독 레오 1세는 편지를 보내 유티케스 이후 단성론자들의 주장에 맞서 예수 그리스도의 두 본성은 영원히 구별되며 이 두 구별된 본성이 한 인격 안에서 연합하여 상호 교류하면서 각기 성육신한 생활 가운데 적절한 기능을 수행한다고 주장했다. 동방교회에서 단성론은 정치적 환경에 따라 지속적인 지지를 받았지만 결국 451년 칼케돈 회의에서 예수 그리스도의 신성과 인성은 혼동, 혼합, 분리, 분할 없이 영원히 구별되지만 온전하게 연합된 인격이시라는 정통 기독론이 확정되었다.

1) 기독론과 논쟁의 배경

① 핵심쟁점: 예수 그리스도의 한 인격 안에 신성과 인성이 어떤 관계로 존재하는가?

② 기독론과 관련한 동방 헬라 신학의 두 전통

	알렉산드리아 전통	안디옥 전통
강조점	그리스도의 신성 / 두 본성의 연합	그리스도의 인성 / 두 본성의 구별
성경해석	풍유적 해석 선호	문법적·역사적 해석 선호
기독론	철학적, 사변적 로고스의 성육신 강조	도덕적, 실천적 하나님의 뜻에 대한 인간의 순종 강조
대표자	알렉산드리아의 키릴루스	크리소스톰
이단	단성론/일성론 유티케스(콘스탄티노플)	기계적 양성론 네스토리우스(콘스탄티노플)

2) 기독론 논쟁의 시작

① 아폴리나리스의 기독론(362-381)
- 아폴리나리스(310-390): 시리아 라오디게아의 감독
- 인간 삼분설(영, 혼, 육체 – 살전 5:23)을 주장
- 그리스도는 인간의 혼과 신성과 육체로 구성되었다고 주장
- 즉 그는 인간의 영과 그리스도의 신적 속성이 동시에 공존할 수 없기에, 그리스도는 인간의 혼과 그리스도의 영과 인간의 육체로 구성되었다고 주장함
- 신적 로고스가 그리스도의 인간적 영을 대신하였다고 주장
- 그러나 예수 그리스도의 신성을 강조하면서 결국 인성이 신성에 흡수된 가현설을 주장
- 그는 그리스도를 '육체를 지닌 신'으로 이해함
- 나지안주스의 그레고리우스의 반박: "성육신 안에서 그리스도가 취한 것만이 구속의 대상인데 그렇다면 인간은 예수 그리스도에 의해 구원받지 못한다."
- 381년 콘스탄티노플 회의에서 아폴리나리스를 이단으로 정죄

② 네스토리우스 논쟁(428-431)
- 네스토리우스(?-451): 안디옥 출신. 428년 콘스탄티노플의 감독
- 주장: "그리스도는 참 하나님의 아들이며 참 사람이다." 아폴리나리스의 실수 지적
- 주장: 그리스도는 인성과 신성으로, 두 본성이 연합 후 구분된 상태로 존재해야 한다.
- 그리스도의 양성이 상호교류 불가능을 주장
- 이유: 신이신 그리스도는 인간의 고통, 슬픔, 탄식을 맛볼 수 없기 때문에
- "그러나 마리아를 하나님의 어머니(Theotokos)라고 부를 수 없다.": 성육신하신 예수 그리스도의 인성을 강조함
- 문제점: 신성으로서의 그리스도와 인성으로서의 예수를 구별. 양성 간의 관계를 유기적 관계가 아닌 기계적 관계로 설정하여 속성 사이의 관계를 부인. 인성만 고난을 받았다면 구속의 사역을 완성하여 모든 인간의 죄를 담당하시는 구주가 될 수 없음

③ 알렉산드리아의 키릴루스(?-444)의 기독론
- 네스토리우스의 주장을 반박함: 「네스토리우스에게 보내는 두 번째 편지」
- 두 본성의 불가분한 결합: "로고스는 완전한 인성을 취하셨으나 동시에 그는 신인 안에서 유일한 인격적 주체가 되신다."
- 속성교류(communicatio idiomatum): "그리스도 안에서 신성과 인성이 연합되어 있으며 하나의 본체를 구성하고 있으므로 신성에 속한 초자연적 기적들을 인성에 돌릴 수 있으며 인성의 자연적 약점을 신성에 돌릴 수 있다."
- 마리아를 'Theotokos'(하나님을 잉태한 자)로 부를 수 있다.: "엄밀한 신학적 의미에서 속성의 교류에 의거하여 하나님이 베들레헴에서 탄생하셨다고 말할 수 있으며, 영원한 말씀이 고난을 받고 죽으셨다고 말할 수도 있다."
- 인간성의 비인격성과 의존성: 그리스도 안에 있는 인간적 이성은 두 속성 사이의 교류를 통해 하나로 단일화되어 나타난다.

- 두 본성이 구별되지만 연합하여 한 인격체로서 속성을 교류함을 강조함

3) 기독론 논쟁의 전개

① 에베소 회의(431)
  - 네스토리우스 논쟁을 다루기 위해 소집됨
  - 먼저 도착한 키릴루스 지지자들이 네스토리우스를 정죄 파문
  - 이후 도착한 네스토리우스 지지자들이 에베소 감독 멤논 파문
  - 로마의 감독 켈레스틴의 사절단이 최종적으로 키릴루스의 주장을 인정
  - 정치적으로 키릴루스의 지지자들이 득세하자 황제도 결국 회의의 결론을 인정함
  - 그러나 기독론 논쟁은 이후에도 계속됨

② 키루스 감독 테오도레투스(393-c.460)의 평화안
  - 433년 합의안을 제안함: 그리스도와 성부와 동일본질이신 신성과 완전한 인성 인정
  - 양성의 연합을 진술: "예수 그리스도의 한 인격에 두 본성이 연합하여 있다."
  - 테오토코스라는 용어를 인정하여 키릴루스를 지지
  - 알렉산드리아와 예루살렘 교회는 키릴루스의 입장을 지지
  - 메소포타미아와 페르시아를 중심으로 에베소 회의의 결정을 거부하고 네스토리우스를 지지하는 세력이 확장함

4) 단성론 논쟁

① 유티케스(Eutyches, 378-454)의 단성론
  - 배경: 콘스탄티노플의 대수도원 원장
  - 알렉산드리아 반네스토리우스주의를 비판함
  - 단성론: 그리스도께서는 성육신 이전에는 두 본성이었으나 성육신 이후에는, 마치 바닷물에 떨어진 꿀 한 방울이 완전히 용해되는 것처럼, 인성이 신성에 흡수되었거나 두 본성이 혼합되어 제3의 신인 본성이 되었다고 주장
  - 문제점: 그리스도의 양성 중 신성만 강조함으로써 가현설적인 주장
  - 448년 콘스탄티노플 감독 플라비아누스가 유티케스를 소환 조사한 후 이단으로 정죄

② 로마 감독 레오 1세(Leo I, 재위 440-461)
  - 알렉산드리아 감독 디오스코루스(Dioscorus of Alexandria, 재위 444-454)는 유티케스를 지지했으나 레오 1세는 플라비아누스의 판단을 지지함
  - 서신(Tome)을 보냄
  - 그리스도 안의 두 본성은 영원히 구별된다.
  - 두 본성은 한 인격 안에서 연합하며 각기 성육신한 생활 속에서 적절한 기능을 수행한다.
  - 이와 같은 두 본성의 통일성에서 속성의 교통이 일어난다.
  - 그리스도의 인성은 영원하며 이것을 부인하는 것은 그리스도가 실제로 고난받으심을 부인하는 것이다.

③ 에베소 강도회의(449)
- 디오스코루스가 에베소에 회의를 소집해 유티케스의 양성론에 대한 정죄를 취소
- 플라비아누스와 안디옥 출신 감독들을 정죄하고 유배시킴

5) 칼케돈 회의(451)

① 배경과 진행
- 정치적 상황의 변화: 테오도시우스 2세가 죽은 후 누이 펄체리아와 남편 마르키아누스 황제가 회의를 다시 소집함
- 449년 에베소 강도회의의 결정을 취소하고 파문당한 감독들을 복직시킴
- 네스토리우스의 양성론과 유티케스의 단성론을 모두 정죄

② 칼케돈 신조
- 근거: 433년 테오도레투스의 평화안 + 키릴루스의 두 번째 편지 + 레오 1세의 서신
- 내용

> 우리는 모두 거룩한 교부들을 따라 일치된 마음으로 우리 주 예수 그리스도를 한 분이시고 같은 성자이심을 고백하도록 가르친다.
> 바로 그분께서는 신성에서 완전하시고 같은 분이 인성에서 완전하시며, 같은 분이 참으로 하나님이시고 이성적 영혼과 육체로 이루어진 참으로 인간이시다.
> 같은 분이 신성에 따라서는 성부와 본질이 같으시고(homoousios), 인성에 따라서는 우리와 본질이 같으시며, 죄 말고는 모든 면에서 우리와 똑같으시다.
> 같은 분이 한편으로는 신성에 따라 시대 전에 아버지에게서 나시고, 다른 편으로는 인성에 따라 마지막 날에 우리를 위해, 우리의 구원을 위해 동정녀이시고 하나님의 어머니(theotokos)이신 마리아에게서 태어나셨다. 한 분이시고 같은 분께서 그리스도, 외아들, 주님이시며, 두 본성 안에서 혼합되지 않으시고 변화되지 않으시며 분리되지 않으시고 나뉘지 않으시는 분으로 인식되며, 이 외에는 결합으로 인해 본성들의 구별이 없어지지 않으시고, 오히려 두 본성의 각 속성이 보존되며, 하나의 위격과 하나의 휘포스타시스로 결합되신다.
> 외아들이시며 하나님이시고 말씀이신 주 예수 그리스도께서는 두 위격으로 나뉘거나 분리되지 않으시며, 이전에 예언자들이 그분에 관해 그리고 예수 그리스도께서 친히 우리에게 가르치신 바와 같이, 그리고 교부들의 신앙고백이 우리에게 전해주었듯이 한 분이시고 같은 분이시다.

③ 칼케돈 회의의 역사적 의의
- 정통 기독론 확립: "혼합이 아닌 양성의 연합, 연합 후에도 양성의 유지"
- 니케아 신조의 동일본질 교리 재확인
- 테오토코스에 대한 명확한 의미 전달: 그러나 이후 마리아 숭배사상의 근거로 변질됨
- 교리 논쟁과 제도적 권위에서 콘스탄티노플 교회의 위상 확인

6) 칼케돈 이후 기독론 논쟁

① 단성론 논쟁
- 칼케돈 회의 이후에도 그리스도의 본성이 하나가 되었다는 단성론이 계속됨
- 헤노티콘(482): 동방 황제 제논(재위 474-491)이 세력을 구가하는 단성론자들과 칼케돈 신조 지지자들을 통합하기 위해 발표한 절충안 마련
- 유스티니아누스 황제(Justinianus, 재위 527-565): 칼케돈 신조와 관련한 3장을 부정하여 칼케돈을 거부하고 단성론을 인정함
- 제5차 콘스탄티노플 회의(553): 동방교회의 분열을 막고자 소집되었으나 도리어 단성론을 거부하고 칼케돈의 결정을 재확인함
- 비잔틴의 레온티우스(Leontius of Byzantium; c.485-c.543): 단성론에 맞서 칼케돈 기독론을 변호함

② 일의론 논쟁: 그리스도의 두 본성 안에 그의 의지가 얼마나 포함되어 있는가?
- 주장: 콘스탄티노플 총대주교 세르기우스
- 일의론: "한 품격이시요 한 인격이신 성육신하신 주는 단일한 인격적 작용과 의지만 있을 뿐이다."
- 즉 그리스도는 인간 의지가 신 의지 안에 연합되어 신 의지만 기능하거나 두 의지가 합성되었다."
- 제6차 콘스탄티노플 회의(681): "그리스도의 양성이 한 인격 안에서 결코 혼합, 변함, 나뉨, 분리됨이 없이 연합된다. 연합 후에도 신성과 인성은 구분되지만, 결코 분리될 수 없다."

6. 어거스틴의 신학

라틴어식 이름 아우구스티누스(Augustinus), 영어 이름 어거스틴(Augustine)은 354년 북아프리카 타가스테에서 이교도인 아버지와 기독교인 어머니 모니카 사이에서 태어났다. 그는 기독교로 개종하기 이전 수사학 교사가 되기 위해 교육을 받고 준비하던 중 마니교와 신플라톤주의에 빠졌다. 그러나 387년 밀라노에서 수사학 교사로 활동하다가 암브로시우스의 설교를 들으면서 은혜를 받고, 어느 날 "들고 읽어라"(tolle, lege)는 가사의 아이들 노래를 듣고 펼쳐 읽은 로마서 13장에서 특별한 깨달음을 얻어 어린 시절 어머니로부터 전해 들어 온 기독교 신앙을 수용했다.

어거스틴은 기독교 신앙으로 회심한 후 세속적 직업과 계획을 모두 포기하고 고향으로 돌아와 기독교 신앙과 신학을 연구하려 했으나 그의 재능과 열정을 알아본 북아프리카 히포의 감독 발레리우스에 의해 391년 사제가 되었으며 395년 히포의 성도들의 추대로 감독으로 임직했다. 어거스틴은 이후 히포의 감독으로 평생 목회하면서 수많은 신학적 논쟁에 참여해 기독교 정통 교리를 확립하는 데 크게 기여했다. 특히 인간론, 구원론, 삼위일체론, 교회론의 주요 주제들을 비롯해 「하나님의 도성」이라는 역작을 출간하여 역사신학 분야에서도 초대교회의 정통 신학을 총정리하고 이후 기독교 신학 역사의 중요한 방향을 제시하는 위대한 업적을 남겼다. 427년 반달족이 북아프리카에 침입했을 때 수많은 난민을 보호하다가 반달족이 히포를 침략하기 전인 430년 8월 열병으로 세상을 떠났다.

1) 인간론과 구원론: 펠라기우스 논쟁

① 펠라기우스의 신학적 주장
- 펠라기우스(Pelagius, c.360-418): 영국의 수도사
- 창조된 인간의 상태: 아담은 하나님에 의해 지음 받은 무흠한 자로서 선과 악을 행할 수 있는 중성 상태로 창조되었다고 주장
- 죄의 원인: 선재적 악이 아니라 자유의지를 통해 죄를 지음
- 죄의 결과: 아담의 죄는 자신에게만 해당하며 후손들의 인간 본성 자체와는 무관함
- 원죄의 유전: 모든 사람은 처음 아담과 같은 중립적 상태로 출생하지만 태어나면서부터 사람들이 저지르는 죄를 보고 자라 필연적으로 배우게 됨
- 죄의 보편성: 인간의 필연성이 아니라 잘못된 교육과 악한 전례, 죄에 젖은 오랜 습관의 결과라고 주장함
- 인간의 가능성: 자연적 능력으로서 인간 안에 선을 행할 수 있는 의지가 남아 있음
- 은총은 하나님이 인간에게 제공한 외적 계몽: 성경의 계시, 예수 그리스도의 모범과 같은 외적 은사와 자연적 은혜로서 의지에 동기를 부여함
- 협력 구원: 인간은 하나님이 요구하시는 의무를 자신의 자유의지 실행을 통해 완수함으로 그의 공적의 토대 위에서 의롭게 인정받게 된다.

② 어거스틴의 주장
- 타락 전 아담의 상태: "죄를 짓지 않을 수 있고 죽지 않을 수 있는 상태"(posse non peccare et mori)
- 죄: 마땅히 있어야 할 것, 즉 선의 결핍(negation or privation)
- 죄가 확산하는 근본원리: 하나님을 사랑하지 않고 자기를 사랑하는 것
- 자기 사랑의 결과: 음욕과 이성에 반하는 과도한 육적 욕망
- 타락 이후 인간 상태: 전적 타락 – "죄를 짓지 않고 죽지 않을 수 없게 됨"(non posse non peccare et mori)
- 원죄의 유전: "모든 인류는 아담 안에서 어린싹으로 존재했으므로 실제적으로 아담과 함께 범죄했다."
- 은총: 인간 의지의 변화를 위해 주어지는 하나님의 독점적인 은혜의 사역
- 은총의 불가항력성: 인간이 자발적으로 선을 선택하도록 의지를 변화시키심
- 은총의 독력성: 하나님의 은총은 인간의 결함을 보충하는 것이 아니라 인간의 내면적 성향의 완전한 갱신을 위해 절대적으로 역사함
- 은총 교리의 결론: 하나님께서 적절한 때에 죄인의 은혜로운 갱신을 위하여 역사하시는 것은 무엇이든지 그의 영원한 계획에 따라 하시기로 결정하신 것이다.

③ 펠라기우스 정죄
- 펠라기우스의 정죄: 카르타고 회의(412년)와 예루살렘 대회 등에서 이단 혐의로 기소
- 416년 밀베르 대회와 카르타고 대회, 시르미움 회의 등 여러 지역 회의에서 정죄됨
- 교회 전체로는 최종적으로 431년 에베소 회의에서 정죄됨

④ 반펠라기우스주의(Semi-Pelagianism) 논쟁
  - 대표자: 마실리아 대수도원장 존 카시안(John Cassian)
  - 죄의 원인 및 유전: 어거스틴의 입장과 유사함 – 자기 사랑과 교만. 실재론적 유전
  - 죄의 결과: 어거스틴과 달리 타락으로 인한 인간의 부패를 약화나 심각한 손상으로만 여김
  - 협력 구원: 인간 안에 남아 있는 자유의지의 은총과 연합하여 구원을 위한 갱신을 산출
  - 오렌지 회의(529)에서 25개 조항을 통해 반펠라기우스주의를 정죄함
  - 그러나 중세 신학은 점차 반펠라기우스 방향으로 기울어져 감

2) 삼위일체론

① 어거스틴의 삼위일체론: 「삼위일체에 관하여」(*De Trinitate*)
  - 사상적 배경: 힐라리우스를 통해 전수받은 갑바도기아 신학자들의 삼위일체론에 기초
  - 갑바도기아 신학자들은 개별성에서 통일성으로, 어거스틴은 통일성에서 개별성으로 설명을 이끌어감

② 주요 주장과 쟁점
  - 성령의 위상과 위격: 성령이 하나님과 신자들을 묶어주듯이 삼위일체 안에서 위격들을 서로 묶어준다고 이해 – "성령은 아버지와 아들 사이에 존재하는 사랑의 결속이다."
  - 삼위일체의 유비적 설명: "삼위일체의 흔적이 피조 세계(인간 영혼)에 나타나 있다."
  - 최고의 창조물의 영혼 안에 기억, 이해, 의지의 삼원성이 삼위일체의 흔적이라고 주장

3) 교회론: 도나투스 논쟁

① 도나투스파의 등장
  - 도나투스(Donatus): 디오클레티아누스 박해 시 배교한 사람들에 대한 철저한 징계를 요구
  - 콘스탄티누스 황제의 공인과 후원을 인정하지 않음
  - 기성 교회의 부당함을 주장하며 자신들만의 교회를 세우고 재세례를 실시
  - 엄격한 교회적 훈련과 순수한 교회원의 자격 주장
  - 일부 과격한 집단이 등장: '써쿰쎌리온'(Circumcellions)- 세상과 결별 선언. 집단 자살

② 어거스틴의 교회론
  - 히포의 감독이 된 이후에 도나투스파와 논쟁에 참여
  - 교회를 예정된 선택자들의 공동체라고 주장: 외형적 조직이나 성례 참여보다 교회를 통해 주어지는 중생의 은혜를 강조
  - 교회를 사도적 권위가 감독의 합법적 계승에 의해 유지되는 보편교회라고 주장: 키프리아누스의 입장을 따라 "교회 밖에는 구원이 없다"고 주장
  - 지상 교회의 유한성: "지상의 유형교회에는 악인도 함께 교회 안에 머물고 있지만 그들은 사실 외형적 교회의 구성원이 아니다."

4) 역사신학: 「하나님의 도성」(De Civitate Dei)

① 저술 배경
- 410년 고트족이 로마에 침략해 약탈
- 기독교인 때문에 로마가 쇠락했다는 이교도의 비난이 일어남
- 이교도 야만인의 공격에 기독교인도 왜 핍박을 당했느냐는 비판 제기
- 비난과 비판에 맞서 역사신학의 관점에서 로마 제국과 교회의 역사를 대조함
- 413년 저술을 시작하여 426년 완성
- 1부(1-10권) + 2부(11-22권), 총 22권으로 구성됨

② 하나님의 도성 개념
- 지상 도성은 유한하며 제한적이지만 하나님의 도성은 영원하며 멸망하지 않음
- 지상의 도성이 하나님을 사랑하지만, 자기 자신이 사랑의 궁극적 대상임. 하나님의 도성은 하나님만을 사랑의 궁극적 대상으로 삼음
- 하나님의 도성이 이미 이 땅에 시작되었으나 특정한 지상의 도성과 동일하지 않음
- 하나님의 도성의 종말론적 전개: 그리스도의 재림으로 완성됨
- 하나님의 도성의 양면성: 종말론적 실재이면서 인격적 실재임
- 하나님의 도성의 종말론적 역사를 교회의 역사라고 주장함

③ 영향
- 하나님의 나라를 로마 제국이 아닌 교회의 역사 속에서 찾음으로써 교회의 중요성이 부각
- 세속 권세와 영적 권세를 구별함으로써 이후 교황권 확장의 이론적 근거가 됨

7. 교회의 제도화와 새로운 대응

초대교회의 역사는 크게 세 시대로 나누어볼 수 있다. 첫째는 예수 그리스도의 승천과 오순절 사건으로부터 313년 콘스탄티누스 황제의 기독교 공인 때까지이다. 이 시기에 교회는 로마 제국이라는 정치 사회적 환경과 헬레니즘이라는 사상적 배경 속에서 지중해 지역 전체에 급속도로 확장되었다. 그러나 교회의 급속한 확장은 국가의 박해와 다양한 사상들의 도전을 불러왔다. 이 시기 기독교는 박해와 이단들의 도전에 맞서 정경을 확정하고 사도적 계승에 기반한 정통 신학을 정립하는 데 힘썼다. 각 지역의 교회들은 사도들과 그들의 직계 제자들을 통해 전수된 복음 위에서 교회를 세워나갔다. 예배 형식은 비교적 단순하고 순수했으며 말씀의 선포와 더불어 성례 시행이 중심이 되었다. 교회 제도는 각 지역의 감독들이 주변 예배 공동체들을 관리하다가 후계자를 양성해 감독직을 전수하는 방식으로 지속되었다. 불안정한 상황 속에서도 복음의 진리에 대한 명료한 이해와 순교를 신앙의 목적으로 삼은 성도들의 열정, 무엇보다도 성령의 특별한 역사를 통해 교회는 빠르지만 바르게 성장했다.

두 번째 시기는 313년 기독교 공인으로부터 476년 서로마 제국 멸망까지이다. 이 시기까지를 초대교회사로 한정할 수도 있지만 동로마 제국 지역에서는 초대교회에서 시작된 신학적 논의들이 지속되고 있었기 때문에 초대교회사의 시기를 조금 더 연장해 볼 수 있다. 기독교 공인과 니케아 회의 이후 기독교회는 이제

박해를 벗어나 제국의 주요 종교가 되었다. 391년 테오도시우스 황제는 로마와 이집트에서 비기독교적 의식을 금지하고 이교 숭배를 제국 전체에서 금지하는 등 기독교를 실제적인 국교로 인정했다. 이 시기 기독교회는 제국의 정치 체계와 유사한 감독들의 체계를 갖추어 갔고 신학적·교회적 문제를 다루기 위해 지역 회의를 넘어선 보편교회의 공의회를 여러 차례 개최하기도 했다. 예배당의 규모가 확장됨과 동시에 예배의 형식도 제국의 종교답게 더 의식을 중심으로 체계화되었다. 그러나 이와 같은 의식화의 상황에서 본래의 순교 신앙을 지키기 위한 운동이 시작되어 이후 수도원 운동의 기초가 형성되었다.

세 번째 시기는 476년 서로마 제국의 멸망 이후 동방 비잔틴 교회를 중심으로 한 시기이다. 476년 로물루스 아우구스투스가 게르만 용병 오도아케르에 의해 강제로 퇴위당함으로써 서로마 제국이 멸망했다. 서로마 지역에서는 이미 그 이전 5세기 초부터 게르만족에 대항하는 과정에서 로마 감독을 중심으로 한 교회의 역할이 중요했다. 서로마 제국이 붕괴한 이후 교회와 감독들의 대사회적·정치적 입지가 더욱 강화되었다. 다른 한편 어거스틴의 「하나님의 도성」은 그동안 로마 제국을 하나님의 나라와 동일시했던 단순한 관점을 비판하고 영적이며 종말론적 관점에서 역사를 해석하기도 했다. 그러나 서방교회의 예배와 제도는 로마 감독을 중심으로 정리되었고 게르만족의 개종을 위한 활발한 전도의 노력과 더불어 이를 위한 다양한 접근이 강화되었다. 다른 한편 동방에서는 여전히 남아 있는 삼위일체 교리와 기독론을 둘러싼 논쟁이 활발하게 전개되었다. 서방교회에 비해 동방교회에서는 황제가 신학과 신앙 문제와 관련해 여전히 중요한 역할을 담당했다. 필리오케 논쟁과 성상숭배 논쟁 등으로 심화한 서방교회와의 갈등은 새로운 어려움으로 부각되고 있었다. 시대가 겹치는 부분이 있지만 보통 로마 감독 그레고리우스 1세(재위 590-604)의 사상과 활동을 중세를 여는 첫 발걸음으로 삼고 이때까지 역사를 초대교회사에 포함할 수 있다. 다만 6세기 게르만족 선교의 역사는 이후 중세시대 교회와의 연속성 측면을 고려할 때 중세교회사에서 다루는 것이 바람직하다.

1) 니케아 시대 이후 교회의 변화

① 교회 조직의 체계화
  - 감독 권한의 강화: 이단과 분파에 맞선 사도계승 개념. 키프리아누스의 보편교회론
  - 대감독 개념: 로마, 알렉산드리아, 안디옥, 콘스탄티노플, 예루살렘 감독의 특수성
  - 점차 동방은 콘스탄티노플 감독이, 서방은 로마 감독이 양 지역을 대표하게 됨

② 로마 감독의 위상 강화
  - 성경 및 역사적 근거: 바울과 베드로의 순교지. 로마 제국의 발원지
  - 여러 대교구를 포함한 동방에 비해 로마 교구의 위상이 높음
  - 5세기 초부터 시작된 게르만족의 침범 시 로마 감독의 정치적 역할이 부상함
  - 교황 레오 1세의 역할: 기독론 논쟁에서의 역할. 반달족 침입을 물리침. 로마 감독의 특권을 인정한 발렌티아누스 3세의 칙령을 이끌어냄
  - 오도아케르가 마지막 서로마 황제 로물루스 아우구스투스를 축출한 후 교황이 로마 제국의 유산을 보호하고 대변하는 군주의 역할을 실제적으로 담당함

③ 교황 그레고리우스 1세(Gregory the Great, 540-604)
  - 540년경 로마에서 출생한 수도사로서 590년 9월 3일 펠라기우스 2세를 이어 교황 즉위
  - 마지막 교부이자 최초의 중세 교황

- '하나님의 종들의 종'(*Servus Servorum Dei*): 검소하고 수도원적인 태도 유지
- 로마의 어려운 상황을 극복: 롬바르드족의 침입과 전염병
- 예전을 개혁하고 로마 가톨릭의 도덕적 개혁 시도
- 방대한 저술을 통해 어거스틴을 서방 신학의 규범으로 확립함
- 조건적 예정론
- 게르만족의 종교적 필요를 반영하려 한 신학적 오류: 연옥설, 보속과 고해설, 희생으로서 미사 개념

2) 니케아 시대 예배와 신앙생활

① 예배
- 콘스탄티누스가 일요일을 공휴일로 지정함
- 이전부터 그리스도의 부활을 기념하여 주일에 예배를 드리는 것이 관습이었음
- 고대 그리스와 로마의 건물을 예배당으로 변경한 바실리카 양식의 예배당 건립
- 예전 중심의 예배가 발전함: 세례에 대한 강조. 제사로서 성찬 개념. 죽은 자들을 위한 기도
- 축일 준수: 부활절과 성탄절

② 신앙생활
- 교회 건축과 예배 음악의 발전
- 성자 및 성물 숭배 사상 발전: 순교자들에 대한 존경이 숭배로 확장됨
- 성모 숭배 사상: 기독론 논쟁의 주제였던 테오토코스가 마리아 숭배의 근거로 변질됨

3) 수도원 운동의 시작

① 수도원 전통의 근원
- 알렉산드리아의 클레멘트나 오리겐의 저술에서부터 금욕주의적 요소들이 발견됨
- 헬레니즘의 영향도 있음: 스토아학파와 에피쿠로스학파의 금욕주의적 경향
- 동방 신비주의적 세계관의 영향: 은둔 생활에 대한 높은 평가
- 순교 신앙에 대한 열망: 순교를 대체하는 개념으로서 고행과 은둔

② 수도원 운동의 동기와 방향
- 로마 제국의 공인과 국교화 이후 교회와 예배의 형식주의화에 대한 반성
- 순수하고 내면적 신앙에 대한 갈망이 증대함
- 개인 차원의 금욕생활로부터 체계적이며 공동체적인 규율의 필요를 반영하게 됨

③ 이집트의 수도원 운동의 선구자
- 이집트의 안토니우스(c.251-c.356): 아타나시우스의 전기 「안토니우스의 생애」로 알려짐. 세속의 지위와 재물을 모두 버리고 광야의 묘지에서 거주하며 은수자적 생활을 실천함
- 파코미우스(c.292-c.346): 군인 출신으로 나일강변에서 금욕 공동체를 설립. 강력한 규율을 세우고 군대와 같은 복종을 요구함

④ 유럽의 수도원 운동 선구자
- 투르의 마르티누스(c.316-397): 판노니아 출신 군인이었으나 개종 후 프랑스 투르의 감독이 됨
- 힐라리우스와 함께 아리우스파에 맞서 논쟁했으며 361년 수도원을 건립하고 히스파니아의 금욕주의자들인 프리스킬리아주의자들을 변호함
- 가이사랴의 바실리우스(c.329-379): 갑바도기아 신학자 중 한 명으로서 가이사랴 감독으로 사역하던 중 수사들에게 수련 기관과 엄숙한 서약에 제도적 형태를 부여함
- 카시아누스(c.360-c.435): 스키티아 출신으로서 동방의 금욕주의를 서방교회에 전달함
- 415년 마르세이유에서 남성과 여성을 위한 수도원 공동체 설립
- 수도원과 관련한 여러 글 저술: 「강요」, 「집담회들」: 광야 전승의 내면성을 설명

⑤ 베네딕트의 수도회 운동
- 6세기 베네딕트(c.480-c.547): 이탈리아 누르시아 출신
- 20세에 은자 생활 시작. 몬테 카시노에 수도원 창설. 이탈리아 지역을 정복한 후 기독교를 박해하던 동고트 왕에 맞섬
- 베네딕트의 수도 규칙: 실현 가능하고 공동체적인 수도 생활 추구: 하루 두 끼 적절한 식사
- 영속성과 순종 강조: 처음 가입한 수도원에서 종신. 수도원장에 대한 지체 없는 기꺼운 순종. 여러 단계에 걸친 권징 절차
- 성무일과: 육체노동 강조. 하루 8번의 예배와 기도 시간 – 시편 낭송과 성경 강독
- 학문 연구: 성경과 서적 필사. 어린이 교육. 기타 사회복지 기관
- 교황의 지지를 받아 이후 서방교회 수도회 전체의 기준이 됨

II. 중세교회사

1. 중세의 시작과 이교도 선교

서양 중세의 시작이 언제부터인가에 대해서는 학자들 사이에 논란이 있다. 서로마 제국의 경우 게르만족의 이동이 계속되는 중 476년 서로마 황제가 폐위된 시점을 중세의 시작으로 잡는다. 그러나 동로마 지역의 경우에는 451년 개최된 칼케돈 회의 이후 계속된 기독론 논쟁은 초대교회 역사와 연속선상에 있다고 볼 수 있다. 신학적으로는 마지막 교부이며 최초의 중세 교황이라고 불리는 그레고리우스 1세가 즉위한 590년을 기준으로 초대교회 시대와 중세시대를 대별해 볼 수 있다.

초대교회의 시대가 저물고 새로운 중세시대가 시작되던 6-8세기에 유럽은 큰 혼란을 겪었다. 로마 제국이라는 안정된 정치·사회적 환경이 붕괴하고 다양한 민족이 세운 왕국들이 등장했기 때문이다. 정치·사회적 변화는 종교·문화적 변화도 불러왔다. 이 시기 서방 기독교회는 소극적으로는 신학과 예배의 전통을 지키기 위한 노력을 계속했으며 적극적으로는 게르만 왕국들을 향한 선교의 노력을 경주했다. 동방교회는 정교한 신학적 논의를 전개함과 동시에 국가와 올바른 관계 형성을 위해 노력했다. 새롭게 부상한 이슬람 세력은 동방교회뿐 아니라 서방교회에까지 큰 위협으로 등장하고 있었다. 이슬람의 공격을 물리친 프랑크 왕국은 서방교회의 보호자로 부상하였다. 로마 교황이 800년 성탄절에 프랑크 왕국의 왕 샤를마뉴를 새로운 로마 황제로 임명함으로써 국가와 교회의 새로운 관계가 시작되었다.

1) 서로마 제국의 멸망과 새로운 왕국들

① 게르만 민족의 대이동
- 게르만 민족이 동방으로부터 훈족의 침입으로 서진 시작
- 410년 최초의 로마 함락. 420년 고트족 약탈
- 로마 제국의 멸망보다는 동화를 원함. 신앙적으로는 아리우스주의와 토속신앙의 혼합 형태

② 반달족
- 407년 라인강을 넘어 로마 제국 영토를 약탈함
- 429년 지브롤터 해협을 건너가 439년 북아프리카 카르타고 정복

③ 동고트족
- 476년 오도아케르가 서로마 황제 로물루스 아우구스툴루스를 폐위함
- 동고트의 테오도릭 왕이 동로마 황제 제논의 지원하에 이탈리아 정복
- 아리우스파로서 기존 교회를 박해함
- 552년 비잔틴 제국 유스티니아누스 황제 통치기에 벨리사리우스 장군에 의해 멸망함

④ 서고트족
- 410년 최초로 로마를 약탈함
- 415년 이후 스페인 지역을 점령하여 통치함
- 589년 톨레도 회의에서 아리우스주의를 버리고 니케아 신앙을 수용
- 세비야의 이시도르(Isidore of Seville, c.560-636)의 지도력 아래 정통신학 보급
- 711년 모슬렘에 의해 멸망

⑤ 부르군드족
- 현재 프랑스인 골 지방 통치
- 516년 지기스문트 왕이 니케아 신앙으로 개종

⑥ 앵글로족과 색슨족
- 현재 영국인 브리타니아에서 일곱 왕국 건설
- 교황 그레고리우스 1세가 선교사 어거스틴을 파송(590)

2) 프랑크 왕국

① 메로빙거 왕조: 메로비우스 - 힐데리히 1세 - 클로비스 1세
- 클로비스 1세가 496년 니케아 신앙으로 개종: 3,000명 군인이 교육 없이 세례를 받음
- 534년 부르군드 왕국을 정복한 후 왕권이 약화되고 궁재들이 통치함
- 궁재 칼 마르텔이 732년 이슬람 침입을 투르-푸아티에 전투에서 격퇴

② 카롤링거 왕조
- 751년 칼 마르텔의 아들 피핀이 메로빙거의 힐데리히 3세를 폐위
- 교황 자카리어스의 지시로 보니페이스 주교에 의해 국왕으로 임명됨
- 800년 성탄절에 피핀의 아들 샤를마뉴가 교황 레오 3세에 의해 새로운 로마 황제로 대관됨

3) 게르만족 선교

① 아일랜드와 스코틀랜드
- 아일랜드: 5세기 초 패트릭의 선교
- 563년 아일랜드에서 콜롬바누스(543-615)가 선교사로 파송되어 스코틀랜드에 아이오나 수도원 건립
- 아일랜드 수도원: 금욕주의와 엄격한 규율. 지역 목회와 교육의 중심지 역할. 세속 권세와 긴밀한 협조. 전도와 선교의 열정

② 잉글랜드
- 350년경 로마 제국 정복 시 기독교 교회가 세워짐
- 400년경 펠라기우스의 선교 활동
- 590년 선교사 어거스틴의 파송
- 아이단: 아이오나 수도원 출신으로 7세기 초 잉글랜드 북부에 린디스판 수도원을 건립하고 공동체 중심의 선교활동을 전개
- 아일랜드에서 출발한 켈틱 기독교와 어거스틴에 의해 전파된 로마 기독교 사이의 갈등
- 로마 기독교는 사도적 계승을 주장함
- 663년 휘트비 회의에서 노섬브리아 왕이 로마교회 전통을 따르기로 결정
- 비드(Venerable Bede, c.672-735): 노섬브리아 왕국 재로우 출신 수도사로서 벌게이트 라틴어 성경의 편집을 비롯한 다양한 저술 활동을 펼쳤으며 잉글랜드 초기 기독교 역사를 기록

③ 유럽 대륙의 선교
- 프랑크 왕국: 군인 출신인 투르의 마르티누스가 강압적인 방식으로 기독교 전파
- 742년 프랑크 교회 대회의: 사제들에게 강력한 규율 강요 – 결혼 금지. 금욕 생활
- 윌리브로드(Willibrord, 657-739): 잉글랜드 출신으로 오늘날 네덜란드 지역에서 선교활동
- 윈프리드 보니파키우스(Winfrid Bonifacius, 672-754): 잉글랜드 출신이며 윌리브로드의 제자로서 교황의 명령을 따라 독일 지방에서 선교하여 '독일의 사도'라는 명칭을 얻음. 744년 풀다에 수도원을 설립하고 베네딕트 규율을 따름
- 베네딕트 수도회: 게르만 선교에 있어 로마교회의 전통을 보존한 중요한 기관. 금욕과 은둔보다는 질서 있는 공동체 생활 지향. 육체노동 강조. 성무일과에 따른 예배와 기도생활. 영성과 순종 강조. 성경과 서적 필사와 같은 학문 연구 및 지역 주민 교육

2. 카롤링거 시대 서방 기독교와 동방 비잔틴 기독교

중세 초기 서로마 제국의 멸망으로 시작된 서방 라틴 교회의 혼란은 프랑크 왕국이 이슬람 침입을 격퇴한 후 교황에 의해 새로운 로마 제국으로 인정받음으로 일단 정리되었다. 카롤링거 왕조 시대 프랑크 왕국은 종교와 문화 영역에서 새로운 발전을 이루어냈다. 그러나 샤를마뉴 대제 통치 이후 왕국을 삼분한 베르됭 조약으로 이루어진 프랑크 왕국의 권력 분할과 계속되는 이민족의 침입으로 인해 혼란이 다시 시작되었다.

다른 한편 동방 비잔틴 제국은 유스티니아누스 황제 통치기에 이탈리아를 비롯한 로마 제국의 영토를 수복하고 법 제도를 강화하는 등 다시 세력을 확장했다. 그러나 신학적으로는 기독론을 둘러싼 신학적 논쟁이 계속되었으며 성상숭배를 둘러싼 논쟁도 일어났다. 교회 제도의 정비와 신학적 논쟁에 있어 로마 교황이 중요한 역할을 했던 서방교회와 달리 동방교회는 황제가 교회회의를 소집하는 등 계속 큰 영향력을 발휘했다. 황제의 영향력이 약화한 시리아, 아르메니아, 이집트 등 지역에서는 다양한 신학적 입장을 취하는 교회들이 성장했다. 이와 같은 환경은 7세기에 등장한 이슬람 세력이 이 지역에서 빠르게 확장할 수 있는 배경이 되었다.

1) 카롤링거 왕조

① 샤를마뉴의 통치(742 or 747 출생, 재위 800-814)
  - 800년 성탄절에 로마에서 레오 3세가 샤를마뉴의 로마 황제 대관식을 거행함
  - 비잔틴 제국의 황제와 동일한 위치를 갖게 됨
  - 프랑크 왕국 내 주교 임명권을 황제가 주장함
  - 서방 기독교 세계의 정복 활동과 더불어 강제적인 기독교 신앙 도입

② 카롤링거 르네상스
  - 학문 장려: 요크 출신 학자 알퀸(Alcuin of York, c.735-804)을 궁정 학사로 임명
  - 종교정책: 일반인의 언어로 설교. 주일 공휴일 제정. 십일조 징수법. 수도원 규율의 체계화. 예배당에 성수반 도입. 사적 미사와 성상숭배 확산
  - 에리우게나(John Scotus Eriugena, c.810-877): 아일랜드 출생 수도사로서 대머리 왕 샤를(823-877)에 의해 파리 왕립학교 교수가 됨. 비잔틴 황제 미카엘 3세의 요청으로 위 디오니시우스의 헬라어 작품들을 라틴어로 번역
    cf. 위 디오니시우스(Pseudo-Dyonisius)의 부정신학: "하나님에 대한 지식은 초월적이므로 보편적 언어로 진술될 수 없다." "하나님에 대해서는 오직 부정적 서술만 가능하고 침묵과 예배로 나갈 때만 알 수 있다."
  - 「본성의 분할에 관하여」(De divisione naturae, Periphyseon): 신플라톤주의적 논의
  - 스콜라신학의 샤를마뉴로 불림: "종교는 철학에 의해 이해될 수 있고 참된 종교는 철학과 같다"라고 주장

③ 샤를마뉴 이후 프랑크 제국의 몰락
  - 샤를마뉴 대제의 아들 경건한 루이(루드비히) 이후 세 아들에게 분할됨
  - 843 베르됭 조약: 샤를 2세(서프랑크). 로타르 1세(중프랑크). 루드비히(동프랑크)
  - 루이의 손자 샤를이 세 왕국을 통일하였으나 사후 다시 분열됨
  - 9세기 주변 민족들의 침입: 노르만족, 마자르족, 사라센족. 아랍인의 정복에 의한 지중해 무역의 약화
  - 봉건제도의 수립: 토지의 소유와 관리에 기초한 계급제도: 농노-자영농-영주-대영주-군주
  - 국왕의 중앙 권력이 약화하고 지방 영주들의 권력이 강화됨
  - 교회의 각 교구와 사원과 수도원들이 대영주의 역할을 하여 경제적·정치적 권력을 확보

- 오토 1세(Otto 1, 독일 왕 재위 936-973): 교황 요한 12세가 962년 신성로마제국 황제로 인정함

2) 동방 비잔틴 기독교

① 유스티니아누스 황제(Justinianus, 482-565, 재위 527-565)
- 비잔틴 제국의 최대 전성기를 구가함
- 신앙인의 관점으로 '제국의 회복' 이상을 실현하려 함
- 벨리사리우스 장군의 정복을 통해 로마를 포함한 로마 제국의 대부분 재정복
- 법령 정비: 유스티니아누스 법전 = 로마법대전(Corpus Juris Civilis). 로마의 법전을 통일하여 이후 유럽 각국의 근대적 법전의 기초를 마련
- 종교정책: 콘스탄티노플에 하기아 소피아 건축. 동서방 교회의 통일을 추구하다가 교황 비질리우스와 충돌함

② 기독론 논쟁
- 유스티니아누스 황제가 단성론을 지지함. 황후 테오도라는 단성론자였음
- 삼장(Tria Kephalia) 정죄: 몹스에스티아의 테오도르의 사상과 인물, 키루스의 테오도레투스의 몇몇 저술들, 에데사의 이바스가 마리스에게 보낸 편지
- 네스토리우스주의라는 혐의를 받은 삼장을 정죄하여 단성론자들에게 칼케돈 신조를 받아들이도록 유도하려 했으나 도리어 칼케돈에 대한 공격으로 여겨짐
- 553년 5차 콘스탄티노플 회의에서 단성론 정죄: 칼케돈 신조의 입장을 옹호해 온 비잔틴의 레온티우스(Leontius of Byzantium, 485-543)의 영향
- 단성론 교회들의 고립: 콥틱, 에티오피아, 아르메니아, 시리아의 야곱 교회, 메소포타미아 교회

③ 성상숭배 논쟁
- 장식으로 사용되던 성상에 대한 숭배가 동서방 교회 전체로 확산하면서 논란이 발생함
- 비잔틴 황제 레오의 화상 제거 칙령
- 다마스쿠스의 요한(c.676-749): 시리아 출신 수도사로서 성상숭배를 옹호하는 이론을 전개 - "성상은 그 자체가 아니라 성상이 대표하는 원형이 흠모의 대상이다."
- 제7차 콘스탄티노플 회의(787): 이레네 여제가 소집. 예수, 성모, 천사, 성인 성상숭배를 모두 인정. 성상은 예배의 대상이 아니지만 공경의 예배는 드릴 수 있음을 인정
- 이후 동방교회가 성상숭배를 반대함으로써 서방교회와 분열하는 한 원인이 됨
- 동방은 반대. 서방은 찬성

④ 동방 기독교의 확장
- 불가리아의 보고밀파: 10세기 중엽 데오필루스의 가르침을 통해 발생. 이원론적 종파로서 선한 하나님과 우월한 악신 사타나엘의 대립으로 세계를 설명함. 시편과 신약만 인정
- 이집트 콥틱교회: 이슬람 시아파가 허용한 종교의 자유 아래 성장함
- 키릴루스와 메토디우스를 슬라브족 왕국인 모라비아에 선교사로 파송함: 키릴루스가 슬라브족을 위한 알파벳을 고안하여 성경과 종교서적, 예배 의식을 번역함

- 러시아의 개종: 오토 1세가 선교사 파송. 이고르의 왕비 올가의 개종(954년). 10세기 말 블라디미르의 동방기독교로의 개종과 기독교 부흥운동

3. 교황권 강화와 수도원의 개혁운동

교황이 프랑크 왕국의 왕을 로마 제국의 새로운 황제로 인정한 이후 서방교회 내에서 교황의 입지는 더욱 강화되었다. 그러나 5세기 말, 황제가 존재하지 않던 그 이전부터 로마 교황의 정치적 영향력은 확대되고 있었다. 수 세기 동안 교황은 기독교뿐 아니라 로마의 문화를 보존하는 수호자 역할을 담당했다. 9세기 스페인에서 출현한 「위 이시도르 문서」는 콘스탄티누스 황제가 교황에서 정치적 권한까지 위임했다는 주장의 근거로 활용되었다.

로마 교황권의 강화는 여러 부작용도 낳았다. 로마 내에서는 교황권을 둘러싼 정치적 갈등과 암투가 발생했다. 교황이 중심이 된 로마교회는 동방 비잔틴 교회와 갈등을 일으켜 동서방 교회가 서로를 정죄하며 갈라선 1054년의 대분열이 일어났다. 특히 로마 교황과 신성로마제국 황제 사이에 성직자 서임권을 둘러싼 심각한 정치적 갈등이 발생했다. 1077년 황제 하인리히 4세가 교황 그레고리우스 7세의 파문 위협에 무릎을 꿇은 '카노사의 굴욕' 사건은 세속 권세에 대한 교황 권세의 우위를 드러낸 상징적 사건이었다. 교황을 중심으로 한 사제 위계 체제의 타락에 맞서 교회를 개혁하기 위한 새로운 수도운동이 일어났다. 개혁적 수도원 운동은 기독교 신앙의 영적 측면에 주목하며 철저한 규율에 따른 수도회 조직을 세웠다.

1) 교황제도의 강화와 부패

① 교황제도의 강화 배경
- 5세기 초부터 게르만족의 침입으로 로마 제국의 세속 정치권력이 약화됨
- 고대 문명의 법과 질서, 문화를 교회가 보호
- 교황 레오 1세: 훈족 아틸라와의 담판(452년). 반달족 겐세릭과의 담판(455년). 동방 기독론 논쟁에서 신학적 기준을 제시
- 동고트 왕국의 지배 시기 교황들의 순교적 신앙이 부각됨

② 교황 그레고리우스 1세(Gregory the Great, 540-604)
- 로마 출생 수도사로서 590년 9월 3일 펠라기우스 2세에 이어 교황 즉위
- '하나님의 종들의 종'(Servus Servorum Dei): 검소하고 수도원적인 태도 유지
- 마지막 교부이자 최초의 중세 교황
- 로마의 어려운 상황을 극복: 롬바르드족의 침입과 전염병
- 방대한 저술을 통해 어거스틴을 서방 신학의 규범으로 확립함
- 게르만족의 종교적 필요를 반영하려 한 신학적 오류: 연옥설, 보속과 고해설, 희생으로서 미사 개념

③ 서방 로마 제국의 복구와 교황청 강화
- 교황청과 프랑크 왕국의 정치적 야합: 교황 자카리아스가 피핀을 새로운 프랑크 왕으로 인정함(752)
- 프랑크 왕국의 영토 확장 중에 교황청이 정치적·영토적 유익을 얻어냄

- 교황 레오 3세가 샤를마뉴를 새로운 로마 제국의 황제로 대관함(800년)
- 「위 이시도르 문서」: 서고트 왕국의 지도자 이시도르가 썼다고 하는 '역대 교황의 교령집'. 그 안에 포함된 콘스탄티누스 기증서에서 황제가 이탈리아를 교황에게 기증했다고 주장함. 교황은 논쟁의 최고 재판자로서 하나님만 판단하신다고 주장. 교황 니콜라스 1세(858-867)가 적극 활용함. 15세기 로렌스 발라가 위조문서임을 밝힘

④ 10세기 교황청의 부패와 혼란
- 교황권을 둘러싼 이탈리아파와 독일파의 대립
- 897년 스테파누스 6세(896-897)의 '시체들의 회의': 전임 교황 포르모소(Formosus)의 즉위를 무효로 선언하고 시체를 파내 재판하여 정죄한 후 티베르 강에 버림. 본인도 반대자들에 의해 폐위당한 후 살해됨
- 교황의 축첩정치: 세르기우스 3세가 즉위한 904년부터 요한 12세의 재위 기간인 964년까지 혼란기
- 베네딕투스 7세 암살(974). 요한 4세 살해(984). 그레고리우스 5세 폐위(999)
- 교황권 매매 남발
- 황제의 개입: 하인리히 3세가 베네딕투스 9세와 실베스터 3세를 퇴위시키고 클레멘트 2세를 임명함

2) 교황청의 정치적 갈등

① 동서방 교회의 분열
- 레오 9세(재위 1049-1054): 로마로 향하던 맨발의 수도사 브루노(Bruno)가 레오 9세로 즉위함
- 레오의 개혁 정책: 성직자 독신제도와 성직 매매 금지. 독일인 중에서 로마인들이 새 교황을 선출하도록 함
- 개혁의 동역자들: 훔베르투스 데 실바 칸디다(Humbertus de Silva Candida, 1015-1061). 로마의 수도사 힐데브란트(Hildebrand, 1015-1085)
- 콘스탄티노플로 파견된 훔베르투스가 1054년 6월 16일 동방교회 총대주교 미카엘 켈룰라리우스에 대한 파문장을 성소피아 대성당 성찬대에 올려놓음. 이에 대응해 미카엘 1세가 교황의 특사들을 파문함
- 원인: 성직자 독신 문제와 성찬에서 무교병 사용 문제. 동서방 교회의 정치적 갈등

② 교황 선출 방식 확정
- 빅토르 2세(Victor II, 1055-1057): 어린 황제 하인리히 4세의 섭정으로서 교황청 개혁을 주도
- 니콜라우스 2세(Nicolaus II, 1058-1061): 1059년 '주님의 이름으로'(In Nomine Domini)를 선언하여 세속 권세의 간섭을 배제하고 추기경을 통한 교황 선출 방식을 확정
- 그레고리우스 7세의 개혁(Gregorius VII, 1073-1085): 레오 9세와 동행했던 힐데브란트가 교황으로 즉위. 1074년 공의회를 통해 성직 매매 금지와 성직자 결혼 반대 운동 추진

③ 카노사의 굴욕(1077)
- 밀라노에서 성직자 독신주의에 반대하는 폭동이 발생하자 황제가 책임을 물어 주교를 재임명
- 교황 그레고리우스 7세는 황제를 파문하겠다고 위협함

- 황제 하인리히 4세는 그레고리우스 7세가 "교황이 아닌 거짓 수도사에 불과하다"라고 공격함
- 교황 그레고리우스 7세는 하인리히의 황제 권한을 박탈하는 판결을 내림
- 하인리히 4세는 지지자들이 흩어지자 카노사로 찾아가 교황에게 공적으로 회개함
- 황제권에 대한 교황권의 우위를 드러낸 사건
- 황제 하인리히 4세는 독일에서 반란을 진압하고 클레멘트 3세를 교황으로 다시 선출한 후 1081년 다시 로마를 공격함
- 로마 시민들의 반역으로 쫓겨난 그레고리우스 7세는 1085년 사망함

3) 중세 수도원 개혁운동

① 클루니(Cluny) 수도원의 개혁운동 - 11세기 대표적 수도원
- 공작인 기욤 1세가 수도사 베르노를 수도원장으로 임명하며 수도원을 창설
- 베네딕트 규칙서를 채택하여 교회 개혁의 중심이 됨
- 성직 매매의 금지와 수도사만이 아닌 성직자 결혼 금지가 두 가지 핵심
- 침묵, 고행, 검소, 노동을 강조하여 수도사들을 훈련함
- 사회와 문화에 화합하지 못하고 12세기 중반에 약화됨

② 시토 수도회(Citeaux)의 개혁운동 - 12세기 대표적 수도원
- 1098년 로베르 드 몰렘, 알베르 드 시토 등이 프랑스 중부 시토에 창설
- 백의의 수도회: 자급자족과 절제된 생활 강조
- 베르나르두스: 디종의 부유한 귀족 가문 출신으로서 베네딕트 수도회에 가입했으나 이후 시토 수도회 창설에 기여함
- 베르나르두스는 뛰어난 설교자로서 '입에 꿀이 흐르는 박사'(Doctor Mellifluous)로 불림
- 농민, 빈민 출신 수도사들로 구성. 엄격한 금욕을 강조

③ 기타 수도원
- 카르투시오 수도회(Carthusian Order): 1082년 프랑스에서 쾰른 출신 수도사 브루노에 의해 창설. '봉쇄수도회'(은둔자 방식)로서 대부분 시간을 절대적 침묵과 고독으로 일관함
- 프레몽 수도회: 1119년 프랑스 프레몽에서 시작된 어거스틴파 수도회로 창설됨
- 십자군 운동 과정에서 여러 수도회 출현: 갈멜 수도회(1156), 성요한 기사단(1113), 성전 기사단(1119), 튜튼 기사단(1190) 등
- 근본적인 신학적 반성이나 일반 신자들을 위한 목회적 적용은 부족함

4. 이슬람 세력의 확장과 십자군 운동

십자군 운동은 중세 시대에 발생한 가장 대표적이며 대규모의 국제적 사건이었다. 이슬람은 7세기 아라비아에서부터 시작하여 팔레스타인 지역과 이집트, 북아프리카를 거쳐 스페인까지 빠른 속도로 정복해 나갔

다. 종교를 앞세운 제국이 이토록 빨리 기독교 세계를 정복할 수 있었던 원인은 로마 제국의 붕괴라는 정치적 변화뿐 아니라 중세 초기 기독교회에서 커져간 체질적 취약성이었다.

9세기 가까스로 이슬람의 침략을 방어해 낸 후 11세기에 들어서면서 중세 로마 가톨릭교회는 그동안의 내부적 혼란을 수습하고 교황을 중심으로 비교적 안정을 찾게 되었다. 이 무렵 오스만튀르크의 위협 앞에서 군사적 지원을 요청한 비잔틴 제국의 요청과 성지순례의 길을 안정되게 확보하기 위한 성지 탈환의 명분은 많은 기독교인의 신앙적 동기를 자극했다. 서방 국가의 군주들은 장기간의 원정이 부담되었지만 그들의 세속적 욕구는 종교적 대의 앞에 굴복할 수밖에 없었다. 100년이 넘는 기간 10차례 넘게 진행된 십자군 운동의 원정은 첫 원정을 제외하고는 실질적인 성과를 거두지 못했다. 십자군 원정은 실패를 거듭하면서 군주들의 세속적 욕구와 세속화된 로마 가톨릭 지도자들의 욕망이 더 크게 대두되면서 본래의 신앙적 목적은 사라져버렸다. 십자군은 처음 그들의 원조를 요청한 비잔틴 제국을 멸망시키기도 했다.

십자군 운동 기간 최고의 권력을 확보한 교황청은 십자군 운동 이후 급격한 부패와 쇠락의 길에 빠져들었다. 그러나 서구 기독교 세계는 십자군 운동을 통해 그동안 이슬람 세계가 보존해 온 고대 헬라 철학을 재발견했다. 또 십자군 운동으로 인해 새로운 무역로와 항로가 열리게 됨으로써 수백 년간 서유럽에 갇혀 있던 중세 사회에 새로운 경제적이며 사회적인 활로를 마련해 주었다.

1) 이슬람의 확장

① 무함마드(Mohammed)
- 570년 출생한 아랍 상인 출신의 종교운동가
- 가브리엘 천사에게 계시를 받아 메카에서 강력한 유일신 사상을 주장
- 히브리 선지자들과 예수를 통해 계시된 내용을 완성하는 것이라고 주장
- 622년 헤지라: 다신교를 신봉하던 메카의 상인들에 의해 메디나로 축출됨(이슬람 원년)
- 630년까지 메디나를 정복하고 무슬림 공동체를 창립: 종교와 정치 세속 생활까지 규제
- 632년 사망까지 군사적·정치적 원정을 통해 메카와 아라비아 전체를 정복

② 이슬람 주요 내용
- 경전: 쿠란 - 114장으로 된 무함마드의 언행록. 수나 - 확정된 규율집으로서 선지자들과 초대 4인 칼리프의 행적과 발언을 기록한 글. 샤리아 - 코란과 수나에 따라 법률적 집행을 개혁한 초기 법률가들의 기록
- 종교적 배경: 아라비아 종교+기독교+유대교+영지주의가 3세기에 걸쳐 하나로 융합됨
- 중심 교리: 알라신의 절대적 유일성을 주장하며 일체의 우상을 배격함
- 종교적 행태: 유일신의 절대성 고백. 포교와 하루 다섯 번의 기도. 구제와 라마단 금식. 메카 순례
- 분파: 수니파와 시아파 - 수나의 권위를 공히 인정
- 수니파: 3대 후계자인 오트만 치하에서의 수나를 인정하고 9세기까지의 해석만을 인정
- 시아파: 알리만 무함마드의 유일한 계승자로 인정하고 그의 후계자인 이맘들의 권위도 인정
- 아담부터 무함마드까지 선지자로 인정하며 예수도 선지자라고 여김
- 아브라함에게 주어진 언약과 그의 합법적 계승자인 이스마엘의 종교로의 회귀를 목표로 함

③ 이슬람 제국의 확장과 기독교
- 이슬람 제국: 칼리프(Caliph, 계승자, 후계자)에 의한 종교적 통치. 중앙집권적 단일 통치는 아님
- 아부 바크르(Abu Bakr, 632-634): 아라비아 전역 통일, 비잔틴 격파
- 오마르(Omar, 634-644): 시리아, 예루살렘 정복
- 스페인 정복: 타릭 장군이 711년 서고트 왕국 정복
- 732년 투르-푸아티에 전투에서 프랑크 왕국의 칼 마르텔에게 패배

④ 이슬람 정복의 영향
- 기독교의 영토적 약화: 기독교의 종교적·신학적 중심지를 상실함
- 비잔틴 제국의 약화와 서유럽으로 기독교 중심 이동
- 비잔틴 기독교는 북쪽으로 확장됨: 동방정교의 발전

2) 십자군 운동

① 십자군 운동의 동기
- 콘스탄티노플을 위협한 이슬람 세력을 격퇴: 15세기까지 생존하게 됨
- 동서방 교회 재결합: 4차 정복 중 비잔틴 제국을 멸망시키고 라틴 제국을 건국한 결과 동서방 교회가 일시적으로 통일됨
- 성지 탈환: 사라센 제국으로부터 탈환하여 1세기 동안 기독교도들에 의해 예루살렘 왕국 건립
- 궁극적으로는 성스러운 전쟁을 통해 구원을 얻고자 함
- 기사 계급의 종교적 열망과 정치적 명예욕

② 십자군 원정의 시작: 1차 원정(1096-1099)
- 1091년 비잔틴 황제 알렉시우스 1세가 서방교회에 군사적 원정을 요청
- 1095년 클레르몽 공의회에서 교황 우르바누스 2세가 '하나님의 뜻'(Deus vult) 선언
- 군중들이 먼저 정벌에 나섬: 은둔자 피에르가 지도
- 콘스탄티노플에 집결하여 정복 시작: 투르크의 수도인 니케아 정복
- 예루살렘 점령: 이집트 출신 파티마족 아랍인과의 전투에 승리해 1099년 7월 15일 예루살렘 탈환. 대규모 유대인 학살 발생

③ 후기 십자군 원정
- 예루살렘 정복 이후 동기가 크게 사라짐
- 종교적 동기로 인한 무리한 정복이 계속됨: 두 차례의 '소년 십자군 원정'
- 2차 원정(1147-1149): 클레르보의 베르나르두스가 설교로 동기를 부여. 독일의 콘라드 3세와 프랑스의 루이 7세가 20만 명을 동원해 출병했으나 투르크에 패배
- 3차 원정(1189-1192): 1187년 이집트 술탄 살라딘에 의한 예루살렘 탈환이 동기가 됨. 교황 그레고리우스 8세의 독려
- 4차 원정(1202-1204): 교황 인노켄티우스 3세가 소집. 목표였던 이집트를 포기하고 콘스탄티노플을 정복하여 라틴 제국을 건국(1204-1261). 라틴 총대주교를 임명하여 형식적으로 동서방 교회가 통일

됨. 1261년 비잔틴인들에 의해 콘스탄티노플이 재탈환되어 라틴 제국 멸망
- 5차 원정(1212): '소년 십자군 운동' – 3만여 명이 익사하거나 인신매매됨
- 6차 원정(1219-1221): 교황 호노리우스 1세가 독려. 파문당한 황제 프레드릭 2세가 회개 차원에서 주도하여 성지로 통하는 도로들을 확보하고 예루살렘의 왕으로 즉위
- 7차 원정(1229): 프랑스의 루이 9세가 주도하였으나 도리어 포로가 됨
- 8차 원정(1248): 루이 9세가 다시 추진했으나 튀니지에서 사망
- 1270년 십자군 원정이 종식되고 1291년부터 예루살렘은 다시 이슬람의 소유가 됨

④ 십자군 운동과 이슬람 정복의 결과
- 분노와 반목: 서구 기독교 사회와 아랍 이슬람 사회의 원한. 동서 교회 분열의 고착화
- 교황의 세력 강화: 십자군 원정의 지도자를 교황이 불러 임명함. 교회 지도자로서의 신뢰와 권위는 저하됨
- 왕권 강화: 원정에 참전한 영주들과 기사 계급의 몰락. 중앙집권적 국가의 발전 – 프랑스, 스페인, 잉글랜드 등
- 기독교의 경건생활에 큰 영향: 성경의 역사적 사실에 대한 관심. 성유물 숭배의 확대. 행동주의 및 공로주의
- 군사적 수도회 운동: 예루살렘의 성 요한 수도회, 성전(Temple) 기사 수도회, 스페인의 여러 기사 수도회들, 튜튼 기사단
- 이단에 대한 단호한 응징: 남부 프랑스 지역의 카타리파 및 알비파를 인노켄티우스 3세의 명령으로 출병한 알비 십자군이 1209년 잔인하게 진압하고 학살함
- 신학적 전환: 무슬림 학자들에 의해 아리스토텔레스 사상이 유입됨. 13세기 스콜라신학의 철학적 기반을 제공함
- 사회경제적 변화: 도시와 상업 발달. 부르주아 계급 성장. 새로운 무역로와 항로 개척

5. 중세 스콜라신학

중세 기독교 신학은 비약적으로 발전했다. 신학은 성경의 가르침을 해설하고 여러 가지 오류들을 극복하는 차원을 넘어서서 중세의 세계를 해석하고 계획하는 세계관으로 발전했다. 스콜라주의 혹은 스콜라신학이라고 불리는 중세 기독교 신학은 주로 계시와 이성의 합당한 조화를 추구하고 이를 바탕으로 지상과 천상에서 일어나는 사건들을 체계적으로 설명하려 했다. 11세기 말 안셀름은 이성을 통해 하나님의 존재와 기독교의 구원론을 설명하려 시도함으로써 스콜라신학의 중요한 발걸음을 뗐다. 12세기 후반 이슬람 세계로부터 유입된 아리스토텔레스 철학의 재발견은 스콜라신학의 부흥을 불러왔다. 이 시기 중세 여러 도시에 설립된 대학들은 스콜라신학이 발전하고 확산하는 중요한 기관이었다. 13세기에 활동한 토마스 아퀴나스의 「신학대전」(*Summa Theologica*)은 스콜라신학의 절정을 보여주었다. 그의 사상은 로마 가톨릭이 공인한 여러 교리를 소재로 삼아 체계적이며 이성적인 논리적 증명의 방식과 구조를 수립하려 했다. 14세기에 스콜라신학은 새로운 발전을 계속했다. '영민한 박사'라고 불린 존 스코투스는 이성을 강조하는 주지주의와 방향을 달리해 의지를 강조하는 주의주의를 전개했다. 윌리엄 오컴은 실재론보다는 유명론을 주장하면서 스콜라신

학의 새로운 체계를 제시했다. 그는 논증에 있어 불필요한 가정을 거부하고 모든 조건이 같을 경우 가장 단순한 설명이 옳은 것이라는 이른바 '오컴의 면도날'이라 불리는 원리를 옹호했다. 스콜라신학은 방대한 체계와 정교한 논증의 기술을 발전시켰음에도 불구하고 이후 인문주의자들과 종교개혁자들에게 성경 계시에 충실한 기독교 신앙의 본질을 벗어났다는 비판을 받기도 했다.

1) 스콜라신학의 배경

① 대학의 발전
- 12세기 교황 인노켄티우스 3세에 의해 수립된 성당 부속 학교들이 대학으로 전환됨
- 도시의 발전이 대학 설립의 중요한 배경이 됨
- 학자들과 학생들의 권익 보호를 위한 일종의 학문적 길드로서 대학이 형성됨
- 13세기에 대학 문화의 전성기: 파리대학, 옥스퍼드대학

② 아리스토텔레스의 사상 유입
- 2세기 이후 서방 신학은 플라톤주의를 주로 사용함
- 십자군 원정과 무슬림 철학자들을 통해 아리스토텔레스 철학이 재유입
- 대표적 무슬림 철학자: 아베로에스(Averroes, 1126-1198) - 이성과 철학이 신학과 신앙의 제한을 받지 않아야 한다고 주장. 물질의 영원성과 영혼은 궁극적으로 하나라고 주장함
- 아베로에스의 사상이 파리대학에 많은 영향을 끼침
- 라틴 아베로에스주의(Latin Averroists)의 출현

2) 중세 초기 스콜라주의

① 안셀름(Anselm of Canterbury, 1033-1109)
- 이탈리아 출신으로 프랑스 노르망디의 베네딕투회 수도원에서 랜트랭크(Lanfranc, c.1005-1089)에게 교육받음
- 1073년 잉글랜드의 왕 정복자 윌리엄이 랜트랭크를 캔터베리 대주교로 영입
- 랜트랭크 이후 1093년 안셀름을 후임 대주교로 임명
- 신 존재 증명과 성육신 이론을 성경의 인용이 아닌 이성적 논리로 논증함
- 저서: 「신 존재 증명」(*Proslogion*) - 우리가 관념으로 생각할 수 있는 '그보다 더 완전한 존재를 상상할 수 없는 존재'로서의 하나님은 그보다 더 완전한 존재를 상상할 수 없는 존재이므로 관념에서 뿐 아니라 실제로도 존재해야만 한다는 논증
- 성육신과 구속 이론: Cur deus homo - 죄의 심각성의 피해를 받은 것은 무한하신 하나님의 명예이기 때문에 죄의 책임은 무한함. 죄에 대한 보상은 인간만이 할 수 있음. 인간은 유한한 존재이므로 무한한 보상이 불가능함. 그러므로 신인 즉 성육신하신 하나님 아들의 존재가 필연적임. 그리스도는 자신의 고난과 죽음을 통해 인류의 죗값을 지불하심

② 피터 아벨라르두스(Peter Abelard, 1079-1142)
- 프랑스 브레타뉴 르팔레 출신
- 파리 참사회원의 조카딸 엘로이즈와의 염문으로 처벌받음
- 이후 수도원에서 은둔 생활을 하며 이성을 사용한 신학을 전개
- 클레르보의 베르나르두스가 심하게 비판함: 1141년 이단으로 정죄당함
- 저서: 「긍정과 부정」(*Si et Non*) - 고대 교부들의 저서들이 성경과 부합하지 못함을 지적
- 구원론에서 원죄의 유전을 부정하고 도덕감화설을 주장함

③ 피터 롬바르두스(Peter Lombard, c.1095/1100-1160)
- 이탈리아 북부 출신으로 파리에서 주교가 됨
- 온건한 실재론자로서 이성을 사용한 신앙의 딜레마 해결 시도
- 저서: 「명제집」: 4권으로 구성된 최초의 신학의 조직적 분석으로서 체계적인 방법으로 신론에서 종말론까지의 주요 문제들을 다룬 책. 대학에서 신학을 공부하는 주요 교과서로 채택됨

④ 성 빅토르의 휴(Hugh of St. Victor, 1096-1141)
- 작센 출신으로 파리대학에서 수학한 후 St. Victor 콜레쥬 학장이 됨
- 신비주의 신학자로서 신앙에 대한 이성의 역할을 강조함

3) 스콜라신학 전성기

① 알렉산더 헤일즈(Alexander Hales, 1185-1245)
- 잉글랜드 출신으로서 프란치스코 수도사
- 저서: 「신학요의」(*Summa Universae Theologiae*): 아리스토텔레스 철학에 기초한 신학 전개. 실재론을 주장

② 알베르투스 마그누스(Albert the Great, c.1200-1280)
- 독일 바이에른 출신의 도미니크 수도사로서 레겐스부르크의 주교. 쾰른대학에서 18년간 교수했으며 아퀴나스의 스승이었음
- 신학뿐 아니라 화학, 천문학, 법학, 음악에 이르는 다양한 분야에 걸친 저술을 남김
- 철학과 신학의 명확한 구별: 철학은 계시와는 상관없는 독립된 원칙들의 기반 위에서 순수 합리적 방법으로 진리를 추구. 신학은 계시된 자료들을 중심으로 신앙의 방법으로 진리 추구. 이성은 잘못을 범할 수 있지만 계시는 확실함
- 세계의 영원성: 신학자로서는 창조된 세계의 유한성 인정. 탐구의 목적 자체가 철학적·이성적 영역 이상임

③ 보나벤투라(John Bonaventura, 1221-1274)
- 이탈리아 투스카니 지방 출신으로서 프란치스코 수도사
- 신비주의자로서 고행 실천. 마리아 숭배 사상을 발전시킴. 진정한 지식은 신비의 묵상에서 온다고 주장

④ 토마스 아퀴나스(Thomas Aquinas, ca. 1224-1274)
- 이탈리아 나폴리의 귀족 아퀴노 가문 출신으로서 5세에 몬테카지노 수도원에 입단했으며 19세부터 도미니크 수도회에 가입
- 14세에 나폴리대학에서 공부. 쾰른대학에서 알베르투스를 만나 공부
- 1256년부터 파리대학에서 교수가 되어 학문 연구 및 저술 활동
- 1272년 교황의 초빙으로 나폴리대학 교수가 되어 저술을 계속하다가 사망
- 주요저서: 「이교도대전」(Summa Contra Gentiles), 「신학대전」(Summa Theologica)
- 「신학대전」: 초대 교부들의 글과 중세 로마 가톨릭의 교리들을 총망라해 유기적으로 체계화하여 논증함. 주로 아리스토텔레스의 형이상학 체계를 활용. 난해한 사변보다는 효과적인 신학교육을 목적으로 함. 아퀴나스 사후 제자들에 의해 첨가되어 출간됨
- 신앙과 이성: 철학적 지식과 이성적 지식의 구별 강조. 구원의 진리는 이성과 신앙 모두 탐구 가능함
- 하나님의 존재 증명: 하나님의 존재를 믿는 신앙은 구원에 필수 불가결하며 구원은 단순히 계시된 진리의 권위를 믿는 것으로 충분하다고 주장. 그러나 이성을 통해 증명하는 것도 가능하며 더욱 잘 이해할 수 있도록 하는 데 유익함
- 다섯 가지 신 존재 증명 방법: 최초의 동인으로서의 하나님. 존재의 최초 원인으로서의 하나님. 궁극적 목적으로서의 하나님. 더 이상의 것을 상상할 수 없는 최고의 존재로서의 하나님. 우주 질서의 조성자로서의 하나님
- 신학적 의의: 이성과 철학을 신학의 도구로 삼음
- 로마 가톨릭교회 교리의 옹호: 7성례의 정당성 논증. 화체설 논증. 교황수위권 논증. 마리아 무흠잉태설 논증. 연옥설 논증

4) 중세 후기 스콜라신학

① 존 스코투스(John Duns Scotus, 1265-1308)
- 스코틀랜드 버릭셔 던스 출신으로서 프란치스코 수도사. 독일 쾰른의 수도원장
- 옥스퍼드, 파리, 쾰른대학에서 공부하고 가르침
- '난해한 박사'(Subtle Doctor): 아퀴나스의 체계를 비판하면서 난해하고 정교한 용어를 사용하여 신학 전개
- 영혼의 불멸이나 하나님의 전지성 등은 이성의 합리적 사용으로 증명할 수 없다고 주장
- 이성의 사용은 오직 이런 교리들이 진리일 수 있음을 보여줄 뿐이라고 봄
- 주의주의: "하나님의 뜻은 하나님의 뜻이기 때문에 선하다."

② 윌리엄 오컴(William of Ockham, 1285-1349)
- 잉글랜드 서리 오컴 출신의 프란치스코 수도사
- 옥스퍼드에서 스코투스에게 배움. 파리대학에서 교수함
- 오컴의 면도날: 오컴이 강조한 엄밀하고 단순한 논증 방식의 별명
- 하나님의 전능성에 대한 강조로부터 인간 이성은 하나님과 그의 목적에 대해 아무것도 증명할 수 없다고 결론지음

- 유명론: 보편의 실재성을 거부하고 개별자의 실재성만 인정함
- 절대적 의존으로서 신앙의 중요성: 하나님의 전능성에 대한 전적 신뢰 강조. 초기 스콜라신학의 신 존재 증명 비판
- 안셀름의 성육신론 비판: 성육신은 필연성이 아니라 하나님의 선한 뜻에 의해 이루어짐
- 교황무오설 및 교회의 세속통치권 거부: 14-15세기 종교회의 운동의 이론적 기반 제공

6. 중세 탁발수도회 운동과 교황권의 전성기

중세 초기부터 시작된 수도원 운동은 교황권이 강화되는 과정에서도 계속 새로운 모습으로 발전했다. 특히 11세기 이후 안정된 로마 가톨릭교회가 많은 재산을 소유하고 정치적 영향력을 발휘하면서 봉건제도 아래서 기득권자로 군림하게 되자, 본질적 신앙을 회복하고자 수도사들은 무소유의 청빈과 목회자로서 학문 연구 및 설교 사역을 강조하는 탁발 수도 운동을 전개하였다. 1209년 설립된 프란치스코 수도회는 이탈리아 아시시 출신의 프란치스코의 신비체험과 선행의 모범을 따라 '작은 형제들의 수도회'라고 불렸다. 또한 1215년 출발한 도미니크 수도회는 청빈을 강조하는 탁발과 더불어 신학 연구와 설교 사역을 강조함으로써 이후 '설교자들의 수도회'라는 명칭을 얻었다. 탁발수도회는 신앙의 본질을 재조명함으로써 제도화된 로마 가톨릭에 새로운 자극을 주었다. 탁발수도회는 이후 여러 명의 교황을 배출하기도 했다. 탁발수도회 출신 학자들도 그들의 활발한 신학적 활동을 통해 스콜라신학 발전에 기여하기도 했지만, 다른 한편으로는 교황에게 의혹을 불러일으킨 다양한 신앙 단체들을 핍박하고 로마 가톨릭의 비성경적 신학을 옹호하는 논증을 제공하기도 했다.

12세기 후반 남부 프랑스와 북부 이탈리아를 중심으로 왈도파와 알비파가 등장하여 매우 확산되었다. 이들은 탁발수도회와 달리 교황청의 공인을 받지 못했고 도리어 강력한 탄압을 받았다. 카타리파라고 불린 알비파는 교황청의 권위를 무시했을 뿐 아니라 정통 기독교 신학에서 벗어난 주장을 했기 때문에 많은 박해를 받았다. 반면 왈도파가 등장하여 "성경으로 돌아가자!"라는 외침 가운데 당대 가톨릭의 형식과 예전적 예배를 비판하며 교황청을 향해 쓴소리를 외쳤다. 이들이 교황청의 핍박을 받은 이유는 성경의 권위를 높이는 이들의 신학적 입장과 평신도를 중심으로 한 이들의 신앙생활이 교황과 로마 가톨릭 교권에 대한 도전으로 여겨졌기 때문이었다.

십자군 운동 이후 교황의 세속적 권력은 최고조에 달했다. 인노켄티우스 3세는 1215년 개최된 제4차 라테란 회의를 통해 화체설을 공인하는 등 교회 내의 여러 가지 문제들을 처리하는 데 자신의 권한을 적극 활용했다. 그는 또 유럽 각국의 정치적 문제들에 개입해 왕위 계승을 조정하는 등 정치적 영향력을 크게 발휘했다. 보니파키우스 8세는 'Unam Sanctam'이라는 교령을 통해 교회의 권세가 세속 권세 위에 있으며 세속 권세를 판단할 수 있다고 선언했다. 그러나 최고 전성기를 누렸던 교황의 권세는 14세기가 되자마자 벌어진 교황청의 아비뇽 유수와 대분열로 이어졌다. 백년 전쟁과 같이 국가 간에 계속된 왕위 계승 전쟁, 비잔틴 제국의 약화와 멸망으로 인해 이제 목전에 닥친 이슬람의 군사적 위협, 계속 반복되는 흑사병과 같은 질병이나 기근과 같은 재난은 13세기 이후 기독교 세계를 위협했다. 세속적 권한의 강화에 비해 약화된 교황과 로마 가톨릭의 영적 권세는 이와 같은 위험에 대한 효과적인 신앙적 대안을 제시하지 못했다.

1) 탁발수도회 운동

① 프란치스코 수도회(Franciscans)
- 아시시의 프란치스코(Francis of Assisi, c.1181-1226): 이탈리아 상인 출신으로 1209년 신비 경험 이후 수도생활을 시작
- 빈곤과 구제를 강조하는 새로운 수도회 운동이 시작됨
- '작은 형제들 수도회'(Friars Minor)로 불림
- 교황 인노켄티우스 3세가 프란치스코에 의해 시작된 새로운 수도회를 공인함
- 자매 수녀원인 세인트 클라라 수도회 창설
- 일체의 재산 소유를 금지하고 찬양, 설교, 구걸로 수도생활을 함
- 초기에는 학문 연구를 배제했으나 이후에는 장려하여 여러 대학에 진출함
- 대표적 인물: 알렉산더 헤일즈, 보나벤투라, 존 스코투스, 윌리엄 오컴 등
- 선교의 열망: 프란치스코가 직접 이집트에 간 적이 있으며 후계자들은 베이징까지 진출하여 선교함

② 도미니크 수도회(Dominicans)
- 도미니크(Dominic of Osma, 1170-1212): 스페인 칼라로가(Caalaroga) 귀족 집안 출신으로 팔렌시아에서 10년 동안 공부한 후 오스마 성당의 참사회원이 됨
- 1203년 프랑스 남부를 방문해 알비파의 활동을 보고 자극을 받아 이들을 능가하는 금욕과 학문성을 추구하는 수도회 운동을 시작함: '설교자들의 수도회'(The Order of Preachers)
- 교황 인노켄티우스 3세에게 어거스틴 수도회 규칙을 채택하기로 하고 공인받음
- 어거스틴 수도 규칙과 더불어 특별한 가난과 탁발의 규칙을 추가함
- 학문 연구를 강조: 이단에 대항하기 위해 설교, 교훈, 교육, 신학 탐구. 이단 재판소 지휘
- 이후 여러 대학의 교수직을 맡아 스콜라신학 발전에 기여
- 대표적 인물: 알베르투스 마그누스, 토마스 아퀴나스
- 선교활동: 이슬람과 유대인의 개종에 열심을 냄

2) 당대 이단들

① 동방교회의 이단: 바울파와 보고밀파
- 바울파: 7세기에 시작되어 12세기까지 동방교회에서 활동한 이단 사상. 이원론과 가현설. 바울서신을 강조하고 금욕주의를 따라 모든 종교의식을 배격함
- 보고밀파: 10세기경 불가리아에서 출현함. 우월한 하나님과 열등한 사타나엘 사이의 투쟁으로 세계를 이해하는 이원론 및 양태론. 금욕주의 및 성례전 거부. 시편과 신약만 인정

② 카타리파(Cathari) 및 알비파
- 12세기 바울파와 보고밀파의 영향을 받아 서방교회에서 나타남
- 특징: 로마 가톨릭의 제도와 예전을 거부. 영혼과 물질의 이원론 주장. 금욕주의 추구. 성생활 거부. 자신들만 구원받는다고 주장
- 남부 프랑스에서 확산한 알비파(Albigensians)는 카타리파 중 최대 규모로서 교황청의 박해를 받음

- 도미니크 수도회 창설의 동기가 됨

3) 교황권의 전성기

① 인노켄티우스 3세(Innocent III, 재위 1198-1216)
  - 12세기의 혼란: 보름스 회의(1122) 이후에도 황제와 교황은 계속 대립함
  - 이탈리아 출신 로타리오(Lotario de Conti di Segni)가 37세에 교황 즉위
  - '한 목자 아래 한 양 떼': 교황에게 황제를 임명하는 권한이 있다고 주장. 태양과 달의 관계
  - 유럽 각국 내정에 간섭: 독일 황제를 파문하고 폐위함. 프랑스 왕 필립의 세 번째 결혼을 인정하지 않기 위해 프랑스 전체의 성례를 금지함. 영국 왕 존을 캔터베리 대주교 임명 문제로 대립하다가 파문하고 전쟁을 소집하자 왕이 귀족들을 회유하기 위해 '대헌장'(Magna Carta)에 서명함. 스페인의 왕 아라곤의 페드로 2세가 그가 정복한 영토는 교황청에 귀속된다고 인정함
  - 교회 내부의 세력 강화: 프란치스코, 도미니칸 수도회 승인. 스페인 기독교 왕국들을 도와 무어인 왕국을 재정복하는 데 성공. 알비파를 진압하기 위해 알비 십자군을 동원함

② 제4차 라테란 공의회(1215)
  - 화체설의 공인. 최소 1년 1회 고해 규정. 성유물 난립 방지
  - 이단 정죄(왈도파, 알비파, 피오르의 요하힘)
  - 주교에 의한 종교재판 제도 수립. 유대인과 이슬람 탄압: 특정한 복장 착용 명령
  - 교육: 모든 성당에 학교 설립을 명령함
  - 도덕 개혁: 성직자들의 도박, 극장, 사냥, 오락 금지

③ 교황권의 전성기
  - 그레고리우스 10세(1271-1276): 로마 및 교황령이 제국에서 독립
  - 탁발수도회 출신의 교황 등장 즉위: 도미니크 출신 인노켄티우스 5세(1276). 프란시스코 출신 니콜라우스 4세(1288-1292)
  - 보니파키우스 8세(1294-1303): 이탈리아 아니야니 출신으로 1294년 교황 즉위. 프랑스 왕 필립 4세와 대립
  - '유일한 권위'(Unam Sanctam, 1302): "이 지상의 권력이 올바른 길에서 벗어날 때는 영적인 권력에 의해 심판받아야 한다. 그러나 만약 지존적 존재의 영적 권위가 정도를 벗어날 때는 인간에 의해서가 아니라 하나님에 의해서만 판단받아야 한다."
  - 보니파키우스 8세가 필립 4세에게 체포되어 감옥에서 사망
  - 14세기에 들어서자마자 교황의 권력이 급격히 쇠퇴함: 아비뇽 유수(1309-1377) 발생

7. 중세 후기 교회의 혼란과 변화의 시도

중세 후기로 볼 수 있는 14세기와 15세기는 교황청의 혼란과 이에 대한 여러 대안의 출현으로 특징지어진다. 한때 세속권력까지 차지했던 교황청의 권세는 프랑스 왕 필립 4세에 의해 교황 보니파키우스 8세가

폐위당한 후 심각하게 추락하였다. 프랑스 왕은 1305년 새로 즉위한 교황 클레멘트 5세를 1309년 프랑스 남부 아비뇽으로 이주시켰다. 이후 수많은 요구에도 불구하고 로마 교황은 1377년까지 아비뇽에 머물렀다. 그 결과 친프랑스 국가들과 반프랑스 국가들 사이에 정치적 이해관계에 따라 신앙적 태도까지 달라지는 혼란이 발생했다. 1377년 교황 그레고리우스 11세가 로마로 복귀한 이후에도 문제는 해결되지 않았다. 1378년 새로 선출된 로마 교황 우르바누스 6세에 맞서 프랑스 추기경들은 새로운 교황으로 클레멘트 7세를 선출해 아비뇽에 두었고 그 결과 로마 교황과 아비뇽 교황 사이에 대분열이 발생했다. 1417년까지 계속된 서방교회의 대분열로 인해 교황청은 15세기에 일어난 여러 가지 문제에 대처할 능력을 상실했다.

교황청의 분열을 해결하기 위해 종교회의 운동이 일어났다. 공의회주의를 표방한 이들은 교황의 지상권을 부인하고 교회 지도자들이 교황을 임명하고 폐위할 권위가 있음을 주장했다. 그러나 공의회주의자들의 시도는 또 다른 권력을 만들어내 정치적 갈등을 확대했을 뿐 큰 성공을 거두지는 못했다.

이 시기 교황청과 로마 가톨릭 전반의 개혁을 요구하는 운동이 일어났다. 잉글랜드 옥스퍼드의 신학자 위클리프는 교황수위권을 부인하고 성경의 절대 권위를 주장하면서 구성된 비가시적 교회의 중요성을 주장했다. 위클리프의 영향을 받은 보헤미아의 개혁자 후스 역시 성경의 절대적 권위를 주장하면서 교황의 권위는 성경에 비해 종속적이라고 주장했다. 그는 특히 성경의 가르침대로 떡과 포도주를 모두 성찬에서 분배해야 한다는 이종성찬을 주장했다. 르네상스가 활발하게 전개되던 이탈리아 피렌체에서는 사치와 방종을 질타하는 사보나롤라의 개혁운동이 일어났다. 이들 개혁자들은 모두 로마 가톨릭으로부터 정죄당하고 처형되었지만 신학과 예배, 신앙생활 전반에 걸쳐 16세기 종교개혁의 길을 예고했다.

적극적인 개혁을 주장했던 인물들과 달리 독일의 신비주의 신학자들과 저지대지방의 새로운 영성운동가들은 제도권 로마 가톨릭과 차별되는 내면적이며 공동체적인 신앙운동을 추진했다. 다른 한편으로는 지리상의 발견과 그에 따른 세계관의 확장에 따라 이탈리아의 무역 도시들을 중심으로 르네상스 인문주의 운동이 일어났다. 이들은 고전 그리스·로마 문화의 재발견을 통해 중세의 암흑기를 극복하고 새로운 시대를 열고자 했다. 이들의 시도는 르네상스 교황의 출현과 그들의 문화적 욕구가 더 많은 교황청의 타락과 부패를 만들어냈다는 점에서 반드시 교회의 개혁을 추구한 것은 아니었다. 그러나 르네상스 인문주의 운동은 기독교 신학과 신앙의 기준인 원어 성경의 재발견을 이끌어냄으로써 16세기에 시작된 개신교 종교개혁의 가장 중요한 자료와 방향을 제공했다.

1) 교황청의 혼란: 아비뇽 유수와 대분열

① 교황청의 아비뇽 유수(1309-1377)
  - 아나니 사건: 프랑스 왕 필립 4세가 교황 보니파키우스 8세를 납치하고 구타함
  - 후임 베네딕트 11세는 곧 사망하고 프랑스 추기경단이 클레멘트 5세를 선출함
  - 클레멘트 5세는 1309년 아비뇽 이주 후 한 번도 로마를 방문하지 않음
  - 교황청의 타락이 지속됨: 요한 22세(1316-1334)는 막대한 종교세를 거둠. 베네딕트 12세(1334-1342)는 아비뇽에 교황 궁전 건축. 클레멘트 6세(1342-1352)는 족벌주의와 사치 향락에 빠짐
  - 로마 귀환 노력과 실패: 인노켄티우스 6세(1352-1362)의 로마 귀환 시도 실패. 우르바누스 5세(1362-1370)는 로마로 일단 귀환했으나 곧 아비뇽으로 복귀
  - 로마 복귀: 그레고리 11세(1370-1378)가 시에나의 캐터린의 예언 활동에 힘입어 1377년 로마로 귀환함

- 교황의 아비뇽 유수의 결과: 교황청이 프랑스의 정책적 도구로 전락함. 반프랑스 국가들 내에서 교황의 권위 실추. 성직 매매를 중심으로 한 성직 타락이 만연해짐. 교황제도에 대한 개혁 요구가 높아짐

② 서방교회의 대분열(1378-1417)
- 그레고리 11세의 후임으로 이탈리아인들이 주도하여 우르바누스 6세 선출
- 우르바누스의 개혁정책과 족벌주의에 반대한 추기경들이 아나니에 모여 새로운 교황으로 클레멘트 7세 선출
- 클레멘트 7세는 이후 아비뇽에 거주하며 계속하여 두 교황이 선출됨
- 로마 교황과 아비뇽 교황이 정통성을 주장하며 유럽 각국의 지지를 얻고자 함
- 분열 해결을 위한 파리대학 교수들의 세 가지 방안(1394년): 두 교황이 모두 퇴위하고 새로운 교황 선출. 협상과 중재로 문제 해결. 전체 종교회의 소집
- 결과: 문제 종식의 과정에서 모든 교회가 피로를 느낌. 교황의 권위는 땅으로 떨어짐

2) 중세 후기의 위기 상황

① 백년전쟁(1337-1453)
- 프랑스의 왕위를 둘러싼 발루아 왕가와 플랜태저넷 왕가의 갈등: 영국의 에드워드 3세가 필립 6세의 프랑스 왕위를 노림
- 샤를 7세의 랭스 대관식을 둘러싼 갈등: 샤를은 오를레앙에 포위됨
- 잔 다르크(Jan d'Arc, 1412-1431)의 활약으로 대관식에 성공: 샤를의 배신으로 루앙에서 종교재판을 받고 화형에 처해짐
- 백년전쟁 동안 교황이 프랑스 아비뇽에 거주함으로써 영국과 다른 나라들의 반감을 삼

② 역병의 창궐
- 1437년 흑사병 대유행: 유럽 인구의 3분의 1이 사망
- 합리적이고 질서 잡힌 스콜라신학의 우주관에 대한 회의
- 공포의 만연: 유대인 학살, 성유물 숭배, 순례 등으로 분출됨

③ 동로마 제국의 멸망
- 4차 십자군 운동 중 설립된 라틴 제국(1204-1261) 통치 이후 극도로 약화됨
- 1439년 페라라-플로렌스 회의를 통해 동서교회의 화합이 이루어짐
- 1443년 예루살렘, 알렉산드리아, 안디옥 총대주교가 콘스탄티노플과의 교제를 단절하고 러시아 교회도 독립을 선언함 - 콘스탄티노플의 고립
- 1453년 5월 29일 오스만튀르크 왕국의 메흐메트 2세가 콘스탄티노플을 함락시킴

3) 종교회의 운동(Councilor Movement)

① 종교회의 운동의 요점
- 전체 교회를 대표하는 보편회의가 교황보다 우월한 권위를 지닌다고 주장
- 회의 소집의 권위 소재 문제 – 결국 추기경들이 소집하는 것으로 결정
- 주요인물: 장 제르송(Jean Gerson, 1363-1429): 파리대학의 총장으로서 공의회주의를 주도. 피에르 달리(Pierre d'Ailly, 1350-1420)

② 피사 회의(1409)
- 두 교황을 부정하고 제3의 교황인 알렉산더 5세 선출
- 세 명의 교황이 존재하게 되었고 1년 후 알렉산더가 사망함. 요한 23세 선출
- 독일 황제 지기스문트가 종교회의 운동 지원

③ 콘스탄츠 회의(1414-1418)
- 요한 23세를 폐위하고 지기스문트가 주도권 행사
- 1415년 얀 후스를 이단 혐의로 화형함. 위클리프를 정죄함
- 로마 교황 그레고리 12세 사임(1415). 아비뇽의 베네딕트 13세는 후임 없이 사망(1423)
- 마르틴 5세가 교회회의의 권위를 인정하고 단독 교황으로 즉위함으로써 대분열 종식

④ 바젤 공의회(1431-1439)와 공의회의 분열
- 교회의 개혁과 이단 박멸을 목적으로 소집함
- 신임 교황 유게네 4세(재위 1431-1447)가 교황지상권을 주장하면서 회의의 해산을 선포
- 공의회는 교황의 명령을 거부하고 지기스문트가 공의회를 지지함
- 1438년 비잔틴 제국의 군사적 지원을 위해 교황이 피렌체에서 회의를 소집함
- 교황 유게네 4세가 페라라로 공의회를 이전
- 공의회의 분열: 바젤(공의회 측) vs. 피렌체(교황 측)
- 바젤 공의회 측이 유게네 4세를 폐위하고 새로운 교황으로 펠릭스 5세 선출
- 피렌체 측이 유게네 4세 후임으로 니콜라우스 5세(재위 1447-1455) 선출: 교황의 분열
- 펠릭스 5세가 스스로 1449년 교황직을 포기함으로 교황지상주의자들이 승리

4) 중세 종교개혁자들

① 피터 왈도(Peter Waldo): 왈도파(Waldensians)
- 피터 왈도(c.1140-c.1205): 프랑스 리용 출신의 부자 상인의 아들
- 예수와 부자 청년의 대화를 묵상하다가 회심하고 1177년 전 재산을 팔아 구제와 전도 활동 시작. 1184년 이단 혐의로 파문당함. 보헤미아에서 사망
- 프랑스 남부를 중심으로 왈도의 추종자들이 생김: '리용의 빈민자들'
- 주요 사상: 순수한 공동생활 추구. 여러 지방 언어로 성경을 번역 출간. 자국어 말씀 선포. 보편성직론 주장. 여성 포함 평신도의 설교 허용. 산상수훈을 강조하고 성만찬을 강조함. 연옥설과 죽은 자를

위한 기도 부정
- 1215년 교황 인노켄티우스 3세의 정죄로 박해받음
- 1532년 종교개혁에 연합함. 종교개혁 시대를 거쳐 현재까지 활동

② 존 위클리프(John Wycliffe, 1329-1384): 롤라드파(Lollards)
- 영국 옥스퍼드의 신학자
- 정치적 상황: 아비뇽 교황청 유수로 영국 내에서 교황 권위 약화
- 종교개혁의 샛별(Morning Star of the Reformation). 국왕 에드워드 3세 궁정목사
- 가난한 설교자들을 중심으로 단체를 형성
- 영어 성경 번역 *Wycliff's Bible*. 평신도 설교 인정.
- 성경의 최고 권위 주장. 중보자는 오직 그리스도. 선행으로 구원받지 못함. 화체설 거부. 영적임재설 주장. 예정론자. 반교황정책 주장. 순례, 고해성사, 성상숭배, 연옥설 부인. 사제 독신 부인
- 반성직자주의: 예수 그리스도를 본받은 섬김의 통치가 아닌 지배는 반역
- 교회론: 선택자들로 이루어진 무형의 몸인 비가시적 교회만이 성경의 유일한 해석 권위를 지녔다고 주장
- 1377년 교황에게 정죄당하고 1382년 옥스퍼드대학에서 축출
- 1415년 콘스탄츠 종교회의(1414-1418)에서 이미 사망한 지 수십 년이 된 위클리프의 뼈를 수집하여 교황의 이름으로 화형하고 재를 스위프트 강에 버림
- 후스에게 큰 영향을 미침

③ 잔 후스(Jan Hus, 1357-1415): 후스파(Hussites)
- 프라하대학 총장(1402), 보헤미아의 종교 지도자
- 영국 리처드 2세의 왕비였던 보헤미아 공주의 신하들로부터 위클리프 사상이 보헤미아에 유입됨
- 프라하대학 내 독일계와 보헤미아계 교수진 대립
- 보헤미아는 피사 측 교황인 알렉산더 5세와 요한 23세를 지지함
- 존 위클리프의 신학 사상을 전면으로 수용함
- 교황청은 위클리프 서적을 분서갱유함
- 후스와 대치하던 프라하 대주교의 고발로 1410년 후스가 로마로 소환됨. 후스가 거부하여 1411년 파문당함
- 교황수위권 비판: 성경에 순종하지 않는 자격 없는 교황에게 복종할 필요가 없다고 주장
- 구원론: 면죄부를 거부하여 오직 하나님만 구원을 주실 수 있다고 주장
- 친구 히에로니무스와 함께 예정론 강조. 화체설 비판. 영적임재설 강조. 교회는 택함 받은 자들로 구성된 총체로서 교회 계급제도 거부. 교회의 머리는 교황이 아닌 그리스도. 성경의 최고 권위. 성경과 위클리프 저서들을 체코어로 번역
- 지기스문트 황제의 안전보장을 믿고 개혁을 모색하던 콘스탄츠 회의에 참석
- 1415년 공의회의 권위를 거부하여 동료 제롬과 함께 화형당함
- 후스 처형 이후 보헤미아의 반응: 귀족 452명이 후스의 신념에 동조한다고 선언
- 타보르파(Tabolites) & 호렙파(Horebites)의 결집

- 지기스문트와 교황이 여러 차례 보헤미아를 침공하였으나 지작(John Zizka)이 이끄는 타보르파를 중심으로 한 보헤미아 군대에 연패
- 바젤 회의는 결국 협상을 통해 보헤미아 교회와 타협함
- 협상에 반대한 보헤미아인들은 '보헤미아 형제단'(Unitas Fratrum)을 결성
- 종교개혁 시대 박해 속에서도 코메니우스(John Amos Comenius, 1592-1670)의 지도로 신앙을 이어감. 18세기 모라비아 운동으로 이어짐
- 콘스탄츠 종교회의(1414-1418)에서 위클리프와 잔 후스를 이단으로 선언한 후 두 사람을 화형함

④ 사보나롤라(Girolamo Savonarola, 1457-1498): 페라라 출신 도미니크 수도사
- 1490년 봄 로렌초 메디치가 피렌체의 설교자로 초청. 성 마가 수도원을 중심으로 성경 강해와 설교 사역
- 사회악에 대한 비판과 기독교인의 사치와 향락 공격으로 시민들의 지지를 얻음
- 사보나롤라의 실질적 통치 가운데 정기적으로 허영의 화형식(burning of vanities) 거행
- 교황 알렉산더 6세가 프랑스 왕 샤를 8세와 대립하면서 피렌체가 고립됨
- 샤를 8세에 대한 신의를 지키려던 사보나롤라가 폭도들에 의해 체포되어 시당국에 넘겨짐
- 예언 능력과 관련한 정죄와 교황청에서 나온 특사들의 이단 정죄를 받고 2명의 동료와 함께 먼저 교수형을 당한 후 화형되어 강에 뿌려짐

5) 새로운 신앙 운동

① 에크하르트(Meister Eckhart, 1260-1327)와 독일 신비주의
- 도미니크 수도사로서 파리대학과 쾰른대학에서 알베르투스 마그누스에게 교육받음
- 파리대학의 신학 교수와 튀링겐 지역의 사제로 사역
- 신플라톤주의적 신비주의 전개: 하나님을 형언할 수 없는 존재로 여김
- 부정신학: 하나님에 대한 일체의 언어는 유추적이므로 정확하지 못하다고 주장
- 범신론적 경향: 영원 이전부터 모든 피조물이 하나님 안에 존재했다고 주장. 영혼과 하나님의 일치를 주장
- 교회로부터 이단으로 정죄당함
- 요한 타울러(John Tauler, d. 1361)와 하인리히 수소(Heinrich Suso, 1295-1366): 독일 동부지역에서 에크하르트의 신비주의를 변호하며 설교사역을 통해 신비주의를 대중화함
- 루이스브로크의 요한(John of Ruysbroeck, 1293-1381): 플란더스 지방에서 대중적·실제적·일상적 신비주의 운동을 주도

② 게하르트 흐루테(Gerhard Groote, 1340-1384)
- '근대적 경건'(Devotio Moderna): 그리스도의 생애에 대한 엄격한 명상과 그의 모범을 따르는 경건 운동
- 수입원인 성직을 포기하고 교회의 부정과 부패를 맹렬히 비판함
- 수도생활이 아닌 직업에 충실하면서 경건의 규칙을 따르라고 가르침

- 공동생활형제단(Brethren of Common Life) 창설: 직업 생활 속의 경건 실천
- 토마스 아 켐피스(Thomas a Kempis, 1380-1471)의 「그리스도를 본받아」: 근대적 경건의 대표적 저술
- 신비적 명상을 흥분이 아닌 이지적 명상으로 얻는 내면의 평화라고 가르침
- 내면적 평화를 강조하면서 기존의 권위에 대적하지 않음
- 궁극적으로 교회 계급 제도의 권위를 약화시킴

③ 기타 대중 종교운동
- 영국의 롤라드파는 위클리프의 사상 계승
- 보헤미아의 타보르파는 후스의 사상을 계승 구현
- 저지대 지방의 여성 수도회인 베긴회: 기도, 경건생활, 빈곤 실천
- 고행자(flagellant)들의 운동: 1260년대에 등장해 33일과 반나절에 걸쳐 하루 3회 함께 모여 광장에서 등에 피가 나도록 스스로를 채찍질함. 제2의 세례를 주장하면서 비난받게 됨
- 한스 봄(Hans Bohm): 뷔르츠부르크의 교구인 니클라스하우젠에서 1476년 신비주의적 운동을 전개한 목동. 성직자들의 탐욕과 부패를 지적하는 설교를 통해 5만 명의 추종자를 이끌다가 결국 화형당함

6) 이탈리아의 르네상스 운동

① 배경
- 비잔틴 제국 붕괴 이후 학자들과 자료들이 서방교회로 대량 유입
- 이탈리아에서 자유무역 도시들이 발전
- 인쇄술의 발전으로 새로운 지식 보급이 용이해짐
- 새로운 사상적 대안에 대한 욕구

② 특징
- 중세의 종교와 문화에 대한 비판
- '근원으로'(Ad Fontes): 서구 문명의 원천인 고대 그리스·로마의 문화와 사상의 재발견
- 인간성의 재발견: 적극적인 인간상
- 교황청과 협력: 비판에도 불구하고 르네상스 교황들이 적극 수용함 - 교황 율리우스 2세는 라파엘로를 고용해 교황관저에 〈아테네의 학당〉을 그리게 함

③ 이탈리아 르네상스의 주요인물
- 단테(1261-1321): 피렌체 르네상스의 선구자. 「신곡」, 「신생」
- 마르실리우스(Marsilius of Padua, 1275-1342): '평화의 수호자' - 모든 권력의 기초가 구성원에게 있음을 주장. 국가에서는 시민, 교회에서는 교인이 구성원임
- 페트라르카(1304-1374): 키케로와 라틴 문학의 재발견 - 중세를 암흑기라고 지칭하고 비판
- 보카치오(1313-1375): 「데카메론」 - 100편의 이야기를 모아 현실적 인간상 제시와 교회의 위선적 현실을 비판
- 다빈치(1452-1519): 예술과 과학 연구를 통해 적극적 인간상을 제시하고 실천함

- 피코 델라 미란돌라(1463-1494): 「인간의 존엄에 관하여」(1486)에서 적극적 인간상 제시
- 미켈란젤로(1475-1564): 기독교 사상을 르네상스 인문주의적으로 표현. 바티칸 시스티나 성당에 〈최후의 심판〉

④ 르네상스의 영향
- 유럽 중세에 새로운 활력 제공: 도시의 발전. 새로운 산업의 발전. 과학기술 발전
- 알프스 이북으로 전파된 이후 종교개혁의 기초 제공: 원어 성경의 재발견. 로마 가톨릭 교리와 제도에 대한 비판. 유럽의 지식인들과 하급 사제들의 각성

III. 종교개혁사

1. 인문주의와 루터

16세기 서유럽에서 전개된 종교개혁은 성경의 가르침에 따라 바른 신학과 바른 신앙을 회복하기 위한 운동이었다. 15세기 말부터 16세기 초까지 서유럽은 도시의 발달과 수공업과 상업의 발전, 교황권의 약화에 따른 세속 권세의 강화 등 다양한 사회적 변화를 겪었다. 십자군 운동이 종식된 후 이슬람 지역에서 유입된 그리스 사상의 재발견은 중세 1,000년을 반성하는 사상적 계기를 제공했다. 이와 같은 환경 속에서 15세기 이탈리아에서 시작된 르네상스 운동과 인문주의는 '근원들로'(ad fontes)라는 구호 아래에서 고대 그리스와 로마의 문화와 사상을 재확인하고 적극적인 인간상을 제시하며 새로운 사상과 문화, 교육의 방식을 재발견하여 중세의 한계를 극복하려 했다. 알프스 이북의 르네상스 운동은 특히 기독교 신앙의 본래 모습을 재생하려는 기독교 인문주의의 성격을 보여주었다. 기독교 인문주의를 대표하는 에라스무스는 신약성경 헬라어 판본을 수집해 편집 발간함으로써 중세 동안 사용하던 라틴어 벌게이트 번역본과 스콜라신학 체계의 문제점들을 지적했다.

그러나 당시 로마 가톨릭은 대학을 중심으로 지식인 사이에 확장되던 인문주의나 대중들이 필요로 하던 신앙적 대안을 제시하는 데 한계가 있었다. 오스만튀르크의 침략과 지속적으로 발생하던 질병의 위협 앞에서 교황청은 면죄부 판매와 같은 비성경적인 방식을 제안함으로써 성경의 가르침을 발견한 지식인들의 신뢰를 상실했다. 1517년 독일의 작은 대학 도시 비텐베르크에 마틴 루터가 게시한 95개조는 로마 가톨릭의 비성경적인 가르침과 미신적인 신앙 행태에 대한 반발의 한 결과였다. 루터는 본래 법학도였으나 자신의 죄에 대한 깊은 우려로 인해 어거스틴 수도원에 가입해 사제가 되었다. 그는 수도원에서도 구원의 진리에 대한 답을 찾지 못하다가 비텐베르크대학에서 신학을 연구하고 가르치면서 죄인을 구원하는 의는 인간 안에 내재된 의가 아니라 오직 은혜로 인하여 믿음으로 말미암아 죄인에게 값없이 전가된 예수 그리스도의 의임을 성경에서 발견했다. 루터는 95개조 게시 이후 겪게 된 소속 수도회의 심문과 교황의 파문, 황제의 처벌 위협 앞에서도 성경이 명확하게 가르치는 구원의 진리를 포기하지 않았다. 루터는 작센의 선제후 프리드리히의 정치적 보호 속에서 비텐베르크를 중심으로 종교개혁을 전개했다. 그는 로마 가톨릭 신학자들을 비롯해 에라스무스의 인문주의와도 논쟁을 벌였고, 토마스 뮌처가 대표하는 농민반란 세력과도 논쟁을 벌이며 종교개혁의 성경적이며 신앙적인 목표를 명확하게 제시하기 위해 힘썼다. 그러나 루터는 안타깝게도 성찬론의 차이로 인해 동시대 스위스에서 종교개혁을 시작한 츠빙글리와 결별함으로써 종교개혁 진영의 연합을 이루어내지는 못했다. 루터와 그의 후계자들은 율법과 복음의 관계, 성찬에서 그리스도의 몸의 실재적 임재 등 여러 논점에서 개혁파와 차별되는 신학적 입장을 고수했다.

1) 종교개혁의 배경

① 도덕적 타락
  - 고위성직자들의 타락: 성직매매, 성직세습, 복수성직제, 궐석성직제
  - 면죄부 판매: 교황청 건설을 위한 비용 충당 방안

② 새로운 사상적 대안의 대두: 르네상스 인문주의
  - 중세 스콜라신학에 대한 비판과 반성
  - 고전 사상과 학문의 도입: 아리스토텔레스의 사상과 로마 고전 문학의 재발견

③ 경제·사회적 변화
  - 도시의 발달: 생활의 다변화와 수공업 및 상업의 활성화
  - 인쇄술의 발달: 구텐베르크의 금속활자 인쇄술 – 지식의 대규모 광범위한 유통의 가능성

④ 정치적 변화
  - 교황권의 약화: 대분열(1377-1417)과 공의회지상주의와 교황지상주의의 대립
  - 유럽 각국 세속 군주들의 권력 강화

⑤ 대중들의 종교적 필요 증대
  - 오스만튀르크에 의한 비잔틴 제국의 멸망(1453) 이후 이슬람의 침략. 질병 만연
  - 새로운 경건운동: Devotio Moderna

2) 르네상스 인문주의

① 인문주의의 주요 주장
  - 14-15세기 이탈리아의 르네상스 운동: 고전의 재발견 – 'ad fontes'
  - 적극적 인간론: 미란돌라의 「인간의 존엄에 대하여」
  - 예술과 문학을 통한 고전적 인간상의 구현 시도: 미켈란젤로, 레오나르도 다빈치 등

② 알프스 이북 기독교 인문주의
  - 15-16세기 대학을 중심으로 이탈리아의 인문주의가 전파됨
  - 기독교 인문주의: 기독교 원전인 성경의 재발견을 통한 기독교의 총체적 갱신을 추구

- 기존 로마 가톨릭교회 제도와 스콜라신학에 대한 비판
- 르페브르 데타블(프랑스): 파리대학 교수로 사역하다가 면직된 후 학생들과 성경 연구. 칼빈에게 영향을 줌
- 존 콜렛, 토마스 모어(잉글랜드): 모어는 「유토피아」 출간
- 요한 로이힐린(독일): 히브리어 문법서 출판

③ 에라스무스(c.1466-1536)
- 오늘날 네덜란드 로테르담 출신으로 어린 시절 데벤테르 소재 공동생활형제단에서 훈련받음
- 어거스틴 수도원에 가입했으며 이후 파리대학에서 신학 연구
- 잉글랜드 방문 중 콜렛과 모어를 통해 인문주의적 연구를 받아들임
- 「기독교 군사의 지침서」(1503): '그리스도의 철학'에 따른 새로운 형식의 신앙생활 제시
- 「광우예찬」(1509): 기독교적 회의주의에 입각하여 당대 로마 가톨릭 비판
- *Novum Instrumentum Omne*(1516): 헬라어 성경 편집본 – 벌게이트의 문제점 지적
- 어거스틴을 비롯한 교부 전집 편집 발간
- 「의지의 자유에 대하여」(1524): 루터와 자유의지 논쟁 – 종교개혁이 아닌 인문주의적 개선을 주장함. 죄로 인한 전적 타락이 아닌 심각한 약화. 죄는 인간 존재의 필연이 아니라 스스로의 동의로 저지름. 하나님의 은총과 인간의 노력의 결합으로 완성에 이를 수 있음
- 이후 종교개혁자들과 결별하고 중용과 평화주의에 따라 교황청에 충성함

3) 루터의 생애

① 초기 생애
- 1483년 독일 아이슬레벤에서 광산업자의 아들로 출생
- 1501년 에르푸르트대학에 입학하여 법학 연구
- 1505년 법학을 포기하고 어거스틴 수도원에 가입: 엄격한 고해성사를 통해 죄 문제를 해결하려 함. 고해 신부 스타우피츠의 조언으로 신학 연구 시작
- 1507년 신부 서품 후 1508년부터 비텐베르크대학에서 성경 강의 시작
- 1512년 성경 박사학위를 받은 후 1516년부터 비텐베르크에서 목회자로 활동함

② 종교개혁자로의 사역
- 1517년 10월 13일 면죄부 판매를 비판하는 95개조 게시
- 하이델베르크 논쟁(1518): 어거스틴 수도원 강당에서 벌어진 논쟁 – 루터는 40개조로 이루어진 하이델베르크 논제를 제시함
- 라이프치히 논쟁(1519): 로마 가톨릭 특사인 요한 에크와의 논쟁
- 1520년 종교개혁 3대 논문 발표: 「독일 귀족에게 고함」, 「교회의 바벨론 포로」, 「그리스도인의 자유」
- 1520년 교황 레오 10세의 출교 위협 – 교황 교령 '주여 일어나소서'(Exsurge Domine)
- 1521년 보름스 제국회의: 황제 칼 5세 앞에서 담대하게 신앙을 고백함
- 작센 선제후가 납치하여 바르트부르크 성에 은닉: 도피 중 독일어 성경 번역 작업에 매진

③ 루터의 활동
- 1522년 비텐베르크로 돌아와 본격적인 종교개혁 활동 전개
- 1525년 뮌처의 농민반란 사태에 대한 반대: 무질서와 무정부주의 거부
- 1525년 「의지의 속박에 대하여」 발표: 에라스무스의 인문주의적 개선과 다른 종교개혁의 취지 주장
- 1529년 마르부르크 회의: 츠빙글리와 회담했으나 성찬론의 차이로 인해 결별함
- 1530년 아우크스부르크 신앙고백: 멜란히톤이 주도하고 작성하여 황제에게 제시한 문서로, 루터파의 신앙적 기준이 됨
- 1546년 아이슬레벤 방문 중 사망하여 비텐베르크에 장사됨

4) 루터의 사상

① 루터 사상의 배경
- 후기 스콜라신학의 유명론적 경향
- 인문주의의 영향: 원어 성경에 대한 관심. 당대 로마 가톨릭 신앙에 대한 비판
- 독일 신비주의: 「독일 신학」의 편집에 참여 – 루터의 성찬이론에 영향을 줌
- 중세 개혁자들의 사상: 위클리프와 후스가 주장한 성경의 최종 권위 주장

② 루터 신학의 주요 주제들
- 신학방법론: 십자가 신학 – 스콜라신학을 영광의 신학으로 규정하고 자신의 신학을 십자가의 복음을 드러내는 신학으로 규정함
- 율법: 복음과 율법을 날카롭게 대조함. 율법의 시민적 용도와 정죄하는 용도를 주장
- 구원론: 이신칭의 – 법정적 선언으로서의 의롭게 됨. 주입되어 내재된 의의 보강이 아니라 오직 예수 그리스도의 외래적 의의 전가. 믿음을 통해 그리스도의 의가 전가됨. "죄인이면서 동시에 의인" – 지속적인 칭의와 회개의 필요성
- 교회론 및 성례론: 만인사제사상을 주장했으나 무질서에 맞서 감독제도와 목사의 중요성을 강조. 7성례를 거부했으나 성찬이론에서는 '공재설'을 취함

③ 루터의 신학적 논쟁
- 로마 가톨릭에 맞서: 행위공로가 아닌 오직 믿음으로만 말미암는 칭의. 만인사제사상
- 인문주의에 맞서: 인간 도덕과 교회의 개선이 아닌 성경의 진리에 따른 종교개혁
- 급진세력에 맞서: 교회 제도의 질서와 목사 사역의 중요성 강조
- 츠빙글리에 맞서: 기념설을 거부하고 성찬에서 그리스도의 실제적 임재를 주장

2. 초기 개혁파 종교개혁: 츠빙글리와 부써

개혁파의 종교개혁은 1520년대 초에 독어권 스위스를 중심으로 시작되어 라인강을 따라 확산하였으며 이후 라인강 서쪽 지역인 프랑스와 도버 해협을 건너 스코틀랜드와 잉글랜드 종교개혁에까지 큰 영향을 주었다. 츠빙글리는 1523년 취리히가 최초로 개신교 도시국가임을 선포하는 데 결정적 역할을 한 개혁자였

다. 그의 열정적인 사역과 저술 활동은 독일의 루터와 구별되는 스위스의 개혁파 전통을 세우는 밑거름이 되었다. 루터파와 개혁파는 로마 가톨릭의 신학적·신앙적·제도적 오류를 거절하고 성경적 기독교를 세우려 한 점에서 사실상 큰 이견이 없었다. 두 흐름 사이에는 성경해석에서 입장의 차이나 칭의 이후 그리스도인의 삶에 대한 설명의 차이가 있으나 이는 루터파 내에서나 개혁파 내에서도 존재하던 의견 차이였다. 루터파와 개혁파 사이의 가장 결정적인 신학적 입장 차이는 성찬론에서 나타났다.

루터파와 개혁파 모두 로마 가톨릭의 7성례를 비판하고 오직 세례와 성찬만이 그리스도께서 명령하신 성경적 성례임을 주장했다. 또 성찬 이론에서도 로마 가톨릭의 화체설을 거부하는 데 일치했다. 다만 루터는 성찬에 주어지는 은혜를 강조하기 위해 그리스도의 몸이 실제로 임하신다는 믿음을 고수하려 했고 츠빙글리는 성찬을 통해 함께 확인하고 결단해야 하는 실천의 내용을 더 중시했다. 따라서 루터의 입장에서 볼 때 츠빙글리의 이해는 그리스도께서 친히 제정하고 명령하신 성찬의 고유한 특징을 너무 약화시키는 주장이었다. 반면 츠빙글리가 보기에 루터의 이해는 로마 가톨릭의 화체설이 조장해 놓은 미신적 성찬 이해를 극복하지 못한 비개혁적 주장이었다. 두 사람의 이해의 차이는 1529년 열린 마르부르크 회담의 결렬로 확정되었고 이후 16세기 내내 루터파와 츠빙글리파는 연합하지 못한 아쉬운 결과를 낳았다.

스트라스부르크의 개혁자 부써는 많은 신학적 주제에서 루터파보다는 개혁파의 입장을 따랐다. 부써는 루터와 츠빙글리의 입장 차이로 발생한 신학적 갈등을 안타깝게 여겼다. 그는 이 문제를 해결하기 위해 동분서주하며 성찬론을 비롯한 여러 이견을 조율하기 위해 애를 썼다. 루터파 쪽에서는 루터와 함께 비텐베르크에서 동역했던 멜란히톤이 유사한 노력을 펼쳤다. 부써는 한 걸음 더 나아가 1540년대 전후 개신교 진영 전체와 로마 가톨릭의 개혁 성향을 가진 인사들 사이의 대화까지 시도했다. 부써의 시도는 성공하지 못했지만 그의 시도는 종교개혁의 새로운 전환점을 마련하는 큰 계기가 되었다. 그의 노력을 통해 종교개혁은 독일과 스위스라는 지역성을 넘어서 여러 나라의 다양한 상황에 적용될 수 있는 신학적 호환성을 확보할 수 있었다. 무엇보다도 1538년부터 1541년까지 스트라스부르크에 머물렀던 칼빈은 부써의 영향을 받아 한층 더 발전한 교회론과 성찬론을 제시함으로써 개혁파 신학을 스위스의 신학이 아닌 종교개혁의 신학으로 확장시켰다. 부써는 1547년 슈말칼트 전쟁 이후 스트라스부르크에서 추방되어 잉글랜드로 옮겨가 당시 진행되고 있던 잉글랜드의 국가적 개혁 시도에 참여했다.

1) 츠빙글리의 생애와 스위스 종교개혁

① 츠빙글리의 초기 생애
- 1484년 1월 1일 스위스 빌트하우스(Wildhaus)에서 출생
- 1498-1506년 비엔나와 바젤에서 대학 교육. 바젤에서 에라스무스와 교류
- 1506년 사제 서품 후 글라루스에서 목회하며 헬라어 연구: 인문주의적 경향을 갖게 됨
- 1515년 글라루스의 군종사제로서 마리냐노 전투 참전: 프랑스에 패배함 – 애국주의 경향을 갖게 됨

② 취리히 종교개혁의 시작
- 1519년 취리히 대성당에서 '교구민의 설교자'로 임명됨. 마태복음 강해 설교 시작
- 취리히 주교와 대립: 1522년 10월 10일 교구민 설교자 직책을 사임하자 시의회가 그를 전체 도시의 설교자로 임명함
- 1차 취리히 논쟁(Zurich Disputation, 1523년 1월 29일): 츠빙글리는 '67개조'로 개혁의 원리와

방향을 제시함. 로마 가톨릭 사절단은 토론을 거부. 시의회가 츠빙글리의 의견을 지지하여 승인함으로써 취리히가 최초의 개신교 국가임을 선포함
- 1523년 10월 26-28일 2차 취리히 논쟁: 미사와 성상숭배의 폐지가 결정됨
- 예언(Prophezei) 모임: 일종의 신학교육을 위한 모임 – 1525년부터 시작됨
- 취리히 시 전체를 신앙공동체로 여기고 교회와 국가의 협력을 통한 개혁을 추진함

③ 종교개혁 사역과 죽음
- 재세례파와의 갈등: 1525년 1월 펠릭스 만츠가 재세례를 받고 콘라드 그레벨 등을 중심으로 취리히에서 재세례파 운동이 전개됨
- 루터와의 갈등: 성찬론에서 대립하던 루터와 1529년 마르부르크 회의에서 결별
- 이후 저술 활동: 「하나님의 말씀의 명료성과 확실성」(1522), 「청소년 교육」(1523), 「참 종교와 거짓 종교에 대한 주해」(1525년), 「신앙의 주해」(1531년)
- 1531년 10월 11일 카펠 전투에서 치명상을 입고 사망
- 취리히 시의회는 후임으로 불링거를 임명

④ 하인리히 불링거(Heinrich Bullinger, 1504-1575)
- 1504년 스위스 아르가우 브렘가르텐에서 출생
- 쾰른대학 공부 중 인문주의와 루터 및 멜란히톤의 사상을 접함
- 취리히에서 츠빙글리와 유트(Leo Jud, 1482-1542) 등과 교제하면서 종교개혁에 동참
- 1528년 베른너 논쟁에 참가하여 스트라스부르크의 부써, 베른의 할러(Berchtold Haller, 1492-1536), 보 지역의 파렐(Guillaume Farel, 1489-1565) 등 개혁파 개혁자들과 교제함
- 1531년 츠빙글리 사망 후 그의 뒤를 이어 취리히 교회 의장(Antistes)으로 활동함
- 교회와 국가의 긴밀한 협조 가운데 종교개혁을 추구함: '취리히의 설교자와 총회 규범'(1532)
- 교육 개혁: 예언회(Prophezei)를 고등교육 기관으로 발전시킴
- 제네바의 칼빈과 지속적으로 대화함
- 칼빈과 성찬 이론에서의 합의: '취리히 합의문'(Consensus Tigurinus, 1549)
- 대표작: 「50편 설교 모음집」(*Dekaden*, 1549-1951), 「기독교 신앙 요해」(*Summa christlicher Religion*, 1556), 「제2 스위스 신앙고백」(*Confessio Helvetica Posterior*, 1566)

⑤ 대표적인 스위스 개혁파 종교개혁자들
- 취리히: 츠빙글리, 불링거, 유트
- 바젤: 외콜람파디우스(Johaness Oecolampadius, 1482-1531), 미코니우스(Oswald Myconius, 1488-1552)
- 베른: 할러, 메간더(Kaspar Megander, 1495-1545)
- 제네바: 파렐, 칼빈, 베자(Theodore Beza, 1519-1605)
- 로잔: 비레(Pierre Viret, 1511-1571), 베자

2) 츠빙글리의 신학

① 하나님의 섭리 강조
- 하나님을 제일의 동인이며 최고의 선이라고 이해: 하나님의 섭리를 모든 역사의 사건에 적용하려 함
- 경건한 이방인의 구원이 가능하다고 주장함: 구원이 하나님의 자유로운 결정이라는 것과 그리스도의 구원의 공로의 포괄성을 강조하면서 취한 입장
- 이러한 주장은 개혁주의 신학에서 벗어난 사상임

② 성례론 및 성찬론
- 로마 가톨릭의 우상숭배적 성례와 재세례파의 결별주의를 동시에 반대하는 성례론 전개
- 교회적 사건으로서의 성례: 하나님의 언약에 기초한 신자 공동체의 믿음의 확증과 결단의 계기로서의 성례

③ 루터와의 성찬론 대립: 1526년부터 1529년 사이에 루터와 논쟁 전개
- 헤세의 필립이 주선한 1529년 10월 1일부터 4일 마르부르크에서 회담(Marburg Colloquy)
- 7성례, 화체설, 일종성찬 반대에서는 동일한 견해를 가짐
- 성찬을 둘러싼 이해의 차이

	루터	츠빙글리
성경해석	est = becomes	est = signifies
기독론	속성교류 강조: 그리스도의 신적 편재성이 인성인 육체에 확장됨	속성구별: 그리스도의 육체는 신적 편재성을 가지지 않음
구원론	성육신의 은혜 강조	십자가 죽음의 교훈 강조
교회론	개인 신자의 양심의 평안	회중적 헌신과 군사로서의 결단
실천적	성례 은혜의 객관성 강조 성례 무용론 비판	성찬을 받는 믿음 강조 성찬의 우상화 비판

3) 스트라스부르크 종교개혁과 부써의 생애

① 스트라스부르크 종교개혁의 시작
- 인문주의적 설교자들이 타락한 교회와 사제들 및 사회 전반의 타락을 비판함
- 젤(Matthaus Zell, 1477-1548): 대성당 채플 설교자로서 종교개혁적 설교로 개혁을 주장함
- 1523년 카피토(Wolfgang Capito), 헤이도(Caspar Heido), 부써가 젤의 설교 사역에 합류
- 1524년 시민들이 수도원을 해산시키고 시의회가 설교자들과 공조해 교회 개혁 시작
- 1529년 미사를 폐지. 공립학교 설립 결정. '결혼과 도덕 법정' 설립
- 1530년대 재세례파를 거부하고 초보적인 교회 규율 법령 발표

② 부써의 초기 생애
- 1491년 알자스 슐레트슈타트의 구리 장인의 아들로 출생
- 1507년 도미니크 수도회 입문. 1510년 부제가 됨
- 1515년까지 하이델베르크 도미니크 수도회에서 신학 공부

- 1516년 독일 마인츠에서 사제가 됨
- 1517-1521년 하이델베르크 대학에서 공부: 에라스무스의 인문주의의 영향을 받음
- 1518년 하이델베르크 논쟁에 참석한 후 루터의 영향을 받음
- 1521년 수도회를 나와 일반 사제가 된 후 루터의 주장을 따른 설교사역 전개
- 1522년 쾰른 종교재판국의 소환을 받았으나 루터파 귀족들의 보호를 받음
- 1522년 수녀 출신 실버라이젠(Elizabeth Silbereisen)과 결혼한 후 출교당함

③ 스트라스부르크에서의 개혁 사역
- 1523년 기사 반란 실패 이후 스트라스부르크로 망명하여 시민권 획득
- 1524년 수도원 해체 직후 종교개혁의 12개 조항을 시의회에 제시함
- 1524년 "Grund und Ursach"를 제출하여 새로운 예배 형식을 제시함
- 1531년 스트라스부르크 목회자 총회 대표가 됨: 카피토의 평가 – "부써는 우리 교회의 감독이다."
- 1533년 스트라스부르크 노회(synod)를 구성해 회장(moderator)으로서 재세례파 등 급진개혁파를 억제함
- 1534년 부써의 4개 도시 신앙고백(Testapolitan Confession)과 16개조가 스트라스부르크 개혁의 공식 문서가 됨. 이에 동의하지 못한 재세례파에게 복종 요구
- 1540년 스트라스부르크 주변 교회를 대표하는 감독자에 임명됨
- 1541년 스트라스부르크 생토마 교회 목사가 됨
- 1541년 레겐스부르크 회담(Regensburg Colloquy) 참석 직후 역병으로 부인 실버라이젠과 카피토 사망

4) 부써의 대외적 활동

① 루터파와의 일치 노력
- 스트라스부르크의 종교개혁은 취리히를 모범으로 전개됨: 성찬론도 츠빙글리의 견해를 따름
- 1526년 'Apologia': 자신은 츠빙글리의 성찬론을 지지하지만 루터의 견해도 교회의 일치를 위해 인정할 수 있다고 주장함
- 1529년 마르부르크 회담 참여: 루터와 츠빙글리를 중재하려 했으나 실패
- 테트라폴리탄(4개 도시) 신앙고백: 스트라스부르크, 콘스탄츠, 메밍겐, 린다우만 인정
- 이후 남부 독일과 스위스 도시들을 순회하며 루터파와 츠빙글리파의 성찬론의 화해를 촉구
- 멜란히톤과 베른의 블레러 형제와 바젤의 외콜람파디우스와 지속적으로 교류 및 협력

② 로마 가톨릭과의 대화 시도
- 로마 신학자들과의 대화 시도(1538-1541): 연속적으로 하게나우(Hagenau), 보름스(Worms), 레겐스부르크(Regensburg)에서 회의 개최
- 레겐스부르크 회의(1540. 12.): 1541년 1월 5일 원죄와 칭의 교리에서 합의하여 23개 조항으로 구성된 「레겐스부르크 책」(*Regensburg Book*)을 발표
- 합의 내용은 결국 루터와 교황청의 동의를 얻는 데 실패함

③ 부써의 잉글랜드 사역
- 슈말칼덴 전쟁에서 승리한 칼 5세가 아우크스부르크 잠정안(Augsburg Interim)을 강요하자 부써는 수용을 거부하고 스트라스부르크에서 추방됨
- 1549년 4월 크랜머(Thomas Cranmer)의 초청으로 잉글랜드로 망명하여 캠브리지대학의 흠정교수(Regius Professor of Divinity)직을 맡아 사역함
- 1550년 「그리스도의 왕국」(De Regno Christi)을 저술하여 에드워드 6세에게 헌정 - 국가 차원의 종교 및 사회개혁의 청사진 제시
- 영국 종교개혁 내의 논쟁에서 평화주의적 입장을 고수함
- 1551년 공동기도서에 대해 더 간결하고 공동체적인 개정을 조언함
- 1551년 2월 28일 결핵으로 사망
- 1553년 메리 튜더가 여왕으로 즉위 후 이단으로 정죄하여 시신과 저술들을 불태움
- 1560년 엘리자베스 여왕이 복권시킴

3. 급진종교개혁

16세기 종교개혁자들은 성경의 가르침을 기준으로 당시 로마 가톨릭의 교리와 예배 및 제도가 만들어 놓은 오류와 왜곡을 지적하고 비판했다. 이 과정에서 '오직 성경으로'(Sola Scriptura)의 원리를 급진적으로 적용하여 성경에 명시되지 않은 교리, 예배, 제도는 모두 폐기해야 한다는 과격한 주장들이 나타났다. 당시 가장 중요한 주제는 유아세례의 정당성 여부였다. 급진적 개혁을 주장한 이들은 대부분 유아세례가 성경적 근거가 없다고 보았고 따라서 바른 믿음을 고백하고 그 믿음대로 살기로 한 사람들에게만 세례를 베풀어야 한다고 주장했다. 그리고 믿음을 확인할 수 없는 유아들에게 세례를 주는 종교개혁 교회들의 행태는 세례나 미사와 같은 의식을 통해 구원을 얻고 보존할 수 있다는 로마 가톨릭의 미신을 벗어나지 못한 타협이라고 비판했다.

유아세례를 둘러싼 의견 차이뿐 아니라 급진개혁 세력은 교리와 제도에서도 과격한 입장을 취했다. 상당수의 급진개혁자들은 성경에 명시되지 않은 교리들도 폐기의 대상으로 여겼다. 삼위일체 교리나 그리스도의 양성교류에 대한 문제제기까지 나타났다. 반삼위일체주의자들의 급진적 입장은 기독교의 근본적인 신학적 정체성을 부인하는 지경에 이르렀다. 제도와 관련해서는 목회자 제도와 예배의 형식을 거부하고 국가의 정당성을 부인하는 급진적 주장들이 나타났다. 교회 제도와 예배의 외적 형식에 대한 부인은 결국 카리스마적인 지도자의 출현과 배타적이며 독선적인 신앙 공동체의 출현으로 이어졌다. 국가의 정당성을 부인하는 급진개혁 세력은 소극적인 경우에는 세속 권세에 대한 불복종으로 인해 추방이나 박해를 초래했다. 더 극단적인 급진개혁의 경우는 무정부주의적 폭동을 일으키기도 했다. 대표적으로 1535년 진압당한 뮌스터 사건은 천년왕국의 실현을 주장하고 광신적 공동체를 형성했던 급진적 재세례파에 의해 발생한 가장 불행한 사건이었다. 이후 재세례파는 조금 더 온건한 입장을 취하면서 활로를 모색했다.

각 지역의 종교개혁자들은 급진개혁 세력의 위험을 인지하고 이들의 주장에 대한 신학적이며 실제적인 대안을 마련하기 위한 노력을 기울였다. 급진종교개혁(Radical Reformation)과 대비하여 관협력형 종교개혁(Magisterial Reformation)이라고 불리는 루터, 츠빙글리, 칼빈과 같은 주요 개혁자들은 성경의 가르침과 더불어 그 가르침에 충실했던 교회의 유산들을 존중했다. 주요 종교개혁자들은 급진개혁 세력에 대응

하는 과정에서 올바른 신학적 체계에 기초한 일관된 성경해석, 신자들에게 나타나는 반응이 아닌 하나님의 영광을 위한 예배의 시행, 자아실현이 아닌 그리스도의 통치를 드러내기 위한 교회 질서의 확립이 종교개혁의 중요한 목적임을 강조했다.

1) 급진종교개혁

① 개념: 16세기에 나타난 다양한 종교개혁의 흐름을 세속 권세에 대한 입장 차이로 구분
 - 관협력형 종교개혁(magisterial reformation): 세속 권세의 정당성을 인정
 - 급진종교개혁(radical reformaton): 세속 권세의 정당성을 부정

② 급진 개혁운동의 공통점
 - 기준: 인간이 만든 교리와 구조를 배격하고 신앙과 교회의 진정한 뿌리인 성경 중 특히 신약성경으로 돌아가고자 함
 - 성례론: 유아세례를 거절하고 성찬에서 기념설을 따르는 경향
 - 교회론: 교역자 중심 교회 제도를 거부
 - 국가론: 세속 정부와 교회의 관계를 단절적으로 이해하는 경향

2) 재세례파 운동

① 스위스의 재세례파 운동(Anabaptist Movement)
 - 취리히의 재세례파 운동
 - 스위스 형제단: 콘라드 그레벨과 펠릭스 만츠에 의해 결성
 - 1525년 게오르그 블라우록이 만츠에게 성인 세례를 시행하고 급진적 개혁을 주장함
 - 1526년 블라우록 투옥. 그레벨 추방. 만츠는 익수형으로 처형됨
 - 1527년 슐라이트하임 신조: 미카엘 자틀러(Michael Sattler, 1490-1527)가 주도하여 작성
 - 유아세례를 거부. 구약 할례의 완전한 파기. 기념으로서의 성만찬. 세속으로부터의 완전한 분리. 엄격한 치리. 회중에 의한 교회 지도자 선출

② 남부 독일과 모라비아의 재세례파 운동
 - 후트(Hans Hut, ?-1527): 뮌처의 제자로서 1528년 재림을 예언. 평화주의, 중간기 윤리: 수난과 순교에 대한 강조 - 이후 모라비아의 후터파로 발전함
 - 모라비아 후터파: 후터(Jacob Hutter, ?-1536 화형), 발포트(Peter Walpot, 1521-1578), 부르더호프(Bruderhof)

③ 북부 독일과 저지대지방의 재세례파 운동
 - 호프만(Melchior Hoffmann, 1500-1543): 후트의 사상을 이어받아 스트라스부르크에서 가현설과 종말적 사상을 전파한 후 엠덴에서 300명에게 침례를 베풀고 파송
 - 마티즈(John Mathijs): 할렘 출신 제빵업자로서 스스로를 성령이 보내신 선지자라고 주장

④ 뮌스터 사건
- 1533년 루터파 개혁을 수용: 로트만(Bernard Rothmann) 목사의 사역
- 1534년 마티즈의 제자인 레이든의 존(John of Leyden)이 등장해 뮌스터를 새 예루살렘으로 선포
- 일부다처제, 유무상통의 공동체 수립, 전국적인 반란 선동
- 1535년 6월 로마 가톨릭과 루터파 연합군에 의해 진압됨

⑤ 시몬스(Menno Simons, 1496-1561)와 메노나이트파
- 네덜란드에서 낙농업 농부의 아들로 출생, 1524년 사제로 안수받고 교구사제 활동
- 1525년 루터의 저술을 통해 화체설에 대한 의심을 갖게 됨
- 1529년경 유아세례에 대해서도 의심을 품게 됨
- 1535년 뮌스터 사건으로 인해 재세례파의 평화주의를 주장
- 1536년 그로닝엔 근처에서 필립스(Dirk Philips)에게 재침례를 받고 온건한 재세례파 운동 전개
- 행정당국의 합법성을 인정하고 신앙적 요구의 내용을 수용하는 한 모든 영역에서 통치자들에게 순종할 것을 천명함
- 이단자로 추적당하면서 1561년까지 활동, 이후 신대륙에서 확산됨

3) 기타 급진적 개혁운동

① 토마스 뮌처(Thomas Muntzer, 1489-1525)와 농민반란
- 독일 튀링엔 주 슈톨베르크 출생. 라이프치히대학과 프랑크푸르트대학에서 수학
- 루터의 95개조 발표 이후 비텐베르크에서 종교개혁에 동참
- 급진적 주장으로 인해 루터와 충돌: 1520년 초 츠비카우(Zwickau)로 옮김
- 츠비카우에서 교회 교권과 충돌: 반지성주의적 성향을 가지고 유아세례 거부
- 1521년 4월 츠비카우에서 쫓겨나 프라하(Praha)로 옮겨 '프라하 선언' 발표
- 1521년 12월 프라하에서 쫓겨나 1523년 3월 고향 튀링엔의 알슈타트에서 목회
- 급진적 가르침과 예전으로 인해 선제후의 조사를 받음
- 1524년 알슈타트를 떠나 농민반란 세력의 거점인 뮐하우젠(Muehlhausen)에서 농민반란에 합류
- 뮐하우젠 11개조(Eleven Muelhausen Articles): 현존하는 시의회를 부정하고 신적 정의와 하나님의 말씀에 기초한 '영원한 의회'(Eternal Council)의 설립을 주장
- 1525년 뮐하우젠에서 시의회를 투표로 폐지하고 새로운 영원한 하나님의 동맹을 결정. 뮐하우젠에서 공산주의적 신정정치 실행
- 1525년 5월 15일 프랑크하우젠 전투(Frankenhausen)에서 패배한 후 처형당함

② 슈펭크펠트(Caspar Schwenckfeld, 1489-1561)와 신령파
- 현 폴란드인 실레지아의 리그니츠 근교의 귀족 가문 출신
- 쾰른대학 및 프랑크푸르트대학 수학
- 1511년부터 12년간 리그니츠의 공작 하에서 공직 활동
- 1521년부터 뮌처와 칼슈타트의 영향을 받아 종교개혁적 설교 사역 시작
- 1525년 루터의 임재설을 거부하고 다른 성찬 이론을 주장하면서 결별함

- 1529년 정치적 부담으로 인해 실레지아를 자발적으로 떠남
- 1529년부터 1534년까지 스트라스부르크에 거주하다가 슈바비아로 이주
- 평생 도주 생활을 하면서 설교와 저술로 추종자들을 이끎
- 1561년 독일 울름에서 사망
- '천상의 육신 이론': 참된 신자는 그리스도의 영적인 몸을 먹는 것이다.
- 역동적 기독론: 그리스도의 신성과 인성을 구별하여 인성이 지상뿐 아니라 하늘에서도 계속적으로 신성화된다고 주장
- 그리스도를 본받는 신자들의 외적 변화만이 아닌 내적 변화를 강조. 유아세례와 교파주의적 개념 반대

③ 반삼위일체주의자(Anti-Trinitarians)
- 성경에 '삼위일체', '동일본질' 등의 용어가 없다고 주장하며 정통 교리를 거부한 무리들
- 세르베투스(Miguel Servetus, c.1509-1553): 스페인 출신의 의사로서 삼위일체 교리 반대
- 1531년 「삼위일체의 오류에 관하여」 저술. 1553년 칼빈에 맞서 「기독교 재고」(*Christianismi Restitutio*) 출판
- 1553년 이단 혐의로 비엔나에서 체포 투옥된 후 탈옥했으나 제네바에서 체포되어 10월 27일 화형됨

④ 소시누스파와 폴란드 반삼위일체주의
- 이탈리아 출신의 삼촌 프란시스코 소치니(1525-1562)와 조카 파우스토 소치니(1539-1604)에 의해서 시작됨
- 삼위일체, 원죄, 세례로 말미암은 중생, 예정, 대속, 이신칭의 부정
- 종교 관용령(1569)으로 포용적 정책을 실시한 폴란드 라코우를 중심으로 활동하며 주변 지역에 파급됨
- 이후 영국과 미국의 유티리언파로 발전함

4. 칼빈과 개혁파 종교개혁의 확산

존 칼빈(John Calvin, 1509-1564)은 개혁파 신학뿐 아니라 종교개혁 신학을 정립하고 스위스를 넘어 프랑스와 유럽 전역으로 확산하는 데 중요한 역할을 한 개혁자이다. 「기독교강요」는 칼빈이 평생에 걸쳐 증보를 계속한 저술로서 그가 구상한 개혁 신학을 잘 정리해 후대 기독교 신학에 고전으로 자리 잡은 불후의 명작이다. 그러나 칼빈은 「기독교강요」만의 신학자가 아니었다. 그는 스스로 주석과 설교에 더 많은 가치를 부여했으며 더 많은 열정을 투자했다. 더불어 그가 저술한 수많은 신학 논문들과 서신들 역시 충분한 신학적·역사적 가치를 지니고 있다. 칼빈은 신학자였을 뿐 아니라 제네바 교회의 개혁을 주도한 목회자였다. 그가 수많은 신학적 도전과 정치적 장애를 극복하고 제네바에서 시도했던 교회 개혁의 실천들은 이후 제네바 아카데미를 중심으로 전 유럽에 파급되었으며 이후 신대륙까지 확산되어 종교개혁의 신학적 대의와 목회적 방향이 확산하는 데 크게 기여했다.

1) 칼빈의 초기 생애

① 초기 생애
- 1509년 7월 10일 프랑스 북동부 피카르디 지방의 대성당 도시인 누아용 출생
- 평민이었지만 대성당 참사회 행정관이었던 아버지의 교육열에 의해 몽모르 집안에서 교육을 받고 두 곳의 성직록으로 학업을 함
- 1523년 파리대학 마르슈 콜레쥬 입학
- 1524년 파리대학 몽테귀 콜레쥬에서 신학 공부: 인문주의 학자들과 교제
- 1528년 전공을 바꾸어 오를레앙, 부르주 등에서 법학 공부
- 1532년 「세네카 관용론 주석」: 네로 황제가 스토아주의적 관용정책을 펼치도록 세네카가 제시한 바처럼, 칼빈은 당대 프랑수아 1세의 개신교 박해에 관용을 제시함

② 회심(Subita Conversio) 및 콥 사건
- 회심 시기 논쟁: 1532년 급진적 회심인가(베자), 아니면 1535년 이후 점진적 회심인가?(최근 학자)
- 1533년 만성절 니콜라스 콥의 파리대학 총장 취임 연설 사건 – 왕의 체포령
- 앙굴렘과 네락 등에 피신
- 1534년 성직록 포기. 가족들을 데리러 누아용에 감
- 1534년 10월 대자보 사건 – 스위스 바젤로 피신해 「기독교강요」 초판 저술

2) 칼빈의 제네바 사역

① 제네바의 상황
- 당시 제네바는 인구 1만 명 정도의 자유도시로서 1526년 사부아의 통치로부터 독립을 쟁취
- 1532년 10월 베른의 지원하에 파렐의 주도로 종교개혁이 시작됨
- 1536년 5월 21일 모든 시민이 종교개혁을 수용하기로 맹세함
- 같은 해 여름 칼빈이 파렐의 강력한 권고로 제네바 개혁에 동참함
- 1536년 9월부터 목사로 활동함
- 1536년 10월 로잔에서 열린 종교 토론에서 교부들에 대한 지식을 발휘하여 주목받음

② 교회 개혁 시도
- 1537년 제네바의 종교개혁 확립을 위해 교회규칙, 신앙교육서와 신앙고백서를 제정하여 제출
- 1538년 1월 시민들이 신앙고백서에 서명을 거부
- 카롤리(Pierre Caroli, 1480-1550)가 칼빈을 아리우스파라고 공격함
- 시 정부가 베른이 시행하는 교회 관례를 도입하려 함 (ex) 네 번의 대축제일
- 목사들은 서명을 거부한 사람들을 성찬 금지했지만 시 정부가 반대함
- 1538년 시 정부의 조치에 반발하여 축출됨

3) 칼빈의 스트라스부르크 체류 시기 활동

① 칼빈의 목회적 활동
- 부써의 권유로 스트라스부르크 소재 프랑스 피난민 교회의 목사로 사역
- 김나지움(Gymnagium)에서 신약성경 해석 강의
- 1539년 7월 스트라스부르크의 시민권 획득
- 1540년 8월 이델레트 드 뷔르(Idelette de Bure)와 결혼 – 1549년 3월 사망

② 신학적 활동
- 로마서 주석 출판: 최초의 성경 주석 출판
- 「기독교강요」 개정
- 추기경 사돌레토(Jacob Sadoleto, 1477-1547)가 제네바 시민들에게 보낸 위협에 대한 답신: 종교개혁의 취지와 과제를 선명하게 주장함

③ 정치적 활동
- 1539년 프랑크푸르트를 방문하여 황제와 개신교 제후들 사이의 회담에 참여
- 멜란히톤과 성찬론과 관련한 토론 전개
- 부써와 함께 로마 가톨릭과의 대화에 참여: 하게나우(1540.6.), 보름스(1540.1.), 레겐스부르크(1541. 4.-5.)
- 로마 가톨릭의 제네바 복구 회유: 추기경 사돌레토의 편지
- 제네바의 기욤주의자들이 칼빈의 복귀를 요청함: 1540년 10월 13일 공식적인 복귀 요청
- 1541년 5월 1일 제네바 시의회가 만장일치로 칼빈의 청빙을 가결

4) 제네바 복귀 후 칼빈의 사역

① 칼빈의 제네바 복귀
- 1541년 9월 13일 복귀하여 새로운 교회법을 작성해 시의회에 제출함
- 1541년 11월 시민법 제정을 위해 구성된 소위원회 3명 중 한 명으로 임명
- 1542년 요리문답과 예배모범 제안 – 스트라스부르크의 사례가 기초가 됨
- 1543년 1월 제네바 총회가 시민법을 채택

② 칼빈에 대한 정치적 반대
- 교회법을 둘러싼 갈등: 목회자 임명권과 권징의 권위 소유 여부를 둘러싼 목사회와 시의회의 갈등
- 칼빈과 목사회: 세속적 재판권을 침해하지 않는 당회의 출교 제안만을 주장, 교회의 질서와 순결을 유지하기 위해
- 시의회: 출교권은 시의회의 권위로 놓고 당회는 제안만 할 것을 요구: 1543년 3월 60인 회의의 의결
- 리베르틴 논쟁: 1546년 이후 제네바의 실권자 페랭-파브르 집안과 갈등
- 1555년 2월 칼빈의 지지자들이 선거에서 압승하여 페랭파는 진압되고 축출됨

- 1555년 이후 칼빈의 종교개혁 프로그램이 안정적으로 진행됨

③ 칼빈이 직면한 신학적 논쟁
- 카스텔리오: 칼빈의 요청으로 불어 성경 번역 시 비속어 사용 문제점. 1543년 사도신경의 지옥강하 논쟁. 아가서 정경 문제 제기
- 피에르 아모: 1546년 칼빈을 이단이라고 비난하다가 치리당함
- 볼섹: 1551년 칼빈의 이중예정 교리에 반대
- 반삼위일체론자들: 1558년 제네바에 거주하는 이탈리아 피난민 중 반삼위일체론자들과 논쟁(Matteo Gribaldi, Giorgio Blandrata, Giovanni Valentino Gentilis)
- 세르베투스 사건: 그는 「기독교 회복」(1553)을 통해 칼빈의 신학을 비판. 칼빈은 「거룩한 삼위일체에 관한 방어」(1554)를 통해 변증. 그는 유아세례 거부, 삼위일체 거부, 자신을 미카엘로 비유.
- 루터파 베스트팔과 성찬 논쟁: 칼빈의 성찬론 – 그리스도의 몸은 영적으로 실제로 임한다. 실제로 임한다는 것은 떡과 포도주에 임한다는 것이 아님. 신자들의 마음에 내려오시는 단순한 기념도 아님. 성령의 역사로 떡과 포도주가 수레가 되어 우리의 마음을 그리스도께서 들어 올리신다(Sursum Corda).

④ 칼빈의 개혁 활동
- 지속적인 설교와 강의를 통해 1559년 6월 세워진 제네바 아카데미의 기초를 닦음: 초대 학장은 베자
- 저술 활동: 피기우스 논박(1542). 「기독교강요」 라틴어 증보판과 최종판(1543, 1559) 출판. 각종 논문 – 1555년 이후 제네바 이외의 유럽 각국의 상황에 관여함
- 1564년 5월 27일 사망
- 베자: 프랑스 귀족 가문 출신으로 칼빈 사망 이후 제네바 목사회를 대표하며 프랑스 위그노들을 신학적·정치적으로 지도함. 적극적으로 철학적 논증을 사용해 예정론 등 개혁파 교리를 변호함

⑤ 칼빈의 종교개혁 신학의 주요 주제
- 서론: 하나님을 아는 지식과 인간(의 죄인임)을 아는 지식의 불가결한 상호 연관성
- 칭의론: 그리스도의 공로 전가만으로 의롭게 됨. 믿음은 택자에게 주시는 하나님의 선물. 성령께서 그리스도와 신자를 연합시키심. 선행은 믿음의 당연한 귀결일 뿐 추가적 공로를 더하지 않음
- 성화의 방법론: 평생에 걸친 회개의 삶 – 자기부인, 십자가를 지는 삶, 내세에 대한 명상

⑥ 칼빈의 교회 개혁 주장의 주요 주제
- 성경적 교회 제도의 확립: 목사, 교사, 장로, 집사의 네 직분론
- 철저한 권징(컨시스토리 설립): 그리스도의 영예 보존. 범죄 발생 예방. 죄인들의 회개 촉구
- 예배의 개혁: 말씀 중심의 예배. 성찬의 빈번한 시행
- 구제와 봉사: 구빈원을 통한 구제 사업. 신앙으로 피난한 난민들 보호
- 그리스도의 통치 구현: 국가와 교회의 협력 그러나 구별. 정치제도는 민주적 귀족제도 추천

5) 「기독교강요」의 구조와 특징

① 첫 출판과정
- 집필은 1533년 말부터 1534년 초까지 피난 중이던 티에의 집에서 이루어짐
- 완성은 1535년 여름(1535년 8월 23일 자 헌사)
- 목적: 프랑스 국왕 프랑수아 1세에게 자신들이 재세례파와는 다르다는 점을 보여주기 위한 변증적 목적. 종교개혁 신학과 구원 진리의 핵심적 내용을 요약해 정리. 참 경건을 가르침
- 형식: 교리교육서 형식 - 루터의 1529년 소요리문답의 순서를 따름(율법-사도신경-십계명-성례+거짓 성례-기독교인의 자유)

② 여러 증보판
- 1536년 초판: 바젤에서 출판. 6장으로 구성되어 있으며 프랑스어 번역 없음. 프랑수아 1세에게 보내는 서문 헌사에서 이 책의 변증적 성격을 제시함. 루터의 소요리문답(1529)의 구성과 내용에 영향을 받음
- 1539년 증보판: 스트라스부르크에서 출간. 총 17장으로 구성. 신구약 관계, 유아세례, 예정론, 교회론 포함. 1541년 최초의 불어 번역판이 제네바에서 출판됨. 여러 신학 논쟁의 내용이 포함됨. 멜란히톤의 「신학총론」(1535)의 형식이 반영됨
- 1543년 증보판: 스트라스부르크에서 출간. 총 21장. 수도원주의, 사도신경 해설 증보, 교회직제의 신학적 근거 포함. 1542년 불어 번역판 출판. 제네바의 교회 개혁 상황이 반영됨
- 1559년 라틴어 최종판: 제네바에서 출간. 1550년 라틴어판, 1551, 1553, 1554, 1557 불어판의 종합. 전체 4권 80장으로 구성. 사도신경을 따른 구조. 1560년 프랑스판

③ 「기독교강요」의 특징
- 단순성과 명료성: 반스콜라주의적 방향과 인문주의의 영향
- 목적: 경건을 위한 바르고 명확한 이해 추구. 성경해석의 신학적 기준을 제시
- 구조와 방법론: 루터의 소요리문답과 멜란히톤의 「신학총론」 종합
- 설교적 목적: 창조주 하나님에 대해 단순한 지적 이해가 아닌 경외. 구원의 진리 이해

5. 잉글랜드와 스코틀랜드의 종교개혁

유럽 대륙에서 발생한 종교개혁과 달리 잉글랜드의 종교개혁은 당면한 정치 외교적 필요에 따라 국왕이 주도해서 시작되었다는 특징이 있다. 헨리 8세는 자신의 결혼문제를 해결하기 위한 동기에서 시작해 교황청과 합스부르크 왕가로부터 잉글랜드의 국제적 위상을 높이려 한 정치적 목적에 따라 1534년 수장령을 선언하고 국가 차원에서 개신교의 채택을 단행했다. 그러나 군주의 정치적 필요로 시도된 종교개혁은 수많은 부작용을 낳았다. 종교개혁의 신앙적 목적에 충분히 공감하지 못한 로마 가톨릭 사제들과 백성 대다수는 국왕의 일방적인 개혁 요구를 받아들이기 힘들었다. 정치적 상황에 따라 우왕좌왕했던 헨리 8세의 정책과 복잡한 가족사 역시 문제를 키웠다.

아버지의 뒤를 이어 어린 나이에 왕위에 오른 에드워드 6세는 토마스 크랜머와 같은 개혁자들의 조력을

받아 본격적인 개혁에 착수했다. 크랜머는 최초의 개신교 캔터베리 대주교로서 대륙에서 여러 개혁자를 영입하여 잉글랜드의 종교개혁을 위한 노력을 전개했다. 그러나 에드워드 6세가 갑작스럽게 세상을 떠나자 이복누이인 메리가 즉위하여 어머니 캐서린의 한을 풀기 위해 로마 가톨릭을 복원했다. 그동안의 종교개혁 정책은 모두 철회되고 많은 개혁자가 처형당했다. 메리 여왕의 통치가 끝난 후 즉위한 이복동생 엘리자베스는 개신교를 복구했다. 그러나 새 여왕은 '중도의 길'(via media)을 표방하며 왕권을 강화하기 위한 국교회 정책을 펼쳤다. 그녀는 신조와 신앙고백서 구성에서 청교도와 국교회의 주장을 함께 수용하였으나, 예배 형식에서는 철저히 국교회주의를 추구하였다. 그 결과 메리 당시 대륙으로 망명하였던 청교도들이 귀환하여 그녀의 국교회주의적 정책을 심도 있게 비판하며 말씀에 입각한 예배와 신앙고백서 및 공동기도서를 수립할 것을 강력하게 요구하였다.

스코틀랜드 역시 당시의 복잡한 정치 외교적 상황 속에서 종교개혁을 수용했다. 대륙의 종교개혁은 일찍이 패트릭 해밀턴과 조지 위샤트와 같은 순교자들의 설교를 통해 스코틀랜드에 유입되었다. 이후 스튜어트 왕실의 섭정 메리 기즈가 이끌어 들인 친프랑스, 친로마 가톨릭 세력에 반대했던 스코틀랜드의 귀족들은 잉글랜드 청교도와 동조하였다. 그들은 엘리자베스 시기에 잉글랜드와 손을 잡고 청교도와 함께 공유함으로써 튜더 왕조와 프랑스의 간섭을 극복하려 했다. 존 녹스는 이 시기에 대륙에서의 망명 생활을 마치고 귀국하여 동료들과 함께 장로교 제도를 스코틀랜드에 도입하는 데 중요한 역할을 했다. 1560년 섭정 메리를 물리친 스코틀랜드 귀족들은 개혁신학과 장로교 제도를 천명한 신조를 공인함으로써 최초의 장로교 국가를 세웠다. 그런 정치적 상황이 크게 작용한 잉글랜드와 스코틀랜드의 종교개혁은 세속적 동기를 극복하고 종교개혁 본래의 신앙적 목적을 확립해야 하는 시대적 과제를 해결해야만 했다.

1) 잉글랜드 종교개혁의 전개

① 헨리 8세(Henry VIII, 1491-1547)와 종교개혁의 시작
- 1509년 즉위하여 울지 추기경을 임명
- 1521년 루터의 사상에 반대하는 「7성례 변호」를 저술 – 교황 레오 10세가 '신앙의 수호자'라고 칭함
- 스페인 합스부르크 공주 캐서린(Catherine of Aragon)과 결혼. 캐서린의 수행원인 앤 볼린을 사랑하여 캐서린과 이혼하기 위해 1526년에 교황청에 결혼 무효소송 제기
- 당시 신성로마제국 황제이자 캐서린의 조카인 카알 5세의 세력에 밀려 교황청은 결혼 무효소송 거부
- 1534년 수장령(Supremacy Act)을 선포하고, 잉글랜드 교회의 사법적 독립을 선언한 후 국왕이 잉글랜드 교회의 머리임을 주장함. 영국국교회(Anglican)의 출발
- 수장령에 반대한 모어(Thomas More, 1478-1535)와 피셔(John Fisher, 1469-1535) 처형: 이후 로마 가톨릭의 성인으로 추대됨
- 개신교 국가임을 천명했으나 교리와 예배 의식에서는 로마 가톨릭 방식을 유지

② 에드워드 6세(Edward VI, 1537-1553)
- 1547년 10세의 나이로 즉위
- 개혁가였던 로저스 애스햄, 콕스에게 교육받음. '새로운 요시아'라는 별칭
- 헨리 8세의 핍박으로 망명하였던 청교도의 귀환: 마일스 커버데일, 존 베일, 존 후퍼

- 토마스 크랜머, 니콜라스 리들리, 휴 라티머 등을 중심으로 「설교서」(*The First Book of Holimiles*, 1517), 「공동기도서」(*The First Book of Common Prayer*, 1548-1549), 「통일령」(*The Act of Uniformity*, 1552)을 청교도의 개혁주의 신학에 입각하여 발간
- 대륙의 종교개혁자 영입: 마틴 부써, 피터 버미글리, 존 알 라스코, 피터 마터, 포울레인, 존 녹스
- 가톨릭의 예전적 예배형식과 미신적 요소들 제거

③ 메리 여왕(Mary Tudor, 1553-1558)
- 결혼 무효가 된 캐서린 아라곤의 외독녀. 20년 가까이 유폐된 후 왕권 쟁탈
- 추기경 폴(Cardinal Pole)과 함께 타워 감옥에 수감된 가톨릭 수뇌부 복귀: 보너, 가디너, 턴스탈, 히스
- 에드워드의 공동기도서와 요리문답서 폐지. 화체설 부활
- 1554년 스페인의 왕자 필립 2세와 결혼
- 청교도 대학살 정책: 후퍼, 크랜머, 리들리, 라티머, 로저스 등을 화형시킴
- 1558년 후사 없이 병사함

④ 엘리자베스 1세(Elizabeth I, 1559-1603)
- 앤 볼린의 딸이자 메리의 이복동생으로 1558년에 왕위 등극
- 영국국교회와 청교도의 중도노선(via media) 추구: 공동기도서와 39개 신조 제정
- 수장령 선포. 통일령(Uniformity, 1559)과 명령서(Injunctions, 1559)를 반포하여 국교회 형식을 강조하자 청교도의 저항을 받음
- 청교도는 '성경강해집회'(Prophesyings)를 통해 개혁주의 신학을 전개
- 잉글랜드 장로교 제도 출발: 토마스 카트라이트
- 교황청과의 전쟁에서 스페인을 축출하고 명실상부한 '해가 지지 않는 나라'를 건설: 해상권 장악
- 튜더의 조카 손자인 스코틀랜드의 제임스 6세가 잉글랜드 제임스 1세로 즉위: 스튜어트 왕조

2) 잉글랜드 종교개혁의 쟁점

① 특징
- 국왕의 결혼문제 해결을 위해 영국국교회(성공회)가 출발
- 기존 가톨릭의 형식적 예전 중심 예배와 국교회의 미온적 개혁에 반기를 들고, 개혁주의 신학에 입각한 청교도 운동이 출발
- 청교도는 존 칼빈의 신학과 예배를 통해 발전된 형태의 교회를 구축

② 틴데일과 영어 성경 번역
- 틴데일(William Tyndale, 1494-1536): 잉글랜드 청교도 운동의 효시
- 잉글랜드 글로스터 출신. 옥스퍼드와 캠브리지에서 신학 연구
- 왕의 동의 없이 대륙 망명하여 독일 함부르크에서 성경 번역
- 출간된 신약성경을 국내로 몰래 반입하여 제공 중 왕명 거역죄로 1536년 체포되어 화형
- 화형대의 마지막 기도: "주여! 왕의 눈이 떠지게 하옵소서!"

③ 교회 제도 논쟁
- 에라스투스주의: 스위스 출신의 신학자 에라스투스(Thomas Erastus, 1524-1583)의 「가장 중대한 문제들에 대한 해설」(*Explicatio Gravissimae Quaestionis*)에서 주장한 교회 제도. 한 가지 신앙을 고백하는 시민 정부가 시민적·교회적 사건들에 대한 사법 행사의 책임과 권한을 모두 가지고 있다고 주장함
- 후커(Richard Hooker): 영국국교회 대변자. 에라스투스주의에 따라 출교도 세속 정부의 승인으로 이루어진다고 주장
- 국교회파와 청교도 사이의 핵심 논쟁점: 공동기도서의 수용 여부와 목사 임명권 문제
- 성복 논쟁(Vestiarian Controversy): 청교도는 가톨릭의 성복 착용을 성직매매로 규정하고 성복을 거부함
- 16-17세기 청교도(Puritans)와 국교도(Anglicans) 사이 논쟁의 주요 쟁점이 됨

3) 존 녹스와 스코틀랜드 종교개혁의 전개

① 초기 생애와 개혁자로서의 등장
- 순교자 패트릭 해밀턴(Patrick Hamilton, 1504-1528)의 설교로 루터파 사상이 보급됨
- 잘 알려지지 않은 초기 생애: 해딩턴 출신으로 세인트앤드루스에서 교육받음
- 순교자 조지 위샤트의 영향으로 개혁 사상을 받아들인 후 세인트앤드루스 반란자들의 설교자로 활동을 시작함
- 1546년 반란 진압 후 프랑스 함선에서 19개월간 복역

② 잉글랜드 사역
- 1549년 잉글랜드 에드워드 6세에 의해 석방되어 잉글랜드 교구에서 목회 사역: 스코틀랜드의 국경 근처 버릭과 뉴캐슬에서 교구 목회 사역
- 1551년부터 에드워드의 궁정 설교자로 활동
- 1552년 잉글랜드 공동기도서 개정에 참여하여 로마 가톨릭적 잔재의 척결을 주장함
- 흑주(Black Rubric) 사건: 녹스의 강력한 반대로 인해 공동기도서에 성찬 시 무릎을 꿇는 방식에 대한 부연 설명을 급히 첨부함

③ 망명 시기
- 1553년 메리 여왕 즉위 후 프랑스를 거쳐 제네바로 망명
- 독일 프랑크푸르트 내 잉글랜드 피난민 교회에서 목회 활동
- 국교회주의자 콕스(Richard Cox)와의 갈등으로 추방됨: 공동기도서 사용 여부
- 프랑크푸르트에서 추방된 이후 제네바에서 잉글랜드 피난민 교회 목회 사역: 칼빈의 영향
- 1555년 1년간 스코틀랜드에서 비밀리에 설교 사역 전개
- 1557년 12월 녹스의 영향으로 스코틀랜드 귀족들이 에든버러에서 '제1계약'(The First Bond)에 서약
- 「여성들의 괴물적인 통치에 반대하는 첫 번째 나팔소리」(1558) 출판: 각국의 로마 가톨릭 여성 지도자들(메리 기즈, 메리 스튜어트, 메리 튜더, 캐서린 메디치)에 대한 공격

④ 스코틀랜드 귀국
- 1559년 5월 스코틀랜드 귀환 – 7월부터 에든버러 세인트자일스 교회에서 설교 사역 시작
- 1560년 프랑스와 스코틀랜드의 군사 분쟁에 잉글랜드가 개입하여 프랑스군 격퇴
- 1560년 8월 녹스와 개혁자들이 의회에 교회의 전면적인 개혁을 요구함: 신앙고백서와 제1치리서 제출
- 1560년 12월 20일 장로교회 조직: 녹스 포함 6명의 목사와 36명의 장로로 구성
- 1556-1564년 예식서인 *The Book of Common Order* 저술 참여
- 교회 재산 활용에 대한 논쟁: 의회가 제1치리서를 수용하지 않음
- 1567년 메리 스튜어트 여왕 퇴위 이후 제임스 6세가 즉위: 국왕파와 여왕파의 대립
- 스코틀랜드 개신교 귀족들 사이의 갈등과 대립: 녹스의 동역자인 섭정 모레이 공작이 암살됨
- 녹스는 1572년 사망: 스코틀랜드 교회 내에 개혁 사상이 뿌리내리기 시작

4) 스코틀랜드 장로교회의 설립

① 스코틀랜드 신앙고백(Scottish Confession of Faith, 1560)
- 전체 25장으로 구성: 사도신경의 구조와 언약사적 관점을 조화시킴 – 교회의 시작을 '아담으로부터' 라고 진술함
- 칼빈주의적 신학과 장로교회 제도를 주장함

② 제1치리서(The First Church Discipline, 1559)
- 구성: 9장 – 교리, 성례, 목사의 선택, 목사의 준비, 교회 치리, 교회 정치
- 치리: 성경이 궁극적인 원리. 설교가 예배의 중심
- 권징: 스코틀랜드 전체의 도덕적 개혁을 위한 철저한 권징의 시행
- 평등: 교회와 사회 내의 계급 구조 제거 시도 – 교회 직원 선출은 회중의 권한에 속함
- 교회 구조: 성경적 직분으로 목사, 장로, 집사
- 전국 조직: 각 교회 규율위원회(당회) – 지역 노회 – 대회 – 총회
- 교육개혁: 매 교구에서 학교를 설립하여 보편 교육 실시
- 빈민구제: 성찬 때마다 구제 헌금. 빈민에서 십일조 면제
- 예배: 성경적 근거가 없는 축제일과 성일 폐지

③ 앤드류 멜빌(Andrew Melville, 1545-1622)과 제2치리서
- 멜빌: 1545년 몬트로즈 출생 – 세인트앤드루스대학, 파리대학 수학 – 1569년 제네바에서 베자의 영접으로 헬라어 강사로 활동
- 1574년 스코틀랜드 귀국: 녹스의 정책을 따라 전국적인 고등교육의 실시와 장로교 정치 회복을 위해 전력을 기울임
- 학문적 활동: 글래스고대학(1574) – 세인트앤드루스대학 총장(1580) 역임. 스코틀랜드대학에 제네바 아카데미의 제도를 도입하기 위해 노력함
- 제2치리서(The Second Book of Discipline, 1578): 의회에 제출하여 승인을 얻어냄

- 감독제도 반대: 녹스의 '감독자'(superintendent) 개념을 넘어서 감독 정치를 반박함 - 성경에 나오는 감독, 목사, 목회자는 장로 직분에 대한 다른 용어일 뿐이라고 주장함
- 각 교회의 독립성: 도리어 교회가 국가권력에 양심과 종교상의 권리와 의무를 지도해 주어야 한다고 주장함
- 제임스 6세의 종교정책에 맞서다가 1607년 런던탑에 투옥. 1611년 영국에서 추방됨
- 프랑스 세당(Sedan)에서 장로교 지도자 양성에 힘쓰다가 여생을 보냄

6. 로마 가톨릭의 대응과 루터파 종교개혁의 전개

종교개혁자들의 비판에 대해 로마 가톨릭의 대응은 여러 가지 형태로 나타났다. 1520년대에는 종교개혁자들의 주장을 위협과 무력으로 억누르려는 시도가 전개되었다. 1530년대에는 일부 개혁적인 로마 가톨릭 신학자들과 종교개혁자들 사이에 대화의 시도가 있었다. 교황청은 이 모든 과정에서 황제를 비롯한 유럽의 여러 군주 사이의 정치적 이해관계를 염두에 두고 제대로 된 개혁적 대책을 내놓지 못했다. 이는 아비뇽 유수와 대분열의 과정을 거친 로마 교황청이 세속 군주들의 정치적 지원과 경제적 후원에 많이 의존하고 있었기 때문이다. 황제 칼 5세와 독일 루터파 제후들 사이의 전쟁이 시작된 이후에서야 교황청은 1545년 북이탈리아의 작은 도시 트렌트에서 공의회를 개최했다. 트렌트 회의는 종교개혁의 도전뿐 아니라 중세 내내 묶여 있던 많은 문제를 논의했다. 그러나 회의는 급변하는 정치적 상황에 의해 두 차례나 정회되었고 1564년에 이르러서야 종료될 수 있었다. 트렌트 회의가 내놓은 신학적 대안은 주로 종교개혁자들의 주장을 거부하고 자신들의 기존 입장을 재확인하는 것이었다. 그러나 트렌트 회의는 로마 가톨릭이 개신교와 차별되는 신학적 입장 정립과 제도적 정비의 계기를 마련했다.

스페인은 15세기 말부터 강력한 왕실의 지원하에서 히메네스 추기경의 주도로 진행된 교회의 개혁이 일정 정도 성공했고 그 결과 종교개혁의 폭풍을 피할 수 있었다. 그사이 스페인에서 비롯된 아빌라의 테레사, 십자가의 요한, 이그나티우스 로욜라 등으로 대표되는 영성운동이 로마 가톨릭의 새로운 대안으로 부상했다. 신학적으로는 인문주의자들이나 종교개혁자들의 비판을 피할 수 없었던 로마 가톨릭은 이후 영성운동의 결과 나타난 새로운 수도회를 통해 활로를 모색했다. 특히 로욜라가 창시한 예수회는 교황청의 승인을 받아낸 후 여러 대학을 중심으로 종교개혁을 비판하고 트렌트 회의의 신학을 변호하는 역할을 담당했다. 예수회는 유럽에서 상실한 교구를 확보하기 위해 아메리카 대륙에서 아시아에 이르기까지 전방위적인 선교 활동도 전개했다. 예수회는 17세기에 들어서서 세속화되어 가는 유럽 국가들 사이에서 로마 교황의 정치적 이익을 지키기 위한 정치적 활동까지 전개했다. 예수회를 비롯한 로마 가톨릭의 조직적 대응에 맞서는 과정에서 개신교 진영은 정교한 신학적 논의를 발전시켰고 그 결과 개신교 스콜라주의가 등장했다.

16세기 후반 루터파는 덴마크와 스웨덴 등 스칸디나비아의 여러 왕국에서 채택되어 확산하였다. 그러나 독일의 루터파는 1546년 루터가 세상을 떠나고 이듬해 슈말칼트 전쟁에서 패한 후 큰 위기를 맞이했다. 외부적으로는 황제 칼 5세가 아우크스부르크 잠정안을 통해 로마 가톨릭 의식으로의 복귀를 강요했다. 내부적으로는 새로운 상황에 직면해 기존의 입장을 고수하려는 엄수파와 다소 유연한 입장을 취하려는 온건파 사이에 신학적 갈등이 벌어졌다. 멜란히톤은 루터의 동역자이며 후계자임에도 불구하고 성찬론과 교회론에서 다소 유연한 입장을 취했다. 그는 성찬론에서는 칼빈의 이해를 수용했으며 교회론에서는 본질적 문제가 아닌 아디아포라(adiaphora) 사안들에 대해 타협이 가능하다고 보았다. 그러나 루터파 내 엄격주의자들은

멜란히톤을 비판하고 기존의 입장을 고수하려 했다. 루터파의 갈등은 1577년 「일치신조」(*Formula of Concord*)를 통해 정리되었다. 일치신조는 주로 엄수파의 의견을 따라 성찬론과 교회론을 확립했다.

1) 트렌트 공의회(1545-1563)

① 공의회의 진행
- 1차 개회: 교황 바울 3세가 1545년 북이탈리아 트렌트에서 소집
- 2차 속개: 교황 율리우스 3세가 1551년 트렌트에서 속개
- 1차 때 논의된 세례와 견진 이외의 5가지 성례에 대한 논의와 결의
- 화체설을 공인하고 개혁자들의 성찬 이론들을 정죄
- 3차 속개: 1562년 교황 피우스 4세가 트렌트에서 속개
- 예수회가 중요한 역할 수행
- 수반교리(Doctrine of concomitance)가 인정되고 일종성찬이 공인됨
- 성직 제도의 정비와 연옥설을 포함한 각종 예식이 인정됨
- 1563년 12월 4일 결의문을 채택하고 1564년 1월 26일 교황이 산회를 명함

② 교회와 전통
- 66권 정경과 외경을 포함하는 성경 인정
- 외경을 영감된 계시라고 인정하지 않았으나 교회의 유익을 위해 필요하다고 봄
- 로마 가톨릭교회의 가르침과 의식, 경건을 위한 표준판으로 벌게이트 번역 성경을 채택
- 성경과 전통의 동등한 권위 인정
- 성경의 사적 해석을 금지하고 성경해석 권한은 교회에만 있다고 주장

③ 구원론
- 치밀한 신학적 논의보다는 개신교의 칭의론에 맞서 로마교회의 교리를 일관되게 정리하는 데 주력함
- 점진적 의화: 의화는 죄인이 성도로 바뀌어가는 평생에 걸친 점진적 과정
- 그리스도의 의는 평생 주입되어 신자들 안에 내재된 의를 도움
- 칭의와 의화(성화)를 구별하는 종교개혁 신학의 이해를 정죄함

④ 교회론
- 감독-사제-부제의 3구조가 대표하는 계급적 교회 구조를 옹호
- 교회 존립을 위한 주교제도의 필연성: 주교가 없는 곳에는 교회가 없다.
- 성직 서품을 성례로 확증
- 평신도가 포함되는 교회 직제에 대한 반대

⑤ 성례론
- 7성례 재확인
- 화체설 재확인: 성례 효력의 근거를 시행의 객관성에 있다고 주장
- 구원에 유익을 얻을 수 있는 희생으로서 미사 개념

⑥ 회의의 결과
- 트렌트 공의회 이후 로마 가톨릭과 개신교의 모든 화해와 대화 노력이 중단됨
- 종교개혁자들의 반박: 개혁파는 칼빈의 「트렌트 회의 교령과 해독제」(1547)를, 루터파는 켐니츠(Martin Chemnitz, 1522-1586)의 「트렌트 회의에 대한 검토」(1565)를 출간하여 이를 반박함

2) 스페인의 새로운 영성운동

① 이사벨과 히메네스의 교회 개혁
- 추기경 히메네스(Francisco Jimenez de Cisneros, 1436-1517): 프란시스코 수도사로서 개혁을 주장하다가 10년간 투옥. 감옥에서 인문주의적 성경 연구. 이사벨 여왕의 고해신부로 있다가 교황 알렉산더 6세의 칙령으로 톨레도 대주교로 임명됨
- 이사벨 여왕의 개혁정책: 부패한 수도원과 수녀원 개혁. 알칼라대학 설립. 원어 성경 편찬: *Complutensian Polyglot*(1517). 교황의 허락하에 종교재판소를 운영해 교리적 이단들을 강력하게 탄압. 유대인 및 무슬림에게 강제적인 개종 강요

② 새로운 영성운동
- 아빌라의 테레사(Teresa of Avila, ?-1592): 카스틸랴의 고원 지대 아빌라 출신으로서 수도생활을 사모함. 갈멜 수녀원에 가입했다가 환상을 경험한 후 독자적으로 수녀원 설립. 신비적 명상을 통한 저술 활동을 계속함. 저서: 「영혼의 성」 - 7개의 궁방, 「완덕의 길」
- 십자가의 요한(John of the Cross, 1542-1591): 남성까지 포함하는 맨발 수도회. 저서: 「영혼의 어둔 밤」, 「갈멜의 산길」. 하나님과 영적 합일을 추구하는 수도회 운동 전개

③ 이그나티우스 로욜라와 예수회
- 로욜라(Ignatius Loyola, 1491-1556): 바스크의 귀족 출신. 팜플로나 전투에서 부상한 이후 군인으로서의 성공을 포기하고 환상을 경험한 후 수도생활 시작
- 은둔생활을 추구하면서 신비 경험. 교회와 그 사명을 위해 헌신하는 것으로 답을 찾음
- 바르셀로나, 알칼라, 살라망카, 파리대학에서 신학 연구
- 저서: 「영적 훈련」(*Spiritual Exercise*, 1535): 4주간의 영적 훈련 과정과 규칙 설명
- 추종자들을 이끌고 몬세라트에서 1543년 예수회 창시: 청빈, 순결, 교황에 대한 순명을 엄숙히 서약. 성인 숭배와 성물 숭배를 부정하지 않음
- 예수회는 이후 교황의 전위부대가 되어 대학을 중심으로 종교개혁 신학을 지적으로 공격함
- 선교에 대한 열정으로 극동과 아메리카에 선교 운동 전개: 마테오 리치(Matteo Ricci, 중국어: 利瑪竇, 1552-1610)의 「천주실의」(1603) - 중국 명나라에서 기독교 신앙을 변증함

3) 독일 루터파 종교개혁의 전개

① 슈말칼트 전쟁(1546-1547)
- 슈말칼트 동맹(Schmakald League): 합스부르크 왕실의 황제 칼 5세를 견제하기 위해 헤세의 필립

(Philip of Hesse)이 주도하여 슈말칼트 동맹 결성
- 1539년 루터파에 반대하는 로마 가톨릭 제후들의 뉘른베르크 동맹 출현
- 헤세의 필립의 중혼 문제로 슈말칼트 동맹의 도덕적 대의가 약화됨
- 작센 공작 모리스가 정치적 이유로 동맹 가입을 거부
- 1546년 루터의 사망: 영적·정치적 구심점 상실
- 황제 칼 5세가 헤세의 필립과 작센 선제후 프리드리히를 생포함으로 종결

② 아우크스부르크 잠정안(Augsburg Interim, 1548)
- 1547년 뮐베르크 전투에서 승리한 황제 칼 5세가 루터파에게 가톨릭 복귀 강요
- 로마 가톨릭의 최종안 확정까지 잠정적 효력을 가진 협정을 로마 가톨릭과 프로테스탄트 신학자들이 합동으로 제정
- 루터파의 저항: 멜란히톤을 중심으로 아우크스부르크 협정을 거부하고 라이프치히 잠정협정을 다시 체결함
- 합스부르크 왕가에 대한 저항이 다시 세력화함: 작센 선제후 모리스가 황제를 배반
- 칼 5세는 동생 페르디난트에게 독일 문제를 위임
- 아우크스부르크 평화조약(1555): 루터파 세력에 밀린 페르디난트는 개신교 선제후들을 석방하고 종교의 자유를 보장
- "제후의 종교가 그 지역의 종교이다."(cuius relio eius religio): 로마 가톨릭과 루터파 중 양자택일이며 재세례파와 개혁파는 선택할 수 없음. 제후의 종교를 거부할 시 모든 것을 포기하고 추방. 이후 독일 30년 전쟁으로 비화하는 빌미가 됨

③ 멜란히톤(Philip Melanchthon, 1497-1560)
- 독일 브레텐에서 출생
- 하이델베르크와 튀빙겐대학에서 수학: 인문주의의 영향을 받음
- 루터와 비텐베르크대학에서 히브리어 및 헬라어 교수. 루터 부재중 종교개혁을 주도함
- 1530년 아우크스부르크 신앙고백 작성 주도: 공재설 – "떡과 포도주 아래 그리스도의 몸과 피가 실제로 임재한다(present)."
- 칼빈의 성찬론을 받아들여 1542년 신앙고백을 개정함: "떡과 포도주 아래 그리스도의 몸과 피가 실제로 나타난다(exhibit)." – 루터파의 비난을 받음
- 부써와 칼빈을 비롯한 개혁파 신학자들과 우호적 관계를 갖고 신학적 교류를 계속함: 1529년 마르부르크 회의에 참여
- 구원론: 이신칭의 교리와 더불어 선행의 중요성을 강조
- 율법: 신자들을 위한 율법의 용도를 주장하다가 율법폐기론자인 아그리콜라(Johannes Agricola, 1494-1566)와 논쟁을 벌임
- 「신학총론」(*Loci Communes*, 1521): 종교개혁의 신학적 원리를 요약정리한 최초의 개신교 조직신학 저술로 평가. 멜란히톤의 생애 가운데 1535, 1543, 1559년 연속적으로 개정함

④ 루터파 내의 온건파와 엄수파 사이의 갈등: 아디아포라 논쟁
- 멜란히톤의 유연한 입장: 이신칭의만 보존되면 본질이 아닌 아디아포라는 용납 가능하다고 주장:

주교 제도, 견신례, 종부성사, 고해 제도 일부, 성직자 결혼, 종의 사용, 독특한 옷
- 플라키우스(Mattias Flacius, 1520-1575)와 루터 엄수파의 반발
- 플라키우스: 비텐베르크대학의 히브리어 교수로서 멜란히톤의 아디아포라 주장을 반박하고 잠정안을 거절함. 인간의 본성의 부패와 성찬에서 그리스도의 실재적 임재를 강조
- 엄수파의 주장: "교회의 선택의 자유를 인정하지만 박해가 주어지는 경우 부수적인 교리(아디아포라)도 고백해야 한다."

⑤ 일치신조(Formula of Concord, 1577)
- 작센 선제후의 사회로 토르가우에서 1576년 토의한 내용을 11개월 후 편찬함
- 안드레아스(Jakob Andreä, 1528-1590), 켐니츠(Martin Chemnitz, 1522-1586) 등이 주도
- 대부분 중용의 입장이었으나 성찬과 아디아포라에서 엄수파의 입장을 취함
- 성찬: 엄격한 루터의 입장을 취하고 칼빈의 성찬론 거부

7. 개혁파 종교개혁의 전개

16세기 후반 개혁파 종교개혁은 루터파에 비해 더 많은 나라로 확산하였다. 이는 칼빈의 탁월한 신학적 작업이 광범위한 영향력을 획득했고, 제네바 아카데미에서 파송한 목회자들이 프랑스와 저지대지방에서 활발하게 활동했기 때문이다. 메리 여왕 통치기에 취리히와 제네바에 망명했던 잉글랜드와 스코틀랜드의 청교도들은 엘리자베스 여왕이 즉위한 후 귀국해 개혁파 신학에 따른 종교개혁을 전개했다. 각 나라에 세워진 개혁교회들은 자신들의 형편에 맞는 신앙고백을 제정해 채택하고 장로교 제도와 같이 민주적인 방식으로 교회를 운영하려 했다.

취리히는 여전히 독일어권 스위스 개혁교회의 중심지였다. 츠빙글리의 후계자인 불링거는 1566년 제2스위스 신앙고백을 제정하여 독어권 스위스 개혁교회의 신학적 입장을 재확립했다. 다른 한편 1559년 5월 사상 최초로 국가 단위의 개혁교회 총회가 프랑스 파리에서 개최되었다. 이후 개혁교회는 프랑스 전역에서 급속도로 교세를 확장했으며 프랑스의 개신교도들을 일컫던 명칭이었던 위그노의 세력은 친로마 가톨릭 정책을 펼친 발루아 왕실 및 기즈 가문과 대립했다. 이들의 대립은 칼빈의 우려에도 불구하고 폭력적 양상으로 이어졌다. 1572년 8월 발생한 성바돌로뮤 축일 학살사건은 가장 불행한 종교적 만행이었다. 이때 큰 피해를 입은 위그노의 정치적 입지는 크게 약화하였다. 칼빈의 후계자인 베자는 위그노의 지도자로서 프랑스뿐 아니라 유럽 전역에 개혁파 신학이 확장하는 데 크게 기여했다. 프랑스의 위그노들은 앙리 4세가 1598년 발표한 낭트 칙령으로 마침내 예배의 자유를 보장받을 수 있었다.

라인강 하류 지역에 해당하는 저지대지방은 스페인 합스부르크 왕실의 지배로부터 독립을 추구하는 가운데 종교개혁을 받아들였고 개혁파의 신학을 채택했다. 제네바 아카데미에서 신학을 공부한 기 드 브레는 "벨기에 신앙고백"을 제정하여 이 지역 개혁파 교회의 신학적 입장을 대변했다. 치열한 독립 전쟁의 과정에서 벨기에 지역은 대부분 로마 가톨릭에 머물렀지만 북부 네덜란드는 개혁파 신앙을 구심점으로 삼아 잠정적인 독립을 얻어냈다.

독일에서도 개혁파 신앙의 도입이 이루어졌다. 아우크스부르크 평화조약(1555)은 로마 가톨릭과 루터파 사이의 양자택일만 인정했다. 그 결과 팔츠 지방에서는 성찬론을 둘러싸고 루터파와 칼빈파 사이에 치열한

신학적 논쟁이 일어났다. 이 논쟁을 살펴본 팔츠의 선제후 프리드리히 3세는 개혁파의 입장을 선택했고 올레비아누스와 우르시누스를 영입해 개혁파의 입장에 따라 하이델베르크 요리문답을 작성하게 했다. 1563년 제정된 하이델베르크 요리문답은 이후 벨기에 신앙고백과 함께 네덜란드 개혁교회에서 표준문서로 채택되었다. 개혁파의 신학은 각 지역에 맞는 유연한 적용을 통해 유럽 각국으로 확산할 수 있었다. 그러나 이 유연성은 적용에서의 융통성을 의미한다. 각 지역에서 다양하게 출현한 개혁교회의 신앙고백들은 개혁신학의 핵심적인 주제에서는 일관되고 선명한 신학적 입장을 결코 약화시키지 않았다.

1) 스위스 개혁파 교회의 발전

① 제2스위스 신앙고백(The Second Helvetic Confession, 1566)
- 주요 작성자: 불링거, 미코니우스, 그레니우스, 유트, 메간더 등 스위스 각 도시의 개혁자
- 동기: 팔츠의 프리드리히 3세의 요청에 응해 불링거가 1566년 아우크스부르크 회의에서 개혁파 신앙을 변호할 수 있는 신앙고백을 작성함
- 목적: 1536년 제정된 제1스위스 신앙고백을 보완함. 트렌트 회의의 결정에 맞서 체계화된 신앙고백서의 필요성. 독일 내 개혁파의 신학적 입장을 요약하여 정리함

② 스위스 개혁파 운동의 전개
- 성례관과 성찬 이론에서 츠빙글리의 견해를 따름으로써 루터파와 차별을 부각함
- 논쟁적이며 정교한 신학적 체계를 갖춤으로써 독일어권 스위스 교회를 하나로 묶는 데 중요한 역할을 함
- 교회와 국가의 유기적 관계를 강조함: 에라스투스주의적 경향

2) 프랑스의 개혁교회 수립과 위그노 전쟁

① 프랑스 개혁교회 총회
- 1559년 파리 총회(5월 25일부터 29일까지): 72개 교회의 대표자들이 참석함
- 프랑스(갈리아) 신앙고백과 치리서 제정(1559): 샹디외(Antoine de la Roche Chandieu, 1534-1591) 목사가 초안을 작성
- 1561년 라로셀 총회: 2,000교회와 200만 명 교인으로 성장한 칼빈주의 교세가 보고됨

② 위그노 전쟁(War of Huguenot, 1562-1598)
- 앙리 2세(재위 1547-1559)가 사고로 사망한 후 발루아 왕실의 약화: 왕자 세 명이 연달아 즉위하면서 앙리 2세의 왕비인 캐서린 메디치가 섭정을 시행
- 프랑수아 2세(재위 1559-1560) - 샤를 9세(재위 1560-1574) - 앙리 3세(재위 1574-1589)
- 앙브와즈 음모(1560): 위그노 귀족들이 왕을 납치하려는 시도가 로마 가톨릭 세력인 기즈 가문에게 사전에 발각되어 위그노 지도자 콩데가 체포됨
- 프와시 회의(1561): 섭정 중인 캐서린 메디치가 위그노와 화해를 모색. 기즈의 반대로 실패
- 생 제르맹 칙령: 위그노에게 도시 밖에서 비무장으로 예배드릴 수 있도록 허용
- 바시 학살사건(1562년 3월): 로마 가톨릭 세력을 주도하던 기즈 공작의 토벌군이 바시에서 예배를 드리던 위그노 70명을 살해

- 로마 가톨릭은 기즈 공작 중심. 위그노는 콜리니 제독 중심. 1570년 휴전까지 군사적 충돌이 계속됨

③ 성바돌로뮤 축일 대학살 사건(1572)
- 위그노인 앙리 부르봉과 앙리 2세의 딸 마가렛 발로아의 8월 18일 결혼을 기념하기 위해 전국의 위그노 지도자들이 파리에 집결
- 기즈 공작 앙리의 음모로 8월 24일 성바돌로뮤 축일 밤에 위그노 학살이 벌어짐
- 콜리니와 2,000여 명(일부 자료에는 2만 명)의 위그노가 학살되었고 이후 전국적인 학살이 자행됨
- 교황 그레고리우스 13세: 대학살을 축하하기 위해 "하나님을 찬양하나이다!"(Te Deum Laudamus)를 전 유럽에서 찬양토록 명령. 기념주화를 발행. 교황청 방에 학살 장면을 프레스코화 하도록 명령

④ 발루아 왕조의 몰락
- 1572년 이후의 위그노 전쟁: 국왕 앙리 3세가 1583년 기즈의 앙리를 살해
- 앙리 3세는 1589년 도미니크 수도사에 의해 암살됨
- 성바돌로뮤 축일 학살 사건에서 살아남은 앙리 부르봉이 앙리 4세로 즉위
- 낭트 칙령(1598.4.13.): 앙리 4세가 파리를 제외한 전국에서 위그노의 예배 자유를 허용
- 앙리 4세는 1610년 로마 가톨릭 극렬분자에게 암살됨

3) 저지대지방의 개혁교회

① 정치적 상황
- 저지대지방: 벨지카라고 불린 라인강 입구 17개 지방. 합스부르크 왕가가 지배하고 있었음
- 플란더스 출신인 칼 5세가 1556년 아들 필립 2세에게 왕위를 물려줌
- 필립은 이복누이 파르마의 마거릿(Margaret of Parma)에게 통치를 맡김
- 스페인 주둔군에 대한 반감으로 저지대지방은 합스부르크로부터 독립을 추진함

② 종교적 상황
- 다양한 대안적 시도들: 공동생활형제단. 재세례파의 유입
- 16세기 중반 이후 칼빈주의 설교가들이 성공을 거둠
- 필립 2세는 종교 재판권을 부여받은 주교들을 통해 개신교 주민들을 박해함
- 마거릿에게 트렌트 회의의 결정을 거부하는 자들을 모두 처형할 것을 지시함

③ 독립전쟁의 전개
- 독립전쟁 시작(1566): 가톨릭식 미사를 거부. 성상파괴운동(iconoclasm)
- 거지 떼들(Beggars): 필립 2세와 마거릿에게 강경한 억압 정책의 철회를 호소한 귀족들과 부르주아들을 낮추어 일컬은 호칭
- 오렌지공 빌림의 중재는 필립 2세의 거부로 실패
- 1567년 스페인 장군 알바 공작이 스페인과 이탈리아 연합군을 이끌고 저지대지방 침공
- 알바 공의 폭정: '질서 확립 위원회' – 프로테스탄트들을 이단으로 많이 처형
- '바다의 베거들': 해적들이 빌림과 잉글랜드 여왕 엘리자베스의 지원으로 군대로 편성됨
- 빌림은 1573년 칼빈주의자임을 선언

- 레이든 전투: 4개월간의 포위 속에서 수문을 열어 해군들이 진입하도록 함
- 1576년 겐트 평화조약(Pacification of Ghent)으로 동맹 형성: 문제는 종교적 차이가 아닌 국가의 정치적 자유임을 천명함
- 1584년 빌럼이 암살당함. 아들 마우리츠가 19세의 나이로 지도자가 되어 저항을 이어감
- 필립 2세 사후 1607년 스페인이 휴전에 합의: 북부 네덜란드는 칼빈주의를 자처함. 남부 벨기에와 룩셈부르크는 로마 가톨릭으로 남음

4) 벨기에 신앙고백과 하이델베르크 요리문답

① 벨기에 신앙고백(Belgic Confession, 1561)
- 작성자: 귀도 드 브레(Guido de Bres, ?- 1567). 헤이그 출신으로서 개인 성경 연구를 통해 개혁주의 신앙을 소유함. 에드워드 6세 치하에서 영국에 망명 생활. 벨기에 일대에서 순회 전도 사역을 하다가 체포되어 1567년 5월 31일 반역 혐의로 교수형 당함
- 작성 배경: 합스부르크 왕실의 핍박에 대응해 개혁교회의 신앙이 하나님의 말씀에 기초하고 있음을 입증하려 함
- 1561년 프랑스어로 발표됨
- 칼빈의 제자 유니우스(Francis Junius, 1591-1677)가 16개 조항으로 정리하여 제네바 등의 교회 승인을 요청함
- 1566년 안트베르펜(Antwerpen) 대회와 1568년 베젤(Wesel) 대회에서 공식적으로 채택됨
- 16세기 후반 네덜란드 개혁파의 신앙고백으로 사용되었으며 오늘날까지 개혁교회의 대표적인 신앙고백으로 인정되고 있음

② 하이델베르크 요리문답(Heidelberg Catechism, 1563)
- 작성 배경: 독일 팔츠(Palz) 지방에서 벌어진 성찬 이론의 충돌. 루터파 신학자 헤수시우스(Tilemann Heshusius, 1527-1588)가 루터의 공재설을 강하게 주장함
- 팔츠의 선제후 프리드리히 3세(1515-1576)가 논쟁을 종식시킬 신학적 규범 제정을 시도
- 복음적인 요리문답 작성: 우르시누스(Zacharias Ursinus, 1534-1583)와 올리비아누스(Caspar Olivianus, 1536-1585)를 하이델베르크로 초청해 의뢰함
- 칼빈의 제네바 요리문답과 멜란히톤의 신학적 영향을 반영함
- 1562년 12월 하이델베르크에서 열린 목사와 교수 총회에서 공식 채택
- 1585년 요약판 출판
- 의의: 독일 최초의 공식적인 개혁주의를 표방한 교회의 출현
- 결과: 아우크스부르크 평화조약의 혜택을 박탈하겠다는 독일 다른 선제후들의 위협을 받음
- 1566년 프리드리히 3세의 단호한 입장으로 인해 독일 제후들이 팔츠의 개혁주의 입장을 인정함
- 프리드리히의 아들 루트비히 6세(1539-1583)는 하이델베르크 요리문답의 개혁파 입장을 무력화시키고 팔츠에 루터파의 일치신조(1577)를 다시 도입함

Ⅳ. 근현대교회사

1. 17세기 종교전쟁과 청교도 운동

16세기 말부터 17세기 초 서유럽은 종교전쟁의 시대였다. 16세기에 일어난 종교개혁은 로마 가톨릭을 지지하는 군주들과 개신교를 지지하는 군주들 사이의 군사적 충돌로 이어졌다. 프랑스에서는 친로마 가톨릭 왕실이 위그노 귀족들을 탄압하면서 위그노 전쟁이 전개되었다. 위그노 전쟁은 앙리 4세가 발표한 1598년 낭트 칙령으로 일단락되었지만 앙리 4세 이후 즉위한 부르봉 왕실은 로마 가톨릭을 지지하며 위그노를 강력하게 억압했다. 독일 일대에서는 1618년 가장 큰 규모의 종교전쟁인 30년 전쟁이 발발했다. 신성로마제국의 영토에 속했던 보헤미아에서 시작된 전쟁은 30년간 계속되면서 주변 국가들이 개입하는 국제전의 양상을 띠었다. 그러다가 1648년 베스트팔렌 화해조약으로 종식되었다. 30년 전쟁의 결과 서유럽 국가들 사이의 정치 지형은 재편되었고 로마 가톨릭을 비롯한 교회의 세속적 지배권은 크게 약화하였다. 서유럽 사회는 신앙보다는 현실의 가치와 이익을 중시하는 방향으로 세속화되었다.

잉글랜드에서도 신앙으로 인한 충돌이 발생했다. 엘리자베스 여왕 시대 강력한 국교회 정책에 맞섰던 청교도들은 이후에도 그리스도의 말씀에 의한 교회의 통치를 주장하며 국교회주의자들에게 맞섰다. 1603년 튜더 왕가에 이어 잉글랜드의 왕위에 오른 스코틀랜드 스튜어트 왕가의 제임스 1세는 청교도의 요청과 기대를 저버리고 왕권을 강화하기 위해 국교회 정책을 계속 펼쳤다. 스튜어트 왕실의 종교정책은 로마 가톨릭으로의 복귀라는 의심을 사기까지 했다. 스코틀랜드의 장로교인과 잉글랜드의 청교도는 찰스 1세의 종교정책에 맞섰고 이 충돌은 내전으로 이어졌다. 종교전쟁은 기독교 신앙의 동기와 목적으로 벌어졌지만 실상은 각국 왕실과 귀족들의 정치적 이해관계에 따른 세속적 충돌이었다. 이 어려운 상황 속에서도 기독교인들은 바른 신앙을 확고히 하기 위한 노력을 경주했다.

1) 30년 전쟁(1618-1648)

① 아우크스부르크 평화조약(Peace of Augsburg: 1555)의 한계
- 통치자들과 영주들이 자기 지역의 종교를 자유롭게 결정
- 원하지 않는 주민들은 종교를 찾아 이주 가능
- 로마 가톨릭과 루터파의 양자택일로서 개혁파와 재세례파는 제외됨
- 종교를 기준으로 한 영주권의 강화로 300여 개의 연방국가로 분열됨
- 오직 루터파에 한정된 종교의 자유

② 전쟁의 배경
- 황제 루돌프 2세(1576-1612)의 종교정책의 한계: 개신교의 자유를 허락했으나 예수회의 영향하에 있다는 의심을 받음
- 1607년 바이에른 영주 막시밀리안 공작이 도나우베르트에 진격해 시민들에게 로마 가톨릭으로 개종을 강요
- 1608년 막시밀리안 공작에 대한 반발로 복음주의 연맹 결성: 팔츠의 프리드리히 4세 주도
- 루돌프 2세를 이어 즉위한 황제 마티아스가 사촌 페르디난트를 보헤미아의 국왕으로 임명

③ 전쟁의 발발
- 프라하 폭동(1618): 프라하의 왕실위원회가 후스파 백성들의 의견을 묵살
- 개신교도가 반란을 일으켜 왕실 고문 두 명을 창밖으로 던짐
- 보헤미아 귀족들이 개신교도인 팔츠의 프리드리히 4세를 국왕으로 옹립
- 반란은 보헤미아를 넘어서 실레지아와 모라비아 지방으로 확대됨
- 1619년 황제가 된 페르디난트 2세(로마 가톨릭의 절대적 충성파)가 로마 가톨릭 동맹에 보헤미아 공격을 명령

④ 전쟁의 전개
- 제1기(1618-1620): 제국 군대와 보헤미아 사이의 전쟁 – 전쟁에서 승리한 로마 가톨릭 진영이 보헤미아 일대에서 루터파를 잔인하게 진압함
- 제2기(1625-1629): 보헤미아 진압에 반대한 개신교 국가들의 연대 결성 – 잉글랜드, 네덜란드, 덴마크. 덴마크 왕 크리스천 4세가 1626년 독일 침공. 합스부르크 왕가를 경계하기 위해 프랑스 영주들도 동참(루터파 진영 지원). 황제 페르디난트가 군대 소집: 발렌슈타인의 알버트(Albert of Wallenstein) 장군이 지휘. 1629년 뤼벡 조약으로 휴전
- 제3기(1630-1635): 루터파의 반격. 스웨덴 왕 구스타브 아돌프(Gustavus Adophus)가 프랑스의 후원을 받아 독일을 재침공. 라이프치히에서 로마 가톨릭 동맹군을 격퇴하고 뮌헨을 탈환해 바이에른을 위협함. 4월 레히펠트 전투에서 발렌슈타인이 패배. 1635년 황제(가톨릭)와 작센 선제후(개신교) 사이에 '프라하 화의' 체결
- 제4기(1635-1648): 전쟁의 장기화. 1637년 전투에서 황제의 전세가 불리하게 됨. 1642-1647년 개신교 연합군 재차 승리. 1637년 황제에 오른 페르디난트 3세가 1641년 종전을 제안함. 1644년부터 강화 회의 시작. 1648년 베스트팔렌 조약 체결

⑤ 베스트팔렌 평화조약(Peace of Westphalia, 1648)
- 황제의 양보로 1648년 베스트팔렌 지역 뮌스터에서 화의 조약 체결
- 조약의 내용: 로마 가톨릭, 루터파, 개혁파에 동등한 권리 부여. 교회 재산은 합스부르크가의 세습영지만 제외하고는 1624년 이전으로 환원. 재산을 가지고 자유롭게 이주할 권리 허용. 독일은 스위스의 독립 승인. 스페인은 네덜란드의 독립 승인. 스웨덴과 프랑스의 독일 영토 일부 할당

⑥ 30년 전쟁의 결과
- 정치적 영향: 제국의회의 권한 강화+지방 분권화 – 독일 영주들이 합스부르크 제국 황실의 권위를 견제하는 권력 획득. 오스트리아의 영향력 약화
- 종교적 자유: 영주만 아니라 주민들도 로마 가톨릭, 루터파, 개혁파 중 선택 가능. 교황 및 주교들의 정치적 지배력 약화
- 사회 경제적 변화: 농촌의 급격한 회복(감자, 옥수수 유입) – 농산품 가격 하락으로 농민들의 불만 증가. 내수 중심 경제 개발로 인해 도시의 느린 근대화 진행
- 종교 및 사상적 영향: 대중들의 종교에 대한 무관심의 증가. 세속 영주들의 세속화. 종교적 도그마에 대한 회의로 인해 합리주의 철학이 득세함

2) 잉글랜드의 청교도운동 - 튜더 및 스튜어트 왕조

① 튜더 청교도 운동
- 헨리 8세로 시작된 잉글랜드 청교도운동은 에드워드 6세와 피의 메리, 엘리자베스로 진행. 튜더왕조는 청교도 운동의 잉태기를 거쳐 피의 메리 당대 수많은 청교도가 잔혹하게 화형당함. 로마 가톨릭과 영국국교회의 미사, 제단, 성상숭배, 화체설, 성복 착용 거부. 성경 권위, 칼빈의 신학 및 개혁주의 정착화 및 예배의 갱신 시도

② 스튜어트 청교도 운동
- 제임스 1세, 찰스 1세, 찰스 2세, 제임스 2세로 이어지는 스튜어트 왕조 청교도 운동은 튜더 왕조의 신학과 신앙을 계승하여 청교도운동의 꽃을 펼쳤으나, 청교도 내분과 교파주의로 인해 1162년 종식을 고함

③ 제임스 1세(James I, 1603-1625)의 국교회 정책
- 영국국교회 감독제도 확립: "감독이 없으면 왕도 없다(No Bishop, No King)."
- 천인의 탄원(Millenary Petition): 왕으로 등극하기 위해 런던으로 향하던 제임스 1세에게 장로교 목사 주축으로 탄원서 제출. 가톨릭과 국교회 규례와 의식 수정 요구
- 햄프턴 코트 어전회의: 흠정역 성경 번역(KJV)을 제외한 청교도의 모든 요청을 거부함
- 청교도를 억압하여 2만여 명이 신대륙으로 이주 (ex) 메이플라워호의 신대륙 이주(1620)
- 왕세자 찰스를 스페인 합스부르크 공주와 결혼시키려다가 실패. 결국 프랑스의 루이 13세의 누이와 결혼시킴

④ 찰스 1세(Charles I, 1625-1649)의 국교회 정책과 전쟁의 발발
 - 찰스 1세는 강력한 중앙집권을 추구하면서 청교도들이 다수를 이룬 의회와 충돌함
 - 프랑스 출신 왕비에게 가톨릭 미사의 자유 허용
 - 1629년부터 11년간 의회 없이 통치 – 자금 조달의 어려움
 - 1633년 청교도 탄압자 윌리엄 로드(William Laud)를 캔터베리 대주교에 임명
 - 로드의 예배의식서 「오락의 서」(*Book of Sports*): 주일행사 - 뜀뛰기, 댄싱, 궁도 게임, 맥주 축제 등. 로드는 스코틀랜드에까지 국교회의 제도와 예배 의식을 강요
 - 스코틀랜드 장로교회가 국교회에 반대해 '국민언약'(National Covenant, 1638) 체결
 - 찰스 1세는 이를 반란으로 간주해 군사적 진압을 결정
 - 로마 가톨릭 국가 아일랜드의 군사적 지원을 요청
 - 원정을 위해 1640년 의회 소집: 단기의회(Short Parliament) – 지지가 없자 곧바로 해산함
 - 스코틀랜드 반란군이 잉글랜드로 침입하자 다시 의회를 소집(1640): 1641년 왕이 의회를 해산할 수 없다는 법을 통과시킴. 일부 의원들은 왕비를 재판에 회부하려 함
 - 왕이 하원의원을 체포하기 위해 군대를 파견하자 런던 시민들이 하원을 보호함
 - 의회 지도자 핀(John Pynn)이 하원을 중심으로 런던을 통치하면서 국교회 감독들을 상원에서 축출함. 의회가 직접 군대를 모집함 – 내전의 시작

⑤ 청교도 전쟁(1642-1649) – 잉글랜드 내전(English Civil War)
 - 군대 편성: 국교회파인 왕당파는 귀족들이 주축이 된 기병 중심 vs. 청교도인 의회파는 서민들이 중심이 된 보병과 해군
 - 내전 중 의회파는 스코틀랜드의 지원을 받기 위해 장로교적인 교회 제도를 채택: '엄숙동맹과 계약'(Solemn League and Covenant; 1643) 체결
 - 일단 감독제도를 폐지하고 감독들의 재산을 압수. 교회 지도자들에게 새로운 교회 제도와 신학적 기초 제출 요구 – 웨스트민스터 회의(Westminster Assembly; 1643-1649)의 소집
 - 윌리엄 로드를 1645년 반역 죄목으로 처형함

⑥ 전쟁의 종식
 - 올리버 크롬웰(Oliver Cromwell, 1599-1658): 청교도 출신. 철기군을 조직하여 '예정론'을 강조하며 병사들을 의기충천케 하여 왕당파를 연파함
 - 1645년 네이스비 전투에서 결정적으로 승리함
 - 의회의 청교도적 정책 채택: 주일 성수. 방탕한 오락 금지
 - 장로교적인 의회와 독립파가 많은 군부의 갈등 고조: 1646년 의회의 군부 해산 시도 실패
 - 찰스 1세는 스코틀랜드로 도주해 의회 분열을 획책함
 - 청교도 군부가 스코틀랜드를 침입해 왕을 체포한 뒤 의회 내 반대파들을 숙청함
 - 군부를 지지하는 잔부의회 의원들의 결의로 찰스 1세를 처형(1649년 1월 30일)
 - 스코틀랜드 귀족들은 찰스 2세를 왕으로 인정. 아일랜드는 독립을 선언

⑦ 청교도 공화정과 왕정복고
- 청교도 공화정(1653-1658): 크롬웰은 의회를 해산하고 호국경 통치(The Lord Protector)를 실시. 아일랜드의 반란을 평정하고 잉글랜드의 내부 반란을 진압함. 스코틀랜드의 왕당파를 진압: 찰스는 프랑스로 도주
- 강력한 종교적 독재: 국가의 풍속 개혁 시도. 반대자들을 강하게 탄압함. 귀족들과 빈곤층을 억제하여 중산층을 선호하는 정책. 아들 리처드를 후임으로 임명했으나 곧 사임함

⑧ 찰스 2세(Charles II, 1660-1685): 왕정복고와 청교도운동의 종식
- 장로교도 몽크 장군을 중심으로 스코틀랜드에 은둔한 찰스 2세를 정략적으로 왕으로 옹립
- 그는 약속을 파기하고 국교회를 부활시킴 - 공동기도서와 감독제도 복원. 집회령(1662)과 5마일령(1665)으로 청교도 집회 금지. 2,000명 이상의 청교도 지도자 성직에서 축출
- 1662년 청교도운동 종식

⑨ 스튜어트 왕조의 종말
- 제임스 2세(1685-1688): 로마 가톨릭을 복구함(1685). 스코틀랜드에는 비공식적 예배에 참석하는 자들을 사형시키는 칙령 반포 - 언약도들의 저항
- 명예혁명(1688): 의회 의원들이 제임스를 폐위시킴. 제임스는 프랑스로 도주하고 오렌지공 윌리엄과 제임스의 딸 메리 부부의 공동통치 실시(1689-1702/1694)
- 종교 관용 정책 실시: 39개조에 서명하고 충성을 맹세하면 종교의 자유를 누릴 수 있도록 함. 비서명자도 왕실을 해치지 않으면 종교의 자유 보장
- 스코틀랜드: 장로교가 국가교회가 되어 웨스트민스터 신앙고백을 교리적 기준으로 채택함

⑩ 대표적인 청교도들
- 카트라이트(Thomas Cartwright, 1536-1603): 잉글랜드 장로교주의 창시자
- 플라벨(John Flavel, 1628-1691): 「은혜의 방식」- 조나단 에드워즈에게 영향을 줌
- 헨리(Matthew Henry, 1662-1714): 체스터에서 목회 사역. 6권의 주석 저술
- 굿윈(Thomas Goodwin, 1600-1679): 웨스트민스터 회의에서 독립파를 대표함
- 밀턴(John Milton, 1608-1674): 「실락원」, 「복락원」 저술
- 오웬(John Owen, 1615-1691): '청교도의 왕자'로 불림. 「죄 죽임」 등 저술. 크롬웰의 궁정 설교자 및 옥스퍼드대학 부총장. 개혁주의 신학의 완성자
- 백스터(Richard Baxter, 1616-1683): 신자의 의무와 책임 강조. 반(半)알미니안주의. 찰스 2세의 궁정목사. 오웬과 신학적 논쟁 다수
- 번연(John Bunyan, 1628-1688): 침례주의자로서 찰스 2세 통치기 비밀집회령 위반 혐의로 투옥 중 「천로역정」 저술해 발표(1678)

2. 웨스트민스터 회의와 표준문서

웨스트민스터 회의는 잉글랜드에서 벌어진 내전 가운데 의회의 요청으로 1643년 소집된 잉글랜드 교회

의 지도자들에 의해 개최되었다. '엄숙동맹과 계약'으로 잉글랜드 의회파와 동맹을 맺은 스코틀랜드 장로교회도 대표자들을 보내 이 회의에 참여했다. 가장 중요한 논제는 39개조로 대표되는 잉글랜드 국교회를 대체하는 새로운 신학적 기준과 구체적 제도를 작성하는 것이었다. 장로교파와 독립파 사이의 치열하고 진지한 논의의 결과 웨스트민스터 신앙고백이 1647년 완성되어 이듬해 의회의 공인을 받았다. 더불어서 신앙고백을 해설하고 가르치기 위한 교리교육서(catechism)인 웨스트민스터 대요리문답과 소요리문답, 예배 모범이 작성되었다. 웨스트민스터 회의가 작성한 표준문서들은 개혁신학의 기초 위에서 장로교 제도를 잉글랜드의 새로운 교회의 기초로 채택했다. 장로교회는 국왕에 의한 교회의 통치뿐 아니라 회중들의 합의에 의한 교회의 통치도 거부했다. 장로교회의 신조와 예배는 오직 예수 그리스도의 말씀에 의한 주권적 통치 구현을 목적으로 삼았다.

그러나 청교도 전쟁 과정에서 권력을 잡은 올리버 크롬웰은 장로교의 신앙과 제도를 거부하고 찰스 1세를 처형한 후 '호국경'(The Lord Protector)을 자처하면서 강력한 종교적 독재를 시행했다. 정치화된 청교도 통치는 강한 반발을 샀고 결국 찰스 2세가 돌아와 공화제가 끝나고 왕정이 복구되었다. 찰스 2세는 국교회의 복구를 넘어서서 로마 가톨릭으로의 회귀를 추진했다. 스코틀랜드의 장로교인들은 찰스 2세의 종교정책에 맞서 하나님 앞에서의 '언약'을 지키기 위해 죽음을 감수했다. 잉글랜드의 정치적 갈등은 1688년 의회가 찰스 2세의 동생이자 후임인 제임스 2세를 유혈 충돌 없이 왕좌에서 내려오게 한 명예혁명으로 종식되었다.

1) 웨스트민스터 회의

① 회의의 소집
- 청교도 전쟁 중 장기의회가 국가의 새로운 신앙고백을 작성하는 법률 통과(1643.6.12)
- 영국교회의 치리와 예배 형식을 결정하며 그 교리에서 거짓된 비평과 해석을 일소하기 위하여 의회의 상하 양원의 자문 기관으로서의 성직자들과 기타 인사들로 구성된 대회를 소집하는 법안
- 이 법률에 따라 교회 지도자들에게 대회 소집을 통보

② 회의의 구성
- 의회에서 임명한 121명의 목회자, 30명의 평신도, 8명의 스코틀랜드 대표자 참석
- 장로교파, 독립파, 에라스투스파 대표가 참석함: 논쟁은 장로교파와 독립파 사이에서 전개

> 장로교파: 대부분 / 특히 스코틀랜드 대표단 - 핸더슨, 러더포드, 길레스피, 베일리 등
> 독립파: 굿윈(Thomas Goodwin), 나이(Philip Nay) 등 소수
> 에라스투스파: 콜맨(Thomas Coleman), 라이트푸트(John Lightfoot), 셀던(John Seldon)

③ 회의의 과정
- 1643년 7월 1일부터 1644년 2월 22일까지 대회가 진행됨
- 처음 참석한 사람은 60명이었으며 이후 평균 60-80명이 참석
- 트위스(Twisse) 박사와 헐(Herle) 목사가 대회장을 맡음
- 먼저 39개조 개정에 착수함: 신앙고백서 작성으로 이어짐
- 이후 치리와 예배 관련 표준문서를 작성
- 신앙고백서를 마치고 이에 따라 요리문답을 제정

- 1647년 4월 29일 성경에서 방주까지 첨부해 신앙고백서를 의회에 제출
- 1647년 11월 5일 소요리문답 제출. 1648년 4월 14일 대요리문답 제출
- 1648년 3월 22일 상원과 하원이 신앙고백을 통과시킴

④ 회의의 의의
- 17세기 개혁파 정통주의의 결정판: 개혁파 정통 교리에 있어 도르트 신조 내용을 반영함
- 이후 전 세계 개혁파 교회에서 중요한 신학적 기준으로 자리 잡음
- 1729년 미국 필라델피아 노회가 신앙고백을 표준문서로 채택

2) 웨스트민스터 신앙고백

① 구성: 총 33장

1. 성경	18. 은혜의 구원의 확신
2. 하나님과 성삼위일체	19. 하나님의 율법
3. 하나님의 영원하신 작정	20. 그리스도인의 자유와 양심의 자유
4. 창조	21. 예배와 안식일
5. 섭리	22. 합당한 맹세와 서원
6. 인간의 타락과 죄와 죄의 형벌	23. 국가의 공직자
7. 사람과 맺은 하나님의 계약	24. 결혼과 이혼
8. 중보이신 그리스도	25. 교회
9. 자유의지	26. 성도의 교제
10. 효과적 부르심	27. 성례전
11. 칭의	28. 세례
12. 양자	29. 주의 성만찬
13. 성화	30. 교회의 치리
14. 구원에 이르게 하는 믿음	31. 노회와 총회
15. 생명에 이르는 회개	32. 죽음 이후의 상태와 죽은 자의 부활
16. 선행	33. 최후의 심판
17. 성도의 견인	

② 주요 내용
- 성경의 권위(제1장): "성경의 권위는 하나님의 말씀으로서 사람이나 교회의 증거가 아닌 하나님에 전적으로 의존한다."
- 신론(2장): 삼위일체 교리에서 예정 교리로 연결해 설명
- 예정(3장): 예지 예정론 거부 – 헤아릴 수 없는 도모에 따라 주권적 권세의 영광을 위하여 그의 영광스러운 공의를 찬송하게 하려 하심
- 인간론(6장): 전적 타락 – 원죄로 인한 원의의 상실. 모든 기능과 부분에서 전적으로 오염됨. 아담의 원죄와 죄책이 모든 후손에게 전가됨
- 언약(7장): 행위언약(아담)과 은혜언약(그리스도). 은혜언약의 집행은 율법시대와 은혜시대에 차이가

있음
- 기독론(8장): 그리스도의 중보자 직분은 율법 아래 나셔서 율법을 완전히 수행하시기 위함. 단번에 드린 제사로 하나님의 공의를 충분히 만족시키심. 성육신하신 후에 구속사역을 실제로 수행하심. 중보의 사역에서 그리스도는 자신의 양성에 의해 행동. 예정된 자들에게 확실하고 유효하게 동일한 구속을 적용하심
- 소명(10장): 구원은 하나님께서 택자들의 의지 안에서 타협하시는 효력 있는 부르심으로 이루어지며 이 부르심에 의해 구원의 여부가 결정됨. 유효 소명은 하나님의 은혜의 산물. 인간의 반응은 전적으로 수동적임
- 칭의(11장): 신앙은 칭의의 부가적 기구가 아닌 유일한 기구. 칭의의 은혜에 따라 주어지는 신앙은 죽은 믿음이 아니라 사랑으로 역사하는 믿음. 칭의는 성령이 적당한 시점에 실제로 그리스도를 그들에게 적용할 때 이루어짐. 칭의된 사람이라 할지라도 불순종과 범죄로 인해 하나님의 얼굴의 빛이 비추는 것을 가릴 수 있음.
- 성화(13장): 성화는 성령의 사역이며 신자 자신의 노력으로 이루어지지 않음(1항). 모든 중생한 자는 성화의 은혜를 받지만 성화로 인해 이 세상에서 완전에 이를 수는 없음(2항)
- 견인(17장): 은혜의 상태로부터 완전히 혹은 궁극적으로 떨어져 나갈 수 없으며 반드시 끝까지 견인하여 영원한 구원에 이르게 됨
- 국가(23장): 하나님께서 세우신 기관(1항). 그리스도인이 위정자가 될 수 있으며 합법적 전쟁 수행 가능(2항). 국가 위정자들은 말씀과 성례의 집행 및 교회의 치리에 조금도 간섭해서는 안 되며 교회를 보호하고 교회적 집회들이 방해 없이 개최되도록 질서를 유지할 의무가 있음(3항). 위정자들을 위한 기도와 존경과 납세와 순종이 백성들의 의무(4항)
- 결혼과 이혼(24장): 결혼은 한 남자와 여자가 오직 주 안에서 하는 것이 의무임. 간음 이외에는 이혼의 충족한 이유가 없음
- 교회(25장): 무형한 공동체인 보편적 교회는 머리이신 그리스도 아래 모인 피택자의 총수(1항). 그리스도께서 공동적 유형적 교회에 교역자들과 말씀과 규례들을 주셔서 효력을 내게 하심(2항)
- 세례(28장): 세례의 효력은 어른과 유아 모두에게 성령에 의해 표시되고 주어짐(6항). 세례는 일평생 오직 한 번만 받음
- 교회의 치리(30장): 세 가지 목적 – 성례의 타락으로 인해 임할 수 있는 하나님의 진노를 막음. 그리스도의 영예와 복음의 거룩한 고백을 옹호함. 범죄한 형제를 바로잡음
- 노회와 총회(31장): 역할 – 실정(失政)의 경우에 고소를 받는 것, 그것을 권위적으로 결정하는 것. 하나님 예배와 하나님의 교회의 신도계요를 더 정돈하기 위한 규칙과 지침을 정하는 것. 신앙에 대한 논쟁과 양심의 문제들을 결정하는 것

③ 미국 장로교회에서 신앙고백의 수정
- 1788년 미국 장로교회의 수정: 20장 4항, 23장 3항, 31장 1-2항 수정 – 왕국이 아닌 공화국 상황을 반영함
- 1903년 현대주의에 따른 미국 장로교회 총회에서의 수정
- "서언적 서론"으로 신앙고백 이해의 기본적 틀 제시
- 16장 7항에서 중생하지 않은 자의 선행은 '죄 된 것'이라는 표현을 '하나님의 요구에 이르지 못하는

것'으로 약화
- 22장 3항에서 "합법적 권위에 의하여 부과된 선하고 바른 맹세를 거부하는 것은 죄다"라는 문구를 삭제
- 25장 6항에 나오는 "로마교황은 적그리스도"라는 표현을 제거
- 34장(성령)과 35장(하나님의 사랑과 선교) 삽입

3) 웨스트민스터 대소요리문답

① 소요리문답(The Small Catechism)
- 신앙고백의 해설과 신앙교육을 목적으로 작성되어 1646년에 완성. 이듬해 의회에 보고됨
- 의회의 지시에 따라 각 문답에 성경 방주를 달아 1648년 의회의 승인을 받음
- 총 107개의 문답으로 구성: 사도신경의 순서에 따른 교리(1-38) - 십계명(39-81) - 구원과 성례(82-97) - 주기도문(98-107)
- 첫 번째 문답

> 문. 사람의 제일 되는 목적이 무엇인가?
> 답. 사람의 제일 되는 목적은 하나님을 영화롭게 하는 것과 영원토록 그를 즐거워하는 것이다. (고전 10:31, 계 4:11, 시 73:25, 26, 요 17:22-24)

- 두 번째 문답

> 문. 하나님께서 무슨 규칙을 우리에게 주시어 어떻게 자기를 영화롭게 하고 즐거워할 것을 지시하셨는가?
> 답. 신구약 성경에 기재된 하나님의 말씀은 어떻게 우리가 그를 영화롭게 하고 즐거워할 것을 지시하는 유일한 규칙이다. (갈 1:8, 9, 사 8:20, 눅 16:29-31, 24:27, 44, 요 15:11, 딤후 3:15-17, 벧후 3:2, 15, 16)

- 세 번째 문답

> 문. 성경이 제일 요긴하게 교훈하는 것이 무엇인가?
> 답. 성경이 제일 요긴하게 교훈하는 것은 사람이 하나님을 어떻게 믿을 것과 하나님께서 사람에게 요구하시는 본분이다. (미 6:8, 요 5:39, 20:31, 3:16, 고전 10:11, 롬 15:4, 요일 1:3-4)

- 십계명과 관련한 문답의 경우에는 각 계명에 세 번의 문답을 통해 내용 확인. 명하는 것과 금하는 것을 설명함 - 명하는 내용에서 십계명에 대한 개혁신학의 적극적 적용을 가르침

② 대요리문답(The Large Catechism)
- 웨스트민스터 신앙고백과 개혁신학에 대한 더 상세한 설명을 위해서 제정
- 1647년 의회에 제출되어 1648년 승인받음
- 전체 196개의 문답으로 구성: 사도신경의 순서에 따른 교리(1-90) - 십계명(91-149) - 구원과 말씀, 성례의 의의(150-177) - 주기도문(178-196)

3. 개신교 정통주의와 도르트 회의

종교전쟁이 벌어지고 있던 17세기 서유럽의 교회들은 신학적으로도 치열한 논쟁을 벌였다. 로마 가톨릭에서는 예수회 출신 신학자들을 중심으로 종교개혁 신학을 비판하고 트렌트 회의가 공인한 교리들을 변호하기 위한 학문적 작업이 전개되었다. 이에 맞서 루터파와 개혁파에서도 종교개혁 신학을 변호하고 증명하기 위한 노력이 전개되었다. 개신교 신학자들은 로마 가톨릭 진영의 신학적 공격에 맞서거나 다른 개신교 전통과 차별되는 자신들의 교리적 입장을 논증하기 위해 성경과 교부들을 적극 인용했을 뿐 아니라 플라톤과 아리스토텔레스의 사상 체계와 논리도 채용했다. 17세기 개신교 신학은 각 교파가 자신의 교리적 입장을 성경에 따른 정통적 입장을 증명하기 위해 전개했다는 측면에서 개신교 정통주의라고 부르며 이들이 사용한 논증의 방식을 따라 개신교 스콜라주의라고도 부른다.

루터파에서는 16세기 후반부터 시작된 내부적 신학 논쟁의 결과 1571년 '일치신조'(Formula of Concord)가 채택된 후 여러 신학자가 루터파의 교리를 논증하기 위해 방대한 조직신학적 저술들을 내놓았다. 스위스를 비롯해 유럽 각국으로 확산한 17세기 개혁파 신학의 발전과정에서는 제네바 아카데미가 중요한 구심적 역할을 했다. 그 과정에서 베자의 신학이 대표하는 이중예정론에 대한 반발이 발생했다. 특히 아직 완전한 독립을 획득하지 못한 네덜란드의 개혁파 교회 안에서는 레이든대학 교수인 알미니우스와 고마루스 사이에 신학 논쟁이 벌어졌다. 예정론을 둘러싼 이 신학적 논쟁은 네덜란드 독립의 정치적 상황과 맞물리며 무력 충돌로까지 확산했다. 1618년 네덜란드 도르트레흐트에서 개최된 회의는 네덜란드뿐 아니라 여러 국가 개혁파 교회의 대표들까지 참석한 개혁파 교회의 국제회의였다. 도르트 회의는 벨기에 신앙고백의 예정론을 재확인하고 알미니우스주의자들의 입장을 반박하는 내용의 도르트 신조를 채택했다. 도르트 신조는 구원에서 하나님의 전적인 주권과 그 주권에 따른 성도의 삶의 헌신을 강조했다. 도르트 신조가 강조한 예정론과 관련한 신학적 이해는 이후 웨스트민스터 신앙고백을 비롯한 여러 개혁교회의 신학적 입장의 기준이 되었다.

1) 17세기 정통주의

① 개신교 스콜라주의
- 로마 가톨릭의 신학적 반격에 맞서 종교개혁 신학의 정당성을 논증하려 함
- 개신교 타 교파와 차별되는 각 교파 신앙고백의 입장을 논증하려 함
- 플라톤과 아리스토텔레스의 철학 체계와 논리를 적극 활용
- 성경의 영감, 예정론 등 중요한 교리적 주제들을 정교하게 설명함
- 논쟁적이며 체계적인 방대한 신학 저술들의 출현

② 루터파 정통주의
- 기본적으로 루터와 멜란히톤의 주장을 종합하려는 시도
- 루터파 대학에서 신학 교육을 위한 교재 및 커리큘럼 구성 작업의 일환
- 마틴 켐니츠(Martin Chemnitz, 1522-1586): 트렌트 회의의 신학을 반박하고 개혁파와 구별되는 루터파의 신학을 모색함. 제2의 마틴이라고 불림
- 조직신학적 대작의 출판: 게하르트(Johann Gerhardt, 1582-1637)의 *Loci Communes Theologici*

(1610-1622) 총 23권. 칼로비우스(Abrahm Calovius, 1612-1682)의 *Systema Iocorum Theologicorum*(1655-1677) 총 12권
- 칼릭스투스(Georgius Calixtus, 1586-1656)의 혼합절충주의(Syncretism): 루터파의 신학을 타협하려는 시도로 여겨져 정통주의자들의 공격을 받음
- 반발: 루터파 정통주의의 사변적 신학은 17세기 이성주의자와 18세기 독일 경건주의자의 반성 대상이 됨

③ 17세기 개신교 스콜라주의의 유산
- 개혁파 진영에서는 잉글랜드의 청교도들과 네덜란드의 개혁파 신학자들이 활약함
- 성경 영감의 교리: 성령께서 저자들에게 직접 영감했다는 축자적 기계적 영감론 주장
- 예정론: 철학적 사유와 논리적 논증이 적극 활용됨

2) 도르트 회의(Synod of Dort)

① 알미니우스(Jacobus Arminius; Jakob Harmenszoon, 1560-1609)
- 네덜란드 아우데바터르(Oudewater) 출신으로 어린 시절 부모를 잃음
- 1576-1582년에 레이든대학에서 수학. 1582년부터 제네바 아카데미에서 공부함
- 1588년 목사로 임직하여 암스테르담에서 사역: 설교와 학문으로 명성을 얻음
- 1603년 레이든대학의 신학 교수 사역 시작
- 하이델베르크 요리문답의 예정론을 비판한 코른헤르트(Dirck Coornhert, 1522-1590)의 이론을 반박해 달라는 요청을 받음
- 검토 이후 칼빈주의 예정론의 수정이 필요하다고 주장함 – 예지예정론 입장을 취함

② 알미니우스 논쟁: 레이든대학 내에서 신학적 논쟁 발생
- 1608년 고마루스(Francis Gomarus, 1563-1641)가 알미니우스의 주장을 문제 삼음
- 고마루스: 1587-1593년 프랑크푸르트의 개혁파 교회 목사로 사역. 1593년부터 레이든대학의 신학 교수로 재직
- 1609년 5명씩 양 진영에서 토론을 전개함
- 1609년 알미니우스가 죽은 후 후계자들이 계속 고마루스주의자들과 논쟁을 전개함
- 대표적인 알미니우스주의자: 위텐보개르트(Jan Uytenbogaert, 1557-1644). 보르스티우스(Conrad Vorstius, 1569-1622). 에피스코피우스(Simon Episcopius, 1583-1643)
- 논쟁점

	알미니우스	고마루스
예정의 근거	하나님의 예지	하나님의 주권적 결정
예정의 내용	예정은 오직 신앙을 가질 가능성이 있는 자들에 대한 하나님의 예지에 기초한 예정	예정은 하나님의 기뻐하심에 따른 선택과 유기
예정의 성취	하나님의 예지적 의지 + 개인의 신앙 반응	하나님의 절대적·주권적 의지 + No 인간 반응

③ 논쟁의 전개
- 도시 상인 계층: 독립전쟁 중인 스페인과의 관계 개선을 위해 알미니우스주의를 지지
- 개혁교회 목사들과 군인들: 교리적 순수성을 지키고자 고마루스주의를 지지
- 알미니우스주의자들이 1610년 1월 14일 하우다(Gouda)에 모여 항의서(Remonstrance, 1610) 5개 조항을 네덜란드 정부에 제출
- 내용: 예지예정론. 보편속죄론. 전적 타락이 아닌 부분 타락, 따라서 은혜를 거부할 수 있다고 주장. 거절 가능한 은혜. 성도의 견인에서 실패할 가능성 주장
- 국가론: 신학적 논쟁에 있어 국가(네덜란드 정부)에 조정 권한이 있다고 주장
- 1611년 고마루스주의자들이 헤이그에 모여 항론서의 주장을 반박함
- 정치적 상황: 오렌지공 빌럼의 아들 마우리츠(Prince Maurice of Nassau, 1567-1625)가 스페인과의 독립전쟁을 촉구하면서 신앙적 순수성을 강조하기 위해 고마루스파를 지지
- 스페인과 협상을 주도하던 네덜란드 주 집정관 올던바르너펠트(Johann van Oldenbranevelt, 1547-1619)와 그로티우스(Hugo Grotius, 1583-1645)가 항론파를 군사적으로 지원하다가 반역 혐의로 체포됨
- 네덜란드 의회가 도르트레흐트에 대규모 종교회의를 소집함

④ 회의의 소집과 전개
- 회의의 소집: 네덜란드뿐 아니라 유럽 전체 칼빈주의자들의 지원을 요청. 영국, 스위스, 독일 등에서 27명의 대표가 참석. 프랑스 위그노들은 루이 13세의 금지령으로 불참
- 네덜란드 내에서 칼빈주의자 70명 참석: 목회자, 교수, 평신도 지도자, 의원들
- 1618년 11월 13일 개회
- 에피스코피우스 포함 항론파 13명 참석: 회의의 부당함을 주장하다가 결국 배제됨
- 도르트 회의의 진행: 1차 회기에서 행정적 문제를 처리함. 2차 회기에서 항론파가 퇴장한 후 신학적 논의를 벌임
- 6개월간 145차례 회의가 열림
- 1619년 4월부터 도르트 신조의 제정 착수. 5월 6일 신조 제정 공포

⑤ 도르트 신조(Canons of Dort)
- 항론서 5개 조항에 대한 답변 형식: 세 번째 교리와 네 번째 교리를 하나로 묶어 네 장으로 구성함(TULIP이 아님)
- 첫 번째 교리: 하나님의 선택과 유기에 관하여 – 무조건적 선택: 예지예정이 아닌 하나님의 비밀한 의지에 따른 선택
- 두 번째 교리: 그리스도의 죽음과 대속에 관하여 – 제한적 구속: 그리스도의 대속의 은혜의 효력은 오직 선택자에게만 적용됨
- 세 번째와 네 번째 교리: 인간의 부패와 회개의 방식 – 전적 타락과 불가항력적 은혜: 타락한 인간에게 구원의 은혜가 거절할 수 없게 주어짐
- 다섯 번째 교리: 성도의 견인 – 구원받은 자에게는 반드시 구원이 성취됨: 견인은 온전히 하나님의 자비의 결과이며 하나님의 작정은 변경될 수 없고 하나님의 목적은 실패할 수 없다. 구원의 확신과

선행을 위한 용기를 촉진하기 위한 목적을 따라 진술함

⑥ 도르트 회의의 귀결
- 올던바르너펠트는 1616년 5월 13일 반역 죄목으로 처형됨
- 그로티우스는 종신형을 선고받았으나 탈출해 1627년 파리에서 알미니우스주의를 변호하는 「기독교 종교의 진리에 관하여」(De veritate religionis Christianae) 발표
- 100여 명의 알미니우스주의 목회자들은 네덜란드에서 추방됨: 투옥 및 벌금 부과
- 많은 알미니우스주의자들은 신대륙으로 이주
- 1625년 마우리츠 사망 후 박해 완화. 1631년 알미니우스파 교회의 예배 자유를 허락
- 도르트 신조는 유럽 각국 개혁교회에서 벌어지고 있던 예정론 논쟁의 기초를 제공함

4. 프랑스의 절대왕정과 합리주의 시대

18세기 유럽의 기독교는 세속 국가와 합리주의 사상의 거센 도전을 받아야 했다. 종교전쟁의 결과 로마 교황의 권위가 땅에 떨어진 후 각국의 군주들은 정치적 이익에 따라 국가를 통치하고 심지어 종교정책까지 선택했다. 대표적으로 프랑스의 부르봉 왕가는 루이 13세부터 16세까지의 긴 통치 기간에 '절대왕정'이라고 불리는 강력한 왕권을 세우는 과정에서 종교정책을 적극 활용했다. 국외적으로는 경쟁 중에 있던 합스부르크 왕가를 견제하기 위해 루터파를 후원하면서도 국내적으로는 개신교인 위그노를 박해했다. 태양왕을 자처했던 루이 14세는 왕권신수설에 입각하여 스스로를 '태양왕'이라고 부르면서 입법과 사법뿐 아니라 종교 영역까지 자신의 권한 아래 두었다. 절대왕정 시대의 프랑스 국왕은 '갈리아주의'를 주장하며 프랑스 교회를 교황청의 간섭에서 벗어나 독립적으로 운영했고, 오스트리아에서는 조셉 2세 역시 국가가 교회를 통제해야 한다고 주장했다. 프랑스의 로마 가톨릭 내에서는 얀센주의나 정적주의와 같은 소극적이지만 새로운 움직임이 나타났고, 개혁교회는 거센 핍박 속에서도 광야교회를 자처하며 신앙의 절개를 지키기 위해 계속 노력했다.

절대왕정의 강력한 통치 앞에서 프랑스의 지식인들은 인권과 자유, 평등을 주장했다. 이들은 과거의 관습을 극복하는 계몽(Enlightenment)을 추구했다. 계몽주의가 등장한 배경에는 17세기부터 본격적으로 전개된 유럽의 합리주의 철학이 큰 역할을 했다. 합리주의의 초석을 놓은 철학자 데카르트는 방법론적 회의를 통해 경험과 신앙에 이르기까지 기존에 받아들여지던 지식의 토대를 의심하여 배제한 후 명석판명한 지식의 토대로서 "나는 생각한다. 그러므로 나는 존재한다"(Cogito ergo sum)라는 명제를 주장했다. 대륙에서는 스피노자와 라이프니츠와 같은 철학자들이 합리주의 철학을 전개했고, 영국에서는 베이컨과 로크가 경험주의 철학을 통해 인간의 앎과 세계를 설명하려 했다. 이들의 영향을 받은 영국의 이신론자들은 합리적으로 설명할 수 있는 기독교를 수립하려 했다. 회의주의적 사변을 전개한 스코틀랜드의 철학자 흄은 경험주의의 근본적 전제들이 불러올 오류들을 지적하고 비판했다. 독일의 칸트는 "개념 없는 직관은 맹목이고 경험 없는 사유는 공허하다"라고 말하며 경험주의와 합리주의 모두를 비판했다. 근대의 비판철학은 전근대적 사상을 반성했던 근대 철학의 전제와 사유방식까지 반성했으며, 이들의 비판의 영역에는 인식과 윤리뿐 아니라 종교 영역도 포함되었다.

여전히 대부분 농민이었던 유럽의 대중들은 종교적 세계관에 따라 삶을 살아갔다. 그러나 도시를 중심으

로 새로운 세계관이 부상했다. 지리적 발견과 식민지 개척 이후 아시아와 아프리카, 아메리카 신대륙으로부터 유입된 다양한 자원은 상업과 수공업의 발전과 그에 따른 도시의 발전을 가져왔다. 상업과 수공업에 종사하던 새로운 계층인 부르주아들은 세속화되어가는 사회 속에서 합리적 삶의 방식을 추구했다. 교회는 급속도로 세속화되어가는 사회와 합리주의 사상의 도전 앞에서 기독교 신앙의 새로운 활로를 모색해야 했다.

1) 프랑스 부르봉 왕가의 절대왕정

① 루이 13세(Louis XIII, 재위 1610-1643)
- 처음에는 낭트 칙령을 재확인하여 위그노의 충성을 얻어냈으나 곧 친로마 가톨릭 정책 실시
- 추기경 리슐리외(Armand de Richelieu, 1585-1642)의 섭정(1624-1642): 추기경임에도 불구하고 종교적 신념보다는 정치적 이해관계에 의한 정책 운영
- 국외: 30년 전쟁 중 독일 개신교 동맹에 비밀리에 자금 제공
- 국내: 프랑스 내부에서는 철저하게 위그노를 억압. 위그노의 잔여 세력을 라로셸에서 진압. 1629년 관용 칙령으로 신앙의 자유를 일부 허용

② 태양왕 루이 14세(Louis XIV, 재위 1643-1715)
- 5세에 즉위하여 어머니인 오스트리아의 앤과 추기경 마자랭(Jules Mazarin, 1602-1661)이 리슐리외의 정책을 따라 섭정
- 초기 종교 관용 정책으로 위그노의 수가 증가함
- 교황과의 갈등으로 '갈리아 교회의 자유'를 선언
- 프로테스탄트 위그노 억압: 가톨릭으로 '재결합'을 위해 금전 지급 등의 방법 사용
- 1684년부터는 위그노의 개종을 위해 무력을 동원함
- 1685년 퐁텐블로 칙령(Edict of Fontainebleau): 낭트 칙령을 폐지하여 프랑스 내에서 프로테스탄트를 불법으로 규정함
- 위그노가 스위스, 독일, 북미로 대규모 이주하여 적지 않은 경제적 손실을 가져옴

③ 루이 15세(Louis XV, 재위 1715-1774)
- 루이 14세의 증손자로서 초기 섭정 필립 오를레앙(Philippe d'Orleans)의 개신교 억압
- 프랑스 개신교회는 계속적으로 무저항 방식을 고수함
- 1726년 스위스 로잔에 망명 신학교 설립
- 1787년 루이 16세가 발표한 관용령 전까지 탄압이 계속됨

2) 로마 가톨릭 내에서의 새로운 대안

① 프랑스의 광야교회
- 루이 14세 치하에서 프랑스 개신교도들이 '광야교회'로 계속 신앙을 유지: 숲이나 야산에서 야간에 비밀리에 예배를 드림
- 극단적 신비주의의 출현: 쥬리외(Pierre Jurieu, 1637-1713)는 「요한계시록 연구사」에서 1698년

개신교의 승리를 예언함
- 카미사드의 무장 저항: 신비주의 운동이 농노들의 무장 저항으로 발전
- 신학적 개혁 운동: 신비주의적 경향을 경계하며 개혁신학의 전통 회복 추구. 앙투안 쿠르(Antoine Court; 1696-1760)의 주도로 1715년 프랑스 개혁교회 총회 조직

② 고울주의(Gaullicanism): 프랑스(갈리아) 교회의 자유 주장
- 원인: 국가주의의 발달과 절대 군주주의의 발전. 트렌트 회의 이후 강화된 교황지상주의에 대한 저항 의식
- 내용: "프랑스 교회는 성직 임명과 재정 운영에서 로마 교황청으로부터 독립적 지위를 지닌다."
- 결과: 프랑스에서 1615년까지 트렌트 회의의 결과들이 법적 지위를 인정받지 못함

③ 세속 군주들에 의한 교황지상주의의 약화
- 페브로니우스주의: 교황이 아닌 주교들의 회의가 교회의 최고 권위라고 주장
- 조셉주의(Josephism): 오스트리아 왕 조셉 2세(1765-1790)의 교회 개혁 사상. 성직자의 교육을 정부가 담당하고 수도원을 폐쇄함. 1764년 교황청이 정죄함
- 예수회의 해산: 30년 전쟁에서의 호전적 모습과 부르봉 왕가의 합스부르크 견제로 예수회가 유럽 각국에서 신망을 상실함. 18세기 말 각국 군주들이 예수회를 박해하고 추방함

④ 얀센주의(Jansenism)
- 트렌트 교령의 지나친 반개신교적 신학이 도리어 기독교 교리의 순수성을 침해한다는 우려
- 은혜와 예정론에서 어거스틴의 이해를 회복하려는 시도
- 코넬리우스 얀센(Cornelius Jansenius, 1585-1638): 1640년 「어거스틴」이라는 작품에서 은혜와 예정론에 있어 개신교 신학에 가까운 주장을 펼침
- 1643년 교황 우르바누스 8세에 의해 정죄됨
- 1713년 교황 클레멘트 11세(1700-1721)가 칙령 'Unigenitus'를 발표하여 얀센주의 정죄

⑤ 정적주의(Quietism)
- 1675년 스페인인 미구엘 데 몰리노스(Miguel de Molinos, c.1628-1697)가 저술한 「영혼의 안내서」의 출판으로 시작
- 정적주의의 내용: 하나님 앞에서의 완벽한 수동성 주장. 신자는 하나님 안에서 사라지고 죽고 상실되어야 함. 육체와 영혼을 막론한 모든 행동주의는 포기해야 함
- 탄압: 1685년 몰리노스와 추종자들이 인노켄티우스 11세에 의해 체포됨
- 프랑스의 정적주의: 마담 기욘(1648-1717)과 그녀의 고해신부 라콤에 의해서 전개
- 프랑수아 페네롱(François Feneron, 1651-1715): 정적주의를 지지하다가 신학자 부셋(Jacques Benigne Bossuet, 1627-1704)과 격렬한 논쟁을 벌임

3) 근대 유럽의 이성주의

① 이성주의 등장의 배경: 과학의 발전
- 과학적 접근: 자연의 수학적 법칙을 발견하여 자연과 인간의 조화로운 설명을 추구

- 코페르니쿠스(Nicolas Copernicus, 1473-1543): 폴란드 출신의 천문학자로서 지동설 주장. *De revolutionibus orbium coelestium*(1543)
- 갈릴레오(Galilleo Galilei, 1564-1642): 이탈리아 피사 출신의 천문학자. *Dialogue Concerning the Two Chief World Systems*(1632). 종교재판을 받음
- 케플러(Johannes Kepler, 1571-1630): 독일의 수학자, 천문학. *The Sacred Mystery of the Cosmos*(1596) 출판

② 데카르트와 대륙의 합리주의(rationalism)
- 데카르트(Rene Descartes, 1596-1650): 프랑스 출신의 법률가이며 철학자
- 방법론적 회의: 수학적 계산에 의거하여 부인할 수 없는 기하학적 공리를 찾기 위해 확실하지 않은 모든 것을 의심함
- 공리적 진리: "생각한다. 고로 나는 존재한다."(cogito ergo sum)
- 지식의 증명 방식: 나 – 하나님 – 육체적 감각 – 세계
- 데카르트 자신은 경건한 태도를 가지고 신 존재의 증명과 여기에 기초한 우주 질서의 설명을 추구함. 그러나 당시 교회는 데카르트의 사상을 위험한 회의주의로 여김
- 일원론: 스피노자(Baruch de Spinoza, 1632-1677, 유태계 네덜란드 철학자) – 하나 이상의 실체(substance)가 존재한다는 사실을 부정하고 육체와 영혼은 하나의 실체의 속성이라고 주장 – 범신론적 경향
- 예정조화론: 라이프니츠(Gottfried Wihelm Leibniz, 1646-1716) - 독립적인 실체들이 '단자'(monad)로서 무한히 존재하며 하나님께서 이 단자들이 미리 정해진 질서를 따라 상호 의존적으로 운동하도록 창조했다고 주장

4) 영국의 경험주의와 이신론

① 존 로크(John Locke, 1632-1704)
- 서머싯 주 링턴(Somerset, Wrington)의 청교도 가정에서 출생
- 옥스퍼드 크라이스트처치 칼리지에서 수학. 옥스퍼드에서 교수를 하면서 의회주의 지지
- 「인간오성론」(1690): 모든 지식은 내부적·외부적 경험에서 온다고 주장
- 사회계약설: 국가는 국민의 계약에 의해 세워진 기관. 따라서 국민의 자유를 제한할 수 없다고 주장
- 신앙: 이성이 아니라 계시로부터 파생된 지식을 긍정하는 개연적 지식
- 신앙을 이성적 판단의 대상으로 여김: '광신적 열정'을 반대하고 종교의 자유를 주장함
- 「기독교의 합리성」(1695): 가장 합리적인 종교로서의 기독교를 변호

② 데이비드 흄의 회의주의(Skepticism)
- 데이비드 흄(David Hume, 1711-1776): 스코틀랜드 출신의 정치가, 철학자
- 회의주의: 관찰과 경험에 의한 지식의 획득은 이성적 기초를 가지고 있지 않으며 대부분 비이성적 습관의 결과에 불과하다고 주장
- 실체(substance), 인과(cause and effect) 등의 근본적 관념들에 대한 회의 – "우리는 실체, 인과

등을 경험한 적이 없다."
- 실체에 대한 이성적 지식 가능성에 대한 회의: '영혼', '하나님' 등의 개념을 논하는 것이 무의미해짐

③ 이신론(Deism)
- 도그마 중심의 정통주의 논쟁과 갈등을 벗어나고자 한 시대적 분위기의 결과물
- 기독교의 중심 내용이 자연 종교의 내용과 일치함을 증명하고자 함
- 셔베리(Herbert of Cherbury, 1583-1648): 진정한 종교는 보편적이어야 한다고 주장
- 톨런드(John Toland) - "신비적이지 않은 기독교"
- 틴달(Matthew Tindal) - "이 세계만큼 오래된 기독교, 자연 종교의 복사판인 복음"(1703)
- 이신론의 두 가지 전선: 편협한 교리주의에 반대. 종교를 포기해 버린 값싼 회의론에 반대
- 이신론의 문제점: 계시의 중요성과 역사적 사실성 간과. 예수 그리스도의 중요성과 유일성 무시. 이신론 사상 자체의 비일관성

5) 계몽주의와 칸트의 비판철학

① 몽테스키외(Charles Louis de Secondat, Baron de Montesquieu, 1689-1755)
- 프랑스의 계몽주의 정치 사상가로서 이성의 원칙을 정부 조직 이론에 적용하고자 함
- 공화제도를 독재나 왕정보다 우월하다고 주장

② 볼테르(François Marie Arouet, Voltaire, 1694-1788)
- 파리에서 행정관의 아들로 태어난 계몽주의 사상가, 저술가, 철학자
- 종교의 자유, 자유 무역, 시민의 권리 등을 옹호함
- 일체의 열광주의를 적으로 간주: 루이 14세의 개신교 탄압을 비판. 합리주의 철학의 낙관적 이성주의에 대해서도 회의적인 태도를 가짐. 영국 이신론자들의 자만심도 비판
- 기독교 이해: 이신론 내지는 범신론적 경향. 성경은 혼합된 창작물이라고 주장. 이성적 종교 수립을 위해서 이슬람, 유교 사상까지도 섭렵

③ 루소(Jean Jacques Rousseau, 1712-1778)
- 제네바 중산층 출신의 계몽주의 교육가, 정치가, 사상가, 예술가
- 진보: 진정한 진보는 자연 상태로 돌아가는 것
- 종교사상: 도그마와 각종 종교 조직체는 인간의 왜곡된 인공적 진보를 조장한 부패로 간주
- 바른 종교: 하나님, 영혼의 불멸, 도덕적 질서로 구성된 자연 종교로 다시 돌아가는 것
- 종교적 관용을 강조하여 칼빈주의자들과 로마 가톨릭의 정죄를 받았으나 다른 이신론자들보다 더 기독교적인 세계관과 인간론을 견지함

④ 임마누엘 칸트(Immanuel Kant, 1724-1804)
- 프러시아 쾨니히스베르크 출생
- 1781년 「순수이성비판」을 출판
- 합리론 비판: 일체의 사고는 본유적인 것이라고 주장하여 결국 라이프니츠처럼 지성과 다른 물체의

교류를 부정하게 됨
- 경험론 비판: 경험만이 지식의 참된 기초라고 주장하여 결국 흄의 주장처럼 실체나 인과 관계를 합법적 지식의 영역에 포함시킬 수 없게 됨
- 「순수이성비판」(Kritik der reinen Vernunft, 1781): 본유관념은 존재하지 않는다. 단지 근본적인 지성의 구조물이 존재한다.
- 「실천이성비판」(Kritik der praktischen Vernunft, 1788): 순수이성 전개 방식과 다른 방식을 가진 '실천이성'을 주장
- 요청되는 존재로서의 하나님: 실천이성은 모든 행동에 대한 재판관으로, 죽음 이후의 상급과 형벌의 판단자로서 요청한다.
- 「판단력 비판」(Kritik der Urteilskraft, 1790): 미학적 판단력과 목적론상 판단력을 비판적으로 고찰
- 의의: 이성을 통해 종교적·형이상학적 개념들을 순수하게 합리적·객관적으로 논할 수 있다는 생각을 부정함. 이후 실존주의와 독일 관념론에서 영향

5. 근대 신비주의와 경건주의 운동

18세기 이후 급속도로 전개된 유럽 사회의 세속화와 급격히 확산한 합리주의 사상의 흐름 속에서 유럽의 기독교회는 새로운 활로를 모색했다. 로마 가톨릭은 자신의 교리와 신앙 체계를 지키기 위해 수구화되었다. 반면 개신교 내에서는 새로운 변화의 노력이 나타났다.

제도화된 교회의 예배와 구조, 사변화된 신학에 대한 반발은 신비주의 운동이 확산한 중요한 이유 가운데 하나였다. 신비주의자들은 하나님의 직접 계시를 주장하면서 기존 교회의 질서와 다른 새로운 예배와 신앙 생활 방식을 촉구했다. 다른 한편 기존 교회 질서의 틀 안에서 기독교 신앙의 본질을 회복하려는 노력도 등장했다. 그 대표적 경우가 독일 루터파 내에서 발생한 경건주의 운동이다. 슈페너와 프랑크 등이 전개한 경건주의 운동은 루터파 교회를 부인하거나 기존 교단의 질서와 충돌하려 하지는 않았다. 그러나 신앙의 본질을 회복하기 위한 공동체적인 성경공부와 구제 봉사의 실천을 적극적으로 추구했다. 독일 경건주의 운동은 잉글랜드 국교회에도 영향을 주어 웨슬리가 주도한 감리교 운동이 일어났다. 감리교 운동은 기존 영국 국교회의 형식적 신앙에 맞서 적극적인 노천 설교 사역과 전도 및 선교 사역을 전개했다. 경건주의 운동과 감리교 운동은 교회의 갱신뿐 아니라 사회적 변화의 중요한 계기를 제공하기도 했다.

1) 17세기 이후 신비주의 운동

① 배경
- 종교 전쟁 이후 계속된 교파들 사이의 갈등과 정통주의의 사변적 신학에 대한 반발
- 사회적 세속화에 대한 반성

② 야콥 뵈메(Jocob Böhme, 1575-1624)
- 독일 실레지아 루터란 가정에서 출생
- 내적 경건생활과 스스로의 연구를 통해 새로운 기독교 이해에 도달

- 1600년 「찬란한 여명」(Aurora: Die Morgenroete im Aufgang)을 저술
- 복잡하고 난해한 내용: 전통적인 기독교적 주제들을 마술, 점성술, 신지학, 연금술 등에서 비롯된 관념들과 혼합시킴. 구체적 설명 없는 은유를 다양하게 사용
- 영혼의 자유, 내면적 생활, 직접적이며 개인적인 계시 강조
- 영국에서 그의 저술을 따르는 뵈메주의자들(Boehmenists)이 생겨남

③ 조지 폭스(George Fox, 1624-1691)와 퀘이커교도
- 조지 폭스: 레스터셔에서 직공의 아들로 출생
- 제도권 교회와 예배 비판: "교회는 성령의 자유를 훼방하는 인간들의 발명품에 불과하다."
- '내면의 빛'(inner light): 희미하더라도 모든 인간 가운데 존재하는 씨앗이며 하나님을 발견하기 위해 반드시 따라야 하는 진정한 길
- 전적 타락 교리 부정: 하나님의 사랑을 평가절하하는 것이라고 생각함
- 포괄적 구원론: 모든 인간 안에 존재하는 내면의 빛으로 인해 이교도도 구원받을 수 있다고 주장
- '친구들'이라고 부르고 스스로를 '빛의 자녀들'이라고 부르는 추종자들이 등장. 다른 이들은 퀘이커(Quacker=시끄러운 자들)라고 부름
- 독특한 예배: 어떤 형식도 거부하고 성령의 인도하심을 위한 침묵으로 시작. 성령의 인도하심을 느끼면 남녀 차별 없이 그 누구라도 말할 권리를 가짐
- 공동체와 사랑의 중요성을 강조하여 개인주의화를 방지하려 함: 다수결이 아닌 성령의 인도를 따른 만장일치를 추구함
- 무정부주의: 세금 거부 및 병역 거부, 철저한 반전주의. 폭스는 정부의 사면조차 죄를 인정하는 것이라고 여겨서 받아들이지 않음
- 1689년 종교 자유 선포 이전까지 수만 명이 투옥되고 사망함

④ 엠마누엘 스웨덴보리(Emmanuel Swedenborg, 1688-1772)
- 스웨덴의 귀족 가문에서 출생
- 과학 연구 끝에 영적 세계를 발견하는 환상을 경험함
- 성경관: 성경은 영적 세계에 들어가 본 사람만 진정으로 이해할 수 있는 진리들을 반영하는 것이라고 주장
- 삼위일체론: 니케아 신조를 부정하고 3위를 한 인격의 영-혼-몸과 같은 한 신적 인격의 세 가지 양식이라고 설명: 양태론적 경향
- 창조론: 창세기의 창조기사를 물질세계의 창조기사가 아니라 인간 구원의 6단계를 설명하는 것으로 해석
- 범신론: 존재하는 모든 것은 하나님의 속성을 반영하기 때문에 눈에 보이는 세계는 보이지 않는 세계와 '상응'한다고 주장
- 기독론: 성경의 모든 내용은 그리스도와 관련되어 있으며 그리스도가 구세주인 것은 본인이 물질에서 영으로 변환하신 분이기 때문이라고 주장
- 구원론: 인간의 구원을 물질적 존재에서 영적 존재로 변형되는 것으로 이해함
- 추종자가 많이 생기지는 않았으나 1784년 '새예루살렘교회'가 창설됨

2) 독일 경건주의 운동

① 필립 야콥 슈페너(Philip Jacob Spener, 1635-1705): 경건주의의 아버지
- 알사스의 루터파 귀족 집안 출생
- 목회 사역 중 '경건한 모임들'을 설립하여 성경공부와 경건회 모임을 운영
- 1675년 「경건의 열망」(*Pia desideria*) 출판: 신자들의 경건을 양육하기 위한 프로그램을 기록함. 이후 경건주의의 교과서가 됨
- 1694년 할레대학 설립에 영향을 끼침
- 경건주의 이상: 성직자와 평신도의 차이를 강조하지 않고 '만인제사장' 사상에 기초하여 기독교 신자들의 공동 책임을 제안함
- 공동 책임을 감당하기 위한 소그룹 중심의 경건 훈련과 성경 공부 시행 주장
- 논쟁적이며 교리적인 설교보다 신자들이 하나님 말씀에 순종하게 하는 설교를 강조
- 진정한 목회자가 되기 위한 필수조건으로서 중생의 체험 확인을 중시함
- 논쟁적이며 도그마적인 교리가 개인적 신앙의 대용물이 될 수 없음을 주장. 경건주의 운동이 16세기 루터 종교개혁의 참다운 완성을 추구함을 주장
- 루터 정통파의 반대: 교리의 필요성과 체계성을 무시한다는 혐의. 루터의 이신칭의 교리와 달리 성화를 지나치게 강조한다는 혐의. 구원론에서 칼빈주의를 따른다는 혐의. 경건주의가 경건의 삶과 세속의 삶을 이분법적으로 나누고 있다는 혐의

② 아우구스트 헤르만 프랑케(August Hermann Francke, 1663-1727)
- 뤼벡의 루터파 가정 출생
- 드레스덴으로 슈페너를 찾아가 영향을 받음. 1692년부터 할레대학에서 교수함
- 1695년 빈민학교(rugged School)를 창설: 100명의 고아를 돌보며 500명의 아이를 교육
- 신학적 특징: 기독교인의 생활에서 가져야 할 기쁨을 강조
- 종교적 경험을 강조: 경험 자체보다는 생동하는 개인적 신앙을 강조
- 북미의 대각성운동에 큰 영향을 끼침
- 1707년 경건주의에 영향을 받은 덴마크 왕이 할레대학 출신의 선교사를 인도에 파견함

③ 진젠도르프(Nikolas Ludwig von Zinzendorf, 1700-1760)와 모라비안 형제들
- 드레스덴의 경건주의 가문 출신. 슈페너를 대부로 삼음
- 할레의 프랑케에게서 경건주의적 교육을 받음. 비텐베르크대학에서 법학 전공
- 유럽 각지를 여행한 후 드레스덴에서 모라비안들을 만남
- 모라비안들에게 사유지를 제공하여 헤른후트 공동체를 창설함. 이후 작센 가문의 직위를 사임하고 모라비안 공동체에 합류
- 선교 활동: 1731년 덴마크에서 개종한 에스키모들을 만나 선교의 열정을 갖게 됨. 1732년 카리브해에 선교사 파송. 북아메리카 펜실베이니아의 베들레헴, 나사렛 선교부, 노스캐롤라이나의 살렘 선교부 설치

3) 존 웨슬리와 감리교 운동

① 존 웨슬리(John Wesley, 1703-1791)의 생애와 사역
- 잉글랜드 중부 엡워스에서 성공회 사제인 사무엘 웨슬리와 수산나의 15번째 아들로 출생
- 1729년 옥스퍼드 크라이스트처치 칼리지에서 홀리클럽 결성: 거룩하고 정결한 생활. 매일 오후 세 시간씩 성경 및 신학 공부. 주 1회 성찬과 감옥 방문
- 1735년 동생 찰스와 함께 북미 조지아 주 사바나에 원주민 대상 선교를 떠남. 사역은 실패로 끝남
- 1738년 5월 24일 올더스게이트(Aldersgate) 모라비안 교회 집회에서 로마서 주석 서문을 읽는 가운데 회심을 경험. 구원의 확신을 얻은 후 모라비안의 신비주의를 거절하고 결별

② 조지 휫필드(George Whitefield, 1714-1790)
- 영국 글루스터 출신. 옥스퍼드대학 재학 중 웨슬리와 홀리클럽에서 동역함
- 잉글랜드에서 웨슬리와 함께 전도사역을 수행
- 양자는 신학적 차이로 결별: 웨슬리의 알미니안적 예정론 이해를 따름. 휫필드의 칼빈주의적 예정론
- 조나단 에드워즈의 초청으로 신대륙 순회 설교 실시: 제1차 대각성운동에 큰 영향을 줌
- 휫필드는 웨일스 지방을 중심으로 칼빈주의적 감리교회 설립

③ 감리교 운동의 확대
- 웨슬리의 추종자들이 브리스톨에서 운동의 관리를 위한 협회를 창립
- 급성장한 감리 협회 관리를 위해 11명당 지도자 1명을 둔 분단을 조직
- 전국적인 분단 관리를 위해 전국을 순회하며 설교함: "전 세계가 나의 교구"
- 이 운동을 비난하기 위해 국교회주의자들이 감리파(Methodists)라고 부름
- 평신도와 여성의 설교권을 인정하면서 재조직
- 감리파 운동에 속한 성직자들과 평신도 설교가들을 포함하는 정기적 '연례 총회'를 구성
- 영국 국교회의 교회론과 갈등: 평신도 참여와 교구 질서 파괴에 대한 국교회의 반대와 핍박
- 성공회 사제 토마스 코크(Thomas Coke)를 웨슬리가 감독으로 임명
- 1787년 감리파 모임을 법적으로 등록함으로써 독립된 교단이 시작됨

④ 웨슬리 이후의 감리교 운동
- 18세기 후반 산업혁명 이후 도시화된 영국 상황에서 성공을 거둠
- 윌리엄 윌버포스(William Wilberforce, 1759-1833): 영국의 정치가이며 수상. 감리교 운동의 영향을 받음. 영국의 노예 폐지 운동에 헌신함
- 북미의 개척 상황에서도 교구 제도보다 더 효율적인 교회로 성공을 거둠
- 1771년 프랜시스 애즈베리(Francis Asbury, 1745-1816)를 식민지 평신도 설교자로 파송
- 애즈베리는 미국에서 성공회의 조직을 차용해 감리주의적 감독 교회(Methodist Episcopal Church)를 조직함

6. 신대륙과 근대 유럽의 기독교

18세기 기독교는 신대륙에서 크게 성장하기 시작했다. 남아메리카가 주로 로마 가톨릭의 선교지로 남았다면 북아메리카는 잉글랜드와 스코틀랜드의 이민자들을 중심으로 개신교 지역으로 발전했다. 잉글랜드의 정치적 격변 속에서 신앙의 자유를 찾아 대서양을 건넌 청교도들은 새로운 땅에서 '언덕 위의 도시'를 세워 모든 민족과 나라를 향해 빛을 비추는 바람직한 신앙 공동체를 세우려 했다. 1620년 매사추세츠 플리머스에 도착한 메이플라워호의 이민자들이 제정한 메이플라워 언약은 청교도의 정신을 대변했다. 이들 이외에도 프랑스에서 추방된 위그노들과 대륙에서 핍박당한 수많은 소수 개신교 교파들이 신대륙을 찾아 자신들의 신앙 공동체를 세웠다.

신앙 이외에 여러 많은 동기로 북미대륙에 도착한 이민자들은 18세기 중엽에 발생한 제1차 대각성운동을 통해 신앙적·정신적 동질감을 공유할 수 있었다. 조나단 에드워즈는 뛰어난 사상가인 동시에 탁월한 설교자로서 대각성운동의 기초를 놓았다. 대각성운동의 확산에는 영국에서 방문해 순회설교를 한 조지 휫필드와 여러 감리교 설교자들의 역할도 중요했다. 건국 때부터 정교분리와 종교의 자유를 헌법에 명시한 미국에서는 교파별로 미국의 서부 개척과 발맞추어 적극적인 전도 및 선교 활동이 일어났다. 그 결과 새로운 발전을 향한 적극적 사고와 대각성운동은 이후 미국 기독교의 특징으로 자리 잡았다. 1776년 미국이 독립한 이후에는 예일대학의 티모시 드와이트와 찰스 피니 등이 활동한 제2차 대각성운동이 일어났으며 1860년대 남북전쟁 이후에는 드와이트 무디 등을 통해 제3차 대각성운동이 일어났다.

한편 유럽에서는 봉건적 지배체제와 전근대적 사회제도로 대변되는 '구체제'(Ancien Regime)를 무너뜨린 프랑스 대혁명이 발생했다. 1789년에 발생한 프랑스 대혁명은 절대왕정을 무너뜨리며 자유, 평등, 박애의 가치를 전 유럽에 확산시켰다. 프랑스 혁명 세력은 종교 영역에서도 새로운 시도를 전개했다. 특히 공포정치를 시작한 국민공회는 성경에 근거한 기독교를 폐지하고 이성의 종교를 창시하려 시도했다. 일찍이 1688년 명예혁명으로 정치적 변화를 이루어낸 영국에서는 광범위한 식민지 개척을 바탕으로 산업혁명이 일어났다. 증기기관을 비롯한 기술의 발달로 인해 수공업적 생산 방식이 기계를 사용한 공장 생산 방식으로 발전하면서 비약적인 생산의 증가가 가능해진 것이다. 산업혁명은 광대한 식민지 개척의 결과이면서 더 많은 식민지 개척의 원동력이 되었다. 영국의 식민지 개척은 세계 선교를 위한 좋은 동기와 배경을 만들어주기도 했다. 그러나 영국 내에서는 산업혁명의 결과 유산자 계층과 무산자 계층의 경제적 차이가 심화되었고 이로 인해 마르크스와 엥겔스에 의해 공산주의가 등장했다. 산업혁명의 과정에서 영국의 여러 복음주의 교단들은 산업화가 만들어낸 많은 사회 경제적 문제들을 해결하기 위한 대안들을 제시했다.

1) 신대륙의 기독교

① 초기 신대륙 개척
- 버지니아: 1584년 엘리자베스 여왕의 신하 롤리(Walter Raleigh)가 첫 식민지 개척 시도
- 알렉산더 휘태커(Alexander Whitaker, 1585-1617): 영국에서 칼빈주의적 신앙고백서인 램버스 신조를 초안함. 1611-1617년 버지니아 제임스 강가에서 장로교적 목회사역. 인디언 전도: 인디언 족장의 딸인 포카혼타스에게 세례를 베풂
- 뉴잉글랜드 지역의 필그림(Pilgrim's Fathers) 개척: 로마 가톨릭의 잔재를 가진 영국 성공회로부터

의 분리를 주장한 청교도들 – 네덜란드로 피신해 있다가 종교적 이유로 이민함

② 식민지 개척의 신앙적 이상
- 1620년 메이플라워호: 메사추세츠 플리머스에 도착
- 1620년 11월 11일 메이플라워 협약(Mayflower Compact) 체결
- '언덕 위의 도시'(City on a Hill): 세상 모든 나라가 우러러볼 수 있는 모범적인 사회와 국가 건설을 소망함
- 유아세례를 둘러싼 신학적 논쟁: 절반언약(Half way Covenant): 1657, 1662년 대회에서 공식 채택됨. 회심의 경험을 강조
- 교회 제도 채택에서 신조의 채택 문제: 존 코튼(John Cotton)의 영향으로 대부분 회중파적 제도를 채택

③ 식민지 개척의 종교적 자유
- 로드아일랜드: 로저 윌리엄스(Roger Williams, 1603-1683)가 개척하여 정교 분리를 통한 종교의 완전한 자유를 보장함
- 메릴랜드: 1632년 볼티모어 경이 개척해 가톨릭의 중심지로서 종교적 자유를 보장함
- 펜실베이니아: 퀘이커의 영향을 받은 윌리엄 펜(William Penn, 1644-1718)이 필라델피아를 '형제적 사랑의 도시'로 건설함

④ 제1차 대각성운동(The First Great Awakening)
- 조나단 에드워즈(Jonathan Edwards; 1703-1758): 신대륙 회중교회의 목사
- 1734년 에드워즈가 노스햄프턴 교회에서 설교하는 중 놀라운 회개의 역사와 경건한 삶의 회복이 일어나 코네티컷 일대에 확장됨
- 1739-1740년 휫필드의 13개 주 순회 설교로 다시 대각성운동이 점화됨
- 1741년 에드워즈의 엔필드에서 "하나님의 진노하신 손안에 있는 죄인들" 설교가 대표적
- 감정적이며 신비적 운동이 아닌 지적 경향이 강함
- 서부 개척 과정에서 침례교와 감리교도들이 열심히 전도함
- 결과: '부흥'의 소망이 북아메리카 기독교의 특징이 됨. 13개 주가 일체감을 경험하는 정신적 기초를 제공함

⑤ 이후 미국의 대각성운동
- 제2차 대각성운동(1790-1840): 티모시 드와이트와 찰스 피니가 주도. 종교적 헌신과 생활을 중시함. 1801년 케인리지 천막집회에서 발생한 신비 경험. 독립한 미국의 통일에 기여
- 제3차 대각성운동(1850-1900): 남북전쟁 이후 드와이트 무디와 생키를 필두로 진행. 후천년설과 사회복음이 강조됨. 1905년 오순절 운동과 1906년 아주사 부흥운동으로 이어짐

2) 유럽의 혁명과 민족주의 국가 및 공산주의 등장
① 프랑스 대혁명
- 혁명의 원인: 절대왕정의 구체제(Ancien Regime) 타파

- 삼부회: 루이 16세가 왕실의 재정 수요와 전쟁을 위한 재정을 확충하기 위해 성직자-귀족-부르주아 계급으로 구성되는 삼부회 소집
- 국민의회: 1789년 단원제와 다수결을 주장한 3계급이 일부 하급 성직자 계급과 합세해 테니스코트의 선언으로 독자적 운영 선언. 왕의 해산 위협에 시민들이 바스티유 감옥 습격. 인권선언 발표: 자유, 평등, 소유권. 혁명이 지방까지 파급됨
- 입법의회: 새로운 입법을 위해 결성. 1790년 '성직자 시민 헌법'(Civil Constituent of the Clergy) 발표. 교황 피우스 6세의 반대. 입헌군주제주의와 공화제주의의 대립. 1792년 프러시아와 오스트리아가 프랑스 침공
- 국민공회의 종교정책: 성경을 무지의 산물로 여기고 '이성의 종교'(Cult of Reason), 지존자의 종교(Cult of the Supreme Being)를 창설. 일주일을 10일로 바꾸고 각 달의 이름을 개정. 만신전으로의 행진으로 종교 행사 대체(예수, 소크라테스, 아우렐리우스, 루소 등). 성직자 숙청: 2,000-5,000명의 신부 처형

② 나폴레옹의 통치
- 나폴레옹(1769-1821): 코르시카 출신
- 1799년 11월 브뤼메르 쿠데타를 일으켜 정권을 장악하고 10년 임기의 제1통령에 오름
- 1800년 알프스를 넘어 오스트리아를 격파해 반프랑스 동맹군을 붕괴시킴
- 1804년 나폴레옹 법전 제정: 법 앞의 평등. 국가의 세속성. 종교적 자유. 경제 활동의 자유 등 근대적 정신을 반영한 성문법
- 라이프치히 전투 패전 후 1814년 엘바 섬에 유배됨. 1815년 잠시 복귀했으나 95일 만에 연합군에게 워털루 전투에서 패배한 후 세인트헬레나 섬에 유배되어 1821년 사망

③ 공산주의의 등장
- 칼 마르크스(Karl Marx, 1818-1883): 트리어의 유대인 가톨릭 집안 출신
- 헤겔 좌파의 영향 – 역사적 유물론
- 프리드리히 엥겔스(Friedrich Engels, 1820-1895): 베를린대학에서 수학 후 독일군 포병으로 군복무. 1847년 런던에서 공산주의자 연맹 결성
- 1848년 2월 21일 '공산당선언'. 1861년 제1차 인터내셔널 창설
- 1867년 「자본론」 저술: 엥겔스가 2권(1884)과 3권(1894)을 출판

④ 영국교회의 대사회적 대안 제시
- 성공회 내 고교회 운동: 옥스퍼드 운동(Oxford Movement) – 로마 가톨릭적 예전의 복구
- 주일학교 운동: 1751년 노팅엄에서 시작됨. 기독청년회(YMCA). 기독교여성회(YWCA) – 구세군 창설: 1864년 런던에서 부스(William Booth, 1829-1912)가 시작함
- 노동운동: 노동조합 결성, 감옥 개선, 청소년 노동자를 위한 공장법 입법에서 감리교와 퀘이커들이 영향력을 행사
- 노예제도 폐지운동: 윌리엄 윌버포스(William Wilberforce, 1759-1833)가 영국 수상으로서 1833년 영국령 카리브해의 모든 노예를 해방하고 노예 매매를 금지함

7. 미국의 기독교와 19세기 이후 기독교의 세계화

남북전쟁은 교파를 막론하고 노예제도를 반대하는 북부교회들과 노예제도에 대해 미온적 의견만을 가졌던 남부교회들을 분열시켜 놓았다. 이후 19세기 미국 기독교회에서는 제3차 대각성운동을 거치면서 신앙적 열망이 다시 한 번 크게 일어났다. 그러나 동시에 몰몬교, 크리스천 사이언스, 여호와의 증인 등 여러 이단이 등장하기도 했다.

유럽에서는 세속적 민족주의 국가의 등장과 더불어 자유주의 신학이 등장했다. 성경의 계시가 아닌 신앙적 경험으로부터 기독교의 기초를 찾으려 했던 18세기 신학자 슐라이어마허로부터 성경을 역사적 산물로 이해하고 분석한 19세기 고등비평을 거쳐 리츨과 하르낙과 같은 신학자들은 새로운 근대정신에 합당한 기독교의 재규정을 시도했다. 이에 로마 가톨릭은 제1차 바티칸 공의회에서 교황무오설을 확정하는 등 근대정신을 향한 수구적인 입장을 강화했다. 네덜란드의 신학자이며 정치가였던 카이퍼는 자유대학을 설립하고 반혁명당을 조직했다. 그는 칼빈주의에 입각해 자유주의 신학과 근대 유럽의 세속정신과 맞섰다.

20세기 서구 기독교는 두 차례에 걸친 세계대전의 큰 격변을 경험했다. 제국주의 국가들의 충돌이었던 제1차 세계대전(1914-1918)과 전체주의 국가의 침략으로 인해 발발한 제2차 세계대전(1939-1945)은 전 세계적 규모의 전쟁이었다. 특히 발전한 기술이 만들어낸 대량학살 무기는 20세기 중반 이후 근대적 세계관을 크게 바꾸어놓았다. 기독교는 두 차례 세계대전 이후 나타난 새로운 변화 속에서 전체주의와 공산주의, 포스트모던 사상의 거센 도전에 맞서 다시 한 번 바른 신앙을 재확인하고 복음에 충실한 삶을 실천하기 위해 노력했다. 그 과정에서 각 교회는 선교의 사명을 성취하기 위해 다각도의 연대와 협력을 모색해 왔다. 새로운 상황과 현대사상에 맞추어 기독교를 다변화하려 한 세계교회협의회(WCC)와 이와 달리 복음 본래의 내용을 전하며 그에 맞추어 사회적 참여를 추진하려 한 로잔대회를 비롯한 복음주의운동이 21세기에도 계속 활동하고 있다.

20세기 기독교는 더 이상 서구의 종교가 아니었다. 활발한 선교사역은 기독교를 명실상부 세계 종교로 변화시켰다. 오세아니아와 아프리카에서 기독교는 19세기 선교의 시대를 지나 20세기의 혼동을 통과한 후 새로운 부흥을 맞이하고 있다. 아시아의 기독교 역시 16세기부터 시작된 오랜 선교의 역사 동안 수많은 우여곡절을 겪었다. 아시아 기독교는 중국이나 북한에서는 정치적 이유로 인해, 인도와 동남아시아에서는 오래된 종교문화로 인해, 중동지방에서는 종교와 정치의 복합적 원인으로 인해 여전히 박해와 탄압을 받고 있다. 1990년대 소련과 동구권 공산정권의 붕괴로 정교회를 위시한 이 지역의 기독교는 새로운 도약의 기회를 맞이하고 있다. 오늘날 세계 각 지역의 교회들과 신학자들은 현대 세계가 직면한 여러 가지 문제에 대해 대답하기 위해 노력하고 있다.

1) 미국의 기독교

① 미국 독립과 독립 이후 기독교
- 1770년 보스턴 학살 사건. 1773년 12월 16일 보스턴 차 사건. 1775년 독립전쟁 시작
- 1776년 7월 4일: 필라델피아 대륙의회(Continental Congress)에서 13개 식민주가 독립을 선언
- 독립 후 미국의 기독교: 탈교리주의. 인본주의적 경향 - 18세기부터 확산한 유니테리언과 만민구원론(Universalism)이 발전

- 교파주의(denominationalism): 정교분리를 선언한 미국에서 각 교파가 독자적으로 성장을 모색함

② 미국의 서부 확장기 기독교회
- 이민의 증가와 제2차 대각성운동: 미국 독립 후 증가한 이민으로 인해 루터교와 로마 가톨릭이 급성장함. 미국 내에 종교 간, 인종 간 갈등 격화
- 제2차 대각성운동(1790-1840): 드와이트(Timothy Dwight, 1752-1817)와 피니(Charles Finny, 1792-1875)가 주도
- 선교 운동의 전개: 저드슨(Adinoram Judson, 1788-1850)의 주도로 침례교 총연합회(General Convention) 조직
- 사회 개혁 운동: 윌라드(Frances Willard, 1839-1898)의 기독교 여성금주연맹 조직
- 미국의 서부 확장: 먼로 선언(1823)과 운명의 길(Manifest Destiny, 1845)을 기반으로 서부로 영토를 확장함. 오레곤을 정복하여 태평양까지 서진. 멕시코 전쟁으로 남서부 정복

③ 남북전쟁(1861-1865)과 미국교회
- 북부에서 노예 폐지 운동 발생. 북부의 결정에 반대하면서 교파별 남북 분열 – 감리교, 침례교, 장로교
- 1860년 링컨이 대통령에 당선되자 1861년 남부 연맹이 제퍼슨 데이비스를 대통령으로 선출하고 합중국에서 분리 선언
- 5년간 치열한 내전 전개. 1865년 4월 북군 그랜트가 남군 리 장군에게 승리하여 종전함
- 흑인 교회의 독자적 성장
- 제3차 대각성운동(1850-1900): 무디(Dwight Lyman Moody, 1837-1899)와 생키(Ira D. Sankey, 1840-1908)가 주도. 회개와 영접을 주제로 한 부흥회 스타일의 설교. 1905년 오순절 운동과 1906년 아주사 부흥운동으로 이어짐

④ 19세기 신흥종교의 출현
- 몰몬교: 조셉 스미스가 1830년 창시. 영(Brigham Young)이 지도력을 발휘해 조직화. 기독교가 유대교의 완성이듯이 자신들이 기독교의 완성이라고 주장
- 여호와의 증인: 러셀(Charles T. Russel)이 창시. 삼위일체 교리와 예수 그리스도의 신성 부정. 1872년 이미 재림이 이루어졌고 1914년이 종말이 될 것이라고 주장
- 크리스천 사이언스: 에디(Mary Baker Eddy)가 1866년 창시. '하나님', '그리스도', '구원', '삼위일체' 등의 용어를 영적으로 해석. 1879년 과학자 그리스도의 교회가 공식적으로 설립

2) 유럽의 로마 가톨릭 수구신학과 개신교 자유주의 신학

① 19세기 로마 가톨릭의 수구신학
- 교황 피우스 6세가 프랑스 혁명의 자유정신과 성직자 시민헌법에 반대
- 피우스 7세는 잠시 나폴레옹와 우호적 관계 유지. 1808년 로마 함락 이후 적대관계
- 민족국가의 성립과 교황청의 세속적 권력 상실 이후 피우스 9세와 이탈리아 민족주의의 대결. 결국 이탈리아의 통일 과정에서 교황령이 소실됨
- 교황 피우스 9세(재위 1846-1878)의 수구화 정책

- "Ineffabilis Deus"(1854): '성모 무염시태' 즉 그리스도를 잉태한 마리아 자신도 잉태될 때 원죄와 무관하다는 교리로서, 성모를 신성화하며 이를 회의 없이 교황 교령으로만 선포
- "Quanta cura"(1864): 80개의 오류 목록(Syllabus of Errors) 발표: 교회와 국가의 분리, 종교의 자유, 언론의 자유, 국가 감독의 공교육 등을 주장하는 것에 대한 반대
- 제1차 바티칸 공의회(1869-1870)에서 교령 "Pastor Aeternus"(영원한 목자)으로 교황 무오교리 선언
- 피우스 10세(1903-1914): "Pascendi Domini gregis": 성경과 신학에서 새로운 연구 방법들을 정죄 금지함 – 현대주의자들과 결별. 개신교를 극단적으로 정죄함

② 슐라이어마허의 신학
- 슐라이어마허(Friedrich Schleiermacher, 1768-1834): 실레지아 브레슬라우에서 모라비안의 영향을 받은 개혁파 목사 가정에서 출생. 할레대학에서 계몽주의적 교육을 받으며 스스로 신학과 칸트 철학 연구
- 「종교론」(1799), 「신앙론」(1821, 1830)
- 전통적 기독교를 계몽주의적·낭만주의적 사고로 재해석하려 함
- 인간 중심의 신학: 주체로서의 인간이 삶과 사유의 중심이 됨
- 감정의 신학: 종교를 인간의 종교적 체험과 감정(Gefühl)으로 정의하여 전통적인 교리나 신앙고백을 근본적인 것으로 여기지 않음
- 신학의 기능: 의존의 감정을 세 가지 차원에서 탐구하고 해석하는 것 – 자아와 세계의 관계. 자아와 하나님의 관계

③ 헤겔(Georg Wilhelm Friedrich Hegel, 1770-1831)의 변증법적 철학
- 주요 저술: 「정신현상학」(1807), 「역사철학강의」(1817), 「철학강요」(1830) 등
- 실재를 개별적인 사물이나 사건이 아니라 전체로서 파악해야 한다고 생각하여 이성과 실재를 동일시함
- 이성을 단순한 이해나 논리적 결론이 아니라 정-반-합의 변증법적 사고 과정 자체라고 이해함
- 우주적 이성(Universal Reason)은 계속적으로 발전하는 동적인 이성으로서 인간 안에만 존재하지 않으며 실재의 전부로서 존재하는 모든 것이 우주 정신의 변증법적이고 동적인 사고라고 주장
- 기독교는 모든 종교의 종합으로서 인간의 모든 종교적 발전의 전체 과정을 종합한다는 의미에서 절대 종교라고 주장

④ 키에르케고르(Soren Aabye Kierkegard, 1813-1855)의 실존주의
- 덴마크의 루터란 가정에서 출생. 코펜하겐대학에서 신학과 철학 연구(1841년 철학박사)
- 주요 저술: 「공포와 전율」(1848), 「불안의 개념」(1844), 「죽음에 이르는 병」(1849)
- 전통적 기독교와 헤겔의 관념론은 실존주의적 측면에서 반대하는 사상 전개
- 신앙: 언제나 위험을 부담하고 감수하기 위해 모든 즐거움을 포기하는 모험
- 진정한 기독교: 단순한 지성이 아니라 한 인간의 존재 자체와 관련을 가짐 – 헤겔의 '체계'에 대한 환상을 거부함
- 인간론: 고통하는 인간의 존재는 본질보다 우선하고 더 중요함

⑤ 19세기 독일의 자유주의 신학
- 진화론: 다윈(Charles Darwin, 1809-1882)의 「종의 기원」(1859) 발표
- 자유주의 신학의 주요 흐름: 진화론적 세계관, 성경에 대한 고등비평, 미국 장로교 내의 웨스트민스터 신앙고백 개정 운동 등
- 튀빙겐 학파의 바우어(F. C. Bauer, 1792-1860)와 슈트라우스(D. F. Strauss, 1808-1874): 헤겔의 구조를 따라 신약 속에서 신학이 어떻게 발달했는지를 밝히려 함
- 리츨(Albrecht Ritschl, 1822-1889): 종교를 신성한 이성의 영역에서 분리하여 칸트의 도전에 대응함, 슐라이어마허의 '감정'으로서의 종교를 지나친 주관주의라고 거부함. 실질적·도덕적 생활로서의 종교를 주장. 예수의 교훈 중심에 '하나님의 왕국'과 '사랑에 기초한 행동을 통한 인류의 조직'이라는 윤리가 있다고 주장
- 하르낙(Adolph von Harnack, 1851-1930): 「교리사」(1886-1889). 진화론적인 역사적 연구를 교회사 연구에 도입해 기독교 교리가 여러 세기 동안 진화했다고 주장. 도그마의 발전은 헬라화를 통한 초대교회 신앙의 점진적 포기라고 이해. 예수의 가르침: 하나님의 부성, 인류의 형제애, 영혼의 무한한 가치, 사랑의 명령 등

3) 20세기 기독교 신학

① 세계대전 이후 20세기 로마 가톨릭 신학
- 20세기 초의 교황: 베네딕트 15세(1914-1922), 피우스 11세(1922-1939)는 국제적 변화와 현대주의에 능동적 대처를 못 함. 1933년 나치와 화의
- 피우스 12세(1939-1958): 나치를 경계했지만 공산주의의 확대를 더욱 경계함. 제2차 세계대전 당시 히틀러와 무솔리니에 대해 중립을 고수함. 유대인 박해를 방조
- 제2차 바티칸 공의회: 요한 23세(1958-1963)가 소집 선언. 4차 회기에 걸친 회의를 통해 현대사회의 변화에 대해 유연한 입장을 취하면서도 근본적인 로마 가톨릭의 입장은 재확인함
- 20세기 가톨릭의 진보적 신학들
- 샤르뎅(Pierre Teillhard de Chardin, 1881-1955)의 오메가 포인트 – 유신진화론
- 루박(Henri de Lubac, 1896-1991)의 그리스도의 신비로운 영적 몸으로서의 교회 이해
- 콩가(Yve Congar, 1904-1995)의 에큐메니컬 신학
- 라너(Karl Rahner, 1904-1984)의 신학: 기독교의 신비를 일상생활 용어로 설명하려 함
- 큉(Hans Küng, 1928-2021)의 신학: 칭의론, 교회론에서 새로운 방향을 모색

② 칼 바르트(Karl Barth, 1886-1968)의 신정통주의 신학
- 스위스 개혁파 목사의 아들로 출생하여 독일 각 학교에서 자유주의 신학을 배움
- 1911년 스위스 자펜빌에서의 목회: 사회주의적 성향을 갖게 됨. 1915년 사회민주당 가입
- 제1차 세계대전 이후 자유주의 신학과 사회주의적 이상을 포기함
- 「로마서 주석」 1판(1909): 본문 주석 중심
- 「로마서 주석」 2판(1922): 하나님의 절대적 타자성, 초월성을 주장 – 종교적 주관주의, 자유주의, 낭만주의적 견해를 반박

- 하나님의 왕국은 종말론적 실재이며, 인간의 능력이 아니라 완전한 타자로부터 오는 것임을 강조
- 위기의 신학, 변증법적 신학, 신정통주의: 성경관 – 계시와 성경의 분리. 구원관 – 보편구원론. 타락론 – 아담의 타락은 역사적 사건이 아니며 세상 죄의 원인이 아님. 승천론 – 수직적 승천이 아닌 계시의 표지
- 「교회교의학」 저술: 1927년 1판 출판 이후 사고 전환하여 1967년 13권 저술 완료
- 바르멘 선언(1934)에 주도적으로 참여

③ 디트리히 본회퍼(Dietrich Bonheoffer, 1906-1945): 독일 브레슬라우 출신 루터교 목사
- 1937년 「제자도의 대가」: 산상 보훈을 당시의 저항 상황에 적용함
- 1939년 「성도의 공동생활」: 신학 교육을 한 경험을 토대로 작성
- 1943년 히틀러 암살계획에 가담하여 게슈타포에서 체포되어 1945년 4월 9일 처형됨
- 유고집 「옥중서신」: 현대 세계와 기독교 사이의 대화에 대한 신학적 성찰

④ 유럽의 대표적 신학자들
- 체코의 요셉 로마드카(Joseph Hromadka): 마르크스주의와 기독교의 조화를 모색
- 루돌프 불트만(Rudolph Bultmann, 1884-1976): 하이데거의 실존주의의 영향을 받아 신약의 케리그마 강조 – 「공관복음 전승사」(1921). 「신약과 신화」(1941)에서 참된 신앙을 얻어내기 위한 성경의 비신화화를 주장
- 에른스트 블로흐(Ernst Bloch, 1885-1977): 동독의 마르크스주의 철학자로서 소망의 메시지에서 기독교와 마르크스주의의 조화를 추구
- 에밀 브룬너(Emil Brunner, 1889-1966): 스위스의 변증법적 신학자로서 신학과 인본주의 문화 사이의 대화를 시도
- 위르겐 몰트만(Jurgen Moltmann, 1926-): 희망의 신학 – 종말을 향한 소망을 1장으로 삼아 신학을 전개해야 한다고 주장. 소망은 수동적 기다림이 아니라 능동적 참여라고 주장

⑤ 미국의 개신교 신학
- 자유주의와 근본주의의 대립: 진화론을 둘러싼 1926년 스코프스 원숭이 재판(Scopes Monkey Trial)
- 1929년 메이첸(Gresham Machen, 1881-1937)에 의한 웨스트민스터 신학교 분리와 정통장로교회(Orthodox Presbyterian Church)의 설립
- 라인홀트 니버(Reinhold Niebuhr, 1892-1970): 「도덕적 인간과 부도덕한 사회」(*Moral Man and Immoral Society*, 1932): 기독교적 윤리관을 가지고 자유방임적 자본주의를 비판함
- 리차드 니버(Richard Niebuhr, 1894-1962): 「그리스도와 문화」(*Christ and Culture*, 1951): 현대사회의 문화 속에서 기독교의 합당한 반응과 태도를 제시
- 폴 틸리히(Paul Tillich, 1886-1965): 「조직신학」(1951-1963)에서 실존주의 신학 전개. 문화신학: 현대 세계를 향해 복음과 그 관계성을 해석하기 위해 실존주의를 사용함. 상응방법론(method of correlation): 현대인의 가장 심오한 실존적 질문들인 궁극적 관심을 찾아내 복음이 이에 어떻게 대응하는지 밝히려 함
- 다양한 신학적 시도: 흑인 민권 운동과 흑인 신학. 여성신학. 세속화 신학
- 마틴 루터 킹(Martin Luther King Jr. 1929-1968): 미국의 흑인 인권 운동가. 애틀란타에서 침례교

목사의 아들로 출생. 보스턴대학에서 조직신학 공부. 비폭력 무저항의 흑인 인권운동 전개. 1964년 노벨평화상 수상. 1968년 멤피스에서 백인우월주의자에게 암살됨

5) 20세기 기독교의 세계 선교

① 20세기 선교운동
- 캐리(William Carey, 1761-1834): 선구자적 안목으로 1801년 남아공 케이프타운에서 국제 선교사 총회를 열자고 제안
- 리빙스턴(David Livingstone, 1813-1873): 스코틀랜드 조합교회 출신. 1840년 런던전도협회에서 의료선교사로 아프리카 파송. 원활한 선교를 위한 교통로 확보 노력 – 1855년 아프리카 횡단에 성공한 후 나일강 탐사에 나섬. 결국 아프리카 식민지 개척에 기여함
- 1910년 에든버러 선교사 총회: 교파를 망라한 개신교 공식 대표자들이 모인 최초의 회의. 국제 선교위원회(International Missionary Council) 결성
- 학생자원운동(Student Volunteer Movement)의 존 모트(John Mott, 1865-1955) '이 세대 안에 전 세계 복음화' 주장

② 세계교회협의회(World Council of Churches)
- 루터란 웁살라 대주교인 셰데르블룸(Nathan Soderblom)의 주도로 제1차 세계대전 이후 '삶과 일 운동'(Life and Work Movement) 출범
- 1927년 로잔에서 "신앙과 직제 운동"(Faith & Order Movement) 시작
- 1937년 에든버러 2차 '신앙과 직제' 세계 회의에서 '삶과 일' 2차 회의 소집을 결의하여 '세계교회협의회' 태동
- 1948년 8월 22일 암스테르담에서 제1차 총회 개최
- 1954년 미국 에번스톤대회: 개교회의 필요성에 대한 주의를 기울임
- 1961년 인도 뉴델리대회: 국제선교사협의회가 합류. 제2차 바티칸 공의회 이후 로마 가톨릭과 적극적 대화에 나섬
- 이후의 총회: 스웨덴 웁살라(1968) – 케냐 나이로비(1975) – 캐나다 밴쿠버(1983) – 호주 캔버라(1992) – 짐바브웨 하라레(1998) – 브라질 포르투알레그리(2006) – 한국 부산(2013) – 독일 칼스루에(2022)
- 문제점: 종교다원주의 수용. 세계 평화라는 기치 아래 모든 종교 수용. 기독론 약화. 지나친 정치적 성격. 모호한 교회론. 본질적인 신학 논의 회피

③ 20세기 복음주의 및 신복음주의 운동
- 배경: 교조화된 근본주의와 현대적 자유주의와 다른 전도와 선교 운동 전개의 필요성
- 19세기 영국의 복음주의 운동: 존 벤(John Venn)과 윌버포스의 노예해방 운동(1820년대), 레이크스(Robert Raikes, 1736-1811)의 주일학교 운동
- 19세기 미국의 대각성운동: 무디(Dwight L. Moody, 1837-1899), 선데이(Billy Sunday, 1862-1935), 그레이엄(Billy Graham, 1918-2018)
- 20세기 초 미국의 신복음주의 운동: 1942년 NEA(New Evangelical Association) 결성. 헨리(Karl Henry, 1913-2003)의 '복음주의자의 불편한 양심'(The Uneasy Conscience of the Modern

Fundamentalism, 1947). 복음주의 대학과 신학교 설립(Fuller, Wheaton, Gordon-Conwell 등)
- 1974년 로잔대회와 로잔언약: 존 스토트(John Stott, 1921-2011)가 '로잔언약'의 초안 작성. 빌리 그래함이 의장을 맡음. 150개국 3,000명의 대표자 참석. 복음전도와 사회적 책임을 동시에 강조
- 신복음주의 문제점: 성경무오성 거부. 구원론: 영육 구원이 아닌 사회문화적 이데올로기 강조

6) 20세기 비서구권 기독교의 발전

① 오세아니아
- 17세기 필리핀에 자리 잡은 스페인의 로마 가톨릭 선교사들과 이후 프랑스의 로마 가톨릭 선교사들이 이 지역 선교에 착수함
- 잉글랜드 탐험가 쿡(James Cook, 1728-1779)의 호주와 뉴질랜드 개척 이후 성공회 유입
- 호주: 군목 존슨(Richard Johnson, c.1753-1827)이 탑승한 첫 죄수 수송선 상륙(1788) 후 목회 사역
- 1820년 성공회가 국교로 인정됨
- 19세기 아일랜드 천주교의 교세 확장. 감리교 선교(1815). 장로교 선교(1823) 시작
- 1871년 종교 자발주의(Religious voluntarism) 도입. 국가는 비종교 공교육만 지원
- 뉴질랜드: 1769년 상륙한 프랑스 함선에서 로마 가톨릭 미사 시작. 1805년 첫 유럽 이민. 교회선교회 소속이었던 호주 뉴사우스웨일스(New South Wales)의 목사 사무엘 마스든(Samuel Marsden)이 1814년 첫 예배. 1841년 영국 식민지화. 1877년 종교 자발주의 채택. 성공회와 더불어 장로교 및 천주교가 다수

② 라틴아메리카
- 스페인과 포르투갈 식민지 시절 도입된 로마 가톨릭이 강세임: 사제 대부분이 외국 출신
- 제1차 세계대전 전후 다양한 개신교 교파들의 선교가 본격적으로 시작됨
- 해방신학(Liberation Theology): 1970년대 로마 가톨릭 사제들의 독재에 맞서 민주화 투쟁 전개. 1968년 콜롬비아 메데인 회의의 로마 가톨릭 주교회의 개최
- 페루의 도미니크 수도사이며 신학자 구티에레즈(Gustavo Gutiérrez, 1928-현재)의 「해방신학」(1971)
- 반응: 엘살바도르의 오스카 로메로(Oscar Romero, 1917-1980) 신부 암살. 교황청에서는 신학적 급진성으로 인해 반대함
- 21세기 전후 개신교 성장: 브라질, 멕시코, 칠레를 중심으로 주로 오순절파 교회가 급성장

③ 동유럽과 러시아
- 제2차 세계대전 후 공산정부 수립으로 기독교 억압 정책 실시: 소련 스탈린(Joseph Stalin, 1878-1953)의 종교병합 정책. 국가정신의 고양을 위해 러시아 정교의 조직은 인정해 줌. 우크라이나의 친로마 가톨릭교회에 정교회 개종을 강요. 1960년대 기독교 박해 – 지하교회 운동
- 1989년 소련 붕괴와 분할 후 러시아와 동유럽 각국에서 기독교 부흥이 일어남: 폴란드 출신 교황 요한 바오로 2세(John Paul II, 재위 1978-2005)의 역할
- 동독 지역의 루터파. 폴란드와 루마니아의 로마 가톨릭 부흥
- 러시아의 보리스 옐친과 블라디미르 푸틴은 러시아 정교회를 적극 후원함

- 구소련 붕괴 이후 독립국가 내에서 종교적 갈등이 다시 발생함: 중앙아시아 국가에서 기독교 박해 / 아르메니아(기독교)와 아제르바이잔(이슬람)의 갈등과 분쟁 / 우크라이나 정교회와 러시아 정교회의 분리

④ 아프리카
- 19세기 초기 선교: 1804년 독일 선교사들이 시에라리온 프리타운에 상륙 & 1811년 감리교 선교사 사역. 주로 아프리카로 복귀한 노예들을 위한 사역 전개 – 침례교선교협회(1792)와 베를린협회(1824)의 사역. 서부 해안 지역에 집중함
- 19세기 중반부터 아프리카 내륙 선교 착수 – 나이지리아와 동부 잔지바르까지 확대
- 리빙스턴의 활약. 이후 각 선교회의 선교 활동으로 이어짐
- 19세기 후반부터 20세기 초까지 서구 열강의 제국주의 정책으로 인해 국가별 선교 활동에 제약이 따름
- 20세기: 북아프리카의 이슬람 지배 속에서 기독교의 약화 – 이집트 콥트 교회와 에티오피아 교회는 계속 존속함
- 남아프리카공화국: 1652년 네덜란드에서 보어인 유입 – 개혁교회 신자들. 이후 영국 식민지 시대 성공회, 감리교, 침례교 유입. 19세기 동안 대다수의 흑인 인구는 기독교와 토속종교가 혼합된 신앙을 가짐. 아파르트헤이트(Apartheid) – 1948년 백인 정권이 법으로 제정한 인종분리정책. 넬슨 만델라 대통령 당선 이후 1994년 완전 폐지됨. 제정과 폐지 과정에서 남아공 개혁교회가 일정 역할을 함

⑤ 아시아
- 중국: 영국인 선교사 테일러(Hudson Taylor, 1832-1905)의 중국 내지 선교. 20세기 초 공산국가 설립으로 이후 자주 큰 피해를 입음. 중국 선교를 위한 새로운 전략의 필요성
- 일본: 16세기 로마 가톨릭 선교 이후 꾸준히 기독교 선교가 이루어졌으나 교세는 미미함
- 인도와 인도차이나: 토착화된 로마 가톨릭이 강세인 필리핀과 인도네시아 일부 지역 등을 제외하고는 전통적인 힌두교와 불교 및 이슬람 문화와 정책으로 인해 기독교 선교에 어려움이 큼. 소수민족을 중심으로 한 기독교 선교의 노력이 계속되고 있음
- 중동지방: 20세기 후반부터 정치적 갈등으로 인해 기독교인 탄압과 박해가 계속됨. 이란의 이슬람혁명(1978), 걸프 전쟁(1990), 아프가니스탄 전쟁(2001), 시리아 내전과 이슬람국가(IS)의 테러
- 한국: 남북 분단으로 인해 북한은 가장 심각한 기독교 탄압 국가로 남아 있음. 반면 남한은 기독교가 가장 급성장한 국가로서 21세기 세계 선교에 일익을 담당하고 있음

V. 한국교회사

1. 한국개신교 전래 준비

복음이 한국 땅에 전래하였다는 것은 하나님의 특별한 사랑이며 은혜이다. 그것은 당시 우리 민족이 처해 있었던 현실, 그 역사를 조금만 공부하면 금방 알 수 있다. 첫째, 한국은 조상 대대로 우상숭배의 나라였다. 둘째, 당시 한반도는 내외적으로 위기와 혼돈과 갈등을 겪고 있었다. 내부적으로는 개화파와 수구파의 갈등이 있었고, 대외적으로 일제를 비롯한 열강이 문호개방에 압력을 가하던 시기였다. 셋째, 개신교 전래에 앞서 천주교의 박해가 무자비하게 전개되었다. 신해-신유-기해-병오-병인 박해를 통해서 수많은 사람이 죽었고, 포교의 자유는 없었다. 넷째, 절망스러울 정도의 위생과 수많은 전염병이 사람의 생명을 노리던 상황이었다. 어느 것 하나 온전하다고 할 수 없었던 때에, "때가 차매" 주님의 복음이 거룩한 하나님의 사람들을 통해서 태고의 벽을 깨뜨리고 이 땅에 뿌려졌다. 나라가 망해가고 있어도 소망이 있었고 살아남을 수 있었다. 겨레가 모든 것을 빼앗긴 것 같아도, 비교할 수 없이 위대하고 영원한 그리스도를 소유하게 되었다.

한국개신교 전래 준비에서 먼저 경교의 중국 전래가 있었다. 431년 에베소 회의에서 정죄된 네스토리우스 일파가 페르시아로 이동했고 635년 알로펜을 위시한 사절단이 당나라에 오면서 '경교'라는 이름으로 선교활동을 전개하였다.

천주교는 임진왜란 때 세스페데스에 의해서 전파되었다. 그의 사역은 왜병들에게 국한되었고, 그가 조선인을 만나 선교하려는 시도를 했다는 기록은 전혀 찾아볼 수 없다. 그러나 임진왜란 이후 포로로 끌려간 우리 백성들 가운데 많은 이들이 천주교를 믿게 되었음을 확인할 수 있다. 우리나라의 천주교 수용은 선교사들이 입국하여 전파하기보다는 한국인이 직접 중국을 왕래하면서 관심을 갖게 되었다는 특징이 있다. 성호 이익의 제자인 이벽, 권철신, 권일신, 정약종, 정약전 등을 중심으로 서학으로서 연구가 먼저 시작되었고 1784년 이승훈이 첫 세례를 받고 귀국한 이후부터 교세가 크게 확장되었다. 그러나 한국 땅에서 벌어진

수차례의 박해를 통해서 수많은 천주교인이 참혹한 순교를 당했다. 그런 와중에 영국의 머리 맥스웰과 바실 홀이 순양함을 타고 와서 서해안 해도를 작성하려고 한반도에 방한하였고, 1816년 마량진에 도착하여 첨사 조대복에게 최초의 성경을 전했다.

2. 선교사들의 입국과 복음의 수용

19세기 말 개신교 선교사들이 '은둔의 나라 조선'(Corea, the Hermit nation)의 문을 두드리기 시작했다. 1832년 7월 카를 귀츨라프(Karl Gutzlaff)가 로드 암허스트호(Lord Amherst)를 타고 통역관으로 서해안에 도착했다. 배는 서해안 장산곶을 지나서 고대도에 머물게 되었는데, 당시 순조대왕에게 성경과 선물을 보내고 기다리는 동안 성경을 전해주고 한문성경의 주기도문을 서생 '양이'에게 번역하도록 했으며, 감자를 재배하는 법, 포도주를 담는 법도 가르쳐주었다.

이어서 원래 중국으로 파송되었던 토마스(R. J. Thomas) 선교사가 1865년 1차 서해안에 도착하여 성경을 전하고 돌아갔다가, 1866년 8월에 다시 제너럴셔먼호(General Sherman)를 타고 서해안으로 와서 대동강을 거슬러 평양으로 향했다. 제너럴셔먼호는 선장도 있었고, 소유주도 승선하고 있었다. 통상의 목적으로 많은 서양 물품을 싣고 왔고, 토마스 선교사는 윌리엄슨(Alexander Williamson)이 챙겨준 성경을 많이 갖고 와서 한국인에게 전해주며 복음을 전하려 했지만 9월 5일 순교했다.

한 나라가 자국어로 된 성경을 갖는 것은 복 중의 복이다. 만주 우장 지역에서 존 로스(John Ross)와 존 매킨타이어(John MacIntyre)의 노력으로 의주 출신 청년들인 이응찬, 백홍준, 이성하, 서상륜 등의 도움으로 한글성경이 번역되었다. 한편 일본에서는 이수정이 수신사의 수행원으로 따라가서 일본에 머무는 동안 복음을 영접한 후 헨리 루미스(H. Loomis)의 권유로 성경을 번역하게 되었다. 언더우드와 아펜젤러는 이수정이 번역한 마가복음을 들고 입국할 수 있었다. 또한 이수정은 미국 기독교인들에게 한국선교를 촉구했다.

이렇게 번역된 성경은 복음전파 현장에 전해졌다. 존 로스의 동역자인 서상륜과 서경조에 의해 소래교회, 김청송에 의해 집안현교회, 백홍준에 의해 의주교회가 시작되었다. 이 시기에 간과할 수 없는 것은 한국 복음전래를 위해 김옥균과 같은 개화파들의 접촉과 그들의 협력이 있었다는 것이다. 그의 소개로 미 북감리교 맥클레이(R. S. Maclay)가 1884년 6월에 내한하여 고종에게 한국의 병원선교와 교육을 윤허받을 수 있었다.

3. 선교사들의 활동과 한국교회의 발전

1884년 9월 20일 한국 땅에 정주하면서 사역하려고 입국한 최초의 선교사라고 할 수 있는 알렌(H. N. Allen)이 인천을 거쳐 서울에 입성하여 고종의 배려로 광혜원을 시작했다. 광혜원은 포교의 자유가 없던 그때 선교의 교두보였다. 다음 해 1885년 4월 5일 미국 북장로회 선교사 언더우드(H. G. Underwood), 미국 북감리회 아펜젤러(H. G. Appenzeller) 부부가 제물포에 발을 내디뎠다. 이후 수많은 선교사가 입국하였다. 장로교회 선교사들은 네 곳 선교회를 통해 입국하였다. 가장 먼저 선교사를 파송한 미국 북장로회에 이어서 1889년에는 호주 장로회, 1892년에는 미국 남장로회, 1898년에는 캐나다 장로회 선교부에서 선교사들을 파송했다. 또한 미 남감리회와 말콤 펜윅과 같은 독립선교사가 입국하여 복음을 전했다. 이 과정에서

1886년 7월에 국내 최초의 개신교 세례가 언더우드 선교사에 의해서 집례되었다. 바로 노춘경(노도사)이 세례를 받은 것이다. 이어서 1887년 9월 27일 장로교 새문안교회가 설립되었고, 1887년 10월 9일에 아펜젤러의 감리교 정동교회(벧엘 예배당)가 설립되었다.

입국한 선교사들은 직접적으로 복음을 증거하는 데 열의를 가지고 있었다. 언더우드 선교사 부부도 결혼하여 신혼여행을 전도여행으로 대신했는데, 두 달간 북쪽을 순행하며 복음을 전하고 600여 명의 환자를 치료하는 선교 여정을 감당했다. 선교부는 병원을 세워서 그리스도의 박애정신을 펼쳤다. 선교사들은 이와 같은 사역을 통해서 복음의 접촉점을 마련했고, 미션스쿨을 설립하여 성경과 신앙으로 인재를 양성해 나갔다. 초기 한국교회 선교부의 여러 사역은 의료인재를 양성하는 차원까지 나아갔고, 오늘날 선교한국의 토대를 놓았다. 아울러 미션스쿨의 인재 양성은 나라를 빼앗긴 청소년과 젊은이들에게 미래를 다시 꿈꾸게 하였고, 그들을 하나님 나라와 함께 조국의 독립과 건국을 위한 기둥들로 세우는 중요한 사역이었다. 선교사들의 성경 번역과 문서사역은 복음 전파에 크게 기여했을 뿐만 아니라 민족의 문맹률을 낮추고 문화창달에 크게 기여했다.

초기 한국교회 선교정책은 네비우스 선교정책(Nevius Method)으로서 자립, 자치, 자전이었다. 그러나 네비우스 선교정책은 성경공부를 중시했고, 성경공부와 사경회에서 더 나아가 성경학원 설립 등 성경 교육의 토대 위에서 1903년 하디(R. A. Hardie)의 원산부흥운동, 1906년 서울과 목포 등지에서의 부흥운동, 1907년 평양대부흥운동이 가능할 수 있었다. 이후 선교지 분할정책은 여러 교단의 선교부가 내한한 상황에서 부족한 선교사 및 교역자를 적실하게 배치하고, 선교사 간의 불필요한 마찰이나 재정 낭비를 줄이고, 효율적인 사역을 가져오는 효과적인 전략이었다.

4. 초기 한국교회의 부흥운동

일찍이 조나단 에드워즈(Jonathan Edwards)가 주장했듯이 부흥의 역사는 오직 하나님의 주권적 결정에 따른다. 그러나 모든 성도에게는 성령의 역사를 사모할 의무와 특권이 있다. 초기 한국교회는 신앙적 본질에 충실하게 성경을 열심히 공부하고 연구했으며 복음을 열정적으로 전했고 최선을 다해 기도하며 예배했다. 원산지역 부흥의 배경에도 화이트(M. C. White)와 맥컬리(L. H. McCully) 두 여선교사의 기도가 있었다. 그들은 간절한 마음으로 한국교회에 부흥이 임하게 해달라고 기도했다. 그들과 하디가 함께했던 '연합성경공부 및 기도회'에서 선교사 하디가 먼저 은혜를 받은 후 성령의 역사가 이 지역 교회에 강하게 임했다. 그의 목회가 많은 열매를 거두지 못했던 지역에서도 부흥의 역사가 일어났으며 이 역사는 원산을 넘어 서울, 평양, 제물포로 이어졌다. 부흥의 불은 계속 번져서 1906년에 서울과 목포 등지에서도 그 불길이 치솟았다.

부흥운동의 절정은 평양 장대현교회에서 1907년 1월 2일부터 15일까지 있었던 평안남도 남자 도사경회에서 일어났다. 존스턴(Howard Agnew Johnston)이 앞서 웨일스와 인도에서 일어난 부흥의 소식을 전해주자 집회에 참석한 사람들은 도전을 받았다. 특히 장대현교회 길선주 장로와 그레이엄 리(Graham Lee) 목사가 큰 은혜를 받았다. 1907년 1월 2일부터 부흥사경회가 시작되면서 800-1,000명 혹은 1,500명 이상이 모였고 멀리서 평양지역의 1월 추위를 뚫고 성령의 은혜를 사모하여 몰려들었다. 이 기간에 놀라운 은혜가 쏟아져 사람들은 자발적이고 공개적으로 통회자복하기 시작했다. 그 결과 환락의 도시 평양이 동방의 예루살렘으로 변했다. 아이들도 통회하느라 공부를 못 할 지경이었다. 부흥의 역사는 평양의 기독교 기관만이 아니라 지역의 경계를 넘어 전국으로 확산하였고 중국으로도 번져갔다.

1909년부터는 한국의 장로교와 감리교 기독교인들이 영혼을 위해 기도하면서 "백만 명을 그리스도에게로"라는 구호하에 구령의 열정으로 헌신했다. 시간과 날짜를 연보하면서 발로 걷고 뛰며 거리와 시장을 찾아갔고, 가가호호 방문하는 축호전도를 진행해 나갔다. 백만인구령운동은 지방으로도 확산되었고 한일병합이 이루어진 1910년에는 전국적 규모로 더 확대되었다. 하나님께서는 나라를 잃은 한국교회에 특별한 부흥의 은혜를 주셔서 어려운 일제강점기와 이어지는 동족상잔 속에서 하나님의 은혜를 잊지 않고 붙잡을 수 있게 하셨다.

5. 한국교회 신학교의 설립과 총회의 조직

한국교회에서는 선교 초기부터 사경회와 성경학원을 통해서 성도들이 말씀 위에 튼튼하게 세워지고 평신도 지도자들이 배출되는 양상이 이루어졌다. 이에 더 심도 있는 신학 교육을 통해서 헌신된 목회자를 양성할 필요가 절실해졌다. 당시 선교사들이 늘어나는 교인들과 교회를 섬기는 데 한계가 있었기 때문이다. 아울러 네비우스 선교정책의 자립 원칙에 따르면 한국인 목회자를 세우는 것이 당연한 선교의 방향이었다. 전문적인 목회자 교육은 처음에는 신학반 교육 정도로 시작했다. 그러나 얼마 가지 않아 신학교 설립이 계획되었다. 장로교회는 1901년 평양에 장로회신학교를 세우게 되었다. 감리교는 신학반, 신학회, 신학부로 발전하다가 1907년 남북감리회 선교부가 합동하여 협성신학교를 설립했다. 동양선교회에서는 1911년에 경성 무교정에 세운 전도관에서 임시 성서학원을 개설하고 다음 해에는 교사를 신축하여 신학교육에 돌입했다. 신학잡지도 창간되었다. 협성신학교에서 1916년에 「신학세계」를 창간했고 평양신학교에서는 1918년에 「신학지남」을 발간하기 시작했으며 성결교에서는 「활천」을 발간했다.

장로교 신학교인 평양신학교는 1901년 마포삼열 선교사가 교장으로 취임해 방기창과 김종섭을 첫 신학생으로 모아 가르치기 시작했다. 그리하여 1907년 6월 첫 졸업생 7명이 배출되었고, 그해 9월 17일 독노회에서 7명이 모두 목사 안수를 받았다. 이들은 장로회 최초의 목사들로서 이들의 이름은 서경조, 방기창, 양전백, 송인서, 길선주, 한석진, 이기풍이었다. 이들 중 이기풍은 제주도 선교사로 파송되었다. 초창기 평양신학교의 교수들은 마포삼열(마펫), 이길함(그레이엄 리), 소아론(스왈른), 곽안련(클락) 등 맥코믹신학교 출신들이었다. 이들은 보수적인 신학을 가르쳤다. 평양신학교 교수진에는 남장로회의 이눌서(레이놀즈) 선교사, 호주 장로회의 왕길지(엥겔) 선교사 등도 참여하여 연합사역으로 운영되었다.

대한예수교장로회는 1912년에 총회를 창립했다. 장로교 총회는 처음부터 선교에 열정을 가졌다. 앞서 1909년에 독노회에서 러시아의 블라디보스토크에 최관흘을 파송한 바 있었고, 1913년에 박태로, 김영훈, 사병순을 산동성에 선교사로 파송했다. 선교를 받았던 한국교회가 이제 선교사를 파송하게 되었다는 것은 놀라운 하나님의 은혜였다.

6. 일제강점기 한국교회

1895년 10월 8일 일제의 미우라 고로 공사가 일본 낭인들을 동원하여 무자비하게 명성황후를 시해한 을미사변이 발생했다. 이후 고종황제와 태자는 경복궁에 사실상 구금되었다. 누구도 믿을 수 없고 의지할 사람이 없는 형편에서 언더우드, 아펜젤러, 에비슨, 제임스 게일, 헐버트 등의 선교사들은 고종의 침전 가까이에서 불침번을 섰다. 한 달 후인 1895년 11월 28일 반일, 친러, 친미적인 정동구락부가 결성되어 고종을 경복궁에서 나오게 하여 새로운 정권 수립을 시도한 춘생문 사건이 발생했다. 이때도 언더우드, 에비슨, 헐버트 선교사 등이 무기를 소지하고 국왕을 보호하기 위해서 나섰다. 선교사들의 이런 행동은 당시 기독교인들에게 나라와 민족에 대한 애정과 충군애국정신을 고취했다. 구한말 위기 속에서 서양 선교사들은 성탄절과 교회 절기에 태극기와 십자가기를 게양하거나 교회에서 자체적으로 애국가를 애창하고, 나라와 민족을 위한 기도회를 가졌다.

1911년 시작된 105인 사건은 일제가 신민회와 서북장로교회를 압살하려고 음모를 꾸미고 조작한 사건이었다. 일제는 이들이 데라우치 총독을 살해하려고 했다는 근거 없는 누명을 씌워서 반일세력을 붕괴시키려 했다. 일제는 체포한 기독교인들을 72개 종의 고문 기술로 무자비하게 박해하였다. 105인 중에는 장로교인만 80명이 포함되어 있었다. 이들의 수난은 한국인에게 기독교가 애국정신을 가지고 일제에 저항하고 있음을 널리 알리는 계기가 되었다.

3·1 독립운동은 짧은 기간 준비된 거국적이고 민족사적인 독립운동이었다. 국외에서 신한청년당, 만주노령지역 단체, 미주 대한인국민회, 일본 YMCA가 주최한 2·8독립선언, 국내에서 서북지역 준비와 서울의 세브란스와 YMCA를 통해 거사의 준비가 이루어졌다. 여기에 이승훈 장로의 역할이 주목할 만하다. 그는 먼저 기독교계를 결집시키고 천도교와 연합도 이루어냈다. 3월 1일 2시에 폭력 사태의 발생을 우려한 결과 33인의 민족대표는 태화관에서 독립선언서를 낭독했다. 이때 학생과 시민들은 파고다 공원에서 대한독립만세를 외쳤고 이에 호응해 전국 218개 군 중에 212개 군이 대한독립만세를 고창했다. 민족대표 33인 중 기독교인이 16인, 천도교인이 15인, 불교인이 2인으로 구성된 것만 보아도 3·1운동에서 기독교의 역할은 지대했다. 병천 아우내 시장의 유관순과 한쪽 팔이 잘렸음에도 대한독립을 외쳤던 광주 수피아 여학생 윤형숙, 두 팔이 다 잘렸음에도 대한독립만세를 외쳤던 문용기 등은 모두 기독교인이었다.

일제강점기 내내 한국교회는 대 사회적 책임과 사회계몽 및 사회변혁에 대한 책임을 감당했다. 조만식 선생과 산정현교회 제직들은 나라 살리기 운동인 조선물산장려운동을 시작했고 이 운동은 전국적으로 확산되어 학생들과 기생들까지 참여했다. 한국기독교는 YMCA, 엡윗청년회, 청년면려회 등의 청년운동을 통해 사회를 변혁시키는 기독교로서 시대적 사명을 감당했다. 교회는 물산장려운동, 금주, 단연 등 절제운동, 공창제 폐지 운동 등 건전한 사회 수립을 위한 운동을 전개하여 일제의 압제에 맞서 우리 민족이 함께 나아갈 미래를 준비하려 했다.

일제강점기 후반 한국교회에 불어닥친 가장 혹독한 시련은 일제의 신사참배 강요였다. 일제는 신사참배를 반대하는 성도들을 투옥하고 그들에게 온갖 고문을 자행했다. 일제는 남산에 남산신궁(조선신궁)을 지어서 전국적으로 신사참배를 강요하여 우리 민족을 종교적으로 동화하여 정신적으로 지배하려 했다. 신사참배 강요는 공립학교에서 가장 먼저 시작되었고 이어서 미션스쿨에도 신사참배가 강요되었다.

미션스쿨에 대한 신사참배 강요를 받은 선교부나 학교 당국자들은 신사참배와 폐교 사이에 결정을 내려야만 했다. 먼저 천주교와 감리교가 1936년 이전에 모두 신사참배 수용을 결의했고, 한국장로회가 남아 있는 상황이었다. 한국장로회의 네 개 선교부인 미국 북장로회, 미국 남장로회, 호주 장로회, 캐나다 장로회 가운데 캐나다 장로회를 제외한 세 개 장로회 선교부는 학교가 폐교되는 일이 있어도 신사참배를 할 수 없다고 결의했다. 캐나다 장로교회는 신사참배를 순응하고 학교를 유지했다.

일제는 미션스쿨에 이어서 한국장로회 총회를 협박하고 회유했다. 결국 1938년 제27차 총회에서 조선예수교장로회 총회도 신사참배에 가결했다. 그럼에도 신앙의 절개를 지키려 한 이들은 개인적으로 신사참배 반대 운동을 시작하여 조직적으로 전개했다. 이들 가운데는 주기철 목사, 최봉석 목사, 이기선 목사, 주남선 목사, 한상동 목사, 박관준 장로, 손양원 목사, 최상림 목사, 황철도 목사 등이 있었다. 선교사 중에는 맥라렌, 서덕기 목사 등 많은 사람이 일제의 태양신 숭배 강요에 무릎 꿇지 않았다. 신사참배를 반대하고 저항한 많은 신앙인이 고초를 당했다.

7. 신학적 도전과 해방 이후의 한국교회

초기에 한국교회를 정초했던 선교사들, 특히 미국 북장로회 선교사들은 건전한 신학, 가장 보수적인 신학, 개혁주의 신학을 전수했다. 그러나 점차 자유주의 신학도 감리교회와 캐나다 선교부, 일본신학교 등을 통해 유입되기 시작했다. 감리교 유형기 목사가 주도한 「아빙돈단권주석」 발간에 대해서 박형룡 박사는 이 주석이 성경의 파괴적 고등비평의 원리와 종교진화론적 관점을 취했으며 그리스도의 처녀 탄생과 예수님의 육체적 부활을 부인하는 등의 자유주의 사상을 상당히 많이 포함하고 있다고 비판했다. 이 주석의 번역과정에 참여한 송창근, 김재준, 채필근, 한경직 목사 등 장로교 학자들은 사과하거나 사과 성명서를 내놓았다. 김영주의 창세기 모세 저작권에 대한 견해, 김춘배가 제기한 여성의 가르침 허용, 신흥우의 적극신앙단 등 사건이 자유주의 신학의 유입과 관련이 있는 문제들이었다. 그리고 정경옥, 김재준 등의 자유주의 및 진보주의 혹은 바르트주의가 한국교회 안에 신학적 논쟁을 불러일으켰다. 김교신의 무교회주의와 이용도의 신비주의도 교계에 논란을 일으켰다. 이에 대해 보수적 신학을 고수하려 했던 박형룡 박사의 활동이 자유주의와 신정통주의에 대한 적극적인 대응으로 나타났다. 박형룡은 보수신학을 사수하기 위하여 「근대신학난제선평」을 출판했으며, 「아빙돈단권주석」에 맞서 출간된 공동 「표준성경주석」의 책임 집필을 맡았다.

일제 말기 신사참배 반대 운동을 전개했던 '출옥성도'들이 1945년 8월 17일에 평양감옥이나 청주감옥 등에서 출옥했다. 폭풍이 휩쓸고 지나간 한국교회에 재건의 필요가 절실했다. 그러나 이 재건을 위해서는 일제의 억압에 굴복하여 신사참배에 동조했던 부끄러운 일을 철저히 회개해야 했다. 사실 해방 후 한국교회 재건운동은 감옥에서 이미 기도로 시작되었다. 실제로 평양감옥에 수감되었던 주남선, 한상동 목사 등은 해방이 되면 어떻게 새롭게 한국교회를 재건할 것인가를 구상하고 있었다.

이북 교회 노회들과 남한의 경남노회에서의 재건운동의 공통된 주요 핵심은 모든 교역자가 회개 자복하는 것, 자숙하는 기간을 갖는 것, 신학교를 복구 재건하는 것이었다. 그러나 이와 같은 회개 운동은 일어나지 않았다. 신사참배에 순응했던 어떤 이들은 자신들도 교회를 지키기 위해 큰 수고를 했다는 이상한 논리를 펴기도 했다. 북한에 있던 교회들은 소련 공산당이 김일성을 앞세우고 자행한 무자비한 박해를 당했다. 기독교에서는 공산정권에 대응하기 위해서 '기독교사회민주당'과 '조선민주당'을 결성했지만 공산당의 살해와 파괴, 탄압으로 활동을 할 수 없었고 한경직 목사와 이윤영 목사 등은 남쪽으로 내려올 수밖에 없었.

교회의 재건은 신학교 재건과 연결되었다. 1938년에 장로교 총회에서 신사참배가 가결되고 그 가을에 평양신학교는 폐교되었다. 그러나 교역자 양성은 계속되어야 했기 때문에 1940년 4월 19일 승동교회 지하에서 조선신학교가 설립되었다. 그러나 조선신학교는 평양신학교의 신학사상을 이어가지 못하고 오히려 자유주의 신학을 가르쳤다. 이에 1947년 4월 조선신학교의 학생 51명이 자유주의 신학 교육에 문제를 제기하는 진정서를 총회에 제출하는 사건이 발생했다. 조선신학교의 신학적 문제는 고려신학교가 설립되는 주요한 요인 중의 하나였다.

해방 후에 한국의 여러 교단은 신사참배 처리 문제와 '세계교회협의회'(WCC) 참여에 대한 견해 차이

문제, '국제기독교협의회'(ICCC)와 관계 설정 문제 등으로 인해 분열되는 아픔을 겪었다. 한국장로교회에서는 1952년 고신파가 분열되어 나갔고, 김재준이 대표하는 조선신학교의 신학문제로 시작된 갈등으로 1953년 기장 측이 분열했다. 1959년에는 WCC 참여를 둘러싼 논쟁으로 인해 승동 측과 연동 측 사이에 총회가 분열되어 통합과 합동으로 분리되었다.

6·25 전쟁 이후 많은 이단이 발흥했다. 박태선의 전도관, 문선명의 통일교, 나운몽의 용문산 기도원 등이 대표적이다. 박태선은 성령이 이슬같이 내린다거나 향취가 난다거나 죄가 타는 악취가 난다는 식의 주장을 하면서 스스로를 '동방의 의인'이며 '감람나무'라고 주장했다. 그는 자기 발을 씻은 물을 생명수라고 말하기도 했고, 신앙촌을 건립하여 자신을 따르는 신자들의 재산과 노동을 착취하여 기업을 형성했기도 했다. 문선명은 '세계기독교통일신령협회'를 창설하여 교주가 되었다. 그는 신구약 성경을 미완성의 경전이라고 말하며 자신이 쓴 「원리강론」이 신구약을 완성한 '성약'이라고 주장했다. 또 자신을 '재림주' 혹은 '문예수'라고 주장했다. 박태선과 문선명은 둘 다 피가름의 혼음 교리를 주장하고 실천했다. 다른 한편 나운몽은 애향숙을 설립하여 주역으로 성경을 해석하는 '동양적 특수 신령신학'을 제창하면서 종교혼합적인 교리를 가르쳤다. 그는 복음이 전파되기 이전 시대의 사람들은 유교와 불교를 통해 구원받은 사람이 있다고 말했다.

기성 신학교 내에서도 새로운 신학적 시도들이 나타났다. 유동식은 불트만의 비신화화 사상을 토착화 이론으로 적용하여 기독교의 '토착화'를 위해서 먼저 복음의 성질을 규명하고 이 본질로부터 서양적 요소들을 제거해야 한다고 했다. 그는 불교와 천도교를 복음의 요소를 반영하고 있는 종교라고 평가하고, 한 예로 원효를 그리스도 이전의 크리스천이라고 주장했다. 유동식의 뒤를 이어 윤성범은 「사상계」에 "환인, 환웅, 환검은 하나님이다"라는 글을 발표하기도 했다. 그는 이 글에서 환인, 환웅, 환검의 삼신을 기독교의 삼위일체 신이라고 주장했다.

1964년 10월 16일 이화대학교에서 75인의 기독교인이 모여 남미의 복음화 운동에 대한 보고를 듣고 한국에서도 부흥운동을 추진할 것을 결의했다. 이들은 1965년 12월 3일에 전국복음화운동위원회를 발족하여 한경직, 김활란, 홍현설을 중심으로 "삼천만을 그리스도에게로"라는 표어 아래 전도훈련, 부흥집회, 전도집회와 노방전도 등을 시작하고 민족복음화를 위해 빌리 그래함 목사를 한국에 초청하기로 했다. 1972년 9월에 교파를 초월한 전국적인 위원회가 조직되었고 1973년 5월 16일부터 시작된 지방대회에 이어서 빌리 그래함 대성회가 5월 30일부터 여의도 5·16광장에서 개최되었다. 이 대회에는 6월 3일까지 연인원 325만 명이 참석하였다. 결신자가 10만 명에 이르렀고 이 대회를 위해 동원된 버스만 1천 1백 대였으며 6천 명이 들어설 수 있는 스탠드식 성가대석이 마련되기도 했다. 정부는 대회 기간 중 여의도 일대에 야간통행금지를 해제해 주었고 군악대를 지원해 주었으며 버스 노선까지 변경하여 행사장을 경유하게 조정해 주었다. 대규모 전도 대회는 이후에도 계속 이어졌다. 1974년 '엑스플로 74'는 한국대학생선교회(C.C.C.)의 김준곤 목사가 대회장으로서 준비 과정을 이끌었고 한경직 목사가 명예회장, 이원설, 김용기, 황성수, 마삼락, 김의환, 박조준, 신현균 등이 참여했다. 이 대회에서는 국제 C.C.C. 총재 빌 브라이트, 한경직, 조용기 목사 등이 설교를 전했다. 이 대회는 1974년 8월 13일부터 18일까지 655만 명이 참석하는 대규모 전도 집회로 진행되었다. 1977년의 '민족복음화성회'와 1980년 '80 세계복음화대성회', 1984년에 '한국기독교 100주년 기념대회'도 성공적으로 개최되었다.

VI. 실전문제

1. 초대교회사

1. 다음 중 3세기까지 초대교회의 교리 발전의 동기로 보기 가장 어려운 것은?
   ① 교회 고위 성직자들의 부패가 확산했다.
   ② 헬레니즘의 사상적 도전에 직면했다.
   ③ 교회가 급속도로 성장했다.
   ④ 로마 제국 정부의 박해가 발생했다.
   ※ 313년 공인 이전 기독교는 끊임없는 박해 속에서도 급속한 교회의 성장을 이루어냈다. 이 과정에서 직면한 헬레니즘 사상의 도전에 맞서 진리를 변호하고 더 잘 설명하기 위한 교리적 발전이 이루어졌다. 초기 기독교회에는 아직 성직 위계체제가 완전히 성립되지 않았으므로 타락할 수 있는 고위 성직자 계층은 성립되지 못했다.

2. 다음 중 초대교회 시대 로마 제국의 특징과 가장 거리가 먼 것은?
   ① 계층적인 신분사회였다.
   ② 잘 정돈된 도로망과 더불어 일관된 법률 체계를 추구했다.
   ③ 사상적으로 헬레니즘을 수용했다.
   ④ 로마의 종교와 문화를 일방적으로 강요했다.
   ※ 로마 제국은 제국의 효율적인 운영을 위해 각 지역의 문화와 종교를 존중하는 포용정책을 사용했다. 기독교인들이 박해를 받은 이유는 이런 포용정책에도 불구하고 로마 황제에 대한 종교적 숭앙을 거부했기 때문이다.

정답 1.① 2.④

3. 기원 후 70년 티투스가 예루살렘을 정복해 성전을 파괴하고 유대 종교를 억압한 직후인 81년에 황제로 즉위해 기독교를 계속 박해했던 로마 황제는?
   ① 네로　　　　② 도미티아누스　　　③ 데시우스　　　④ 디오클레티아누스

   ※ 티투스가 팔레스타인 원정을 마치고 돌아온 후 사망하자 동생 도미티아누스가 81년 황제에 즉위했다. 도미티아누스는 기독교인들에 대한 박해를 계속했다.

4. 초대교회가 로마 제국으로부터 박해를 받았던 이유와 가장 거리가 먼 것은?
   ① 기독교 예배 의식에 대한 로마인들의 오해
   ② 기독교인들의 도덕적 타락에 대한 우려
   ③ 육체의 부활 등 교리에 대한 멸시
   ④ 황제권의 확립을 위한 정치적 동기

   ※ 기독교의 성육신과 육체 부활 교리는 영육이원론에 입각한 헬레니즘의 관점에서 볼 때 인정할 수 없는 저급한 교리였다. 더불어 남녀노소의 구별 없이 성찬을 시행하는 기독교 예배 의식에 대한 오해와 새로 즉위한 황제의 정치적 입지를 강화하려는 정치적 동기가 초대교회 기독교 박해의 중요한 원인이었다. 그럼에도 불구하고 기독교인들의 도덕적 높은 수준은 로마인들에게 일반적으로 인정을 받았다.

5. 교회에 대한 로마 정부의 박해와 지식인들의 비판에 맞서 기독교 교리와 사상적 우월성을 변호하려 했던 변증가에 속하지 않는 인물은?
   ① 타티안　　　　　　　　　　　　② 타키투스
   ③ 터툴리안　　　　　　　　　　　④ 테오필루스

   ※ 3세기 이전 기독교 신학자들은 모두 박해의 위협과 사상적 도전에 맞서 기독교 신앙을 변증했다. 타키투스는 기독교를 비우호적으로 평가한 로마의 대표적 역사가이다.

6. 다음 중 초대교회가 교리 발전 과정에서 상대해야 했던 헬레니즘 사상 체계에 속한다고 볼 수 없는 사상은?
   ① 스토아주의　　　　　　　　　　② 스콜라주의
   ③ 에피쿠로스주의　　　　　　　　④ 신플라톤주의

   ※ 스토아주의와 에피쿠로스주의 및 신플라톤주의는 모두 초대 기독교가 상대해야 했던 헬레니즘 사상의 조류들이다. 스콜라주의는 중세신학 작업 방법론이다.

7. 다음 중 헬레니즘 사상에 대한 설명으로 올바르지 않은 것은?
   ① 기본적으로 정신 세계와 물질 세계를 구분하는 이원론을 취했다.
   ② 종교적 주제에 대한 관심을 기울였다.
   ③ 스토아주의와 달리 에피쿠로스주의는 육체적 쾌락을 적극 추구했다.
   ④ 정치 철학으로서 면모를 지니고 있었다.

   ※ 헬레니즘 사상은 일반적으로 정신세계와 물질세계, 영과 육, 이데아계와 현상계를 구별하는 이원론을 취했다. 대부분의 헬레니즘 사상들은 종교적 주제에 대한 깊은 관심을 가지고 있었으며 인간의 덕성을 함양하여 바람직한 공동체를 세우려는 정치적 목적을 지향했다. 에피쿠로스학파가 추구한 쾌락은 육체적인 것이 아니라 도리어 육체를 제어함으로 얻을 수 있는 정신적 쾌락이었다.

정답 3.② 4.② 5.② 6.② 7.③

8. 일반적인 헬레니즘 사상과 구별되는 기독교 교리의 특징이라고 보기 가장 어려운 것은?
   ① 영혼과 육체의 구별
   ② 최후의 심판과 육체의 부활
   ③ 구원을 위한 은혜의 절대성
   ④ 로고스의 성육신

   ※ 신약성경과 초대 기독교 교리 중에는 헬레니즘의 용어와 사고 체계가 많이 활용된다. 대표적으로 영혼과 육체의 구별에 대해서는 기독교와 헬레니즘 사이에 큰 차이가 나타나지 않는다. 그러나 성경적 진리 체계와 헬레니즘 사상의 체계 사이에는 분명한 차이가 나타난다. 헬레니즘이 육체를 죄와 죽음의 원인으로 보고, 인간의 깨달음을 통한 정신적 향상을 주장하는 데 비해 기독교 사상은 로고스의 성육신과 구원을 위한 은혜의 절대성, 그리고 육체의 부활을 가르쳤다.

9. 다음은 신플라톤주의에 대한 설명이다. 올바르지 않은 것은?
   ① 플라톤주의의 이원론을 따랐다.
   ② 모든 개별적이며 물질적 존재가 절대적 존재로부터 유출된다고 주장했다.
   ③ 3세기에 플로티누스와 포르피리우스 등의 사상가들이 활동했다.
   ④ 영지주의의 종교적 성격과 대립하여 사변적 논증을 강조했다.

   ※ 신플라톤주의는 이원론에 입각해 만물이 절대적 일자로부터 유출된 것이라고 생각했다. 초대 기독교를 위협했던 영지주의의 사상 체계는 신플라톤주의로부터 많은 영향을 받았다.

10. 다음 중 신약성경이 기록될 당시 존재했던 유대교 분파가 아닌 것은?
    ① 사두개파   ② 에세네파
    ③ 바리새파   ④ 알비파

    ※ 신약성경이 기록될 당시 팔레스타인 지역을 중심으로 여러 유대인 분파가 활동했다. 이중 바리새파나 사두개파와 같은 몇 분파들은 신약성경에 기록되어 나타난다. 알비파는 중세시대 남부 프랑스를 중심으로 활동한 심각한 마니교적 이단이다.

11. 다음 중 영지주의의 일반적인 특징으로 보기 가장 어려운 것은?
    ① 혼합주의   ② 회의주의
    ③ 신비주의   ④ 엘리트주의

    ※ 영지주의는 초대 기독교 시대에 헬레니즘 사상 체계를 바탕으로 삼아 나타난 신비주의적 종교운동이다. 영지주의는 다양한 사상들을 혼합해 여러 가지 형태로 전개되었으나 일반적으로 그노시스, 즉 영적인 지식을 소유함으로써 구원에 이르게 된다는 주장을 펼쳤다. 따라서 이 지식을 깨달은 소수 계층 사람들의 특별함을 강조했다.

12. 초대교회 시대 기독교에 대한 박해를 주도했던 황제로 볼 수 없는 인물은?
    ① 네로   ② 도미티아누스
    ③ 마르쿠스 아우렐리우스   ④ 갈리에누스

    ※ 초대교회 시대 많은 황제들이 특히 정치적 목적으로 기독교를 박해했다. 그러나 253년 즉위해 268년까지 통치했던 갈리에누스 황제는 259년 관용령을 발표해 일시적으로나마 기독교인들에 대한 박해를 중단하고 기독교인들의 예배 처소와 무덤을 되돌려 주었다.

정답 8.① 9.④ 10.④ 11.② 12.④

13. 다음 중 기독교를 박해한 로마의 황제와 그 당시 순교한 인물들을 바르게 연결한 것은?
    ① 네로 – 이그나티우스
    ② 도미티아누스 – 사도 바울
    ③ 데시우스 – 폴리갑
    ④ 마르쿠스 아우렐리우스 – 순교자 유스티누스

    ※ 이그나티우스는 110년 트라야누스 황제 통치 하에서 순교했다. 사도 바울은 네로 황제 통치 시대인 67년경 순교한 것으로 알려져 있다. 서머나의 감독 폴리갑은 마르쿠스 아우렐리우스 황제가 통치하던 시기인 168년 순교했다. 순교자 유스티니아누스 (저스틴 마터) 역시 165년 아우렐리우스 황제 통치기에 순교했다.

14. 콘스탄티누스의 황제가 기독교를 공인하기 전까지 기독교를 박해했던 황제들을 재위 순서대로 바르게 연결한 것은?
    ① 네로 – 도미티아누스 – 디오클레티아누스 – 마르쿠스 아우렐리우스
    ② 네로 – 도미티아누스 – 마르쿠스 아우렐리우스 – 디오클레티아누스
    ③ 네로 – 마르쿠스 아우렐리우스 – 디오클레티아누스 – 도미티아누스
    ④ 네로 – 마르쿠스 아우렐리우스 – 도미티아누스 – 디오클레티아누스

    ※ 네 황제 모두 기독교를 박해했다. 각 황제의 재위 순서는 다음과 같다. 네로(54-68), 도미티아누스(81-96), 마르쿠스 아우렐리우스(161-180), 디오클레티아누스(284-305)

15. 사도들의 제자로 알려진 속사도교부에 속하는 인물로서 "마그네시아와 에베소에 보내는 편지"를 비롯한 7편의 서신을 저술하여 그리스도의 신성을 설명했던 교부는?
    ① 이그나티우스
    ② 폴리캅
    ③ 유스티누스
    ④ 테오필루스

    ※ 안디옥의 감독이었던 이그나티우스는 사도 요한의 제자로 알려진 대표적인 속사도교부이다. 그는 신약성경이 기록되던 시기 직후에 여러 교회에 보낸 7편의 편지를 썼으며, 이 편지들 안에 초대교회의 신앙과 예배 및 삶에 대해 기록했다.

16. 다음 중 속사도교부 시대에 나타난 저술에 해당하지 않는 것은?
    ① 헤르마스의 목자
    ② 디다케
    ③ 바나바의 서신
    ④ 유대인 트리포와의 대화

    ※ 헤르마스의 목자와 디다케, 바나바의 서신은 저자를 정확하게 알기 어려운 속사도교부 시대의 저술들이다. 유대인 트리포의 대화는 변증가에 속하는 순교자 유스티누스(100-165)의 작품으로서 속사도교부 시대의 문헌으로 보기는 어렵다.

정답 13.④ 14.② 15.① 16.④

17. 다음은 속사도교부들과 그 시기에 등장한 문헌들에 대한 설명이다. 옳은 것만을 묶은 것은?

가. 로마의 클레멘트는 고린도교회에 보내는 편지를 저술했다.
나. 이그나티우스는 서머나의 감독이었다.
다. "디다케"의 또 다른 제목은 "열두 사도들의 가르침"이다.
라. "디오그네투스에게 보낸 편지"는 기독교 예배와 생활을 변호했다.
마. "헤르마스의 목자"는 행위공로를 부정하고 이신칭의를 강조했다.

① 가, 나, 마 ② 가, 다, 라
③ 나, 다, 라 ④ 나, 라, 마

※ 로마의 클레멘트는 고린도를 비롯한 여러 교회에 보내는 편지를 저술했다. "열두 사도들의 가르침"은 "디다케"의 또 다른 이름이다. "디오그네투스에게 보내는 편지"는 저자를 알 수 없는 서신 형식의 문서로서 기독교에 대한 오해를 불식시키기 위한 변증서였다. "헤르마스의 목자"는 이신칭의를 가르치기보다는 율법준수를 통한 선행과 삶의 실천을 강조했다. 속사도교부인 이그나티우스는 안디옥의 감독이었다.

18. 다음 중 2세기부터 3세기까지 활동했던 헬라 교부들에 대한 올바른 설명만 묶은 것은?

가. 이레네우스는 헬라 교부들과 라틴 교부들 사이의 가교역할을 했다.
나. 히폴리투스는 알레고리적 해석방법을 배격하고 문자적 성경 해석을 추구했다.
다. 키프리아누스는 교리의 일치성에서 보편교회의 근거를 찾았다.
라. 알렉산드리아와 안디옥이 헬라신학의 중심지였다.
마. 알렉산드리아의 클레멘트는 기독교 신앙과 플라톤 철학의 조화를 추구했다.

① 가, 다, 마 ② 가, 라, 마
③ 나, 다, 라 ④ 나, 라, 마

※ 잘못된 보기들의 이유를 설명하면 나. 히폴리투스는 문자적 해석이 아니라 알레고리적 해석을 높이 평가했다. 다. 키프리아누스는 교리의 일치성이 아닌 감독의 일치성에 보편교회의 기초가 있다고 주장했다.

19. 다음 중 2세기부터 3세기까지 활동했던 라틴 교부들에 대한 설명으로 옳은 설명만을 묶은 것은?

가. 타티안은 "켈수스 반박"을 저술하여 기독교 신앙을 변증했다.
나. 터툴리안은 "프락세아스 반박"에서 삼위일체 교리의 중요 개념들을 제시했다.
다. 헬라 교부들보다 형이상학적 논의를 더 적극 활용해 헬레니즘과의 조화를 추구했다.
라. 키프리아누스는 분파주의에 맞서 "교회 밖에는 구원이 없다"라고 주장했다.
마. 카르타고와 로마 등이 라틴신학의 중심지였다.

① 가, 나, 라 ② 가, 다, 라
③ 나, 다, 마 ④ 나, 라, 마

※ 잘못된 보기의 이유를 설명하면 가. "켈수스 반박"은 오리겐의 대표적인 변증 저술이다. 다. 형이상학적 논의를 더 적극적으로 사용한 것은 라틴 교부들보다는 헬라 교부들이었다.

정답 17.② 18.② 19.④

20. 카르타고 출신의 교부인 터툴리안에 대한 설명으로 올바르지 않은 것은?
   ① "한 본질인 세 위격"을 주장하여 삼위일체의 개념 정립에 기여했다.
   ② 몬타누스주의에 빠져 정통교회를 벗어났다.
   ③ "순교자들의 피는 교회의 씨앗이다" 말하며 로마 제국의 박해에 대응했다.
   ④ 헬레니즘 사상을 적극적으로 받아들여 기독교 신앙을 변증했다.

   ※ 카르타고 출신의 라틴 신학자 터툴리안은 박해와 이단에 맞서 기독교 신앙의 정통성을 변증하는 과정에서 기독교 신학과 헬레니즘의 연속성보다는 불연속성을 강조했다.

21. 다음 중 오리겐에 대한 설명으로 올바른 것은?
   ① 주후 185년경 시리아 안디옥에서 출생했다.
   ② 영적 우의적 해석보다는 문자적 역사적 성경해석을 추구했다.
   ③ 여러 이단사상에 맞서 기독교 신학을 체계적으로 설명한 "헥사플라"를 저술했다.
   ④ 로고스의 "영원 전 출생"을 주장하여 삼위일체 교리 확립에 기여했다.

   ※ 오리겐은 이집트 알렉산드리아 출신으로서 성경의 우의적 해석을 높이 평가했다. 그는 이단 사상에 맞서 변증적 저술을 남겼을 뿐 아니라 "헥사플라"를 통해 당시 성경 사본들을 비교하는 사본연구의 업적도 남겼다. 삼위일체 교리에 있어서도 로고스의 "영원 전 출생" 개념을 논의함으로써 신학적인 측면에서 기여했다.

22. 다음 중 초대교회 시대의 교부인 이레네우스에 대한 설명으로 올바르지 않은 것은?
   ① 소아시아 출신으로 추정되며 갈리아 지방 리용의 감독이었다.
   ② 마르키온과 영지주의에 맞서 기독교 신학을 확증하려 했다.
   ③ 구원을 단회적이며 법정적인 칭의로 설명했다.
   ④ "총괄갱신"을 주장하여 아담과 그리스도를 병행시키는 구원론을 제시했다.

   ※ 이레네우스는 그의 구원론에서 아담과 그리스도 사이의 병행적 해석에 따른 "총괄갱신"을 주장했으나 단회적이며 법정적 의미의 칭의를 명시하지는 않았다.

23. 다음 중 초대교회 변증가들의 이름과 작품이 올바르게 연결된 것은?
   ① 유스티누스 - 제1변증서   ② 타티안 - 트리포와의 대화
   ③ 아테나고라스 - 사도적 가르침의 증명   ④ 이레네우스 - 기독교인들을 위한 청원

   ※ "제1변증서"와 "트리포와의 대화"는 순교자 유스티누스의 대표적인 저술이다. "사도적 가르침의 증명"은 이레네우스의 작품이며, "기독교인들을 위한 청원"은 아테나고라스의 글이다.

24. 다음 중 초대교회에 나타난 이단의 도전에 대한 설명으로 올바른 것은?
   ① 마르키온 - 성경의 우의적 해석을 배척하고 구약을 거부했다.
   ② 몬타누스 - 유대주의적 이단으로서 할례와 안식일 준수를 주장했다.
   ③ 영지주의 - 금욕주의를 취했으며 육체의 부활을 소망하며 강조했다.
   ④ 에비온파 - 예언의 은사를 강조하고 급진적 종말론을 주장했다.

   ※ 몬타누스는 성경의 문자적 해석을 주장했고 헬레니즘에 입각해 구약 전체와 신약의 대부분을 거절했다. 할례와 안식일 준수를 주장한 유대주의적 이단은 에비온파이다. 종말론적 기대 가운데 예언의 은사를 강조하며 금욕주의를 가르친 것은 몬타누스였다. 영지주의는 일반적으로 영육이원론에 따라 육체의 부활을 강조하지 않았다.

정답 20.④ 21.④ 22.③ 23.① 24.①

25. 다음 중 2세기에 등장했던 몬타누스파 이단에 대한 설명으로 올바르지 않은 것은?
① 소아시아 프리기아 출신의 몬타누스가 시작했다.
② 자칭 여성 예언자인 프리스실라와 막시밀라가 동참했다.
③ 임박한 종말을 주장하며 엄격한 금욕주의를 내세웠다.
④ 헬레니즘 사상을 적극적으로 수용했다.

※ 몬타누스주의는 영지주의와 달리 헬레니즘 사상에 대해 경계하는 입장을 취했다.

26. 다음은 초대교회가 상대해야 했던 여러 이단적 사상들이다. 이들 중 헬레니즘의 영향을 받은 이단에 속하는 것만을 묶은 것은?

| 가. 에비온파 | 나. 몬타누스주의 | 다. 마르키온주의 |
| 라. 엘크사이트파 | 마. 마니교 | 사. 도케티즘 |

① 가, 다, 라 ② 다, 마, 사 ③ 나, 마, 바 ④ 가, 나, 사

※ 몬타누스주의, 마르키온주의, 마니교, 도케티즘은 헬라주의적 이단에 속한다. 에비온파, 엘크사이트파, 나사렛파는 유대주의적 조류에 속한다.

27. 3세기 이전 이단 사상에 맞서 교회의 정통성을 옹호하려 했던 대응 방법으로 보기 가장 어려운 것은?
① 정경의 확립
② 헬레니즘 사상 배격
③ 신앙의 기준 사용
④ 사도적 계승 주장

※ 3세기 이전 초대교회는 다양한 이단들의 도전에 맞서 다양한 대응을 보여주었다. 먼저 마르키온주의에 맞서서는 정경을 확정했으며 초신자와 어린이들을 위한 교육, 예배 시 공적 고백을 위한 신앙의 기준(regula fidei)를 사용했다. 교리의 연속성과 관련해 사도적 계승의 정당성을 강하게 주장하기도 했다. 헬레니즘 사상을 배격하는 변증의 방식도 있었으나 많은 변증가들은 헬레니즘 사상의 용어와 개념, 그리고 체계를 기독교 신앙의 변증을 위해 많이 활용했다.

28. 다음은 콘스탄티누스 황제에 대한 설명이다. 옳은 내용만 묶은 것은?

가. 콘스탄티우스 클로루스와 헬레나 사이에서 태어났다.
나. 306년 아버지 콘스탄티우스의 뒤를 이어 부하들에 의해 황제로 추대되었다.
다. 313년 밀라노 칙령을 발표해 기독교 이외의 모든 종교를 금지했다.
라. 제국을 통일한 후 330년 새로 건설한 콘스탄티노플을 수도로 정했다.
마. 자신의 네 아들에게 제국을 분할해 주었다.

① 가, 나, 라 ② 가, 다, 마
③ 나, 다, 라 ④ 나, 라, 마

※ 보기 가운데 콘스탄티누스 황제에 대한 잘못된 내용을 설명하면, 다. 313년 밀라노 칙령은 기독교 예배를 인정했지만 기독교 이외의 다른 모든 종교를 금지한 것은 아니었다. 마. 콘스탄티누스 황제는 세 명의 아들에게 제국을 분할해 주었다.

정답 25.④ 26.② 27.② 28.①

29. 다음 중 콘스탄티누스 황제에 의한 기독교 공인 이후 기독교 안에서 발생한 변화에 해당하지 않는 것은?
   ① 교리 논쟁이 본격적으로 전개되었다.
   ② 교회가 조직화되고 교권이 증대되었다.
   ③ 서방교회에서는 동방교회와 달리 각 지역 감독들을 중심으로 교회가 정비되었다.
   ④ 수도원 운동이 발전했다.

   ※ 313년 밀라노 칙령에 의한 기독교 공인 이후 교회는 좀 더 공개적으로 신학적 논쟁을 전개할 수 있었으며 그 이유 중 하나가 교회의 조직화와 체계화의 빠른 진행이었다. 동방교회에서는 주요 도시들의 감독들을 중심으로 교회 제도가 정비된 반면, 서방 교회는 수도인 로마 감독을 중심으로 교회 제도가 조직화되었다. 교회의 제도화에 대한 반발로서 수도원 운동이 전개되기도 했다.

30. 313년 명령된 밀라노 칙령 직전에 콘스탄티누스와 서방의 황제 자리를 놓고 경쟁하다가 312년 밀비안 다리 전투에서 패배한 인물은 누구인가?
   ① 갈레리우스   ② 막시미누스 다이어
   ③ 리키니우스   ④ 막센티우스

   ※ 디오클레티아누스가 황제직에서 퇴임한 이후 서로마와 동로마 황제 자리를 놓고 벌어진 군사적 갈등 속에서 콘스탄티누스는 경쟁자 막센티우스를 312년 밀비안 다리 전투에서 격퇴하고 서방 제국의 승자가 되었다.

31. 초대교회 동방 신학은 크게 이집트의 알렉산드리아 학파와 시리아의 안디옥 학파가 대표했다. 이 두 학파를 비교할 때 안디옥 학파의 특징이라고 말하기 가장 어려운 것은?
   ① 헬레니즘적 사상체계와 적극적으로 대화했다.
   ② 그리스도의 인성보다 신성을 부각시키는 신학을 전개했다.
   ③ 문자적, 역사적 성경해석을 선호했다.
   ④ 도덕적이며 실천적 측면에 대해 큰 관심을 가졌다.

   ※ 안디옥 출신의 신학자들은 알렉산드리아 출신의 신학자들과 비교할 때 그리스도의 신성과 구별되는 인성의 의의와 역할을 강조했다.

32. 다음 중 초대교회의 교부들과 그들의 대표적인 신학적 입장이 올바르게 연결되지 않은 것은?
   ① 알렉산드리아의 클레멘트 - 헬라 철학은 이방인들에게 복음을 위한 준비로 주어졌다.
   ② 터툴리안 - 나는 모순되기 때문에 믿는다.
   ③ 키프리아누스 - 도덕적으로 불완전한 감독이 베푼 세례는 효력이 없다.
   ④ 어거스틴 - 하나님을 아버지로 모신 사람은 교회를 어머니로 모셔야 한다.

   ※ 키프리아누스는 도덕적으로 불완전한 감독이 베푼 세례에 효력이 없다고 주장한 노바티아누스의 입장을 거절하고 감독의 일치에 의한 보편교회의 일치와 보편교회가 시행하는 성례의 정당성을 강조했다.

33. 260년 태어난 4세기의 대표적인 교회역사가로서 "팔레스타인의 순교자"들을 저술해 디오클레티아누스 황제 시기의 박해의 역사를 기록했으며 기독교 공인 이후에는 "교회사"를 저술하여 324년까지 교회 역사의 발전 과정을 기록한 인물은?
   ① 가이사랴의 유세비우스   ② 안디옥의 데오토레투스
   ③ 니코메디아의 유세비우스   ④ 알렉산드리아의 디오스코루스

   ※ 가이사랴의 유세비우스는 기독교 공인 이후 이전 박해의 시대로부터 공인까지 과정을 기록한 초대교회의 대표적인 교회사가이다.

정답 29.③ 30.④ 31.② 32.③ 33.①

34. 다음 중 크리소스톰에 대한 설명으로 올바르지 않은 것은?
① 374년경 로마 장교의 아들로서 안디옥에서 출생했다.
② 안디옥 학파의 경향을 따라 알레고리적 성경해석을 적극 추구했다.
③ 398년 콘스탄티노플의 감독이 되었다.
④ 정치적 이유로 인해 감독직에서 추방되어 유배 중 소천했다.

※ 안디옥 출신이며 콘스탄티노플 감독이었던 크리소스톰은 알레고리적 성경해석을 추구한 알렉산드리아 학파의 입장과 달리 역사적이며 문자적 해석을 따라 성경을 이해하고 설교했다.

35. 다음 중 4세기 후반부터 5세기 초까지 활동한 교부 제롬에 대한 설명으로 올바르지 않은 것은?
① 교황 다마수스 1세의 지시를 받아 성경 번역에 착수했다.
② 구약 히브리어를 배우기 위해 유대교 랍비들과 교제했다.
③ 팔레스타인 베들레헴에서 성경을 라틴어로 번역했다.
④ 금욕주의적 입장에 서서 동시대의 어거스틴과 달리 펠라기우스를 지지했다.

※ 어거스틴과 동시대에 활동했던 제롬(히에로니무스)은 펠라기우스의 주장을 둘러싼 신학적 논쟁이 발생했을 때 어거스틴을 적극 지지했다.

36. 다음 중 암브로시우스에 대한 설명으로 올바르지 않은 것은?
① 주후 339년 트리어에서 총독의 아들로 태어났다.
② 밀라노의 행정관이었으나 군중들에 의해 감독에 추대되었다.
③ 황제 발렌티니아누스 2세와 함께 이교도들에게 관용 정책을 시행했다.
④ 데살로니카에서 시민들을 학살한 황제 테오도시우스에게 성찬을 베풀지 않았다.

※ 어거스틴의 회심에 중요한 역할을 했던 밀라노의 감독 암브로시우스는 귀족 가문 출신의 관료였으나 시민들의 추대로 감독이 되었다. 그는 정치적 수완도 뛰어나 황제를 설득하여 이교도들을 강하게 억압했으며 황제가 부당한 정책을 시행할 경우 성찬을 베풀지 않고 강하게 질책하기도 했다.

37. 다음 중 양태론적 단일신론의 주장에 해당하는 것은?
① 그리스도는 온전한 의미의 하나님이 아니다.
② 성부께서 십자가에서 죽으셨다고 말할 수 없다.
③ 예수님께서 세례를 받으실 때 로고스가 그에게 임했다.
④ 성부, 성자, 성령은 하나님이 나타나는 세 가지 방식의 이름이다.

※ 사벨리우스 등이 주장한 양태론은 그리스도가 곧 하나님이시며 성부, 성자, 성령은 한 하나님의 서로 다른 이름 혹은 현현의 양식이라고 주장했다. 따라서 성부께서 십자가에서 죽으셨다고 주장하는 성부수난설을 취하기도 했다.

38. 다음 중 성부, 성자, 성령의 삼위일체를 태양과 빛과 열의 유비를 통해 설명했던 양태론자는 누구인가?
① 사벨리우스
② 아리우스
③ 아타나시우스
④ 사모사타의 바울

※ 사벨리우스는 양태론적 이해에 따라 성부, 성자, 성령의 관계를 태양과 빛과 열의 유비를 통해 설명했다.

정답 34.② 35.④ 36.③ 37.④ 38.①

39. 다음 중 카르타고의 감독 키프리아누스가 보편교회의 하나 됨을 주장하기 위해 쓴 "교회의 일치에 관하여"의 배경이 된 3세기의 대표적인 분파주의로서 박해 시 신앙을 지키지 못한 이들에 대한 엄격한 권징을 주장했던 분파는 무엇인가?
   ① 펠라기우스파
   ② 도나투스파
   ③ 노바티아누스파
   ④ 몬타누스파

   ※ 3세기 카르타고의 감독 키프리아누스는 데시우스 황제 박해 시 황제 숭배에 동의한 사람들을 수용했던 보편교회를 부정했던 노바티아누스 분파주의에 맞서 보편교회 일치의 근거에 대해 저술했다.

40. 다음 중 역동적 단일신론과 관련이 없는 것은?
   ① 사모사타의 바울이 대표적인 인물이었다.
   ② 신성과 구별되는 예수 그리스도의 인성을 강조했다.
   ③ 성자는 성육신하신 로고스의 또 다른 이름일 뿐이라고 주장했다.
   ④ 나사렛의 예수 안에 로고스가 임해서 그 안에서 성장했다고 주장했다.

   ※ 성자는 성육신하신 로고스의 또 다른 이름일 뿐이라는 주장은 역동적 단일신론과 상반되는 양태론의 주장이다.

41. 다음 중 단일신론자들과 그들의 주장을 바르게 연결한 것은?
   ① 데오도투스 - 양태론
   ② 사벨리우스 - 양자설
   ③ 프락세아스 - 성부수난설
   ④ 사모사타의 바울 - 동일본질

   ※ 데오토투스는 양자설을 주장하여 사벨리우스의 양태론과 완전히 반대되는 입장을 취했다. 역동적 단일신론을 취한 사모사타의 바울은 성자의 신성이 성부와 동일함을 인정하지 않았다.

42. 알렉산드리아의 신학자로서 감독 알렉산더와 논쟁에서 성자의 "영원 전 나심"이라는 개념은 성자께서 피조물 이전의 피조물이었음을 뜻한다고 주장함으로써 4세기 벌어진 삼위일체 교리를 둘러싼 논쟁을 불러일으킨 인물은?
   ① 아타나시우스
   ② 아리우스
   ③ 사벨리우스
   ④ 오리겐

   ※ 4세기 기독교 공인 이후 알렉산더와 논쟁을 벌임으로써 삼위일체 논쟁을 촉발한 인물은 아리우스이다.

43. 삼위일체 교리에서 아리우스주의자들의 주장에 맞서 니케아 신조가 강조했던 개념은?
   ① 동일본질
   ② 상이본질
   ③ 유사본질
   ④ 파생본질

   ※ 니케아 신조는 성자의 신적 본질이 성부의 신적 본질과 동질이라는 "동일본질"(homoousios) 교리를 명시했다.

44. 삼위일체 교리 논쟁으로 인한 동방교회의 분열 문제를 해결하기 위해 325년 콘스틴티누스 황제에 의해 소집된 최초의 보편교회 회의는 무엇인가?
   ① 에베소 회의
   ② 니케아 회의
   ③ 칼케돈 회의
   ④ 콘스탄티노플 회의

   ※ 325년 콘스탄티누스 황제에 의해 역사상 최초로 소집된 공의회는 니케아 회의이다.

정답 39.③ 40.③ 41.③ 42.② 43.① 44.②

45. 다음 중 니케아 신조에서 오류라고 지적된 내용에 해당하지 않는 것은?

① 성자가 존재하지 않은 때가 있었다.
② 성자는 성부와 다른 본질로부터 나셨다.
③ 성자는 참 하나님의 하나님이시다.
④ 아들은 창조된 분이시므로 변할 수 있다.

※ 니케아 신조는 정통교리를 진술한 이후 이에 덧붙여 잘못된 오류를 지적하는 파문장을 포함했다. 파문장에는 성부와 성자의 신적 본질이 동일하지 않다고 주장한 아리우스의 여러 견해들을 정죄했다.

46. 다음 중 니케아 회의에 대한 설명으로 바른 것은?

① 아리우스와 아타나시우스 사이에 발생한 논쟁으로 인해 개최되었다.
② 서방에서는 코르도바의 호시우스와 로마 감독 실베스터가 참석했다.
③ 참석한 감독들 모두 채택된 신조에 서명했다.
④ 교리문제뿐 아니라 교회법을 제정하여 감독들의 임명과 권징에 대한 결정을 내렸다.

※ 니케아 회의가 다룬 삼위일체 논쟁은 알렉산드리아 감독 알렉산더와 아리우스 사이에서 발생했다. 아타나시우스는 회의에 참석하기는 했으나 그의 신학적 활동은 주로 니케아 회의 이후에 이루어졌다. 로마 감독 실베스터는 참석하지 않았고, 니코메디아의 유세비우스와 같은 인물은 신조에 서명하지 않았다. 니케아 회의는 신학적 문제뿐 아니라 교회법을 제정하여 교회 제도 정비와 관련된 안건들도 다루었다.

47. 다음은 니케아 신조의 일부분이다. 빈 칸에 들어갈 말로 적당한 것은?

> 그리고 한 분 주 예수 그리스도를 믿으니,
> 그는 하나님의 외아들로 나시었고,
> 즉 아버지의 (　　　)로부터 나셨고,
> 하나님으로부터의 하나님이시요 빛으로부터의 빛이시요,
> 참 하나님으로부터의 참 하나님으로서 출생하셨으나 만들어지지는 아니하셨고,
> 아버지와 (　　　)이시며,
> 하늘에 있는 것이나 땅에 있는 것이나 만물이 다 그를 말미암아 만들어졌고,
> 우리 인간들을 위하여, 그리고 우리의 (　　　)을(를) 위하여 내려오시고,
> 성육신하시어 사람이 되었으며,
> 고난을 받으시고, 사흘 만에 다시 살아나셔서 하늘에 오르셨고,
> 산 자와 죽은 자를 심판하시기 위하여 오실 것이다.

① 형상 - 유사본질 - 영생
② 본질 - 유사본질 - 성화
③ 형상 - 동일본질 - 대속
④ 본질 - 동일본질 - 구원

※ 니케아 신조는 당시 논란이 되고 있던 성자와 성부의 신적 본질에 대한 이해 문제를 확정했다. 니케아 신조는 성자께서는 아버지의 본질에서 나셨고 따라서 그분의 본질은 아버지와 동일본질이며, 그분이 인간이 되어 오신 이유는 다만 우리의 구원을 위함이라고 고백했다.

정답 45.③ 46.④ 47.④

48. 다음 중 니케아 회의 이후의 삼위일체 교리의 확립 과정에 대한 설명으로 바른 것은?
① 황제가 교회의 교리를 확정했다는 사실이 모든 교회의 환영을 받았다.
② 양태론적 입장은 완전히 사라졌다.
③ 삼위일체 교리에 대한 더 체계적인 설명이 필요해졌다.
④ 콘스탄티누스 황제와 그의 계승자들은 니케아 신조를 철저히 보호했다.

※ 니케아 회의는 삼위일체 교리와 관련한 정통교리를 확정했으나 그 결과 그간의 모든 논쟁이 마무리된 것은 아니었다. 박해가 막 끝난 상황에서 황제가 교회의 교리 확정을 주도해도 되겠느냐는 의구심과, 간략한 신앙고백이 다 다루지 못한 정교한 신학적 설명의 필요성이 남아 있었다. 또 콘스탄티누스 황제 이후 즉위한 아들 황제들은 아리우스파에게 우호적 입장을 취함으로써 삼위일체 교리를 둘러싼 논쟁을 다시 촉발했다.

49. 니케아 회의 이후 발생한 삼위일체 교리의 확립 과정에서 성령의 신성에 대한 논란을 불러일으켜 "성령훼방론자"라고 불린 콘스탄티노플의 감독은?
① 마케도니우스   ② 네스토리우스
③ 멜리티우스   ④ 유스타케

※ 성부와 동일한 성령의 신성을 부정하고 독자적인 인격성을 부인하는 입장을 취함으로써 논란을 불러일으킨 4세기 콘스탄티노플의 감독은 마케도니우스이다.

50. 다음 중 양태론을 경계하면서 니케아 신조의 "동일본질"을 반대했던 사람이 아닌 인물은?
① 안디옥의 유독시우스   ② 앙키라의 마르켈루스
③ 알렉산드리아의 게오르기우스 ④ 무르사의 발렌스

※ 니케아 신조에 대한 반발이 계속된 이유 가운데 하나는 "동일본질"이라는 개념이 결국 성부와 성자의 구별을 불가능하게 만드는 양태론을 조장할 것이라는 우려였다. 많은 반대자들 속에서도 앙키라의 마르켈루스는 니케아 신조의 "동일본질"을 변호했다.

51. 4세기 삼위일체 교리의 확립 과정에서 갑바도기아 출신 신학자들의 역할이 지대했다. 다음 중 갑바도기아 신학자에 속하지 않는 인물은?
① 가이사랴의 바질리우스
② 나지안주스의 그레고리우스
③ 푸아티에의 힐라리우스
④ 닛사의 그레고리우스

※ 4세기 삼위일체 교리 확립에 중요한 역할을 담당했던 갑바도기아 출신 신학자에는 가이사랴의 바질리우스, 나지안주스의 그레고리우스, 그리고 닛사의 그레고리우스가 있다.

52. 381년 콘스탄티노플에서 공의회를 소집하여 니케아 신조를 확정함으로써 오랫동안 계속된 삼위일체 논쟁을 공식적으로 마무리했던 황제는 누구인가?
① 콘스탄티우스   ② 테오도시우스
③ 데시우스   ④ 율리우스

※ 381년 콘스탄티노플에 공의회를 소집한 황제는 테오도시우스이다.

정답 48.③ 49.① 50.② 51.③ 52.②

53. 381년 콘스탄티노플 회의에 대한 설명으로 올바른 것은?
① 코르도바의 감독 호시우스가 의장직을 수행했다.
② 아폴리나리우스의 기독론을 정죄했다.
③ 아리우스의 주장을 반대하여 그리스도의 완전한 인성을 주장했다.
④ 마케도니우스의 주장을 정통교리로 승인했다.

※ 381년 소집된 콘스탄티노플 회의는 니케아 회의 이후에도 계속된 삼위일체 교리의 혼란을 종식시키고 마케도니우스의 잘못된 성령론을 정죄했으며, 성령에 대해 명확하게 고백했다. 더불어 아폴리나리스의 주장으로 인해 새롭게 등장한 기독론 관련 논쟁도 다루었다.

54. 다음은 381년 콘스탄티노플 회의에서 확정한 성령에 대한 고백이다. 빈칸에 들어갈 알맞은 단어는 무엇인가?

> 또한 성령을 믿사오니, 이는 주이시며 생명을 주시는 자이시니, 아버지로부터 (　　　), 곧 아버지와 아들과 더불어 함께 경배 받으시며, 함께 영광을 받으실 분이시니, 선지자들을 통하여 말씀하여 오신 분이시니라.

① 창조되셨으며　　　　　　② 태어나셨으며
③ 나오셨으며　　　　　　　④ 유출되셨으며

※ 콘스탄티노플 신조는 성령에 대한 고백도 더 구체적으로 진술했다. 성자께서 성부로부터 "출생", 즉 "태어나셨다"면, 성령은 아버지로터 "발출", 혹은 "나오셨다"로 진술함으로써 성자와 성령을 구별했다.

55. 삼위일체 논쟁의 과정에서 서방교회가 자신들이 사용하는 신조 가운데 성령께서 성부와 성자 모두에게서 나오신다는 말을 삽입함으로써 성령은 성부에게서만 나오신다고 주장한 동방교회와 갈등을 일으키게 한 용어는?
① 필리오케　　　　　　　　② 호모우시오스
③ 테오토코스　　　　　　　④ 휘포스타시스

※ 필리오케(filioque)는 "아들로부터도"라는 뜻으로 본래 니케아-콘스탄티노플 신조에 포함되지 않았던 단어였지만, 이후 서방교회에서 라틴어로 번역된 신조에 포함되어 사용되었다. 공의회를 거치지 않은 서방교회의 임의적 변경은 동방교회와의 갈등을 불러 일으켰다.

56. 다음 중 알렉산드리아의 감독이었던 아타나시우스에 대한 설명으로 가장 부적합한 것은?
① 전임 감독 알렉산더의 후임으로서 알렉산드리아의 감독이 되었다.
② 니케아 회의에서 참석하여 동일본질파의 지도자로서 정통교리의 결정을 주도했다.
③ 아리우스주의자들에 의해 다섯 차례 감독직을 박탈당하고 추방되었다.
④ 367년 저술한 편지에서 신약정경 27권의 목록을 제시했다.

※ 아타나시우스는 니케아 회의에 참석하기는 했으나 당시에는 알렉산드리아 감독 알렉산더의 비서 역할을 담당했을 뿐 회의를 주도하거나 신조 제정에 주도적으로 참여하지는 않았다.

정답 53.② 54.③ 55.① 56.②

57. 네스토리우스의 분리적 양성론뿐 아니라 단성론까지 모두 정죄하고 정통 기독론을 확정했던 451년 개최된 회의는?
① 칼케돈 회의 ② 니케아 회의 ③ 에베소 회의 ④ 트렌트 회의
※ 네스토리우스의 주장뿐 아니라 단성론도 정죄하고 정통 기독론을 확립한 칼케돈 회의는 451년 개최되었다.

58. 다음은 칼케돈 회의에게 확정된 정통 기독론의 진술이다. 보기 가운데 빈칸에 들어가기에 부적합한 말은?

> 한 분이시고 같은 분께서 그리스도, 외아들, 주님이시며, 두 본성 안에서 (　　)이(가) 없으시며 (　　)이(가) 없으시며 (　　)이(가) 없으시고 나뉘지 않으시는 분으로 인식되며, 이 외에는 결합으로 인해 본성들의 구별이 없어지지 않으시고, 오히려 두 본성의 각 속성이 보존되며, 하나의 위격과 하나의 휘포스타시스로 결합되신다.

① 혼합 ② 분리 ③ 동질 ④ 변함
※ 칼케돈 신조는 예수 그리스도 안의 신성과 인성, 이 두 본성이 혼합, 분리, 변함, 나뉨 없이 구별되어 결합되었다고 고백했다. "동질"은 성부와 성자의 신적 본질의 성격에 대한 설명이라고 볼 수 있다.

59. 다음 중 네스토리우스의 주장을 반박하기 위해 알렉산드리아의 키릴루스가 제시한 기독론과 가장 거리가 먼 것은?
① 속성교류
② 성부의 신성과 유사한 그리스도의 신성의 본질
③ 그리스도의 인성과 신성의 불가분적 결합
④ 테오토코스로서의 마리아
※ 알렉산드리아의 키릴루스는 네스토리우의 양성 분리 주장을 반대했다. 키릴루스는 삼위일체 교리에 있어서 유사본질파는 아니었다.

60. 인간 삼분설에 입각하여 그리스도께서 성육신하실 때 인간의 영은 취하지 않으시고 다만 인간의 혼과 육만을 취했다고 주장하다가 381년 콘스탄티노플 회의에서 정죄된 라오디게아의 감독은?
① 마르켈누스 ② 플라비아누스 ③ 네스토리우스 ④ 아폴리나리스
※ 라오디게아의 감독 아폴리나리스는 그리스도의 신적 본질이 성부와 동일함을 강조하는 과정에서 기독론과 관련해 인간 3분설에 입각해 성육신하신 그리스도의 인성은 인간의 혼은 취했지만 인간의 영은 취하지 않았다고 주장했다.

61. 다음 중 381년 콘스탄티노플 회의에서 기독론과 관련한 오류를 비판하고 이 오류를 극복하기 위해 구원에 있어 그리스도의 신성과 인성의 중요성을 모두 강조했던 신학자는?
① 터툴리안 ② 크리소스톰
③ 나지안주스의 그레고리우스 ④ 어거스틴
※ 381년 콘스탄티노플 회의에서 중요한 역할을 담당했단 나지안주스의 그레고리우스는 아폴리나리우스의 기독론적 오류도 강하게 비판했다. 그는 아폴리나리스를 반박하면서, 만일 그리스도께서 인간의 영을 취하지 않으셨다면 인간의 영은 구원의 범위에서 제외될 수밖에 없을 것이라고 지적했다.

정답 57.① 58.③ 59.② 60.④ 61.③

62. 안디옥 출신의 콘스탄티노플 감독으로서 그리스도의 인성과 신성의 상호 교류 불가능이라는 잘못된 기독론을 주장함으로써 431년 공의회에서 정죄된 인물은?
   ① 네스토리우스   ② 아폴리나리스
   ③ 크리사피우스   ④ 플라비아누스
   ※ 431년 에베소 공의회는 네스토리우스의 기독론적 오류를 정죄했다.

63. 다음 중 로마 감독 레오 1세에 대한 설명으로 올바르지 않은 것은?
   ① 440년부터 461년까지 로마 감독으로 재위했다.
   ② 동방에서 벌어진 기독론 논쟁에서 알렉산드리아의 입장을 지지했다.
   ③ 로마 감독의 권위가 천국의 열쇠를 수여받은 베드로에게서 왔다고 주장했다.
   ④ 재위 기간 중 외교적 수완을 발휘해 훈족과 반달족으로부터 로마의 약탈을 막아냈다.
   ※ 431년 에베소 회의의 결정 이후 단성론이 대두되어 논쟁이 벌어지자 당시 로마의 감독이었던 레오 1세는 알렉산드리아의 감독 디오스코루스와 달리 단성론의 문제를 비판했다. 그는 기독론 논쟁뿐 아니라 이민족의 침입 가운데 로마를 지켜내는 등 정치적 역량도 발휘해 서방교회에서 교황의 지위를 크게 높여 놓았다.

64. 5세기 중엽 예수 그리스도의 인성과 신성 사이의 결합을 강조하다가 결국 그리스도 안에서 두 본성이 하나가 되었다는 주장으로 인해 정죄당한 콘스탄티노플의 대수도원장은?
   ① 네스토리우스   ② 유티케스   ③ 플라비아누스   ④ 크리사피우스
   ※ 콘스탄티노플의 대수도원장 유티케스는 네스토리우스의 주장을 비판하는 데에서 더 나아가 예수 그리스도의 한 인격 안에 신성과 인성이 구별되어 있다는 생각까지 거부했다. 그 결과 그는 예수 그리스도 안에는 하나의 본성만 있을 뿐이라는 단성론을 주장했다.

65. 단성론자들의 공격에 맞서기 위해 평화안을 제출한 안디옥 출신의 키루스의 감독 테오도레투스의 주장과 가장 거리가 먼 것은?
   ① 그리스도께서는 완전한 인간이다.
   ② 그리스도의 한 인격 안에 신성과 인성이 연합하여 있다.
   ③ 예수 그리스도는 그의 신성에서 하나님 아버지와 동질이시다.
   ④ 어떤 의미에서도 하나님께서 십자가에서 죽으셨다고 말할 수 없다.
   ※ 기독론을 둘러싼 동방교회의 논쟁이 격렬해지자 키루스의 감독 테오도레투스는 합의안을 제시했다. 그의 합의안은 그리스도의 한 인격 안에 완전한 인성과 완전한 신성이 연합하여 있다고 말함으로써 하나님께서 십자가에 죽으셨다고는 절대 말할 수 없다는 네스토리우스의 주장을 거부했다.

66. 다음 중 칼케돈 회의가 갖는 역사적 의의와 가장 거리가 먼 것은?
   ① 테오토코스 개념의 정립   ② 정통 기독론의 확립
   ③ 알렉산드리아 교구의 지배적 위치 확인   ④ 니케아 신조의 재확인
   ※ 정통 기독론을 확정한 451년 칼케돈 회의는 니케아 신조의 삼위일체론을 확인하고 네스토리우스가 문제 삼았던 테오토코스 개념을 사용가능한 기독론적 용어로 인정했으며 결과적으로 콘스탄티노플 교회의 위상을 분명히 했다.

정답 62.① 63.② 64.② 65.④ 66.③

67. 다음 중 초대교회 각 시기에 발생한 사건을 바르게 연결한 것은 무엇인가?
   ① 2세기 - 공의회를 통해 삼위일체 논쟁이 종결되었다.
   ② 3세기 - 분파주의에 맞서 보편교회에 대한 신학적 논의가 전개되었다.
   ③ 4세기 - 마르키온주의와 몬타누스주의의 도전이 나타났다.
   ④ 5세기 - 기독교가 로마 제국의 공인을 받아 예배와 신앙의 자유를 얻었다

   ※ 삼위일체 교리 논쟁은 대략 4세기 말에 정리되었고 보편교회에 대한 키프리안의 논쟁은 3세기에 나타났다. 마르키온주의와 몬타누스주의의 도전은 2세기에는 나타났고 기독교의 공인은 4세기에 이루어졌다.

68. 다음 중 초대교회에서 발전한 주요 교리의 주제와 그 주제의 정통교리 확정에 크게 기여한 인물들을 잘못 연결한 것은?
   ① 삼위일체론 - 니코메디아의 유세비우스
   ② 기독론 - 레오 1세
   ③ 인간론 - 어거스틴
   ④ 교회론 - 키프리아누스

   ※ 니코메디아의 유세비우스는 니케아 신조에 동의하지 않았다.

69. 다음 중 어거스틴의 생애에 대한 설명으로 올바른 것은?
   ① 354년 북아프리카 히포에서 출생했다.
   ② 젊은 시절 마니교의 일원론을 신봉했다.
   ③ 387년 밀라노에서 암브로시우스의 설교를 듣고 감화를 받아 회개했다.
   ④ 395년 회중들에 의해 카르타고의 감독이 되었다.

   ※ 어거스틴은 354년 북아프리카 타가스테에서 출생했으며 그가 젊은 시절 신봉한 마니교는 선과 악의 이원론을 특징으로 했다. 그는 387년 밀라노에 머무는 동안 감독 암브로시우스의 설교에 큰 감화를 받았다. 어거스틴이 395년 감독으로 취임한 곳은 히포이다.

70. 어거스틴은 "삼위일체론"에서 삼위일체 하나님의 흔적이 인간의 영혼 안에 남아 있다고 말했다. 이때 그가 말한 인간 영혼을 구성하는 세 가지 요소에 포함되지 않는 것은 다음 중 무엇인가?
   ① 기억   ② 이해
   ③ 의지   ④ 감정

   ※ 어거스틴은 인간 영혼의 3요소를 이해, 의지, 그리고 기억이라고 보고, 이 세 요소에서 삼위일체의 흔적을 발견할 수 있다고 말했다.

71. 4세기 기독교 공인 이후 북아프리카에서 활동한 인물로 박해 시에 신앙의 절개를 지키지 못한 이들에 대한 철저한 권징을 주장한 도나투스의 분열에 맞서 선택받은 사람들의 공동체로 무형교회의 일치를 주장했던 교부는?
   ① 키프리아누스   ② 터툴리안
   ③ 힐라리우스   ④ 어거스틴

   ※ 어거스틴은 북아프리카에 확산된 도나투스주의 분파에 맞서 무형교회의 중요성과 보편교회의 일치를 강조하는 교회론을 전개했다.

정답 67.② 68.① 69.③ 70.④ 71.④

72. 아담의 죄가 후손들에게 예외 없이 유전된다는 생각을 거부하고 인간의 전적인 타락을 부정하며 은혜의 조력을 받아 인간이 스스로 의지적 변화를 통해 구원을 받을 수 있다고 주장한 5세기 브리타니아 출신의 신학자는?

① 펠라기우스
② 콜룸바
③ 패트릭
④ 그레고리우스

※ 어거스틴과 인간론 및 원죄론, 그리고 은총론에서 치열한 논쟁을 벌인 브리타니아 출신 수도사는 펠라기우스이다.

73. 다음 중 펠라기우스의 주장에 맞선 어거스틴의 주장과 가장 거리가 먼 것은?

① 아담의 범죄는 그의 후손인 온 인류에게 유전된다.
② 유아들 역시 원죄로 인해 타락했기 때문에 유아세례를 받을 필요가 있다.
③ 구원의 은혜는 인간의 적극적인 수용에 의해서 의롭게 하는 효과를 나타낸다.
④ 하나님의 은혜는 예정된 자들에게만 주어진다.

※ 펠라기우스의 주장에 맞서 어거스틴은 아담의 원죄의 보편적 유전과 그로 인한 유아세례의 필요성을 주장했으며, 구원의 은총은 전적으로 하나님의 독력적 사역으로서 완전히 타락한 인간이 이를 스스로 깨닫고 수용할 수 없으며 이 은총은 예정된 자들에게만 주어진다고 주장했다.

74. 다음 중 펠라기우스의 사상을 정죄한 교회 회의는 무엇인가?

① 325년 니케아 회의
② 381년 콘스탄티노플 회의
③ 431년 에베소 회의
④ 553년 콘스탄티노플 회의

※ 431년 에베소 회의는 네스토리우스의 기독론을 정죄했을 뿐 아니라 펠라기우스의 잘못된 교리들도 정죄했다.

75. 다음 중 어거스틴이 평생에 걸쳐 상대했던 잘못된 사상 및 사상가들과 그들에 맞서 다루었던 주제들이 올바르게 연결된 것은?

① 마니교 – 국가론
② 도나투스 – 교회론
③ 펠라기우스 – 삼위일체론
④ 아리우스 – 은총론

※ 어거스틴은 다양한 교리에 걸쳐 기독교의 정통 교리를 정립하는데 기여했다. 그가 경험했던 마니교의 교리는 신론과 구원론에 관련해, 펠라기우스주의는 인간론과 구원론에 관련해, 아리우스주의는 삼위일체론과 관련해, 도나투스의 분파주의는 교회론과 관련해 어거스틴의 신학적 논의의 동기를 제공했다.

76. 다음 중 어거스틴이 저술한 "하나님의 도성"에 대한 설명으로 올바르지 않은 것은?

① 410년 고트족에 의한 로마 함락과 그에 따른 이교도들의 비난에 대응하기 위해 저술했다.
② 413년부터 426년까지 저술되었으며 총 22권으로 구성되었다.
③ 지상의 도성과 하나님의 도성을 대조하면서 두 도성의 역사적 관련성에 대해 설명했다.
④ 로마가 기독교를 국교로 삼고 굴복함으로써 하나님의 도성이 성취되었다고 주장했다.

※ 하나님의 도성은 이민족에 의한 로마 함락의 상황에서 확산한 기독교 신앙에 대한 비난에 대응하여 성경적 역사관을 제시하기 위한 목적으로 저술되었다. 어거스틴은 종말론적 역사 이해에 기초하여 기독교를 공인한 로마 제국이 곧 하나님의 나라라는 주장을 받아들이지 않았다.

정답 72.① 73.③ 74.③ 75.② 76.④

77. 다음 중 어거스틴이 저술한 대표적인 작품이 아닌 것은?
① 참회록 ② 하나님의 도성
③ 삼위일체론 ④ 제1원리에 관하여

※ 제1원리에 관하여는 3세기 알렉산드리아의 신학자 오리겐의 대표적인 작품이다.

78. 마니교의 이원론에 맞서 어거스틴은 악을 무엇이라고 주장했는가?
① 선의 결핍 ② 무지의 귀결
③ 선의 원리와 대립되는 원리 ④ 피조물의 필연적 한계

※ 마니교는 선과 악을 대립된 두 가지 실체라고 생각했다. 이에 맞서 어거스틴은 존재하는 실체는 모두 선하다고 주장했다. 따라서 악은 어떤 실체가 아니며 창조된 모든 실체가 지니고 있던 선의 결핍이라고 이해했다.

79. 다음은 어거스틴이 저술한 "하나님의 도성"의 일부이다. 빈칸에 들어가기에 가장 합당한 단어는?

> 두 도성은 두 가지 (　　)(으)로 건설되었습니다. 지상의 도성은 하나님을 경멸하도록 이끄는 자기 (　　)에 의해 건설되었고, 하나님의 도성은 자아를 경멸하도록 이끄는 하나님 (　　)에 의해 건설되었습니다. 전자는 자신을 영화롭게 하고 후자는 주님을 영화롭게 합니다. 한 도성에서는 지배욕이 통치자들과 피지배자들을 지배합니다. 그러나 다른 도성에서는 통치자들과 종들이 사랑하며 서로를 섬깁니다.

① 공의 ② 사랑
③ 공로 ④ 말씀

※ 어거스틴은 하나님의 도성과 지상의 도성을 "사랑"의 궁극적 대상을 무엇으로 삼고 있는가에 따라 구별할 수 있다고 말했다. 두 도성 모두 사랑을 가지고 있고 심지어 하나님을 사랑할 수도 있지만 하나님을 궁극적이며 최종적인 유일한 사랑의 대상으로 삼는 도성만이 하나님의 도성이다.

80. 다음 중 어거스틴의 신학적 주장과 가장 거리가 먼 것은?
① 인간의 전적인 타락 ② 불가항력적 은혜
③ 원죄의 유전 ④ 하나님의 조건적 선택

※ 펠라기우스와의 논쟁을 통해 어거스틴은 원죄의 보편적 유전에 의한 인간의 전적인 타락을 강조했고 이와 같이 타락한 인간을 구원하시는 하나님의 절대적 선택과 불가항력적 은총을 주장했다.

81. 다음 중 반펠라기우스(Semi-Pelagianism)에 대한 설명으로 옳지 않은 것은?
① 5세기 후반 카시아누스와 파우스투스 등이 주장했다.
② 아담으로부터의 원죄 유전을 인정하지 않았다.
③ 하나님의 구원의 은혜를 인간이 거부할 수 있다고 주장했다.
④ 529년 오렌지 회의에서 정죄되었다.

※ 펠라기우스주의가 교회에서 정죄된 이후에도 타락한 인간의 가능성을 일부 인정하는 카시아누스와 파우스투스와 같은 반펠라기우스, 혹은 준펠라기우스주의자들이 등장했다. 이들은 원죄의 보편적 유전은 인정했으나 원죄가 유전됨으로써 인간의 모든 능력이 사라진 것은 아니라고 생각했다.

정답 77.④ 78.① 79.② 80.④ 81.②

82. 다음 중 반펠라기우스주의(Semi-Pelagianism)의 주장과 가장 거리가 먼 개념은?
① 성례 시행 강조
② 원죄 모방설
③ 타락의 보편성
④ 부분적 타락
※ 펠라기우스는 원죄의 모방설을 주장한 반면 반펠라기우스주의자들은 원죄의 유전설을 주장했다는 점에서 차이가 있다.

83. 다음 중 초대교회 시대에 전개된 수도원 운동을 주도했다고 보기 가장 어려운 인물은?
① 파코미우스
② 제롬
③ 바실리우스
④ 디오스코루스
※ 디오스코루스는 5세기 알렉산드리아의 감독으로서 스스로 전체 교회의 지도자임을 자처했고 신학적 문제뿐 아니라 정치적 사안에 대해서 영향력을 행사한 제도권 교회의 지도자였다.

84. 다음 중 기독교 공인 이후 수도원 운동이 활발하게 전개된 이유와 가장 거리가 먼 것은?
① 성직자들의 세속화에 대한 반감
② 동방의 신비주의적 세계관에 대한 저항
③ 은둔생활에 대한 높은 평가
④ 순교를 사모하던 열정의 영향
※ 초대교회에서 시작된 수도원 운동은 기독교 공인 이후의 이전까지의 순교 신앙을 유지하려는 동기가 크게 작동했다. 동방 신비주의에 대한 관심과 은둔생활에 대한 높은 평가도 중요한 요인들 가운데 하나였다.

85. 주후 250년경 이집트에서 태어나 활동한 은둔주의 수도원 운동의 창설자로서 아타나시우스가 그에 대한 전기를 저술했던 인물은?
① 안토니우스
② 파코미우스
③ 제롬
④ 베네딕트
※ 아타나시우스가 기록한 전기를 통해 동방교회의 은둔 수사 안토니우스의 이름이 후대에게 널리 알려졌다.

86. 다음 중 6세기 초 수도원 운동을 전개했던 베네딕트에 대한 설명으로 올바르지 않은 것은?
① 480년경 팔레스타인에서 출생했다.
② 개인적 수양보다는 공동체적 훈련을 중시했다.
③ 몬테카지노에 수도원을 설립하여 규칙적인 수도원 생활을 실시했다.
④ 그가 실시한 규칙은 이후 서유럽 수도원 운동의 기준이 되었다.
※ 베네딕트는 480년경 이탈리아 누르시아 출신으로서 몬테카시노에 수도 공동체를 수립하고 공동생활에 적용할 규칙을 만들어 이후 서방 수도원 운동에 크게 기여했다.

87. 540년경 로마에서 출생한 로마의 감독으로서 590년 교황에 즉위했으며 교회의 전례를 개혁했으나 어거스틴의 은총론보다는 완화된 입장을 취했고 예정론에 있어서는 조건적 예정을 주장했던 인물은?
① 레오 1세
② 그레고리우스 1세
③ 인노켄티우스 1세
④ 심마쿠스
※ 그레고리우스 1세는 마지막 교부이자 최초의 중세 교황이라는 평가를 받는 인물이다. "하나님의 종들의 종"임을 자처했던 그의 겸손한 태도와 목회적 관심은 이후 교황들에게 큰 귀감이 되었으나 그가 제시한 여러 교리적 주장들은 중세 로마 가톨릭이 만들어낸 많은 신학적 문제들의 원인이 되기도 했다.

정답 82.② 83.④ 84.② 85.① 86.① 87.②

88. 다음 중 연옥설을 발전시켜 체계적으로 제시한 6세기의 교황은 누구인가?
   ① 레오 1세　　　　　　　　　② 그레고리우스 1세
   ③ 베네딕투스 1세　　　　　　④ 요한 3세
   ※ 연옥설은 교황 그레고리우스 1세를 통해 신학적 체계를 갖추고 수용될 수 있었다.

89. 다음 중 313년 기독교 공인 이후 서방교회에서 교황의 권위가 증대된 배경과 가장 거리가 먼 것은?
   ① 정통 교회와 이단 사이의 신학적 투쟁
   ② 칼케돈 공의회에서 확인된 교황의 역할
   ③ 게르만족의 침입에 대한 대응
   ④ 유스티니아누스 황제의 재정복
   ※ 기독교 공인 이후 교회에 대한 황제의 권위가 컸던 동방교회에 비해 서방교회에서는 로마 감독, 즉 교황의 권위가 크게 증대했다. 서로마 황제의 위상이 흔들리던 5세기 초부터 교황은 이단에 대한 신학적 대처뿐 아니라 이민족들의 침입을 대처하는 외교적 수완에 이르기까지 주도적 영향을 담당했다. 유스티니아누스 황제는 동방 황제로서 이탈리아 지역을 비롯한 서로마의 많은 지역을 수복했다. 그는 교회 문제도 깊이 개입하여 제국 전체에 걸쳐 황제의 권한을 위를 높였다.

90. 다음 중 기독교가 로마 제국의 공인을 받은 후 나타난 신앙적 변화로 볼 수 없는 것은?
   ① 교회 건축과 기독교 예술의 발전
   ② 성자 및 성물 숭배 사상
   ③ 부활절 등 절기 준수 날짜의 다변화
   ④ 마리아 숭배 및 천사 숭배
   ※ 313년 기독교가 공인된 이후 기독교 내에서는 건축을 비롯한 예술이 발달했고 마리아와 천사까지 포함하는 성자 및 성물 숭배가 계속 이루어졌다. 부활절이나 성탄절은 특정한 일자로 확정되었다.

91. 서로마의 마지막 황제인 로물루스 아우구스투스를 축출하고 최초의 게르만 왕이 되었으나 동로마 황제 제논의 사주를 받은 동고트족 테오도릭에 의해 살해당한 인물은?
   ① 오도아케르　　　　　　　　② 아틸라
   ③ 알라리쿠스　　　　　　　　④ 알보인
   ※ 서로마 제국은 476년 마지막 황제인 로물루스 아우구스투스가 오도아케르에 의해 폐위됨으로써 막을 내렸다.

92. 다음 중 초대교회에서 발생한 여러 신학적 논쟁들과 이 문제에 대한 정통교리를 확정한 회의를 바르게 연결한 것은?
   ① 성부와 성자의 신성의 본질 - 431년 콘스탄티노플 회의
   ② 예수 그리스도의 두 본성 - 451년 칼케돈 회의
   ③ 원죄의 유전과 전적 타락 - 449년 에베소 회의
   ④ 예수 그리스도의 두 의지 - 325년 니케아 회의
   ※ 성부와 성자의 신성의 본질은 325년 니케아 회의에서, 예수 그리스도의 두 본성의 관계에 대해서는 431년 에베소 공의회를 거쳐 451년 칼케돈 공의회에서, 원죄의 유전과 전적 타락은 펠라기우스를 정죄했던 431년 에베소 공의회에서, 예수 그리스도의 두 의지에 대한 교리적 확정은 680년 콘스탄티노플 공의회에서 이루어졌다.

정답 88.② 89.④ 90.③ 91.① 92.②

제2부 교회사

93. 다음 중 초대교회에 등장했던 여러 이단적 사상들과 그들이 처음 출현했던 시기가 바르게 연결된 것은?
① 몬타누스주의 - 2세기
② 펠라기우스주의 - 3세기
③ 네스토리우스주의 - 4세기
④ 아리우스주의 - 6세기

※ 마르키온주의와 몬타누스주의는 2세기 등장했다. 펠라기우스주의는 360년경 출생한 펠라기우스의 사상이다. 네스토리우스의 주장으로 시작된 기독론 논쟁은 5세기에 일어났다. 아리우스로 인해 비롯된 삼위일체 교리 논쟁은 4세기에 발생했다.

94. 다음 중 서방교회에서 로마 교황의 권위를 증대시켰던 주요 교황들을 재위 순서대로 바르게 나열된 것은?
① 레오 1세 - 다마수스 1세 - 겔라리우스 1세 - 그레고리우스 1세
② 다마수스 1세 - 레오 1세 - 그레고리우스 1세 - 겔라리우스 1세
③ 다마수스 1세 - 레오 1세 - 겔라리우스 1세 - 그레고리우스 1세
④ 레오 1세 - 다마수스 1세 - 그레고리우스 1세 - 겔라리우스 1세

※ 다마수스 1세는 366년부터 384년 로마 감독으로 재위하면서 다른 감독들 위에 로마 감독의 우월성을 주장했다. 이후 레오 1세는 440부터 461까지 재위하면서 로마 감독이 베드로의 계승자임을 주장했다. 겔라리우스 1세는 492년부터 496년까지 재위하며 "두 권력 이론"을 주장하며 교황의 권위가 황제의 권위 위에 있다고 주장했다. 그레고리우스 1세는 590년부터 604년까지 재위했고 이후 교황이 세속 권세까지 관리하는 기독교 왕국(Christendom)이 세워지는 기초를 놓았다.

95. 초대교회의 신앙생활에 두드러진 특징과 거리가 먼 것은?
① 임박한 재림에 대한 기대와 소망으로 현재의 고난을 감당했다.
② 금욕적인 삶을 통해 도덕적으로 순결한 삶을 유지하려 했다.
③ 여성의 지위상승이나 평등과 봉사에 힘쓰는 삶을 살았다.
④ 핍박으로 흩어지면서 영적인 기강이 무너져 그 상태가 매우 핍절하였다.

※ 핍박으로 인해 영적인 기강이 더욱 강해졌다.

96. 초대교회 성도들의 생활에 해당되지 않는 것은?
① 고아와 가난한 자와 과부를 돌보아주며 구제하는 일에 힘썼다.
② 일부다처제와 성적 자유함이 존재하고 있었다.
③ 주인과 종이 함께 예배하고 노예해방에 힘썼다.
④ 손님들의 발을 씻겨주고 병든 자들을 위로하였다.

※ 초대교회 성도들은 도덕적으로 성결한 삶을 살았다.

97. 초기 기독교 신자들의 일반적인 생각이 아닌 것은?
① 유대인의 신앙은 메시아의 완성이라고 생각
② 유대교를 부정하지 않음
③ 로마 황제를 그리스도의 대리인으로 생각
④ 자신들은 새로운 종교의 추종자가 아니라고 생각

※ 초기 기독교 신자들은 황제 숭배 사상을 우상숭배로 보고 배격하였다.

정답 93.① 94.③ 95.④ 96.② 97.③

98. 다음 중 사도시대의 직원이 아닌 것은?
    ① 사도
    ② 장로
    ③ 감독
    ④ 권사
    ※ 사도시대의 직원은 사도, 교사, 장로, 감독, 집사였다.

99. 다음 중 사도시대의 특징이 아닌 것은?
    ① 신약성경이 기록되었다.
    ② 기독교가 각지에 전파되었다.
    ③ 기독교가 로마의 국교가 되었다.
    ④ 바울의 개종과 전도에 의해 세계 종교로 발전하였다.
    ※ 기독교가 로마의 국교가 된 것은 380년 테오도시우스 황제 때이다.

100. 다음 중 올바르지 못한 설명은?
    ① 예루살렘이 멸망한 후에도 그들의 신학적 전통이 남아 있었던 분파는 바리새파였다.
    ② 열심당의 정신적 근거는 마카비 운동이었다.
    ③ 사두개파는 정치적으로 로마와 친밀한 집단이었다.
    ④ 헤롯당은 산헤드린을 장악하고 있었다.
    ※ 헤롯당은 정치적 이익을 얻기 위해 친로마적인 입장을 취했고 산헤드린과는 거리가 멀다.

101. 다음 중 초대교회의 배경이 아닌 것은?
    ① 정치 사회적으로 로마 제국이 지배
    ② 문화 사상적 배경으로는 헬레니즘
    ③ 다양한 분파들의 활동과 디아스포라 유대인
    ④ 로마 제국 내의 분열
    ※ 당시 로마 제국은 강력한 제국으로서, 세계를 지배하고 있었다.

102. 사도후시대의 기독교 확장의 원인에 대한 설명으로 잘못된 것은?
    ① 성령의 충만한 역사
    ② 신자들의 열렬한 전도열
    ③ 가난한 자에게 구제
    ④ 기독교로 세계를 정복하고자 하는 꿈
    ※ 로마의 박해에도 불구하고 초기 기독교는 인내와 끈기로 신앙을 지키며 기독교를 확장시켜 나갔지만 그것이 세계를 정복하려는 꿈은 아니었다.

정답 98.④ 99.③ 100.④ 101.④ 102.④

103. 기독교가 탄생했던 당시의 세계 상황이 아닌 것은?
   ① 로마 제국의 주변국 통일
   ② 헬라문명의 확산
   ③ 소크라테스와 플라톤주의의 신봉
   ④ 스토아주의의 배격

   ※ 스토아주의는 기독교가 탄생했던 당시에 주류를 이루는 철학 사조였다.

104. 유대교의 3대 분파가 아닌 것은?
   ① 바리새인   ② 사두개파   ③ 에세네파   ④ 에비온파

   ※ 에비온파는 유대주의적 이단의 하나이다.

105. 예루살렘의 멸망의 원인과 거리가 먼 것은?
   ① 유대지배 계급의 타락
   ② 로마관리의 악정
   ③ 유대인들의 반발
   ④ 유대교의 몰락

   ※ 유대교의 몰락은 예루살렘 멸망의 원인이 아니라 결과이다.

106. 다음 중 유대인의 헬라화 정책이 아닌 것은?
   ① 로마와 아구스도 기념사업
   ② 사마리아와 가이사랴에 신전 건축
   ③ 마카비 왕조 지원
   ④ 독수리상을 세움

   ※ 마카비 왕조는 유대의 정치적 독립을 이룬 왕조이다.

107. 다음 설명 중에서 사실과 다른 설명은 어느 것인가?
   ① 예루살렘 멸망의 결과로 유대교의 쇠퇴와 기독교의 본격적인 조직화가 나타났다.
   ② 마카비는 반헬라화 정책을 펴면서 유대교의 전통에서 벗어나려고 하였다.
   ③ 오랜 시간 동안 팔레스타인 땅에서 전쟁이 끊이지 않았던 이유는 지리적인 요인이 컸다.
   ④ 사마리아와 가이사랴에 신전을 건축한 것은 친헬라화 정책의 일면이었다.

   ※ 마카비는 유대교의 전통을 되찾으려고 했으며, 유대의 정치적 독립을 이루려고 했다.

108. 초기 기독교인들이 무식하고 비종교적이란 비판에 대응하기 위해 사용한 철학이 아닌 것은?
   ① 소크라테스의 영혼 불멸   ② 플라톤의 영원한 세계
   ③ 에세네파의 금욕주의   ④ 스토아주의

   ※ 에세네파는 금욕주의적인 삶을 추구하면서 그들의 신앙을 지켰다.

정답 103.④ 104.④ 105.④ 106.③ 107.② 108.③

109. 다음 중 교회 확장의 중심지가 아닌 것은?
① 예루살렘 ② 에베소
③ 알렉산드리아 ④ 로마

※ 에베소는 초기 기독교의 중심지에 속하지 않는다.

110. 다음 중 70인역에 대하여 바르게 설명한 것이 아닌 것은?
① 12지파에서 6명씩 선발하여 70명의 학자들이 번역한 성경은 아람어로 되어 있다.
② 셉튜아진트는 이방세계에 기독교를 전파하는 데 도움이 되었다.
③ 디아스포라, 즉 흩어진 유대인들이 70인경을 번역하였다.
④ 알렉산드리아에 모인 70명의 유대인 학자들이 번역한 성경이다.

※ 70인역은 72명의 학자들이 번역한 것으로 알려져 있으며, 히브리어로 된 구약성경을 헬라어로 번역한 것이다.

111. 동방교부들의 삼위일체 교리를 명확하게 이해하고 정리한 서방교회 출신의 교부는 누구인가?
① 데오도레트 ② 터툴리안 ③ 힐라리우스 ④ 아브로시우스

※ 힐라리우스는 삼위일체 교리를 수호하는 일에 힘썼고, 아리우스주의를 배격했다.

112. 기독교에 대하여 비우호적인 입장을 취했던 로마의 역사가는 누구인가?
① 타키투스 ② 요세푸스 ③ 터툴리안 ④ 테오필루스

※ 로마의 역사가였던 타키투스는 기독교에 대해 비우호적인 입장을 취했다.

113. 아래에서 해당 연도를 골라서 찾아 넣으시오.

로마의 대화재는 (년), 예루살렘의 멸망과 성전파괴는 (년), 네로가 왕위에 오른 것은 (년)이며 클라우디우스 황제의 즉위는 칼리쿨라가 암살당한 (년)이었다.

① 41년 ② 54년 ③ 64년 ④ 70년

※ 시대 순으로 보면, 클라우디우스 황제가 41년에 즉위했고, 네로가 54년에 황제로 즉위했으며, 64년에 로마의 대화재가 있었고, 예루살렘이 함락되고 성전이 파괴된 것은 70년이었다.

114. 다음 설명 중에서 틀린 말을 찾으시오.
① 스데반의 순교 후 그리스도인들이 페니키아, 안디옥, 키프로스 등지로 흩어져 이방인들에게 복음을 전했다.
② 새로 기독교에 입교한 이방인들에게 대두된 새로운 문제는 율법을 준수하는 문제였다.
③ 최초로 그리스도인이라는 칭호를 듣게 된 사람들은 안디옥의 성도들이었다.
④ 초대교회에서 실제적인 복음전도를 담당했던 사람들은 예루살렘 교회의 지도자들이었다.

※ 초대교회에서 복음전도를 담당했던 사람들은 디아스포라 유대인들이었다.

정답 109.② 110.① 111.③ 112.① 113.③-④-②-① 114.④

115. 역사적인 사실을 바르게 설명하지 않은 내용을 찾으시오.
   ① 플라비우스 클레멘스와 도미틸라는 초대교회 로마순교자들이었다.
   ② 예루살렘에 보내는 헌금을 황제에게 바치라고 강요한 황제는 도미티아누스였다.
   ③ 로마는 피정복자들의 종교에 관용적인 태도를 유지하고 있었다.
   ④ 알렉산드리아 교회의 설립자는 베드로였다.

   ※ 알렉산드리아 교회의 설립자는 판테누스로 알려져 있다.

116. 로마가 기독교를 박해하게 된 원인에 해당되지 않는 것은?
   ① 예배와 성찬식을 통한 의식을 오해하였기 때문이었다.
   ② 천재지변이 발생하는 것을 기독교인들 때문이라고 생각하였다.
   ③ 로마의 사상과 기독교의 사상이 일치하지 않았기 때문이었다.
   ④ 사치와 쾌락을 죄로 여기지 않는 자유로움 때문이었다.

   ※ 초대교회 신자들은 사치와 쾌락을 죄로 여겼다.

117. 네로 황제의 박해와 거리가 먼 것은?
   ① 로마 중심의 한시적 박해
   ② 재위 54-68년
   ③ 베드로, 바울 순교
   ④ 사도 요한 밧모섬 유배

   ※ 사도 요한의 밧모섬 유배는 도미티아누스 황제 때 있었다.

118. 로마가 기독교를 박해한 결과로 보기에 가장 어려운 것은?
   ① 그리스도를 주로 그리고 하나님의 아들로 더욱 확신하게 되었다.
   ② 사도들과 교부들의 순교로 기독교를 생명의 종교로 인식하게 되었다.
   ③ 정경형성이 촉진되고 변증학이 발전하였으며 교회와 국가간의 구별이 명확해졌다.
   ④ 기독교인들의 개인주의가 확대되어 협력이 이루어지지 않게 되었다.

   ※ 로마의 박해로 인해 기독교인들은 더욱 하나가 되었고, 서로 협력했다.

119. 로마의 10대 박해를 연대순으로 바르게 배열한 것은?
   ① 네로-도미티아누스-트라야누스-하드리아누스-마르쿠스 아우렐리우스
   ② 셉티무스 세베루스-발레리우스-막시미누스-데시우스-디오클레티아누스
   ③ 네로-도미티아누스-마르쿠스 아우렐리우스-하드리아누스-트라야누스
   ④ 마르쿠스 아우렐리우스-발레리아누스-디오클레티아누스-막시미누스-데시우스

   ※ 로마의 10대 박해는 재위 순서대로 네로, 도미티아누스, 트라야누스, 하드리아누스 마르쿠스 아우렐리우스, 셉티무스 세베루스 막시미누스, 데키우스, 발레리아누스, 디오클레티아누스 순이다.

정답 115.④ 116.④ 117.④ 118.④ 119.①

120. 스토아주의자들이 당시 종교에 대해 비판적이었던 이유는 무엇인가?
① 종교인 스스로의 욕망을 만족시키는 것으로 봄
② 지나치게 사회 정의만을 부르짖음
③ 종교혼합주의에 빠져 있음
④ 통찰력, 용기, 극기가 주류를 이룸

※ 스토아주의자들은 종교가 사람의 욕망을 만족시키는 수단으로 보았다.

121. 변증가 유스티누스의 변증서가 아닌 것은?
① 안토니우스 피우스와 그의 아들에게 보내는 글
② 로마의 원로원에 보내는 글
③ 유대인 트리포와 나눈 대화
④ 헤르마스의 목자

※ 헤르마스의 목자는 헤르마스의 저작이다.

122. 기독교를 박해한 황제 마르쿠스 아우렐리우스에게 그리스도인을 위한 변증서를 보내 기독교의 높은 도덕적 수준을 상기시켜 '아테네의 기독교 철학자'로 불린 변증가는?
① 유스티누스(Justinus)
② 클레멘트(Clement)
③ 이그나티우스(Ignatius)
④ 아테나고라스(Athenagoras)

※ 아테나고라스는 삼위일체 교리를 철학적으로 논증했고, 기독교에 대한 오해를 반박했다.

123. 도미티아누스 황제의 기독교 박해와 연관되지 않은 내용은 어느 것인가?
① 박해의 원인이 황제숭배에 불복한 데 있었다.
② 기독교인들 때문에 신이 노하여 천재지변이 자주 일어난다는 죄명을 씌웠다.
③ 처형방법으로는 맹수와의 사투, 재산몰수 그리고 추방시켰다.
④ 그 시대에 카타콤이 생겼으나 기독교인들의 수는 증가하지 않았다.

※ 도미티아누스 황제의 박해로 인해 카타콤이 생겼지만 기독교인들의 수는 오히려 증가했다.

124. 다음 중 10대 박해에 대한 설명으로 잘못된 것은?
① 네로는 로마시 방화의 책임을 기독교인에게 돌렸다.
② 이그나티우스는 도미티안에 의해 순교하였다.
③ 디오클레티안 시대에 가장 극심한 박해가 있었다.
④ 발레리안은 기독교인의 재산을 몰수하고 예배를 금지시켰다.

※ 이그나티우스는 트라얀에 의해 순교하였다.

정답 120.① 121.④ 122.④ 123.④ 124.②

125. 다음 중 교부에 대한 설명이 아닌 것은?
① 사도들의 직계 제자
② 교리에 정통성을 가진 자
③ 로마 국가의 발전을 도모한 자
④ 교리 발전에 역사적으로 중요한 위치를 차지한 자

※ 교부들과 로마 국가 발전은 무관하였으며, 기독교 신학의 정체성을 수립하고자 노력하였다.

126. 속사도 교부들에 관한 설명 중 바르지 않은 것은?
① 클레멘트-1세기 로마의 유명한 장로였으며, 고린도교회에 보내는 편지를 썼다.
② 파피아스-150년에 순교하였으며 로마로 호송 중에 7종의 서신을 집필하였다.
③ 이그나티우스-안디옥의 감독이었으며 로마에서 맹수의 밥이 되었다.
④ 폴리캅-서머나교회의 감독이었으며 사도 요한의 제자였고 155년에 순교하였다.

※ 히에라폴리스의 감독이었던 파피아스는 주님의 말씀 강해라는 저서를 남겼다.

127. 다음 중 폴리갑에 대한 설명이 아닌 것은?
① 전천년설의 입장에서 천년왕국론을 주장
② 마르키온을 사단의 맏아들이라고 함
③ 사도 요한의 제자
④ 알렉산드리아 감독

※ 폴리갑은 서머나의 감독이었다.

128. 다음 중 교회사의 아버지라 불리는 인물은?
① 오리겐
② 파코미우스
③ 유세비우스
④ 아타나시우스

※ 교회사의 아버지라 불리는 인물은 유세비우스이다.

129. 하드리아누스 황제에게 변증서를 제출하여 예수에게서 병 고침을 받은 사람이 아직도 생존해 있다고 주장한 변증가는 누구인가?
① 유스티누스
② 파피아스
③ 콰드라투스
④ 클레멘트

※ 콰드라투스는 하드리아누스 황제에게 기독교를 변증하는 탄원서를 보냈다.

130. 하드리아누스 황제에게 글을 올려 기독교를 변증하면서 이교의 신화를 공격하였고 참 신의 속성을 설명하고 그리스도인의 풍성함을 설명한 변증가는?
① 타티안
② 아리스티데스
③ 아테나고라스
④ 멜리토

※ 하드리아누스 황제 치하에서 장군이었던 아리스티데스는 변증론을 통해 기독교를 변증했다.

정답 125.③ 126.② 127.④ 128.③ 129.③ 130.②

131. 다음 중 터툴리안의 작품이 아닌 것은?
    ① 영혼의 증언에 대하여
    ② 프락세아스에 대항하여
    ③ 이단들에 대한 예심상소
    ④ 헥사플라

    ※ 헥사플라는 오리겐의 작품이다.

132. 다음 중 오리겐의 저작이 아닌 것은?
    ① 영혼의 증언에 대하여
    ② 헥사플라
    ③ 켈수스 반박
    ④ 이교도들에게 권면

    ※ 영혼의 증언에 대하여는 터툴리안의 저작이다.

133. 다음의 교부들 중 최초로 복음서의 상호 조화성을 강조한 사람은 누구인가?
    ① 유스티누스   ② 타티안   ③ 아테나고라스   ④ 아리스티데스

    ※ 타티안은 기독교의 우월성을 설명하였고, 최초로 복음서의 상호 조화성을 강조했다.

134. 다음 중 서로 연결이 바르지 않은 것은?
    ① 터툴리안 - 삼위일체의 개념정립에 기여했으나 몬타누스주의에 빠졌다.
    ② 오리겐 - 성부와 성자는 동일본질이며 한 인격이다.
    ③ 이레네우스 - 이단을 논박하였으며 헬라 신학과 라틴 신학의 가교역할을 하였다.
    ④ 히폴리투스 - 동시대의 로마주교를 반대하였고 성경의 알레고리적인 해석을 반대함.

    ※ 히폴리투스는 동시대의 로마주교를 반대하였고 알레고리적인 해석을 사용했다.

135. 다음 중 기독교 공인 이후의 교부가 아닌 인물은?
    ① 암브로시우스
    ② 크리소스톰
    ③ 콘스탄티누스
    ④ 제롬

    ※ 콘스탄티누스는 313년 밀라노 칙령을 통해 기독교를 공인한 로마의 황제였다.

136. 초대교회 이단에 대한 설명 중 틀린 것은?
    ① 에비온파 - 바울 교리를 배척하였고 히브리어로 된 마태복음만 있었고 예수의 인성만 주장
    ② 모나키안파 - 삼위일체를 부인하고 양태론적 단일신론 주장
    ③ 엘카이파 - 그리스도는 여러 번 육체를 입고 나타났으며 그 처음이 아담이라고 주장
    ④ 마니교 - 어거스틴이 초기에 심취했던 사상, 사도들의 가르침을 수용했다.

    ※ 마니교는 마니가 창시한 이원론적 종교이다.

정답 131.④ 132.① 133.② 134.④ 135.③ 136.④

137. 초대교회의 이단적인 분파 중 마르키온주의에 대한 설명으로 올바르지 못한 것은?
① 그의 주장이 교회가 신약성경을 정경으로 확정하는 데 촉진제가 되었다.
② 구약성경의 공의의 하나님을 배격하고 신약성경의 사랑의 하나님을 강조했다.
③ 영지주의의 영향을 받아 육체적 금욕을 주장하였으며 영적 구원만을 강조하였다.
④ 그리스도의 구속사역을 강조하였으며 바울의 교리를 따르지 않았다.

※ 마르키온주의는 환상설을 주장했고 사도적 계승을 강조했다.

138. 다음 중 유대주의적 이단이 아닌 것은?
① 나사렛파   ② 에비온파   ③ 엘크사이트파   ④ 마르키온주의

※ 마르키온주의는 헬라주의적 이단이다.

139. 다음 중 헬라주의적 이단이 아닌 것은?
① 영지주의   ② 마르키온주의   ③ 마니교   ④ 모나키안

※ 모나키안은 유대교적 이단으로서, 삼위일체설을 반대했다.

140. 다음 중 초대교회의 이단이 아닌 것은?
① 에비온파   ② 엘크사이트파   ③ 도나티안   ④ 영지주의

※ 도나티안은 초대교회의 한 분파로서, 디오클레티안 황제의 박해 당시 변절자의 처리로 인해 분리되었다.

141. 다음 중 기독론적 문제로 인하여 이단으로 정죄되지 않은 것은?
① 아리우스주의   ② 펠라기우스주의
③ 유티케스주의   ④ 아폴로나리우스주의

※ 펠라기우스주의는 잘못된 원죄론과 자력구원 등 왜곡된 구원론을 주장하였다.

142 몬타누스 운동과 상관이 없는 설명은 무엇인가?
① 지식을 강조하던 그노시스파를 반대하였고 예언과 방언을 강조하였다.
② 합리주의적인 것을 배격하고 신비주의적인 신앙을 추구하였다.
③ 비타협적인 분파주의를 형성하였고 이는 후에 수도원 운동의 모체가 되었다.
④ 유대주의 이단으로 할례와 안식일 준수를 주장하였다.

※ 몬타누스 운동은 영지주의에 대항해 일어난 신비주의 운동이었다.

143. 다음 중 이단에 대한 교회의 대응이 아닌 것은?
① 정경을 확립하는 계기가 되었다.
② 이단과는 일체의 대화나 논쟁을 하지 않았다.
③ 397년 카르타고 공의회에서 신약 27권을 정경으로 공인하였다.
④ 헬레니즘 사상과의 대화 및 반박을 병행하였다.

※ 초대교회는 적극적으로 정통 교리를 변증하였다.

정답 137.④ 138.④ 139.④ 140.③ 141.② 142.④ 143.②

144. 데시우스 황제의 박해를 이기지 못하여 신앙을 배척한 중죄인은 교회에서 받을 수 없다는 강경파와 이를 관용적으로 대하는 사람들 사이에서 관용론자가 감독선거에서 승리하자 불만을 품고 분파를 일으킨 사람과 그 분파의 이름은?
  ① 에비온 – 에비온파
  ② 노바투스 – 노바티안파
  ③ 마르키온 – 마르키온파
  ④ 몬타누스 – 몬타누스파
  ※ 노바티안파는 데시우스 박해로 인한 변절자에 대해 극단적 대처로 분리했다.

145. 도나투스파에 대한 설명에서 거리가 먼 것은?
  ① 디오클레티아누스 황제의 박해시 변절자들을 처리하는 과정에서 생겨난 분파이다.
  ② 콘스탄티누스 황제의 공인과 후원을 수용하였다.
  ③ 세속적인 교직자를 배척하고 엄격한 교회의 규칙과 교회의 순결을 강조하였다.
  ④ 정부와 상호분리를 주장하고 감독정치를 채택하였다.
  ※ 도나투스파는 콘스탄티누스 황제의 공인과 후원을 배격하였다.

146. 다음과 같은 내용에 해당되는 이단의 분파는?

  가) 가현설을 주장하였다.
  나) 그리스도의 십자가를 환상에 불과한 것으로 보았다.
  다) 사도 요한과 이그나티우스의 공격을 받았다.

  ① 도케티안파   ② 몬타누스파   ③ 노바투스파   ④ 도나투스파
  ※ 도케티안파는 가현설을 주장했고, 그리스도의 십자가를 환상에 불과한 것으로 보았으며, 사도 요한과 이그나티우스의 공격을 받았다.

147. 다음 중 서방 교부인 암브로시우스에 대한 설명으로 잘못된 것은?
  ① 예수 그리스도의 신성의 진리에 확고한 기초를 세웠다.
  ② 밀란에서 설교를 통해 어거스틴에게 감화를 주고 세례를 주었다.
  ③ 아리우스파를 옹호했고 정통적인 교회를 비난했다.
  ④ 데살로니가 사람들의 대량 학살에 대해 테오도시우스 황제를 비난했다.
  ※ 암브로시우스는 아리우스파를 비판하고, 정통적인 교회를 수호하는 일에 힘썼다.

148. 밀라노의 감독을 지냈으며 테오도시우스 황제를 책망하였고 어거스틴에게 세례를 베풀었던 교부는 누구인가?
  ① 암브로시우스
  ② 히폴리투스
  ③ 이그나티우스
  ④ 히에로니무스
  ※ 암브로시우스는 밀라노의 감독이었고 아리우스주의를 반대하였으며, 어거스틴에게 세례를 베풀었고 데살로니가인을 학살한 테오도시우스 황제를 비난하였다.

정답 144.② 145.② 146.① 147.③ 148.①

149. 다음 설명하는 내용들 중 옳지 않은 하나를 고르시오.
① 정경의 결정 기준에서 역사적 기준은 사도성에 두었다.
② 정경을 결정하는 내적 기준은 신적 권위를 입증하는 영감성에 두었다.
③ 정경의 기준을 결정하는 것은 당시 수집된 자료들의 총체에 있었다.
④ 367년 아타나시우스가 27권을 공적서신에서 밝혔다.

※ 정경의 결정 기준은 사도성과 영감성, 보편성이었다. 당시에는 수많은 이단적 요소를 지닌 사본들이 존재하였다.

150. 콘스탄티누스 황제와 상관이 없는 내용은?
① 313년에 밀라노 칙령을 선포하여 기독교를 공인하였다.
② 개종 후에 즉시 세례를 받았다.
③ 십자가 형을 폐지하였고 330년 콘스탄티노플로 수도를 옮겼다..
④ 우상숭배를 금지하고 이교도의 재산을 몰수하여 교회에 주었다.

※ 콘스탄티누스 황제는 밀비아교 전투에서 승리하였고 이때 신비한 체험으로 기독교인이 되었는데 즉시 세례를 받은 것은 아니다.

151. 다음 중 기독교의 국교화 과정에 대한 설명으로 잘못된 것은?
① 우상 종교의 재산을 몰수하지는 않음
② 313년 밀라노 칙령으로 기독교 공인
③ 콘스탄틴 대제가 각종 법률을 정비
④ 신앙의 자유를 허락

※ 테오도시우스는 황제는 암브로시우스에게 감화를 받아 모든 우상 종교의 참배를 금지시켰고, 재산을 몰수했다.

152. 동로마 제국의 수도였으며 2,5,6,8차 종교회의가 열렸던 이곳은 어디인가?
① 니케아
② 콘스탄티노플
③ 에베소
④ 칼케돈

※ 콘스탄티노플에서는 381년, 553년, 680년, 869년에 종교회의가 열렸다.

153. 다음 중 종교회의에 대한 설명으로 잘못된 것은?
① 325년 니케아 회의에서는 아리우스를 이단으로 정죄
② 381년 콘스탄티노플 회의에서는 니케아 신조를 작성
③ 431년 에베소 회의에서는 펠라기우스의 신학적 입장을 인정
④ 451년 칼케돈 회의에서는 유티케스의 일성론을 이단으로 정죄

※ 펠라기우스는 원죄를 부인하고 인간의 자유를 강조하여, 어거스틴과 전혀 반대의 입장을 가지고 있었고, 결국 431년 에베소 회의에서 이단으로 정죄되었다.

정답 149.③ 150.② 151.① 152.② 153.③

154. 다음 중 니케아 회의에 대한 설명으로 잘못된 것은?
   ① 삼위일체 교리를 둘러싼 교회의 분열을 해결하려는 시도
   ② 345년 5월 20일부터 7월 25일까지
   ③ 최초의 보편교회 회의
   ④ 교리 문제뿐만 아니라 감독 임명과 권징에 대한 교회법 제정

   ※ 니케아 회의는 325년 5월 20일부터 7월 25일까지이다.

155. 니케아 회의 시대와 연관이 없는 것은?
   ① 신학논쟁과 종교회의로 신학이 정립되어 가는 시기
   ② 325년 소아시아의 니케아에서 열린 회의
   ③ 아리우스의 신학문제와 부활절 일자 문제에 관한 논쟁을 해결하기 위해 열림
   ④ 그리스도는 무로부터 창조된 피조물로 결론

   ※ 니케아 회의에서 성자는 성부와 함께 동등하며 동일본질이며 영원한 분이라고 결의했다.

156. 다음 중 니케아 회의의 결의 사항이 아닌 것은?
   ① 성화를 숭배하기로 결정
   ② 니케아 신조 제정
   ③ 부활절을 제정
   ④ 아리우스를 이단으로 정죄

   ※ 325년 니케아 회의에서 성화를 숭배하기로 결정한 바가 없다.

157. 다음 중 아타나시우스에 대한 설명으로 잘못된 것은?
   ① 니케아 회의에 언권회원으로 참석
   ② 아리우스의 주장을 반박
   ③ 삼위일체 교리의 가장 적극적인 수호자
   ④ 수도원 생활

   ※ 아타나시우스는 금욕주의적인 삶을 살았지만 수도원 생활을 하지는 않았다.

158. 아타나시우스와 아리우스의 주장을 비교한 것 중에 잘못된 것은?
   ① 성자는 성부와 동일본질 - 성자는 성부와 유사본질
   ② 그리스도는 참 하나님이며 참 사람임 - 그리스도는 무로부터 창조된 피조물임
   ③ 삼위일체 주장 - 삼위일체 부인
   ④ 보편속죄를 주장 - 제한속죄를 주장

   ※ 보편속죄는 펠라기우스의 주장이고 제한속죄는 어거스틴의 주장이다.

정답 154.② 155.④ 156.① 157.④ 158.④

159. 종교회의를 연대순으로 바르게 배열한 것은?
① 니케아 회의(콘스탄티누스) - 칼케돈 회의(마르키아누스) - 에베소 회의(테오도시우스 2세) - 콘스탄티노플 회의(테오도시우스)
② 니케아 회의(콘스탄티누스) - 콘스탄티노플 회의(테오도시우스) - 에베소 회의(테오도시우스 2세) - 칼케돈 회의(마르키아누스)
③ 칼케돈 회의(마르키아누스) - 니케아 회의(콘스탄티누스) - 콘스탄티노플 회의(테오도시우스) - 에베소 회의(테오도시우스 2세)
④ 에베소 회의(테오도시우스 2세) - 콘스탄티노플 회의(테오도시우스) - 에베소 회의(테오도시우스 2세) - 칼케돈 회의(마르키아누스)

※ 니케아 회의(325년)-콘스탄티노플 회의(381년)-에베소 회의(431년)-칼케돈 회의(451년)

160. 다음 중 그 회의에서 결의된 내용과 일치하지 않는 것을 찾으시오.
① 콘스탄티노플 회의(381년) - 성자는 성부와 동일본질이라는 니케아 회의 결정을 확정
② 에베소 회의(431년) - 시릴의 단성론이 받아들여짐
③ 칼케돈 회의(451년) - 그리스도의 완전한 신성과 인성이 한 인격 안에 통일되어 있음
④ 니케아 회의(325년) - 아타나시우스를 이단으로 정죄함

※ 니케아 회의에서는 아리우스를 이단으로 정죄하였다.

161. 마르키아누스 황제가 소집한 칼케돈 회의(451년)의 결의 사항이 아닌 것은?
① 예수의 신성은 성부와 같고, 인성은 우리와 같으나 죄는 없으시다
② 예수는 우리를 구원하기 위하여 동정녀의 몸에서 탄생하셨다
③ 신, 인 양성은 완전하게 분리되어 있다
④ 예수는 완전한 신이요 완전한 인간이다

※ 칼케돈 회의에서는 신, 인 양성이 분리되지 않는다는 주장을 받아들였다.

162. 바실리우스가 소집한 콘스탄티노플 1차 회의(869년)와 2차 회의(879년)에서 논제가 된 "필리오케"의 주된 내용은 무엇인가?
① 성부의 신성   ② 성자의 인격   ③ 성령의 출처   ④ 칼케돈 신조 확인

※ 바실리우스가 소집한 콘스탄티노플 회의에서는 성령의 출처 문제인 필리오케 문제를 다루었다.

163. 다음 인물과 그 주장이 바르게 연결되어 있지 않은 것은?
① 세미 아리안주의 - 그리스도는 본질상 아버지와 유사하나 아버지와 독립되었다고 주장
② 사벨리우스 - 한 하나님이 세 가지 모양으로 자신을 계시했다고 주장
③ 아리안주의 - 그리스도는 제일 먼저 피조된 존재라고 주장
④ 모나키안주의적 단일신론 - 예수는 세례 시 그리스도가 되었고 죽음 이후에 아버지에 의해 양자로 입양되었다고 주장

※ 세미 아리안주의는 그리스도는 본질상 아버지와 유사하나 아버지에게 종속되어 있다고 주장한다.

정답 159.② 160.④ 161.③ 162.③ 163.①

164. 니케아 회의에서 아리우스를 정죄하고 아타나시우스의 견해를 받아들이면서 결정한 것은 무엇인가?
① 동일본질 ② 유사본질 ③ 유출본질 ④ 독립본질

※ 니케아 회의에서는 성자가 성부와 동일본질이며 동등하다는 것을 확인했다.

165. 다음 중 삼위일체 논쟁에서 셋과 다른 주장을 한 사람은?
① 아타나시우스 ② 닛사의 그레고리우스
③ 나지안주스의 그레고리우스 ④ 아리우스

※ 아리우스는 그리스도가 성부와 유사하다는 기독론으로 인해 이단으로 정죄되었다.

166. 다음 기독론적 이단들의 주장 가운데 잘못된 것은?
① 아리우스 - 성자는 성부와 유사하다
② 유티케스 - 그리스도의 양성론을 주장하였다
③ 네스토리우스 - 그리스도의 신성과 인성의 상호 교류 불가능
④ 아폴리나리우스 - 그리스도가 완전한 인성을 소유하지 않았다는 인성한계론

※ 유티케스는 그리스도의 일성론을 주장했다.

167. 교회사적 입장에서 제롬(345-420년)을 설명한 내용이다. 바르지 않은 것은?
① 키케로를 비롯한 라틴문학에 관심을 가졌고 성경연구와 금욕생활에 매력을 느낌
② 5년의 시간 동안 안디옥 근방의 사막에서 은둔자로 지내며 육신의 정욕을 제어함
③ 라틴어를 공용으로 사용하던 시대였는데 성경을 히브리어로 번역한 것이 벌게이트임
④ 수도원을 설립하였으며 벌게이트(Vulgate)를 완성하여 교회에 공헌

※ 벌게이트는 히브리어 성경을 라틴어로 번역한 것이다.

168. 다음 중 벌게이트에 대한 설명으로 잘못된 것은?
① 유세비우스가 완성
② 히브리어 원본에서 번역
③ 로마 가톨릭교회의 공인된 성경
④ 최초의 영역인 위클리프역의 참고서

※ 벌게이트를 완성한 사람은 제롬이다.

169. 70인역이 아닌 히브리어 원본에서 번역하여 로마 가톨릭교회의 공인된 성경으로 위치를 차지하였으며 유럽 성경번역의 기초가 되었고 위클리프가 참고하였던 성경은?
① 70인역 ② 벌게이트
③ 에라스무스역본 ④ 위클리프역본

※ 제롬이 번역한 벌게이트는 히브리어 성경을 라틴어로 번역한 것이다.

정답 164.① 165.④ 166.② 167.③ 168.① 169.②

제2부 교회사

170. 다음 중 갑바도기아의 교부가 아닌 사람은?
① 바실
② 나지안주스의 그레고리우스
③ 닛사의 그레고리우스
④ 크리소스톰
※ 크리소스톰은 황금의 입이라는 별명을 가진 최고의 설교가였고, 성경의 알레고리적 해석을 배제하였다.

171. 필리오케 논쟁과 상관없는 설명은?
① 성령은 성부와 성자로부터 나오신다는 주장
② 동방교회가 주장한 성령은 성부로부터 나오신다는 주장과 충돌을 일으킴
③ 칼케돈 신조의 재확인이다.
④ 성령의 출처가 성부와 성자라는 입장은 콘스탄티노플 회의에서 결의된 사안
※ 칼케돈 신조와 필리오케 논쟁은 연관이 없다.

172. 도나투스 논쟁과 상관이 없는 설명은?
① 카르타고 교회의 주교로 부임한 도나투스가 자신을 지지하는 세력을 등에 없고 박해시대에 몰수당한 교회의 재산을 국가로부터 돌려받으려 하였다.
② 도나투스와 카이킬리아누스의 주도권 문제해결을 위하여 콘스탄티누스 황제가 314년 서방 전 지역 대표들을 아를(Arles)에 모이게 하여 이 문제를 다루었다.
③ 콘스탄티누스 황제가 이 문제를 객관적인 태도로 접근하였기 때문에 도나투스의 주장이 받아들여지지 않았고 도나투스는 지지자들과 분파를 만들었다.
④ 이 논쟁을 마무리 지은 사람은 클레멘트였으며 자신들만이 순수한 교회임을 주장하던 도나투스파와 신학적인 논쟁을 하였다.
※ 도나투스 논쟁을 마무리 지은 사람은 어거스틴이다.

173. 동방에서 니케아신경을 공고히 하는데 공헌한 갑바도기아 신학자들에 대한 설명이다. 신학자와 그에 대한 설명이 바르지 않은 것은?
① 나지안주스의 그레고리우스 - 콘스탄티노플에서 니케아신경을 2년간 설교, 아리안주의 반대
② 닛사의 그레고리우스 - 오리겐주의자, 삼위일체에서 본질과 위격의 구분을 강조함
③ 암브로시우스 - 데살로니가인들을 대량학살한 테오도시우스 황제를 비난함
④ 갑바도기아의 바실 - 가이사랴 감독, 아타나시우스에 이어 동방에서 정통신학을 지도함
※ 암브로시우스는 갑바도기아 신학자들에 해당되지 않는다.

174. 다음 중 수도원 운동과 관련이 없는 것은?
① 기독교의 세속화 현상에 대한 반동
② 금욕주의, 경건을 강조
③ 복잡한 생활에서 새로운 생활에 대한 욕망이 작용
④ 이원론 사상의 영향으로 물질에 대한 만족을 추구
※ 수도원 운동은 물질 없이 만족을 얻기 위해서 일어났다.

정답 170.④ 171.③ 172.④ 173.③ 174.④

175. 수도원 창설의 원인과 거리가 먼 것은?
① 교회가 조직적이고 규범화되어감에 따라 개인적인 신앙생활을 수도원에서 추구함
② 기독교가 세속화되어가는 것에 대한 반동으로 일어남
③ 이원론적 사상의 영향을 받아 금욕적인 생활을 추구하려는 목적
④ 복잡한 생활에서 벗어나 자연주의적인 삶을 동경하는 데서 비롯됨
※ 수도원은 복잡한 생활에서 벗어나 새로운 생활에 대한 욕망이 작용된 결과이다.

176. 다음 중 수도원 규칙 제정과 관련이 없는 것은?
① 파코미우스가 처음 제정하였다.
② 상하관계가 없는 평등한 수도원을 만들기 위해 제정하였다.
③ 극단적 금욕주의를 막기 위해 제정하였다.
④ 방종을 방지하고 본래의 임무를 계속하기 위해 제정하였다.
※ 수도원 규칙은 명령 계통의 확립을 위해 제정하였다.

177. 다음은 수도원 운동가와 그 활동을 설명한 것이다. 서로 관계가 없는 것은?
① 안토니 – 은둔적 수도생활
② 시므온 – 고행적 수도생활
③ 바올라 – 수녀원과 수도원을 세움
④ 베네딕트 – 최초의 수도원 규칙제정
※ 최초의 수도원 규칙을 제정한 사람은 파코미우스이다.

178. 다음 중 펠라기우스에 대한 설명으로 잘못된 것은?
① 영국의 수도사로서 성품과 품행이 단정하여 존경을 받음
② 헬라적인 신학으로 어거스틴의 사상과 처음부터 다름
③ 어거스틴의 신학과 일치함
④ 인간의 자유의지와 선행 강조
※ 펠라기우스는 어거스틴의 신학과 정반대의 입장을 취했다.

179. 어거스틴과 펠라기우스의 주장을 연결한 것이다. 그 연결이 틀린 것은?
① 유아도 원죄가 있다 – 유아는 타락 전 아담과 같아서 원죄가 없다
② 아담의 죄가 유전된다 – 아담의 죄는 아담 자신에게만 영향
③ 인간은 죄로 인하여 사망에 이르게 됨 – 인간은 죽을 존재로 피조 되었기 때문에 사망
④ 예정, 불가항력적 은총 – 인간의 노력과 의지로 구원 불가
※ 펠라기우스는 인간의 노력과 의지로 구원이 가능하다고 주장하였다.

정답 175.④ 176.② 177.④ 178.③ 179.④

180. 다음 중 반(半)펠라기우스주의를 정죄한 회의는?
① 니케아 회의　　② 에베소 회의　　③ 콘스탄티노플 회의　　④ 오렌지 회의

※ 반펠레기우스주의는 529년 오렌지 회의에서 정죄되었다.

181. 세미 펠라기우스주의에 대하여 설명한 것 중 틀린 말은?
① 수도사들 중 카시아누스와 파우스투스가 쓴 '은총에 관하여'에서 두드러짐
② 죄는 유전되고 은혜로 구원을 받는다는 입장은 어거스틴에 동의
③ 예정론은 부정하고 구원에 있어서 하나님의 불가항력적 은혜는 인정
④ 하나님의 은혜는 모든 사람에게 제시되었고 인간은 자기의지로 거절할 수 있다

※ 세미 펠라기우스주의는 하나님의 은혜를 인간의 의지에 의해 받거나 거절할 수 있다고 주장하는 학설이기 때문에 불가항력적 은혜는 인정하지 않는다.

182. 베네딕트 수도원의 규칙에 대한 설명이다. 그중 다른 하나는?
① 수도원장의 선출은 수도사의 선거로 결정
② 원장과 수도사는 평등하며, 중대사는 상의하여 결정
③ 규칙이 완만하였고, 누구나 쉽게 적응할 수 있었음
④ 하나님의 사랑 안에서 자라가는 것을 목적으로 함

※ 베네딕트 수도원은 노동을 장려하여 자력 생활을 하게 했다. 규칙이 매우 엄격하고 무거웠다.

183. 어거스틴의 생애에 대하여 설명한 것이다. 그 내용이 바르지 않은 것은?
① 타가스테 출생(354년), 마니교를 신봉하던 아버지, 경건한 어머니 모니카
② 마니교의 이원론과 신플라톤주의에 심취함
③ 383년 밀라노로 감, 387년 암브로시우스의 설교를 듣고 감동을 받은 후 세례를 받음
④ 그가 주장한 은총의 교리는 종교개혁에 영향을 미치지 못했다

※ 어거스틴이 주장한 은총의 교리는 칼빈과 같은 종교개혁자들의 사상에 큰 영향을 끼쳤다.

184. 어거스틴의 신학사상에 대하여 설명한 것이다. 그 연결이 바르지 않은 것은?
① 교회론 - 도나투스파와 논쟁을 하면서 교회론 정립, 유형교회와 무형교회로 구분함
② 인간론 - 아담의 범죄는 인류에게 유전, 자신의 구원을 선택할 자유의지가 없음
③ 구원론 - 구원은 하나님의 불가항력 은혜로, 이 은혜는 선택된 백성에게 주어짐
④ 율법관 - 율법으로 죄를 깨닫게 됨, 율법도 사람을 천국으로 인도함

※ 어거스틴은 하나님 없는 선행은 불가하고 율법으로는 구원이 불가하다는 율법관을 가졌다.

정답 180.④ 181.③ 182.③ 183.④ 184.④

185. 안디옥에서 출생하였으며 386년부터 397년까지 안디옥 교회의 강단을 맡아서 설교했던 그는 초대교회가 낳은 가장 명설교가이자 성경강해자였다. 그의 설교는 안디옥 학파의 입장에 따라 우화적인 해석보다는 문법적이고 문자적인 해석을 추구하였다. 그는 누구인가?
① 암브로시우스　　② 제롬　　③ 요한 크리소스톰　　④ 리바니우스
※ 크리소스톰은 문법적이고 문자적인 성경 해석과 뛰어난 수사학을 기반으로 한 명설교가였고 그의 별명은 황금의 입이었다.

186. 어거스틴은 일생동안 100여 권이 넘는 책을 저술하였다. 그의 대표적인 저서가 아닌 것은?
① 고백록　　② 삼위일체론　　③ 노예의지론　　④ 하나님의 도성
※ 노예의지론은 마르틴 루터의 작품이다.

187. 어거스틴의 신학사상 중 로마 가톨릭의 권위를 강화시키는 계기가 된 것은?
① 삼위일체론
② 구원론
③ 교회론
④ 예정론
※ 어거스틴은 하나님의 나라가 교회라는 이론적인 근거를 제공하여 교회의 중요성이 강조되었고 이는 교황권 확장의 근거가 되었다.

188. 다음 교황 중에서 연옥설을 발전시켜 신학적으로 체계를 세운 교황은?
① 그레고리우스1세
② 테오도시우스2세
③ 베네딕투스1세
④ 바실리우스
※ 그레고리우스 1세는 연옥설, 기적, 천사, 악마 등의 사상에 관심을 가졌다.

189. 어거스틴의 하나님 나라에 대한 설명으로 옳지 않은 것은?
① 완성은 그리스도의 죽으심과 부활을 통해서임
② 하나님의 나라가 교회라는 이론적 근거를 제공
③ 하나님의 나라는 역사적으로 실현되고 있음
④ 하나님의 나라는 아직 완성되지 않았고 그리스도의 재림의 날을 향해 가고 있음
※ 어거스틴은 그리스도의 재림을 하나님 나라의 완성으로 보았다.

190. 다음 중 이성과 신앙의 관계에 대한 입장이 잘못된 것은?
① 터툴리안-나는 모순이 되는 고로 믿는다.
② 터툴리안-기독교의 모든 이단의 근원은 철학이다.
③ 클레멘트-믿는 것은 아는 것보다 우위이다.
④ 어거스틴-신앙은 찾고 이성은 발견한다.
※ 클레멘트는 아는 것은 믿는 것보다 우위라고 주장하였다.

정답 185.③ 186.③ 187.③ 188.① 189.① 190.③

2. 중세교회사

1. 초대에서 중세로 넘어가는 시대적 전환기에 로마 제국을 침입하여 약탈한 이민족이 아닌 것은?
   ① 반달족 ② 동고트족
   ③ 켈트족 ④ 롬바르드족
   ※ 켈트족은 아일랜드와 웨일스 및 스코틀랜드에 거주했던 민족으로서 중세 초기 로마에 침입하여 도시를 약탈한 적은 없다.

2. 다음 중 게르만족을 선교하기 위해 로마 교황청에서 파송한 선교와 그들이 파송된 선교 대상 족속이 바르게 연결된 것은?
   ① 보에티우스 - 서고트족
   ② 지기스문트 - 동고트족
   ③ 어거스틴 - 색슨족
   ④ 이시도르 - 부르군트족
   ※ 어거스틴은 교황 그레고리우스 1세가 브리타니아로 이주한 색슨족과 앵글로족의 왕국을 선교하지 위해 596년 파송한 선교사였다.

3. 다음 중 프랑크 왕국의 개종에 대한 바른 설명만 묶은 것은?

   > 가. 589년 톨레도 회의에서 니케아 신앙을 수용했다.
   > 나. 메로빙거 왕조의 클로비스 1세가 정통 신앙으로 개종했다.
   > 다. 클로비스 왕과 함께 군인 3천 명이 신앙교육은 없이 함께 세례를 받았다.
   > 라. 교황 자카리어스에 의해서 기독교 왕조로 공인을 받았다.
   > 마. 교황으로부터 우상을 불태우라는 권면을 받았다.

   ① 가, 나, 라 ② 나, 다, 마
   ③ 가, 다, 마 ④ 나, 라, 마
   ※ 보기 중 잘못된 것을 설명하자면 가. 589년 톨레도 회의에서 니케아 신앙을 공인한 것은 서고트왕국이었다. 라. 교황 자카리어스는 프랑크 왕국이 기독교 왕조임을 공인한 것이 아니라 메로빙거 왕조를 무너뜨린 피핀이 시작한 카롤링거 왕조를 인정했다.

4. 다음 중 중세 초기에 오늘날 영국과 아일랜드 지역에 대한 선교에서 중요한 역할을 했던 인물에 포함되지 않는 사람은?
   ① 패트릭 ② 콜롬바누스
   ③ 메로비우스 ④ 어거스틴
   ※ 메로비우스는 선교사가 아니라 로마 출신의 서로마 제국 용병으로서 프랑크 왕국의 메로빙거 왕조를 시작한 인물이다.

정답 1.③ 2.③ 3.② 4.③

5. 다음 중 중세 초기 아일랜드 수도원의 특징으로 볼 수 없는 것은?
   ① 금욕과 처벌을 강조했으며 매우 엄격했다.
   ② 지역 목회와 교육의 중심지 역할을 담당했다.
   ③ 교회와 세속 권세의 권한을 엄격하게 분리했다.
   ④ 전도와 주변 지역 선교에 열정이 있었다.

   ※ 아일랜드 수도원은 엄격한 고행과 금욕주의를 특징으로 했으며 각 지역의 목회와 교육의 중심지 역할을 담당했다. 이들은 스코틀랜드와 잉글랜드 북부를 향한 선교의 열정을 보여주었다. 이들의 선교는 많은 경우 앵글로족과 색슨족 왕실과의 지원과 협력 속에서 이루어졌다.

6. 중세 초기 잉글랜드 선교에 대한 설명으로 올바르지 않은 것은?
   ① 로마 선교의 전통과 아일랜드 선교의 전통이 서로 경쟁했다.
   ② 아일랜드 전통은 공동체 생활보다 개인적 영성을 강조했다.
   ③ 로마 선교의 전통이 사도적 계승 주장과 체계적 접근으로 성공을 거두었다.
   ④ 노섬브리아 왕은 664년 휘트비 종교회의에서 로마 교황의 권위를 인정했다.

   ※ 아일랜드 수도사들을 중심으로 전파된 켈트 기독교와 로마 교황청에서 파견한 선교사들을 중심으로 전파된 로마 기독교 전통 사이에서 잉글랜드 선교가 진행되었다. 이 두 전통은 여러 갈등을 일으키다가 664년 잉글랜드 북부 휘트비에서 열린 회의에서 로마의 권위를 인정함으로써 화해를 이루어냈다. 아일랜드 선교사들 역시 공동체 생활을 강조했다.

7. 다음 중 베네딕트 수도규칙의 내용에 해당하지 않는 내용은?
   ① 육체노동을 강조했다.
   ② 수도원 소속의 영속성과 순종의 의무를 강조했다.
   ③ 성무 일과에 따른 반복적 예배와 기도 생활을 규정했다.
   ④ 금식과 고행을 통한 영성의 이상적 성취를 추구했다.

   ※ 6세기 이탈리아 누르시아 출신의 베네딕트에 의해 시작되어 확대된 수도원운동은 금식과 고행, 은둔을 강조하기보다는 규율을 갖춘 공동체 안에서 육체노동과 성무 일과에 따른 실천 가능한 경건을 강조했다.

8. 주후 800년 성탄절에 로마에서 교황 레오 3세로부터 로마 제국 황제의 관을 받음으로써 "신성로마제국"을 시작한 프랑크 왕국의 군주는 누구인가?
   ① 피핀
   ② 샤를마뉴
   ③ 오토
   ④ 루이

   ※ 교황 레오 3세는 프랑크 왕국의 카알 마르텔의 조카인 샤를마뉴를 800년 12월 25일 로마로 불러 신성로마제국의 새로운 황제로 삼았다.

정답 5.③ 6.② 7.④ 8.②

9. 다음 중 프랑크 왕국의 샤를마뉴 대제에 대한 설명으로 올바른 것은?
   ① 비잔틴 제국 황제의 지배를 받는 위치였다.
   ② 각 지역 주교의 임명권은 전적으로 로마 교황에게 있었다.
   ③ 수도원을 억압하고 라틴어로 드리는 예배를 강제했다.
   ④ 알퀸을 궁정학사로 임명하여 학문 발달을 촉진시켰다.
   ※ 신성로마제국의 황제로 임명된 샤를마뉴 대제는 기독교 문화를 지원하고 유능한 학자 알퀸을 궁정학사로 임명하여 카롤링거 르네상스라고 불리는 문예 부흥을 이루어냈다. 그는 프랑크 왕국 내에서 주교 임명에 영향력을 가지고 있었지만 특정한 예배 의식을 강제하지는 않았다.

10. 다음 중 프랑크의 왕 샤를마뉴에 의해서 시도된 9세기 교회와 예배 개혁 방향에 속하지 않는 것은?
    ① 성직자 복장 개선   ② 예배당에 성수반 사용
    ③ 수도원 규율의 체계화   ④ 개인의 사적 미사 억압
    ※ 샤를마뉴 대제 통치 기간 서방교회의 여러 제도와 의식들이 체계적으로 정비되었다. 성직자 복장이 개선되었으며 예배당에 성수를 담아놓는 성수반이 설치되었고 수도원의 규율이 체계화되었다. 그러나 개인들의 사적 미사는 여전히 성행했다.

11. 카롤링거 왕조 시대에 왕실의 지원을 받아 오늘날 독일 지역 선교에 헌신하여 큰 업적을 남겨 훗날 "독일의 사도"라는 이름을 얻은 잉글랜드 출신의 선교사는?
    ① 보니파키우스   ② 콜롬바누스
    ③ 모혼나   ④ 윌리브로드
    ※ 보니파키우스는 카롤링거 왕실의 후원 속에서 오늘날 독일 지역을 선교하여 성과를 거둠으로써 이후 "독일의 사도"라는 이름을 얻었다.

12. 프랑크 왕국을 셋으로 나누어 이후 각각 프랑스, 독일, 이탈리아로 발전하게 했던 843년의 조약은 무엇인가?
    ① 베르됭 조약   ② 메르센 조약
    ③ 보름스 조약   ④ 밀라노 조약
    ※ 830년 샤를마뉴 대제의 아들인 루트비히 경건왕이 죽자 그의 세 아들 사이에 황권을 둘러싼 경쟁이 발생했다. 세 아들은 843년 베르됭에서 만나 프랑크 왕국을 셋으로 나누는 조약을 체결했다. 로타르 1세가 통치한 중프랑크 지역은 이후 이탈리아와 스위스 및 벨기에 등으로 발전했고, 대머리왕 샤를 2세가 통치한 서프랑크 지역은 이후 프랑스로, 루트비히 2세가 통치한 동프랑크 지역은 독일로 발전했다.

13. 810년경 아일랜드에서 출생한 수도사로서 카롤링거 왕조 시대 파리 왕립학교의 교수가 되었으며 위-디오니시우스의 헬라어 저술들을 라틴어로 번역하고 실재론에 입각한 신학적 사변을 전개함으로써 중세 스콜라신학의 초석을 놓은 인물은?
    ① 알퀸   ② 아인하르트   ③ 에리우게나   ④ 보에티우스
    ※ 810년경 아일랜드에서 출생한 에리우게나는 프랑크 왕국의 대머리왕 샤를 2세 시대에 활동한 유능한 신학자였다. 그는 코트샬트의 이중예정론을 반박했으며 위-디오니시우스의 저술을 라틴어로 번역하여 플라톤주의를 서방 신학에 도입하는 데 기여했다.

정답 9.④ 10.④ 11.① 12.① 13.③

14. 기독교 신앙을 왕국의 기초로 더 확고하게 확립하고 여러 지역의 귀족들을 군사력으로 진압하여 강력한 왕권을 확립한 후 이탈리아에서 교황의 권위를 보존함으로써 962년 교황 요한 12세에 의해 신성로마제국의 황제라는 칭호를 얻은 동프랑크 왕국의 군주는?
  ① 콘라트 1세
  ② 프리드리히 1세
  ③ 오토 1세
  ④ 하인리히 1세

※ 931년 독일의 군주로 즉위한 오토 1세는 기독교 세계에 끼친 지도력을 인정받아 962년 교황 요한 12세에 의해 신성로마제국의 황제라는 명칭을 얻었다.

15. 다음 중 비잔틴 제국의 유스티니아누스 황제의 종교정책에 대한 설명으로 올바른 것만을 묶은 것은?

    가. 로마법을 통일하여 제국의 통치를 체계화했다.
    나. 벨리사리우스 장군을 통해 로마를 포함한 종전 로마 제국의 영토를 대부분 회복했다.
    다. 프랑크 왕국을 멸망시키고 정통 교회를 재건했다.
    라. 칼케돈 신조를 철저하게 신봉하여 단성론자들을 억압했다.
    마. 수도인 콘스탄티노플에 하기아 소피아 성당을 건축했다.

  ① 가, 다, 마
  ② 가, 나, 마
  ③ 나, 다, 라
  ④ 나, 라, 마

※ 보기 중 잘못된 것을 설명하면 다. 유스티니아누스 황제가 서로마 제국 지역을 수복하면서 프랑크 왕국을 멸망시킨 것은 아니다. 라. 유스티니아누스는 황제는 재위 초기에 칼케돈 신조보다 단성론을 지지하는 입장을 취했다.

16. 다음 중 중세 초기 서방교회와 비교할 때 나타나는 동방 비잔틴 교회의 특징을 바르게 설명한 것만을 묶은 것은?

    가. 황제들은 되도록 교회 문제에 관여하지 않으려 했다.
    나. 성령은 성부에게서만 나오신다고 고백했다.
    다. 기독론과 관련한 신학적 논쟁이 계속되었다.
    라. 성상숭배를 적극적으로 옹호했다.

  ① 가, 나   ② 나, 라
  ③ 다, 라   ④ 나, 다

※ 서방교회와 비교할 때 동방 비잔틴 교회는 교회 문제의 해결에 있어 주교들보다 황제가 중요한 권위를 갖는 경향이 있었다. 성령의 발출과 관련해서는 서방과 달리 아버지로부터만 나오신다는 입장을 고수했다. 기독론 논쟁은 주로 동방교회에서 계속 치열하게 전개되었다. 성상숭배의 가능성에 대해서는 서방교회가 더 적극적인 입장을 보여주었다.

정답 14.③ 15.② 16.④

17. 다음 중 중세시대 동방 비잔틴 교회와 서방 라틴 교회의 공통점과 가장 거리가 먼 것은?
① 성령의 발출 ② 성유물 숭배
③ 성례전 중심의 예배 ④ 이전 시대 공의회 결정에 대한 존중

※ 동방 비잔틴 교회와 서방 라틴 교회는 모두 성유물 숭배를 인정했으며 성례전 중심의 예배를 드렸고 초대교회의 공의회가 결정한 내용들을 존중했다. 그러나 성령의 발출에 대해서는 서방교회가 "아들로부터"(filioque)를 고백한 반면 동방교회는 이를 거절하고 강하게 비판했다.

18. 787년 열린 제2차 니케아 공의회가 성상숭배에 대해 내린 결정 사항과 가장 어울리지 않는 것은?
① 성상과 성화숭배는 우상숭배가 아니다.
② 예수 그리스도와 마리아와 성인들의 형상은 가능하나 천사는 형상화할 수 없다.
③ 성상을 통해 원형을 상기할 수 있으므로 공경의 예배를 드릴 수 있다.
④ 성상은 그릇과 옷과 벽과 집 내부와 길에 대해서도 사용할 수 있다.

※ 787년 열린 제2차 니케아 공의회는 성상숭배와 관련해 예수 그리스도와 마리아뿐 아니라 성인들과 천사는 형상화도 가능하다고 결정했다.

19. 다음 중 5세기부터 6세기까지 활동한 위-디오니시우스의 부정신학에 어울리지 않는 설명은?
① 하나님에 대한 지식은 초월적이다.
② 하나님에 대한 지식은 보편적인 언어로 진술되어야 한다.
③ 하나님에 대한 지식은 침묵과 예배로 나아갈 때만 얻을 수 있다.
④ 하나님에 대한 지식은 긍정보다는 부정적 서술이 적합하다.

※ 플라톤주의적 성향을 가진 위-디오니시우스의 부정신학은 하나님에 대한 지식은 초월적이어서 사람들이 일반적으로 이해할 수 있는 보편적인 언어로 진술될 수 없다고 주장했다.

20. 675년경 출생한 인물로서 한때 이슬람 칼리프의 관원으로 일했으나 이후 수도사가 되었으며 교회 음악과 예술에 조예가 깊어 성상숭배를 둘러싼 논쟁에서 중요한 이론적 근거를 제시했던 신학자는?
① 다마스쿠스의 요한 ② 막시무스 플라누데스
③ 미카엘 코니아테스 ④ 그레고리우스 팔라마스

※ 다마스쿠스의 요한은 교회 음악과 예술에 대한 깊은 이해를 바탕으로 성상숭배와 관련한 중요한 이론적 근거들을 제시했다.

21. 다음 중 중세 초기 동방의 발전한 여러 지역의 교회들과 그 교회들의 신학적 입장을 바르게 연결한 것은?
① 아르메니아 교회 - 의식이나 축일에 대한 거부
② 콥틱 교회 - 단성론을 지속적으로 주장함
③ 시리아 교회 - 삼위일체론에서 아리우스주의적 경향이 강함
④ 메소포타미아 교회 - 사도 야고보로부터 유래했다고 주장

※ 동방교회의 여러 지역에서 발전한 다양한 교파들 가운데 아르메니아 교회와 콥틱 교회는 모두 단성론을 따랐으며 의식이나 축일들을 적극 활용했다. 시리아 교회는 삼위일체론에서 니케아 신앙을 견지하며 사도 야고보로부터 유래했다고 주장했다.

정답 17.① 18.② 19.② 20.① 21.②

22. 다음 중 교황권 강화와 관련한 그레고리우스 1세의 정책에 해당하지 않는 것은?
    ① 수도사 출신으로 교황이 된 첫 인물로서 중요 직위에 수도사들을 등용했다.
    ② 고트족의 로마 침입을 막아내고 협상을 통해 이들을 개종시켰다.
    ③ 잉글랜드에 선교사 어거스틴을 파송하는 등 이교도 전도에 힘썼다.
    ④ 사제의 결혼과 성직 매매를 금지했다.

    ※ 마지막 교부이라고 불린 그레고리우스 1세는 중세 초기 교황의 권위를 한층 높여 놓음으로써 대교황이라는 명칭을 얻었다. 그는 사제들의 결혼과 성직매매를 금지하는 등 내부 개혁에도 힘썼으며 롬바르드족의 침입으로부터 로마를 지켜내기도 했으며 선교사 어거스틴을 잉글랜드에 파송하기도 했다.

23. 9세기 출현한 "위 이시도르 교령집"의 주장과 가장 거리가 먼 것은?
    ① 성직자는 하나님께서 구별하신 사람들이다.
    ② 성직자는 세속법정의 판단 대상이 아니다.
    ③ 황제는 주교들을 임명하고 폐위시킬 수 있다.
    ④ 교황의 판결은 최종적이므로 이에 불복한 항소는 불가하다.

    ※ 9세기 나타난 "위 이시도르 교령집"은 콘스탄티누스 황제가 기독교로 개종하면서 당시 로마 감독 실베스터 1세에게 서방 지역의 통치권을 양보했다는 기증문서를 포함해 니케아 공의회 이전의 교황 서한들과 공의회의 회의록, 그리고 실베스터 1세로부터 그레고리우스 2세까지의 교황 등의 서한집을 교묘하게 배열해놓은 문집이다. 그중에 많은 문서는 실제로는 850년경에 만들어진 위작들이다. 9세기 이후 교황청은 이 문서를 근거로 삼아 세속 권세에 대한 교황의 특권을 강조했다. 특히 교황의 최종적 판결 권한을 주장했다.

24. 다음 중 교황의 사절로 콘스탄티노플을 방문했다가 동방교회의 예배의 문제를 지적함으로써 1054년 교황이 동방교회를 파문하게 만들었던 인물은?
    ① 힐데브란트   ② 홈베르투스 데 실바칸디다
    ③ 페트루스 다미아니   ④ 위고 칸디두스

    ※ 콘스탄티누스의 기증문서가 사실이라고 믿었던 교황 레오 9세는 자신이 보편교회의 수장임을 확인하기 위한 목적으로 홈베르투스 데 실바칸디다를 콘스탄티노플에 사절로 파견했다. 홈베르투스는 총대주교 미카엘 켈룰라리우스를 파문한다는 교서를 성소피아 성당의 제단 위에 올려놓았다. 이 파문장에 대해 총대주교는 홈베르투스와 사절단을 파문하여 대답했고 이로써 동서교회 분열이 일어나고 말았다.

25. 대립교황과의 갈등을 경험한 후 교황 선출에서 발생하는 여러 문제들을 극복하기 위해 1059년 "주님의 이름으로"(In Nomine Domini)를 공표하여 세속 권세의 간섭을 배제하고 추기경단에 의한 교황 선출 방식을 개혁해 낸 교황은?
    ① 니콜라우스 2세   ② 알렉산더 2세
    ③ 우르바누스 2세   ④ 칼릭스투스 2세

    ※ 1058년 교황에 즉위한 니콜라우스 2세는 1059년 "주님의 이름으로"(In Nomine Domini)를 공표하여 세속 권세의 간섭을 배제하고 추기경단에 의한 교황 선출 방식을 확립했다.

정답 22.② 23.③ 24.② 25.①

26. 1074년 로마에서 개최된 공의회에서 성직자의 결혼을 우상숭배나 이교도 숭배의 죄와 동등한 것으로 정죄하며 금지한 교황은?
① 알렉산더 2세
② 니콜라우스 2세
③ 그레고리우스 7세
④ 우르바노스 3세

※ 중세시대 교황권과 황제권의 충돌 속에서 1073년 즉위한 그레고리우스 7세는 공의회를 개최하여 성직자 결혼을 금지하고 우상숭배를 정죄하는 등 로마 가톨릭 내의 강력한 개혁정책을 실행했다.

27. 중세시대 교황이 대표하는 교회의 권세와 황제가 대표하는 세속의 권세가 대립하던 중 결국 황제가 교황의 파문 위협 앞에 회개함으로써 교회의 권세의 우위를 드러냈던 상징적인 사건이 일어난 곳은?
① 로마
② 라테란
③ 아비뇽
④ 카노사

※ 카노사의 굴욕이라고 불리는 사건은 1077년 교황 그레고리우스 7세를 폐위시키려 했던 황제 하인리히 4세가 교황의 파문 앞에서 자신의 잘못을 인정하고 굴복한 역사적 사건이다. 이 사건은 서방교회에서 교황의 영적 권세가 황제의 세속 권력을 억누른 상징적인 사건이었다.

28. 다음 중 사제 서임권을 둘러싼 갈등의 결과로 1077년 발생한 카노사의 굴욕 사건에 관련된 교황과 황제를 올바르게 묶은 것은?
① 니콜라우스 2세 – 하인리히 3세
② 그레고리우스 7세 – 하인리히 4세
③ 우르바노스 2세 – 하인리히 5세
④ 파스칼 2세 – 로타르 3세

※ 카노사의 굴욕은 교황 그레고리우스 7세와 황제 하인리히 4세 사이에서 발생한 교권과 세속권 사이의 정치적 갈등이었다.

29. 11세기 성직 수임권을 둘러싼 교황권과 세속권의 충돌 가운데 기독교 신앙의 영적 측면을 재확립하고 신앙생활을 개혁하려는 동기로 설립된 수도회에 해당하는 것은?
① 베네딕트 수도회
② 시토 수도회
③ 도미니크 수도회
④ 프란치스코 수도회

※ 베네딕트 수도회는 6세기에, 도미니크와 프란치스코 수도회는 13세기에 시작되었다. 11세기에 창설된 수도회는 보기 중 시토수도회이다.

30. 11세기 후반 퀼른 출신 브루노에 의해 시작된 수도회로서 절대적 고독과 침묵 가운데 하나님을 관상하는 데 주력했던 수도회는?
① 시토 수도회
② 카르투지오 수도회
③ 클루니 수도회
④ 갈멜 수도회

※ 카르투지오 수도회는 부르노에 의해 11세기에 시작되었으며 고독과 침묵을 강조하고 하나님에 대한 관상을 훈련했다.

정답 26.③ 27.④ 28.② 29.② 30.②

31. 다음 중 클루니 수도원에 대한 설명으로 올바른 것만을 묶은 것은?

> 가. 910년 아키텐 공작 기욤 1세에 의해 창설되었다.
> 나. 수도원장 베르노의 정책을 통해 개혁의 중심지로 부상했다.
> 다. 성직 매매와 수사를 비롯한 모든 성직자들의 결혼을 금지했다.
> 라. 베네딕트 수도규칙과 구별되는 새로운 규칙을 채택해 사용했다.
> 마. 교황의 실정과 부패를 강하게 비판하는 개혁을 추진하여 많은 호응을 얻었다.
> 바. 다른 수도원의 동참을 이끌어내어 수도회로의 조직망을 구축했다.

① 가, 다, 마   ② 나, 라, 바   ③ 가, 다, 바   ④ 나, 다, 마

※ 보기 중 잘못된 것만 설명하면, 라. 클루니 수도원은 베네딕트 수도규칙을 철저하게 지켰다. 마. 클루니 수도원은 교황에 대한 순명을 맹세하여 교황청의 승인을 얻었다. 따라서 라와 마가 포함된 선택지는 정답이 아니다.

32. 1054년 서방교회와 동방교회가 서로 대립하여 분열에 이르게 되었을 당시의 콘스탄티노플에 사절단을 파견한 로마 교황과 사절단을 파문한 비잔틴 교회의 총대주교를 바르게 연결한 것은?

① 레오 9세 – 미카엘 켈룰라리우스   ② 빅토르 2세 – 콘스탄티누스 3세
③ 니콜라우스 2세 – 알렉시오스 1세   ④ 그레고리우스 7세 – 요한 8세

※ 1054년 서방 교회와 동방교회가 서로 대립하여 분열에 이르게 되었을 당시의 분열의 책임이 있는 로마 교황은 레오 9세였으며 교황과 대립한 콘스탄티노플의 총대주교는 미카엘 1세인 미카엘 켈룰라리우스였다.

33. 다음 중 중세 초기부터 기독교 세계를 위협했던 이슬람에 대한 설명으로 올바른 것만을 묶은 것은?

> 가. 무함마드가 메카에서 추방된 해인 622년을 원년으로 삼는다.
> 나. 아라비아의 토속 종교와 기독교 및 유대교 등의 근동 종교의 교리를 기반으로 삼았다.
> 다. 아브라함과 모세의 권위는 부인하고 오직 무함마드의 권위만을 인정한다.
> 라. 쿠란은 가장 권위 있는 경전으로서 계시된 진리라고 생각한다.
> 마. 시아파와 달리 수니파는 무함마드의 유일한 계승자인 알리만을 인정한다.

① 가, 다, 라   ② 나, 다, 마   ③ 나, 라, 마   ④ 가, 나, 라

※ 보기 중 잘못된 내용만 설명하면, 다. 이슬람은 아브라함과 모세의 권위도 인정한다. 마. 무함마드의 유일한 계승자로 알리만을 인정하는 것은 시아파이다.

34. 다음 중 이슬람교의 창시자 무함마드에 대한 설명으로 올바르지 않은 것은?

① 570년 아라비아 메카에서 출생했다.
② 610년 신의 계시를 받았다고 주장하며 메디나에서 강력한 일신교를 창설했다.
③ 630년 메카를 무력으로 장악하고 모든 우상을 제거했다.
④ 점차 아라비아를 넘어서 세계 종교를 세우기 위한 포교를 추진했다.

※ 무함마드는 610년 메카에서 일신교를 창설했다. 그러나 현지 상인들과 기득권 세력에 저항을 받아 622년 메디나로 도주했고 그곳에서 세력을 키워 630년 메카를 탈환했다.

정답 31.③ 32.① 33.④ 34.②

제2부 교회사

35. 1095년 11월 27일 교황 우르바누스 2세가 클레르몽 공의회에서 십자군 운동을 촉구하면서 재창한 문구는?
① Te Deum
② In Nomine Domini
③ Deus Vult
④ Exsurge Domine

※ 우르바누스 2세는 1095년 클레르몽 공의회에서 십자군 출병을 촉구하면서 이것이 하나님의 뜻이라는 의미로 "Deus vult", 즉 하나님께서 원하신다는 구호를 내세웠다.

36. 다음 중 십자군 운동이 일어나게 된 동기에 해당하지 않는 것은?
① 셀주크 투르크의 세력 확장에 대한 기독교 세계의 위기감
② 서방 기독교 국가들의 군사적 지원에 대한 동방 황제 알렉시우스 1세의 요청
③ 성지 수복을 위한 전쟁에 동참함으로써 구원의 공로를 얻을 수 있다는 기대
④ 이슬람 국가들이 보존하고 있던 고대 그리스 문화와 사상에 대한 호기심

※ 동방 황제 알렉시우스 1세의 군사 지원 요청이 십자가 운동의 직접적 원인이었다. 이 원조 요청에 응함으로써 영적인 유익을 누릴 수 있을 것이라는 신앙적 동기도 크게 작용했다. 이슬람 국가들이 보존하고 있던 고대 문화는 십자군 운동 이후 서구 기독교의 새로운 전환에 많은 영향을 주었지만 고전 문화에 대한 기대와 호기심을 십자군 운동이 시작된 동기라고 말하기는 어렵다.

37. 11세기 말부터 13세에 이르기까지 여러 차례 계속된 십자군 운동과 그 성과들을 바르게 연결한 것은?
① 제1차 십자군 운동 - 안디옥과 에데사를 비롯해 예루살렘을 탈환해 기독교 왕국을 세웠다.
② 제2차 십자군 운동 - 에데사와 다메섹에서 이슬람 군대를 격파하고 영토를 크게 확장했다.
③ 제4차 십자군 운동 - 콘스탄티노플에 라틴 제국을 세움으로써 동서방 교회가 화해했다.
④ 제5차 십자군 운동 - 소년 십자군의 눈부신 활약으로 술탄 살라딘의 항복을 받아냈다.

※ 제1차 십자군 운동은 거의 유일하게 동방 지역에 기독교 국가들을 설립하는 성과를 거두었다. 이후의 모든 운동들은 제대로 된 성과를 내지 못했다. 특히 4차 십자군 운동은 비잔틴 제국을 멸망시키고 라틴 제국을 세움으로써 동방 제국과 교회에 큰 적대감을 불러일으켰다. 5차 십자군 운동에 참전한 소년 십자군들은 동방에 도착조차 하지 못하고 노예로 팔려갔다.

38. 십자군 전쟁 중에는 중세시대 기사도의 이상과 수도원의 이상을 결합하여 군사적 성격을 함께 보여준 여러 기사 수도회들이 나타났다. 다음 중 이와 같은 성격의 수도회에 속하지 않는 것은?
① 장미 기사단
② 성전 기사단
③ 성 요한 기사단
④ 튜튼 기사단

※ 십자군 운동 기간 유럽의 여러 기사들은 신앙적 동기를 더한 수도회를 창설했다. 대표적으로 성전 기사단, 성요한 기사단으로 불린 몰타 기사단, 튜튼 기사단이 있었다.

정답 35.③ 36.④ 37.① 38.①

39. 다음 중 십자군 운동이 결국 실패하게 된 원인이라고 말할 수 없는 것은?
① 참전한 각국 군주들과 기사들 사이의 세속적 이해가 충돌했다.
② 이슬람 교리와 신앙에 동화된 십자군들이 증가했다.
③ 본국으로부터 멀리 떨어진 지역에 대한 원정 및 정복 유지에 한계가 있었다.
④ 최초의 종교적 열정이 사라지고 세속적 욕망이 커졌다.

※ 십자군 운동가 실패한 데에는 원정의 어려움과 같은 실제적 한계와 더불어 초기의 신앙적 동기가 약화된 결과 커져간 여러 내부적 갈등이 크게 작용했다. 그러나 십자군들의 기독교 신앙이 약화되어 현지 이슬람 신앙으로 개종하는 일은 많이 발생하지 않았다.

40. 다음 중 중세 신학자 안셀름의 저술이 아닌 것은?
① 왜 하나님이 사람이 되셨는가?   ② 프로슬로기온
③ 자연구분론   ④ 모놀로기온

※ "자연구분론"은 에리우게나의 작품이다.

41. 다음 중 중세 신학자 안셀름의 신존재 증명을 위해 제기한 논증 내용과 가장 거리가 먼 것은 무엇인가?
① 하나님은 그분보다 더 완벽한 존재를 생각할 수 없는 존재이다.
② 그 존재보다 더 완벽한 존재를 생각할 수 없는 존재는 오직 사유 속에만 존재한다.
③ 하나님은 그분이 완전한 존재임으로 인해 필연적으로 실제로 존재하신다.
④ 실제로 존재하는 것이 사유 속에서만 존재하는 것보다 더 완전하다.

※ 안셀름은 "프로슬로기온"에서 제시한 그의 신 존재 증명에서 하나님은 그분보다 더 완벽한 존재를 생각할 수 없는 완벽한 존재이므로 사유뿐 아니라 실제로도 존재하시는 분이라고 주장했다.

42. 중세 신학자 피터 롬바르두스의 저술로서 중세 신학교육에 있어 가장 일반적인 교과서로 사용된 작품은?
① 프로슬로기온   ② 명제집
③ 신학대전   ④ 디다스칼리온

※ 주로 교부들의 언급들을 주제별로 모아 정리한 롬바르두스의 "명제집"은 중세 대학교에서 신학교육의 교재로 널리 활용되었다.

43. 다음 중 중세 스콜라신학을 대표하는 인물들을 활동 순서대로 바르게 연결한 것은?
① 롬바르두스 – 안셀름 – 아퀴나스 – 둔스 스코투스
② 안셀름 – 롬바르두스 – 둔스 스코투스 – 아퀴나스
③ 롬바르두스 – 안셀름 – 둔스 스코투스 – 아퀴나스
④ 안셀름 – 롬바르두스 – 아퀴나스 – 둔스 스코투스

※ 보기에 언급된 중세 스콜라신학을 대표하는 네 명의 연대는 다음과 같다. 안셀름(1033-1109), 롬바르두스(1096-1160), 아퀴나스(1224-1274), 둔스 스코투스(1266-1308)이다. 앞 시대의 신학자들의 신학적 입장이 다음 세대 신학에 큰 영향을 주었기 때문에 이들의 연대 순서를 이해하는 것이 중요하다.

정답 39.② 40.③ 41.② 42.② 43.④

44. 다음 중 토마스 아퀴나스의 생애와 신학적 입장에 대한 설명으로 올바른 것은?

① 프랑스 리용의 귀족 가문 출신이었다.
② 프란시스코 수도회에 가입했다.
③ 하나님의 존재를 이성적으로 증명하려는 시도를 모두 거부했다.
④ 새로운 교리를 제시하기보다는 교회가 인정한 교리를 논증하려 했다.

※ 이탈리아 출신의 토마스 아퀴나스는 도미니크 수도사로서 프랑스와 독일에서 공부한 후 신앙과 이성의 합당한 조화를 통한 지식 체계 구축을 시도했다. 그가 시도한 신학적 작업은 새로운 신학적 주장을 제시하는 것이었다기보다는 교회에서 승인한 기존 교리들을 효과적으로 논증하는 것이었다.

45. 다음 중 아퀴나스가 저술한 신학대전에 대한 올바른 설명만을 묶은 것은?

> 가. 아리스토텔레스의 철학 체계보다 플라톤의 체계를 더 많이 사용했다.
> 나. 아퀴나스 생전에 총 3부로 완성되었다.
> 다. 진리에 대한 단편적 분석을 넘어서 이를 유기적으로 체계화하려 했다.
> 라. 난해한 사변의 전개보다 효과적인 신학 교육을 목적으로 삼았다.

① 가, 나   ② 가, 다
③ 나, 다   ④ 다, 라

※ 아퀴나스의 "신학대전"은 주로 아리스토텔레스의 철학 체계를 사용했다. 아퀴나스는 완성을 보지 못하고 사망했다.

46. 다음 중 12세기 후반 이후 전성기를 맞이한 스콜라신학에 대한 설명으로 가장 부적합한 것은?

① 중세 시대 성당 부속학교들에서 신학을 가르치는 방법론으로서 발전했다.
② 신학적 명제들에 대한 전거들을 제시하고 여러 반박에 응답하는 전개 방식을 취했다.
③ 기존에 사용하던 아리스토텔레스의 체계를 극복하고 플라톤의 철학으로 회귀했다.
④ 이성과 신앙, 철학과 신학의 조화를 추구했다.

※ 중세 스콜라신학은 13세기에 들어서며 대학을 중심으로 전성기를 맞이했다. 이슬람 문화권으로부터 새롭게 유입된 아리스토텔레스의 저작들과 철학 체계가 이 시기 스콜라신학의 발전에 기여했다.

47. 다음 중 중세 스콜라신학을 대표하는 신학자와 그들의 대표적인 작품을 바르게 연결한 것은?

① 알베르투스 마그누스 - 성육신론(Cur Deus Homo)
② 토마스 아퀴나스 - 신학대전(Summa Theologiae)
③ 둔스 스코투스 - 논리대전(Summa Logicae)
④ 윌리엄 오컴 - 철학대전(Summa Philosopiae)

※ 토마스 아퀴나스의 대표적인 작품은 "신학대전"이다. "성육신론"은 안셀름의 저술이며, "논리대전"은 오컴의 대표적인 저술이다.

정답 44.④ 45.④ 46.③ 47.②

48. 다음 중 1079년 프랑스 남부에서 출생한 신학자로서 여러 신학적 문제들에 대한 성경과 고대 저술들의 불일치를 다루면서 기존 교리들에 대한 강한 의문을 제기했으나 클레르보의 베르나르두스와 충돌했고 교회로부터 이단으로 정죄당하기까지 했던 인물은?
① 아벨라르두스 ② 알베르투스 마그누스
③ 란플랑크 ④ 마스트리히트
※ 12세기의 프랑스 출신 신학자 아벨라르두스는 교회가 공인한 기존 교리들에 대한 의문을 제기하고 새로운 관점의 이론들을 제시했다. 동시대 활동했던 베르나르두스는 아벨라르두스의 여러 신학적 주장을 강하게 비판했다.

49. 다음 중 윌리엄 오컴에 대한 설명으로 올바르지 않은 것은?
① 유명론을 취했다.
② 프란시스코 수도사로서 교황을 강력하게 지지했다.
③ "당해낼 수 없는 교사"(Doctor invincibilis)라는 별명을 얻었다.
④ 알 수 있는 지식은 개별적인 지식들뿐이라고 주장했다.
※ 14세기 초 활동했던 스콜라신학자인 윌리엄 오컴은 유명론의 입장을 가졌으며 가지적 지식은 개별적 지식일 뿐이라고 주장했다. 그는 프란시스코 수도사였지만 교황을 일방적으로 지지하지는 않았다. 특히 교회의 영적인 권세와 세속적 권세의 엄격한 분리를 주장했다.

50. 스페인 카스티야 귀족 출신으로서 1203년 남부 프랑스의 알비파를 목격하고 이들을 능가하는 영성과 뛰어난 학문성을 가진 수도회를 세우는 운동을 시작하여 "설교자들의 수도회"라는 별명을 얻게 했던 인물은?
① 프란시스코 ② 왈도 ③ 도미니크 ④ 베르노
※ 스페인 출신인 도미니크는 탁발수도회로서 소속 수도사들의 설교 사역을 강조했다. 도미니크 수도회는 설교 훈련을 위해 학문 연구를 강조했다.

51. 이탈리아 상인 가문 출신으로서 신비 체험 이후 수도생활을 시작하여 그를 따르는 무리들과 함께 청빈과 구제를 강조하는 탁발수도회를 시작하여 후에 "작은 형제들의 수도회"라는 별명을 얻게 했던 13세기의 기독교 영성가는?
① 베네딕트 ② 도미니크 ③ 프란시스코 ④ 보나벤투라
※ 13세기 초 이탈리아 아시시 출신의 프란시스의 가르침과 체험적 교훈을 바탕으로 청빈과 구제를 강조하는 탁발수도회가 설립되었다.

52. 다음 중 프란시스코 수도회에 대한 설명으로 올바르지 않은 것은?
① 교황 인노켄티우스 3세로부터 인정을 받았다.
② 학문적 연구를 배제하고 오직 영적 체험과 신비적 경험을 추구했다.
③ 소속 수도사들의 사유재산 소유를 일체 금지하고 탁발로 생활을 유지했다.
④ 선교의 열정을 가지고 아프리카와 아시아에 선교사를 파송했다.
※ 청빈과 탁발을 강조했던 프린시스코 수도회는 교황 인노켄티우스 3세에게 공인을 받았으며 이후 선교의 열정을 가지고 유럽 이외 지역에 여러 선교사들을 파송했다. 프란시스코 수도회는 학문 연구에 대한 관심도 커서 훌륭한 신학자들을 많이 배출했다.

정답 48.① 49.② 50.③ 51.③ 52.②

53. 다음 중 도미니크 수도회에 대한 설명으로 올바른 것은?
① 교황 호노리우스 3세로부터 이단 정죄를 당했다.
② 청빈과 탁발을 규율로 삼았다.
③ 오직 베네딕트 수도 규칙만을 준수했다.
④ 세속화된 당시 대학과는 거리를 두고 학문을 독자적으로 연구했다.

※ 도미니크 수도회는 교황 호노리우스 3세로부터 공인을 받았으며 베네딕트 수도회 규칙 이외에 탁발과 관련한 독자적인 규율도 제정해 지켰다. 도미니크 수도회 출신의 많은 학자들은 대학에서 신학을 가르쳤다. 대표적으로 아퀴나스가 도미니크 수도회의 수도사였다.

54. 12세기 후반 프랑스 남부지방에서 활동했던 이단인 카타리파가 주장한 여러 의견이라고 보기 가장 어려운 주장은?
① 그리스도는 인간의 몸으로 성육신하지 않았다.
② 물로 베푸는 세례는 진정한 세례가 아니다.
③ 신구약성경은 모두 계시된 진리이다.
④ 그리스도는 실제로 부활하지 않았다.

※ 카타리파는 신앙의 순수함을 추구했지만 신학적으로 정통교리를 벗어난 여러 내용들을 주장했다. 특히 신구약성경을 모두 인정하지 않고 그리스도의 완전한 인성을 인정하지 않았기 때문에 성육신 교리와 부활 교리에서 정통교리를 벗어났다.

55. 12세기 프랑스 남부를 중심으로 활동한 왈도파에 대한 설명으로 타당하지 않은 것은?
① 구약은 거절하고 신약만을 인정했다.
② 성경의 권위를 인정하고 순수하게 순종하려 했다.
③ 미사와 연옥 교리를 거부했다.
④ 서품한 성직자 이외의 교인들에게도 설교할 기회를 주었다.

※ 왈도파는 카타리파와 달리 당시 성경에 입각한 정통교리를 주장하였고, 종교개혁의 포문을 여는 역할을 감당하였다. 이들은 신구약성경을 모두 존중하고 인정했으며 성경의 가르침에 따라 당시 로마 가톨릭의 잘못된 형식주의와 잘못된 교리들을 비판했다.

56. 다음 중 교황권의 전성기를 이룩한 교황 인노켄티우스 3세에 대한 바른 설명들만 묶은 것은?

> 가. 교황에게 황제를 임명하는 권세가 있다고 주장했다.
> 나. 교황의 보편적 권세와 관련해 "한 목자 아래 한 양 떼가 있다"라고 주장했다.
> 다. 공의회를 통해 화체설을 공인했다.
> 라. 교황의 유일한 권력 하에서 성직매매 등 부패가 만연했다.
> 마. 여러 탁발수도회를 비롯해 분파들에 대한 관용 정책을 펼쳤다.

① 가, 나, 다   ② 가, 다, 마   ③ 나, 다, 라   ④ 나, 라, 마

※ 인노켄티우스 3세는 교황권의 전성기를 구가했던 교황이다. 보기 중 잘못된 설명은 라. 적어도 인노켄티우스 3세 시대에는 성직매매와 같은 부패를 강하게 처벌하고 억제했다. 마. 탁발수도회들에 대해서는 관대한 정책을 펼쳤지만 이단과 분파에 대해서는 강력한 처벌을 계속했다.

정답 53.② 54.③ 55.① 56.①

57. 로마 교황권의 전성기였던 1302년 "Unam Sanctam"이라는 교령을 발표하여 지상에 존재하는 두 검 가운데 세속의 검은 영적인 검의 지배와 판단을 받아야 한다고 주장했던 교황은?
① 인노켄티우스 3세
② 호노리우스 3세
③ 그레고리우스 9세
④ 보니파키우스 8세

※ 교황 보니파키우스 8세가 1302년 발표한 교령 "Unam Sanctam"은 세속권에 대한 교황권의 우위를 선언한 대표적인 문서이다.

58. 1306년부터 시작된 로마 가톨릭의 비상 상황으로서 교황 클레멘트 5세가 로마를 떠나 프랑스에 머물기 시작하면서 1377년까지 계속된 혼란을 일컫는 말은?
① 아비뇽 유수
② 교황청 대분열
③ 서임권 투쟁
④ 대립 교황

※ 프랑스 국왕의 사주를 받은 친프랑스 추기경단들을 통해 선출된 교황 클레멘트 5세는 1306년 로마를 떠나 프랑스 아비뇽으로 이주했다. 이후 70년 동안 교황청이 아비뇽에 머물렀던 기간을 교황청의 아비뇽 포로 혹은 아비뇽 유수 시기라고 부른다.

59. 다음 중 14세기 잉글랜드에서 활동한 개혁자 위클리프에 대한 설명으로 올바른 것은?
① 대립 중이던 두 교황 사이에 아비뇽 교황의 정통성을 변호했다.
② 선택자들로 이루어진 비가시적 교회의 중요성을 주장했다.
③ 성경 해석에 있어 훈련받은 성직자들의 독점적 권위를 강조했다.
④ 교황과 잉글랜드 국왕에게 정죄되어 화형을 당했다.

※ 14세기 잉글랜드의 신학자 위클리프는 아비뇽 측 교황을 지지하지 않았다. 성경 해석에 있어서는 성경 자체의 권위를 강조했으며 그의 사후 사형선고가 이루어져 무덤에서 시신이 꺼내져 참수 및 화형당했다. 그는 선택자들로 이루어진 비가시적 교회의 중요성을 주장했다.

60. 중세 후기 보헤미아의 개혁자 후스에 대한 설명으로 올바르지 않은 것은?
① 위클리프의 사상으로부터 영향을 받았다.
② 1402년 프라하의 대주교로 취임했다.
③ 성찬에서 떡과 포도주를 모두 나누어주어야 한다는 이종성찬을 주장했다.
④ 1415년 콘스탄츠 회의에 소환되어 정죄를 받고 화형당했다.

※ 보헤미아의 신학자 후스는 위클리프의 영향을 받았다. 그는 프라하대학에 속한 학자로서 로마 가톨릭 대주교와 논쟁을 벌였다. 교황청의 일종 성찬을 비판하고 떡과 포도주를 모두 성도들에게 베풀어야 한다는 이종성찬을 주장했다. 그는 1415년 콘스탄츠 공의회에 소집되어 정죄당한 후 화형당했다.

61. 다음 중 중세 후기부터 르네상스 시대 로마 가톨릭의 여러 문제들을 지적하며 활동한 개혁자들과 그들의 주요 주장을 잘못 연결한 것은?
① 위클리프 - 선행과 공덕을 수용
② 후스 - 이종 성찬의 시행
③ 사보나롤라 - 사치와 허영의 척결
④ 에라스무스 - 미신적 의식 철폐

※ 위클리프는 선행과 공덕은 구원과 무관하며, 행위를 강조하는 로마 가톨릭의 신학을 비판하였다.

정답 57.④ 58.① 59.② 60.② 61.①

62. 다음 중 15세기 등장한 보헤미아 타보르파에 대한 설명으로 바르지 않은 것은?
① 후스파의 후예들이다.
② 보헤미아 귀족들의 적극적인 지지를 받았다.
③ 성경에 분명한 근거가 없는 모든 의식들을 거부했다.
④ 하나님의 말씀을 자유롭게 선포해야 한다고 주장했다.

※ 타보르파는 후스가 처형을 당한 후 보헤미아에서 일어난 저항 운동이다. 이들은 후스가 주장한 개혁적인 입장을 공유했으며 그 결과 로마 가톨릭을 지지했던 대부분의 보헤미아 귀족들과 충돌했다.

63. 다음 중 14세기 독일 지역을 중심으로 전개된 신비주의 운동에 속해 활동한 인물로 볼 수 없는 사람은?
① 마이스터 에크하르트
② 게하르트 흐루테
③ 하인리히 수소
④ 요한 타울러

※ 게하르트 흐루테는 오늘날 네덜란드 지역을 중심으로 전개된 공동체적 영성 운동인 공동생활형제단을 창시한 인물이다. 에크하르트, 수소, 타울러와 비교할 때 신비주의적 성향을 가졌다고 보기는 어렵다.

64. 14세기 저지대지방에서 확산된 근대적 경건(Devotio Moderna)의 특징으로 볼 수 없는 것은?
① 그리스도의 가르침과 모범을 따르는 실천 노력
② 개인적 차원보다 공동체적 차원의 경건 생활
③ 사유재산과 세속적 직업을 포기하는 절제된 삶
④ 기존 교회의 권위에 대한 순응

※ 근대적 경건 운동은 그리스도의 가르침과 모범을 따르려 한 비성직자 중심의 공동체적 영성 운동이었다. 이들은 일반적인 직업을 가진 채로 공동체 내에서 실천적 영성을 추구했다. 이들은 또한 기성 교회와 권위에 대한 순종적 태도를 가졌다.

65. 중세 후기에 전개된 신비주의의 일반적인 특징에 해당하지 않는 것은?
① 일체의 학문적 접근을 배격하고 영적 체험과 초월적 명상을 채택했다.
② 하나님과의 인격적인 교제를 중시했다.
③ 내적인 경건과 실천적 삶을 연결하려 했다.
④ 당시 부패한 교회의 외적 개혁보다는 참된 내적 신앙의 회복을 추구했다.

※ 중세 후기 독일에서 전개된 신비주의는 학문적 접근을 완전히 배제하지 않았다. 이 신비주의 운동가들은 교회의 문제들을 개혁하려 했지만 교황 제도를 부인하거나 로마 가톨릭의 교리적 입장을 거부하는 신학적 논리를 제시하기보다는 내적 신앙의 회복을 통한 개인을 원했다.

66. 다음 중 1275년에 태어난 중세 정치사상가로서 "모든 권력의 기초"는 민중이며, 이 민중은 국가 차원에서는 "시민들의 총체"이며 교회 차원에서는 "신자들의 총체"라고 주장한 인물은?
① 로마의 애기디우스
② 피코 델라 미란돌라
③ 프란치스코 페트라르카
④ 파두아의 마르실리우스

※ 파두아 출신의 마르실리우스는 "모든 권력의 기초"는 민중이며, 이 민중은 국가 차원에서는 "시민들의 총체"이며 교회 차원에서는 "신자들의 총체"라는 정치사상을 주장했다.

정답 62.② 63.② 64.③ 65.① 66.④

67. 다음 중 중세 후기에 등장한 새로운 운동과 사조와 그 운동 및 사조가 시작된 지역을 잘못 연결한 것은?
   ① 롤라드 운동 – 잉글랜드
   ② 후스파 – 보헤미아
   ③ 카타리파 – 프랑스
   ④ 공동생활형제단 – 이탈리아
   ※ 14세기 "근대적 경건"을 주장한 게하르트 흐루테에 의해 창설된 공동생활형제단은 오늘날 네덜란드 지방을 중심으로 시작되어 유럽 각국으로 확산되었다.

68. 중세시대 신비주의자 중 십자군 원정을 독려한 사람은?
   ① 토마스 아 켐피스
   ② 에크하르트
   ③ 베르나르
   ④ 존 타울러
   ※ 토마스 아 켐피스, 에크하르트, 존 타울러, 버나드, 헨리 수소 등의 인물은 중세시대의 신비주의자 목록에 들어 있는 이들이다.

69. 로마 가톨릭의 중요한 교리로 토마스 아퀴나스가 주장하였고 1854년에 이르러 교황 피우스 9세에 의하여 재가된 교리는 무엇인가?
   ① 마리아 승천설
   ② 마리아 무흠 잉태설
   ③ 교황무오설
   ④ 화체설
   ※ 로마 가톨릭교회가 주장했던 마리아에 관한 4가지 교리는 마리아 무흠잉태설, 마리아 동정설, 마리아 승천설, 그리고 마리아 중보설이다.

70. 다음 중 토마스 아퀴나스의 교회론과 거리가 먼 것은 무엇인가?
   ① 교회는 구원의 기관
   ② 교황은 교회의 머리
   ③ 교회는 세상의 권세를 보좌함
   ④ 교황에게 복종하는 것과 구원의 길을 연관시킴
   ※ 교황이 그리스도의 자리를 차지하는 이론적 근거

71. 로마 가톨릭교회의 신학을 설명한 것 중 옳지 않은 것은?
   ① 칭의 – 세례는 구원의 조건, 그리스도의 공로뿐 아니라 인간의 선행도 필요함
   ② 성례 – 세례, 견진, 성찬, 고해, 혼인, 임직, 종부를 포함한 7성례 주장
   ③ 내세 – 천국과 지옥만 인정하고, 인간의 공로를 중요시함
   ④ 교황의 절대권위 – 사도권을 계승한 자, 교회의 머리, 무오성 주장
   ※ 로마 가톨릭의 내세관은 연옥설을 주장함과 동시에 구원을 위한 인간의 공로를 중요시하였다.

72. 그레고리우스 1세가 세운 업적과 상관이 없는 것은?
   ① 로마를 롬바르트족의 공격으로부터 방어, 교황권의 기초를 닦음
   ② 영국에 수사 어거스틴을 선교사로 파송
   ③ 예배순서를 정하고 교회음악 발전에 기여함
   ④ 연옥설, 성모숭배 반대
   ※ 그레고리우스 1세는 성직매매를 금지하고 성직자 결혼을 금지하였으며 연옥설과 성모숭배도 주장하였다.

정답 67.④ 68.③ 69.② 70.③ 71.③ 72.④

제2부 교회사

73. 중세 초기 아일랜드에서 학문적인 수도원들을 중심으로 기독교를 전파하는 일에 앞장선 사람은 누구인가?
① 콜럼바　　　　　　　　　② 패트릭
③ 어거스틴　　　　　　　　④ 윌리브로드

※ 아일랜드의 초기 수도원들이 중요한 장소가 된 이유는 선교사들의 활동으로 수도원이 배움의 장소가 되었기 때문이다.

74. 중세 초기 프랑스 선교의 특징과 상관이 없는 내용은?
① 이레네우스가 최초로 전도하였다.
② 투르의 감독 마르틴이 군대처럼 강압적으로 입교시키는 선교를 하였다.
③ 자국의 전통을 중시하여 타협점을 찾는 선교를 하였다.
④ 우상의 전당을 헐어버리는 강경한 조치를 취하였다.

※ 마르틴은 군인, 수사, 선교사로 살아간 인물이며 고울(Gaul) 지방에 수도원을 세움

75. 다음 인물은 누구인가?

> 가. 독일인의 사도라고 불리는 이 사람은 영국의 귀족 출신으로 고등교육을 받았다.
> 나. 윌리브로드를 도와 선교활동을 하였다.
> 다. 베네딕트 수도사로서 학업에 전념하였고 수도사가 되었다.
> 라. 732년 교황에 의해 대주교로 임명되었다.
> 마. 로마 가톨릭을 위해 공헌한 사람이었다.

① 투르의 마틴　　② 보니파키우스　　③ 카를 마르텔　　④ 패트릭

※ '보니파키우스'라는 이름은 교황이 지어준 것이다.

76. 그레고리우스 7세에 대한 설명과 상관이 없는 것은?
① 성직자들의 독신을 주장하였다.
② 교회 내부의 부패를 개혁하려는 의지가 강했고 성직매매를 정죄하였다.
③ 카노사의 굴욕 사건 때문에 교황의 자리에서 물러났다.
④ 하인리히 4세를 두 번씩이나 파문하였다.

※ 힐데브란트는 1073년 그레고리우스 7세라는 이름으로 교황에 취임함

77. 이슬람에 대한 설명 중 바르지 않은 것은?
① 570년에 아라비아 메카에서 출생한 무함마드가 알라의 계시를 받았다는 데서 시작됨
② 사도 후 시대에 이르러 많은 기독교 종파들과 이단의 출현으로 기독교가 혼란한 시기에 일어나 크게 영향을 미친 종교
③ 코란을 경전으로 사용하며 절대복종을 원칙으로 하여 이슬람(복종)이라는 이름을 사용
④ 무함마드는 630년에 메카를 정복하고 우상을 제거하여 성지로 삼고 그 해에 사망함

※ 무함마드는 632년에 사망한 것으로 알려짐

정답 73.① 74.③ 75.② 76.③ 77.④

78. 인노켄티우스 3세에 대한 설명으로 적합하지 않은 것은?
   ① 교황은 태양이요, 황제는 달이라고 하였다.
   ② 교황은 하나님과 그리스도의 대리자로서 왕의 왕인 까닭에 왕을 심판할 수 있다.
   ③ 중세 최대의 공의회인 제4차 라테란 공의회를 주재하였다.
   ④ 영국의 헨리 8세와 캔터베리 대주교의 임명문제를 둘러싸고 다툼을 벌였다.

   ※ 종교재판과 고해성사 그리고 제4차 십자군 원정을 주도함

79. 동로마 제국의 황제 레오가 발표한 두 번의 칙령과 상관이 없는 것은?
   ① 제1차 칙령에서는 회당 안에 그림과 상을 두는 것은 괜찮으나 이것을 만지거나 입을 맞추지 못하도록 높은 곳에 둘 것을 명하였고 회당으로부터 모든 화상 제거를 명함.
   ② 많은 백성들과 수도자들의 반대에 부딪혔다.
   ③ 교황 그레고리우스 3세는 화상을 반대하는 자는 교회에서 추방할 것을 명함.
   ④ 이 칙령으로 인해 동방교회와 서방교회는 일치된 모습을 보였다.

   ※ 성상숭배는 동서 교회가 분리되는 원인 가운데 하나였다.

80. 콘스탄티누스 실바누스가 시조인 이단 바울파에 대하여 설명한 것 중 틀린 것은?
   ① 이 세상은 악한 세력이 조성했고, 영은 신에게서 왔다는 이원론 주장
   ② 그리스도는 천사로 오신 분, 하나님의 양자라고 주장
   ③ 바울 서신과 베드로 서신을 받아들였음
   ④ 수도원 제도, 외형적인 성례, 십자가, 성상 등 서방교회의 모든 제도를 거부함

   ※ 신약은 베드로 서신을 제외하고는 모두 하나님의 말씀이라고 주장하였다

81. 다음은 샤를마뉴 대제에 대한 설명이다. 그 내용이 사실과 다른 것은?
   ① 어거스틴의 "신의 도성"에 도전을 받고 그것을 건국정신으로 삼았다
   ② 어린이에게 시편, 음악, 문법교육을 시키고 주일성수와 십일조, 전도를 강조함
   ③ 화상숭배를 용인하였다
   ④ 궁정학교를 열어 영국학자 알퀸(Alquin, 735-804)을 교수로 초청, 학문의 중심이 되게 함

   ※ 오직 경배의 대상은 하나님뿐이며 화상숭배는 우상숭배요 미신적인 것이라고 주장하였다.

82. 신성로마제국(800-1806)에 관한 설명이다. 올바른 내용은?
   ① 샤를마뉴 대제부터 프란츠 2세까지를 일컫는 명칭
   ② 800년 샤를마뉴 대제에게 교황 레오 1세가 신성로마 황제 대관식을 하면서 시작
   ③ 샤를마뉴 사후 분열된 제국을 오토 1세가 평정, 교황 인노켄티우스가 오토 1세에게 신성로마제국 황제라는 칭호와 관을 수여함
   ④ 이 시대의 로마 제국은 기독교적 분위기에서 벗어남

   ※ 교황 레오 3세가 샤를마뉴 대제에게 로마황제의 칭호를 주었다.

정답 78.④ 79.④ 80.③ 81.③ 82.①

83. 역대 교황의 교령집이라는 이시도르 문서에 관한 설명으로 바르지 않은 것은?
   ① 이 책의 저자는 스페인 사람 이시도르로 알려졌으나 그의 저작이 아님이 밝혀졌다.
   ② 교황의 세력을 증대시키기 위하여 쓴 위조문서로 '가짜 이시도르 전집'이라고 한다.
   ③ 교황 그레고리우스가 이 문서를 사용하여 자신의 이상을 실현하였다.
   ④ 종교개혁 이전까지 진짜 문서로 사용되었으며 1440년 로렌츠 발라가 위조문서임을 밝혔다.
   ※ 이 문서를 이용하여 자신의 이상을 실현한 사람은 교황 니콜라스 1세였다.

84. 동서 교회가 분리된 후 서방교회를 비정통으로 지칭하고 자신들을 정통교회라고 부르며 콘스탄티노플 대주교를 최고의 직책으로 두었을 뿐 아니라 7성례를 행하고 예배 시 악기를 사용하지 않고 교회 안에 성상을 금지한 교회는?
   ① 그리스 정교회   ② 조지아 정교회   ③ 이집트 정교회   ④ 아르메니아 정교회
   ※ '헬라정교회'라는 이름으로도 불림(The Greek Orthodox Church).

85. 동서 교회가 분리된 원인에 대하여 설명한 내용이다. 거리가 먼 것은 어느 것인가?
   ① 395년 동서로마 제국의 분리 때문이다.
   ② 직접적인 원인은 서방의 콘스탄티노플 대주교와 동방의 교황 사이에 일어난 교권투쟁이다.
   ③ 동서의 언어상의 차이 때문이다.
   ④ 화상예배와 성령론에 관한 교리적 차이 때문이다.
   ※ 로마교황과 콘스탄티노플 대주교 사이의 교권다툼, 서방의 교황과 동방의 콘스탄티노플 대주교 사이에 일어난 교권다툼이 직접적인 요인이었다.

86. 그레고리우스 7세에 대한 설명이 아닌 것은?
   ① 그의 본명은 '힐데브란트(Hildebrant)'였다.
   ② 그레고리우스 5세처럼 성공적인 교황이 되려고 자신을 그레고리우스 7세라 하였다.
   ③ 1073년 58세에 교황이 되어 70세에 죽었다.
   ④ 교직자 결혼과 교직 매매를 금지하고 교직임명과 교회재산 관리권을 교황하에 두었다.
   ※ 그레고리우스 7세의 은인은 그레고리우스 6세였다.

87. 카노사의 굴욕과 연관된 내용이다. 그 내용이 어울리지 않는 것은?
   ① 독일 왕 하인리히 4세가 그레고리우스 7세의 교직 임명권, 교회 재산권에 반대하며 황제권을 강조하여 교황의 해명을 무시한 채 보름스 주교회의(1076)를 소집하여 교황 폐위를 결의한 것이 발단이 되었다.
   ② 교황은 2월에 회의를 소집하여 하인리히 4세를 파문함과 동시에 폐위를 선언하고 국민은 그에게 충성을 다할 의무가 없음을 선언하였다.
   ③ 하인리히 4세가 교황이 있던 카노사 성을 찾아가 눈밭에서 밤낮 3일을 사죄하였다.
   ④ 카노사의 굴욕은 그레고리우스 7세의 하인리히 4세에 대한 완전하고 영원한 승리였다.
   ※ 표면상으로는 그레고리우스 7세의 승리였으나 실제는 하인리히 4세의 정치적 승리였다.

정답 83.③ 84.① 85.② 86.② 87.④

88. 인노켄티우스 3세의 사상에 관한 설명이다. 사실과 다른 하나를 찾으라.
① 교황은 하나님과 그리스도의 대리자, 왕 중의 왕인 까닭에 왕을 심판할 수 있다.
② 교황은 하나님보다 낮고 사람보다 높은 위치에 있다.
③ 교회는 태양이며 제국은 그 빛을 받아서 빛나는 달과 같은 것이다.
④ 베드로에게 주신 교회 통치권을 인정하지는 않았다.

※ 베드로에게 교회의 통치권을 주셨다고 주장함.

89. 교황지상주의를 주장하다가 프랑스 왕 필립 4세와 충돌을 일으킨 교황은 누구인가?
① 인노켄티우스 3세　　② 베네딕트 3세
③ 보니파키우스 8세　　④ 그레고리우스 7세

※ 교황 보니파키우스 8세와 프랑스 왕 필립 4세의 충돌은 교황권의 약화를 보여주는 사건이다. 특히 아나니(Anagni) 사건에서 필립 4세가 보니파키우스를 감금하고 퇴위를 요구한 것은 카노사의 굴욕과 반대되는 양상이다.

90. 십자군 전쟁과 연관이 없는 것은?
① 1071년 이슬람교도가 예루살렘을 점령하고 성지순례자들을 학대하였기 때문이다.
② 교황 그레고리우스 7세가 콘스탄티노플 종교회의에서 십자군 원정을 결의하였다.
③ 교황 우르바누스 2세가 1095년 클레르몽에서 3월에 이어 11월에 다시 회의를 열고 십자군 원정을 호소하였고 당시 교회의 지도자들은 이것이 하나님의 뜻이라고 생각했다.
④ 그리스도인들의 성지순례에 대한 열망이 십자군 전쟁의 또 다른 원인이 되었다.

※ 교황은 십자군 원정에 종군한 자에게 일체의 죄를 사면한다는 특전을 제공하였다.

91. 십자군 원정이 실패한 원인에 대하여 잘못된 설명은 무엇인가?
① 십자군 운동의 핵심인 교황에게 군사 통솔권이 없었기 때문이다.
② 출전한 귀족, 기사들 간에 전쟁의 목적이 다르고 이해관계가 상반되었기 때문이다.
③ 동방교회는 십자군 원정에 매우 우호적이었으나 그 군대는 엉망이었다.
④ 초기에 가졌던 신앙적인 열의가 식어지고 내분이 일어났으며, 재물을 약탈하는 등의 불순한 동기가 저속한 행동을 불러일으켰기 때문이다.

※ 동방교회는 십자군 원정에 비협조적이었다.

92. 탁발교단에 대한 설명으로 옳지 않은 것은?
① 청빈한 생활을 서약하고 구걸로 생계를 이어가는 수도단을 의미하는 말이다.
② 교황과 감독이 부와 권세로 안일한 삶과 향락에 빠진 것이 발생 원인이었다.
③ 예배의식과 설교를 중시하는 교회의 분위기가 발생 원인이었다.
④ 수도사들이 청빈한 생활만 힘쓰고 전도와 구령사업은 등한시한 것이 그 발생 원인이었다.

※ 예배의 의식만 중시하고 설교를 경시한 것이 발생 원인이었다.

정답 88.④ 89.③ 90.② 91.③ 92.③

93. 탁발교단 중 프란시스코 교단에 대하여 설명한 것이다. 올바르지 않은 것은?
   ① 프란시스코(1182-1226)가 창설한 수도원이다.
   ② 빈곤, 독신 그리고 순종을 3대 선행으로 삼았다.
   ③ 도미니크 교단보다 서민적이지는 않았다.
   ④ 1209년 인노켄티우스 3세에게 인가를 받았다.
   ※ 도미니크 교단보다 서민적이었다는 평가

94. 도미니크 교단을 설명한 것 중 사실과 다른 것은?
   ① 도미니크의 제자들이 설립하였고 금욕주의와 주지주의를 앞세웠다.
   ② 교육을 강조하였으며 대학을 장악하였다.
   ③ 1216년 교황 호노리우스가 인가하였다.
   ④ 토마스 아퀴나스, 에크하르트, 타울러와 같은 신학자를 배출하였다.
   ※ 도미니크 교단은 창설자가 도미니크이다.

95. 다음 중 탁발교단의 영향이 아닌 것은?
   ① 일반백성들의 벗이 되어 그들을 도와주고 이해하며 설교하였다.
   ② 귀족들의 자제들을 중심으로 교육하기 위하여 세워졌다.
   ③ 스페인과 헝가리 그리고 러시아에 탁발수사를 파견하였다.
   ④ 13세기의 대부분의 학자들은 탁발교단에서 배출되었다.
   ※ 교황과 감독들이 부와 권세로 안일과 향락 속에서 살아가는 것에 대한 반작용으로 일어난 운동이며 청빈을 근간으로 하는 생활이었다.

96. 수도원과 그 특징을 연결한 것 중 바르지 않은 것은?
   ① 시토 수도원 - 베네딕트 규율을 준수, 엄격한 수도 규칙 준수
   ② 튜튼 기사단 - 성지에 병원 설치 및 게르만에게 선교사역
   ③ 도미니크 수도원 - 이단 제거 및 종교재판
   ④ 예수회 수도원 - 이그나티우스 로욜라가 설립하였으며 교황에 충성하지 않음
   ※ 이그나티우스 로욜라가 설립한 예수회 수도원은 교황에게 충성하며 종교개혁에 대항.

97. 중세 수도원을 중심으로 일어난 개혁운동의 결과 중 사실과 다른 하나는?
   ① 중세의 문화와 종교의 중심, 중세의 활력소가 됨
   ② 세상과의 벽이 허물어짐
   ③ 성직자의 결혼 금지가 해제됨
   ④ 중세의 유명한 교수나 학자들이 배출됨
   ※ 독신, 성직자 결혼금지 조항은 여러 수도원의 생활수칙에 포함됨

정답 93.③ 94.① 95.② 96.④ 97.③

98. 스콜라 철학이란 무엇을 말하는 것인가?
    ① 8세기부터 15세기까지 중세교회에 지대한 영향을 끼친 철학이다.
    ② 아리스토텔레스의 형식논리에서 벗어난 철학
    ③ 성경해석을 비평적으로 하는 철학
    ④ 로마교회의 신학에서 완전히 벗어난 철학
    ※ 스콜라 철학은 신앙과 지성의 조화, 철학과 종교의 유기적인 조화를 강조한 학문으로 고대의 헬라 철학을 기독교에 적용시킨 중세의 산물이다.

99. 스콜라 철학의 장점과 거리가 먼 것은?
    ① 진리를 해석할 때 철학적 합리성을 이용하여 논증한 것이다.
    ② 대학설립의 기초를 닦은 것이다.
    ③ 역사적 평론을 경시한 점이다.
    ④ 진리를 해석할 때 오류 방지에 큰 도움이 되었다.
    ※ 역사적 평론을 경시한 것, 형식 논리를 과도히 적용한 것, 로마교회의 신학적 토대가 된 것은 스콜라 철학의 약점으로 제기된다.

100. 스콜라 철학자들의 이름과 저서를 연결한 것이다. 그 연결이 바른 것은?
    ① 스코투스 에리게나 - 독백
    ② 아벨라드 - 가짜 디오니시우스
    ③ 안셀름 - 속죄론
    ④ 보나벤투라 - 긍정과 부정
    ※ 독백(안셀름), 가짜 디오니시우스(스코투스 에리게나), 긍정과 부정(아벨라드)

101. 스콜라 철학자 중 한 사람인 안셀름의 사상에 관한 설명으로 바르지 않은 것은?
    ① 신앙이 이성에 우선한다고 주장함
    ② 하나님의 존재에 관한 증명 창안
    ③ 대속적 속죄관을 주장함
    ④ 성육신의 필요성을 인정하지 않음
    ※ 그의 저서 "대화" 제1장 마지막 부분에서 "나는 알기 위하여 믿는다"고 말했다. 이는 신앙이 이성에 우선한다는 의미를 내포하지만 신앙이 계시의 내용을 합리적으로 연구하는 것을 통해서 완성된다는 의미이다.

102. 보나벤투라 이후 가장 영향력이 있었던 프란치스코 교단의 신학자 중 이성과 신앙의 분리를 주장하였고, 토마스 아퀴나스의 반대자로 알려진 사람은?
    ① 안셀름   ② 피터 롬바르드   ③ 둔스 스코투스   ④ 스코투스 에레게나
    ※ 둘 사이에 가장 시끄러운 논쟁은 마리아 무흠수태설이다. 스코투스는 마리아의 무흠수태설을 주장한 반면, 아퀴나스는 마리아도 원죄를 지니고 태어난 자라고 주장하였다.

103. 토마스 아퀴나스의 사상에 대하여 설명하는 내용 중 옳지 않은 것은?
    ① 신학연구의 목적은 하나님을 알고, 인간의 기원과 미래, 운명을 아는 것이다.
    ② 철학과 신학은 모순되는 것이 아니고 서로 상호관계로서 상대적인 것이다.
    ③ 삼위일체는 계시를 통해서만 알 수 있다고 하였으며, 예정론에서는 반펠라기우스주의를 따랐다.
    ④ 성만찬에 있어서는 공재설을 주장하였다.
    ※ 성찬에서 아퀴나스가 주장한 것은 화체설이며, 공재설은 마틴 루터가 주장.

정답 98.① 99.③ 100.③ 101.④ 102.③ 103.④

104. 영국 옥스포드 출신으로 둔스 스코투스의 제자로서, 종교개혁시 루터가 그의 저서를 탐독하였으며 교황권보다 성경의 권위를 우위에 두었던 스콜라 신학자는?
① 윌리엄 오컴 ② 보나벤투라
③ 클레르보의 버나드 ④ 피터 롬바르드
※ '오컴'은 '둔스 스코투스'의 제자였으며 철학과 신학을 분리. 정교분리 주장. 유명론자.

105. 중세시대의 신비주의의 특징을 설명한 것 중 틀린 것은?
① 프랑스의 신비주의는 정적이요, 시적이며 내세적인 반면 독일의 신비주의는 지적이고 의지적이며 현실적인 면이 있다.
② 스콜라 철학이 추리를 중시한 반면 신비주의는 직관을 중시하였다.
③ 독일의 신비주의자들의 특색은 하나님과 완전한 교통이 있게 하려고 하였는데 영감으로 오는 체험을 성경보다 중시하는 약점을 보였다.
④ 주관적인 요소를 배제하였다.
※ 신비주의는 신앙의 주관적인 요소가 많다.

106. 중세시대 신비주의자 에크하르트(1260-1327)에 관한 내용이 아닌 것은?
① 예수님의 노력을 모범으로 삼고 하나님과 직접 영적으로 교통할 수 있다고 주장함
② 로마 가톨릭의 사제주의를 옹호함
③ 철학적으로는 아리스토텔레스를, 신학적으로는 아퀴나스를 따랐으나 강조점은 달랐다
④ 종교의 본질은 감각적 구체적인 것에서 초연하는 것
※ 에크하르트는 만인제사장설을 주장, 가톨릭의 사제주의를 인정치 않음

107. 중세 신비주의자들과 그들의 사상을 연결한 것이다. 그 연결이 바르지 않은 것은?
① 존 타울러 - 내적 생명을 강조하고 외적 의식에 의존하는 것을 비난함
② 버나드 - 그리스도를 사모하는 열정이 전 사상을 지배하였으며, 그리스도의 고난에 동참하는 신앙적 신비를 동경하였고, 평생을 클레르보 수도원장으로 지냄
③ 토마스 아 켐피스 - 지식적 신비주의자이며, 저서로는 "그리스도를 본 받아"가 있음
④ 헨리 수소 - 어려서부터 어거스틴 수도원에 들어가 가르침을 받았다
※ 헨리 수소는 어려서 도미니크 수도원에 들어갔다. 기도와 잠언에 대한 지혜를 묵상.

108. 신비주의 단체와 설명이 바르지 않은 것을 찾으라.
① 베귀니 - 공동생활을 하며 검소한 생활을 하던 여자 독신 단체
② 신우단 - 공동생활을 하는 단체는 아니었으나 기도와 봉사로 협조하는 무형의 단체
③ 베가르드 - 1311년 클레멘스 7세가 해산명령을 함
④ 공동생활형제단 - 학교를 세워 바른 성직자 양성에 힘썼으며, 에라스무스, 토마스 아 켐피스, 존 위셀 등을 배출함
※ 1311년, 교황 클레멘스 5세가 해산 명령을 내림

정답 104.① 105.④ 106.② 107.④ 108.③

109. 카타리파에 대한 설명 중 사실과 다른 하나는?
① 마니교의 영향으로 영육이원론의 입장을 취했으며 연옥설과 면죄부는 거부함
② 성생활을 금지하고 채식주의를 하는 극단적 금욕주의
③ 기존의 성직제도는 그대로 인정
④ 인노켄티우스 3세가 이들을 분쇄하려고 종교재판 시작

※ 카타리파는 기존의 성직제도를 부인함.

110. 다음은 왈도(Waldo)에 대하여 설명한 내용이다. 타당한 내용들을 고르라.

> 가. 프랑스 리옹 출신의 상업가로 성경과 기독교문서 번역사업에 투자함.
> 나. 1184년 이단으로 몰려 파문을 당했으나, 추종자들은 스페인, 남부 독일, 이탈리아에 널리 퍼짐
> 다. 성경이 신앙과 행위의 유일한 표준이라고 주장함
> 라. 연옥설, 사자를 위한 기도를 거부하였고 산상수훈을 지키려고 애를 썼다
> 마. 클레멘스 5세의 박해를 받았으나 이탈리아 통일 후 이탈리아에서 가장 큰 단체가 됨

① 가, 나, 라, 마   ② 가, 다, 라, 마   ③ 나, 다, 라, 마   ④ 가, 나, 다, 라

※ 1215년 인노켄티우스 3세의 박해를 받았으나 이탈리아에서 가장 큰 단체가 되었다.

111. 교황의 바벨론 유수에 대하여 설명한 내용이다. 사실과 다른 하나를 고르라.
① 교황권의 급속한 쇠퇴는 프랑스 왕 필립 4세와 교황 보니파키우스 8세의 충돌에서 비롯됨.
② 클레멘트 5세부터 그레고리우스 11세까지의 70년 기간을 말한다.
③ 교황이 프랑스 왕과 동등한 지위로 협력하는 시대를 말한다.
④ 교황청이 아비뇽으로 천도하고 이전 교황이 프랑스 왕에게 내린 책벌을 취소하였다.

※ 클레멘트 5세부터 그레고리우스 11세까지 70년 동안 교황청이 아비뇽에 머물렀으며 이것을 '아비뇽 유수'라고 부른다.

112. 콘스탄츠 회의의 결과를 나열한 것이다. 사실과 다른 하나는?
① 5천여 명의 인사가 참석한 초대형 회의였다.
② 마틴 5세를 교황으로 세워 교회의 일치를 회복하는 데 성공하였다.
③ 교황권이 교회회의에 우선한다는 결정을 하였다.
④ 얀 후스와 위클리프를 이단으로 정죄하였다.

※ 교회의 최종권위는 종교회의에 있고 교황도 종교회의의 심판과 평가의 대상이다.

113. 피렌체 회의에 대한 역사적인 설명과 거리가 있는 것은?
① 바젤 회의를 반대한 교황을 중심으로 로마교회와 그리스교회의 합동문제를 다루었다.
② 성령의 출처문제, 연옥의 성질에 관하여, 성찬에 사용할 떡에 관한 문제를 다루었다.
③ 동서 교회의 합동을 위한 예배 현장에서 서방교회의 반대로 합동이 무산되었다.
④ 서방교회 원조를 얻는 일에 실패하고, 오스만튀르크에 의해 콘스탄티노플이 함락되었다.

※ 1439년 동서방 교회의 합동을 축하하는 예배가 피렌체에서 거행되었으나 동방교회가 반대하여 실패로 돌아갔다. 이 일로 인해 예루살렘, 안디옥, 콘스탄티노플의 대주교들은 합동에 찬성했다는 이유로 주교직에서 물러남.

정답 109.③ 110.④ 111.③ 112.③ 113.③

114. 문예부흥이 교회와 종교개혁에 끼친 영향이 아닌 것은?
① 성경과 교부들의 저작에 대한 연구 및 출판이 활발해짐
② 문예부흥이 인문주의적 성향을 띠면서 종교개혁과 반대로 발전
③ 고전어 연구로 인하여 성경주해의 역사적·문학적 연구방법이 일어남
④ 교황제도와 교회의 제도에 반항적인 경향으로 개인주의가 일어남

※ 문예부흥이 미친 영향은 종교개혁의 환경이나 정신적인 분위기를 조성했다.

115. 종교개혁 이전의 개혁자가 아닌 사람은?
① 위클리프
② 얀 후스
③ 제롬
④ 그레고리

116. 개혁 전 개혁자들을 약술한 것이다. 그 연결이 바르지 않은 것은?
① 교리적 개혁자 - 위클리프, 후스
② 실제적 개혁자 - 기롤라모 사바나롤라, 왈도
③ 신비적 개혁자 - 에크하르트, 토마스 아 켐피스, 타울러
④ 정치적 개혁자 - 위셀, 도미니크

※ 위셀은 신비적 개혁자이다.

117. 문예부흥기의 인물과 그들의 작품이 바르게 연결되어 있지 않은 것은?
① 단테 - 신곡
② 페트라르카 - 라틴 문학과 키케로 문학연구
③ 토마스 아 켐피스 - 그리스도를 본받아
④ 보카치오 - 데카메론

※ 토마스 아 켐피스는 문예부흥기 인물이 아니다.

118. 존 위클리프의 사상이 아닌 것은?
① 성경만이 신앙의 유일한 기준
② 성직자의 독신주의 비판
③ 화체설을 부인함
④ 속죄권은 인정함

※ 교황정치의 불필요성과 성상숭배와 면죄부판매, 죽은 자를 위한 미사 등에 반대하였으나 고해성사, 연옥설, 7성례는 인정했다.

119. 다음의 연결이 바르지 않은 것은?
① 왈도 - 성경만이 신앙의 표준임을 주장, 인노켄티우스 3세의 박해를 받음
② 위클리프 - 화체설을 받아들이고 속죄권은 부인함
③ 후스 - 위클리프의 영향을 받음, 속죄권을 반대함
④ 사바나롤라 - 플로렌스에서 개혁운동을 함, 타락한 교회 비판

※ 위클리프는 로마 카톨락교회의 속죄권, 화체설을 인정하지 않았다.

정답 114.② 115.④ 116.④ 117.③ 118.④ 119.②

3. 종교개혁사

1. 다음 중 16세기 종교개혁 발생에 직접적 영향을 준 사상과 가장 거리가 먼 것은?
   ① 인문주의 ② 계몽주의
   ③ 신비주의 ④ 스콜라주의

   ※ 인문주의와 스콜라주의는 내용과 방법론에 있어 종교개혁 신학이 전개되는 데 큰 영향을 주었다. 신비주의는 지배적 영향은 아니었지만 루터의 신학에 일정 정도 영향을 주었다. 계몽주의는 18세기 이후 등장한 서구의 근대사상이다.

2. 르네상스 인문주의의 표어로서 "근원으로 돌아가기"를 의미하는 용어는?
   ① via media ② ad fontes
   ③ sursum corda ④ sola fide

   ※ 르네상스 인문주의를 대표하는 라틴어 구호 "ad fontes"는 번역하면 "근원들로"라는 뜻이다.

3. 다음 중 16세기 종교개혁이 발생하게 된 중세 말 로마 가톨릭의 문제로 보기 가장 어려운 것은?
   ① 공의회주의에 의한 교황권의 약화
   ② 유럽 각 지역의 세속 정부와 교황청의 갈등
   ③ 고위성직자들의 도덕적 부패
   ④ 대학에서의 신학 교육의 약화

   ※ 종교개혁이 일어나게 된 원인은 당시 로마 가톨릭의 문제는 제도적, 신학적, 도덕적 문제에 이르기까지 총체적이었다. 대학을 중심으로 전개된 인문주의의 새로운 학문적 접근은 신학적 지평과 관점을 풍부하게 해 주었다.

4. 다음 중 16세기 종교개혁 발달에 영향을 준 사회 문화적 요인으로 보기 가장 어려운 것은?
   ① 인쇄술의 발달 ② 고전 문헌 자료들의 재발견
   ③ 새로운 경제 구조의 확장 ④ 종교적 문제에 대한 무관심

   ※ 인쇄술의 발달과 고전 문헌의 재발견 및 편집, 그리고 새로운 경제 구조의 확장을 통한 식자층의 확대는 종교개혁 전개에 긍정적으로 기여했다. 16세기는 종교에 대한 무관심이 확대된 시대가 아니라 여러 가지 사회적 상황 속에서 신앙적 기대와 종교적 관심이 고조된 시기였다. 문제는 로마 가톨릭의 종교체계와 교황청의 정책이 이와 같은 기대와 관심을 충족시킬 수 없었다는 데 있었다.

5. 다음 중 종교개혁에 영향을 준 인문주의자에 속하지 않는 사상가는?
   ① 에라스무스 ② 르페브르 데타블
   ③ 알베르투스 마그누스 ④ 요한 로이힐린

   ※ 알베르투스 마그누스는 13세기 스콜라신학을 대표하는 신학자이다.

정답 1.② 2.② 3.④ 4.④ 5.③

제2부 교회사

6. 다음 중 종교개혁과 관련한 에라스무스의 업적이라고 볼 수 없는 것은?
① 벌게이트 성경의 문제점 지적
② 헬라어 성경 편집 및 발간
③ 교부 저작들의 재편집
④ 히브리어 문법책 출간

※ 에라스무스의 인문주의자적 작업들은 종교개혁자들에게 매우 유익한 자료와 식견을 제공해 주었다. 특히 그의 성경 원어 연구 및 편집이 종교개혁에 크게 기여했는데, 다만 에라스무스의 연구는 헬라어에 국한되었다.

7. 다음 중 에라스무스의 저작이 아닌 것은?
① 엔키리디온
② 유토피아
③ 광우예찬
④ 의지의 자유에 대하여

※ 유토피아는 잉글랜드의 인문주의자 토마스 모어의 작품이다.

8. 다음 중 의지의 자유와 관련한 에라스무스의 주장이라고 볼 수 없는 것은?
① 인간의 본성은 타락으로 인해 심각하게 약화되었다.
② 인간의 의지는 필연이 아닌 스스로의 동의로 죄를 범한다.
③ 중립적이며 절대적 의미의 인간 의지는 존재하지 않는다.
④ 하나님의 은총에 우리의 노력이 결합되어 완전에 이를 수 있다

※ 에라스무스는 인문주의자로서 인간의 가능성과 선한 삶의 공로에 대해 긍정적인 의견을 가지고 있었다. 중립적이며 절대적인 인간 의지를 부인한 것은 에라스무스와 논쟁을 벌였던 루터의 입장이었다.

9. 프랑스의 인문주의자로서 파리 대학 학생들과 성경공부 모임을 인도했으며 이후 칼빈에게까지 영향을 준 인물은?
① 르페브르 데타블
② 존 콜렛
③ 피코 미란돌라
④ 토마스 모어

※ 칼빈과 그의 동료들에게 직접 영향을 준 프랑스의 인문주의자는 르페브르 데타블(1455-1536)이다. 그는 소르본느 대학 신학자들로부터 이단이라는 판단을 받았으나 제자들과 함께 성경 번역 작업을 계속하는 등 종교개혁 신학이 배태되는 데 크게 기여했다.

10. 루터의 생애에 대한 설명으로 적절하지 않은 것은?
① 1483년 독일 아이스레벤에서 출생했다.
② 어거스틴 수도원에 가입했다.
③ 수도사 생활을 하던 중 스타우피츠를 만나 도움을 받았다.
④ 에어푸르트 대학에서 신학을 전공했다.

※ 루터는 에어푸르트 대학에서 법학을 연구하던 중 법학 공부를 포기하고 어거스틴 수도원에 가입했다. 그의 신학 연구는 비텐베르크 대학에서 이루어졌다.

11. 다음 중 1520년 발표된 루터의 이른바 종교개혁 3대 저술의 제목이 아닌 것은?
① 의지의 속박에 관하여
② 그리스도인의 자유
③ 독일 귀족들에게 고함
④ 교회의 바벨론 포로

※ 루터는 1520년 한 해 세 편의 논문을 발표하여 자신이 주장하는 종교개혁의 구원론과 예배 갱신, 그리고 제도적 대안을 제시했다. "의지의 속박에 대하여" 혹은 "노예의지론"은 에라스무스와의 인간론 논쟁 과정에서 1525년 발표한 저술이다.

정답 6.④ 7.② 8.③ 9.① 10.④ 11.①

12. 다음 중 루터의 주장과 가장 거리가 먼 것은?
    ① 그리스도의 의는 내재적 의로서 실제로 의롭게 한다.
    ② 그리스도인은 의인이면서 동시에 죄인이다.
    ③ 율법에는 시민적 기능과 영적 기능이 있다.
    ④ 믿음은 사랑의 행위가 없이도 신자를 의롭게 한다.

    ※ 루터는 사랑의 행위를 강조했지만 이 행위가 우리를 의롭게 하는 공로가 될 수 없으며 다만 믿음으로 말미암는 칭의의 당연한 귀결로서 성도들에게 새롭게 주어지는 의무라고 주장했다. 그리스도의 의는 내재적 의가 아니라 우리의 것으로 여겨진 전가된 의라고 주장했다. 이 주장은 곧 이 의가 우리가 성취해 내는 것이 아니라 항상 우리 바깥에서 주어지는 외래적인 의임을 의미한다.

13. 칭의론에서 죄인을 의롭게 하는 그리스도의 의가 우리에게 값없이 주어짐을 설명하기 위해 루터가 사용한 의의 개념에 해당하는 용어는?
    ① 행위의 의
    ② 전가된 의
    ③ 점진적 의
    ④ 협력적 의

    ※ 루터는 "이신칭의" 교리를 통해 오직 믿음만으로 우리에게 주어지는 의는 그리스도께서 성취하신 외래적인 의이며 그리스도의 의는 어떤 가능성으로 주입되는 것이 아니라 하나님께서 우리의 의로 간주해 주시는 전가된 의라고 주장했다.

14. 중세 후기의 스콜라신학을 "영광의 신학"이라고 비판하면서 루터가 강조한 신학적 방향성을 대표하는 명칭은?
    ① 그리스도 신학
    ② 십자가 신학
    ③ 겸손의 신학
    ④ 소망의 신학

    ※ 루터는 초월적이며 피상적인 사변을 전개하는 스콜라신학을 "영광의 신학"(Theologia Gloriae)이라고 비판하면서 바른 신학은 그리스도의 구속의 은혜를 증거하는 "십자가 신학"(Theologia Crucis)이어야 한다고 주장했다.

15. 1520년 "주여 일어나소서"(Exsurge Dei)라는 교령으로 루터를 파문하려 했던 교황은?
    ① 바울 3세
    ② 레오 10세
    ③ 아드리안 6세
    ④ 율리우스 2세

    ※ 교황 레오 10세는 교령을 발표하여 루터의 이단성을 지적하고 파문을 위협했다. 루터는 교황청이 자신에게 보낸 교령을 비텐베르크에서 학생들이 보는 앞에서 불태워버린 것으로 알려져 있다.

16. 루터가 1521년 참석해 황제 앞에서 자신의 주장과 저술들을 철회하지 않을 것이라고 담대하게 선언했던 제국 회의는?
    ① 보름스 회의
    ② 하이델베르크 회의
    ③ 라이프치히 회의
    ④ 레겐스부르크 회의

    ※ 루터는 황제에게 소환된 1521년 보름스 제국회의에서 자신의 주장을 철회하라는 위협에 굴하지 않고 하나님의 도움을 구하는 담대한 자세를 보여주었다.

정답 12.① 13.② 14.② 15.② 16.①

17. 1525년 루터와 에라스무스 사이에서 벌어진 신학적 논쟁은 이 두 사람뿐 아니라 인문주의와 종교개혁이 각각 추구하던 개혁의 방향이 어떻게 다른지를 명확히 드러냈다. 이 두 사람이 벌인 논쟁은 무엇에 대한 것이었는가?
    ① 삼위일체 하나님의 속성
    ② 새로운 교회 제도의 형식
    ③ 성찬에 있어 그리스도의 임재 방식
    ④ 인간 의지의 자유 여부
    ※ 1524년 에라스무스가 발표한 "의지의 자유에 대하여"에 대해 루터는 "의지의 속박에 대하여"를 저술했다. 저술들의 제목이 보여주듯이 이 두 사람의 논쟁은 인간 의지의 자유에 대한 것이었다.

18. 다음 중 루터가 종교개혁을 추진하는 동안 직접 상대해야 했던 논쟁의 대상이 아닌 것은?
    ① 에라스무스의 자유의지 옹호론
    ② 소키누스의 반삼위일체론
    ③ 츠빙글리의 성찬 기념설
    ④ 뮌처와 농민전쟁 세력
    ※ 1546년 사망한 루터는 16세기 후반에서야 모습을 드러낸 소시누스의 반삼위일체론을 직접 상대하여 논쟁하지는 않았다.

19. 스위스의 종교개혁자 츠빙글리의 생애에 대한 설명으로 합당한 것은?
    ① 1484년 스위스 빌트하우스에서 루터보다 먼저 출생했다.
    ② 1516년 베른에서 에라스무스를 만나 지도를 받았다.
    ③ 1515년 글라루스 지역의 일반 사병으로 전쟁에 참전했다.
    ④ 1519년 취리히 대성당에서 강해설교를 시작하여 종교개혁에 본격적으로 착수했다.
    ※ 츠빙글리는 1484년 루터보다 2개월 가까이 늦게 출생했으며 바젤에서 에라스무스를 만났다. 그는 1515년 글라루스의 군종사제로 전쟁에 참여했다.

20. 다음 중 츠빙글리의 저작이 아닌 것은?
    ① 하나님의 말씀의 명료성과 확실성
    ② 신앙의 주해
    ③ 청소년 교육
    ④ 신학총론
    ※ 츠빙글리는 취리히 종교개혁의 확립을 위해 성경 교육과 관련한 여러 저술들을 남겼다. "신학총론"은 종교개혁 신학의 주제들을 체계적으로 설명하기 위해 1521년 멜란히톤이 저술한 대표적인 작품이다.

21. 다음 중 츠빙글리가 자신의 종교개혁 운동 과정에서 치열한 논쟁을 벌인 상대라고 볼 수 없는 인물은?
    ① 마틴 루터
    ② 요한 외콜람파디우스
    ③ 콘라드 그레벨
    ④ 펠릭스 만츠
    ※ 츠빙글리는 종교개혁 과정에서 여러 대상들과 신학적 논쟁을 벌였다. 루터와는 성찬론을 놓고 논쟁했으며 재세례파인 그레벨과 만츠 등과도 치열한 논쟁을 벌였다. 외콜람파디우스는 바젤의 종교개혁자로서 츠빙글리와 의견 차이는 있었지만 치열한 논쟁을 벌였다고 말하기는 어렵다.

정답 17.④ 18.② 19.④ 20.④ 21.②

22. 다음 중 츠빙글리의 신학적 강조점으로 보기 가장 어려운 주장은?
   ① 그리스도 중심의 신학
   ② 교회와 국가의 엄격한 분리
   ③ 거짓 종교와 비교되는 참된 종교의 중요성
   ④ 하나님의 섭리 강조

   ※ 츠빙글리는 종교개혁적 견지에서 그리스도의 의와 십자가의 은혜를 강조했다. 더불어 하나님의 섭리를 강조하여 취리히 시 전체를 신앙 공동체로 삼아 개혁하려 했다. 교회와 국가의 분리는 취리히 종교개혁에 있어서 상당히 낯선 생각이다.

23. 1529년 헤센의 제후 필립의 주선으로 루터와 츠빙글리가 모여 대화를 나누었으나 성찬 이해의 차이로 인해 결렬하고 말았던 회의는?
   ① 레겐스부르크 회의   ② 트렌트 회의
   ③ 마르부르크 회의   ④ 보름스 회의

   ※ 루터와 츠빙글리는 거의 대부분의 신학적 주제들에 있어서 같은 의견을 가졌다. 성례론에 있어서도 로마 가톨릭의 7성례를 부인하고 세례와 성찬만을 인정했으며 성찬이론에 있어서도 화체설을 강하게 비판했다. 그러나 성찬에서 그리스도의 몸이 어떻게 주어지는가의 문제에 대해서는 다른 의견을 가지고 서로를 비난했다. 헤센의 필립이 정치적 목적으로 주선해 성사된 1529년 마르부르크 회담에서 마침내 대면한 두 사람은 끝내 이 문제로 인해 서로를 비판하며 결별하고 말았다.

24. 다음 중 성찬 이론에 있어 루터와 츠빙글리의 차이를 잘못 연결한 것은?
   ① 루터는 인성과 신성의 속성교류를 폭넓게 적용해 그리스도의 몸의 편재성을 인정했다.
   ② 츠빙글리는 "이것은 나의 몸이다"라는 말씀을 떡의 실제적 변화로 이해했다.
   ③ 루터는 떡 위와 아래와 옆과 함께 그리스도의 몸이 실제로 임한다고 주장했다.
   ④ 츠빙글리는 성찬을 통한 공동체적 헌신과 결단을 강조했다.

   ※ 츠빙글리는 루터와 달리 "이것은 나의 몸이다"라는 마태복음 26:26을 떡의 실제적 변화라고 해석해서는 안 되며 상징적으로 해석해야 한다고 주장했다.

25. 루터와 츠빙글리가 함께 공통적으로 거절했던 로마 가톨릭의 잘못된 성찬 이론에 속하지 않는 것은?
   ① 화체설   ② 일종성찬   ③ 7성례   ④ 실재적 임재

   ※ 루터와 츠빙글리는 로마 가톨릭의 화체설과 일종성찬, 그리고 7성례를 함께 비판하고 거절했다. 그러나 성찬에서 그리스도의 몸이 실재로 임재하는가 여부에 있어서는 상반된 입장을 가졌다. 루터는 실재적 임재를 인정한 반면 츠빙글리는 이를 우상숭배의 잔재라고 강하게 비판했다.

26. 종교개혁 시대 루터파와 개혁파 진영이 화합하지 못했던 치열한 논쟁점과 가장 거리가 먼 주제는 다음 중 무엇인가?
   ① 성찬의 참된 의미   ② 교황의 수위권
   ③ 칭의와 성화의 관계   ④ 율법과 복음의 연속성

   ※ 루터파 진영과 개혁파 진영은 루터와 츠빙글리가 세상을 떠난 이후에도 서로 다른 의견들로 인해 화합을 이루지 못했다. 성찬론의 차이뿐 아니라 구약 율법에 대한 이해의 차이와 칭의 이후 성화의 신학적 의미에 대한 이해의 차이도 발생했다. 교황 수위권에 대해서는 두 진영 함께 강하게 반대했다.

정답 22.② 23.③ 24.② 25.④ 26.②

27. 다음 중 스위스의 종교개혁자 하인리히 불링거에 대한 설명으로 바르지 않은 것은?
① 취리히에서 츠빙글리의 후계자로 활동했다.
② 1504년 스위스 아르가우에서 출생했다.
③ 성찬론의 합의를 위해 루터파와 긴밀하게 협력했다.
④ 제2스위스 신앙고백 작성을 주도했다.

※ 하인리히 불링거는 츠빙글리가 카펠 전투에서 전사한 후 그의 후계자로 취리히 교회와 독일어권 스위스 종교개혁의 지도자로 활동했다. 그는 츠빙글리보다는 유연한 입장을 취했지만 성찬론에 있어서는 루터파와 차별되는 츠빙글리의 입장을 고수하려 했다. 스위스 개혁파 진영에서 16세기 중반 이후 루터파와 개혁파의 상반된 성찬론의 화합을 위해 노력한 것은 불링거라기보다는 제네바의 칼빈이라고 할 수 있다.

28. 취리히의 개혁자 불링거와 제네바의 개혁자 칼빈이 성찬 이론에서 합의를 이루어 1549년 발표한 문서는?
① 취리히 합의문
② 로잔 합의문
③ 제네바 합의문
④ 베른 합의문

※ 성찬론이 불러온 종교개혁 진영의 갈등을 해소하기 위해 칼빈은 먼저 스위스 교회 안에서 성찬론을 정립하려 했다. 칼빈과 불링거의 합의를 통해 나타난 것이 1529년 취리히 합의서이다.

29. 다음 중 종교개혁자 마틴 부써가 참여하여 로마 가톨릭 진영과 신학적 논의를 벌인 회의가 아닌 것은?
① 아우크스부르크 회의
② 레겐스부르크 회의
③ 보름스 회의
④ 하게나우 회의

※ 스트라스부르크의 종교개혁자 마틴 부써는 루터파와 츠빙글리파 사이의 대화를 위해 노력했을 뿐 아니라 1540년대에는 종교개혁 진영과 로마 가톨릭 진영 사이의 대화를 위해서도 노력했다. 그 결과 보름스와 하게나우, 그리고 레겐스부르크에서 신학적 대화가 개최되었지만 실제적인 화합과 같은 성과를 거두지는 못했다.

30. 스위스의 개혁파와 독일의 루터파 사이의 성찬 이론으로 인한 갈등을 극복하기 위해 마틴 부써가 주도하여 1530년 작성한 신앙고백서는?
① 테트라폴리탄 신앙고백
② 아우크스부르크 신앙고백
③ 토르가우 신앙고백
④ 하이델베르크 신앙고백

※ 1529년 마르부르크 회담이 결렬된 이후에도 부써는 루터파와 츠빙글리파 사이에서 성찬론의 일치를 위해 노력했다. 그러나 성찬론 논쟁을 해결하기 위해 부써와 그의 동역자 카피토가 1534년 작성해 황제 칼 5세에게 제출한 새로운 신앙고백서는 스트라스부르크 신앙고백 혹은 슈바벤 신앙고백이라고 불리며, 부써의 노력에도 불구하고 스트라스부르크와 콘스탄츠, 메밍엔, 린다우 네 개 도시에서만 채택되어 "네 도시 신앙고백"(Tetrapolitan Confession)으로 불린다.

정답 27.③ 28.① 29.① 30.①

31. 1549년 잉글랜드로 망명한 부써가 국가 차원의 종교개혁을 위해 1550년 에드워드 6세에게 헌정한 책의 제목은?
   ① 그리스도의 왕국에 관하여   ② 참된 목회에 관하여
   ③ 신학총론   ④ 거룩한 보편적 교회

   ※ 슈말칼트 전쟁에서 루터파가 패배한 후 스트라스부르크의 종교개혁도 중단되고 마틴 부써 역시 추방당했다. 잉글랜드의 크랜머는 부써를 초대해 캠브리지 대학의 흠정 교수직을 마련해 주었고 부써는 그의 말년을 잉글랜드 종교개혁을 위해 헌신했다. 특히 부써는 1550년 "그리스도의 왕국에 대하여"를 저술해 에드워드 6세에게 헌정했다. 부써는 이 책에서 국가 차원에서의 종교개혁의 원리와 구체적 실현 방안을 제안했다.

32. 16세기 종교개혁 시대 당시 종교를 비판하고 성경적인 교회를 회복하는 과정에서 성경 이외 일체의 권위를 부정하고 세속 권세와의 극단적 분리를 주장했던 급진세력이 등장했다. 다음 중 이와 같은 의미에서의 급진개혁자라고 보기 어려운 인물은?
   ① 토마스 뮌처   ② 미카엘 자틀러   ③ 카스파르 슈펭크펠트   ④ 멜키오르 호프만

   ※ 16세기 종교개혁 상황에서 신학과 신앙생활, 그리고 대사회적 대처에 관련해 과격한 입장을 주장한 급진세력이 나타났다. 한때 루터와 동역했던 토마스 뮌처는 당시의 군주들에 맞서 농민반란을 이끌었으며, 자틀러와 호프만은 신앙의 영역과 세속의 영역의 분리를 주장한 재세례파였다. 슈펭크펠트는 신학적으로는 급진적인 주장을 펼쳤지만 신앙과 세속의 삶을 분리해야 한다고 주장하지는 않았다.

33. 16세기 종교개혁 시대 삼위일체 교리 역시 잘못된 로마 가톨릭 종교의 산물이라고 비판했던 반삼위일체론자들이 등장했다. 다음 중 반삼위일체론자에 속하는 인물은?
   ① 세르베투스   ② 페에르 카롤리   ③ 메노 시몬스   ④ 기욤 파렐

   ※ 스페인 출신 의사였던 세르베투스(1509-1553)는 3세기 기독교 공인을 타락의 기원으로 생각했고 이때 확립된 삼위일체론도 거부했던 대표적인 반삼위일체론자였다.

34. 다음 중 재세례파의 주장과 가장 거리가 먼 것은?
   ① 구약의 할례는 복음으로 인해 완전히 폐지되었다.
   ② 엄격한 권징을 시행하여 교회의 순수성을 확보할 수 있다.
   ③ 세속의 검과 영적인 검은 절대로 함께 할 수 없다.
   ④ 성경은 체계를 갖춘 신학적 관점에서 해석되어야 한다.

   ※ 재세례파는 철저한 권징의 실행을 통한 공동체의 영적 수준 유지를 추구했으며 이와 더불어 성속의 엄격한 분리를 주장했다. 이들은 로마 가톨릭이 조장해 놓은 각종 외형적 제도와 더불어 기독교 신학의 체계도 비판했기 때문에 체계적이고 일관된 성경해석을 제시하지는 않았다.

35. 1527년 스위스의 재세례파 운동 중 작성된 문서로서 이들의 신앙적 입장과 공동체적 삶의 규율을 명시한 문서는 무엇인가?
   ① 로잔 신조   ② 람베스 신조   ③ 슐라이트하임 신조   ④ 하게나우 신조

   ※ 재세례파들은 체계적인 신학적 저술이나 신앙고백서를 만들지 않았다. 그러나 1527년 스위스의 도시 슐라이트하임에서 마이클 자틀러가 주도해 작성한 신조와 생활 규율은 이들의 사상과 신앙생활 방식을 잘 보여준다.

정답 31.① 32.③ 33.① 34.④ 35.③

36. 16세기 종교개혁 시대에 삼위일체론과 그리스도의 신성을 부정하고 윤리적 신앙을 주장했던 이탈리아 출신 사상가들의 주장으로부터 시작하여 이후 폴란드를 중심으로 확산된 분파는?
   ① 알미니우스파   ② 소시누스파   ③ 재세례파   ④ 왈도파
   ※ 소시누스파는 이탈리아 출신의 기독교 사상가 파우스토 소치니의 영향을 받아 16세기와 17세기 폴란드 형제단들이 발전시킨 기독교 분파이다. 이들은 삼위일체론을 거절했으며 그리스도의 신성을 부인했다.

37. 재세례파의 영향을 받은 레이든의 존이 주도한 종말론적 운동을 통해 도시 전체가 새예루살렘이 되었음을 선포하고 반사회적이며 폭력적 정치 운동을 전개했으나 1535년 진압된 곳은?
   ① 엠든   ② 뮌스터   ③ 마스트리히트   ④ 투르네
   ※ 1530년대 뮌스터에서 벌어져 1535년 무력으로 진압된 천년왕국 건설의 과격한 시도는 이후 재세례파가 세속 정부의 박해를 받게 된 중요한 역사적 원인이 되었다.

38. 다음 중 재세례파로 볼 수 없는 인물은?
   ① 발타자르 후브마이어   ② 자콥 후터   ③ 울리히 폰 후텐   ④ 한스 뎅크
   ※ 울리히 폰 후텐은 1488년 태어난 독일의 학자로서 16세기 초 로마 가톨릭과 루터파 진영 사이에 대화를 추구하다가 결국 루터를 지지하고 종교개혁에 참여한 인물이다. 그는 종교개혁을 위한 무력 사용을 주장했고 기사들의 반란을 옹호했다.

39. 칼빈이 직접 만나 교제했던 개혁자가 아닌 인물은?
   ① 루터   ② 부써   ③ 멜란히톤   ④ 파렐
   ※ 칼빈은 루터를 직접 만난 적이 없었다.

40. 다음 중 칼빈이 종교개혁을 위한 활동 중 방문했던 곳이 아닌 도시는?
   ① 제네바   ② 스트라스부르크   ③ 바젤   ④ 비텐베르크
   ※ 칼빈은 종교개혁 활동으로 인해 프랑스에서 추방된 이후 여러 도시들을 거치며 도피생활을 했으며 스트라스부르크 체류 중에는 독일 여러 도시들을 방문해 종교회의에 참석하기도 했다. 그러나 비텐베르크를 방문한 적은 없었다.

41. 다음 중 칼빈의 주요 저작인 "기독교강요"에 대한 바른 설명만을 묶은 것은?

   > 가. 1536년 바젤에서 처음 출판되었다.
   > 나. 라틴어로 먼저 출판된 후 불어로 번역 출판되었다.
   > 다. 종교개혁 시대 나타난 최초의 조직신학적 저술이다.
   > 라. 프랑스 국왕에게 헌정되었다.
   > 마. 1559년 라틴어 최종판은 전체 3권으로 구성되었다.

   ① 가, 다, 마   ② 가, 나, 라
   ③ 나, 다, 라   ④ 나, 라, 마
   ※ 칼빈의 "기독교강요"는 그가 제네바에 정착하기 전 1536년 바젤에서 처음 라틴어로 출판되었으며 이후 여러 차례 증보되었고 1539년 라틴어 증보판은 1541년 불어로 번역되어 출판되었다. 칼빈은 "기독교강요" 초판을 프랑스 왕 프랑수아 1세에게 헌정했다.

정답 36.② 37.② 38.③ 39.① 40.④ 41.②

42. 다음 중 제네바에서 칼빈과 동역했던 개혁자가 아닌 인물은?
   ① 피에르 비레
   ② 기욤 파렐
   ③ 테오도르 베자
   ④ 볼프강 카피토

   ※ 제네바의 종교개혁은 칼빈 혼자만의 업적이 아니었다. 그를 처음 초청한 파렐과 동역자 비레와 후계자 베자가 칼빈과 함께 동역했다. 카피토는 스트라스부르크에서 부쎄와 함께 칼빈을 지도했던 종교개혁자였다.

43. 다음 중 제네바의 종교개혁을 위해 칼빈과 그의 동료 개혁자들이 시의회에 제출했던 문서에 해당하지 않는 것은?
   ① 기독교강요
   ② 교회법령
   ③ 신앙교육서
   ④ 신앙고백서

   ※ 칼빈은 1536년 제네바에 정착한 후 개혁의 확립을 위해 동료들과 함께 신앙고백서와 신앙교육서를 작성해 이 문서들을 시의회에 제출했다. 1541년 스트라스부르크에서 돌아왔을 때에도 교회법령을 제출하여 개혁의 실천을 도모했다. "기독교강요"는 가장 처음 프랑스 왕 프랑수아 1세에게 헌정되었으며 이후에도 제네바 시의회에 제출한 문서는 아니었다.

44. 1537년 칼빈이 제네바에서 추방된 기간에 제네바 시민들에게 서신을 보내 종교개혁을 중단하고 로마 가톨릭으로 돌아올 것을 촉구했던 로마 가톨릭 추기경은?
   ① 콘타리니
   ② 사돌레토
   ③ 테첼
   ④ 에크

   ※ 1538년 부활절 직후 칼빈과 파렐이 제네바에서 추방된 이후 이탈리아 출신의 추기경 자콥 사돌레토(1477-1547)는 1539년 제네바 시민들에게 서신을 보내 종교개혁을 중단하고 로마 가톨릭으로 돌아올 것을 회유했다.

45. 다음 중 칼빈이 제네바에서 사역하는 동안 그가 겪었던 난관에 속하지 않는 것은?
   ① 시의회 지도자들과의 정치적 갈등
   ② 반삼위일체주의자들과의 신학적 논쟁
   ③ 성찬문제로 인한 루터파와의 논쟁
   ④ 교황제도 폐지를 둘러싼 개혁파 진영 내의 논쟁

   ※ 1541년 제네바 시민들의 요청으로 복귀한 칼빈은 이후에도 수많은 난관들과 도전에 직면해야 했다. 특히 그를 복귀시킨 제네바 시의회와의 갈등이 심했다. 신학적 입장 차이로 인한 루터파와의 갈등과 급진세력과의 갈등도 심각했다. 교황제도 폐지에 대해서는 대부분의 종교개혁자들이 동의하고 있었기 때문에 이 문제와 관련한 개혁파 진영 내에 큰 논쟁은 없었다.

46. 다음 중 성찬이론에 있어 칼빈의 신학적 입장이라고 볼 수 있는 주장은?
   ① 그리스도의 몸은 떡 위에, 아래, 옆에, 함께 임한다.
   ② 성찬은 다만 그리스도의 죽음을 기념하고 헌신을 결단하기 위한 성례이다.
   ③ 그리스도의 모든 몸을 먹을 필요가 없으므로 포도주는 나누어 주지 않을 수 있다.
   ④ 성령께서 신자들의 마음을 들어 올려 그리스도의 몸을 참으로 누리게 하신다.

   ※ 칼빈은 그의 성찬론에서 루터와 츠빙글리를 뛰어넘는 성경에 충실하며 신학적으로 정교한 이론을 제시했다. 그는 떡과 포도주에 그리스도의 몸을 임재시키려 한 루터의 성찬론과 참여하는 신자들의 기억 속에만 임재시키려 한 츠빙글리의 기념설의 한계를 모두 지적하고 성령의 역사에 의해 신자들이 그리스도를 참으로 향유한다는 이론을 제시했다.

정답 42.④ 43.① 44.② 45.④ 46.④

47. 다음 중 칭의론에 있어 칼빈의 신학적 입장으로 보기 어려운 주장은?
   ① 인간의 선행의 공로는 칭의된 이후 신자의 구원을 위한 추가적 의를 더한다.
   ② 칭의는 오직 그리스도의 공로의 전가만으로 가능하다.
   ③ 칭의에 있어 믿음은 하나님께서 주시는 선물이다.
   ④ 성령께서 신자와 그리스도를 연합시키심으로 그리스도의 의가 전가된다.

   ※ 칼빈은 루터와 동일하게 이신칭의 교리를 주장했다. 따라서 신자의 선행이 구원을 위한 추가적 의가 된다는 생각을 완강히 반대했다. 칼빈의 주장에 따르면 신자의 행위는 그 자체로는 공로가 없지만 하나님께서 의롭고 선하게 여겨주심으로 인해 인정을 받을 수 있으며 하나님께 쓰임을 받는다. 즉 신자의 신분과 같이 신자의 선한 행위 역시 오직 하나님의 의롭게 여겨주시는 칭의의 은혜로만 선하다는 평가를 받을 수 있다.

48. 삼위일체 교리를 부인하고 그리스도의 신성을 인정하지 않았던 인물로서 1553년 제네바로 들어왔다가 발각되어 체포된 후 화형 당한 스페인 출신의 급진적 사상가는?
   ① 카스텔리오   ② 세르베투스
   ③ 카롤리   ④ 블라드라타

   ※ 스페인 출신의 의사이며 종교 사상가인 세르베투스는 그의 반삼위일체적 사상으로 인해 로마 가톨릭에 체포되어 이단 혐의로 사형선고를 받은 후 제네바로 도주했다. 그러나 제네바에서 체포되어 자신의 입장을 굽히지 않다가 결국 화형을 당했다.

49. 칼빈이 1536년 출간한 "기독교강요" 초판을 헌정했던 인물은?
   ① 에드워드 6세   ② 프랑수아 1세
   ③ 칼 5세   ④ 헨리 8세

   ※ 1536년 바젤에서 출판된 칼빈의 "기독교강요" 초판은 프랑스 왕 프랑수아 1세에게 헌정되었다. 칼빈은 프랑수아가 1547년 사망한 이후 발표한 "기독교강요" 증보판에서도 이 헌정사를 바꾸지 않았다.

50. 다음 중 "기독교강요"의 성격과 가장 부합하지 않는 것은?
   ① 바른 경건을 위한 지침을 담았다.
   ② 구원을 위해 필수적으로 알아야 할 내용을 설명하려 했다.
   ③ 성경을 가장 중요한 설명과 증명의 근거로 삼았다.
   ④ 종교개혁 신학의 모든 이론적 주제들을 총망라하려 했다.

   ※ "기독교강요"는 경건을 위한 지침서이며 구원을 위한 중요 내용을 설명한 해설서이고, 성경을 가장 중요한 근거로 삼았다. 그러나 종교개혁 신학의 모든 내용을 체계적으로 총망라한 "대전"(summa)은 아니었다.

51. 다음 중 "기독교강요"에서 독립된 장에서 논의한 주제에 해당하지 않는 것은?
   ① 하나님을 아는 지식의 필요성
   ② 교회와 국가의 바람직한 관계
   ③ 로마 가톨릭의 성례 비판
   ④ 교회의 선교적 책임과 수행 방법

   ※ "기독교강요"는 개혁 신학의 중요한 요점들에 집중한다. "기독교강요"에 교회의 선교적 책임에 대한 언급은 나타나지만 이 주제가 당시 종교개혁에 있어 뚜렷이 부각된 논쟁적 주제는 아니었기 때문에 독립적인 논의로 다루어지지는 않았다.

정답 47.① 48.② 49.② 50.④ 51.④

52. 칼빈이 제네바에서 시도했던 교회 설립 방안 가운데 제시한 교회의 네 가지 통상적 직분에 포함되지 않는 것은?
① 사도 ② 목사 ③ 장로 ④ 교사

※ 칼빈은 스트라스부르크 체류 기간 교회 직분에 대한 이해를 발전시켜 1541년 제네바로 복귀한 후 "교회법령"에서 교회의 통상적 직분으로서 목사, 교사(신학교수), 장로, 집사 이상 네 직분을 명시했다. 그는 사도 직분을 초대교회에 특별히 설립되어 종료된 특별한 임시직분이라고 생각했다.

53. 칼빈이 제네바에서 시도했던 교회 개혁의 과제에 해당하지 않는 것은?
① 성경적 교회 제도의 확립
② 스위스 전국에 걸친 총회 수립
③ 빈번한 성찬의 시행
④ 빈민 구제 기관 설립

※ 칼빈은 제네바에서 성경의 진리에 따른 구체적인 개혁을 시도했다. 이는 교회 제도 개혁에만 국한되지 않고 다양한 사회적 개혁도 포함했다. 그러나 스위스 전국에 걸친 총회의 수립은 시도되지 않았다. 무엇보다 스위스는 다양한 언어와 역사와 문화를 가진 여러 도시들의 연방 국가였기 때문에 전국적 총회 구성에는 어려움이 컸다.

54. 칼빈이 "기독교강요"에서 바람직한 정치 체제로 추천했던 제도는?
① 절대왕정제도
② 민주적 귀족제도
③ 대중 민주제도
④ 국가사회제도

※ 본래 법학자였던 칼빈은 "기독교강요"(1559) 4권 20장에서 여러 정치제도를 언급하면서 "민주적인 귀족제도"를 추천한다. 그러나 그에게 가장 중요한 것은 그리스도의 왕권을 교회뿐 아니라 사회에서도 구현하는 신앙적 과제였다.

55. 다음 중 칼빈이 말한 "교회 권징"의 목적에 해당하는 것만을 묶은 것은?

> 가. 범죄한 사람에게 회개를 촉구함
> 나. 교회 안에서 그리스도의 영예를 보존함
> 다. 기독교 사회의 평화와 안정을 도모함
> 라. 전도와 교회의 성장의 장애를 예방함
> 마. 교인들 사이에 범죄의 재발을 방지함

① 가, 나, 라 ② 나, 다, 라 ③ 가, 나, 마 ④ 나, 라, 마

※ 칼빈은 "기독교강요"(1559) 4권 12장에서 권징의 세 가지 목적을 제시했다. 칼빈은 권징을 교회의 영적인 권세에 속한다고 보았기 때문에 그 목적으로 사회적 안정 등을 말하지는 않았다. 또 교회를 위한 권징의 유익을 말하면서도 그 가운데 전도와 교회의 성장을 위한 권징의 효과를 언급하지는 않았다.

56. 다음 중 "기독교강요"(1559) 제3권에서 칼빈이 그리스도인의 중생한 삶의 방식으로서 제시하지 않은 것은 무엇인가?
① 자기 부인
② 내면적 영성 계발
③ 십자가를 지는 삶
④ 내세에 대한 묵상

※ 칼빈은 "기독교강요"(1559) 제3권 6장부터 10장에서 그리스도인들의 중생한 삶에 대해 설명했다. 그는 여기에서 "자기부인"과 "십자가를 지는 삶", "내세에 대한 묵상"을 가장 중요한 그리스도인의 삶의 원리로 제시했다.

정답 52.① 53.② 54.② 55.③ 56.②

제2부 교회사

57. 다음 중 1550년대 성찬 이론의 차이로 인해 칼빈과 치열한 논쟁을 벌인 루터파 신학자는 누구인가?
① 오시안더　　② 칼슈타트　　③ 베스트팔　　④ 켐니츠

※ 1550년대 루터파 신학자 요아킴 베스트팔은 칼빈과 성찬론을 둘러싼 치열한 논쟁을 벌였다. 멜란히톤은 루터의 후계자였음에도 불구하고 성찬 등의 신학적 주제에서 칼빈의 입장을 지지했기 때문에 루터파 내에서 배척을 당했다.

58. 다음 중 칼빈의 뒤를 이어 제네바 목사회를 대표했던 베자에 대한 설명으로 합당하지 않은 것은?
① 프랑스의 귀족 가문 출신이었다.
② 칼빈의 뒤를 이어 두 번째로 제네바 아카데미의 학장이 되었다.
③ 프랑스의 개신교도인 위그노들에게 큰 영향을 주었다.
④ 철학적 논증 방법을 활용해 예정론을 논증했다.

※ 테오도르 베자(1519-1605)는 칼빈의 뒤를 이어 제네바 목사회를 이끌었던 개혁자로서 1559년 제네바 아카데미의 초대 학장으로 취임했다. 그는 이후 이 아카데미를 중심으로 발전한 개혁파 정통주의의 초석을 놓은 가장 중요한 신학자였으며 프랑스의 개신교인인 위그노를 이끌었던 지도자였기도 하다.

59. 1534년 국왕이 그 국가의 교회의 수장임을 주장한 "수장령"을 발표해 잉글랜드의 종교개혁을 일으킨 인물은 누구인가?
① 헨리 8세　　② 찰스 2세　　③ 제임스 1세　　④ 윌리엄 3세

※ 1509년 즉위한 헨리 8세는 처음에는 로마 가톨릭 신앙을 지지했으나 자신의 결혼무효 소송으로 인해 교황청과 결별한 후 1534년 "수장령"을 발표해 잉글랜드 교회의 독립을 선언했다.

60. 다음 중 잉글랜드의 종교개혁을 위해 활동하다가 화형당한 인물이 아닌 사람은?
① 토마스 크랜머　　② 존 피셔　　③ 니콜라스 리들리　　④ 휴 라티머

※ 잉글랜드 종교개혁 과정에서 로마 가톨릭을 복구한 메리 여왕 통치기에 많은 개혁자들이 화형을 당했다. 존 피셔는 로마 가톨릭 신앙을 지지하고 헨리 8세의 결혼 무효 주장을 반대한 추기경으로서 1535년 반역죄로 처형당했다.

61. 다음 중 잉글랜드 최초의 개신교 캔터베리 대주교인 크랜머가 잉글랜드의 종교개혁을 추진하던 시기에 대륙에서 잉글랜드에 들어와 활동했던 개혁자가 아닌 사람은?
① 마틴 부써　　　　　　　② 피터 마터 버미글리
③ 요한 아 라스코　　　　　④ 필립 멜란히톤

※ 개신교인으로서 1533년 최초로 캔터베리 대주교에 취임한 토마스 크랜머는 에드워드 6세 치하에서 유능한 대륙의 개혁자들을 영입하여 잉글랜드의 종교개혁을 정착시키고자 했다. 그러나 멜란히톤은 끝내 영입하지 못했다.

62. 에드워드 6세 재위 시기 잉글랜드의 실질적인 종교개혁을 위해 크랜머가 부써를 비롯한 개혁자들의 도움을 받아 1552년 개정해 전국에 보급했던 문서는?
① 39개조　　② 공동기도서　　③ 교회법령　　④ 신앙교육서

※ 크랜머는 에드워드 6세 치하인 1552년 부써 등 대륙의 종교개혁자들의 조언을 받아 좀 더 종교개혁적 기준에 따른 새로운 예배의 형식과 설교 내용을 담아 "공동기도서"를 개정해 전국 교회에 보급했다.

정답 57.③ 58.② 59.① 60.② 61.④ 62.②

63. 1494년 잉글랜드 글루스터에서 태어난 인물로서 신구약 성경을 영어로 번역했으며 1536년 이단 혐의로 체포되어 화형 당했으나 이후 여러 영어번역 성경과 잉글랜드 종교개혁에 큰 영향을 끼친 개혁자는?
   ① 존 브래드포드   ② 매튜 파커   ③ 윌리엄 틴데일   ④ 토마스 카트라이트
   ※ 글루스터 출신의 학자 윌리엄 틴데일은 잉글랜드 종교개혁의 초석을 놓은 인물로서 특히 영어 성경번역에 크게 기여했다.

64. 다음 중 독일과 스위스를 중심으로 유럽 대륙에서 발생한 종교개혁과 비교할 때 잉글랜드 종교개혁이 보여주는 특징으로 보기 어려운 것은?
   ① 세속 집권자가 종교개혁 정책을 주도했다.
   ② 제도적 변화보다 신학적 근본 확립에 초점을 맞추었다.
   ③ 특정 도시나 지역에 국한되지 않고 전국에 걸쳐 시행되었다.
   ④ 왕권의 강화를 위한 정치적 목적에 큰 영향을 받았다.
   ※ 잉글랜드의 종교개혁은 무엇보다 국왕이 정치적 목적에 따라 착수한 국가주도형 개혁이라는 점이 특징적이다. 개혁은 전국적으로 진행되었으며 정치적 상황에 큰 영향을 받았다. 따라서 신학적 기초보다는 외형적 변화가 먼저 중시된 특징을 보여주었다.

65. 다음 중 엘리자베스 여왕이 즉위한 이후 군주가 교회를 관리 감독하려는 정책에 맞서 교회의 독립성을 주장하는 청교도들 사이에 발생한 대표적인 논쟁은 무엇인가?
   ① 이신칭의 논쟁   ② 성복 논쟁
   ③ 성찬 논쟁   ④ 예정론 논쟁
   ※ 엘리자베스는 왕권 강화를 위해 종교 정책을 결정했고 그에 따라 일관된 예배 형식의 확립과 목사 임명권의 확보를 원했다. 이에 반발한 청교도들은 여왕이 요구한 성직자 복장을 거부했다. 여왕은 성복을 입지 않을 경우 면직하겠다고 위협했다. 이 논쟁을 "성복 논쟁"(vestments controversy)이라고 부른다.

66. 다음 중 스코틀랜드 종교개혁 초기에 개혁을 위한 운동을 시도한 인물이 아닌 사람은?
   ① 존 녹스   ② 패트릭 해밀턴
   ③ 커트버스 턴스톨   ④ 조지 위샤트
   ※ 스코틀랜드 종교개혁은 패트릭 해밀턴(1504-1528)과 조지 위샤트(1513-1546)의 순교로부터 비롯되었다. 녹스는 스승 위샤트의 설교에 감화를 받고 고국의 종교개혁을 위해 헌신했다. 턴스톨은 잉글랜드 더럼의 주교로서 녹스가 뉴캐슬에서 사역할 때 그의 사역을 방해했던 친로마 가톨릭적 인물이다.

67. 다음은 스코틀랜드 신앙고백의 일부분이다. 빈칸에 들어갈 용어가 알맞게 짝지어진 것은?

   > 우리는 하나님께서 (   ) 이후 그리스도 예수께서 육으로 오실 때까지 모든 시대에 걸쳐, 그의 (   )을(를) 보존하시며, 가르치시며, 성장케 하시며, 명예롭게 하시며, 영광스럽게 하시고 죽음으로부터 생명으로 불러내셨음을 확실히 믿는다.

   ① 아담 - 백성   ② 아담 - 교회   ③ 아브라함 - 자녀   ④ 아브라함 - 나라
   ※ 스코틀랜드 신앙고백은 5장에서 교회가 아담으로부터 시작되었다고 말하고 교회의 역사를 재림 때까지의 구원역사 가운데서 설명하려 했다.

정답 63.③ 64.② 65.② 66.③ 67.②

68. 녹스는 잉글랜드 교회가 1552년 공동기도서를 개정할 때 우상숭배적인 요소를 강하게 비판함으로써 출판 직후 성찬 시행과 관련한 주석을 첨부하게 했다. 녹스가 잉글랜드에서 사역하던 시기 전후 튜더 왕실의 군주를 즉위 순서대로 바르게 연결한 것은?
① 헨리 8세 – 에드워드 6세 – 메리 여왕 – 엘리자베스 1세
② 헨리 8세 – 메리 여왕 – 에드워드 6세 – 엘리자베스 1세
③ 헨리 8세 – 메리 여왕 – 엘리자베스 1세 – 에드워드 6세
④ 헨리 8세 – 에드워드 6세 – 엘리자베스 1세 – 메리 여왕

※ 녹스가 사역할 당시 잉글랜드는 튜더 왕실이 통치하고 있었다. 헨리 8세는 5번 이혼하고 6번 결혼했는데 복잡한 가정생활 속에서 세 명의 자녀를 두었다. 막내인 에드워드 6세가 가장 먼저 10살의 나이로 1547년 즉위했고 이어서 첫째 딸 메리가 1553년 즉위하여 1558년까지 통치했다. 이어서 둘째 딸 엘리자베스가 1558년 즉위하여 1603년까지 통치했다.

69. 스코틀랜드의 종교개혁을 위해 개혁자들이 작성한 제1치리서에 포함된 내용이 아닌 것은?
① 각 교구의 목사 청빙 절차
② 철저한 권징의 시행
③ 전국적인 학교의 설립
④ 교회 재정에 대한 국가의 관여 금지

※ 스코틀랜드의 종교개혁을 확립하기 위해 개혁자들이 작성해 의회에 제출한 "제1치리서"에는 교회의 개혁방안뿐 아니라 사회적 개혁안도 포함되어 있었다. 이 가운데에는 기존 로마 가톨릭이 소유했던 재정을 국가가 환수하여 새롭게 배분하는 제안도 포함되어 있었다.

70. 존 녹스가 종교개혁 과정에서 직접 맞서야 했던 로마 가톨릭 통치자가 아닌 인물은?
① 메리 스튜어트
② 메리 기즈
③ 메리 튜더
④ 프랑수아 1세

※ 녹스는 피난 중 여러 국가를 거치면서 그곳의 로마 가톨릭 군주들에 대한 비판적 글을 남겼다. 프랑스의 국왕 프랑수아 1세는 1547년 세상을 떠났기 때문에 녹스가 직접 상대하거나 비판하지는 않았다. 녹스는 프랑수아 1세의 아들 앙리와 그의 왕비 캐더린 메디치를 비판했다.

71. 다음 중 존 녹스가 목회자로서 사역했던 도시가 아닌 곳은?
① 잉글랜드 뉴캐슬
② 독일 프랑크푸르트
③ 스위스 제네바
④ 스코틀랜드 아버딘

※ 녹스는 긴 피난 기간 동안 잉글랜드와 프랑스, 스위스, 독일 등 여러 국가의 여러 도시에서 사역했다. 스코틀랜드에서는 에딘버러와 세인트앤드루스에서 사역했다. 아버딘은 잠시 방문한 적은 있었을 수 있지만 공식적으로 교회를 맡아 사역하지는 않았다.

72. 1545년 스코틀랜드 몬트로스 출신의 개혁자로서 제2치리서를 통해 스코틀랜드의 종교개혁이 확립되는 데 크게 기여한 인물은?
① 사무엘 러더포드
② 앤드류 멜빌
③ 존 원람
④ 리처드 반나타인

※ 앤드류 멜빌(1545-1622)은 존 녹스의 뒤를 이어 활동했다. 그는 특히 제2치리서를 제정하여 장로교제도에 입각한 스코틀랜드의 종교개혁 확립에 중요한 역할을 담당했다.

정답 68.① 69.④ 70.④ 71.④ 72.②

73. 다음 중 종교개혁에 맞서 로마 가톨릭의 신학적 입장을 분명히 확립하고 행정적 개선을 이루기 위해 1545년 처음으로 소집된 회의는?
① 라테란 회의 ② 트렌트 회의 ③ 피사 회의 ④ 볼로냐 회의

※ 교황은 정치적 상황을 엿보다가 1545년 이탈리아 북부 알프스 근처의 작은 도시 트렌트에서 공의회를 개최했다. 이 회의는 정치적 상황에 따라 정회와 속회를 반복하면서 1563년까지 계속되었다.

74. 다음 중 트렌트 회의에서 결정된 교령의 내용이라고 보기 어려운 주장은?
① 라틴어 번역 성경인 벌게이트가 교회의 가르침과 경건을 위한 표준판이다.
② 성경과 교회의 전통이 신앙과 신학에 있어 동등한 권위를 갖는다.
③ 외경 역시 성령으로 영감된 하나님의 계시이다.
④ 오직 교회만 성경의 참된 의미를 해석할 수 있는 권위를 갖는다.

※ 트렌트 회의는 신학적 사안들과 관련해 신앙과 신학의 기준에 대한 로마 가톨릭의 입장을 가장 먼저 정립했다. 성경과 더불어 교회 전통이 가장 권위 있는 기준으로 인정되었으며 성경에 대한 사적 해석이 금지되고 라틴어 벌게이트 성경의 권위가 승인되었다. 외경 역시 참고할 수 있는 권위 있는 기준으로 인정되었으나 외경을 계시된 정경으로 인정하지는 않았다.

75. 다음 중 트렌트 회의에서 확정된 로마 가톨릭의 구원 교리에 해당하는 주장은?
① 오직 그리스도의 의의 전가나 죄의 사함만으로 죄인이 의롭게 된다.
② 중생하고 칭의된 사람은 자신이 예정된 사람들 가운데 포함되었음을 확신할 수 있다.
③ 세례와 성찬만이 그리스도께서 친히 제정하신 합법적인 성례이다.
④ 그리스도의 의는 하나님의 심판대 앞에 설 때까지 계속 주입되어 내재된 의를 돕는다.

※ 로마 가톨릭의 트렌트 회의는 종교개혁 신학을 전면 거부하고 기존의 로마 가톨릭 신앙을 확인하고 보존했다. 이신칭의 교리와 관련해서는 이신칭의 교리가 가르친 예수 그리스도의 의의 전가를 부인하고 그리스도의 의의 주입을 통한 내재된 의의 성장을 주장했다.

76. 15세기 활동했던 스페인의 추기경으로서 이사벨라 여왕을 도와 로마 가톨릭의 개선을 주도하고 원어 성경을 편찬하기까지 했던 인물은?
① 세르반테스 ② 로욜라 ③ 히메네즈 ④ 페트라르카

※ 스페인이 16세기 종교개혁의 영향을 받지 않은 가장 큰 이유 중 하나는 강력한 통치자였던 이사벨라 여왕을 도와 스페인의 로마 가톨릭을 개선한 추기경 프란시스코 히메네즈 데 시스네로스(재위 1495-1517)가 일정 정도 개선의 성공을 거두었기 때문이다.

77. 다음 중 로욜라가 창시한 예수회의 가르침과 가장 거리가 먼 주장은?
① 모든 개인적 판단을 내려놓고 우리의 어머니인 교회의 위계질서에 즉각 복종해야 한다.
② 교회의 모든 가르침을 기리고 그 교훈들에 절대 복종해야 한다.
③ 잘못된 성인 숭배와 성물 숭배를 성경을 통해 분별하여 참된 예배를 드려야 한다.
④ 사제에게 드리는 고해성사와 자주 드리는 미사를 칭송해야 한다.

※ 이그나티우스 로욜라가 창시한 예수회는 군사적 체계를 따라 상급자에 대한 철저한 순종을 규율로 삼았고 그 최종 대상은 로마 교황이었다. 로욜라가 쓴 "영성훈련"은 훈련의 규칙 가운데 이 점을 명시했다. 성인 숭배와 성물 숭배는 교황의 명령에 의해 가능하다고 보았다.

정답 73.② 74.③ 75.④ 76.③ 77.③

78. 슈말칼트 전쟁에서 승리한 황제 칼 5세가 1548년 5월 루터파 진영에게 로마 가톨릭 신앙으로의 복귀를 요구하기 위해 명령한 방안은?

① 아우크스부르크 잠정안
② 라이프치히 잠정안
③ 베스트팔렌 조약
④ 보름스 협정

※ 황제 칼 5세는 종교개혁을 지지하던 제후들을 무력으로 제압한 후 교황청의 최종 결정이 있을 때까지 예배 의식과 주교 제도의 회복을 요구하기 위해 개신교 제후들에게 아우크스부르크 잠정안을 명령했다.

79. 슈말칼트 전쟁에서 패배한 후 로마 가톨릭으로의 복귀를 요구한 황제의 요구에 맞서는 과정에서 루터파 내의 엄격주의자들과 온건주의자들에게서 발생한 논쟁을 부르는 명칭은?

① 아디아포라 논쟁
② 성복 논쟁
③ 필리오케 논쟁
④ 흑주 논쟁

※ 1547년 슈말칼트 전쟁에서 승리한 이후 황제 칼 5세가 요구한 로마 가톨릭으로의 복귀 명령에 의해 루터파 진영 내에서 분열이 발생했다. 엄격한 루터파 지도자들은 세세한 사안까지 개혁의 대의를 지켜야 한다고 주장한 반면 온건한 입장을 가진 이들은 본질이 아닌 주변적인 문제, 즉 아디아포라 건에 있어서는 타협이 가능하다고 주장했다. 이 두 진영 사이의 논쟁은 후대에 "아디아포라 논쟁"이라고 불린다.

80. 다음 중 멜란히톤에 대한 설명으로 바르지 않은 것은?

① 1521년 "신학총론"을 발표하여 종교개혁 신학을 체계적으로 정리해 제시했다.
② 비텐베르크에서 헬라어 교수로 사역했다.
③ 칼빈을 비롯한 스위스 개혁파 신학자들과 치열하게 신학적으로 대립했다.
④ 마틴 부써와 함께 마르부르크 회의에 참여했다.

※ 비텐베르크 대학에서 루터와 동역했으며 루터 사망 이후 루터파의 지도자가 된 필립 멜란히톤(1497-1560)은 1521년 "신학총론"을 저술하여 종교개혁 신학을 체계적으로 설명했을 뿐 아니라 마틴 부써나 칼빈과 함께 종교개혁 진영의 화합을 위해서 노력했다. 칼빈과 모든 주제에서 의견이 같은 것은 아니었지만 두 사람은 루터와 츠빙글리의 경우와 같이 서로를 비난하면서 치열한 신학적 논쟁을 전개하지는 않았다.

81. 복음과 율법의 구별을 너무 강하게 주장하다가 모든 율법이 완전히 폐기되었다는 율법폐기론을 주장함으로써 루터파 내에서 멜란히톤 등과 논쟁을 일으킨 인물은?

① 요한 아그리콜라
② 안드레아스 칼슈타트
③ 카스파르 메간더
④ 안드레아스 오시안더

※ 루터파 종교개혁 초기 아그리콜라는 이신칭의 교리를 과격하게 적용하여 믿음으로 칭의된 이후 모든 율법이 폐기되었고 더 이상 선행은 필요가 없다는 주장을 펼침으로써 그리스도인의 선한 삶을 강조하려 했던 멜란히톤과 신학적 논쟁을 벌였다.

정답 78.① 79.① 80.③ 81.①

82. 다음은 1530년 제국회의에 제출된 루터파의 아우크스부르크 신앙고백의 일부분이다. 빈칸에 들어갈 말은?

> 주의 성찬을 행할 때, 즉 떡과 포도주를 나눌 때, 우리는 떡과 포도주의 형태 아래 그리스도의 실제의 몸과 피가 (   ) 임재한다고 우리는 가르친다. 따라서 우리는 이에 반대되는 교리를 배격한다.

① 영적으로   ② 육화되어   ③ 실제로   ④ 유비적으로

※ 1530년 황제에게 제출하기 위해 멜란히톤이 주도하여 작성한 아우크스부르크 신앙고백은 이후 루터파의 표준적 신앙고백으로 활용되었다. 이 고백은 성찬론에 있어서 그리스도의 몸이 성찬에 실제로 임재(real presence)한다고 고백했다.

83. 16세기 후반 독일의 루터파 내에서 발생한 신학적 논쟁과 종교개혁의 방향에 대한 입장 차이를 종결하기 위해 1577년 제정된 문서는?
① 일치 신조
② 슈말칼트 신조
③ 램버스 신조
④ 슐라이트하임 신조

※ 16세기 후반 루터 사망 이후 루터파 내의 엄수파와 온건파 사이에서 발생한 신학적 논쟁을 해결하기 위해 루터교회의 지도자들이 회합하여 1577년 일치신조(Formula of Concord)를 작성했다. 이 신조는 대부분 엄수파의 입장을 반영했다.

84. 1572년 8월 앙리 부르봉의 결혼식에 참석하기 위해 파리에 집결한 프랑스 위그노 대표자들이 많이 학살을 당함으로써 위그노들의 정치적 영향력이 크게 약화되었던 사건은?
① 바시 학살사건
② 성 바돌로뮤 축일 학살사건
③ 성 패트릭 축일 학살사건
④ 앙부아즈 학살 사건

※ 1572년 8월 23일 밤 성 바돌로뮤 축일 앙리 부르봉과 발루아 왕실의 공주 마가렛의 정략 결혼을 축하하기 위해 집결한 위그노 지도자들은 로마 가톨릭 기즈 가문의 주도하에 집단 학살을 당했다. 이후 위그노의 세력은 크게 약화되었고 개혁파 종교개혁의 흐름도 많이 변경될 수밖에 없었다.

85. 앙리 2세의 왕비로서 남편의 급작스러운 죽음 이후 왕이 된 어린 아들 대신 섭정을 하면서 프랑스의 종교개혁을 억압했던 인물은?
① 캐더린 드 메디치
② 메리 기즈
③ 쟌 달브레
④ 루이 드 로레인

※ 캐더린 메디치는 앙리 2세의 왕비로서 남편의 갑작스러운 죽음 이후 어린 아들들의 배후에서 섭정하며 개신교 진영을 억압했다.

86. 프랑스의 개신교도인 위그노들의 예배의 자유를 허락하기 위해 앙리 4세가 1598년 발표한 칙령은?
① 샤토브리앙 칙령
② 생 제르맹 칙령
③ 낭트 칙령
④ 퐁텐블로 칙령

※ 부르봉 왕실에 속한 앙리 4세는 여러 차례 개종과 번복을 반복했지만 프랑스 왕으로 즉위한 후 1598년에 낭트 칙령을 발표하여 파리를 제외한 전국에 위그노들이 드리는 예배의 자유를 허용했다.

정답 82.③ 83.① 84.② 85.① 86.③

제2부 교회사

87. 다음 중 개혁파 진영에서 발표한 신앙고백이 아닌 것은?
① 제2 바젤 신앙고백
② 벨기에 신앙고백
③ 스코틀랜드 신앙고백
④ 슈말칼트 신앙고백

※ 16세기 종교개혁 시대 개혁파 진영에서는 여러 국가의 상황에 맞추어 다양한 신앙고백서들이 나타났다. 슈말칼트 신앙고백은 루터파에서 발표된 문서이다.

88. 1561년 벨기에 신앙고백을 작성했으며 1561년 체포되어 이단 혐의로 처형당한 개혁자는?
① 기 드 브레
② 잔 달브레
③ 아드리안 드 사라비아
④ 레오 유트

※ 1561년 작성된 벨기에 신앙고백은 프랑스어를 사용하는 왈룬 지방 출신 기 드 브레에 의해 불어와 라틴어로 작성되었다. 그러나 이후 벨기에 신앙고백은 별도의 표준문서를 작성하지 않았던 네덜란드 개혁교회가 17세기에 자신들의 표준문서로 채택했다.

89. 다음은 벨기에 신앙고백의 일부이다. 빈칸에 공통적으로 들어갈 알맞은 말은 무엇인가?

> (   )은(는) 모든 공로를 가지신 예수 그리스도를 받아들여 소유하며 그분 밖에는 아무것도 구하지 않는다. 왜냐하면 우리의 구원을 위하여 필요한 모든 것이 예수 그리스도 안에 있는지 혹은 없든지 간에 (   )을(를) 통하여 예수 그리스도를 소유한 사람은 그분 안에서 완전한 구원을 당연히 얻을 수 있기 때문이다.

① 선행
② 신앙
③ 칭의
④ 성화

※ 벨기에 신앙고백은 다른 종교개혁 시대 발표된 문서들과 마찬가지로 이신칭의를 강조한다. 그러나 이신칭의의 강조점은 "신앙" 자체가 아니라 신앙이 붙잡는 유일한 대상이며 내용인 예수 그리스도이다.

90. 다음 중 16세기 후반 자신이 활동하던 독어권 지역의 종교개혁 신학을 명확히 설명하기 위해 불링거가 주도하여 1566년 작성한 문서는?
① 제1바젤 신앙고백서
② 제2스위스 신앙고백서
③ 하이델베르크 요리문답서
④ 슐라이트하임 신조

※ 취리히의 개혁자 하인리히 불링거는 1566년 제2스위스 신앙고백서를 작성하여 독일어권 스위스 개혁파 교회의 신학적 입장을 정립하려 했다.

91. 다음 중 하이델베르크 요리문답 작성에 참여한 인물로 볼 수 없는 사람은?
① 자카리아스 우르시누스
② 선제후 프리드리히 3세
③ 카스파르 올레비아누스
④ 틸레만 헤수시우스

※ 팔츠의 제후 프리드리히 3세는 성찬론을 중심으로 발생한 신학적 논쟁과 관련해 개혁파 신학자들을 시켜 새로운 교리교육서를 문답서 형식으로 작성해 채택했다. 이 하이델베르크 요리문답 작성에는 우르시누스와 올레비아누스를 비롯해 선제후 프리드리히도 참여했다. 헤수시우스는 이들과 달리 루터파의 입장에서 성찬론을 강하게 주장했던 신학자이다.

정답 87.④ 88.① 89.② 90.② 91.④

92. 다음 중 하이델베르크 요리문답에 대한 설명으로 올바른 것만을 묶은 것은?

> 가. 독일 헤센 지역에서 작성되었다.
> 나. 1563년 하이델베르크에서 벌어진 성찬 논쟁이 계기가 되었다.
> 다. 전체 129개의 문답으로 이루어졌다.
> 라. 성찬 교리에 있어서는 루터파의 입장을 충실히 따랐다.

① 가, 나　　　② 가, 다　　　③ 나, 다　　　④ 나, 라

※ 하이델베르크 요리문답은 1563년에 팔츠의 수도였던 하이델베르크에서 개혁파의 신학적 입장을 확립하고 가르치기 위한 목적으로 작성되었으며 총 129의 문답으로 구성되어 있다. 성찬 이론은 칼빈의 입장을 따랐다.

93. 다음 중 1559년 사상 최초로 전국 차원에서 열린 개혁교회의 총회에서 공식적으로 채택된 신앙고백은 무엇인가?
① 프랑스 신앙고백　　　② 벨기에 신앙고백
③ 스코틀랜드 신앙고백　　　④ 웨스트민스터 신앙고백

※ 역사상 최초로 전국적 차원의 개혁교회 총회는 1559년 5월 파리에서 개최되었다. 프랑스의 개혁교회 대표들은 이 총회에서 프랑스 신앙고백을 표준 신앙고백으로 채택했다.

94. 다음 중 종교개혁을 억압했던 16세기 유럽의 군주들과 그들이 통치했던 국가를 바르게 연결한 것은?
① 앙리 2세 - 스페인　　　② 메리 튜더 - 네덜란드
③ 칼 5세 - 잉글랜드　　　④ 메리 스튜어트 - 스코틀랜드

※ 16세기 종교개혁 시대 각국의 군주들이 종교개혁자들을 억압했다. 앙리 2세는 프랑스의 군주였으며 메리 튜더는 잉글랜드의 군주였다. 칼 5세는 스페인의 왕이었으며 독일의 황제였다. 메리 스튜어트는 스코틀랜드의 통치자였다.

95. 다음 중 종교개혁자들과 그들이 작성한 대표적인 문서를 잘못 연결한 것은?
① 루터 - 하이델베르크 논제　　　② 츠빙글리 - 67개조
③ 칼빈 - 제네바 요리문답　　　④ 녹스 - 국민언약

※ 국민언약은 1581년 존 크레그에 의해 작성되었으며 1638년 알렉산더 핸더슨 등 국교회 정책에 맞섰던 스코틀랜드의 언약도들에 의해서 최종 확정되었다.

96. 16세기 종교개혁에서 나타난 여러 전통들과 그 개혁자들을 바르게 연결한 것은?
① 루터파 - 피에르 비레　　　② 재세례파 - 토마스 크랜머
③ 개혁파 - 오스왈드 미코니우스　　　④ 국교회파 - 마티아스 플라키우스

※ 피에르 비레는 칼빈과 동역했던 스위스 개혁파의 개혁자이다. 토마스 크랜머는 튜더 왕조 통치기 잉글랜드 국교회파의 개혁자이다. 미코니우스는 칼빈과 동시대 외콜람파디우스를 뒤이어 바젤에서 활동했던 개혁파 신학자이다. 플라키우스는 루터 엄수파를 대표하는 신학자이다.

정답 92.③ 93.① 94.④ 95.④ 96.③

97. 다음 중 종교개혁 시대 개혁파 진영에서 출현한 신앙고백서와 교리교육서를 작성 순서대로 바르게 연결한 것은?
① 프랑스 신앙고백 – 벨기에 신앙고백 – 스코틀랜드 신앙고백 – 하이델베르크 요리문답
② 스코틀랜드 신앙고백 – 프랑스 신앙고백 – 하이델베르크 요리문답 – 벨기에 신앙고백
③ 프랑스 신앙고백 – 스코틀랜드 신앙고백 – 벨기에 신앙고백 – 하이델베르크 요리문답
④ 스코틀랜드 신앙고백 – 하이델베르크 요리문답 – 프랑스 신앙고백 – 벨기에 신앙고백

※ 각 문서의 작성 연도는 다음과 같다. 프랑스 신앙고백(1559), 스코틀랜드 신앙고백(1560), 벨기에 신앙고백(1561), 하이델베르크 요리문답(1563).

정답 97.③

4. 근현대교회사

1. 종교개혁의 과정에서 독일 각 지역 영주의 결정에 따라 로마 가톨릭과 루터파 사이에서 주민들의 종교를 결정하기로 한 1555년의 평화 조약은?
   ① 아우크스부르크 조약
   ② 보름스 조약
   ③ 베스트팔렌 조약
   ④ 베르사이유 조약

   ※ 1555년 독일의 제후들은 그동안의 군사적 충돌을 종식시키기 위해 각 지역별로 영주가 취한 신앙에 따라 그 지역 주민들의 신앙이 확정되도록 하는 협약을 체결했다. 선택은 로마 가톨릭과 루터교 둘 중에서만 가능했으며 주민들이 영주의 신앙에 동의하지 않는 경우 모든 재산과 권한을 포기하고 이주해야 했다.

2. 1648년 로마 가톨릭 진영과 루터파 진영 사이에 체결되어 30년 전쟁을 종결한 조약은?
   ① 보름스 조약
   ② 아우크스부르크 조약
   ③ 뤼벡 조약
   ④ 베스트팔렌 조약

   ※ 30년 전쟁을 종식시키기 위해 베스트팔렌 지역의 뮌스터에서 화해 조약이 체결되었다.

3. 다음 중 30년 전쟁의 결과로 보기 가장 어려운 것은?
   ① 교회에 대한 세속권세의 지배력 강화
   ② 종교적 대의에 대한 대중들의 무관심 증가
   ③ 사회 경제 구조 변화의 가속화
   ④ 황제의 권력 강화

   ※ 30년 동안 독일 지역에서 벌어진 종교전쟁의 결과 교황의 권한은 크게 약화되었으며 대중들은 교회가 내세우는 신앙적 대의에 대한 회의감을 품게 되었다. 사회 경제의 구조도 크게 변화되었으며 독일 각 지역의 영주들의 권한이 강화되면서 황제의 지배력은 약화되었다.

4. 30년 전쟁은 당시 서유럽의 여러 국가들이 참전한 국제전의 양상을 띠었다. 다음 중 군대를 파병하여 30년 전쟁에 직접 참전하지 않은 국가는?
   ① 스웨덴
   ② 잉글랜드
   ③ 덴마크
   ④ 보헤미아

   ※ 30년 전쟁은 프라하에서 일어난 폭동으로부터 시작되었으나 덴마크와 스웨덴을 포함하여 여러 주변 국가들이 참전하여 점차 국제전의 양상으로 확대되었다. 독일 내 개신교 진영은 잉글랜드의 참전을 기대했으나 잉글랜드는 참전하지 않았다.

정답 1.① 2.④ 3.④ 4.②

5. 다음 중 16세기 종교개혁 시대와 그 이후 17세기 발생한 종교 전쟁과 그 전쟁이 발생한 국가를 바르게 연결한 것은?
   ① 독일 - 고이센 전쟁
   ② 잉글랜드 - 30년 전쟁
   ③ 프랑스 - 위그노 전쟁
   ④ 네덜란드 - 청교도 전쟁

   ※ 독일에서 벌어진 30년 전쟁 이외에도 17세기 초반에는 개신교 진영과 로마 가톨릭 진영의 종교 전쟁이 벌어졌다. 프랑스에서는 개신교인들을 부르는 명칭인 위그노를 상대로 로마 가톨릭 진영이 전쟁을 벌였다.

6. 1559년 엘리자베스 1세가 잉글랜드의 종교정책의 일관성을 회복하기 위해 메리 여왕이 폐지한 공동기도서의 재사용을 명령한 칙령은 무엇인가?
   ① 수장령
   ② 통일령
   ③ 5마일령
   ④ 회복령

   ※ 엘리자베스 1세는 왕권의 강화를 위해 교회의 문제를 국가가 관리하는 국교회 정책을 실시했다. 특히 1559년 공동기도서의 사용을 강제하는 통일령을 발표하여 예배를 통제하려 함으로써 청교도들의 반발을 샀다.

7. 다음 중 청교도들과 지속적인 갈등을 일으켰던 잉글랜드의 군주가 아닌 인물은?
   ① 제임스 1세
   ② 찰스 1세
   ③ 에드워드 6세
   ④ 엘리자베스 1세

   ※ 엘리자베스 1세와 이후 스튜어트 왕실의 군주들은 국교회 정책을 강력하게 추진함으로써 말씀을 중심으로 삼은 예배의 자유를 원했던 청교도들과 충돌했다. 에드워드 6세는 엘리자베스 1세의 남동생이지만 그 이전인 1547년부터 1553년까지 통치했고 당시에는 로마 가톨릭을 억압하고 종교개혁을 확립하려는 정책을 시행했지만 청교도들은 아직 형성되지 않았었다.

8. 다음 중 제임스 1세가 즉위하던 당시 청교도들이 국왕과 관련하여 발생한 종교적 사건에 속하는 것은?
   ① 천인의 청원
   ② 웨스트민스터 회의
   ③ 장기의회
   ④ 엄숙동맹과 계약

   ※ 1603년 엘리자베스 1세에 이어 잉글랜드 국왕으로 즉위한 제임스 1세는 본래 스코틀랜드 스튜어트 왕실의 제임스 6세였다. 그가 부임하자 잉글랜드의 청교도들은 800여 명의 서명을 받아 청원서를 제출하여 스코틀랜드의 장로교회와 같은 교회의 독립적 운영과 예배의 자유를 요구했다. 그러나 제임스 1세는 "천인의 청원"이라고 부르는 이 요구 사항을 대부분 거부했다.

9. 엘리자베스 통치 기간 잉글랜드 국교회파의 신앙적 입장을 대표했던 신조는 무엇인가?
   ① 39개 신조
   ② 퍼스 5개조
   ③ 67개조
   ④ 람베스 신조

   ※ 에드워드 6세 통치기간에 제정된 42개 신조가 메리 여왕의 사망 이후 매튜 파커 주교가 소집한 회의에서 정리되어 39개 신조(Thirty-Nine Articles)로 정리되었다. 39개조는 공동기도서와 더불어 엘리자베스 1세 통치기간 국교회의 강화를 위해 국교회의 신학적 기준을 제시하는 표준문서로 사용되었다.

정답 5.③ 6.② 7.③ 8.① 9.①

10. 잉글랜드 국교회의 공동기도서 사용 강요에 맞서 스코틀랜드의 장로교인들과 잉글랜드의 의회 사이에서 1643년 체결된 동맹은?
   ① 국민계약
   ② 엄숙동맹과 계약
   ③ 에딘버러 계약
   ④ 퍼스 계약

   ※ 찰스 1세의 국교회 정책 및 왕권강화 정책에 맞서 잉글랜드 의회 지도자들과 스코틀랜드의 장로교 지도자들은 1643년 엄숙동맹과 계약(Solemn League and Covenant)을 체결하여 국왕에 맞섰다.

11. 찰스 1세 치하에서 잉글랜드의 국교회 정책을 책임졌던 캔터베리 대주교로 청교도들을 철저하게 박해했으나 의회에서 유죄판결을 받고 1645년 처형된 인물은?
   ① 레지널드 폴
   ② 매튜 파커
   ③ 리처드 뱅크로프트
   ④ 윌리엄 로드

   ※ 윌리엄 로드(William Laud, 1573-1645)는 찰스 1세 치하의 캔터베리 대주교로서 강력한 국교회 정책을 펼쳤고, 이를 거부하는 청교도 목회자들을 면직하고 투옥하는 등 박해했다.

12. 다음 중 잉글랜드에서 벌어진 청교도 전쟁에 대한 설명으로 바르지 못한 것은?
   ① 친로마 가톨릭 진영과 친개신교 진영 사이에 발생한 전쟁이다.
   ② 왕당파는 왕권신수설을 주장하면서 의회파를 탄압했다.
   ③ 찰스 1세 통치 기간 중 발발했다.
   ④ 의회파는 대부분 청교도들로 구성되었다.

   ※ 청교도 전쟁은 1640년대 찰스 1세 통치기간 잉글랜드에서 발생한 종교전쟁으로, 국왕을 지지했던 세력은 표면적으로는 친로마 가톨릭은 아니었다. 찰스 1세의 왕비가 프랑스 공주로서 개인적인 미사를 드리고 있었지만 국왕파가 39개조를 통해 표방했던 국교회는 로마 가톨릭과 구별되는 개신교 신앙이었다.

13. 청교도 전쟁에서 의회파가 승리하자 강경한 입장을 고수해 찰스 1세를 처형하고 의회의 권력을 장악한 후 스스로를 "호국경"이라 칭하며 강력한 종교적 독재를 시행했던 인물은?
   ① 존 휘트기프트
   ② 존 핌
   ③ 제임스 샤프
   ④ 올리버 크롬웰

   ※ 잉글랜드 청교도 전쟁의 결과 강경파가 득세하여 찰스 1세를 반역죄로 처형하고 공화제를 시행했다. 의회 내 강경파를 이끌었던 올리버 크롬웰은 의회를 해산하고 스스로를 "호국경"(Lord Protector)이라 칭하며 강력한 종교적 독재를 시행했다.

14. 다음 중 잉글랜드 장로교주의를 창시한 청교도는?
   ① 토마스 카트라이트
   ② 존 오웬
   ③ 토마스 굿윈
   ④ 리차스 백스터

   ※ 토마스 카트라이트(Thomas Cartwright, 1535-1603)는 캠브리지 대학의 신학자로서 엘리자베스 1세 통치 기간에 잉글랜드 장로교주의를 창시하였다. 그는 엘리자베스의 국교회 정책을 반대하여 감독제도의 폐지와 국가에 의한 목사 임명을 반대했다. 오웬과 굿윈과 백스터는 카트라이트보다 후대에 활동한 청교도들이다.

정답 10.② 11.④ 12.① 13.④ 14.①

15. 존 번연이 1678년 발표한 작품으로서 크리스천이라는 등장인물이 천국에 이르는 과정을 통해 청교도들의 신앙의 삶의 여정을 묘사한 소설은?
    ① 천로역정　　② 유토피아　　③ 실낙원　　④ 완덕의 길
    ※ 침례교도였던 존 번연은 불법 설교 및 예배 인도 혐의로 베드포드 감옥에 투옥되었다. 그는 복역 기간 중 "천로역정"(Pilgrim Progress)을 작성하였으며, 감옥에 면회하였던 존 오웬에게 넘겨주어 오웬이 이 책을 번연의 이름으로 1678년에 출간하였다.

16. 다음 중 청교도들과 그들이 저술한 작품을 바르게 연결하지 않은 것은?
    ① 존 번연 - 천로역정　　　　② 존 오웬 - 죄 죽임
    ③ 토마스 모어 - 유토피아　　④ 존 밀턴 - 복락원
    ※ "유토피아"를 저술한 토마스 모어는 16세기 활동한 잉글랜드의 정치가로서 헨리 8세의 수장령을 반대하다가 처형당한 로마 가톨릭 지지자였다. 그는 후에 로마 가톨릭에서 성자로 추대되었다.

17. 1660년 잉글랜드의 공화정을 끝내고 왕정이 복구되었을 때 잉글랜드와 스코틀랜드 전체에 걸쳐 공동기도서 사용과 감독제도의 복원을 시도하여 청교도들과 스코틀랜드 장로교도들에게 큰 반발을 일으킨 국왕은?
    ① 제임스 1세　　② 제임스 2세　　③ 찰스 2세　　④ 윌리엄 3세
    ※ 올리버 크롬웰이 실시한 청교도적 독재제도는 결국 의회 지도자들뿐 아니라 국민들의 반발을 샀다. 스코틀랜드의 왕당파뿐 아니라 장로교인들도 크롬웰의 정책을 반대했다. 그 결과 잉글랜드의 공화정은 실패로 끝났고 처형당한 찰스 1세의 아들 찰스 2세가 프랑스에서 돌아와 왕정이 복구되었다. 그는 아버지의 정책을 이어받아 국교회 정책을 재개했기 때문에 청교도들의 큰 반발을 샀다.

18. 제임스 2세의 강력한 국교회 정책과 왕권의 강화 정책에 맞서 의회파가 반발하여 국왕을 폐위시키고 입헌군주제를 시작한 1688년 발생한 혁명은?
    ① 청교도 혁명　　② 5월 혁명　　③ 명예 혁명　　④ 7월 혁명
    ※ 1685년 왕위에 오른 제임스 2세는 아버지 찰스 1세와 형 찰스 2세와 같이 강력한 국교회 정책을 실시했으며 로마 가톨릭의 복구를 시도했다. 이에 국왕의 정책을 반대했던 개신교 중심의 의회의 귀족들은 정치적 수완을 발휘해 1688년 제임스 2세의 딸 메리와 사위 윌리엄을 왕으로 추대하고 제임스 2세를 폐위시켰다. 이 정변은 무력이 동원되지 않은 의회의 혁명이었기 때문에 명예 혁명(Glorious Revolution)이라고 불린다.

19. 다음 중 웨스트민스터 회의에 대한 설명으로 부적합한 것은?
    ① 영국 내전 기간 동안 의회의 요청으로 소집되었다.
    ② 스코틀랜드 장로교회의 대표자들도 참석했다.
    ③ 주로 국교회파와 장로교파 사이의 논쟁이 치열하게 벌어졌다.
    ④ 신앙고백서와 대소요리문답 등이 제정되었다.
    ※ 웨스트민스터 회의는 의회의 요청에 따라 1643년 영국 내전 상황에서 잉글랜드의 교회 지도자들이 소집했다. 잉글랜드와 스코틀랜드의 동맹 이후 스코틀랜드 장로교회 지도자들도 이 회의에 참여했고 함께 신앙고백서와 요리문답 등 표준문서들을 제정했다. 웨스트민스터 회의는 기본적으로 국교회에 대해서 반대했다. 따라서 회의에서 벌어진 교회제도 관련 논쟁은 주로 국교회주의에 대한 대안으로서 장로교회 제도와 회중교회 제도 중 무엇을 선택할 것인가의 문제를 놓고 벌어졌다.

정답 15.① 16.③ 17.③ 18.③ 19.③

20. 다음 중 웨스트민스터 회의에서 잉글랜드의 "웨스트민스터 표준문서"를 작성한 인물이 아닌 사람은?
   ① 윌리암 퍼킨스
   ② 사무엘 러더포드
   ③ 조지 길레스피
   ④ 알렉산더 핸더슨

   ※ 윌리암 퍼킨스는 초기 청교도로서 이 시기에 해당되지 않는다. 러더포드, 길레스피, 핸더슨은 스코틀랜드 장로교회를 대표하여 웨스트민스터에 파견된 인물들이었다.

21. 웨스트민스터 회의가 신앙고백과 대소요리문답을 작성하는 과정에서 신학적 위험으로 간주해 대처했던 사상과 가장 거리가 먼 것은?
   ① 알미니우스주의
   ② 보편적 가설주의
   ③ 율법폐기론
   ④ 계몽주의

   ※ 웨스트민스터 회의는 당시 잉글랜드를 위협했던 여러 잘못된 사상들을 경계했고 그 경계의 내용을 신앙고백서에 담았다. 계몽주의는 17세기 잉글랜드에서 그 모습을 드러내지 않았으며 18세기에 들어서서 형성되어 전개된 근대 사상이다.

22. 웨스트민스터 신앙고백은 구체적인 신학적 진술과 더불어 신학적 체계를 논리적으로 잘 반영한 완성도 높은 구조를 보여준 수준 높은 문서였다. 다음 중 이 신앙고백의 주요 주제들의 목차로 바른 것은?
   ① 하나님과 삼위일체 – 창조 – 성경 – 하나님의 영원한 작정
   ② 성경 – 하나님과 삼위일체 – 하나님의 영원한 작정 – 창조
   ③ 성경 – 창조 – 하나님과 삼위일체 – 하나님의 영원한 작정
   ④ 하나님과 삼위일체 – 하나님의 영원한 작정 – 성경 – 창조

   ※ 웨스트민스터 신앙고백의 체계와 진술은 신학적 논리 체계를 따라 구성되었으며 신학적으로도 높은 완성도를 보여준다. 웨스트민스터 신앙고백은 가장 먼저 성경에 대해 다루고 이어서 삼위일체 교리, 하나님의 작정, 창조를 각 장에서 순서대로 다룬다.

23. 다음은 웨스트민스터 신앙고백의 일부분이다. 빈칸에 들어갈 말이 바르게 짝지어진 것은?

   > 마땅히 믿고 순종해야 할 성경의 권위는 어느 사람이나 (   )의 증거에 의거하지 아니하고 오직 진리 자체이시며, 저자(著者)이신 하나님에게 전적으로 의거한다. 따라서 성경은 (   )이므로 수납되어야 한다.

   ① 교회 – 하나님의 말씀
   ② 교부들 – 하나님의 말씀
   ③ 신학자 – 계시의 고백
   ④ 교황 – 계시의 고백

   ※ 웨스트민스터 신앙고백 1장 4항은 성경의 권위에 대해 말하면서 성경은 하나님의 말씀이므로 교회의 증거에 의존하지 않는다고 진술한다.

정답 20.① 21.④ 22.② 23.①

24. 다음은 웨스트민스터 신앙고백의 일부분이다. 빈칸에 들어갈 말이 바르게 짝지어진 것은?

> 인류의 나머지는 하나님이 그것에 의하여 긍휼을 베푸시든지, 않으시든지, 그가 기뻐하시는 대로 하시는 그 자신의 뜻의 헤아릴 수 없는 (   )에 따라 그의 피조물들 위에 가지시는 그의 주권적 권세의 (   )을 위하여 간과(看過)하시고, 그들을 그들의 죄 때문에 수욕과 진노를 당하게 정명(定命)하시어, 그의 영광스러운 (   )를 찬송케 하시기를 기뻐하셨다.

① 섭리 - 예정 - 은혜
② 도모 - 영광 - 공의
③ 섭리 - 영광 - 은혜
④ 도모 - 예정 - 공의

※ 웨스트민스터 신앙고백 3장 7항은 하나님의 영원한 작정에 대해 진술한다. 하나님께서는 헤아릴 수 없는 섭리에 따라 그의 주권적 영광을 위하여 택자들을 구원하시기로 예정하셔서 그의 영광스러운 공의를 찬송하게 하신다.

25. 다음은 원죄와 그 결과에 대한 웨스트민스터 신앙고백 6장의 일부분이다. 빈칸에 들어갈 말이 바르게 짝지어진 것은?

> 2. 이 죄 때문에 그들은 그들의 (   )와 하나님과의 교제에서 떨어졌고 그리하여 죄에서 죽은 자로 되었고, 또 영혼과 신체의 모든 기능들과 부분들에서 (   ) 더러워졌다.
> 3. 그들은 온 인류의 시조(始祖)이었으므로, 그들로부터 보통 생육법(生育法)으로 출생(出生)하는 그들의 모든 후손들에게 이 죄의 죄책이 (   )되었고, 또 동일한 죄에서의 죽음과 부패한 성질이 전하여졌다.

① 원의 - 전적으로 - 전가
② 자유 - 심각하게 - 유전
③ 원의 - 심각하게 - 전가
④ 자유 - 전적으로 - 유전

※ 웨스트민스터 신앙고백 6장 2항과 3항은 원죄의 결과에 대해 진술한다. 원죄는 인간들의 원의를 상실하게 했으며 영혼뿐 아니라 신체의 많은 부분을 전적으로 오염시켰다. 이 죄의 책임은 모든 후손에게 전가된다.

26. 다음은 웨스트민스터 신앙고백이 말하는 하나님께서 사람과 맺으신 언약에 대한 설명으로 부적합한 것은?

① 은혜언약은 성경에서 자주 유언이라는 이름으로 발표된다.
② 최초의 언약은 인간의 순종을 조건으로 생명을 약속하신 행위언약이다.
③ 은혜언약은 율법시대와 복음시대에 동일하게 집행되었다.
④ 언약의 방법은 하나님께서 기뻐하신 자기 낮추심의 표현이었다.

※ 웨스트민스터 신앙고백은 전체적으로 개혁신학의 언약신학을 따른다. 특히 7장은 하나님의 언약에 대해 진술하는데 여기서 말하는 언약은 크게 행위언약과 은혜언약으로 대별된다. 은혜언약은 전적으로 하나님께서 성취하시는 은혜의 약속이다. 그러나 신앙고백은 5항에서 구약 율법시대와 신약 복음시대에 서로 다른 방식으로 집행되었다고 진술한다.

정답 24.② 25.① 26.③

27. 다음 중 웨스트민스터 신앙고백이 말하는 중보자 그리스도에 대한 설명으로 부적합한 것은?

① 주 예수는 그의 완전한 순종과 영원하신 영을 통하여 단번에 드리신 자기 제사에 의하여 그의 아버지의 공의를 충분히 만족시키셨다.
② 구속의 사역(使役)은 그리스도께서 성육신하시기까지는 그에 의해 실제적으로 수행되지 않았다.
③ 그리스도는 중보의 사역에 있어서 오직 그의 인성에 따라서 행동하신다.
④ 그리스도께서는 구속을 매수하여 주신 모든 자들에게 확실하고 유효적으로 동일한 구속을 적용하시며 전달하여 주신다.

※ 웨스트민스터 신앙고백은 중보자 그리스도께서 아버지의 공의를 충분히 만족시키셨으며 성육신하신 이후 실제적으로 수행되었고, 그의 구속은 구원받는 모든 사람들에게 확실하고 유효하게 동일한 구속을 적용한다고 고백한다. 그리고 8장 6항에서 그리스도는 그의 중보 사역에 있어 자신의 양성에 의해서 행동하신다고 진술한다.

28. 다음은 웨스트민스터 신앙고백의 일부분이다. 빈칸에 들어갈 말이 바르게 짝지어진 것은?

> 이 유효 소명은 오직 하나님의 값 없으며 특별한 (　　　)에서 나오는 것이요, 결코 사람 안에 선견(先見)된 어떤 것에서 나오는 것이 아니다. 사람은 성령에 의해 살아나고 새로워져서 이 소명에 응답하며 또 이것에서 제공되고 전달된 은혜를 받아들이기 가능하게 되기까지는 이것에서 전적으로 (　　　)이다.

① 섭리 – 언약적
② 은혜 – 수동적
③ 섭리 – 잠정적
④ 은혜 – 협력적

※ 웨스트민스터 신앙고백 제10장은 유효 소명에 대해 진술한다. 구원하시기로 예정된 사람들을 부르시는 이 소명은 전적으로 하나님의 은혜이다. 따라서 사람들은 이 소명을 수용함에 있어서 전적으로 수동적이다.

29. 다음 중 웨스트민스터 신앙고백이 말하는 칭의에 대한 설명에 합당한 주장은?

① 그리스도와 그의 의(義)를 받아들여 의지하는 신앙이 칭의의 부가적인 기구이다.
② 신앙은 다른 모든 구원하는 은혜들을 항상 동반할 필요가 없으므로 사랑으로 역사(役事)하는 믿음을 강조하는 것은 부당하다.
③ 그리스도께서 죄인들을 위해 죽으시고 그들의 의롭다 함을 위해 부활하셨을 때 하나님께서 택하신 모든 사람들은 칭의되었다.
④ 칭의된 사람이라 할지라도 죄를 고백하여 용서를 빌고 그들의 신앙과 회개를 새롭게 하기까지는 하나님의 얼굴의 빛이 그들에게 회복되지 않을 수 있다.

※ 웨스트민스터 신앙고백의 11장은 칭의에 대해서 진술한다. 칭의에 있어 신앙은 하나님의 선물이며 칭의를 위한 유일한 기구이다. 칭의의 은혜에 따라 주어지는 신앙은 죽은 믿음이 아니라 사랑으로 역사하는 믿음이다. 하나님께서는 택하신 모든 사람들을 그리스도의 죽음과 부활 시 의롭다고 부르신다. 또 이 칭의는 성령이 적당한 때에 실제로 그리스도를 그들에게 적용할 때 이루어진다. 5항에서는 칭의된 사람이라 할지라도 불순종과 범죄로 인해 하나님의 얼굴의 빛이 비추는 것을 가릴 수 있다고 말한다.

정답 27.③ 28.② 29.④

제2부 교회사

30. 다음 중 웨스트민스터 신앙고백이 고백하는 성화에 대한 설명으로 타당한 것은?

① 중생한 자들은 그리스도의 말씀과 그 말씀에 순종하는 스스로의 노력을 통해 실제적으로 더욱 거룩해진다.
② 이 성화(聖化)는 모든 신자들에게 이루어지며 끊임없는 영적 싸움에서 승리함으로써 이 세상에서 완전에 이를 수 있다.
③ 끊임없는 영적 싸움 가운데 그리스도의 영으로부터 끊임없이 힘을 공급받아 중생한 부분이 이기게 된다.
④ 성화는 유효적인 부르심을 받고 중생한 자들 중 특정한 일부에게만 이루어진다.

※ 웨스트민스터 신앙고백 13장은 성화에 대해 진술한다. 성화는 성령의 사역이므로 신자 스스로의 노력으로 이루어지지 않으며 (1항), 모든 중생한 자들은 성화의 은혜를 받지만 성화를 통해 이 세상에서 완전에 이를 수는 없다. (2항)

31. 다음은 교회에 대한 웨스트민스터 신앙고백 25장의 일부분이다. 빈칸에 들어갈 말이 바르게 짝지어진 것은?

> 1. 무형한 공동 즉 (　　　　)는 과거, 현재, 미래에 교회의 머리이신 그리스도 아래 하나로 모이는 (　　　　)들의 총수로 구성되는데, 만물 안에서 만물을 충만케 하시는 자의 안이요, 몸이며 충만이다.
> 2. 그리스도는 세상 끝까지, 금생에 있는 성도들을 모으시고, 완전케 하시기 위하여 이 공동적 (　　　　)에 교역자와 말씀과 규례들을 주시고, 또 그의 약속에 따라 그 자신의 임재와 성령에 의해 그 주신 것들로 그 목적을 향해 효력을 내게 하신다.

① 보편적 교회 - 신자 - 개별 교회
② 제도적 교회 - 피택자 - 개혁 교회
③ 보편적 교회 - 피택자 - 유형적 교회
④ 제도적 교회 - 신자 - 지상 교회

※ 웨스트민스터 신앙고백 25장은 교회의 정체성에 대해서 진술한다. 1항이 말하는 무형한 공동체는 보편적 교회로서 피택자들의 총수이다. 2항에서 말하는 공동적 교회는 유형적 교회이다.

32. 다음은 웨스트민스터 신앙고백 28장이 진술하는 세례에 관한 고백의 일부분이다. 빈칸에 들어갈 말이 바르게 짝지어진 것은?

> 6. 세례의 효력은 그 거행되는 시간에만 국한되지 않는다. 그러나 이 규례를 바로 사용함으로 약속된 은혜가 제공될 뿐만 아니라, 하나님 자신의 의지의 도모에 따라 그의 정하신 때에, 그 은혜가 속한 자들에게 어른이든 유아든 간에 실제로 (　　　　) 표시되고 주어지는 것이다.
> 7. 세례의 성례는 어떤 사람에게든지 (　　　　) 베풀 것이다.

① 성령에 의해 - 오직 한 번만
② 집례자에 의해 - 필요한 대로 여러 번
③ 믿음의 고백에 의해 - 오직 한 번만
④ 물에 의해 - 필요한 대로 여러 번

※ 웨스트민스터 신앙고백 28장은 세례와 관련해 세례는 남녀노소를 불문하고 성령에 의해 표시되고 주어지는 것이며 모든 사람들에게 일생 오직 한 번만 베풀 것이라고 말한다.

정답 30.③ 31.③ 32.①

33. 웨스트민스터 소요리문답의 2번 문답이다. 질문에 대한 합당한 답변은 무엇인가?

> 하나님께서 무슨 규칙을 우리에게 주시어 어떻게 자기를 영화롭게 하고 즐거워할 것을 지시하셨는가?

① 자연 만물을 통해 계시하신 하나님의 말씀
② 교회의 고백으로 보존된 하나님의 말씀
③ 신구약 성경에 기록된 하나님의 말씀
④ 사람들의 양심에 새겨진 하나님의 말씀

※ 웨스트민스터 소요리문답의 2번 문답은 우리의 신앙의 유일한 규칙은 신구약 성경에 기록된 하나님의 말씀이라고 명시한다.

34. 웨스트민스터 소요리문답의 세 번째 문항이다. 빈칸에 들어갈 말이 바르게 짝지어진 것은?

> 3. 성경이 제일 요긴하게 교훈하는 것이 무엇인가?
> 성경이 제일 요긴하게 교훈하는 것은 사람이 하나님에 대하여 어떻게 (   )과 하나님께서 사람에게 요구하시는 (   )이다.

① 믿을 것 - 사명   ② 섬길 것 - 사명
③ 믿을 것 - 본분   ④ 섬길 것 - 본분

※ 웨스트민스터 소요리문답의 3번 문답은 성경의 가장 중요한 교훈은 하나님을 어떻게 믿을지를 가르치며 하나님께서 사람에게 어떤 본분을 요구하시는지 가르치는 것이라고 말한다.

35. 다음 중 웨스트민스터 대요리문답의 주요 구조에 대한 설명으로 옳지 않은 것은?

① 첫 번째 질문은 사람의 가장 중요하고 고귀한 목적에 대한 것이다.
② 총 179개의 문답으로 이루어져 있다.
③ 99번째 문답에서 149번까지 문답에서 십계명에 대해 다룬다.
④ 주기도문에 대한 문답들이 가장 마지막에 등장한다.

※ 웨스트민스터 대요리문답은 총 196개의 문답으로 구성되어 있다.

36. 다음 중 루터 사후 전개된 루터파 내의 신학적 논쟁 가운데 엄수파의 입장과 가장 거리가 먼 입장을 취한 인물은?

① 마티아스 플라키우스   ② 필립 멜란히톤
③ 야콥 안드레아스   ④ 마틴 켐니츠

※ 16세기 말부터 17세기까지 루터교 내부에서 벌어진 논쟁 과정의 결과 성찬론과 성경이해, 그리고 구원론에 있어 루터의 이신칭의 및 공재설의 입장을 엄격하게 고수하려는 엄수파의 주장이 득세했다. 이 과정에서 루터의 후계자였던 필립 멜란히톤이 주장한 상대적으로 온건한 신학적, 교회론적 입장은 엄수파의 강력한 반대를 받았다.

정답 33.③ 34.③ 35.② 36.②

37. 17세기 개신교 스콜라주의의 특징으로 볼 수 없는 것은?
   ① 성경의 영감 교리를 이론적으로 발전시켰다.
   ② 엄격한 고백주의적 전통을 거부했다.
   ③ 신학적 논의를 위해 철학적 사유를 활용했다.
   ④ 대규모의 조직신학적 저술들을 발표했다.

   ※ 17세기 전개된 개신교 정통주의 혹은 개신교 스콜라주의는 로마 가톨릭과 기타 신학적 오류의 도전에 맞서 개신교의 정통 신학을 체계적으로 변호하려 했다. 논증 방식에 있어서는 중세 스콜라신학의 정교한 방법론을 차용했다. 이를 통해 성경영감설과 같은 구체적 교리들이 발전했고 대규모의 조직신학 저술들도 나타났다. 그러나 신학적 내용에 있어서는 16세기 발표된 개신교 신앙고백들의 주요 내용들을 고수했다.

38. 도르트 신조의 배경이 된 네덜란드 개혁교회 내의 예정론 논쟁 가운데 다음 인물 중 다른 이들과 다른 입장을 취한 사람은?
   ① 알미니우스
   ② 고마루스
   ③ 에피스코피우스
   ④ 코른헤르트

   ※ 코른헤르트와 알미니우스와 에피스코피우스는 모두 벨기에 신앙고백이 진술하는 예정론에 문제를 제기했던 인물들이다. 고마루스는 알미니우스에 맞서 칼빈주의적 예정론을 변호했던 레이든 대학의 신학자이다.

39. 1618년 도르트레히트에서 모인 회의에 대한 설명으로 올바른 것은?
   ① T,U,L,I,P로 표현되는 다섯 장으로 이루어진 표준 신조를 채택했다.
   ② 알미니우스의 주장을 수용한 항론파들의 참석을 불허했다.
   ③ 영국, 스위스, 프랑스의 개혁교회에서 파견된 대표자들도 참석했다.
   ④ 독립 전쟁 중이던 네덜란드 의회가 소집했다.

   ※ 도르트 신조는 4장으로 구성되어 있다. 도르트 회의 초기에는 알미니우스주의를 주장한 항론파들도 참석했다. 다른 국가 개혁교회의 대표자들도 초대되었는데 프랑스 대표들은 국왕의 처벌 위협 때문에 끝내 참석하지 못했다. 이 회의는 당시 독립전쟁 중 휴전 기간에 네덜란드 의회가 소집했다.

40. 다음 중 예정론과 관련한 도르트 회의의 결정과 가장 거리가 먼 주장은?
   ① 예수님께서는 전체 인류를 위하여 돌아가셨으므로 그 효력은 모든 사람에게 해당한다.
   ② 인간은 죄로 인해 전적으로 타락하여 스스로의 힘으로 은혜를 깨달을 수 없다.
   ③ 하나님께서 택한 자들에게 주시는 구원의 은혜는 인간이 거절할 수 없다.
   ④ 택자들을 향한 하나님의 예정은 하나님의 미리 아심에 의해 조건지어지지 않는다.

   ※ 도르트 회의가 결정한 신조는 예수 그리스도의 대속적 죽음의 효력은 오직 선택된 사람들에게만 해당된다고 주장한다.

정답 37.② 38.② 39.④ 40.①

41. 다음은 성도의 견인에 대한 도르트 신조의 한 부분이다. 빈칸에 들어갈 알맞은 말이 바르게 짝지어진 것은?

> 따라서 성도들이 믿음과 은혜에서 완전히 떨어져 나가지 않고 행여 실족하더라도 보존이 되며 완전히 잃어버림이 되지 않는 것은 그들 자신의 공로나 힘 때문이 아니라 자격이 없는 자에게 베푸시는 하나님의 (   ) 때문이다. 신자들 자신만을 놓고 보면 믿음과 은혜에서 완전히 떠나는 일은 쉽게 일어날 뿐 아니라 반드시 일어날 것이다. 그러나 하나님을 생각하면 그러한 일은 절대 일어날 수 없다. 왜냐하면 그분의 (   )이(가) 변경될 수 없고 그분의 약속은 파기될 수 없으며 그분이 목적하시고 부르신 것은 취소될 수 없기 때문이다.

① 자비 – 섭리
② 예지 – 작정
③ 자비 – 작정
④ 예지 – 섭리

※ 도르트 신조는 성도의 견인에 대해 진술하면서 성도의 구원을 끝까지 지켜주시는 견인의 은혜는 신자의 어떤 자격조건이나 노력 때문이 아니라 전적으로 하나님의 자비 때문이며, 하나님의 작정이 변하지 않기 때문임을 주장한다.

42. 도르트 신조의 다음 구절은 개혁신학의 어떤 주제를 강조하며 주장하기 위한 것인가?

> 성경은 우리를 택하신 영원하고 감당할 수 없는 은혜를 우리에게 알려주는데 특히 모든 사람이 선택된 것이 아니라 어떤 사람은 선택되지 않았음을 증거할 때 그렇다. 하나님께서는 그분의 영원한 선택 가운데서 어떤 사람은 간과하신다. 하나님께서는 자신의 심히 자유롭고 공의롭고 흠 없고 변함없는 선하신 기쁨 속에서 자신들의 죄로 인해 떨어져 버린 그들의 공통된 비참 가운데 그들을 그냥 버려두시고 구원의 믿음과 회심의 은혜를 베풀지 않기로 작정하셨다.

① 전적인 타락
② 무조건적 선택
③ 성도의 견인
④ 불가항력적 은혜

※ 도르트 신조는 알미니우스주의자들의 예지예정론에 맞서 하나님의 선택에 있어 어떤 조건도 거부하는 무조건적 선택을 주장했다.

43. 프랑스의 국왕 루이 13세 통치 기간 섭정을 담당했던 추기경으로서 종교적 신념보다는 정치적 이해관계에 따라 국정을 운영함으로써 왕권을 강화하는 데 기여했으나 국내에서는 개신교도들을 박해했던 인물은?

① 콜리니
② 리슐리외
③ 마자랭
④ 콩데

※ 루이 13세 통치 초기 섭정했던 추기경 리슐리외는 외교 정책에서 있어서는 교황청에 대해 프랑스의 이익을 추구했지만 국내적으로는 위그노들을 크게 박해했다.

44. 절대왕권을 주장한 루이 14세가 개신교도들에게 허락된 예배의 자유를 폐지한 1685년의 칙령은?

① 낭트 칙령
② 퐁텐블로 칙령
③ 베르사이유 칙령
④ 보름스 칙령

※ 스스로를 태양왕이라고 칭하며 절대왕정을 이루어낸 루이 14세는 1685년 퐁텐블로 칙령을 통해 1598년 공포된 낭트 칙령을 폐지하고 위그노들의 예배를 금지했다.

정답 41.③ 42.② 43.② 44.②

제2부 교회사

45. 다음 중 프랑스의 왕 루이 14세의 종교정책과 그 결과로 볼 수 없는 것은?
① 교황에 맞서 프랑스 교회의 자유와 독자적 운영을 주장했다.
② 개신교도들의 개종을 유도하기 위해 회유와 박해를 동시에 사용했다.
③ 위그노들을 탄압함으로써 프랑스의 국가 경제를 발전시켰다.
④ 국왕의 권력을 강화하여 절대왕정을 수립했다.

※ 위그노들을 박해했던 루이 14세의 종교정책은 왕권 강화를 목적으로 삼았다. 그러나 박해를 피해 상업과 수공업에 많이 종사하던 위그노들이 국외로 탈출함으로써 국가 경제에 큰 손실이 발생했다.

46. 다음 중 데카르트의 사상과 가장 거리가 먼 것은?
① 공리적 진리를 찾기 위해 방법론적 회의를 전개했다.
② 생각하는 나의 존재에 대한 명증한 기초로부터 신존재를 증명했다.
③ 이분법적 인간론을 거부하고 유물론적 사고를 제시했다.
④ 선한 신을 증명함으로써 자연과학적 탐구의 가능성을 확보했다.

※ 데카르트는 방법론적 회의를 동원하여 지식의 기초에 대한 기성 권위를 반성하고 비판 불가능한 지식의 기초로서 Cogito ergo sum, 즉 생각하는 나의 존재의 확실성을 주장했다. 그리고 이 기초로부터 신의 존재와 신의 선함에 기초한 경험 지식 가능성을 논증했다. 따라서 데카르트의 방법론적 회의론은 회의주의나 유물론으로 귀결되지는 않는다.

47. 다음 중 유럽의 근대 사상가와 그들의 대표적인 사상을 바르게 연결한 것은?
① 스피노자 - 육체와 영혼은 하나의 실체가 갖고 있는 속성이다.
② 로크 - 모든 지식은 인간에게 생득적으로 내재된 지식으로부터 말미암는다.
③ 라이프니츠 - 종교는 역사적 계시에 의존하지 않는 보편적 인간본성에 따라야 한다.
④ 데카르트 - 독립된 실체인 단자들이 신적 질서에 따라 상호의존적으로 운동한다.

※ 스피노자는 육체와 영혼은 하나의 실체가 갖고 있는 속성이라고 주장했다. 로크는 모든 지식은 경험에서 나온다고 주장했다. 보편적 인간본성에 따른 종교만을 주장한 것은 라이프니츠가 아니라 볼테르와 같은 계몽주의자들과 로크를 비롯한 영국의 이신론자들이다. 라이프니츠(Gottfried Wilhelm Leibniz, 1646-1716)는 독립된 실체적 단자들의 조화를 주장했다.

48. 다음 중 17세기 이후 영국에서 확산된 이신론자들의 주장에 가장 어울리지 않는 말은?
① 보편종교는 역사적 계시에 의존하지 않고 보편적 인간본성에 의지해야 한다.
② 기독교의 중심 내용은 결국 자연 종교의 내용과 일치할 수 없다.
③ 신앙고백을 강조하는 전통적 신앙은 편협한 교리주의에 불과하다.
④ 예수 그리스도의 신성은 이성적으로 증명될 수 없다.

※ 17세기 이후 영국에서 확산한 이신론(Deism)은 이성의 가능성 내에서만 하나님의 존재와 활동을 인정하려 했다. 이들은 신앙고백 중심의 기독교를 편협한 것으로 보고 비판했으며 정통 삼위일체교리나 기독론을 이성적 증명이 불가능하다고 비판했다. 그들은 기독교의 중심 내용을 자연 종교의 내용과 일치시키려 했다.

정답 45.③ 46.③ 47.① 48.②

49. 근대 유럽 계몽주의자들이 가졌던 기독교 이해에 대한 설명으로 적합하지 않은 것은?
① 특별한 교파나 경전의 하나님이 아닌 보편적인 신에 대한 신앙을 추구해야 한다.
② 이성의 올바른 사용을 통해 바람직한 인간상을 구현해야 한다.
③ 바른 종교는 도그마와 교회의 역사적 전통으로 검증된 신앙을 회복하는 것이다.
④ 로마 가톨릭에 의한 개신교도들에 대한 박해를 중단하고 종교적 관용을 회복해야 한다.

※ 18세기 유럽의 계몽주의자들은 대부분 도그마와 역사적 전통에 따른 기독교 신앙을 비판하고 이성의 올바른 사용에 따른 보편적 신앙을 추구했으며 절대왕정을 향해서는 종교적 관용을 촉구했다.

50. 1624년 영국에서 직공의 아들로 출생했으며 모든 교회 제도와 체계에 반대하고 내면적 빛에 의해 하나님을 신앙해야 한다고 주장하여 퀘이커 교도들에게 큰 영향을 준 인물은?
① 야콥 뵈메
② 조지 폭스
③ 임마누엘 스웨덴보리
④ 윌리엄 펜

※ 조지 폭스(George Fox, 1624-1691)는 기존 예배 형식이나 교회 제도를 부인하고 내면적 빛을 강조했던 퀘이커 교도들에게 큰 영향을 준 인물이다.

51. 다음 중 근대 유럽에서 활동한 종교사상가 스웨덴보리에 대한 설명으로 옳지 않은 것은?
① 1688년 스웨덴에서 출생했다.
② 근대의 과학적 탐구와 기독교 신앙을 연결하려 했다.
③ 범신론적 세계관을 주장했다.
④ 니케아 신조의 전통을 고수했다.

※ 스웨덴보리는 범신론적 이해에 따른 기독교의 재편을 주장했으며 따라서 정통 삼위일체 교리를 받아들이지 않았다.

52. 18세기 독일에서 전개된 경건주의 운동과 가장 거리가 먼 인물은?
① 필립 야콥 슈페너
② 요한 아른트
③ 아우구스트 헤르만 프랑케
④ 요한 게르하르트

※ 18세기 독일에서는 형식화된 신앙을 반성하면서 경건주의 운동이 전개되었다. 슈페너, 아른트, 프랑케 등이 경건주의 운동의 중요한 인물들이다. 한편 요한 게르하르트는 17세기 루터교 정통주의 신학자이다.

53. 다음 중 슈페너가 저술한 "경건한 열망"(Pia Desidera)에 대한 설명으로 적합하지 않은 것은?
① 일반 신자들의 경건을 증진시키기 위한 목적으로 저술되었다.
② 신학교 운영과 신학생 교육에 대한 내용을 담고 있다.
③ 새로운 형식과 내용의 설교가 이루어져야 할 필요성을 주장했다.
④ 사적인 모임보다는 목회자가 중심이 되는 공적 성경연구를 강조했다.

※ 슈페너는 1680년 "경건한 열망"을 발표하여 경건주의 운동의 가장 기본적인 지침을 제시했다. 이 책은 개인의 성경공부뿐 아니라 신학교육의 갱신까지 다룬다. 슈페너는 공식적 성경공부 모임을 보충하는 사적 모임의 도입을 추천했다.

정답 49.③ 50.② 51.④ 52.④ 53.④

54. 18세기 독일에서 전개된 경건주의 운동과 가장 무관한 것은?
① 기존의 루터파 교회로부터 독립해 독자적으로 교회를 조직했다.
② "만인사제사상"에 근거해 평신도와 목회자의 동등함을 강조했다.
③ 공동체적인 실천과 헌신을 위해 빈민구제와 고아원 운영을 시행했다.
④ 개신교회의 선교 운동에 자극을 주었다.

※ 18세기 독일에서 전개된 경건주의 운동은 신비주의와는 달리 성경연구에 기초한 공동체적 경건을 추구했으며 실제적인 봉사와 선교를 통한 경건의 실천을 추진했다. 그리고 기존 루터교의 교리를 부인하거나 루터교의 권위와 충돌하지 않으려 했다.

55. 1700년 드레스덴에서 태어나 슈페너의 영향을 받아 경건주의 운동에 헌신했으며 모라비아 공동체를 후원하여 헤른후트 공동체를 창설했던 인물은?
① 니콜라스 진젠도르프
② 바돌로메우스 지겐발크
③ 고트프리트 아놀트
④ 크리스챤 토마시우스

※ 1700년 드레스덴에서 출생한 진젠도르프는 경건주의자로서 모라비아 공동체를 후원했으며 헤른후트 공동체를 창설하고 이를 중심으로 신대륙 선교에 헌신했다.

56. 다음 중 존 웨슬리의 생애에 대한 설명으로 정확하지 않은 것은?
① 1703년 영국 중부 엡웨스에서 국교회 사제의 아들로 출생했다.
② 옥스퍼드 대학 재학 시절 홀리클럽을 조직해 경건 운동을 시작했다.
③ 신대륙 조지아주 사바나에서 선교활동을 하던 중 진정한 회심을 경험했다.
④ 모라비안 공동체의 영향을 받았으나 그들과 신학적 교류를 계속하지는 않았다.

※ 1703년 영국 국교회 목사의 아들로 태어난 존 웨슬리는 옥스퍼드 대학 재학 시절부터 홀리클럽을 창설하고 동료 학생들과 경건 운동에 힘썼다. 졸업 후 신대륙 조지아 선교에 헌신했으나 실패를 경험한 후 런던으로 돌아와 머무는 동안 1738년 5월 24일 올더스게이트에서 모라비아 공동체 모임에 참석하여 진정한 회심을 경험했다.

57. 웨슬리와 휘필드에 의해서 시작된 감리교 운동에 대한 설명으로 바르지 않은 것은?
① 감리교 운동은 모두 예정론에 있어서 칼빈의 입장을 따르지 않았다.
② 적극적인 복음 전도를 위해 옥외 설교 방식을 사용했다.
③ 초기에는 영국 국교회로부터의 분리를 추진하지 않았다.
④ 조직을 확장해 가는 과정에서 평신도와 여성들의 설교권을 일부 인정했다.

※ 웨슬리와 휘필드를 중심으로 영국에서 시작된 감리교 운동은 적극적인 복음 전도를 위해 옥외 설교를 시행했다. 효과적인 설교 사역을 위해 평신도와 여성들의 설교도 일부 인정하는 등 기성 교회와는 차별되는 방식을 허용했으나 영국 국교회로부터 분리하려 하지 않았다. 그리고 감리교 운동을 전개했던 모든 사람들이 칼빈주의적 예정론을 거절한 것은 아니다. 웨슬리와 달리 휘필드는 칼빈의 예정론을 충실하게 주장했고 이는 감리 운동 안에서 신학적 갈등을 불러일으켰다.

정답 54.① 55.① 56.③ 57.①

58. 1745년 영국 햄스테드 브리지에서 태어난 인물로서 1771년 존 웨슬리의 설교에 감명을 받아 신대륙으로 이주하여 감리교 운동을 전개했으며 미국에 감리 감독교회가 설립되는 데 지대한 영향을 준 인물은?
   ① 로저 윌리엄스
   ② 프란치스코 애즈버리
   ③ 조셉 필모어
   ④ 프란치스코 매케미

   ※ 프란치스코 애즈버리(Francis Asbury, 1745-1816)는 미국에서 감리교 운동이 감독제도를 통해 조직되어 독자적으로 발전하는 데 크게 공헌했다.

59. 다음 중 조지 휫필드에 대한 설명으로 올바른 것은?
   ① 1714년 스코틀랜드에서 출생했다.
   ② 옥스퍼드 크라이스트 처치 대학 재학 중 웨슬리와 홀리클럽에 동참했다.
   ③ 여러 차례 미국을 방문하여 제2차 대각성운동에 큰 영향을 주었다.
   ④ 성도의 삶의 변화를 강조하면서도 칼빈주의적인 예정론을 취했다.

   ※ 1714년 잉글랜드 글루스터에서 출생한 조지 휫필드는 옥스퍼드의 펨브로크 대학 재학 중 웨슬리와 함께 홀리클럽 멤버로 활동했다. 휘필드는 신대륙을 방문해 1740년대 전개된 제1차 대각성운동에 크게 영향을 끼쳤다. 그는 신자의 진정한 회심과 삶의 헌신을 강조했지만 웨슬리와 달리 칼빈주의적 예정론을 고수했다.

60. 다음 중 존 웨슬리가 전개한 감리교 운동의 영향을 받아 노예제도 폐지 운동을 추진했던 영국의 정치가는 누구인가?
   ① 존 뉴턴
   ② 아이작 와츠
   ③ 윌리엄 윌버포스
   ④ 윌리엄 로

   ※ 영국의 정치가 윌리엄 윌버포스(William Wilberforce, 1759-1833)는 1784년 하원의원이 된 이후부터 노예제도 폐지를 위해 헌신했다. 그의 헌신의 결과 그가 죽기 3일 전인 1833년 7월 26일 노예제도 폐지법안이 의회를 통과했다. 그는 웨슬리나 존 뉴튼(John Newton) 목사와 대화하면서 신앙적 차원에서 노예제도 폐지를 주장했던 복음주의 정치가로 평가받고 있다.

61. 1585년 잉글랜드 캠브리지에서 출생했으며 1611년 영국의 최초 식민지인 버지니아의 제임스 강가에서 목회했으며 원주민을 선교해 포카혼타스 등에게 세례를 주었던 목회자는?
   ① 알렉산더 휘태커
   ② 로버트 헌트
   ③ 존 스미스
   ④ 존 화이트

   ※ 알렉산더 휘태커는 영국에서 교회 지도자로서 중요한 역할을 담당했으며 1611년 신대륙의 첫 식민지 버지니아로 이주한 이후에도 교회를 설립하여 장로교적으로 운영했으며, 더 나아가 현지 주민들을 선교하는 일에도 헌신했다.

정답 58.② 59.④ 60.③ 61.①

62. 다음은 1620년 작성된 메이플라워 협약의 일부분이다. 이 문서와 관련한 설명으로 타당한 것은?

> 우리는 하나님의 영광과 기독교 신앙의 진흥 및 국왕과 국가의 명예를 위해 버지니아 북부에 최초의 식민지를 건설하기 위해 항해를 계획했고, 개척지에서 질서와 유지, 위의 목적의 촉진을 위해서 하나님과 서로의 앞에 엄숙하게 계약을 체결하며, 우리 스스로 민간 정치체제를 결성할 것을 결정했다. 이것을 제정하여 우리 식민지의 총체적인 이익을 위해 식민지의 사정에 가장 잘 적합하다고 생각되는 정당하고 평등한 법률, 조례, 법, 헌법이나 직책을 만들어, 우리 모두 당연히 복종과 순종할 것을 약속한다.

① 메이플라워호 출항 전 잉글랜드에서 청교도들에 의해 결의되었다.
② 새로운 식민지에서 철저하게 본국 국왕의 지배를 받을 것을 서약했다.
③ 정치적 조직의 정당성을 구성원들의 합의와 계약에 두었다.
④ 참정권의 기준을 바른 신앙보다는 출신 배경에 두었다.

※ 1620년 메이플라워호를 타고 메사추세츠 플리머스에 도착한 청교도들은 협약을 발표하여 자신들의 신앙적 취지를 밝혔다. 이 협약은 국왕과 국가의 명예를 언급하지만 실제로는 그리스도에 의한 통치와 그리스도의 영예를 위한 사회 건설을 가장 중요한 목적으로 삼았다. 이들은 정치적 조직의 정당성을 구성원들의 합의와 계약에 둠으로써 민주적 사회 운영을 추구했으며 참정권의 기준은 출신 배경이나 계층적 특권에 두지 않고 바른 신앙의 고백 위에 두었다.

63. 청교도 목사였던 로저 윌리엄스가 정교분리와 모든 신앙의 자유를 주장하면서 1636년 프로비던스를 중심으로 개척한 신대륙의 식민지는?

① 메사추세츠   ② 로드 아일랜드   ③ 코네티컷   ④ 메릴랜드

※ 로저 윌리엄스는 1636년 프로비던스를 중심으로 로드 아일랜드를 개척했고 정교의 분리와 모든 신앙의 자유를 보장하려 했다.

64. 1630년대 신대륙으로 이주한 존 윈스롭 등의 청교도 지도자들이 세상의 모든 나라가 우러러볼 수 있고 복음을 널리 증거할 수 있는 바람직한 사회와 국가 건설을 소망하면서 주장한 구호는?

① 소금과 빛   ② 언덕 위의 도시   ③ 하나님의 도성   ④ 운명의 길

※ 신대륙으로 이주한 청교도들은 마태복음 5장 14절을 인용해 새로운 땅에서 "언덕 위의 도시"를 건설해 바람직한 기독교 사회를 세우려는 이상을 품었다.

65. 18세기 신대륙에서 발생한 대각성운동에 대한 설명 중 올바른 것만을 묶은 것은?

> 가. 조나단 에드워즈의 사역이 중요한 계기가 되었다.
> 나. 영국에서 방문한 조지 휫필드의 순회 설교가 영향을 주었다.
> 다. "부흥"을 추구하는 북아메리카 기독교의 특징이 형성되었다.
> 라. 신비주의적 성격으로 인해 칼빈주의적 예정론이 약화되었다.
> 마. 부흥운동의 결과로 몰몬교와 안식교와 같은 신흥 기독교도 등장했다.

① 가, 나   ② 가, 나, 다   ③ 가, 나, 다, 라   ④ 가, 나, 다, 라, 마

※ 대각성운동 혹은 대부흥운동은 영국의 식민지배를 받던 신대륙과 미국 기독교의 중요한 특징이었다. 1740년대 전후 독립 이전 신대륙에서 벌어진 제1차 대각성운동은 조나단 에드워즈를 비롯한 설교자들의 사역을 통해 본격화되었으며 조지 휫필드의 순회 설교 역시 큰 영향을 주었다. 그러나 신비주의적 성향으로 인해 칼빈주의적 신학이 약화되지는 않았다. 몰몬교와 안식교 등 신흥종교들은 미국이 독립한 이후 19세기에 출현했다.

정답 62.③ 63.② 64.② 65.②

66. 신대륙에서 발생한 여러 차례의 대각성운동과 그 중요한 지도자들이 바르게 연결된 것은?
   ① 1차 대각성운동 - 티모시 드와이트
   ② 2차 대각성운동 - 찰스 피니
   ③ 3차 대각성운동 - 조나단 에드워즈
   ④ 4차 대각성운동 - 드와이트 무디

   ※ 19세기 초 전개된 제2차 대각성운동 시기 찰스 피니는 가장 중요한 부흥운동의 지도자였다. 그는 "종교부흥 강의"(1835)를 저술했고 부흥은 기적이 아니라 적절한 방법을 사용하여 얻어낼 수 있는 노력의 결과라고 주장했다.

67. 다음 중 19세기 영국의 산업혁명 과정에서 복음주의 교회들이 전개한 대사회적 운동이나 정책에 해당한다고 보기 가장 어려운 것은?
   ① 주일학교 운동   ② 종획 운동   ③ 구세군 운동   ④ 노예제도 폐지 운동

   ※ 19세기 영국의 복음주의 교회들은 산업혁명 이후 발생한 사회적 문제들에 대처하기 위한 다양한 시도들을 전개했다. 주일학교 운동, 구세군 운동, 노예제도 폐지 운동 등이 대표적이다. 종획운동(encloser movement)은 미개간지나 공유지 등 공동이용이 가능한 토지에 담이나 울타리 등의 경계선을 쳐서 남의 이용을 막고 사유지로 확정하려 했던 경제적 변화를 일컫는 명칭이다.

68. 다음 중 1776년 독립을 선언한 미국의 기독교 발전의 특징으로 보기 어려운 것은?
   ① 미국 성공회와 감리교를 비롯한 여러 교파들이 독자적으로 발전했다.
   ② 진취적이고 자유로운 인간이해에 기초한 기독교 교파들이 나타났다.
   ③ 유럽에서의 이민의 증가로 로마 가톨릭과 루터파 교회의 수도 증가했다.
   ④ 대각성운동의 열정이 약화되고 합리주의적 이신론이 주류 기독교 신앙으로 자리잡았다.

   ※ 1776년 독립한 미국은 정교분리와 종교의 자유를 헌법 1조에 명시했다. 이후 미국에서는 각 교파들이 독자적인 전도와 선교를 통해 발전했으며 이민자들의 유입에 따라 로마 가톨릭도 성장했다. 미국 기독교는 자유로운 인간이해에 기초한 진취적 성격을 뚜렷이 보여주지만 대각성운동의 열정이 약화되지는 않았고, 이신론이 지배적인 신학으로 자리 잡은 것도 아니다.

69. 다음 중 미국 남북전쟁 시기 미국 교회에서 나타난 현상에 대한 가장 적절한 설명은?
   ① 미국 교회는 모두 노예제도를 반대했다.
   ② 전쟁이 발발하자 장로교를 비롯한 여러 교단들이 분열했다.
   ③ 흑인들을 중심으로 설립된 교회들은 점차 백인 교회에 흡수되었다.
   ④ 남북전쟁 이후 신앙적 회의가 팽배하여 교회가 급속히 쇠퇴했다.

   ※ 1861년부터 1865년까지 벌어진 미국의 내전인 남북전쟁은 미국의 교회들을 교파를 망라하여 분열시켰다. 미국의 각 교회들은 신학적 입장이나 교파의 신앙고백보다는 남부와 북부의 정치 경제적 입장에 따라 노예제도를 적극 반대하거나 소극적으로 지지하는 입장을 취했다. 북부의 승리로 인해 노예제도가 폐지되었음에도 불구하고 흑인들에 대한 차별이 계속되었으며 이후 흑인들을 중심으로 한 교파들은 독자적으로 성장해 나갔다. 전쟁의 참혹한 결과는 미국인들에게 신앙적 열정과 영적 각성을 새롭게 일으켰다.

70. 다음 중 19세기에 미국에서 처음으로 출현한 기독교와 관련한 신흥종교나 이단에 속하지 않는 것은?
   ① 몰몬교   ② 여호와의 증인   ③ 크리스천 사이언스   ④ 유니테리언

   ※ 정교분리를 헌법에 명시한 19세기 미국에서는 다양한 기독교 분파 및 이단들이 등장해 세력을 확장했다. 유니테리언들은 예수 그리스도의 완전한 신성을 인정하지 않고 삼위일체 교리를 부인하는 자들로서 16세기 등장한 소시누스주의로부터 영향을 받았으며 18세기 이신론자들을 통해 이미 신대륙에서 시작되었다.

정답 66.② 67.② 68.④ 69.② 70.④

71. 다음은 근대주의에 맞서기 위해 로마 교황 피우스 9세가 1869년 소집한 제1차 바티칸 공의회에서 결정된 교황에 대한 교리의 일부분이다. 보기 중 빈칸에 가장 합당한 용어는 무엇인가?

> 로마 교황이 모든 신자들의 목자이자 교사로서 자신의 직분에 의거하여 전체 교회가 지켜야 할 신앙과 생활에 관련 교리를 정하여 말하는 것은 지존한 사도들의 권위와 복된 베드로에게 약속하신 하나님의 거룩한 도움으로 인해 (　　　　)을 지닌다.

① 신적 무오류성　　　　② 도덕적 우월성
③ 법적 구속력　　　　　④ 보편적 규범성

※ 제1차 바티칸 공의회는 근대 합리주의의 도전에 대항하기 위해 교황의 신적 무오류성을 주장하고 이를 바탕으로 유럽의 근대국가들이 시행하는 여러 정책들을 정죄했다.

72. 다음 중 19세기 독일에서 발표된 자유주의 신학을 담은 저술이 아닌 것은?
① 불트만의 "공관복음 전승사"
② 하르낙의 "교리사"
③ 포이에르바하의 "기독교의 본질"
④ 리츨의 "칭의와 화해에 대한 기독교 교리"

※ 루돌프 불트만의 "공관복음 전승사"는 1921년 발표되었다.

73. 1768년 실레지아에서 개혁파 목사의 아들로 태어났으며 1799년 "종교론"을 발표해 큰 영향을 끼쳤고, 전통적 기독교를 근대적 안목으로 재해석하여 기독교 신앙의 기초를 정통 교리나 신앙고백이 아니라 인간적 종교 체험과 감정이라고 이해했던 사상가는?
① 요한 고틀리프 피히테
② 쇠렌 키에르케고르
③ 프리드리히 슐라이어마허
④ 프리드리히 니체

※ 프리드리히 슐라이어마허는 "종교론"(1799)에서 인간의 보편적 종교 체험과 공통의 감정에 기초한 기독교 신학을 주장했다.

74. 다음 중 네덜란드의 신학자이며 정치가인 카이퍼에 대한 설명으로 적합하지 않은 것은?
① 1880년 암스테르담 자유대학을 설립했다.
② 반혁명당을 이끌고 네덜란드의 수상이 되었다.
③ 그가 주장한 영역주권 사상은 이후 개혁신학에 큰 영향을 주었다.
④ 1886년 국가교회에 맞서 "분리"(Afscheiding) 운동을 전개했다.

※ 아브라함 카이퍼는 국가의 교회통제 정책을 반대하고 1880년 암스테르담에 자유대학을 설립했으며 "애통"(Doleantie) 운동을 통해 국가교회로부터 분리했다. 신학적으로는 칼빈의 신학을 사회, 문화, 정치 영역에까지 영역주권 사상을 통해 광범위하게 확대 적용하려 했다. 그는 더 나아가 목사직과 교수직을 내려놓고 직접 정치에 뛰어들어 기독교 정신에 입각한 반혁명당을 이끌었고 1901년 수상에 취임해 1905년까지 수상직을 수행했다.

정답　71.①　72.①　73.③　74.④

75. 다음 중 20세기 두 차례 세계대전 이후 기독교의 특징으로 볼 수 없는 것은?
① 로마 가톨릭은 제2차 바티칸 공의회를 소집해 보수적 입장을 강화했다.
② 개신교회는 전 세계적인 선교를 적극 추진했다.
③ 실존주의 신학, 해방신학, 토착화 신학 등 다양한 신학적 추구로 전개되었다.
④ 흑인과 여성, 노동자와 같은 교회 내의 다양한 목소리가 커졌다.

※ 두 차례의 세계대전 이후 로마 가톨릭은 1962년부터 1965년까지 제2차 바티칸 공의회를 개최하여 대사회적 입장이나 타종교에 대한 입장에서 기존의 수구적 입장보다는 유연한 신학적 입장을 표명했다. 그러나 교황수위권을 비롯한 가장 중요한 신학적, 교회적 입장을 변경한 것은 아니다. 개신교는 다양한 구성원들의 목소리를 반영한 신학이 전개되었으며 세계 선교를 적극 추진하기 시작했다.

76. 바르트와 불트만, 본회퍼 등 독일의 기독교 지도자들이 히틀러의 나치 독재와 폭압에 맞서 1934년 기독교 신앙의 바른 태도에 대해 천명한 선언은?
① 베를린 선언　　　　② 포츠담 선언
③ 바르멘 선언　　　　④ 뮌헨 선언

※ 독일의 나치 정권의 독재적이며 폭압적인 정책에 맞서 독일 고백교회의 양심적인 인사들은 1934년 바르멘에 모여 기독교 신앙의 바른 태도에 대해 천명하는 "바르멘 선언"을 발표했다. 이 선언은 바르트의 신학적 입장을 따라 하나님의 말씀인 예수 그리스도만이 복종의 대상이요, 하나님의 계시라고 말함으로써 히틀러의 종교정책에 대한 반대를 분명히 했다.

77. 다음 중 20세기 독일의 기독교 신학자 본회퍼가 쓴 저술이 아닌 것은?
① 신도의 공동생활　　② 옥중서신
③ 교회교의학　　　　④ 나를 따르라

※ "교회교의학"은 칼 바르트의 대표작이다.

78. 다음 중 20세기 미국에서 활동한 대표적인 신학자와 그의 작품을 바르게 연결한 것은?
① 라인홀트 니버 - 그리스도와 문화
② 그레샴 메이첸 - 기독교와 자유주의
③ 리차드 니버 - 도덕적 인간과 부도덕한 사회
④ 폴 틸리히 - 세속도시

※ "그리스도와 문화"는 리차드 니버의 작품이며, "도덕적 인간과 부도덕한 사회"는 그의 형인 라인홀트 니버의 대표적 작품이다. "세속도시"는 하버드 대학의 교수 하비 콕스의 작품이다. 그레샴 메이첸은 1923년 현대주의의 신학적 도전을 비판하는 "기독교와 자유주의"를 발표했다.

79. 다음 중 1948년 세계교회협의회(WCC)의 첫 총회가 열린 도시는?
① 에든버러　　　　　② 암스테르담
③ 에반스톤　　　　　④ 하라레

※ 세계교회협의회는 1948년 네덜란드 암스테르담에서 첫 총회를 개최했다.

정답　75.①　76.③　77.③　78.②　79.②

80. 다음 중 칼 바르트에 대한 설명으로 바르지 않은 것은?
① 1886년 스위스 바젤에서 출생한 개혁교회 목사이다.
② 1922년 발표한 로마서 주석 2판은 당시 자유주의 신학을 대표하는 작품이다.
③ 1934년 히틀러의 나치 정책에 반대하는 바르멘 선언을 주도했다
④ 하나님의 말씀으로서의 예수 그리스도를 강조하는 신학을 전개했다.
※ 칼 바르트가 1922년 발표한 "로마서 주석" 2판은 당시의 자유주의 신학을 비판하고 하나님의 말씀의 신학을 주장했다.

81. 1974년 스위스의 로잔에서 열린 제1차 세계복음화국제대회(The First International Congress on World Evangelization)에 대한 설명으로 바르지 않은 것은?
① 개신교의 보수적이며 복음주의적인 성향을 대표한 회의였다.
② 비서구 기독교 대표자들을 포함해 150개국에서 2,700명의 대표자들이 참석했다.
③ 영국의 대표적 복음주의자인 존 스토트가 의장을 맡았다.
④ 복음전도와 더불어 교회의 사회적 책임에 대해서도 적극적인 입장을 표명했다.
※ 존 스토트는 로잔 언약 작성위원회의 위원장으로서 언약의 주요 내용들을 초안했다. 그러나 1974년 로잔 대회의 의장은 미국의 부흥운동가 빌리 그래함이 맡았다.

82. 다음 중 미국의 흑인인권운동가 마틴 루터 킹에 대한 설명으로 바르지 않은 것은?
① 1929년 미국 조지아주 애틀란타에서 침례교 목사의 아들로 태어났다.
② 1955년 프린스턴 신학교에서 박사학위를 받았다.
③ 1964년 비폭력 저항운동의 공로를 인정받아 노벨 평화상을 수상했다.
④ 1968년 테네시주 멤피스에서 백인 우월주의자에게 암살당했다.
※ 마틴 루터 킹은 1955년 보스턴대학에서 조직신학으로 박사학위를 취득했다.

83. 다음 중 20세기 미국에서 활동한 개혁신학자가 아닌 인물은?
① 알렉산더 핫지   ② 루이스 벌코프   ③ 게할더스 보스   ④ 코넬리우스 반틸
※ 찰스 핫지의 아들인 아치발드 알렉산더 핫지는 1823년 태어나 인도에서 선교 사역을 했으며 교회에서 목회를 하다가 1878년부터 프린스턴 신학교에서 조직신학을 강의했고 1886년 세상을 떠났다.

84. 다음 중 21세기 세계기독교의 흐름에 대한 올바른 설명으로 보기 가장 어려운 것은?
① 21세기 첨단 기술의 발달에도 불구하고 새로운 이단들의 발흥과 신비주의의 확산이 계속되고 있다.
② 로마 가톨릭은 교황 중심의 교회제도와 개신교와 차별되는 기존의 핵심 교리들을 지키려 하고 있다.
③ 이슬람 세계와의 종교적 갈등이 심화되고 있으나 선교의 노력은 계속되고 있다.
④ 개혁신학에 입각한 보수적 교회가 전 세계 기독교에 가장 큰 영향력을 행사하고 있다.
※ 보수적 개혁신학에 입각한 교회는 교세에 있어서 전 세계에서 가장 큰 교회는 아니다. 신학적으로도 가장 큰 영향력을 발휘하고 있다고 보기는 어렵다. 그러나 진리는 수의 많고 적음으로 결정되는 것은 아니다. 따라서 21세기의 종교다원주의의 도전과 포스트모더니즘의 시대적 조류 속에서 바른 신학과 바른 신앙을 지키고 전해야 할 우리 교단의 시대적 사명이 크다.

정답 80.② 81.③ 82.② 83.① 84.④

85. 1598년 4월 13일, 낭트 칙령은 누가 공포한 것인가?
    ① 앙리 4세　　② 앙리 3세　　③ 앙리 2세　　④ 앙리 1세
    ※ 1598년 앙리 4세가 구교와 신교 사이의 갈등문제를 해결하기 위한 선언으로 신교도들에게도 구교도들과 같이 관직에 오를 수 있는 권리를 부여했고, 예배의 자유를 허용하였다.

86. 근현대 교회사의 뿌리가 되는 역사적 사건은?
    ① 산업혁명　　② 종교개혁　　③ 프랑스혁명　　④ 청교도운동

87. 기독교 강요 초판과 관련 있는 연도는?
    ① 1536년　　② 1436년　　③ 1636년　　④ 1336년

88. 다음은 누가 한 말인가?

    > "만일 내가 성경이나 명백한 이성에 의해 그르다고 증명되지 않는다면, 철회할 수 없을 뿐만 아니라 철회하지도 않을 것이다. 양심에 거역하면서 나가는 것은 안전하지도 않고, 옳지도 않다. 하나님은 나를 도우신다. 아멘"

    ① 마르틴 루터　　② 존 칼빈　　③ 칼 5세　　④ 에라스무스

89. 루터의 독일어 성경은 어떤 역본을 중심으로 번역한 것인가?
    ① 제롬의 70인역 성경
    ② 에라스무스의 헬라어 성경
    ③ 스테파누스의 헬라어 성경
    ④ 스크리베너의 헬라어 성경

90. 마르틴 루터에게 스콜라 철학을 넘어설 수 있도록 철학적 영향을 준 사람은?
    ① 존 스타우피츠　　② 존 칼빈　　③ 칼 슈타트　　④ 에라스무스

91. 슈말칼텐 전쟁(1546-47)에 대하여 틀리게 설명한 것은?
    ① 칼 5세가 개신교 프로테스탄트 운동을 억제하기 위해 군대를 동원하였다.
    ② 개신교 프로테스탄트 영주 측이 전쟁에서 패하였다.
    ③ 개신교 프로테스탄트 영주 측이 전쟁에서 승리하였다.
    ④ 일부 프로테스탄트 영주들이 동맹을 배반하고 황제 편으로 넘어갔다.

92. 아우크스부르크 제국회의에서 채택된 신조인 아우크스부르크 가신조(1548)에 대해 틀리게 설명한 것은 어떤 것인가?
    ① 일반교회 회의에 의해 최종적인 결정이 내려질 때까지 잠정적인 효력을 가진다는 의미이다.
    ② 7성례는 인정하지 않았다.
    ③ 죽은 자를 위한 미사가 부활되었다.
    ④ 오직 믿음으로만(Sola fide) 구원을 받는다는 교리에 대해 사랑 없는 믿음은 아무것도 아니므로 구원을 받기 위해서는 믿음 외에 사랑도 필요하다는 방향으로 고쳤다.

정답 85.①　86.②　87.①　88.①　89.②　90.①　91.③　92.②

93. 아우크스부르크 종교화약이 이후의 역사에 미친 영향이 아닌 것은?
   ① 구교와 신교의 분리는 돌이킬 수 없는 역사적 사실로 확증되는 계기가 된다.
   ② 독일에서의 종교의 단일성 유지라는 원대한 목표를 달성하는 데 실패했다.
   ③ 이후로부터 서양 교회사는 신앙고백주의 시대로 접어들게 되는 계기가 된다.
   ④ 칼 5세가 가진 권력이 더욱 강화되는 계기가 된다.

94. 중세적 관행과는 다르게 1555년 이후의 독일에서는 각 지방 영주가 자기 지방의 종교 문제에 대해 최종적인 책임을 지게 되었는데 이것을 무엇이라고 하는가?
   ① 종교 관할권   ② 종교 관행권   ③ 종교 관철권   ④ 종교 관습권

95. 아우크스부르크 종교화약으로 개신교는 종교의 자유를 쟁취했으나, 이 종교의 자유는 루터파에게만 주어지고, 칼빈주의자, 츠빙글리주의자, 재세례파에게는 주어지지 않았다. 이것은 어떤 전쟁의 불씨가 되었는가?
   ① 30년 전쟁(1618-48)
   ② 40년 전쟁(1618-58)
   ③ 20년 전쟁(1618-38)
   ④ 10년 전쟁(1618-28)

96. 갈리칸 교회(Gallican Church)의 기초가 된 것은 어떤 조약인가?
   ① 부르쥬 조약
   ② 볼로냐 조약
   ③ 삼부회 조약
   ④ 메르센 조약

97. 니콜라스 콥(Cop)의 대학 학장취임연설에서 이루어진 연설문을 기초한 사람은?
   ① 칼빈   ② 루터   ③ 츠빙글리   ④ 니콜라스

98. 앙리 2세 때 프랑스의 종교 상황이 아닌 것은?
   ① 프랑스에서 개신교의 박해가 심했다.
   ② 칼빈 저서의 금서화가 풀렸다.
   ③ 샤또 브리앙 칙령(Chateaubriand)이 공포되었다.
   ④ 화형재판소를 설치했다.

99. 1598년 4월 13일, 앙리 4세가 낭트 칙령을 공포함으로 끝난 전쟁은 무엇인가?
   ① 장미 전쟁
   ② 위그노 전쟁
   ③ 백년전쟁
   ④ 파비아 전쟁

100. 낭트 칙령의 내용이 아닌 것은 어떤 것인가?
   ① 가톨릭은 프랑스의 국가교회이다.
   ② 위그노도 양심의 자유를 갖는다.
   ③ 위그노도 무한한 예배의 자유를 갖는다.
   ④ 위그노에 대한 사회, 정치적 차별을 철폐한다.

정답 93.④ 94.① 95.① 96.② 97.① 98.② 99.② 100.③

101. 네덜란드 칼빈주의의 사상적 근원과 전혀 관계가 없는 것은 어떤 것인가?
   ① 칼빈
   ② 근대적 경건
   ③ 로테르담의 에라스무스
   ④ 공동생활 형제단과의 단절

102. 네덜란드 칼빈 운동에 대한 설명으로 옳지 않은 것은?
   ① 1566년, 안트베르펜에서 네덜란드 최초의 노회가 결성되었다.
   ② 벨지움 신앙고백은 칼빈의 영향을 강하게 받은 것이었다.
   ③ 벨지움 신앙고백은 루터의 영향을 강하게 받은 것이었다.
   ④ 괴제(Geuse)동맹 결성 후 네덜란드 귀족들은 영지 내에서 칼빈주의자들을 보호하였다.

103. 아르미니우스주의가 칼빈주의와 다른 점은 어떤 것인가?
   ① 예정론
   ② 신정론
   ③ 기독론
   ④ 국부론

104. "아담의 타락 이전에 이미 인간의 구속은 예지되었고 계획되었다. 아담의 타락은 하나님의 계획 속에 포함되어 있었을 것이다. 무조건적 예정 교리를 지지한다."라는 주장에 대하여 반응한 사람들이다. 사실과 다른 것은 어떤 것인가?
   ① 칼빈도 동의하였다.
   ② 베자도 동의하였다.
   ③ 아르미니우스도 동의하였다.
   ④ 타락 전 예정설이다.

105. "모든 인간에게 원죄의 영향력을 깰 수 있는 충분한 은혜를 주셨다. 성령과 협력하여 중생의 삶을 살 수 있다. 중생하지 못한 자는 은혜를 잘 활용하지 못한 것이다." 이런 주장을 하는 사람들은 누구인가?
   ① 칼빈주의자
   ② 아르미니우스주의자
   ③ 가톨릭주의자
   ④ 교황주의자

106. 칼빈주의 5대 교리를 채택한 회의는 어떤 회의인가?
   ① 하이델베르크 회의
   ② 도르트레흐트 회의
   ③ 암스테르담 회의
   ④ 로테르담 회의

107. 청교도에 대한 설명 중에 틀린 것은 어느 것인가?
   ① 잉글랜드 영성운동을 추구하였다.
   ② 기독교인의 실제적인 체험적 삶을 강조하였다.
   ③ 영국 국교회에 존재하던 로마 가톨릭적 영성의 예전형식을 거부하였다.
   ④ 율법주의에 사로잡혀 행위만을 강조하였다.

정답 101.④ 102.③ 103.① 104.③ 105.② 106.② 107.④

108. 영국 청교도의 두 파에 대하여 설명한 것 중 틀린 것은?
   ① 회중파라고도 하는 독립파로 청교도 내의 급진파이다.
   ② 영국교회와의 분리를 반대하는 온건파로 장로파이다.
   ③ 브라운은 독립파의 창시자로 1581년에 회중교회를 세웠다.
   ④ 토마스 카트라이트는 독립파의 창시자로 1572년 회중교회를 세웠다.

109. 토마스 카트라이트(1535-1603)에 대해 맞지 않는 말은 어느 것인가?
   ① 영국교회의 주교제도를 부정했다.
   ② 장로교회를 부정하고 회중교회를 제시하였다.
   ③ 제네바 개혁교회에서 영향을 받았다.
   ④ 케임브리지대학 교수 출신이다.

110. 장로제 도입과 주교제 폐지 등의 주장이 담긴 청교도들의 천인청원서로 비롯된 햄튼궁 회의에서의 성경 번역 제안으로 1611년 번역된 성경역본은 어떤 성경인가?
   ① 루터판 성경   ② 칠십인역 성경   ③ 킹제임스 성경   ④ 웨슬판 성경

111. "왕은 의회의 동의 없이 세금 징수 불가"하고 또 "왕은 자의적으로 시민 구속 불가"하다는 내용의, 청교도가 주축이 되어 하원이 1628년 제출한 청원은 무엇인가?
   ① 종교청원   ② 권리청원   ③ 구교청원   ④ 신교청원

112. 영국교회의 주교제를 폐지하고, 영국교회 제도를 확정 짓기 위해서 런던 교외에서 교회 회의를 소집하였는데 그것은 어떤 회의인가?
   ① 런던 회의   ② 웨스트민스터 회의   ③ 아일랜드 회의   ④ 스코틀랜드 회의

113. 다음 중 웨스터민스터 회의에 대해서 틀린 내용은 어느 것인가?
   ① 웨스트민스터 신앙고백서를 확정하고 의회에 제출했다.
   ② 웨스트민스터 신앙고백서는 1660년 왕정 복고 후 효력을 상실하게 되었다.
   ③ 1646년 말, 장로파가 제출했다.
   ④ 영국 의회는 이 신앙고백서를 1648년 수용하지 않았다.

114. 켈틱 교회에 관한 설명으로 맞지 않는 것은 어떤 것인가?
   ① 콜롬바에 의해 세워진 교회이다.
   ② 150년 정도 다른 교회들과 교류가 없었다.
   ③ 켈틱 교회와 가톨릭 교회는 관습이 거의 차이가 없다.
   ④ 켈틱 기독교라는 독특한 기독교 전통이 세워졌다.

115. 1560년 스코틀랜드에서 신교가 국교로 공인되고 스코틀랜드 신앙고백서를 작성한 사람은 누구인가?
   ① 칼빈   ② 존 녹스   ③ 츠빙글리   ④ 루터

정답 108.④ 109.② 110.③ 111.② 112.② 113.④ 114.③ 115.②

116. 30년 전쟁에 대한 설명으로 바르지 않은 것은 어떤 것인가?
   ① 종교적인 측면에서 칼빈주의와 가톨릭주의의 전쟁이다.
   ② 루터교 국가인 덴마크와 스웨덴도 참전하였다.
   ③ 신성로마제국의 쇠퇴와 1555년 아우크스부르크 종교화약 이후의 종교적인 불안정이 주원인이라고 볼 수 있다.
   ④ 보헤미아, 헝가리, 스페인, 덴마크, 스웨덴, 프랑스 등 유럽의 각국이 참전하는 국제전의 양상이 아니었다.

117. 하이델베르크 신앙교리문답에 관한 설명으로 바르지 못한 것은?
   ① 1563년에 초판이 발행되었다.
   ② 1618~19년 화란의 도르트문트 총회에서 만장일치로 채택되었다.
   ③ 올레비안과 우르신을 통해서 작성하도록 했다.
   ④ 1593년 초판이 발행되었다.

118. 독일의 30년 전쟁으로 독일과 스웨덴 사이에 맺은 평화조약은 어떤 것인가?
   ① 런던 조약   ② 베스트팔렌 조약   ③ 팔츠 조약   ④ 뮌헨 조약

119. 이신론(Deism)에 대하여 설명한 것 중 틀린 것은 어떤 것인가?
   ① 17세기 영국에서 시작된 사상으로 계시를 이성으로, 종교를 철학으로 대치시켰다.
   ② 18세기 독일에서 시작된 사상으로 계시를 이성으로, 종교를 철학으로 대치시켰다.
   ③ 자연은 신의 완전 창조이므로 특별 계시는 필요 없다.
   ④ 사상가로는 자연신교의 시조로 이성과 도덕률을 강조한 헐버트(1581-1648)가 있다.

120. 경건주의(Pietism)에 대한 아래의 설명 안에 들어갈 말은 어떤 것인가?

   "경건주의는 17세기 말 화란과 독일의 개신교에서 일어난 참 경건과 참 교회를 위한 교회 안의 개혁운동이다. 종교개혁 이후 개신교에서 손꼽히는 의미 있는 운동으로 '새로운 종교개혁' 또는 '(   )'으로 불리기도 하였다."

   ① 경건운동   ② 제2의 종교개혁   ③ 쇄신운동   ④ 영성운동

121. 경건주의의 시대적 배경으로 맞지 않는 것은 어떤 것인가?
   ① 종교개혁 이후 참혹한 30년 전쟁을 거치면서 정신적인 새로운 기운을 갈망했다.
   ② 영국 청교도의 경건성이 역으로 유럽에 전해졌다.
   ③ 극단적인 "논쟁신학"보다는 "성경"에 근거한 신학에 갈급하였다.
   ④ 철학적 경건을 강조하는 청교도주의의 역할로 연결되었다.

122. 케임브리지 대학의 교수로서 회심에로의 열망과 양심에 대해 연구한 청교도주의 신학의 아버지이며 동시에 "경건주의의 아버지"로 불리는 사람은 누구인가?
   ① 윌리엄 퍼킨스   ② 윌리엄 에임스   ③ 푸치우스   ④ 호른베이크

정답 116.④ 117.④ 118.② 119.② 120.② 121.④ 122.①

123. 화란의 청교도주의를 접목하여 18세기 미국의 조나단 에드워즈의 대각성운동의 사상에 영향을 주며 신학과 삶을 연결하도록 했던 사람은 누구인가?
   ① 윌리엄 퍼킨스
   ② 윌리엄 에임스
   ③ 푸치우스
   ④ 호른베이크

124. 27세에 브레멘 대학 교수로 "거룩한 언어학에 관하여(De Philologia sacra)"라는 취임 연설을 한 사람은 누구인가?
   ① 윌리엄 퍼킨스
   ② 윌리엄 에임스
   ③ 콕세이우스
   ④ 호른베이크

125. 경건주의 학자인 슈페너(J. Spener, 1635-1705)에 대해 틀린 것은 어떤 것인가?
   ① 스트라스부르크 대학에서 역사를 공부하였다.
   ② 프랑크푸르트에서 청빙을 받아 1666~1686년 동안 목회 사역을 하였다.
   ③ 루터파 정통주의 신학을 전공하였다.
   ④ 제네바를 여행하면서 칼빈에게 영향을 받았다.

126. 모라비아 교회에 관해 틀리게 말한 것은 어느 것인가?
   ① 이들의 경건주의 운동을 Moravianism이라고 한다.
   ② 헤른후트(Herrnhut: 주님의 망대)라는 곳에 피난촌을 세웠다.
   ③ 진젠도르프의 지도로 1727년 모라비아 교회를 건립하기 시작했다.
   ④ 수도원적 신앙으로 세계 선교에 목적을 두었다.

127. 18세기 영국의 복음주의 부흥운동이 일어나기 전 상황이 아닌 것은?
   ① 영국 국교회와 비국교회 모두 무기력한 상태이었다.
   ② 복음이 교회 울타리를 벗어나 교회 밖의 민중을 향해 활발하게 역사했다.
   ③ 대중의 문화는 저속했고 법은 무자비하게 집행되곤 했다.
   ④ 농업국가에서 공업국가로 변화되는 산업혁명이 시작되는 시기였다.

128. 감리교의 시초가 되었던 이 모임은 어떤 모임인가?
   ① 홀리클럽
   ② 영성클럽
   ③ 경건클럽
   ④ 신앙클럽

129. 웨슬리에 대한 설명 중 바른 내용은 어떤 것인가?
   ① 웨슬리는 선행은총론(선재적 은총론)을 주장하였다.
   ② 웨슬리는 칼빈주의자였다.
   ③ 결혼을 엄격하게 금하였다.
   ④ 국교회에서 분리하여 1690년에 감리교 연합회를 세웠다.

정답 123.② 124.③ 125.④ 126.④ 127.② 128.① 129.①

130. 칼빈주의적 감리교(Calvinistic Methodist)에 대해 맞지 않는 것은 어떤 것인가?
① 조지 휫필드는 칼빈주의적인 감리교이다.
② 중생의 필요성을 강조했다.
③ 종교개혁을 따라 믿음으로 의롭게 됨(이신칭의)을 강조했다.
④ 구원에 있어서 하나님의 행하심이 우선되는 하나님 중심주의가 아니었다.

131. 아메리카 대륙의 기독교 전래에 대한 설명으로 맞지 않는 것은 어떤 것인가?
① 미국의 기독교는 유럽에서 전래가 되었다.
② 뿌리는 유럽 기독교지만 신대륙의 상황 때문에 독특한 기독교가 발전하게 되었다.
③ 북미의 많은 개신교 교파들이 유럽의 모교회들로부터 독립하여 소위 미국 기독교가 형성되었다.
④ 로마 가톨릭은 원주민들에게 그들의 종교를 강요하지 않았다.

132. 잉글랜드의 청교도들이 미국 대륙에서 목사들을 교육하기 위해 1636년 세운 초기의 대학은 어떤 대학인가?
① 하버드 대학   ② 예일 대학   ③ 웨스트민스터 대학   ④ 프린스턴 대학

133. 미국의 대각성운동(The Great Awakening)에 대한 설명 중 틀린 것은?
① 18세기 미국에서 일어난 대각성운동은 미국의 종교생활에서 가장 큰 변혁운동이었다.
② 형식주의적이고 무기력한 교회생활을 반성하고 보다 깊고 체험적인 신앙을 강조했다.
③ 이 운동은 교회에 들어오는 규범적 방법으로 "체험(experience)"을 강조하였다.
④ 조나단 에드워즈는 청교도의 신앙을 계승하면서 구파와 신파의 입장을 통합한 새로운 칼빈주의를 형성하였다.

134. 조나단 에드워즈의 업적과 관련이 없는 것은 어떤 것인가?
① 각성운동의 당사자로서 청교도들의 칼빈주의적 구원교리를 재천명했다.
② 자연신론자들과 알미니안주의자들의 공격에 맞서서 역사적인 칼빈주의를 수호했다.
③ 미국식 칼빈주의를 형성하려 했으나 실패했다.
④ 하나님의 절대주권에 기초한 청교도들의 칼빈주의 유산에 유럽의 개혁파 경건주의를 흡수하여 칼빈주의 부흥운동을 전개했다.

135. 미국의 대각성운동의 평가(긍정 또는 부정)와 관련이 없는 것은?
① 감성에 치중하여 무질서해졌다.
② 전도 및 선교 활동이 무력화되었다.
③ 인권의식이 고양되었고 사회적 양심의 각성을 불러일으켜 노예문제의 검토가 일어났다.
④ 교단이 분열되어 장로교가 대립하는 결과를 초래하였다.

136. 대각성운동의 결과로 부흥파가 세운 미국의 대학은 어느 대학인가?
① 하버드 대학   ② 프린스턴 대학   ③ 예일 대학   ④ 뉴욕 대학

정답 130.④ 131.④ 132.① 133.③ 134.③ 135.② 136.②

137. 미국 최초의 장로회 노회 설립은 언제인가?
    ① 1706년 워싱턴 근교에서 미국 최초의 장로회 노회가 설립되었다.
    ② 1706년 필라델피아 근교에서 미국 최초의 장로회 노회가 설립되었다.
    ③ 1706년 뉴욕 근교에서 미국 최초의 장로회 노회가 설립되었다.
    ④ 1706년 시카고 근교에서 미국 최초의 장로회 노회가 설립되었다.

138. 찰스 하지(Charles Hodge, 1797-1878)에 대한 설명 중 틀린 것은?
    ① 아키발드 알렉산더의 영향을 받았다.
    ② 1812년에 세워진 프린스턴 신학교의 초대 학장이었다.
    ③ 찰스 피니를 비판하였고 복음적이며 개혁주의적인 신학자였다.
    ④ 성경의 최고권위를 주장하였고 웨스트민스터 신앙고백을 강조하였다.

139. 미국 남북전쟁 시대의 미국 교회 상황을 설명한 것 중 틀린 것은?
    ① 남장로교회의 지도자 손웰은 웨스트민스터 신앙고백서를 강조하고 노예제를 옹호하였다.
    ② 진보파 총회가 노예제도를 정죄했고 이에 반대하는 남부교회가 징계를 받자, 1857년 남부의 21개 노회가 연합남부대회를 조직하였다.
    ③ 노예폐지 반대 결정을 빌미삼아 보수파 총회는 1861년, 조지아의 어거스타(Augusta)에서 미연방장로교회(The Presbyterian Church in the Confederate States of America)를 조직하고, 노예제 지지자인 벤자민 팔머가 초대 총회장에 취임하였다.
    ④ 남북전쟁 이후 미국의 교회는 남북으로 분열된 교회를 통합하였다.

140. 1916년 미국의 장로교 총회가 자유주의 신학으로부터 교회를 보호하기 위해 "본질적이고 필수적인" 기독교의 5개 교리를 선언하는데 그 내용이 아닌 것은?
    ① 성경무오
    ② 그리스도의 동정녀 탄생
    ③ 그리스도의 육체적 부활
    ④ 그리스도의 제한적인 기적 행하심

141. 미국의 근본주의 논쟁에 대하여 설명한 것 중 그 내용이 옳지 않은 것은?
    ① 1919년 "세계기독교근본주의협의회"가 조직되었고 현대주의자들과 대결에 나섰다.
    ② 반대 입장의 현대주의자들은 1924년 "어번확인서(Auburn Affirmation)"를 발표하였다.
    ③ 1925년경에 프린스턴 신학교 내부에서 교장인 스티븐슨을 중심으로 자유주의 신학에 열려 있는 소수파와 메이첸을 중심으로 전통적 칼빈주의를 따랐던 다수파가 대립하였다.
    ④ 메이첸을 중심으로 프린스턴 신학교 교수였던 윌슨, 앨리스, 코넬리우스 반틸 등으로 교수진을 구성하여 카버넌트 신학교를 설립하게 된다.

정답 137.② 138.② 139.④ 140.④ 141.④

142. '개혁주의 교의학' 등의 저서를 출간하고 '신학의 학문성'이란 취임 연설로 개혁주의 신학과의 일치를 선언하며 1883년부터 1902년까지 20년 동안 캄펜신학교 교수를 하였던 신학자는 누구인가?
① 헤르만 바빙크
② 헤르만 리델보스
③ 아브라함 카이퍼
④ 헨드릭 스콜터

143. 미국의 남북전쟁 이후 미국교회에 나타난 현상이 아닌 것은?
① 독일로부터 밀려온 구 자유주의 신학의 확산
② 성경의 권위에 대한 도전
③ 성경에 나타난 초자연적 요소에 대한 동경
④ 산업화와 세속화의 확산
※ 근현대의 특징 중 하나가 성경의 권위에 대한 도전이다.

144. 슐라이어마허, 리츨, 하르낙의 공통점은?
① 종교개혁을 중요시 여김
② 감정이 아니라 성경을 신앙의 중심으로 여김
③ 구원의 회심을 주시함
④ 성경의 초자연적인 요소를 불신함
※ 1-3번까지는 부흥 시절의 특징이며 리츨 등은 성경 속의 신화적 요소를 거부하였다.

145. 세계교회협의회(WCC)에 대한 설명으로 합당하지 않은 것은?
① 전통적인 선교보다 '하나님의 선교'를 강조하였다.
② 전통적인 교회의 선교가 포기되고 사회의 제반 활동을 선교로 정의하였다.
③ 선교사 파송보다 사회활동을 지원하는 방향으로 선교 노선이 수정되었다.
④ 해방신학, 민중신학 등과 같은 토착화신학을 반대하였다.
※ WCC는 신학의 토착화를 주장하였다.

146. 1910년 에든버러대회 이후 선교운동이 축이 되어 1948년 암스테르담에서 결성된 다음과 같은 설명에 합당한 단체는?

| 타종교와의 대화를 강조하고 종교다원주의로의 길을 여는 계기가 되었다 |

① CCC   ② WCC   ③ ICCC   ④ WEA

147. 베스트팔렌 평화조약(The Peace of Westphalia)은 언제 있었나?
① 1648   ② 1688   ③ 1548   ④ 1588

정답 142.① 143.③ 144.④ 145.④ 146.② 147.①

148. 근대교회사의 출발점으로도 보는 유럽의 30년 종교 전쟁은 언제 있었나?
① 1616-1648년　② 1626-1636년　③ 1646-1676년　④ 1686-1726년

149. 베스트팔렌 평화조약(The Peace of Westphalia)에 대한 설명으로 합당하지 않은 것은?
① 교황의 영향력의 상실을 가져왔다.
② 종교적 관용의 가치가 커진 결과물이다.
③ 카를 5세의 신성로마제국을 이루려던 꿈이 실현되었다.
④ 구교와 신교를 통합하려는 정치적 야망이 약화되었다.

※ 베스트팔렌 평화조약은 신성로마제국의 붕괴를 가져오는 계기가 되었다.

150. 아우크스부르크 종교회의(The Peace of Augusburg)에 대한 의의로 적합하지 않은 것은?
① 황제가 지배하는 보편적 국가에서 영주를 중심으로 하는 근대 민족국가로서의 변천을 알리는 계기가 되었다.
② 영주가 자기 관할권 내 종교에 대하여 성직자 임명권, 재정권, 교리적 문제까지 관여하게 되었다.
③ 가톨릭이 개신교를 공식적으로 인정하게 된 사건이었다.
④ 개신교의 각 교단이 가톨릭에 맞서 단일화되는 계기가 되었다.

※ 신앙의 자유는 개신교의 분열을 촉발하였다.

151. 위그노전쟁(Huguenots, 1562-1598)에 대한 설명으로 합당하지 않은 것은?
① 칼빈주의 세력의 확장으로 인한 불만으로 인해 개신교 교단끼리 벌인 전쟁
② 1562년 3월 1일 Vassy에서의 살육이 참사의 시작이 됨
③ 프랑스 군대가 동원되어 위그노들을 살해함
④ 앙브와즈 칙령(Edict of Amboise)에 의해 일시적 평화가 옴

※ 프랑스의 가톨릭과 위그노 사이에 일어난 전쟁이었다. 이 전쟁은 스페인과 영국이 참전하는 국제전으로 발전하였다.

152. 성 바롤로매 대학살과 관계가 없는 것은?
① 프랑스 위그노와 가톨릭 신자인 마가렛 공주(Marguerite of Valois)와의 결혼식
② 이 결혼식을 반대한 가톨릭 교도들이 프랑스 위그노 수만 명을 학살함
③ 1672년에 있었음
④ 낭트 칙령으로 일시적 평화가 옴

※ 이 일은 1572년에 있었다.

153. 낭트 칙령(Edict of Nantes)에 대한 설명으로 틀린 것은?
① 프랑스의 개신교도였던 위그노에게도 신앙의 자유를 허용함
② 프랑스가 근대적 국민국가로 발전해 갈 수 있는 터전을 마련하는 계기가 됨
③ 앙리 3세가 발표함
④ 1598년에 발표됨

※ 낭트 칙령은 앙리 4세가 1598년에 선포한 것이다.

정답 148.④ 149.③ 150.④ 151.① 152.③ 153.③

154. 독일 30년 전쟁에 대한 설명으로 부적절한 것은?
① 예수회를 중심으로 한 가톨릭 세력의 회복
② 칼빈주의 교인들의 번성
③ 보헤미아 왕 페르디난드 2세가 교황 바울 2세와 연합하여 많은 개신교도들을 죽임
④ 낭트 칙령으로 화해됨

※ 베스트팔렌 평화조약으로 마감되었다.

155. 독일 30년 전쟁을 마감하게 한 베스트팔렌 평화조약에 대한 설명으로 합당하지 않은 것은?
① 1668년에 체결된 조약이다.
② 로마황제 페르디난드 3세와 프랑스 왕 루이 14세 그리고 스웨덴 여왕 크리스티나 사이에 맺어졌다.
③ 이 조약이 체결될 즈음 인간의 자율성과 인간이성의 가치가 강조되기 시작했다.
④ 중세를 마감하고 르네상스와 종교개혁을 통한 근대교회사의 태동을 알리는 신호탄이 되었다.

※ 전쟁은 1618-1648년까지 이어졌다.

156. 다음은 무엇을 설명하는 것인가?

> 이탈리아 귀족 집안에서 태어나 법학을 공부하여 법률가가 된 이 사람에 의하여 시작된 신학이다. 그의 사후 Schmalz라는 사람을 중심으로 교회가 세워지고 학교가 설립되었으며 상류사회를 중심으로 세력이 퍼져나갔다. 예수회의 세력이 상원을 움직여 학교를 폐쇄하고 교회의 문을 닫게 하였다. 폴란드에서 추방되었으나 네덜란드와 영국에서는 더 많은 지지자들을 얻었다.

① 경건주의
② 소시니안주의
③ 부흥운동
④ 스콜라주의

※ 소시니안은 현대 자유주의 신학의 뿌리 가운데 하나이다. 성만찬은 그리스도의 명령이라 보존할 것이나 상징적인 가치를 지닌다고 하였으며, 원죄나 예정론은 부인하고 사람에게 필요한 자유를 주장하였다. 인간의 전적 타락에 대한 교리도 배격했다.

157. 개신교 정통주의에 대한 설명으로 합당하지 않은 것은?
① 개신교 정통주의는 성경의 권위와 교리의 중요성을 강조하였다.
② 합리주의와 경건주의의 반발로 정통주의가 나타났다.
③ 영국에서는 합리주의가 경건주의보다 앞서 일어났다.
④ 독일에서는 경건주의 운동이 합리주의 운동보다 먼저 일어났다.

158. 계몽주의가 끼친 영향에 대한 설명으로 타당하지 않은 것은?
① 계몽주의는 신학과 철학을 분리하려는 움직임을 가져왔다.
② 계몽주의는 신앙을 절대적 순종의 영역에서 합리적인 이해의 영역으로 변경시켰다.
③ 계몽주의는 신앙은 반드시 인간의 이성에 뿌리를 두어야 한다는 경향을 촉발하였다.
④ 계몽주의는 종교적 당면 관심사를 도덕적인 면에서 초자연적인 면으로 변경시켰다

※ 계몽주의는 초자연적인 신앙에 대한 반발로 이성을 강조하였다.

정답 154.④ 155.① 156.② 157.② 158.④

159. 경건주의 운동에 관한 설명이 아닌 것은?
   ① 죄의 두려움과 회개의 강조
   ② 정통주의에 대한 반동
   ③ 선교열정의 표출
   ④ 인간 이성의 강조
   ※ 계몽주의가 경건주의에 대한 반발로 인간 이성을 강조하였다.

160. 삼위일체와 같은 전통적인 교리를 거부하고 인간의 이성을 근간으로 하는 인본주의적 기독교를 설파했던 유럽의 소시니안주의처럼, 삼위일체 교리를 거부하고 계시의존적 신앙이 아닌 인간의 이성으로 이해할 수 있는 기독교를 강조하며, 자연과학과 일치하는 기독교를 모토로 삼은 미국의 종교단체는 무엇인가?
   ① 몰몬교   ② 유니테리언
   ③ 여호와의 증인   ④ 안식교

161. 미국의 인본주의적 신앙형태를 성경 중심의 신앙형태로 바꾸는 계기가 된 제1차 영적 대각성운동에 대한 설명으로 타당하지 않은 것은?
   ① 조나단 에드워즈 등이 중심이 되었다.   ② 설교보다 찬양운동이 중요한 부분을 차지했다.
   ③ 회개와 하나님 주권이 강조되었다.   ④ 칼빈주의적 부흥운동이었다.
   ※ 찰스 피니 등이 중심이 된 2차 대각성운동의 특징이 찬양 부르기이다.

162. 제2차 대각성운동에 대한 설명으로 타당하지 않은 것은?
   ① 전통적인 칼빈주의 사상이 강조되었다.
   ② 낙관주의적 인간관이 강조되었다.
   ③ 주요인물은 찰스 피니 등이었다.
   ④ 부흥은 많은 부분이 준비하는 방법과 사람에게 달렸다는 점을 강조하였다.
   ※ 찰스 피니 등이 중심이 된 2차 대각성운동은 알미니안주의적 경향의 부흥운동이었다.

163. 제1차 대각성운동의 주역이 아닌 사람은?
   ① 존 웨슬리   ② 조나단 에드워즈   ③ 조지 휫필드   ④ 찰스 피니
   ※ 찰스 피니 등은 2차 대각성운동의 주자였다.

164. 1세기 동안 이어진 종교전쟁을 끝내고 유럽의 역사, 사회, 정치, 종교, 문화 전반에 엄청난 변화를 가져다준 사건이며 종교개혁의 시대가 끝나고 근대교회사로의 진입을 알리는 신호탄이 된 사건은?
   ① 아우크스부르크 종교화의   ② 베스트팔렌 조약
   ③ 웨스트민스터 신앙고백 제정   ④ 낭트 칙령
   ※ 베스트팔렌 평화조약(The Peace of Westphalia)으로 새 시대가 시작되었다.

정답 159.④ 160.② 161.② 162.① 163.④ 164.②

165. 아래는 어느 종파에 관한 설명인가?

a. 여성 에디(Mary Baker Eddy)에 의하여 창설
b. 범신론적 사상
c. 인간창조 부정

① 크리스챤 사이언스(Christian Science) ② 몰몬교
③ 여호와의 증인 ④ 퀘이커교

166. 다음은 누구에 대한 설명인가?

a) 순수이성 비판   b) 실천이성 비판   c) 판단력 비판

① 칸트(Immanuel Kant,1724-1804)
② 루소(J. J. Rousseau,1712-1778)
③ 괴테(J. W. von Goethe,1749-1832)
④ 쉴러(J. C. F. von Schiller,1759-1805)

167. 예수회에 대한 설명으로 합당하지 않은 것은?

① 피우스 7세가 중심 역할을 했다. ② 도미니크 파를 흡수했다.
③ 성심회가 조직되었다. ④ 개신교의 수도원 운동을 이끌었다.

※ 가톨릭의 개혁운동이다.

168. 스코틀랜드 교회와 관련이 없는 것은?

① 자유교회(Free Church) ② 언약도(Covenant)
③ 토머스 차머스(Thomas Chalmers) ④ 찰스 하지(Charles Hodge)

※ 하지는 미국인이다.

169. 옥스퍼드 운동(Oxford Movement:1833-1841)에 대한 설명이 아닌 것은?

① 옥스퍼드 대학을 중심으로 일어난 종교 운동이다.
② 주역은 홀리클럽의 멤버인 존 웨슬리와 찰스 웨슬리 그리고 조지 휫필드였다.
③ 기독교의 침체를 회복하려는 열정이 담겨 있었다.
④ 건실하고 순수한 교회를 육성하기 위해 도덕적 재무장을 강조하였다.

※ 웨슬리 형제와 휫필드가 주역이었던 홀리클럽과 구분되어야 한다. 존 키이블(John Keble,1792-1866), 리차드 프라우드(Richard H. Froude,1803-1836), 존 뉴우먼(John H. Newman,1801-1836) 등이 주역이었다

정답 165.① 166.① 167.④ 168.④ 169.②

5. 한국교회사

1. 다음 중 경교에 대한 설명으로 바르지 않은 것은?
① 네스토리우스주의와 관련이 있다.
② 경교가 중국에 전래된 것은 당나라 때인 635년경이다.
③ 당태종은 경교를 공인하였으나 당고종은 박해했다.
④ 석굴암의 십나한상, 돌십자가 등이 경교의 한국 전래의 증거라는 견해가 있다.

※ 당태종 때 경교가 공인되었고 당고종 때 국교로 인정받을 정도로 그들 모두 경교에 대해서 호의적이었다. 네스토리우스는 431년 에베소 공의회에서 그리스도의 신성보다는 인성을 강조한 나머지 정죄되었고 페르시아 쪽으로 이동했다. 그의 신앙이 후진들에 의해 경교라는 이름으로 당나라에 전파되었다.

2. 다음은 경교와 관련된 내용이다. 빈칸에 들어갈 적당한 말은?

> 경교는 635년 (　　　)을(를) 단장으로 하는 페르시아의 사절단을 통해서 당나라에 전해졌고, 중국에 경교의 전래가 역사적 사실로 확인되기 시작한 것은 1625년 (　　　)가 발견되면서부터이다.

① 이바스(Ibas)-당태종 중국비
② 바르 스마스(Bar Sumas)-진국대법주비
③ 알로펜(Alopen)-대진경교유행중국비
④ 아다이(Addai)-경교중국비

※ 당태종은 알로펜 등을 환영했으며 알로펜은 641년까지 포교하였고, 진국대법주가 되었다.

3. 1816년 조선 최초의 성경 전래와 직접 관련이 없는 것은?
① 고대도　　② 마량진
③ 순조실록　④ 서해안 해도

※ 1832년 7월 카를 귀츨라프가 한국 서해안을 방문했을 때 그는 고대도에 머물면서 국왕에게 선물을 보내고 그곳에서 서생을 통해 주기도문을 번역하게 했으며 감자재배법을 가르치기도 했다.

4. 16세기부터 17세기에 이루어진 조선시대의 천주교 접촉과 관련이 없는 인물은?
① 이수광　　② 허균
③ 소현세자　④ 이승훈

※ 이승훈(1756-1801)은 18세기의 사상가로 1784년 북경에서 그라몽(J. J. de Grammont) 신부에게 한국 최초의 천주교 세례를 받고 베드로라는 세례명을 얻었다.

정답 1.③ 2.③ 3.① 4.④

5. 다음 중 조선시대 천주교와 관련하여 잘못된 내용은?
   ① 1784년 이승훈은 세례를 받았고, 1845년 김대건은 신부서품을 받았다.
   ② 전라도 진산 윤지충과 그 이웃 권상현은 제사 문제 등으로 참수형을 당했다.
   ③ 김순성과 이지연은 박해로부터 천주교인들을 보호했다.
   ④ 1836년 이래 입국한 프랑스 신부는 총 26명이며 이 중 12명이 순교했다.

   ※ 김순성은 천주교 신도를 가장하여 잉베르 신부의 거처를 알아내 밀고하였고 이지연은 세 명의 신부와 수많은 신도들을 순교하게 만들었다.

6. 다음 중 조선에 내한한 카를 귀츨라프(Karl Gutzlaff)에 대한 설명으로 틀린 것은?
   ① 처음에 네덜란드 선교회에서 파송되었으나 중국선교를 위해 런던선교회로 옮겼다.
   ② 1830년 제너럴 셔먼호의 통역관으로 승선하여 서해안에 도착했다.
   ③ 7월 25일 충청도 홍주만 고대도에 도착하여 관리들과 접촉할 수 있었다.
   ④ 그는 성경을 건네주고 서생 "양이"에게 주기도문을 번역하게 했다.

   ※ 귀츨라프는 로드 암허스트(Lord Amherst)호에 통역관, 선의(船醫), 선목(船牧)으로 승선하여 1832년 7월 17일경에 황해도 서해안 장산곶 근해에 상륙한 후 고대도로 이동했다.

7. 다음 중 로버트 J. 토마스 선교사와 관련된 내용으로 올바르지 않은 것은?
   ① 1839년 9월 7일 웨일즈의 라야다(Rhyader, Radnoshire)에서 출생했다.
   ② 1863년 6월 4일 하노버교회에서 목사안수를 받았다.
   ③ 런던선교회 소속으로 중국에 도착하여 선교활동을 시작했다.
   ④ 한국에는 1866년에 한 번 내한하여 순교했다.

   ※ 토마스 선교사는 1865년과 1866년도에 내한하여 성경을 배포하고 복음을 전했다.

8. 다음 중 제너럴 셔먼호에 대한 설명으로 옳은 것은?
   ① 토마스 선교사가 책임자로서 제너럴 셔먼호를 이끌고 내한했다.
   ② 제너럴 셔먼호의 방한 목적은 조선을 침략하기 위해서였다.
   ③ 제너럴 셔먼호에 상품은 없었고 무기로 중무장을 하고 있었다.
   ④ 제너럴 셔먼호의 주된 방한 목적은 통상이었다.

   ※ 당시 제너럴 셔먼호에는 배 소유주 미국인 프레스톤(W. B. Preston), 선장 미국인 페이지(Page), 항해사 미국인 윌슨(Wilson)이 타고 있었고 이들은 많은 상품을 싣고 통상을 목적으로 항해를 지도했다.

9. 다음 중 존 로스와 존 맥킨타이어의 성경번역 사역에 동참한 한국인 조력자가 아닌 인물은?
   ① 이응찬   ② 백홍준
   ③ 이성하   ④ 노춘경

   ※ 성경번역 한국인 조력자들은 주로 의주 출신들이었다. 노춘경(노도사)은 존 로스 성경번역과는 관계가 없다. 노춘경은 알렌의 어학선생이었으며 만주가 아닌 국내에서 최초로 세례를 받았다.

정답 5.③ 6.② 7.④ 8.④ 9.④

10. 다음 중 존 로스의 성경번역 활동과 관계가 없는 사항은?
   ① 만주 우장지역
   ② 서상륜, 서경조, 김진기
   ③ 현토한한신약전서
   ④ 예수셩교젼셔
   ※ 『현토한한신약전서』는 이수정이 일본에서 토를 달아 번역한 책이다.

11. 다음 중 이수정에 관한 설명으로 바르지 않은 것은?
   ① 임오군란 당시 민비의 생명이 위급할 때 구해주었다.
   ② 임오군란 이후 일본 수신사의 수행원으로 동행했다.
   ③ 일본 농학자 쯔다센으로부터 한 권의 한문성경을 전해 받고 성경을 배웠다.
   ④ 우찌무라 간조로부터 세례를 받았다.
   ※ 이수정은 1883년 4월 29일 일본에 건너간 지 9개월 만에 로개쥬쵸교회에서 야스카와 토오루 목사로부터 세례문답을 받은 후, 미국 선교사 조지 낙스(George W. Knox)로부터 세례를 받았다.

12. 다음 중 초기 한국교회 설립에 중추적인 역할을 한 인물과 교회가 잘못 짝지어진 것은?
   ① 김청송 - 집안현교회
   ② 백홍준 - 의주교회
   ③ 서상륜 - 소래교회
   ④ 서경조 - 널다리골교회
   ※ 널다리골(판동)교회는 1893년 마포삼열(Samuel A. Moffett)이 한석진의 도움으로 세운 교회로서 서경조와는 직접 관련이 없다. 이 교회는 이후 장대현교회로 발전되었다. 토마스 선교사로부터 성경책을 받은 최치량의 집이 널다리골교회의 시작이었다.

13. 다음 중 한국에 입국하여 활동한 미국 북장로회 선교사들만 모아놓은 것은?
   ① 언더우드, 스크랜턴, 레이놀즈
   ② 사무엘 마펫, 아펜젤러, 말콤 펜윅
   ③ 제임스 게일, 로버트 하디, 찰스 알렌 클락
   ④ 언더우드, 사무엘 마펫, 윌리엄 베어드
   ※ 스크랜턴과 아펜젤러는 미 북감리회, 레이놀즈는 미 남장로회 파송선교사였다. 말콤 펜윅은 독립선교사였다가 침례교와 연관을 맺었다. 제임스 게일과 로버트 하디는 캐나다 YMCA에서 파송을 받아 입국했지만, 이후 각각 장로교와 감리교에 소속되어 활동했다.

14. 다음 중 언더우드(Horace Grant Underwood)에 대한 설명으로 틀린 것은?
   ① 1885년 4월 5일 제물포에 도착했다.
   ② "한국선교의 아버지", "성경번역", "복음전도자"라고 불린다.
   ③ 승동교회를 설립했다.
   ④ 한국 선교를 촉구했으며, 테이트, 레이놀즈와 전킨의 입국에 크게 영향을 미쳤다.
   ※ 승동교회는 사무엘 F. 무어(Samuel F. Moore, 모삼열) 목사에 의해 설립되었다.

정답 10.③ 11.④ 12.④ 13.④ 14.③

15. 다음 중 초기 한국 개신교 선교정책으로 볼 수 없는 것은?
   ① 광혜원을 시작으로 하는 의료정책
   ② 배재학당을 비롯한 미션스쿨 정책
   ③ 성경번역 및 문서출판 제한정책
   ④ 네비우스 선교정책

   ※ 언더우드와 아펜젤러 등의 선교사들은 성경번역을 충실하게 감당했다. 또한 성경과 기독교 서적 등을 왕성하게 출판하여 보급했다.

16. 다음 중 장로교회가 세운 초기 미션스쿨에 해당하는 것은?
   ① 이화학당   ② 경신학당
   ③ 배재학당   ④ 호수돈여학교

   ※ 아펜젤러의 배재학당, 스크랜턴 여사의 이화학당, 캐롤(Carroll) 선교사의 호수돈여학교 등은 모두 감리교 계열 미션스쿨이다. 장로교 계열 미션스쿨인 경신학당은 언더우드 학당, 구세학당 등으로 불렸다.

17. 다음 선교사들 중 1887년도 설립된 성경번역위원회 활동과 가장 거리가 먼 인물은?
   ① 언더우드   ② 아펜젤러
   ③ 하디   ④ 스크랜턴

   ※ 알렉산더 하디는 위원회에 추가로 임명을 받았지만 성경을 번역하는 작업에 전념하지 못했다.

18. 다음 중 초기 한국교회 선교지 분할(Comity of Missions) 협정에 의해 결정된 선교구역을 잘못 연결한 것은?
   ① 북장로회 - 서울, 경기도지역, 경북지역, 황해, 평남과 평북지역 등
   ② 남장로회 - 전남·전북 및 제주지역 등
   ③ 호주장로회 - 부산 및 경남지역
   ④ 캐나다장로회 - 원주, 횡성, 평창, 춘천, 철원 등 강원지역

   ※ 원주, 횡성, 춘천, 철원 등 강원지역은 미국 남북감리교회가 주로 맡아 선교활동을 했다. 캐나다장로회는 함경남북도 지역을 담당했다.

19. 다음은 네비우스 선교정책에 관한 내용이다. 빈칸에 들어갈 적당한 말로 바르게 짝지어진 것은?

   | 일반적으로 네비우스 핵심정책은 (   ), 자전, 자치였다. |
   | 곽안련 선교사는 이 선교정책의 보다 더 중요한 핵심은 (   )에 있다고 주장했다. |

   ① 자선 - 사회봉사   ② 자립 - 성경공부
   ③ 자족 - 구제   ④ 자성 - 기도

   ※ 존 리빙스턴 네비우스(John L. Nevius)는 중국에서 선교활동을 하다가 1890년 6월 7일 서울을 방문하여 네비우스 정책(Nevius Methods)을 제안했다. 그러나 곽안련 선교사는 네비우스 선교정책에서 자립, 자전, 자치보다 더 중요한 것은 성경공부라고 평가했다.

정답 15.③ 16.② 17.③ 18.④ 19.②

제2부 교회사

20. 남장로회 선교부는 전주, 군산, 목포, 광주에 선교지부를 차례로 개설했는데 이때 목포와 광주에 선교지부를 설립한 선교사는 다음 중 누구인가?
① 유진 벨　　　　　　　　　② 전킨
③ 레이놀즈　　　　　　　　　④ 해리슨

※ 유진 벨(Eugene Bell) 선교사는 1897년 목포양동교회(현재 목포새한교회)와 목포선교지부를 개설했고, 1904년 12월에 오웬(C. C. Owen) 선교사와 김윤수 등과 함께 광주 양림동에 광주 양림리교회를 개척하고 광주 선교스테이션을 개설했다.

21. 다음 중 초기 한국교회 부흥운동과 발생연도가 잘못 연결된 것은?
① 1903년 원산부흥운동
② 1906년 목포부흥운동
③ 1907년 평양대부흥운동
④ 1908년 백만인구령운동

※ 백만인구령운동은 1909년 7월 12일 남감리교 개성선교부의 선교사들, 갬블, 리드, 스톡스의 기도모임을 통하여 시작되었고, 그 해 가을 장로교와 감리교의 장감연합공의회에서 "백만인을 그리스도에게로!"라는 슬로건 하에 본격적으로 전개되었다.

22. 다음 중 초기 한국교회 부흥운동과 주요 인물을 잘못 연결한 것은?
① 원산부흥운동 - 하디
② 목포부흥운동 - 저다인
③ 평양대부흥운동 - 길선주
④ 백만인구령운동 - 이반 로버츠

※ 백만인구령운동은 국내 선교사들을 중심으로 발화하여 장감연합공의회에서 본격적으로 전개되었다. 그와 때를 맞추어서 해외 유명 부흥강사 윌버 채프만(J. Wilbur Chapman)과 찰스 알렉산더(Charles M. Alexander)가 입국하여 구령운동을 촉진시키는 데 큰 역할을 했다. 이반 로버츠는 1904년 웨일즈 부흥운동에 쓰임 받았던 인물이다.

23. 다음 중 빈칸에 들어갈 알맞은 말을 바르게 연결한 것은?

> 초기 한국교회의 부흥운동에 앞서 부흥을 위한 기도회가 있었다. 중국에서 활동하던 남감리교 선교사 (　　)와 캐나다 장로교 선교사 (　　) 두 여선교사는 선교사들 가운데 부흥의 역사가 일어나도록 종종 함께 모여 기도회를 가졌다. 하디는 이것이 1903년 원산부흥운동의 불씨가 되었다고 말했다.

① 엘러즈 - 멘지스　　　　　　② 스크랜턴 - 테이트
③ 화이트 - 맥컬리　　　　　　④ 니븐 - 하이트

※ 화이트(M. C. White)와 맥컬리(L. H. McCully)의 기도가 있었으며, 이들을 비롯하여 원산 주재 여선교사들은 1903년 8월 24일~30일까지 하디를 주강사로 하여 "연합성경공부 및 기도회"를 가졌다.

24. 원산부흥 이전 로버트 하디가 3년간 정열을 쏟았지만 선교사역을 실패했던 도시는 어디인가?
① 청진　　　② 지경대(터)　　　③ 함흥　　　④ 철원

※ 3년간 선교사역에 실패했던 지경대(터)였지만, 은혜를 경험한 하디가 1904년에 그곳을 찾아 12일 동안 사경회를 이끌었다.

정답 20.① 21.④ 22.④ 23.③ 24.②

25. 다음 중 평양대부흥운동과 가장 관련이 없는 선교사는?
① 제임스 홀(William James Hall)
② 그레이험 리(Graham Lee)
③ 존스톤(Howard Agnew Johnston)
④ 블레어(William N. Blair)

※ 북감리교 선교사 제임스 홀은 평양에서 헌신적으로 의료사역을 하였고, 청일전쟁 중에 부상당한 이들을 치료하다가 발진티푸스에 걸려 1894년 11월 24일 소천했다.

26. 다음 중 빈칸에 들어갈 알맞은 말은?

> 1907년 (   )부터 15일까지 평양 (   )에서 4개의 장로교 선교회가 연합으로 개최한 큰 규모의 평안남도 겨울 남자 도사경회가 열렸다. 이때 평양대부흥운동이 일어났다.

① 1월 1일 - 산정현교회
② 1월 2일 - 장대현교회
③ 2월 7일 - 장대현교회
④ 2월 5일 - 남산현교회

※ 소위 한국의 오순절이라고 할 수 있는 평양대부흥운동은 1907년 1월 2일부터 15일까지 장대현교회에서 열렸다. 이때를 기점으로 평양시내와 도시를 넘어 부흥의 역사가 확산되었다.

27. 다음 중 평양대부흥운동과 관련된 내용으로 올바르지 않은 것은?
① 장대현교회에서 시작된 부흥은 평양과 도시의 경계를 넘어 확산되었다.
② 부흥은 미션스쿨과 성경학교와 평양신학교에 일어났다.
③ 평양의 성령의 역사는 서울, 선천, 청주, 광주, 대구 등 전국으로 퍼져 나갔다.
④ 부흥운동은 한반도 내에서만 일어났다.

※ 평양대부흥의 역사는 국경을 넘어 중국으로 번져나갔다. 예를 들어 중국에서 사역하던 고포드(J. L. Goforth) 선교사가 입국하여 부흥의 현장을 방문하여 은혜를 받고, 그를 통해 중국에서도 놀라운 역사가 일어났다.

28. 다음 중 백만인구령운동에 대한 설명과 관계가 없는 것은?
① 장대현교회 길선주 목사와 박치록 장로를 주축으로 한 새벽기도가 불씨를 제공했다.
② 백만인구령운동은 지방에서는 호응이 저조해서 전국적 확대는 없었다.
③ 장감연합공의회에서 백만인구령운동의 실행을 위해 게일을 의장에, 서기에 밀러, 언더우드, 벙커로 구성된 위원회를 구성했다.
④ 이때 날연보(preaching day)와 권찰제도(Leader of Tens)가 채택되어 큰 역할을 했다.

※ 백만인구령운동은 1910년에 들어서면서 전국적인 운동으로 확대되었다.

정답 25.① 26.② 27.④ 28.②

29. 다음 중 한국교회 신학교 설립에 관한 내용으로 바르지 않은 것은?
① 한국교회 신학교는 평양대부흥을 기점으로 설립되었다.
② 감리교는 신학반, 신학회, 신학부로 발전하다가, 1907년 남북감리회 선교부가 합동하여 협성신학교를 설립하였다.
③ 장로교는 1890년 신학반이 있었고, 1901년에 평양에서 평양 장로회신학교(평양신학교)가 설립되었다.
④ 동양선교회는 1911년에 경성 무교정에 세운 전도관에서 임시 성서학원을 개설하고, 이듬해 교사(校舍)를 신축하고 본격적으로 신학교육에 돌입했다.

※ 이미 신학반이나 신학회의 형태로 발전하다가 평양신학교는 1901년에, 감리교 협성신학교는 1907년에 설립되었다.

30. 다음 중 각 교단의 신학교에서 발간한 신학지를 바르게 연결한 것은?
① 장로교 – 신학세계
② 감리교 – 신학지남
③ 성결교 – 활천
④ 침례교 – 신앙세계

※ 감리교 신학교인 협성신학교는 1916년 『신학세계』를 창간했고 장로교의 신학교인 평양신학교는 1918년 『신학지남』을 창간했다.

31. 다음 중 한국교회사에서 1907년에 일어난 사건이 아닌 것은?
① 평양대부흥운동
② 평양신학교 1회 졸업
③ 장로교 최초의 목사 7인 안수
④ 독노회가 7개 대리회를 노회로 승격하여 7개 노회의 총회 결성 결의

※ 1907년에 일어난 주요한 일을 추가하면 독노회의 결성이다. 아울러 7개 노회가 총회를 결성하기로 결의한 때는 1911년 9월 17일 열린 제5회 독노회 때이다.

32. 다음 중 장로교의 1907년 독노회에 대한 바르지 않은 설명은?
① 1907년 9월 17일 평양 장대현교회에서 개최되었다.
② 소회(小會)를 대신해 7개의 대리회(代理會)를 두어 노회의 위임 사무를 처리하도록 했다.
③ 회장은 언더우드 선교사였다.
④ 장로교 신앙에 기초한 신앙고백인 12신조를 채택했다.

※ 최초의 독노회 회장은 사무엘 마펫(마포삼열) 선교사이다.

33. 다음 중 1907년 임직한 한국장로교회 최초의 7인 목사에 속하지 않는 인물은?
① 길선주
② 양전백
③ 송인서
④ 김종섭

※ 김종섭은 방기창과 함께 1901년부터 평양신학교에서 공부했지만 1910년 제3회로 졸업했다.

정답 29.① 30.③ 31.④ 32.③ 33.④

34. 다음 중 1901년부터 1907년까지 평양 장로회신학교에서 학생들을 지도한 선교사가 아닌 인물은?
① 마포삼열(Samuel A. Moffett)
② 마라연(Charles I. McLaren)
③ 이길함(Graham Lee)
④ 왕길지(G. O. Engel)

※ 마라연은 호주 장로회 의료선교사로서 1911년 10월에 부산에 도착하여 경남지역 배돈병원에서 활동하면서 서울 세브란스병원에서도 연합 사역을 감당했다.

35. 1912년 9월 1일에 결성된 대한예수교장로회 제1회 총회의 총회장은 누구였는가?
① 마펫(마포삼열)
② 언더우드(원두우)
③ 엥겔(왕길지)
④ 레이놀즈(이눌서)

※ 1907년 독노회 회장은 마포삼열이었고 1912년 총회장은 언더우드 선교사였다.

36. 1907년에 평양신학교를 졸업하고 같은 해 독노회에서 목사 안수를 받은 후 제주도로 파송되어 선교활동을 했던 인물은?
① 윤식명
② 한석진
③ 이기풍
④ 서경조

※ 이기풍은 장로교 최초의 7인 목사 중에 한 명으로 제주도 선교의 초석을 놓았다. 1908년 1월 11일 장대현교회에서 길선주 목사의 인도로 제주도 선교 파송예배를 드렸다.

37. 다음 중 일제 강점기 활동한 한국교회의 신학자들과 그들의 신학 사상을 바르게 연결한 것으로 보기 가장 어려운 것은?
① 김교신 - 무교회주의
② 김재준 - 신정통주의
③ 이용도 - 보수주의
④ 박형룡 - 정통주의

※ 이용도 목사는 체험 위주 부흥운동을 전개한 신비주의 부흥사라고 평가할 수 있다. 장로교 총회에서는 그를 이단으로 정죄했고, 그가 속했던 감리교도 그를 배척했다.

38. 다음 중 을미사변 이후 선교사들이 보여주었던 태도로 올바른 것은?
① 언더우드, 아펜젤러, 에비슨, 게일, 헐버트 등 선교사들은 매일 밤 고종 황제의 안전을 위해 불침번을 섰다.
② 춘생문 사건이 일어나자 선교사들이 왕을 보호하기 위해서 위험을 무릅쓰고 입궐했다.
③ 언더우드 부부는 1896년 9월 고종 황제의 생일에 사람들을 모화관에 모이도록 하여 기도 및 찬양집회 등 경축행사를 진행했다.
④ 대부분의 선교사들이 일제의 만행에 방관했다.

※ 일제의 침략에 대해 선교사들은 되도록 중립을 지키려 했다. 그러나 을미사변이 일어나자 언더우드, 에비슨, 헐버트 등의 선교사들은 직접 불침번을 섰고 춘생문 사건 때는 위험을 무릅쓰고 고종 황제를 보호하려 했다. 특히 언더우드 선교사 부부는 모화관에서 기독교식으로 군주 생신을 위한 기념행사를 주관했다.

정답 34.② 35.② 36.③ 37.③ 38.④

39. 다음 중 을미사변 이후에 나타난 한국기독교의 대응이 아닌 것은?
   ① 성탄절과 교회 절기에 십자가기와 태극기를 좌우에 게양하였다.
   ② 애틋한 나라사랑의 마음을 담은 애국가를 만들어서 불렀다.
   ③ 명성황후 시해와 관련한 장·감 합동 기도회를 개최하였다.
   ④ 전국장로교회는 날짜를 정하지 않고 나라를 위해 기도했다.
   ※ 길선주 장로의 발의로 1905년 11월에 전국장로교회가 열려 1주일간 나라를 위한 기도회를 개최했다.

40. 다음 중 105인 사건에 대한 설명으로 잘못된 것은?
   ① 기독교와 무관한 정치적 사건이었다.
   ② 신민회를 압살하려는 일제의 조작이었다.
   ③ 1910년의 경술국치 이후 발생한 한국인에 대한 가장 규모가 큰 탄압이었다.
   ④ 이 사건으로 인해 민족독립에 대한 염원이 더 고양되었다.
   ※ 105인 사건으로 인해 실형을 선고 받은 사람들 중에 기독교인이 91명이었고, 이 중 장로교인은 80명으로서 대다수가 한국장로교인들이었다.

41. 다음 중 독립운동을 위하여 1918년 여운형, 장덕수, 김철, 선우혁, 한진교 등이 중국 상해에서 조직하여 파리강화대회에 김규식을 대표로 파견한 단체는?
   ① 대한인국민회   ② 신한청년당
   ③ 신흥무관학교   ④ 신민회
   ※ 신한청년당은 당시 파리강화회의에 대표를 파견하기 위해서 독립운동을 준비하던 여운형을 주축으로 결성한 단체로서 김규식을 대표로 파견했다. 주요인물인 여운형, 선우혁, 서병호, 김규식 등은 기독교인들이었다.

42. 다음 중 안창호와 이승만이 주도했던 독립운동 기관으로서 1909년 2월에 하와이와 미주 한인들이 결성하였으며 이후 약소민족동맹회의에 참석하여 약소민족의 독립을 주장하고 기관지로서 "신한민보"를 발행한 단체는?
   ① 신한청년당   ② 신민회   ③ 대한인국민회   ④ 흥사단
   ※ 대한인국민회에서 이승만, 정한경, 민찬호를 파리강화대회에 대표로 파견하였지만 비자가 나오지 않아 참석은 성사되지 못했다. 이승만과 안창호는 모두 기독교인이었다.

43. 다음 중 3.1운동 준비과정에 대한 내용으로 바르지 않은 것은?
   ① 1919년 2월 상해교포 대표 선우혁 집사가 비밀리에 입국하여 선천 양전백 목사를 만났다.
   ② 서북지역에서는 윤원삼 집사가 교사들을, 안세환 집사는 숭실대학 학생 이보식, 박형룡 등을 설득하여 찬동을 얻어냈다.
   ③ 서울에서는 박희도 등 YMCA와 이갑성 등 남대문 세브란스 병원에서 준비하고 있었다.
   ④ 천도교 측은 교주 손병희가 처음부터 주도적으로 독립만세운동을 준비하도록 했다.
   ※ 천도교 측은 최린을 비롯하여 권동진, 오세창 등이 준비하였고, 시간이 좀 흐른 후 손병희의 동의를 얻어냈다. 그가 처음부터 주도한 것은 아니었다.

정답 39.④ 40.① 41.② 42.③ 43.④

44. 국내에서 3.1운동을 준비하는 과정에서 기독교계를 결집하고 천도교 측과 연합운동으로 이끌어 가는 데 가장 중추적인 역할을 한 인물은?
   ① 손병희   ② 이승훈
   ③ 박희도   ④ 신석구

   ※ 이승훈 장로는 기독교계를 결집하여 천도교 측과 연합하는 데 중추적인 역할을 담당했다.

45. 다음 중 3.1운동 당시 민족대표 33인으로 참여한 인물들 중 7명의 장로교 출신 인물에 속하지 않는 사람은?
   ① 길선주   ② 양전백
   ③ 이갑성   ④ 박희도

   ※ 33인 민족대표 중 장로교 출신은 길선주 목사, 양전백 목사, 유여대 목사, 김병조 목사, 이승훈 장로, 이갑성 집사, 이명룡 장로 7인이었다. 박희도 선생은 감리교인이었다.

46. 다음 빈칸에 들어갈 알맞은 내용을 고르시오.

   > 1919년 3월 1일 오후 2시에 민족대표들은 (   )에서 모여 독립선언을 했고, 학생들과 시민들은 (   )에서 모여 독립선언서를 낭독하고 독립만세를 외치면서 시가행진을 했다.

   ① 파고다(탑골)공원 – 파고다(탑골)공원
   ② 태화관 – 파고다(탑골)공원
   ③ 남산공원 – 시청앞 광장
   ④ 파고다공원 – 서울역 광장

   ※ 민족대표들은 원래 파고다공원에서 독립선언을 하려고 했으나, 폭력 사태의 가능성이 있다는 박희도 선생의 제안에 손병희 선생의 단골이었던 태화관에서 독립선언을 낭독하게 되었다. 한편 학생들과 시민들은 2시가 되어 파고다공원에 몰려들었고 예기치 않게 경신학교 출신 정재용 선생이 독립선언문을 낭독하게 되었다.

47. 캐나다 장로교 의료 선교사로서 세브란스의대 교수였으며 우리 민족의 참상을 사진에 담아 일본의 폭정과 야만성을 세계에 폭로함으로써 후에 "민족대표 34인"이라고 불린 선교사는?
   ① 조지 맥큔(G. S. McCune)   ② 사무엘 마펫(Samuel A. Moffett)
   ③ 벡커(A. L. Becker)   ④ 스코필드(Frank W. Schofield)

   ※ 스코필드(석호필) 선교사는 입국한 캐나다 의료선교사로서 3.1운동에 공헌을 했다.

48. 다음 중 조선물산장려운동에 대한 설명으로서 틀린 것은?
   ① 1920년 7월 30일 평양 차관리 야소교 서원 2층에서 발기하였다.
   ② 조만식이 임시 회장, 김동원, 김형숙 등 40~50명이 모여 발기대회를 가졌다.
   ③ 창립총회는 1922년 6월 20일에 열리게 되었고, 표어를 현상공모하기도 했다.
   ④ 자작회와 토산애용부인회는 조선물산장려회와 긴장과 경쟁관계에 있었다.

   ※ 조선물산장려회와 자작회 그리고 토산애용부인회는 조직은 달랐지만 같은 목표를 갖고 있었으며 서로 협력적 관계였다.

정답 44.② 45.④ 46.② 47.④ 48.④

49. 다음 중 서재필과 함께 독립협회를 결성했고 YMCA 총무로서 강력한 지도력을 발휘했으며 수많은 청년들을 지도했던 성경교사로서 "침략문명에 유린된 조선청년아, 궐기하라"고 외친 인물은?
   ① 이상재   ② 윤치호   ③ 홍재기   ④ 박승봉
   ※ 1912년 8월 연동교회 당회는 경기충청노회에 3인의 장로 허락을 청원했는데 그 청원인물 가운데 이상재가 포함되어 있었다. 그는 "평신도로서 나라와 겨레를 위해 봉사하는 것이 원"이라 하여 피택장로에 머물렀다.

50. 장로교 청년운동인 청년면려회(면려청년회)는 금주·단연 등 절제운동을 펼쳐나갔다. 다음 중 설립 당시부터 각 지회에 절제운동을 적극적으로 전개해 나가기 위해 설치한 것은 무엇인가?
   ① 전도소   ② 시약소   ③ 계독부   ④ 치리소
   ※ 청년면려회에서는 각 지회에 계독부(戒毒部)를 두고 절제운동을 적극적으로 전개해 나갔다.

51. 다음 중 신사참배에 대한 설명으로 바르지 않은 것은?
   ① 신도(神道)는 일본 민족 특히 일본 왕들이 아마테라스라고 불리는 태양여신의 직접 후손이라는 종교사상이다.
   ② 일본 고유의 종교이며 일제는 가는 곳마다 신도의 신전인 신사를 세운다.
   ③ 일제는 신사참배를 통하여 대내적으로 왕을 중심으로 자국민의 단결을 도모하고 대외적으로 조선을 동화하고 지배하려 했다.
   ④ 일제는 한국인에게 신사참배를 국가의식을 포함한 종교의식으로서 강요했다.
   ※ 일제는 한국인들에게 신사신도, 즉 신사참배는 종교가 아닌 국가의식 혹은 국민의례라고 주장하면서 참여를 유도했다.

52. 장로교 총회가 천주교와 감리교를 이어서 신차참배를 결의한 연도와 총회는 언제인가?
   ① 1938년 제27회 총회   ② 1937년 제26회 총회
   ③ 1936년 제25회 총회   ④ 1935년 제24회 총회
   ※ 1938년 9월 9일 오후 8시에 평양서문외예배당에서 회집되었다. 당시 홍택기 총회장이 사회를 봤고 가부(可否) 결의에 있어 불법적인 절차로 진행되었음에도 불구하고 총회장은 신사참배가 결의되었다고 주장했다.

53. 일제는 미션스쿨부터 신사참배를 강요했는데 다음 중 신사참배 강요에 순응하면서 미션스쿨을 유지하고자 했던 선교부는 어디인가?
   ① 미 북장로회   ② 캐나다 장로회
   ③ 호주 장로회   ④ 미 남장로회
   ※ 캐나다 장로회는 신사참배에 순응하면서 미션스쿨을 유지하려 했다. 나머지 3개의 장로회 선교부는 미션스쿨이 폐교가 되더라도 신사참배를 할 수 없다고 결정했다.

54. 다음 중 신사참배 강요에 순응했던 인물은?
   ① 주기철 목사   ② 김길창 목사   ③ 박관준 장로   ④ 이기선 목사
   ※ 김길창 목사는 1938년 제27차 조선예수교장로회 총회가 신사참배 가결을 했을 때 부총회장이었고 직접 전국노회장들을 인솔하여 평양신사에 가서 참배했다.

정답 49.① 50.③ 51.④ 52.① 53.② 54.②

55. 다음 중 한국교회에 자유주의가 들어온 배경이나 통로와 가장 거리가 먼 것은?
① 감리교 신학 ② 근대고등교육과 진화론
③ 캐나다 선교회와 일본신학교 ④ 맥코믹 신학교

※ 마펫, 베어드를 비롯한 보수적인 맥코믹 신학교 선교사들에 의해서 운영된 평양신학교 및 한국장로교회의 신학적 성향은 보수적이었다.

56. 다음 중 "아빙돈단권주석"이 성경의 파괴적 고등비평의 원리와 종교진화론적 관점, 그리스도의 처녀 탄생을 부인하고 예수님의 육체적 부활을 부인하는 등 자유주의 사상을 따랐다고 비판한 신학자는?
① 송창근 ② 박형룡 ③ 류형기 ④ 김재준

※ 박형룡 박사는 또한 『아빙돈단권주석』이 그리스도의 신성을 의문시하였으며, 십자가 대속론은 바울신학에 불과하다고 보는 견해를 담았다고 평가했다. 길선주 목사도 이 주석을 심도 있게 비판하면서 총회석상에서 신학적 문제를 제기했다.

57. 다음 중 한국교회에서 발생한 정통신학에 대한 도전이라고 볼 수 있는 논쟁이 아닌 것은?
① 김영주의 창세기 모세 저작권 논쟁 ② 한상동이 제기한 신사참배자 권징논쟁
③ 김춘배가 제기한 여권논쟁 ④ 신흥우와 적극신앙단 논쟁

※ 출옥성도들이 제기한 일제 강점기 신사참배에 대한 철저한 회개 요구와 이를 주도한 교단 책임자들에 대한 권징 요구는 신학을 지키기 위한 논쟁이라고 말하기는 어렵다.

58. 박형룡 박사가 당시에 일고 있었던 신학적 혼란에 정통주의적 답을 주기 위해서 저술한 대표적인 변증적 저술과 아빙돈단권주석에 맞서 책임 편집을 맡은 저술을 바르게 연결한 것은?
① 『교의학』 – 『신구약 전권 성경주석』
② 『저작전집』 – 『교의신학 서론』
③ 『근대신학 난제선평』 – 『표준성경주석』
④ 『정통신학과 위기신학』 – 『비교종교학』

※ 박형룡 박사는 자유주의 신학의 확산에 맞서 변증적 저술인 『근대신학 난제선평』을 출간했으며 아빙돈단권주석에 맞서 『표준성경주석』의 책임 편집을 맡았다.

59. 해방 후 신학교 설립에 관한 내용으로 잘못된 것은?
① 1940년 4월 19일 승동교회 지하에서 조선신학교가 개교했다.
② 조선신학교는 평양신학교의 보수적 신학을 그대로 계승했다.
③ 조선신학교는 "황국의 기독교 교역자 양성"을 목적으로 하였고, 성경의 무오성이나 축자영감을 반대했다.
④ 1947년 4월에 51인의 조선신학교 학생들이 조선신학교 신학교육이 자유주의라는 것을 총회에 진정했다.

※ 조선신학교는 평양신학교의 신학사상을 계승하지 않고 오히려 자유주의 및 신신학을 가르쳤다. 이런 학풍의 반발로 고려신학교가 개교했다.

정답 55.④ 56.② 57.② 58.③ 59.②

60. 한국장로교회 분열에 관한 설명 가운데 빈칸에 들어갈 알맞은 연대를 묶은 것은?

( )년에 고신파(고려파)의 분열이 있었고, 조선신학교 신학사상으로 갈등이 시작되어 ( )년에 기장파가 분열되었다. 1959년에는 연동 측이 분열하여 통합 측과 합동 측으로 되었다.

① 1952-1953년
② 1953-1953년
③ 1954-1956년
④ 1954-1957년

※ 기장 측이나 통합 측의 분열과 달리 고려파의 분열(분리)은 신학적인 문제가 아니었다. 고려신학교에 대한 이사들과 박형룡 박사의 견해 문제, 경남노회에서의 총회파와 출옥성도파 사이의 갈등이 점차 확대된 결과라고 볼 수 있다.

61. 다음 중 6.25 한국전쟁 이후 발흥한 이단 창시자와 단체를 잘못 연결한 것은?

① 나운몽 - 용문산 기도원 (애향숙)
② 문선명 - 세계기독교통일신령협회
③ 박태선 - 전도관 (신앙촌)
④ 황국주 - 예수교장막성전

※ 문선명은 자칭 "재림주", "문예수"라고 주장했고 신구약 성경을 미완성의 경전이라면서 자신의 원리강론(原理講論)이 신구약을 완성한 성약(成約)이라고 주장했다.

62. 다음 중 토착화신학에 관한 내용으로 부정확하게 짝지어진 것은?

① 윤성범 - 성(誠)의신학
② 서남동 - 생명신학
③ 유동식 - 문화신학
④ 안병무 - 민중신학

※ 유동식은 불교와 천도교를 복음의 요소를 반영하고 있는 종교로 평가했다. 그리고 원효를 "그리스도 이전의 크리스천"이라고 주장했다.

63. 다음은 경교(景敎)에 관한 설명이다. 바르지 않은 것은?

① 경교는 이미 오래전 중국으로 전래되었다.
② 431년 에베소 회의에서 정죄된 네스토리우스 일파들이 페르시아로 이동했는데 그들의 신앙이 경교라는 이름으로 알려졌다.
③ 이들의 신앙은 알로펜을 위시한 사절단을 통해서 635년부터 명나라에 전파되었다.
④ 그 경교가 한반도에 전해졌는지 여부는 아직 분명하지 않다.

※ 635년 경교가 전래될 당시 중국은 당나라 시대였다.

64. 우리나라에 전래된 천주교에 관한 다음 설명 중 바르지 못한 것은?

① 천주교는 병자호란 때 세스페데스에 의해서 전파되었다.
② 세스페데스의 사역은 주로 침략국 사병들에게 국한되었지만, 조선인들과도 어느 정도 접촉이 있었다.
③ 우리나라의 천주교 수용은 선교사들이 입국하여 전파하기보다, 한국인이 직접 중국을 왕래하면서 관심을 갖게 되었다는 것이 특징이다.
④ 1784년 이승훈이 조선인 최초로 천주교 세례를 받았다.

※ 병자호란 → 임진왜란

정답 60.① 61.④ 62.② 63.③ 64.①

65. 다음의 한국 개신교 초기 전래 기록 중 잘못된 것은?
    ① 1832년 화란 선교사 귀츨라프가 만주에서 한국인에게 선교하였다.
    ② 1882년 누가, 요한복음을 번역한 로스역 성경이 발행되었다.
    ③ 1866년 미국 남장로교 선교사 토마스가 대동강변에서 순교하였다.
    ④ 1885년 미 감리교 선교사 아펜젤러가 한국에 도착했다.

    ※ 토마스 선교사는 스코틀랜드 출신이다.

66. 미국 북장로교 선교사로서 갑신정변 때 의사로 활약한 사람은 누구인가?
    ① 알렌   ② 언더우드
    ③ 토마스   ④ 칼빈 마티어

    ※ 알렌은 1884년 한국 최초의 의료선교사로 내한하여 갑신정변 때 부상을 당한 고종 황제의 처남 민영익을 치료하였다.

67. 중국 북경의 남당을 방문하여 신부에게서 필담으로 교리를 배우고 1784년 귀국하기 직전 예수회 신부 그라몽에게 세례를 받고 '베드로'라는 세례명을 받은 한국 최초의 천주교 수세자는 누구인가?
    ① 김대건   ② 이승훈
    ③ 정약전   ④ 정약용

    ※ 이승훈은 부친인 이동욱을 따라서 동지사 일행으로 북경에 가게 되었다.

68. 1866년 8월에 미국 상선 제너럴 셔먼호를 타고 조선에 왔다가 대동강 기슭에서 순교한 선교사는 누구인가?
    ① 귀츨라프   ② 토마스
    ③ 사무엘 모펫   ④ 언더우드

    ※ 토마스 선교사를 처형한 박춘권은 1899년 세례를 받고 영수가 되었다.

69. 카를 귀츨라프와 거리가 먼 것은?
    ① 최초의 개신교 선교사
    ② 1832년 고대도
    ③ 한문성경을 왕에게 선물
    ④ 최초로 사도신경을 한글로 번역

    ※ 귀츨라프가 최초로 번역한 것은 주기도문이다.

70. 1887년에 신약 전체를 번역하여 「예수성교전서」라는 이름으로 3,000부를 출판한 선교사는 누구인가?
    ① 로스   ② 언더우드
    ③ 토마스   ④ 맥클레이

    ※ 스코틀랜드의 선교사인 존 로스 등이 번역한 예수성교전서는 우리나라 최초의 한글신약전서로서 등록문화재 제669호가 되었다.

정답 65.③ 66.① 67.② 68.② 69.④ 70.①

71. 로스와 맥킨타이어를 도와 성경을 번역하고 황해도 소래에 가서 한국 최초의 교회, 소래교회를 설립한 전도자는 누구인가?

① 서상륜 ② 이수정 ③ 박영효 ④ 이응찬

※ 서상륜은 만주에서 홍삼 장사를 하다가 31세에 장티푸스로 사경을 헤맬 때 맥킨타이어의 구호를 받은 후 완쾌되어 신자가 되었다.

72. 성결교회가 선교를 위해 조직한 단체의 이름은 무엇인가?

① 성서학원 ② 동양선교회
③ 대한기독교회 ④ 기독청년회

※ 동양선교회((Oriental Missionary Society)는 1901년 미국 선교사 카우만에 의하여 일본에서 설립되었다.

73. 구세군 선교에 대한 설명으로 옳지 않은 것은?

① 구세군 창설자 윌리엄 부스(W. Booth)가 일본에 들렀다가 한국인 두 명에게서 선교 요청을 받았다.
② 1908년 10월 1일 호가드(R. Hoggard)의 내한으로 시작되었다.
③ 구세군은 웨슬리의 신학을 따르는 교회이다.
④ 한국 개척 선교사로 윌리엄 부스(W. Booth)가 직접 내한하였다.

※ 구세군은 '복음으로 세상을 구원시키는 군대'라는 정체성을 가지고 개척 초기부터 빈민을 위한 사회사업에 적극적으로 나섰다.

74. 다음을 연대순으로 바르게 나열한 것은?

> ㄱ. 화란 선교사 귀츨라프가 서해안에서 선교
> ㄴ. 만주에서 로스 목사에게 한국인 세례 받음
> ㄷ. 스코틀랜드 선교사 토마스 대동강변에서 순교
> ㄹ. 알렌 입국
> ㅁ. 감리교 아펜젤러 선교사 입국

① ㄱ-ㄴ-ㄷ-ㄹ-ㅁ ② ㄱ-ㄷ-ㄹ-ㄴ-ㅁ
③ ㄱ-ㄷ-ㄴ-ㄹ-ㅁ ④ ㄴ-ㄱ-ㄷ-ㄹ-ㅁ

※ ㄱ(1832), ㄷ(1866), ㄴ(1879), ㄹ(1884), ㅁ(1885)

75. 1886년 초에 언더우드 선교사가 고아들을 데려다 숙식을 제공하고 교육하면서 시작한 학교는 어떤 학교인가?

① 경신학교 ② 정신학교 ③ 이화학당 ④ 개량서당

※ 고아원 형식의 언더우드 학당은 1905년에 경신학교로 이름이 바뀌었고, 배재학당과 더불어 신문화의 선도적 역할을 하였다.

76. 한국 최초의 감리교회인 정동교회를 설립한 선교사는 누구인가?

① 아펜젤러 ② 언더우드 ③ 윌리엄 부스 ④ 윌리엄 맥켄지

※ 아펜젤러는 미국 출신 감리교 목사로서 배재학당을 설립하여 한국의 교육발전에도 헌신하였다.

정답 71.① 72.② 73.④ 74.③ 75.① 76.①

77. 1887년 9월 27일 세워진 한국 최초의 장로교회는?
① 정동교회 ② 새문안교회
③ 승동교회 ④ 서소문교회

※ 최초의 조직교회인 새문안교회의 명칭은 광화문 서편의 돈의문, 즉 새 문 안에 있다는 의미이다.

78. 언더우드 선교사가 새문안교회에서 장로로 장립한 두 사람은 누구인가?
① 서상륜, 백홍준 ② 서상륜, 박성춘
③ 서상륜, 서경조 ④ 서상륜, 이응찬

※ 새문안교회는 언더우드 선교사가 세운 최초의 장로교회이다.

79. 1902년 6월 11일 성서번역위원회에 참석하러 목포로 항해하는 중 배 침몰 사고로 순직한 선교사는 누구인가?
① 아펜젤러 ② 언더우드
③ 윌리엄 부스 ④ 윌리엄 맥켄지

※ 아펜젤러는 한국 성경번역부가 생기자 언더우드, 게일과 함께 성경을 조선어로 번역하는 일에 참여하였다.

80. 다음 중 네비우스 선교정책의 내용 중 틀린 것은?
① 각자는 독자적으로 그리스도를 위해 일하는 사람이 되어야 한다.
② 교회의 운영 방법과 기구에 관한 한 개교회주의를 지향한다.
③ 교회 자체가 자격이 있어 보이는 사람을 뽑아 그 사람에게 복음 전도의 임무를 맡긴다.
④ 지방 사람들에게 그 지방의 건축양식으로 적당한 크기의 예배당을 짓도록 유도한다.

※ 교회의 운영 방법과 기구를 지방교회가 관리하고 경영할 수 있는 범위 내에서 발전시킨다.

81. 언더우드 선교사와 관련한 연도 중에 잘못된 것은?
① 미 북장로교 선교사 파송(1884년)
② 새문안교회 설립(1887년)
③ 신혼여행 겸하여 서북지방 순회 전도(1889년)
④ 소천(1916년)

※ 언더우드는 1885년에 입국.

82. 1890년 6월, 7명의 장로교회 선교사가 미국 북장로교회에서 중국에 파송한 선교사 네비우스(Rev. John Nevius)를 초청하여 수양회를 진행하면서 토론을 거쳐 세운 한국선교정책은 무엇인가?
① 북장로교회 의료모델 선교정책 ② 네비우스 선교정책
③ 구세군 구제모델 선교정책 ④ 교육모델 선교정책

※ 네비우스 선교정책은 18세기 구미 선교정책인 토착선교의 원리를 반영한 것으로 자치, 자립, 자전의 원리를 중심으로 교회의 발전에 크게 이바지하였다.

정답 77.② 78.② 79.① 80.② 81.① 82.②

83. 네비우스 선교정책의 내용이 아닌 것은?
① 자립 전도   ② 자립 정치   ③ 자립 경영   ④ 자립 성경번역

※ 네비우스 선교정책은 철저한 성경공부를 강조했으나 성경번역은 3대 정책에 들지 않는다.

84. 1907년에 세워진 독노회의 결의 사항이 아닌 것은?
① 7명의 목사장립
② 이기풍 목사를 제주도 선교사로 파송 결의
③ 장로회 12신조와 장로교 정치 채택
④ 평양신학교 설립 결의

※ 1901년에 마포삼열 선교사에 의하여 평양신학교는 설립되었다.

85. 알렌 선교사와 거리가 먼 것은?
① 1884년 미 북장로회 의료선교사로 입국
② 갑신정변 때 민영익 치료
③ 광혜원 설립
④ 정동교회 설립

※ 정동교회는 아펜젤러에 의하여 설립.

86. 다음 중 조선 최초의 개신교 세례와 관련이 없는 것은?
① 1886년 7월에 국내 최초의 개신교 세례가 언더우드 선교사에 의해서 집례되었다.
② 노춘경(노도사)을 대표로, 총 5명이 함께 세례를 받았다.
③ 이 최초 개신교 세례를 시작으로 1887년 9월 27일 장로교 새문안교회가 설립되었다.
④ 1887년 10월 9일에는 아펜젤러의 감리교 정동교회가 설립되었다.

※ 최초의 개신교 수세자는 노도경 한 사람이다.

87. 각 지역과 그 지역에 세워진 최초의 교회를 연결한 것 중 바르지 않은 것은?
① 서울 - 새문안교회,   부산 - 부산진교회
② 평양 - 장대현교회,   전주 - 서문교회
③ 황해도 - 양림교회,   광주 - 소래교회
④ 대구 - 대구제일교회, 인천 - 내리감리교회

※ 황해도-소래교회, 광주-양림교회

88. 주기도문을 한국어로 번역한 최초의 외국인 선교사는?
① 하멜   ② 카를 귀츨라프
③ 알렌   ④ 언더우드

※ 1932년 카를 귀츨라프는 고대도 주민들에게 한문성경을 나누어주고, 주기도문을 번역하였다.

정답 83.④ 84.④ 85.④ 86.② 87.③ 88.②

89. 권철신, 이승훈 등이 순교하고 정약용이 유배를 당한 박해는 언제 있었는가?
   ① 기해박해   ② 신해박해
   ③ 신유박해   ④ 병인박해
   ※ 신유박해는 1801년 순조 1년에 있었던 천주교인들 박해로 청나라 신부 주문모도 처형되었다.

90. 3.1 운동 이후 일제가 기독교인들에 대한 보복으로 성도들을 예배당에 가두고 불을 질러 모두 죽게 한 사건은 어느 교회에서 일어났는가?
   ① 제물포교회   ② 용암리교회
   ③ 제암리교회   ④ 소래교회
   ※ 1919년 4월 5일에 있었던 제암리교회 학살사건으로 30여 명의 목숨을 잃었다.

91. 다음 중 1903년 원산에서 있었던 대부흥운동에 관한 설명 중 틀린 것은?
   ① 성경, 복음, 기도에 대한 열정이 바탕에 있었다.
   ② 화이트(M. C. White)와 맥컬리(L. H. McCully)라고 하는 두 여선교사의 기도가 있었다.
   ③ '연합 성경공부 및 기도회'에서 선교사 하디가 먼저 은혜를 받은 후 성령의 역사가 일어났다.
   ④ 당시 하디는 목회에 있어 이미 상당한 만큼의 열매를 거두고 있었으나, 이 운동을 계기로 열매는 기하급수적으로 늘어나게 되었다.
   ※ 당시 하디는 목회에 있어 많은 열매를 거두지 못했던 암담한 상황에 있었다.

92. 1907년 최초로 독노회가 조직되고 노회가 열렸을 때 목사장립을 받은 사람으로 보성학교를 세웠으며 또 3.1운동에 참여하였던 이는 누구인가?
   ① 한석진   ② 서경조
   ③ 양전백   ④ 송인서
   ※ 양전백은 평북 선천 출신으로 민족대표 33인의 한 사람이기도 하다.

93. 최초로 번역한 성경의 이름과 번역자와 연도가 바르게 연결된 것은?
   ① 마가복음 - 언더우드 - 1885
   ② 누가복음 - 존 로스 - 1882
   ③ 마가복음 - 귀츨라프 - 1832
   ④ 요한복음 - 아펜젤러 - 1885
   ※ 존 로스는 1882년에 누가복음과 함께 요한복음도 번역하여 반포하였다.

94. 우리나라에서 베푼 국내 최초의 세례자와 유아세례자는 누구인가?
   ① 최명호 - 김창식   ② 노춘경 - 최명호
   ③ 노춘경 - 서병호   ④ 노춘경 - 서경조
   ※ 노춘경은 일명 노도사로서, 알렌을 필두로 여러 선교사의 어학선생을 거치면서 기독교를 접하게 되었다.

정답 89.③ 90.③ 91.④ 92.③ 93.② 94.③

95. 이 사람은 성경번역이 그에게 맡겨진 시대적 사명이라 확신하고 마가복음 번역(1883년), 신약 마가전 복음서 언해(1884년)를 완성하였는데 1885년 4월 5일 제물포 항을 통해 입국한 언더우드와 아펜젤러가 이 사람이 번역한 성경을 가지고 들어왔다. 그는 누구인가?
   ① 이응찬   ② 이수정
   ③ 서상륜   ④ 이성하

   ※ 이수정은 1882년 수신사 수행원 자격으로 일본에 갔다가 기독교를 접하고 이듬해 세례를 받았다. 한반도에 선교사를 파송해 줄 것을 미국교회에 요청하는 편지를 보냄으로 조선의 마게도냐인으로 불린다.

96. 1909년 여름 개성의 남감리교 선교사들의 간절한 기도운동, 거의 같은 시기 평양 장대현교회에서 시작된 길선주 목사의 새벽기도 운동, 그리고 같은 해 9월 한국에 입국한 일단의 해외 유명 부흥사들의 순회전도 집회를 통해 이 운동이 발흥되었다. 이 운동은 무엇인가?
   ① 원산 부흥운동   ② 백만인 구령운동
   ③ 평양대부흥운동   ④ 목포부흥운동

   ※ 비록 목표인 100만 명을 구원하지는 못하였지만 전국에 부흥의 불길이 다시 타오르는 계기가 되었다.

97. 평양대부흥운동이 1907년 1월 평양 장대현교회당에서 시작되어 놀라운 역사가 나타났는데 한 달이 지난 그해 2월에 길선주를 통하여 서울 장로 연합사경회에서도 같은 역사가 나타났다. 그 장소는 어디인가?
   ① 승동교회   ② 새문안교회
   ③ 동대문교회   ④ 남대문교회

   ※ 길선주 목사의 설교를 통하여 교회지도자들과 성도들이 회개하는 역사가 일어났다. 당시 그는 황해도의 김익두(金益斗), 의주의 이기선(李基宣)과 함께 '3대 권능(權能) 목사'로 불렸다

98. 복음전도와 민족운동이라는 두 가지를 상생개념으로 삼고 신민회를 창설하고 이후에 흥사단을 이끈 사람은?
   ① 조만식   ② 안창호
   ③ 이상재   ④ 서재필

   ※ 1911년 안창호가 미국으로 망명한 후에 일제에 의해서 조작된 '105인 사건'으로 신민회가 해체되었다. 그러나 1913년 5월 샌프란시스코에서 흥사단을 창설하여 본국에서 이루지 못한 대성학교·신민회·청년학우회의 뜻을 실현하기 위하여 노력하였다

99. 1907년 평양대부흥운동의 설명이다. 잘못된 것은?
   ① 남녀노소, 유무식자, 선교사, 국내교역자, 신구신자를 막론하고 성령의 감화를 받았다.
   ② 집회에 참석한 모든 이가 자신의 죄와 과실을 공개적으로 고백했다.
   ③ 학교는 2주간 휴학하고 일반 사무 중지, 상가까지 철수하고 오직 기도에만 힘썼다.
   ④ 이 운동은 만주, 봉천 등의 중국 교회에까지 영향을 미쳤고, 세계 교계에도 적지 않은 충격을 주어 주목을 받게 되었다.

   ※ 집회에 참석한 모든 이가 자신의 죄를 공개적으로 고백한 것은 아니다.

정답 95.② 96.② 97.② 98.② 99.②

총회 강도사고시 문제집

100. 마펫(마포삼열) 선교사와 거리가 먼 것은?
① 평양신학교 초대교장
② 평양지역 선교의 아버지
③ 장대현교회 1대 담임목사
④ 대한예수교장로회 초대 총회장
※ 초대 총회장은 언더우드.

101. 한국교회 초기에 성경은 이들에 의해서 널리 보급되기 시작하였다. 이들은 성경 외에도 찬송가, 교리문답서, 선교달력을 '복음궤짝'이라는 상자에 넣어서 짊어지고 학교, 서당, 공동작업장, 잔칫집, 장터를 돌아다니면서 팔았다. 이런 수단을 통하여 식자층이나 부유층보다는 복음에 목말라있던 가난한 민중들 가운데 복음이 널리 전해졌다. 이들을 부르는 호칭은 무엇이었는가?
① 조사 ② 성경 교사 ③ 권서인(매서인) ④ 성경 인쇄인
※ 의주 지방 출신의 권서인 백홍준(白鴻俊)은 무보수로 한문서적과 한글 복음서를 배포시켰다. 또 서상륜(徐相崙)은 1882년 10월 6일 한국 최초로 영국성서공회로부터 권서인으로 파송받았다.

102. 만주지역에서 사역한 캐나다 선교사로 평양 부흥을 목격한 후 "성령의 불길이 한국을 휩쓸었을 때"라는 책으로 1907년 평양 대부흥에 관한 기록을 남긴 사람은?
① 조나단 고포드 ② 사무엘 모펫 ③ 제임스 게일 ④ 토마스 하디
※ 평양대부흥을 목격한 고포드는 중국으로 돌아가 만주대부흥(Manchurian revival)의 주역이 되었다. 고포드와 그의 동역자들은 중국교회의 부흥을 위해 매일 오후 4시에 기도했다.

103. 다음은 교육선교를 한 선교사들과 그들의 활동이 바르게 연결되지 않은 것은?
① 언더우드 - 연희전문학교
② 아펜젤러 - 배재학당
③ 스크랜턴 - 이화학당
④ 맥켄지 - 경신학교
※ 경신학교는 언더우드에 의하여 세워졌다.

104. 다음 중 초기 한국교회에 유입되었던 자유주의 사상과 그 주동자의 연결이 올바른 것은?
① 창세기 모세 저작권에 대한 의심 - 김영주
② 여성의 가르침 허용 - 김춘배
③ 아빙돈단권주석 - 정경옥
④ 적극적 신앙단 - 김흥우
※ 아빙돈단권주석은 감리교 유형기 목사의 주도하에 발간되었다.

105. 한국 장로교회의 분열과 합동에 대한 연결이 잘못된 것은?
① 1940년 4월 19일 승동교회 지하에서 설립된 조선신학교는 보수교단의 정체성을 확립하는 데 중요한 기여를 했다.
② 1952년 한국장로교회에서 고려파가 분열해 나갔다.
③ 1953년 김재준이 대표하는 조선신학교의 신학문제로 시작된 갈등으로 기장 측이 분열해 나갔다.
④ 1959년에는 WCC 참여를 둘러싼 논쟁으로 인해 승동 측과 연동 측 사이에 총회가 분열되어 통합과 합동으로 분리되었다.
※ 1947년 4월 조선신학교의 학생 51명이 자유주의 신학 교육에 문제를 제기하는 사건이 벌어졌다.

정답 100.④ 101.③ 102.① 103.④ 104.② 105.①

106. 한국 장로교의 분열에 대한 역사적 사실 중 그 내용이 맞지 않는 것은?
① 1953년 제38회 총회에서 김재준을 신학문제로 제명, 기독교장로회 분열
② 1959년 제44회 총회에서 합동(승동 측)과 통합(연희 측) 분열
③ 1979년 제64회 총회에서 합동과 합동보수 측 분열
④ 1981년 제66회 총회에서 합동과 대신 측 분열

※ 1981년 66회 총회에서 합동과 합동 개혁파의 분열이 있었다.

107. 한국교회가 한국 사회에 끼친 영향과 관계가 없는 것은?
① 의료사업　　② 문화사업　　③ 교육사업　　④ 국가정치

※ 한국교회가 한국사회에 미친 영향은 의료, 문화, 교육사업이다.

108. 한국 최초로 서울과 원산에 세워진 교회와 설립자가 바르게 연결된 것은?
① 서울 - 새문안교회 - 언더우드 / 원산 - 명석동교회 - 소안론
② 서울 - 새문안교회 - 베어드 / 원산 - 구암교회 - 소안론
③ 서울 - 새문안교회 - 배위량 / 원산 - 서문교회 - 소안론
④ 서울 - 새문안교회 - 맥켄지 / 원산 - 소래교회 - 소안론

※ 서울 새문안교회는 1885년 언더우스에 의해 원산 명석동교회는 1893년 소안론에 의해 시작되었다.

109. 한국교회사에 등장하는 최초의 일들과 그 이름을 연결한 것이다. 잘못된 것은?
① 성가대 - 평양 장대현교회
② 한국인 선교사 - 이기풍
③ 근대식 병원 - 광혜원
④ 주기도문 번역 - 알렌

※ 주기도문을 번역한 사람은 카를 귀츨라프 선교사이다.

110. 1981년 제66회 총회에서 장로교 합동과 합동개혁파의 분열이 일어났다. 합동과 개혁파의 합동은 몇 년도 몇 회 총회에서 이루어졌는가?
① 2005년, 제90회 총회
② 2004년, 제89회 총회
③ 2003년, 제88회 총회
④ 2002년, 제87회 총회

※ 2005년 9월 27일 대전중앙교회(최병남 목사)에서 열린 제90회 총회에서 역사적인 합동예배가 드려졌다. 개혁총회 총대 461명이 입장하자 합동총회 총대 976명은 기립박수로 이들을 맞이했다. 총 1,437명의 총대들이 모여 합동예배를 드렸다.

111. 한국기독교장로회 측이 분리되어 나간 것은 김재준의 신학문제가 요인이었다. 몇 회 총회에서 일어난 사건인가?
① 제34회 총회
② 제35회 총회
③ 제38회 총회
④ 제39회 총회

※ 1953년 제38회 총회에서 제36, 37회 총회 결의의 정당성을 재확인하고, 김재준 목사 파면을 결의하였다. 이에 대해서 조선신학교 측은 1953년 6월 10일 조선신학교에서 법통 38회 총회를 개최하여 교단은 완전히 분열되었다. 1954년 6월 교단 명칭을 대한기독교장로회로 명명하였다.

정답 106.④ 107.④ 108.① 109.④ 110.① 111.③

112. 1938년 제27회 총회에서 신사참배는 종교가 아니라 국민의식이라 하여 반대를 무릅쓰고 가결하였다. 이 결의를 취소한 총회와 그 연도는 언제인가?
   ① 제39회 총회, 1954년　　　　② 제44회 총회, 1959년
   ③ 제47회 총회, 1962년　　　　④ 제64회 총회, 1979년

   ※ 1954년 제39회 총회에서 남북한 노회의 대표들이 참석한 가운데 안건(권연호 목사 제안)으로 받아, 신사참배 결의가 불법인 것으로 취소하는 정식 결의를 한다. 당시 총회 기간 중 회개의 성찬과 3시간 특별기도회를 열고, 6월 한 주일 전국교회가 회개하는 의미로 연보하여 신사참배를 거부한 순교자들의 가족을 위로하는 일을 실시하였다.

113. 한국 초기 선교사들의 신앙은 보수적이며 철저한 청교도적 신앙이었다. 다음 중 청교도적 신앙의 특징이 아닌 것은?
   ① 의식의 권위를 강조한다.　　② 성경적 신학을 견지한다.
   ③ 복음 전파에 주력한다.　　　④ 주일 성수를 강조한다.

   ※ 말씀, 성경의 권위를 강조한다.

114. 한국교회에 전파된 청교도 신학의 특징과 거리가 있는 것은?
   ① 성경의 권위를 강조하였다.　　② 보수주의적 성향이 강했다.
   ③ 주일을 성수하고 복음전파에 힘썼다.　　④ 관혼상제를 개혁하고 여권신장에 힘썼다.

   ※ 보수주의적 청교도신학의 주된 관심은 관혼상제 개혁과 거리가 멀었다.

115. 다음은 누구를 설명하는 말인가?

   > 가. 협성신학교를 졸업한 후 1928년에 목사 안수. 신비주의적 체험을 말씀보다 강조함.
   > 나. 지지기반을 하층민으로 하였으며 집에 장애인 신학생 20명을 데려다 공부시켰다.
   > 다. 병으로 33세의 이른 나이에 사망하였다.
   > 라. 원산의 접신파 한준명을 옹호하다가 이단으로 정죄되었다.

   ① 이용도　　② 황국주　　③ 이유성　　④ 김교신

   ※ 그의 신비주의적 신앙은 기존교회의 의심을 받기 시작하여 1931년 10월 장로교의 황해노회가 그에게 금족령을 시달하였으며, 1932년 4월에는 평양노회가 평양기도단에 제한을 가하여 그를 규제하였다. 같은 해 11월에는 그가 속해 있던 감리교 경성지방회에 평양노회의 이단문의가 제기되어 중부연회는 1933년 3월 휴직처분을 결정하였다.

116. 우찌무라 간조 아래서 함석헌과 함께 배우고 최태용과 함께 무교회주의 운동을 시작한 사람은 누구인가?
   ① 양도천　　　　② 김교신
   ③ 김장호　　　　④ 박태선

   ※ 일본 유학 당시 일본의 군국주의에 반대하고 일본기독교의 자주성을 주장하면서, 무교회운동을 전개하던 우찌무라 간조의 사상에 깊은 영향을 받았다.

정답 112.① 113.① 114.④ 115.① 116.②

117. 각 지역에 최초로 세워진 교회, 연도와 설립자가 바르게 연결되지 않은 것은?
    ① 황해도-소래교회-1883-최의덕
    ② 평양-장대현교회-1893-모펫
    ③ 부산-초량교회-1893-배위량
    ④ 서울-새문안교회-1887-언더우드

    ※ 평안도 의주 출신의 서상륜은 인삼장사로 만주를 오고 갔는데, 영국 개신교 선교사 존 로스 목사를 만나 기독교를 받아들이고 성경번역을 도왔다. 그의 동생 서경조와 서상륜은 황해도 장연군 대구면 송천리 소래마을의 한 초가집에서 1883년 5월 16일 한국교회사 처음으로 한국인이 스스로 개신교 교회를 세웠다.

118. 1965년 12월 3일에 "삼천만을 그리스도에게로"라는 표어 아래 전도훈련, 부흥집회, 전도집회와 노방전도 등을 시작하고 빌리 그래함 목사를 한국으로 초청하기 위한 전국복음화운동위원회를 발족했다. 다음 중 이 위원회의 주축 인물이 아닌 사람은?
    ① 김활란
    ② 한경직
    ③ 김의환
    ④ 홍현설

    ※ 김의환은 엑스플로 74 준비 과정에 참여했던 인물이다.

119. 다음은 한국의 이단들과 그 특징을 열거한 것이다. 바르게 연결된 것은?
    ① 박태선 – 피가름의 혼음교리를 주장하며 스스로를 동방의 의인이라고 칭했다.
    ② 문선명 – 원리강론이 신구약을 완성한 '성약'이라고 주장하며, 신앙촌을 건립했다.
    ③ 나운몽 – 동양적 특수 신령신학을 제창하면서 자신을 '감람나무'라 주장했다.
    ④ 유동식 – 불트만의 비신화화 사상을 적용하여, "환인, 환웅, 환검은 하나님이다"라고 주장했다.

    ※ 신앙촌 → 박태선, '감람나무'라 주장 → 박태선, "환인, 환웅, 환검은 하나님이다" → 윤성범

120. 대한예수교장로회 총회가 31회와 32회 사이 3년 동안 총회를 개회하지 못하였다. 왜 3년 동안 총회가 열리지 못했는가?
    ① 일제의 심한 핍박 때문에 열리지 못했다.
    ② 교단 분열의 아픔 때문에 마음이 하나가 되지 못했기 때문이다.
    ③ 105인 사건의 후유증이 교회에 남아 있어서 총회를 열지 못했다.
    ④ 3년간은 전시 관계로 총회를 열지 못하였다.

    ※ 31회는 1942년 평양 서문밖교회에서, 32회는 1946년 서울 승동교회에서 열렸다.

정답 117.① 118.③ 119.① 120.④

6. 주제별 시대 종합 문제

● 시대종합 주요 역사적 배경

1. 다음 중 오늘날 이탈리아 지역에서 발생한 사건을 시대 순서대로 바르게 연결한 것은?

> 가. 가리발디가 이탈리아의 통일을 위해 비토리아 임마누엘 2세에게 정복한 땅을 바쳤다.
> 나. 콘스탄티누스가 밀비안 다리 전투에서 막센티우스를 격파했다.
> 다. 동고트 왕 데오도릭이 황제 제논의 지원하에 오도아케르를 물리쳤다.
> 라. 교황 요한 23세가 공의회를 소집했다.
> 마. 교황 율리우스 2세가 라파엘로에게 "아테네 학당"을 그리게 했다.

① 나 - 라 - 다 - 라 - 가 ② 나 - 다 - 마 - 가 - 라
③ 라 - 나 - 다 - 마 - 가 ④ 라 - 다 - 나 - 마 - 가

※ 가리발디는 1861년 자신이 석권한 지역을 이탈리아의 통일을 위해 비토리아 임마누엘 2세에게 헌납했다. 콘스탄티누스는 321년 밀비안 전투에서 막센티우스를 격파하고 서로마의 황제권을 쟁취했다. 동고트 왕 데오도릭은 493년 라벤나를 점령하고 오도아케르를 물리쳤다. 교황 요한 23세는 1962년 제2차 바티칸 공의회를 개최하여 첫 회기를 진행했다. 교황 율리우스 2세는 라파엘로에게 바티칸 사도 궁전 내부에 "아테네 학당"을 그리게 했고 이 그림은 1510년 완성되었다.

2. 다음 중 오늘날 영국 지역에서 발생한 역사적 사건을 시대 순서대로 바르게 연결한 것은?

> 가. 이 지역 출신인 펠라기우스가 원죄의 유전을 부정하여 신학적 논쟁을 일으켰다.
> 나. 프로슬로기온을 저술한 안셀름이 캔터베리 대주교에 취임했다.
> 다. 위클리프가 성경의 권위를 강조하며 비가시적 교회의 중요성을 주장했다.
> 라. 여왕이 통일령을 발표해 공동기도서의 사용을 명령했다.
> 마. 올리버 크롬웰이 왕당파를 제거하고 공화제를 수립했다.

① 가 - 나 - 라 - 다 - 마 ② 나 - 가 - 다 - 마 - 라
③ 가 - 나 - 다 - 라 - 마 ④ 나 - 가 - 라 - 다 - 마

※ 오늘날 영국인 브리타니아 출신 수도사였던 펠라기우스는 400년 전후 브리타니아 선교에 헌신했으며 이후 로마 제국 여러 지역을 순회하면서 자신의 사상을 주장했으나 어거스틴을 비롯한 여러 신학자들과 감독들의 거센 비판을 받았다. 안셀름은 전임 란플랑크의 뒤를 이어 1093년부터 1109년까지 잉글랜드에서 캔터베리 대주교를 지냈다. 14세기 후반 활동한 옥스포드 대학의 신학자 존 위클리프는 1378년 "교회에 관하여"(De Ecclesiae)를 발표하여 비가시적 교회의 중요성을 역설했다. 잉글랜드 튜더 왕조의 여왕 엘리자베스 1세는 왕으로 즉위한 직후인 1559년 통일령을 명령하여 영국교회의 예배의식을 국교회의 방식으로 통일하려 했다. 올리버 크롬웰은 1649년 찰스 1세를 처형하고 "호국경"에 취임하여 청교도적 도덕성에 기초한 공화제를 시작했다.

정답 1.② 2.③

3. 다음 중 오늘날 독일에서 발생한 역사적 사건을 시대 순서대로 바르게 연결한 것은?

> 가. 오토 1세가 신성로마제국 황제로 즉위했다.
> 나. 토마스 아퀴나스가 쾰른 대학에서 신학을 공부했다.
> 다. 바르멘 선언이 발표되었다.
> 라. 프로이센의 재상 비스마르크가 문화투쟁을 통해 독일의 통일을 주도했다.
> 마. 율법의 유효성을 둘러싼 아그리콜라와 멜란히톤의 신학적 논쟁이 벌어졌다.

① 나 - 가 - 다 - 마 - 라
② 가 - 나 - 라 - 마 - 다
③ 나 - 가 - 마 - 다 - 라
④ 가 - 나 - 마 - 라 - 다

※ 936년 즉위한 동프랑크 왕국의 오토 1세는 로마 교황의 인정을 받아 962년 신성로마제국의 황제로 즉위했다. 토마스 아퀴나스는 1248년경 쾰른 대학교에서 알베르투스 마그누스로부터 신학 지도를 받았다. 독일 고백교회의 지도자들은 1934년 히틀러의 전체주의 통치에 반대해 "바르멘 선언"을 발표했다. 비스마르크는 1862년 프로이센 수상에 임명되어 독일 통일을 위해 독일 남부의 로마 가톨릭 세력을 억압하는 문화투쟁을 전개했다. 독일 루터파 내에서 아그리콜라와 멜란히톤 사이에 발생한 율법폐기론 관련 논쟁은 16세기의 사건이다.

4. 다음 중 프랑스 지역에서 발생한 역사적 사건을 시대 순서대로 바르게 연결한 것은?

> 가. 국민공회의 공포정치 하에서 기존의 12개월 달력이 폐지되고 혁명력이 도입되었다.
> 나. 프랑스 최초의 개혁교회 총회가 소집되었다.
> 다. 파리 대학 총장 니콜라스 콥의 연설문으로 인한 개신교 박해가 시작되었다.
> 라. 프랑스 왕 필립 4세가 교황 클레멘트 5세를 아비뇽으로 이주시켰다.
> 마. 아키텐의 기욤 1세가 수도사 베르노를 초청해 클루니 수도원을 창설했다.

① 마 - 라 - 다 - 나 - 가
② 라 - 마 - 다 - 나 - 가
③ 라 - 마 - 다 - 가 - 나
④ 마 - 라 - 나 - 다 - 가

※ 1789년 일어난 프랑스 대혁명 과정에서 국민공회는 단원제 입법기관으로서 1792년부터 1795년까지 혁명 정부를 이끌면서 극단적인 공포정치를 시행했다. 종교개혁 시기 프랑스 전역으로 확산한 개혁교회의 첫 총회가 1559년 5월 파리에서 개최되었다. 파리 대학 총장으로 취임한 니콜라스 콥은 1533년 11월 1일 마튀렝 교회에서 전한 취임 연설에서 종교개혁 신학을 천명했고 그 결과 콥과 그의 동료들이 당국의 수배를 받았다. 중세 시대 교회의 영적 권세와 세속 권세의 갈등 가운데 프랑스 왕 필립 4세가 정치적 수완을 발휘해 클레멘트 5세를 교황으로 선출하고 1309년 프랑스 남부의 도시 아비뇽으로 이주시킴으로써 70년간 계속된 아비뇽 유수가 시작되었다. 프랑스 서남부 지역인 아키텐의 영주 기욤 1세의 초청을 받아 수도사 베르노가 클루니 수도원을 창립한 것은 주후 910년이었다.

5. 다음 중 서구 역사에 나타난 중요한 사조와 그 대표자들을 바르게 연결한 것은?

① 스토아주의 - 아벨라르두스
② 스콜라주의 - 포르피리우스
③ 경험주의 - 파스칼
④ 계몽주의 - 몽테스키외

※ 아벨라르두스는 12세기 스콜라주의 신학자이며 포르피리우스는 3세기 신플라톤주의 사상가이다. 파스칼은 17세기 얀센주의적 입장에서 예수회의 사변적 신학에 반대했다. 프랑스의 몽테스키외는 1750년 "법의 정신"을 발표해 삼권의 분립을 주장한 계몽주의 사상가이다.

정답 3.④ 4.① 5.④

총회 강도사고시 문제집

6. 다음 중 각 시대에 등장한 역사적으로 중요한 조약들과 그 내용을 잘못 연결한 것은?
   ① 베르됭 조약(843) – 프랑크 왕국의 3분할 확정
   ② 아우크스부르크 평화조약(1555) – 프랑스에서 발생한 위그노 전쟁의 종식
   ③ 베스트팔렌 조약(1648) – 독일에서 발생한 30년 전쟁의 종식
   ④ 베르사이유 조약(1919) – 1차 세계대전의 종식

   ※ 1555년 체결된 아우크스부르크 평화조약은 독일에서 발생한 종교전쟁을 종식하기 위해 루터파 영주들과 황제를 비롯한 로마 가톨릭 영주들 사이에 체결된 강화조약이다.

7. 다음 중 각 시대에 나타난 중요한 전쟁과 시작된 시대를 바르게 연결한 것은?
   ① 십자군 전쟁 – 13세기
   ② 백년 전쟁 – 14세기
   ③ 보불 전쟁 – 18세기
   ④ 러일 전쟁 – 19세기

   ※ 십자군 전쟁은 1095년 출정한 첫 원정으로 시작되었다. 보불 전쟁은 비스마르크가 독일 통일을 위해 프랑스를 상대로 벌인 전쟁으로서 1870년 시작되었다. 러일 전쟁은 일본과 러시아 사이에 벌어진 제국주의 전쟁으로서 1904년 2월 한반도에서 발발했다. 영국과 프랑스의 왕가들 사이에 벌어진 백년 전쟁은 1337년에 시작되었다.

8. 다음 중 각 시대와 그 시대를 대표하는 라틴어 명칭이나 구호를 바르게 연결한 것은?
   ① 로마제국 전성기 – ad fontes
   ② 중세 교황 전성기 – Pax Romana
   ③ 르네상스 인문주의 – Sola Scritura
   ④ 종교개혁 시대 – cuius regio eius religio

   ※ "ad fontes"(근원으로)는 서구 문화의 근원을 회복하려 했던 르네상스 인문주의의 대표적 구호이다. "Pax Romana"(로마의 평화)는 1세기 초 아우구스투스 황제 시대 이루어진 로마의 정치적 안정기를 일컫는 명칭이다. "Sola Scriptura"(오직 성경으로)는 16세기 종교개혁 시대의 대표적인 구호이다. "cuius regio eius religio"는 "통치자의 종교가 곧 그 지역의 종교"라는 뜻으로 16세기 종교개혁 시대에 독일의 제후들의 정치적 타협의 결정을 대변하는 문구이다.

9. 다음 중 서양의 주요 군주들과 그들의 치적을 잘못 연결한 것은?
   ① 유스티니아누스 황제(재위 527-565) – 로마 제국의 기존 영토를 수복하고 법률 체계를 정비했다.
   ② 샤를마뉴 대제(재위 800-814) – 로마 제국의 황제로 즉위하여 카롤링거 르네상스를 일으켰다.
   ③ 루이 14세(재위 1643-1715) – 절대왕정 하에서 퐁텐블로 칙령을 발표해 위그노들에게 예배의 자유를 허락했다.
   ④ 빌헬름 1세(재위 1861-1888) – 수상 비스마르크에 의해 독일이 통일되어 황제로 즉위했다.

   ※ 프랑스 부르봉 왕조의 루이 14세는 무려 70여 년간 통치하면서 절대왕정을 구축했고 그 과정에서 개신교의 예배의 자유를 박탈하는 등 위그노들을 박해했다.

정답 6.② 7.② 8.④ 9.③

10. 다음 중 각 시대의 전환기에 발생한 중요한 사건들을 연결한 것으로 가장 부적합한 것은?
   ① 5세기 초대교회 시대에서 중세교회 시대로 전환기 - 서로마 제국의 멸망
   ② 16세기 중세교회 시대에서 종교개혁 시대로 전환기 - 교황청의 아비뇽 유수와 대분열
   ③ 18세기 정통주의 시대에서 근대교회 시대로 전환기 - 계몽주의 사상과 프랑스 대혁명
   ④ 20세기 근대 시대에서 탈근대 시대로의 전환기 - 두 차례의 세계대전

   ※ 교황청의 아비뇽 유수(1309-1378)와 대분열(1379-1417)은 14세기에 시작되어 15세기 초에 종결되었다. 종교개혁은 100년 후인 16세기 초에 발생했고 당시 교황은 공의회주의를 누르고 서유럽 내에서 독점적 위상을 회복해 있었다. 따라서 다른 전환기의 사건들과 비교할 때 교황청의 혼란은 종교개혁이 일어나는 한 원인이기는 했지만 직접적인 원인이라고 볼 수는 없다.

● 시대종합 주요 교회사 사건

11. 다음 중 오늘날 미국 지역에서 발생한 중요한 교회사적 사건을 시대순으로 바르게 연결한 것은?

   가. 무디와 생키가 대중 집회를 통해 부흥운동을 이끌었다.
   나. 조지 휫필드가 방문하여 순회 설교를 진행했다.
   다. 메이플라워호가 플리머스 항에 도착했다.
   라. 알렉산더 휘태커 목사가 버지니아 제임스 강가에서 목회를 시작했다.
   마. 드와이트가 주도한 예일 대학의 부흥운동이 일어났다.

   ① 다 - 라 - 나 - 마 - 가   ② 다 - 라 - 나 - 가 - 마
   ③ 라 - 다 - 나 - 마 - 가   ④ 라 - 다 - 나 - 가 - 마

   ※ 무디와 생키가 주도한 제3차 대각성운동은 미국의 남북전쟁 시기인 1850년대에 시작되었다. 조지 휫필드는 1739년부터 1740년까지 북아메리카 동부 식민주들을 순회하며 설교했다. 메이플라워호는 1620년 매사추세츠 플리머스에 도착했다. 알렉산더 휘태커는 1611년 신대륙 식민지 버지니아에 도착해 목회를 시작했다. 예일대학교 총장이었던 드와이트가 주도한 예일대학의 부흥운동은 1780년대 일어났다.

12. 오늘날 스코틀랜드 지역에서 발생한 중요한 교회사적 사건을 시대 순서대로 바르게 연결한 것은?

   가. 제1치리서가 제정되었다.
   나. 콜룸바누스가 아이오나에 수도원을 설립했다.
   다. 패트릭 해밀턴이 순교했다.
   라. 국교회 정책에 맞서 국민언약이 체결되었다.
   마. 잉글랜드 의회파와 엄숙동맹과 계약을 체결했다.

   ① 나 - 다 - 가 - 마 - 라   ② 다 - 나 - 가 - 마 - 라
   ③ 나 - 다 - 가 - 라 - 마   ④ 다 - 나 - 가 - 라 - 마

   ※ "제1치리서"는 1560년 스코틀랜드의 종교개혁 중 제정되었다. 아일랜드의 수도사 콜룸바누스는 563년 아이오나 섬에 수도원을 창설하고 스코틀랜드 지역의 선교를 전개했다. 패트릭 해밀턴은 루터의 개혁사상을 설교하다가 1528년 스코틀랜드 세인트앤드루스에서 이단 죄목으로 화형을 당했다. 스코틀랜드의 장로교인들은 찰스 1세가 강요한 국교회 정책에 저항하며 1638년 국민언약을 체결했다. 잉글랜드의 왕당파와 의회파 사이에 전쟁이 발발하자 1643년 스코틀랜드의 장로교파가 잉글랜드 의회파와 연대하여 "엄숙동맹과 계약"을 체결했다.

정답 10.② 11.③ 12.③

13. 다음 중 로마 가톨릭 교황들과 그들의 주요 활동이나 업적을 잘못 연결한 것은?
   ① 다마수스 1세 - 제롬에게 성경을 라틴어로 번역할 것을 지시했다.
   ② 그레고리우스 7세 - 카노사에서 황제 하인리히 4세를 굴복시켰다.
   ③ 우르바누스 2세 - 성지 탈환을 위한 십자군 출병을 요청했다.
   ④ 피우스 9세 - 제2차 바티칸 공의회를 소집했다.

   ※ 교황 피우스 9세는 1869년 제1차 바티칸 공의회를 소집했다. 제2차 바티칸 공의회는 교황 요한 23세가 1962년 소집했다.

14. 다음 중 교회 역사상 중요한 사건과 그 결과를 가장 부적절하게 연결한 것은?
   ① 니케아 공의회(325) - 아리우스파를 정죄하고 삼위일체 정통 교리가 제시되었다.
   ② 제1차 취리히 논쟁(1523) - 최초의 개신교 도시국가가 선포되었다.
   ③ 도르트 회의(1618) - 아르미니우스주의가 거절되고 칼빈주의 예정론이 재확인되었다.
   ④ 에든버러 선교대회(1910) - 세계교회협의회(WCC)가 발족했다.

   ※ 1910년의 에든버러 선교대회는 개신교 선교를 종합하고 앞으로의 선교 방향을 전망한 최초의 국제 선교대회였다. 그러나 세계교회협의회는 두 차례 세계대전 이후 국제적 협의 기구들이 통합되어 1948년 암스테르담에서 첫 총회를 열었다.

15. 다음과 같은 중요한 교회사적 사건들이 일어난 도시는?

   > 가. 455년 교황 레오 1세가 반달족의 침입을 막아냈다.
   > 나. 800년 프랑크 왕 샤를마뉴가 새로운 황제로 즉위했다.
   > 다. 1215년 화체설이 공인되었다.
   > 라. 1870년 교황무류설이 선포되었다.

   ① 밀라노
   ② 로마
   ③ 아비뇽
   ④ 파리

   ※ 로마와 로마 내에 위치한 바티칸은 초대교회로부터 교황의 중요한 정책과 활동이 이루어진 도시였다. 천주교를 "로마 가톨릭"이라고 부르는 것은 이들이 보편교회의 수위권과 통치권이 로마라는 특정 도시의 주교에게 있다고 여전히 주장하기 때문이다.

16. 다음 중 기독교의 변화에 지대한 영향을 준 역사적 운동과 그 결과를 잘못 연결한 것은?
   ① 게르만 민족의 대이동 - 교회가 적극적으로 이민족 선교에 나섰다.
   ② 프랑스 대혁명 - 전통적 기독교 신앙에 대한 비판과 회의가 크게 일어났다.
   ③ 산업혁명 - 유물론적 세계관이 확산되어 서구 사회에서 기독교가 크게 쇠퇴했다.
   ④ 3.1 운동 - 기독교가 제국주의에 반대하여 민족의 자주와 독립의 정신을 고취했다.

   ※ 18세기 중반부터 시작된 영국의 산업혁명으로 인해 나타난 경제 및 사회 구조의 큰 변화는 교회에게도 큰 도전이 되었다. 그러나 산업혁명의 결과 교회가 크게 쇠퇴하지는 않았다. 도리어 산업혁명과 함께 진행된 영국의 식민지 확장에 의해 영국교회는 세계선교를 더 활발하게 전개할 수 있었다. 또 영국 국내에서는 산업화로 인해 발생한 여러 가지 문제들을 대처하기 위한 복음주의 운동이 다양하고 활발하게 나타났다. 웨슬리가 시작한 감리교 운동도 산업혁명 시대에 계속되었다.

정답 13.④ 14.④ 15.② 16.③

17. 다음 중 교회 역사상 소집된 중요한 회의가 개최 순서대로 바르게 연결된 것은?
   ① 칼케돈 회의 - 마르부르크 회의 - 제1차 바티칸 회의 - 제4차 라테란 회의
   ② 니케아 회의 - 트렌트 회의 - 마르부르크 회의 - 제2차 바티칸 회의
   ③ 칼케돈 회의 - 제4차 라테란 회의 - 트렌트 회의 - 제1차 바티칸 회의
   ④ 니케아 회의 - 트렌트 회의 - 제2차 바티칸 회의 - 바젤 회의

   ※ 개최 연도순으로 정리하면 니케아 회의는 325년, 칼케돈 회의는 451년, 제4차 라테란 회의는 1215년, 바젤 회의는 1431년, 마르부르크 회의는 1529년, 트렌트 회의는 1545년, 제1차 바티칸 회의는 1869년에 개최되었다.

18. 다음 중 16세기 종교개혁 시대 이후 활동한 개혁파 신학자들을 활동 연대 순서대로 바르게 연결한 것은?
   ① 존 칼빈 - 프란치스쿠스 고마루스 - 데오도르베자 - 사무엘 러더포드
   ② 존 녹스 - 사무엘 러더포드 - 박형룡 - 헤르만 바빙크
   ③ 토마스 굿윈 - 하인리히 불링거 - 아브라함 카이퍼 - 벤자민 워필드
   ④ 존 오웬 - 조나단 에드워즈 - 찰스 핫지 - 그레샴 메이첸

   ※ 각 개혁파 신학자의 생몰연도는 출생연도 순서대로 정리하면 다음과 같다. 하인리히 불링거(1504-1575), 존 칼빈(1509-1564), 존 녹스(1513-1572), 데오도르베자(1519-1605), 프란치스쿠스 고마루스(1563-1641), 사무엘 러더포드(1600-1661), 토마스 굿윈(1600-1680), 존 오웬(1616-1683), 조나단 에드워즈(1703-1758), 찰스 핫지(1797-1878), 아브라함 카이퍼(1937-1920), 벤자민 워필드(1851-1921), 헤르만 바빙크(1854-1921), 그레샴 메이첸(1881-1937), 박형룡(1897-1978)

19. 각 시대의 전환기에 발생한 중요한 교회사적 사건들을 연결한 것 중 가장 부적합한 것은?
   ① 5세기 초대교회 시대에서 중세시대로의 전환 - 교황청의 혼란과 수도원의 약화
   ② 16세기 중세시대에서 종교개혁 시대로의 전환 - 히브리어와 헬라어 원어 성경의 재발견
   ③ 18세기 정통주의 시대에서 근대 계몽주의 시대로의 전환 - 로마 가톨릭의 수구화와 자유주의 신학의 출현
   ④ 20세기 근대에서 탈근대 시대로의 전환 - 기독교의 세계화와 신학의 다변화

   ※ 5세기 게르만 민족의 이동과 서로마 제국의 멸망으로 시작된 중세시대의 시작에서 로마 교황은 종교뿐 아니라 세속권력의 영역에서도 더 큰 역할을 했다. 이 시기에는 수도원 운동이 체계적으로 발전하여 기독교의 문화와 전통을 보존하고 게르만족을 교화하는 중심지 역할을 담당했다.

20. 다음 중 각 시대의 변화에 맞추어 로마 가톨릭이 보여준 모습에 대한 설명으로 타당하지 않은 것은?
   ① 9세기 - 세속 권력과 연대하여 서유럽에서 새로운 주도권을 확보했다.
   ② 14세기 - 교황청이 분열되어 공의회주의 운동이 일어났다.
   ③ 17세기 - 개신교에 맞선 신학적 변호와 더불어 타 문화권 선교에 나섰다.
   ④ 20세기 - 현대 사회에 적응하는 과정에서 교황의 수위권과 화체설을 타협했다.

   ※ 20세기의 새로운 변화에 맞추어 로마 가톨릭의 신학적 폭이 넓어지고 타종교 및 타문화를 대하는 태도가 유연해진 것이 사실이다. 그러나 로마 가톨릭은 교황 수위권이나 화체설, 마리아 숭배사상 같은 그들의 핵심적 교리들을 결코 타협하지 않았다.

정답 17.③ 18.④ 19.① 20.④

● 시대종합 주요 기독교 문헌들

21. 다음 중 교회사적으로 중요한 신학 작품의 저자와 저술 시기를 모두 바르게 연결한 것은?
① 그리스도를 본받아 – 슈페너 – 18세기
② 성경의 명료성과 확실성 – 츠빙글리 –16세기
③ 교회교의학 – 칼 바르트 – 19세기
④ 신앙감정론 – 토마스 아 켐피스 – 15세기

※ "그리스도를 본받아"는 15세기 "근대적 경건" 운동에 속했던 토마스 아 켐피스의 작품이다. "교회교의학"은 바르트의 작품이며 20세기에 출판되었다. "신앙감정론"은 조나단 에드워즈의 대표적인 작품으로서 18세기에 발표되었다. "성경의 명료성과 확실성"은 16세기 종교개혁 시대 츠빙글리가 쓴 작품이다.

22. 다음 중 교회사에 나타난 중요한 저작들을 발표 순서대로 바르게 연결한 것은?

> 가. 아퀴나스의 "신학대전"
> 나. 칼빈의 "기독교강요"
> 다. 어거스틴의 "하나님의 도성"
> 라. 존 번연의 "천로역정"
> 마. 루터의 "의지의 속박에 관하여"

① 가 – 다 – 마 – 라 – 나   ② 다 – 가 – 마 – 나 – 라
③ 가 – 다 – 라 – 마 – 나   ④ 다 – 가 – 나 – 마 – 라

※ 아퀴나스의 "신학대전"은 1485년 출간되었다. 칼빈의 "기독교강요" 초판은 1536년 출간되었다. 어거스틴의 "하나님의 도성"은 426년 처음 발표되었다. 존 번연의 "천로역정"은 1678년에 처음 발표되었다. 루터의 "의지의 속박에 관하여"는 1525년 출판되었다.

23. 다음 중 교회사에 나타난 성경과 관련한 중요한 문서들을 발표 순서대로 바르게 연결한 것은?

> 가. 오리겐의 "헥사플라"
> 나. 에라스무스의 "헬라어 신약성경"
> 다. 디아스포라 유대인들의 "70인경"
> 라. 제롬의 "벌게이트"
> 마. 불트만의 "공관복음 전승사"

① 다 – 가 – 라 – 마 – 나   ② 다 – 라 – 가 – 마 – 나
③ 다 – 가 – 라 – 나 – 마   ④ 다 – 라 – 가 – 나 – 마

※ 오리겐의 "헥사플라"는 3세기인 230년에서 240년 사이에 저술되었다. 에라스무스의 "헬라어 신약성경"은 1516년 처음 저술된 후 여러 차례 개정되었다. 디아스포라 유대인들에 의해 알렉산드리아에서 편찬된 "70인경"은 주전 4세기경 저술이 시작된 것으로 알려져 있다. 제롬의 라틴어 성경 번역인 "벌게이트" 번역 작업은 382년 시작되어 4세기 말 일단 완료되었으며 16세기까지 계속 개정되었다. 불트만의 대표적 저술인 "공관복음 전승사"는 1921년 출간되었다.

정답 21.② 22.② 23.③

24. 교회사적으로 중요한 의미를 가진 다음의 여러 문서들 중 개혁파 전통에서 제정된 문서만을 묶은 것은?

가. 39개조 (1556)
나. 67개조 (1523)
다. 95개조 (1517)
라. 도르트 신조 (1619)
마. 일치 신조 (1557)
바. 램버스 신조 (1595)

① 나, 라, 바
② 가, 나, 마
③ 나, 라, 마
④ 가, 다, 바

※ 39개조는 잉글랜드 국교회의 신앙고백으로서 기본적으로는 칼빈주의를 따르지만 교회제도 등에 있어서는 개혁교회의 입장과 차이를 보여준다. 95개조는 1517년 루터가 면죄부 판매를 반대하기 위해 비텐베르크 대학에 게시한 문서이다. 일치 신조 역시 루터파에서 발생한 신학적 논쟁을 종식시키기 위해 1577년 제정된 문서이다. 츠빙글리가 작성한 67개조(1523)와 네덜란드 개혁교회가 제정한 도르트 신조(1619)는 개혁파 전통에서 나타난 문서들이다. 잉글랜의 청교도들이 작성한 램버스 신조(1595)는 엘리자베스 1세 통치기 영국 국교회에서 작성하여 채택한 문서이지만 도르트 회의에 앞서 칼빈주의 예정론을 변호하기 위해 청교도들이 주도하여 작성했기 때문에 개혁파 신학 전통을 따른 문서라고 분류할 수 있다.

25. 교회사적으로 중요한 의미를 가진 다음의 칙령들 중 국왕이 신앙과 예배의 자유를 허용하기 위해 내린 명령들만 묶은 것은?

가. 집회령 (1662 잉글랜드)
나. 생 제르맹 칙령 (1562 프랑스)
다. 통일령 (1559 잉글랜드)
라. 퐁텐블로 칙령 (1685 프랑스)
마. 밀라노 칙령 (325 로마제국)
바. 낭트 칙령 (1598 프랑스)

① 가, 나, 마
② 나, 다, 마
③ 가, 다, 마
④ 나, 마, 바

※ 1662년의 "집회령"은 찰스 2세가 청교도들을 억압하기 위해 내린 "비밀집회 금지령"이다. 1562년의 "생 제르맹 칙령"은 섭정인 캐더린 메디치가 위그노들의 예배의 자유를 잠시 허용하기 위해 내린 명령이다. 1559년의 "통일령"은 엘리자베스 1세가 즉위한 직후 공동기도서를 강제하고 청교도들을 통제하기 위해 내린 명령이다. "퐁텐블로 칙령"(1685)은 루이 14세가 위그노들을 억압하기 위해 위그노들에게 예배의 자유를 허락했던 "낭트 칙령"(1598)을 폐지한 명령이다. "밀라노 칙령"은 기독교에 대한 박해를 종식시킨 로마 제국 콘스탄티누스 황제의 칙령이다.

정답 24.① 25.④

26. 다음 중 기독교 역사에 등장했던 중요한 신학적 저술들과 그 주요 내용을 바르게 연결한 것은?
    ① 안셀름의 "프로슬로기온" – 그리스도의 성육신을 이성적으로 설명함
    ② 터툴리안의 "프락세아스 반박" – 니케아 신조의 동일본질을 변호함
    ③ 마틴 부써의 "그리스도의 왕국" – 국가 차원의 종교개혁 방안을 제안함
    ④ 하르낙의 "교리사" – 자유주의 신학으로부터 정통 교리를 변호함

    ※ 11세기 초기 스콜라신학자 안셀름은 "프로슬로기온"에서 존재론적 신존재 증명을 제시했다. 3세기 교부 터툴리안은 "프락세아스 반박"에서 양태론을 비판했지만 니케아 신조는 그 뒤인 4세기에 작성되었다. 스트라스부르크에서 활약한 16세기의 종교개혁자 마틴 부써는 잉글랜드로 망명한 후 "그리스도의 왕국"을 저술하여 국가 차원의 종교개혁과 사회개혁 방안을 제시했다. 19세기 독일의 자유주의 신학자 하르낙은 "교리사"를 저술하여 기독교의 정통 교리가 헬레니즘의 산물이라고 주장함으로써 근대 자유주의 신학을 대변했다.

27. 다음 중 중요한 개신교의 신앙고백 및 선언들과 그 저술에 참여한 주요 저자들을 잘못 연결한 것은?
    ① 아우크스부르크 신앙고백(1530) – 필립 멜란히톤
    ② 프랑스 신앙고백 (1560) – 기 드 브레
    ③ 바르멘 선언(1934) – 칼 바르트
    ④ 로잔 언약(1974) – 존 스토트

    ※ 프랑스 신앙고백, 혹은 갈리아 신앙고백은 칼빈의 초안을 받아 프랑스 개혁교회의 목사였던 샹디외가 작성했다. 한편 기 드 브레는 프랑스 신앙고백을 자료로 삼아 오늘날 벨기에 지역에서 불어로 벨기에 신앙고백을 작성했다.

28. 다음 중 오늘날 독일 지역에서 발표된 신학 작품들만을 묶은 것은?

    > 가. 토마스 아 켐피스의 "그리스도를 본받아"(1418)
    > 나. 마틴 루터의 "그리스도인의 자유"(1520)
    > 다. 마틴 부써의 "테트라폴리탄 신앙고백"(1530)
    > 라. 필립 슈페너의 "경건한 열망"(1680)
    > 마. 쇠렌 키에르케고르의 "공포와 전율"(1843)
    > 바. 본회퍼의 "나를 따르라"(1937)

    ① 가, 나, 마
    ② 가, 라, 바
    ③ 나, 다, 마
    ④ 나, 라, 바

    ※ 토마스 아 켐피스의 "그리스도를 본받아"는 오늘날 네덜란드 지역에서 작성되었다. 마틴 부써의 "테트라폴리탄 신앙고백"이 작성된 스트라스부르크는 오늘날 프랑스에 속해 있다. "공포와 전율"을 포함한 키에르케고르의 작품들은 대부분 덴마크에서 출간되었다.

정답 26.③ 27.② 28.④

29. 다음 중 기독교 사상 발전에 영향을 준 철학자들의 저술을 발표 순서대로 바르게 연결한 것은?

가. 존 로크의 "인간오성론"
나. 르네 데카르트의 "방법서설"
다. 임마누엘 칸트의 "순수이성비판"
라. 피코 델라 미란돌라의 "인간의 존엄성에 관하여"

① 라 - 나 - 가 - 다
② 나 - 라 - 가 - 다
③ 라 - 가 - 나 - 다
④ 나 - 라 - 다 - 가

※ 영국의 경험론자인 존 로크의 "인간오성론"은 1686년 출간되었다. 네델란드 출신 합리론 철학자 르네 데카르트의 "방법서설"은 1637년 출간되었다. 독일의 철학자 임마누엘 칸트의 "순수이성비판"은 1781년 출간되었다. 이탈리아의 르네상스 인문주의자인 피코 델라 미란돌라의 "인간의 존엄성에 관하여"는 1486년 저술되었다.

30. 다음 중 근대 교회 역사 가운데 등장한 중요한 역사적 문서들을 발표 순서대로 바르게 연결한 것은?

① 웨스트민스터 신앙고백 - 영국 권리장전 - 메이플라워 협약 - 미국 독립선언서 - 프랑스 인권선언
② 메이플라워 협약 - 웨스트민스터 신앙고백 - 영국 권리장전 - 미국 독립선언서 - 프랑스 인권선언
③ 웨스트민스터 신앙고백 - 메이플라워 협약 - 영국 권리장전 - 프랑스 인권선언 - 미국 독립선언서
④ 메이플라워 협약 - 웨스트민스터 신앙고백 - 프랑스 인권선언 - 영국 권리장전 - 미국 독립선언서

※ 제정된 순서대로 설명하면 메이플라워 협약은 1620년 체결되었으며, 웨스트민스터 신앙고백은 1648년 의회의 승인을 받았다. 영국의 권리장전은 명예혁명 직후인 1689년 발표되었으며 미국 독립선언서는 1776년 발표되었다. 프랑스 인권선언은 1798년 프랑스 대혁명이 발생한 직후 발표되었다.

● 시대종합 주요 신학자와 신학사상

31. 다음 중 교회 역사상 등장했던 이단적 사상과 그 출현 시기를 바르게 연결한 것은?

① 아리우스주의 - 5세기
② 소키누스파 - 15세기
③ 몰몬교 - 18세기
④ 문선명의 통일교 - 20세기

※ 아리우스파는 4세기 알렉산드리아에서 출현했으며, 소키누스파는 16세기에 이탈리아에서 시작하여 폴란드에서 본격적으로 세력을 획득했다. 몰몬교는 19세기 미국에서 등장했으며 문선명의 통일교는 20세기에 등장했다.

32. 다음 중 기독교 신학의 역사 가운데 서로 치열한 신학적 논쟁을 벌인 상대를 잘못 연결한 것은?

① 네스토리우스와 알렉산드리아의 키릴루스
② 베르나르두스와 아벨라르두스
③ 아브라함 카이퍼와 헤르만 바빙크
④ 박형룡과 김재준

※ 네스토리우스와 키릴루스, 베르나르두스와 아벨라르두스, 그리고 김재준과 박형룡은 서로의 신학적 입장을 직접 비판하며 치열한 논쟁을 벌였다. 이들과 비교할 때 네델란드의 개혁신학자들인 아브라함 카이퍼와 헤르만 바빙크는 서로 치열한 신학적 논쟁을 벌인 관계는 아니다.

정답 29.① 30.② 31.④ 32.③

33. 다음 중 교회사에 있어 중요한 활동을 한 신학자와 그 신학자가 속한 교파를 바르게 연결한 것은?
   ① 블레이즈 파스칼 – 얀센주의
   ② 시몬 에피스코피우스 – 칼빈주의
   ③ 알브레히트 리츨 – 알미니우스주의
   ④ 프리드리히 슐라이어마허 – 루터주의

   ※ 블레이즈 파스칼은 얀센주의의 입장에서 예수회의 신학과 교황청의 독재를 비판했다. 시몬 에피스코피우스는 17세기 네덜란드의 알미니우스주의자였다. 19세기 루터파 신학자 알브레히트 리츨은 자유주의 신학자이다. 프리드리히 슐라이어마허는 개혁파 목사였으며 정통주의 신학과 차별되는 "감정의 신학"을 주장함으로써 새로운 신학적 방향을 모색했다.

34. 다음 중 정통 기독교 교리와 그 교리들의 성립에 있어 동기를 제공한 잘못된 사상을 가장 직접적으로 연결한 것은?
   ① 칼케돈 기독론 – 아리우스주의
   ② 칼빈주의 예정론 – 계몽주의
   ③ 개혁주의 교회론 – 교황지상주의
   ④ 성경 영감론 – 알미니우스주의

   ※ 451년 제정된 칼케돈 신조의 기독론은 네스토리우스주의와 유티케스의 단성론을 모두 정죄했다. 1619년 도르트 신조를 통해 재확인된 칼빈주의 예정론은 인문주의의 영향을 받은 알미니우스주의 입장을 거절하고 하나님의 주권을 강조했다. 장로교 제도로 대표되는 개혁주의 교회론은 교황지상주의를 성경적, 역사적 근거를 갖추지 못했다고 반대했다. 한 예로 1648년 제정된 웨스트민스터 신앙고백은 교황을 적그리스도라고 명시하기까지 했다. 1674년 스위스 개혁교회가 채택한 스위스 일치 신조는 소위 르 학파의 합리주의적 성경관에 맞서 성경의 축자적 영감을 옹호했다. 이후 구프린스턴 신학자들이 주장한 성경영감론은 주로 자유주의 신학이나 성경에 대한 고등비평에 맞서기 위해 재차 강조되었다.

35. 다음 중 각 시대별로 새롭게 등장한 개신교회의 중요한 사상을 바르게 연결한 것은?
   ① 17세기 – 자유주의
   ② 18세기 – 종교다원주의
   ③ 19세기 – 신복음주의
   ④ 20세기 – 신정통주의

   ※ 자유주의는 18세기 계몽주의의 영향으로 시작되어 19세기에 주로 나타났다. 종교다원주의는 19세기에 시작되었으나 20세기 후반부터 크게 부각되었다. 신복음주의는 20세기 후반 크게 영향력을 발휘했다. 바르트와 브룬너가 대표하는 신정통주의는 20세기 초 자유주의에 대한 반성으로 등장했다.

36. 다음은 기독교 신학의 중요 인물과 그들의 신학적 강조점에 대한 설명이다. 올바른 설명만 묶은 것은?

   > 가. 닛사의 그레고리우스는 정통 기독론 확립을 위해 "페리코레시스" 개념을 주장했다.
   > 나. 토마스 아퀴나스는 "신학대전"을 통해 스콜라 사상의 방대한 체계를 구축하려 했다.
   > 다. 테오도르베자는 철학적 사변을 배제하고 되도록 성경만으로 신학적 주제를 논증하려 했다.
   > 라. 조나단 에드워즈는 신학뿐 아니라 철학과 자연과학에 걸친 다양한 분야에 대한 글을 남겼다.
   > 마. 폴 틸리히는 실존주의적 관점에서 하나님을 존재의 근거이며 신앙의 궁극적 관심이라고 주장했다.

   ① 가, 다, 라   ② 나, 라, 마   ③ 가, 나, 라   ④ 나, 다, 마

   ※ 잘못된 설명만 지적하자면, 닛사의 그레고리우스가 "페리코레시스"를 주장한 것은 기독론보다는 삼위일체론의 정립을 목적으로 삼았다. 테오도르베자는 신학적 논증 과정에서 성경의 최종적 권위를 인정하고 강조했지만 철학적 사변과 논리의 사용 역시 배제하지 않았다.

정답 33.① 34.③ 35.④ 36.②

37. 다음은 기독교 역사를 대표하는 중요 신학자들과 그들이 비판했던 대상들에 대한 설명이다. 바르게 연결한 것만을 묶은 것은?

> 가. 순교자 유스티누스는 기독교를 변증하기 위해 헬라 철학의 권위를 비판했다.
> 나. 아벨라르두스는 성경과 교부들의 의견이 항상 일치하지 않음을 지적하여 중세신학의 방법론을 비판했다.
> 다. 마틴 켐니츠는 개혁파 신학의 입장에서 트렌트 회의의 화체설을 비판했다.
> 라. 조지 휫필드는 감리교 운동을 전개하면서 칼빈주의의 예정론을 숙명론이라고 비판했다.
> 마. 바르트는 하나님의 말씀의 신학을 주장하며 19세기 이후 자유주의 신학을 비판했다.

① 가, 다, 라   ② 가, 나, 마   ③ 나, 다, 마   ④ 나, 라, 마

※ 잘못된 설명만 지적하면 트렌트 신학을 비판했던 마틴 켐니츠는 개혁파가 아니라 루터파 신학자였다. 조지 휫필드는 감리교 운동을 전개하면서도 웨슬리와 달리 칼빈주의적 예정론을 옹호했고 이로 인해 동역자인 웨슬리와 논쟁을 벌이기까지 했다.

38. 다음 중 개혁파 전통에 속하는 신학자만을 묶은 것은?

> 가. 존 위클리프   나. 기욤 파렐
> 다. 얀 후스   라. 틸레만 헤수시우스
> 마. 앤드루 멜빌   바. 피터 마터 버미글리

① 가, 라, 마   ② 가, 다, 마   ③ 나, 라, 바   ④ 나, 마, 바

※ 개혁파 전통은 16세기 종교개혁 시대 스위스를 중심으로 성경해석과 성찬론, 교회론에서 루터파 및 재세례파와 분명한 차이를 보여준 신학적 전통으로 형성되었으며 이후 프랑스와 네덜란드를 거쳐 스코틀랜드와 잉글랜드로 확산되었다. 존 위클리프는 종교개혁 이전인 14세기 잉글랜드에서 활동한 개혁적 신학자였다. 기욤 파렐은 1536년 칼빈을 제네바 사역에 초청한 인물로서 개혁파 전통에 속하는 인물이다. 얀 후스는 종교개혁 이전인 15세기 보헤미아에서 활동한 신학자였다. 틸레만 헤수시우스는 하이델베르크에서 개혁파 신학자들과 성찬론을 둘러싼 논쟁을 전개했던 루터파 신학자였다. 앤드루 멜빌은 녹스의 뒤를 이어 스코틀랜드에서 종교개혁을 주도하고 장로교회를 확립했던 인물로서 개혁파 전통에 속한다. 피터 마터 버미글리는 이탈리아 출신으로서 취리히와 제네바를 거쳐 잉글랜드 옥스포드 대학에서 활동하며 특히 개혁파의 성찬 이론을 확립했던 신학자이다.

39. 다음 중 각 시대별로 활동한 주요 신학자들과 그들에게 직접적 영향을 준 철학 사상을 바르게 연결한 것은?

① 라인홀트 니버 - 페브로니우스주의
② 리처드 백스터 - 에피쿠로스주의
③ 알베르투스 마그누스 - 아리스토텔레스주의
④ 요한 크리소스톰 - 에라스투스주의

※ 페브로니우스주의는 19세기 독일에서 로마 교황의 수위권을 비판하기 위해 출현한 공의회주의적 사상으로서 20세기 미국의 신학자인 니버와 직접적 관련은 없다. 17세기 영국의 청교도인 리처드 백스터는 초대교회에 영향을 주었던 헬레니즘 사상인 에피쿠로스주의로부터 직접적인 영향을 받지는 않았다. 13세기 스콜라신학자인 알베르투스 마그누스는 아리스토텔레스의 철학을 활용해 신학적 논의를 전개했다. 요한 크리소스톰은 5세기 안디옥 출신의 콘스탄티노플 감독이자 유능한 설교자였으며, 에라스투스주의는 16세기 이후 나타난 사상으로서 세속 국가가 교회를 보호하고 관리해야 한다는 교회론적 사상이었다.

정답 37.② 38.④ 39.③

40. 다음 중 각 시대별로 활동한 주요 신학자들과 그들이 주장한 신학 이론을 가장 부적절하게 연결한 것은?
  ① 유티케스 – 단성론
  ② 윌리엄 오컴 – 유명론
  ③ 필립 멜란히톤 – 수반이론
  ④ 테야르 드 샤르댕 – 유신진화론

  ※ 수반이론(Doctrine of Concomitant), 혹은 수반교리는 포도주를 제외한 떡만을 성도들에게 분배했던 로마 가톨릭의 "일종성찬" 행태의 근거인 교리이다. 멜란히톤은 종교개혁자로서 로마 가톨릭의 수반이론을 반대하고 떡과 포도주를 모두 분배하는 "이종성찬"을 주장했다.

● 세계선교와 비서구권 기독교의 역사

41. 다음 중 타민족을 향한 선교 사역과 가장 관련이 없는 사건은?
  ① 아이단의 린디스판 수도원 설립
  ② 메이플라워호 이주민들의 협약 체결
  ③ 예수회 출신 마테오 리치의 "천주실의" 저술
  ④ 로스의 한글 성경번역

  ※ 635년 아이단은 잉글랜드 북부 린디스판에 수도원을 설립하여 앵글로족이 세운 왕국들을 향한 선교를 전개했다. 예수회 출신 선교사 마테오 리치는 1584년 자신이 명나라 선교 중 저술한 "천주실록"을 개정해 1603년 "천주실의"를 출판했고 이 책에서 기독교 신학을 중국의 유교 사상에 맞추어 변증했다. 스코틀랜드 출신 존 로스 선교사는 의주 출신 한국 청년들의 도움을 받아 만주에서 신약성경을 번역해 이후 한국 선교의 중요한 기초를 제공했다. 메이플라워호의 이민과 이들이 체결한 협약은 북미 원주민을 향한 타민족 선교라고 보기는 어렵다.

42. 다음 중 현대 사회의 변화에 맞추어 교회의 정체성과 선교의 내용을 적용하려 한 세계교회협의회(WCC)의 개최지를 순서대로 바르게 연결한 것은?
  ① 암스테르담 – 나이로비 – 캔버라 – 포르토 알레그로 – 부산
  ② 암스테르담 – 캔버라 – 밴쿠버 – 하라레 – 부산
  ③ 암스테르담 – 포르토 알레그로 – 웁살라 – 밴쿠버 – 부산
  ④ 암스테르담 – 웁살라 – 하라레 – 캔버라 – 부산

  ※ 1948년 암스테르담에서 첫 총회를 연 세계교회협의회(WCC)는 7년 정도 기간을 두고 여러 대륙을 돌며 총회를 개최해 왔다. 총회의 순서와 연도는 다음과 같다. 스웨덴의 웁살라(1968) – 케냐의 나이로비(1975) – 캐나다의 밴쿠버(1983) – 호주의 캔버라(1992) – 짐바브웨의 하라레(1998) – 브라질의 포르토 알레그로(2006) – 한국의 부산(2013) – 독일 칼스루에(2021 예정)

43. 다음 인물 중 1813년 스코틀랜드에서 태어났으며 런던선교회의 의료 선교사로 파송을 받아 아프리카에서 활동하던 중 아프리카 종단 교통로를 탐험하여 이후 선교활동에 기여하려 했던 인물은?
  ① 헨리 모던 스탠리
  ② 데이비드 리빙스턴
  ③ 윌리엄 캐리
  ④ 허드슨 테일러

  ※ 데이비드 리빙스턴은 1813년 스코틀랜드에서 태어났으며 런던선교회의 파송으로 1841년 아프리카 보츠와나에 파송되었다. 그는 선교 사역과 더불어 아프리카 일대를 탐험하여 선교를 위한 교통로를 확보하는 일에 일생을 바쳤다.

정답 40.③ 41.② 42.① 43.②

44. 다음 중 오세아니아 지역의 기독교 선교와 관련이 없는 인물은?
① 제임스 쿡
② 리차드 존슨
③ 사무엘 마스든
④ 아도니람 저드슨

※ 제임스 쿡은 오세아니아 일대를 탐험한 인물이었다. 리차드 존슨은 죄수 호송선을 이끌고 호주에 처음으로 도착한 군목이었다. 사무엘 마스든은 1814년 뉴질랜드로 파송된 호주의 첫 선교사였다. 아도니람 저드슨은 미국 최초의 해외 파송 침례교 선교사로서 동남아시아 미얀마를 중심으로 사역했다.

45. 다음 중 19세기 말부터 20세기 초 중국의 정치적 격변기 중국 기독교에 대한 설명으로 올바른 것은?
① 미국의 선교사 허드슨 테일러는 1865년 중국 내지 선교를 주도했다.
② 1899년 발생한 의화단 사건은 기독교에 대한 반대 운동이었다.
③ 1911년 청나라를 무너뜨린 신해혁명을 주도한 쑨원은 기독교에 적대적이었다.
④ 1924년 제1차 국공합작을 통해 중국 내에서 기독교가 다시 성장할 수 있었다.

※ 중국내지선교회를 창설한 허드슨 테일러는 영국의 선교사였다. 서양 세력과 기독교 선교사들에 대한 반발로 인해 1899년 의화단 사건이 발생했다. 쑨원은 기독교인이었다. 1924년 일제에 맞서기 위해 중국국민당과 중국공산당 사이에 결성된 국공합작은 기독교의 발전에 큰 도움이 되지는 않았다.

46. 다음 중 남아프리카공화국 기독교에 대한 설명으로 적절하지 않은 것은?
① 17세기 핍박을 피해 이주한 보어인들은 대다수가 네덜란드의 개혁교회에 속했다.
② 19세기 남아공의 흑인 주민들 사이에서 혼합주의적 기독교 신앙이 확산했다.
③ 1948년 백인정부가 인종차별정책을 법으로 제정했다.
④ 1994년 흑인인 넬슨 만델라가 대통령에 당선된 이후 칼빈주의를 표방하는 개혁교회가 크게 성장했다.

※ 1994년 넬슨 만델라가 대통령에 당선되고 인종분리정책이 철폐되었으나 이 일을 계기로 칼빈주의를 표방하는 남아공의 개혁교회가 크게 성장하지는 않았다.

47. 다음 중 1990년대 소련과 동유럽의 공산권 붕괴 전후 기독교의 역할과 상황에 대한 설명으로 올바르지 않은 것은?
① 동유럽 공산권의 붕괴 과정에 폴란드 출신 교황 요한 바오로 2세의 영향이 있었다.
② 소련의 붕괴와 분할 이후 공산정권과 동조하던 러시아 정교회는 크게 쇠퇴했다.
③ 구소련에서 독립한 중앙아시아 여러 국가들은 기독교에 대한 박해를 계속하고 있다.
④ 코카서스 지방의 아제르바이잔과 아르메니아 사이의 갈등 원인에는 종교 문제가 있다.

※ 1989년 소련의 공산정권이 붕괴한 이후 그동안 탄압을 받던 러시아 정교회는 새로운 정부의 지원하에 많이 회복되었다. 대표적으로 옐친 전 대통령과 현 통치자 푸틴은 모두 정교회에 우호적인 정책을 펼쳐왔다.

정답 44.④ 45.② 46.④ 47.②

총회 강도사고시 문제집

48. 다음 중 20세기 이후 라틴 아메리카의 기독교에서 일어난 사건이 아닌 것은?
① 미국의 먼로선언으로 라틴 아메리카가 유럽의 영향력으로부터 벗어나기 시작했다.
② 여러 국가의 독재 정권에 맞서 로마 가톨릭 사제들이 민주화 운동에 동참했다.
③ 페루의 구티에레즈 신부가 해방신학을 주장했다.
④ 오순절 계통 교단을 중심으로 개신교 신앙의 부흥 운동이 일어났다.

※ 유럽이 아메리카 대륙에 간섭해서는 안 된다고 주장한 미국 먼로 대통령의 선언은 1823년에 발표되었다. 이 선언의 목적 가운데는 라틴 아메리카 지역에 대한 미국의 지배력을 확보하려는 의도도 있었다. 라틴 아메리카에서 나타난 해방신학과 로마 가톨릭 사제들의 정치적 활동은 1960년대부터 시작되었다. 20세기 말부터 이 지역에 오순절 계통 교단들의 부흥이 일어났다.

49. 20세기 후반 일어난 사건들 중 기독교에 대한 박해가 심화되는 계기와 가장 거리가 먼 사건은?
① 중국의 문화대혁명(1966-1976)
② 이란의 이슬람 혁명(1978)
③ 걸프 전쟁(1991)
④ 이슬람 국가(IS)의 출현

※ 중국의 문화대혁명과 이란의 이슬람 혁명, 그리고 최근 벌어진 이슬람 국가의 테러는 모두 반기독교적 경향을 띠었다. 그러나 미국과 이라크 사이에 벌어진 1차 걸프 전쟁은 주로 정치적, 경제적 이유로 발생했고 기독교에 대한 적대적 태도나 박해는 크게 나타나지 않았다.

50. 21세기 현재 선교가 이루어지고 있는 아시아의 각 나라와 그 나라의 가장 교세 규모가 큰 종교를 바르게 연결한 것은?
① 인도 – 이슬람교
② 말레이시아 – 힌두교
③ 미얀마 – 불교
④ 캄보디아 – 기독교

※ 많은 인구가 거주하고 있는 남아시아와 동남아시아 지역은 오래된 종교 문화가 기독교 선교에 큰 장애가 되고 있다. 인도는 힌두교, 말레이시아는 이슬람교, 캄보디아는 불교가 거의 대다수의 인구를 차지한다. 미얀마는 불교 인구가 89%에 이르며 불교의 정치적 영향력도 크다.

정답 48.① 49.③ 50.③

7. 기출문제

1. 2020년도

1. 다음 중 초대교회 시대 로마 제국의 특징과 가장 거리가 먼 것은?
   ① 계층적인 신분사회였다.
   ② 잘 정돈된 도로망과 더불어 일관된 법률 체계를 추구했다.
   ③ 사상적으로 헬레니즘을 수용했다.
   ④ 로마의 종교와 문화를 일방적으로 강요했다.

2. 다음 중 신약성경이 기록될 당시 존재했던 유대교 분파가 아닌 것은?
   ① 사두개파   ② 알비파
   ③ 바리새파   ④ 에세네파

3. 초대교회 시대 기독교에 대한 박해를 주도했던 황제로 볼 수 없는 인물은?
   ① 네로   ② 도미티아누스
   ③ 마르쿠스 아우렐리우스   ④ 갈리에누스

4. 로마의 네로 황제 시대에 순교를 당한 인물은 누구인가?
   ① 폴리갑   ② 사도 바울
   ③ 이레네우스   ④ 오리겐

5. 다음 중 초대교회 시대에 나타난 이단의 도전에 대한 설명으로 가장 올바른 것은?
   ① 마르키온 - 성경의 우의적 해석을 배척하고 구약을 거부했다.
   ② 몬타누스 - 유대주의적 이단으로서 할례와 안식일 준수를 주장했다.
   ③ 영지주의 - 금욕주의를 취했으며 육체의 부활을 소망하며 강조했다.
   ④ 에비온파 - 예언의 은사를 강조하고 급진적 종말론을 주장했다.

6. 콘스탄티누스 황제가 기독교를 공인한 이후에 등장한 교부가 아닌 사람은 누구인가?
   ① 암브로시우스   ② 크리소스톰
   ③ 제롬   ④ 이레네우스

정답 1.④ 2.② 3.④ 4.② 5.① 6.④

7. 다음 중 양태론적 단일신론의 주장에 가장 부합하는 설명은?
   ① 그리스도는 온전한 의미의 하나님이 아니다.
   ② 성부께서 십자가에서 죽으셨다고 말할 수 없다.
   ③ 예수님께서 세례를 받으실 때 로고스가 그에게 임했다.
   ④ 성부, 성자, 성령은 하나님이 나타나는 세 가지 방식의 이름이다.

8. 니케아 회의와 가장 관계없는 것은 무엇인가?
   ① 삼위일체 교리논쟁
   ② 교회 분열을 해결하기 위한 회의
   ③ 로마제국의 전통 종교인 태양 숭배 논쟁
   ④ 콘스탄티누스 황제에 의해 소집됨

9. 네스토리우스의 분리적 양성론뿐 아니라 단성론까지 모두 정죄하고 정통 기독론을 확정했던 451년 개최된 회의는?
   ① 칼케돈 회의   ② 니케아 회의   ③ 에베소 회의   ④ 트렌트 회의

10. 인간 삼분설에 입각하여 그리스도께서 성육신하실 때 인간의 영은 취하지 않으시고 다만 인간의 혼과 육만을 취했다고 주장하다가 381년 콘스탄티노플 회의에서 정죄된 라오디게아의 감독은?
    ① 마르켈누스   ② 플라비아누스
    ③ 네스토리우스   ④ 아폴리나리스

11. 다음 중 베네딕트의 수도규칙의 내용에 해당하지 않는 내용은?
    ① 금식과 고행을 통한 영성의 이상적 성취를 추구했다.
    ② 수도원 소속의 영속성과 순종의 의무를 강조했다.
    ③ 성무 일과에 따른 반복적 예배와 기도 생활을 규정했다.
    ④ 육체노동을 강조했다.

12. 다음 중 787년 제7차 보편공의회인 제2차 니케아 공의회를 소집하는 데 가장 중요한 역할을 한 여성 황제는?
    ① 엘레니 여제   ② 이레네 여제
    ③ 테오도라 여제   ④ 조이 여제

13. 다음 중 십자군 운동이 발생하던 당시 시대적 상황이라고 가장 볼 수 없는 것은?
    ① 이슬람 세력에 대한 기독교인들의 자신감이 커져갔다.
    ② 동로마 제국이 이슬람 세력으로부터 군사적 위협을 받고 있었다.
    ③ 이슬람 세력은 단일한 통치 권력 하에서 서방 세력을 위협하고 있었다.
    ④ 서양 기사들의 성공에 대한 열망과 명예욕이 컸다.

정답 7.④ 8.③ 9.① 10.④ 11.① 12.② 13.③

14. 십자군 운동과 이슬람 정복의 결과가 아닌 것은?
　① 교황청 주도의 개혁 운동　　② 교황의 세력 강화
　③ 왕권 강화　　　　　　　　　④ 이단에 대한 단호한 응징

15. 중세 후기 보헤미아의 개혁자 후스에 대한 설명으로 올바르지 않은 것은?
　① 위클리프의 사상으로부터 영향을 받았다.
　② 1402년 프라하의 대주교로 취임했다.
　③ 성찬에서 떡과 포도주를 모두 나누어 주어야 한다는 이종성찬을 주장했다.
　④ 1415년 콘스탄츠 회의에 소환되어 정죄를 받고 화형 당했다.

16. 15세기 콘스탄츠 회의와 관계없는 것은?
　① 요한 23세를 폐위함
　② 얀 후스를 이단 혐의로 화형함
　③ 도미니크수도회의 창설 동기가 됨
　④ 로마 교황 그레고리 12세 사임

17. 종교개혁 이전의 개혁자가 아닌 사람은?
　① 위클리프　　　　　　　　　② 얀 후스
　③ 사보나롤라　　　　　　　　④ 그레고리

18. 다음 중 종교개혁에 직접 영향을 준 인문주의자에 속하지 않는 사상가는?
　① 에라스무스　　　　　　　　② 르페브르 데타블
　③ 알베르투스 마그누스　　　　④ 요한 로이힐린

19. 다음 중 루터의 주장과 가장 거리가 먼 것은?
　① 그리스도의 의는 내재적 의로서 실제로 의롭게 한다.
　② 그리스도인은 의인이면서 동시에 죄인이다.
　③ 율법에는 시민적 기능과 영적 기능이 있다.
　④ 믿음은 사랑의 행위가 없이도 신자를 의롭게 한다.

20. 루터가 1521년 참석해 황제 앞에서 자신의 주장과 저술들을 철회하지 않을 것이라고 담대하게 선언했던 제국 회의는?
　① 보름스 회의　② 하이델베르크 회의　③ 라이프치히 회의　④ 레겐스부르크 회의

21. 루터와 츠빙글리가 함께 공통적으로 거절했던 로마 가톨릭의 잘못된 성찬 이론에 속하지 않는 것은?
　① 화체설　　　　　　　　　　② 일종성찬
　③ 7성례　　　　　　　　　　　④ 실재적 임재

정답 14.① 15.② 16.③ 17.④ 18.③ 19.① 20.① 21.④

22. 다음 중 재세례파의 주장과 가장 거리가 먼 것은?
    ① 구약의 할례는 복음으로 인해 완전히 폐지되었다.
    ② 엄격한 권징을 시행하여 교회의 순수성을 확보할 수 있다.
    ③ 세속의 검과 영적인 검은 절대로 함께 할 수 없다.
    ④ 성경은 체계를 갖춘 신학적 관점에서 해석되어야 한다.

23. 다음 중 칼빈의 생애에 대한 설명으로 바르지 않은 것은?
    ① 1509년 프랑스 누아용에서 출생했다.
    ② 아버지는 대성당의 참사원이었다.
    ③ 파리대학에서 신학을 공부했다.
    ④ 법학으로 학위를 받았다.

24. 칼빈이 직접 만나 교제했던 개혁자가 아닌 인물은?
    ① 루터 ② 부써 ③ 멜란히톤 ④ 파렐

25. 다음 중 성찬이론에 있어 칼빈의 신학적 입장이라고 볼 수 있는 주장은?
    ① 그리스도의 몸은 떡 위에, 아래, 옆에, 함께 임한다.
    ② 성찬은 다만 그리스도의 죽음을 기념하고 헌신을 결단하기 위한 성례이다.
    ③ 그리스도의 모든 몸을 먹을 필요가 없으므로 포도주는 나누어 주지 않을 수 있다.
    ④ 성령께서 신자들의 마음을 들어 올려 그리스도의 몸을 참으로 누리게 하신다.

26. 칼빈이 "기독교강요"에서 바람직한 정치 체제로 추천했던 제도는?
    ① 절대왕정제도 ② 민주적 귀족제도
    ③ 대중 민주제도 ④ 국가사회제도

27. 1534년 국왕이 그 국가의 교회의 수장임을 주장한 "수장령"을 발표해 잉글랜드의 종교개혁을 일으킨 인물은 누구인가?
    ① 헨리 8세 ② 찰스 2세
    ③ 제임스 1세 ④ 윌리엄 3세

28. 루터의 사상적 배경에 해당하지 않는 것은?
    ① 후기 스콜라신학의 유명론적 경향 ② 인문주의의 영향(원어 성경)
    ③ 독일 신비주의 ④ 니체의 초인사상

29. 1520년 발표된 종교개혁 3대 저술은 〈그리스도인의 자유〉, 〈독일귀족들에게 고함〉, 〈교회의 바벨론포로〉이다. 이는 누구의 저술인가?
    ① 에라스무스 ② 칼빈
    ③ 루터 ④ 츠빙글리

정답 22.④ 23.② 24.① 25.④ 26.② 27.① 28.④ 29.③

30. 프랑스 출신으로서 철저한 권징과 말씀 중심의 예배와 구제와 봉사와 그리스도의 통치 구현으로 교회개혁을 주장한 인물은?
   ① 츠빙글리
   ② 루터
   ③ 칼빈
   ④ 존 녹스

31. 다음 중 하이델베르크 요리문답에 대한 설명으로 올바른 것만을 묶은 것은?

   가. 독일 헤센 지역에서 작성되었다.
   나. 1560년대 하이델베르크에서 벌어진 성찬 논쟁이 계기가 되었다.
   다. 전체 129개의 문답으로 이루어졌다.
   라. 성찬 교리에 있어서는 루터파의 입장을 충실히 따랐다.

   ① 가, 나   ② 가, 다   ③ 나, 다   ④ 나, 라

32. 칭의론에서 죄인을 의롭게 하는 그리스도의 의가 우리에게 값없이 주어진다는 전가된 의의 개념을 주장한 독일의 신학자는?
   ① 존 녹스
   ② 에라스무스
   ③ 루터
   ④ 츠빙글리

33. 16세기 종교개혁에서 나타난 여러 전통들과 그에 속하는 개혁자들을 바르게 연결한 것은?
   ① 루터파 - 피에르 비레
   ② 재세례파 - 토마스 크랜머
   ③ 개혁파 - 오스왈드 미코니우스
   ④ 국교회파 - 마티아스 플라키우스

34. 다음 중 청교도들과 지속적인 갈등을 일으켰던 잉글랜드의 군주가 아닌 인물은?
   ① 제임스 1세
   ② 찰스 1세
   ③ 에드워드 6세
   ④ 엘리자베스 1세

35. 존 번연이 1678년 발표한 작품으로서 크리스천이라는 등장인물이 천국에 이르는 과정을 통해 청교도들의 신앙의 삶의 여정을 묘사한 소설은?
   ① 천로역정   ② 유토피아   ③ 실낙원   ④ 완덕의 길

36. 다음 중 1948년 세계교회협의회(WCC)의 첫 총회가 열린 도시는 어디인가?
   ① 서울   ② 파리   ③ 암스테르담   ④ 뉴욕

37. 1598년 4월 13일 낭트 칙령은 누가 공포한 것인가?
   ① 츠빙글리   ② 칼빈   ③ 루이스 벌코프   ④ 앙리 4세

38. 영국의 기독교인들이 미국 대륙에서 목사들을 교육하기 위해 1636년 세운 초기의 대학은 어떤 대학인가?
   ① 하버드대학   ② 뉴욕대학   ③ 예일대학   ④ 프린스턴대학

정답 30.③ 31.③ 32.③ 33.③ 34.③ 35.① 36.③ 37.④ 38.①

39. 1816년 조선 최초의 성경 전래와 관련이 없는 인물은?
    ① 머리 맥스웰(Murray Maxwell) ② 벨테브레(Jan Janse Weltevree)
    ③ 조대복   ④ 맥레오드(John McLeod)

40. 다음 중 존 로스와 존 맥킨타이어의 성경번역 사역에 동참한 한국인 조력자가 아닌 인물은?
    ① 이응찬   ② 백홍준   ③ 이성하   ④ 노춘경

41. 다음 중 한국에 입국하여 활동한 미국 북장로회 선교사들만 모아놓은 것은?
    ① 언더우드, 스크랜턴, 레이놀즈
    ② 사무엘 마펫, 아펜젤러, 말콤 펜윅
    ③ 제임스 게일, 로버트 하디, 찰스 알렌 클락
    ④ 언더우드, 사무엘 마펫, 윌리엄 베어드

42. 다음은 네비우스 선교정책에 관한 내용이다. 빈칸에 들어갈 적당한 말로 바르게 짝지어진 것은?

    > 일반적으로 네비우스 핵심정책은 (   ), 자전, 자치였다. 곽안련 선교사는 이 선교정책의 보다 더 중요한 핵심은 (   )에 있다고 주장했다.

    ① 자선 - 사회봉사   ② 자립 - 성경공부   ③ 자족 - 구제   ④ 자성 - 기도

43. 다음 중 평양대부흥운동과 관련된 내용으로 올바르지 않은 것은?
    ① 장대현교회에서 시작된 부흥은 평양과 도시의 경계를 넘어 확산되었다.
    ② 부흥은 미션스쿨과 성경학교와 평양신학교에 일어났다.
    ③ 평양의 성령의 역사는 서울, 선천, 청주, 광주, 대구 등 전국으로 퍼져 나갔다.
    ④ 부흥운동은 한반도 내에서만 일어났다.

44. 다음 중 한국교회 신학교 설립에 관한 내용으로서 바르지 않은 것은?
    ① 한국교회 신학교는 평양대부흥을 기점으로 설립되었다.
    ② 감리교는 신학반, 신학회, 신학부로 발전하다가, 1907년 남북감리회 선교부가 합동하여 협성신학교를 설립하였다.
    ③ 장로교는 1890년 신학반이 있었고, 1901년에 평양에서 평양 장로회신학교(평양신학교)가 설립되었다.
    ④ 동양선교회는 1911년에 경성 무교정에 세운 전도관에서 임시 성서학원을 개설하고, 이듬해 교사(校舍)를 신축하고 본격적으로 신학교육에 돌입했다.

45. 1907년에 평양신학교를 졸업하고 같은 해 독노회에서 목사 안수를 받은 후 제주도로 파송되어 선교활동을 했던 인물은?
    ① 윤식명   ② 한석진   ③ 이기풍   ④ 서경조

정답 39.② 40.④ 41.④ 42.② 43.④ 44.① 45.③

46. 다음 중 신사참배에 대한 설명으로 바르지 않은 것은?
    ① 신도(神道)는 일본 민족 특히 일본 왕들이 아마테라스라고 불리는 태양여신의 직접 후손이라는 종교사상이다.
    ② 일본 고유의 종교이며 일제는 가는 곳마다 신도의 신전인 신사를 세운다.
    ③ 일제는 신사참배를 통하여 대내적으로 왕을 중심으로 자국민의 단결을 도모하고 대외적으로 조선을 동화하고 지배하려 했다.
    ④ 일제는 한국인에게 신사참배를 국가의식을 포함한 종교의식으로서 강요했다.

47. 한국장로교회 분열에 관한 설명 가운데 빈칸에 들어갈 알맞은 연대를 묶은 것은?

    > (   )년에 고신파(고려파)의 분열이 있었고, 조선신학교 신학사상으로 갈등이 시작되어 (   )년에 기장파가 분열되었다. 1959년에는 연동 측이 분열하여 통합 측과 합동 측으로 되었다.

    ① 1952-1953   ② 1953-1953   ③ 1954-1956   ④ 1954-1957

48. 1912년 9월 1일 결성된 대한예수교장로회 제1회 총회의 총회장은 누구인가?
    ① 이기풍   ② 길선주   ③ 박형룡   ④ 언더우드

49. 다음 중 평양대부흥운동이 일어난 연도는?
    ① 1903년   ② 1905년   ③ 1907년   ④ 1909년

50. 한국 땅에 정주하면서 사역하려고 입국한 최초의 선교사는 누구인가?
    ① 알렌   ② 언더우드   ③ 아펜젤러   ④ 에비슨

정답 46.④ 47.① 48.④ 49.③ 50.①

2. 2019년도

1. 초대교회사의 범위와 시대구분을 어떻게 해야 하는가? 아닌 것을 찾으시오.
   ① 예수 그리스도가 탄생한 주전 4년부터 로마의 멸망까지(주후 476년까지)
   ② 1세기를 사도 시대라고 할 수 있다.
   ③ 2세기 전반은 속사도 시대라고 한다.
   ④ 2세기 후반에 등장한 이레네우스는 속사도 신앙을 이어받은 인물들이라고 한다.
   ⑤ 기독교 공인을 받기 이전까지이다.

2. 초대교회 헬라-로마적 배경이 아닌 것은?
   ① 로마제국 : 지리적, 정치적 환경 ② 에세네파
   ③ 팍스 로마나(Pax Romana) ④ 스토아주의
   ⑤ 신플라톤주의

3. 초대교회의 10대 박해에 포함되지 않는 것은?
   ① 네로 황제 ② 도미티안 황제 ③ 트라얀 황제
   ④ 마르쿠스 아우렐리우스 박해 ⑤ 콘스탄틴 황제의 박해

4. 속사도들에 대한 설명으로 맞지 않는 것은?
   ① 클레멘트가 고린도교회에 보낸 서신
   ② 안디옥의 감독인 이그나티우스
   ③ 사도 요한의 가르침을 직접 받았던 서머나 감독 폴리갑
   ④ 바나바 서신과 디다케
   ⑤ 버가모교회의 감독이었던 이레네우스

5. 밀레노 칙령을 313년에 발표한 왕은 누구인가?
   ① 테오도시우스 ② 네로 ③ 콘스탄틴
   ④ 그레고리 1세 ⑤ 도미티안

6. 콘스탄틴 황제의 업적이 아닌 것은 무엇인가?
   ① 고대풍속 개혁함 ② 주일을 공휴일화함으로 주일 허락
   ③ 교회 법률에 국가의 공인 부여 ④ 이단을 없애고 교회 통일을 위해 노력함
   ⑤ 칼케돈회의 소집

7. 주후 70년 예루살렘이 파괴된 후에도 그들의 신학적 전통이 남아 있는 당파는?
   ① 바리새파 ② 사두개파 ③ 열심당
   ④ 헤롯당 ⑤ 스토아학파

정답 1.⑤ 2.③ 3.⑤ 4.⑤ 5.③ 6.⑤ 7.①

8. 예루살렘에 보내던 헌금을 황제에게 바치도록 강요한 사람은?
   ① 네로　　② 풀리니　　③ 마르쿠스 아우렐리우스
   ④ 도미티안　　⑤ 폴리갑

9. 교회역사에서 지역적 특성을 반영하면서 신학이 발달한 지역이 아닌 곳은?
   ① 카르타고　　② 알렉산드리아　　③ 소아시아
   ④ 안디옥　　⑤ 고린도

10. 삼위일체론 논쟁을 처음으로 한 회의는?
    ① 니케아회의　　② 에베소회의　　③ 칼케돈회의
    ④ 알렉산드리아회의　　⑤ 콘스탄티노플회의

11. 삼위일체론이 확립된 회의는?
    ① 칼케돈회의(451년)　　② 에베소회의(431년)
    ③ 콘스탄티노플회의(381년)　　④ 알렉산드리아회의(418년)
    ⑤ 니케아회의(325년)

12. 로마교회가 주장하는 교회적 특성이 아닌 것은?
    ① 구속성　　② 유일성　　③ 신성성
    ④ 사도성　　⑤ 무오성

13. 토마스 아퀴나스가 주장한 내용이 아닌 것은?
    ① 연옥설 주장　　② 이성수위론　　③ 유명론
    ④ 칠성론　　⑤ 신학대전 저술

14. 다음 설명에 합당한 사람은 누구인가?

    ┌───┐
    │ ㉠ 서머나교회 감독, 사도 요한의 제자, 이그나티우스의 친구 │
    │ ㉡ 155년 순교   │
    │ ㉢ 저서는 빌립보의 서신   │
    └───┘

    ① 로마의 클레멘스　　② 이그나티우스　　③ 폴리갑
    ④ 파피아스　　⑤ 오리게누스

15. 350년경 안디옥 출생이며 397년까지 안디옥교회에서 강단을 맡은 설교자는 누구인가?
    ① 오리게누스　　② 암브로시우스　　③ 유스타누스
    ④ 존 녹스　　⑤ 요한 크리소스톰

정답 8.④ 9.⑤ 10.① 11.③ 12.① 13.③ 14.① 15.⑤

16. 시편 51편을 주해하면서 이신득의를 강조한 사람은 누구인가?
   ① 얀 후스   ② 위클리프   ③ 제롬 사바나롤라
   ④ 왈도   ⑤ 에크하르트

17. 칼케돈회의에 대한 설명이 바른 것은?
   ① 삼위일체의 논쟁을 한 회의이다
   ② 삼위일체론을 확립시킨 회의이다
   ③ 유아세례 유효성을 논쟁한 회의이다
   ④ 기독론 논쟁을 한 회의로 그리스도는 참 신이며 참 인간이라고 결정한 회의다
   ⑤ 바른수도원 운동을 한 회의이다

18. 로마교회와 그리스교회의 합동을 위한 문제로 모인 회의는?
   ① 피렌체회의   ② 콘스탄틴회의   ③ 바젤회의
   ④ 피사회의   ⑤ 니케아회의

19. 다음 중 영지주의자들의 주장이 아닌 것은?
   ① 우주는 창조물이 아닌 신의 유출과정이다
   ② 인간구원은 물질계를 해탈하고 신에게로 귀의하는 것
   ③ 물질은 악하고 영혼은 존귀하다는 이원론적 주장
   ④ 할례를 행하고 안식일을 지키고 금식함
   ⑤ 헬라사상의 영향을 많이 받음

20. 칼빈의 5대 교리가 아닌 것은?
   ① 인간의 전적 부패   ② 제한된 속죄
   ③ 불가항력적인 은혜   ④ 예지예정
   ⑤ 성도의 견인

21. 박해에도 불구하고 기독교가 발전한 이유가 아닌 것은?
   ① 도덕적으로 선별된 생활모습   ② 하나님의 은혜
   ③ 공동체가 보여준 모습   ④ 재정적인 풍족
   ⑤ 사회적 문제를 잘 처리

22. 어거스틴에 관해서 옳지 않은 것은?
   ① 354년 북아프리카에서 아버지 페드릭과 어머니 모니카 사이에서 태어났다
   ② 17세에 카르타고에서 유학 생활 중에 한 여인과 육체적 사랑에 빠졌다
   ③ 방탕한 결과 아들을 하나 낳았다
   ④ 철학적 사유를 일깨운 것은 버질과 키케로의 작품이었다
   ⑤ 깊은 철학적 사고를 하던 중 회심케 되었다

정답 16.③ 17.④ 18.① 19.④ 20.④ 21.④ 22.⑤

23. 중세시대 4대 수도회가 아닌 것은?
   ① 어거스틴수도회 ② 공동생활 형제단 ③ 프란치스코회
   ④ 카멜회 ⑤ 도미니코회

24. 중세교회의 특징이 아닌 것은?
   ① 교황권의 절대화 ② 비밀 고해제도의 성립
   ③ 순결의 덕이 강조됨 ④ 화체설
   ⑤ 연옥설

25. 개혁파 교회가 개혁한 내용이 아닌 것은?
   ① 로마교회 사제제도의 개혁 ② 설교에 대한 강조 ③ 경제 개혁
   ④ 예전 중심에서 성경 중심으로 개혁 ⑤ 정교분리

26. W.C.C 문제로 합동과 통합으로 분리되었다. 언제 분리되었는가?
   ① 1957년 ② 1959년 ③ 1961년
   ④ 1965년 ⑤ 1970년

27. 루터의 사상이 아닌 것은 무엇인가?
   ① 공제설 ② 만인제사장주의 ③ 성경절대권위
   ④ 이신득의 ⑤ 실제적 이론적 종교 추구

28. 1521년 성탄절에 평신도에게 떡과 잔을 모두 주는 2종 성찬을 시행한 사람은?
   ① 토마스 뮌처 ② 츠빙글리 ③ 루터
   ④ 제롬 ⑤ 멜란히톤

29. 독일 경건주의의 대표적인 인물은?
   ① 스페너 ② 토마스 홉스 ③ 토마스 아 켐피스
   ④ 스테판 하딩 ⑤ 조지 버클리

30. 수도원 발달의 배경이 아닌 것은?
   ① 콘스탄틴 대제가 313년 밀라노 칙령을 통해 기독교 공인 후 교회의 영적 세력은 급격히 저하되기 시작함
   ② 5세기가 끝나기 전 로마제국의 압도적 다수가 스스로 그리스도인이라고 고백하게 되었으며, 세례 받고 수많은 기독교 단체들이 등장함
   ③ 집단적 개종으로 교회기강이 해이해짐
   ④ 영적인 측면이 간과되고, 예전적이고 외형적인 측면이 종교의 중심으로 자리잡기 시작함
   ⑤ 시대적인 변화와 역행하였기 때문에 수도원 운동이 시작됨

정답 23.② 24.③ 25.③ 26.② 27.⑤ 28.⑤ 29.① 30.⑤

31. 910년 설립된 클루니 수도원의 개혁운동이 실패한 이유는?
    ① 엄격한 베네딕트 규율에 따라 수도생활 규제
    ② 성직 매매 금지   ③ 성직자의 결혼 금지
    ④ 복종의 원리   ⑤ 교회의 재산 축척

32. 로마 가톨릭교회와 개신교도들의 신앙적 대립으로 독일을 중심으로 전 유럽이 가담한 전쟁은?
    ① 카펠전쟁   ② 십자군전쟁
    ③ 30년전쟁   ④ 슈말칼트전쟁
    ⑤ 농노반란

33. 낭트칙령의 내용이 아닌 것은?
    ① 신교도들에게 관직취득 허용
    ② 예배의 자유 인정
    ③ 신교도들도 가톨릭 신자들과 같은 권리부여
    ④ 안전보증으로 4개 도시 관리권을 양도함
    ⑤ 앙리 4세가 신교의 양심자유 용인

34. 다음 중 청교도 운동이 아닌 것은?
    ① 성경의 감화
    ② 하나님의 의지가 최고의 법칙으로 강조
    ③ 가정의 고상한 이상실현
    ④ 헌금생활 강조
    ⑤ 자연을 예찬함

35. 한국 개신교 선교와 연관 없는 사람은?
    ① 귀츨라프의 입국과 선교활동
    ② 제너널셔먼호와 토마스의 입국
    ③ 존 로스와 만주에서의 복음의 준비
    ④ 이수정과 일본에서의 복음의 준비
    ⑤ 갑신정변과 개화사상

36. 근본주의의 주요한 주장이 아닌 것은?
    ① 동정녀 탄생   ② 예수님의 대속적 죽음
    ③ 예수님의 신성   ④ 종말
    ⑤ 성경의 무오성

정답 31.⑤ 32.③ 33.④ 34.④ 35.⑤ 36.④

37. 다음 보기는 어느 종교의 도덕에 관한 설명이다. 이에 해당하는 것은?

> ㉠ 근행기도, 구제, 메카 순례
> ㉡ 음주, 돼지고기 금함
> ㉢ 일부다처제
> ㉣ 노예를 허락함

① 마니교 ② 힌두교 ③ 조로아스터교
④ 이슬람교 ⑤ 예수회

38. 개혁주의에 대한 설명으로 잘못된 것은 어느 것인가?
① 루터의 사상과 신학을 계승
② 로마의 비성경적인 관행에 반대함
③ 16세기 종교개혁을 특징짓는 한 이름으로 사용
④ 교회는 항상 개혁되어야 한다
⑤ 칼빈주의 5대 교리를 가진 신학과 그 교회들에게 동일시되는 이름

39. 우리나라 최초 지역교회가 아닌 것은?
① 서울/새문안교회 ② 전주/서문교회 ③ 대구/제일교회
④ 부산/초량교회 ⑤ 대전/중앙교회

40. 다음 중 네비우스 10개 선교정책에 해당하지 않는 것은?
① 노동자 계급에 우선 전도할 것과 가정주부의 개종을 중요시할 것
② 지방에 소학교를 세워 기독교 교육을 실시할 것
③ 성경을 번역하고, 모든 서적은 한글로 출판할 것
④ 신자는 누구나 전도자가 되게 할 것
⑤ 교회는 자급 자치를 하지 않을 것

41. 해방신학의 주장이 아닌 것은?
① 정치적 해방으로서의 구원 ② 개인구원의 강조 ③ 빈곤으로부터 해방
④ 교회와 사회의 세속화 추구 ⑤ 인간의 힘으로 다른 사회 건설을 시도함

42. 한국에 파송된 장로교와 감리교 선교회는 불필요한 경쟁을 피하기 위해 선교지 분할 협정을 추진했다. 그 체결의 내용이 아닌 것은?
① 소도시들과 주변지역에 대한 공동점유는 금하나 5천 명 넘는 도시들은 공통으로 점유할 수 있다
② 소도시일지라도 사역의 공백 기간이 6개월 이상일 경우 다른 선교회가 선교할 수 있다
③ 선교사역 확장을 원할 경우 지역 제한을 정하지 않는다
④ 교회권징에 대해서 상호존중
⑤ 서적을 무료로 주지 말고, 판매하되 가격은 균일해야 한다

정답 37.④ 38.① 39.⑤ 40.⑤ 41.② 42.③

43. 다음을 연대순으로 바르게 나열한 것은?

> ㉠ 선교사 귀츨라프가 한국인에게 복음을 전함
> ㉡ 만주에서 로스 목사에게 한국인 세례 받음
> ㉢ 스코틀랜드 선교사 토마스 대동강변에서 순교
> ㉣ 알렌 입국
> ㉤ 선교사 언더우드, 아펜젤러 입국

① ㄱ-ㄴ-ㄷ-ㄹ-ㅁ
② ㄱ-ㄷ-ㄴ-ㄹ-ㅁ
③ ㄱ-ㄷ-ㄹ-ㅁ-ㄴ
④ ㄴ-ㄱ-ㄷ-ㄹ-ㅁ
⑤ ㄴ-ㄷ-ㄱ-ㄹ-ㅁ

44. 현대신학의 영향이 아닌 것은?
① 역사적 연구의 발전(사료 중시)
② 성경본문 연구 및 고등비평
③ 타종교 연구
④ 종교심리학의 퇴보
⑤ 예수의 역사적, 비평학적 연구

45. 1555년 세계 최초로 장로교회를 조직한 나라는?
① 영국
② 프랑스
③ 미국
④ 스위스
⑤ 독일

46. 한국 최초의 교회는 어디인가?
① 개복교회(군산)
② 서문교회(전주)
③ 새문안교회(서울)
④ 솔내교회(황해)
⑤ 초량교회(대구)

47. 주기도문을 최초로 우리말로 번역한 사람은 누구인가?
① 하멜
② 카를 귀츨라프
③ 이수정
④ 로스
⑤ 아펜젤러

48. 한국교회가 한국사회에 끼친 영향이 아닌 것은?
① 문화사업
② 교육사업
③ 경제개혁
④ 사회개혁
⑤ 의료사업

정답 43.② 44.④ 45.② 46.④ 47.② 48.③

49. 평양대부흥운동과 연관이 없는 것은?
① 1907년 장대현교회에서 영적 각성운동이 일어났다
② 1903년부터 영적 각성 움직임이 전국적인 운동으로 발흥했다
③ 1904년 러일전쟁 이후 을사조약으로 인한 국권상실과 일본 침략으로 인한 실망감
④ 민족적, 정치적 위기로 민족의 소망이 기독교에 있다는 분위기가 팽배함
⑤ 교회의 부흥은 양적 성장이 질적 성장을 이끌었다

50. 다음은 무엇의 업적과 결과를 설명한 것인가?

- 반 수도원적 공동체로 세계 복음화를 목적으로 함
- 정열적 독신자들로 웨슬레에게 큰 감명을 줌
- 이들이야말로 경건주의의 최상의 결실이다
- 수적으로는 소수이지만 영적인 유산과 업적은 대단히 큼

① 모라비아교회 ② 유니테리안교회 ③ 퀘이커파
④ 복음주의 운동 ⑤ 공동형제단

정답 49.⑤ 50.①

3. 2018년도

1. 사도 시대의 특색이 아닌 것은?
   ① 소아시아, 헬라, 로마지역으로 복음이 전파되었다
   ② 신약성경이 기록되었다
   ③ 예루살렘, 안디옥, 에베소교회의 선교가 있었고, 초대교회가 설립되었다
   ④ 수도원 운동이 일어났다

2. 예루살렘 멸망에 대해 설명이 맞지 않는 것은?
   ① 로마 관리의 악정
   ② 유대 지배 계급의 타락과 백성의 반발
   ③ 수리아 총독 갈루스의 예루살렘 공격
   ④ 가이사랴 유대인 반란 사건

3. 기독교 박해의 진정한 원인이 아닌 것은?
   ① 국가 지상주의 사상   ② 로마제국의 황제숭배 강요
   ③ 로마 종교정책의 부조화   ④ 사회생활의 부조화

4. 예루살렘 멸망(A.D. 70년)이 기독교에 끼친 영향이 아닌 것은?
   ① 정경형성 부진   ② 기독교 조직운동 촉진
   ③ 전도 판도 확대   ④ 기독교가 자유를 얻음

5. 초대교회 10대 박해가 아닌 것은?
   ① 트라얀 박해   ② 셉터마우스 박해
   ③ 데시우스 박해   ④ 루키아루스 박해

6. 기독론에 대한 논쟁이 있었던 회의는?
   ① 카르타고회의   ② 얌니아회의
   ③ 칼케돈회의   ④ 바젤회의

7. 헬라 교부 오리겐의 신학사상이 아닌 것은?
   ① 크리스천 영지주의를 낳음   ② 클레멘트 사상을 발전시킴
   ③ 성결과 금욕적인 생활을 강조   ④ 만인 구원설 주장

8. 초대교회 이단이 아닌 것은?
   ① 에비온파   ② 모나키안파   ③ 마르키온파   ④ 카타리파

> 정답   1.④ 2.③ 3.① 4.① 5.④ 6.③ 7.① 8.④

9. 사도신경에 대한 설명이 틀린 것은?
   ① 12사도가 신앙의 표준으로 작성하여 사도신경이라 함
   ② 397년 카르타고 회의 확정
   ③ 당시 수세 후보자의 신앙 고백으로 사용
   ④ 이단이 일어남으로 정통교리를 표시할 만한 문자를 넣어 완성

10. 니케아회의 시대의 특징이 아닌 것은?
    ① 신약, 정경이 기록됨   ② 기독교가 로마 국교가 됨
    ③ 신학이 조성되어감   ④ 수도원이 생김

11. 초대 기독교의 5대 중심지가 아닌 것은?
    ① 알렉산드리아   ② 콘스탄티노플
    ③ 안디옥   ④ 에베소

12. 기독론 논쟁의 회의와 연대가 일치하지 않은 것은?
    ① 니케아 - 325년
    ② 콘스탄티노플 - 381년
    ③ 에베소 - 430년
    ④ 에베소 도적회의 - 449년

13. 삼위일체적 이단이 아닌 것은?
    ① 사벨리안주의   ② 네스토리우스주의
    ③ 아리안주의   ④ 마케도니안주의

14. 장로교 5대 신조가 아닌 것은?
    ① 아리우스신조   ② 스위스신조
    ③ 웨스트민스터신조   ④ 스코틀랜드신조

15. 어거스틴의 사상이 아닌 것은?
    ① 예정론을 믿음
    ② 그리스도의 양성론 주장
    ③ 무형교회 주장
    ④ 교회의 순수성과 통일성은 믿음을 전제로 한다

16. 중세 교회사의 특징이 아닌 것은?
    ① 종교부흥 수도원 중심   ② 교회와 신학 논쟁
    ③ 기독교가 로마 국교가 됨   ④ 십자군 운동

정답 9.② 10.① 11.④ 12.③ 13.② 14.① 15.④ 16.③

17. 동·서 교회 분리의 직접적인 원인으로 맞지 않는 것은?
    ① 로마 교황과 콘스탄티노플 대주교 간의 교권 다툼
    ② 서로마 황제가 콘스탄티노플 대주교 이그나티우스를 파면함으로
    ③ 콘스탄티노플 대주교 이그나티우스와 동로마 황제 미카엘 3세의 외숙 바스다스가 자부와 간통한 것을 책망함으로
    ④ 성찬식에 참여함을 거부하였다고 포박하여 감금함으로

18. 십자군전쟁의 실패 원인이 아닌 것은?
    ① 십자군의 핵심인 교황의 군사 통솔권 결여
    ② 귀족, 기사들 간의 이해 불일치
    ③ 종교열 고조, 불순한 동기
    ④ 십자군의 오합지졸과 지리에 미숙

19. 중세의 4대 수도회가 아닌 것은?
    ① 사막 수도회
    ② 어거스틴 수도회
    ③ 도미니칸 수도회
    ④ 프란치스코 수도회

20. 중세 신비주의자가 아닌 사람은?
    ① 에크하르트
    ② 아퀴나스
    ③ 버나드
    ④ 토마스 아 켐피스

21. 다음 중 중세 서임권 논쟁에 대해 잘 설명한 것은?
    ① 신성로마제국 황제 헨리 4세와 그레고리 6세의 논쟁
    ② 동로마제국 황제 그리고리 6세와 헨리 7세의 논쟁
    ③ 신성로마제국 황제 헨리 4세와 그레고리 7세의 논쟁
    ④ 동로마제국 황제 헨리 4세와 서로마제국 그레고리 6세의 논쟁

22. 인노켄티우스 3세의 업적(정책)이 아닌 것은?
    ① 종교재판소 설치
    ② 왈도파 찬성
    ③ 고해성사 제도 실시
    ④ 프란치스코 탁발교단 승인

23. 다음의 인물 중 수트리(sutri) 회의와 관계 있는 사람은?
    ① 헨리 3세
    ② 그레고리 7세
    ③ 성 프란치스코
    ④ 베네딕트 1세

24. 로마 교회의 교황청 대집사(추기경, 교황특사)로 로마교황에 선출된 인물은?
    ① 인노켄티우스 1세
    ② 헨리 4세
    ③ 레오 9세
    ④ 그레고리 7세

정답 17.② 18.③ 19.① 20.② 21.③ 22.② 23.① 24.④

25. 클레르몽 종교회의에서 십자군을 조직한 교황은?
   ① 우르반 2세
   ② 그레고리 7세
   ③ 헨리 4세
   ④ 베네딕트 1세

26. 스콜라신학자로서 최초의 조직신학서 '문장론' 4권을 저술하고 칠(7)성례를 강조한 사람은?
   ① 안셀름
   ② 윌리엄 오컴
   ③ 피터 롬바르드
   ④ 보나 벤투라

27. 다음은 어느 사람의 교회관을 설명하는 것인가?

   | 교회를 가견적 교회와 불가견적 교회로 구분하며 교회로부터 분리하는 자는 하나님과 그리스도를 부인하는 것이다. |

   ① 루터
   ② 칼빈
   ③ 아퀴나스
   ④ 어거스틴

28. 다음 설명은 어느 단체를 설명하는 것인가?

   1) 11세기~12세기 시기에 가장 널리 퍼진 이단 사상
   2) 극단적 금욕주의
   3) 기존 성직제도 부인
   4) 이들을 분쇄하기 위해 인노켄티우스 3세에 의해 종교재판이 시작됨

   ① 왈도파
   ② 신우단
   ③ 보고밀파
   ④ 카타리파

29. 다음의 설명은 어느 교황을 지칭하는 것인가?

   1) 1230년 출생
   2) 1281년 추기경이 됨
   3) 1294년 교황에 즉위
   4) 소위 아비뇽 유수의 단초를 제공함

   ① 클레멘트 5세
   ② 우르반 5세
   ③ 보니페이스 8세
   ④ 베네딕트 13세

30. 교회 전체 개혁과 이단박멸 기독교단의 평화 도모를 위해 1431년 1월 소집, 7월에 정식 개회된 회의로서 최초의 주권이 대회에 있다 주장하고 교황이 없이 강행된 회의는 어느 회의인가?
   ① 바젤회의
   ② 콘스탄츠회의
   ③ 피사회의
   ④ 피렌체회의

31. 다음 중 종교개혁 이전의 개혁자가 아닌 사람은?
   ① 왈도
   ② 츠빙글리
   ③ 위클리프
   ④ 사보나롤라

정답 25.① 26.③ 27.② 28.④ 29.③ 30.① 31.②

32. 아래의 설명은 누구의 교회관을 말하는 것인가?

> 1) 무형교회와 유형교회로 구분
> 2) 거룩한 교회란 그리스도를 믿는 모든 신자의 교제함을 의미
> 3) 하나님의 말씀이 전파되고 성례만 정당하게 거행되면 교회가 설립된다.

① 루터　　　　② 칼빈　　　　③ 사보나롤라　　　　④ 에크하르트

33. 다음 중 종교개혁자들의 3대 슬로건이 아닌 것은?
① 오직 교회　　　　② 오직 은혜
③ 오직 성경　　　　④ 오직 믿음

34. 칼빈파, 알미니안파의 분쟁을 종결짓고 알미니안파를 배제시킨 종교회의는?
① 웨스트민스터회의　　　　② 낭트회의
③ 도르트회의　　　　　　　④ 베스트팔렌조약

35. 다음의 설명에 해당되는 단체는?

> 삼위일체를 부정하고 하나님의 단일성을 주장하며 스페인의 세르베르투스 및 소시네스(socinus)가 대표이다.

① 신비주의　　　　② 퀘이커 교도
③ 메도디스트　　　④ 유니테리안교회

36. 다음 설명에 해당되는 단체는?

> 조지 폭스(1624-1691)가 주창자이며 내적 광명을 중요시하고, 세례, 성찬 등 예전은 없고, 예배 순서도 없으며, 성령의 인도로 누구나 인도한다. 전쟁을 반대하고 노예폐지를 강조하며 영국에서 1687년 신교의 자유로 예배가 허용되었다.

① 유니테리안교회　　② 모라비안교회　　③ 퀘이커　　④ 잔센이즘

37. 다음의 설명에 해당되는 것은?

> 1867-1871년 교황 피우스 9세 재위 시 소집, 위원장은 홍의주교, 회의는 비밀로, 필기는 금지함. 가톨릭교회의 신앙규칙 통과를 목적으로 모임. 교황무오교리 채택

① 바젤회의　　② 바티칸회의　　③ 트렌트 종교회의　　④ 콘스탄츠회의

38. 다음은 무엇에 대한 설명인가?

> 1) 메이첸, 맥킨타이어를 중심으로 1895년 나이아가라 회의에서 성경적 입장 정리
> 2) 성경문자 무오　3) 예수의 신성　4) 동정녀 탄생　5) 화해의 대속성　6) 부활과 재림

① 자유주의　　② 정통주의　　③ 신정통주의　　④ 근본주의

정답 32.① 33.① 34.③ 35.④ 36.③ 37.② 38.④

39. 다음은 무엇에 대한 설명인가?

1) 현대교회는 비성경적이므로 개혁되어야 한다.
2) '에클레시아'로서의 단체로 인정하나 교역자로 정하는 일과 기타 교회의 예전과 형식을 부인한다.
3) 한국에는 함석헌, 김교신, 노평구, 유달영 등이 있다.

① 몰몬교　　　② 무교회주의　　　③ 현대주의　　　④ 하나님의 성회

40. 다음의 설명에 부합되는 것은?

1) 요셉 스미스에 의해 창설됨
2) 삼위일체 부인
3) 영혼선재설 주장
4) 성경은 완전한 진리의 책이 아니다
5) 성경세례 받기 위해 사죄의 세례를 받아야 한다
6) 세례는 침례
7) 유아세례는 반대

① 여호와의 증인　　　② 제7일안식일예수재림교회
③ 나사렛교회　　　　④ 몰몬교

41. 우리나라에 입국한 동기와 목적이 다른 사람은?

① 하멜　　　　　　② 카를 귀츨라프
③ 로버트 토마스　　④ 윌리암슨

42. 카를 귀츨라프와 관계가 없는 것은?

① 중국 선교사 모리슨의 영향을 받음
② 서해안에 상륙하여 성경과 의약품을 나누어 줌
③ 한문으로 된 주기도문을 한글로 토를 달아 번역함
④ 1830년 7월 17일에 한국 해안에 처음 상륙했음

43. 서로 연관된 것끼리 짝이 제대로 맞추어지지 못한 것은?

① 이수정 - 신약성서 마가전
② 존 로스 - 예수성교 누가복음견셔
③ 서상륜 - 황해도 소래교회
④ 알렌 - 최초의 공식 선교사

44. 언더우드와 관계없는 것은?

① 미국 북장로교 선교사　　　② 1919년 세상을 떠남
③ 대한예수교장로회 제1대 총회장　　　④ 개신교 선교사로서 최초로 세례를 베풂

정답 39.② 40.④ 41.① 42.④ 43.④ 44.②

45. 독노회와 관계된 것들로만 모아 놓은 것은?
   ① 1901년 – 평양신학교 설립
   ② 1912년 – 회장은 언더우드
   ③ 1907년 – 제주에 선교사 파송 결의
   ④ 1907년 – 장로회 예배 모범 제작

46. 사건 연대가 잘못된 것은?
   ① 평양대부흥 : 1907년
   ② 예장총회 조직 : 1912년
   ③ 총회에서 통합 측 분리 : 1959년
   ④ 서울 남산에 장로회신학교 개교 : 1959년

47. 대한예수교장로회 제27회 총회(총회장 홍택기)에서 결의하지 않았던 것은?
   ① 신사참배 가결
   ② 평양신학교 계속 유지
   ③ 기독신보 폐간
   ④ 기독교 황도선양 연맹 출연

48. 네비우스 선교 정책과 관계없는 것은?
   ① 상류층보다 노동자 하류층에 전도
   ② 자립, 자치, 자전
   ③ 성경 번역을 통한 전도
   ④ 예배와 부흥회에 중점

49. 평양대부흥운동과 관계가 먼 것은?
   ① 장대현교회   ② 경건운동과 신비주의운동
   ③ 길선주   ④ 사경회

50. 사건과 그 발생 연도가 잘못 연결된 것은?
   ① 언더우드 입국 : 1885년   ② 새문안교회 : 1889년
   ③ 장로교 제1차 분열 : 1952년   ④ 기장이 분열 : 1953년

정답 45.③ 46.④ 47.② 48.④ 49.② 50.②

4. 2017년도

1. 초대교회사의 시대구분 중 사도 후 시대의 설명으로 맞지 않는 것은?
   ① A.D 100년 ~ 170년경
   ② 교부 등장까지 시기
   ③ 초대 교황 그레고리 1세 즉위까지의 시기
   ④ 이 시대의 특징은 교회 핍박기이다

2. 로마 치하 10대 박해와 관련하여 황제와 순교자의 연결이 맞지 않는 것은?
   ① 네로 황제 - 베드로, 바울 순교
   ② 데시우스 황제 - 키프리안 순교
   ③ 트라얀 황제 - 안디옥의 이그나티우스 순교
   ④ 마르쿠스 아우렐리우스 황제 - 저스틴, 폴리갑 순교

3. 영지주의의 기원과 관련하여 마술사 시몬을 그 원천으로 주장하면서 "모든 종류의 이단들이 그로부터 생겨났다"고 주장하였던 초대교회 교부는 누구인가?
   ① 터툴리안
   ② 히폴리투스
   ③ 오리겐
   ④ 이레네우스

4. 다음 중 속사도로서 헬라 기독교 변증가가 아닌 사람은?
   ① 아리스티데스
   ② 저스틴
   ③ 이그나티우스
   ④ 데오필루스

5. 속사도와 그의 저서의 연결 중 맞지 않는 것은?
   ① 클레멘트 - 고린도교회에 보내는 편지
   ② 바나바 - 12사도의 교훈
   ③ 폴리갑 - 빌립보 서신
   ④ 파피아스 - 주의 가르침의 설명

6. 라틴 교부 터툴리안의 주장으로 맞지 않는 것은 무엇인가?
   ① 영혼유전설 주장
   ② 만족설 주장
   ③ 유아세례 찬성
   ④ 7가지 치명적인 죄를 주장(우상숭배, 신성모독, 살인, 간음, 음행, 위증, 교만)

7. 교부들과 그들의 주 활동지로 올바르지 못한 것은?
   ① 클레멘트 - 로마
   ② 이그나티우스 - 안디옥
   ③ 폴리갑 - 서머나
   ④ 헤르마스 - 에베소

정답 1.③ 2.② 3.④ 4.③ 5.② 6.③ 7.④

8. 초대교회에서 나타난 이단 중 헬라주의적 이단이 아닌 것은?
   ① 에비온파   ② 마르키온
   ③ 마니교   ④ 영지주의

9. 초대교회 주요 분파 중 2세기 중반, 영지주의와 세속화에 대항하여 일어난 신비주의 운동인 몬타누스파의 사상으로 맞지 않는 것은?
   ① 극단적 금욕주의   ② 신앙보다 지식을 강조
   ③ 임박한 새 예루살렘의 도래   ④ 엄격한 규율시행

10. 사도신경에 대한 설명 중 맞지 않는 것은?
    ① 2세기 로마신경과 유사함
    ② 세례의식에 사용
    ③ 삼위일체적 순서로 되어 있으며 그리스도에 관한 고백 부분이 강조되어 있음
    ④ 325년 니케아 회의에서 확정

11. A.D 451년 칼케돈 회의의 의제와 결의사항 중 올바른 것은?
    ① 유티케스의 단성론 - 단성론 정죄, 양성론 확립
    ② 일의론과 이의론 분쟁 - 이의론 채택
    ③ 성화 숭배 문제 - 성화 숭배하기로 결정
    ④ 그리스도의 인성제한설 - 그리스도는 하나님과 동질 삼위일체 교리 확정

12. 아래 신조와 관련하여 그 핵심 내용으로 맞지 않는 것은?
    ① 니케아 신조(325년) - 그리스도의 신성 확립
    ② 콘스탄티노플 신조(381년) - 그리스도의 인성 확립
    ③ 아타나시우스 신조(5세기경) - 삼위 간의 종속이 있다고 고백
    ④ 칼케돈 신조(451년) - 그리스도의 양성 일인격 확립

13. 동방지역에서 니케아 신조를 공고히 하는 데 결정적인 역할을 한 갑바도기아 3대 신학자가 아닌 사람은?
    ① 갑바도기안의 바실   ② 밀라노의 암브로스
    ③ 니사의 그레고리   ④ 나지안주스의 그레고리

14. 성 어거스틴의 사상 중 바르지 않은 것은?
    ① 교회권위 부정(가톨릭교회의 신자가 되는 것이 구원의 필수 조건이 아님)
    ② 이중 예정론
    ③ 그리스도의 양성론
    ④ 원죄 인정

정답 8.① 9.② 10.④ 11.① 12.③ 13.② 14.①

15. 그리스도교의 세계전파와 관련하여 로마제국의 장점 중 맞지 않는 것은?
    ① 언어의 다양성			② 로마 중심 도로의 확대
    ③ 그리스도교의 국교 공인		④ 유대인의 분산

16. 중세 교회의 특징이 아닌 것은?
    ① 신학 조성기			② 교황권의 절대화
    ③ 마리아 숭배			④ 비밀고해제도 성립

17. 로마시를 롬바르드족의 침략으로부터 성공적으로 방어하고 교황권의 기초를 닦은 사람은 누구인가?
    ① 펠라기우스			② 그레고리 1세
    ③ 샤를마뉴			④ 힐데브란트

18. 8세기 활동한 수도사 윈프리드는 40년 동안 게르만족 이교도들을 개종시키고 규범적 기독교가 파괴된 지역의 기독교적 생활을 재건하고자 노력하였다. 이에 보니페이스(Boniface)라는 이름을 얻게 되는데 이 이름을 하사한 사람은 누구인가?
    ① 윌리브롤드			② 윌 프리드
    ③ 그레고리 2세			④ 카를로만

19. 교황은 성직자들에게 직접세를 부과하였다. 성직록을 받는 모든 직위에 2.5%의 십자군 세금을 징수한 사람은 누구인가?
    ① 그레고리 1세			② 프레드릭 2세
    ③ 클레멘트 4세			④ 인노켄티우스 3세

20. 스콜라 철학의 장점이 아닌 것은?
    ① 로마 천주교회를 잉태시킴
    ② 기독교 진리를 철학적, 합리적 논증 의도
    ③ 진리 해설상 오류 방지에 큰 도움
    ④ 대학이 설립되는 기초를 닦음

21. 그레고리 1세에 의해서 제정된 교황 다음의 직위로 제정한 것은 무엇이라고 하는가?
    ① 탁발교단		② 홍의주교		③ 수도사		④ 감독

22. 중세 신비주의의 특성 중 아닌 것은?
    ① 직관을 중시하였다
    ② 독일의 신비주의는 철학적이다
    ③ 프랑스의 신비주의는 시적·감정적이다
    ④ 사변적 추론을 중시하였다

정답 15.① 16.① 17.② 18.③ 19.④ 20.① 21.② 22.④

23. 1382년 성경을 영어로 번역하였으며, 런던대회(1382년)에서 이단으로 규정되어 대학을 사직하고 고향으로 돌아왔으며 성경만이 신앙의 유일한 표준이며, 속죄권을 부인하고, 화체설을 배격, 교황 정치의 불필요를 역설하였던 그는 콘스탄츠회의(1415년)에서 정죄를 받았다. 그는 누구인가?
① 위클리프 ② 후스 ③ 사보나롤라 ④ 에크하르트

24. 15세기 동방교회 몰락의 결과가 아닌 것은?
① 무함마드 교도들이 성 소피아 성당을 점령함
② 교회 재산은 몰수당하고 학교는 붕괴됨
③ 교직자의 권위가 추락함
④ 기독교는 우대하며 무함마드교는 학대함

25. 문예부흥이 종교개혁에 끼친 영향이 아닌 것은?
① 인쇄술의 발달로 교부들의 저서와 성경 원어 출판
② 고전어의 연구로 성경주해에 문화적, 역사적 연구방법이 생김
③ 기존 제도와 권위에 대한 반성
④ 사회주의 부흥

26. 종교개혁의 원인이 아닌 것은?
① 스콜라 철학의 부흥 ② 교회의 타락
③ 레오 10세의 면죄부 판매 ④ 신비주의, 새로운 경건운동

27. 칼빈의 성경관으로 올바른 것은?
① 외경을 인정
② 교회의 권위를 성경보다 위에 둠
③ 66권 외에 다른 계시를 인정
④ 교회는 성경을 보존할 의무가 있다고 주장

28. 1618년 칼빈파와 알미니안파의 분쟁을 종결짓고 알미니안파를 배제시킨 회의는 무엇인가?
① 웨스트민스터회의 ② 도르트회의
③ 트렌트회의 ④ 낭트회의

29. 종교개혁 전 개혁자가 아닌 사람은?
① 위클리프 ② 후스
③ 사보나롤라 ④ 오컴

30. 스코틀랜드 종교개혁과 가장 관계가 먼 사람은?
① 존 녹스 ② 윌리엄 틴델
③ 패트릭 해밀턴 ④ 조지 위샤트

정답 23.① 24.④ 25.④ 26.① 27.④ 28.② 29.④ 30.②

31. 1555년 아우크스부르크 종교회의와 관계없는 것은?
① 이 회의 후 새로운 개신교 신앙고백 시대가 도래함
② 프로테스탄트교회가 로마 가톨릭으로부터 생존권을 인정받은 최초의 공식적 사건
③ 슈말칼트 전쟁의 결과
④ 피핀 2세

32. 화란의 칼빈주의자들이 화란독립전쟁을 통해 개신교의 자유를 획득할 수 있었던 것은 무슨 조약의 결과였나?
① 베스트팔렌 평화조약
② 슈말칼트 동맹조약
③ 낭트조약
④ 베르됭조약

33. 청교도 운동과 직접적으로 관계없는 것은?
① 리차드 백스터, 존 오웬, 존 밀턴
② 성경이야말로 최종적인 권위를 지닌다는 믿음에서 비롯
③ 감독제도의 수용
④ 흠정역(킹 제임스 역)

34. 사건과 연대를 옳게 연결하지 못한 것은?
① 웨스트민스터 신앙고백 - 1646년
② 베스트팔렌 평화조약 - 1648년
③ 제1차 대각성운동 - 1820년부터 1870년
④ 칼빈의 기독교강요 초판 출판 - 1536년

35. 자연신론(초연신론)과 관계없는 것은?
① 17세기에 영국에서 일어난 신학 사상
② 하나님의 섭리에 대한 신앙을 강화함
③ 신의 존재를 믿음
④ 자연은 신의 완전 창조이므로 특별계시가 필요 없다고 주장

36. 경건주의에 대해서 바르게 설명한 것은?
① 17세기 말 독일 루터 교회에서 일어난 운동으로 성경공부와 내적 변화를 존중하는 운동이다
② 신학적 이론을 더 강화해야 한다고 주장
③ 성경은 교회의 권위하에서 이해해야 한다고 주장
④ 선교에는 전혀 무관심했음

정답 31.④ 32.① 33.③ 34.③ 35.② 36.①

37. 웨슬리의 메도디스트운동(Methodist Movement)과 관계없는 것은?
   ① 중앙 집권적 조직
   ② 원죄와 완전 타락을 불신
   ③ 선교의 열정
   ④ 하나님의 은혜는 무차별적이다

38. 일명 소책자 운동이라고도 하며 존 케이블이 '국민적 배신'이란 설교를 함으로 일어난 로마 가톨릭의 재개혁 운동은?
   ① 메도디스트 운동   ② 옥스퍼드 운동
   ③ 대각성운동   ④ 유니테리안 운동

39. 웨스트민스터회의와 관계없는 것은?
   ① 찰스 1세 때에 소집됨
   ② 1643년 7월 1일부터 1649년 2월 22일까지 열렸음
   ③ 신교의 신조와 교회의 조직문제를 토의했음
   ④ 예배모범은 채택하지 못했음

40. 20세기 초 미국의 근본주의 주장만을 묶어 놓은 것은?
   ① 성경의 문자무오, 하늘나라 확장
   ② 예수의 육체적 재림, 예수님의 동정녀 탄생
   ③ 하나님의 섭리, 부활
   ④ 성경의 문자무오, 성령의 제2축복

41. 하이델베르크 요리문답과 관계없는 것은?
   ① 개혁이 늦은 독일, 화란, 헝가리들의 개혁교회에서 채용됐음
   ② 1563년 프레드릭 3세의 명으로 만들어졌음
   ③ 1618년 도르트회의에서 화란 개혁교회 일반 신앙 문서로 공인됨
   ④ 칼빈주의와 로마 가톨릭신앙을 조화시켜 만들었음

42. 모라비아 교회와 관계없는 것은?
   ① 선교열을 고취   ② 진젠도르프 백작
   ③ 미국의 펜실베이니아주에서 활동 ④ 프랑스의 경건운동과 밀접한 관계

43. 소시니안주의에 대해서 바르게 설명한 것은?
   ① 인간의 본질적인 자유를 주장하고 원죄와 예정론을 부인
   ② 속죄에 대해선 만족설을 주장
   ③ 이성과 성경을 대등한 위치로 주장
   ④ 인간론에서 있어서는 어거스틴의 견해를 과감히 수용함

정답 37.② 38.② 39.④ 40.② 41.④ 42.④ 43.①

제2부 교회사

44. 카를 귀츨라프와 관계되지 않는 것은?
① 한국인들에게 복음을 전한, 서구에서 온 첫 개신교 선교사
② 주기도문과 사도신경을 최초로 한글로 토를 달아 번역
③ 유대교 부모에게서 태어난 독일인
④ 로버트 모리슨이 준 중국어 성경을 가지고 1832년 한국 해안을 방문

45. 서로 바르게 연결이 된 것은?
① a.토마스-1866년 대동강 b.존 로스-성경번역 c.이수정-마태복음 번역
② a.언더우드-1885년 제물포 도착 b.아펜젤러-병사 c.알렌-의사 선교사
③ a.광혜원-알렌 b.언더우드-이수정이 번역한 성경을 가지고 입국 c.100만인 구령운동 시작-1909년
④ a.갑신정변-1886년 b.미국남장로교회-1892년 한국선교 개시 c.서상륜-소래교회

46. 다음 중 연대가 틀린 것은?
① 한국 최초 교회: 1885년 소래교회
② 독노회 조직: 1907년
③ 최초 총회 조직: 1912년
④ 평양장로회 신학교 설립: 1901년

47. 최초 총회 조직과 관계가 없는 것은?
① 1912년 9월 1일
② 처음엔 7개 노회였음
③ 중국 산동에 이기풍 목사 파송
④ 초대 총회장: 언더우드

48. 평양대부흥과 관계없는 것은?
① 신비주의의 온실
② 사경회와 새벽기도회
③ 1907년 길선주
④ 회개운동

49. 네비우스 선교 방법이 아닌 것은?
① 협력전도
② 자립교회
③ 교회서적을 한글로 출판
④ 자급전도

50. 한국 장로교회의 역사적 분열에 대하여 잘못된 것은?
① 1952년 고신과의 분열
② 1953년 기장과의 분열
③ 1959년 합동과 통합으로 분열
④ 모두 신학 사상과 관계되지만 교권 문제도 크게 작용하였음

정답 44.② 45.③ 46.① 47.③ 48.① 49.① 50.④

5. 2016년도

1. 한국 최초의 교회는 다음 중 어디인가?
   ① 서울 - 새문안   ② 황해 - 소래   ③ 군산 - 개복   ④ 전주 - 서문

2. 다음 보기의 결의사항을 가결한 회의는?

   - 이기풍 목사를 제주도에 선교사로 파송
   - 평양신학교 직영 결의
   - 목사 7명 안수(장립)

   ① 합동공의회   ② 독노회   ③ 장로교 총회   ④ 네비우스 선교회의

3. 주기도문을 최초로 우리말로 번역한 사람은 누구인가?
   ① 카를 귀츨라프   ② 로스   ③ 이수정   ④ 하멜

4. 한국교회 부흥의 외적 요인이 아닌 것은?
   ① 1907년의 대부흥 운동   ② 전도집회들의 성과
   ③ 네비우스 선교 방법의 성공   ④ 한국교회가 외국기관이라는 인식을 광고

5. 다음의 보기는 헨리 5세가 교황 칼릭스투스 2세와 1122년 9월 암부르에서 회의를 열고 타협한 내용이다. 어떤 것인가?

   - 모든 성직의 임명은 교황이 하되 황제의 승인을 받는다
   - 반지와 지팡이를 줌으로 성직을 임명하는 것은 교황만이 한다.
   - 황제가 거부하면 성직자가 될 수 없다.
   - 임직식은 황제가 먼저 하고 나중에 교황이 한다.

   ① 십자군 전쟁   ② 케논법   ③ 서임권 논쟁   ④ 카노사의 굴욕

6. 토마스 아퀴나스가 주장한 내용이 아닌 것은?
   ① 신비론   ② 이성수위론   ③ 신학대전 저술   ④ 연옥설, 칠성례

7. 홍의주교(카디날)의 주요업무는 무엇인가?
   ① 국왕 선출   ② 교황 선출   ③ 정치재판   ④ 종교재판

8. 탁발교단의 영향이 아닌 것은?
   ① 선교사업   ② 민중의 벗이 됨   ③ 자유교회 출현   ④ 수많은 학자들을 배출

정답 1.② 2.② 3.① 4.④ 5.③ 6.① 7.② 8.③

9. 중세 신비주의자들의 특징이 아닌 것은?
   ① 직관을 중시함
   ② 주관적 요소가 많음
   ③ 범신론으로 심화됨
   ④ 객관적 지식을 중시함

10. 중세교회 7대 교황에 해당되지 않는 교황은 누구인가?
    ① 그레고리 9세
    ② 레오 3세
    ③ 니콜라스 1세
    ④ 인노켄티우스 3세

11. 문예부흥의 특징이라 볼 수 없는 것은?
    ① 교리 논쟁이 빈번함
    ② 권위에 반항하고 도리를 비평
    ③ 자연미를 동경하고 현세 향락을 추구
    ④ 개인주의 세력이 선행

12. 중세 신비주의 단체의 성향 중 잘못 연결된 곳은?
    ① 베구인 - 여자 독신 단체
    ② 신우단 - 공동생활로 기도와 봉사로 협조
    ③ 백하드 - 남자, 평민, 직업자
    ④ 공동생활 형제단 - 바른 성직자 양성에 힘씀

13. 교황권의 재확립을 위한 종교회의가 아닌 것은?
    ① 피사회의(1409)
    ② 보름스협약(1122)
    ③ 바젤회의(1431)
    ④ 콘스탄틴회의(1414~1418)

14. 프로테스탄트의 원리가 아닌 것은?
    ① 성경의 절대권위
    ② 이신득의
    ③ 교권의 절대주의
    ④ 하나님 절대주권

15. 스콜라신학자는 누구인가?
    ① 칼빈
    ② 루터
    ③ 어거스틴
    ④ 토마스 아퀴나스

16. 다음 보기는 누구의 성경관인가?

    ■ 가경불인정   ■ 축자영감   ■ 권위는 성경 우위   ■ 성경 내제, 성경증거   ■ 성경보존 의무
    ■ 66권 외 계시불인정

    ① 루터
    ② 칼빈
    ③ 에라스무스
    ④ 토마스 뮌처

정답 9.④ 10.② 11.① 12.② 13.② 14.③ 15.④ 16.②

17. 로마교회와 그리스교회의 합동 문제로 모인 회의는?
    ① 바젤　　　　② 피사　　　　③ 콘스탄츠　　　　④ 피렌체

18. 각국 칼빈주의 계통 교회의 연결 중 잘못 연결된 것은?
    ① 화란 - 영지주의　　　　② 프랑스 - 위그노
    ③ 영국 - 청교도　　　　④ 스코틀랜드 - 장로파

19. 가톨릭과 신교들의 신앙교리로 말미암아 독일을 중심으로 유럽에 진행된 전쟁은?
    ① 카펠전쟁　　　　② 송소반란
    ③ 30년 전쟁　　　　④ 슈마킬드 전쟁

20. 삼위일체를 부정하고 노스틱적인 영적 세계와 육적 세계의 고통에서 출발하는 신관을 가진 자는 누구인가?
    ① 바클레이　　　　② 스웨덴 보그
    ③ 세르베투스　　　　④ 진젠도르프

21. 계몽사조의 공헌이라 볼 수 없는 것은?
    ① 지식의 개발　　　　② 법률개정의 직업
    ③ 미신 타파　　　　④ 영적 내용 강화

22. 루터의 종교개혁 3대 원칙과 거리가 먼 것은?
    ① 율법종교에서 복음적 종교로 만듦
    ② 교권주의에서 참자유주의로 만듦
    ③ 느슨해진 신앙을 종말론적 신앙으로 만듦
    ④ 의식적인 신앙에서 체험적인 신앙으로 옮김

23. 다음 보기는 특정 종교의 도덕관에 관한 설명이다. 해당되는 종교는?

    - 구제, 메카순례, 음주나 돼지고기 금함
    - 일부다처　■ 노예허락

    ① 마니교　　　　② 힌두교
    ③ 이슬람교　　　　④ 조로아스터교

24. 삼위일체란 신학용어를 처음으로 사용한 사람은?
    ① 터툴리안　　② 키르티안　　③ 클레멘트　　④ 이그나티우스

25. 고대사에 나타난 이단이 아닌 것은?
    ① 에비온파　　② 엘카사이파　　③ 마니교　　④ 안식교

정답　17.④ 18.① 19.③ 20.② 21.④ 22.③ 23.③ 24.① 25.④

26. 칼케돈 회의에 대한 설명이 맞는 것은?
   ① 삼위일체 논쟁을 위한 회의다.
   ② 유아세례의 유효성을 논쟁한 회의다.
   ③ 기독론 논쟁을 한 회의로 '그리스도는 참신이시며 참 인간이다'라는 결정을 한 회의다.
   ④ 수도원 운동을 위한 회의다.

27. 기독론에 대한 논쟁과 관계없는 회의는?
   ① 니케아회의   ② 칼케돈회의   ③ 에베소회의   ④ 밀라노회의

28. 니케아 회의와 관련하여 틀린 것은?
   ① 부활절 날짜를 춘분 후 만월이 지난 첫 주로 결정함.
   ② 그리스도는 동일 본질이시다.
   ③ 아리우스를 추방하였다.
   ④ 펠라기우스를 추방하였다.

29. 예루살렘이 함락된 때는 언제인가?
   ① AD 70년   ② AD 325년   ③ AD 313년   ④ AD 425년

30. 폴리갑은 어느 교회의 감독이었나?
   ① 에베소교회   ② 수아디파교회   ③ 빌라델비아교회   ④ 서머나교회

31. 다음은 웨스트민스터 종교회의에서 채택된 것들이다. 아닌 것은?
   ① 예배모범   ② 권징조례   ③ 신앙고백서   ④ 대소요리 문답

32. 영국에서 활동한 학자들이다. 아닌 사람은?
   ① 홉즈   ② 존 밀턴   ③ 데카르트   ④ 존 번연

33. 파스칼이 쓴 불후의 명작은?
   ① 천로역정   ② 기독교 강요   ③ 신앙고백서   ④ 팡세

34. 성찬에 대한 견해들이다. 틀린 것은?
   ① 루터 - 공재설   ② 츠빙글리 - 기계설
   ③ 천주교 - 화체설   ④ 칼빈 - 영적 임재설

35. 칼빈주의 5대 교리 중 틀린 것은?
   ① 인간의 전적 타락   ② 무조건 선택
   ③ 무조건 속죄   ④ 불가항력적 은혜

정답 26.③ 27.④ 28.④ 29.① 30.④ 31.② 32.③ 33.④ 34.② 35.③

36. 루터가 작사, 작곡한 찬송가는?
　　① 믿는 사람들은 군병 같으니　　② 십자가 군병들아 주 위해 일어나
　　③ 주의 진리 위해 십자가 군기　　④ 내 주는 강한 성이요

37. 다음은 칼빈의 업적들이다. 아닌 것은?
　　① 독일에서 종교개혁의 운동을 일으켰다.
　　② 제네바에서 개혁운동을 전개했다.
　　③ 기독교 강요를 저술하였다.
　　④ 칼빈의 이상은 정교일치 신정 건설에 있었다.

38. 트렌트 회의에서 얻어진 결과가 아닌 것은?
　　① 신교의 안전을 봉쇄했다.
　　② 로마교회의 교리를 재확인했다.
　　③ 로마교회의 개혁운동과 전도운동의 계기를 마련했다.
　　④ 루터파의 예배의 자유를 허락했다.

39. 영국의 가톨릭을 회복시키기 위해 신교의 목사와 감독을 핍박한 왕은?
　　① 메리 여왕　　② 헨리 8세
　　③ 에드워드 6세　　④ 엘리자베스

40. 요한 웨슬리에게 큰 감동을 준 종파는?
　　① 경건주의　　② 청교도　　③ 개혁주의　　④ 모라비안

41. 미국의 초대 사회에 가장 큰 영향을 미친 사람은?
　　① 요한 칼빈　　② 조나단 에드워즈　　③ 츠빙글리　　④ 얀 후스

42. 옥스퍼드 운동의 목적을 설명한 것이다. 아닌 것은?
　　① 종교의 침체에서 구출한 운동이다.
　　② 건실하고 순수한 교회를 육성하는 운동이다.
　　③ 교회의 권위와 규칙을 지키는 운동이다.
　　④ 칸트를 위시한 각종 철학 사상과 싸우는 운동이다.

43. 어느 종파가 주장하는 내용인가?

　　■ 정신은 전부이며 물질은 없다.

　　① 안식교　　② 크리스천 사이언스
　　③ 몰몬교　　④ 여호와의 증인

정답 36.④ 37.① 38.④ 39.① 40.④ 41.② 42.④ 43.②

44. 신사 참배가 가결된 총회는 제 몇회 총회인가?
　　① 27회　　　② 28회　　　③ 29회　　　④ 30회

45. 로마의 십대 박해에 관여한 왕들이다. 아닌 것은?
　　① 네로　　　② 도미티안　　　③ 어거스틴　　　④ 하드리아누스

46. 마니교의 영향을 받은 교부는?
　　① 이레네우스　　　② 터툴리안　　　③ 오리겐　　　④ 어거스틴

47. 사도시대의 특징을 적은 것이다. 아닌 것은?
　　① 바울의 개종으로 전도가 활발해졌다.
　　② 신약 성경이 기록되었다.
　　③ 기독교가 각지에 전파되었다.
　　④ 이단들의 방해 때문에 교회가 어려웠다.

48. 정경이 확정된 연대는?
　　① 295　　　② 395　　　③ 435　　　④ 475

49. 종교회의가 개최된 도시가 아닌 곳은?
　　① 서머나　　　② 니케아　　　③ 에베소　　　④ 칼케돈

50. 그레고리 7세의 업적이다. 아닌 것은?
　　① 십자군 전쟁을 일으켰다.
　　② 교직 매매 금지
　　③ 교직자 독신 생활 강조
　　④ 교황이 국왕을 지배할 권한이 있다.

정답　44.①　45.③　46.④　47.④　48.②　49.①　50.①

제3부
헌법(정치)

I. 헌법(정치) 전문
II. 신조
III. 표준 회의 규정
IV. 실전문제

I. 헌법(정치) 전문

총론

주후 1517년 신구 2대 분파로 나누어진 기독교는 다시 수다한 교파를 이룩하여 각각 자기들의 신경, 의식, 규칙, 정치 제도가 있어서 그 교훈과 지도하는 것이 다른 바 이를 다음과 같이 구분한다.

1. **교황 정치** 이 정치는 주로 로마 가톨릭교와 희랍 정교의 정치인 바 교황 전제로 산하 전 교회를 관리하는 정치이다.
2. **감독 정치** 이 정치는 감독이 교회를 주관하는 정치인 바 감독 교회와 감리 교회에서 쓰고 있는 정치이다.
3. **자유 정치** 이 정치는 다른 회의 관할과 치리를 받지 아니하고 각개지교회가 자유로 행정(行政)하는 정치이다.
4. **조합 정치** 조합 정치는 자유 정치와 방불하나 다만 각 지교회의 대표로서 조직된 연합회가 있어 피차 유익한 문제를 의논하나 그러나 산하 교회에 명령하거나 주관하는 권한은 없고 모든 치리하는 일과 권징과 예식과 도리 해석을 각 교회가 자유로 하는 정치이다.
5. **장로회 정치** 이 정치는 지교회 교인들이 장로를 선택하여 당회를 조직하고 그 당회로 치리권을 행사하게 하는 주권이 교인들에게 있는 민주적 정치이다.

당회는 치리 장로와 목사인 강도 장로의 두 반으로 조직되어 지교회를 주관하고, 그 상회로서 노회, 대회 및 총회 이같이 3심제의 치리회가 있다. 이런 정책은 모세(출 3:16, 18:25, 민 11:16)와 사도(행 14:23, 16:4, 딛 1:5, 벧전 5:1, 약 5:14) 때에 일찍 있던 성경적 제도요, 교회 역사로 보더라도 가장 오랜 역사와 항상 우위를 자랑하는 교회는 이 장로회 정치를 채용한 교회들이며, 또한 이 장로회 정치는 다 웨스트민스터 헌법을 기본으로 한 것인 바, 이 웨스트민스터 헌법은 영국 정부의 주관으로 120명의 목사와 30명의 장로들이 1643년에 런던 웨스트민스터 예배당에 모여서 이 장로회 헌법을 초안하고 영국 각 노회와 대회에 수의 가결한 연후에 총회가 완전히 교회 헌법으로 채용 공포한 것이다.

본 대한예수교장로회 교회의 헌법도 1912년 총회가 조직되고, 1917년 제6회 총회 때 본 총회의 헌법을 제정할 때에 이 웨스트민스터 헌법을 기초로 해서 수정 편성한 것이다.

제1장 원리(原理)

예수교 장로회 정치의 일정한 원리 8개조가 있으니 이것을 이해하여야 교회의 성질을 알 것이다.

제 1 조 양심 자유

양심의 주재는 하나님뿐이시라. 그가 양심의 자유를 주사 신앙과 예배에 대하여 성경에 위반되거나 과분(過分)한 교훈과 명령을 받지 않게 하셨나니 그러므로 일반 인류(人類)는 종교에 관계되는 모든 사건에 대하여 속박을 받지 않고, 각기 양심대로 판단할 권리가 있은즉 누구든지 이 권리를 침해(侵害)하지 못한다.

제 2 조 교회 자유

1. 전조(前條)에 설명한 바 개인 자유의 일례(一例)로 어느 교파 어느 교회든지 각기 교인의 입회 규칙과 입교인 및 직원의 자격과 교회정치의 일체(一切) 조직을 예수 그리스도의 정하신 대로 설정(設定)할 자유권이 있다.
2. 교회는 국가의 세력을 의지하지 아니하고 오직 국가에서 각 종교의 종교적 기관을 안전 보장하며 동일시(同一視)함을 바라는 것뿐이다.

제 3 조 교회의 직원과 그 책임

교회의 머리 되신 주 예수 그리스도께서 그 지체 된 교회에 덕을 세우기 위하여 직원을 설치(設置)하사 다만 복음을 전파하며 성례를 시행하게 하실 뿐 아니라, 신도로 진리와 본분을 준수하도록 관리(管理)하게 하신 것이라. 이러므로 교우 중에 거짓 도리를 신앙하는 자와 행위가 악한 자가 있으면 교회를 대표한 직원과 치리회가 당연히 책망하거나 출교할 것이라. 그러나 항상 성경에 교훈한 법례(法例)대로 행한다.

제 4 조 진리와 행위의 관계

진리는 선행의 기초라. 진리가 진리 되는 증거는 사람으로 성결하게 하는 경향(傾向)에 있으니 주 말씀하시되 「과실로 그 나무를 안다」 하심과 같으니 진리와 허위(虛僞)가 동일(同一)하며 사람의 신앙이 어떠하든지 관계없다 하는 이 말보다 더 패리(悖理)하고 더 해로운 것은 없다. 신앙과 행위는 연락하고 진리와 본분은 서로 결탁(結託)되어 나누지 못할 것이니 그렇지 아니하면 진리를 연구하거나 선택할 필요가 없다.

제 5 조 직원의 자격

제4조의 원리에 의지하여 교회가 당연히 직원을 선정하되 교회의 도리를 완전히 신복(信服)하는 자로 선택하도록 규칙을 제정(制定)할 것이다.

그러나 성격(性格)과 주의(主義)가 다 같이 선한 자라도 진리와 교규(教規)에 대한 의견(意見)이 불합할 수 있다. 이런 경우에는 일반 교우와 교회가 서로 용납하여야 한다.

제 6 조 직원 선거권
교회 직원의 성격과 자격과 권한과 선거와 위임하는 규례는 성경에 기록되었으니 어느 회에서든지 그 직원을 선정하는 권한은 그 회에 있다.

제 7 조 치리권
치리권은 치리회로나 그 택해 세운 대표자로 행사함을 묻지 않고 하나님의 명령대로 준봉 전달(遵奉傳達)하는 것뿐이다. 대개 성경은 신앙과 행위에 대한 유일한 법칙인즉, 어느 교파의 치리회든지 회원의 양심을 속박할 규칙을 자의(自意)로 제정할 권리가 없고 오직 하나님의 계시하신 뜻에 기인(基因)한다.

제 8 조 권징
교회가 이상(以上) 각 조의 원리를 힘써 지키면 교회의 영광과 복을 증진(增進)할 것이니 교회의 권징은 도덕상과 신령상의 것이요, 국법상의 시벌(施罰)이 아닌즉, 그 효력(效力)은 정치의 공정(公正)과 모든 사람의 공인(公認)과 만국 교회의 머리 되신 구주의 권고와 은총에 있다.

제2장 교회

제 1 조 교회 설립(設立)
하나님이 만국 중에서 대중(大衆)을 택하사 저희로 영원토록 무한하신 은혜와 지혜를 나타내게 하시나니 저희는 생존(生存)하신 하나님의 교회요, 예수의 몸이요, 성령의 전(殿)이라. 전과 지금과 이후에 만국의 성도니 그 명칭은 거룩한 공회라 한다.

제 2 조 교회의 구별(區別)
교회에 두 가지 구별이 있으니 유형(有形)한 교회와 무형(無形)한 교회라. 무형한 교회의 교인은 하나님만 아시고 유형한 교회는 온 세계에 흩어져 있는 교회니 그 교인은 그리스도인이라 칭하고 성부 성자 성령 삼위일체 되신 하나님을 공경하는 자이다.

제 3 조 교회 집회(集會)
대중이 한 곳에만 회집하여 교제하며 하나님을 경배할 수 없으니 각처에 지교회를 설립하고 회집하는 것이 사리(事理)에 합당하고 성경에 기록한 모범에도 그릇됨이 없다(갈 1:22, 계 1:4, 20).

제 4 조 각 지교회(支敎會)
예수를 믿는다고 공언(公言)하는 자들과 그 자녀들이 일정한 장소에서 그 원대로 합심하여 하나님을 경배하며 성결하게 생활하고, 예수의 나라를 확장하기 위하여 성경에 교훈한 모범대로 연합하여 교회 헌법 에 복종하며, 시간을 정하여 공동 예배로 회집하면 이를 지교회라 한다(행 2:47).

제3장 교회 직원

제 1 조 교회 창설(創設) 직원
우리 주 예수께서 최초에 이적을 행할 권능이 있는 자로(마 10:8) 자기의 교회를 각 나라 중에서 선발(選拔)하사(시 2:8, 계 7:9) 한 몸(고전10:17)이 되게 하셨다.

제 2 조 교회의 항존직(恒存職)
교회에 항존(恒存)할 직원은 다음과 같으니 **장로**(감독) (행 20:17, 28, 딤전 3:7)와 **집사**요, 장로는 두 반이 있으니
1. 강도(講道)와 치리를 겸한 자를 **목사**라 일컫고
2. 치리만 하는 자를 **장로**라 일컫나니 이는 교인의 대표자이다.
3. 항존직의 시무 연한은 만 70세로 한다.

제 3 조 교회의 임시 직원
교회 사정에 의하여 다음과 같은 직원을 안수(按手) 없이 임시로 설치(設置)한다. 단 교회의 모든 임시직의 설치 연한은 70세까지로 한다.

1. **전도사** 남·녀 전도사를 당회의 추천으로 노회가 고시하여 자격을 인가하면 유급 교역자로 당회나 목사의 관리하는 지교회 시무를 방조하게 한다.
   1) **권한** 남 전도사가 그 당회의 회원은 되지 못하나 특별한 이유가 있으면 언권 방청이 되고 미조직교회에서는 당회장의 허락으로 제직회 임시 회장이 될 수 있다.
   2) **자격** 신학생과 신학 졸업자로 노회가 고시 인가하되 특별한 경우에는 이 한도에서 벗어난다. 단, 다른 노회에서 전도사 고시 받은 자와 총회 신학교를 졸업한 자는 필답 고사를 면제한다.
2. **전도인** 남·녀 전도인은 유급 사역자로 불신자에게 전도하는 자니 그 사업 상황을 파송한 기관에 보고하고, 다른 지방에서 전도에 착수할 때는 그 구역 감독 기관에 협의하여 보고한다.
3. **권사(勸師)**
   1) **권사의 직무와 권한** 권사는 당회의 지도 아래 교인을 방문하되 병환자와 환난을 당하는 자와 특히 믿음이 연약한 교인들을 돌보아 권면하는 자로 제직회 회원이 된다.
   2) **권사의 자격과 선거와 임기**
      ① 자격 : 여신도 중 만 45세 이상 된 입교인으로 행위가 성경에 적합하고 교인의 모범이 되며 본 교회에서 충성되게 봉사하는 자.
      ② 선거 : 공동의회에서 투표수 3분 2 이상의 찬성을 얻어야 한다(단, 당회가 공동의회에 그 후보를 추천할 수 있다.).
      ③ 임기 : 권사는 안수 없는 종신 직원으로서 정년(만 70세) 때 까지 시무할 수 있다(단, 은퇴 후에는 은퇴 권사가 된다.).
   3) **무임 권사** 타교회에서 이명 와서 아직 취임을 받지 못한 권사다(단, 만 70세 미만자는 공동의회에서 권사로 피선되면 취임식을 행하여 시무 권사가 될 수 있다.).

4) **은퇴 권사** 권사가 연로하여 퇴임한 권사이다.
5) **명예 권사** 당회가 다년간 교회에 봉사한 여신도 중에 60세 이상 된 입교인으로 행위가 성경에 적합하고 모범된 자를 임명할 수 있다.
4. **남녀 서리 집사** 교회 혹은 목사나 당회가 신실한 남녀로 선정하여 집사 직무를 하게 하는 자니 그 임기는 1개년이다.

제 4 조 준직원(準職員)

강도사와 목사 후보생은 준직원이다.
1. **강도사**는 당회의 추천에 의하여 총회의 고시로 노회에서 강도할 인허를 받고 그 지도대로 일하되 교회 치리권은 없다.
2. **목사 후보생**은 목사직을 희망하는 자로 노회에서 자격 심사를 받고 그 지도대로 신학에 관한 학과로써 수양을 받는 자이다.
3. **강도사**와 목사 후보생은 개인으로는 그 당회 관리 아래 있고 직무상으로는 노회 관리 아래 있다.

제4장 목사

제 1 조 목사의 의의(意義)

목사는 노회의 안수로 임직(任職)함을 받아 그리스도의 복음을 전파하고 성례를 거행하며 교회를 치리하는 자니 교회의 가장 중요하고 유익한 직분이다(롬 11:13). 성경에 이 직분 맡은 자에 대한 칭호가 많아 그 칭호로 모든 책임을 나타낸다.
1. 양의 무리를 감시하는 자이므로 **목자**라 하며(렘 3:15, 벧전 5:2~4, 딤전 3:1),
2. 교회 안에서 그리스도를 봉사하는 자이므로 **그리스도의 종**이라, **그리스도의 사역자**라 하며 또 **신약의 집사**라 하며(빌 1:1, 고전 4:1, 고후 3:6),
3. 엄숙하고 지혜롭게 하여 모든 사람의 모범이 되고, 그리스도의 집과 그 나라를 근실히 치리하는 자이므로 **장로**라 하며(벧전 5:1~3),
4. 하나님의 보내신 사자이므로 교회의 **사자**라 하며(계 2:1),
5. 하나님의 거룩한 뜻을 죄인에게 전파하며 그리스도로 말미암아 하나님과 화목하라 권하는 자이므로 **그리스도의 사신**이라 혹은 **복음의 사신**이라 하며(고후 5:20, 엡 6:20),
6. 정직한 교훈으로 권면하며 거역하는 자를 책망하여 각성(覺醒)하게 하는 자이므로 **교사**라 하며(딛 1:9, 딤전 2:7, 딤후 1:11),
7. 죄로 침륜할 자에게 구원의 복된 소식을 전하는 자이므로 **전도인**이라 하며(딤후 4:5),
8. 하나님의 광대하신 은혜와 그리스도의 설립하신 율례(律例)를 시행하는 자이므로 하나님의 **오묘한 도를 맡은 청지기**라 한다(눅 12:42, 고전 4:1~2). 이는 계급을 가리켜 칭함이 아니요, 다만 각양 책임을 가리켜 칭하는 것뿐이다.

제 2 조 목사의 자격

목사 될 자는 총신대학교 신학대학원을 졸업하고 학식이 풍부하며 행실이 선량(善良)하고 신앙이 진실하며 교수에 능한 자가 할지니 모든 행위가 복음에 적합하여 범사에 존절함과 성결함을 나타낼 것이요, 자기 가정을 잘 다스리며 외인(外人)에게서도 칭찬을 받는 자로 연령은 만 29세 이상 자로 한다. 단, 군목과 선교사는 만 27세 이상 자로 한다(딤전 3:1~7).

제 3 조 목사의 직무

하나님께서 모든 목사 되는 자에게 각각 다른 은혜를 주사 상당한 사역을 하게 하시니 교회는 저희 재능대로 목사나 교사나 그 밖의 다른 직무를 맡길 수 있다(엡 4:11).

1. 목사가 **지교회**를 관리할 때는 양무리 된 교인을 위하여 기도하며, 하나님 말씀으로 교훈하고 강도하며, 찬송하는 일과 성례를 거행할 것이요, 하나님을 대리하여 축복하고 어린이와 청년을 교육하며 고시하고 교우를 심방하며 궁핍한 자와 병자와 환난 당한 자를 위로하고 장로와 합력(合力)하여 치리권을 행사한다.
2. 목사가 종교상 도리와 본분을 **교훈하는 직무**를 받을 때는 목자같이 돌아보며 구원하기 위하여 각 사람의 마음 가운데 성경의 씨를 뿌리고 결실되도록 힘쓴다.
3. **선교사**로 외국에 선교할 때에는 성례를 거행하며 교회를 설립하고 조직할 권한이 있다.
4. 목사가 기독교 **신문**이나 **서적**에 관한 사무를 시무하는 경우에는 교회에 덕의(德義)를 세우고 복음을 전하는 데 유익하도록 힘써야 한다.
5. **기독교 교육 지도자**로 목사가 노회나 지교회나 교회에 관계되는 기독교 교육 기관에서 청빙을 받으면 교육하는 일로 시무할 수 있다.
6. 강도사가 위 2, 4, 5항의 직무를 감당할 때 노회의 고시를 받고 지교회 목사가 될 자격까지 충분한 줄로 인정하면 목사로 임직할 수 있다.
7. 동성애자와 본 교단의 교리에 위배되는 이단에 속한 자가 요청하는 집례를 거부하고, 교회에서 추방할 수 있다.

제 4 조 목사의 칭호

목사가 그 담임한 시무와 형편으로 인하여 다음과 같은 칭호가 있다.

1. **위임 목사** 한 지교회나 1구역(4지교회까지 좋으나 그 중 조직된 교회가 하나 이상됨을 요함)의 청빙으로 노회의 위임을 받은 목사니 특별한 이유가 없으면 그 담임한 교회를 만 70세까지 시무한다. 위임 목사가 본 교회를 떠나 1년 이상 결근하게 되면 자동적으로 그 위임이 해제된다.
2. **시무 목사** 조직교회 시무 목사는 공동의회에서 출석 교인 3분의 2 이상의 가결로 청빙을 받으나 그 시무 기간은 1년간이요, 조직교회에서는 위임 목사를 청함이 원칙이나 부득이한 형편이면 다시 공동의회에서 3분의 2의 가결로 계속 시무를 청원하면 1년간 더 허락할 수 있다.

    단, 미조직교회에서 시무 목사 시무 기간은 3년이요, 연기를 청원할 때에는 당회장이 노회에 더 청원할 수 있다.
3. **부목사** 부목사는 위임 목사를 보좌하는 임시 목사니 당회의 결의로 청빙하되 계속 시무하게 하려면 매년 당회장이 노회에 청원하여 승낙을 받는다.

4. **원로 목사** 동일(同一)한 교회에서 20년 이상 시무한 목사가 연로(年老)하여 노회에 시무 사면을 제출하려 할 때에 본 교회에서 명예적 관계를 보존하고자 하면 공동의회를 소집하고 생활비를 작정하여 원로 목사로 투표하여 과반수로 결정한 후 노회에 청원하면 노회의 결정으로 원로 목사의 명예직을 준다. 단, 정년이 지나면 노회의 언권만 있다.
5. **무임 목사** 담임한 시무가 없는 목사니 노회에서 언권이 있으나 가부권은 없다.
6. **전도 목사** 교회 없는 지방에 파견되어 교회를 설립하고 노회의 결의로 그 설립한 교회를 조직하며 성례를 행하고 교회의 부흥 인도도 한다. 단, 노회의 언권은 있으나 결의권은 없다.
7. **교단 기관 목사** 노회의 허락을 받아 총회나 노회 및 교회 관계 기관에서 행정과 신문과 서적 및 복음 사역에 종사하는 목사이다.
8. **군종 목사** 노회에서 안수를 받고 배속된 군인 교회에서 목회와 전도를 하며 성례를 행한다.
9. **군 선교사** 본 교단에서 강도사 고시에 합격하고 목사 안수를 받은 후 군인 교회를 섬기는 목사이다.
10. **교육 목사** 노회의 허락을 받아 교육 기관에서 성경과 기독교 교리를 교수하는 목사이다.
11. **선교사** 다른 민족을 위하여 외지에 파송을 받은 목사이다.
12. **은퇴 목사** 목사가 연로하여 시무를 사면한 목사로 한다.

제5장 치리 장로

제 1 조 장로직의 기원

율법 시대에 교회를 관리하는 장로가 있음과 같이 복음 시대에도 목사와 협력하여 교회를 치리하는 자를 세웠으니 곧 치리 장로이다.

제 2 조 장로의 권한

강도와 교훈은 그의 전무 책임은 아니나 각 치리회에서는 목사와 같은 권한으로 각 항 사무를 처리한다(딤전 5:17, 롬 12:7~8).

제 3 조 장로의 자격

만 35세 이상 된 남자 중 입교인으로 흠 없이 5년을 경과하고 상당한 식견과 통솔력이 있으며 디모데전서 3:1~7에 해당한 자로 한다.

제 4 조 장로의 직무

1. 교회의 신령적 관계를 총찰한다.
    치리 장로는 교인의 택함을 받고 교인의 대표자로 목사와 협동하여 행정과 권징을 관리하며, 지교회 혹은 전국 교회의 신령적 관계를 총찰한다.
2. 도리 오해(道理誤解)나 도덕상 부패를 방지한다.
    주께 부탁 받은 양무리가 도리 오해나 도덕상 부패에 이르지 않기 위하여 당회로나 개인으로 선히 권면하되 회개하지 아니하는 자가 있을 때에는 당회에 보고한다.

3. 교우를 심방하되 위로, 교훈, 간호한다.
　　교우를 심방하되 특별히 병자와 조상자(遭喪者)를 위로하며 무식한 자와 어린아이들을 가르치며 간호할 것이니 평신도보다 장로는 신분(身分)상 의무와 직무(職務)상 책임이 더욱 중하다.
4. 교인의 신앙을 살피고 위하여 기도한다.
　　장로는 교인과 함께 기도하며, 위하여 기도하고 교인 중에 강도의 결과를 찾아본다.
5. 특별히 심방할 자를 목사에게 보고한다.
　　병환자와 슬픔을 당한 자와 회개하는 자와 특별히 구조 받아야 할 자가 있는 때에는 목사에게 보고한다.

제 5 조 원로 장로

동일한 교회에서 20년 이상 시무하던 장로가 연로하여 시무를 사임할 때 그 교회가 그의 명예를 보존하기 위하여 공동의회의 결의로 원로 장로로 추대할 수 있다. 단, 당회의 언권 회원이 된다.

제 6 조 은퇴 장로

연로하여 퇴임한 장로이다.

제 7 조 협동 장로

무임 장로 중에서 당회 의결로 협동 장로로 선임하고 당회의 언권 회원이 된다.

제6장 집사(執事)

제 1 조 집사직(職)

집사직은 목사와 장로직과 구별되는 직분이니 무흠한 남교인으로 그 지교회 교인들의 택함을 받고 목사에게 안수(按手) 임직을 받는 교회 항존(恒存)직이다.

제 2 조 집사의 자격

집사는 선한 명예와 진실한 믿음과 지혜와 분별력이 있어 존숭(尊崇)을 받고 행위가 복음에 합당하며, 그 생활이 다른 사람의 모범이 될 만한 자 중에서 선택한다. 봉사적 의무는 일반 신자의 마땅히 행할 본분(本分)인즉 집사 된 자는 더욱 그러하다(딤전 3:8~13).

제 3 조 집사의 직무

집사의 직무는 목사 장로와 합력(合力)하여 빈핍 곤궁한 자를 권고하며 환자와 갇힌 자와 과부와 고아와 모든 환난당한 자를 위문하되 당회 감독 아래서 행하며 교회에서 수금한 구제비와 일반 재정을 수납지출(收納支出)한다(행 6:1~3).

제 4 조 집사의 칭호

1. 시무 집사 : 본 교회에서 임직 혹은 취임 받아 시무하고 있는 집사

2. 휴직 집사 : 본 교회에서 집사로 시무하다가 휴직 중에 있거나 혹은 사임된 자
3. 은퇴 집사 : 연로하여 은퇴한 집사
4. 무임 집사 : 타 교회에서 이명 와서 아직 취임을 받지 못한 집사이니, 만 70세 미만인 자는 서리 집사직을 맡을 수 있고, 본 교회에 전입하여 만 2년이 경과하고, 공동의회에서 집사로 피선되면 취임식만 행하고 안수 없이 시무 집사가 된다.

제7장 교회 예배 의식

교회는 마땅히 교회의 머리 되신 그리스도의 설립하신 예배 의식을 준수(遵守)할지니 그 예식은 아래와 같다.
1. 기도(행 6:4, 딤전 2:1)
2. 찬송(골 3:16, 시 9:11, 엡 5:19)
3. 성경 낭독(행 15:21, 눅 4:16~17)
4. 성경 해석과 강도(딛 1:9, 행 9:20, 10:42, 눅 24:47, 딤후 4:2)
5. 세례(마 28:19~20, 막 16:15~16)
6. 성찬(고전 11:23~28)
7. 금식과 감사(눅 5:35, 빌 4:6, 딤전 2:1, 시 50:14, 95:2)
8. 성경 문답(히 5:12, 딤후 3:14~17)
9. 헌금(행 11:27~30, 고전 16:1~4, 갈 2:10, 6:6)
10. 권징(勸懲)(히 13:17, 살전 5:12~13, 고전 5:4~5, 딤전 1:20, 5:20)
11. 축복(고후 13:13, 엡 1:2)

제8장 교회 정치와 치리회

제 1 조 정치의 필요

교회를 치리함에는 명백한 정치와 조직이 있어야 한다(고전 14:40).
정당한 사리(事理)와 성경 교훈과 사도 시대 교회의 행사(行事)에 의지한즉 교회 치리권은 개인에게 있지 않고 당회, 노회, 대회, 총회 같은 치리회에 있다(행 15:6).

제 2 조 치리회의 성질과 관할

교회 각 치리회에 등급(等級)은 있으나 각 회 회원은 목사와 장로뿐이므로 각 회가 다 노회적 성질이 있으며, 같은 자격으로 조직한 것이므로 같은 권리가 있으나 그 치리의 범위는 교회 헌법에 규정하였다.
1. 교회의 교리와 정치에 대하여 쟁론(爭論) 사건이 발생하면 성경 교훈대로 교회의 성결과 화평을 성취하기 위하여 순서에 따라 상회에 상소함이 가하며, 각 치리회는 각 사건을 적법(適法)하게 처리하기 위하여

관할 범위를 정할 것이요, 각 회(各 會)는 고유한 특권이 있으나 순서대로 상회의 검사와 관할을 받는다.
2. 각 치리회는 각립(各立)한 개체가 아니요 서로 연합한 것이니 어떤 회에서 어떤 일을 처결하든지 그 결정은 법대로 대표된 치리회로 행사하게 하는 것인즉 전국 교회의 결정이 된다.

제 3 조 치리회의 회집
당회와 노회는 매년 1회 이상, 대회와 총회는 매년 1회 회집하되 기도로 개회와 폐회한다.

제 4 조 치리회의 권한
교회 각 치리회는 국법상 시벌(施罰)을 과(科)하는 권한이 없고(눅 12:2~14, 요 18:36) 오직 도덕과 신령상 사건에 대하여 교인으로 그리스도의 법을 순종하게 하는 것뿐이다(행 15:1, 32). 만일 불복하거나 불법한 자가 있으면 교인의 특권을 향유(享有)하지 못하게 하며, 성경의 권위를 보장하기 위하여 증거를 수합(收合)하여 시벌하며, 교회 정치와 규례(規例)를 범한 자를 소환하여 심사하기도 하며, 관할 아래에 있는 교인을 소환하여 증거를 제출하게 할 수도 있으니 가장 중한 벌은 교리에 패역한 자와 회개하지 아니한 자를 교인 중에서 출교할 뿐이다(마 18:15~17, 고전 5:4~5).

제9장 당회

제 1 조 당회의 조직
당회는 노회의 파송을 받아 지교회를 담임하는 목사와 치리 장로로 조직하되 세례 교인 25인 이상을 요하고(행 14:23, 딛 1:5) 장로의 증원도 이에 준한다.

제 2 조 당회의 성수
당회에 장로 2인이 있으면 장로 1인과 당회장의 출석으로 성수가 되고, 장로 3인 이상이 있으면 장로 과반수와 당회장이 출석하여야 성수가 된다. 장로 1인만 있는 경우에도 모든 당회 일을 행하되 그 장로 치리 문제나 다른 사건에 있어 장로가 반대할 때에는 노회에 보고하여 처리한다.

제 3 조 당회장
당회장은 교회의 대표자로 그 지교회 담임 목사가 될 것이나 특별한 경우에는 당회의 결의로 본 교회 목사가 그 노회에 속한 목사 1인을 청하여 대리 회장이 되게 할 수 있으며 본 교회 목사가 신병이 있거나 출타한 때에도 그러하다.

제 4 조 당회 임시 회장
당회장은 목사가 되는 것이므로 어떤 교회에서든지 목사가 없으면 그 교회에서 목사를 청빙할 때까지 노회가 당회장 될 사람을 파송할 것이요, 노회의 파송이 없는 경우에는 그 당회가 회집할 때마다 임시 당회장 될 목사를 청할 수 있으나 부득이한 경우에는 당회장 될 목사가 없을 지라도 재판 사건과 중대 사건 외에는 당회가 사무를 처리할 수 있다.

제 5 조 당회의 직무

1. **교인의 신앙과 행위를 총찰** 당회의 직무는 신령상 모든 사무를 처리하는 것이니(히 13:17) 교인의 지식과 신앙상 행위를 총찰한다.
2. **교인의 입회와 퇴회** 학습과 입교할 자를 고시하며 입교인 된 부모를 권하여 그 어린 자녀로 세례를 받게 하며, 유아 세례 받은 자를 고시하여 성찬에 참여하게 하며 주소 변경한 교인에게는 이명 증서(학습, 입교, 세례, 유아 세례)를 접수 또는 교부(交附)하며 제명도 한다.
3. **예배와 성례 거행** 목사가 없을 때에는 노회의 지도로 다른 목사를 청하여 강도하게 하며 성례를 시행한다.
4. **장로와 집사 임직** 장로나 집사를 선택하여 반 년 이상 교양하고 장로는 노회의 승인과 고시한 후에 임직하며 집사는 당회가 고시한 후에 임직한다.
5. **각 항 헌금 수집하는 일을 주장** 각 항 헌금 수집할 날짜와 방침을 작정한다.
6. **권징하는 일** 본 교회 중 범죄자와 증인을 소환 심사하며 필요한 경우에는 본 교회 회원이 아닌 자라도 증인으로 소환 심문할 수 있고 범죄한 증거가 명백한 때에는 권계(勸誡), 견책(譴責), 수찬 정지(受餐停止), 제명(除名), 출교(黜敎)를 하며 회개하는 자를 해벌한다(살전 5:12~13, 살후 3:6, 14~15, 고전 11:27~30).
7. **신령적 유익을 도모하며 각 기관을 감독** 당회는 교회의 신령적 유익을 도모하며, 교인을 심방하고 성경 가르치는 일과 주일학교를 주관하며, 전도회와 면려회와 각 기관을 감독한다.
8. **노회에 총대를 파송하며 청원과 보고** 노회에 파송할 총대 장로를 선정하며 청원을 제출하며 교회 정황을 노회에 보고한다.

제 6 조 당회의 권한

당회는 예배모범에 의지하여 예배의식을 전관하되 모든 회집시간과 처소를 작정할 것이요, 교회에 속한 토지 가옥에 관한 일도 장리(掌理)한다.

제 7 조 당회 회집

당회는 1년 1회 이상을 정기회로 회집하며, 본 교회 목사가 필요한 줄로 인정할 때와 장로 반수(半數) 이상이 청구할 때와 상회가 회집을 명할 때에도 소집하되, 만일 목사가 없는 경우에는 필요에 응하여 장로 과반수(過半數)가 소집할 수 있다.

제 8 조 당회 회록

당회록에는 결의 사항을 명백히 기록하고 회록과 재판 회록은 1년 1차씩 노회 검사를 받는다.

제 9 조 각종 명부록

당회는 아래와 같은 명부록을 비치(備置)한다.
1. 학습인 명부(학습 년월일 기입)
2. 입교인 명부(입교 년월일 기입)
3. 책벌 및 해벌인 명부(책벌, 해벌 년월일 기입)
4. 별 명부(1년 이상 실종된 교인)
5. 별세인 명부(별세 년월일 기입)

6. 이전인 명부(이명서 접수 및 발송 년월일 기입)
7. 혼인 명부(성혼 년월일 기입)
8. 유아 세례 명부(세례 및 성찬 허락 년월일 기입)
　성명은 호적대로 기록하되 여자와 아이는 친족의 성명도 기입한다.

제 10 조 연합 당회
　도시에 당회가 2개 이상 있으면 교회 공동 사업의 편리를 위하여 연합 당회를 조직할 수 있나니, 그 회원은 각 당회원으로 하며 본회는 치리권은 없으나 협동 사무, 기타(其他) 교회 유익을 서로 도모할 수 있다.

제10장 노회

제 1 조 노회의 요의(要義)
　그리스도의 몸 된 교회가 나뉘어 여러 지교회가 되었으니(행 6:1~6, 9:31, 21:20) 서로 협의하며 도와 교회 도리의 순전을 보전하며, 권징을 동일하게 하며, 신앙상 지식과 바른 도리를 합심하여 발휘(發揮)하며, 배도(背道)함과 부도덕(不道德)을 금지할 것이요, 이를 성취하려면 노회와 같은 상회(上會)가 있는 것이 긴요하다(사도 시대 노회와 같은 회가 있었나니 교회가 분산한 후에 다수의 지교회가 있던 것은 모든 성경에 확연하다) (행 6:5~6, 9:31, 21:20, 2:41~47, 4:4). 이런 각 교회가 한 노회 아래 속하였고(행 15:2~4, 11:22, 30, 21:17~18) 에베소 교회 외에도 많은 지교회가 있고 노회가 있는 증거가 있다(행 19:18, 20). (비교. 고전 16:8, 9, 19, 행 18:19, 24~26, 20:17~18, 25~31, 36~37, 계 2:1~6)

제 2 조 노회 조직
　노회는 일정한 지방 안에 모든 목사와 각 당회에서 총대로 세례 교인 200명 미만이면 1인, 200명 이상 500명 미만이면 2인, 500명 이상 1,000명 미만은 3인, 1,000명 이상은 4명씩 파송하는 장로로 조직한다. 단, 21당회 이상을 요한다.

제 3 조 회원 자격
　지교회 시무 목사와 정년 이전의 원로 목사와 총회나 노회가 파송한 기관 사무를 위임한 목사는 회원권을 구비하고, 그 밖의 목사는 언권회원이 되며 총대권은 없다.

제 4 조 총 대
　총대 장로는 서기가 천서를 접수 호명한 후부터 회원권이 있다.

제 5 조 노회의 성수
　노회가 예정한 장소와 날짜에 본 노회에 속한 정회원 되는 목사와 총대 장로 각 3인 이상이 회집하면 개회할 성수가 되나니 노회의 일체 사무를 처리할 수 있다.

제 6 조 노회의 직무

1. 노회는 그 구역에 있는 당회와 지교회와 목사와 강도사와 전도사와 목사 후보생과 미조직교회를 총찰한다.
2. 노회는 각 당회에서 규칙대로 제출하는 헌의와 청원과 상소 및 소원과 고소와 문의와 위탁 판결을 접수하여 처리하며, 재판건은 노회의 결의대로 권징 조례에 의하여 재판국에 위임 처리하게 할 수 있다(고전 6:1, 8, 딤전 5:19). 상소건 등은 접수하여 상회에 보낸다.
3. 목사 후보생을 고시하여 받고 그 교육, 이명, 권징하는 것과 강도사를 인허하고 이명, 권징, 면직을 관리하며 지교회의 장로 선거를 승인하며 피택 장로를 고시하여 임직을 허락하고 전도사를 고시하여 인가하며 목사 지원자의 고시, 임직, 위임, 해임, 전임, 이명, 권징을 관리하며(딤전 4:14, 행 13:2~3) 당회록과 재판 회록을 검열하여 처리 사건에 찬부(贊否)를 표하며 도리와 권징에 관한 합당한 문의를 해석한다(행 15:10, 갈 2:2~5).
4. 교회의 신성과 화평을 방해하는 언행을 방지하며(행 15:22, 24) 교회 실정과 폐해(弊害)를 감시하고 교정(矯正)하기 위하여 각 지교회를 시찰한다(행 20:17, 30, 6:2, 15:30).
5. 지교회를 설립, 분립, 합병, 폐지 및 당회를 조직하는 것과 지교회와 미조직교회의 목사의 청빙과 전도와 학교와 재정 일체 사항의 처리 방침을 지도 방조한다.
6. 본 노회의 청원과 헌의를 상회에 올려 보내며 상회에서 내려 보내는 공한(公翰)을 접수하여 그 지휘를 봉행하며, 교회 일을 질서 있게 처리하며(고전 14:33, 40), 전도 사업을 직접 경영함과 상회 총대를 선정 파송함과 범사(凡事)에 관한 각 교회의 신령적 유익을 도모한다.
7. 목사 고시를 행하되 그 과목은 신조, 권징 조례, 예배 모범, 목회학, 면접 등이다.
8. 어느 지교회에 속한 것을 물론하고 토지 혹 가옥 사건에 대하여 변론이 나면 노회가 지도할 권한이 있다.
9. 노회는 교회를 감독하는 치리권을 행사하기 위하여 그 소속 목사 및 장로 중에서 시찰 위원을 선택하여 지교회 및 미조직교회를 순찰하고 모든 일을 협의하여 노회의 치리하는 것을 보조할 것이니 위원의 정원과 시찰할 구역은 노회에서 작정한다. 시찰 위원은 치리회가 아니니 목사 청빙 청원을 가납(可納)하거나 목사에게 직전(直傳)하지 못하고 노회가 모이지 아니하는 동안 임시 목사라도 택하여 세울 권한이 없다. 그러나 허위 당회에서 강도할 목사를 청하는 일을 같이 의논할 수 있고 또 그 지방의 목사와 강도사의 일할 처소와 봉급에 대하여 경영하여 노회에 보고한다.
10. 노회는 허위 교회를 돌아보기 위하여 시찰 위원 혹은 특별 위원에게 위탁하여 노회 개회 때까지 임시로 목사를 택하게 할 수 있고 혹 임시 당회장도 택하게 할 수 있다. 시찰 위원을 두는 목적은 교회와 당회를 돌아보고 노회를 위하여 교회 형편을 시찰하는 것이니 시찰 위원은 교회의 청함이 없을지라도 그 지방 안에 있는 당회와 연합 당회와 제직회와 부속한 각 회에 언권 방청원으로 출석할 수 있고 투표권은 없다. 각 당회는 장로 및 전도사를 선정할 일에 대하여 의논할 때에는 시찰과 협의함이 가하다. 시찰 위원은 그 구역 안 교회 형편과 위탁 받은 사건을 노회에 보고할 것이나 당회나 교회 헌법에 의하여 얻은 직접 청구권을 침해하지 못한다.
11. 시찰 위원은 가끔 각 목사와 교회를 순찰하여 교회의 신령상 형편과 재정 형편과 전도 형편과 주일 학교 및 교회 소속 각 회 형편을 시찰하고, 목사가 결과 있고 유익하게 역사하는 여부와 그 교회 장로와 당회와 제직회와 교회 대표자들의 제출하는 문의(問議) 및 청원서를 노회에 제출한다.

제 7 조 노회록과 보고
　노회는 강도사 및 전도사 인허와 목사의 임직과 이명과 별세(別世)와 후보생의 명부와 교회 설립, 분립(分立),합병과 지방 안 각 교회 정황(情況)과 처리하는 일반 사건을 일일이 기록하여 매년 상회에 보고한다.

제 8 조 노회가 보관하는 각종 명부
(1) 시무 목사　　(2) 무임 목사　　(3) 원로 목사　　(4) 공로 목사
(5) 전도사　　　(6) 목사 후보생　(7) 강도사

제 9 조 노회 회집
　노회는 예정한 날짜와 장소에 회집하고 특별한 사건이 있는 경우에는 각 다른 지교회 목사 3인과 각 다른 지교회 장로 3인의 청원에 의하여 회장이 임시회를 소집할 수 있다(회장이 유고한 때는 부회장 또는 서기가 대리로 소집한다).
　회장이 임시회를 소집할 때는 회의(會議)할 안건과 회집 날짜를 개회 10일 선기(先期)하여 관하(管下) 각 회원에게 통지하고 통지서에 기재한 안건만 의결(議決)한다.

제11장 대회

제 1 조 대회 조직
　대회는 1지방 안 모든 노회(3개 이상 노회 됨을 요한다)를 관할하는 회니 각 노회에서 파송하는 총대 목사와 장로로 조직하되 목사와 장로는 그 수를 서로 같게 한다. 총대는 매 5당회에 목사, 장로 각 1인 비율로 파송하며 5당회가 미급되고 3당회 이상이면 목사, 장로 각 1인씩 더 택하고 3당회가 미급(未及)되는 노회는 목사, 장로 각 1인씩 언권 회원으로 참석한다.
단, 1당회에 총대 목사, 장로 각 1인을 초과하지 못한다.

제 2 조 개회 성수
　예정한 날짜와 장소에 목사 7인과 장로 3인 이상이 회집하면 개회 성수가 된다.

제 3 조 언권 방청
　다른 노회 목사나 또는 서로 교통하는 교파 목사를 언권 방청원으로 허락할 수 있다.

제 4 조 대회 권한과 직무
1. 노회 판결에 대한 공소 및 상고를 수리 처결한다.
2. 모든 하회의 문의에 대하여 결정 지시권이 있다.
3. 각 노회록을 검사 인준한다.
4. 각 노회에 법규(法規)를 위반한 사실이 있으면 교정하게 하고 교회 헌법을 잘 준수하게 한다.
5. 노회를 설립, 합병, 분설(分設)하며 노회 구역을 변경하는 일을 행할 수 있다.

6. 교회의 건덕(健德)과 유익될 일을 각 교회에 권장하며 총회에 헌의할 수 있다.
7. 대회는 고소, 소원, 공소, 상고에 대한 결정을 전권으로 행하되 직접 판결하든지 또한 하회에 반환할 수 있다.
8. 대회에 제기한 상고, 고소, 문의의 안건이 교회의 도리나 헌법에 관계 되는 일이 아니면 대회가 최종 심의(最終審議)회가 된다.
9. 당회는 교인을 직접, 노회는 목사를 직접 재판할 수 있으나 대회는 노회에서 판결한 데 대하여 불복 상고한 것이나 노회에서 제출한 문의 같은 문서(文書)를 받은 후에야 재판할 수 있다.
10. 대회가 하회(下會)에 대하여 만일 불법한 사건이 있는 줄로 아는 때는 상고하는 일이 없을 지라도 자세히 조사하며, 하회 회록을 검사하여 과연 사실이 있으면 심사 교정하든지 하회에 명령하여 교정하게 한다.
11. 대회는 재판국을 두어(국원은 목사 장로 9인 이상) 권징 조례대로 재판한다. 재판국 개회 성수는 국원 4분의 3 이상이 출석하여야 개심하며 재판국 판결은 법규에 대한 사건 외에는 변경하지 못한다. 그러나 대회가 직접 재판회로 다시 일일이 재판한 후에 재판국 판결을 변경할 수 있다.
12. 대회는 총회에 헌의와 청원을 제출할 수 있고 다른 노회나 대회의 헌의에 대하여 동의(同意)를 표할 수 있다.

제 5 조 대회 회집

대회는 매년 1회 정기회로 회집하고 필요한 때는 임시회와 계속회도 할 수 있다. 임시회는 2개 노회의 목사 장로 각 3인의 청원에 의하여 회장이 임시회를 소집한다. 임시회는 개회 10일 전기하여 회집 통지서와 의안을 관하 각 회원에게 통고하고 통지(通知)서에 기재한 안건만 의결(議決)한다.

제 6 조 회록 및 보고

서기는 회의록을 작성 보관하며 특별히 재판 기록을 자세히 하여 총회의 검사를 받으며 대회 상황을 총회에 보고한다.

제12장 총회

제 1 조 총회의 정의(定義)

총회는 대한예수교장로회의 모든 지교회 및 치리회의 최고회(最高會)니 그 명칭은 대한예수교장로회 총회라 한다.

제 2 조 총회의 조직

총회는 각 노회에서 파송한 목사와 장로로서 조직하되 목사와 장로는 그 수를 서로 같게 하고 총대는 각 노회 지방의 매 7당회에서 목사 1인, 장로 1인씩 파송하되 노회가 투표 선거하여 개회 2개월 전에 총회 서기에게 송달(送達)하고 차점순(順)으로 부총대 몇 사람을 정해 둔다.

단, 7당회 못되는 경우에는 4당회 이상에는 목사·장로 각 1인씩 더 파송할 수 있다. 3당회 이하 되는 노회는 목사·장로 각 1인씩 언권 회원으로 참석한다. 총회 총대는 1당회에서 목사·장로 각 1인을 초과하지 못한다.

제 3 조 총회의 성수

총회가 예정한 날짜에 노회의 과반수와 총대 목사 장로 각 과반수가 출석하면 개회할 성수가 되어 일반 회무를 처리한다.

제 4 조 총회의 직무

총회는 소속 교회 및 치리회의 모든 사무와 그 연합 관계를 총찰하며, 하회에서 합법적으로 제출하는 헌의와 청원과 상고와 소원과 고소와 문의와 위탁 판결을 접수하여 처리하고, 각 하회록을 검열하여 찬부를 표하고 산하 각 교회 간에 서로 연락하며 교통하며 신뢰(信賴)하게 한다.

제 5 조 총회의 권한

1. 총회는 교회 헌법(신조, 요리 문답, 정치, 권징 조례, 예배 모범)을 해석할 전권이 있고 교리(敎理)와 권징에 관한 쟁론(爭論)을 판단하고 지교회와 노회의 오해와 부도덕(不道德)한 행위를 경책하며 권계(勸戒)하며 변증(辨證)한다.
2. 총회는 노회, 대회를 설립, 합병, 분립하기도 하며 폐지하는 것과 구역을 작정하며 강도사 지원자를 고시하며 전국 교회를 통솔하며, 본 총회와 다른 교파 교회 간에 정한 규례에 의하여 교통한다.
3. 교회를 분열(分裂)하게 하는 쟁단(爭端)을 진압하며 전 교회(全敎會)를 위하여 품행을 단정하게 하고, 인애(仁愛)와 성실과 성결한 덕을 권장하기 위하여 의안(議案)을 제출하여 실행하도록 계도(計圖)한다.
4. 어느 교회에서든지 교회 재산에 대하여 쟁론이 있어 노회가 결정한 후 총회에 상고하면 이것을 접수하여 판결한다.
5. 내외지 전도 사업이나 기타 중대 사건을 주관할 위원을 설치(設置)할 수 있으며 신학교와 대학교를 설립할 수 있다.
6. 총회의 재산은 총회 소유로 한다.

제 6 조 총회의 회집

총회는 매년 1회 정례로 회집하되 예정한 날짜에 회장이 출석하지 못할 때는 부회장 혹 전 회장이 개회하고 신 회장을 선거할 때까지 시무할 것이요, 각 총대는 서기가 천서를 접수 호명(呼名)한 후부터 회원권이 있다.

제 7 조 개회 폐회 의식(儀式)

총회가 기도로 개회하고 폐회하되 폐회하기로 결정한 후에는 회장이 선언하기를 「교회가 나에게 위탁한 권세로 지금 총회는 파(罷)함이 가한 줄로 알며 이 총회같이 조직한 총회가 다시 아무 날 아무 곳에서 회집함을 요하노라」 한 후에 기도함과 감사함과 축도로 산회(散會)한다.

제13장 장로, 집사 선거 및 임직

제 1 조 선거 방법
치리 장로와 집사는 각 지교회가 공동의회 규칙에 의하여 선거하되 투표 3분의 2 이상의 찬성을 요한다. 단, 당회가 후보를 추천할 수 있다.

제 2 조 임직 승낙
치리 장로 혹은 집사를 선거하여 노회가 고시 승인하고(집사는 제외한다) 선거된 본인도 승낙한 후에 당회가 임직한다.

제 3 조 임직 순서
교회가 당회의 정한 날짜와 장소에 모여 개회하고 목사가 강도한 후에 그 직(장로 혹 집사)의 근원과 성질의 어떠한 것과 품행과 책임의 어떠한 것을 간단히 설명하고, 교회 앞에서 피선(被選)자를 기립하게 하고 아래와 같이 서약한다.
1. 신구약 성경은 하나님의 말씀이요 또한 신앙과 행위에 대하여 정확 무오(正確無誤)한 유일(唯一)의 법칙으로 믿느뇨?
2. 본 장로회 신조와 웨스트민스터 신도게요 및 대소요리 문답은 신구약 성경의 교훈한 도리를 총괄할 것으로 알고 성실한 마음으로 받아 신종하느뇨?
3. 본 장로회 정치와 권징 조례와 예배 모범을 정당한 것으로 승낙하느뇨?
4. 이 지교회 장로(혹 집사)의 직분을 받고 하나님의 은혜를 의지하여 진실한 마음으로 본직(本職)에 관한 범사를 힘써 행하기로 맹세하느뇨?
5. 본 교회의 화평과 연합과 성결함을 위하여 전력하기로 맹세하느뇨?

이상 4와 5항은 취임 서약이다.

피선(被選)자가 각 묻는 말에 대하여 서약한 후에 목사는 또 본 지교회 회원들을 기립하게 하고 아래와 같이 서약한다.

이 지교회 회원들이여, 아무 씨를 본 교회의 장로(혹 집사)로 받고 성경과 교회 정치에 가르친 바를 좇아서 주 안에서 존경하며 위로하고 복종하기로 맹세하느뇨?

교회원들이 거수로써 승낙의 뜻을 표한 후에 목사가 개인으로나 전 당회로 안수와 기도하고, 피선자를 치리 장로(혹 집사)의 직을 맡긴 다음 악수례를 행하고, 공포한 후, 새로이 임직한 자와 교인에게 특별히 합당한 말로 권면한다.

제 4 조 임기
치리 장로, 집사직의 임기는 만 70세까지다. 단, 7년에 1차씩 시무 투표 할 수 있고 그 표결수는 과반수를 요한다.

제 5 조 자유 휴직과 사직
장로 혹 집사가 노혼(老昏)하거나, 신병(身病)으로 시무할 수 없거나, 이단이나 악행(惡行)은 없을지라도 교회원 태반이 그 시무를 원하지 아니할 때, 본인의 청원에 의하여 휴직과 사직을 당회의 결의로 처리한다.

제 6 조 권고 휴직과 사직
장로나 집사가 범죄는 없을지라도 전조(前條) 사건과 방불하여 교회에 덕을 세우지 못하게 된 경우에는 당회가 협의 결정하여 휴직 혹 사직하게 하고 그 사실을 회록에 기록한다. 본인이 원하지 아니하면 소원할 수 있다.

제14장 목사 후보생과 강도사

제 1 조 양성의 요의(要義)
목사의 중임을 연약하고 부적당(不適當)한 자에게 위임함으로 성역(聖役)이 사람의 멸시됨을 면하기 위하며, 또한 교회를 교도(敎導) 치리할 자의 능력을 알기 위하여 성경에 명한 대로 목사 지원자를 먼저 시험하는 것이 가하다(딤전 3:6, 딤후 2:2). 이러므로 총회가 신학 졸업생을 고시하고, 노회가 강도사로 인허한 후, 그 강도사는 특별한 이유가 없으면 총회 고시 합격 후 1개년 이상 노회 지도 아래서 본직의 경험을 수양한 후에야 목사 고시에 응할 수 있다.

제 2 조 관할
목사 후보생 지원자는 소속 본 노회에 청원하여 그 노회 관하에서 양성을 받는다.
1. 혹 편의(便宜)를 인하여 멀리 있는 다른 노회 아래서 양성을 받고자하면 본 노회 혹 본 노회 관할 아래 있는 무흠 목사 2인의 천서를 얻어 그 노회에 제출한다.
2. 천서는 그 사람의 무흠 교인 된 것과 모범적 신앙과 기타(其他) 목사됨에 합당한 자격 유무(有無)를 증명한다.
3. 누구든지 총회가 인정하는 어느 신학교에 입학코자 할 때에는 마땅히 본 노회에 청원을 제출하여 노회 관할 아래 속한 목사 후보생이 되고, 대한예수교장로회 노회의 지도 아래서 수양 받지 아니한 자는 신학 졸업 후 노회 관할 아래 후보생으로 1년간 총회 신학교에서 신학과 교회 헌법을 수업한 후에 강도사 고시 자격을 얻을 수 있다.

제 3 조 강도사 고시 및 인허
강도사 인허를 청원하는 자는 반드시 총회가 그 덕행(德行)이 단정함과 지교회의 무흠 회원 됨을 증명하는 당회 증명과 노회 추천서 및 지원서와 이력서를 제출하게 할 것이요, 총회는 그 사람의 신덕과 종교상 이력을 시문(試問)하며 성역(聖役)을 구하는 이유를 묻되 그 고시는 신중히 하고 인허는 노회가 한다.

제 4 조 고시 종목
고시는 구두(口頭)와 필기 2종이 있으니 그 과목은 아래와 같다.
조직신학, 교회 헌법, 교회사, 논문, 주해(註解), 강도.
고시부장은 강도사 지원자의 실지 능력을 알아보기 위하여 고시 5개월 전에 아래와 같은 고시 문제를 준다.
논문, 주해(註解), 강도.

제 5 조 인허 서약
노회는 강도사 인허할 자에게 아래와 같이 서약한다.
1. 신구약 성경은 하나님의 말씀이요 신앙과 행위에 대하여 정확 무오한 유일의 법칙으로 믿느뇨?
2. 장로회 신조와 웨스트민스터 신도게요 및 대·소요리 문답은 신구약 성경의 교훈한 도리를 총괄한 것으로 알고 성실한 마음으로 받아 자기의 사용할 것으로 승낙하느뇨?
3. 교회의 화평과 연합과 성결함을 도모하기로 맹세하느뇨?
4. 주 안에서 본 노회 치리를 복종하고 다른 노회에 이거할 때는 그 노회의 치리를 복종하기로 맹세하느뇨?

제 6 조 인 허 식
그 지원자가 전조와 같이 서약한 후에 회장이 기도하고 그 사람에게 아래와 같이 선언한다. "교회에 덕을 세우기 위하여 주신 권세와 주 예수 그리스도의 이름으로 우리가 하나님의 지도하시는 곳에서 복음을 전파하기 위하여 그대에게 강도사 인허를 주고, 이 일을 선히 성취하기 위하여 하나님께서 그대에게 복을 주시며, 그리스도의 성령이 충만하기를 바라노라 아멘."

제 7 조 인허 후 이전
강도사 인허를 받은 후에 본 노회 허락을 얻어 다른 노회 지방에 이거하게 되면 강도사 이명 증서를 받아 그 노회에 드린다.

제 8 조 인허 취소
강도사가 4년간 강도하는 데 덕을 세우지 못하는 경우에는 노회가 결의에 의하여 인허를 취소할 수 있다.

제15장 목사, 선교사 선거 및 임직

제 1 조 목사 자격
목사는 총신대학교 신학대학원 졸업 후 총회에서 시행하는 강도사 고시에 합격되어 1개년 이상 교역에 종사하고 노회 고시에 합격되고 청빙을 받은 자라야 한다.

제 2 조 목사 선거
지교회에 목사를 청빙하고자 하는 경우에는 당회의 결의로 공동의회를 소집하고, 임시 당회장이 강도한 후 공포하기를, 교회에서 원하면 목사 청빙할 일에 대하여 투표할 것이라고 그 의견(意見)을 물어 과반수가 찬성하면 즉시 투표한다.

제 3 조 청빙 준비

투표하여 3분의 2가 가(可)라 할지라도 부(否)라 하는 소수가 심히 반대하는 경우에는 회장은 교우에게 연기하라고 권고하는 것이 가하다.

투표가 일치하든지 혹 거의 일치하든지 혹 대다수가 양보하지 아니하는 경우에는 회장은 합동하도록 권면한 후 규칙대로 청빙서를 작성(作成)하여 각 투표자로 서명 날인하게 하고 회장도 날인하여 공동의회의 경과 정형을 명백히 기록(반대자의 수와 그 사람들의 형편도 자세히 기록한다)하여 청빙서와 함께 노회에 드린다.

단, 청빙서에는 투표자뿐 아니라 무흠 입교인 과반수의 날인을 요한다.

제 4 조 청빙 서식

OO곳 OO교회 교인들은 귀하께서 목사의 재덕과 능력을 구비하여 우리 영혼의 신령적 유익을 선히 나누어 주실 줄로 확신하여 귀하를 본교회 담임 목사(혹 시무 목사)로 청빙하오며, 겸하여 귀하께서 담임 시무 기간 중에는 본 교인들이 모든 일에 편의와 위로를 도모하며, 주 안에서 순복하고 주택과 매삭 생활비 OO를 드리기로 서약하는 동시에 이를 확실히 증명하기 위하여 서명 날인하여 청원하오니 허락하심을 바라나이다.

년   월   일
각 교인 연서 날인
증인, 공동의회장 서명 날인
귀하

제 5 조 청빙 승낙

어느 목사나 강도사에게든지 청빙서를 드리면 그 교회가 원하는 줄로 인정할 것이요 그 목사나 강도사가 그 청빙서를 접수하면 승낙하는 것으로 인정한다. 강도사가 청빙서를 받아 목사로 임직하게 될 경우에는 노회는 구애되는 것이 없으면 동시에 위임식까지 행한다.

제 6 조 청빙서 제정(提呈)

청빙서는 청빙 받은 자를 관할하는 노회에 드릴 것이요 그 노회가 가합(可合)한 줄로 인정할 때는 청빙 받은 자에게 전함이 옳으니 목사 혹 강도사가 노회를 경유하지 아니하고 직접 청빙서를 받지 못한다.

제 7 조 서약 변경

청빙할 때에 약속한 목사의 봉급을 변경하고자 할 때에 목사와 교회가 승낙하면 노회에 보고하고 만일 승낙지 아니하는 경우에는 그 사유를 노회에 보고하되 반드시 정식으로 공개한 공동의회를 경유한다.

제 8 조 다른 노회 사역자 청빙

지교회가 청빙서를 노회 서기에게 송달한다. 노회 서기는 즉시 해노회에 통보하며 노회는 해당 사역자의 이명서를 접수하고 청빙을 허락한다.

제 9 조 임직 준비

노회는 청빙 받은 자가 성직(聖職)을 받을 만한 자격자인 줄 확인하면 편의를 따라 임직식을 교회나 노회 당석에서 행하고 위임식은 그 시무할 교회에서 거행하되 그 교회 교인들은 이것을 위하여 준비 기도를 할 것이다(행 13:2, 3).

제 10 조 임직 예식

1. **서약** 노회는 예정한 회원으로 임직에 적합하도록 강도한 후 회장이 정중히 취지를 설명하고 청빙 받은 자를 기립하게 한 후 다음과 같이 서약한다.
   ① 신구약 성경은 하나님의 말씀이요 신앙과 본분에 대하여 정확 무오한 유일의 법칙으로 믿느뇨?
   ② 본 장로회 신조와 웨스트민스터 신도게요 및 대·소요리 문답은 신구약 성경의 교훈한 도리를 총괄한 것으로 알고 성실한 마음으로 받아 신종하느뇨?
   ③ 본 장로회 정치와 권징 조례와 예배 모범을 정당한 것으로 승낙하느뇨?
   ④ 주 안에서 같은 직원 된 형제들과 동심 협력(同心協力)하기로 맹세하느뇨?
   ⑤ 목사의 성직을 구한 것이 하나님을 사랑하는 마음과 그 독생자 예수의 복음을 전포(傳布)하여 하나님의 영광을 나타내고자 하는 본심(本心)에서 발생한 줄로 자인(自認)하느뇨?
   ⑥ 어떠한 핍박이나 반대를 당할지라도 인내하고 충심으로 복음의 진리를 보호하며 교회의 성결과 화평을 힘써 도모하여 근실히 역사하기로 작정하느뇨?
   ⑦ 신자요 겸하여 목사가 되겠은 즉 자기의 본분(本分)과 다른 사람에 대한 의무와 직무에 대한 책임을 성실히 실행하여 복음을 영화롭게 하며 하나님께서 그대에게 명하사 관리하게 하신 교회 앞에 경건한 모본을 세우기로 승낙하느뇨?
2. **안수** 회장이 전항에 의하여 서약을 마친 후에 청빙 받은 자를 적당한 곳에 꿇어앉게 하고 사도의 규례에 의하여 노회 대표자의 안수와 함께 회장이 기도하고 목사로 임직한 후 악수례를 행하여 말하기를 「성역(聖役)에 동사자가 되었으니 악수로 치하하노라」 한다(갈 2:9, 행 1:25).
3. **공포**
4. **권유** 회장 혹은 다른 목사가 신임 목사에게 권면할 것이요(딤후 4:1~2) 노회는 그 사건을 회록에 자세히 기록한다.

제 11 조 위임 예식

노회는 예정한 날짜와 장소에서 노회 전체로나 혹은 위원으로 예식을 다음과 같이 행한다.
1. **목사의 서약**
   ① 귀하가 청빙서를 받을 때에 원하던 대로 이 지교회의 목사 직무를 임하기로 작정하느뇨?
   ② 이 직무를 받는 것은 진실로 하나님께 영광 돌리며 교회에 유익하게 하고자 함이니 본심으로 작정하느뇨?
   ③ 하나님의 도와주시는 은혜를 받는 대로 이 교회에 대하여 충심으로 목사의 직분을 다하고 모든 일에 근신 단정하여 그리스도의 복음의 사역에 부합하도록 행하며 목사로 임직하던 때에 승낙한대로 행하기를 맹세하느뇨?
   단, 전임하는 목사를 위임할 때에도 위와 같이 서약한다.

2. 교인의 서약
본 교회 교인들을 기립하게 한 후에 다음과 같이 서약한다.
① OO교회 교우 여러분은 목사로 청빙한 OO씨를 본 교회 목사로 받겠느뇨?
② 여러분은 겸손하고 사랑하는 마음으로 그의 교훈하는 진리를 받으며 치리를 복종하기로 승낙하느뇨?
③ 목사가 수고할 때에 위로하며 여러분을 가르치고 인도하며 신령한 덕을 세우기 위하여 진력할 때에는 도와주기로 작정하느뇨?
④ 여러분은 저가 본 교회 목사로 재직(在職)중에 한결같이 그 허락한 생활비를 의수(依數)히 지급(支給)하며 주의 도에 영광이 되며 목사에게 안위가 되도록 모든 요긴한 일에 도와주기로 맹세하느뇨?
⑤ **공포** 내가 교회의 머리 되신 주 예수 그리스도의 이름과 노회의 권위로 목사 OO씨를 본 교회 목사로 위임됨을 공포하노라.
이같이 서약을 마친 후에 회장이나 다른 목사가 신임 목사와 교회에게 정중히 권면한 후에 축도로 폐식한다.

제 12 조 시무 목사 권한
1. 특별한 이유가 있으면 노회 허락으로 조직 교회는 1년간 시무 목사로 시무하게 할 수 있고 만기 후에는 다시 노회에서 1년간 더 승낙을 받을 것이요, 미조직교회는 3년간 시무 목사로 시무하게 할 수 있고 만기 후에는 다시 노회에 3년간 더 승낙을 받을 것이요, 노회결의로 당회장권을 줄 수 있다.
2. 교회 각 기관에 종사하는 목사는 지교회 위임 목사가 될 수 없고 임시로 시무할 수 있다.

제 13 조 다른 교파 교역자
다른 교파에서 교역하던 목사가 본 장로교회에 속한 노회에 가입하고자 하면 반드시 본 장로회 신학교에서 총회가 정한 소정의 수업을 한 후 총회 강도사 고시에 합격하여야 한다. 한국 이외 다른 지방에서 임직한 장로파 목사도 같은 예(例)로 취급한다.
또한 본장 10조에 규정한 각 항의 서약을 하여야 한다.

제16장 목사 전임(轉任)

제 1 조 전임 승인
목사는 노회의 승낙을 얻지 못하면 다른 지교회에 이전하지 못하고 또 전임 청빙서를 직접 받지 못한다.

제 2 조 본 노회 안에 전임
본 교회의 결의로 청빙서와 청원서를 노회 서기에게 송달하고 노회 서기는 그 청빙 사유를 청빙 받은 목사와 해교회에 즉시 통지할 것이요 합의하면 노회는 그 교회를 사면케 하고 청빙을 허락한다.

제 3 조 다른 노회로 전임
다른 노회 소속 교회의 청빙을 받은 목사가 해교회와 합의되면 본 노회는 그 교회를 사면케 하고 이명서를 본인에게 교부한다.

제17장 목사 사면 및 사직

제 1 조 자유 사면
목사가 본 교회에 대하여 어려운 사정이 있어 사면원을 노회에 제출하면 노회는 교회 대표를 청하여 그 목사의 사면 이유를 물을 것이니 그 교회 대표가 오지 아니 하든지 혹 그 설명하는 이유가 충분하지 못하면 사면을 승낙하고 회록에 자세히 기록할 것이요 그 교회는 허위 교회가 된다.

제 2 조 권고 사면
지교회가 목사를 환영하지 아니하여 해약하고자 할 때는 노회가 목사와 교회 대표자의 설명을 들은 후 처리한다.

제 3 조 자유 사직
목사가 그 시무로 교회에 유익을 주지 못할 줄로 각오할 때는 사직원을 노회에 제출할 것이요 노회는 이를 협의 결정한다.

제 4 조 권고 사직
목사가 성직에 상당한 자격과 성적이 없든지 심신(心身)이 건강하고 또 사역할 곳이 있어도 5년간 무임으로 있으면 노회는 사직을 권고한다.

제 5 조 목사의 휴양
시무 목사가 신체 섭양(攝養)이나 신학 연구나 기타 사정으로 본 교회를 떠나게 되는 경우에는 본 당회와 협의하며 2개월 이상 흠근(欠勤)하게 될 때는 노회의 승낙을 요하고 1개년이 경과할 때는 자동적(自動的)으로 그 교회 위임이 해제된다.

제18장 선교사

제 1 조 선교사
총회는 교회를 설립하기 위하여 내외(內外)지를 물론하고 다른 민족에게 선교사를 파송할 수 있나니 이런 일을 위하여 노회에 위탁하여 지교회의 청빙이 없는 이라도 선교사로 임직할 수 있으나 원하지 아니하는 자를 강권하지 못하고 자원하는 자라야 파송함이 옳고 선교사의 봉급과 기타 비용은 파송하는 치리회가 담당한다.

제 2 조 외국 선교사
외국 선교사는 곧 본 총회와 관계있는 선교사를 가리킴이다.
1. 외국 장로파 선교사가 본 총회 관하(管下) 노회 구역 안에서 선교하게 되는 경우에는 그 선교사는 이명 증서를 그 노회에 제출하여 접수한 후에야 그 노회의 회원이 된다.

2. 각 노회는 이명 증서를 받은 선교사에 대하여 지교회 일을 맡긴 때에만 그 노회에서 가부 투표권이 있다.
3. 본 노회가 직무를 부담하게 아니한 선교사와 파견 증서만 받은 선교사는 투표권은 없으나 언권이 있고 위원회에서는 투표권도 있고 상회 총대권도 있다.
4. 본 총회 산하 노회에서 파견 증서로 시무하는 선교사는 대한예수교장로회 율례를 준행할 의무가 있으니 만일 도덕상 품행에 관한 범과(犯過)나 본 신경 정치 성경에 위반되는 때는 소관 노회가 심사한 후에 언권 회원권을 탈제(奪除)한다.
5. 외국 선교사는 본 총회에서 정한 서약서에 서명하여야 한다.
6. 외국 선교사에 대한 서약문
   ① 사도신경은 성경 말씀의 진리를 옳게 진술한 것으로 알며 또 그대로 믿느뇨?
   ② 본 대한예수교장로회의 12신조와 웨스트민스터 신도게요 및 대·소요리 문답을 정당한 것으로 믿느뇨?
   ③ 귀하는 신학상으로 말하는 신신학 및 고등 비평이나 신정통주의 내지 자유주의 신학을 잘못된 것으로 알며, 역사적 기독교의 전통을 항시 이와 투쟁적인 처지에서 진리를 수호해야 하는 줄 생각하느뇨?
   ④ 귀하는 본 대한예수교장로회의 헌법에 배치되는 교훈이나 행동을 하지 않기로 서약하느뇨?
   ⑤ 귀하는 1959년 제44회 본 총회가 의결한 본 총회의 원칙 및 정책을 시인하며 이러한 조치는 W.C.C. 및 W.C.C.적 에큐메니칼 운동이 비성경적이고 위태로운 것이므로 이에서 순수한 복음 신앙을 수호하려는 것인 줄 생각하느뇨?
   ⑥ 귀하는 신앙 보수는 의논이나 체계적뿐만 아니라 그 생활도 응분적이어야 할 줄 알며 따라서 우리 총회의 음주 흡연 및 속된 생활 등을 금지하는 의도를 잘 이해하며 잘 순응하겠느뇨?
   ⑦ 귀하는 본 총회 산하 노회 및 기관에서 봉직하는 동안 소속 치리회에 복종하며 순종하기로 맹세하느뇨?

제19장 회장과 서기

제 1 조 회장

교회 각 치리회는 모든 사무를 질서 있고 신속하게 처리하기 위하여 회장을 선택할 것이요 그 임기는 그 회의 규칙대로 한다.

제 2 조 회장의 직권

회장은 그 회가 허락하여 준 권한 안에서 회원으로 회칙을 지키게 하고 회석의 질서를 정돈하며 개회, 폐회를 주관하고 순서대로 회무를 지도하되 잘 의논한 후에 신속한 방법으로 처리하고 각 회원이 다른 회원의 언권을 침해하지 못하게 하며 회장의 승낙으로 언권을 얻은 후에 발언하게 하되 의안(議案) 범위 밖에 탈선하지 않게 하고 회원 간에 모욕 혹은 풍자적 무례한 말을 금하며 회무 진행 중에 퇴장을 금하며 가부를 물을 의제(議題)는 회중에 밝히 설명한 후에 가부를 표결할 것이요 가부 동수인 때는 회장이 결정하고 회장이 이를 원하지 않으면 그 안건은 자연히 부결된다.

회장은 매사건에 결정을 공포할 것이요 특별한 일로 회의 질서를 유지할 수 없는 경우에는 회장이 비상 정회를 선언할 수 있다.

제 3 조 서기

각 치리회는 그 회록과 일체 문부를 보관하기 위하여 서기를 선택하되 그 임기는 그 회의 규칙대로 한다.

제 4 조 서기의 임무

서기는 회중 의사 진행을 자세히 기록하고 일체 문부 서류를 보관하고 상당한 자가 회록의 어떤 부분에 대하여 등본을 청구하면 회의 허락으로 등본하여 줄 수 있다. 서기가 날인한 등본은 각 치리회는 원본과 같이 인정한다.

제20장 교회 소속 각 회의 권리 및 책임

제 1 조 속회(屬會) 조직

지교회나 혹 여러 지교회가 전도 사업과 자선 사업이나 도리를 가르치는 것과 은혜 중에서 자라기 위하여 여러 가지 회를 조직할 수 있다.

제 2 조 속회 관리

어느 지교회든지 위에 기록한 대로 여러 회가 있으면 그 교회 당회의 치리와 관할과 지도를 받을 것이요 노회나 대회나 온 총회 지경 안에 보급(普及)하게 되면 그 치리회 관할 아래 있다.

당회원이나 다른 직원으로 각 기관에 고문을 정하여 연락 지도할 수 있다.

제 3 조 속회 권한

이런 각 회가 그 명칭과 규칙을 제정하는 것과 임원 택하는 것과 재정 출납하는 것을 교회 헌법에 의하여 그 치리회의 검사와 감독과 지도를 받는다.

제21장 의회(議會)

제 1 조 공동의회

1. 회원

  본 교회 무흠 입교인은 다 회원 자격이 있다.

2. 소집

  공동의회는 당회가 필요로 인정할 때와 제직회의 청원이나 무흠 입교인 3분의 1 이상 청원이나 상회의 명령이 있는 때에 당회의 결의로 소집한다.

3. 임원

  지교회의 당회장과 당회 서기는 공동의회의 회장과 서기를 겸한다. 당회장이 없는 경우에는 그 당회가 임시 회장을(본 노회 목사 중) 청할 것이요 회록은 따로 작성(作成)하여 당회 서기가 보관한다.

4. 회집

당회는 개회할 날짜와 장소와 의안(議案)을 1주일 전에 교회에 광고 혹은 통지하고 그 작정한 시간에 출석하는 대로 개회하되 회집 수가 너무 적으면 회장은 권하여 다른 날에 다시 회집한다.

5. 회의(會議)

연말 정기 공동의회에서는 당회의 경과 상황을 들으며 제직회와 부속 각 회의 보고와 교회 경비 결산과 예산서를 채용하며 그 밖에 법대로 제출하는 사건을 의결하나니 일반 의결은 과반수로 하되, 목사 청빙 투표에는 투표수 3분의 2 이상의 가와 입교인 과반수의 승낙을 요하며 장로, 집사 및 권사 선거에는 투표수 3분의 2 이상의 가로 선정한다.

부동산 변동은 지교회의 규정(정관)대로 하고, 규정이 없는 경우에는 공동의회 회원 3분의 2 이상의 찬성으로 결정한다.

제 2 조 제직회

1. 조직

지교회 당회원과 집사와 권사를 합하여 제직회를 조직한다. 회장은 담임 목사가 겸무하고 서기와 회계를 선정한다. 당회는 각각 그 형편에 의하여 제직회 사무를 처리하기 위하여 서리 집사에게 제직 회원의 권리를 줄 수 있다.

2. 미조직교회 제직회

미조직교회에서는 목사, 전도사, 권사, 서리 집사, 전도인들이 제직회 사무를 임시로 집행한다.

3. 재정 처리

① 제직회는 공동의회에서 위임하는 금전을 처리한다.
② 구제와 경비에 관한 사건과 금전 출납(出納)은 모두 회에서 처리하며 회계는 회의 결의에 의하여 금전을 출납한다.
③ 제직회는 매년 말 공동의회에 1년간 경과 상황과 일반 수지(收支)결산을 보고하며 익년도(翌年度) 교회 경비 예산을 편성 보고하여 회에 통과하며 회계는 장부의 검사를 받는다.

4. 제직회 개회 성수

회원 과반수의 출석으로 개회 성수가 되나 통상적인 사무 처리는 출석하는 회원으로 개회하여 처리할 수 있다.

5. 정기회

매월 1회 또는 1년에 4회 이상 정기회를 정함이 편하다.

제 3 조 연합 제직회

1. 조직

각 지방 내에 편리한 대로 연합 제직회를 조직할 수 있다. 회원은 그 지방 내에 목사 전도사와 지교회 제직회에서 파송한 총대 1인 이상으로 조직하되 임원은 투표로 선정한다.

2. 직무

본 회에 치리권은 없으나 그 지방 내 합동 재정과 전도 기타 부흥 사업과 주일 학교 및 기독교 교육에 관한 일을 의정(議定)할 수 있고 그 지방 내 교회 및 전도 상황 보고를 접수하며 남녀 전도사와 전도인을 선정하되 전도사는 노회의 승인을 받는다.

제22장 총회 총대

제 1 조 총회 총대 자격
1. 총회 총대는 총회 전 정기 노회에서 선택할 것인데 총회 개회 6개월 이상을 격하여 택하지 못한다.
2. 새로 조직한 노회 총대는 개회 후 임원 선거 전에 그 노회 설립 보고를 먼저 받고 총대로 허락한다.
3. 총대 될 장로 자격은 그 회에 속한 장로 회원으로 한다.

제 2 조 총대 교체
총회 원총대가 출석하였다가 자기 임의로 부총대와 교체하지 못할 것이나 부득이한 때에는 총회의 허락으로 부총대와 교체할 수 있다.

제 3 조 언권 회원
1. 본 총회의 파송으로 외국에서 선교하는 선교사
2. 파견 증서만 가지고 와서 본 총회 산하에서 선교에 종사하는 외국 선교사
3. 본 총회의 증경 총회장과 부총회장
4. 단, 총회에서 허락을 받아야 발언할 수 있다.

제 4 조 총대 여비
총대 여비는 그 노회에서 지급한다.

제23장 헌법 개정

제 1 조
정치, 권징 조례, 예배 모범을 변경하고자 할 때는 총회는 각 노회에 수의하여 노회 과반수와 모든 노회의 투표수 3분의 2 이상의 가표를 받은 후에 변경할 것이요 각 노회 서기는 투표의 가부를 총회 서기에게 보고하고 총회는 그 결과를 공포 실행한다.

제 2 조
신조와 요리문답을 개정하고자 할 때는 총회는 그 의견을 제출하고 각 노회에 수의하여 노회 중 3분의 2와 모든 투표수 3분의 2의 가표를 받고 그 다음 회가 채용하여야 한다. 각 노회 서기는 투표의 가부수를 서면으로 총회 서기에게 보고한다.

제 3 조
총회는 신조나 요리문답을 개정하는 의안(議案)을 각 노회에 보내기 전에 특별히 위원 15인 이상(목사와 장로)을 택하여 1년간 그 문제를 연구하게 한 후 총회 때에 보고하도록 할 것이요 그 위원은 1노회에 속한 회원 2인 이상됨을 금한다.

제 4 조
소속 노회 3분의 1 이상이 헌법을 개정하자는 헌의를 총회에 제출하면 총회는 그 의안을 각 노회에 보내고 그 결정은 위의 제1, 2조를 준용(準用)한다.

II. 신조

서 언

대한예수교장로회에서 이 아래 기록한 몇 가지 조목을 목사와 강도사와 장로와 집사로 하여금 승인할 신조로 삼을 때에 대한예수교장로회를 설립한 모(母)교회의 교리적 표준을 버리려 함이 아니요, 오히려 찬성함이니 특별히 「웨스트민스터」 신도게요서(信徒揭要書)와, 성경 대·소요리문답은 성경을 밝히 해석한 책으로 인정한 것인즉 우리 교회와 신학교에서 마땅히 가르칠 것으로 알며 그 중에 성경 소요리문답은 더욱 우리 교회 문답 책으로 채용하는 것이다.

신 조

1. 신·구약 성경은 하나님의 말씀이니 신앙과 본분(本分)에 대하여 정확 무오(正確無誤)한 유일(唯一)의 법칙이다.

2. 하나님은 한 분뿐이시니 오직 그만 경배할 것이다.
하나님은 신(神)이시니 스스로 계시고 아니 계신 곳이 없으시며 다른 신과 모든 물질과 구별되시며, 그 존재(存在)와 지혜와 권능과 거룩하심과 공의와 인자하심과 진실하심과 사랑하심에 대하여 무한하시며 변하지 아니하신다.

3. 하나님의 본체(本體)에 세 위(位)가 계시니 성부, 성자, 성령이신데 이 세 위는 한 하나님이시

라. 본체는 하나요, 권능과 영광이 동등(同等)하시다.

4. 하나님께서 모든 유형물(有形物)과 무형물(無形物)을 그 권능의 말씀으로 창조하사 보존하시고 주장하시나 결코 죄를 내신 이는 아니시니 모든 것을 자기 뜻의 계획대로 행하시며 만유(萬有)는 다 하나님의 착하시고 지혜롭고 거룩하신 목적을 성취하도록 역사하신다.

5. 하나님이 사람을 남녀로 지으시되 자기의 형상대로 지식과 의와 거룩함으로 지으사 생물(生物)을 주관하게 하셨으니, 세상 모든 사람이 한 근원에서 나왔은즉 다 동포요 형제다.

6. 우리의 시조(始祖)가 선악 간택할 자유능(自由能)이 있었는데 시험을 받아 하나님께 범죄 한지라. 아담으로부터 보통 생육법(生育法)에 의하여 출생하는 모든 인종들이 그의 안에서 그의 범죄에 동참하여 타락하였으니, 사람의 원죄(原罪)와 및 부패한 성품 밖에 범죄할 능(能)이 있는 자가 일부러 짓는 죄도 있은즉 모든 사람이 금세와 내세에 하나님의 공평한 진노와 형벌을 받는 것이 마땅하다.

7. 인류의 죄와 부패함과 죄의 형벌에서 구원하시고 영생을 주고자 하사 하나님의 무한하신 사랑으로 그의 영원하신 독생자 주 예수 그리스도를 세상에 보내셨으니, 그로만 하나님께서 육신을 이루었고 또 그로만 사람이 구원을 얻을 수 있다. 그 영원한 아들이 참 사람이 되사 그 후로 한 위에 특수한 두 성품이 있어 영원토록 참 하나님이시요, 참 사람이시라. 성령의 권능으로 잉태하사 동정녀(童貞女) 마리아에게 났으되 오직 죄는 없는 자시라. 죄인을 대신하여 하나님의 법에 완전히 복종하시고 몸을 드려 참되고 온전한 제물이 되사 하나님의 공의를 만족하게 하시며 사람으로 하여금 하나님과 화목하게 하시려고 십자가(十字架)에 못 박혀 죽으시고 죽은 자 가운데서 3일 만에 부활하사 하나님 우편에 승좌하시고 그 백성을 위하여 기도하시다가 저리로서 죽은 자를 살리시고 세상을 심판하러 재림하신다.

8. 성부와 성자로부터 오신 성령께서 인생으로 구원에 참여하게 하시나니 인생으로 죄와 비참을 깨닫게 하시며 그 마음을 밝혀 그리스도를 알게 하시고 그 의지를 새롭게 하시고 권하시며 권능을 주어 복음에 값없이 주마 한 예수 그리스도를 받게 하시며 또 그 안에서 역사하여 모든 의의 열매를 맺게 하신다.

9. 하나님께서 세상을 창조하시기 전에 그리스도 안에서 자기 백성을 택하사 사랑하시므로 그 앞에서 거룩하고 흠이 없게 하시고 그 기쁘신 뜻대로 저희를 미리 작정하사 예수 그리스도로 말미암아 자기의 아들을 삼으셨으니 그 사랑하시는 아들 안에서 저희에게 두텁게 주시는 은혜의 영광을 찬미하게 하려는 것이로되 오직 세상 모든 사람에게 대하여는 온전한 구원을 값없이 주시려고 하여 명하시기를 너희 죄를 회개하고 주 예수 그리스도를 자기의 구주로 믿고 의지하여 본받으며 하나님의 나타내신 뜻을 복종하여 겸손하고 거룩하게 행하라 하셨으니 그리스도를 믿고 복종하는 자는 구원을 얻을지라. 저희가 받은 바 특별한 유익은 의가 있게 하

심과 양자(養子)가 되어 하나님의 아들의 수(數)에 참여하게 하심과 성령의 감화로 거룩하게 하심과 영원한 영광이니 믿는 자는 이 세상에서도 구원 얻는 줄로 확실히 알 수 있고 기뻐할지라. 성령께서 은혜의 직분을 행하실 때에 은혜 베푸시는 방도는 특별히 성경 말씀과 성례와 기도다.

10. 그리스도께서 세우신 성례(聖禮)는 세례와 성찬이라. 세례는 물을 가지고 성부와 성자와 성령의 이름으로 씻음이니 우리가 그리스도와 병합하는 표적과 인(印)침인데 성령으로 거듭남과 새롭게 하심과 주께 속한 것임을 약속하는 것이라. 이 예(禮)는 그리스도 안에서 신앙을 고백하는 자와 그들의 자녀들에게 베푸는 것이요, 주의 성찬은 그리스도의 죽으심을 기념하여 떡과 잔에 참여하는 것이니 믿는 자가 그 죽으심으로 말미암아 나는 유익을 받는 것을 인쳐 증거하는 표라. 이 예(禮)는 주께서 오실 때까지 주의 백성이 행할지니 주를 믿고 그 속죄제를 의지함과 거기서 좇아 나는 유익을 받음과 더욱 주를 섬기기로 언약(言約)함과 주와 및 여러 교우로 더불어 교통하는 표라. 성례의 유익은 성례의 본덕(本德)으로 말미암음도 아니요, 성례를 베푸는 자의 덕으로 말미암음도 아니요, 다만 그리스도의 복 주심과 믿음으로써 성례를 받는 자 가운데 계신 성령의 행하심으로 말미암음이다.

11. 모든 신자의 본분은 입교(入敎)하여 서로 교제하며, 그리스도의 성례와 그 밖의 법례(法例)를 지키며, 주의 법을 복종하며, 항상 기도하며, 주일을 거룩하게 지키며, 주를 경배하기 위하여 함께 모여 주의 말씀으로 강도(講道)함을 자세히 들으며, 하나님께서 저희로 하여금 풍성하게 하심을 좇아 헌금하며, 그리스도의 마음과 같은 심사(心思)를 서로 표현하며, 또한 일반 인류에게도 그와 같이 할 것이요, 그리스도의 나라가 온 세상에 확장되기 위하여 힘쓰며, 주께서 영광 가운데서 나타나심을 바라고 기다릴 것이다.

12. 죽은 자가 끝날에 부활함을 받고 그리스도의 심판하시는 보좌 앞에서 이 세상에서 선악 간 행한 바를 따라 보응(報應)을 받을 것이니 그리스도를 믿고 복종한 자는 현저히 사(赦)함을 얻고 영광 중에 영접을 받으려니와, 오직 믿지 아니하고 악을 행한 자는 정죄함을 입어 그 죄에 적당한 형벌을 받는다.

승인식

교회의 신조는 하나님의 말씀에 기초하고 하나님의 말씀과 일치한 것으로 내가 믿으며 이를 또한 나의 개인의 신조로 공포하노라.

III. 대한예수교장로회 표준 회의 규정

제1장 총 칙

제1조 (명칭) 본 규정은 "대한예수교장로회 표준 회의 규정"이라 한다. (이하 본 규정)

제2조 (목적) 본 규정은 대한예수교장로회 각 치리회 및 산하 각 부, 위원회 등 회의체의 민주적 구성과 원만하고 신속한 회의 진행을 통하여 공정한 결의를 이끌어내는 것을 목적으로 한다.

제3조 (적용범위) 본 규정은 총회 산하 각 회의체의 회의에서 일반규정으로 효력을 갖는다. 다만 헌법, 각 회의체의 규칙, 정관, 규정, 세칙 등에 별도의 규정이 있으면 그것에 따른다.

제4조 (회의체 및 회의) 1. 본 규정이 정한 바 회의체는 대한예수교장로회 각 치리회, 각 부, 위원회 등은 물론 공동의회, 제직회, 속회 등과 같이 의결을 통해 의사를 결정하는 기관, 단체, 혹은 부서 등을 의미하며, 회의는 각 회의체가 여럿의 의견을 교환하며 결의를 이끌어내는 과정을 의미한다.

2. 회의체의 대표는 "회장"이라고 하고, 회의를 주재하는 자는 "의장"이라고 한다.

제2장 회의체 구성

제5조 (회의체의 종류) 1. 대한예수교장로회의 회의체는 크게 둘로 구분한다. 하나는 치리회요 다른 하나는 보통회의체이다. 치리회는 당회, 노회, 대회, 총회이고, 그 외의 모든 회의체는 보통회의체이다.

2. 회의체는 상회와 하회, 본회와 임원회, 부속회(상비부, 위원회 등이 해당)로 구분된다. 임원회는 본회의 일반적 사무를 총괄하여 수행하고, 하회와 부속회는 본회의 수임사항을 수행하되 상회 또는 본회의 결정에 귀속된다.

제6조 (회원의 개념) 본 규정에서 회원이라 함은 각 회의체의 규칙 등에 규정한 회의체를 구성하는 정

회원을 말한다.
제7조 (언권회원) 정회원이 아닌 회원, 또는 그 회의체의 직무와 관계하여 각 회의체의 허락으로 회의에 참석하게 된 자를 말하며, 의장의 허락으로 의견만 진술할 수 있고, 그 외의 어떤 권한도 없다.
제8조 (회원의 권리) 회원은 회의에 참석하여 자유롭게 토론에 참가할 수 있고, 선거권, 피선거권, 발언권, 결의권을 가지며, 평등하다.
제9조 (회원권의 대리) 치리회나 재판회의 경우에 회원권의 대리는 불가하다. 다만 치리회 산하 각 회의체의 경우, 특별한 사정이 있으면 회원권의 대리가 가능하고, 직책상 당연직 회원은 그 직책과 관계 있는 자에 한하여 회원권을 대리케 할 수 있다. 회원권의 대리는 개회 시 반드시 해당 회의에서 허락을 받아야 한다.
제10조 (서면결의서) 1. 의안이 확정되어 있는 회의에서는 서면결의서 형식으로 회원권을 대신할 수 있고, 서면결의서를 제출한 경우에는 그 안건에 대하여 회의에 출석한 것으로 간주한다.
   2. 서면결의가 필요한 경우 회의체는 결의할 내용을 미리 서면화하여 소속 회원으로 하여금 작성 제출케 하되, 그 서면결의서는 해당 안건의 표결 전까지 도착하여야 유효하다. 그러나 치리회의 경우에는 임시회에 한하여 서면결의서로 표결할 수 있다.
제11조 (회원의 의무) 1. 모든 회원은 대한예수교장로회 헌법과 제반 법규를 준수하며, 공정, 신속, 원만한 회무처리를 위하여 의장의 지시에 따라야 한다.
   2. 모든 회원은 의장의 허락 없이 회의장소를 이탈할 수 없으며, 부득이 이탈하게 될 경우에는 본회의 허락을 받아야 한다.
제12조 (회원권의 제한) 1. 회의체의 명예를 현저히 실추케 하거나, 회의체의 결의를 위반한 자, 또는 대한예수교장로회의 권징재판이나 민형사상의 사법소송에 연루된 자는 재석회원 3분의 2 이상의 찬성으로 기간을 정하여 회원권을 정지할 수 있다.
   2. 회원이 교회법에 따른 절차를 거치지 않고 소속회의체나 치리회 또는 그 상급치리회를 상대로 사법소송을 제기한 경우에는 그 시점에서부터 그 소송이 종결되기까지, 패소한 경우에는 판결일을 기점으로 3년간 회원권이 중지 된다 다만, 그 소송에서 승소한 경우에는 회원권을 즉시 회복한다.
   3. 1항과 2항에 의거하여 회원권을 제한하게 되는 경우에도 목회권에 대한 일반적 제한을 할 수 없고, 이를 위해서는 별도의 권징절차를 밟아야 한다.
   4. 치리회의 회원이 신앙상의 이유 이외의 부덕한 행위로 제1심에서 금고형 이상의 형을 받게 된 경우에는 회원자격이 정지되고, 소속회의체의 의결로 회원권을 회복한다. 단 상급심에서 금고형 이하로 감면된 경우에는 즉시 회원자격을 회복한다.
   5. 회의체가 산하 회의체에 관한 안건, 또는 일신상에 관련된 안건을 심의하는 경우에, 하회 회원, 당사자 또는 그 사이에 이해관계에 있는 자는 신상발언을 하는 외에 발언권 및 결의권이 중지된다.
   6. 회의장을 무단 이탈하거나 무단 결석하는 회원 또는 그 회원의 소속 회의체에 대하여는 본회의 결의를 통하여 그 회원권을 제한할 수 있다.
   7. 회의체의 결의로 회원의 자격이 중지된 때에는 재석회원 과반수의 찬성이 있어야 자격을

회복할 수 있다.

제13조 (회장) 회장은 회의체를 대표하며, 회의의 의장이 되어 회의를 소집하고 주재하나, 회의를 주재하는 동안에는 토론에 참가할 수 없다.

제14조 (회장의 직무) 1. 회장은 항상 질서를 유지하며 공정한 절차를 따라 신속한 회의를 진행하며, 그것에 방해되는 일체를 중지케 해야 한다.
 2. 회장은 배정된 안건을 예정한 시일에 처리케 하며, 이같이 회의를 소집하여야 한다.
 3. 회장은 회의체의 직인을 보관 관리하나, 서기 또는 직인관리 위원을 위촉하여 관리케 할 수 있다.

제15조 (회의소집권) 1. 회의는 회장이 소집한다. 다만 회장이 유고 시에는 본 규정 제21조와 제32조에 따른다.
 2. 회장은 정한 일시에 정한 장소에서 회의를 소집하여야 하나, 특별한 사정이 있으면 임원회 결의를 거쳐 그 시간과 장소를 변경할 수 있다.

제16조 (비상정회권) 회장은 회의 질서를 유지하는 것이 곤란하다고 판단되는 경우에 한하여 비상 정회를 선언할 수 있으나 회기 내에 속회하여야 하며, 회기 종료 1일 전에도 속회하지 않으면 회장의 자격은 상실되고, 회의는 폐회된 것으로 간주되며, 본 규정 제21조 또는 제32조에 따라 차순위 회의소집권자가 회의를 소집하여 개회한다.

제17조 (규칙에 대한 해석) 회의 중 회의체의 규칙이나 회의 규정에 관한 질의가 있으면 의장은 직접 설명하거나, 타인으로 설명케 한 후 공포하여 시행할 수 있다. 그러나 회원 2인 이상이 불복하면 의장은 반드시 회중에게 가부를 물어 의결하여야 한다.

제18조 (위원의 임명) 각 회의체에서 부회장을 비롯한 각 위원을 선거하는 방법이 정해져 있지 아니한 경우에는 회장이 임명한다.

제19조 (회장의 제척) 회장이 토의 중인 안건의 당사자가 된 경우에는 사회권이 없고, 표결에 참석하지 못한다.

제20조 (사회권의 제한) 회장이 공정하게 사회할 수 없다고 판단되는 안건에 대하여 재석회원 3분의 2 이상의 결의로 회장의 사회권을 일시 정지할 수 있고, 해당 안건의 결의가 이루어지면 회장의 사회권은 즉시 회복된다. 다만 어떤 경우에도 회장의 권한에 대한 포괄적 제한을 결의할 수는 없다.

제21조 (회장의 대행) 회장의 유고 또는 자격정지 등의 사유로 직무를 수행할 수 없게 된 경우에는 부회장이 회장의 직무를 대행하며, 부회장도 유고 시에는 참석한 최근 전임회장의 순으로 한다. 전임자도 없으면 회원 중 가장 선임자가 한다. 단, 당회는 예외로 한다.

제22조 (임시회장의 권한과 한계) 임시회장은 다른 규정이 없는 한, 다음 회장이 선출되기까지 회장의 직무를 대행한다.

제23조 (문부의 보관 및 관리) 서기는 모든 문부(회원명단, 회의록 등)를 보관, 관리한다.

제24조 (회원 관리) 서기는 회원의 출석 현황을 파악하는 것은 물론, 회의 중 재석 회원의 변동에 대하여도 확인하고, 그 결과를 회장에게 보고하여야 한다.

제25조 (회의록 작성 및 보관) 서기는 회의 때마다 회의록을 작성할 것이요, 회원의 요구에 따라 전회 의록을 낭독하고, 착오가 있으면 바로잡는다. 단 회록서기가 있으면 회록서기가 한다.

제26조 (회순 관리) 서기는 미결 안건 및 접수된 안건의 처리 순서를 배정하는 등 회장의 회의 진행을 돕는다.

제27조 (보고서 인쇄 및 배부) 서기는 가능한 대로 각부 및 위원회 보고를 인쇄하여 개회 전에 총대들에게 배부한다.

제28조 (접수서류 검토) 서기는 접수된 서류에 대하여 각하나 기각 또는 반려할 수 있으나, 반드시 그 경위를 본 회의에 보고하여 허락을 받아야 한다. 단, 헌의부가 별도로 조직되어 있는 회의체에서는 접수된 일체의 의안을 헌의부로 보내야 하며, 절차적 하자가 있는 의안에 대하여는 이유를 붙여 반려할 수 있다.

제29조 (문부의 교정) 1. 서기는 접수된 안건(헌의, 청원 등)에 대하여 그 어구가 불분명하면 본 뜻은 바꾸지 못하나 어구에 대하여는 서기가 교정위원이 된다.

2. 교단의 헌법 및 각 회의체의 규칙을 인쇄할 때에는 서기들이 교정위원이 된다.

제30조 (임원 등의 권한 중지) 회의체의 장, 또는 임원 등이 사면, 혹은 사직서를 제출한 경우에는 그 때로부터 즉시 모든 권한이 중지되며, 승인이 있기까지는 그 신분이 유지된다.

제31조 (회의체의 사고) 모든 회의체는 그 회의 조직, 행정 등에 있어서 자율권을 갖는다. 다만 회의체의 사고로 정상적 직무의 수행이 불가능할 때에는 소속 치리회, 또는 상급 치리회가 이를 조정하여 처리하되 해당 회의체의 모든 임원 및 분쟁당사자의 권한은 일시 중지되고, 모든 행정은 그 소속 치리회 또는 상급 치리회의 관리를 받는다.

제32조 (회의 소집자의 지정) 회의체가 분쟁으로 인하여 회의의 소집이 어려운 경우에는 그 소속 치리회, 또는 상급 치리회가 소집자를 지정할 수 있다.

제3장 회의(會議)

제33조 (회의의 개념) 1. 회의는 각 회의체에 상정된 안건을 처리하는 절차의 총체로 의사결정의 방식을 의미하며, 회원이 출석한 현장회의를 원칙으로 하나 필요 시 화상회의, 통신매체를 통한 문자회의도 할 수 있다.

2. 회의체의 전체 회의를 "본회"라고 하고, 회의체 소속의 상비부나 위원회 등의 회의를 "부속회"(부회 또는 속회)라고 한다.

제34조 (회의의 회집) 모든 회의체는 매년 1회 이상 정기회로 회집하여야 하며, 필요에 따라 임시회로 회집할 수 있다. 단, 임시회는 소집 안건에 대하여만 결의하여야 한다.

제35조 (임시회의 소집 요구) 회원은 헌법과 규칙이 정한 바의 일정한 조건을 갖추어 회장에게 회의 소집을 요구할 수 있다. 다만 이에 관한 규정이 없는 경우에는 회원 3분의 1이상의 찬성으로 회의 소집을 요구할 수 있다.

제36조 (회의소집의 거절) 전조와 같이 회원이 회의의 소집을 요구하면 회장은 정당한 이유 없이 이를 거절할 수 없고, 회장이 이를 거절하면 회원은 소속 치리회 또는 상급치리회에 소원하며, 해당 치리회는 회장의 회의 소집 거절에 중대한 하자가 있다고 판단된 경우에 별도의 소집자를 지정하여 회의를 소집케 할 수 있다.

제37조 (회의 소집의 방법) 일반적으로 회의의 소집은 기일 전에 일시와 장소 및 회의의 목적을 기재

한 소집서를 모든 회원에게 우편으로 발송함이 원칙이나, 필요에 따라 이메일, 혹은 전자문자로 발송할 수도 있다. 단 소규모회의의 경우에는 광고 등을 통해서도 즉시 회집할 수 있다.

제38조 (의장의 대행) 회의의 의장은 그 회의체의 회장이 하되, 필요시 회장은 부회장 등에게 위임할 수 있고, 회장이 유고 시에는 본 규정 제21조에 따라 회의를 주재한다.

제39조 (임시의장의 권한과 한계) 본 규정 제21조에 따른 임시의장이나 제32조에 따른 회의소집자가 회의를 소집한 경우에는 개회하여 회장을 선출하는 일에만 관여할 뿐이며, 회장이 선출되면 즉시 의장권을 넘겨주어야 한다.

제40조 (회기) 1. 총회는 파회주의를 채택하고 있으므로 원칙적으로는 개회하여 파회할 때까지를 한 회기로 보지만, 총회가 위임한 사무를 처리하는 임원회, 상비부, 위원회 등의 회무가 진행되는 기간은 동일한 회기로 간주한다.

2. 그 외의 다른 회의체의 경우에는 정기회가 개회한 때로부터 다음 정기회가 개회하기 직전까지를 한 회기로 본다.

제41조 (산회) 개회시간이 되었어도 성수가 되지 못하면 한 시간을 기다리고, 그래도 성수가 되지 못하면 모인 회원이 다시 모일 시간과 장소를 정하고 산회한다. 이 때 임원의 임기는 정상화 될 때까지 자동 연장된다.

제42조 (개회성수) 1. 별도의 규정이 없는 한 회의장에 재적회원 과반수가 출석하여야 회의를 개회할 수 있다.

2. 개회 된 회의는 특별한 규정이 없는 한 폐회 시까지 개회 상태가 유지되며, 상정된 안건을 처리한다.

제43조 (개회와 폐회) 1. 회의체는 회장의 개회선언으로 의사활동을 시작하고, 회장의 폐회선언으로 그 활동을 종료한다.

2. 모든 회의는 기도로 개회 또는 속회하고, 기도로 폐회하는 것을 원칙으로 하나, 노회나 총회의 경우에는 기도뿐 아니라 적당한 시나 찬송을 부르고 회장의 축도로 폐회한다.

제44조 (의사봉의 사용) 회장은 개회, 폐회, 정회 또는 속회 시, 그리고 의안의 결정되었음을 선포할 때에 의사봉을 세 번 친다. 단 당회나 소규모 회의에서는 의사봉을 사용하지 않을 수 있다.

제45조 (폐회의 요건과 절차) 폐회하기로 정한 시간이 되었거나, 회의에 상정된 안건이 모두 처리되는 등 기타 다루어야 할 안건이 없을 때, 회장은 그와 같은 사정을 회중에게 알려야 하고, 이에 따라 폐회 결의가 있어야 폐회를 선언할 수 있다.

제46조 (재판회 회집) 치리회가 재판회로 회집하면 회장은 지정된 재판 업무를 신중하게 처리할 것과 예수 그리스도의 법정에서 재판하는 재판관으로서의 신성한 본분과 비상한 특성을 회상하고 삼가 조심할 것을 정중하게 공포해야 한다(권징조례 제4장 제20조 참조).

제47조 (기소위원) 원고가 없어도 치리회가 기소하기로 가결하고 진행하는 재판 사건(권징조례 제2장 제7조)에서 해당 치리회의 회원 중에서 기소위원을 선정하며, 선정된 기소위원은 자초지종 그 사건의 원고가 된다(권징조례 제2장 제12조).

제48조 (화해 및 조사위원 선정) 1. 고소인 또는 기소인이 소송을 제기하는 경우, 치리회는 우선 화해 및 조사위원을 선정하여 모든 문서를 분류하고 정리하게 할 뿐만 아니라, 화해를 중재케 할 수 있다. 이 때 기소위원이 화해 및 조사위원을 겸할 수 있다.

2. 화해와 조사가 진행되는 동안에는 재판회가 증거조사 및 판결을 할 수 없다.

제49조 (재판회에서의 제척) 치리회가 선임한 기소위원이나 화해 및 조사위원은 그 사건을 재판하는 재판회(재판국)의 회원(국원)이 되지 못한다. 다만 당회가 치리회인 경우에는 기소위원과 조사위원은 재판회 재적인원수에 들어가지 않는다.

제50조 (회순채택) 회의가 개회되면 의장은 서기로 하여금 회의 순서(절차, 의사일정)을 보고하게 하며 이를 채택해야 한다. 이 때 임시로 채용하고 회의를 진행할 수 있다.

제51조 (회의 진행) 의장은 이미 채택된 회순(회의순서)에 따라 회무를 진행하며, 이를 변경하고자 할 때에는 회원의 허락을 얻어야 한다.

제52조 (정회) 회기 안에 회의를 잠시 중단하는 것을 의미하며, 휴회라고 하기도 한다.
  1. 회순에 의하여 정회하기로 정한 시간이 되었으면 의장은 시간이 되었음을 알려야 하고, 시간연장에 대한 결의가 없으면 정회하여야 한다.
  2. 의사진행 중 특별한 사유가 있으면 정회를 결의할 수 있고, 이 때 다음 속회 시간을 미리 정하여야 한다.

제53조 (정회 동의) 정회 동의는 다른 동의에 우선하여 처리한다.

제54조 (속회) 정회 시간이 끝나면 회장은 기도함으로 속회를 선언한다.

제55조 (비공개 회의) 의장은 필요하다고 인정되는 경우, 또는 회원 3분의 1이상이 찬성하는 경우에는 회의를 공개하지 않을 수 있다.

제4장 결의 절차

제56조 (의안의 처리) 일반적으로 모든 회의체는 상정된 의안 (헌의, 청원, 보고 등)만을 처리하는 것을 원칙으로 하나, 소규모 회의의 경우에는 자유롭게 의안을 제출하고 처리할 수 있다.

제57조 (의안의 제출) 1. 회의에 제출되는 모든 의안(헌의, 청원, 보고 등)은 회의체가 요구하는 요건을 갖추어 서면으로 제출하는 것이 원칙이다.
  2. 회원이면 누구나 의안을 제출할 수 있으나 회의체가 별도의 규정을 가지고 있으면 그에 따르고, 당회를 제외한 치리회의 경우에는 개인으로 의안을 제출할 수 없고, 하급 치리회, 임원회, 상비부, 위원회, 산하기관 등에서 한다.
  3. 제출되는 의안이 정당한 이유 없이 그 접수가 거절되거나 헌의 과정에서 각하 또는 기각되면 회원은 부전지를 붙여 그 소속치리회나 상급치리회에 헌의할 수 있다. 이 때 부전지를 붙여 접수되는 서류에 대하여는 해당 서기가 부전을 이유로 그 서류의 접수를 거절할 수 없다.
  4. 사전에 의안을 제출하지 못하였으나, 회의 중에 반드시 처리해야 할 안건이라고 판단하여 현장에서 의안을 제출하고자 하는 경우에는 별도의 규정이 있으면 그에 따르고, 그렇지 않은 경우에는 회원 5분의 1 이상의 연명(찬성)으로 의안을 제출할 수 있다.

제58조 (의안 상정의 절차) 1. 의안을 제출하려는 자는 의제, 의안의 요지 및 제안 이유를 갖추어 개회 10일전까지 서기에게 접수하는 것이 원칙이나, 별도의 규정이 있으면 그에 따르고, 당회 또는 소규모 회의에서는 달리 할 수 있다.

2. 서기는 접수된 의안을 검토, 분류하여 본회에 보고하여야 한다.
3. 헌의부가 별도로 존재하는 경우에는 서기는 의안을 신속히 헌의부로 이첩하고, 헌의부가 이를 검토, 분류하여 본회에 상정한다.
4. 의안 상정의 보고(헌의 보고)는 우선하여 보고하며, 의안에 대한 의견을 첨부하여 보고할 뿐, 의안을 임의로 기각할 수 없다.
5. 의장은 회순에 따라 의안을 하나씩 상정하되, 상황에 따라 회순을 변경하여 상정할 수도 있고, 의안을 병합 혹은 분할하여 상정할 수도 있다.

제59조 (의안 처리 기간) 상정된 의안은 회기 내에 처리해야 하며, 다음 회기로 연기하자는 결의가 없이 회기 내에 처리하지 못하면 자동 폐기된다.

제60조 (의안 처리 순서) 상정된 의안의 처리는 1. 표결에 들어간 미결의 안건, 2. 상회지시의 안건, 3. 기한부 유안건, 4. 조건부 유안건, 5. 헌의안건, 6. 번의안건, 7. 신안건 순으로 하여야 한다.

제61조(발언권) 1. 회원은 의장에게 발언권을 신청하고, 의장의 허락을 받아야 발언할 수 있다.
2. 발언은 간단명료하게 해야 하며, 장황하고 엉뚱한 열변은 피해야 한다.
3. 다른 사람이 발언하고 있는 동안에는 발언권을 신청할 수 없다.
4. 발언할 때에는 회원 상호간에 존대하며, 특히 의장의 지시를 존중하여야 한다.
5. 정회원이 아닌 자라도 의장이 재석회원의 허락을 받아 발언권을 부여하면 발언할 수 있다.

제62조(발언 회수와 시간) 1. 동일한 의안에 대하여는 한번 발언하는 것이 원칙이나 의장이 허락하면 2회까지 발언할 수 있고, 3회 이상 발언을 하려면 재석회원의 허락을 받아야 한다. 단 제안설명, 질의와 정보요구와 그 답변, 의사진행 발언은 위 회수의 제한을 받지 아니한다.
2. 회원의 1회 발언시간은 3분을 초과할 수 없으며, 이를 초과할 경우에는 재석 회원의 허락을 받아야 한다.

제63조 (발언의 금지) 회원은 규칙 위반 또는 중대한 과실이 있는 발언, 의제 이외의 발언, 회의를 지연시키려는 발언, 회의체나 회원의 명예를 훼손하는 발언, 다른 사람을 모욕하거나 다른 사람의 사생활에 관하여는 일체 발언할 수 없고, 이 경우 의장은 먼저 주의를 주고, 그대로 듣지 아니할 때에는 발언을 중지시켜야 한다.

제64조 (발언권의 유지) 발언자에게 규칙 위반 등의 사유가 있지 아니하는 한, 그 발언권은 보장되며 정당한 이유 없이 그 발언 중지를 당하지 않는다.

제65조 (발언권의 배분) 토론 하는 의안이 양론으로 갈리게 되면 의장은 번갈아 발언을 허락함으로 공정하게 하여야 한다.

제66조 (회장의 발언) 의장이 발언하고자 하는 경우에는 본회에서 허락을 받아야 한다. 회원의 허락을 받지 못한 경우에는 부회장에게 사회권을 맡기고, 의장석에서 내려와서 다른 회원과 같이 발언권을 얻어 발언할 수 있다.

제67조 (당사자 진술권) 당사자가 있는 안건에 대하여 토론이 진행될 경우에는 해당 당사자나 그 대표 1인에 한하여 1회의 진술권이 보장되어야 하고, 회중의 질의에 대하여는 항시 답변할 수 있다. 다만 당사자는 해당 안건의 표결에서 제외된다.

제68조 (동의의 종류) 동의라 함은 회의에 상정된 의안에 대하여 어떻게 결정할 것인지를 형식을 갖추어 정리된 문장으로 성안을 이루는 절차이다.

1. 동의는 크게 원동의, 보조동의, 긴급동의로 구분되며, 원동의는 상정된 안건에대한 직접적인 결의를 요구하는 동의이다.
2. 보조동의는 원동의에 대한 토론종결, 연기, 회부, 수정 등을 요구하는 절차이며 다른 동의를 대상동의로 삼아 대상동의의 심의를 보조하는 동의이다.
3. 특수동의는 규칙에 관한 질의 및 일시 정지, 회의시간 연장, 회의순서변경, 의사진행, 특청(特請), 의장의 결정에 대한 항의, 결의된 안건의 번안심의, 정회 및 폐회 등과 같이 사정의 변경으로 긴급히 다루어야 할 것을 처리하는 절차이며, 의사진행발언이 여기에 속한다.

제69조 (동의의 성립) 동의는 재청이 있어야 성립되고, 토론은 의장이 그 동의를 선포하거나 낭독한 후에 할 것이요, 의장이나 혹은 다른 회원이 요청하면 동의자는 서면으로 제출해야 한다.

제70조 (동의의 취하) 동의자는 재청자의 허락을 얻으면 본회가 변론하기 전에 그 동의를 취하, 변경, 첨가할 수 있다. 그러나 토의가 시작된 후에는 본회의 허락을 받아야 한다.

제71조 (동의의 분할) 한 동의가 여러 부분을 포함하고 있을 경우에는 부분별로 나누어 각각 가부를 물을 수 있다.

제72조 (동의의 처리 순서) 의안을 처리함에 있어서 긴급동의, 보조동의, 원동의 순으로 하며, 보조동의의 경우에는 토론종결, 연기, 회부, 수정 동의의 순으로 한다.

제73조 (수정동의) 1. 수정동의는 의안에 대한 원동의나 보조동의를 대상으로 그 내용의 수정, 변경 또는 보충하자는 동의이며, 일명 개의라고도 한다.
2. 수정동의에 대하여는 재수정동의(재개의)를 할 수 있으나 재수정동의(재개의)에 대하여는 더 이상 수정할 수 없다.
3. 가부를 물을 때에는 재수정동의(재개의)를 먼저 묻고, 수정동의(개의), 원동의 순으로 묻는다. 다만 수효에 관계된 것은 큰 수에서 작은 수로, 시간에 관계된 것은 먼 시간에서 가까운 시간의 순서로 묻는다.

제74조 (회부동의) 1. 회부동의는 상정된 의안을 임원회, 상비부 또는 위원회에 회부하여 그 심사보고를 들은 후 논의하자는 동의로 토론 없이 가부를 묻는다. 의안 일부의 처리를 위원회에 위임하자는 것도 이 동의의 내용으로 삼을 수 있다.
2. 특별위원회에 회부할 경우에는 그 명칭, 위원의 수와 그 선출 방법, 위원장의 선출방법을 정하여야 한다.
3. 회부된 안건의 최종 보고를 받기 전에는 언제든지 회부 취소의 결의로 그 의안을 반려 받아 다른 상비부나 위원회에 회부할 수도 있고, 본회가 직접 심의할 수 있다.

제75조 (연기동의) 1. 연기동의는 현재 계류 중인 의안의 심의를 일정시점까지 또는 어떤 사유의 발생 시까지 연기하자는 동의이며, 토론 없이 즉시 가부를 묻는다.
2. 연기동의에서 연기 기간에 대한 명시가 없으면 다음 회기의 개회 시까지 연기하는 것으로 보고, 그 회기 중에는 재론할 수 없다. 그러나 그 결의 시에 재석했던 회원수의 3분의 2 이상이 가결하면 동일한 회기 중이라도 다시 논의할 수 있다 이 때의 동의를 재론동의라고 한다.

제76조 (토론종결동의) 1. 토론종결동의는 심의 중인 안건에 대하여 토론을 종결하고, 표결에 부치자는 동의이며, 토론없이 가부를 묻는다.

2. 대상동의에 대하여 찬반 양측 각 2인씩의 토론이 있기 이전에는 즉시종결동의를 제출할 수 없다.
3. 의안에 이의가 없는 경우, 토론의 즉시 종결과 아울러 원안통과동의를 제출할 수 있다.
4. 토론종결동의와는 반대로 토론시간연장동의도 가능하다.

제77조 (특수동의 또는 의사진행발언) 특수동의는 회의 진행이나 회원의 권한, 또는 규칙 등 의사진행과 관련된 발언으로 다른 회원의 발언 중이거나 다른 동의의 심의 중이라도 제출할 수 있고, 의장은 이를 우선하여 처리하되 토론 없이 가결한다. 이 동의가 처리된 후에야 다시 원래의 심의안으로 되돌아 올 수 있다.

제78조 (규칙상 질문) 의장이나 회원이 헌법과 규칙을 위반하였을 경우에 "규칙이요"라고 하여 발언권을 청하면 의장은 즉시 발언권을 주어야 하고, 규칙사항이면 규칙대로 바로잡아야 하나, 그렇지 않거나 착오가 있으면 의장은 즉시 그 발언을 중지시켜야 한다.

제79조 (규칙 일시 정지) 1. 규칙을 일정 기간 정지하고자 할 때에는 그 정지 기간을 명시하여야 하며, 토론 없이 재석회원 3분의 2이상의 찬성으로 결의한다. 단 규칙의 일시 정지 기간은 한 회기를 초과하지 못하고, 다시 정지하려면 재결의를 하여야 한다.
2. 각 회의체는 해당 회의체의 규칙에 한하여 일시 정지를 결의할 수 있을 뿐이고, 하회가 상회의 규칙이나 헌법을 잠재할 수 없다.

제80조 (회의순서변경 등) 회의순서의 진행을 원활하게 하기 위한 동의로 구체적인 방안이 제시되어야 하며, 토론 없이 표결한다.

제81조 (번안동의) 동일한 회기 중에 종결된 결의를 번복하는 것은 불가하나 절대다수의 회원이 그 결의에 명백한 잘못되었다고 인정할 때에는 비록 동일한 회기 중이더라도 그것을 다시 논의하여 번복하자는 동의이다. 이 동의는 해당 안건 결의 시 다수 편에 속하여 토론에 참여한 자만이 동의와 재청을 할 수 있고, 성안이 되면 토론 없이 재석회원 3분의 2 이상의 찬성으로 결의한다.

제82조 (정회, 폐회동의) 정회, 폐회동의는 우선 처리하여야 하나 1) 규칙상 질문이 있거나 2) 회원이 발언 중이거나 3) 표결, 투표 중이거나 4) 속회 직후에는 할 수 없고, 토론 없이 가부를 결정한다.

제83조 (독회) 규칙 등의 개정안을 심의할 때에 특별한 규정이 없으면 다음과 같은 독회의 방식을 따른다.
1. 제1독회: 제안자의 설명을 듣고 질문과 토론이 있은 후, 기각할 것인지, 제2독회로 넘겨 계속 심의할 것인지를 가부로 결정한다.
2. 제2독회: 의안에 대하여 축조하여 심의한 후 해당 의안에 대한 의결정족수를 기준으로 가부를 결정한다.
3. 제3독회: 제2독회에서 수정된 의안 전체를 읽으면서 잘못된 글자나 서로 모순되고 저촉되는 것이 있으면 고칠 수 있고, 더 이상의 수정 사항이 없는 것으로 확인 되면 토론 없이 전체 의안에 대한 가부를 물어 확정한다.
4. 규칙개정안 등의 경우에도 간단한 것은 별도의 독회의 절차를 밟지 않고 일반 의안처럼 결정할 수도 있다.

제84조 (표결의 의미) 표결이란 상정된 의안에 대한 가부를 결정하는 것이다.
제85조 (표결의 방법) 표결은 투표, 기립, 거수, 발성, 박수, 전자투표 등의 방법으로 한다.
1. 투표는 의견을 표시한 투표용지를 정한 곳에 제출하는 것이며, 투표 표결 시에는 의장도 투표에 참여하며, 별도의 투표소를 설치할 수 있다.
2. 기립, 거수 표결 시에는 의장은 표결에 직접 참여하지 않고, 찬성과 반대를 각각 확인하여 결정하되, 가부동수일 때는 의장이 결정한다.
3. 발성은 "예" 또는 "아니오"로 하고 의장이 공포할 때 회원 중 이의가 있으면 의장은 기립, 또는 거수로 가부를 결정해야 한다.
4. 박수로 표결할 때에는 표결방식을 박수로 할 것이라고 우선 결의하여야 하고, 그와 같은 결의가 없이 박수로 결의하는 것은 무효다.
5. 전자투표는 전자 시스템을 통해 가부를 결정하는 것으로, 제공된 시스템의 형식에 맞게 찬성과 반대를 표시하여 결정한다. 이는 현장 회의 또는 전자시스템을 통한 회의 모두에서 가능하다.
6. 인사문제의 표결은 무기명 비밀투표를 원칙으로 하나, 다른 방식으로 이루어졌더라도 표결 당시 아무런 이의가 없었거나, 또는 회의체가 별도의 표결방식을 정하여 진행한 경우에는 유효하며, 재론할 수 없다.

제86조 (표결의 개시) 의장은 표결 전에 회원수를 점검하고, 표결의 대상이 되는 내용을 명확하게 밝혀야 한다. 다만 회원들이 그 표결 대상을 분명히 알고 있는 경우에는 생략할 수 있다.
제87조 (표결 시 발언 중지) 가부를 묻겠다고 의장이 선언한 후에는 그 안건이 처결될 때까지 일체의 발언을 허락하지 않고, 표결이 완료될 때까지는 정회할 수 없다.
제88조 (찬반 기록의 소멸) 출석회원 3분의 1 이상의 요청이 없으면 어떤 문제에 대한 찬성과 반대를 기록으로 남기지 아니한다.
제89조 (구두호천) 구두 호천은 선거에서 구두(口頭)로 후보자를 추천하는 것으로, 재청은 필요 없고 천거 들어온 순서대로 찬성, 반대를 표결한다.
제90조 (의결정족수) 1. 찬반 표결의 의안은 별도의 규정이 없는 한 재석회원 과반수 찬성으로 의결한다.
2. 몇개의 의안 중 하나를 선택해야 하는 표결에서는 종다수(從多數)로 결정하되, 동수가 나오면 인사에 관한 것은 임직 순에 따르고, 임직이 같으면 연장순에 따른다. 그 이외의 경우에는 1, 2위의 의안 중에서 재표결하고, 재표결시에도 동수이면 의장이 결정한다.
3. 규칙, 정관, 규정 등의 개정은 별도의 규정이 없는 한 출석회원 3분의 2이상의 찬성으로 의결한다.

제91조 (개표위원) 회장은 표결을 시행함에 있어서 회원 중에 개표 또는 계수위원을 선정하여, 그의 도움을 받을 수 있다.
제92조 (투표의 무효) 개표위원은 투표용지를 세어서 회원수보다 모자라면 무방하나 많으면 의장은 이를 투표를 무효로 선언하고, 재투표를 시행해야 한다.
제93조 (기권 및 무효의 처리) 1. 투표로 의결하는 경우에 기권표(백지표)는 총투표자 수에서 빼고, 무효표는 총투표수에 포함한다.
2. 투표 표결 이외의 방식으로 표결할 때에 기권은 다수의 의견과 같은 것으로 본다.

제94조 (의장의 투표) 의장은 표결할 때에 다른 회원과 같이 표결에 참여할 수 있다. 그러나 이 때 가부 동수가 되면 의장의 최종결정권은 없고, 그 안건은 부결된다.

제95조 (표결 결과의 선포) 표결이 종결되면 의장은 그 집계된 결과를 선포하고, 의사봉을 3번 두드린다.

제5장 부속회 (상비부, 위원회 등)

제96조 (부속회) 회의체는 상비부 또는 위원회 등의 부속회를 설치할 수 있고, 부속회는 각각 임원을 둔다.

제97조 (부속회장의 토론 참가) 상비부나 위원회 등 부속회의 장은 그 회의에서 찬반토론에 참가할 수 있다.

제98조 (부속회의 권한과 의무) 상비부, 위원회 등 부속회는 본회가 위임한 의안에 한하여 심의, 또는 처리하며 그 사업의 결과에 대하여 반드시 본회에 보고하여야 하고, 본회에 직접 보고(경과보고, 청원, 질의, 제안 등)할 권리가 있다.

제99조 (부속회의 심의 보고) 상비부, 위원회 등 부속회가 본회로부터 의안 심의를 위임받은 경우에는 그 심의보고를 함에 있어서 무수정가결, 수정가결, 연기 또는 부결의견을 제출할 수 있다.

제100조 (부속회의 회의록 보고) 1. 상비부나 위원회 등 부속회의 보고는 사무진행보고(경과보고)일 뿐이며 토론 없이 가부를 결정한다.

  2. 상비부나 위원회 등이 의안을 상정하는 경우에는 별도의 청원서를 첨부하여 보고하여야 하며, 본회는 청원 안건에 대하여 각각 심의한 후 표결해야 한다.

제101조 (소집자의 지정) 상비부, 위원회 등 부속회가 회원 구성은 하였으나 따로 정한 것이 없으면, 먼저 호명된 자가 소집자가 되고, 그가 결석하였거나 유고할 때에는 두번째 호명자가 소집자가 된다.

제102조 (부속회 임원의 결원) 본회가 폐회한 후 상비부, 위원회 등 부속회 임원의 결원이 생기면 30일 이내에 부서 회의를 소집하여 결원된 임원을 보궐 선출하여야 그 소속 회의체의 장에게 보고하여야 하며, 30일이 경과하여도 보궐하지 않으면 그 소속 회의체의 장이 지명할 수 있다.

제103조 (특별위원회 보고) 본회의 결의로 구성된 특별위원회가 그 수임사항(조사, 처리, 화해, 중재, 준비, 분립 등)에 대하여 보고한 것에 대하여는 본회가 확정하여야 한다.

제104조 (특별위원회 위원의 보궐) 본회가 폐회한 후 특별위원회 위원의 결원이 생기면 그 소속 회의체의 장이 지명하여 위원을 보충한다.

제105조 (방문자 인사) 방문자를 인사시키고자 할 때에는 별도의 시간을 정하여 하거나, 해당부서의 보고 시에 허락을 받아 인사케 할 수 있다.

제6장 특별 회의

제106조 (소규모 회의) 소규모회의란 출석회원 15인 이하의 회의를 말하며, 이런 회의는 담화회로 회집할 수 있다. 단, 당회는 그 숫자와 관계없이 소규모 회의에 준하여 회집한다.

  1. 소규모 회의에서는 발언 시간, 횟수의 제한을 받지 않으며, 모든 출석회원이 토론에 참가하

기 이전에 즉시토론종결을 결의할 수 없다.
2. 소규모 회의에서는 모든 보조동의의 성립에 재청을 필요로 하지 않고, 특별히 반대하는 사람이 없으면 찬성하는 것으로 간주한다.

제107조 (소회의 소집 제한) 본회가 진행 중일 때에는 소회로 모이는 것이 원칙적으로 금지되나 긴급히 처리해야 할 의안이 있는 경우에 본회의 허락을 받으면 소회로 모일 수 있다.

제108조 (전자시스템을 통한 회의) 화상통화, 음성통화, 또는 소셜미디어 등의 전자시스템을 통하여 가상의 공간에 회원이 출석하여 실시간으로 의견을 표시하며, 결의하는 방식의 회의를 말하며, 소규모 회의에서만 활용할 수 있고, 노회 이상의 치리회, 지교회의 공동의회와 제직회에서는 활용할 수 없다.

제109조 (전자시스템을 통한 회의의 제한) 전자시스템 등을 통한 회의에서는 규칙개정이나 선거, 재산 문제의 결정과 처분, 이단 사이비의 결정이나 철회 등에 관한 안건은 처리할 수 없다.

제110조 (전자시스템을 통한 회의에서의 결의) 전자시스템을 통한 회의에서 재석회원의 수는 해당 시스템에 접속 중인 회원수로 하고, 기권이나 무응답은 다수의 의견과 같은 것으로 간주한다.

제7장 회의록

제111조 (회의록 작성) 회의록은 서기 또는 회록서기가 작성하며, 회의 일시 및 장소, 출석자수 (소규모 회의에서는 출석자 성명) 회의의 경과, 요령 및 결의사항 등을 기재하고, 회장과 서기 및 회록서기가 기명날인 또는 서명하여야 한다. 다만 전자시스템을 통한 회의의 경우에는 추후에 서명하거나, 공인된 전자서명의 방식으로 서명할 수 있다.

제112조 (회의록 채택) 작성된 회의록은 폐회 전에 본회에서 채택하는 것을 원칙으로 하며, 회원의 결의에 따라 임원회에 맡길 수 있다.

제8장 부칙

부칙 제1조 (규정의 개정) 본 규정의 개정은 규칙부의 심의를 거쳐 총회에 상정하고, 총대 재적과반수 출석과 출석회원 3분의 2 이상의 찬성을 얻어야 한다.

부칙 제2조 (미비사항) 본 규정에 미비한 것은 1919년 제8회 총회에서 채용한 정치문답조례와 만국통상회의규례를 따른다.

부칙 제3조 (공포 및 시행) 본 규정은 공포한 날로부터 시행한다.

Ⅳ. 실전문제

● 헌법역사

1. 본 교단의 헌법의 역사와 관계없는 것은 무엇인가?
   ① 1901년 만국장로회 헌법 번역위원 선정
   ② 1902년 헌법준비위원회와 노회 규칙위원회 선정
   ③ 1912년 총회설립 시에 신경과 규칙을 정식으로 채용
   ④ 1917년 웨스터민스터 헌법책 번역하여 총회가 작성한 대로 편집 국한문으로 출판
   ⑤ 1932년 제21회 총회 15인을 택하여 한글사용법대로 개역 수정하기로 하다.
   ※ 1912년이 아닌, 1907년 독노회 시 신경과 규칙을 채용함.

2. 본 교단 헌법 정치의 수정에 있어서 맞지 않는 것은 무엇인가?
   ① 103회 총회 시 어린이세례 도입
   ② 103회 총회 시 목사의 명칭에 군선교사 포함, 종군목사를 군종목사로 변경
   ③ 1992년 제77회 총회에서 교회의 모든 직임의 연한을 만 70세까지로 함
   ④ 제46회 총회 시 공로목사제도 폐지
   ⑤ 제98회 총회 시에 임시목사를 시무목사로 명칭 변경함
   ※ 공로목사제도는 77회 총회 시 폐지됨

3. 다음 중 한국 장로교회의 정치에 있어서 교회법적 기초를 확립하는 일에 가장 크게 기여한 사람은 누구인가?
   ① 곽안련   ② 한위렴   ③ 구례빈   ④ 원두우   ⑤ 이눌서
   ※ 한국장로교회의 헌법과 정치에 관련하여 그 번역 및 정치문답조례를 재구성하여 한국장로교회의 정치체계의 기초를 마련한 분은 곽안련 선교사이다.

정답 1.③ 2.④ 3.①

● 교회의 정체

4. 교회의 정체에 해당하지 않는 것은?
   ① 교황정치   ② 감독정치   ③ 자유정치
   ④ 민주정치   ⑤ 조합정치

   ※ 민주정치라는 교회정체는 없음.

5. 다음 중 연결이 맞지 않는 것을 고르시오.
   ① 교황정치- 희랍정교회   ② 감독정치 - 감리교회
   ③ 자유정치 - 성공회   ④ 조합정치 - 침례교회
   ⑤ 장로회정치 - 장로교회

   ※ 성공회는 감독정치 시스템을 갖고 있음.

6. 다음 중 장로교회의 특징 중 아닌 것은 무엇인가?
   ① 목사가 자신이 임명한 장로와 더불어 교회를 치리한다.
   ② 목사와 장로로 구성된 당회가 교회를 치리한다.
   ③ 만인제사장 원리에 기초한 민주적 절차를 따름
   ④ 3심제의 치리회 구조를 갖고 있음
   ⑤ 가장 성경적인 교회 정치제도

   ※ 장로는 교인들의 투표로 선출됨.

7. 다음 중 기독교 각 교파 정치제도 중에 교인의 선거로 당회를 구성하여 교회를 치리하게 하는 정치제도는 무엇인가?
   ① 장로교정치   ② 감독정치   ③ 자유정치   ④ 조합정치   ⑤ 교황정치

8. 장로교 정치 제도에 대한 설명으로 옳은 것은?
   ① 주권이 목사에게 있는 민주정치
   ② 각 교회가 성도들이 자유로이 직접 교회를 치리함
   ③ 상급치리회의 결정은 권고적 사항일 뿐 구속력이 없음
   ④ 항존직에 의한 교회 치리
   ⑤ 각 치리회를 동일체로 이해함

   ※ 장로회정치는 만인제사장 원리를 기본으로 하여 주권행사가 교인들의 의사표시로 통해 실현되게 하고 있다. 각 지교회는 치리회인 당회를 구성하고 당회를 통해 치리하는 간접민주정치 제도이다. 장로회정치는 삼심제를 적용하며 상급치리회의 결정은 산하 치리회를 구속하며, 항존직 중 목사와 장로로 구성된 당회에 의해 치리한다. 그리고 각 치리회의 결정은 전국교회의 결정이 된다.

9. 교인의 기본권은 강화하고 교회권이 약화된 정치원리를 가진 정체는 어떤 것인가?
   ① 장로회 정치   ② 교황정치   ③ 감독정치
   ④ 자유정치   ⑤ 정교회 정치

   정답 4.④ 5.③ 6.① 7.① 8.⑤ 9.④

10. 교회 정체에 대한 설명 중 옳지 않은 것은?
   ① 감독 정치는 교회의 주도권이 감독에게 있으므로 교인의 양심의 자유가 유린될 수 있다.
   ② 자유 정치와 조합정치는 교회의 권위가 훼손될 가능성이 있다.
   ③ 장로회 정치는 개혁신학에 근거하며, 양심의 자유와 교회의 자유를 존중한다.
   ④ 장로회 정치는 교권의 횡포를 용납하지 않는다.
   ⑤ 장로회 정치는 교회를 거룩한 공동체로 인식함으로 죄인 된 인간에 의한 어떤 정치도 허용하지 않는다.

   ※ 장로회주의는 무교회주의나 재세례파의 입장을 따르지 않음.

11. 장로회 정치에 대한 설명으로 옳은 것은?
   ① 주권을 가진 교인들이 치리권을 행사한다.
   ② 지교회의 청원으로 총회는 그 교회의 목사를 파송한다.
   ③ 당회, 노회, 대회, 총회와 같은 치리회를 통해 4심제를 택하고 있다.
   ④ 당회는 목사와 치리 장로로 구성하며, 교회의 최고 의결기관이다.
   ⑤ 장로회 정치는 대의제 민주주의 방식을 취한다.

   ※ 1번은 당회가 치리권을 행사하고, 2번에서는 노회가 목사를 파송하고, 3번에서는 삼심제를 취하고, 4번에서는 최고 의결기관은 공동의회이다.

12. 장로회 정치의 원리에 대한 설명으로 옳지 않은 것은?
   ① 신앙과 행위는 연락하고 나누지 못할 것이다.
   ② 교회의 직원은 교회의 도리에 완전히 신복하는 자이어야 한다.
   ③ 어느 회에서든지 그 직원을 선정하는 권한은 그 회에 있다.
   ④ 치리권은 하나님의 명령대로 준봉 전달하는 것뿐이다.
   ⑤ 교회의 덕을 세우기 위해서 교회정치의 일체 조직을 임의로 설정할 자유권이 있다.

   ※ 교회의 덕을 세우기 위해 직원을 선출하게 되지만, 교회가 그 정치의 일체 조직을 설정할 때에는 반드시 예수 그리스도가 정하신 대로 설정할 자유권이 있을 뿐이다.

13. 장로회주의에서 치리권의 동등에 관한 설명으로 옳지 않은 것은?
   ① 상회라고 하더라도 하회의 청원이 없이 임의로 간섭할 수 없다.
   ② 각 치리회는 노회적 성질이 있다.
   ③ 각 치리회에서 목사와 장로는 동등한 권한으로 각항 사무를 처리한다.
   ④ 정당한 절차로 상정된 상회의 결정에 모든 하회는 복종해야 한다.
   ⑤ 각 치리회는 동등하며 독립성을 갖기 때문에 각 치리회는 그 치리회의 결정에 우선적으로 구속된다.

   ※ 5번은 조합정치, 또는 개혁교회의 광회주의를 따른 것이다. 그러나 장로회정치는 삼심제를 취함으로 각 치리회의 동등함과 더불어 순서에 있어서의 우선성을 별도로 강조한다.

정답 10.⑤ 11.⑤ 12.⑤ 13.⑤

14. 다음 중 기독교 각 교파 정치제도 중에 주권이 교인에게 있으나 교인의 대표를 선택하여 교회를 치리하는 정치제도는 무엇인가?
   ① 장로교 정치   ② 감독정치
   ③ 자유정치   ④ 조합정치

   ※ 정치 총론 1,2,3,4,5 참고

15. 다음은 교회 정치제도에 관한 설명이다. 성공회, 모라비안교회, 루터교회에서 채택하고 있는 정치제도는?
   ① 조합정치   ② 자유정치   ③ 교황정치   ④ 감독정치

   ※ 문제에서는 "형제교회"가 포함되어 있었으나, 프리머스형제교회를 비롯한 대부분의 형제교회는 무교회주의에 가깝다. 그러므로 2018년 기출문제에서 형제교회를 빼고 문제를 조정했다.

   ※ 2018년 기출문제

16. 감독정치와 정반대되는 정치제도로 교회 구성원인 회중 개개인의 자율성을 강조하며 독립교회 등이 택하는 정치제도는?
   ① 조합정치   ② 자유정치
   ③ 교황정치   ④ 감독정치

   ※ 2018년 기출문제

17. 다음 중 감독이 교회를 주관하는 정치인 바 감독교회와 감리교회에서 쓰고 있는 교회정치 제도는?
   ① 장로회정치   ② 교황정치
   ③ 감독정치   ④ 조합정치

18. 회중정치의 한 형태이며 영국 성공회 감독정치에 대한 반발로 일어난 정치제도로 침례교회 등에서 채택한 정치제도는?
   ① 자유정치   ② 교황정치
   ③ 장로교정치   ④ 조합정치

   ※ 2018년 기출문제

19. 다음 중 장로회 정치제도에 대한 설명으로 옳은 것은?
   ① 주권이 교인에게 있는 3심제의 치리회에 의해 다스리는 정치제도
   ② 평신도의 참정권을 어느 정도 인정하는 정치제도
   ③ 각 지교회가 자유로이 치리하는 정치제도
   ④ 어떻게 믿을 것인지는 오직 회원 각자의 자유에 속하는 정치제도

   ※ 정치 총론 5 참고

정답 14.① 15.④ 16.② 17.③ 18.④ 19.①

20. 교회의 정치에 대한 설명으로 틀린 것은?
    ① 교황 정치 - 로마 가톨릭교와 희랍정교
    ② 감독 정치 - 감독이 교회를 주관하는 정치로서 주로 감리교회 정치이다
    ③ 장로회 정치 - 주권이 당회에 있는 민주적 정치이다
    ④ 조합 정치 - 각 지교회의 대표로 조직되어 있는 정치이다
    ⑤ 자유 정치 - 각 지교회가 자유로 행정하는 정치이다
    ※ 2019년 기출문제

21. 장로회 정치는 민주적 정치다. 그 주권이 누구에게 있는가?
    ① 장로   ② 목사를 중심으로 교역자들
    ③ 당회   ④ 교인들
    ※ 2017년 기출문제

22. 다음 중 장로회 정치의 특징이 아닌 것은?
    ① 삼심제도로서 당회의 상회로서 노회, 대회, 총회의 세 치리회가 있다
    ② 주권이 교인들에게 있는 자유정치이다
    ③ 지교회 교인들이 장로를 선택하여 당회를 조직한다
    ④ 당회는 치리장로와 목사인 강도장로의 두 반으로 조직되어 지교회를 주관하게 한다
    ⑤ 당회 조직을 원칙으로 한다
    ※ 2019년 기출문제

23. 다음 중 교회권(성직)이 강하고 교인의 기본권이 약화된 정치원리를 가진 교회정치 제도는?
    ① 교황정치   ② 자유정치
    ③ 장로회정치   ④ 조합정치
    ※ 정치 총론 1 참고

24. 다음 중 교인의 기본권을 강화하고 교회권이 약화된 정치원리를 가진 교회정치 제도는?
    ① 자유정치   ② 감독정치
    ③ 장로회 정치   ④ 성공회 정치
    ※ 정치 총론 3 참고

25. 다음 중 대의민주정치로 교회권의 강화로 교인의 기본권 약화와, 교인의 기본권의 강화로 교회권이 약화된 정치원리의 단점을 버리고 장점을 취하여 만든 정치 제도는?
    ① 교황정치   ② 조합정치   ③ 자유정치   ④ 장로회정치
    ※ 정치 총론 5 참고

정답 20.③ 21.④ 22.② 23.① 24.① 25.④

26. 다음 중 성직자의 교회권과 교인의 기본권을 동등하게 하여 피차 견제를 통해서 독재와 부패를 방지하는 정치제도는?
   ① 교황정치   ② 감독정치   ③ 조합정치   ④ 장로회정치
   ※ 정치 총론 5 참고

27. 다음 중 교황정치에 대한 설명이 아닌 것은?
   ① 교인에게도 참정권이 있다.
   ② 로마 가톨릭이 채택한 정치제도
   ③ 교황 무오설을 주장함
   ④ 교황에게 예배와 의식과 성경해석의 절대권 있음
   ※ 정치 총론 1 참고

28. 다음 중 교황정치에 대한 설명으로 옳은 것은?
   ① 교황에게 예배와 의식과 성경해석의 절대권이 있음
   ② 교인에게도 참정권을 어느 정도 인정함
   ③ 각 치리회를 통해 교회를 관할한다.
   ④ 모라비아 교회도 채택한 정치제도이다.
   ※ 정치 총론 1 참고

29. 다음 중 교황정치에 대한 설명이 틀린 것은?
   ① 교황 무오설을 주장함
   ② 교인에게도 참정권이 있음
   ③ 로마 가톨릭이 채택한 정치제도
   ④ 교황에게 예배와 의식과 성경해석의 절대권 있음
   ※ 2020년 기출문제

30. 다음 중 감독정치에 대한 설명이 아닌 것은?
   ① 감독 1인의 전제정치
   ② 평신도의 참정권을 어느 정도 인정함
   ③ 자유정치와 방불하다.
   ④ 감독 무오설은 주장하지 않음
   ※ 정치 총론 2 참고

31. 다음 중 감독정치의 설명으로 옳은 것은?
   ① 감독이 교회를 주관하는 정치로 감독의 무오설은 주장하지 않음
   ② 평신도의 참정권은 인정하지 않고 성직자만 계급적 참정권을 인정하는 정치제도
   ③ 감독 무오설을 주장하는 정치제도
   ④ 동방교회가 채택한 정치제도
   ※ 정치 총론 2.10번 문제 해설 참고

정답 26.④ 27.① 28.① 29.② 30.③ 31.①

32. 다음 중 자유정치에 대한 설명으로 맞지 않는 것은?
   ① 다른 회의 관할과 치리를 받지 않는다.
   ② 각 개 지교회가 자유로이 행정하는 교회이다.
   ③ 각 치리회를 통해 교회를 관할한다.
   ④ 어떻게 믿을 것인지는 오직 회원 각자의 자유에 속한다.

   ※ 정치 총론 3 참고

33. 다음 중 조합정치에 대한 설명으로 잘못된 것은?
   ① 교인의 참정권을 인정하지 않는 정치제도이다.
   ② 각 지교회의 대표자로서 조직된 연합회가 있다.
   ③ 피차 유익한 문제를 논의하나 산하교회를 치리하는 권한은 없다.
   ④ 모든 치리하는 일과 권징과 예식과 도리해석은 각 교회가 자유로 하는 정치

   ※ 정치 총론 4 참고

34. 다음 중 장로회정치에 대한 설명으로 맞지 않는 것은?
   ① 주권은 교인들에게 있으며 당회로 치리권을 행사하게 하는 정치제도이다.
   ② 공동의회를 통해 직분자를 세우거나 해임하는 민주적인 정치이다.
   ③ 당회의 상회로서 노회, 대회, 총회가 있는 삼심제의 치리회가 있다.
   ④ 당회는 치리장로와 목사인 강도장로의 두 반으로 조직되어 지교회를 주관한다.

   ※ 정치 총론 5 참고

35. 다음 중 장로회정치에 대한 설명으로 옳은 것은?
   ① 주권이 교인에게 있는 민주정치로 주권행사는 목사와 장로로 조직된 각 치리회에 의하여 다스리는 대의 민주정치이다.
   ② 주권이 교인에게 있으므로 교인들이 직접 다스리는 정치제도이다.
   ③ 주권이 교인에게 있으므로 성직자의 권한이 약하여 부패하기 쉬운 정치제도이다.
   ④ 주권이 교인에게 있으므로 모든 주권행사는 공동의회를 통해서만 할 수 있다.

   ※ 정치 총론 5항

36. 다음 장로회정치의 주권행사 방법 중에 교인이 직접 행사하는 방법이 아닌 것은?
   ① 교인들이 공동의회를 통해서 예산과 결산을 심의한다.
   ② 공동의회에서 당회의 경과사항에 대하여 보고받는다.
   ③ 교인들이 장로와 집사를 선거하는 일을 한다.
   ④ 공동의회를 통해서 권징을 시행한다.

   ※ 정치 총론 5 참고

정답 32.③ 33.① 34.② 35.① 36.④

37. 다음 장로회정치의 주권행사 방법 중에 교인이 간접 행사하는 방법이 아닌 것은?
   ① 목사와 장로로 조직된 치리회를 통해서 교회를 다스리게 한다.
   ② 당회장은 교인들의 청빙에 의해서 위임받은 목사에게 준다.
   ③ 주권자인 교인의 선택과 노회고시를 통해 임직 받은 치리장로가 목사와 함께 치리권을 행사한다.
   ④ 치리회에서 목사와 장로의 성직의 평등을 인정하지 않는다.

   ※ 정치 총론 5 참고

38. 다음 중 교회 정치제도에 관한 설명으로 맞지 않는 것은?
   ① 성직자의 막강한 권세 때문에 부패하기 쉬운 교황정치나 감독정치
   ② 평신도의 막강한 권세 때문에 타락하기 쉬운 자유정치와 조합정치
   ③ 성직자의 치리권과 평신도의 기본권을 최대한 보장하는 장로회정치
   ④ 주권이 교인에게 있어서 부패하기 쉬운 장로회 정치

   ※ 정치 총론 1,2,3,4,5 참고

39. 다음 중 장로회정치가 기본권과 성직권의 합의에 의해서만 치리권을 행사하는 체제로서 치리권의 동등에 관한 설명으로 맞지 않는 것은?
   ① 총회의 권한은 하회의 청원과 상관없이 결정한 대로 시행한다.
   ② 각 회원은 목사와 장로뿐이므로 각 회가 노회적 성질이 있다.
   ③ 상급치리회라 하더라도 하급치리회의 고유한 권한에 대하여 임의로 간섭할 수 없다.
   ④ 각 치리회에서 목사와 장로는 같은 권한으로 각항 사무를 처리한다.

   ※ 정치 총론 5. 제8장 제1, 2조

40. 다음 중 교회 정치에 대해 바르게 설명한 것은?
   ① 교황정치: 감독이 교회를 주관하는 정치인 바 감독 교회와 감리 교회에서 쓰고 있는 정치
   ② 감독정치: 주로 로마 가톨릭교와 희랍 정교의 정치인 바 교황 전제로 산하 전 교회를 관리하는 정치
   ③ 조합정치: 다른 회의 관할과 치리를 받지 아니하고 각개 지교회가 자유로 행정하는 정치
   ④ 장로회정치: 지교회 교인들이 장로를 선택하여 당회를 조직하고 그 당회로 치리권을 행사하게 하는 주권이 교인들에게 있는 민주적 정치

   ※ 정치 총론 1,2,3,4,5 참고

41. 다음 중 조합정치가 자유정치와 다른 점은 무엇인가?
   ① 다른 회의 관할과 치리를 받지 않는다.
   ② 각개 지교회가 자유로 행정하는 정치이다.
   ③ 각 지교회의 대표로서 조직된 연합회가 있다.
   ④ 모든 치리하는 일과 권징과 예식과 도리 해석을 각 교회가 자유로 하는 정치이다.

   ※ 정치 총론 3,4항

정답 37.④ 38.④ 39.① 40.④ 41.③

42. 다음 중 다른 회의 관할과 치리를 받지 아니하고 각개 지교회가 자유로 행정하는 정치는?
① 자유정치　　② 교황정치　　③ 감독정치　　④ 장로회정치
※ 정치 총론

43. 감독이 교회를 주관하는 정치를 뭐라고 하는가?
① 교황정치　　② 감독정치　　③ 자유정치　　④ 장로회정치
※ 정치 총론

44. 각개 지교회가 자유로 행정하는 정치를 뭐라고 하는가?
① 교황정치　　　　　　② 감독정치
③ 자유정치　　　　　　④ 장로회정치
※ 정치 총론

45. 조합정치의 특징이 아닌 것은 무엇인가?
① 치리와 권징을 자유롭게 한다
② 각 지교회의 대표로 조직된 연합회가 있다
③ 산하 교회에 명령하지 않는다
④ 예식과 도리 해석을 각 교회가 자유롭게 하지 못한다.
※ 정치 총론

● 장로회 정치 원리

46. 장로회 정치 원리에 의하면 세속국가에 대한 교회의 태도는 어떠해야 하는가?
① 교회법의 정당한 절차와 관계없이 세상 법에 고소, 고발하는 것도 괜찮다.
② 교회와 국가는 완전히 분리되어 있으므로 어떤 형태로도 영향을 주고받을 수 없다.
③ 교회는 신앙공동체로서 일정한 세력을 구축하고, 이를 통해 국가를 적절히 통제할 수 있어야 한다.
④ 교회는 오직 국가에 대하여 각 종교의 안전 보장과 동일시함을 바랄 뿐이다.
⑤ 교회는 세속국가를 통해서 기독교 교리의 정당성을 보장 받아야 한다.
※ 2번은 재세례파의 입장이다. 3번은 중세 가톨릭의 입장이다.

47. 권징에 대한 설명으로 옳은 것은?
① 교회의 권징은 도덕적인 문제를 취급하는 것은 아니다.
② 교회의 시벌은 때로 국법상의 시벌이 되기도 한다.
③ 교회의 권징은 오직 신령상의 것이다.
④ 권징의 효력은 정치의 공정에 있다.
⑤ 권징은 시대의 여론을 잘 반영한 것이어야 한다.
※ 교회의 권징은 인민재판이 아니다. 3번에서 권징은 신령의 것이며, 동시에 도덕적인 것이기도 하다. "오직"이라는 말이 없으면 답이 될 수 있지만, "오직"이라는 말이 있어서 틀렸다.

정답 42.① 43.② 44.③ 45.④ 46.④ 47.④

48. 교회의 권징이 권위를 갖기 위해서 요구되는 것이 아닌 것은?
① 교회의 정치 또는 재판이 공정한 과정과 절차를 밟아야 한다.
② 교회법과 국가법을 두루 활용해야 한다.
③ 교회의 머리이신 구주의 권고와 은총이 있어야 한다.
④ 모든 사람이 공인하는 것이어야 한다.
⑤ 권징은 반드시 벌하는 데 목적이 있는 것이 아니라 회개케 하기 위한 것이다.

49. 양심의 자유에 대한 설명으로 옳지 않은 것은?
① 성경에 반하지 않는 교회의 가르침에 대하여도 양심을 이유로 거절할 수 있다.
② 양심의 주재는 오직 하나님뿐이시다.
③ 종교에 관한 모든 사건에 대하여 각기 양심대로 판단할 수 있다.
④ 비록 국가의 법률이 강제하는 것이라도 성경에 위반한 명령에 대하여는 거절할 수 있다.
⑤ 교회의 과도한 교훈이나 명령에 대하여는 순종하지 않을 수 있다.

※ 정치 제1장 제1조 참고

50. 종교에 관계되는 모든 사건에 대하여 속박을 받지 않을 권리에 대한 설명으로 옳지 않은 것은?
① 하나님은 인간에게 양심의 자유를 주셨다.
② 치리회라고 할지라도 양심의 자유를 제한할 수 없다.
③ 모든 양심은 오직 하나님의 말씀에만 구속을 받는다.
④ 타락 이후 인류에게는 양심의 자유가 소멸되었다.
⑤ 불신앙을 선택할 신앙의 자유를 말하는 것이 아니다.

※ 양심의 자유가 신자의 중생한 양심을 가리키는 것은 옳다. 그렇다고 타락한 이후에 모든 인류에게 양심의 자유가 없다는 것은 옳지 않다. 그러나 양심의 자유는 궁극적으로 바른 신앙을 견지할 수 있는 자유를 의미한다. 하나님의 말씀과 뜻에 복종할 양심의 자유를 의미하는 것이다. 그러므로 불신앙을 선택할 자유는 양심의 자유에 해당하지 않는다.

51. 교회 자유 원리에 대한 설명으로 옳지 않은 것은?
① 어느 교파, 교회든지 각기 교인의 입회 규칙을 임의로 설정할 수 있다.
② 직원의 자격과 교회정치 일체의 조직을 설정할 수 있다.
③ 어느 개인이든 어느 교회에 등록하면 그 교회의 법규에 따른 치리를 받아야 한다.
④ 어느 개인이든 양심의 자유가 있으므로 교회의 치리는 권고적일 뿐이다.
⑤ 교회는 국가 권력에 의해 그 자유를 제한 당하지 않는다.

※ 교회의 치리는 결코 권고적인 것만은 아니다. 교회법적 강제력을 갖는다. 물론 국법상의 강제력과는 다르지만, 교회법적 제재는 반드시 뒤따른다. 그것은 교회의 자유에 해당한다.

정답 48.② 49.① 50.④ 51.④

52. 교회법과 국가법의 관계에 대한 설명으로 옳지 않은 것은?
① 국가법이 교회법에 우선한다.
② 교회의 고유한 사항은 사법심사의 대상이 되지 않는다.
③ 목사의 임직과 사직에 관하여는 교회법에 따른다.
④ 교회에 관한 사항이더라도 국민의 기본권과의 관계에 법적 충돌이 발생하면 사법심사의 대상이 된다.
⑤ 현 사법체계에서 교회는 비법인 사단으로 분류된다.

※ 교회법과 국가법은 서로 고유한 영역을 갖고 있으며, 교회는 때로 국가법의 영향을 받기도 하지만, 국가법의 간섭을 배제하기도 한다. 이것은 양심과 종교의 자유에 해당하는 것이기 때문이다.

53. 직원의 자격과 선택에 관한 설명으로 옳지 않은 것은?
① 교회는 직원 선택을 위한 규칙을 제정할 것이다.
② 어느 회에서든지 그 직원을 선거하는 권한은 그 회에 있다.
③ 교회의 직원은 우선 입교인이어야 한다.
④ 성격과 주의가 다 같이 선한 자라도 진리와 교규(敎規)에 의견이 불합하므로 교회의 도리에 완전히 신복하지 못하는 자라도 서로 용납하면, 직원이 될 수 있다.
⑤ 진리는 그에 합당한 선한 행실로 증거된다는 원리에 따라 교회는 당연히 직원을 선정한다.

※ 직원은 그 교회의 도리에 완전 신복하는 자이어야 한다.
※ 정치 제1장 제4조, 제5조, 제6조 참조

54. 다음 중 치리권에 관한 설명으로 맞지 않는 것은?
① 교회의 치리권은 실제적으로 말하면 행정권과 재판권이다.
② 하나님의 명령대로 준봉전달하는 것뿐이다.
③ 치리권은 신앙과 행위에 대한 유일한 법칙인 성경에서 기인한다.
④ 법원이나 사법당국에 의한 판결은 교회 치리권의 확장이다.
⑤ 교회의 치리권이라도 양심의 자유를 속박할 규칙을 자의로 제정할 수 없다.

55. 당회의 권징 치리는 어디까지 그 효력이 미치는가?
① 당사자에게만 효력이 미친다.
② 지교회만 효력이 미친다.
③ 소속노회 안에만 효력이 미친다.
④ 전국 교회에 효력이 미친다.
⑤ 대회 안에까지만 효력이 미친다.

※ 한 지교회의 결정은 전국 교회의 결정이 된다. 따라서 각 치리회의 결정은 전국 교회의 결정이 되는 것이다.

56. 다음 중 장로회 정치 원리가 아닌 것은?
① 교회 자유
② 교회의 직원과 그 책임
③ 양심 자유
④ 교회 설립 자유
⑤ 진리와 행위와의 관계

※ 2019년 기출문제

정답 52.① 53.④ 54.④ 55.④ 56.④

57. 다음 중 장로회 정치 원리인 교회의 직원과 그 책임에 관한 설명으로 옳은 것은?
   ① 거짓 도리를 신앙하거나 악한 자는 자신의 문제를 스스로 책임져야 한다
   ② 교회의 직원을 설치하는 이유는 교회의 조직을 위해서다
   ③ 교회의 직원을 설치한 것은 총회의 존속을 위해서다
   ④ 교우 중 거짓 도리를 신앙하는 자와 행위가 악한 자가 있으면 교회를 대표한 직원과 치리회가 당연히 책망하거나 출교할 권한을 부여한 것이다

   ※ 2020년 기출문제

58. 다음 중 치리권에 대한 설명으로 옳지 않은 것은?
   ① 당회장에게 있다   ② 당회에 있다
   ③ 노회에 있다   ④ 대회에 있다   ⑤ 총회에 있다

   ※ 2019년 기출문제

59. 다음 중 치리권에 대해 맞지 않는 것은?
   ① 그리스도의 법에 순종케 함   ② 불복 불법자 시벌
   ③ 국법상 시벌을 과함   ④ 패역자와 회개치 않는 자 출교

60. 다음 중 장로교회의 치리권에 대한 설명으로 옳은 것은?
   ① 각 치리회는 상회와 하회 양권의 조화와 협력 가운데서 치리권을 행사한다.
   ② 각 치리회는 고유한 특권이 있으므로 각 치리회가 결정한 대로 시행한다.
   ③ 총회의 권한은 하회의 청원과 상관없이 결정대로 시행한다.
   ④ 각 치리회 회원은 권한이 동등한 목사와 장로이므로 각 치리회는 서로 간섭하면 안 된다.

   ※ 정치 총론 5, 제8장 제1, 2조

61. 다음 중 각 치리회의 관할 범위에 대한 설명 중 맞지 않는 것은?
   ① 당회의 관할 범위는 한 지교회뿐이다.
   ② 노회의 관할 범위는 총회가 획정한 노회지역이다.
   ③ 노회는 대등한 다른 노회라도 문제가 있으면 관할할 수 있다.
   ④ 총회의 관할 범위는 전국 지역의 소속교회 및 치리회이다.

   ※ 정치 총론 5. 정치 제9장 제5조, 제10장 제6조, 제12장 제4,5조 참고

62. 다음 중 치리권에 관한 설명으로 옳지 않은 것은?
   ① 교회의 치리권은 실제적으로 말하면 행정권과 재판권이다
   ② 어느 교파의 치리회든지 회원의 양심을 속박할 규칙을 자의로 제정할 권리가 없다
   ③ 치리권은 신앙과 행위에 대한 유일한 법칙인 성경에서 기인한다
   ④ 교회의 치리권 행사에 대하여 사법적 판단이 있으면, 사법적 결정을 따라야 한다.

   ※ 2020년 기출문제 수정

정답 57.④ 58.① 59.③ 60.① 61.③ 62.④

63. 다음 중 장로회 정치 원리인 양심의 자유에 대한 설명으로 맞지 않는 것은?
① 양심의 주재는 하나님뿐이시며 그가 양심의 자유를 주셨다.
② 신앙과 예배에 대하여 성경에 위반되거나 과분한 교훈과 명령은 받지 않는다.
③ 성경의 교훈이라도 내 양심에 허락되지 않으면 순복할 필요가 없다.
④ 하나님 외에는 어느 누구도 개인의 양심을 속박하거나 강제로 억압할 수 없다

※ 정치 제1장 제1조 참고

64. 다음 중 장로회 정치 원리인 양심의 자유에 대한 구체적인 설명으로 맞지 않는 것은?
① 장로회정치가 개교회와 각 치리회를 다스리는 법규를 제정하는 것은 양심의 자유를 억압하는 것이 아니다.
② 어떠한 경우라도 내 양심에 허락되지 않으면 하지 않는 것이 양심의 자유이다
③ 어느 교회나 교단의 예배의식이나 규범을 이행하지 않고 자기 양심에 따라 신앙생활 한다고 고집하는 것은 신앙양심의 자유가 아니다.
④ 헌법이 말하는 양심의 자유는 중생한 신자의 성경적 양심을 가리킨다.

※ 정치 제1장 제1조

65. 다음 중 장로회 정치원리인 양심자유에 대한 설명으로 틀린 것은?
① 양심의 자유란 자기 양심에 따라 행동하는 자유를 말한다.
② 하나님만이 양심의 주재가 되신다.
③ 성경의 교훈이라도 내 양심이 허락하지 않으면 순복할 필요가 없다.
④ 헌법이 말하는 양심자유는 중생된 신자의 중생된 양심을 가리킨다.

※ 정치 제1장 제1조

66. 다음 장로회정치 원리 중 교회자유원리에 대한 설명으로 맞지 않는 것은?
① 어느 교파, 교회든지 각기 교인의 입회규칙을 설정할 자유권이 있다.
② 어느 교파, 교회든지 입교인 및 직원의 자격과 교회정치 일체의 조직을 설정할 자유권이 있다.
③ 어느 개인이든 어느 교회에 등록하면 그 교회의 법규에 따른 치리를 받아야 한다.
④ 어느 개인이든 양심의 자유가 있으므로 치리 받을 필요가 없다.

※ 정치 제1장 제2조 참고

67. 다음 중 장로회 정치원리인 교회의 직원과 그 책임에 관한 설명으로 맞지 않는 것은?
① 복음을 전파하기 위하여
② 성례를 시행하게 하기 위하여
③ 성도로 하여금 진리와 본분을 준수하도록 관리하도록 하기 위하여
④ 거짓 도리를 신앙하거나 악한 자가 있을 때 권면하기 위하여

※ 정치 제1장 제3조 참고

정답 63.③ 64.② 65.③ 66.④ 67.④

68. 다음 중 장로회 정치원리인 교회의 직원과 그 책임에 관한 설명으로 맞는 것은?
   ① 교우 중 거짓 도리를 신앙하는 자와 행위가 악한 자가 있으면 교회를 대표한 직원과 치리회가 당연히 책망하거나 출교할 권한을 부여한 것이다.
   ② 거짓 도리를 신앙하거나 악한 자는 자신의 문제를 스스로 책임져야 한다.
   ③ 교회의 직원을 설치하는 이유는 교회의 조직을 위해서이다.
   ④ 교회의 직원을 설치한 것은 총회의 존속을 위해서이다.

   ※ 정치 제1장 제3조

69. 다음 중 장로회 정치원리인 진리와 행위의 관계에 대한 설명으로 맞지 않는 것은?
   ① 진리는 선행의 기초이다.
   ② 진리가 진리 되는 증거는 사람으로 성결하게 하는 경향이 있다.
   ③ 사람의 신앙이 어떠하든지 관계없다 하는 말보다 더 패리하고 더 해로운 것은 없다.
   ④ 신앙과 행위는 별개이므로 나누어서 생각해야 한다.

   ※ 정치 제1장 제4조 참고

70. 예수교장로회 정치의 일정한 원리 8개조가 있는데 이것을 이해하여야 교회의 성질을 알 것이다. 8개조 원리에 맞지 않는 것은?
   ① 교회의 직원과 그 책임, 교회 자유
   ② 진리와 행위의 관계, 양심 자유
   ③ 권징, 치리권, 임원 선거권, 직원의 직무
   ④ 교회의 권징은 교회 영광과 복을 증진한다.

   ※ 2018년 기출문제

71. 정치 제8장 교회 정치와 치리회 제1조에 의하면 교회를 치리함에는 명백한 정치와 조직이 있어야 한다. 다음 치리회에 대한 설명 중 잘못된 답을 고르시오.
   ① 교회의 치리권은 개인에게 있지 않고 당회, 노회, 총회에 있다.
   ② 각 치리회는 각립한 개체가 아니요, 서로 연합한 것이어서 어떤 일을 처결하든지 법대로 대표된 치리회에서 결정한다.
   ③ 치리회의 회집은 노회와 당회는 매년 2회 이상, 대회와 총회는 매년 1회 회집한다.
   ④ 교회의 각 치리회는 국법상 시벌을 과하는 권한은 없다.

   ※ 2018년 기출문제

72. 다음 중 교회 직원의 자격에 관한 설명으로 옳은 것은?
   ① 교회의 직원은 그 교회 출석한 지 1년 이상 되면 누구나 자격이 있다.
   ② 교회의 도리와 헌법을 완전히 신복하는 자를 직원으로 선택하도록 규칙을 제정해야 한다.
   ③ 어느 회에서든지 그 직원을 선거하는 권한은 그 회에 있다.
   ④ 장로의 자격은 반드시 집사라야 한다.

   ※ 정치 제1장 제5조

정답 68.① 69.④ 70.③ 71.③ 72.②

73. 다음 중 직원선거권에 관한 설명으로 맞지 않는 것은?
① 어느 회에서든지 그 직원을 선거하는 권한은 그 회에 있다.
② 직원의 선거는 교회의 회원이 투표로 한다.
③ 교회 안에 투표하여 선거하는 직임은 목사, 장로, 집사, 권사이다.
④ 교회의 직원은 어떤 직원을 선거하든지 상회의 허락을 받아야 한다.

※ 정치 제1장 제6조 참고

74. 다음 중 치리권에 관한 설명으로 맞지 않는 것은?
① 교회의 치리권은 실제적으로 말하면 행정권과 재판권이다.
② 어느 교파의 치리회든지 회원의 양심을 속박할 규칙을 자의로 제정할 권리가 없다.
③ 치리권은 신앙과 행위에 대한 유일한 법칙인 성경에서 기인한다.
④ 교회의 치리권자들의 약점 때문에 국가의 법원이나 사법당국의 결정이 있으면 그에 따라야 한다.

※ 정치 제1장 제7조 참고

75. 다음 중 교회의 치리권 행사에 대한 설명 중에서 틀린 것은?
① 치리권 행사자는 오직 주의 뜻을 받드는 종으로 그 뜻을 선언하는 것뿐이다.
② 교회의 부패와 이단을 방지하고 신성유지를 위해서는 재판을 통한 징계를 통해서 치리권을 행사할 수 있다.
③ 성도를 재판함에 있어 정확무오한 법칙은 오직 성경뿐이다.
④ 모든 치리회는 헌법에 대한 고유한 해석권을 가지므로 법에 대하여 형편대로 판단하면 된다.

※ 정치 제1장 제7조
※ 헌법에 대한 판단은 오직 총회에만 있으므로 각 치리회가 임의로 판단할 수 없다.

76. 다음 중 장로교 정치원리 가운데 권징에 대한 설명으로 맞지 않는 것은?
① 교회의 권징은 도덕상과 신령상의 것이다.
② 교회의 시벌은 국법상의 시벌과 같은 효력이 있다.
③ 권징의 효력은 정치의 공정과 모든 사람이 공인할 수 있어야 한다.
④ 권징의 효력은 만국교회의 머리이신 구주의 권고와 은총에 있다.

※ 정치 제1장 제8조 참고

77. 다음 중 장로회 정치원리가 아닌 것은?
① 양심자유   ② 교회직원과 그 책임   ③ 치리권   ④ 사도 계승권 원리

※ 정치 제1장 제1,3,7조 참고

78. 다음 중 장로회 정치 7원리인 치리권에 대한 설명으로 틀린 것은?
① 교회의 행정권   ② 재판권   ③ 직원선거권   ④ 교회의 신성유지권

※ 정치 제1장 제6,7조 참고

정답 73.④ 74.④ 75.④ 76.② 77.④ 78.③

79. 다음 중 권징의 목적이 아닌 것은?
   ① 범죄자가 교회에 발붙이지 못하게 하는데 그 목적이 있다.
   ② 진리를 보호하기 위해서다.
   ③ 그리스도의 권병과 존엄을 견고하게 하기 위함이다.
   ④ 악행을 제거함으로 교회의 성결함을 지키고 세속화되는 것을 방지한다.

80. 다음 중 교회의 치리권을 개인이 아니라 당회, 노회, 대회, 총회 등 치리회에 있게 한 이유에 대한 설명으로 맞지 않는 것은?
   ① 유능한 사람이라도 유한한 인간이므로 치리권 행사에 오류를 범할 수 있기 때문.
   ② 여러 회원들의 중지에 따라 치리권을 행사하는 것이 개인이 치리하는 것보다 오류를 범할 확률이 적기 때문에
   ③ 성경이 치리권을 치리회에 있게 하셨다.
   ④ 개인이 치리권을 행사하면 치리권자의 영향력에 따라 소신껏, 신속하게 너무 빨리 처리해버리기 때문이다.
   ※ 정치 제8장 제1,2조 참고

81. 다음 중 장로교회 정치 원리 중 교회 자유에서 교회가 국가에 바라는 것은 무엇인가?
   ① 국가가 교회를 통치하는 것
   ② 국가가 교회에 종속되는 것
   ③ 국가가 교회를 후원하는 것
   ④ 국가가 교회의 안전을 보장하는 것
   ※ 정치 제1장 제2조 1항

82. 다음 중 교회 자유 원리에 해당되지 않는 것을 고르시오.
   ① 양심자유는 개인을 전제로 한 원리요, 교회 자유는 단체를 전제로 한 것이 다르다.
   ② 양심 자유 원리와 교회 자유 원리는 본질적으로 동일하다.
   ③ 양심 자유 원리에 따라 용인할 수 있는 일도, 교회 공동생활로 인한 제약이 불가피하다.
   ④ 혼자 예배드리는 것은 양심의 자유이기 때문에 교회가 강요할 수 없다.
   ※ 정치 제1장 제1, 2조

● 교회

83. 교회설립에 관한 설명으로 옳지 않은 것은?
   ① 교회설립은 뜻이 있는 교인들이 모이면 할 수 있다.
   ② 두세 사람만 모여 예배 드려도 가능하나 헌법적 규칙 제1조에 의한다.
   ③ 교회의 설립자는 하나님의 독생자 예수 그리스도이시다.
   ④ 하나님이 만국 중에서 대중을 택하사 저희로 영원토록 무한하신 은혜와 지혜를 나타내게 하셨다.
   ⑤ 세계 만국 중에 그리스도의 거룩한 도를 믿고 행하는 온 무리와 그 자녀들이 합하여 한 몸으로 서의 교회가 된다.

정답 79.① 80.④ 81.④ 82.④ 83.①

84. 헌법이 규정한 교회의 칭호로서 적합하지 않은 것은?
① 하나님의 교회
② 예수의 몸
③ 성령의 전
④ 사도들의 공회
⑤ 전과 지금과 이후의 만국의 성도

※ 2020년도 강도사고시 예상문제집의 문제다. 좋은 문제는 아니다. 교회는 성결해야 하기 때문에 순수한 공회라는 말도 맞는 말이다. 다만 헌법에서 명시한 것이 아니기 때문에 그것이 답이라고 하겠다.

85. 무형교회에 대한 설명으로 맞지 않는 것은?
① "성부, 성자, 성령 삼위일체 되신 하나님을 공경하노라"고 신앙고백하는 자라면 무형교회의 교인이 된다.
② 하나님의 의중에만 있는 불가견적 교회이다.
③ 교회의 머리이신 그리스도 아래 택함 받은 자 전체이다.
④ 하나님의 선택을 받은 하나님의 자녀들만의 영적 회집이다.
⑤ 무형교회의 교인은 반드시 유형교회 안에 있다.

※ 이 문제는 2020년 강도사고시 예제에 포함된 문제이나 좋은 문제는 아니다. 1번은 유형교회 교인에 대한 설명이다. 무형교회는 하나님만이 아시는 선택함을 받은 하나님의 백성이지만 유형교회는 형식적으로라도 신앙을 고백하는 사람들의 무리를 가리킨다. 또한 이렇게 형성된 유형교회는 각각의 조직과 질서를 갖고 다양한 교파로 나뉘어 있다. (정치 2장 2조)

86. 지교회 설립의 근거에 해당하는 설명으로 옳지 않은 것은?
① 지교회의 설치는 교회의 통일성과 모순되지 않는다.
② 지교회의 설치는 대중이 한곳에 회집할 수 없기 때문이다.
③ 지교회의 설치는 하나님의 명령이며, 사리에 합당함을 근거로 하지 않는다.
④ 지교회는 독립성을 갖지만 동시에 연합성을 갖는다.
⑤ 지교회가 회집하는 것은 성경의 기록한 모범에 그릇됨이 없다.

※ 지교회 설치는 "사리에 합당하다" 하기 때문이다. (정치 제2장 3조)

87. 미조직교회 임시 당회장의 권징권 행사에 대한 설명으로 옳은 것은?
① 미조직교회 임시 당회장은 권징권 행사는 할 수 없고 노회에 보고하여 처리한다.
② 당회가 없으므로 미조직교회 임시 당회장은 행정 처리권이 원칙이나 부득이한 경우는 권징건도 처리하고 노회에 보고하여 허락을 받아야 한다.
③ 미조직교회 임시 당회장은 당회권을 가지고 권징도 할 수 있다.
④ 미조직교회 임시 당회장은 이웃 교회 당회원을 청하여 권징할 수 있다.
⑤ 미조직교회의 임시 당회장은 이웃 교회의 장로를 청하여 당회를 구성하고 권징을 행사할 수 있다.

※ 미조직교회의 임시 당회장은 행정처리권은 갖지만 권징권은 갖지 못한다. 그 경우 권징은 노회에 위탁하여 처리하여야 한다.

정답 84.④ 85.① 86.③ 87.①

88. 교회 신설에 관한 설명으로 옳지 않은 것은?
   ① 장년 신자가 15명 이상이어야 한다.
   ② 예배 처소가 준비되고 교회유지 방침이 서야 한다.
   ③ 당회와 공동의회의 결의로 노회의 허락을 받아야 한다.
   ④ 인근 교회와의 거리나 주변 가구 수까지 살펴서 노회가 설립을 인허한다.
   ⑤ 교회의 신설은 개인으로 할 수 있는 것이 아니다.

89. 정치 제2장 교회에서 제1조 교회 설립의 내용에 맞지 않는 것은?
   ① 생존하신 하나님의 교회
   ② 오직 과거와 현재에 속한 만국의 성도
   ③ 하나님이 만국 중에서 대중을 택하심
   ④ 예수의 몸, 성령의 전, 거룩한 공회

   ※ 2018년 기출문제 수정
   ※ 기출문제에서 2번의 보기는 "전과 후와 이후에 만국의 성도"이었으나 수정했다.

90. 정치 제2장 교회 제3조 교회 집회와 제4조 각 지교회에 대한 설명 중 옳지 않은 것은?
   ① 대중이 한곳에만 회집하여 교제하며 하나님을 경배할 수 있다.
   ② 각 처에 지교회를 설립하고 회집하는 것이 성경에 기록된 모범이다.
   ③ 지교회는 예수를 믿는다고 공언하는 자들과 그 자녀들이 일정한 장소에서 모여 하나님께 예배함이다.
   ④ 성경에 교훈한 모범대로 연합하여 교회 헌법에 복종하고 시간을 정하여 예배로 회집함이다.

   ※ 2018년 기출문제

91. 다음 중 교회설립에 관한 설명으로 맞지 않는 것은?
   ① 하나님이 만국 중에서 대중을 택하사 저희로 영원토록 무한하신 은혜와 지혜를 나타내게 하셨다.
   ② 두세 사람만 모여 예배드려도 가능하나 헌법적 규칙 제1조에 의한다.
   ③ 교회의 설립자는 하나님의 독생자 예수 그리스도이시다.
   ④ 교회설립은 뜻이 있는 교인들이 모이면 할 수 있다.

   ※ 정치 제2장 제2조 참고

92. 다음 중 헌법이 규정한 교회의 칭호로서 적합하지 않은 것은?
   ① 생존하시는 하나님의 교회
   ② 예수의 몸
   ③ 성령의 전
   ④ 민주적인 공회

   ※ 정치 제2장 제2조

정답 88.③ 89.② 90.① 91.④ 92.④

93. 다음 중 '교회의 구별'에 대한 설명으로 맞지 않는 것은?
① 교회에 두 가지 구별이 있으니 유형교회와 무형교회이다.
② 유형교회는 온 세계에 흩어져 있는 교회로 그 교인은 그리스도인이라 칭한다.
③ 유형교회는 성부, 성자, 성령 삼위일체 되신 하나님을 공경하노라고 신앙을 고백하는 자라면 하나님께 선택된 것으로 보고 유형교인이 되게 한다.
④ 교회는 무형교회나 유형교회가 따로 없다.

※ 정치 제2장 제2조 참고

94. 다음 중 '교회의 구별'에 대한 설명 중 틀린 것은?
① 유형한 교회와 무형한 교회로 나눌 수 있다.
② 무형한 교회의 교인은 탁월함이 있어 누구나 다 알아볼 수 있다.
③ 유형한 교회의 교인을 그리스도인이라 부른다.
④ 유형한 교회의 교인은 삼위일체 하나님을 공경하는 사람이다.

※ 2017년 기출문제

95. 다음 중 교회 정치에서 교회를 구별한 것으로 옳은 것은?
① 유형교회와 무형교회로 구별한다.
② 신교와 구교로 구별한다.
③ 유대교와 기독교로 구별한다.
④ 참 교회와 거짓 교회로 구별한다.

※ 정치 제2장 제1조

96. 다음 중 무형교회에 대한 설명으로 맞지 않는 것은?
① 하나님의 선택으로 말미암아 설립된 하나님의 자녀들만의 영적 회집이다.
② 하나님의 의중에만 있는 불가견적 교회이다.
③ 무형교회는 교회의 머리이신 그리스도 아래 장차 모일 택함 받은 자 전체이다.
④ 무형교회는 여러 가지 교파로 나뉘어 있다.

※ 정치 제2장 제2조

97. 다음 중 유형교회에 대한 설명으로 틀린 것은?
① 유형교회에는 하나님의 선택과 무관한 자들도 섞여 있다.
② 모든 세대에 세계 모든 처소에서 바른 신앙을 고백하는 자들과 자녀들로 구성된 교회를 말한다.
③ 유형교회는 여러 가지 교파로 나뉘어 있고 각자가 다른 헌법을 가지고 있다.
④ 유형교회에는 거짓으로 신앙을 고백하는 자들은 들어올 수 없다.

※ 정치 제2장 제3조 참고

정답 93.④ 94.② 95.① 96.④ 97.④

98. 다음 중 유형교회와 무형교회를 비교 설명한 것으로 맞지 않는 것은?
   ① 유형교회와 무형교회는 같은 의미의 교회이다.
   ② 무형교회는 하나님의 의중에만 있고 유형교회는 모든 세대에 바른 신앙고백을 하는 자들과 그의 자녀들로 구성한다.
   ③ 무형교회 교인은 반드시 유형교회 안에 있고, 하나님의 선택과 무관한 자가, 거짓으로 신앙을 고백하는 자들과 함께 유형교회에 섞여 있다.
   ④ 유형교회는 여러 가지 교파로 나뉘어 있으나 무형교회는 하나의 교회이다.

   ※ 정치 제2장 제2조 참고

99. 다음 중 교회집회에 관한 설명으로 바르게 설명한 것이 아닌 것은?
   ① 대중이 한곳에만 모여 교제하며 하나님을 경배할 수는 없다.
   ② 시간과 공간의 제한을 받는 유형교회에서 동시에 한곳에서만 모여야 한다는 것이 성경의 교훈도 아니다.
   ③ 각처에 지교회를 설립하는 것이 성경에 기록한 모범에도 그릇됨이 없다.
   ④ 원래 교회는 한곳에서만 모여야 한다.

   ※ 정치 제2장 제2조 참고

100. 다음 중 각 지교회에 대한 설명으로 맞지 않는 것은?
   ① 예수를 믿는다고 공언하는 자들과 그 자녀들이 지교회 교인이 된다.
   ② 예수를 믿는다고 공언하는 자들과 그 자녀들이 일정한 장소에서 시간을 정하여 공동예배로 회집하면 지교회라 한다.
   ③ 예수를 믿는다고 공언하는 자들과 그 자녀들이 교회헌법에 복종하며 시간을 정하고 공동예배로 회집하면 이를 지교회라고 한다.
   ④ 지교회란 누구나 예배당에 모여서 예배하면 지교회라 한다.

   ※ 정치 제2장 제4조 참고

101. 다음 중 각 지교회에 대한 설명으로 옳은 것은?
   ① 예수를 믿는다고 공언하는 자들과 그 자녀들이 교회헌법에 복종하며 시간을 정하고 공동예배로 회집하면 이를 지교회라고 한다.
   ② 지교회란 누구나 예배당에 모여서 예배하면 지교회라 한다.
   ③ 지교회란 시찰회의 허락으로 교인들이 15인 이상 모여 예배하면 지교회라 한다.
   ④ 목사는 노회 결의 없이도 언제든지 자유로이 지교회를 설립할 수 있다.

   ※ 정치 제2장 제4조

정답 98.① 99.④ 100.④ 101.①

102. "지교회"에 대한 설명으로 틀린 것은 무엇인가?
① 예배할 수 있는 일정한 장소가 꼭 있어야 한다.
② 하나님 나라의 확장을 위해 연합해야 한다.
③ 예수를 믿는다고 공언하는 사람이 있어야만 한다.
④ 질서를 위해 당회와 제직회가 있어야만 한다.

※ 2017년 기출문제

103. 다음 지교회 설립에 관한 설명 중 틀린 것은?
① 예수를 믿는다고 공언(公言)하는 자들과 그 자녀들이 일정한 장소에서 공동 예배로 회집하면 이를 지교회라 한다.
② 지교회의 설립은 반드시 총회의 허락을 받아야 한다.
③ 지교회란 성경에 교훈한 모범대로 모이고 예배드려야 참교회이다.
④ 교회 설립은 노회의 결의로 하는 것이요 목사라 할지라도 개인의 자유로는 지교회를 설립할 수 없다.

※ 정치 제2장 제4조

104. 다음 중 미조직교회 당회장의 권징권 행사에 대한 설명으로 옳은 것은?
① 미조직교회 당회장은 권징권 행사는 할 수 없고 노회에 보고하여 처리한다.
② 당회가 없으므로 미조직교회 당회장은 행정 처리권이 원칙이나 부득이한 경우는 권징건도 처리하고 노회에 보고하여 허락을 받아야 한다.
③ 미조직교회 당회장은 당회권을 가지고 권징도 할 수 있다.
④ 미조직교회 당회장은 이웃 교회 당회원을 청하여 권징할 수 있다.

※ 정치 제2장 제4조

105. 다음 중 교회 신설에 관한 설명으로 틀린 것은?
① 장년 신자가 15명 이상이어야 한다.
② 예배 처소가 준비되고 교회유지 방침이 서야 한다.
③ 당회와 공동의회의 결의로 노회의 허락을 받아야 한다.
④ 인근 교회와의 거리나 주변 가구 수까지 살펴서 노회가 설립을 인허한다.

※ 정치 제2장 제4조

106. 다음 중 교회 설립에 관한 설명으로 맞지 않는 것은?
① 하나님이 만국 중에서 대중을 택하사 저희로 영원토록 무한하신 은혜와 지혜를 나타내게 하셨다.
② 두세 사람만 모여 예배드려도 가능하나 헌법적 규칙 제1조에 의한다.
③ 교회의 머리는 하나님의 독생자 예수 그리스도이시다.
④ 교회 설립은 뜻이 있는 교인들이 모이면 할 수 있다.

※ 2020년 기출문제 수정

정답 102.④ 103.② 104.① 105.③ 106.④

107. 다음 중 교회 신설에 관한 설명으로 옳은 것은?
    ① 장년 신자 10명 이상이 되어야 한다.
    ② 예배 처소가 준비되어 있지 않아도 된다.
    ③ 인근 교회와의 거리나 주변 가호 수까지 살펴서 노회가 설립을 허락한다.
    ④ 신자만 있으면 교회 설립 허락을 받을 필요가 없다.

    ※ 2020년 기출문제

108. 지교회 설립의 5대 요건이 아닌 것은?
    ① 예수를 믿는다고 공언하는 교인들 25인 이상이 모여야 한다.
    ② 일정한 장소가 있어야 한다.
    ③ 하나님을 경배하고 성결하게 생활을 하여야 한다.
    ④ 하나님의 나라 확장을 위해서 힘써야 한다.
    ⑤ 성경에 교훈한 대로 교회 시간을 정하여 공동예배로 회집하여야 한다.

    ※ 2019년 기출문제

109. 다음 중 조직교회에 대해서 바르게 말한 것은?
    ① 제직회가 조직된 교회   ② 당회가 세워진 교회
    ③ 남녀전도회가 조직된 교회   ④ 선교사를 파송한 교회

110. 다음 중 허위교회는 어떤 교회인가?
    ① 담임목사가 없는 교회   ② 시무장로가 없는 교회
    ③ 목사와 시무장로가 없는 교회 ④ 노회에 가입되지 않은 교회

    ※ 정치 제17장 1조 참고

111. 다음 중 어떤 교회가 허위 교회인가?
    ① 미조직교회
    ② 시무장로가 없는 교회
    ③ 담임목사가 없는 교회
    ④ 노회에 가입되지 않은 교회

    ※ 2020년 기출문제

112. 다음 중 지교회에 대한 설명으로 틀린 것은?
    ① 한곳에서만 회집하여 교제하며 하나님을 경배하기 위해 세워진 교회다.
    ② 예수를 믿는 자들이 일정한 장소에서 하나님을 경배하기 위해 모인 교회다.
    ③ 예수의 나라를 확장하기 위하여 성경에 교훈한 모범대로 연합하여 교회 헌법에 복종한다.
    ④ 시간을 정하여 공동 예배로 회집한다.

    ※ 정치 제2장 제4조

정답 107.③ 108.① 109.② 110.① 111.③ 112.①

● 교인의 권리와 의무

113. 다음 교인에 대한 설명 중 옳은 것은?
① 예수를 믿는다고 공언하는 모든 자들은 교인이다.
② 교인에는 원입교인, 학습교인, 유아세례교인, 세례교인(입교인)이 있다.
③ 일정한 장소에서 합심하여 공동으로 예배하는 자들이다.
④ 교인의 자녀는 교인이다.
⑤ 본 교회의 무흠 입교인은 제직회의 회원이 된다.

※ 헌법 정치 2장 4조에서 예수 믿는다고 공언하는 자와 그 자녀를 교인으로 보았다. 무흠 입교인은 공동의회의 회원이 된다.

114. 교인의 의무는 무엇인가?
① 교인은 교회의 정규 예배에는 꼭 참석해야 하지만, 기도회와 기타 다른 집회에는 꼭 참석해야 하는 것은 아니다.
② 교인은 교회의 발전을 위해서 진력하며 사랑과 선행으로 하나님을 섬겨야 한다.
③ 교인은 교회의 경비와 사업비에 대하여 성심 협조하되, 어떤 일에든지 금전을 아껴야 한다.
④ 교인이 고의로 교회의 의무금을 드리지 않으면 그 직임까지 면할 수는 없다.
⑤ 교인은 교회헌법에 의한 치리라도 국법과 일치하지 않음을 이유로 이를 거절할 수 있다.

※ 3번은 모든 선한 일에 금전을 아끼지 않아야 한다고 해야 한다.

115. 교인의 권리에 대한 설명으로 옳은 것은?
① 무고히 6개월 이상 본 교회 예배회에 계속 출석하지 않으면 교인의 모든 권리가 중지된다.
② 교인은 임의로 청원, 소원, 상소할 권리가 있다.
③ 교인은 지교회에서 법규대로 선거 및 피선거권이 있다.
④ 무흠 입교인은 세례에 참여할 권한이 있다.
⑤ 교인은 교회를 위해 분량대로 일하지 않을 특권이 있다.

※ 1번은 모든 권리가 중지되는 것이 아니라, 사법권, 선거, 피선거권이 중지된다는 것임. 2번은 임의로 청원할 수 있는 것이 아니라 법규대로 청원해야 함. 4번은 무흠 입교인은 성찬에 참여할 권한이 있는 것이지, 세례에 참여할 권한이 있는 것은 아님. 5번은 분량대로 일할 특권이 있는 것이지, 일하지 않을 특권이 있는 것은 아님. 그것은 특권이 아님. (헌법적 규칙 제3조 참조)

116. 교인의 지위를 상실하는 것에 대한 설명으로 맞지 않는 것을 모두 고르시오.
① 6개월 본 교회의 예배회에 성실히 참석하지 않은 경우에는 성찬에 참여할 수 없다.
② 다른 교파에 가입한 경우에는 교인의 지위를 상실한다.
③ 권징에 따라 벌을 받게 되면 교인은 자격을 상실할 수 있다.
④ 실종교인에 대하여 당회는 제명을 의결할 수 있다.
⑤ 공동의회는 결의를 통해서 교인의 신분을 제한할 수 없다.

※ 헌법적 규칙은 선거권, 피선거권에 관해서만 언급하고 있을 뿐, 이 경우, 무흠 입교인이 아니라고 할 수 있으므로 성찬참여권은 없지만, 성찬참여가 즉시 중지된다고 하기도 어렵다. 2번은 권징조례 53조에 있는 내용이다.

정답 113.① 114.② 115.③ 116.①,⑤

117. 교인의 신급의 종류로 잘못된 것은?
① 원입교인　② 학습교인　③ 유아세례교인
④ 세례교인　⑤ 이명교인

※ 2019년 기출문제

118. 다음 교인의 종류 중 정회원은?
① 원입교인　② 학습교인　③ 유아세례교인
④ 입교인(세례교인)　⑤ 어린이세례 받은 교인

※ 2019년 기출문제

● 교회의 직원

119. 교회의 창설직원에 대한 설명으로 옳은 것은?
① 교회의 창설직원은 현대교회에서 선교사 또는 전도목사 제도로 정착되어 있다.
② 교회를 새로 개척하여 세우는 직원이 교회의 창설직원이다.
③ 창설직원은 주님의 임명으로 최초로 이적 행할 권능을 받은 직원이다.
④ 교회의 창설직원은 사도와 선지자들을 일컫는다.
⑤ 창설직원은 초대교회에서 교회 개척자들을 일컫는 말이다.

※ 정치 제3장 제1조 참고
※ 1번에서 창설직원은 오늘날 존재하지 않는다. 2번에서 교회를 개척한다고 창설직원이 되는 것은 아니다. 4번에서 선지자는 비상직원이다. 5번에서 초대교회의 모든 교회개척자들이 다 창설직원은 아니다. 오직 사도들뿐이다.

120. 교회의 직원이 그 직임을 면하게 되는 경우가 아닌 것은?
① 교인의 명예를 훼손했을 때
② 아무런 이유 없이 주일예배에 빠졌을 때
③ 승진을 위해 부적을 갖고 다닐 때
④ 흡연을 했을 때
⑤ 음주운전을 했을 때

※ 헌법적 규칙 제2조 참조

121. 교회의 직원과 그 책임에 대한 설명으로 옳지 않은 것은?
① 복음을 전파하기 위해 직원을 둔다.
② 성례를 시행하기 위해서 직원을 둔다.
③ 교회의 덕을 세우도록 직원을 둔다.
④ 교회 조직을 통해 대사회적 대응을 위해서 직원을 둔다.
⑤ 진리와 본분을 준수하도록 관리(管理)하기 위하여 직원을 둔다.

※ 교회의 직원은 교회의 질서와 덕을 세우기 위해서 존재한다. 때로는 대사회적 활동, 반기독교적 활동에 대응하는 측면도 있지만, 궁극적으로 그것을 위해서 존재하는 것은 아니다.

정답　117.⑤　118.④　119.③　120.①　121.④

122. 교회 직원에 대한 설명 중 옳지 않은 것은?
① 교회는 그 본래의 목적을 실현하기 위해 직원을 세운다.
② 칼빈은 교직자들을 "하나님의 성전들"이라고 표현하기도 했다.
③ 교회의 질서를 세우기 위해서 교회 직원을 필요로 한다.
④ 직분과 은사가 반드시 일치해야 하는 것은 아니다.
⑤ 장로교회에서는 장로(목사와 장로)가 가장 높은 직분이다.

※ 장로회주의는 직분의 평등을 원칙으로 한다.

123. 개혁신학자들이 주장하는 직분론에 대한 설명으로 옳은 것은?
① 2직분론은 교회의 직분을 목사와 장로로 구분한다.
② 본 교단의 정치는 2직분론을 따르고 있다.
③ 3직분론은 교회의 직분을 목사와 장로, 권사로 구분한다.
④ 칼빈은 3직분론을 주장했다.
⑤ 4직분론은 목사와 장로, 집사, 권사로 구분한다.

※ 본 교단은 장로(목사와 장로), 집사로 구분한다. 직분론을 구분함에 가장 중요한 것은 성경에 나오는 감독과 장로를 같은 것으로 보느냐 아니냐에 달려 있다. 2직분론은 같은 것으로 이해하는 것이고, 다르게 보는 것은 3직분론이다. 칼빈은 이를 기초로 직분을 4분하여 목사, 교사, 장로, 집사로 구분했다.

124. 교회 직원의 종류에 관한 설명으로 옳은 것은?
① 창설직원은 사도와 선지자를 지칭한다.
② 현대교회의 목사직은 사도직의 계승이다.
③ 비상직원은 사도 시대 이후에 등장한 속사도와 교부를 가리킨다.
④ 항존직원은 교회 안에 계속 존재하는 통상적인 직원을 가리킨다.
⑤ 준직원은 목사후보생, 강도사, 선교사 및 그 후보생을 가리킨다.

125. 항존직에 대한 설명으로 옳은 것은?
① 항존직은 교회에서 항상 존귀히 여김을 받는 직분이다.
② 목사와 장로는 항존직이다.
③ 집사는 항존직이 아니다.
④ 칼빈은 교사를 목사를 보좌하는 임시직으로 이해했다.
⑤ 권사는 여성이 얻을 수 있는 유일한 항존직이다.

126. 교회의 항존직원에 대한 설명으로 옳지 않은 것은?
① 교회에 항존할 직원은 장로(감독)와 집사이다.
② 장로는 두 반이 있으니 목사와 장로이다.
③ 강도를 겸한 장로는 목사라고 일컫는다.
④ 장로는 치리만 하는 자로 교인의 대표이다.
⑤ 항존직원의 시무연한은 만 70세가 되는 생일 전날까지이다.

※ 만 70세가 끝나고, 만 71세가 시작하기 하루 전날까지이다.

정답 122.⑤ 123.② 124.④ 125.② 126.⑤

127. 항존직원으로 짝지어진 것이 아닌 것은?
① 목사, 장로 ② 목사, 집사 ③ 목사, 장로, 집사
④ 목사, 장로, 권사 ⑤ 장로, 집사

※ 이 문제는 함정이 있다. 1,2,3,5번은 모두 항존직이다. 그러나 4번에는 항존직이 아닌 권사가 있다. 정치 제3장 제2조 참고

128. 교회는 안수 없이 임시로 직원을 설치할 수 있는데, 그와 관련된 설명으로 옳지 않은 것은?
① 교회의 모든 임시직의 설치 연한은 만 71세 생일 전날까지로 한다.
② 모든 임시직의 임기는 1년이다. 해마다 당회에서 다시 임명 받아야 한다.
③ 전도사는 당회 회원은 되지 못하나 제직회 임시회장이 될 수 있다.
④ 1929년 제18회 총회는 여전도사에게 당회의 지도를 받아 강도(설교)할 수 있게 했다.
⑤ 미조직교회라도 임시직원을 설치할 수 있다.

※ 제직회 임시회장이 될 수 있는 자는 오직 남자 전도사뿐이다. 일반적으로 여자 전도사의 경우에는 제직회 임시회장이 될 수 없다.

129. 다음 중 임시직의 해임에 관한 설명으로 옳지 않은 것은?
① 부정기적 임시직은 당회의 결의로 통보하면 즉시 해임된다.
② 정기적 임시직은 당회 임명 후 1년은 재판 없이는 불가능하다.
③ 정기적 임시직인 서리집사는 1년 만기가 되면 자동 해임된다.
④ 어떤 임시직이든 임시직은 목사가 혼자도 해임 가능하다.

※ 정치 제3장 제3조 참고

130. 다음 중 교회의 창설직원에 대한 설명으로 맞지 않는 것은?
① 교회의 창설직원은 글자 그대로 교회를 창설한 후에는 폐지되는 직원이다.
② 이 직원은 주님께서 임명하사 최초로 이적 행할 권능을 주셨다.
③ 교회를 새로 개척하여 세우는 직원이 교회의 창설직원이다.
④ 교회의 창설직원은 오직 사도들뿐이므로 오늘날 교회를 세우는 일은 창설이나 창립이 아닌 설립이 옳다.

※ 정치 제3장 제1조 참고

131. 다음 중 교회 창설 직원의 직무가 아닌 것은?
① 복음 전파하는 일로 예수가 그리스도임을 증거하는 일
② 복음을 전파하는 일로 예수의 죽으심과 부활 재림을 증거하는 일
③ 교회의 창설직원은 그리스도의 생애와 죽으심과 부활을 목격한 자로서 상징적인 직원일 뿐이다.
④ 창설직원의 복음을 전파하는 목적은 교회를 세우는 일이다.

※ 정치 제3장 제1조 참고

정답 127.④ 128.③ 129.④ 130.③ 131.③

132. 다음 중 교회의 직원에 대하여 맞지 않는 것은?
① 교회는 창설직원이 있다.
② 교회는 항존직이 있다.
③ 교회는 임시직원이 있다.
④ 교회는 사무직원이 있다.

※ 정치 제3장 제1~3조

133. 서리집사 선임방법이 아닌 것은?
① 공동의회에서 투표로 선정한다.
② 목사가 임명한다.
③ 당회의 결의로 당회장이 임명한다.
④ 제직회의 결의로 한다.

※ 정치 제3장 제3조 4항 참고

134. 우리 주 예수께서 최초에 이적을 행할 권능이 있는 자로 자기 교회를 각 나라 중에서 선발하사 한 몸이 되게 하신 교회의 직원은 누구인가?
① 교회 설립직원
② 선지자
③ 교회 창설직원
④ 교사

※ 2018년 기출문제 수정

135. 다음 중 교회의 항존직에 해당되지 않는 직분은?
① 목사
② 장로
③ 집사
④ 권사

※ 2018년 기출문제

136. 다음 중 항존 직원이 아닌 것은?
① 장로
② 권사
③ 집사
④ 목사

※ 정치 제3장 2조, 제3조
※ 2020년 기출문제

137. 다음 중 교회의 항존직이 아닌 것은?
① 위임목사   ② 시무목사   ③ 장로   ④ 권사   ⑤ 안수집사

※ 2019년 기출문제

138. 다음 중 교회의 임시직원의 설치 이유는?
① 교회의 사정에 의하여 안수 없이 임시로 설치한다.
② 교회의 모든 임시직의 설치 연한은 70세까지이다.
③ 당회가 노회에 청원하여 선택허락을 받아야 한다.
④ 당회의 고시에 합격하여야 한다.

※ 정치 제3장 제3조 참고

정답 132.④ 133.④ 134.③ 135.④ 136.② 137.④ 138.①

139. 다음 중 임시직원의 필요성에 대한 설명으로 맞지 않는 것은?
① 항존직원은 없어도 교회의 항존 직무는 외면할 수 없기 때문에
② 항존직원을 방조하게 하기 위하여
③ 여 성도들에게 일할 기회를 열어주는 효과를 낸다.
④ 교회직원의 숫자를 늘리기 위하여
※ 정치 제3장 제3조 참고

140. 다음 중 항존직원에 대한 설명으로 맞지 않는 것은?
① 목사 : 강도와 치리를 겸한 자
② 치리장로 : 치리만 하는 장로로 교인의 대표자
③ 항존직원은 목사, 장로, 집사이다.
④ 권사 : 안수 없는 항존직원으로 정년 만 70세까지 시무한다.
※ 정치 제3장 제2조 참고

141. 다음 중 교회의 항존직에 해당되지 않는 것은?
① 장로   ② 목사   ③ 집사   ④ 권사

142. 다음 중 항존 직원으로 짝지어진 것은 무엇인가?
① 목사, 장로, 집사   ② 장로, 장로, 집사, 권사
③ 목사, 장로, 서리집사   ④ 집사, 목사, 권사
※ 정치 제3장 제2조 참고

143. 다음 중 '교회의 항존직'에 대한 설명으로 틀린 것은?
① 장로와 집사가 있으며, 권사는 포함되지 않는다.
② 항존직의 시무 연한은 만 70세이다.
③ 장로는 목사와 달리 치리만 한다.
④ 목사는 치리와 강도를 겸한 교인의 대표자이다.
※ 2017년 기출문제

144. 다음 중 임시직원이 아닌 것은?
① 전도사   ② 권사   ③ 집사   ④ 남녀 서리집사
※ 정치 제3장 제3조

145. 다음 중 교회의 임시직원이 아닌 것은?
① 권사   ② 강도사   ③ 전도사   ④ 서리집사
※ 정치 제3장 2조, 제3조, 61번 문제 해설 참고

정답 139.④ 140.④ 141.④ 142.① 143.④ 144.③ 145.②

146. 다음 중 교회의 임시직원으로 잘못 짝지어진 것은?
　① 전도사, 권사, 서리집사
　② 전도사, 전도인, 권사
　③ 강도사, 전도인, 서리집사
　④ 전도사, 전도인, 서리집사
　※ 정치 제3장 제3조 참고

147. 다음 중 교회의 항존직무가 아닌 것은?
　① 교리권 내지 교훈권을 가지고 말씀을 전파하고 수호하는 일
　② 치리권을 가지고 교회를 다스리는 일
　③ 선거권을 가지고 직원을 선거하는 일
　④ 봉사권을 가지고 구제하며 봉사하는 일
　※ 정치 제3장 2조, 제3조

148. 목사와 장로의 다른 점으로 옳지 않은 것은?
　① 설교와 치리를 겸한 자를 목사라 한다.
　② 치리만을 행하는 자를 장로라 한다.
　③ 목사는 노회의 소속이다.
　④ 장로는 당회의 소속이다.
　⑤ 목사는 교인들의 대표이다.
　※ 2019년 기출문제

149. 다음 중 교회의 임시직원이 아닌 것은?
　① 전도인　　　　　　　　② 권사
　③ 전도사　　　　　　　　④ 집사

150. 다음 중 항존직에 대한 설명으로 틀린 것은 무엇인가?
　① 목사와 장로와 집사이다.
　② 목사는 강도와 치리를 겸한 자이다.
　③ 장로는 치리권을 가지고 다스리는 직무이다.
　④ 집사의 임기는 1년이다.
　※ 정치 제3장 제2조

151. 다음 중 항존직의 시무 연한으로 옳은 것은?
　① 만 70세　　　　　　　② 만 45세
　③ 만 60세　　　　　　　④ 만 75세
　※ 정치 제3장 제2조 참고

정답 146.③ 147.③ 148.⑤ 149.④ 150.④ 151.①

152. 정치 제3장 교회의 직원 중 맞지 않는 것은 무엇인가?
① 교회의 창설직원은 예수님이시다.
② 교회의 임시직원은 전도사, 전도인, 권사, 남녀 서리집사이다.
③ 교회의 항존직 직원은 장로와 집사요, 장로는 두 반이 있으니 강도와 치리를 겸한 목사와 치리만 하는 장로이다.
④ 준직원은 강도사와 목사후보생이다. 개인으로는 당회 관리 아래 있고, 시무상으로는 노회 관리 아래 있다.

※ 2018년 기출문제

153. 다음 중 교회 직원에 대한 설명 중 잘못된 것은?
① 임시직원: 전도사, 전도인, 권사, 남녀 서리집사
② 창설직원: 12사도와 목사와 장로
③ 항존직원: 장로와 집사
④ 준직원: 강도사, 목사후보생
⑤ 강도와 치리를 겸한 자를 목사라 한다.

※ 2019년 기출문제

154. 임시직원의 필요성에 대한 설명으로 옳지 않은 것은?
① 항존 직원이 없는 경우에 교회의 항존 직무는 외면할 수 없기 때문
② 항존 직원의 직무를 방조하게 하기 위하여
③ 여 성도들에게도 일할 수 있는 길을 열어주기 위하여
④ 교회의 사정상 항존 직원을 세울 수 없는 경우에 교회의 사역을 수행하기 위해서
⑤ 교회의 목적을 효율적이고 능률적으로 감당하기 위해서

※ 여 성도들이 임시직원으로 교회를 섬기는 것은 일반적인 일이다. 그러나 임시직원이 존재하는 이유가 여 성도들에게 일할 수 있는 길을 열어주기 위함은 아니다. 교회가 감당해야 할 항존적 사역을 효율적이고 능률적으로 감당하기 위한 것이고, 항존직의 사역을 보좌하기 위한 것일 뿐이다.

● 목사

155. 성경이 목사의 직분을 맡은 자에 대한 칭호로 그 책임을 나타낸 것이 아닌 것은 무엇인가?
① 목자 – 양 무리를 감시하는 자
② 집사 – 그리스도를 봉사하는 자
③ 장로 – 그리스도의 집을 근실히 치리하는 자
④ 사도 – 거룩한 뜻을 전하며 하나님과 화목케 하라 권하는 자
⑤ 교사 – 권면하며, 책망하여 각성케 하는 자

※ 교회헌법은 목사에 대한 성경적 설명을 하면서 "사도직"과 연결시키지는 않았다. 이는 사도적 계승이 직분으로 계승되었다는 오해를 불식시키기 위해서이다.

정답 152.① 153.② 154.③ 155.④

156. 목사의 자격에 대한 설명으로 옳지 않은 것은 무엇인가?
① 총신대학교 신학대학원을 졸업하고 학식이 풍부해야 한다.
② 행실이 선량하고 신앙이 진실하며 교수에 능해야 한다.
③ 모든 행위가 복음에 적합하여 범사에 존절함과 성결함을 나타내야 한다.
④ 자기 가정을 잘 다스리며 외인에게서도 칭찬을 받는 자라야 한다.
⑤ 목사의 연령은 만 30세 이상이며 군목과 선교사는 만 27세 이상이어야 한다.

※ 목사의 연령은 만 29세 이상이다.

157. 목사로 안수 받기 위한 일반적 요건에 해당하지 않는 것은 무엇인가?
① 총신대학교 신학대학원을 졸업해야 한다.
② 총회에서 실시하는 강도사 고시에 합격해야 한다.
③ 강도사 인허 후, 1년 이상 교역에 종사해야 한다.
④ 총회에서 시행하는 목사 고시에 합격해야 한다.
⑤ 목사로 청빙을 받아야 한다.

※ 목사고시는 노회에서 시행한다.

158. 목사의 직무에 해당하지 않는 것은 무엇인가?
① 하나님의 말씀으로 교훈하고 강도하는 일
② 동성애자와 본 교단의 교리에 위배되는 이단에 속한 자를 교회에서 추방하는 일
③ 하나님을 대리하여 축복하는 일
④ 장로와 합력하여 치리권을 행사하는 일
⑤ 신문이나 서적을 통해 교회와 교회지도자를 비판하는 일

※ 신문이나 서적을 통해 교회에 덕의를 세우는 것이 목사의 직무이다.

159. 다음 중 목사의 의의에 대하여 맞지 않는 것은?
① 목사는 노회의 안수로 임직을 받는다.
② 목사는 그리스도의 복음을 전파하고 성례를 거행한다.
③ 목사는 교회를 치리하는 자로 교회의 가장 중요하고 유익한 직분이다.
④ 목사는 교인의 대표로 교회를 다스리며 치리한다.

※ 정치 제4장 제1조 참고

160. 다음 중 헌법이 규정한 목사 청빙서식 규정에 들어 있는 목사 대우 요건이 아닌 것은?
① 모든 일에 편의 제공
② 위로를 도모하며 주 안에서 순복함
③ 주택과 매삭 생활비
④ 원로목사 추대

※ 2020년 기출문제

정답 156.⑤ 157.④ 158.⑤ 159.④ 160.④

161. 다음 중 목사의 자격이 아닌 것은?
① 칭찬 받는 자로 만 30세 이상이어야 한다.
② 학식이 풍부하여야 한다.
③ 교수에 능한 자여야 한다.
④ 모든 행위가 복음에 합당해야 한다.
⑤ 총신 신학대학원을 졸업하여야 한다.
※ 2019년 기출문제

162. 다음 중 목사의 책임을 나타내는 칭호에 관한 설명으로 맞지 않는 것은?
① 목자 : 양무리를 감시하는 자
② 청지기 : 교회의 재정출납을 관리하는 자
③ 사자 : 하나님의 보내신 사자
④ 전도인 : 죄로 침륜할 자에게 구원의 복된 소식을 전하는 자
※ 정치 제4장 제1조 8항 참고

163. 다음 중 목사의 책임을 나타내는 칭호에 대한 설명으로 맞지 않는 것은?
① 복음의 사신 : 그리스도로 말미암아 하나님과 화목하게 하는 자
② 교사 : 교훈, 권면, 책망하여 각성하게 하는 자
③ 장로 : 그리스도의 집과 그 나라를 근실히 치리하는 자
④ 신약의 집사 : 믿음이 신실한 자
※ 정치 제4장 제1조 2항

164. 다음 중 목사의 자격에 대한 설명으로 맞지 않는 것은?
① 총신대학교 신학대학원을 졸업하고 학식이 풍부한 자
② 행실이 선량하고 신앙이 진실하며 교수에 능한 자
③ 하나님을 대리하여 축복하고 장로와 합력하여 치리권을 행사하는 자
④ 외인에게도 칭찬을 받는 자로 연령은 만 29세 이상인 자
※ 정치 제4장 제2조 참고

165. 다음 중 지교회를 관리하는 목사의 직무에 대한 설명으로 맞지 않는 것은?
① 양무리 된 교인을 위하여 기도하는 일
② 제직회의 결의에 의하여 금전을 출납한다.
③ 교우를 심방하는 일
④ 장로와 합력하여 치리권을 행사하는 일
※ 정치 제4장 제3조 1항 참고

정답 161.① 162.② 163.④ 164.③ 165.②

166. 다음 중 지교회를 관리하는 목사의 직무는?
   ① 교우를 심방하며 궁핍한 자와 병자와 환난 당한 자를 위로한다.
   ② 제직회의 결의에 의하여 금전을 출납한다.
   ③ 교회에서 수금한 구제비를 수납 지출한다.
   ④ 당회의 감독 아래서 지교회를 관리한다.
   ※ 정치 제4장 제3조 1항

167. 다음 중 지교회를 관리하는 목사의 직무에 대한 설명 중 틀린 것은?
   ① 하나님 말씀으로 교훈하고 강도하는 일
   ② 하나님을 대리하여 축복하는 일
   ③ 찬송하는 일과 성례를 거행하는 일
   ④ 교우를 심방하되 특별히 병자와 조상자를 위로하고 목사에게 보고한다.
   ※ 정치 제4장 제3조 1항

168. 다음 중 지교회를 관리하는 목사의 직무에 대한 설명으로 옳은 것은?
   ① 양무리 된 교인을 위하여 기도하는 일
   ② 교인의 신앙을 살피고 위하여 강도의 결과를 찾아본다.
   ③ 특별히 구조 받아야 할 자가 있을 때에는 목사에게 보고한다.
   ④ 특히 믿음이 연약한 교인들을 돌보아 권면하는 자로 제직회원이 된다.
   ※ 정치 제4장 제3조 1항

169. 다음 중 목사가 종교상 도리와 본분을 교훈하는 직무를 받을 때 할 일은?
   ① 목자같이 돌아보며 구원하기 위해 성경의 씨를 뿌리고 결실되도록 힘쓴다.
   ② 교회설립과 장로를 세워 교회를 조직하는 일
   ③ 장로와 합력하여 치리권을 행사하는 일
   ④ 성례를 올바르게 시행하는 일
   ※ 정치 제4장 제3조 2항 참고

170. 장로와 합력하여 치리권을 행사하는 목사의 직무에 관한 설명으로 옳지 않은 것은?
   ① 치리권이란 행정권과 권징권이며 장로와 함께 할 목사의 직무이다.
   ② 미조직교회 시무목사도 당회권을 가지고 권징권까지 처리할 수 있다.
   ③ 치리회 안에서는 목사와 장로가 동등한 권한을 가진다.
   ④ 치리회의 장은 목사이어야 한다.
   ※ 정치 제4장 제3조 1항 참고

정답 166.① 167.④ 168.① 169.① 170.②

171. 다음 중 장로와 합력하여 치리권을 행사하는 목사의 직무에 관한 설명으로 옳은 것은?
① 치리권이란 행정권과 권징권이며 장로와 함께 할 목사의 직무이다.
② 치리회 안에서도 목사와 장로의 권한은 엄연히 다르다.
③ 장로와 함께하는 치리권은 권징권만 행사할 수 있는 직무이다.
④ 궁핍한 자와 병자와 환난 당한 자를 위로하는 직무이다.

※ 정치 제4장 제3조 1항

172. 목사는 노회의 안수로 임직함을 받아 그리스도의 복음을 전파하고 성례를 거행하며 교회를 치리하는 자니 교회의 가장 중요하고 유익한 직분이다. 목사의 칭호에 맞지 않는 것은?
① 하나님이 보내신 사자이므로 교회의 사자
② 교회 안에서 그리스도를 봉사하는 자이므로 그리스도의 종
③ 그리스도의 사신, 복음의 사신, 교사
④ 하나님의 거룩한 뜻을 만민에게 전파하며 사람과 화목하라 권하는 자

※ 2018년 기출문제

173. 다음 목사의 자격 중 맞지 않는 것은?
① 학식이 풍부하며 행실이 선량하고 신앙이 진실하며 교수에 능한 자
② 자기 가정을 잘 다스리며 외인에게도 칭찬을 받는 자
③ 목사의 연령은 31세 이상, 군목과 선교사는 27세 이상
④ 총신대학교 신학대학원을 졸업한 자

※ 2018년 기출문제

174. 다음 목사의 직무 중 맞지 않는 것은?
① 지교회 관리: 양무리 된 교인을 위하여 기도하며, 하나님의 말씀으로 교훈
② 강도하며 찬송하는 일과 성례를 거행, 교우를 심방, 어려운 자를 위로
③ 선교사: 외국에 선교할 때에는 성례를 거행하며 교회를 설립하지만 조직할 권한은 없다.
④ 교훈: 목자같이 돌아보며 각 사람의 마음 가운데 성경의 씨를 뿌린다.

※ 2018년 기출문제

175. 다음 중 목사의 자격에 대한 설명이 아닌 것은?
① 목사는 총신대학교 신학대학원을 졸업해야 한다.
② 총회에서 시행하는 강도사 고시에 합격되어 1개년 이상 교역에 종사해야 한다.
③ 노회 고시에 합격되고 반드시 청빙을 받은 자라야 한다.
④ 해외에서 유수한 신학을 졸업한 목사는 정치 제15장 제13조와 상관없이 본 교단의 목사 될 자격이 있다.

※ 정치 제15장 제1조 참고

정답 171.① 172.④ 173.③ 174.③ 175.④

176. 목사의 자격 중 틀린 것은?
   ① 총신대학교 신학대학원 졸업
   ② 총회에서 시행하는 강도사고시 합격
   ③ 노회 고시에 합격
   ④ 강도사고시 합격 후 6개월 이상 교역에 종사
   ※ 15장 1조
   ※ 2016년 기출문제

177. 목사의 소속은 어디인가?
   ① 당회   ② 시찰회
   ③ 노회   ④ 총회
   ※ 17장 3조

178. 다음 중 목사를 장로라 칭할 때에는 그 책임이 무엇인가?
   ① 양의 무리를 감시한다.
   ② 교회 안에서 그리스도를 봉사한다.
   ③ 엄숙하고 지혜롭게 하여 모든 사람의 모범이 되고, 그리스도의 집과 그 나라를 근실히 치리한다.
   ④ 하나님의 거룩한 뜻을 죄인에게 전파한다.
   ※ 정치 제4장 제1조

179. 다음 중 목사의 의의에 대한 설명으로 옳지 않은 것은?
   ① 목사는 교회의 가장 중요하고 유익한 직분이다.
   ② 성경에 이 직분 맡은 자에 대한 칭호가 많아 그 칭호로 모든 책임을 나타낸다.
   ③ 목사의 칭호에 따른 계급이 있다.
   ④ 목사의 칭호는 계급을 가리키는 것이 아니라, 다만 각양 책임을 가리켜 칭하는 것뿐이다.
   ※ 정치 제4장 제1조

180. 다음 중 목사가 지교회를 관리할 때 할 일이 아닌 것은?
   ① 동성애자와 본 교단의 교리에 위배되는 이단에 속한 자가 집례를 요청할 때, 사랑의 마음으로 집례를 인도한다.
   ② 하나님 말씀으로 교훈하고 강도한다.
   ③ 성례를 거행한다.
   ④ 장로와 합력하여 치리권을 행사한다.
   ※ 정치 제4장 제3조 1항

정답 176.④ 177.③ 178.③ 179.③ 180.①

181. 다음 중 목사가 기독교 교육 지도자로 노회나 지교회나 교회에 관계되는 기독교 교육 기관에서 청빙을 받으면 어떤 일로 시무할 수 있는가?
① 하나님을 대리하여 축복하는 일
② 교회를 설립하고 조직하는 일
③ 교회에 덕의를 세우고 복음을 전하는 일
④ 교육하는 일

※ 정치 제4장 제3조 5항

182. 다음 중 동성애자와 본 교단의 교리에 위배되는 이단에 속한 자가 예식을 요청할 때는 어떻게 해야 하는가?
① 집례를 인도하고, 교회에서 추방할 수 있다.
② 집례를 거부하고, 교회에서 추방할 수 있다.
③ 집례를 거부하고, 교회에서 추방할 수 없다.
④ 집례를 인도하고, 교회에서 추방할 수 없다.

※ 정치 제4장 제3조 7항 참고

● 목사의 칭호

183. 다음 목사의 칭호 중 틀린 것은?
① 무임목사, 종군목사, 기관목사
② 부목사, 교육목사
③ 위임목사, 시무목사, 선교사
④ 원로목사, 공로목사, 은퇴목사

※ 2018년 기출문제

184. 다음 중 목사의 칭호에 대한 설명으로 맞는 것은?
① 목사가 그 담임한 시무와 형편으로 인하여 칭호가 달라진다.
② 위임목사가 본 교회를 떠나 1년 이상 결근하게 되는 경우에도 특별한 사정이 있어 노회가 허락하면 그 위임이 해제되지 않는다.
③ 위임목사로 청빙받으면 위임식과 상관없이 위임목사이다.
④ 조직교회에서는 시무목사를 청할 수 없다.

※ 정치 제4장 제4조 참고

185. 다음 중 목사의 칭호에 대한 설명으로 옳지 않은 것은?
① 목사가 그 담임한 시무와 형편으로 인하여 칭호가 달라진다.
② 목사의 칭호는 직무상의 칭호와 신분상의 칭호로 구분된다.
③ 노회로부터 위임을 받은 목사는 위임목사라 칭한다.
④ 폐당회가 되어 2년 안에 당회조직이 회복되지 않으면 무임목사가 된다.

※ 정치 제4장 제4조. 제60회 속회 총회결의 참고

정답 181.④ 182.② 183.④ 184.① 185.④

186. 교회 헌법에 나타난 목사의 칭호에 해당하지 않는 것은?
   ① 시무목사
   ② 동사목사
   ③ 군종목사
   ④ 선교사
   ⑤ 기관목사

   ※ 동사목사는 과거 헌법에 존재했고, 정치문답조례에서는 언급되고 있지만, 현행 헌법에서는 삭제되었다. 최근 총회결의에 의해 "후임목사 또는 동사목사"에 대한 허락이 있었으나, 그것은 총회결의상의 허용일 뿐, 헌법상의 칭호는 아니다. 그 밖에도 음악목사, 행정목사 등은 목사의 칭호에 해당하지 않는다.

187. 다음 중 목사의 칭호에 대한 설명으로 옳지 않은 것은?
   ① 무임목사 – 아무런 시무가 없는 목사이며, 노회의 결의권이 없다.
   ② 기관목사 – 노회의 허락을 받아 총회나 노회 및 교회 관계 기관에서 행정과 신문과 서적 및 복음사역에 종사하는 목사이다.
   ③ 전도목사 – 교회 없는 지방에 가서 교회를 설립하는 목사이며, 노회의 언권은 있으나 결의권은 없다.
   ④ 교육목사 – 지교회 담임목사를 보좌하여 교회의 교육부서를 책임지는 부목사이다.
   ⑤ 군종목사와 군선교사는 군인교회를 섬기는 목사들인데, 목사 자신의 신분이 군인이냐 아니냐로 구분된다.

   ※ 교육목사는 교육기관에서 성경과 기독교 교리를 교수하는 목사이다. 지교회의 부목사를 일컫는 말은 아니다.

188. 헌법에 명시된 목사의 칭호 중 맞지 않는 것은?
   ① 위임목사
   ② 시무목사
   ③ 부목사
   ④ 임시목사

   ※ 4장 4조
   ※ 2016년 기출문제

189. 다음 중 옳은 것을 골라라.
   ① 군종목사는 임관 이전이라도 예배 시에 축도할 수 있다.
   ② 결혼하지 않은 자는 목사로 안수 받을 수 없다.
   ③ 총신대학교 신학대학원을 졸업한 후, 타 교단에서 목사 안수를 받은 자는 예외적으로 강도사 고시 없이 본 교단의 목사가 될 수 있다.
   ④ 본 교단으로 이적해 온 목사는 아무 조건 없이 노회의 회원권을 갖는다.
   ⑤ 선교사로 파송 받은 자는 만 27세 이상이면 목사로 안수 받을 수 있다.

190. 다음 중에 지교회를 관리하는 목사가 아닌 자는?
   ① 위임목사
   ② 시무목사
   ③ 부목사
   ④ 전도목사

   ※ 정치 제4조 1,2,3항

정답 186.② 187.④ 188.④ 189.⑤ 190.④

● 위임목사

191. 위임목사에 대한 설명으로 옳지 않은 것은 무엇인가?
① 특별한 사유가 있으면 본 회를 떠나 1년 이상 결근할 수 있다.
② 한 교회나 1구역의 청빙을 받은 자이어야 한다.
③ 반드시 위임식을 거행해야 한다.
④ 위임목사는 그 교회의 공동의회장이 된다.
⑤ 노회의 위임을 받은 목사이다.

※ 4번의 경우에는 당회장이 된다고 하면 틀린 것으로 볼 수 있으나 위임목사는 자동적으로 당회장, 제직회장, 공동의회장이 된다. 그것은 고유의 권한이다.

192. 목사의 위임 해제에 관한 설명으로 옳은 것은 무엇인가?
① 폐 당회 후 2년 내에 당회를 복구하지 않으면 위임이 해제된다.
② 교회는 공동의회를 통해서 목사의 위임을 해제할 수 있다.
③ 목사의 위임이 해제되면, 그 교회는 허위교회가 되며, 당회의 직무는 정지된다.
④ 장로가 없는 교회라도 위임목사를 청빙하여 장로를 세워 당회를 조직할 수 있다.
⑤ 위임목사만이 노회의 정회원이 되며, 총대권이 있다.

※ 교회가 허위교회가 되더라도 당회의 직무는 정지되지 않는다. 장로 없는 교회는 위임목사를 청빙할 수 없다. 위임목사 외에도 노회 정회원은 있다.

193. 다음 중 위임목사의 필수조건에 대한 설명으로 맞지 않는 것은?
① 반드시 시무장로가 있는 조직교회여야 한다.
② 교회의 청빙과 노회의 허락을 받아야 한다.
③ 노회에는 위임국, 지교회에는 청빙위원회가 조직되어야 한다.
④ 위임식 순서 중에 위임국장의 공포와 동시에 당연직 당회장권이 수임된다.

※ 정치 제4장 제4조 1,2항, 제9장 제1조, 제15장 제11조 참고

● 시무목사

194. 시무목사에 관한 설명으로 옳지 않은 것을 골라라.
① 조직교회에서 시무목사를 청빙하고자 하면 공동의회 출석회원 3분의 2 이상의 찬성이 있어야 한다.
② 조직교회 시무목사는 시무만료 후 시무 연장 청원을 하면 1년간 더 허락할 수 있다.
③ 시무목사의 시무기간은 1년이다.
④ 미조직교회의 시무목사의 시무 연기 청원은 해당 당회장이 노회에 청원한다.
⑤ 시무목사라도 노회가 허락하면 그 교회의 당회장이 될 수 있다.

※ 조직교회의 시무목사는 시무기간 1년, 미조직교회의 시무목사는 시무기간 3년이다.

정답 191.① 192.① 193.③ 194.③

195. 다음 중 시무목사의 권한에 대한 설명 중 틀린 것은?
   ① 조직교회도 특별한 이유가 있을 때는 시무목사를 청빙하여 시무하게 할 수 있다.
   ② 시무목사도 교회의 청빙을 받았으므로 당연직 당회장권이 주어진다.
   ③ 미조직교회는 3년간 시무목사로 시무할 수 있고 만기 후에는 다시 노회에 3년간 더 승낙을 받을 것이요, 노회의 결의로 당회장권을 줄 수 있다.
   ④ 특별한 이유가 있을 때 조직교회 시무목사가 만기 후에는 다시 노회에서 1년간 더 승낙을 받아 시무할 수 있다.

   ※ 2020년 기출문제

196. 다음 중 시무목사의 권한과 관련하여 잘못된 것은?
   ① 특별한 이유가 있으면 노회 허락으로 조직교회는 1년간 시무목사로 시무하게 할 수 있다.
   ② 조직교회는 시무목사로 2년을 초과하여 시무케 할 수 없다.
   ③ 미조직교회는 3년간 시무목사로 시무할 수 있다.
   ④ 미조직교회의 경우 만기 후에는 공동의회 3분의 2 이상의 결의로 3년 더 시무케 할 수 있다.
   ⑤ 교회의 각 기관 목사는 지교회 위임목사가 될 수 없다.

   ※ 2019년 기출문제

197. 미조직교회에서 3년간 시무 만기된 목사는 다시 노회에 몇 년 더 승낙을 받을 수 있는가?
   ① 1년간   ② 3년간   ③ 6년간   ④ 2년간

   ※ 2018년 기출문제

198. 다음 중 시무목사의 권한에 대한 설명으로 옳지 않은 것은?
   ① 교회 각 기관에 종사하는 목사는 지교회 위임목사가 될 수 없고 임시로 시무할 수 있다.
   ② 시무목사는 노회의 결의로 당회장권을 줄 수 있다.
   ③ 조직교회의 시무목사의 임기는 원칙적으로 1년이고 다만 1년 만기가 지나면 다시 노회에 1년간 더 승낙을 받아야 한다.
   ④ 조직교회가 시무목사를 청빙하는 것은 불법이므로 불가하다.

   ※ 정치 제15장 제12조

199. 다음 중 시무목사의 권한에 관한 설명으로 옳은 것은?
   ① 조직교회 시무목사의 임기는 원칙적으로 1년이고 다만 1년 만기가 지나면 매년 노회에 1년간 더 승낙을 받아야 한다.
   ② 시무목사도 교회의 청빙을 받았으므로 당연직 당회장권이 주어진다.
   ③ 교회 각 기관에 시무하는 목사는 지교회 위임목사가 될 수 없고 임시로 시무할 수 있다.
   ④ 미조직교회 시무목사는 3년간 시무목사로 시무하게 할 수 있고 만기 후에는 공동의회에서 3분의 2 이상의 결의로 3년 더 승낙받아야 한다.

   ※ 정치 제15장 제12조

정답 195.② 196.④ 197.② 198.④ 199.③

200. 시무목사의 권한이 아닌 것은?
① 조직교회는 노회 허락으로 1년간 시무 목사로 시무하게 할 수 있다.
② 만기 후에는 2년간 더 승낙을 받는다.
③ 미조직교회는 3년간 시무목사로 시무하게 할 수 있다.
④ 미조직교회는 노회결의로 당회장권을 줄 수 있다.

※ 15장 - 12조
※ 2016년 기출문제

201. 다음 중 조직교회 시무목사에 관한 설명으로 맞지 않는 것은?
① 조직교회 시무목사는 공동의회에서 출석교인 3분의 2 이상의 가결로 청빙한다.
② 시무 기간은 1년이요 부득이한 형편이면 다시 공동의회에서 3분의 2 가결로 계속시무를 청원하면 1년간 더 허락할 수 있다.
③ 조직교회가 시무목사를 청빙하는 것은 불법으로 청빙할 수 없다.
④ 조직교회에서는 위임목사를 청빙하는 것이 원칙이다.

※ 정치 제4장 제4조 2항, 제15장 제12조 1항 참고

202. 다음 중 조직교회 시무목사에 관한 설명으로 옳은 것은?
① 시무 기간은 1년이요 부득이한 형편이면 다시 공동의회에서 3분의 2 가결로 계속 시무를 청원하면 1년간 더 허락할 수 있다.
② 조직교회에서 시무목사를 청빙하는 것은 불법이다.
③ 연기를 청원할 때는 당회장이 노회에 더 청원할 수 있다.
④ 조직교회 시무목사는 부임과 함께 당연직 당회장권이 있다.

※ 정치 제4장 제4조 2항, 제15장 제12조 1항

203. 다음 중 미조직교회 시무목사에 관한 설명으로 맞지 않는 것은?
① 미조직교회에서 시무목사 시무기간은 3년이다.
② 연기를 청원할 때는 당회장이 노회에 더 청원할 수 있다.
③ 시무목사에게 시무를 허락한 기간이 경과하고도 계속청빙이 없으면 전도목사가 된다.
④ 시무목사는 노회에서 당회장권을 허락해야만 당회장이 될 수 있다.

※ 정치 제4장 제4조 2항, 제15장 제12조 1항 참고

204. 다음 중 위임목사와 시무목사의 차이에 대한 설명으로 옳지 않은 것은?
① 청빙절차는 위임목사나 시무목사나 같고 위임예식이 없는 것이 다르다.
② 위임목사는 당회에서 재판을 처리할 수 있으나 시무목사는 재판권이 없다.
③ 위임목사는 당연직 당회장권이 주어지나 시무목사는 당연직 당회장권이 없다.
④ 위임목사와 시무목사는 목사의 직무가 전혀 다르다.

※ 정치 제4장 제4조 1,2항. 제15장 제12조 참고

정답 200.② 201.③ 202.① 203.③ 204.④

205. 다음 중 시무목사의 시무기간에 관한 설명으로 옳지 않은 것은?
   ① 조직교회 시무목사의 시무 기간은 1년이요 부득이한 형편이면 다시 공동의회에서 3분의 2 가결로 계속시무를 청원하면 1년간 더 허락할 수 있다.
   ② 미조직교회에서 시무목사 시무기간은 3년이다.
   ③ 미조직교회 시무목사가 연기를 청원할 때는 당회장이 노회에 더 청원할 수 있다.
   ④ 조직교회 시무목사는 시무 기간은 1년뿐이나 매년 청빙 받으면 계속 시무할 수 있다.

   ※ 정치 제4장 제4조 1,2항. 제15장 제12조

206. 다음 중 시무목사의 권한에 대한 설명으로 옳지 않은 것은?
   ① 조직교회도 특별한 이유가 있을 때는 시무목사를 청빙하여 시무하게 할 수 있다.
   ② 특별한 이유가 있을 때 조직교회 시무목사가 만기 후에는 다시 노회에서 1년간 더 승낙을 받아 시무할 수 있다.
   ③ 미조직교회는 3년간 시무목사로 시무할 수 있고 만기 후에는 다시 노회에 3년간 더 승낙을 받을 것이요, 노회의 결의로 당회장권을 줄 수 있다.
   ④ 시무목사도 교회의 청빙을 받았으므로 당연직 당회장권이 주어진다.

   ※ 정치 제15장 제12조 참고

● 부목사

207. 부목사에 관한 설명으로 옳지 않은 것은 무엇인가?
   ① 부목사는 임시 목사이다.
   ② 부목사는 당회의 결의로 청빙한다.
   ③ 부목사는 담임목사를 보좌하는 목사이다.
   ④ 부목사는 매년 당회장이 노회에 청원하여 승낙을 받는다.
   ⑤ 부목사는 노회의 정회원이다.

   ※ 부목사는 위임목사를 보좌하는 목사이다. 담임목사는 보다 포괄적인 개념이다. 위임목사와 시무목사를 모두 포함한다. 따라서 당회의 결의가 없는 교회, 미조직교회에서는 사실상 부목사의 청빙이 불가하다.

208. 다음 중 부목사에 대한 아래 서술 중 빈칸에 들어갈 기관을 차례대로 옳게 쓴 것은?

   "부목사는 위임 목사를 보좌하는 임시 목사니 (   )의 결의로 청빙하되 계속 시무하게 하려면 매년 당회장이 (   )에 청원하여 승낙을 받는다"

   ① 당회, 노회   ② 노회, 당회
   ③ 노회, 총회   ④ 총회, 당회

   ※ 정치 제4장 제4조 3항

정답 205.④ 206.④ 207.③ 208.①

209. 다음 중 부목사에 관한 규정 설명으로 맞지 않는 것은?
① 부목사는 위임목사를 보좌하는 임시목사이다.
② 부목사는 당회의 결의로 청빙한다.
③ 부목사도 시무하는 교회에서 당회장이 될 수 있다.
④ 계속 시무하려면 매년 당회장이 노회에 청원하여 승낙을 받는다.

※ 정치 제4장 제4조 3항 참고

210. 다음 중 부목사에 관한 규정을 설명한 것으로 옳은 것은?
① 부목사는 위임목사를 보좌하는 임시목사이며 당회의 결의로 청빙한다.
② 부목사는 시무하는 교회에서 당회장이 될 수 있다.
③ 당회의 청원을 받으며 시무하는 해교회는 물론이고 노회산하 어느 교회이든지 대리당회장과 임시당회장도 될 수 없다.
④ 후임목사로 청빙된 부목사를 제외한 모든 부목사는 동일교회의 담임목사가 될 수 없다.

※ 정치 제4장 제4조 3항, 제88회, 104회 총회 결의 참고

211. 다음 중 부목사에 관한 설명으로 맞지 않는 것은?
① 부목사는 당회원은 물론 제직회원도 될 수 있다.
② 부목사는 위임목사가 해임되고 허위교회가 될 경우 시무 잔여기간만 시무할 수 있다.
③ 104회 총회 결의에 따라 후임목사로 청빙된 부목사를 제외한 모든 부목사는 동일교회의 담임목사가 될 수 없다.
④ 부목사도 노회에서 모든 선거에 투표권과 피선거권이 있다.

※ 정치 제4장 제4조 3항, 제88회, 104회 총회 결의

212. 다음 중 부목사와 시무목사의 다른 점에 대한 설명으로 옳지 않은 것은?
① 시무목사는 지교회 사무에 대하여 위임목사와 거의 다를 바 없으나 부목사는 위임목사를 보좌하는 것으로 제한된다.
② 시무목사는 공동의회의 투표를 통하여 청빙을 받으나 부목사는 당회의 가결로 청빙을 받는다.
③ 시무목사는 지교회의 시무를 위해, 부목사는 위임목사를 보좌하기 위해 청빙된다.
④ 시무목사는 노회원으로서 모든 선거에 선거권과 피선거권이 있으나 부목사는 노회원이나 선거권과 피선거권에는 제한이 있다.

※ 정치 제4장 제4조 2, 3항 참고

213. 다음 설명 중 틀린 것은 무엇인가?
① 부목사는 임시 목사이다.
② 부목사는 당회결의만 있으면 매년 계속 시무가 가능하다.
③ 무임 목사는 노회에서 가부권이 없다.
④ 원로 목사는 공동의회 투표수 과반수의 찬성이 있어야 한다.

※ 2017년 기출문제 수정

정답 209.③ 210.① 211.① 212.④ 213.②

214. 다음 중 허위교회에서의 부목사에 관한 설명으로 옳지 않은 것은?
   ① 부목사는 위임목사가 해임되고 허위교회가 될 경우 시무 잔여 기간만 시무할 수 있다.
   ② 허위교회 상태에서는 보좌할 위임목사가 없으므로 계속 시무청원 할 수 없다.
   ③ 후임목사로 청빙된 이외, 부목사는 동일교회 담임목사로 청빙 받을 수 없다.
   ④ 허위교회에서는 담임목사를 청빙할 때까지 부목사가 위임목사의 빈자리를 채울 수 있다.

   ※ 정치 제4장 제4조 3항, 제88회, 104회 총회결의 참고

215. 다음 중 부목사에 관한 규정 설명으로 옳지 않은 것은?
   ① 부목사도 시무하는 교회에서 당회장이 될 수 있다.
   ② 부목사는 당회의 결의로 청빙한다.
   ③ 부목사는 위임목사를 보좌하는 임시목사이다.
   ④ 계속 시무하게 하려면 매년 당회장이 노회에 청원하여 승낙을 받는다.

   ※ 2020년 기출문제

● 원로목사

216. 다음 중 원로목사에 관한 규정 설명으로 옳지 않은 것은?
   ① 동일교회에서 20년 이상 시무한 목사라야 한다.
   ② 공동의회에서 생활비를 작정하고 원로목사로 투표하여 과반수로 결정한다.
   ③ 노회에 청원하면 노회의 결정으로 원로목사의 명예직을 준다.
   ④ 원로목사는 공동의회의 회원이 되며, 당회의 언권회원이 된다.

   ※ 정치 제4장 제4조 4항 참고

217. 다음 중 원로목사의 권한에 대한 설명으로 맞지 않는 것은?
   ① 지교회에서 생활비를 받는 일과 명예적 관계를 유지하는 일
   ② 한 번 원로목사로 추대되면 다시 시무목사가 될 수 없다.
   ③ 70세 정년 이전에는 정회원이나 70세를 초과하면 노회에서 언권회원이 된다.
   ④ 70세 정년 전에 다시 시무하는 목사로 청빙을 받으면 신분이 시무목사가 된다.

   ※ 정치 제4장 제4조 4항

218. 다음 중 원로목사 추대에 관한 설명으로 옳은 것은?
   ① 동일한 교회에서 20년 동안 시무한 목사로서 교회가 생활비를 정하고 공동의회 투표수 과반수 찬성으로 노회에 청원하여 허락받아야 한다.
   ② 원로목사로 추대되면 당회에 참석할 수 있다.
   ③ 원로목사는 정년이 지나도 언제든지 지교회의 당회장으로 파송 받으면 당회장의 직무를 수행할 수 있다.
   ④ 정년 이전의 원로목사는 노회에서나 당회에서 정회원권이 있다.

   ※ 정치 제4장 제4조 4항

정답 214.④ 215.① 216.④ 217.② 218.①

219. 다음 중 원로목사와 지교회의 관계에 관한 설명으로 옳지 않은 것은?
① 원로목사는 연로하여 노회에 시무사면을 제출하려 할 때 추대할 수 있다.
② 지교회와의 관계는 생활비를 받는 일 외에 어떠한 직무도 치리권도 없다.
③ 원로목사도 지교회의 공동의회의 결의로 추대하였으니 여전히 치리권이 있다.
④ 본 교회의 청원으로 노회가 해 교회와 명예적 관계를 보존하기 위하여 허락한다.

※ 정치 제4장 제4조 4항

220. 다음 중 원로목사의 연수에 맞는 것은?
① 목회 20년 이상 시무함
② 목회 25년 이상 시무함
③ 한 교회에서 20년 이상 시무함
④ 한 교회에서 25년 이상 시무함

221. 다음 중 원로목사에 관한 규정 설명으로 옳지 않은 것은?
① 동일교회에서 20년 이상 시무한 목사라야 한다.
② 공동의회에서 생활비를 작정하고 원로목사로 투표하여 과반수로 결정한다.
③ 원로목사는 당회에서 언권회원이 된다.
④ 노회에 청원하면 노회의 결정으로 원로목사의 명예직을 준다.

※ 2020년 기출문제

222. 원로목사에 대한 설명으로 옳지 않은 것은 무엇인가?
① 원로목사는 당회에 참석하여 발언할 권한이 있다.
② 정년 이전에 은퇴한 원로목사는 노회의 정회원이다.
③ 원로목사가 되려면 동일한 교회에서 20년 이상 시무하여야 한다.
④ 원로목사는 공동의회에서 투표하여 과반수로 결정한다.
⑤ 원로목사가 다른 교회에 부임하면 그 신분이 소멸된다.

223. 원로목사 추대와 관련하여 옳지 않은 것은 무엇인가?
① 동일한 교회에서 20년 이상 계속 시무한 목사이어야 한다.
② 부임한 날로부터 20년 이상 되어야 한다.
③ 시무목사는 한 교회에서 20년 이상 시무한 경우에도 원로목사가 될 수 없다.
④ 타 교단에서 가입한 목사는 가입한 날로부터 20년이상 되어야 한다.
⑤ 원로목사를 추대하기 위해서는 반드시 당회의 결의를 거쳐야 한다.

※ 105회 총회 결의에 의하면 원로목사는 조직교회의 위임목사에 한하여 가능하다.

정답 219.③ 220.③ 221.③ 222.① 223.④

● 은퇴목사

224. 다음 중 은퇴목사의 규정에 대한 설명으로 틀린 것은?
① 은퇴목사는 70세가 지나면 노회에서 지교회에 당회장으로 파송할 수 없다.
② 70세 정년 이전이라도 사정에 의하여 은퇴한 목사는 무임목사와 방불하다.
③ 은퇴목사는 노회의 언권회원이다.
④ 정년이 되어도 노회의 허락이 없으면 은퇴목사가 될 수 없다.
※ 정치 제4장 제4조 12항, 제10장 제3조 참고

225. 다음 중 은퇴목사의 규정에 관한 설명으로 옳은 것은?
① 목사가 연로하여 시무를 사면한 목사이다.
② 은퇴목사는 노회에서 지교회에 당회장으로 파송할 수 있다.
③ 은퇴목사는 노회의 허락이 없으면 정년이 되어도 은퇴목사가 될 수 없다.
④ 정년 이전에 은퇴하는 것은 정년을 규정한 헌법위반이다.
※ 정치 제4장 제4조 12항

● 무임목사

226. 다음 중 무임목사에 관한 설명으로 맞지 않는 것은?
① 무임목사는 담임한 시무지가 없는 목사이다.
② 노회에서 언권은 있으나 가부권(결의권)은 없다.
③ 심신이 건강하고 사역할 곳이 있음에도 5년 무임목사로 있는 자는 노회가 사직을 권고하도록 규정하고 있다.
④ 무임목사는 상회에 총대가 될 수 있다.
※ 정치 제4장 제4조 5항 참고

227. 다음 중 무임목사에 관한 설명으로 옳은 것은?
① 담임한 시무지가 없는 목사로 노회에서 언권만 있고 가부권(결의권)은 없다.
② 무임목사로서 당회장권을 가진 목사는 시무목사로 인정한다.
③ 무임목사도 노회원으로서 위원회에서는 투표권과 결의권이 있다.
④ 무임목사도 상회에 총대로 파송하면 회원권이 구비된다.
※ 정치 제4장 제4조 5항, 제38회 총회결의

228. 다음 중 무임목사에 대하여 노회가 사직을 권고해야 할 경우가 아닌 것은?
① 성직에 상당한 자격이 없는 자
② 목사로서의 성적(실적)이 없는 자
③ 심신이 건강하고 사역할 곳이 있음에도 5년간 무임으로 있는 자
④ 시무목사였으나 계속 시무 연기 청원을 하지 못한 목사
※ 정치 제4장 제4조 5항

정답 224.④ 225.① 226.④ 227.① 228.④

229. 다음 중 무임목사에 관한 설명으로 옳지 않은 것은?
① 노회에서 언권과 가부권(결의권)이 있다.
② 무임목사는 담임한 시무가 없는 목사이다.
③ 무임목사는 상회에 총대가 될 수 없다.
④ 심신이 건강하고 사역할 곳이 있음에도 5년간 무임으로 있는 자는 노회가 사직을 권고할 수 있다.

※ 2020년 기출문제

● 전도목사

230. 다음 중 전도목사의 규정에 대한 설명으로 맞지 않는 것은?
① 전도목사는 교회 없는 지방에 파견되어 교회를 설립한 목사이다.
② 전도목사는 노회와 상관없이 교회를 설립하고 조직할 수 있다.
③ 성례를 거행하고 교회 부흥회 인도도 한다.
④ 노회의 결의로 그 설립한 교회를 조직한다.

※ 정치 제4장 제4조 6항 참고

231. 다음 중 전도목사의 규정에 관한 설명으로 옳은 것은?
① 시무목사였으나 계속 시무 연기 청원을 하지 못한 목사
② 교회 없는 지방에 파견되어 교회를 설립하고 노회결의로 그 설립한 교회를 조직한다.
③ 심신이 건강하고 사역할 곳이 있음에도 5년간 무임으로 있는 자
④ 시무지가 없어서 노회가 형편에 따라 허락한 목사

※ 정치 제4장 제4조 6항

232. 다음 중 전도목사에 관한 설명으로 옳은 것은?
① 목사로서 실적(성적)이 없는 자
② 노회의 결의로 그 설립한 교회를 조직하며 성례를 거행한다.
③ 시무목사로서 계속 시무 연기 청원을 하지 않은 목사
④ 당회의 결의로 청빙한다.

※ 정치 제4장 제4조 6항

● 군종목사

233. 군종목사의 규정에 대한 설명으로 맞지 않는 것은?
① 군종목사는 군인교회에서 사역하는 목사이다.
② 배속된 군인교회에서 목회와 전도를 한다.
③ 군종목사는 총회의 파송으로 군인교회에서 성례를 행한다.
④ 군종목사의 인사권은 군 당국에서 행사한다.

※ 정치 제4장 제4조 8항 참고

정답 229.① 230.② 231.② 232.② 233.③

234. 다음 중 군종목사의 규정에 관한 설명으로 옳은 것은?
   ① 군종목사는 군인교회를 섬기는 목사이나 성례를 행할 수는 없다.
   ② 노회에서 안수 받고 배속된 군인교회에서 목회와 전도를 하며 성례를 행한다.
   ③ 노회의 결의로 군부대 안에 교회를 조직한다.
   ④ 인사권은 노회원이므로 노회의 고유권한이다.
   ※ 정치 제4장 제4조 8항

● 교육목사

235. 교육목사의 규정에 대한 설명으로 맞지 않는 것은?
   ① 노회의 허락을 받아 교육기관에서 성경과 기독교교리를 교수하는 목사이다
   ② 노회의 허락으로 지교회 교육기관에서 성경과 기독교교리를 가르치는 목사다.
   ③ 노회의 허락으로 기독교학교, 신학교에서 성경과 기독교교리를 가르치는 목사이다.
   ④ 교육목사는 노회의 언권회원이며, 지교회의 당회원이 된다.
   ※ 정치 제4장 제4조 10항, 제9장 제1조 참고

236. 다음 중 교육목사의 규정에 관한 설명으로 옳은 것은?
   ① 노회의 허락으로 총회나 노회 관계 기관에서 종사하는 목사이다.
   ② 노회의 허락을 받아 교육기관에서 성경과 기독교교리를 교수하는 목사이다
   ③ 교육목사는 노회의 정회원이며 지교회의 당회원이 된다.
   ④ 노회의 허락으로 총회나 노회 및 교회 관계 기관에서 행정과 신문과 서적 및 복음사역에 종사하는 목사이다.
   ※ 정치 제4장 제4조 10항

● 교단기관목사

237. 교단 기관목사의 규정에 대한 설명으로 맞지 않는 것은?
   ① 노회의 허락으로 총회나 노회 관계 기관에서 종사하는 목사로 노회의 정회원이다.
   ② 노회의 허락이 없어도 아무 기관에서나 종사하면 기관 목사이다.
   ③ 노회의 허락을 받아 행정과 신문과 서적 및 복음사역에 종사하는 목사이다.
   ④ 기관목사는 지교회 위임목사는 될 수 없고 임시로만 시무할 수 있다.
   ※ 정치 제4장 제4조 7항, 제15장 제12조 2항 참고

정답 234.② 235.④ 236.② 237.②

238. 다음 교단 기관목사의 규정에 관한 설명으로 옳은 것은?
① 노회의 허락으로 총회나 노회 및 교회 관계 기관에서 행정과 신문과 서적 및 복음사역에 종사하는 목사이다.
② 노회의 허락으로 기독교학교, 신학교에서 성경과 기독교교리를 가르치는 목사이다.
③ 출판사에서 서적을 만드는 일에 종사하는 목사이다.
④ 신문사에서 신문을 만드는 일에 종사하는 목사이다.
※ 정치 제4장 제4조 7항.

● 목사청빙

239. 지교회 담임목사의 청빙을 위한 선거에 관한 설명으로 옳지 않은 것은?
① 당회의 결의로 공동의회를 시행해야 한다.
② 대리 당회장이 강도 후에 선거해야 한다.
③ 청빙하는 일에 투표할 것이라고 교인들에게 물어야 한다.
④ 투표할 것에 대하여 공동의회 출석교인 과반수가 찬성해야 한다.
⑤ 공동의회 3분의 2 이상의 찬성이 있어야 한다.
※ 헌법 정치 제15장 2조는 당회의 결의로 공동의회를 개최하게 하였고, 임시당회장이 강도한 후에 선거하게 했다. 대리당회장과 임시당회장에는 엄연한 구분이 있다. 이는 절차상 담임목사의 부재 상태, 혹은 기존의 담임목사가 시무사면서를 제출한 상태이어야 함을 의미한다.

240. 다음은 담임목사(위임, 시무)의 청빙과 관련한 설명이다. 옳지 않은 것은?
① 소수의 반대가 심각하더라도 3분의 2 이상의 찬성이 있으면 즉시 청빙서를 작성하여 노회에 드려야 한다.
② 목사의 청빙은 반드시 공동의회에서 투표하여야 하며, 출석회원 3분의 2 이상이 찬성해야 한다.
③ 청빙서에는 투표자뿐만 아니라 무흠 입교인 과반수의 날인이 있어야 한다.
④ 청빙서에는 목사의 시무기간 중에 주 안에서 순복하고, 주택과 매월 생활비를 드릴 것을 서약해야 한다.
⑤ 강도사가 청빙서를 받아 목사로 임직하게 될 경우, 노회는 구애되는 것이 없으면 동시에 위임식까지 행한다.
※ 소수의 반대가 심하면 회장은 교우에게 연기를 권고하는 것이 가하다. (헌법 정치 제15장 3조 참조)

241. 목사의 청빙에 관한 설명으로 옳지 못한 것은?
① 부목사의 청빙은 당회의 결의로 당회장이 한다.
② 목사의 청빙에는 본 교회 교인들이 모든 일에 편의를 제공함과 더불어 주 안에서 순복하겠다는 복종의 서약을 포함한다.
③ 부목사는 담임목사의 사임과 함께 해당 교회의 담임목사로 청빙될 수 없다.
④ 지교회가 목사를 청빙할 경우, 그 청빙서를 해당 목사에게 직접 전한다.
⑤ 담임목사(위임, 시무)가 은퇴를 앞두고, 후임자를 세워 동역하고자 할 때 그 동역 기간은 3년을 초과할 수 없다.
※ 청빙서의 제출은 지교회가 직접 하지 못하고, 반드시 노회가 제정한다. (정치 제15장 6조 참조)

정답 238.① 239.② 240.① 241.④

242. 청빙할 때 약속한 목사의 사례비를 변경하고자 할 때에는 어떻게 하는 것이 옳은가?
① 교회가 공동의회를 통해 결정하면 된다.
② 그 변경 사항을 반드시 노회에 보고해야 한다.
③ 목사와 노회가 승낙하기만 하면 된다.
④ 청빙할 때 약속한 목사의 사례비는 변경할 수 없다.
⑤ 목사의 승낙이 없으면 당회는 그 사유를 노회에 보고한다.

※ 청빙할 때 약속한 사례는 반드시 지급되어야 하지만, 사정이 있어 변경하고자 할 때에는 반드시 목사와 교회의 승낙이 있어야 하고, 그 사정을 노회에 보고해야 한다. 또한 목사 또는 교회의 승낙이 없는 경우에는 그 사유를 정식으로 공개한 공동의회를 경유하여 노회에 보고해야 한다. (정치 제15장 7조)

243. 지교회가 목사를 청빙하고자 할 때에 대한 설명으로 옳지 않은 것은?
① 지교회는 다른 노회에 속한 목사라도 그 교회의 담임목사로 청빙할 수 있다.
② 지교회는 청빙서를 노회 서기에게 송달하여야 한다.
③ 지교회가 청빙하고자 하는 목사가 다른 노회에 소속되어 있는 경우에는 그 목사가 소속된 노회에 직접 통보하여야 한다.
④ 지교회의 목사는 반드시 그 교회가 속한 노회에 소속되어 있어야 한다.
⑤ 청빙을 받은 목사는 그 교회가 소속한 노회로 이명하며, 노회의 허락을 받아야 한다.

※ 노회서기가 즉시 해노회에 통보한다. (정치 제15장 8조 참조)

244. 다음 중 목사 청빙서 제정에 관한 규정 설명으로 옳은 것은?
① 청빙서는 청빙 받은 자를 관할하는 노회에 드릴 것이요, 그 노회가 가합한 줄로 인정할 때는 청빙받은 자에게 전함이 옳다.
② 목사 혹 강도사가 시찰회를 경유하지 아니하고 직접 청빙서를 받을 수 있다.
③ 지교회가 청빙하는 것이므로 청빙 받을 목사가 청빙하는 교회로부터 직접 청빙서를 받은 후에 노회의 허락을 받으면 된다.
④ 목사나 강도사가 어느 교회에 청빙을 받아 부임할 때는 반드시 청빙서를 가지고 갈 필요는 없다.

※ 2020년 기출문제

245. 목사 청빙절차와 관련하여 잘못된 것은?
① 청빙 받은 목사나 강도사는 노회를 경유하지 않고도 직접 청빙서를 받을 수 있다.
② 청빙 투표하여 3분의 2가 가라 할지라도 소수가 심히 반대하는 경우에는 연기를 권고하는 것이 가하다.
③ 청빙서에는 투표자뿐 아니라 무흠 입교인 과반수의 날인을 요한다.
④ 목사 청빙은 당회의 결의로 공동의회를 소집해야 한다.
⑤ 목사 청빙투표에 대하여 회원 과반수가 찬성하면 투표한다.

※ 2019년 기출문제

정답 242.② 243.③ 244.① 245.①

246. 목사 선거에 위배되는 것은?
　① 당회의 결의로 공동의회를 소집한다.
　② 임시당회장이 강도한 후 진행한다.
　③ 투표 의견을 물어 과반수가 찬성하면 즉시 투표한다.
　④ 당회가 결의했으니 바로 투표한다.
　※ 15장 목사, 선교사 선거 및 임직 - 2조

247. 세례교인 500명이 공동의회에 참석하여 담임목사 청빙을 가하게 하려면 가표의 수가 얼마 이상이 되어야 하는가?
　① 300명　　② 330명　　③ 333명　　④ 334명
　※ 15장 - 3조

248. 다른 노회 사역자를 청빙할 시 틀린 것은?
　① 지교회 당회의 허락으로 바로 청빙한다.
　② 지교회가 청빙서를 노회 서기에게 제출한다.
　③ 노회 서기는 즉시 해노회에 통보한다.
　④ 노회는 해당 사역자의 이명서를 접수하고 청빙을 허락한다.
　※ 15장 8조

249. 다음 중 목사 선거에 관한 설명으로 옳지 않은 것은?
　① 지교회가 목사를 청빙하고자 하는 경우에는 당회가 공동의회 소집을 결의해야 한다.
　② 공동의회의 시일과 장소와 안건을 1주일 전에 교회에 광고하거나 통지해야 한다.
　③ 당회장이 강도한 후에 공포하기를 교회에서 원하면 목사 청빙할 일에 대하여 투표할 것이라고 의견을 물어 과반수가 찬성하면 즉시 투표한다.
　④ 당회장은 강도한 후에 교회에서 원하면 목사 청빙할 일에 대하여 의견을 물어서 투표하면 안 된다.
　※ 정치 제15장 제2조 참고

250. 다음 중 목사 선거에 관한 설명으로 제일 먼저 해야 할 일은?
　① 규칙대로 청빙서를 작성하여 각 투표자로 서명날인하게 하되 청빙서에는 투표자뿐 아니라 무흠 입교인 과반수의 날인을 요한다.
　② 공동의회의 시일과 장소와 안건을 1주일 전에 교회에 광고하거나 통지해야 한다.
　③ 당회장이 강도한 후에 공포하기를 교회에서 원하면 목사 청빙할 일에 대하여 투표할 것이라고 의견을 물어 과반수가 찬성하면 즉시 투표한다.
　④ 지교회가 목사를 청빙하고자 하는 경우에는 당회가 공동의회 소집을 결의해야 한다.
　※ 정치 제15장 제2조,
　※ ④②③① 순서로 함

정답 246.④ 247.④ 248.① 249.④ 250.④

251. 다음 중 목사 청빙준비에 관한 설명으로 옳지 않은 것은?
   ① 투표하여 3분의 2가 "가"라 할지라도 "부"라 하는 소수가 심히 반대하는 경우에는 회장이 교우들에게 연기하라고 권고하는 것이 가하다.
   ② 공동의회에서 투표하여 3분의 2 이상이 가표를 받으면 투표자의 과반수만 날인하면 된다.
   ③ 규칙대로 청빙서를 작성하여 각 투표자로 서명날인하게 하되 청빙서에는 투표자뿐 아니라 무흠 입교인 과반수의 날인을 요한다.
   ④ 투표가 일치하든지 혹 거의 일치하든지 혹 대다수가 양보하지 아니하는 경우에는 회장은 합동 하도록 권면한다.

   ※ 정치 제15장 제3조 참고

252. 다음 중 헌법이 규정한 목사 청빙서식 규정에 들어 있는 목사 대우 요건이 아닌 것은?
   ① 모든 일에 편의 제공
   ② 위로를 도모하며 주 안에서 순복함
   ③ 주택과 매 삭 생활비
   ④ 원로목사 추대

   ※ 정치 제15장 제4조 참고

253. 다음 중 청빙승낙의 규정에 관한 설명으로 옳지 않은 것은?
   ① 청빙은 노회의 허락이 없어도 목사와 교인들 사이에 합의만 되면 된다.
   ② 그 목사나 강도사가 그 청빙서를 접수하면 승낙하는 것으로 인정한다.
   ③ 청빙은 구두로 하지 못하고 그 청빙에 대하여 응하지도 못하고 반드시 청빙서로 한다.
   ④ 어느 목사나 강도사에게든지 청빙서를 드리면 그 교회가 원하는 것으로 인정한다.

   ※ 정치 제15장 제5조 참고

254. 다음 중 청빙승낙의 규정에 관한 설명으로 옳은 것은?
   ① 그 목사나 강도사가 그 청빙서를 접수하면 승낙하는 것으로 인정한다.
   ② 청빙은 노회의 허락이 없어도 목사와 교인들 사이에 합의만 되면 된다.
   ③ 강도사의 경우 청빙서를 받아 목사로 임직하게 될 경우는 반드시 동시에 위임식까지 행해야 한다.
   ④ 지교회가 청빙하는 것이므로 청빙받을 목사가 청빙하는 교회로부터 직접 청빙서를 받은 후에 노회의 허락을 받으면 된다.

   ※ 정치 제15장 제5조 참고

255. 다음 중 목사 청빙서 제정에 관한 규정 설명으로 옳지 않은 것은?
   ① 청빙서는 청빙 받은 자를 관할하는 노회에 드린다.
   ② 그 노회가 가합한 줄로 인정할 때는 청빙받은 자에게 전함이 옳다.
   ③ 목사 혹 강도사가 노회를 경유하지 아니하고 직접 청빙서를 받지 못한다.
   ④ 지교회가 청빙하는 것이므로 청빙받을 목사가 청빙하는 교회로부터 직접 청빙서를 받은 후에 노회의 허락을 받으면 된다.

   ※ 정치 제15장 제6조 참고

정답 251.② 252.④ 253.① 254.① 255.④

256. 다음 중 목사 청빙서 제정에 관한 규정 설명으로 옳은 것은?
① 청빙서는 청빙 받은 자를 관할하는 노회에 드릴 것이요, 그 노회가 가합한 줄로 인정할 때는 청빙받은 자에게 전함이 옳다.
② 목사 혹 강도사가 시찰회를 경유하지 아니하고 직접 청빙서를 받지 못한다.
③ 지교회가 청빙하는 것이므로 청빙받을 목사가 청빙하는 교회로부터 직접 청빙서를 받은 후에 노회의 허락을 받으면 된다.
④ 목사나 강도사가 어느 교회에 청빙을 받아 부임할 때는 반드시 청빙서를 가지고 갈 필요는 없다.

※ 정치 제15장 제6조 참고

257. 다음 중 청빙할 때 약속한 목사의 생활비에 대한 서약변경의 규정에 관한 설명으로 옳지 않은 것은?
① 목사의 생활비는 교회 간의 계약으로 성립하였으므로 공동의회의 결의와 목사의 허락이 있기 전에는 일방적인 변경이 불가능하다.
② 생활비를 감액하는 일은 목사나 교회가 서로 승낙해도 노회가 거부할 수 있다.
③ 청빙할 때 생활비에 대한 서약을 변경하는 일에 승낙치 아니하는 경우에는 그 사유를 반드시 정식으로 공개한 공동의회를 경유하여 노회에 보고한다.
④ 목사의 생활비를 증액하는 일은 반드시 노회의 승낙을 받아야 한다.

※ 정치 제15장 제7조 참고

258. 다음 중 다른 노회 사역자 청빙에 관한 규정 설명으로 옳지 않은 것은?
① 지교회가 공동의회를 통해 청빙이 결정되면 청빙서를 노회서기에게 송달한다.
② 노회서기는 노회의 허락결의 절차를 생략하고 즉시 해 노회에 통보한다.
③ 다른 노회 목사 청빙에는 노회가 일체 간섭할 권한이 없다.
④ 노회는 해당 사역자의 이명서를 접수하고 청빙을 허락한다.

※ 정치 제15장 제8조 참고

259. 다음 중 시무목사는 공동의회 출석교인의 얼마 이상의 가결로 청빙을 받는가?
① 만장일치   ② 2분의 1   ③ 3분의 2   ④ 4분의 3

※ 정치 제4장 제4조 2항

260. 위임목사와 시무목사의 청빙은 공통적으로 어느 치리회의 허락을 받아야 하는가?
① 당회   ② 노회   ③ 대회   ④ 총회

※ 정치 제15장 참고

261. 다음 중 목사 청빙 투표를 진행하는 공동의회의 회장은 누구인가?
① 당회 서기   ② 임시당회장   ③ 당회장   ④ 대리 당회장

※ 정치 제15장 2조 "지교회가 목사를 청빙하고자 하는 경우에는 당회의 결의로 공동의회를 소집하고 임시당회장이 강도한 후 공포하기를…"이라고 한다. 따라서 목사 청빙공동의회는 "임시당회장이 진행하는 것이 옳다."

정답 256.① 257.④ 258.③ 259.③ 260.② 261.②

262. 다음 중 위임목사 청빙절차에 대한 설명으로 맞지 않는 것은?
① 당회의 결의로 청빙을 위한 공동의회 일시와 장소를 결정한다.
② 1주일 전에 공동의회 일시와 장소와 안건을 광고 혹은 통지한다.
③ 공동의회는 모이는 수대로 개회하여 위임목사 청빙 투표에 대한 의견을 물어 출석회원 수 과반수가 찬성하면 토의 없이 즉시 투표한다.
④ 투표결과 3분의 2 이상의 가표를 얻었어도 소수라도 반대자가 심히 반대하면 절대로 청빙할 수 없다.

※ 정치 제15장 제2~6조 참고

263. 다음 중 위임목사가 되는 절차에 관한 설명으로 옳지 않은 것은?
① 위임식 순서 중에 위임국장의 공포와 동시에 당연직 당회장권이 수임된다.
② 반드시 시무장로가 있는 조직교회여야 한다.
③ 청빙위원회가 조직되어야 한다.
④ 노회 주관으로 위임예식을 거행해야 한다.

※ 정치 제4장 제4조 1,2항, 제9장 제1조, 제15장 제11조

264. 다음 중 조직교회 시무목사 청빙절차 과정에 관한 설명으로 옳지 않은 것은?
① 당회의 결의로 청빙을 위한 공동의회 일시와 장소를 결정한다.
② 1주일 전에 공동의회 일시와 장소와 안건을 광고 혹은 통지한다.
③ 공동의회는 모이는 수대로 개회하여 위임목사 청빙 투표에 대한 의견을 물어 출석회원 수 과반수가 찬성하면 토의없이 즉시 투표하여 3분의 2 이상으로 가결한다.
④ 조직교회에서는 위임목사를 청빙하는 것이 원칙이며 부득이한 경우만 시무목사를 청빙할 수 있고 당연직 당회장권이 있다.

※ 정치 제4장 제4조 2항, 제15장 제12조 1항

● 목사임직

265. 목사의 임직에 관련된 설명으로 옳은 것은?
① 목사의 임직식은 노회 당석에서만 행한다.
② 목사의 임직식은 노회장이 진행하며, 노회장 유고 시에는 노회원 중 연장자가 진행한다.
③ 목사의 위임식은 그 시무할 교회나 노회 당석에서 행한다.
④ 목사로 임직받는 자는 지교회의 교인들 앞에서 선서해야 한다.
⑤ 노회는 청빙받은 자가 성직을 받기에 적합한 여부를 확인해야 한다.

※ 목사의 임직식은 교회나 노회 당석에서 할 수 있고, 위임식은 시무할 교회에서 한다. 목사임직은 노회 소관이며, 교인들 앞에서 선서해야 할 필요는 없다.

정답 262.④ 263.③ 264.④ 265.⑤

266. 목사의 임직서약과 관련된 설명으로 옳지 못한 것은?
① 신구약 성경은 하나님의 말씀이요, 신앙과 본분에 대하여 정확무오한 유일의 법칙임을 믿는다.
② 본 장로회 신조와 웨스트민스터 신도 게요 및 대소요리 문답은 신구약 성경의 교훈한 도리를 총괄한 것으로 알고 성실한 마음으로 받아 신종한다.
③ 본 장로회 정치와 권징 조례와 예배 모범을 정당한 것으로 승낙한다.
④ 목사의 성직을 구한 것이 하나님을 사랑하는 마음과 그 독생자 예수의 복음을 전포(傳布)하여 하나님의 영광을 나타내고자 하는 본심(本心)에서 발생한 줄로 자인(自認)한다.
⑤ 목사는 일반 신자와 구별되었은즉 자기의 본분(本分)과 다른 사람에 대한 의무와 직무에 대한 책임을 성실히 실행하여 복음을 영화롭게 하며 하나님께서 그대에게 명하사 관리하게 하신 교회 앞에 경건한 모본을 세우기로 승낙한다.

※ 목사는 일반 신자와 다르지 않다. "신자요 겸하여 목사가 되었다"고 서약한다.

267. 목사 임직에 있어서 안수에 대한 설명이다. 옳지 않은 것은?
① 안수식은 서약을 마친 후에 행한다.
② 안수를 마친 후 회장은 "성역에 동사자가 되었음을 치하하노라"는 말과 함께 목사로 임직하게 되었음을 공포한다.
③ 노회대표자가 안수와 함께 회장이 기도한다.
④ 청빙받은 자를 적당한 곳에 꿇어앉게 한다.
⑤ 악수례를 통해 축하한다.

268. 목사의 위임식에 관한 설명이다. 옳은 것은?
① 목사의 위임식은 노회가 주관하되, 노회 전체로나 혹은 위원으로 예식을 시행한다.
② 위임식에는 목사의 서약과 교인의 서약이 함께 행해진다.
③ 전임하는 목사의 경우에는 목사 서약을 생략할 수 있다.
④ 교인의 서약에는 복종서약과 생활비의 지급에 대한 서약이 포함된다.
⑤ 위임목사에 대한 공포는 노회장이 하고, 신임 목사와 교회에 대한 권면과 축도는 다른 목사가 해야 한다.

※ 공포는 회장이 하고, 권면은 회장이나 다른 목사가 할 수 있다.

269. 다음 중 목사 임직의 일반적인 요건에 대한 설명으로 맞지 않는 것은?
① 청빙을 받은 자
② 총회 강도사 고시에 합격한 자
③ 연령은 만 30세 이상인 자
④ 노회에서 시행하는 목사고시에 합격한 자

※ 정치 제4장 제2조, 제15장 제1조 참고

정답 266.⑤ 267.② 268.① 269.③

270. 다음 중 목사 임직 준비에 관한 설명으로 옳지 않은 것은?
   ① 노회는 청빙받은 자가 성직을 받을 만한 자격자인지 확인한다.
   ② 장립식이나 위임식은 가급적 모이기에 용이한 주일날로 정해야 한다.
   ③ 위임식은 그 시무할 교회에서 거행하되 그 교회 교인들은 이것을 위하여 준비 기도해야 한다.
   ④ 임직식은 편의에 따라 교회나 노회당석에서 행한다.
   ※ 정치 제15장 제9조, 제84회 총회 결의 참고

271. 다음 중 목사임직 준비에 관한 설명으로 옳은 것은?
   ① 임직식이나 위임식은 가급적 주일에 하여야 전 교인이 함께 할 수 있다.
   ② 노회는 청빙받은 자가 성직을 받을 만한 자격자인지 확인하면 임직식은 편의에 따라 교회나 노회당석에서 행한다.
   ③ 위임식은 노회가 주관하므로 시무하는 교회가 할 일은 없다.
   ④ 목사임직에 청빙은 필수 요건은 아니다.
   ※ 정치 제15장 제9조, 제84회 총회결의

272. 다음 중 목사 위임예식의 목사에 대한 서약에 관한 규정이 아닌 것은?
   ① 귀하가 청빙서를 받을 때에 원하던 대로 이 지교회의 목사 직무를 담임하기로 작정하느뇨?
   ② 주 안에서 직원 된 형제들과 동심협력하기로 맹세하느뇨?
   ③ 하나님의 도와주시는 은혜를 받은 대로 이 교회에 대하여 충심으로 목사의 직분을 다하고 모든 일에 근신 단정하여 그리스도의 복음의 사역에 부합하도록 행하며 목사로 임직하던 때에 승낙한 대로 행하기를 맹세하느뇨?
   ④ 이 직무를 받은 것이 진실로 하나님께 영광을 돌리며 교회에 유익하게 하고자 함이니 본심으로 작정하느뇨?
   ※ 정치 제15장 제11조 1항, 제15장 제10장 1항 ④ 참고

273. 다음 중 목사 위임예식의 교인에 대한 서약에 관한 규정이 아닌 것은?
   ① 여러분은 겸손하고 사랑하는 마음으로 그의 교훈하는 진리를 받으며 치리를 복종하기로 승낙하느뇨?
   ② 목사가 수고할 때에 위로하며 여러분을 가르치고 인도하며 신령한 덕을 세우기 위하여 진력할 때에는 도와주기로 작정하느뇨?
   ③ ○○교회 교우 여러분, 목사로 청빙한 ○○○ 씨를 본 교회 목사로 받겠느뇨?
   ④ 본 교회의 화평과 연합과 성결함을 위하여 전력하기로 맹세하느뇨?
   ※ 정치 제15장 제11조 2항, 제13장 제3조 5항 참고

정답 270.② 271.② 272.② 273.④

274. 다음 중 목사 위임식에 관한 설명으로 옳지 않은 것은?
  ① 목사 위임이란 목사에게 지교회를 맡기는 것이다.
  ② 위임식이 없으면 시무목사이므로 노회가 그 교회의 당회장권을 주지 않으면 당회에 참석하지 못하며 권징이나 행정을 집행할 권한이 없다.
  ③ 위임을 받은 목사는 절대로 다른 교회로 전임할 수 없는 것이 헌법규정이다.
  ④ 목사의 위임식은 노회 주관으로 예정한 날짜와 장소에서 노회 전체로나 혹은 위원으로 예식을 행한다.

  ※ 정치 제15장 제11조 참고

275. 다음 중 목사 위임식에 관한 설명으로 옳은 것은?
  ① 위임식이 없으면 시무목사이므로 노회가 그 교회의 당회장권을 주지 않으면 당회에 참석하지 못하며 권징이나 행정을 집행할 권한이 없다.
  ② 시무목사에게도 노회가 당회장권을 주면 당회장이니 위임식을 반드시 해야 할 이유는 없다.
  ③ 위임식의 공포는 교회의 머리 되신 주 예수 그리스도의 이름과 직권으로 공포한다.
  ④ 위임식에는 위임국원들만 참석하여 예식을 행한다.

  ※ 정치 제15장 제11조

● 목사의 전임

276. 다음 중 목사의 전임 승인에 관한 규정 설명으로 옳지 않은 것은?
  ① 목사는 노회의 승낙을 얻지 못하면 다른 지교회에 이전하지 못한다.
  ② 전임 청빙서는 노회의 승낙이 없이는 직접 받지 못한다.
  ③ 특별한 경우에는 노회 허락이 없어도 직접 목사에게 청빙서를 보내서 청빙할 수 있다.
  ④ 지교회가 목사를 청빙하려고 하면 마땅히 노회에 청원해야 한다.

  ※ 2020년 기출문제

277. 목사의 전임에 대한 내용 중 옳지 않은 것은?
  ① 다른 지교회는 노회의 허락과 상관없이 목사를 청빙할 수 있다.
  ② 목사는 전임 청빙서를 직접 받지 못한다.
  ③ 다른 노회로의 전입은 해교회와 합의하면 교회를 사면케 하고 이명서를 본인에게 교부한다.
  ④ 본 노회 안에서의 전임은 본 교회의 결의로 청빙서와 청원서를 노회서기에게 먼저 송달해야 한다.
  ⑤ 목사는 노회 소속이므로 반드시 노회의 승낙으로 다른 지교회로 이전할 수 있다.

  ※ 2019년 기출문제

278. 목사의 전임(轉任) 승인권은 어디에 있는가?
  ① 당회   ② 총회   ③ 노회   ④ 공동의회

  ※ 2018년 기출문제

정답 274.③ 275.① 276.③ 277.① 278.③

279. 다른 교파에서 교역하던 목사가 본 장로교회에 속한 노회에 가입하고자 할 때 본 장로회 신학교에서 총회가 정한 소정의 수업을 한 후 어떤 고시에 합격하여야 하는가?
① 목사후보생 고시 ② 목사 고시
③ 강도사 고시 ④ 전도사 고시

※ 2018년 기출문제 수정

280. 다음 중 다른 교파 교역자가 본 교단 총회에 속한 노회에 가입하고자 할 때의 절차에 대한 설명 중 틀린 것은?
① 반드시 본 장로회 신학교에서 총회가 정한 소정의 수업을 해야 한다.
② 총회 강도사 고시에 합격해야 한다.
③ 한국 외의 다른 지방에서 임직한 장로파 목사도 강도사 고시에 합격해야 한다.
④ 한국 외의 다른 지방에서 임직한 장로파 목사는 강도사 고시를 면제한다.

※ 정치 제15장 제13조 참고

281. 다음 중 목사의 전임 승인에 관한 규정 설명으로 옳지 않은 것은?
① 목사는 노회의 승낙을 얻지 못하면 다른 지교회에 이전하지 못한다.
② 전임 청빙서는 노회의 승낙이 없이는 직접 받지 못한다.
③ 지교회가 목사를 청빙하려고 하면 마땅히 노회에 청원해야 한다.
④ 특별한 경우에는 노회 허락이 없어도 직접 목사에게 청빙서를 보내서 청빙할 수 있다.

※ 정치 제16장 제1조 참고

282. 다음 중 목사의 전임 승인에 관한 규정 설명으로 옳은 것은?
① 목사는 노회의 승인을 얻지 못하면 다른 지교회에 이전하지 못하고 또 전임 청빙서를 직접 받지 못한다.
② 특별한 경우에는 노회 허락이 없어도 직접 목사에게 청빙서를 보내서 청빙할 수 있다.
③ 노회가 모이기 어려운 긴급한 경우에는 노회 임사부가 승인할 수 있다.
④ 특별한 경우에는 노회의 치리를 방조하는 시찰회가 승인할 수 있다.

※ 정치 제16장 제1조

283. 다음 중 목사의 본 노회 안에 전임하는 규정에 관한 설명으로 옳지 않은 것은?
① 본 교회의 결의로 청빙서와 청원서를 노회서기에게 송달한다.
② 노회 서기는 그 청빙 사유를 청빙받은 목사와 해교회에 즉지 통지하여 합의하면 노회는 그 교회를 사면케 하고 청빙을 허락한다.
③ 목사가 본 노회 안에 있는 교회에 청빙을 받아 이임할 수는 있다.
④ 목사가 한 교회에서 위임을 받았으면 절대로 다른 교회에서 위임할 수 없다.

※ 정치 제16장 제2조 참고

정답 279.③ 280.④ 281.④ 282.① 283.④

284. 다음 중 목사의 본 노회 안에 전임하는 규정 순서로 두 번째로 취할 것은?
   ① 본 교회의 결의로 청빙서와 청원서를 노회서기에게 송달한다.
   ② 청빙받은 목사의 시무 교회와 합의되면 그 교회를 사면케 하고 청빙을 허락한다.
   ③ 노회서기는 그 청빙사유를 청빙받은 목사와 해 교회에 즉시 통지한다.
   ④ 청빙받은 그 교회 담임을 해제하고 청빙교회는 다시 위임한다.
   ※ 정치 제16장 제2조 참고 ※ ①③②④ 순서로

285. 다음 중 목사의 다른 노회로 전임하는 규정에 대한 설명으로 옳지 않은 것은?
   ① 다른 노회 소속 교회의 청빙을 받은 목사는 그 교회와 합의해야 한다.
   ② 그 교회와 합의가 되면 본 노회는 그 교회를 사면케 하고 이명서를 본인에게 교부한다.
   ③ 노회가 소속목사의 임면권이 있으나 전임을 명령할 권을 포함하지는 않는다.
   ④ 목사의 전임은 목사와 청빙하는 교회 간에만 합의하면 된다.
   ※ 정치 제16장 제3조 참고

286. 다음 중 다른 노회로 전임하는 규정에 관한 설명으로 옳은 것은?
   ① 다른 노회 소속교회의 청빙을 받은 목사가 해교회와 합의되면 본 노회는 그 교회를 사면케 하고 이명서를 본인에게 교부한다.
   ② 노회가 소속 목사의 임면권이 있으니 전임을 명령할 권을 포함하고 있다.
   ③ 다른 노회 소속 교회의 청빙을 받은 목사는 해교회와의 합의와 상관없이 이명서를 교부해야 한다.
   ④ 목사의 전임은 목사와 청빙하는 교회 간에만 합의하면 노회는 이명해 주어야 한다.
   ※ 정치 제16장 제3조

287. 다음 중 다른 노회 소속교회로 전임하려 할 때 피빙목사 시무교회가 취할 절차에 대한 설명으로 맞지 않는 것은?
   ① 조회서를 따라 소속노회로 청빙에 대한 입장을 회보한다.
   ② 본 교회 내의 의견을 종합하기 위하여 필요하면 공동의회를 열 수도 있다.
   ③ 혹시 노회가 회집되면 대표를 소속노회에 파송하여 직접 설명한다.
   ④ 목사가 다른 노회에 소속교회의 청빙을 받으면 그 교회는 할 일이 없다.
   ※ 정치 제16장 제3조 참고

288. 다음 중 다른 노회 소속교회로 전임하려 할 때 피빙목사 소속노회가 취할 절차에 관한 설명으로 맞지 않는 것은?
   ① 피빙목사와 피빙목사 시무 지교회로 청빙사유를 통지하고 피빙목사와 지교회의 입장에 대한 회보를 접수한다.
   ② 피빙목사가 거절하면 그 청빙서를 청빙 노회에 회송하는 것을 종결하고 피빙목사 시무 교회가 거절하면 신중히 협의하여 응낙여부를 노회가 작정한다.
   ③ 노회가 회집되면 피빙교회 대표를 소속노회에 파송하여 직접 설명한다.
   ④ 전임을 허락하면 그 청빙서를 피빙목사에게 주고 본 노회 직무를 해제한 후 이명증서를 발송한다.
   ※ 정치 제16장 제3조 참고

정답 284.③ 285.④ 286.① 287.④ 288.③

289. 다른 교파의 목사가 본 교단에 속한 노회에 가입하고자 하는 경우에 대한 설명으로 옳지 않은 것은?
① 총회신학원에서 2년 이상 신학과정을 이수해야 한다.
② 소정의 신학수업을 마친 후 강도사 고시에 합격하여야 한다.
③ 본 교단에 속한 노회로 가입하려는 목사는 노회가 허락하였더라도 강도사 고시 합격 이전에는 노회 회원권이 없다.
④ 해당 목사가 다른 노회로 가고자 할 때, 노회는 이명서를 발급해 줄 수 없다.
⑤ 강도사 인허를 받은 후 별도로 안수식을 하지는 않는다.
※ "2년 이상 수업한 후"는 103회 총회에서 개정되어 삭제되었고, 편목의 경우에는 이명서를 발급해 줄 수가 없다. 왜냐하면 노회의 회원이 아니기 때문이다. 편목은 목사고시를 필요로 하지 않는다.

290. 목사의 전임에 대한 설명으로 옳은 것은?
① 목사는 교회의 승낙이 있어야 다른 교회로 전임한다.
② 목사는 전임 청빙서를 그 교회로부터 직접 받을 수 있다.
③ 노회 안에 있는 지교회가 다른 지교회에 시무하는 목사를 청빙하려고 하면 그 교회는 그 청빙 사유를 즉시 청빙받는 목사와 해당교회에게 통지해야 한다.
④ 노회는 목사의 전임과정에서 청빙받은 목사와 현 시무교회 사이에 적절한 합의가 있는지의 여부를 살펴야 한다.
⑤ 다른 노회 소속 교회의 청빙을 받은 목사에 대하여 노회는 즉시 그 목사로 시무하는 교회를 사임하게 하고, 이명서를 교부한다.
※ 목사의 전임은 노회의 승낙이 있어야 한다. 전임청빙서는 직접 받을 수 없다. 노회 안에 속한 목사의 경우에 그 청빙사유를 청빙하는 교회가 통지하는 것이 아니라, 노회 서기가 통지하는 것이다. 5번에서는 노회는 목사와 시무교회 사이의 합의과정을 살펴야 하고, 즉시 사임케 할 수는 없다.

● 목사의 사면, 사직

291. 목사의 사면과 사직에 관한 설명으로 옳지 않은 것은?
① 목사가 사면원을 제출하면 노회는 교회의 대표를 청하여 그 이유를 물어야 한다.
② 노회는 교회의 대표가 목사의 사면에 대하여 이의를 제기하지 않으면 그 사면은 승낙한다.
③ 목사의 사면이 처리되면, 그 교회의 당회는 폐당회가 된다.
④ 지교회가 목사와 해약하고자 할 때에 목사의 사면을 노회에 요청할 수 있다.
⑤ 목사의 권고사면에 대한 청원이 있으면 노회는 목사와 교인대표의 의견을 청취하고 목사의 해임을 결의할 수 있다.
※ 목사가 사면하게 되면 그 교회는 허위교회가 되는 것이다. 허위교회는 목사의 자리가 비었다는 뜻이다. 폐당회는 당회원(장로)이 없는 당회가 되었다는 뜻이다. 권고사면은 사면을 권고하는 것이 아니라 노회가 결의를 통해 사직을 명령하는 것을 의미한다. (정치 제17장 1,2조)

정답 289.① 290.④ 291.③

292. 목사가 노회나 교단을 탈퇴한 경우에 대한 설명으로 옳은 것은?
   ① 목사는 임의로 시무를 사직하거나 사면할 수 없다.
   ② 목사가 임의로 노회나 교단을 탈퇴하게 되면 노회는 별도로 명부를 작성하여 관리한다.
   ③ 교단을 탈퇴한 목사가 재가입하려면 탈퇴한 노회에서만 재가입할 수 있다.
   ④ 임의로 탈퇴한 목사의 재가입은 교회질서를 어지럽히는 행위이므로 불가하다.
   ⑤ 교단이나 노회를 임의로 탈퇴하면 노회는 그 목사에 대하여 권징할 수 없다.

293. 목사가 사직하는 것과 관련된 설명으로 옳지 않은 것은?
   ① 목사가 사직하면 별도의 명부에서 관리하고, 이명서를 주어 지교회로 보낸다.
   ② 노회는 목사가 자유로 올린 사직청원에 대하여는 1년간의 유예기간을 둘 수 있다.
   ③ 목사가 국회의원, 관공리, 사회학교에 종사하게 되면 사직케 해야 한다.
   ④ 목사가 특별한 사유 없이 5년간 무임으로 있으면 노회는 사직을 권고한다.
   ⑤ 사직한 목사가 다시 목사가 되려면 다시 임직해야 한다.

   ※ 목사가 사직하면 목사명부에서 삭제하고, 평신도가 된다. 3번은 42회 총회결의

294. 다음 중 목사의 자유 사면에 관한 규정 설명으로 옳지 않은 것은?
   ① 목사가 본 교회에 어려운 사정이 있어 사면원을 제출하면 노회는 교회대표를 청하여 그 목사의 사면 이유를 물어야 한다.
   ② 목사가 사면하려 할 때 사면서를 제출함과 동시에 해임된다.
   ③ 목사의 청원과 지교회의 태도가 상반되는 경우이면 노회가 자세히 살펴 그 사면 청원을 기각해야 한다.
   ④ 그 교회 대표가 오지 않거나 혹 설명하는 이유가 충분하지 못하면 노회는 사면을 승낙하고 회록에 자세히 기록하고 그 교회는 허위교회가 된다.

   ※ 2020년 기출문제

295. 다음 중 목사의 권고사직에 관한 규정 설명으로 옳지 않은 것은?
   ① 목사가 성직에 상당한 자격과 성적이 없을 때 노회가 사직을 권고하고 결정한다.
   ② 목사가 심신이 건강하고 사역할 곳이 있어도 5년간 무임으로 있을 때 노회는 사직을 권고한다.
   ③ 노회가 목사를 권고 사직한 일에 대하여는 소원할 수 없다.
   ④ 목사의 권고사직에 대하여 하회 결정 10일 이내에 상회에 소원할 수 있다.

   ※ 2020년 기출문제, 권징조례 제9장 제84, 85, 96조 참고

296. 목사 사면에 대한 설명으로 옳지 않은 것은?
   ① 위임목사도 사면할 수 있다.
   ② 목사가 본 교회에 대하여 어려운 사정이 있으면 사면원을 노회에 제출한다.
   ③ 노회는 교회대표를 청하여 사면 이유를 묻는다.
   ④ 노회는 사면서를 받으면 즉시 처리해야 한다.
   ⑤ 위임목사가 사면하면 그 교회는 허위교회가 된다.

   ※ 2019년 기출문제

정답 292.③ 293.① 294.② 295.③ 296.④

297. 목사가 본 교회에 대하여 어려운 사정이 있을 때 사면원을 어디에 제출하여야 하는가?
① 당회 ② 총회 ③ 노회 ④ 공동의회

※ 2018년 기출문제

298. 목사의 사면 및 사직의 종류가 아닌 것은?
① 임의사면 ② 자유사면 ③ 자유사직
④ 권고사직 ⑤ 권고사면

※ 2019년 기출문제

299. 목사의 사면 및 사직에 대한 설명으로 옳지 않은 것은?
① 사면과 사직은 다르다.
② 사면은 맡아보던 사역을 그만두는 것이다.
③ 사직은 맡은 직무의 직분을 내려놓고 물러나는 것이다.
④ 사직하면 평신도가 된다.
⑤ 사면할 경우는 평신도가 된다.

※ 2019년 기출문제

300. 자유사면에 대한 설명 중 옳지 않은 것은?
① 자유사면은 권고사면이나 사직이 아니다.
② 노회의 권징 없이 지교회의 자의에 의해 사면하는 행위를 말한다.
③ 위임목사는 교회와 결혼한 것이라 자유로이 사면할 수 없다.
④ 목사와 교회가 서로 맞지 아니하면 목사가 사면을 청할 수 있다.

※ 2019년 기출문제 수정

301. 다음 중 위임목사의 해임 및 자동해제에 관한 설명으로 맞지 않는 것은?
① 자유사면 및 사직과 권고사면 및 사직한 경우
② 본 교회를 떠나 1년 이상 결근하게 된 때
③ 장로나 교인들과 불화한 경우
④ 재판에 의해 목사가 면직되었을 경우

※ 정치 제4장 제4조 1항, 제17장 제1조~제4조, 제17장 제5조, 권징조례 제9장 제100조 참고

302. 다음 중 위임목사의 해임 및 자동해제에 관한 설명으로 옳은 것은?
① 장로나 교인들과 불화한 경우
② 자유사면 및 사직과 권고사면 및 사직한 경우
③ 본 교회를 떠나 6개월 이상 결근한 때
④ 본 교회를 떠나 2개월 이상 결근한 때

※ 정치 제4장 제4조 1항, 제17장 제1조~제4조, 제17장 제5조

정답 297.③ 298.① 299.⑤ 300.③ 301.③ 302.②

303. 다음 중 목사의 자유사면에 관한 규정 설명으로 옳지 않은 것은?
   ① 목사가 본 교회에 어려운 사정이 있어 사면원을 제출하면 노회는 교회대표를 청하여 그 목사의 사면 이유를 물어야 한다.
   ② 그 교회 대표가 오지 않거나 혹 설명하는 이유가 충분하지 못하면 노회는 사면을 승낙하고 회록에 자세히 기록하고 그 교회는 허위교회가 된다.
   ③ 목사의 청원과 지교회의 태도가 상반되는 경우이면 노회가 자세히 살펴 그 사면 청원을 기각해야 한다.
   ④ 목사가 사면하려 할 때 사면서를 제출함과 동시에 해임된다.

   ※ 정치 제17장 제1조 참고

304. 다음 중 목사의 권고사면에 관한 규정 설명으로 옳지 않은 것은?
   ① 권고사면이란 본인이 청원하는 것이 아니라 지교회가 해약하고자 하는 경우이다.
   ② 지교회가 목사를 환영하지 아니하여 해약하고자 할 때는 노회가 목사와 교회 대표자의 설명을 들은 후 권고사면 처리한다.
   ③ 이때 노회의 결의가 부당하다고 여겨질 때는 하회 결정 후 10일 이내에 상회에 소원할 수 있다.
   ④ 목사가 권고사면이 되면 교회를 떠나는 길밖에 다른 방법이 없다.

   ※ 정치 제17장 2조 참고, 권징조례 제9장 제84, 85, 96조 참고

305. 다음 중 지교회가 불화한 일로 말미암아 목사의 해임을 원할 경우 처리할 단계에 대한 설명으로 옳지 않은 것은?
   ① 교인들이 은밀히 기도하면서 목사를 돕는 일에 더욱 힘쓴다.
   ② 재정상 어려움을 해결하기 위하여 목사와 협의한다.
   ③ 교회의 영적인 괴로움이 비록 목사의 부족이나 직무상 나태, 정신적인 부족, 불성실, 질병 혹은 노쇠해서 온 것이 사실이라 해도 함께 다스리는 자가 된 장로들은 힘써 기도하면서 사실을 목사에게 알린다.
   ④ 어떤 경우에도 목사의 해임은 불가하다.

   ※ 정치 제17장 제2조 참고

306. 다음 중 지교회가 불화한 일로 말미암아 목사의 해임을 원할 경우에 목사가 장로의 보고에도 불구하고 계속 불화하면 당회가 본 노회 소속 인근 목사를 통하여 문의하고 중재하여 화목을 시도해 볼 것이고, 그 후에는 당회가 목사에게 사면을 권고해 볼 것이나 그래도 사면코자 아니하면 어떻게 할 것인지에 대한 설명으로 옳지 않은 것은?
   ① 당회의 결의로써 정치 제9장 제5조 8항에 의거하여 노회에 위탁한다.
   ② 당회나 공동의회가 그 목사의 담임해제 청원서를 노회에 제출한다.
   ③ 노회가 당회록을 검사할 때에 그 일을 발각하여 상당하게 처리하도록 할 수 있다.
   ④ 당회의 결의로 공동의회를 소집하여 공동의회의 결의로 당회가 해임하면 된다.

   ※ 정치 제17장 제2조

정답 303.④ 304.④ 305.④ 306.④

307. 정치 제17장의 목사 사면 및 사직에는 4가지가 있다. 그중 아닌 것은?

① 자유 사면
② 권고 사면
③ 권고 사직
④ 권고 휴직

※ 17장 1조
※ 2016년 기출문제

308. 다음 중 목사의 자유사직에 관한 규정 설명으로 옳지 않은 것은?

① 목사는 항존직원이므로 사직을 해도 목사라고 칭해야 한다.
② 무흠한 목사가 노회에 사직을 청원하면 그 목적과 이유를 상세히 알아 결정하되 상당한 방법으로 만 1년간 유예를 지난 다음에 노회관할에 그 목사가 단 마음으로 유익하게 시무하지 못할 줄로 인정하면 사직을 허락한다.
③ 사직을 허락하면 그 성명을 노회 명부에서 삭제하고 입교인의 이명서를 주어 소원하는 교회로 보낸다.
④ 목사가 그 시무로 교회에 유익을 주지 못할 줄로 생각되면 사직원을 노회에 제출할 것이요 노회는 이를 협의 결정한다.

※ 정치 제17장 제3조 참고

309. 다음 중 목사의 권고사직에 관한 규정 설명으로 옳지 않은 것은?

① 목사가 성직에 상당한 자격과 성적이 없을 때 노회가 사직을 권고하고 결정한다.
② 목사가 심신이 건강하고 사역할 곳이 있어도 5년간 무임으로 있을 때 노회는 사직을 권고한다.
③ 목사의 권고사직에 대하여 하회 결정 10일 이내에 상회에 소원할 수 있다.
④ 노회가 목사를 권고사직한 일에 대하여는 소원할 수 없다.

※ 정치 제17장 제4조, 권징조례 제9장 84,85조 참고

310. 목사 사면 및 사직에 관한 설명 중 다음은 무엇에 관련된 설명인가?

> "지교회가 목사를 환영하지 아니하여 해약하고자 할 때는 노회가 목사와 교회 대표자의 설명을 들은 후 처리한다."

① 자유사면
② 권고사면
③ 자유사직
④ 권고사직

※ 정치 제17장 제2조 참고

정답 307.④ 308.① 309.④ 310.②

311. 다음 중 목사의 사면과 사직에 대한 설명으로 옳은 것은?
   ① 자유사면: 목사가 그 시무로 교회에 유익을 주지 못할 줄로 각오할 때는 사직원을 노회에 제출할 것이요 노회는 이를 협의 결정한다.
   ② 자유사직: 지교회 목사를 환영하지 아니하여 해약하고자 할 때는 노회가 목사와 교회 대표자의 설명을 들은 후 처리한다.
   ③ 권고사면: 목사가 본 교회에 대하여 어려운 사정이 있어 사면원을 노회에 제출하면 노회는 교회 대표를 청하여 그 목사의 사면 이유를 물을 것이니 그 교회 대표가 오지 아니하든지 혹 그 설명하는 이유가 충분하지 못하면 사면을 승낙하고 회록에 자세히 기록할 것이요 그 교회는 허위교회가 된다.
   ④ 권고사직: 목사가 성직에 상당한 자격과 성적이 없든지 심신이 건강하고 또 사역할 곳이 있어도 5년간 무임으로 있으면 노회는 사직을 권고한다.
   ※ 정치 제17장 제1,2,3,4조 참고

● 목사의 휴양

312. 교회를 시무하는 목사가 본 교회를 떠나 있게 되는 사유에 해당하지 않는 것은?
   ① 교회를 시무하는 목사는 신체 섭양을 이유로 교회를 떠나 있을 수 있다.
   ② 시무 중의 목사는 신학 연구를 이유로 교회를 떠나 있을 수 있다.
   ③ 시무 중의 목사가 교회를 떠나 있으려면 반드시 해당 당회와 협의하여야 한다.
   ④ 2개월 이상 흠근하게 될 때에는 공동의회의 허락을 받아야 한다.
   ⑤ 목사의 흠근이 1개년이 경과하면 그 위임은 자동 해제된다.
   ※ 2개월 이상 흠근하게 될 때에는 노회의 승낙을 받아야 한다. (정치 제17장 5조)

313. 시무목사가 신체 섭양이나 신학 연구나 기타 사정으로 본 교회를 떠나게 되는 경우 1년이 경과하면 어떻게 되는가?
   ① 권고사면　　　　　　　　② 자유사직
   ③ 위임해제　　　　　　　　④ 권고사직
   ※ 2018년 기출문제

314. 목사의 휴양에 대하여 옳지 않은 것은?
   ① 시무목사가 신체 섭양, 신학연구, 기타 사정으로 휴양할 수 있다.
   ② 2개월 이상의 경우는 노회의 승낙을 요한다.
   ③ 1개년이 경과하면 자동으로 그 교회 위임이 해제된다.
   ④ 안식년제도는 교회의 형편에 따라 한다.
   ⑤ 1개년이 경과해도 당회, 노회의 승낙이 있으면 위임이 유효하다.
   ※ 2019년 기출문제

정답 311.④ 312.④ 313.③ 314.⑤

315. 다음 중 목사의 휴양에 대한 규정 설명으로 옳지 않은 것은?
  ① 시무목사가 신체 섭양이나 신학연구나 기타 사정으로 휴양할 수 있고 2개월 이내는 당회와 협의하면 된다.
  ② 2개월 이상 1년 이내로 흠근하게 될 때는 노회의 승낙을 받아야 한다.
  ③ 1개년이 경과할 때는 자동적으로 그 교회 위임이 해제된다.
  ④ 1개년 이내의 휴양은 노회의 허락이 없어도 당회의 결의로 가능하다.
  ※ 정치 제17장 제5조 참고

● 선교사

316. 다음 중 외국 선교사 중에 본국의 무임목사와 같은 대우를 하는 경우가 아닌 것은?
  ① 지교회 시무를 위탁하지 않은 경우
  ② 지교회 시무가 허락된 경우
  ③ 파견증서만 받은 경우
  ④ 노회가 부담케 한 직무가 없는 경우
  ※ 정치 제18장 제2조 1-5항

317. 선교사와 관련된 설명으로 옳지 않은 것은?
  ① 선교사는 교회설립을 위하여 다른 민족에게 복음을 전하는 자로 총회가 파송한다.
  ② 선교사는 노회에 위탁하여 임직할 수 있다.
  ③ 선교사는 자원하는 자라야 파송할 수 있다.
  ④ 지교회의 청빙이 있어야 선교사로 파송할 수 있다.
  ⑤ 선교사의 사례비와 비용은 파송하는 치리회가 담당한다.
  ※ 헌법조문에 대한 해석에 차이가 있을 수 있으나 문제는 헌법조문(정치 제18장, 1조)의 내용대로이다.

318. 본 교단과 관계있는 외국선교사에 대한 설명으로 옳은 것은?
  ① 외국선교사가 노회구역 안에서 선교하는 경우에는 노회가 이명서를 접수하면 그 노회의 정회원이 된다.
  ② 이명증서를 받은 외국선교사에 대하여 지교회의 일을 맡긴 때에만 가부 투표권이 있다.
  ③ 외국선교사에게 범과가 있거나 성경에 위반된 사항이 있으면 소관 노회는 심사 후 사직케 한다.
  ④ 외국선교사는 그 소속 교단이 정한 바에 따르며 WCC 및 WCC적 에큐메니칼 운동에 반대해야 하는 것은 아니다.
  ⑤ 교단이 정한 바 음주와 흡연 및 속된 생활을 금하는 것은 양심의 자유에 반하므로 소속치리회의 지도를 받아 부분적으로 허용된다.
  ※ 1번은 노회의 회원이 된다고 했지, 정회원이 된다고 규정되어 있지 않다. 다른 규정과 비교하여 종합하면 노회의 회원이라는 것이 언권회원이 됨을 의미할 뿐이다. (정치 제18장 1조)

정답 315.④ 316.② 317.④ 318.②

319. 다음 중 선교사의 자격이 아닌 것은?
① 총신대학 신학대학원 졸업자
② 총회에서 실시한 강도사 고시에 합격한 자
③ 만 30세 이상인 자
④ GMS(총회세계선교회)에서 실시한 선교훈련원을 수료한 자
⑤ 장립 받은 목사로서 교단에서 파송 받고, 이방나라에서 복음을 전하는 전도자
※ 2019년 기출문제

320. 외국선교사를 설명한 것 중 옳지 않은 것은?
① 외국선교사는 본 총회와 관계가 있는 선교사이다.
② 각 노회는 이명증서를 받은 선교사에 대하여 지교회 일을 맡긴 때에만 그 노회에서 가부투표권이 있다.
③ 파견증서만 받은 선교사는 투표권은 없으나 언권이 있다.
④ 외국선교사는 본 총회에서 정한 서약서에 서명을 해야 한다.
⑤ 파견증서를 받고 시무하는 선교사는 대한예수교장로회 율례를 꼭 준행할 의무는 없다.
※ 2019년 기출문제

321. 다음 중 선교사에 관한 규정 설명으로 옳지 않은 것은?
① 총회는 교회를 설립하기 위하여 내외지를 물론하고 다른 민족에게 선교사를 파송할 수 있다.
② 선교사를 파송하는 일은 노회에 위탁하여 지교회의 청빙이 없는 이라도 선교사로 임직할 수 있다.
③ 원하지 않는 자를 강권할 수 없고, 자원하는 자를 파송해야 옳고 선교사의 봉급과 기타 비용은 파송하는 치리회가 담당한다.
④ 선교사는 봉급과 기타비용을 파송하는 치리회가 담당하므로 반드시 청빙하는 교회가 있어야만 선교사로 임직할 수 있다.
※ 2020년 기출문제 수정

322. 다음 중 외국 선교사에 대하여 본 총회에서 정한 서약문의 내용이 아닌 것은?
① 본 대한예수교장로회의 12신조와 웨스트민스터 신도게요 및 대소요리문답을 정당한 것으로 믿느뇨?
② 귀하는 본 대한예수교장로회의 헌법에 배치되는 교훈이나 행동을 하지 않기로 서약하느뇨?
③ 본 장로회 신조와 웨스트민스터 신도게요 및 대소요리문답은 신구약 성경의 교훈한 도리를 총괄한 것으로 알고 성실한 마음으로 받아 신종하느뇨?
④ 귀하는 본 총회 산하 노회 및 기관에서 봉직하는 동안 소속치리회에 복종하여 순종하기로 맹세하느뇨?
※ 2020년 기출문제

정답 319.③ 320.⑤ 321.④ 322.③

323. 다음 중 목사로서 선교사의 직무에 관한 설명으로 맞는 것은?
   ① 장로와 합력하여 치리권을 행사한다.
   ② 외국에서 선교할 때는 교회를 설립하고 조직할 권한이 있다.
   ③ 선교사가 선교지를 떠나 1년 이상 결근하면 자동으로 직무가 해제된다.
   ④ 선교사가 연기를 청원할 때에는 당회장이 노회에 더 청원할 수 있다.

   ※ 정치 제4장 3조 3항 참고

324. 다음 중 목사와 장로에 대한 설명 중 바른 것은?
   ① 설교만 하는 장로를 목사라 한다.
   ② 장로는 치리와 더불어 설교도 할 수 있다.
   ③ 목사에 관한 사건은 노회 직할에 속하고 장로는 당회 직할에 속한다.
   ④ 목사와 장로는 모두 노회에 속한다.

   ※ 권징조례 제4장 제19조 참고

● 장로

325. 장로의 기원에 관한 설명으로 옳지 않은 것은?
   ① 율법시대에도 교회를 관리하는 장로가 있었다.
   ② 장로는 교회의 치리를 위해서 교인들이 선출한 교회의 대표이다.
   ③ 복음시대에도 목사와 협력하여 교회를 치리하는 장로를 세웠다.
   ④ 모세 시대에 백성의 대표자로 70인 장로를 세웠다.
   ⑤ 교부시대에 목사와 구분하여 장로를 언급했으며, 거의 모든 개혁교회에서 장로는 말씀과 가르치는 사역은 하지 않는다.

   ※ 장로는 교인의 대표이지, 교회의 대표는 아니다. 지교회의 대표는 목사(당회장)이다.

326. 목사와 장로의 구분에 대한 설명이다. 옳은 것은?
   ① 장로는 목사가 장립하고, 목사는 노회가 장립한다.
   ② 목사와 장로는 사역과 치리에 있어서 동등하다.
   ③ 목사와 장로는 노회가 관할한다.
   ④ 장로는 목사의 사역에 대하여 감시와 견제하는 기관이다.
   ⑤ 목사는 그리스도의 대사요, 장로는 교회의 대표이다.

   ※ 정치문답조례 제99문답에서는 장로는 목사가 장립하고, 목사는 노회가 장립한다고 하고 있다. 2번은 치리에 있어서 목사와 장로는 동등하지만, 사역에서는 그렇지 않다. 장로는 목사의 지도를 받아야 한다. 3번에 목사는 노회의 관할에 속하지만, 장로는 당회 관할에 속한다. 목사를 감시 견제하는 기관은 노회이지, 당회도 장로도 아니다. 목사는 그리스도의 대사이나 장로는 교인의 대표이지 교회의 대표는 아니다. 교회의 대표는 목사이다.

정답 323.② 324.③ 325.② 326.①

327. 치리 장로에 대한 설명으로 옳은 것은?
① 치리 장로는 교회에 항상 있어야 하는 직분은 아니다.
② 치리 장로는 당회에서 선출하며, 반드시 안수를 받아야 한다.
③ 치리 장로는 목사와 합력하여 지교회를 치리한다.
④ 치리 장로는 치리만 하는 자로 교회의 대표이다.
⑤ 치리 장로는 종신토록 그 신분이 유지되는 종신직이다.

※ 치리 장로는 만 70세가 되면 시무정년이 되어 치리권을 잃는다. 물론 장로 신분은 종신토록 유지되지만, 치리권이 없다. 따라서 치리 장로의 신분이 종신토록 유지되는 것은 아니다.

328. 장로의 자격요건 및 장로의 권한에 대한 설명으로 옳은 것은?
① 각 치리회에서 목사의 권한에 복종해야 한다.
② 만 35세 이상 된 모든 입교인 중에서 세울 수 있다.
③ 목사와 함께 강도와 교훈에 전담할 수 있다.
④ 교회에 등록한 지 5년이 지나면 누구나 장로 될 자격이 있다.
⑤ 당회의 회원이 되며, 상급치리회(노회, 총회)에 총대가 될 수 있다.

※ 1번은 각 치리회에서 목사와 동등하다. 2번은 남자입교인 중에서 세울 수 있다. 3번은 강도와 교훈은 장로의 전무가 아니다. 4번은 무흠한 입교인만 장로 될 자격이 있다.

329. 장로의 임기와 직무에 관한 설명으로 옳은 것은?
① 장로는 교인들 중에서 강도의 결과를 찾아야 하며, 그 임기는 만 70세가 되는 전일까지이다.
② 장로는 7년에 한 번씩 시무 투표를 해야 하고, 그 표결 수는 공동의회 출석회원 과반수의 찬성을 필요로 한다.
③ 장로는 주께 부탁받은 양무리들이 도리 오해나 도덕적 부패에 빠지지 않게 하기 위해서 당회에 보고하지 않고도 개인으로 선히 권면할 수 있다.
④ 목사와 협동하여 행정과 권징을 관리하며, 장로는 지교회의 신령적 관계만을 총찰한다.
⑤ 장로는 병자와 조상자(遭喪者)를 위로하고 기도하지만, 직접 심방할 권한은 없고, 심방할 자를 목사에게 보고할 뿐이다.

※ 장로는 당회로나 개인으로 선히 권면할 수 있고, 회개치 않으면 당회에 보고한다. (정치 제5장 4조)

330. 장로의 종류에 해당하지 않는 것은?
① 시무장로   ② 원로장로   ③ 은퇴장로
④ 명예장로   ⑤ 협동장로

※ 본 교단에서는 명예장로는 허락하지 않고 있다. 항존직으로 명예를 보전하기 위한 것은 원로목사, 원로장로뿐이다. 항존직 자체를 명예로 허락하는 것은 법이 아니며, 다만 권사는 명예권사가 있다. 이는 항존직이 아니기 때문이다.

정답 327.③ 328.⑤ 329.③ 330.④

331. 원로장로에 대한 설명으로 옳지 않은 것은?
① 원로장로는 당회의 허락이 있어야 참석할 수 있고, 당회가 요청한 내용에 한해서 발언권이 있다.
② 원로장로로 추대되려면 공동의회의 결의가 있어야 한다.
③ 원로장로가 되려면 동일한 교회에서 20년 이상 장로로 시무하여야 한다.
④ 원로장로의 추대는 노회의 승낙을 받지 않아도 된다.
⑤ 원로장로는 제직회 회원이 아니며 제직회에서 의결권이 없다.

※ 1번은 원로목사에 해당한 것이며, 원로장로는 당회의 언권회원이다. (90회 총회결의 참조) 원로장로라도 정년 이전에는 제직회에 발언권이 있고, 정년 이후에는 발언권이 없다. (95회 총회결의)

332. 무임장로에 대한 설명으로 옳은 것은?
① 다른 교회에서 시무하던 장로가 이명한 교회에 출석하고 있는 장로이다.
② 본 교회에서 장로로 임직하였으나 그 시무를 사임한 장로이다.
③ 무임장로는 장로의 신분으로 교회에 등록 또는 이명 온 자이므로 당회의 언권회원이 된다.
④ 무임장로는 제직회의 회원이 될 수 없다.
⑤ 무임장로에게 필요하면 성찬을 나누는 일을 맡길 수 있다.

※ 2번은 휴직장로에 대한 설명이다. 3번은 당회가 협동 장로로 허락해야 한다. 무임장로라도 당회가 허락하면 제직회의 회원이 될 수 있다.

333. 다음 중 장로직의 기원에 대한 설명으로 맞는 것은?
① 율법시대에 교회를 관리하는 장로가 있음과 같이 복음시대에도 목사와 협력하여 교회를 치리하는 자를 세웠으니 치리장로이다.
② 장로직은 신약시대에 갑자기 생긴 직분이다.
③ 구약시대의 장로직과 오늘날의 장로직은 똑같다.
④ 치리회 안에서 목사와 장로의 권한은 같지 않다.

※ 정치 제5장 제1조 참고

334. 다음 중 장로의 권한에 대한 설명으로 맞지 않는 것은?
① 장로에게 강도와 교훈은 그의 전무 책임이 아니다.
② 각 치리회에서 목사와 같은 권한으로 각항 사무를 처리한다.
③ 장로는 지교회에서 공동의회 회장, 당회장, 제직회장, 재판회장이 될 수 없다.
④ 장로는 언제나 노회나 총회의 사무에 대한 권한이 있다.

※ 정치 제5장 제2조 참고

335. 다음 장로의 기원에 대하여 옳지 않은 것은?
① 모세 시대에도 있었다. ② 율법 시대에도 있었다.
③ 족장 시대에도 있었다. ④ 복음 시대에도 있었다.

※ 정치 제5장 제1조 참고

정답 331.① 332.① 333.① 334.④ 335.③

336. 다음 중 장로의 권한에 관한 설명으로 옳은 것은?
   ① 강도와 교훈은 그의 전무 책임은 아니나 각 치리회에서는 목사와 같은 권한으로 각항 사무를 처리한다.
   ② 목사가 없는 허위교회에서는 당회장이 될 수 있다.
   ③ 장로는 언제나 노회나 총회의 사무에 대한 권한이 있다.
   ④ 각 치리회에서 목사와 같이 치리회 회원이나 목사와 장로의 권한은 다르다.
   ※ 정치 제5장 제2조, 136번 문제 해설 참고

337. 다음 중 장로와 전국교회에 관한 설명으로 옳은 것은?
   ① 장로는 지교회뿐만 아니라 상회의 총대가 되면 상회원이 되어 전국교회의 신령적 관계를 총찰한다.
   ② 장로는 지교회의 신령적 관계만 총찰할 수 있다.
   ③ 상회의 총대가 안 되어도 노회, 총회와 전국교회의 신령적 관계를 총찰한다.
   ④ 장로는 자기 교회가 아니라도 보조당회원으로 총찰할 권한이 있다.
   ※ 정치 제5장 제4조 1항 참고

338. 다음 중 장로와 전국교회에 관한 설명으로 옳지 않은 것은?
   ① 장로는 지교회뿐만 아니라 상회의 총대가 되면 상회원이 되어 전국교회의 신령적 관계를 총찰한다.
   ② 상회원이 되지 않고는 자기 노회 다른 교회를 총찰하지 못한다.
   ③ 상회원이 되지 않고는 다른 노회나 전국교회를 총찰할 권이 부여되지 않는다.
   ④ 장로는 당회 소속이므로 지교회만 총찰할 수 있다.
   ※ 정치 제5장 제2조, 제8장 제1조 및 제2조 참고

339. 다음 중 장로의 자격에 대한 설명으로 옳지 않은 것은?
   ① 만 35세 이상 된 남자 입교인
   ② 무흠 5년 이상 경과된 자
   ③ 상당한 식견과 통솔력이 있는 자
   ④ 입교인은 누구나 피선되면 장로가 될 수 있다.
   ※ 정치 제5장 제3조 참고

340. 다음 중 장로의 자격에 대한 설명으로 옳은 것은?
   ① 만 35세 이상의 모든 입교인
   ② 만 35세 이상의 남자입교인 중 흠 없이 5년을 경과한 자
   ③ 만 35세 이상의 남자 중에서 본 교회 출석한 지 7년 이상 된 자
   ④ 만 35세 이상의 교인들의 3분의 2 이상의 투표를 받은 자
   ※ 정치 제5장 제3조, 제9장 제5조 2항, 제13장 제1조

정답 336.① 337.① 338.④ 339.④ 340.②

341. 다음 중 장로의 자격에 대한 설명으로 옳은 것은?
① 최소한 고졸 이상의 학력을 갖춘 자라야 한다.
② 만 35세 이상 된 자로 당회록에 등재된 자여야 한다.
③ 상당한 식견과 통솔력이 있는 자여야 한다.
④ 입교인은 누구나 피선되면 장로의 자격이 있다.

※ 정치 제5장 제3조, 제9장 제5조 2항, 제13장 제1조

342. 다음 중 흠 없이 5년을 경과한 자에 대한 설명으로 옳지 않은 것은?
① 본 교단에 속한 타 교회에서 이명 온 자를 당회가 접수해도 5년간은 선거권과 피선거권이 없다.
② 권징조례에 의한 벌을 받지 아니하고 5년을 경과한 자를 의미한다.
③ 본 교단에 속한 교회에서의 신앙경력까지 포함하여 합산한 기간이다.
④ 벌을 받은 자는 해벌한 날로부터 5년이 경과되어야 한다.

※ 정치 제5장 제3조, 제74회 총회결의, 제94회 총회결의

343. 다음 중 흠 없이 5년을 경과한 자에 관한 설명으로 옳은 것은?
① 권징조례에 의해 시벌한 날로부터 5년이 경과된 자이다.
② 벌을 받은 자는 해벌한 날로부터 5년이 경과되어야 한다.
③ 권징조례에 의해 벌을 받았어도 해벌만 받으면 된다.
④ 한 번 권징조례에 의하여 벌을 받은 자는 해당되지 않는다.

※ 정치 제5장 제3조, 제74회 총회결의

344. 다음 중 흠 없이 5년을 경과한 자에 대한 설명으로 '5년을 경과'의 의미로 맞는 것은?
① 본 교단에 속한 타 교회에서의 신앙경력까지 포함하여 합산한 기간이다.
② 본 교단에 속한 타 교회에서 이명 온 자를 당회가 접수해도 5년간은 선거권과 피선거권이 없다.
③ 권징조례에 의해 시벌을 받은 날로부터 5년이 경과된 자이다.
④ 재판에 의하여 책벌인 명부에 등재된 지 5년이 경과된 자이다.

※ 정치 제5장 제3조, 제74회, 94회 총회결의, 150번 문제 해설 참고

345. 장로의 자격 중 상당한 식견과 통솔력에 관한 설명 중 옳지 않은 것은?
① 학력이 높고 지식인이라야 한다는 규정이다.
② 교인을 지도할 만한 식견이 구비된 것을 의미한다.
③ 교회를 치리할 수 있는 통솔력이 구비된 자를 말한다.
④ 장로는 지식과 교양이 있어서 사리를 올바르게 판단할 수 있어야 한다.

※ 정치 제5장 제3조 참고

정답 341.③ 342.① 343.② 344.① 345.①

346. 다음 장로의 자격 중 상당한 식견과 통솔력에 관한 설명으로 옳은 것은?
① 성경과 일반상식이 풍부하여 교인을 지도할 만한 식견과 교회를 치리할 수 있는 통솔력이 구비된 자를 의미한다.
② 목사와 협력하여 행정과 권징을 관리해야 하므로 학력이 높고 지식인이라야 한다는 의미이다.
③ 최소한 고졸 이상의 학력이 있어야 한다는 의미이다.
④ 신앙생활의 경륜이 많아야 함을 의미한다.
※ 정치 제5장 제3조

347. 다음 장로의 자격 중 만 35세 이상 된 남자 입교인이란 의미에 대한 설명이 아닌 것은?
① 교인이 되었음을 규정하는 용어로서 당회의 결의로 세례를 받은 자를 의미한다.
② 유아세례를 받은 후 만 14세 이후에 입교한 자로 당회록 및 세례교인명부에 등재된 교인을 말한다.
③ 지교회 교인으로서 모든 권리와 의무가 보장되며 교회 내의 모든 회에서 규칙에 정한 대로 선거권과 피선거권이 부여된 자를 의미한다.
④ 교회 출석하는 교인 중 만 35세 이상 된 교인이라는 뜻이다.

348. 다음 중 교회 간 이명한 장로의 장로 자격에 대한 설명으로 옳지 않은 것은?
① 본 교회에 전입하여 만 2년이 경과하여야 한다.
② 공동의회에서 피선되면 취임식만 행하고 안수 없이 시무장로로 취임한다.
③ 장로자격 중 무흠 5년에 대하여는 본 교단에 속한 교회에서 무흠 5년으로 해석함이 옳다고 총회가 해석하였다.
④ 입교 후 5년 경과는 본 교회 입교인이 된 기간만을 의미한다.
※ 정치 제5장 제3조, 헌규 제3조, 제74회, 94회 총회결의 참고

349. 다음 중 교회 간에 이명한 장로의 자격에 관한 설명으로 옳은 것은?
① 장로자격 중 무흠 5년에 대하여는 본 교단에 속한 교회에서 무흠 5년으로 해석함이 옳다고 총회가 해석하였다.
② 입교 후 5년 경과는 본 교회 입교인 된 후의 기간만을 의미한다.
③ 본 교단에 속한 타 교회에서 이명 온 자를 당회가 접수해도 5년간은 선거권과 피선거권이 없다.
④ 이명한 후 2년이 경과하면 투표 없이 취임식만 할 수 있는 자격이 주어진다.
※ 정치 제5장 제3조, 헌규 제3조, 제74회, 94회 총회결의

350. 다음 중 교회 간 이명한 장로의 자격에 관한 74, 94회 총회 결의에 대한 설명으로 옳지 않은 것은?
① 본 교단에 속한 타 교회에서 이명 온 자를 당회가 접수해도 5년간은 선거권과 피선거권이 없다.
② 본 교단에 속한 교회에서 무흠 5년으로 해석함이 옳다.
③ 정치 제6장 제4조 4항을 준용하여 본 교회 전입하여 만 2년을 경과하고 공동의회에서 시무장로로 피선되면 취임식만 행하고 안수 없이 시무장로로 취임한다.
④ 공동의회에서 피선되면 취임식만 하고 안수 없이 시무장로로 취임한다.
※ 정치 제5장 제3조, 헌규 제3조, 제74회, 제94회 총회결의

정답 346.① 347.④ 348.④ 349.① 350.①

351. 장로의 직무 중 교회의 신령적 관계를 총찰한다는 규정에 대한 설명으로 옳지 않은 것은?
① 장로는 지교회뿐 아니라 노회나 총회에서도 자동적으로 행정과 권징에 대한 직무가 부여된다.
② 교인의 대표자로 목사와 협력하여 행정과 권징을 관리한다.
③ 지교회 혹은 상회원이 될 때는 전국교회의 신령적 관계를 총찰한다.
④ 장로의 치리권과 관계되는 직무는 장로가 독담하는 직무나 권세가 아니다.

※ 정치 제5장 제4조 1항, 제8장 제4조, 권징조례 제4장 제19조 참고

352. 다음 장로의 직무 중 교회의 신령적 관계를 총찰한다는 규정에서 신령적 관계의 의미는?
① 국법상의 행정이나 재판이 아니라 만국교회의 머리이신 예수 그리스도의 권고와 은총에 관한 다스림을 말한다.
② 교회도 국가에 속해 있으므로 국법의 다스림을 받아야 한다는 의미이다.
③ 장로가 되면 누구나 상회 즉 노회 또는 총회의 회원이 되어 전국교회의 신령적 관계를 총찰한다는 의미이다.
④ 장로의 치리권과 관계되는 직무는 장로가 독담하는 직무나 권세가 아니라는 의미이다.

※ 정치 제5장 제4조 1항, 권징조례 제4장 제19조

353. 다음 장로의 직무 중 교회의 신령적 관계를 총찰하는 것과 거리가 먼 것은?
① 목사와 협동하여 행정과 권징을 관리한다.
② 지교회 혹은 총대가 될 경우 전국교회의 신령적 관계를 총찰한다.
③ 노회와 총회의 신령적 관계를 총찰한다.
④ 장로는 교인의 택함을 받고 교인의 대표자로 교회의 신령적 관계를 총찰한다.

※ 정치5장 4조1항

354. 다음 중 장로의 직무에서 신령적 관계에 대한 설명으로 옳은 것은?
① 교회법상의 관계이며 도덕상 바른 것을 말한다.
② 국가의 법률에 위반됨이 없음을 말한다.
③ 그리스도의 권고와 은총에 대한 다스림을 말한다.
④ 국법상 행정이나 재판에 대한 공정을 말한다.

※ 정치 제5장 제4조 1항

355. 다음 중 교인의 대표자로서 장로의 직무에 관한 설명으로 옳지 않은 것은?
① 헌법에는 장로에게 대표자라는 칭호 외에 다른 칭호가 없다.
② 장로는 항상 교인의 의사를 살펴 공정한 대변자가 되어야 한다.
③ 제아무리 교인들의 의사라고 해도 불신앙적이고 불법적이거나 부덕하고 부당한 의사일 때도 그 대변자나 대리자가 되어야 한다는 것은 아니다.
④ 장로는 치리회에서 교인을 대표하여 어떤 경우에도 교인의 의사를 반영시켜야 한다.

※ 정치 제5장 제4조 1항 참고

정답 351.① 352.① 353.③ 354.③ 355.④

356. 다음 중 교인의 대표자로서 장로의 직무에 관한 설명으로 옳은 것은?
   ① 장로는 항상 교인의 의사를 살펴 공정한 대변자, 대리자가 되어야 한다.
   ② 목사와 협력하여 언제나 행정과 권징을 관리하며 지교회와 전국교회의 신령적 관계를 총찰한다.
   ③ 장로는 치리회에서 교인을 대표하여 어떤 경우에도 교인의 의사를 반영시켜야 한다.
   ④ 교인의 의사라면 혹 불신앙적이고 불법적일 때라도 최선을 다해 대변자나 대리자가 되어야 한다.
   ※ 정치 제5장 제4조 1항

357. 다음 중 치리장로와 집사의 임기는 몇 세까지인가?
   ① 만 75세   ② 만 70세   ③ 만 68세   ④ 만 60세
   ※ 정치 제3장 제4조 참고

358. 다음 중 항존직 장로임직을 위하여 제일 첫 번째로 당회가 할 일은?
   ① 공동의회에서 3분의 2 이상의 가표를 받은 자라야 한다.
   ② 공동의회 날짜와 장소를 결의, 1주일 전 광고한다.
   ③ 당회가 노회에 청원하여 선택을 허락받는다.
   ④ 당회가 6개월 이상 교양하고 노회 고시에 합격하면 당회가 임직한다.
   ※ 제9장 제5조 4항

359. 다음 항존직원 중 장로의 임직 절차에 대한 설명이 아닌 것은?
   ① 당회가 노회에 청원하여 선택을 허락받는다.
   ② 공동의회 날짜와 장소를 결의, 1주일 전 광고한다.
   ③ 공동의회에서 3분의 2 이상의 가표를 받은 자라야 한다.
   ④ 당회의 직무이므로 아무 때나 당회가 결정한 대로 한다.
   ※ 정치 제13장 제1조, 제9장 제5조 4항, 제21장 제1조 5항 참고
   ※ 2020년 기출문제

360. 다음 중 장로의 직무에 대한 규정이 아닌 것은?
   ① 특별히 심방할 자를 목사에게 보고한다.
   ② 도리오해나 도덕상 부패를 방지한다.
   ③ 교인의 신앙을 살피고 위하여 기도한다.
   ④ 목사와 협력하여 빈핍 곤궁한 자를 권고한다.
   ※ 정치 제5장 제4조 1,2,3,4,5항, 제6장 제3조 참고

361. 다음 중 장로의 직무에 대한 규정은?
   ① 도리오해나 도덕상 부패를 방지한다.
   ② 빈핍 곤궁한 자와 환난당한 자를 위문한다.
   ③ 수금한 구제비와 일반재정을 수납 지출한다.
   ④ 믿음이 연약한 교인들을 돌보아 권면하는 자로 제직회원이 된다.
   ※ 정치 제5장 제4조 1,2,3,4,5항, 제6장 제3조, 제3장 제3조 3항 참고

정답 356.① 357.② 358.③ 359.④ 360.④ 361.①

362. 다음 중 장로의 직무에 대한 규정은?
　① 당회의 지도 아래 믿음이 연약한 교인들을 돌보아 권면한다.
　② 목사 장로와 합력하여 빈핍 곤궁한 자나 환난당한 자를 위문한다.
　③ 교우를 심방하되 위로, 교훈, 간호한다.
　④ 목사와 협력하여 교회에서 수금한 구제비와 일반재정을 수납 지출한다.
　※ 정치 제5장 제4조 1,2,3,4,5항, 제3장 제3조 3항, 제6장 제3조 참고

363. 다음 중 장로의 직무에 대한 구체적 설명이 아닌 것은?
　① 교인 중에 강도의 결과를 찾아본다.
　② 당회로나 개인으로 선히 권면하되 회개하지 아니하는 자가 있을 때에는 당회에 보고한다.
　③ 특별히 구조받아야 할 자가 있을 때에는 목사에게 보고한다.
　④ 특히 믿음이 연약한 교인들을 돌아보아 권면하는 자로 제직회원이 된다.
　※ 정치 제5장 제4조 1,2,3,4,5항, 제3장 제3조 3항 참고

364. 다음 중 장로의 직무에 관한 구체적인 설명이 아닌 것은?
　① 교인의 대표자로 목사와 협동하여 행정과 권징을 관리한다.
　② 목사와 같은 권한으로 각항 사무를 처리한다.
　③ 교우를 심방하되 특별히 병자와 조상자를 위로한다.
　④ 양무리가 도리오해나 도덕상 부패에 이르지 않기 위하여 선히 권면한다.
　※ 정치 제5장 제4조 1,2,3,4,5항, 제5장 제2조 참고

365. 다음 중 장로의 직무에 관한 구체적인 설명으로 옳은 것은?
　① 특별히 구조받아야 할 자가 있을 때에는 목사에게 보고한다.
　② 목사와 같은 권한으로 각항 사무를 처리한다.
　③ 특히 믿음이 연약한 교인들을 돌아보아 권면하는 자로 제직회원이 된다.
　④ 하나님의 말씀으로 교훈하며 강도한다.
　※ 정치 제5장 제4조 5항 참고

366. 다음 장로의 직무 중 "권징의 관리"에 대한 설명으로 옳은 것은?
　① 권징이란 헌법 중에서 권징 조례에 의한 다스림 가운데 재판건의 처결을 의미한다.
　② 권징은 장로의 가장 중요한 직무요 권세이다.
　③ 권징은 목사의 첫 번째 직무요 권세이다.
　④ 권징은 죄인을 벌하기 위한 가장 효과적인 방법이다.
　※ 정치 제5장 제4조 1항, 해설 1.참조, 제8장 제4조 참조

정답 362.③ 363.④ 364.② 365.① 366.①

367. 다음 중 장로의 직무 중 권징의 관리에 대한 설명으로 옳지 않은 것은?
① 권징이란 재판권을 의미하는 것이다.
② 권징이란 헌법 중에서 권징 조례에 의한 다스림 가운데 재판건의 처결을 가리킨다.
③ 권징은 장로가 목사와 협동하여 해야 할 직무요 혹은 권세이다.
④ 권징은 죄인을 징벌하기 위한 것이다.

※ 정치 제5장 제4조 1항, 해설 1.참조, 제8장 제4조 참조

368. 다음 중 장로의 직무에 관한 구체적인 설명으로 옳은 것은?
① 목사가 결과 있고 유익하게 역사하는 여부를 노회에 제출한다.
② 본 교단 교리에 위배되는 이단에 속한 자가 요청하는 집례를 거부할 수 있다.
③ 교인과 함께 기도하며, 위하여 기도하고 교인 중에 강도의 결과를 찾아본다.
④ 수금한 구제비와 일반재정을 수납 지출한다.

※ 정치 제5장 제4조 4항, 제3장 제3조 3항, 제6장 제3조 참고

369. 장로의 직무 중 "도리오해나 도덕상 부패를 방지한다"는 규정에 대한 설명으로 옳지 않은 것은?
① 도리오해란 곧 교리와 신조에 관한 그릇된 생각이다.
② 도리오해나 도덕상 부패에 이르지 않기 위하여 당회로나 개인으로 권면하는 직무이다.
③ 도덕적 부패란 불건전한 이성관계, 부덕한 금전거래, 성도 간 부덕한 행위로 비방거리가 되는 것이다.
④ 인간적인 도리를 오해하여 교회에서 소란을 피우는 것을 방지한다.

※ 정치 제5장 제4조 2항 참고

370. 다음 장로의 직무 중 "도리오해를 방지한다"는 규정의 의미에 관한 설명으로 옳은 것은?
① 도리오해란 곧 교리와 신조에 관한 그릇된 생각을 방지함을 뜻한다.
② 교인의 대표자로 목사와 협동하여 행정과 권징을 관리한다.
③ 도덕상 부패에 이르지 않기 위하여 당회로나 개인으로 선히 권면한다.
④ 교인 중에 강도의 결과를 찾아본다.

※ 정치 제5장 제4조 2항, 1항, 4항, 참고

371. 장로의 직무 중 "도리오해를 방지한다"는 규정의 설명으로 옳지 않은 것은?
① 도리오해란 곧 교리와 신조에 관한 그릇된 생각을 방지함을 뜻한다.
② 장로는 교인의 대표자로 목사와 협동하여 행정과 권징을 관리한다.
③ 교인들이 불경건한 집회에 참석함으로 말미암아 신앙에 손실이 없도록 지도하는 것이다.
④ 교인들이 성경 지식이 부족함으로 성경적 교리를 오해하거나 설교에 대하여 오해가 없도록 지도하는 것이다.

※ 정치 제5장 제4조 2항

정답 367.④ 368.③ 369.④ 370.① 371.②

372. 장로의 직무 중 "도덕상 부패를 방지한다"는 규정의 설명으로 맞지 않는 것은?
   ① 교리와 신조에 관한 그릇된 생각을 방지하는 것
   ② 도덕적 부패란 불건전한 이성관계, 부덕한 금전거래 등을 방지하는 것
   ③ 의남매나 수양 남매 등의 명칭을 두어 친근한 관계를 둘 필요가 없으므로 금지한 것
   ④ 성도 간 부덕한 행위로 인하여 신앙적으로나 사회적으로 비방거리가 되는 것을 방지하는 것
   ※ 정치 제5장 제4조 1항 2항, 4항 참조

373. 다음 장로의 직무 중 도덕상 부패를 방지한다는 규정의 의미에 관한 설명으로 옳은 것은?
   ① 교리와 신조에 관한 그릇된 생각이다.
   ② 도덕적 부패란 불건전한 이성관계, 부덕한 금전거래, 성도 간 부덕한 행위로 비방거리가 되는 것이다.
   ③ 도덕상 부패에 이르지 않기 위하여 당회로나 개인으로 선히 권면한다.
   ④ 목자같이 돌아보며 구원하기 위하여 각 사람의 마음 가운데 성경의 씨를 뿌리고 결실하도록 힘쓴다.
   ※ 정치 제5장 제4조 2항, 정치 제4장 제3조 2항 참고

374. 다음 장로의 직무 중 교우를 심방하여 위로, 교훈, 간호한다는 규정에 관한 설명으로 맞지 않는 것은?
   ① 특별히 병자와 조상자를 위로하며, 무식한 자와 어린아이들을 가르치며 간호한다.
   ② 장로는 감독자이므로 목사나, 전도사, 권사의 심방을 감독하면 된다.
   ③ 장로는 평신도보다 신분상 의무와 직무상 책임이 더욱 중하다
   ④ 심방 없이 교인의 실정을 알 수 없으므로 장로에게 심방의 의무가 있다.
   ※ 정치 제5장 제4조 3항

375. 다음 정치 제5장 제4조 3항이 규정하는 장로의 직무 중 교우를 심방하여 위로, 교훈, 간호한다는 규정에 관한 구체적인 설명으로 맞는 것은?
   ① 병환자와 슬픔을 당한 자와 회개하는 자와 특별히 구조받아야 할 자는 목사에게 보고한다.
   ② 특별히 병자와 조상자를 위로하며, 무식한 자와 어린아이들을 가르치며 간호한다.
   ③ 병환자와 환난을 당하는 자와 특히 믿음이 연약한 교인들을 돌보아 권면한다.
   ④ 환자와 갇힌 자와 과부와 고아와 모든 환난당한 자를 위문한다.
   ※ 정치 제5장 제4조 3항

376. 다음 장로의 직무 중 교인의 신앙을 살피고 위하여 기도한다는 규정에 대한 설명으로 옳지 않은 것은?
   ① 교인을 돌보는 직무 중에서 최대의 직무는 교인의 신앙을 살피는 직무이다.
   ② 장로의 직무는 교인과 함께 기도하는 직무이다.
   ③ 교인의 신앙을 살피는 직무는 교인 중에 강도의 결과를 찾아보는 직무이다.
   ④ 강도의 결과를 찾아본다는 것은 설교를 평가하라는 것이다.
   ※ 정치 제5장 제4조 4항 참고

정답 372.① 373.③ 374.② 375.② 376.④

377. 다음 장로의 직무 중 교인의 신앙을 살피고 위하여 기도한다는 규정의 구체적인 설명으로 옳은 것은?
① 교인과 함께 기도하며 위하여 기도하고 교인 중에 강도의 결과를 찾아본다.
② 강도의 결과는 설교를 평가하라는 것이다.
③ 특별히 병자와 조상자를 위로하며 어린아이들을 가르치며 간호하라는 것이다.
④ 특별히 구조받아야 할 자가 있을 때에는 목사에게 보고한다는 것이다.

※ 정치 제5장 제4조 4항

378. 다음 장로의 직무 중 특별히 심방할 자를 목사에게 보고한다는 규정에 대한 설명으로 옳지 않은 것은?
① 병환자와 슬픔을 당한 자를 목사에게 보고한다.
② 특별히 구조받아야 할 자가 있을 때 목사에게 보고한다.
③ 장로의 심방은 예비적 심방으로서 목사와 함께 심방하여 도와야 할 교인을 살피는 심방이다.
④ 치리회 안에서 목사와 장로는 동등하므로 심방도 장로가 독담하는 직무이다.

※ 정치 제5장 제4조 5항 참고

379. 다음 장로의 직무 중 특별히 심방할 자를 목사에게 보고한다는 규정에 관한 구체적인 설명으로 옳은 것은?
① 병환자와 슬픔을 당한 자와 회개하는 자와 특별히 구조받아야 할 자가 있을 때에는 목사에게 보고한다.
② 교우를 심방하되 특별히 병자와 조상자를 위로한다.
③ 교인의 신앙을 살피고 위하여 기도한다.
④ 당회로나 개인으로 선히 권면하되 회개하지 아니하는 자가 있을 때에는 당회에 보고한다.

※ 정치 제5장 제4조 5항

380. 다음 중 원로장로에 대한 설명으로 옳지 않은 것은?
① 70세 정년 이전이라도 동일한 교회에서 20년 이상 시무하고 사면하면 된다.
② 연로하여 시무를 사면할 때 그 교회가 그의 명예를 보존하기 위하여 추대한다.
③ 당회에서 3분의 2 이상의 결의로 원로장로로 추대할 수 있다.
④ 공동의회에서 과반수의 결의로 원로장로로 추대할 수 있다.

※ 정치 제5장 제5조 참고

381. 다음 중 원로장로에 관한 설명으로 옳은 것은?
① 동일한 교회에서 20년 이상 시무하던 장로가 연로하여 시무를 사임할 때 그 교회가 명예를 보존하기 위해서 공동의회의 결의로 원로장로로 추대할 수 있다.
② 공동의회에서 3분의 2 이상의 결의로 원로장로로 추대할 수 있다.
③ 동일한 교회에서 20년 이상 시무해도 70세 정년 이전에는 원로장로로 추대할 수 없다.
④ 70세 정년 이전에 원로장로로 추대 받으면 당회의 정회원이 된다.

※ 정치 제5장 제5조

정답 377.① 378.④ 379.① 380.③ 381.①

382. 다음 중 원로 장로에 대하여 맞지 않는 것은?
① 본 교회에서 20년 이상 시무해야 한다.
② 교회가 그의 명예를 보존하기 위하여 추대한다.
③ 제직회의 결의로 원로장로로 추대한다.
④ 당회의 언권 회원이 된다

※ 정치 제5장 제5조 참고

383. 다음 은퇴장로에 대한 설명으로 옳은 것은 무엇인가?
① 연로하여 퇴임한 장로로서 장로라는 칭호는 가지고 있으나 평범한 세례교인으로 돌아간다.
② 은퇴한 장로도 당회원권에는 변함이 없다.
③ 은퇴장로는 당회의 언권회원이 된다.
④ 은퇴장로도 노회의 총대로 파송할 수 있다.

※ 정치 제5장 제6조 참고

384. 다음 원로장로의 자격에 대한 설명으로 옳지 않은 것은?
① 원로장로는 헌법에도 없고 정치문답 조례에도 없는 한국 교회에 신설된 명예직이다.
② 한 교회에서 20년 이상 시무하던 장로가 사임할 때에 교회가 그 명예를 보존하기 위함이다.
③ 원로장로는 공동의회에서 출석 회원 과반수의 찬성으로 교회의 추대를 받는다.
④ 원로장로는 동일한 교회에서 시무기간의 합산이 20년 이상이어야 하고, 20년 이상 계속 시무해야 할 필요는 없다.

※ 정치 제5장 제5조 참고, 97회 총회 결의

385. 다음 협동장로에 대한 설명으로 옳지 않은 것은?
① 협동장로는 무임장로 중에서 선임한다.
② 당회의 결의로 협동장로로 선임하고 당회의 언권회원이 된다.
③ 협동장로는 정치원리 제1조와 제6조와 제7조에 어긋난다.
④ 협동장로는 무임장로가 아니라도 장로면 누구나 될 수 있다.

※ 정치 제5장 제7조 참고

386. 다음 중 원로, 은퇴, 무임, 휴직 장로 구별에 대한 설명으로 맞지 않는 것은?
① 은퇴장로 : 70세 정년제 이후에는 연로하여 퇴임한 장로이다.
② 무임장로 : 택하여 세움을 받은 본 교회를 떠나 타 교회로 이거하여 아직 그 교회의 투표로 위임예식을 행하지 아니한 장로이다.
③ 휴직장로 : 스스로 시무를 사임하거나, 혹은 당회가 협의하여 시무를 중단하게 된 장로이다.
④ 무임장로 : 무임장로도 장로이므로 출석하는 교회 공동의회에서 과반수의 찬성으로 교회에서 취임식만 행하면 시무장로가 된다.

※ 정치 제5장 6조, 정치 제13장 제5조, 동 제6조, 헌규 제9조 참고

정답 382.③ 383.① 384.① 385.④ 386.④

387. 원로장로는 동일한 교회에서 몇 년 이상 시무하던 장로가 연로하여 시무를 사임할 때 공동의회 결의로 추대할 수 있나?
   ① 10년　　　　　　　　　　　② 15년
   ③ 20년　　　　　　　　　　　④ 25년

   ※ 2005년 기출문제

388. 다음 중 장로의 직무가 아닌 것은?
   ① 교회의 신령적 관계를 총찰한다.
   ② 교인의 택함을 받고 교인의 대표자로 목사와 협동하여야 한다.
   ③ 도리 오해나 도덕상 부패를 방지한다.
   ④ 교인의 신앙을 살피고 위하여 기도한다.
   ⑤ 특별히 심방할 자를 장로에게 보고한다.

   ※ 2019년 기출문제

389. 다음 중 장로의 권한과 자격이 아닌 것은?
   ① 강도와 교훈은 그의 전무 책임이다.
   ② 치리회에서 목사와 같은 권한으로 시무 처리한다.
   ③ 만 35세 이상 된 남자 입교인이어야 한다.
   ④ 상당한 식견과 통솔력이 있어야 한다.
   ⑤ 입교인으로 흠 없이 5년을 경과하여야 한다.

   ※ 2019년 기출문제

390. 다음 중 장로의 직무에 해당하지 않는 것은?
   ① 교인의 신앙을 살피고 위하여 기도한다.
   ② 교회의 신령적 관계를 총찰한다.
   ③ 특별히 심방할 자를 목사에게 보고하지 않고 자기만 심방한다.
   ④ 도리 오해나 도덕상 부패를 방지한다.

   ※ 5장 4조
   ※ 2016년 기출문제

391. 다음 중 장로, 집사의 임기에 대한 설명으로 옳지 않은 것은?
   ① 치리장로, 집사직의 임기는 만 70세까지이다.
   ② 단, 7년에 1차씩 시무투표 할 수 있다.
   ③ 시무투표 시에 그 표결 수는 과반수를 요한다.
   ④ 시무투표 시에 그 표결 수는 3분의 2 이상을 요한다.

   ※ 정치 제13장 제4조 참고

정답 387.③ 388.⑤ 389.① 390.③ 391.④

● 집사

392. 집사직에 대한 설명으로 옳지 않은 것은?
① 목사에게 임직을 받은 교회 항존직이다.
② 무흠한 남자교인이어야 한다.
③ 집사의 직무는 목사 장로와 합력하여 빈핍 곤궁한 자를 권고하는 것이다.
④ 집사는 당회와 별개로 교회에서 수금한 구제비와 일반 재정을 수납지출한다.
⑤ 본 교회에서 집사로 시무하다가 휴직 중이거나 사임한 자는 휴직집사이다.
※ 집사는 당회의 감독 아래서 행하며 교회에서 수금한 구제비와 일반 재정을 수납 지출한다. 집사의 직무는 당회와 별개로 이루어질 수 없다.

393. 무임집사에 대한 설명으로 옳은 것은?
① 본 교회에서 집사로 시무하다가 사임하게 된 집사이다.
② 만 70세 미만인 경우에는 서리집사의 직을 맡을 수 있다.
③ 공동의회에서 취임식을 행하고 시무집사가 될 수 있다.
④ 무임집사는 본 교회에 전임하여 무흠 5년이 지나야 시무집사가 될 수 있다.
⑤ 시무집사로 피택되었으나 아직 임직하지 못한 자를 가리킨다.
※ 1번은 휴직집사에 대한 설명이다. 3번은 공동의회에서 취임식을 하지는 않는다. 4번은 만 2년이 경과하면 된다. 5번은 피택자이지, 무임집사가 아니다. 무임집사는 타 교회에서 이명을 와서 아직 취임하지 못한 집사이다.

394. 교회 역사 집사제도를 교회 생활의 필수적인 구성요소로 그 자리를 회복시킨 사람은?
① 루터   ② 츠빙글리   ③ 후스
④ 칼빈   ⑤ 멜란히톤
※ 칼빈만이 집사의 직분이 필수적임을 강조했다. (Abraham Kuyper, 『칼빈주의 강연』, 85. 참조)

395. 집사의 선거와 관련된 설명으로 옳지 않은 것은?
① 집사는 공동의회에서 선출한다.
② 집사로 선출된 자는 본인의 승낙과 상관없이 공동의회의 의결을 존중하여 순종해야 한다.
③ 집사는 노회가 임직하는 것이 아니고, 당회가 임직한다.
④ 집사의 경우에는 노회에서 고시하지 않는다.
⑤ 무임집사가 시무집사로 취임하게 될 경우, 장로회정치와 권징조례와 예배모범을 정당한 것으로 승낙한다는 서약은 이전에 했기 때문에 다시 해야 하는 것은 아니다.
※ 집사로 선출된 자는 본인의 승낙이 있어야 당회가 임직한다. 정치 제13장 제2조 참고

396. 다음 중 집사의 칭호 가운데 틀린 것은?
① 시무집사   ② 휴직집사   ③ 명예집사   ④ 은퇴집사
※ 정치 제6장 제4조 참고

정답 392.④ 393.② 394.④ 395.② 396.③

397. 다음 중 집사의 임직에 관한 설명으로 맞지 않는 것은?
   ① 당회의 결의로 공동의회 일시와 장소를 1주일 전에 광고한다.
   ② 공동의회에서 투표수 3분의 2 이상의 가표를 받아야 한다.
   ③ 반드시 서리집사 중에서 선출하여야 한다.
   ④ 당회고시에 합격하면 당회가 임직한다.
   ※ 정치 제13장 제1,2,3조, 제9장 제5조 4항, 제21장 제1조 5항 참고

398. 다음 중 집사직에 대한 설명으로 맞지 않는 것은?
   ① 집사직은 목사와 장로와 구별되는 직분이니 무흠한 남교인이라야 한다.
   ② 그 지교회 교인들의 택함을 받아야 한다.
   ③ 집사는 치리권은 없으나 당회에 참석하여 언권을 행사할 수 있다.
   ④ 정치 제6장에서 규정한 집사는 임시직인 서리집사와 다르다.
   ※ 정치 제6장 제1조, 정치 제3장 제2조, 제3조 4항 참고

399. 다음 집사직에 대하여 "교인의 택함을 받고 임직 받아야 한다"는 설명으로 옳지 않은 것은?
   ① 교회를 대표하여 구제하며 봉사하는 직무를 전담하는 중직이라서 택함을 받아야 한다.
   ② 교인의 택함이란 공동의회에서 투표수 과반 이상의 찬성을 얻어야 함을 말한다.
   ③ 안수 위임은 당회의 교양과 고시에 합격한 자를 당회가 날짜를 정하고 안수 기도하며 집사 직무를 위임하는 임직식을 거행하는 일을 말한다.
   ④ 집사는 교회 부흥에 큰 영향을 끼치는 중직이니 교인의 투표와 안수임직을 받음이 더욱 마땅하다.
   ※ 정치 제6장 제1조

400. 다음 중 집사가 항존직이어야 할 이유에 대한 설명으로 옳지 않은 것은?
   ① 구제를 받아야 할 만한 대상자는 항상 있기 때문에 항존 직원이 되는 일이 마땅하다.
   ② 집사 자격을 말해 주는 성경(행 6:3, 딤전 3:8~13, 빌 1:1, 롬 12:7)이 그 사실을 뒷받침한다.
   ③ 구제와 섬김은 교회의 본질적인 사명 중 하나이며, 집사를 세우는 권한은 지교회에 있다.
   ④ 집사는 교회재정으로 구제하는 일을 하므로 믿을 만한 사람을 당회가 임명하는 것이다.
   ※ 정치 제6장 제1조

401. 다음 중 집사직에 대한 설명으로 옳은 것은?
   ① 목사와 장로와 구별되는 직분으로, 무흠 남교인으로서 그 지교회 교인들의 택함을 받고 목사에게 안수 임직 받는 교회 항존직이다.
   ② 집사는 치리권은 없으나 필요하면 당회에 참석하여 언권을 행사할 수 있다.
   ③ 재정 수납 지출은 집사의 직무이므로 단독으로 처리할 수 있다.
   ④ 집사는 공동의회에서 과반수의 투표로 택함을 받고 목사에게 안수 임직 받는 교회 항존직이다.
   ※ 정치 제6장 제1조, 정치 제3장 제2조, 제3조 4항

정답 397.③ 398.③ 399.② 400.④ 401.①

402. 다음 집사직의 칭호에 대한 설명 중 틀린 것은?
① 시무집사: 본 교회에서 임직 혹은 취임 받아 시무하고 있는 집사
② 휴직집사: 본 교회에서 집사로 시무하다가 휴직 중에 있는 자
③ 은퇴집사: 연로하여 은퇴집사
④ 무임집사: 무임집사는 만 70세 미만인 자는 본 교회 전입하여 공동의회에서 과반수 투표로 피선되면 취임식만 행하고 안수 없이 시무집사가 된다.

※ 정치 제6장 제4조 4항 참고

403. 다음 중 집사의 칭호에 대하여 바르게 말한 것은?
① 은퇴집사: 시무하다가 건강이나 가정 형편상 은퇴한 자
② 무임집사: 70이 넘어 은퇴하여 임무가 없는 자
③ 휴직집사: 집사로 시무하다가 휴직 중에 있거나 사임된 자
④ 시무집사: 공동의회에서 과반의 투표를 받고 임직받고 시무 중인 자

※ 정치 제6장 제4조 4항

404. 다음 집사직의 칭호 중 은퇴 집사에 대한 설명으로 옳지 않은 것은?
① 은퇴 집사란 원칙적으로 정년으로 시무권이 없어진 집사를 가리키는 말이다.
② 은퇴 집사는 은퇴 후에도 필요에 따라 시무를 할 수 있으며 무임 집사와는 다르다.
③ 은퇴 집사는 집사의 칭호만 가질 뿐이요, 평범한 세례 교인으로 돌아간다.
④ 70세 시무 정년제를 시행하면서 은퇴 집사란 칭호가 생긴 것이다.

※ 정치 제6장 제4조 4항

405. 다음 집사직의 칭호 중 무임 집사에 대한 설명으로 옳지 않은 것은?
① 무임 집사란 시무권이 없는, 시무하는 교회가 없는 집사란 뜻이다.
② 교회에서 이명 증서를 가지고 다른 교회로 옮기면 그 집사는 그 교회의 시무 집사가 된다.
③ 타 교회에서 이명 와서 아직 본 교회의 투표와 취임을 받지 아니한 자이다.
④ 무임 집사는 70세가 지나면 자동적으로 은퇴 집사의 칭호로 바뀐다.

※ 정치 제6장 제4조 4항

406. 다음 중 정치 6장에서 말한 집사의 자격으로 옳지 않은 것은?
① 선한 명예와 진실한 믿음이 있어야 한다.
② 지혜와 분별력이 있어 존숭을 받아야 한다.
③ 행위가 복음에 합당하고 생활이 모범이 돼야 한다.
④ 봉사적 의무는 신자의 마땅히 행할 본분으로 일반신자와 같다.

※ 정치 제6장 제2조

정답 402.④ 403.③ 404.② 405.② 406.④

407. 다음은 시무집사에 대한 설명이다. 맞지 않는 것을 고르시오.
   ① 본 교회에서 임직 혹은 취임 받아 시무하고 있는 집사다.
   ② 투표를 받고 반년 이상 당회의 교양을 받은 후 당회 고시에 합격한 자로 안수와 시무 위임을 받은 자.
   ③ 과거에 임직 받은 집사가 휴직 및 무임 집사로 있다가 교인의 선택을 받고 시무 취임만 거행하는 자.
   ④ 타 교회에서 이명 온 자로 만 70세 미만인 집사.
   ※ 정치 제6장 제4조 4항

408. 다음 중 집사의 자격에 대한 설명으로 옳지 않은 것은?
   ① 집사는 선명한 명예와 진실한 믿음이 있는 자.
   ② 지혜와 분별력이 있어 존숭을 받는 자.
   ③ 행위가 복음에 합당하며 그 생활이 다른 사람의 모범이 될 만한 자.
   ④ 본 교회 출석하는 무임집사.
   ※ 정치 제6장 제2조, 헌규 제2조 5항 참고

409. 다음 집사의 직무 중 "당회 감독 아래서"에 관한 설명으로 옳지 않은 것은?
   ① 봉사권 행사를 당회의 감독 아래서 하라는 말은 당회원들의 의견이 집사들의 의견보다 옳기 때문이다.
   ② 집사들의 수가 다수이기 때문에 독주하는 일이 가능하므로 집사들의 봉사 직무가 치리권 행사와 교훈권에 저해가 되어 교회가 손상을 입는 일이 없도록 하려는 규정이다.
   ③ 당회의 관할과 감독을 통해서만 더욱 종합적인 계획과 목적을 달성할 수 있기 때문이다.
   ④ 하나님의 교회에서 가르치는 일과 다스리는 일을 훼상하거나 외면하는 봉사를 막기 위한 규정이다.
   ※ 정치 제6장 제3조

410. 다음 중 헌법이 정한 집사의 자격에 대한 바른 설명은?
   ① 선명한 명예와 진실한 믿음과 지혜와 분별력이 있어 존숭을 받고 행위가 복음에 합당하고 그 생활이 다른 사람의 모범이 될 만한 자.
   ② 이명증서만 가지고 오면 본 교회의 집사의 권한으로 봉사할 수 있다.
   ③ 여신도 중 만 45세 이상 된 입교인으로 행위가 성경에 적합하고 교인의 모범이 되고 충성되게 봉사하는 자.
   ④ 신실한 남녀로 무흠 2년을 경과한 자.
   ※ 정치 제6장 제2조, 헌규 제2조 5항

정답 407.④ 408.④ 409.① 410.①

411. 다음 중 집사의 직무에 관한 설명으로 맞지 않는 것은?
① 목사, 장로와 합력하여 빈궁 곤궁한 자를 권고한다.
② 환자와 갇힌 자와 과부와 고아와 모든 환난 당한 자를 위문한다.
③ 당회의 감독 아래서 모든 직무를 행한다.
④ 재정 수납·지출에 관하여는 집사의 직무이므로 단독으로 처리할 수 있다.

※ 정치 제6장 제3조 참고

412. 다음 중 집사의 직무에 관한 설명으로 옳은 것은?
① 당회의 감독 아래서 목사, 장로와 합력하여 빈궁 곤궁한 자를 권고하며 환자와 갇힌 자와 과부와 고아와 환난당한 자를 위문한다.
② 병환자와 슬픔을 당한 자와 회개하는 자와 특별히 구조받아야 할 자가 있을 때에는 목사에게 보고한다.
③ 교우를 심방하며 궁핍한 자와 병자와 환난당한 자를 위로하고 장로와 합력하여 치리권을 행사한다.
④ 교인을 위하여 기도하고 교인 중에 강도의 결과를 찾아본다.

※ 정치 제6장 제3조

413. 다음 집사의 직무 중 "목사, 장로와 협력"에 관한 설명으로 옳지 않은 것은?
① 목사와 장로에게는 다스리는 권세가 있고 집사에게는 봉사권이 있다.
② 봉사의 직무를 더 효과적으로 수행하려고 하면 마땅히 집사가 목사, 장로와 합력해서 일해야 한다.
③ 집사들의 봉사의 직무가 개인적인 것이 아니라 교회적인 직무인즉, 서로 협력함이 당연하다.
④ 봉사의 직무는 집사들이 전담하는 직무인즉 중대한 일 외에는 단독으로 처리해도 된다.

※ 정치 제6장 제3조

414. 다음 중 "목사직과 집사직의 구별"에 대해 옳지 않은 것은?
① 목사직은 가르치는 직무가 전무(全務)이나 집사는 가르침을 받아 봉사하는 직무이다.
② 목사는 장로와 함께 교회를 치리하는 자로 다스리는 직무이나 집사는 다스림을 받는 자이다.
③ 목사는 세상 직업을 가질 수 없으나 집사는 직업을 가지면서 교회의 직분도 갖는다.
④ 목사는 총회에서 임직받고 집사는 목사에게 임직을 받는다.

※ 정치 제6장 제1조

415. 다음 중 집사의 봉사와 그 대상에 대한 설명으로 맞지 않는 것은?
① 빈궁 곤궁한 자를 권고한 자
② 환자와 갇힌 자
③ 모든 환난당한 자
④ 목사와 일반교인 중 빈궁한 자

※ 정치 제6장 제3조

정답 411.④ 412.① 413.④ 414.④ 415.④

416. 다음 중 집사의 봉사와 그 대상에 대한 설명으로 옳은 것은?
① 빈핍 곤궁한 자와 환자와 갇힌 자와 고아와 모든 환난 당한 자.
② 목사와 일반 교인 중 빈궁한 자.
③ 병자와 조상자, 무식한 자와 어린아이들.
④ 제직회원 중에 특히 믿음이 연약한 자.

※ 정치 제6장 제3조

417. 다음 집사의 직무 중 "봉사의 대상"에 관한 설명으로 옳지 않은 것은?
① 봉사의 대상은 빈핍한 자를 권고하는(돌보는) 일, 즉 물질 구제 대상이다.
② "환자, 갇힌 자, 고아, 과부, 환란 당한 자"를 위문해야 할 정신적이고 영적인 구제 대상이다.
③ 집사의 직무는 소외된 자들의 이웃이 되어야 하는 순수한 봉사자요, 청지기 직무이다.
④ 집사의 직무는 아름다운 명예와 권세와 영광을 얻는 직이다.

※ 정치 제6장 제3조

418. 다음 집사의 직무 중 "구제와 재정출납"에 관한 설명으로 옳지 않은 것은?
① 집사의 최초 직무는 구제 업무였다.
② 교회의 성장과 역사의 흐름에 따라 교회의 모든 비용도 제직회가 관장하니 자연히 일반 재정을 수납 지출하는 권세도 있다.
③ 교회의 재정이나 구제비를 출납할 때는 공동의회에서 확정된 예산대로만 집행할 수 있다.
④ 재정출납권은 집사에게 있으니 회에서 확정되지 않았어도 선한 일에는 임의로 집행할 수 있다.

※ 정치 제6장 제3조

419. 다음 중 무임집사에 대한 설명으로 맞지 않는 것은?
① 시무권이 없는, 시무하는 교회가 없는 집사이다.
② 타 교회에서 이명 와서 아직 본 교회의 투표와 취임을 받지 않은 자
③ 이명증서만 가지고 오면 본 교회의 집사의 권한으로 봉사할 수 있다.
④ 전입 후 2년이 지나야 피선거권을 갖는다.

※ 정치 제6장 제4조 4항 참고

420. 다음 중 무임집사에 관한 설명으로 옳은 것은?
① 타 교회에서 이명 와서 아직 취임 받지 못한 집사이다.
② 본 교회에서 집사로 시무하다가 휴직 중에 있는 자이다.
③ 본 교회에서 임직 혹은 취임 받았으나 권징으로 해임된 자이다.
④ 타 교회에서 이명 왔으나 70세 정년이 지난 자이다.

※ 정치 제6장 제4조 4항 참고

정답 416.① 417.④ 418.④ 419.③ 420.①

421. 집사의 칭호에 대한 설명으로 맞는 것은?
   ① 시무집사: 본 교회에서 임직 혹은 취임 받아 시무하고 있는 집사
   ② 휴직집사: 타 교회에서 이명 와서 아직 취임을 받지 못한 집사
   ③ 은퇴집사: 본 교회에서 집사로 시무하다가 휴직 중에 있거나 혹은 사임된 자
   ④ 무임집사: 연로하여 은퇴한 집사

   ※ 6장 - 4조
   ※ 2016년 기출문제

422. 다음 중 집사의 자격에 맞지 않는 것은?
   ① 집사는 선한 명예와 진실한 믿음과 지혜와 분별력이 있는 존숭을 받아야 한다.
   ② 집사의 행위는 복음에 합당해야 한다.
   ③ 집사는 그 생활이 다른 사람의 모범이 될 만한 자 중에서 선택한다.
   ④ 집사가 되지 못하면 장로 후보에 오를 수 없다.

   ※ 정치 제6장 제2조

423. 다음 중 집사를 선출하는 공동회의 투표수의 얼마 이상을 얻어야 하는가?
   ① 3분의 1   ② 2분의 1
   ③ 4분의 3   ④ 3분의 2

   ※ 정치 제21장 제1조 5항 참고

● 장로와 집사의 선출, 임직

424. 장로의 선출과 임직에 관한 설명으로 옳은 것은?
   ① 장로는 교인들의 투표로 선출하나, 목사가 그 후보를 지명할 수 있다.
   ② 다른 교회에서 장로로 시무하던 자는 이미 장로의 신분이 있으므로 본 교회 공동의회 출석회원 과반수의 찬성으로 취임할 수 있다.
   ③ 장로로 선출된 자라도 임직을 받기 전에는 당회에 참석하거나 직무를 수행할 수 없다.
   ④ 장로가 같은 노회 안에서 교회를 옮긴 후, 그 교회에서 장로로 취임하려면 반드시 노회에서 고시는 면제되나 면접은 보아야 한다.
   ⑤ 장로는 노회에서 고시하여 합격하고, 사도적 모범을 따라 노회가 안수함으로 임직한다.

   ※ 4번의 경우, 이명은 해야 하나, 고시 건은 노회 규칙대로, 즉 노회가 정한 대로 하면 된다. 반드시 고시부의 면접을 요하는 것은 아니다. (제84회 총회결의) 5번은 노회가 안수하는 것이 아니다.

정답 421.① 422.④ 423.④ 424.③

425. 안수에 관한 것으로 옳은 것은?
① 교회의 모든 직분은 안수하여 세운다.
② 집사는 반드시 안수식을 통해서 임직한다.
③ 성직을 받지 않은 자라도 병자를 위해 안수할 수 있다.
④ 목사와 장로의 임직에서 장로도 안수할 수 있다.
⑤ 권사는 항존직원이므로 반드시 안수하여 세워야 한다.

※ 1번의 경우, 임시직은 안수 없다. 2번의 경우 집사는 서리집사와 달리 반드시 안수해야 한다. 항존직이기 때문이다. 3번 성직을 받은 자 외에는 병자를 위해 안수하는 것은 삼가야 한대(헌법적 규칙 제12조) 4번의 경우, 장로의 임직에는 장로도 안수식에 참여하지만, 목사의 임직에는 참여할 수 없다. 5번, 권사는 항존직이 아니다. 그래서 안수하지 않는다.

426. 직원을 선거함에 대한 설명으로 옳은 것은 무엇인가?
① 선거 투표는 무흠 입교인이 기도하는 마음으로 공개적으로 할 것이다.
② 직원 선거에 있어서 오직 후보자만 선거운동을 할 수 있다.
③ 6개월 이상 무고히 계속해서 본 교회 예배회에 참석하지 않은 교인의 경우에는 선거권은 있으나 피선거권은 없다.
④ 연기명 투표에서 투표정원수를 초과하여 기록한 표, 지정한 투표용지를 사용하지 않거나 잘못 기록된 투표지는 무효표로 한다.
⑤ 모든 무효표는 총표수에 포함하지 않는다

※ 1번은 비밀히 할 것이고, 2번은 선거운동을 할 수 없다. 3번은 선거권, 피선거권 모두 없다. 5번은 무효표 중에 백표는 총투표수에 포함되지 않는다.

※ 헌규 제7조1-4항 참고

427. 다음 중 장로, 집사 선거 방법에 대한 설명으로 옳지 않은 것은?
① 치리장로와 집사는 각 지교회가 공동의회 규칙에 의하여 선거한다.
② 공동의회의 일반적 결의는 과반수로 가결하고 목사, 장로, 집사, 권사 선거는 3분의 2의 찬성으로 가결된다.
③ 장로와 집사 선거는 선거운동을 통해서 자신의 소신을 밝혀야 하나 단 당회가 후보를 추천할 수 있다.
④ 양심의 자유와 교회의 자유에 의하여 어느 회에서든지 그 직원을 선정하는 권한은 그 회에 있다.

※ 정치 제13장 제1조, 제1장 제1조 5항 헌규 제7조 1항 참고

428. 다음 중 헌법이 정한 장로, 집사 선거방법에 관한 설명으로 옳은 것은?
① 장로와 집사 선거는 선거운동을 통해서 자신의 소신을 밝혀야 하나 단 당회가 후보를 추천할 수 있다.
② 치리장로와 집사는 각 지교회가 공동의회 규칙에 의하여 선거하되 투표수 3분의 2 이상을 요한다.
③ 장로교정치는 선거로서 직원을 선택하고 있으나 제비뽑는 것이 성경적이다.
④ 공동의회 기본규칙은 안건과 함께 1주일 전에 광고하고 무흠 입교인 과반수가 출석하는 대로 개회하고 3분의 2 이상의 찬성을 요한다.

※ 정치 제13장 제1조

정답 425.③ 426.④ 427.③ 428.②

429. 다음 중 장로집사 선거의 선거권과 피선권에 관한 설명으로 옳지 않은 것은?
   ① 무고히 계속 6개월 이상 본 교회 예배회에 참석하지 아니한 교인은 선거와 피선거권이 중지된다.
   ② 장로 집사의 피선거권은 남자 입교인으로 규정하고 있다.
   ③ 이명 이래한 입교인이라도 본 교회 출석한 지 6개월 미만이면 선거권이 없다.
   ④ 이명증서를 당회가 받았으면 그 시각부터 선거권이 있다.

   ※ 정치 제13장 제1조, 제6장 제4조 4항, 헌규 제7조 2항 참고

430. 다음 중 장로집사 선거의 선거권과 피선거권에 관한 설명으로 옳은 것은?
   ① 이명 이래한 입교인은 이명증서 접수하고 접수통지서 발송 후부터 선거권이 주어진다.
   ② 이명 이래한 입교인이라도 본 교회 출석한 지 6개월 미만이면 선거권이 없다.
   ③ 이명 이래한 집사는 당회가 이명증서를 받고 접수통지서를 발송함과 동시에 피선거권이 있다.
   ④ 이명 이래한 장로는 당회가 이명증서를 받고 접수통지서를 발송함과 동시에 피선거권이 있다.

   ※ 정치 제13장 제1조, 제6장 제4조 ④. 제94회 총회 결의

431. 다음 중 장로 집사의 임직승낙과 임직에 관한 설명으로 옳지 않은 것은?
   ① 장로는 노회에 청원하여 노회의 선택허락을 받아야 한다.
   ② 장로는 선거하여 노회가 고시하고 승인해야 한다.
   ③ 집사를 노회가 고시하지 않는 것은 집사직을 박대하는 잘못이다.
   ④ 장로나 집사를 선택하여 반년 이상 교양하고 장로는 노회의 고시 후에 임직하며 집사는 당회가 고시한 후에 임직한다.

   ※ 정치 제13장 제1-2조, 제9장 제5조 4항 참고

432. 다음 중 장로, 집사 임직순서에 관한 설명으로 옳지 않은 것은?
   ① 교회가 당회의 정한 날짜와 장소에 모여 개회하고 목사가 강도한다.
   ② 장로 집사직의 근원과 성질의 어떠한 것과 품행과 책임의 어떠한 것을 간단히 설명한다.
   ③ 장로, 집사 임직식에 3분의 2 이상의 교인이 참석하여 서약하지 않으면 임직은 무효이다.
   ④ 임직서약의 근거는 교회 자유원리에 의한 것으로 자기를 대표하는 일꾼을 임직하면서 성경과 헌법을 인정하지 않는 자에게 교회의 치리와 봉사를 맡길 수 없다.

   ※ 정치 제13장 제3조 참고

433. 다음 중 장로 집사의 임직서약에 관한 설명으로 옳지 않은 것은?
   ① 다른 교회에서 이명 온 장로가 본 교회에서 장로로 위임식(취임식)을 할 때는 임직서약 중 4-5항의 위임서약만 하면 족하다.
   ② 임직자의 임직서약 근거는 교회자유원리에 의한 것이며, 서약하고 난 다음에는 그 임직서약대로 행하여야 할 새로운 의무가 부과된다.
   ③ 임직서약은 어떤 경우에도 1-5항의 서약을 동시에 하지 않으면 불법이다.
   ④ 지교회원들의 서약은 자기의 양심자유원리에 바탕을 둔 기본교권의 행사로 뽑힌 당선자를 자기 대표자로 치리와 봉사를 위해 세운 장로, 집사로 받아들이는 것이다.

   ※ 정치 제13장 제3조 참고

정답 429.③ 430.① 431.③ 432.③ 433.③

434. 다음 중 장로의 자격으로 합당하지 않은 것은?
① 만 35세 이상 된 입교인 모두
② 만 35세 이상 된 입교인 중 흠 없이 5년을 경과한 남자
③ 상당한 식견과 통솔력이 있는 남자
④ 디모데전서 3:1~7에 해당하는 남자
※ 5장 3조
※ 2016년 기출문제

435. 다음 중 교회 예식 중에 주 예수 그리스도의 이름과 교회 혹은 노회의 권세로 공포하는 경우가 아닌 것은?
① 강도사 인허 공포문
② 목사 위임식 공포문
③ 서리집사 임직식 공포문
④ 목사 임직식 공포문
※ 정치 제13장 제3조, 제14장 제6조 참고

436. 다음 중 교회 임직식에서 권면하는 일에 대한 설명으로 맞지 않는 것은?
① 권면은 임직자에게와 교인에게 구분하여 권면할 것이다.
② 임직자에게는 서약에 따르는 의무를 어김없이 이행하여 위임받은 성직에 충성할 것을 권면한다.
③ 임직서약과 교회봉사와는 아무 상관이 없다.
④ 교인에게는 서약한 대로 임직자들이 맡은 직임에 충성 봉사할 때에 위로, 협력, 순종함으로 교회의 화평과 하나님을 영화롭게 할 것을 권면한다.
※ 정치 제13장 제3조 참고

437. 임직 예식에서 직분자가 해야 하는 서약이 아닌 것은?
① 신구약 성경은 하나님의 말씀임을 서약한다.
② 본 장로회 정치와 권징조례와 예배모범을 정당한 것으로 서약한다.
③ 주 안에서 같은 직원 된 형제들과 동심협력하기로 맹세한다.
④ 담임목사에게 충성하기로 서약한다.
※ 정치 제13장 3조 15장 10조
※ 2016년 기출문제 수정

438. 다음의 설명은 무엇에 대한 것인가?

"지교회에 목사를 청빙하고자 하는 경우에는 당회의 결의로 공동의회를 소집하고, 임시 당회장이 강도한 후 공포하기를, 교회에서 원하면 목사 청빙할 일에 대하여 투표할 것이라고 그 의견(意見)을 물어 과반수가 찬성하면 즉시 투표한다."

① 목사 선거
② 강도사 선거
③ 청빙승낙
④ 청빙준비
※ 정치 제15장 제2조 참고

정답 434.① 435.③ 436.③ 437.④ 438.①

439. 다음 중 장로, 집사 선거와 임직에 맞지 않는 것은?
① 당회가 후보를 추천할 수 있다.
② 공동의회에서 선거한다.
③ 투표수 2/3 이상의 찬성을 요한다.
④ 노회가 고시, 승인하고 당회가 임직한다.

440. 다음은 목사의 선거 및 임직과 관련된 설명이다. 이것은 무엇에 관련된 내용인가?

> "어느 목사나 강도사에게든지 청빙서를 드리면 그 교회가 원하는 줄로 인정할 것이요 그 목사나 강도사가 그 청빙서를 접수하면 승낙하는 것으로 인정한다."

① 청빙 승낙　　　　　　② 청빙서 제정(提呈)
③ 서약 변경　　　　　　④ 청빙 준비

※ 정치 제15장 제5조 참고

441. 다음 중 임직자를 안수할 때 장로, 집사 안수위원이 아닌 것은?
① 원로목사　　　　　　② 담임목사
③ 시무장로　　　　　　④ 집사

442. 다음 중 장로, 집사의 시무투표에 관한 설명으로 옳지 않은 것은?
① 시무투표를 규정한 것은 교회의 부패를 방지하기 위한 것이다.
② 한 번 임직한 후에는 주권자인 교인의 견제를 받는 장치가 없기 때문에 치리권자의 치리와 주권자인 교인과의 상호견제의 형평을 이루기 위함이다.
③ 7년에 1차씩이라는 것은 임직한 후 7년, 14년, 21년이 되는 해에만 할 수 있다.
④ 7년에 1차씩이라는 것은 임직한 지 7년이 지나면 필요에 따라 할 수 있고 시무투표한 날로 다시 7년이 되면 또 시무투표할 수 있다.

※ 정치 제13장 제4조 참고

443. 다음 중 장로, 집사의 시무투표에 관한 설명으로 옳은 것은?
① 7년에 1차씩이라는 것은 임직한 후 7년, 14년, 21년이 되는 해에만 할 수 있다.
② 7년에 1차씩이라는 것은 임직한지 7년이 지나면 필요에 따라 할 수 있고 시무투표한 날로 다시 7년이 되면 또 시무투표할 수 있다.
③ 시무투표는 장로에게만 해당되고 집사는 해당되지 않는다.
④ 시무투표의 표결 수는 과반수이나 원칙은 처음 임직 때와 같이 3분의 2 이상의 표결 수를 요한다.

※ 정치 제13장 제4조

정답 439.④ 440.① 441.④ 442.③ 443.②

● 장로와 집사의 사직 휴직

444. 장로의 직무 정지의 요건으로 제시한 것이 아닌 것은?
① 연로하거나 병약하여 직무를 계속할 수 없을 때, 본인의 동의나 노회의 권고로 당회가 그 직위를 해면할 수 있다.
② 직무상 교인 다수와 불합하게 되더라도 이단 시상에 물들었거나 도덕적으로 문제가 있지 않으면 당회는 어떤 경우에도 그 직위를 해면할 수 없다.
③ 상회의 권고가 있으면 당회는 그 사임서를 받아 직위를 해제할 수 있다.
④ 이단성이나 부도덕함의 죄가 있으면 그에 대한 당회의 재판이 있어야 해면된다.
⑤ 장로의 시무 기간이 완료되었을 때는 자동으로 직무가 정지된다.

※ 2번은 그 경우에도 본인의 동의나 노회의 권고가 있으면 당회는 그 직위를 해면할 수 있다고 해야 한다. (정치문답 109문답 참조)

445. 장로의 휴직 또는 사직에 관한 설명으로 옳지 않은 것은?
① 장로의 권고휴직이나 권고사직에 대하여 본인이 원하지 않으면 항소할 수 있다.
② 장로가 범죄는 없을지라도 교회의 덕을 세우지 못하면 당회는 협의하여 그 휴직 또는 사직을 결정할 수 있다.
③ 장로가 노혼이나 신병으로 시무할 수 없으면 사직하게 할 수 있다.
④ 교회원의 태반이 그 시무를 원치 않으면 시무장로를 사직케 할 수 있다.
⑤ 장로의 휴직이나 사직에 대한 당회 결의는 공동의회나 노회의 허락을 받을 필요가 없다.

※ 권고사직이나 권고휴직에 대한 불복은 행정건이므로 "소원"하는 것이다. 재판건이 아니므로 항소할 수는 없다.

446. 휴직, 또는 사직한 장로가 다시 복직하게 되는 것에 관한 설명으로 옳은 것은?
① 본 교회에서 장로로 임직받은 자가 다른 교회로 이명하였가 다시 본 교회로 돌아온다면 자동적으로 복직한다.
② 휴직장로가 재신임 투표 시에는 당회원 3분의 2 이상의 찬성으로 복권한다.
③ 본 교회로 전입한 무임장로는 만 2년이 경과하여야 공동의회에서 시무장로 후보가 될 수 있다.
④ 당회의 권고로 사직하게 된 장로의 경우에 소원하지 않았어도 노회는 직권으로 복직을 명할 수 있다.
⑤ 무임 또는 휴직장로가 시무장로로 피선되어 임직하게 될 때에는 첫 임직과 같은 절차를 밟아야 한다.

※ 1번은 다시 공동의회에서 투표해야 한다.(95회 총회결의) 2번 당회결의만으로 복권할 수 없다. 공동의회 3분의 2 이상의 찬성이 있어야 한다.(95회 총회결의) 3번, 소원하지 않으면 노회는 복직을 명할 수 없다. 5번은 취임식을 하되, 안수는 없다.(94회 총회결의) 3번은 정치 제6장 제4조 4항의 규정을 준용하도록 총회가 결의함(94회 총회결의)

정답 444.② 445.① 446.③

447. 교회 직원에게 그 직임을 면해야 하는 사유로 헌법이 정한 것이 아닌 것은 무엇인가?
① 성일을 범한 경우
② 치리회를 상대로 사법에 고소나 고발을 한 경우
③ 음주나 흡연을 한 경우
④ 사람을 구타한 경우
⑤ 고의로 교회 의무금을 드리지 않은 경우

※ 헌법적 규칙 제2조 5항에서는 직임을 면하는 사유를 규정하고 있으나, 재정의 횡령이나 배임에 관한 규정은 없다.

448. 다음 중 자유 휴직에 관한 설명으로 옳지 않은 것은?
① 장로 혹 집사가 노혼하거나 신병으로 시무할 수 없을 때 본인이 청원한다.
② 이단이나 악행은 없을지라도 교회원 태반이 그 시무를 원치 않을 때 본인이 청원한다.
③ 휴직은 당회의 결의로 처리한다.
④ 교회의 직원은 어떤 경우든 스스로 휴직할 수 없고 죽도록 충성해야 한다.

※ 정치 제13장 제5조 참고

449. 다음 중 자유 사직에 관한 설명으로 옳지 않은 것은?
① 자유사직은 본인이 청원하여 그 직을 포기하겠다는 것이다.
② 장로 혹 집사가 노혼하거나 신병으로 시무할 수 없을 때 본인이 청원한다.
③ 이단이나 악행은 없을지라도 교회원 태반이 그 시무를 원치 않을 때 본인이 청원한다.
④ 사직한 경우에는 다시 그 직을 다시 임직하려면 당회에 청원하여 당회의 결의로 임직하여 시무할 수 있다.

※ 정치 제13장 제5조 참고

450. 다음 중 권고휴직에 관한 설명으로 옳지 않은 것은?
① 장로나 집사가 범죄는 없을지라도 노혼하거나 교회에 덕을 세우지 못하게 된 경우 당회가 권고 휴직하게 할 수 있다.
② 권고 휴직하게 한 사실은 당회록에 기록한다.
③ 교인들이 투표하여 임직하였으므로 당회의 결정으로 권고휴직 시킬 수 없다.
④ 본인이 원하지 아니하면 소원할 수 있다.

※ 정치 제13장 제5조 참고

451. 다음 중 권고사직에 관한 설명으로 옳지 않은 것은?
① 장로나 집사가 범죄는 없을지라도 교회에 덕을 세우지 못하는 형편이면서도 본인이 휴직하지 않으면 당회가 결단하여 권고 사직하여야 한다.
② 권고 사직한 사실은 당회록에 기록한다.
③ 본인이 원하지 않으면 당회가 결정한 후 10일 이내에 노회에 소원할 수 있다.
④ 당회의 결정에 대하여는 소원할 수 없다.

※ 정치 제13장 제5조

정답 447.② 448.④ 449.④ 450.③ 451.④

452. 목사청빙 투표에서는 투표수 2/3를 요하지만 장로, 집사 및 권사 선거는 투표수 얼마를 요구하는가?
① 1/2　　　② 1/3　　　③ 2/3　　　④ 참석회원의 1/2
※ 13장 1조
※ 2016년 기출문제

453. 노회가 목사에게 권고사직을 종용할 시의 조건은 무엇인가?
① 3년간 무임으로 있으면　　② 5년간 무임으로 있으면
③ 7년간 무임으로 있으면　　④ 10년간 무임으로 있으면
※ 17장 4조

454. 다음 중 장로 또는 집사의 자유 휴직과 사직의 요인이 아닌 것은?
① 장로 혹 집사가 노혼한 경우
② 장로 혹 집사가 신병으로 더 이상 시무하기가 어려울 때
③ 교회원의 태반이 그 시무를 원치 않을 때 당회의 결의로
④ 장로나 집사가 범죄는 없을지라도 전조 사건과 방불하여 교회에 덕을 세우지 못하게 된 경우
※ 정치 제13장 제5,6조 참고

● 권사

455. 권사에 대한 설명으로 옳은 것은?
① 임의로 교인을 방문하여 돌아보며 권면하는 자이다.
② 권사는 장로와 더불어 목사를 보필하며 당회의 회원이 된다.
③ 여신도 중에 만 45세 이상의 입교인으로 교인의 모범이 되어야 한다.
④ 권사는 공동의회 3분의 2 이상의 찬성으로 선출되고, 퇴임하면 원로권사가 된다.
⑤ 65세 이상의 입교인 중에 다년간 교회에 봉사한 성도에 대하여 목사는 명예권사로 임명할 수 있다.
※ 1번은 당회의 지도를 받아야 하고, 2번은 권사는 제직회원이다. 4번은 퇴임하면 은퇴권사이다. 5번은 60세 이상, 당회가 임명한다.

456. 임시직원이 아닌 자는 누구인가?
① 권사　　② 서리집사　　③ 전도인
④ 전도사　　⑤ 권찰
※ 권찰은 임시직원의 목록에 해당하지 않는다.

정답 452.③ 453.② 454.④ 455.③ 456.⑤

457. 다음 직원의 연결이 옳지 않은 것은 무엇인가?
① 목사 - 항존직원
② 선지자 - 창설직원
③ 전도사 - 임시직원
④ 장로 - 항존직원
⑤ 권사 - 임시직원

※ 선지자는 비상직원이다. 창설직원은 "사도"이다.

458. 권사에 대한 설명으로 옳지 않은 것은?
① 권사는 제직회의 회원이 된다.
② 권사는 당회의 지도 아래 교인들을 심방한다.
③ 권사는 항존직이나 안수 없이 임직한다.
④ 권사의 정년는 만 70세까지이다.
⑤ 여신도 중 만 45세 이상 된 입교인 중에서 선출한다.

※ 권사는 종신직이나 항존직은 아니다. 따라서 안수 없이 취임한다. 다만 만 70세까지만 시무한다.

459. 권사의 종류에 대한 설명으로 옳지 않게 연결한 것은?
① 시무권사 - 본 교회의 권사로 그 직무를 수행하는 자
② 원로권사 - 권사로 만 20년 이상 시무하고 명예롭게 퇴임한 권사
③ 은퇴권사 - 연로하여 시무에서 물러난 권사
④ 명예권사 - 여신도 중 60세 이상 된 입교인 중에서 당회가 임명한다.
⑤ 무임권사 - 타 교회에서 이명 와서 아직 취임 받지 못한 권사

※ 원로권사라는 제도는 없다. 이는 권사가 종신직일 뿐 항존직이 아님을 반영한 것이다. 또한 유일하게 직분에 "명예"를 붙인 것이 권사직인데, 이는 그 직분이 항존직이 아닌 까닭이다.

460. 권사의 선출과 임직에 관한 설명으로 옳은 것은?
① 목사 또는 당회가 그 후보를 추천할 수 있다.
② 권사는 안수 없이 임직한다.
③ 타 교회에 이명 오게 된 권사는 그 교회의 시무권사가 될 수는 없다.
④ 모든 권사는 반드시 공동의회 3분의 2 이상의 찬성을 얻어야 한다.
⑤ 권사의 경우에는 공동의회에서 피택되면 반드시 취임식을 해야 하는 것은 아니다.

※ 1번, 목사 개인에게 후보추천권이 있는 것은 아니다. 3번은 타 교회에서 이명 온 권사도 공동의회를 거쳐 시무권사가 될 수 있다. 4번은 명예권사는 당회에서 임명한다. 5번은 반드시 취임식을 거쳐야 한다. 왜냐하면 취임식에서 서약과 더불어 공포가 있기 때문이다.

461. 교회 직원 중 권사의 명칭에 해당되지 않는 것은?
① 무임권사
② 협동권사
③ 은퇴권사
④ 명예권사

정답 457.② 458.③ 459.② 460.② 461.②

462. 다음 중 권사의 직무와 권한에 대한 설명으로 맞지 않는 것은?
① 당회의 지도 아래 교인을 방문한다.
② 특히 믿음이 연약한 교인들을 돌아보아 권면하는 자이다.
③ 병환자와 환난 당한 자를 돌아본다.
④ 교인의 모범이 되며 본 교회에서 충성되게 봉사하는 자

※ 정치 제3장 제3조 3항 참고

463. 다음 중 권사의 직무에 대한 설명으로 맞지 않는 것은?
① 당회의 지도 아래 교인을 방문한다.
② 교인의 모범이 되며 충성되게 봉사하는 자로 제직회원이 된다.
③ 특히 믿음이 연약한 교인들을 돌아보아 권면한다.
④ 병환자와 환난 당한 자를 돌아본다.

※ 정치 제3장 제3조 3항, 69번 문제 해설 참고

464. 다음 중 권사에 대해 잘못 말한 것은?
① 권사는 믿음이 연약한 자를 돌아보고 권면한다.
② 권사는 당회의 지도를 받아 심방한다.
③ 권사는 임시직이다.
④ 권사는 항존직이다.

465. 다음 중 권사의 자격 및 선거와 관련한 설명으로 맞지 않는 것은?
① 여신도 중 만 35세 이상 된 입교인
② 당회는 그 후보를 추천할 수 있다
③ 권사는 공동의회에서 투표로 선출한다.
④ 행위가 성경에 적합하고 교인의 모범이 되며 본 교회에서 충성되게 봉사하는 자

※ 2020년 기출문제 수정

466. 다음 중 권사에 대한 설명 중에 맞지 않는 것은?
① 무임권사: 타 교회에서 이명 와서 아직 취임 받지 못한 권사
② 은퇴권사: 권사가 연로하여 퇴임한 권사
③ 명예권사: 다년간 봉사한 여신도 중 60세 이상 된 자를 당회가 임명한다.
④ 권사 자격: 목사나 당회가 신실한 남녀로 선정하여 취임식을 하여야 한다.

※ 정치 제3장 제3조 3항 3),4),5) 참고

정답 462.④ 463.② 464.④ 465.① 466.④

467. 다음 중 권사의 자격과 직무에 대해 틀린 것은 무엇인가?
① 여신도 중 만 35세 된 무흠 입교인
② 공동의회에서 투표수 2/3 이상 찬성 얻은 자
③ 당회의 지도대로 교인을 방문
④ 믿음이 연약한 교인들을 돌보아 권면한다.

※ 정치 제3장 제3조 3항

468. 다음 중 권사와 집사의 비교사항으로 틀린 것은 무엇인가?
① 권사는 임시직이요 집사는 항존직이다.
② 권사는 항상 제직회원이요, 집사는 조직교회의 경우 당회의 허락이 없으면 제직회원이 아니다.
③ 집사와 권사의 시무 연한은 모두 만 70세이다.
④ 집사는 심방 직무 외에도 구제비와 일반 제정 수납 직무가 있으나 권사는 심방 직무뿐이다.

※ 정치 제3장 제3조 3항

● 서리집사

469. 서리집사를 선정하는 방법에 대한 설명으로 옳지 못한 것은?
① 교회가 공동의회에서 선정할 수 있다.
② 지교회의 담임목사가 선정할 수 있다.
③ 지교회의 당회가 결의함으로 선정할 수 있다.
④ 미조직교회는 노회에 청원하여 허락을 받아야 한다.
⑤ 서리집사는 매년 새로 선정되어야 한다.

※ 정치 제3장 3조 4항에서는 남녀서리집사에 대하여 규정하면서 "교회 혹은 목사나 당회가 신실한 남녀로 선정하여 집사 직무를 하게 하는 자니 그 임기는 1개년이다"라고 하고 있다. 이는 서리집사의 선정은 교회가 공동의회를 통해서, 또는 교회의 담임목사가, 또는 당회의 결의로 선정할 수 있음을 시사한다고 하겠다.

470. 당회로부터 제직회원의 권리를 받아 제직회원이 될 수 있는 직분은 무엇인가?
① 원로장로   ② 은퇴장로   ③ 은퇴권사   ④ 서리집사

※ 2018년 기출문제

471. 다음 중 서리집사의 임기는 얼마인가?
① 1년   ② 2년   ③ 3년   ④ 4년

※ 정치 제3장 제3조 4항 참고

472. 다음 중 서리집사에 대한 설명으로 틀린 것은 무엇인가?
① 남녀 모두 선정할 수 있다.   ② 임기는 1개년이다.
③ 교회 혹은 목사나 당회가 선정할 수 있다.   ④ 준직원이다.

※ 정치 제3장 제3조 4항, 66번 문제 해설 참고

정답 467.① 468.② 469.④ 470.④ 471.① 472.④

● 전도사와 전도인

473. 다음 남전도사의 자격과 권한에 대한 설명 중 맞지 않는 것은?
① 미조직교회에서는 당회장의 허락으로 제직회 임시회장이 될 수 있다.
② 특별한 이유가 있으면 당회의 언권방청 할 수 있다.
③ 미조직교회에서는 제직회 사무를 임시로 집행한다.
④ 다른 노회에서 전도사고시를 받은 자도 필답고사를 합격하여야 한다.

※ 정치 제3장 제3조 1항 참고

474. 다음 중 전도사에 대한 설명으로 틀린 것은?
① 교회 사정에 의해 안수 없이 임시로 설치할 수 있는 임시 직원이다.
② 당회의 추천으로 노회가 고시하여 자격을 인가한다.
③ 남전도사가 당회의 회원은 되지 못하나 특별한 이유가 있으면 언권 방청이 된다.
④ 미조직교회라 할지라도 전도사는 제직회 임시 회장이 될 수 없다.

※ 정치 제3장 제3조

475. 전도인에 대한 설명으로 옳은 것은?
① 전도인은 당회의 추천을 받아 노회의 고시를 받아야 한다.
② 유급 교역자로서 지교회 시무를 방조한다.
③ 다른 노회에서 고시한 자는 필답고사를 면제한다
④ 유급으로 불신자에게 전도하는 자로 그 사업 상황을 파송기관에 보고해야 한다.
⑤ 전도인은 미조직교회의 경우에서도 제직회의 회원이 되지 못한다.

※ 1~3번은 전도사에 관한 것이다. 5번은 전도인은 미조직교회의 제직회원이 된다.

476. 다음 유급 전도인에 대한 설명 중 맞지 않는 것은?
① 남녀 전도인은 유급 사역자이다.
② 그 사업상황을 파송기관에 보고해야 한다.
③ 신학졸업자로 노회가 고시하여 인가한다.
④ 다른 지방에서 전도에 착수할 때는 그 구역 감독기관과 협의하여 보고한다.

※ 정치 제3장 제3조 2항. 제21장 제2조 2항 참고

정답 473.④ 474.④ 475.④ 476.③

● 준직원

477. 보기에서 준직원에 대한 설명으로 옳은 것을 모두 고르시오.

> a. 강도사와 선교사는 준직원이다.
> b. 노회는 강도사에게 치리권을 허락할 수 없다.
> c. 강도사는 총회에서 강도할 인허를 받는다.
> d. 목사후보생은 개인으로 당회 관리 아래 있다.
> e. 강도사는 개인으로 노회의 관리 아래 있다.

① a, e　　　② a, c　　　③ b, d
④ b, e　　　⑤ c, d

※ 선교사는 준직원이 아니다. 강도사는 치리권이 없다. 강도사는 노회에서 인허를 받는다. 강도사는 개인으로 당회 관리 아래 있다.

478. 개인으로는 당회에, 직무상으로는 노회의 관리 아래 있는 직원에 해당하는 것은?
① 목사　　② 장로　　③ 권사
④ 강도사　　⑤ 전도사

※ 개인으로는 당회에, 직무상으로는 노회의 관리 아래 있는 직분은 준직원으로 강도사와 목사후보생이 해당된다. 전도사는 임시직원이다.

479. 다음 교회의 준직원에 대한 설명 중 잘못된 것은?
① 강도사
② 목사후보생
③ 개인으로는 당회 관리 아래 있다
④ 직무상으로는 총회 아래 있다

480. 다음 준직원에 대한 설명 중 맞지 않는 것은?
① 강도사는 총회의 고시로 노회의 인허를 받은 자이다.
② 목사후보생은 목사직을 희망하는 자로 노회의 자격심사를 받은 자이다.
③ 강도사와 목사후보생은 개인으로는 당회, 직무상으로는 노회의 관할 아래 있다.
④ 준직원도 제직회원이 될 수 있다.

※ 정치 제3장 제4조 참고

481. 다음 강도사에 대한 설명 중 맞지 않는 것은?
① 노회고시 후에 노회의 인허를 받고 강도할 수 있다.
② 노회의 지도대로 일하되 교회의 치리권은 없다.
③ 강도사가 4년간 강도하는 데 덕을 세우지 못하면 인허를 취소할 수 있다.
④ 강도사는 준직원으로 개인으로는 당회, 직무상으로는 노회 관리 아래 있다.

※ 정치 제3장 제4조, 제14장 제8조, 77번 해설 참고

정답　477.③　478.④　479.④　480.④　481.①

482. 다음 중 어떤 때에 강도사의 인허를 노회가 취소할 수 있는가?
   ① 강도사가 4년간 강도하는 데 덕을 세우지 못하면 인허를 취소할 수 있다.
   ② 강도사가 인허 후 2년 안에 목사고시에 합격하지 못하면 취소할 수 있다.
   ③ 강도사가 소속 노회에서 다른 노회로 이거하면 인허를 취소한다.
   ④ 타 노회 교회로 이명하면서 당회 간의 이명과 노회가 이명을 한 경우에 취소할 수 있다.
   ※ 정치 제14장 제8조 참고

483. 다음 중 목사후보생의 자격에 관한 설명으로 옳지 않은 것은?
   ① 신학교에 입학한 남학생이면 목사후보생이다.
   ② 성경의 원리와 법의 규정에 의하여 남자라야 한다.
   ③ 무흠 입교인이라야 목사 후보생의 자격이 있다.
   ④ 소명의식이 분명한 자라야 한다.
   ※ 2020년 기출문제

484. 다음 중 강도사에 관한 설명으로 옳지 않은 것은?
   ① 강도사가 4년간 아무 교회도 청빙을 받지 못하면 노회가 권고하고 1년 후에 노회의 결의에 의하여 인허를 취소할 수 있다.
   ② 강도사 인허란 총회가 실시하는 강도사 고시에 합격한 자를 노회가 정식으로 강도함을 승인하는 것이다.
   ③ 강도사는 당회에 참석할 수 있고 공동의회 의장도 될 수 있다.
   ④ 강도 인허를 받은 목사 후보생을 강도사라 한다.
   ※ 2020년 기출문제

485. 목사후보생, 전도사, 강도사에 대한 설명으로 틀린 것은?
   ① 목사후보생과 강도사는 교회의 준직원이다.
   ② 총신 신학대학원의 지도를 받아야 한다.
   ③ 당회의 치리 하에 있다.
   ④ 직무상으로는 노회의 치리를 받는다.
   ⑤ 개인적으로는 교회에 소속되어 있다.
   ※ 2019년 기출문제

486. 다음 중 강도사의 기관청빙에 관한 설명으로 맞지 않는 것은?
   ① 종교상 도리와 본분을 교훈하는 직무를 당할 때 목사로 임직할 수 있다.
   ② 기독교신문이나 서적에 관한 일에 시무하는 경우 목사로 임직할 수 있다.
   ③ 노회나 지교회나 교회에 관계되는 기독교 교육기관에서 청빙을 받을 때 목사로 임직할 수 있다.
   ④ 청빙을 받지 못해도 기관목사로 임직 받을 수 있다.
   ※ 정치 제4장 제3조 2,4,5,6항, 제15장 제1조 참고

정답 482.① 483.① 484.③ 485.② 486.④

487. 다음 중 강도사의 기관청빙에 관한 설명으로 옳은 것은?
① 강도사는 지교회의 청빙이 없으면 목사로 임직할 수 없다.
② 기독교신문이나 서적에 관한 일에 시무하는 경우 지교회 목사가 될 자격까지 충분한 줄로 인정되면 목사로 임직할 수 있다.
③ 강도사는 청빙을 받지 못해도 기관목사로 임직 받을 수 있다.
④ 기독교 신문이나 서적에 관한 사무를 시무하는 경우는 목사로 임직할 수 없다.

※ 정치 제4장 제3조 2,4,5,6항, 제15장 제1조

488. 다음 중 강도사의 기관청빙에 관한 설명으로 옳은 것은?
① 목사의 임직은 노회의 고유권한이므로 기관의 청빙이 없어도 노회가 직권으로 기관목사로 임직할 수 있다.
② 강도사는 지교회와 기관의 청빙이 동시에 있어야 임직할 수 있다.
③ 노회나 지교회나 교회에 관계되는 기독교 교육기관에서 청빙을 받을 때 목사로 임직할 수 있다.
④ 기관청빙을 받는 강도사는 교회의 덕의(德義)와는 상관이 없다.

※ 정치 제4장 제3조 2,4,5,6항, 제15장 제1조

489. 다음 중 강도사는 어디에 속하는가?
① 개인적-당회, 직무상-노회
② 개인적-당회, 직무상-총회
③ 개인적-노회, 직무상-총회
④ 개인적-노회, 직무상-노회

490. 강도사고시 및 인허는 어디에서 하는가?
① 고시와 인허는 총회에서 한다.
② 고시는 총회, 인허는 교회
③ 고시는 노회, 인허는 총회
④ 고시는 총회, 인허는 노회

※ 14장 - 3, 5조
※ 2016년 기출문제

491. 다음 중 목사후보생과 강도사 양성의 요의에 관한 설명으로 옳지 않은 것은?
① 목사의 중임을 연약하고 부적당한 자에게 위임함으로 성역이 사람의 멸시됨을 면하기 위하여 교회를 교도 치리할 자의 능력을 시험해야 한다.
② 목사후보생이란 목사가 되기 원하여 신학을 학습하는 남자세례교인이다.
③ 목사후보생은 당회가 실시하는 목사후보생고시에 합격하여야 한다.
④ 노회가 강도사로 인허한 후 특별한 이유가 없으면 총회고시 합격 후 1개년 이상 노회 지도 아래서 본직의 경험을 수양한 후에야 목사고시에 응할 수 있다.

※ 정치 제14장 제1조 참고

정답 487.② 488.③ 489.① 490.④ 491.③

492. 다음 중 목사후보생의 자격에 관한 설명으로 옳지 않은 것은?
① 성경의 원리와 법의 규정에 의하여 남자라야 한다.
② 무흠 입교인이라야 목사 후보생의 자격이 있다
③ 소명의식이 분명한 자라야 한다.
④ 타 교파 교회 교인도 제한 없이 본 교단의 목사후보생이 될 수 있다.

※ 정치 제14장 1조

493. 다음 중 강도사에 관한 설명으로 옳지 않은 것은?
① 강도인허를 받은 목사후보생을 강도사라 한다.
② 강도사는 담임목사가 아니라도 당회에 참석할 수 있고 공동의회 의장도 될 수 있다.
③ 강도사가 4년간 강도하는 데 덕을 세우지 못하는 경우에는 노회 결의에 의하여 인허를 취소할 수 있다.
④ 강도사 인허란 총회가 실시하는 강도사고시에 합격한 자를 본 노회가 정식으로 강도함을 승인하는 예식을 강도사 인허식이라고 한다.

※ 정치 제14장 제3, 5, 6, 8조 참고

494. 강도사고시에 제출할 서류가 아닌 것은?
① 노회추천서　　② 총회추천서
③ 이력서　　　　④ 지원서

※ 14장 3조

495. 강도사고시 종목이 아닌 것은?
① 조직신학　　　② 예배모범
③ 구두　　　　　④ 교회사

※ 14장 4조

496. 다음 중 목사후보생의 관할에 관한 설명으로 옳지 않은 것은?
① 목사후보생은 성격상 이중 관할 아래 있으며 개인으로는 당회, 직무상으로는 노회 관할하에 있다.
② 누구든지 총회가 인정하는 어느 신학교에 입학하고자 할 때는 본 노회에 청원을 제출하여 노회 관할 아래 속한 목사 후보생이 되어야 한다.
③ 혹 편의를 인하여 멀리 있는 다른 노회 아래서 양성을 받고자 하면 본 노회 혹 본 노회 관할 아래 있는 무흠목사 2인의 천서를 받아 그 노회에 제출한다.
④ 정식 이명의 절차가 있는데 무흠목사 2인의 추천으로 이명하는 것은 잘못된 불법이다.

※ 정치 제14장 제2조 참고

정답 492.④ 493.② 494.② 495.② 496.④

497. 다음 중 강도사 고시 및 인허에 대한 설명으로 옳지 않은 것은?
① 강도사 인허를 청원하는 자는 반드시 총회가 지교회의 무흠 회원 됨을 증명하는 당회증명과 노회추천서 및 지원서와 이력서를 제출하게 한다.
② 본 장로회 신학교를 졸업하지 않아도 소속노회의 추천이 있으면 강도사고시에 응할 수 있다.
③ 고시는 총회가 하나 인허는 노회가 한다.
④ 총회는 그 사람의 신덕과 종교상 이력을 시문하여 성역을 구하는 이유를 묻고 고시는 신중히 한다.

※ 정치 제14장 제3조 참고

498. 다음 중 강도사고시 응시자의 제출서류에 대한 설명으로 옳지 않은 것은?
① 당회장의 증명서(품행단정여부, 무흠기록을 갖출 것)
② 노회의 추천서(목사 되기에 합당하다는 내용을 갖출 것)
③ 본인의 지원서와 이력서 및 신학교 졸업증명서
④ 강도사 고시합격증

※ 정치 제14장 제3조

499. 다음 중 강도사고시 종목이 아닌 것은?
① 조직신학과 교회사
② 교회사와 교회헌법(정치)
③ 주해와 강도
④ 권징조례와 예배모범

※ 정치 제14장 제4조 참고

500. 다음 중 강도사 인허와 인허의 중요성과 인허 후 이전에 관한 설명이 아닌 것은?
① 강도사 인허를 받지 못하면 강도할 공인의 자격이 없는 것이다.
② 강도사 인허를 받은 후에 다른 노회지방으로 이거하게 되면 노회의 허락을 얻어 강도사 이명증서를 받아 그 노회에 드린다.
③ 강도사는 노회원이 아니므로 당회장의 이명증서로 다른 노회로 이명한다.
④ 총회에서 시행하는 강도사고시에 합격한 다음 해당노회에서 인허 받는다.

※ 정치 제14장 제6,7조 참고

501. 다음 중 목사 후보생에 대한 설명으로 틀린 것은 무엇인가?
① 교회에서 자격 심사를 받은 자
② 노회의 지도하에 신학을 공부하는 자
③ 개인으로는 그 당회의 관리 아래 있다.
④ 직무상으로는 노회 관리 아래 있다.

※ 정치 제3장 제4조

정답 497.② 498.④ 499.④ 500.③ 501.①

502. 목사후보생과 강도사에 관한 설명으로 옳지 않은 것은?
① 목사의 중임이 멸시함을 받지 않기 위해서 목사지원자를 먼저 시험하는 것이 옳다.
② 강도사 고시에 응시하려면 2년 이상의 교회 사역 경험이 있어야 한다.
③ 강도사 인허 후 1년 이상 노회의 지도 아래 본직의 경험을 수양해야 목사 고시에 응할 수 있다.
④ 교단이 인정하는 신학교에 입학하고자 하면 노회에 청원하여 그 노회의 관하에서 양성을 받는다.
⑤ 본 교단의 지도아래 수양을 받지 않은 자는 신학졸업 후, 1년간 총회 신학교에서 신학과 교회 헌법을 수업한 후에 강도사 고시 자격을 얻을 수 있다.

※ 강도사 인허 후가 아니라, 강도사 고시 합격 후 1년이 경과해야 한다. (정치 제14장 1조, 2조) 2번은 104회 총회 결의임.

503. 강도사 인허에 관한 설명으로 옳지 않은 것은?
① 강도사가 되려 하는 자는 총회의 치리에 복종하겠다고 서약한다.
② 총회는 강도사 고시를 시행하며 인허는 노회가 한다.
③ 강도사 인허를 청원하는 자는 무흠 회원임을 증명하는 당회증명을 제출해야 한다.
④ 인허 후에 다른 지방 노회로 이거하려면 강도사 이명증서를 받아 그 노회에 드린다.
⑤ 4년간 강도하는 데 덕을 세우지 못한 경우에는 자동으로 강도사 인허가 취소된다.

※ 강도사 인허식에서는 "노회의 치리에 복종"한다는 것을 서약할 뿐이다. 총회의 정치, 권징조례, 예배모범을 받아들이겠다고 서약하는 것은 목사 임직에서의 서약이다.

● **각급 치리회**

504. 장로교회 정치는 치리회를 중심으로 이루어진다. 다음 중 치리회가 아닌 것은 무엇인가?
① 당회   ② 시찰회   ③ 노회
④ 대회   ⑤ 총회

※ 1997년 강도사 고시 문제
※ 시찰회는 치리회가 아니다.

505. 각 치리회의 고유한 특권에 대한 설명으로 옳지 않은 것은?
① 당회는 한 지교회의 교인을 다스리는 직무와 직권이 있다.
② 노회는 총회가 정한 구역 안에 교회를 설립, 합병 등 각 지교회를 통치한다.
③ 노회와 총회는 도리와 헌법을 해석할 전권이 있다.
④ 총회는 소원, 상소, 청원, 헌의건 등을 접수 처리하는 최종치리회이다.
⑤ 노회는 소속 노회의 목사에 대한 치리권을 갖는다.

※ 도리와 헌법 해석할 전권은 오직 총회만 갖는다.
※ 정치 총론 5. 정치 제9장 제5조, 제10장 제6조, 제12장 제4,5조.

정답 502.③ 503.① 504.② 505.③

506. 교회를 치리하는 것과 관련된 설명으로 옳은 것은 무엇인가?
① 교회는 신성한 기관이므로 정치 조직과 제도를 필요로 하지 않는다.
② 교회의 치리권은 목사에게 있고, 당회는 이를 협력하는 것이다.
③ 가장 성경적인 교회 치리는 시무 장로들을 통해서 이루어지는 것이다.
④ 치리권은 그 치리회에 배타적으로 귀속된 것이므로 상회는 전혀 간여할 수 없다.
⑤ 교회의 치리권은 협의적, 봉사적, 영적, 도덕적이어야 한다.

※ 1번에서 교회는 정치와 조직을 필요로 한다. 2번에서 치리권은 개인에게 있지 않고, 치리회에 귀속된다. 3번에서 가장 성경적인 교회 치리는 치리회를 통해서 이루어진다. 4번에서 치리권은 고유한 권한이지만, 배타적 권한은 아니다. 상급치리회의 검사와 관찰을 받는다.(정치 제8장 2조)
※ 김득룡, 『改革派教會 政治新講』(서울: 총신대학출판부, 1984), 292 참조

507. 치리회의 성질과 관할에 대한 설명으로 옳지 않은 것은?
① 모든 치리회는 총회적 성질을 갖는다.
② 각 치리회는 각 사건을 처리함에 고유한 특권이 있다.
③ 교회의 교리와 정치에 대한 쟁론 사건은 순서를 따라 상회로 상소함이 가하다.
④ 각 치리회가 처결한 것은 전국교회의 결정이 된다.
⑤ 각 치리회의 관할 영역에서 이루어진 사건에 대하여 상급치리회가 자의적으로 간섭할 수는 없다.

※ 1번의 경우, 모든 치리회는 총회적 성질을 갖는 것이 아니라 노회적 성질을 갖는다고 하는 것이 옳다. 5번의 경우에는 각 치리회는 고유한 특권이 있으므로 상급치리회가 자의적으로 간섭할 수는 없지만, 법적인 근거를 갖고 있는 경우에는 간섭할 수 없다.

508. 치리회 회집에 관한 설명으로 옳은 것은?
① 지교회에서 당회가 1년에 1회만 모였다. 이는 불법이다.
② 각 노회는 1년에 2회 이상 모여야 한다.
③ 총회는 매년 1회 소집하고 비상시에는 임시 총회를 회장이 소집한다.
④ 대회는 매년 1회 이상 모이는 것이 원칙이나, 총회결의로 시행이 중지되고 있다.
⑤ 모든 치리회는 기도함으로 개회하고, 폐회해야 한다.

※ 1번은 당회는 1회만 모여도 합법이다. 2번에서 노회는 매년 1회 이상만 모이면 된다. 3번에서 총회는 임시총회가 없다. 4번에서 대회는 매년 1회만 모인다. 그러나 필요한 때는 임시회와 계속회도 할 수 있다.

509. 치리회에게 부여된 권한에 대한 설명으로 옳지 못한 것은?
① 각 치리회는 국법상의 시벌을 과하는 권한이 없다.
② 교회의 질서에 불복하는 자에게 교인의 특권을 향유하지 못하게 할 수 있다.
③ 성경적 권위를 보장하기 위하여 증거를 수합하여 시벌할 수 있다.
④ 관할 밖에 있는 자라도 소환하여 증거를 제출하게 할 수 있다.
⑤ 교리에 패역한 자와 회개치 아니한 자를 교인 중에서 출교할 수 있다.

※ 관할 아래 있는 교인을 소환하여 증거를 제출하게 할 수 있을 뿐이다.(정치 제8장 4조)

정답 506.⑤ 507.① 508.⑤ 509.④

510. 다음 중 각 치리회의 고유한 특권에 대한 설명으로 맞지 않는 것은?
① 당회는 한 지교회의 교인을 다스리는 직무와 직권이 있다.
② 노회는 총회가 정한 구역 안에 교회를 설립, 합병, 등 각 지교회를 통치한다.
③ 노회와 총회는 도리와 헌법을 해석할 전권이 있다.
④ 총회는 소원, 상소, 청원, 헌의건 등을 접수 처리하는 최종치리회이다.
※ 정치총론 5. 정치 제9장 제5조, 제10장 제6조, 제12장 제4,5조.

511. 다음 중 치리회가 아닌 것은?
① 당회
② 공동의회
③ 노회
④ 총회
※ 2020년 기출문제

512. 다음 중 헌의 및 청원에 대하여 결의하는 것을 목적으로 하는 회의체가 아닌 것은?
① 당회
② 노회
③ 시찰회
④ 공동의회

513. 다음 중 치리회 안에서 목사와 장로의 권한의 동등에 관한 설명으로 옳은 것은?
① 목사와 장로는 치리회 안에서 결의권이 동등하다.
② 목사가 항상 장(長)이 되게 한 것은 위헌적이다.
③ 목사와 장로는 언제나 노회나 총회의 사무에 대한 권한이 있다.
④ 목사가 없는 허위교회에서는 장로도 당회장이 될 수 있다.
※ 정치 제5장 제2조, 136번 문제 해설 참고

514. 다음 중 치리회 안에서 목사와 장로의 권한이 동등해야 하는 이유는?
① 양권의 동등은 교회의 부패를 방지하기 위해서이다.
② 목사와 장로는 치리회 안에서 결의권이 동등하다.
③ 목사는 언제나 노회나 총회의 사무에 대한 권한이 있다.
④ 목사가 없는 허위교회에서는 장로도 당회장이 될 수 있으므로.
※ 정치 제5장 제2조, 136번 해설 참고

515. 다음 중 치리회 안에서 목사와 장로의 권한의 동등에 대한 설명으로 옳지 않은 것은?
① 성직권과 기본권의 동등과 형평을 유지케 하는 적당한 방도가 되기 때문이다.
② 성직권과 기본권의 동등은 교회의 부패를 방지하기 위해서이다.
③ 치리회 안에서 목사와 장로는 권한이 동등한데 목사가 항상 당회장이 되는 것은 불공평하다.
④ 목사와 장로는 치리에서 결의권이 동등하다.
※ 정치 제5장 제2조, 136번 문제 해설 참고

정답 510.③ 511.② 512.③ 513.① 514.① 515.③

516. 다음 중 목사직과 장로직의 차이점에 대한 설명으로 옳지 않은 것은?
① 목사와 장로는 그 택하여 세우는 회가 다르다
② 장로는 목사가 장립하고 목사는 노회가 장립한다.
③ 장로가 목사가 될 때에는 다시 장립을 받을 필요가 없다.
④ 장로는 성례(세례와 성찬)를 관리하지 못한다.
※ 정치 제4장 제3조, 제5장 제4조 1항, 제13장 1,2,3조, 제15장 1-3,5,6,9,10조 참고, 1930년 제19회 총회 결의(목사는 강도권, 축도권, 당회장권이 있고 장로에게는 없다. 장로가 안수 및 축복 기도를 못하는 이유에 대하여는 성경 중 사도의 행한 것으로 목사가 그 특권을 전수하여 금일까지 거행했기 때문이다)

517. 다음 중 목사직과 장로직의 차이점에 대한 설명으로 옳은 것은?
① 목사는 강도권, 축도권, 당회장권이 있고 장로에게는 없다.
② 장로가 목사가 될 때에는 다시 장립을 받을 필요가 없다.
③ 비상한 경우에는 장로도 성례(세례와 성찬)를 관리할 수 있다.
④ 장로도 치리회 안에서 동등한 권한이 있으므로 목사 임직에 참여할 수 있다.
※ 정치 제4장 제3조, 제5장 제4조 1항, 제13장 1-3조, 제15장 1-3,5,6,9,10조

518. 다음 중 목사직과 장로직의 동등한 점은 무엇인가?
① 목사는 다른 당회의 청함을 받아 임시당회장이 될 수 있으나 치리장로의 직분을 임시라도 행하지 못한다.
② 장로는 각 치리회에서는 목사와 같은 권한으로 각항 사무를 처리한다.
③ 장로도 당회장으로 파송받은 목사와 같이 다른 교회 당회원이 될 수 있다.
④ 각 치리회 안에서 권한이 같으므로 목사도 장로의 직분을 행할 수 있다.
※ 정치 제5장 제2조 참고

519. 다음 중 목사직과 장로직의 사역상 동등한 권리는?
① 장로도 자동으로 목사와 같이 노회원이므로 노회 관할 교회를 총찰할 수 있다.
② 치리회에서 각항 사무를 처리할 때 발언권과 결의권이 동등하다.
③ 각 치리회 안에서 권한이 같으므로 목사도 장로의 직분을 행할 수 있다.
④ 장로는 상회원이 되어도 목사와 동등한 권리를 가질 수 없다.
※ 정치 제5장 제2조

520. 다음 중 장로의 목사와의 협동에 대한 설명으로 옳지 않은 것은?
① 장로의 직무인 치리권 및 치리권과 관계되는 직무는 장로가 독담하는 직무나 권세가 아니다.
② 교회의 모든 직무의 중심인 말씀 증거직무를 전담하는 목사와 협동해야 한다.
③ 목사나 장로나 치리회 안에서 동등한 만큼 치리회 밖에서도 동등하다.
④ 치리회 안에서는 동등한 치리회원이지만 치리회 밖에서는 목사의 교훈에 순복할 양 무리 중의 한 사람이다.
※ 정치 제5장 제4조 1항

정답 516.③ 517.① 518.② 519.② 520.③

521. 다음 중 장로의 목사와 협력에 대한 설명으로 옳은 것은?
① 교회의 모든 직무의 중심인 말씀 증거직무를 전담하는 목사와 협동해야 한다.
② 장로에게도 치리권이 있으므로 치리권과 관계되는 직무는 독단적으로 할 수 있다.
③ 장로도 치리권이 있고 치리회 안에서 권한이 동등하므로 반드시 목사를 주체로 할 필요는 없다.
④ 장로는 언제나 목사에게 무조건 복종해야 한다.
※ 정치 제5장 제4조 1항, 제4장 제3조 1항, 제8장 제2조

522. 다음 중 정치의 필요에 대한 설명으로 맞지 않는 것은?
① 교회를 치리함에는 명백한 정치와 조직이 있어야 한다.
② 교회의 치리권은 당회, 노회, 대회, 총회 같은 치리회에 있다.
③ 교회는 하나님이 통치하시니 정치는 필요 없다.
④ 교회의 치리권은 개인에게 있지 않다.
※ 정치 제8장 제1조 참고

523. 교회정치의 필요에 관한 설명으로 옳은 것은?
① 교회를 치리함에는 명백한 정치와 조직이 있어야 하며 교회 치리권은 개인에게 있지 않고 당회, 노회, 대회, 총회 같은 치리회에 있다.
② 교회는 하나님이 다스리시니 정치는 필요하지 않다.
③ 교회의 치리권은 당회, 공동의회 등 치리회에 있다.
④ 개인이 치리권을 행사하게 되면 치리권자의 영향력에 따라 소신껏 일할 수 있다.
※ 정치 제8장 제1조

524. 다음 정치의 필요 중 교회와 조직과 정치와의 관계에 대한 설명으로 옳지 않은 것은?
① 교회는 사회성을 지니고 있기에 반드시 조직이 따르게 되고 조직이 있는 곳에는 정치가 있기 마련이다.
② 조직과 정치가 공존하는 곳에 올바른 교회가 존재한다.
③ 교회는 조직과 정치의 밀접한 관계를 유지하며 하나님의 나라를 확장해 가고 있는 것이다.
④ 조직이 없어도 교회는 목회자의 지도에 따라 얼마든지 바른 정치를 할 수 있다.
※ 정치 제8장 제1.2조

525. 다음 정치의 필요 중 치리권의 소재에 대한 설명으로 맞지 않는 것은?
① 교회의 치리권은 개인에게 있는 것이 아니라 당회, 노회 등에 있다.
② 성경의 역사가 치리권을 치리회에 있게 한 것이다.
③ 당회나 노회 등 치리회에서 치리권을 행사하면 큰 오류는 범하지 않는다.
④ 당회나 노회, 총회 등 치리회에서 치리권을 행사해도 큰 오류는 범할 수 있다.
※ 정치 제8장 제1조

정답 521.① 522.③ 523.① 524.④ 525.③

526. 다음 정치의 필요 중 치리권의 성질과 관할에 대한 설명으로 맞지 않는 것은?
① 각 치리회에 등급이 있다.
② 각 회는 고유한 특권이 있으나 순서대로 상회의 검사와 관할을 받는다.
③ 각 치리회는 각립한 개체가 아니요 서로 연합한 연합체이다.
④ 각 치리회에서 결정한 사항은 그 치리회에 한한다.
※ 정치 제8장 제2조

527. 다음 중 치리회가 아닌 것은?
① 당회　　　　　　　　② 노회
③ 공동의회　　　　　　④ 총회
※ 정치 제8장 제1조 참고

528. 다음 중 치리회가 아닌 것은?
① 당회　　　　　　　　② 총회
③ 노회　　　　　　　　④ 시찰회
※ 정치 제8장 제1조 참고

529. 다음 중 장로에 관한 원심권을 가진 치리회는 어느 치리회인가?
① 당회　　　　　　　　② 노회
③ 대회　　　　　　　　④ 총회
※ 정치 제8장 제1조, 제9장 제5조 4항, 권징조례 제4장 제19조 참고

530. 다음 중 집사에 관한 원심권을 가진 치리회는 어느 치리회인가?
① 총회　　② 노회　　③ 공동의회　　④ 당회
※ 정치 제8장 제1조, 제9장 제5조 4항, 권징조례 제4장 제19조 참고

531. 다음 중 목사에 대한 최종심은 어떤 치리회인가?
① 당회　　② 총회　　③ 대회　　④ 노회
※ 정치 제8장 제1,2조, 권징조례 제4장 제19조 참고

532. 다음 중 목사의 원심 치리회는 어떤 치리회인가?
① 총회　　② 노회　　③ 공동의회　　④ 당회
※ 정치 제8장 제1조, 제10장 제1조 1항, 권징조례 제4장 제19조 참고

533. 목사후보생의 원심치리회는 어떤 치리회인가?
① 당회　　② 노회　　③ 대회　　④ 총회
※ 제3장 제4조 3항 참고

정답 526.④ 527.③ 528.④ 529.① 530.④ 531.② 532.② 533.①

534. 다음 중 치리회 안에 목사와 장로의 비율에 대한 설명으로 옳지 않은 것은?
① 당회는 목사의 성직권과 교인의 기본권을 대표하는 치리장로의 치리권을 동등하게 하여 서로 견제하게 하는 조직이다.
② 노회는 교회자유 원리에 의한 대표자의 권리(목사)와 양심자유원리에 의한 대표자의 권리(장로)를 서로 동등하게 하여 서로 견제하여 조화를 이루는 치리회이다.
③ 모든 치리회는 목사와 장로가 동수라야 성직권과 기본권이 동등하다.
④ 노회는 목사의 수가 많을 수도 있고 장로 수가 더 많을 수도 있다.

※ 정치 제10장 제2조

535. 다음 중 치리회 안에 목사와 장로의 비율에 관한 설명으로 옳은 것은?
① 모든 치리회는 목사와 장로가 동수라야 성직권과 기본권이 동등하다.
② 당회는 목사의 성직권과 교인의 기본권을 대표하는 치리장로의 치리권을 동등하게 하여 서로 견제하게 하는 조직이다.
③ 노회는 목사와 장로의 수가 다를 수 있으나 장로회 정치원리에 어긋난다.
④ 대회 개회성수에 목사, 장로의 수가 다름은 치리권을 동등하게 하는 일에 어긋난다.

※ 정치 제10장 제2조

536. 다음 중 개인이 치리회에 안건을 제출할 수 있는 경우가 아닌 것은?
① 범죄사건에 대하여 권징조례의 규정에 의한 고소장을 제출하는 경우
② 하회 관할에 속하여 그 치리권에 복종하는 자 중 1인 혹 1인 이상이 행정사건의 결정에 대하여 변경을 구하는 소원을 제기할 때.
③ 하회의 재판사건 판결에 대하여 판결을 취소하거나 변경하고자 하여 상소할 때.
④ 하회가 재판하기 곤란한 경우 위탁판결을 청구할 때.

※ 권징조례 제9장 78-83조, 제9장 제84,85조, 제94,96,97,99조 참고

537. 다음 중 치리회의 성질과 관할에 관한 설명으로 옳지 않은 것은?
① 교회 각 치리회는 치리의 범위에 따라 등급이 있다.
② 각 치리회의 회원은 목사와 장로뿐이므로 권한은 동등하다.
③ 각 회는 다 노회적 성질이 있다.
④ 각 치리회는 등급이 있으니 상회의 회원일수록 권한이 많고 지위가 높다.

※ 정치 제8장 제2조 참고

538. 다음 중 치리회의 성질과 관할에 관한 설명으로 옳은 것은?
① 교회 각 치리회에 등급은 있으나 각 회 회원은 목사와 장로뿐이므로 각 회가 다 노회적 성질이 있다.
② 각 치리회는 등급이 있으니 상회의 회원일수록 권한이 많고 지위가 높다.
③ 총회가 최상급 치리회이니 각 치리회의 중심치리회는 총회이다.
④ 각 교회의 당회의 결정은 그 당회만의 결정이 된다.

※ 정치 제8장 제2조

정답 534.③ 535.② 536.④ 537.④ 538.①

539. 다음 중 각 치리회의 노회적 성질에 관한 설명으로 맞지 않는 것은?
   ① 성직권을 가진 목사와 기본권을 가진 장로로 조직되어 피차 견제함이 노회적이다.
   ② 다루는 일이 신령한 문제로서 신성유지와 질서 유지권을 지닌 것이 노회적이다.
   ③ 자치권이 있을 뿐 아니라 동등한 상회권도 공유하여 감시를 받으며 감시함이 노회적이다.
   ④ 총회가 최상급 치리회이니 각 치리회의 중심치리회는 총회이다.

   ※ 정치 제8장 제2조

540. 다음 중 각 치리회의 노회적 성질에 관한 설명으로 옳은 것은?
   ① 각 치리회 회원은 목사와 장로뿐이지만 치리회의 등급에 따라 권한이 달라진다.
   ② 교회 각 치리회에 등급은 있으나 각 회 회원은 목사와 장로뿐이므로 각 회가 다 노회적 성질이 있다.
   ③ 각 치리회의 관할 범위가 넓고 좁은 차이에 따라 각급 치리회의 권한이 다르다.
   ④ 장로회 정치의 중심치리회는 목사의 성직권과 평신도의 기본권을 대표하는 장로로 조직되는 당회이다.

   ※ 정치 제8장 제2조

541. 다음 중 각 치리회는 각립한 개체가 아니요 서로 연합한 것이므로 어떤 회에서 어떤 일을 처결하든지 그 결정은 법대로 대표된 치리회로 행사하게 하는 것인즉 전국교회의 결정이 된다는 치리회 동일체 원리에 대한 설명으로 옳지 않은 것은?
   ① 총회의 결정은 전국교회의 결정과 같은 것이다.
   ② 한 노회의 결정은 그 노회만의 결정이다.
   ③ 한 지교회의 결정은 전국교회의 결정과 같다.
   ④ 한 노회의 결정도 전국교회의 결정과 같다.

   ※ 정치 제8장 제2조

542. 다음 중 장로회 치리회의 3심제에 대한 설명으로 맞지 않는 것은?
   ① 치리회를 단계적으로 조직하여 동일한 사건을 한곳에서만 종결하게 하지 않고 상급치리회로 하여금 재심하도록 하여 신중을 기하는 제도
   ② 재심에서도 미흡할 때는 한 번 더 차상급 치리회에 심사하게 하는 제도
   ③ 헌법에 치리회가 네 단계가 있지만 3심제라고 하는 이유는 모든 사건이 총회까지 올라가는 것이 아니고 교인에 관한 사건은 대회가 최종심이 되기 때문이다.
   ④ 헌법에 네 단계의 치리회가 있으니 4심제가 헌법정신이다.

   ※ 정치 제8장 제2조 참고

정답 539.④ 540.② 541.② 542.④

543. 다음 중 장로회 치리회의 3심제에 관한 설명으로 옳은 것은?
① 치리회를 단계적으로 조직하여 동일한 사건을 한곳에서만 종결하게 하지 않고 상급치리회로 하여금 재심하도록 하여 신중을 기하는 제도이다.
② 각 치리회는 고유한 특권이 있는데 순서대로 상회의 감시를 받는 것은 옳지 않다.
③ 헌법에 치리회가 네 단계가 있으므로 3심제는 옳지 않다.
④ 목사에 관한 사건은 노회, 대회, 총회가 언제든지 처리할 수 있는 것이 3심제이다.

※ 정치 제8장 제2조

544. 다음 중 치리회가 바르게 된 것은?
① 당회, 공동의회, 노회, 총회
② 제직회, 당회, 노회, 총회
③ 당회, 노회, 대회, 총회
④ 당회, 시찰회, 노회, 총회

※ 정치 제8장 제1조 참고

545. 다음 중 각 치리회의 고유한 특권과 상회와의 관계에 대한 설명으로 맞지 않는 것은?
① 교인을 다스리는 원치리권은 당회에만 있고, 노회, 총회 등 상회는 상소나 상고로 말미암는 간접치리권이 있을 뿐이다.
② 지교회를 설립, 분립, 합병, 폐지하며 목사를 다스리는 원치리권은 노회의 고유한 특권이며 상회는 상고로 말미암는 간접치리권만 있을 뿐이다.
③ 각급치리회는 회원이 목사와 장로로 계급이 없는 동등한 회원으로서 조직되기 때문에 상회는 하회에 일체 치리권을 행사할 수 없다.
④ 총회는 헌법을 제정하거나 해석하는 전권이 있으며 혹은 도리를 해석하며 하회에서 합법적으로 제출하는 헌의와 청원과 상고와 소원과 문의와 위탁판결을 접수 처리한다.

※ 정치 제8장 제1,2조 참고

546. 각 치리회의 고유한 특권과 상회와의 관계에 대한 설명으로 옳지 않은 것은?
① 당회 : 교인을 치리하는 원치리권이 있고 노회에 청원권이 있다.
② 노회 : 지교회를 설립, 분립, 합병, 폐지하며 목사를 다스리는 원치리권이 있다.
③ 대회 : 당회와 노회의 판결에 대한 공소 및 상고를 수리 처결하고 교회의 도리나 헌법에 관계되는 일이 아니면 대회가 최종심의회가 된다.
④ 총회 : 헌법을 제정하거나 해석하는 전권이 있으며 도리를 해석하며 하회에서 합법적으로 제출하는 헌의와 청원과 상고와 소원과 문의와 위탁판결을 접수 처리한다.

※ 정치 제8장 제1,2조

정답 543.① 544.③ 545.③ 546.③

547. 다음 중 각 치리회의 고유한 특권과 상회와의 관계에 관한 설명으로 옳은 것은?
① 당회 : 어느 교회 교인이든 치리할 수 있는 원치리권이 있다.
② 노회 : 지교회를 설립, 분립, 합병, 폐지하며 목사와 장로를 다스리는 원치리권이 있다.
③ 대회 : 당회와 노회의 판결에 대한 공소 및 상고를 수리 처결하고 교회의 도리나 헌법에 관계되는 일이 아니면 대회가 최종심의회가 된다.
④ 총회 : 헌법을 제정하거나 해석하는 전권이 있으며 도리를 해석하며 하회에서 합법적으로 제출하는 헌의와 청원과 상고와 소원과 문의와 위탁판결을 접수 처리한다.

※ 정치 제8장 제1,2조

548. 각 치리회의 고유한 특권과 상회와의 관계에 대한 설명으로 옳은 것은?
① 당회 : 어느 교회 교인이든 치리하는 원치리권이 있고 노회에 청원권이 있다.
② 노회 : 지교회를 설립, 분립, 합병, 폐지하며 목사를 다스리는 원치리권이 있다.
③ 대회 : 당회와 노회의 판결에 대한 공소 및 상고를 수리 처결하고 교회의 도리나 헌법에 관계되는 일이 아니면 대회가 최종심의회가 된다.
④ 총회 : 헌법을 제정하거나 해석하는 전권이 있으며 도리를 해석하며 총회 총대에 대해서는 원치리권이 있다.

※ 정치 제8장 제1,2조

549. 다음 중 목사의 원심 치리회는 어디인가?
① 당회 ② 공동의회
③ 노회 ④ 총회

※ 2020년 기출문제

550. 다음 중 누가 각 치리회의 회장이 될 수 있는가에 대한 설명으로 옳지 않은 것은?
① 당회장은 항상 지교회 담임목사가 된다.
② 당회에 목사를 구할 수 없는 비상한 경우에는 장로가 당회장이 될 수 있다.
③ 당회장은 형편상 같은 노회 소속 다른 목사가 회장이 될 수 있다.
④ 당회 이외의 각 치리회는 회의 규칙에 의거하여 회장을 선출한다.

※ 2020년 기출문제

551. 다음 중 치리회의 회원은 누구인가?
① 목사, 장로 ② 목사, 장로, 집사
③ 목사, 장로, 권사 ④ 목사, 장로, 제직회

정답 547.④ 548.② 549.③ 550.② 551.①

552. 다음 각 치리회의 회집에 관한 설명으로 맞지 않는 것은?
① 총회회집: 총회는 1년에 1번만 회집하고 폐회할 때는 총회가 없어진다는 의미로 파회를 선언한다.
② 대회회집: 매년 정기회를 1회만 모일 수 있고 필요에 따라 임시회도 모일 수 있다.
③ 노회회집: 임시노회는 안건이 3건 이상 접수되면 임원회가 소집한다.
④ 당회회집: 매년 1회 이상 정기당회로 모이도록 규정하고 있고 임시회는 목사가 필요할 때와, 장로 반수 이상의 요청시와 상회의 명령이 있을 때 회집한다.

※ 정치 제8장 제3조 참고

553. 다음 각 치리회의 회집에 관한 설명으로 옳은 것은?
① 총회회집: 총회는 1년에 1번만 회집하고 폐회할 때는 총회가 없어진다는 의미로 파회를 선언한다.
② 대회회집: 매년 정기회를 1회만 모일 수 있고 필요에 따라 임시회는 모일 수 없다.
③ 노회회집: 임시노회는 안건이 3건 이상 접수되면 임원회가 소집한다.
④ 당회회집: 매년 1회 정기당회로 모이도록 규정하고 있고 임시회는 목사가 필요할 때와, 장로 반수 이상의 요청 시와 상회의 명령이 있을 때 회집한다.

※ 정치 제8장 제3조

554. 다음 중 각 치리회의 회집에 관한 설명으로 맞는 것은?
① 총회회집: 총회는 1년에 1번만 회집하고 예정한 날짜에 회장이 출석하지 못할 때에는 총회가 없어진다는 의미로 파회를 선언한다.
② 대회회집: 매년 정기회를 1회만 모일 수 있다.
③ 노회회집: 임시노회는 각 다른 지교회 목사 3인과 각 다른 지교회 장로 3인의 청원에 의하여 회장이 소집할 수 있다.
④ 당회회집: 매년 2회 이상 정기당회로 모이도록 규정하고 있고 임시회는 목사가 필요할 때와, 장로 반수 이상의 요청 시와 상회의 명령이 있을 때 회집한다.

※ 정치 제8장 제3조

555. 다음 중 치리회 회집과 기도에 대한 설명으로 맞지 않는 것은?
① 각 치리회는 회집에 있어서 기도로 개회하고 기도로 폐회한다.
② 기도로 개회하고 폐회하는 것은 신령한 일이고 하나님이 원하시는 대로 처리해야 하기 때문이다.
③ 하나님의 뜻은 성경에 있으므로 성경만 잘 살펴서 처리하면 된다.
④ 폐회 시 기도는 하나님의 뜻을 찾아 처결하였으니 이 일을 통하여 하나님께 영광이 되며 결정한 일을 추진할 능력을 주실 것을 기도해야 한다.

※ 정치 제8장 제3조 참고

정답 552.③ 553.① 554.③ 555.③

556. 다음 중 치리회의 재판건에 대한 설명으로 맞지 않는 것은?
① 주 예수 그리스도의 이름과 그의 직권과 명의로 판결을 선포한다.
② 즉결하는 경우 치리회석상에서 범죄와 자복은 재판치리회에서의 범죄와 자복을 말한다.
③ 고소사건이라고 해서 전부 재판절차를 통하여 판결하는 것이 아니라 정치부에 보내 처리해도 된다.
④ 각급치리회가 가진 재판권은 오직 겸비한 마음으로 예수 그리스도의 교훈을 따라 처리해야 한다.
※ 정치 제8장 제4조 참고

557. 다음 중 장로회 정치의 3심제 하의 치리회가 아닌 것을 고르시오.
① 당회　　② 공동의회　　③ 노회　　④ 총회
※ 정치 제8장 제1조

558. 다음 교회 정치와 치리회 중 '제8장 제1조 정치의 필요'에 대한 설명 중 틀린 것은 무엇인가?
① 교회를 치리함에는 명백한 정치와 조직이 있어야 한다.
② 정당한 사리와 성경 교훈을 의지한다.
③ 사도시대 교회의 행사와는 상관없다.
④ 교회 치리권은 개인에게 있지 않고 당회, 노회, 대회, 총회 같은 치리회에 있다.
※ 정치 제8장 제1조 참고

559. 당회와 노회는 연 몇 회 이상 회집되어야 하는가?
① 1회　　② 2회　　③ 3회　　④ 4회
※ 8장 3조
※ 2016년 기출문제

560. 교인에 대한 가장 중한 벌은?
① 수찬정지　　② 제명　　③ 정직　　④ 출교
※ 8장 4조
※ 2016년 기출문제

561. 다음 중 장로회 헌법이 규정한 3심제 하의 치리회끼리 짝지은 것으로 옳은 것은?
① 당회, 노회, 대회, 총회
② 당회, 노회, 대회
③ 노회, 협의회, 총회
④ 노회, 연합회, 총회
※ 정치 제8장 제1조 참고

정답　556.③　557.②　558.③　559.①　560.④　561.①

● 당회

562. 당회에 관한 설명으로 옳지 않은 것을 고르시오.
① 당회가 있는 교회를 조직교회라고 한다.
② 당회는 지교회의 파송을 받은 담임목사와 치리장로로 조직한다.
③ 폐당회는 치리장로가 없어진 상태를 말한다.
④ 당회를 조직하려는 교회는 세례교인 25인 이상을 요한다.
⑤ 세례교인 520명인 교회는 장로를 최대 20명까지 세울 수 있다.
※ 당회는 노회의 파송을 받아 지교회를 담임하는 목사와 치리장로로 조직한다.

563. 조직교회와 미조직교회에 대한 설명으로 옳은 것은?
① 세례교인의 수와 상관없이 지교회에 치리장로가 있으면 그 교회는 조직교회이다.
② 당회가 조직되어 있어도 세례교인 수가 10명뿐이면 미조직교회이다.
③ 미조직교회는 세례교인 수가 15인 이상으로 당회가 조직되지 못한 교회이다.
④ 조직교회이어도 담임목사가 사임하게 되면 미조직교회가 된다.
⑤ 세례교인이 25인 이상인 교회는 모두 조직교회이다.
※ 1번에서 세례교인이 25인 이상을 유지해야 한다. 2번에서 세례교인이 10명뿐이면 기도처이다. 교회는 세례교인 15인 이상이어야 한다. 4번에서는 조직교회에서 담임목사가 사임하면 허위교회가 될 뿐 미조직교회로 되는 것은 아니다. 5번에서 세례 교인이 25인이어도 당회를 조직해야 조직교회가 된다.

564. 다음 중 합법적으로 당회가 개회될 수 있는 경우는 어떤 것인가?
① 목사를 포함하여 총 2인으로 조직된 당회에 장로 1인이 부득이 참여하지 못한 경우
② 목사를 포함하여 총 3인으로 조직된 당회에 목사 1인과 장로 1인이 참석한 경우
③ 목사를 포함하여 총 5인으로 조직된 당회에 목사 1인과 장로 2인이 참석한 경우
④ 목사를 포함하여 총 7인으로 조직된 당회에 목사 1인과 장로 3인이 참석한 경우
⑤ 목사를 포함하여 총 9인으로 조직된 당회에 목사 1인과 장로 4인이 참석한 경우
※ 장로 2인인 당회에서는 목사 1인과 장로 1인 이상이 참석하면 성수가 된다. 그러나 그 외의 경우에는 목사와 장로 과반수가 참석해야 된다.

565. 당회장에 대한 설명으로 옳은 것은?
① 당회장은 교인의 대표자로 지교회의 담임목사가 된다.
② 허위교회의 당회는 노회에 속한 목사 1인을 청하여 대리당회장이 되게 할 수 있다.
③ 본 교회 목사가 신병이 있거나 출타하게 될 때 목사는 자신을 대신하여 당회를 이끌도록 대리당회장 될 사람을 임의로 지정할 수 있다.
④ 대리당회장도 당회의 개회성수에 포함되므로 의결권이 있다.
⑤ 당회장이 존재하더라도 특별한 사정이 있으면 대리당회장으로 당회를 사회케 할 수 있다.
※ 당회장이 존재하는 교회에서 당회장 본인의 신상에 관한 것을 처리하거나, 신병이나 출타 중일 경우에는 대리당회장에게 당회를 사회케 할 수 있다. 1번의 경우, 당회장은 교인의 대표가 아닌 교회의 대표자이다. 2번의 경우, 허위교회는 대리당회장을 청할 수 없고, 임시당회장을 청할 수 있다. 3번의 경우, 대리당회장을 지정할 때에는 당회의 결의가 있어야 한다. 4번은 대리당회장은 개회성수에 포함되지 않으며, 의결권도 없다. 단지 사회만 할 뿐이다.

정답 562.② 563.③ 564.② 565.⑤

566. 당회의 임시회장에 대한 설명으로 옳지 않은 것은?
   ① 목사가 없는 교회에 노회가 파송한 당회장이다.
   ② 목사가 없는 교회에 노회가 파송한 당회장이 없을 때 당회가 회집할 때마다 청하여 사회케 하는 목사이다.
   ③ 원로목사는 정년이 지났으면 노회 소속 지교회의 임시당회장이 될 수 없다.
   ④ 목사가 없는 부득이한 경우에는 장로 중 1인이 회장이 되어 당회를 열어 교인의 행실에 대하여 권징할 수 있다.
   ⑤ 임시당회장은 교회를 대표할 수도 없고, 재판권도 없다.
   ※ 3번의 경우, 78회 총회결의는 언권회원은 임시당회장이 될 수 없다고 결의한 바 있다. 이는 정년이 지난 원로목사는 언권회원일 뿐이므로 노회 소속 지교회의 임시당회장이 될 수 없다. 5번의 경우, 103회 총회결의에 의하면 임시당회장은 재판권이 없다.

567. 당회의 직무에 해당하지 않는 것은?
   ① 총회에 파송할 총대를 선정하여 청원한다.
   ② 주소 변경한 교인에게 이명서를 접수 또는 교부하며 제명도 한다.
   ③ 목사가 없을 때에는 노회의 허락을 받아 다른 목사를 청하여 성례를 시행하게 한다.
   ④ 집사를 임직함에 당회가 고시하여 임직한다.
   ⑤ 각종 헌금을 수집할 날짜와 방침을 작정한다.
   ※ 당회는 노회에 파송할 장로총대를 선정하여 청원할 수는 있어도 총회총대를 선정하여 청원할 수는 없다. 이는 노회의 직무이다.

568. 교회마다 비치해야 하는 문서에 해당하지 않는 것은?
   ① 교인의 각종 명부
   ② 당회록 및 공동의회록
   ③ 재판회록
   ④ 공문서 발송 및 접수 대장
   ⑤ 본 교회의 사기
   ※ 공문서 수발대장은 꼭 필요한 것 중의 하나일 수 있다. 그러나 교회헌법은 그것을 규정하지 않고 있다. 한편 헌법적 규칙 제13조에서는 "본 교회의 사기"를 비치해야 한다고 한 것은 매우 특별하다.

569. 당회가 비치해야 하는 명부록에 해당하지 않는 것은?
   ① 제명인 명부
   ② 입교인 명부
   ③ 책벌 및 해벌인 명부
   ④ 혼인 명부
   ⑤ 별세인 명부
   ※ 제명인은 명부에서 제명된 사람을 가리킨다. 명부에서 제명처리만 하면 되고, 굳이 제명인 명부를 작성할 필요는 없다. 별명부는 제명인 명부는 아니다. 그것은 실종교인의 명부이다.

정답 566.④ 567.① 568.④ 569.①

570. 다음 별명부에 대한 설명으로 옳은 것은?
① 별명부는 당회가 비치해야 하는 명부는 아니다.
② 1년 이상 실종된 교인의 명부이다.
③ 별명부는 교회가 특별 관리해야 하는 대상에 대한 명부이다.
④ 임직자들의 직분과 임직년도를 기록한 명부이다.
⑤ 교회 내에 특별한 헌신으로 기념해야 할 사람들을 기록한 명부이다. 각 사람의 특별한 헌신 내용을 기록하고, 교훈을 삼는다.

※ 별명부는 일종의 실종교인의 명부이다. 또는 교인의 의무를 수행하지 않음으로 제명하지는 않지만, 별명부에서 유보적으로 관리하는 것이다.

571. 폐당회에 대한 설명으로 옳지 않은 것은?
① 장로 1인으로 조직된 당회에서 장로가 사망하면 폐당회가 된다.
② 장로 2인으로 조직된 당회에서 1인 장로가 정년으로 은퇴하고, 남은 장로가 아직 정년 이전이지만 함께 은퇴하여 원로장로로 추대된 경우에는 폐당회가 아니다.
③ 폐당회가 되면 목사가 정상적으로 위임된 경우에도 그 위임이 즉시 해제되지 않는다.
④ 위임목사가 폐당회를 이유로 위임이 해제되었어도 일정한 요건을 갖추면 그 교회에 계속하여 시무목사로 시무할 수 있다.
⑤ 고령화된 농어촌 교회의 경우, 거의 모든 교인이 정년인 경우에는 장로가 정년으로 은퇴하게 되어도 일시적으로 폐당회는 유보된다.

※ 폐당회는 당회에 시무장로가 없다는 의미이다. 정년 전에 은퇴한 원로장로뿐인 교회의 당회는 폐당회이다. (제60회 총회회의록 참조)

572. 다음 중 당회의 권징치리는 어디까지 효력이 미치는가?
① 당회의 권징은 지교회만 효력이 미친다.
② 당회의 권징은 소속노회 안에만 효력이 미친다.
③ 당회의 권징은 전국교회에 효력이 미친다.
④ 당회의 권징은 대회 안에까지만 효력이 미친다.

※ 정치 제1장 제8조, 제8장 제2조 2항 참고

※ 2020년 기출문제

573. 다음 중 당회의 직무가 아닌 것은?
① 노회에 총대를 파송하여 청원과 보고를 한다
② 공동의회를 통해 장로, 집사를 선택하여 반년 이상 교양한다
③ 교인의 입회와 퇴회를 결정한다
④ 교회 기관인 전도회와 면려회의 임원을 임명한다
⑤ 각종 헌금 수집하는 일을 주장한다

※ 2019년 기출문제

정답 570.② 571.② 572.③ 573.④

574. 다음 중 당회 회집과 관련하여 잘못 설명한 것은?
① 1년에 1회 이상 정기회로 회집해야 한다
② 제직회원 과반수의 요청으로 소집할 수 있다
③ 본 교회 목사가 필요를 인정할 때에 회집할 수 있다
④ 장로 반수 이상이 청구할 때 회집할 수 있다
⑤ 상회가 회집을 명할 때 소집할 수 있다

※ 2019년 기출문제

575. 다음 중 당회가 비치해야 할 명부록이 아닌 것은?
① 노회총대 파송 명부
② 혼인 명부
③ 별 명부
④ 입교인 명부
⑤ 이전인 명부

※ 2019년 기출문제

576. 다음 중 당회의 성수로 맞지 않는 것은?
① 장로 2인이 있을 시 장로 1인과 당회장의 출석으로 성수가 된다
② 장로 3인 이상이 있을 시 장로 과반수와 당회장의 출석으로 성수가 된다
③ 장로 1인만 있을 경우 장로 1인과 당회장의 출석으로 성수가 된다
④ 장로 1인 당회에 장로 치리 문제나 다른 사건이 있을 시 장로가 반대할 때는 당회장이 당회를 운영할 수 있다
⑤ 장로 1인 당회에 장로 치리 문제나 다른 사건이 있을 시 장로가 반대할 때는 노회에 보고하여 처리한다

※ 2019년 기출문제

577. 다음 중 당회가 정하는 책벌에 해당하지 않는 것은?
① 권계   ② 견책   ③ 소환
④ 수찬정지   ⑤ 출교

※ 2019년 기출문제

578. 다음 중 당회의 8가지 직무가 아닌 것은?
① 교인의 신앙과 행위 총찰
② 장로와 집사 임직 및 교회 재정의 수납과 지출
③ 노회에 총대파송 및 청원과 보고
④ 신령적 유익을 도모하며 각 기관을 감독

정답 574.② 575.① 576.④ 577.③ 578.②

579. 다음 중 당회의 권한에 해당되지 않는 것은?
① 예배의식 주관
② 회집시간과 처소 작정
③ 교회의 토지 가옥 장리
④ 교역자 관리

580. 다음 중 당회조직의 요건에 대한 설명으로 맞지 않는 것은?
① 당회는 지교회를 담임하는 당회장 목사와 치리장로로 조직한다.
② 치리장로의 치리권은 목사와 동등자격으로 평신도의 기본권을 대표하는 해교회 시무장로이다.
③ 치리장로는 자격을 갖춘 자가 있을 때는 세례교인 수와 상관없이 임직시킬 수 있다
④ 정치 제9장 제3조의 지교회 목사는 위임목사인 당회장을 의미한다.
※ 정치 제9장 제1조 참고

581. 다음 중 당회 조직의 요건에 관한 설명으로 옳은 것은?
① 치리장로의 치리권은 본 교회를 출석하는 장로에게 주어진다.
② 당회는 노회의 파송을 받아 지교회를 담임하는 목사와 치리장로로 조직한다.
③ 치리장로는 자격을 갖춘 자가 있을 때는 세례교인 수와 상관없이 임직시킬 수 있다
④ 목사가 없을 때 노회가 당회장 될 사람을 파송하지 않으면 장로 중 1인을 당회장으로 하여 당회를 조직한다.
※ 정치 제9장 제1조 참고

582. 다음 중 당회의 매년 회집 횟수로 맞는 것은?
① 매년 1회 이상
② 연 4회
③ 12번
④ 6번 이상

583. 당회의 직무 중 권징에 있어서 권징의 종류가 아닌 것은?
① 권계
② 금고
③ 수찬정지
④ 제명

584. 다음 중 당회의 요건이 아닌 것은?
① 세례교인 20인 이상
② 치리장로
③ 지교회 목사
④ 세례교인 25인 이상

585. 다음 중 당회, 노회, 총회의 직무가 바르게 연결되지 않은 것은?
① 노회-지교회 시찰
② 당회-신령적 유익을 도모하고 각 기관 감독
③ 총회-목사고시
④ 총회-산하 교회 각 연락, 소통, 신뢰케 한다

정답 579.④ 580.③ 581.② 582.① 583.② 584.① 585.③

586. 다음 중 당회장에 대한 설명으로 맞지 않는 것은?
   ① 당회장이란 반드시 위임목사만을 가리키는 것은 아니다.
   ② 시무목사라도 노회가 당회장권을 부여하면 당회장이 될 수 있다.
   ③ 부목사는 당회장이 될 수 없으며 당회원도 될 수 없다.
   ④ 목사는 자기의 직분과 노회가 위임한 권세로 당회장도 되고 평신도의 기본권을 대표하는 당회원도 될 수 있다.

   ※ 정치 제9장 제3,4조, 237번 문제 해설 참고

587. 다음 중 당회장에 대한 설명으로 옳은 것은?
   ① 당회장은 교회의 대표자로 그 지교회 담임목사가 된다.
   ② 시무목사도 지교회를 담임하는 경우 당연직 당회장이 된다.
   ③ 임시당회장도 청할 수 없을 때는 장로도 당회장이 되어 사무처리 할 수 있다.
   ④ 당회장이 없을 때는 시찰회가 당회장을 파송한다.

   ※ 정치 제9장 제3,4조 참고

588. 다음 중 대리 당회장에 대한 것으로 옳은 것은?
   ① 노회가 파송하거나 허락한 당회장을 모두 대리 당회장이라고 한다.
   ② 당회장이 출타하거나, 신병이 있을 경우 등 특별한 경우에는 당회의 결의로 당회장이 노회원 중에서 초청하는 목사를 대리 당회장이라 한다.
   ③ 목사가 없는 교회에 목사를 청할 때까지 노회가 파송하는 목사도 대리 당회장이다.
   ④ 당회장이 출타하거나, 신병이 있을 경우에는 부목사가 대리 당회장이 된다.

   ※ 정치 제9장 제3,4조

589. 다음 중 대리 당회장에 대한 것으로 맞지 않는 것은?
   ① 당회의 결의로 당회장에게 노회원 중 청함을 받은 목사
   ② 대리 당회장의 시무기간은 1년을 초과할 수 없다.
   ③ 대리 당회장의 시무 기간은 당회가 허락한 기간까지이다.
   ④ 대리 당회장이 필요한 것은 한 교회에 당회장이 두 사람이 있을 수 없기 때문이다.

   ※ 정치 제9장 제3,4조

590. 다음 중 임시 당회장에 대한 것으로 옳지 않은 것은?
   ① 목사가 없을 때 당회가 초청한 당회장이다.
   ② 목사가 없을 때 노회가 파송한 당회장이다.
   ③ 그 교회 당회장이 있지만 당회장이 출타하거나, 신병이 있을 경우에 노회에서 임시로 파송받은 목사다.
   ④ 목사가 없을 때 목사를 청빙할 때까지 노회가 파송한 당회장이다.

   ※ 정치 제9장 제3,4조

정답 586.④ 587.① 588.② 589.② 590.③

591. 다음 중 임시 당회장에 대한 것으로 옳은 것은?
   ① 목사가 없을 때 노회가 파송한 당회장이다.
   ② 교회에 목사가 없을 때 목사를 청빙할 때까지 노회가 파송한 사람은 임시 당회장이다.
   ③ 임시 당회장은 해노회 노회원이 아니라도 임시로 맡을 수 있다.
   ④ 노회의 파송이 없을 때 당회가 임시로 청한 당회장이다.
   ※ 정치 제9장 제3,4조

592. 다음 중 당회장의 종류 3가지가 아닌 것은?
   ① 노회에서 파송한 당회장
   ② 당회장이 있을 때 초청한 대리당회장
   ③ 당회장이 없을 때 당회가 초청한 임시당회장
   ④ 당회장도 없고 임시당회장도 청할 수 없을 때 장로 중 1명을 의장으로 정한 때
   ※ 정치 제9장 제3,4조

593. 다음 중 당회장의 종류 3가지에 관한 설명으로 옳지 않은 것은?
   ① 당회장이 없을 때 장로 중 1인을 임시로 세운 당회장
   ② 목사가 없을 때 노회가 파송한 임시당회장
   ③ 교회의 대표자로 그 지교회의 담임목사 당회장
   ④ 당회장이 있지만 사정이 있을 때 당회의 결의로 요청한 대리당회장
   ※ 정치 제9장 제3,4조 정치 제10장 7조 10, 정치 제15장 12조

594. 다음 중 당회장의 종류 3가지에 대한 설명으로 옳은 것은?
   ① 목사가 없을 때 노회가 파송한 당연직 당회장
   ② 당회장이 사정이 있을 때 당회가 초청한 대리당회장
   ③ 당회장이 있을 때 노회가 파송한 대리당회장
   ④ 목사가 있을 때 노회가 파송한 임시 당회장
   ※ 정치 제9장 제3,4조

595. 다음 중 당회장의 종류에 대한 설명으로 옳지 않은 것은?
   ① 위임목사는 당연직 당회장이다.
   ② 미조직교회에 노회에서 파송한 목사도 당회장이다.
   ③ 시무 목사에게 당회장권을 허락하는 경우도 당회장이다.
   ④ 장로도 노회에서 허락하면 임시 당회장이 될 수 있다.
   ※ 정치 제9장 제3,4조

정답 591.① 592.④ 593.① 594.② 595.④

596. 다음 중 시무목사의 당회장권에 대한 설명 중 맞지 않는 것은?
    ① 시무목사는 노회에서 당회장권을 허락해야만 당회장이 될 수 있다.
    ② 미조직교회 시무목사 당회장이 권징치리권이 없는 것은 치리권은 치리회에 있고 개인에게 있지 않기 때문이다.
    ③ 노회가 당회장권을 안 주면 시무하면서도 당회장이 못 된다.
    ④ 조직교회나 미조직교회나 당회장은 목사가 되는 것이므로 목사는 당연직 당회장이 된다.

    ※ 정치 제9장 제3,4조

597. 다음 중 시무목사의 당회장권에 관한 설명으로 옳은 것은?
    ① 조직교회 시무목사는 조직교회이므로 당연직 당회장권이 있다.
    ② 시무목사는 노회가 당회장권을 허락해야만 당회장이 될 수 있다.
    ③ 당회장은 목사가 되는 것이므로 미조직교회 목사도 당연직 당회장이 된다.
    ④ 조직교회나 미조직교회나 목사는 당연직 당회장이 된다.

    ※ 정치 제9장 제3,4조

598. 다음 중 조직교회 시무목사의 당회장권에 관한 설명으로 옳은 것은?
    ① 조직교회 시무목사는 노회가 당회장권을 허락해야만 당회장이 될 수 있다.
    ② 조직교회 시무목사는 조직교회이므로 당연직 당회장권이 있다.
    ③ 조직교회 시무목사도 권한이 같은 목사이므로 당연직 당회장권이 있다.
    ④ 조직교회 시무목사는 위임청빙을 받기 전에는 당회장이 될 수 없다.

    ※ 정치 제9장 제3,4조

599. 다음 중 당회의 성수에 관한 설명으로 맞지 않는 것은?
    ① 당회에 장로 2인이 있으면 장로 1인과 당회장 목사의 출석으로 성수가 된다.
    ② 장로 3인 이상이 있으면 장로 과반수와 당회장 목사의 출석으로 성수가 된다.
    ③ 장로 1인만 있는 경우에도 전원 출석으로 모든 당회의 일을 할 수 있다.
    ④ 당회의 성수는 당회장을 포함한 전체 당회원의 과반수이면 성수가 된다.

    ※ 정치 제9장 제2조 참고

600. 다음 중 당회의 성수에 관한 설명으로 옳은 것은?
    ① 장로 3인 이상이 있으면 장로 과반수와 당회장 목사의 출석으로 성수가 된다.
    ② 당회의 성수는 당회장을 포함한 전체 당회원의 과반수이면 성수가 된다.
    ③ 당회에 장로 2인이 있으면 장로 전원과 당회장 목사의 출석으로 성수가 된다.
    ④ 당회에 장로 1인일 때 장로가 결석할 때는 성수와 관계없이 당회장이 단독 처결한다.

    ※ 정치 제9장 제2조

정답 596.④ 597.② 598.① 599.④ 600.①

601. 다음 중 노회가 파송한 당회장이 아닌 경우는?
① 당연직 당회장인 위임목사
② 노회에서 미조직교회에 파송한 목사
③ 당회가 회집하는 시간만 노회원 중 당회장으로 청함 받은 목사
④ 조직교회에 시무목사가 있는 경우에 노회가 허락한 목사

※ 정치 제9장 제3조, 제4조

602. 다음 중 당회장이 있을 때 당회가 결의하여 초청한 대리당회장에 대한 설명이 아닌 것은?
① 목사가 신병이 있거나 출타할 경우 당회가 결의하여 초청한 당회장
② 대리당회장은 노회에 청원하여 허락을 받아야 한다.
③ 특별한 경우 당회 결의로 본 교회 목사가 청한 그 노회 소속목사
④ 대리당회장의 시무기간은 당회가 허락한 기간까지이다.

※ 정치 제9장 제3조

603. 다음 중 당회장이 없을 때 당회가 초청한 임시당회장에 대한 설명이 옳지 못한 것은?
① 임시당회장은 당회장이 없을 때 노회의 파송도 없고 당회회집이 필요할 때마다 당회가 회집되는 시간만 노회원 중 당회장으로 청함받은 목사
② 목사가 없을 때 노회가 그 교회에서 목사를 청빙할 때까지 노회가 파송한 당회장
③ 당회장도 없고 임시당회장도 청할 수 없고 부득불 당회를 회집해야 할 경우에 장로 중 1명이 임시의장이 될 수 있으나 임시당회장은 아니다.
④ 당회장이 있으나 사정에 의하여 노회에 청원하여 노회가 파송한 당회장

※ 정치 제9장 제4조

604. 다음 중 중대사건과 재판사건 외에 당회 사무에 대하여 장로 중 1명을 임시 의장으로 정하여 사무를 처리할 수밖에 없는 경우는?
① 당회장이 없고 임시당회장도 청할 수 없는 부득이한 경우
② 당회장은 있지만 신병이 있어서 당회장 직무를 할 수 없는 경우
③ 노회가 당회장은 파송했으나 당회장이 출석하지 않은 경우
④ 당회장이 출타하여 당회장의 직무를 할 수 없는 경우

※ 정치 제9장 제4조 참고

605. 다음 중 당회의 8가지 직무가 아닌 것은?
① 교회의 입회와 퇴회(전출)
② 예배와 성례거행 및 권징하는 일
③ 각항 헌금 수집하는 일을 주장
④ 총회에 총대를 파송하는 일

※ 정치 제9장 제5조 1-8항 참고

정답 601.③ 602.② 603.④ 604.① 605.④

606. 다음 중 당회의 직무에 관한 규정으로 옳은 것은?
   ① 총회에 총대를 파송하고 청원과 보고
   ② 장로와 집사 임직과 교회 재정의 수납과 지출
   ③ 노회에 총대를 파송하며 청원과 보고
   ④ 당회와 제직회와 교회대표자들의 제출하는 문의 및 청원서를 노회에 제출한다.
   ※ 정치 제9장 제5조 1-8항, 제10장 제6조 11항 참고

607. 다음 중 당회의 직무 중 교인의 입회와 퇴회(전출)에 관한 설명으로 옳지 않은 것은?
   ① 학습과 입교할 자를 고시한다.
   ② 입교인 된 부모를 권하여 그 어린 자녀로 세례를 받게 한다.
   ③ 타 교인이라도 본 교회 출석하는 사람은 모두 본 교회 교인으로 인정한다.
   ④ 주소가 변경된 교인에게는 이명증서를 접수 또는 교부하며 제명도 한다.
   ※ 정치 제9장 제5조 2항 참고

608. 다음 당회의 직무 중 교인의 입회와 퇴회(전출)에 관한 설명으로 옳은 것은?
   ① 주소가 변경된 교인에게는 이명증서를 접수 또는 교부하며 제명도 한다.
   ② 교인을 명부에서 제명(퇴회)하는 경우 당회결의 없이도 당회장이 처리한다.
   ③ 타 교회 교인을 이명증서 없이도 당회의 결의로 당회록에 등재할 수 있다.
   ④ 타 교인이라도 본 교회 출석하는 사람은 모두 본 교회 교인으로 인정한다.
   ※ 정치 제9장 제5조 2항

609. 다음 당회의 직무 중 교인의 입회에 관한 설명으로 옳지 않은 것은?
   ① 학습, 입교, 세례, 유아세례 등의 교인은 반드시 당회의 고시에 합격한 자로 예식을 행한 후에 명부에 등재한다.
   ② 당회록에 없는 교인은 있을 수 없다.
   ③ 타 지역에서 이사 온 교인은 이명증서를 접수하고 이명접수 통지서를 발송함과 동시에 교인명부에 등재한다.
   ④ 본 교회에 1년 이상 출석하는 자는 당회록에 등재하여야 한다.
   ※ 정치 제9장 제5조 2항

610. 다음 당회의 직무 중 교인의 입회에 관한 설명으로 옳은 것은?
   ① 타 지역에서 이사 온 교인은 이명증서를 접수하고 이명접수 통지서를 발송함과 동시에 교인명부에 등재한다.
   ② 이명제도가 무너졌으므로 본 교회에 1년 이상 출석하는 자는 당회록에 등재하여야 한다.
   ③ 타 지역에서 이사 온 교인은 이명증서를 접수하면 바로 당회록에 등재해야 한다.
   ④ 본 교단에 속한 타 교회 교인은 이명서 없이도 본 교회 당회록에 등재할 수 있다.
   ※ 정치 제9장 제5조 2항

정답 606.③ 607.③ 608.① 609.④ 610.①

611. 다음 당회의 직무 중 교인을 그 명부에서 제명하는 경우가 아닌 것은?
    ① 사망했을 때
    ② 이명증서 접수 통지서를 받은 때
    ③ 타 교단에 가입하였을 때
    ④ 범죄혐의가 있을 때

    ※ 정치 제9장 제5조 2항

612. 다음 당회의 직무 중 예배와 성례시행에 관한 설명이 아닌 것은?
    ① 목사가 없을 때는 노회의 지도로 다른 목사를 청하여 강도하며 성례를 시행하게 한다.
    ② 예배와 성례는 목사 외에는 아무도 행할 수 없는 특별한 직무이다.
    ③ 당회의 직무이니 장로가 있어야 하는 것이 원칙이나 장로가 없으면 목사가 홀로 행하는 것이 마땅하다.
    ④ 장로가 없으면 집사가 협력하여 성례를 시행하면 된다.

    ※ 정치 제9장 제5조 3항 참고

613. 다음 당회의 직무 중 예배와 성례시행에 관한 설명으로 옳은 것은?
    ① 장로가 없으면 전도사나 집사가 협력하여 성례를 시행하면 된다.
    ② 목사가 없을 때는 노회의 지도로 다른 목사를 청하여 강도하며 성례를 시행하게 한다.
    ③ 예배와 성례는 당회의 직무이므로 장로가 없으면 목사 홀로는 시행할 수 없다.
    ④ 목사가 없을 때는 당회나 목사와 상관없이 아무나 설교할 수 있다.

    ※ 정치 제9장 제5조 3항

614. 다음 예배와 성례 시행에 대하여 옳지 않은 것은?
    ① 성례는 목사 외에 아무도 행할 수 없는 특별한 직무다.
    ② 목사가 없을 때에는 당회가 다른 목사를 청해서 강도하게 해야 한다.
    ③ 목사가 없을 때에는 당회가 교회 강도사나 전도사에게 맡겨 시행할 수 있다.
    ④ 목사는 장로가 없어도 홀로 성례를 베풀 수 있다.

    ※ 정치 제9장 제5조 3항 참고

615. 다음 중 장로 임직에 대하여 옳지 않은 것은?
    ① 장로는 20인의 세례 교인이 있을 때 당회의 결의로 노회에 선택 허락 청원한다.
    ② 장로는 공동의회에서 투표수 3분의 2 이상의 투표를 받은 자라야 한다.
    ③ 장로는 피택 후 당회가 만 6개월 이상 교양해야 한다.
    ④ 장로는 피택 후 노회의 고시에 합격해야 당회가 임직한다.

    ※ 정치 제9장 제5조 4항 참고

정답 611.④ 612.④ 613.② 614.③ 615.①

616. 다음 장로 임직에 대하여 옳은 것은?
    ① 장로는 세례교인 20인 이상이 있을 때 노회에 선택 청원을 할 수 있다.
    ② 당회는 장로 피택을 위하여 공동의회 날짜를 결의하여 한 달 전에 광고하여야 한다.
    ③ 장로 피택은 공동의회에서 투표수 과반 이상의 투표를 받은 자라야 한다.
    ④ 공동의회에서 피택된 장로는 당회가 만 6개월 이상 교양한 후 노회의 고시에 합격하면 당회가 임직한다.
    ※ 정치 제9장 제5조 4항 참고

617. 다음 당회의 직무 중 장로와 집사 임직에 관한 설명이 아닌 것은?
    ① 장로나 집사는 공동의회에서 투표수 3분의 2의 투표를 받은 자라야 한다.
    ② 장로는 당회의 결의로 노회의 선택허락 승인과 고시한 후에 임직한다.
    ③ 집사는 당회가 선택하고 반년 이상 교양하고 고시하고 임직한다.
    ④ 장로나 집사나 선택한 후 반년 이상 교양해야 한다.
    ※ 정치 제9장 제5조 4항 참고

618. 다음 중 당회의 직무 장로와 집사임직에 관한 설명으로 옳은 것은?
    ① 장로는 공동의회 과반수의 찬성으로 피택되어 반년 이상 교양 후 노회고시에 합격하면 노회의 허락을 받아야 당회가 임직한다.
    ② 집사는 당회가 선택하고 반년 이상 교양하고 고시하고 임직한다.
    ③ 장로는 당회의 결의와 청원으로 노회의 선택허락을 승인 후 공동의회에서 투표수 3분의 2 이상의 투표를 받고 반년 이상 교양하고 노회고시 후 당회가 임직한다.
    ④ 집사는 공동의회에서 3분의 2 이상의 투표를 받고 6개월 이상 교양을 받으면 당회의 고시는 필요치 않다.
    ※ 정치 제9장 제5조 4항

619. 다음 당회의 직무 중 각항 헌금 수집하는 일을 주장하는 일에 대한 설명으로 맞지 않는 것은?
    ① 각항 헌금 수집할 날짜와 방침을 작정한다.
    ② 교회의 각항 헌금하는 일에 대하여는 당회 밖의 어느 누구도 관여할 수 없다.
    ③ 재정출납은 제직회의 직무로 규정하고 헌금 수집은 당회의 직무로 규정한 것은 헌금하는 일이 신앙과 직결되기 때문이다.
    ④ 헌금은 마음에서 우러나야 하므로 당회가 간섭할 일이 아니다.
    ※ 정치 제9장 제5장 5항 참고, 정치 제21장 제2조 3항

정답 616.④ 617.③ 618.③ 619.④

620. 당회의 직무 중 각항 헌금 수집하는 일을 주장하는 일에 대한 설명으로 옳은 것은?
① 재정출납은 제직회의 직무로 규정하고 헌금 수집은 당회의 직무로 규정한 것은 헌금하는 일이 신앙과 직결되기 때문이다.
② 헌금은 마음에서 우러나야 하므로 당회가 간섭할 일이 아니다.
③ 교회가 각항 헌금하는 일에 대하여는 당회의 결의와 제직회의 결의를 거쳐야 한다.
④ 각항 헌금 수집할 날짜는 재정을 처리하는 제직회가 정한다.

※ 정치 제9장 제5장 5항

621. 다음 당회의 직무 중 권징하는 일에 대한 설명으로 맞지 않는 것은?
① 당회는 본 교회 중 범죄자와 증인을 소환 심사한다.
② 필요한 경우 본 교회 회원이 아닌 자라도 증인으로 소환 심문할 수 있다.
③ 범죄의 증거가 명백할 때에는 권징조례의 규정대로 시벌한다.
④ 본 교회 교인이 아닌 자는 증인으로 소환 심문할 수 없다.

※ 정치 제9장 제5조 6항, 권징조례 제8장 제68조 참고

622. 다음 당회의 직무 중 신령적 유익을 도모하며 각 기관을 감독하는 직무에 대한 설명으로 맞지 않는 것은?
① 당회는 교인의 신령적 유익을 도모하기 위하여 교인을 심방해야 한다.
② 성경을 가르치는 일을 효과적인 성과를 위해 조치해야 한다.
③ 주일학교를 주관하며 교육시설과 교재와 교사의 자질 향상 등을 관리한다.
④ 각 기관은 자율적으로 운영하도록 당회는 간섭하지 않는다.

※ 정치 제9장 제5조 7항, 제20장 참고

623. 다음 당회의 직무 중 신령적 유익을 도모하며 각 기관을 감독하는 직무에 대한 설명으로 옳은 것은?
① 당회는 교회의 신령적 유익을 도모하기 위해 교인을 심방하여 그 신앙을 살피고 성경으로 교훈하며 각 기관을 지도 감독한다.
② 각 기관은 자율적으로 운영하도록 당회가 간섭하지 않는 것이 헌법의 규정이다.
③ 주일학교는 부교역자의 전담이므로 당회가 간섭할 이유가 없다.
④ 심방은 교역자들이 전담할 직무로 당회는 감독만 하면 된다.

※ 정치 제9장 제5조 7항, 제20장 제1,2,3조

624. 다음 당회의 직무 중 주일학교에 대한 설명으로 옳지 않은 것은?
① 당회의 가결로 목사를 방조할 부교역자를 청빙하여 각부의 지도 교역자로 임명한다.
② 당회는 각부의 부장과 교사를 임명하여 당회의 지도와 감독하에서 성경을 가르치게 한다.
③ 교재나 교사의 자질 향상 등을 관리하는 모든 문제가 당회의 책임이요 권리이다.
④ 주일학교 교재 선택이나 교사의 자질 향상을 위한 교육의 책임은 담당 부교역자에게 달려 있다.

※ 정치 제9장 제5조 7항, 제20장

정답 620.① 621.④ 622.④ 623.① 624.④

625. 다음 당회의 직무 중 주일학교에 대한 설명으로 옳은 것은?
① 주일학교 교재 선택이나 교사의 자질 향상을 위한 교육의 책임은 담당 부교역자의 소관이다.
② 교재나 교사의 자질 향상 등을 관리하는 모든 문제가 당회의 책임이요 권리이다.
③ 각부 부장과 교사의 임명은 담임목사의 소관이며 담임목사의 지도와 감독하에서 성경을 가르쳐야 한다.
④ 당회는 교회부흥을 위하여 교인을 심방하며 신앙을 살피고 각 기관을 감독한다.

※ 정치 제9장 제5조 7항, 제20장

626. 다음 당회의 직무 중 노회에 총대를 파송하며 청원과 보고의 직무에 대한 설명으로 맞지 않는 것은?
① 총대란 노회에 파송하는 장로를 말한다.
② 노회에 파송하는 총대는 당회의 결의대로 당회원 수에 비례하여 파송한다.
③ 노회에 파송하는 총대 수는 제10장 제2조의 규정대로 노회에 총대로 파송한다.
④ 총대파송의 필연성은 성직권과 기본권의 조화를 위한 노회가 되게 하기 위함이다.

※ 정치 제9장 제5조 8항, 제10장 2조 참고

627. 당회의 직무 중 노회에 파송할 총대파송의 기준으로 맞지 않는 것은?
① 세례교인 200명 미만 1인
② 세례교인 200명 이상 500명 미만 2인
③ 세례교인 500명 이상 1,000명 미만 3인
④ 세례교인 1,000명 이상은 4인 이상

※ 정치 제9장 제5조 8항, 제10장 제2조

628. 다음 당회의 직무 중 교인의 신앙과 행위 총찰에 대한 설명으로 맞지 않는 것은?
① 당회의 직무는 신령상 모든 사무를 처리하는 것이다.
② 당회의 직무는 교인들의 경제적인 생활면까지 결정해 주어야 한다.
③ 당회는 교회의 신성과 성결을 유지함이 그 본무이다.
④ 당회의 직무는 신앙과 행위가 일치하도록 교인을 지도해야 한다.

※ 정치 제9장 제5조 1항 참고

629. 다음 당회의 직무 중 교인의 신앙과 행위를 총찰하는 것은?
① 교인의 지식과 신앙과 행위가 일치하도록 지도하고 총찰하는 것이다.
② 당회의 직무는 교인들의 경제적인 생활면까지 결정해 주어야 한다.
③ 당회는 노회에 파송할 총대를 선정하며 청원을 제출하는 것이다.
④ 당회는 반드시 목사만이 성례를 주관하게 해야 한다.

※ 정치 제9장 제5조 1항

정답 625.② 626.② 627.④ 628.② 629.①

630. 다음 중 당회의 권한에 대한 설명으로 맞지 않는 것은?
① 당회는 예배모범에 규정한 대로 예배의식, 장소, 시간을 정하여 시행한다.
② 강도권은 목사의 전무에 속한 것이므로 당회는 목사의 의견을 존중함에 벗어나서는 안 된다.
③ 특히 주일에는 예배의식 외에는 위임식, 임직식, 헌당식 등은 교회행사일지라도 다른 날로 정하여 시행해야 한다.
④ 교회의 모든 직무의 중심이 말씀증거의 직무인 만큼 모든 예배의식은 당회결의와 상관없이 목사가 주관한다.

※ 정치 제9장 제6조, 제10장 제6조 8항 참고

631. 다음 중 당회의 권한에 대한 설명으로 옳은 것은?
① 교회의 모든 직무의 중심이 말씀증거의 직무인 만큼 모든 예배의식은 당회결의와 상관없이 목사가 주관한다.
② 당회는 예배모범에 의지하여 예배의식을 전관하되 모든 집회 시간과 처소를 작정한다.
③ 교인의 지식과 신앙상 행위를 총찰하는 것이다.
④ 당회의 권한은 교인들의 경제적인 생활면까지 결정해 주어야 한다.

※ 정치 제9장 제6조 참고

632. 다음 중 당회의 회집에 관한 설명으로 맞지 않는 것은?
① 정기회는 1년 1회 이상 회집하여야 하고, 본 교회 목사(당회장)가 필요한 줄로 인정할 때에 소집한다.
② 부득이하여 임시당회장도 청할 수 없을 때는 장로 중에 1명을 당회장으로 선정하여 모든 안건을 처리할 수 있다.
③ 장로 반수 이상이 청구할 때와 상회가 소집을 명할 때 소집한다.
④ 만일 목사가 없는 경우 필요에 따라 장로 과반수의 요청으로 모일 때는 회집할 때마다 노회원 중에 임시당회장을 청해야 한다.

※ 정치 제9장 제7조 참고

633. 다음 중 당회의 회집에 관한 설명으로 옳은 것은?
① 당회는 1년 1회 이상 정기회로 회집하며, 본 교회 목사가 필요한 줄로 인정할 때와 장로 반수 이상이 청구할 때와 상회가 회집을 명할 때 소집한다.
② 임시당회는 장로 반수 이상과 제직회의 청원이 있을 때 회집한다.
③ 정기회라도 안건이 없으면 모일 필요가 없다.
④ 임시당회장도 청할 수 없는 경우에는 장로 중 선임자가 소집한다.

※ 정치 제9장 제7조

정답 630.④ 631.② 632.② 633.①

634. 다음 중 임시 당회에 관한 설명으로 옳지 않은 것은?
① 임시 당회는 정기 당회까지 기다릴 수 없는 긴급한 사안이 있을 때 회집한다.
② 목사가 필요하다고 인정될 때 회집한다.
③ 당회원 장로가 필요하다고 요청할 때 회집한다.
④ 상회가 회집을 명할 때 회집한다.

※ 정치 제9장 제7조 2항참고

635. 다음 중 당회 회의록에 관한 설명으로 옳지 않은 것은?
① 당회록에는 결의 사항을 명백히 기록한다.
② 당회록과 재판회록은 1년 1차씩 노회의 검사를 받는다.
③ 모든 회록은 제안자의 이름을 기록하지 않고 결의된 내용만 기록한다.
④ 당회록은 당회의 결의이기 때문에 치리회 동일체 원리에 의해 노회의 검사를 받을 필요가 없다.

※ 정치 제9장 제8조, 264-270문 참고

636. 다음 중 당회 회의록에 관한 설명으로 옳은 것은?
① 당회록은 결의사항을 기록하되 덕스럽지 않은 내용은 기록하지 않는다.
② 당회록에는 결의사항을 명백히 기록하고 당회록과 재판회록은 1년 1차씩 노회검사를 받는다.
③ 당회록은 당회의 결의이기 때문에 치리회 동일체 원리에 의해 노회의 검사를 받을 필요가 없다.
④ 모든 회록에는 반드시 제안자의 이름을 기록하여 후세에 남겨야 한다.

※ 정치 제9장 제8조 참고

637. 다음 중 노회가 당회록을 검사해야 할 사항에 관한 설명이 아닌 것은?
① 경과사건을 사실대로 기록한 여부
② 처리한 사건을 교회 헌법에 의하여 결정한 여부
③ 제안자의 이름을 반드시 기록한 여부
④ 사실을 지혜롭고 공평하게 덕을 세우게 처리한 여부

※ 정치 제9장 제8조, 권징조례 제9장 제72-77조 참고

638. 다음 중 당회의 각종 명부록에 대한 설명으로 맞지 않는 것은?
① 학습인 명부와 입교인 명부를 비치한다.
② 은혜롭지 못한 책벌 및 해벌인 명부는 기록하여 비치할 필요가 없다.
③ 별세인명부, 이전인 명부와 혼인명부도 비치해야 한다.
④ 유아세례 명부도 세례 및 성찬 허락 연월일까지 기록하여 비치한다.

※ 정치 제9장 제9조 참고

639. 다음 중 당회의 별명부는 어떤 교인을 기록하는가?
① 다른 교회로 이명한 교인   ② 6개월 이상 실종된 교인
③ 1년 이상 실종된 교인   ④ 책벌받은 교인

※ 정치 제9장 제9조 4항 참고

정답 634.③ 635.④ 636.② 637.③ 638.② 639.③

640. 다음 중 연합당회에 관한 설명으로 맞지 않는 것은?
① 도시에 당회가 2개 이상 있으면 교회 공동 사업의 편리를 위해 연합당회를 조직할 수 있다.
② 연합당회의 회원은 각 당회원으로 한다.
③ 연합당회도 당회이니 만큼 당회의 모든 직무를 수행할 수 있다.
④ 연합당회는 협동사무, 기타 교회 유익을 서로 도모할 수 있다.
※ 정치 제9장 제10조 참고

641. 다음 중 당회 조직에 관한 설명으로 옳은 것은?
① 당회는 지교회 목사와 치리 장로로 조직하되 교인 25인 이상을 요하고 장로 증원도 이에 준한다.
② 당회는 지교회 목사와 치리 장로로 조직하되 세례교인 25인 이상을 요하고 장로 증원은 교회의 형편에 따라 한다.
③ 당회는 지교회 담임목사와 치리 장로로 조직하되 세례 교인 25인 이상을 요하고 장로 증원도 이에 준한다.
④ 당회는 지교회 목사와 치리 장로로 조직하되 세례교인 20인 이상을 요하고 장로 증원은 교회의 형편에 따라 한다.
※ 정치 제9장 제1조

642. 당회조직은 세례교인 몇 명 이상을 요하는가?
① 15명　　　　　　　　　　② 20명
③ 25명　　　　　　　　　　④ 30명
※ 2016년 기출문제
※ 정치 제9장 1조

643. 당회의 성수는?
① 당회에 장로 4인이 있으면 장로 1인과 목사의 출석으로 성수가 된다.
② 당회에 장로 6인이 있으면 장로 2인과 목사의 출석으로 성수가 된다.
③ 당회에 장로 2인이 있으면 장로 2인의 출석으로 성수가 된다.
④ 당회에 장로 2인이 있으면 장로 1인과 목사의 출석으로 성수가 된다.
※ 정치 제9장 2조
※ 2016년 기출문제

644. 당회의 직무가 아닌 것은?
① 교인의 신앙과 행위를 총찰　　② 교인의 입회와 퇴회
③ 예배와 성례 시행　　　　　　④ 목사 위임식
※ 정치 제9장 5조
※ 2016년 기출문제

정답 640.③ 641.③ 642.③ 643.④ 644.④

645. 당회가 비치하는 명부가 아닌 것은 무엇인가?
① 별명부
② 별세인 명부
③ 목사 명부
④ 혼인 명부

※ 정치 제9장 제9조 참고

646. 다음 중 당회장에 관한 설명으로 틀린 것은 무엇인가?
① 당회장은 교회의 대표자로 그 지교회 담임 목사가 된다.
② 특별한 경우에는 당회의 결의로 본 교회 목사가 그 노회에 속한 목사 1인을 청하여 대리 회장이 되게 할 수 있다.
③ 본 교회 목사가 신병이 있거나 출타한 때에는 치리장로가 회장이 되게 할 수 있다.
④ 노회의 당회장 파송이 없고 당회장이 없을 때 당회가 임시당회장을 청할 수 있다.

※ 정치 제9장 제3, 4조 참고

647. 다음 중 당회 회집에 관한 설명으로 옳지 않은 것은?
① 당회는 1년 1회 이상을 정기회로 회집한다.
② 본 교회 목사가 필요한 줄로 인정할 때 회집할 수 있다.
③ 만일 목사가 없는 경우에는 당회를 소집할 수 없다.
④ 상회의 명령이 있을 때 회집한다.

※ 정치 제9장 제7조 참고

648. 다음 중 특별한 경우에 당회의 결의로 본 교회의 담임목사가 그 노회에 속한 목사 1인을 청하는 당회장은?
① 임시당회장
② 대리당회장
③ 당회장
④ 임시당회의장

※ 정치 제9장 제3조 참고

● 노회

649. 노회가 필요한 이유에 대한 설명으로 옳지 않은 것은 무엇인가?
① 그리스도의 몸 된 교회가 나뉘어 여러 지교회가 되었기 때문
② 교회 도리의 순전을 보전하기 위해 각 지교회가 서로 협의하고 도와야 하기 때문
③ 배도와 부도덕을 금지하기 위해서 노회와 같은 상회 조직이 있어야 하기 때문
④ 교회는 가견적, 혹은 유기적으로 하나가 되어야 하기 때문.
⑤ 사도시대에도 에베소 교회 외에 많은 지교회가 있고, 노회가 있었다는 증거가 있기 때문

※ 교회의 하나 됨은 유기적, 가견적 하나임을 의미하지 않는다. 그것은 로마 가톨릭에서 주장하는 것이다. 장로교회는 교회는 불가견적으로 즉 영적으로 하나 됨을 추구한다. 따라서 노회의 조직이 가견적, 유기적 조직체를 구성하는 것이 아니라는 것을 명심해야 한다.

정답 645.③ 646.③ 647.③ 648.② 649.④

650. 노회의 조직과 관련된 설명으로 옳은 것은?
① 노회는 일정한 지방 안에 모든 목사와 각 당회에서 총대로 파송한 장로로 조직한다.
② 노회가 조직되려면 25당회 이상이 있어야 한다.
③ 노회 조직을 위한 당회수가 되면 노회는 새로운 노회를 개척하여 설립할 수 있다.
④ 지교회나 노회에 파송하는 총대수는 그 교회의 세례교인 수에 따라 달라지며 최대 5명까지 파송할 수 있다.
⑤ 세례교인 20명 미만의 교회는 노회에 장로총대를 파송할 수 없다.

※ 2번은 21당회 이상 되어야 하고, 3번은 노회가 노회를 개척할 수 없다. 그것은 총회의 권한이다. 4번은 최대 4명까지 파송할 수 있다. 5번은 세례교인이 25명 미만의 경우에는 당회가 사실상 폐당회가 된다. 따라서 장로를 노회에 총대로 파송할 수 없다.

651. 노회가 개회할 수 있는 성수에 대한 설명으로 옳은 것은?
① 회원 과반수의 출석이 있어야 한다.
② 목사와 총대 장로 각 3인 이상으로 기본 출석인원이 6인 이상이어야 한다.
③ 목사 또는 총대장로의 전체 출석이 6인 이상이어야 한다.
④ 목사와 총대장로의 전체 출석이 6인 이상이어야 하나 목사와 장로는 각각 1인 이상 출석해야 한다.
⑤ 전체 출석이 과반수가 되면 참석한 장로가 1인이어도 개회된다.

※ 노회의 개회 성수는 목사와 장로 각각 3인 이상이 출석하여야 한다.

652. 노회의 회원에 대한 설명으로 옳지 않은 것은?
① 각 지교회의 위임목사, 시무목사는 물론 부목사도 회원권을 갖는다.
② 다른 교단에서 본 교단으로 이적해 온 목사는 총회신학원에서 2년 이상 신학과목을 이수한 것으로 회원권을 갖고, 노회의 임원이 될 수도 있다.
③ 정년 이전의 원로목사는 회원권을 갖고 있으므로 총회 총대가 될 수 있다.
④ 총회나 노회가 파송한 기관사무를 위임한 목사는 언권회원이다.
⑤ 시무목사라도 노회가 허락하면 노회장과 총회총대가 될 수 있다.

※ 정치 제10장 3조에 의하면 "각 지교회를 시무 목사"에게 회원권이 있다고 한다. 여기에서의 시무 목사는 목사의 명칭에 나오는 시무목사를 의미하는 것이 아니다. 지교회를 시무하는 목사를 지칭하면 "위임목사, 시무목사, 부목사"를 포함한다. 단 시무목사는 3년마다, 부목사는 1년마다 그 시무를 허락받아야 한다. 허락받지 못하면 회원권을 상실하고 언권회원이 된다.(93회 총회결의, 98회 총회결의 참조)

653. 장로가 노회의 회원권을 갖게 되는 것과 무관한 것은?
① 총대 천서는 노회 서기에게 접수한다.
② 장로는 천서를 받아야 노회의 회원권을 가질 수 있다.
③ 천서가 없는 장로는 소속 노회의 언권회원일 뿐이다.
④ 천서가 접수되었어도 서기가 호명하기 전에는 회원권을 갖지 못한다.
⑤ 지교회 당회가 천서했더라도 협동장로는 회원권이 없다.

※ 장로는 천서가 없으면 단지 교회소속일 뿐이며, 소속 노회에서 아무런 회원권이 없다.

정답 650.① 651.② 652.④ 653.③

654. 헌법 정치 제10장 3조는 노회의 회원에 대하여 규정하면서 "각 지교회의 시무목사"에게 회원권이 있다고 한다. 다음 중 "지교회 시무목사"에 해당하는 것을 모두 포함한 것은?
① 위임목사, 시무목사
② 위임목사, 부목사
③ 위임목사, 부목사, 교육목사
④ 위임목사, 시무목사, 부목사
⑤ 위임목사, 시무목사, 부목사, 교육목사
※ 노회의 회원으로 위임목사, 시무목사, 부목사는 "각 지교회를 시무하는 목사"에 해당하고, 교육목사는 해당하지 않는다.

655. 다음 중 노회의 언권회원이 아닌 목사는 누구인가?
① 정년이 지난 원로목사
② 정년 이전에 은퇴한 은퇴목사
③ 시무하는 교회가 없는 무임목사
④ 노회나 총회가 기관 사무를 위임한 기관목사
⑤ 신학교에서 교수하는 교육목사
※ 노회나 총회가 기관 사무를 위임한 기관목사는 노회의 회원이다.

656. 노회회집에 관한 설명으로 옳지 않은 것은?
① 노회는 정기회와 임시회로 나뉘며, 정기회는 예정한 장소와 날짜에 회집한다.
② 개회성수를 계산할 때에는 정회원인 목사와 총대장로의 수를 합하여 재적인원으로 본다.
③ 정기회는 재적인원 과반수의 출석으로 개회한다.
④ 정기회는 개회성수가 되면 노회의 일체 사무를 처리한다.
⑤ 특별한 사건이 있으면 각 다른 지교회 목사 3인과 각 다른 지교회 장로 3인 이상의 청원에 의해 회장이 임시회를 소집할 수 있다.
※ 노회는 정기회든 임시회든 목사 3인, 장로 3인의 출석으로 개회할 수 있다.

657. 노회 임시회에 관한 설명으로 옳지 않은 것은?
① 임시회는 정기회를 폐한 후, 특별한 사건이 있는 경우에 회집한다.
② 회장이 유고한 때에는 부회장 또는 서기가 대리로 소집한다.
③ 임시회를 소집할 때에는 회의할 안건과 회집 날짜를 통지하여야 한다.
④ 회집 날짜에 10일 선기하여 각 회원에게 통지하여야 한다.
⑤ 목사, 장로 각 3인 이상의 제안으로 현장에서 안건을 상정하여 결의할 수 있으며, 이를 현장동의, 또는 긴급동의라고 한다.
※ 5번의 경우에는 현장 동의에 대한 설명이다. 그러나 이것은 정기회에서만 허용되는 것이다. 임시회에서는 통지서에 적시한 안건만을 결의할 수 있다. 그 밖의 결의는 모두 무효이다.

정답 654.④ 655.④ 656.③ 657.⑤

658. 노회가 임시회를 소집할 수 없는 경우에 해당하는 것은?
① 정기회에서 맡긴 재판건으로 임시회를 소집할 수는 없다.
② 정기회에서 결의된 안건에 대해서 사정 변경을 이유로 임시회를 소집할 수 없다.
③ 임시회는 재판국 설치를 위해서 소집할 수는 없다.
④ 임시회는 지교회에서 올라온 소원건을 처리하기 위해 소집할 수 없다.
⑤ 1달 뒤면 정기회가 회집하게 되는 경우에는 임시회를 소집할 수 없다.
※ 임시회를 재판회로 변경할 수도 없고, 임시회는 정기회에서 맡긴 재판건을 새롭게 다룰 수 없다.(Presbyterian Digest, 179 참조) 임시회는 필요시 소집할 수 있다. (대한예수교장로회 표준회의규정 제34조 참조)

659. 노회의 직무에 대한 설명으로 옳지 않은 것은?
① 노회는 각 당회가 규칙대로 청원한 헌의, 청원 등을 처리한다.
② 목사후보생과 강도사는 직무상 노회에 속하고, 개인으로는 당회에 속하기 때문에 노회는 직접 권징할 수 있다.
③ 노회는 교회의 실정과 폐해를 감시하고, 교정하기 위해 각 지교회를 시찰한다.
④ 각 지교회의 당회록과 재판회록을 검열하며 사건 처리에 찬부를 표한다.
⑤ 노회는 소속 목사 중에서 각 지교회의 당회장을 임명하여 시무케 할 수 있다.
※ 노회가 각 지교회의 당회장을 임명하는 권한은 없다. 그것은 지교회의 청빙과 위임청원에 대하여 노회가 허락하는 것뿐이다. 다만 사고교회나 허위교회에 대하여 임시당회장을 파송할 수 있다.

660. 다음 중 노회가 어떤 당회에 보조 당회원을 파송하지 못하는 이유에 대한 설명이 아닌 것은?
① 교회자유 원리에 위배되기 때문이다.
② 양심자유 원리에 위배되기 때문이다.
③ 노회는 당회장을 파송할 수는 있어도 당회원을 파송할 수는 없다.
④ 미조직교회는 반드시 타 교회 장로를 청하여 임시당회를 조직하고 사무를 처리해야 한다.
※ 정치 제1장 제6조 참고

661. 아래의 목사 중 노회의 정회원이 아닌 목사는?
① 위임목사　　　　　　　② 시무목사
③ 무임목사　　　　　　　④ 원로목사(정년 이전)
※ 2018년 기출문제

662. 다음 중 노회 개회 충족 요건에 맞지 않는 것은?
① 예정된 장소
② 예정된 날짜
③ 목사, 장로회원 과반수 이상 출석
④ 목사 3인, 장로 3인 이상 출석

정답 658.① 659.⑤ 660.④ 661.③ 662.③

663. 다음 중 노회가 보관할 필요가 없는 명부는?
① 무임목사 명부
② 전도사 명부
③ 목사후보생 명부
④ 장로 명부

664. 다음 중 누가 제출한 안건을 노회가 처리할 수 있는가?
① 각 당회에서 규칙대로 제출하는 헌의와 청원과 상소 및 고소와 문의와 위탁판결을 접수하여 처리한다.
② 노회의 정회원이 제출하는 안건을 접수하여 처리한다.
③ 노회 안에 장로회나 교역자회가 제출하는 안건을 접수하여 처리한다.
④ 시찰회의 결의로 상정하는 헌의나 청원을 접수 처리한다.

※ 정치 제10장 제6조 2항 참고

665. 다음 중 누가 노회에 헌의와 청원과 위탁판결을 청원할 수 있는가?
① 시찰장
② 노회소속 목사
③ 총대장로
④ 각 당회

※ 정치 제9장 제5조 8항, 제10장 제6조 2항 참고

666. 다음 중 노회의 요의(要義)에 대한 설명으로 옳지 않은 것은?
① 그리스도의 몸 된 교회가 나뉘어 여러 지교회가 되었으니 서로 협의하며 도와 교회 도리의 순전을 보전하는 데 의의가 있다.
② 권징을 동일하게 하기 위함이다.
③ 교회는 머리이신 그리스도께서 다스리시니 꼭 노회 같은 상회가 필요한 것은 아니다.
④ 교회의 도리의 순전의 보전과 동일한 권징과 신앙상 지식과 바른 도리를 합심발휘하며 부도덕을 금지하기 위하여 노회와 같은 상회가 있는 것이 긴요하다.

※ 정치 제10장 제1조 참고

667. 다음 중 노회가 무엇인지에 대한 설명으로 옳지 않은 것은?
① 일정한 구역 내에 존재하는 지교회들이 서로 협력하며 돕기 위해 연합하게 하는 기구이다.
② 지교회들의 상회로서 공동감시구역을 이루어 서로 감시하며 감시를 받아 교회의 신성과 질서를 지켜 하나님을 영화롭게 하는 목적으로 구성되는 지교회들의 상급치리회이다.
③ 노회를 통해 동일한 권징을 행하며 이단을 배격하며 진리를 수호하는 치리회이다.
④ 노회는 서로 마음에 맞는 사람들끼리 모여 조직하는 것이 장로회 정치원리인 양심 자유원리에 따르는 것이다.

※ 정치 제10장 제1조

정답 663.④ 664.① 665.④ 666.③ 667.④

668. 다음 중 노회가 무엇인지에 관한 설명으로 옳지 않은 것은?
  ① 지교회들의 상회로서 공동감시구역을 이루어 서로 감시하며 감시를 받아 교회의 신성과 질서를 지켜 하나님을 영화롭게 하는 목적으로 구성되는 지교회들의 상급치리회이다.
  ② 노회적 연합이 교회마다 일어나는 사건들 수습은 물론 모든 면에 유익을 얻게 된다.
  ③ 노회는 서로 마음에 맞는 사람들끼리 모여 조직하는 것이 장로회 정치원리인 양심 자유원리에 따르는 것이다.
  ④ 각 지역교회들은 같은 방법과 같은 목적으로 하나님의 뜻을 이루는 교회가 되기 위하여 노회와 같은 연합체를 필요로 하게 된다.

  ※ 정치 제10장 제1조

669. 다음 중 노회를 통한 교회의 유익에 대한 설명으로 옳지 않은 것은?
  ① 개교회적으로 진리를 보호하는 것보다 노회, 대회, 총회 등의 연합을 하였을 때 진리를 보호하기에 용이하다.
  ② 교회의 신성과 순결을 유지하기 위해 행하게 되는 권징을 동일한 기준으로 시행함으로 공평한 질서를 따라 교회번영에 기여하게 된다.
  ③ 지교회는 노회를 떠나도 교회의 기능을 최대한 발휘하는 데 아무 지장이 없다.
  ④ 각 교회의 인사행정과 일반 행정을 동일하게 시행하며 각종 서류의 양식 통일 등으로 각 지교회들이 피차 유익을 도모하게 된다.

  ※ 정치 제10장 제1조 참고

670. 다음 중 노회를 통한 교회 신앙의 일치에 관한 설명으로 옳지 않은 것은?
  ① 중대한 일을 개인이나 개교회가 독자적으로 행하기는 어려우므로 연합해서 수행함이 마땅하다.
  ② 같은 성경을 가지고 신앙생활을 하지만 장로교와 감리교와 침례교는 신앙이 다르다.
  ③ 총회 산하의 모든 지교회들은 같은 사상과 같은 교리와 같은 신앙으로 교회를 봉사하는 것이다.
  ④ 총회 산하의 모든 지교회라도 담임 목회자에 따라 사상과 교리와 신앙이 달라도 된다.

  ※ 정치 제10장 제1조

671. 다음 중 노회를 통한 교회 권징의 유익에 관한 설명으로 옳지 않은 것은?
  ① 교회의 신성과 성결을 유지하기 위해 행하는 권징을 동일한 기준을 좇아 시행함으로 공평한 질서를 따라 교회가 번영하게 된다.
  ② 각 교회가 성경과 헌법에 따라 권징을 시행하면 노회와 같은 상회와 상관없이 공평한 질서를 따라 교회의 신성과 성결을 유지할 수 있다.
  ③ 노회와 같은 상회가 있어서 상소하거나 상고할 길이 있기 때문에 하회도 상회를 의식하여 모든 사건을 가볍게 여기지 못하므로 상회와 권징을 일치할 수 있다.
  ④ 노회와 같은 상회가 있으므로 범죄의 내용이나 동기, 목적, 정상이 같은데도 교회마다 다른 벌을 줄 수 없을 것이다.

  ※ 정치 제10장 제1조 참고

정답 668.③ 669.③ 670.④ 671.②

672. 다음 중 노회를 조직함에 있어 교회 수와 목사와 장로 수에 대한 설명으로 옳지 않은 것은?
① 한 노회 안에 교회 수는 반드시 조직교회가 21개 이상이 되어야 한다.
② 대회와 총회는 선거로 선출하는 동수의 목사와 장로를 총대로 파송하기 때문에 목사와 장로의 수가 같으나 노회는 그 수가 같지 않다.
③ 각 당회가 파송하는 총대는 목사의 수와 장로의 수가 동수여야 장로회 정치 원리에 맞다.
④ 노회는 그 지방 안에 모든 목사는 다 노회원이 되고 장로는 당회에서 파송한 장로들로만 회원권이 구비되므로 그 수가 같지 않다.
※ 정치 제10장 제2조 참고

673. 다음 중 노회 조직에 관한 설명으로 옳은 것은?
① 노회는 일정한 지방 안에 있는 모든 목사와 각 당회에서 정치 제10장 제2조의 규정에 따라 파송하는 장로로 조직하되 단, 21당회 이상을 요한다.
② 각 당회가 파송하는 총대는 목사의 수와 장로의 수가 동수여야 장로회 정치 원리에 맞다.
③ 노회는 서로 마음에 맞는 사람들끼리 모여 조직하는 것이 장로회 정치원리인 양심 자유원리에 따르는 것이다.
④ 노회 성수에 목사, 장로 각 3인이면 개회할 수 있으므로 노회조직에 21당회를 요한다는 것은 맞지 않다.
※ 정치 제10장 제2조 참고

674. 노회가 조직되려면 몇 당회 이상이 되어야 하는가?
① 10당회
② 11당회
③ 20당회
④ 21당회
※ 2017년 기출문제

675. 노회에 대한 설명 중 틀린 것은 무엇인가?
① 정년 이전의 원로목사도 지교회 시무목사와 같이 회원권이 있다
② 총대장로는 노회에 서류(천서)가 접수되면서 회원권을 가진다.
③ 정해진 장소와 날짜에 회원 목사와 총대 장로 각 3인 이상 회집해야 성수된다.
④ 노회에 소속된 모든 목사가 총대권을 갖는 것은 아니다.
※ 2017년 기출문제

676. 노회가 보관하는 명부에 들지 않는 것은 무엇인가?
① 시무 목사 명부
② 전도사 명부
③ 장로 명부
④ 목사후보생 명부
※ 2017년 기출문제

정답 672.③ 673.① 674.④ 675.② 676.③

677. 노회 회집에 대한 설명 중 틀린 것은 무엇인가?
① 반드시 예정된 날짜와 정해진 장소에서 모여야 한다.
② 각기 다른 지교회 목사 3인과 다른 지교회 장로 3인이 청원을 하면 회장은 임시회를 소집할 수 있다.
③ 정기노회는 안건이 있든지 없든지 모여야 한다.
④ 임시노회는 자유로이 여러 안건을 다룰 수 있다.

※ 2017년 기출문제

678. 다음 중 개인이 노회에 제출할 수 있는 안건은?
① 소원과 고소 및 상소
② 위탁판결청원
③ 각종 헌의안
④ 같은 교회장로에 대한 고소장

※ 권징조례 제9장 제84,85조, 제94,96,97,99조 참고

679. 다음 중 노회 회원의 자격에 대한 설명으로 맞지 않는 것은?
① 노회의 회원은 목사를 의미하는데 목사의 시무형편에 따라 회원이 구별된다.
② 정년 이전의 원로목사는 정회원이다.
③ 무임목사도 당당한 노회원이지만 정회원이 가지는 권한의 일부가 제한된다는 것이 다르고 언권만 있다.
④ 장로는 당회에서 선택하여 노회에 파송한 자이니 총대라고 하며 서기가 천서를 접수함과 동시에 회원권이 구비된다.

※ 정치 제10장 제3조, 제4장 제4조 4항, 제4장 제4조 12항 참고

680. 다음 중 시무형편에 따라 달라지는 목사의 노회회원권에 대한 설명으로 옳지 않은 것은?
① 지교회를 시무하는 시무목사, 부목사는 노회의 정회원이다.
② 정년 이전의 원로목사는 언권회원이다.
③ 총회나 노회가 파송한 기관 사무를 위임한 목사는 노회의 정회원이다.
④ 무임목사는 그 밖에 목사로 언권회원이며 상회에 총대권도 없다.

※ 정치 제10장 제3조

681. 다음 중 노회의 정회원끼리 묶인 것은?
① 시무목사와 교육목사
② 시무목사와 정년 이전의 원로목사
③ 부목사와 무임목사
④ 종군목사와 선교사

※ 정치 제10장 제3조

682. 다음 중 노회의 정회원이 아닌 목사는 누구인가?
① 시무목사
② 정년 이전의 원로목사
③ 교단 기관목사
④ 무임목사

※ 정치 제10장 제3조

정답 677.④ 678.① 679.④ 680.② 681.② 682.④

683. 다음 중 노회의 언권회원은 누구인가?
① 시무목사 ② 정년 이전의 원로목사
③ 무임목사 ④ 총회나 노회가 파송한 기관 사무를 위임한 목사

※ 정치 제10장 제3조

684. 다음 목사 중 노회의 정회원은 누구인가?
① 부목사 ② 은퇴목사
③ 정년 이후 원로목사 ④ 무임목사

※ 정치 제10장 제3조

685. 다음 중 당회가 노회에 파송한 장로 총대에 관한 설명으로 옳지 않은 것은?
① 총대 장로는 서기가 천서를 접수, 호명한 후부터 회원권이 있다.
② 노회에서의 총대는 당회에서 파송한 장로를 말한다.
③ 당회장이 노회장에게 추천하고 노회서기가 접수하여 호명함과 동시에 회원권이 구비되고 향후 1년 동안만 회원권이 유지된다.
④ 장로는 당회에서 선택하여 노회에 파송한 자이니 총대라고 하며 서기가 천서를 접수함과 동시에 회원권이 구비된다.

※ 정치 제10장 제4조 참고

686. 다음 중 노회 성수의 3대 요건에 관한 설명으로 맞지 않는 것은?
① 예정한 날짜와 시간과 장소에 모여야 한다.
② 임시노회 소집청원이 각각 다른 지교회 목사 3인과 장로 3인이므로 노회 개회 성수도 각각 다른 지교회 목사 3인, 장로 3인이어야 성수가 된다.
③ 최소한의 성수인 목사 3인과 장로 3인은 반드시 모여야 한다.
④ 최소한의 성수인 목사 3인과 장로 3인은 정회원이어야 한다.

※ 정치 제10장 제5조 참고

687. 다음 중 노회 성수의 3대 요건에 관한 설명으로 옳은 것은?
① 예정한 장소와 날짜에 본 노회 정회원 목사와 총대 장로 각 3인 이상이 회집하면 개회성수가 되어 노회의 일체 사무를 처리할 수 있다.
② 긴급한 사정이 있으면 예정된 날짜와 장소를 임원회 결의로 바꿀 수 있다.
③ 임시노회 소집청원과 마찬가지로 각각 다른 지교회 목사 3인과 장로 3인이어야 성수가 된다.
④ 만일 다른 장소와 날짜에 모였더라도 회원 전원이 출석하면 개회성수 요건이 된다.

※ 정치 제10장 제5조

정답 683.③ 684.① 685.④ 686.② 687.①

688. 다음 중 각종 회의의 개회성수와 노회개회 성수의 의미에 대한 설명으로 맞지 않는 것은?
① 제직회의 개회성수는 과반수이고 통상적 사무는 모이는 대로이다.
② 공동의회는 출석하는 수가 개회 성수인데, 노회는 목사 3인, 장로 3인을 개회 성수로 모든 안건을 처리함은 부당하다.
③ 총회의 개회성수는 노회 수 과반수와 목사 과반수, 장로 과반수가 출석해야한다.
④ 노회의 개회 성수를 목사 3인과 장로 3인으로 규정한 것은 노회에 출석하지 않는 책임을 무겁게 본 것이라고 할 수 있다.

※ 정치 제10장 제5조

689. 다음 노회의 직무 중 총찰할 구역과 대상에 대한 설명으로 옳지 않은 것은?
① 노회는 총회가 정해준 경계지역 안에 있는 모든 교회의 모든 사무를 총찰한다.
② 각 지교회를 총찰하며 강도사 인허와 목사, 목사후보생, 장로 피택자와 전도사를 고시하고 관리한다.
③ 당회장을 노회가 위임 및 파송하여 교회를 치리함으로 노회가 각 당회를 총찰하는 것이다.
④ 미조직교회 당회장도 당회권을 가지고 행정처결은 물론 권징권도 행사함으로 미조직교회를 총찰한다.

※ 정치 제10장 제6조 1항 참고

690. 다음 중 노회가 접수하여 처리할 수 있는 안건이 아닌 것은?
① 노회는 각 당회에서 규칙대로 제출하는 헌의와 청원을 접수 처리한다.
② 상소와 소원, 고소와 문의와 위탁판결을 접수하여 처리한다.
③ 재판건은 노회의 결의로 권징조례에 의하여 재판국에 위임 처리하게 할 수 있다.
④ 정회원인 노회원이 제출한 안건은 처리할 수 있다.

※ 정치 제10장 제6조 2항 참고

691. 다음 중 노회가 접수하여 처리할 수 있는 안건은?
① 상소와 소원과 고소와 문의와 위탁판결은 법이 정한 기일과 상관없이 접수하여 처리한다.
② 노회는 각 당회에서 규칙대로 제출하는 헌의와 청원을 접수 처리한다.
③ 노회원 중 정회원은 얼마든지, 언제든지 안건을 제출할 수 있다.
④ 재판건은 반드시 노회 재판국이 접수하여 처리한다.

※ 정치 제10장 제6조 2항

692. 다음 중 노회의 행정건과 재판건의 처리에 대한 설명으로 맞지 않는 것은?
① 헌의와 청원과 문의를 규칙대로 접수하여 처리하되 본회의에서 처리한다.
② 헌의와 청원과 문의를 규칙대로 접수하여 상비부에 위탁하여 보고받는 방법 등으로 처리한다.
③ 고소, 상소와 소원, 위탁판결에 대하여 규칙대로 본회를 재판회로 변경하여 권징조례의 규례대로 직접 처리하거나 재판국을 설치하여 위탁한다.
④ 치리회는 행정과 권징 치리를 포괄하는 것이므로 안건에 따라 행정치리회와 권징치리회를 구분하여 처리할 필요는 없다.

※ 정치 제10장 제6조 2항

정답 688.② 689.④ 690.④ 691.② 692.④

693. 다음 중 노회의 행정건과 재판건의 처리에 관한 설명으로 옳은 것은?
   ① 헌의와 청원과 문의를 규칙대로 접수하여 처리하되 본회의에서 직접 처리하거나 상비부에 위탁하여 보고받는 방법 등으로 처리한다.
   ② 노회는 치리회이므로 회무진행 중 재판건에 대하여 반드시 재판회로 변경하여 처리하지 않아도 된다.
   ③ 재판건은 접수하여 반드시 재판국에 위임 처리하게 해야 한다.
   ④ 헌의와 청원과 문의를 규칙대로 접수하여 반드시 상비부에 위탁하여 받는 방법 등으로만 처리한다.

   ※ 정치 제10장 제6조 2항

694. 다음 중 노회의 행정건과 재판건의 처리에 관한 설명으로 옳은 것은?
   ① 재판건은 접수하여 반드시 재판국에 위임하여 처리하게 해야 한다.
   ② 헌의와 청원과 문의를 규칙대로 접수하여 처리하되 반드시 본회의에서 처리한다.
   ③ 헌의와 청원과 문의를 규칙대로 접수하여 반드시 상비부에 위탁하여 받는 방법 등으로 처리한다.
   ④ 헌의와 청원과 문의를 규칙대로 접수하여 본회가 직결처리하거나 상비부에 위탁하여 보고받는 방법으로 처리한다.

   ※ 정치 제10장 제6조 2항

695. 다음 중 노회의 재판건과 행정건의 처리에 관한 설명으로 옳은 것은?
   ① 고소, 상소와 소원, 위탁판결에 대하여 규칙대로 본회를 재판회로 변경하여 권징조례의 규례대로 직접 처리하거나 재판국에 위임하여 처리하게 한다.
   ② 재판건은 접수하여 반드시 재판국에 위임하여 처리하게 해야 한다.
   ③ 헌의와 청원과 문의를 규칙대로 접수하여 처리하되 반드시 본회의에서 처리한다.
   ④ 노회는 치리회이므로 재판건을 처리할 경우에 굳이 재판회로 변경해야 하는 것은 아니다.

   ※ 정치 제10장 제6조 2항

696. 다음 중 노회의 인사권에 관한 설명으로 맞지 않는 것은?
   ① 목사후보생을 고시하여 받고 그 교육, 이명, 권징을 관리하는 일
   ② 지교회의 장로 선거를 승인하며 피택장로를 고시하여 임직을 허락하는 일
   ③ 목사지원자의 고시, 임직, 위임, 해임, 전임, 이명, 권징은 노회의 고유권한이다.
   ④ 노회는 목사지원자의 임직, 위임, 해임, 전임에 관한 인사권만 있다.

   ※ 정치 제10장 제6조 3항 참고

697. 다음 중 노회의 인사권에 관한 설명으로 옳은 것은?
   ① 목사지원자의 고시, 임직, 위임, 해임, 전임, 이명, 권징은 노회의 고유권한이다.
   ② 노회는 목사지원자의 고시, 임직, 위임, 해임, 전임에 관한 인사권만 있다.
   ③ 노회는 강도사를 인허하고 이명하며, 권징, 면직만 할 수 있다.
   ④ 지교회 장로선거는 자율적으로 하나 장로를 고시하여 임직하는 일은 노회허락을 받아야 한다.

   ※ 정치 제10장 제6조 3항, 제3장 제4조 3항

정답 693.① 694.④ 695.① 696.④ 697.①

698. 다음 중 노회의 지교회 시찰권에 대한 설명으로 맞지 않는 것은?
   ① 교회의 신성과 화평을 방해하는 언행을 방지하기 위해 각 지교회를 시찰한다.
   ② 교회의 실정과 폐해를 감시하고 교정하기 위하여 지교회를 시찰한다.
   ③ 시찰의 목적은 지교회의 거룩과 화평을 보존하기 위하여 각 지교회가 청함이 없을지라도 폐해의 정도를 감지했을 때는 시찰할 수 있다.
   ④ 시찰회는 치리회가 아니므로 시찰회가 지교회를 시찰하는 것은 월권이다.

   ※ 정치 제10장 제6조 4항 참고

699. 다음 중 노회의 지교회 시찰권에 관한 설명으로 옳은 것은?
   ① 교회의 신성과 화평을 방해하는 언행을 방지하며 교회의 실정과 폐해를 감시하고 교정하기 위하여 각 지교회를 시찰한다.
   ② 시찰회는 치리회가 아니므로 시찰회가 지교회를 시찰하는 것은 월권이다.
   ③ 시찰회는 목사가 없는 허위교회를 시찰하여 임시목사를 택하여 세울 수 있다.
   ④ 시찰회는 노회가 폐회 시에 목사청빙을 가납하고 직접 청빙서를 전달한다.

   ※ 정치 제10장 제6조 4항

700. 다음 노회의 직무 중 지교회 관리에 관한 설명으로 옳지 않은 것은?
   ① 지교회를 설립, 분립, 합병, 폐지 및 당회를 조직하는 것을 관리한다.
   ② 지교회와 미조직교회의 목사청빙에 관한 일을 관리한다.
   ③ 노회는 시찰회를 통해서 지교회를 관리하므로 모든 결정권은 시찰회에 있다.
   ④ 노회 안에 있는 지교회와 미조직교회를 관리하되 당회장을 파송하여 치리케 한다.

   ※ 정치 제10장 제6조 5항 참고

701. 다음 노회의 직무 중 지교회 관리에 관한 설명으로 옳은 것은?
   ① 노회는 시찰회를 통해서 지교회를 관리하므로 모든 결정권은 시찰회에 있다.
   ② 지교회를 설립, 분립, 합병, 폐지 및 당회를 조직하는 것과 지교회와 미조직교회의 목사 목사청빙을 관리한다.
   ③ 노회지역 안에 있는 지교회와 미조직교회를 관리하되 임시당회장을 파송하여 치리케 한다.
   ④ 각 지교회 간에 분립, 합병, 폐지 등을 처리하고 미조직교회의 당회조직 허락 등은 시찰회에 맡겨 관리한다.

   ※ 정치 제10장 제6조 5항

702. 다음 중 노회의 하회로서의 의무와 상회로서의 책무에 관한 설명으로 맞지 않는 것은?
   ① 상회에서 하달하는 공한을 접수하여 그 지휘를 봉행한다.
   ② 노회는 각 치리회의 중심치리회이므로 상회로서의 책무만 있다.
   ③ 상회에 총대를 선출하여 파송하고 범사에 관한 각 교회의 신령적 유익을 도모한다.
   ④ 당회에서 헌의 청원한 안건을 처리하고 상소, 소원, 고소건을 적법하게 처리한다.

   ※ 정치 제10장 제6조 6항 참고

정답 698.④ 699.① 700.③ 701.② 702.②

703. 다음 중 노회의 하회로서의 의무에 관한 설명으로 옳은 것은?
① 노회는 각 치리회의 중심치리회이므로 상회로서의 책무만 있다.
② 상회에서 하달하는 공한을 접수하여 그 지휘를 봉행한다.
③ 당회에서 청원한 상소, 소원, 고소건을 적법하게 처리하고 총회에 보고하여 허락받는다.
④ 당회에서 헌의 청원한 안건을 처리한다.

※ 정치 제10장 제6조 6항

704. 다음 중 노회의 상회로서의 책무에 관한 설명으로 옳지 않은 것은?
① 각 지교회를 위하여 전도부로 하여금 전도사업을 직접 또는 간접적으로 경영한다.
② 당회에서 헌의 청원한 안건을 처리하고 상소, 소원, 고소건을 적법하게 처리한다.
③ 범사에 관한 각 교회의 신령적 유익을 도모한다.
④ 본 노회의 청원과 헌의를 상회에 올려 보낸다.

※ 정치 제10장 제6조 6항

705. 다음 노회의 직무 중에 목사고시 과목이 아닌 것은?
① 권징조례 ② 예배모범 ③ 목회학 ④ 정치

※ 정치 제10장 제6조 7항 참고

706. 다음 노회의 직무 중 지교회의 토지 혹은 가옥에 관한 규정 설명으로 옳은 것은?
① 지교회 부동산의 관리권은 당회에 있으나 문제가 발생하여 변론이 나면 노회가 지도할 수 있다.
② 당회의 권한이므로 어떤 경우에도 노회가 간섭하면 안 된다.
③ 지교회는 총회에 소속하였기 때문에 우선적으로 총회가 지도해야 한다.
④ 지교회에서 부동산에 대한 변론이 생기면 지교회의 상소나 소원이 있어야 노회가 지도 처리할 수 있다.

※ 정치 제10장 제6조 8항 참고

707. 다음 노회의 직무 중 지교회의 부동산에 관한 규정의 설명으로 옳지 않은 것은?
① 지교회 부동산에 관하여 변론이 나면 노회가 지도할 수 있다.
② 지교회에서 부동산에 대한 변론이 생기면 지교회의 상소나 소원이 있어야 노회가 지도한다.
③ 부동산의 변동은 지교회의 규정(정관)대로 한다.
④ 지교회의 부동산에 관한 일은 당회가 관장한다.

※ 정치 제6장 6조, 제10장 제6조 8항, 제21장 1조 5항 참고

708. 다음 중 노회의 지교회 관리에 대한 설명이 아닌 것은?
① 노회지역 안의 지교회와 미조직교회를 관리하되 시찰회를 통해 관리 감독한다.
② 미조직교회는 당회장을 파송하여 총찰한다.
③ 지교회를 설립, 분립, 합병, 폐지 및 당회를 조직하는 것과 목사청빙 등과 재정 일체 사항의 처리방침을 지도 방조한다.
④ 지교회는 장로와 교인들이 자발적으로 관리한다.

※ 정치 제10장 제6조 5항

정답 703.② 704.④ 705.④ 706.① 707.② 708.④

709. 다음 중 노회를 통한 지교회의 협력 관계에 대하여 옳지 않은 것은?
① 지교회는 노회를 통하여 각 교회 간에 상호 협력과 유익을 창출하며 하나님의 뜻을 이루어 간다.
② 노회는 여러 교회의 연합을 통하여 개교회가 할 수 없는 대형 사업을 추진하기도 한다.
③ 노회는 지교회의 협력이 없이는 아무 일도 할 수 없고 지교회는 노회를 떠나서는 반쪽 교회일 뿐이다.
④ 주님의 몸 된 교회는 주님이 함께하시므로 노회를 떠나서도 교회의 기능을 최대한 발휘할 수 있다.
※ 정치 제10장 제1조

710. 다음 중 노회록과 보고에 관한 설명으로 맞지 않는 것은?
① 인사에 대한 기록은 목사와 강도사와 목사후보생의 고시, 인허, 임직, 전임, 이명 등의 결정 날짜를 확실하게 기록한다.
② 교회 설립, 분립, 합병과 지방 안 각 교회정황을 일일이 기록한다.
③ 노회가 처리하는 일반사건을 일일이 기록한다.
④ 모든 치리회의 중심치리회는 노회이며 각 치리회는 노회적 성질을 갖고 있으며 노회는 상회에 노회록이나 인사변동사항을 보고할 의무는 없다.
※ 정치 제10장 제7조 참고

711. 다음 중 노회록과 보고에 관한 설명으로 옳은 것은?
① 모든 치리회의 중심치리회는 노회이며 각 치리회는 노회적 성질을 갖고 있으며 노회는 상회에 노회록이나 인사변동사항을 보고할 의무가 없다.
② 인사에 대한 기록은 목사와 강도사와 목사후보생의 고시, 인허, 임직, 전임 이명 등 처리하는 일반 사건을 일일이 기록하여 매년 상회에 보고한다.
③ 노회록은 노회결의사항만 간단명료하게 기록하면 된다.
④ 노회록 검사는 하회의 실정을 정확하게 파악하여 감독하며 시벌하기 위함이다.
※ 정치 제10장 제7조

712. 다음 중 노회 회집에 관한 설명으로 맞지 않는 것은?
① 노회는 예정한 날짜와 장소에 회집한다.
② 특별한 사건이 있을 경우에는 각 다른 지교회 목사 3인과 각 다른 교회 장로 3인의 청원에 의하여 회장이 임시회를 소집할 수 있다.
③ 회장이 임시회를 소집할 때는 회의 안건과 회의날짜를 개회 10일 전에 관하 각 회원에게 통지하고 소집통지서에 기재한 안건만 의결한다.
④ 임시회는 안건이 3건 이상 되면 노회 임원회가 결의하여 소집한다.
※ 정치 제10장 제9조 참고

정답 709.④ 710.④ 711.② 712.④

713. 다음 중 정기노회 회집에 관한 설명으로 옳지 않은 것은?
① 노회는 예정한 날짜와 장소에 회집한다.
② 정기회는 기본적으로 의결체의 전반적인 목적에 따르는 의결기능을 발휘하기 위한 회의이다.
③ 정기노회의 날짜는 노회규칙에 정해져 있는 것이 통례이다.
④ 정기회도 임시회와 마찬가지로 회의날짜 10일 선기하여 소집하여야 기도하며 준비할 수 있다.

※ 정치 제10장 제9조 참고

714. 다음 중 임시노회의 청원권에 대한 설명 중 틀린 것은?
① 노회원 전원과 총대장로 전원에게 부여된 권한이다.
② 정기노회 시에 알지 못했던 특별한 새 안건이 발생하여 차기 정기회까지 기다릴 수 없을 때 정치 제10장 제9조에 의거 청원한다.
③ 각 다른 지교회 목사 3인과 각 다른 지교회 장로 3인의 청원으로 회장이 소집한다.
④ 임시노회는 안건이 3건 이상 있을 때 임원회의 결의로 회장이 소집한다.

※ 정치 제10장 제9조 참고

715. 다음 중 임시노회 소집청원권에 관한 설명으로 옳은 것은?
① 특별한 사건이 있는 경우에 각 다른 지교회 목사 3인과 각 다른 교회 장로 3인의 청원에 의하여 회장이 임시회를 소집할 수 있다.
② 임시노회는 안건이 3건 이상 있을 때 임원회의 결의로 회장이 소집한다.
③ 임시노회 소집 청원권은 노회원 위임목사 전원과 총대장로 전원에게 부여된다.
④ 소집통지서에 기재되지 않은 안건도 만장일치로 결의하면 소집청원권과 상관없이 처리할 수 있다.

※ 정치 제10장 제9조

716. 다음 중 임시노회 소집통지서의 발송시기에 대한 맞는 설명은?
① 회집할 날짜에 10일 선기하여 통지한다.   ② 회장의 권한이다.
③ 통지서에 기록된 날짜대로 한다.   ④ 서기의 권한이다.

※ 정치 제10장 제9조 참고

717. 다음 중 임시노회의 소집권에 대한 설명으로 맞지 않는 것은?
① 임시노회나 정기노회를 불문하고 소집권은 회장에게 있다.
② 단 회장이 유고 시에는 부회장, 또는 서기가 대리로 소집한다.
③ 임시노회 소집 청원에 대한 가부 결정도 본회의에서 가결한다.
④ 임시노회의 소집권은 3건 이상의 안건이 있을 때 임원회와 임사부에 있다.

※ 정치 제10장 제9조 참고

정답 713.④ 714.④ 715.① 716.① 717.④

718. 다음 중 회장 유고 시 서기의 임시노회 소집권과 임시노회 의장에 관한 설명으로 옳지 않은 것은?
① 회장과 부회장이 유고 시에는 서기가 임시노회를 소집할 수 있다.
② 서기가 소집하였으니 서기가 소집자로서 의장이 될 수 있다.
③ 서기가 임시노회를 소집할 수 있으나 임시노회를 개회하는 의장은 서기가 될 수 없다.
④ 회장 유고 시에는 부회장이 회장을 대행하고, 부회장도 없으면 최근 전임회장 순으로 한다. 전임회장이 아무도 없으면 가장 선임자가 한다.
※ 정치 제10장 제9조, 대한예수교장로회 표준회의규정 (105회총회결) 제2장 제21조, 제3장 38조 참조

719. 다음 중 회장 유고 시 서기의 임시노회 소집권과 임시노회 의장에 관한 설명으로 옳은 것은?
① 회장 유고 시 서기가 소집한 때는 장로회 각 치리회 보통회의 규칙에 의하여 최종 증경회장, 우선순위와 모두 유고 시에는 노회원 중 최선 장립자가 의장이 된다.
② 회장과 부회장의 유고 시에는 서기가 임시노회를 소집할 수 있고 서기가 소집하였으니 서기가 소집자로서 의장이 될 수 있다.
③ 임시노회는 회장이나 부회장이 유고하면 의장이 없으므로 소집할 수 없다.
④ 회장 유고 시 서기가 소집한 때는 "대한예수교장로회 표준회의 규정"에 따라 노회원 중 최선 장립자가 의장이 된다.
※ 정치 제10장 제9조

720. 다음 중 임시노회가 처리할 수 있는 안건에 대한 설명으로 맞지 않는 것은?
① 각 회원에게 통지하고 통지서에 기재한 안건만 결의할 수 있다.
② 출석회원 만장일치로 긴급한 안건은 처리할 수 있다.
③ 통지서에 기재한 안건이 아닌 안건을 처리하는 것은 결정하는 대로 따르겠다는 출석하지 아니한 자들의 의사를 무시하는 것이다.
④ 10일 선기하여 통지서에 기재된 안건만 처리해야 한다.
※ 정치 제10장 제9조 참고

721. 다음 중 임시노회가 처리할 수 있는 안건에 대한 설명으로 옳은 것은?
① 각 회원에게 10일 선기하여 통지하고 통지서에 기재한 안건만 결의할 수 있다.
② 소집청원서에 없는 안건도 본회가 만장일치로 결정하면 처리할 수 있다.
③ 통지서에 기재되지 않은 안건도 출석회원 만장일치로 긴급한 안건은 처리할 수 있다.
④ 임시노회는 긴급을 요하는 안건을 처리하기 위한 것이므로 임원회가 결정하여 통지한 대로 소집하면 처리할 수 있다.
※ 정치 제10장 제9조

722. 다음 중 임시노회가 개회할 수 있는 성수는?
① 모이는 대로
② 목사와 총대 장로 각 3인 이상
③ 목사회원 6인
④ 목사와 총대 장로 3인 이상
※ 정치 제10장 제5조

정답 718.② 719.① 720.② 721.① 722.②

723. 다음 중 정기노회의 개회 성수는?
① 목사와 총대장로 3분의 2
② 목사와 총대장로 각 5인
③ 목사와 총대장로 각 3인
④ 목사와 장로 총대 과반수

※ 정치 제10장 제5조

724. 다음 중 노회 정회원의 자격 중 틀린 것은?
① 지교회 시무 목사
② 당회가 법대로 파송한 장로
③ 모든 원로목사
④ 부목사

725. 다음 중 노회의 성수에 대하여 설명한 것 중 해당되지 않는 것은?
① 노회가 예정한 장소와 날짜에 개회한다.
② 노회 정회원 과반수 이상이면 개회된다.
③ 정회원 목사 3인, 총대 장로 3인 이상이어야 개회할 수 있다.
④ 개회 성수가 되면, 노회의 일체 사무를 처리할 수 있다.

※ 정치 제10장 제5조 참고

726. 다음 중 노회가 보관하는 각종 명부가 아닌 것은?
① 시무목사   ② 무임목사   ③ 목사 후보생   ④ 시무집사

※ 정치 제10장 제8조 참고

727. 다음 중 노회 직무에 대한 설명으로 옳지 않은 것은?
① 지교회의 장로 선거를 승인하며, 피택장로를 고시하여 임직을 허락한다.
② 지교회에 속한 토지, 가옥 사건에 대하여 변론이 나면 노회가 지도할 권한이다.
③ 지교회를 설립, 분립, 합병, 폐지할 수 있다.
④ 노회는 시찰회를 통해 노회가 모이지 아니하는 동안에는 임시목사를 택하여 세울 수 있다.

※ 정치 제10장 제6조 참고

728. 다음은 무엇에 대한 설명인가?

> "교회의 신성과 화평을 방해하는 언행을 방지하며(행 15:22,24) 교회 실정과 폐해를 감시하고 교정하기 위하여 각 지교회를 시찰한다."

① 노회의 요의   ② 노회의 성수   ③ 노회의 직무   ④ 노회 조직

※ 정치 제10장 제6조 4항 참고

729. 다음 중 노회의 언권은 있으나 결의권이 없는 사람은?
① 지교회 시무목사   ② 정년 이전의 원로목사   ③ 교단 기관목사   ④ 전도목사

※ 정치 제10장 제3조 참고

정답 723.③ 724.③ 725.② 726.④ 727.④ 728.③ 729.④

730. 다음 중 시찰위원회 조직의 목적에 대한 설명으로 맞지 않는 것은?
　① 시찰 경내의 모든 교회 순찰하고 모든 일을 협의, 노회의 치리를 보조하기 위함이다.
　② 허위교회에 노회가 모이기까지 강도할 목사를 임시로 청하는 일을 의논할 수 있다.
　③ 그 지방의 목사와 강도사의 사역지를 알선하는 일과 생활비를 정하는 데 협력하여 노회에 보고한다.
　④ 노회가 모이지 아니하는 동안에는 임시목사를 택하여 세울 권한이 있다.
　※ 정치 제10장 제6조 9항 참고

731. 다음 중 시찰위원회의 조직 목적에 관한 설명으로 옳은 것은?
　① 시찰 경내의 모든 교회를 순찰하고 모든 일을 협의, 노회의 치리를 보조하기 위함이다.
　② 노회가 모이지 아니하는 동안에는 임시목사를 택하여 세울 권한이 있다.
　③ 노회가 모이지 아니하는 동안 허위교회 목사 청빙건을 처리하여 노회의 치리를 보조하기 위함이다.
　④ 지교회에서 노회에 보내는 서류의 미비점이나 부적격하거나 불법적인 서류가 있을 때는 노회의 원만한 행정을 위해 기각하기 위해서이다.
　※ 정치 제10장 제6조 9항

732. 다음 중 노회가 교회를 감독하는 치리권을 행사하기 위한 시찰위원회의 성격에 대한 설명으로 맞지 않는 것은?
　① 시찰위원회는 노회의 상설위원으로 당회의 상회가 아니다.
　② 치리회도 아니므로 목사청빙 등 모든 지교회의 사건을 가납하거나 결정할 권한이 없다.
　③ 당회나 지교회에 명령권도 없으며 노회 치리에 협의체일 뿐이다.
　④ 시찰위원회는 노회의 상설위원으로서 노회로 보내는 공문을 기각하거나 유안하거나 보류할 수 있다.
　※ 정치 제10장 제6조 9항 참고

733. 다음 중 노회가 교회를 감독하는 치리권을 행사하기 위한 시찰위원회의 성격에 대한 설명으로 옳은 것은?
　① 치리회도 아니므로 목사청빙 등 모든 지교회의 사건을 가납하거나 결정할 권한이 없다.
　② 시찰위원회는 노회의 상설위원으로서 노회로 보내는 공문을 기각하거나 유안하거나 보류할 수 있다.
　③ 시찰회는 지교회에 명령권도 있고 노회 폐회 시에는 노회의 치리권을 대행한다.
　④ 노회가 모이지 않는 동안에 임시목사를 택하여 세울 권한은 없으나 허위교회에 목사를 청빙하는 일을 결정할 권한은 있다.
　※ 정치 제10장 제6조 9항

정답 730.④ 731.① 732.④ 733.①

734. 노회의 허위교회를 돌보기 위한 시찰위원과 허위교회에 대한 설명으로 맞지 않는 것은?
① 노회의 폐회기간 동안에 허위교회가 발생할 때 폐회하기 전에 특별위원이나 시찰위원에게 당회와 협의하여 임시로 설교할 목사를 택하게 할 수 있다.
② 당회로 하여금 임시당회장을 청하여 당회 행정에 차질이 없이 지교회를 돌보게 한다.
③ 시찰위원을 두는 목적은 교회와 당회를 돌아보고 노회를 위하여 교회의 형편을 시찰한다.
④ 시찰회는 노회를 대신하여 허위교회에 담임목사를 파송할 수 있다.
※ 정치 제10장 제6조 10항 참고

735. 다음 중 노회의 허위교회를 돌보기 위한 시찰위원과 허위교회에 관한 설명으로 옳은 것은?
① 노회 폐회 중에는 시찰회가 노회를 대신하여 허위교회에 담임목사를 파송할 수 있다.
② 노회의 폐회기간 동안에 허위교회가 발생할 때 시찰위원 혹은 특별위원에게 위탁하여 당회와 협의하여 임시로 설교할 목사를 택하게 할 수 있다.
③ 목사 청빙 청원을 가납하거나 목사에게 직전하지 못하지만 노회가 모이지 아니하는 동안 허위교회에 임시목사를 택하여 세울 수는 있다.
④ 시찰회는 치리회가 아니므로 허위당회에서 강도할 목사를 청하는 일에 간섭할 수 없다.
※ 정치 제10장 제6조 10항

736. 다음 중 시찰위원의 시찰권에 대한 설명으로 맞지 않는 것은?
① 시찰위원을 두는 목적은 교회와 당회를 돌아보고 노회를 위하여 교회 형편을 시찰하는 것이다.
② 시찰위원은 교회의 청함이 없을지라도 그 지방 안에 있는 당회와 연합당회와 제직회와 부속각회에 언권방청으로 참석할 수 있다.
③ 시찰위원은 청함이 없어도 지방 안에 있는 당회와 제직회에 참석할 수 있고 언권과 투표권도 있다.
④ 교회자유원리에 의한 노회권에 근거한 것이므로 지교회가 시찰위원회의 협의에 대하여 불응할 수는 있어도 시찰위원의 시찰은 거부할 수 없다.
※ 정치 제10장 제6조 10항 참고

737. 다음 중 시찰위원의 시찰권에 대한 설명으로 옳은 것은?
① 시찰위원은 청함이 없어도 지방 안에 있는 당회와 제직회에 참석할 수 있고 언권과 투표권도 있다.
② 시찰위원을 두는 목적은 교회와 당회를 돌아보고 총회를 위하여 교회 형편을 시찰하는 것이다.
③ 시찰위원은 교회의 청함이 없을지라도 그 지방 안에 있는 당회와 연합당회와 제직회와 부속한 각 회에 언권방청으로 출석할 수 있고 투표권은 없다.
④ 각 당회는 장로 및 전도사를 선정할 일에 대하여는 시찰회와 협의 없이는 불가하다.
※ 정치 제10장 제6조 10항

정답 734.④ 735.② 736.③ 737.③

738. 다음 중 교인과 당회와 시찰회의 관계에 대한 설명으로 맞지 않는 것은?
① 시찰회는 당회와 지교회를 시찰하고 협의하여 노회의 치리권을 방조하여 지교회 치리에 관한 모든 일을 결정할 수 있다.
② 시찰위원회의 시찰권과 협의권은 양심자유의 원리에 의한 교인권 즉 청원권, 소원권, 상소권, 선거권, 피선거권, 성찬 참여권, 봉사권의 범위를 침해할 수 없다.
③ 시찰위원회의 시찰권과 협의권은 당회권 즉 교인직접치리권, 예배권, 장로집사임직권, 상회 총대 파송권의 범위를 침해해서는 안 된다.
④ 시찰위원회는 교인이나 당회가 헌법에 의하여 얻은 직접 청구권에 대하여 침해하지 못한다.

※ 정치 제10장 제6조 10항 참고

739. 다음 중 교인과 당회와 시찰회의 관계에 관한 설명으로 옳은 것은?
① 시찰위원회는 교인이나 당회가 헌법에 의하여 얻은 직접 청구권이라도 시찰회의 판단에 따라 기각할 수 있다.
② 시찰위원회의 시찰권과 협의권은 당회권 즉 교인직접치리권, 예배권, 장로집사임직권, 상회 총대 파송권의 범위를 침해해서는 안 된다.
③ 시찰회는 당회와 지교회를 시찰하고 협의하여 노회의 치리권을 방조하여 지교회 치리에 관한 모든 일을 결정할 수 있다.
④ 교인이 상회에 올려 보내는 서류에 대하여 시찰회가 경유를 거부하면 제출할 수 없다.

※ 정치 제10장 제6조 10항

740. 다음 중 시찰위원의 직무에 대한 설명으로 맞지 않는 것은?
① 시찰위원은 지교회의 신령한 형편과 재정 형편을 시찰한다.
② 시찰위원은 전도형편과 주일학교 및 교회 소속 각 회의 형편을 시찰한다.
③ 당회와 제직회와 교회대표들이 제출하는 문의 및 청원서를 처리한다.
④ 목사가 결과 있고 유익하게 역사하는 여부와 그 교회 장로와 당회와 제직회와 교회대표들이 제출하는 문의 및 청원서를 노회에 제출한다.

※ 정치 제10장 제6조 11항 참고

741. 다음 중 시찰위원의 직무에 관한 설명으로 옳은 것은?
① 목사가 결과 있고 유익하게 역사하는 여부와 그 교회 장로와 당회와 제직회와 교회대표들이 제출하는 문의 및 청원서를 노회에 제출한다.
② 당회와 제직회와 교회대표들이 제출하는 문의 및 청원서를 처리한다.
③ 교인이 상회에 올려 보내는 서류에 대하여 시찰회가 경유를 거부하면 제출할 수 없다.
④ 시찰위원은 청함이 없어도 지방 안에 있는 당회와 제직회에 참석할 수 있고 언권과 투표권도 있다.

※ 정치 제10장 제6조 11항

정답 738.① 739.② 740.③ 741.①

742. 다음 중 시찰위원에 관한 설명으로 잘못된 것은?
　① 시찰위원이나 특별위원을 세워 미조직교회를 순찰할 수 있다.
　② 시찰위원은 치리회가 아니니 목사 청빙청원을 할 수 없다.
　③ 시찰위원은 노회가 모이지 아니하는 동안 임시목사를 택하여 세울 권한이 있다.
　④ 시찰위원은 허위교회에서 강도할 목사를 청하는 일을 논의할 수 있다.
　⑤ 시찰위원은 지방 목사의 처소와 봉급에 대하여 경영하여 노회에 보고한다.

　※ 2019년 기출문제

● 대회

743. 다음 중 대회 조직에 대한 설명으로 맞지 않는 것은?
　① 3개 노회 이상의 넓은 지역에서 노회처럼 그 일정한 지역 내의 목사들과 장로들이 회집하는 치리회이다.
　② 대회는 총회가 설립하며 대회의 지역도 총회가 결정한다.
　③ 대회 총대는 매 5당회에서 목사, 장로 각 1인씩 비율로 파송하며 5당회가 미급되고 3당회 이상이면 목사, 장로 각 1인씩 더 파송한다.
　④ 증경총회장은 언권회원이 된다.

　※ 정치 제11장 제1조 참고

744. 다음 중 대회의 권한과 직무가 아닌 것은?
　① 노회 판결에 대한 공소 및 상고를 수리 처결한다.
　② 모든 하회의 문의에 대하여 결정 지시권이 있다.
　③ 교회의 건덕과 유익될 일을 각 교회에 권장하며 총회에 헌의할 수 있다.
　④ 대회는 총회에 헌의와 청원을 제출할 수 있고, 교인과 노회의 목사에 대한 원치리권이 있다.

　※ 정치 제11장 제4조 참고

745. 다음 중 대회 회집에 관한 설명으로 맞지 않는 것은?
　① 대회는 매년 1회 정기회로 회집한다.
　② 필요한 때는 임시회와 계속회도 할 수 있다.
　③ 대회는 교인에 관한 사건의 최종심의회이다.
　④ 임시회는 목사, 장로 각 3인의 청원에 의하여 회장이 소집한다.

　※ 정치 제11장 제5조 참고

746. 다음 중 대회 회록 및 보고에 대한 설명으로 맞지 않는 것은?
　① 서기는 회의록을 작성 보관하며 대회 상황을 총회에 보고한다.
　② 대회 회록은 1년에 한 번씩 총회의 검사를 받는다.
　③ 특별히 재판기록을 자세히 기록한다.
　④ 대회는 최종심도 되기 때문에 총회의 검사를 받거나 총회에 보고하지 않아도 된다.

　※ 정치 제11장 제6조 참고

정답 742.③ 743.④ 744.④ 745.④ 746.④

● 총회

747. 대한예수교장로회의 모든 지교회 및 치리회의 최고회는 무엇이라고 하는가?
① 공동의회 ② 당회 ③ 노회
④ 대회 ⑤ 총회

748. 총회의 개회성수에 대한 설명으로 옳은 것은?
① 노회의 과반수 출석
② 총대 목사, 장로의 각 과반수 출석
③ 노회의 1/3과 총대목사, 장로 각 1/3 출석
④ 노회의 과반수와 총대목사, 장로 각 과반수 출석
⑤ 노회의 과반수와 총대목사, 장로 각 1/3 출석

749. 총회의 조직에 관한 설명으로 옳지 않은 것은?
① 총회는 각 노회에서 파송한 목사와 장로로 조직한다.
② 총회는 개회 2개월 전에 소집날짜와 장소를 정해 각 총대에게 통지해야 한다.
③ 각 노회 지방의 매 7당회에서 목사 1인, 장로 1인씩 파송한다.
④ 노회는 총회 총대 될 사람을 투표로 선거해야 하지만, 투표 방식은 노회의 자율에 따른다.
⑤ 7당회가 못 되는 경우에는 4당회 이상이면, 목사, 장로 각 1인씩 더 파송할 수 있다.

※ 총회는 총회 규칙에 따라 개회하고, 개회 날짜와 장소에 대한 통지에 관해서는 별도의 규정을 두고 있지 않다. 2번의 경우에는 개회 2개월 전에 노회는 총회총대의 명단을 총회에 보고해야 한다는 것을 고친 것이다.

750. 총회 총대 수는 조직교회의 수에 따라 결정되는데 조직교회의 수를 계산한 것으로 올바른 것은?
① 허위교회이면 치리장로가 있어도 조직교회 수에 포함되지 않는다.
② 치리 장로가 정년 이전에 은퇴하여 원로장로로 추대된 경우에는 조직교회 수에 포함된다.
③ 목사가 정년이 넘었음에도 당회와 공동의회의 결의를 거쳐 그 목사로 계속 시무케 하는 경우에 그 교회는 조직교회 수에 포함되지 않는다.
④ 위임목사와 치리장로가 존재하더라도 세례교인의 수가 20인이면 조직교회 수에 포함되지 않는다.
⑤ 당회가 조직된 교회에서 공동의회를 통해 강도사를 담임목사로 청빙하기로 하고, 그 과정에 있는 교회는 조직교회 수에 포함되지 않는다.

※ 조직교회는 당회장(임시당회장 포함)과 당회가 구성되어 있고, 세례교인이 25인 이상이면 된다. 사고가 있거나 혹은 여타의 다른 문제가 있더라도 이 요건만을 만족시키면 조직교회 수에 포함된다.

751. 총회 총대의 선거와 자격에 관한 설명으로 옳지 않은 것은?
① 총회 총대는 총회 전 정기노회에서 선택한다.
② 총회 개회 6개월 이상을 격하여 택하여야 한다.
③ 새로 조직된 노회 총대는 개회 후 임원 선거 전에 노회 설립보고를 먼저 받고 총대로 허락한다.
④ 총회 총대가 될 장로는 그 회에 속한 장로회원으로 한다.
⑤ 총대를 선거하는 투표는 노회가 정한 대로 하되, 목사 총대는 위임목사 중에서 선출해야 한다.

※ 총회 개회 6개월 이상을 격하여 택할 수 없다. 따라서 영구총대를 지정하는 것은 위법하다.
정치 제22장 제1조 참고

정답 747.⑤ 748.④ 749.② 750.④ 751.②

752. 총회 총대로 선출된 자가 총회 총대로 참석하지 못하게 된 경우에 대한 설명으로 옳지 않은 것은?
① 이를 위해서 총대 선거 시 차점순으로 부총대 몇 사람을 정해둔다.
② 원총대에 유고가 발생하면 부총대와 교체한다.
③ 원총대가 총회에 출석하였다가 부득이하여 회의장을 떠나게 된 경우, 원총대는 소속 노회의 부총대 중 1인을 택하여 총대권을 위임, 대행케 할 수 있다.
④ 원총대에게 유고가 있어 부총대와 교체하게 될 때에는 노회의 허락을 필요로 하지 않는다.
⑤ 노회에서 선출한 총대라도 총회 서기가 호명하기 전에는 총대 자격이 없다.

※ 총회 개회 중 총대의 교체는 반드시 총회의 허락을 받아야 하며, 자기 임의로 부총대와 교체하지 못한다. (정치 제22장 2조)

753. 총회의 언권회원에 해당하지 않는 자는 누구인가?
① 본 총회의 파송으로 외국에서 선교하는 선교사
② 파견증서만 가지고 와서 본 총회 산하에서 선교하는 외국선교사
③ 본 총회의 증경총회장
④ 본 총회의 증경 장로부총회장
⑤ 본 총회신학교의 총장

※ 헌법 정치 제22장 3조에서는 1~3번까지만 규정하고 있다. 그러나 총회규칙에 의하면 증경 장로부총회장도 증경총회장에 준하게 하고 있다. 그러나 총신대학교 총장의 경우에는 언권회원으로 규정하고 있지 않다. 이것은 현실적으로 개정이 필요한 부분이다.

754. 총회의 회집과 성수에 관한 설명으로 옳지 않은 것은?
① 총회는 매년 1회 정례로 회집한다.
② 각 총대는 서기가 천서를 접수 호명한 후부터 회원권이 있다.
③ 총회가 개회하려면 총회서기는 천서를 접수, 호명하여야 한다.
④ 예정한 날짜에 회장이 출석하지 못하면 부총회장이나 전 총회장이 개회한다.
⑤ 총회가 개회하려면 전체 노회의 과반수와 전체 총대의 과반수가 출석해야 한다.

※ 노회의 과반수와 총대 목사, 총대 장로의 각 과반수가 출석해야 개회성수가 된다. (정치 제12조 3항)

755. 총회의 권한에 해당하지 않는 것은?
① 총회는 강도사를 고시하며 전국교회를 통솔한다.
② 총회는 교회 헌법을 해석할 전권이 있다.
③ 총회는 노회, 대회를 설립, 합병, 분립 및 폐지하는 것을 한다.
④ 교회를 분립하게 하는 쟁단을 진압한다.
⑤ 교회 재산에 대한 쟁론은 총회가 직접 처결한다.

※ 총회는 교회 재산에 대한 쟁론을 직접 처결하지 않는다. 노회가 결정한 후, 상고가 있으면 접수 판결하는 것이다. (정치 제12장 5조 4항)

정답 752.③ 753.⑤ 754.⑤ 755.⑤

756. 총회 파회에 대한 설명으로 옳은 것은?
① 총회는 기도로 개회하고, 기도함과 감사함과 축도함으로 산회한다.
② 총회는 파회함으로 회무를 종결하고 파한다.
③ 총회는 긴급한 사정이 있으면 임시회로 모일 수 있다.
④ 총회가 파한 후에 새로이 헌의된 안건들에 대하여는 총회 임원회, 각 상비부 및 위원회 등이 각각 처결한다.
⑤ 총회가 파회한 후에 헌의된 상소건에 대해서는 총회재판국으로 이관하여 처리케 할 수 있다.

※ 총회 임원회, 상비부, 위원회 등은 총회가 위임한 사건만을 처리할 수 있고, 긴급히 발생한 사건에 대하여는 총회실행위원회가 이를 처리할 수 있을 뿐이다. 총회는 파회하면 기존에 상정된 모든 헌의안은 종결되고, 파회 이후에 상정된 헌의안은 다음 총회에서 다루게 되어 있다.

757. 다음 중 총회의 정의에 대한 설명으로 맞지 않는 것은?
① 총회는 대한예수교장로회의 모든 지교회 및 치리회의 최고회이다.
② 총회는 개회 시부터 산회 시까지만 총회이고 총회를 마친 후에는 없어진다.
③ 총회가 최고회라 함은 총회가 심리하여 결정한 상고건에 대한 처결은 변경할 회가 지상에는 없음을 의미한다.
④ 장로회 정치는 당회, 노회, 대회, 총회의 4개 치리회가 있으므로 장로회 정치는 4심제이다.

※ 정치 제12장 제1조 참고

758. 다음 중 총회 조직에 관한 설명으로 옳지 않은 것은?
① 총회는 각 노회에서 파송한 목사와 장로로 조직하되 그 수는 같게 한다.
② 총대는 각 노회 지방의 매 7당회에서 목사 1인, 장로 1인씩 파송하되, 1당회에서 목사, 장로 각 1인을 초과하지 못한다.
③ 총대는 총회 전 정기노회에서 투표 선거하여 개회 2개월 전에 총회서기에게 송달한다.
④ 총회 총대는 노회에서 투표하여 선출되며 노회원이면 누구나 총대가 된다.

※ 정치 제12장 제2조 참고

759. 다음 중 총회 조직에 관한 설명으로 옳은 것은?
① 총대는 각 노회에서 매 7당회당 목사 1인, 장로 1인씩 파송한 목사와 장로로서 조직하되, 1당회에서 목사, 장로 각 1인을 초과하지 못한다.
② 총회 총대는 노회에서 투표하여 선출되면 노회원이면 누구나 총대가 된다.
③ 총회 총대는 노회임원회가 투표 선정하여 개회 2개월 전에 총회서기에게 송달한다.
④ 총회 총대는 총회 전 정기노회에서 투표로 선출하되 노회원 과반수 이상의 투표를 받은 자라야 한다.

※ 정치 제12장 제2조 참고

정답 756.④ 757.④ 758.④ 759.①

760. 다음 중 총회 총대 파송기준에 대한 설명으로 옳지 않은 것은?
① 각 노회가 총회 총대를 파송하는 기준은 반드시 총회 전 정기노회에서 투표로 선출한다.
② 총회 개회 6개월 이상을 격하여 선거하지 못한다.
③ 부득이한 경우에는 노회의 임원임사부에서 총대를 선정해도 된다.
④ 노회가 파송하는 총대의 수는 매 7당회에서 목사, 장로 각 1명씩으로 하되, 1당회에서 목사, 장로 각 1인을 초과하지 못한다.
※ 정치 제12장 제2조, 제22장 제1조 참고

761. 다음 중 총회 총대 파송기준에 관한 설명으로 옳은 것은?
① 각 노회가 총회 총대를 파송하는 기준은 반드시 총회 전 정기노회에서 투표로 선출하되 6개월 이상 격하여 택하지 못한다.
② 부득이한 경우에는 노회의 임원정치부에서 총대를 선정해도 된다.
③ 총회총대는 1당회에서 목사, 장로 각 1인을 초과하지 못하지만 언권회원은 1인씩 더 파송할 수 있다.
④ 총회 총대는 반드시 노회의 정회원이 아니어도 된다.
※ 정치 제12장 제2조, 제22장 1조

762. 다음 중 총회의 성수규정에 관한 설명으로 옳지 않은 것은?
① 예정한 날짜와 장소의 요건을 갖추어야 한다.
② 전국 노회 수의 과반수의 노회가 참석해야 한다.
③ 목사, 장로 총대가 각각 재적의 과반수가 참석하여야 한다.
④ 목사와 장로 총대의 수를 합한 과반수가 참석하면 된다.
※ 정치 제12장 제3조 참고

763. 다음 중 총회 총대 여비는 어디에서 지급되나?
① 총회
② 노회
③ 지교회
④ 개인

764. 다음 중 총회의 성수규정에 관한 설명으로 옳은 것은?
① 예정한 날짜와 장소에 노회의 과반수와 총대목사, 장로 각 과반수가 출석하면 개회성수가 되어 일반 회무를 처리한다.
② 목사와 장로 총대의 수를 합한 과반수가 참석하면 된다.
③ 노회 수 3분의 2 이상과 목사, 장로 총대의 과반수가 참석하면 성수가 된다.
④ 총회 성수는 총회가 정한 언권회원도 포함된다.
※ 정치 제12장 제3조

정답 760.③ 761.① 762.④ 763.② 764.①

765. 다음 중 총회재판국에 대한 설명으로 맞는 것은?
  ① 총회는 상설재판국을 설치하되 목사 8인, 장로 8인을 국원으로 선출한다.
  ② 재판국원은 한 노회에 1명을 초과할 수 없다.
  ③ 재판국의 국장과 서기는 국원 중에서 선출하되 모든 사안을 재판할 수 있다.
  ④ 재판국원의 결원이 있을 때 총회가 파한 후에는 총회장이 자벽하여 총회 개회 시까지 시무하게 한다.
  ※ 정치 제12장 제4조, 권징조례 제13장 제134조 참고

766. 다음 중 총회의 권한에 관한 설명으로 옳지 않은 것은?
  ① 총회는 교회 헌법(신조, 요리문답, 정치, 권징조례, 예배모범)을 해석할 전권이 있다.
  ② 총회는 최고 치리회이지만 파회하면 없어지므로 권한이 제한된다.
  ③ 헌법해석권은 최종 심리권에 속한 것이 아니고 총회의 고유권한이다.
  ④ 교리와 권징에 관한 쟁론을 판단하고, 지교회와 노회의 교리에 대한 오해와 부도덕한 행위를 경책하며 권계하며 변증한다.
  ※ 정치 제12장 제5조 참고

767. 다음 중 총회의 권한에 관한 설명으로 옳은 것은?
  ① 총회는 최고 치리회이지만 파회하면 없어지므로 권한이 제한된다.
  ② 총회는 교회 헌법(신조, 요리문답, 정치, 권징조례, 예배모범)을 해석할 전권이 있다.
  ③ 헌법해석권은 최종 심리권에 속한 총회의 권한이다.
  ④ 총회는 전국교회 각 당회에서 질의, 헌의, 상소, 소원하는 일을 접수 처리한다.
  ※ 정치 제12장 제5조, 제4조

768. 다음 중 총회의 권한이 아닌 것은?
  ① 대회 구역 작정
  ② 강도사 고시권
  ③ 헌법해석권
  ④ 교회설립권
  ※ 정치 제12장 제5조, 제6조 5

769. 본 교단의 총회 이름은 무엇인가?
  ① 대한예수교장로회(합동)
  ② 대한예수교장로회(통합)
  ③ 대한예수교장로회(개혁)
  ④ 대한예수교장로회총회
  ※ 12장 1조

770. 총회의 권한이 아닌 것은?
  ① 교회 헌법을 해석할 전권이 있다.
  ② 노회를 설립, 합병, 분립하기도 한다.
  ③ 교회 재산에 대하여 쟁론이 있어 노회가 결정한 후 총회에 상고하면 이것을 접수, 판결한다.
  ④ 교회를 설립, 합병한다.
  ※ 12장 - 5조
  ※ 2016년 기출문제

정답 765.④ 766.② 767.② 768.④ 769.④ 770.④

771. 헌법 정치 제22장에 명시된 총회 총대의 자격에 준한 문장은?
   ① 정기노회에서 선택한다.
   ② 3분의 2가 투표로 선택된 자
   ③ 무기명 비밀투표로 정한 자
   ④ 장로는 총대가 아니다.
   ※ 2016년 기출문제

772. 총회에서 언권회원이 아닌 것은?
   ① 본 총회 파송으로 외국에서 선교하는 선교사
   ② 본 총회 산하에서 선교에 종사하는 외국선교사
   ③ 본 총회에서 공로가 많은 목회자
   ④ 본회의 증경총회장
   ※ 제22장 3조
   ※ 2016년 기출문제

773. 우리 교단 최고 치리회는 무엇인가?
   ① 당회   ② 노회
   ③ 대회   ④ 총회
   ※ 12장 1조

774. 총회 총대로서 틀린 것을 고르시오.
   ① 매 7당회에서 목사 1인, 장로 1인으로 파송한다.
   ② 7당회 안 되는 경우 4당회 이상에는 목사, 장로 1인씩 더 파송한다.
   ③ 7당회 안 되는 경우 3당회 이하는 총대 파송을 하지 못한다.
   ④ 7당회 안 되는 경우 3당회 이하는 목사, 장로 1인씩 언권 회원으로 파송한다.
   ※ 12장 2조

775. 총회 총대가 무효가 되는 경우를 고르시오.
   ① 1당회에서 목사 1인과 장로 1인이 참석했다.
   ② 투표로 선출한다.
   ③ 개회 2개월 전에 총회 서기에게 송달한다.
   ④ 개회 6개월 전에 총회 서기에게 보고한다.
   ※ 12장 2조

776. 당회가 50개인 노회에서 총회 총대로 파송할 수 있는 목사, 장로는 각 몇 명씩인가?
   ① 각 7인   ② 각 8인   ③ 각 9인   ④ 각 10인
   ※ 12장 2조

정답 771.① 772.③ 773.④ 774.③ 775.④ 776.①

777. 총회 성수의 조건 중 틀린 것을 찾으시오.
① 예정한 날짜
② 노회의 과반수
③ 총대 목사, 장로 각 과반수 출석
④ 총대 출석 수

※ 12장 3조

778. 총회의 권한이 아닌 것은?
① 교회헌법을 해석할 전권이 있다.
② 노회를 설립, 분립, 합병 및 폐지할 수 있다.
③ 목사, 장로 고시를 시행한다.
④ 강도사고시를 시행한다.

※ 12장 5조

779. 총회를 회집할 수 없는 사람은?
① 회장
② 전 회장
③ 부회장
④ 서기

※ 12장 6조

780. 다음 중 분열 쟁단 진압권과 의안 제출권에 대한 설명으로 옳지 않은 것은?
① 교회분열 쟁단이란 아직 교회가 분열에까지 이르지 아니하였을지라도 교회를 분열케 하는 쟁단을 진압하며 전 교회를 위하여 품행을 단정케 하는 권세이다.
② 총회는 하회에서 제출된 헌의와 청원 등을 좇아 결정하여 시행케 한다.
③ 인애와 성실과 성결한 덕을 권장하기 위하여 하회에서 올라오는 헌의와 청원이 없을지라도 의안을 제출하여 실행되도록 계도한다.
④ 지교회는 노회 관할이기 때문에 교회 분열에 총회는 간여할 수 없다.

※ 정치 제12장 제5조 3항

781. 다음 중 지교회 재산 처리권에 대한 설명으로 옳지 않은 것은?
① 교회에 속한 토지 가옥에 대한 일도 당회가 장리한다.
② 지교회의 토지 혹은 가옥사건에 대한 변론이 나면 노회가 지도할 권한이 있다.
③ 어느 교회에서든지 교회 재산에 대하여 쟁론이 있어 노회가 결정한 후 총회에 상고하면 이것을 접수하여 판결한다.
④ 교회재산은 교인들의 재산이므로 공동의회가 관리해야 한다.

※ 정치 제12장 제5조 4항 참고

정답 777.④ 778.③ 779.④ 780.④ 781.④

782. 다음 중 총회의 상비부 설치권과 특별위원회 설치권과 신학교와 대학교 설립권에 대한 설명으로 옳지 않은 것은?
① 총회는 비상설체 조직이어서 파회하면 다 없어지고 상비부, 이사회, 특별위원들이 1년간 총회의 권한을 가지고 총회가 위탁한 안건 등을 처리한다.
② 상비부는 총회가 맡기지 않은 일은 어떠한 일이라도 처리할 수 없는 의회 민주정치가 장로회 정치이다.
③ 특별위원은 상비부에서 처리하기에 애매한 특별한 사안을 위하여 위원을 선정하여 맡기는 위원회로서 특별위원회이다.
④ 총회가 설치한 특별위원회는 총회가 정하고 맡겨준 사건에 대하여 총회의 권한을 가지고 처리하므로 종결된다.
※ 정치 제12장 제5조 5항 참고

783. 다음 중 총회의 정례회 회집에 관한 설명으로 옳지 않은 것은?
① 총회는 매년 1회 정례로 회집하되 예정한 날짜에 회집한다.
② 총회가 모이면 당석에서 직접 처결하는 일 외에는 1년 동안 행할 일을 의결하여 상비부에 맡기고 총회는 없는 상태로 돌아간다.
③ 각 노회에서 파송한 총대를 호명한 때부터 회원권을 구비하고 개회 선언 시부터 산회 시까지만 존재하는 치리회이다.
④ 총회는 할 일이 많은데 정례회 1번만 모이고 임시회가 없는 것은 잘못된 것으로 헌법을 개정해야 할 사안이다.
※ 정치 제12장 제6조 참고

784. 다음 중 총회 개회 폐회의식에 관한 설명으로 옳지 않은 것은?
① 총회는 기도로 개회하고 파회하고 해마다 새로 조직하여 모이는 회합이다.
② 총회는 기도함과 감사함으로 축도로 산회한다.
③ 총회는 장로회 각 치리회 중 당회, 노회, 대회와는 달리 파회를 선언한다.
④ 총회가 폐회의식을 마치고 파회되면 모든 총회의 상비부서의 활동은 중지된다.
※ 정치 제12장 제6조 참고

785. 다음 중 총회 총대자격에 관한 규정 설명으로 옳지 않은 것은?
① 총회 총대는 총회 전에 선출하되 6개월을 격하여 택하지 못한다.
② 새로 조직한 노회 총대는 개회 후 임원선거 전에 그 노회 설립 보고를 먼저 받고 총대로 허락한다.
③ 총대 될 장로 자격은 그 노회에 속한 장로 회원으로 한다.
④ 총회 총대는 반드시 정기노회에서 선택하여야 하는 것은 아니다.
※ 정치 제22장 제1조 참고

정답 782.④ 783.④ 784.④ 785.④

786. 다음 중 총회 총대자격에 관한 규정 설명으로 옳은 것은?
① 총회 총대는 반드시 정기노회에서 선택하여야 하는 것은 아니다.
② 새로 조직한 노회의 총대는 개회 후 임원 선거 전에 그 노회 설립보고를 받고 총대로 허락한다.
③ 총대 될 장로 자격은 그 노회소속 지교회 장로 중에서 선출한다.
④ 총회 총대는 총회 개회 7개월 전까지만 선출하면 된다.

※ 정치 제22장 제1조

787. 총회 언권회원이 아닌 사람은?
① 본 총회의 파송으로 외국에서 선교하는 선교사
② 전도목사
③ 본 총회의 증경총회장
④ 본회의 증경부총회장

※ 정치 제22장 총회 총대 - 3조

788. 다음 중 총회 총대 교체에 관한 규정 설명으로 옳지 않은 것은?
① 총회 원총대가 출석하였다가 자기 임의로 부총대와 교체하지 못한다.
② 부득이한 때에는 총회의 허락으로 부총대와 교체할 수 있다.
③ 각 노회가 총회에 총대를 파송하는 권이 있다 할지라도 이 파송권은 결코 교체권을 포함하지는 않는다.
④ 각 노회가 총회에 총대파송권이 있으므로 총대 교체할 권한도 있다.

※ 정치 제22장 제2조 참고

789. 다음 중 총회 언권회원에 관한 규정으로 옳지 않은 것은?
① 본 총회의 파송으로 외국에서 선교하는 선교사
② 파견증서만 가지고 와서 본 총회 산하에서 선교에 종사하는 외국선교사
③ 본 총회의 증경총회장과 부총회장
④ 언권회원이 발언을 요청하면 회장은 반드시 발언권을 주어야 한다.

※ 정치 제22장 제3조 참고

790. 다음 총회의 직무에 관한 설명 중 틀린 것은?
① 총회는 소속 교회 및 치리회의 모든 사무와 그 연합 관계를 총찰한다.
② 하회에서 합법적으로 제출하는 헌의와 청원과 상고와 소원과 문의와 위탁 판결을 접수하여 처리한다.
③ 각 하회록을 검열하여 찬부를 표하고 산하 각 교회 간에 서로 연락하여 교통하며 신뢰하게 한다.
④ 산하 교회와 하회의 재정을 감사한다.

※ 정치 제12장 제4조 참고

정답 786.② 787.② 788.④ 789.④ 790.④

791. 총회 총대는 각 노회를 대표하는 사람으로 각 노회에서 몇 당회당 목사 1인, 장로 1인을 총회에 파송할 수 있는가?
① 각 5당회당   ② 각 6당회당   ③ 각 7당회당   ④ 각 8당회당
※ 2017년 기출문제

● 교회의 각종 회의

792. 다음 중 지교회에서 공동의장, 당회장, 제직회장, 재판회장을 목사가 할 수밖에 없는 이유로 맞는 것은?
① 목사는 다스리는 직무 외에 말씀의 직무를 가지고 있기 때문이다.
② 목사의 성직권이 약해지면 조합정치나 자유정치가 되기 때문이다.
③ 장로와 목사는 치리회 안에서 결의권이 동등하기 때문이다.
④ 목사와 장로는 세우는 회가 다르기 때문이다.
※ 정치 제5장 제2조

● 공동의회

793. 공동의회에 대한 설명으로 옳지 않은 것은?
① 공동의회는 일종의 교인총회에 해당한다.
② 공동의회의 회원은 본 교회의 무흠 입교인이다.
③ 공동의회는 당회가 필요하다고 인정한 때 당회의 결의로 회집할 수 있다.
④ 공동의회는 상회의 명령이 있으면 즉각 소집해야 한다.
⑤ 무흠 입교인 3분의 1 이상의 연명으로 공동의회 소집을 청원할 수 있다.
※ 공동의회는 당회가 필요하다고 인정한 때, 제직회의 청원이나 무흠 입교인 3분의 1 이상의 청원이나 상회의 명령이 있는 때에 당회의 결의로 소집한다.(정치 제21장 1조) 상회의 명령이 있어도 당회의 결의가 있어야 한다.

794. 다음 중 공동의회의 회원이 아닌 자는?
① 만 18세의 남자 세례교인   ② 만 30세의 여자 권사
③ 만 20세의 유아세례교인   ④ 수찬정지 중인 시무장로
⑤ 정년 은퇴한 원로목사
※ 무흠 입교인이어야 하기 때문에 아무런 교회의 징계 중에 있지 않아야 한다. 시무장로라도 징계 중일 때에는 공동의회의 회원이 될 수 없다.

795. 조직교회의 공동의회 임원에 대한 설명으로 옳지 않은 것은?
① 당회장은 공동의회의 회장이 된다.
② 공동의회 서기는 제직회 서기가 겸한다.
③ 당회장이 없는 교회는 임시회장을 청할 것이다.
④ 임시회장은 본 노회 목사 중에서 하되, 시무목사도 가능하다.
⑤ 회의록 작성은 따로 하되, 당회 서기가 보관한다.
※ 공동의회 서기는 반드시 당회 서기가 겸하게 되어 있다.

정답 791.③ 792.① 793.④ 794.④ 795.②

796. 공동의회 회집에 관한 설명으로 옳은 것은?
   ① 공동의회는 개회할 날짜, 장소에 관해서는 반드시 고지하여야 하나, 의안에 대해서는 고지하지 않아도 된다.
   ② 공동의회는 매년 1회 이상 회집하는 것이 원칙이나 특별한 안건이 없으면 회집하지 않을 수 있다.
   ③ 공동의회의 회집을 위해서는 반드시 개회 1주일 전에 교회 앞에 광고, 또는 통지하여야 하나 상회의 지시가 있는 경우에는 그렇지 않다.
   ④ 공동의회는 회원 과반수의 참석을 필요치 않으며 적은 수가 모여도 모인 대로 개회된다.
   ⑤ 공동의회로 회집한 날짜에 개회성수가 되어 개회되었으면 회집안에 대하여 반드시 처리해야 하며 미룰 수 없다.
   ※ 공동의회는 작정한 시간에 출석한 대로 개회한다. 모인 수가 너무 적으면 회장은 권하여 다른 날에 다시 회집한다. (제21장 1조 4)

797. 당회의 결의로 공동의회를 소집할 요건이 아닌 것은 무엇인가?
   ① 제직회의 청원이 있을 때
   ② 당회가 필요로 인정할 때
   ③ 무흠 입교인 과반수 이상의 청원이 있을 때
   ④ 상회의 명령이 있을 때
   ※ 2018년 기출문제

798. 다음 중 공동의회를 소집할 목적이 아닌 것은?
   ① 예산 결산을 처리할 때   ② 장로, 집사, 권사를 선거할 때
   ③ 교인의 총의를 필요로 할 때   ④ 제직회의 청원이 있을 때
   ※ 정치 제21장 제5조 참고

799. 다음 중 공동의회를 소집할 목적은?
   ① 예산 결산을 처리할 때와 장로와 집사, 권사를 선거할 때
   ② 당회가 필요하다고 인정할 때
   ③ 상회의 지시가 있을 때 소집하되 반드시 당회의 결의로 소집한다.
   ④ 세례교인 과반수 이상의 청원이 있을 때
   ※ 정치 제21장 제5조

800. 다음 중 공동의회 회집에 대한 설명 중 틀린 것은?
   ① 당회는 개회날짜, 장소, 의안을 1주일 전 교회에 광고한다.
   ② 작정한 시간에 출석한 대로 개회한다.
   ③ 회집수가 너무 적으면 회장이 권하여 다시 회집한다.
   ④ 반드시 3분의 2의 출석으로 성수가 된다.
   ※ 정치 제21장 제4조 참고

정답 796.④ 797.③ 798.④ 799.① 800.④

801. 다음 공동의회를 소집할 이유와 시기 중 틀린 것은?
    ① 당회가 필요하다고 인정할 때
    ② 상회 즉 노회나 총회의 지시가 있을 때는 당회결의 없이 소집한다.
    ③ 제직회의 청원이 있을 때
    ④ 무흠 입교인의 3분의 1이상의 청원이 있을 때
    ※ 정치 제21장 제2조 참고

802. 다음 중 공동의회의 의결정족수에 관한 규정 설명으로 옳지 않은 것은?
    ① 법대로 제출하는 사건을 의결할 때 일반의결은 과반수로 의결한다.
    ② 목사 청빙 투표에는 투표수 3분의 2 이상의 가와 입교인 과반수의 승낙이 있어야 한다.
    ③ 장로, 집사 및 권사 선거에는 투표수 3분의 2 이상의 가로 의결한다.
    ④ 목사청빙 투표에는 제적 교인 3분의 2의 출석과 투표수 3분의 2 이상 가와 입교인 과반수의 승낙을 요한다.
    ※ 정치 제21장 제5조 참고

803. 다음 중 공동의회 회원권에 대한 규정 설명으로 옳지 않은 것은?
    ① 원칙적으로 본 교회 교적에 등재된 무흠 입교인이라야 회원권이 있다.
    ② 이명증서를 가지고 와서 이명접수하고 접수통지서 발송 후부터 회원권이 있다.
    ③ 이명증서를 가지고 오면 이명접수 이전이라도 회원권이 있다.
    ④ 본 교회 교적부에 등재된 입교인이라도 벌 아래 있는 자는 회원권이 없다.
    ※ 정치 제21장 제1조 1항 참고

804. 다음 중 공동의회 회원권에 관한 규정 설명으로 옳지 않은 것은?
    ① 무고히 6개월 이상 본 교회에 출석하지 아니한 자는 선거 및 피선거권이 중지된다.
    ② 원칙적으로 본 교회 교적에 등재된 무흠 입교인이라야 회원권이 있다.
    ③ 입교인으로서 본 교회 출석하는 자라도 이명증서를 가지고 와서 교적부에 등재되기 전에는 회원권이 없다.
    ④ 본 교회 무흠 입교인이 아니더라도 본 교회 출석한 지 6개월 이상이면 회원권이 있다.
    ※ 정치 제21장 제1조 1항

805. 다음 중 공동의회 소집권에 대한 설명으로 옳지 않은 것은?
    ① 당회장이 필요로 인정할 때 소집할 수 있다.
    ② 상회의 명령이 있을 때 당회의 결의로 소집한다.
    ③ 무흠 입교인 3분의 1 이상의 청원에 의하여 당회결의로 소집한다.
    ④ 제직회의 청원에 의하여 당회 결의로 소집한다.
    ※ 정치 제21장 제1조, 2항

정답 801.② 802.④ 803.③ 804.④ 805.①

806. 다음 중 공동의회 소집권에 대한 설명으로 옳은 것은?
   ① 공동의회는 당회의 결의 없이는 소집할 수 없다.
   ② 제직회의 청원이 있으면 당회 결의 없이 소집할 수 있다.
   ③ 상회의 명령이 있을 때에는 당회 결의 없이 소집할 수 있다.
   ④ 무흠 입교인 3분의 1 이상 청원이 있을 때는 당회 결의 없이 소집한다.

   ※ 정치 제21장 제 1조 2항

807. 다음 중 일주일 전에 교회 앞에 광고하지 아니해도 되는 것은?
   ① 성례   ② 공동의회
   ③ 부목사 청빙   ④ 위임목사 청빙투표

   ※ 정치 제21장 제1조 4,5항, 예배모범 제11장 5항 참고

808. 다음 중 공동의회 회장과 서기에 관한 설명으로 옳은 것은?
   ① 미조직교회에서 공동의회 서기는 안수집사가 겸한다.
   ② 지교회의 당회장과 당회 서기는 공동의회 회장과 서기를 겸한다.
   ③ 미조직교회에서는 이웃교회 장로를 보조 당회원으로 청하여 공동의회 서기를 겸하게 한다.
   ④ 당회장이 없는 경우에는 그 당회가 임시회장을 청할 것이고 회장이 회록을 따로 작성하고 당회 서기가 보관한다.

   ※ 정치 제21장 제1조 3항

809. 다음 중 공동의회 회장에 대한 설명으로 옳지 않은 것은?
   ① 지교회 당회장이 공동의회 회장을 겸한다.
   ② 조직교회에서도 위임청빙이나 시무목사 청빙이나 마찬가지로 당사자 본인의 청빙을 위한 공동의회 회장이 되어 청빙투표를 할 수 없다.
   ③ 장로, 집사, 권사 선거, 목사 청빙을 위한 공동의회는 장로가 회장 될 수 없다.
   ④ 당회장이 없을 때 장로, 집사, 권사 선거를 위한 공동의회를 소집할 때 그 당회가 임시당회장을 청하는 것이 불가능할 때는 장로 1인을 당회가 공동의회 의장으로 사회하게 할 수 있다.

   ※ 정치 제21장 제1조 3항

810. 다음 중 연말 정기 공동의회 안건에 관한 설명으로 옳지 않은 것은?
   ① 교회 제반 경비의 예산과 결산을 심의하여 채용한다.
   ② 당회는 치리회이므로 당회의 경과사항을 공동의회에 보고할 이유가 없다.
   ③ 교회 헌법에 맞게 제직회에서 합법적으로 결의 송부된 안건이나 무흠 입교인 3분의 1 이상이 청원한 안건, 상회의 지시로 당회가 제출하는 사건을 의결한다.
   ④ 당회의 경과 상황과 제직회와 부속 각 회의 보고를 듣는다.

   ※ 정치 제21장 제1조 5항 참고

정답 806.① 807.③ 808.② 809.④ 810.②

811. 공동의회 소집이 가능한 경우는?
① 당회의 필요로 인정할 때 당회의 결의로 소집
② 무흠 입교인 3분의 1 이상 청원할 때
③ 제직회의 청원이 있을 때
④ 상회의 명령이 있을 때
※ 정치 제21장 2조

● 제직회

812. 제직회의 조직에 관한 설명으로 옳지 않은 것은?
① 지교회의 당회원은 자동적으로 제직회의 회원이다.
② 시무권사는 제직회의 회원이다.
③ 담임목사가 제직회 회장을 겸하고, 담임하는 남자전도사도 제직회의 회장이 될 수 있다.
④ 제직회의 서기와 회계는 회장인 담임목사가 선정한다.
⑤ 부목사, 강도사, 교육전도사는 제직회의 회원이 될 수 있다.
※ 제직회에는 서리집사, 전도사, 전도인에게는 제직회원의 권리를 줄 수 있다고 규정하고 있으나, 부목사에게 제직회원의 권리를 준다는 규정은 없다.

813. 제직회의 소집과 직무에 관한 설명으로 옳지 않은 것은?
① 제직회는 공동의회에서 위임한 금전 처리 및 교회의 제반 행정사항에 대하여 처결할 수 있다.
② 제직회는 회원 과반수의 출석으로 개회하나 통상적인 사무처리는 출석하는 회원으로 개회할 수 있다.
③ 제직회 회계는 회의 결의에 의하여 금전을 출납한다.
④ 제직회는 매년 말 공동의회에 1년간의 경과 상황 및 결산을 보고한다.
⑤ 매월 1회 또는 1년에 4회 이상 정기회를 정함이 편하다.
※ 제직회는 공동의회에서 위임한 금전을 처리하는 것이지, 일반 행정사항에 대한 처리는 당회의 직무이다.

814. 다음 중 임시직원의 제직회 회원권에 대한 설명으로 맞지 않는 것은?
① 권사는 자동적으로 제직회원이 되는 종신직이다.
② 서리집사는 당회가 제직회원의 권리를 줄 수 있다.
③ 미조직교회에서는 제직회 사무를 임시로 집행한다.
④ 조직교회에서도 노회 고시에 합격한 전도사는 제직회원이 될 수 있다.
※ 정치 제3장 제3조 1항 1), 3항 1), 제21장 제2조 1, 2항 참고

815. 각 지방 내에 편리한 대로 조직할 수 있는 회는 무엇인가?
① 연합당회 ② 연합제직회 ③ 연합노회 ④ 연합총회
※ 2018년 기출문제

정답 811.① 812.⑤ 813.① 814.④ 815.②

816. 제직회 개회 성수로 맞는 것은 무엇인가?
  ① 회원 3분의 1의 출석으로
  ② 회원 과반수의 출석으로
  ③ 회원 3분의 2의 출석으로
  ④ 회원이 회집되는 대로
  ※ 2018년 기출문제

817. 제직회의 정기회는 1년에 몇 회 이상으로 정하는 것이 편한가?
  ① 4회   ② 2회   ③ 1회   ④ 3회
  ※ 2018년 기출문제

818. 제직회의 조직 대상이 아닌 직분은 무엇인가?
  ① 지교회 당회원   ② 집사   ③ 권사   ④ 원로장로
  ※ 2018년 기출문제

819. 다음 중 제직회에 대한 설명으로 옳지 않은 것은?
  ① 지교회 당회원과 집사와 권사를 합하여 제직회를 조직한다
  ② 회장은 담임목사가 겸무하고 서기와 회계를 선정한다
  ③ 당회는 각각 그 형편에 의하여 서리집사에게 제직회 회원의 권리를 줄 수 있다
  ④ 제직회는 공동의회에서 위임하는 금전을 처리한다
  ⑤ 매월 1회 또는 1년에 3회 이상 정기회를 정함이 편하다
  ※ 2019년 기출문제

820. 다음 중 제직회 조직에 관한 규정 설명으로 옳지 않은 것은?
  ① 지교회 당회원과 집사와 권사를 합하여 제직회를 조직한다
  ② 회장은 담임목사가 겸무하고 서기와 회계를 선정한다
  ③ 당회는 각각 그 형편에 의하여 서리집사에게 제직회 회원의 권리를 줄 수 있다
  ④ 지교회의 목사, 장로, 집사, 권사, 서리집사, 전도사를 합하여 제직회를 조직한다.
  ※ 2020년 기출문제

821. 다음 중 제직회의 재정 처리에 관한 규정 설명으로 옳은 것은?
  ① 회계는 반드시 재정부장의 결재를 받아야 출납할 수 있다
  ② 제직회가 결의하면 공동의회의 위임과 상관없이 재정을 집행할 수 있다
  ③ 제직회는 공동의회에서 위임하는 금전을 처리한다
  ④ 구제와 경비에 관한 사건과 금전 출납은 당회장이 결정하고 회계는 회의 결의에 의하여 금전을 출납한다
  ※ 2020년 기출문제

822. 제직회 조직 중 회원이 아닌 것은?
  ① 지교회 당회원   ② 집사   ③ 권사   ④ 담임목사   ⑤ 원로목사
  ※ 2019년 기출문제

정답 816.② 817.① 818.④ 819.⑤ 820.④ 821.③ 822.⑤

823. 다음 중 미조직교회 제직회에 관한 설명으로 옳은 것은?
　① 미조직교회에서는 목사, 전도사, 권사, 서리집사, 전도인들이 제직회 사무를 임시로 집행한다.
　② 당회는 그 형편에 의하여 서리집사에게 제직회원의 권리를 줄 수 있다.
　③ 회장은 조직교회는 당회장이 당연직이나 미조직교회는 노회의 허락을 받아야 한다.
　④ 무임장로는 당회의 결의로 제직회원으로 참여시킬 수 없다.
　※ 정치 제21장 제2조 2항 참고

824. 다음 중 미조직교회의 제직회에 관한 규정 설명으로 옳지 않은 것은?
　① 미조직교회에서는 목사, 전도사, 권사, 서리집사, 전도인들이 제직회 사무를 임시로 집행한다.
　② 미조직교회에서는 당회장의 허락으로 남전도사가 제직회 임시 회장이 될 수 있다.
　③ 제직회 사무를 임시로 집행한다는 말은 당회가 조직되고 집사가 임직되기까지라는 의미에서 임시이다.
　④ 미조직교회에서 제직회장은 노회의 허락을 받아야 한다.
　※ 정치 제21장 제2조 2항

825. 미조직교회 제직회에서 임시 사무 처리할 수 있는 직분이 아닌 것은?
　① 목사　　　　　　　　　　② 전도사
　③ 장로　　　　　　　　　　④ 서리집사
　※ 정치 제21장 - 2조
　※ 2016년 기출문제

826. 다음 중 제직회의 재정처리에 관한 규정 설명으로 옳지 않은 것은?
　① 제직회가 처리할 수 있는 재정이란 반드시 공동의회에서 위임하는 금전을 처리하는 것을 말한다.
　② 구제와 경비에 관한 사건과 금전출납은 모두 회에서 처리한다.
　③ 회계는 회의 결의에 의하여 금전을 출납한다.
　④ 회계는 반드시 재정부장의 결재를 받아야 출납할 수 있다.
　※ 정치 제21장 제2조 3항 참고

827. 다음 중 제직회의 재정처리에 관한 규정 설명으로 옳지 않은 것은?
　① 제직회는 공동의회에서 위임하는 금전을 처리한다.
　② 제직회는 매년 말 공동의회에 1년간 경과 상황과 일반 수지결산을 보고한다.
　③ 제직회는 익년도 교회 경비예산을 편성 보고하여 회에 통과하며 장부의 검사를 받는다.
　④ 제직회가 결의하면 공동의회의 위임과 상관없이 재정을 집행할 수 있다.
　※ 정치 제21장 제2조 3항

정답 823.① 824.④ 825.③ 826.④ 827.④

828. 다음 중 제직회 재정처리에 관한 규정으로 옳은 것은?
① 회계는 반드시 재정부장의 결재를 받아야 출납할 수 있다.
② 제직회는 공동의회에서 위임하는 금전을 처리한다.
③ 제직회가 결의하면 공동의회의 위임과 상관없이 재정을 집행할 수 있다.
④ 구제와 경비에 관한 사건과 금전출납은 당회장이 결정하고 회계는 회의 결의에 의하여 금전을 출납한다.

※ 정치 제21장 제2조 3항

829. 다음 중 제직회의 정기회와 개회성수에 관한 규정 설명으로 옳지 않은 것은?
① 제직회의 개회 성수는 과반수의 출석으로 성수가 된다.
② 통상적 사무처리는 출석하는 회원으로 개회하여 처리할 수 있다.
③ 정기회는 매월 1회 또는 1년에 4회 이상 정기회를 정함이 편하다.
④ 제직회 개회 성수는 과반수 이상의 출석으로만 성수가 된다.

※ 정치 제21장 제2조 4, 5항 참고

830. 다음 중 연합제직회 조직과 직무에 관한 규정 설명으로 옳지 않은 것은?
① 각 지방 내에 편리한 대로 연합제직회를 조직할 수 있다.
② 회원은 그 지방 내 목사, 전도사와 지교회 제직회에서 파송한 총대 1인 이상으로 조직하되 임원은 투표로 선정한다.
③ 그 지방 내 합동재정과 전도, 기타 부흥사업과 주일학교 및 기독교 교육에 관한 일을 의정할 수 있다.
④ 연합제직회는 치리권은 없으나 지교회를 관할할 권한은 있다.

※ 정치 제21장 제3조 1, 2항 참고

831. 다음 연합제직회의 직무에 관한 규정 설명으로 옳지 않은 것은?
① 합동재정 처리
② 주일학교 등 기독교 교육에 관한 사업
③ 전도 및 교회부흥에 관한 사업
④ 지방 내 교회 치리권

※ 정치 제21장 제3조 1, 2항

832. 다음 중 제직회에 관한 설명으로 틀린 것은?
① 지교회 당회원과 집사와 권사를 합하여 제직회를 조직한다.
② 회장은 담임목사가 겸무하고 서기와 회계를 선정한다.
③ 미조직교회의 경우 목사, 전도사, 권사, 서리집사, 전도인들이 제직회 사무를 임시로 집행한다.
④ 회원 3분의 1 이상이 출석해야 개회한다.

※ 정치 제21장 제2조 참고

정답 828.② 829.④ 830.④ 831.④ 832.④

● 속회

833. 속회에 대한 설명으로 옳지 않은 것은?
① 지교회의 속회는 당회의 치리와 관할과 지도를 받는다.
② 노회나 대회나 총회의 지경 안에 보급된 속회는 그 치리회 관할 아래 있다.
③ 각 회의 명칭, 규칙제정, 임원선택, 재정출납은 그 소속 치리회의 검사와 감독과 지도를 받는다.
④ 각 지교회 혹은 여러 지교회는 전도사업과 자선사업 등을 위해 여러 가지 회를 조직할 수 있다.
⑤ 지교회의 각 회에는 당회원 중에서 고문(자문위원)을 지정해야 한다.

※ 당회원이나 다른 직원으로 각 기관에 고문을 정하여 연락 지도할 수 있다.(정치 제20장 2조) 꼭 당회원 중에서만 고문을 지정해야 하는 것은 아니다.

834. 다음 중 속회 조직과 속회관리에 관한 규정 설명으로 옳지 않은 것은?
① 지교회나 혹 여러 지교회가 전도사업과 자선사업을 위해 여러 가지 회를 조직할 수 있다.
② 지교회나 혹 여러 지교회가 도리를 가르치는 것과 은혜 중에서 자라기 위하여 여러 가지 회를 조직할 수 있다.
③ 어느 지교회든지 여러 회가 있으면 그 교회 당회의 치리와 관할과 지도를 받아야 한다.
④ 각 속회는 자율적으로 운영하는 것이므로 당회가 간섭하는 것은 부당하다.

※ 정치 제20장 제1,2조 참고

835. 다음 중 각 속회의 권한에 관한 규정 설명으로 옳지 않은 것은?
① 각 속회는 교회 헌법에 의하여 그 명칭과 규칙을 제정하는 것을 그 치리회의 검사와 감독과 지도를 받는다.
② 각 속회는 교회 헌법에 의하여 임원 택하는 것을 치리회의 검사와 감독을 받는다.
③ 각 속회는 교회 헌법에 의하여 재정 출납하는 것을 치리회의 검사와 감독과 지도를 받는다.
④ 각 속회는 교회 헌법에 보장되어 있으므로 치리회의 감독이나 지도를 받지 않는다.

※ 정치 제20장 제3조 참고

■ 회장과 서기

● 회장

836. 각 회의체에서 회장의 직권에 관한 설명으로 옳지 않은 것은?
① 회장은 개회와 폐회를 주관한다.
② 회장은 각 회원이 다른 회원의 언권을 침해하지 못하게 한다.
③ 가부 동수인 경우에는 회장이 결정한다.
④ 회장이 날인한 등본은 각 치리회에서 원본과 같이 인정된다.
⑤ 회장은 회의질서를 유지할 수 없는 경우에 비상정회를 선언할 수 있다.

※ 각 치리회에서 원본과 같이 인정되는 것은 회장이 아니라 서기가 날인한 등본이다.(정치 제19장 4조)

정답 833.⑤ 834.④ 835.④ 836.④

837. 다음 중 각 치리회 회장에 관한 규정 설명으로 옳지 않은 것은?
   ① 교회 각 치리회는 모든 사무를 질서 있고 신속하게 처리하기 위하여 회장을 선택할 것이다.
   ② 회장의 임기는 각 치리회가 정한 규칙대로 한다.
   ③ 당회장을 제외한 회장을 선거할 때는 각 치리회가 정한 규칙에 의해 선거한다.
   ④ 각 치리회는 회장을 선거할 때는 각 치리회가 정한 규칙에 의해 선거한다.

   ※ 정치 제19장 제1조, 제9장 제3조 참고

838. 다음 중 회장 유고 시 의장 대리 서열과 총대권에 대한 설명으로 옳지 않은 것은?
   ① 회장 유고 시에 부회장이 대리하는 것은 일반적인 상식이다.
   ② 부회장도 유고 시에는 직전회장, 증경회장 순으로 하고 증경회장도 모두 유고 시에는 최선 장립자가 의장이 된다.
   ③ 최선 장립자가 다수일 때는 최연장자가 맡게 된다.
   ④ 총대는 각 노회에서 투표하여 선출되고 총회 서기가 천서를 접수하면 자동적으로 총회의 회원이 되며 회장을 대리할 수도 있다.

   ※ 정치 제12장 제6조, 표준회의규정 제2장 21조

839. 다음 중 각 치리회 회장에 관한 규정 설명으로 옳은 것은?
   ① 각 치리회는 회장을 선거할 때는 각 치리회가 정한 규칙에 의해 선거한다.
   ② 각 치리회 회장과 재판사건이 관계되면 재판 법규에 의해서 신속히 처리한다.
   ③ 교회 각 치리회는 모든 사무를 질서 있고 신속하게 처리하기 위하여 회장을 선택할 것이다.
   ④ 공동의회 회장은 당회장이 겸한다.

   ※ 정치 제19장 제1조, 제9장 제3조 참고

840. 다음 중 누가 각 치리회의 회장이 될 수 있는가에 대한 설명으로 옳지 않은 것은?
   ① 당회장은 항상 지교회 담임목사가 된다.
   ② 당회장은 형편상 같은 노회 소속 다른 목사가 회장이 될 수 있다.
   ③ 당회에 목사를 구할 수 없는 비상한 경우에는 장로가 당회장이 될 수 있다.
   ④ 당회 이외의 각 치리회는 회의 규칙에 의거하여 회장을 선출한다.

   ※ 정치 제19장 제1조, 제9장 제3조 참고

841. 다음 중 회장의 사회권 상실에 관한 설명으로 옳지 않은 것은?
   ① 회장 자신의 신상에 관한 문제와 회장이 심의안건 토의에 발언한 경우
   ② 회장 소속 하회의 상소건이나 위탁판결을 심의할 때
   ③ 재석회원 3분의 2 이상의 결의로 회장의 사회권을 일시 정지시킬 수 있다.
   ④ 회장이 비상정회를 선언한 경우에는 사회권이 상실된다.

   ※ 정치 제19장 제2조, 표준회의규정 제2장 제19조, 20조 참조

정답 837.④ 838.④ 839.③ 840.③ 841.④

842. 다음 중 회장의 사회권 상실에 관한 설명으로 옳지 않은 것은?
① 회장 소속 하회의 상소건이나 위탁판결을 심의할 때
② 회장 자신의 신상에 관한 문제
③ 회장이 심의안건에 대하여 회장석을 내려와 발언한 경우
④ 회원 과반수가 사회권의 정지를 요구했을 경우
※ 정치 제19장 제1조, 표준회의규정 제2장 제20조 참조

843. 다음 중 회장의 직권에 관한 규정 설명으로 옳지 않은 것은?
① 회장은 회원으로 회칙을 지키게 하고 회석의 질서를 정돈한다.
② 개회, 폐회를 주관하고 순서대로 회무를 지도하되 잘 의논한 후에 신속한 방법으로 처리한다.
③ 순서대로 회무를 지도하되 회장이 의도한 대로 모든 안건을 처리한다.
④ 회원 간에 모욕 혹은 풍자적 무례한 말을 금한다.
※ 정치 제19장 제2조 참고

844. 다음 중 회장의 직권에 관한 규정 설명으로 옳지 않은 것은?
① 회장은 그 회가 허락하여 준 권한 안에서 개회, 폐회를 주관한다.
② 가부 동수인 때는 회장이 결정하고 회장이 이를 원치 않으면 그 안건은 자연히 부결된다.
③ 회장은 매 사건의 결정을 공포하여야 한다.
④ 회장은 회무 진행 중에 가부를 물을 의제에 대하여는 설명할 필요 없이 가부를 표결해야 한다.
※ 정치 제19장 제2조

845. 다음 중 회장의 직권에 관한 규정 설명으로 옳지 않은 것은?
① 회장은 다른 회원의 언권을 침해하지 못하게 해야 한다.
② 회장은 사회할 권한 외에는 결정권이 없다.
③ 특별한 일로 회의 질서를 유지할 수 없을 경우에는 회장이 비상정회를 선언할 수 있다.
④ 회무 진행 중에 퇴장을 금하며 가부를 물을 의제는 회중에 밝히 설명한 후에 가부를 표결할 것이다.
※ 정치 제19장 제2조

846. 다음 중 회장의 직권에 관한 설명으로 옳은 것은?
① 개회, 폐회를 주관하고 순서대로 회무를 지도하되 잘 의논한 후에 신속한 방법으로 처리한다.
② 회장은 사회할 권한 외에는 결정권이 없다.
③ 회장은 회무 진행 중에 가부를 물을 의제에 대하여는 설명할 필요 없이 가부를 표결해야 한다.
④ 순서대로 회무를 지도하되 회장이 의도한 대로 모든 안건을 처리한다.
※ 정치 제19장 제2조

정답 842.④ 843.③ 844.④ 845.② 846.①

847. 회장의 직권에 속하지 않는 것은?
① 회칙을 지키게 하고
② 회석의 질서를 정돈하며
③ 가부 동수인 때는 회장이 결정한다.
④ 회장은 매 사건에 결정을 공포하지 않는다.

※ 정치 제19장 2조
※ 2016년 기출문제

848. 다음은 무엇에 관한 설명의 일부인가?

"…그 회가 허락하여 준 권한 안에서 회원으로 회칙을 지키게 하고 회석의 질서를 정돈하며 개회, 폐회를 주관하고 순서대로 회무를 지도하되 잘 의논한 후에 신속한 방법으로 처리하고 각 회원이 다른 회원의 언권을 침해하지 못하게 하며…"

① 서기의 임무   ② 회장의 직권   ③ 총무의 직권   ④ 속회의 권한

※ 정치 제19장 제2조 참고

849. 회장의 직권이 아닌 것을 찾으시오.
① 회원으로 회칙을 지키게 한다.
② 회의장의 질서를 지키게 한다.
③ 개회, 폐회를 주관한다.
④ 가부 동수일 때 다시 투표한다.

※ 정치 제19장 2조

● 서기

850. 다음 중 각 치리회 서기에 관한 규정 설명으로 옳지 않은 것은?
① 각 치리회는 그 회록과 일체 문부를 보관하기 위하여 서기를 선택한다.
② 각 치리회 서기의 임기는 그 회의 규칙대로 한다.
③ 치리회 서기가 기록의 원본이나 초본에 서명날인하면 상회 및 다른 회에서 족히 사용할 증거로 인정한다.
④ 회장과 서기가 같이 있을 때는 회장이 서기를 대행할 수 있다.

※ 정치 제19장 제3조 참고

851. 다음 중 서기의 임무에 관한 규정 설명으로 옳지 않은 것은?
① 서기는 회의 중 의사진행을 자세히 기록하고 일체 문부 서류를 보관한다.
② 상당한 자가 회록의 어떤 부분에 대하여 등본을 청구하면 회의 허락으로 등본하여 줄 수 있다.
③ 총회에는 총무가 있고 사무국이 있어서 서기의 임무를 수행할 일은 없다.
④ 서기가 날인한 등본은 각 치리회는 원본과 같이 인정한다.

※ 정치 제19장 제3조, 457번 해설 참고

정답 847.④ 848.② 849.④ 850.④ 851.③

852. 다음 중 당회 서기의 임무에 관한 규정 설명으로 옳지 않은 것은?
   ① 당회의 명령대로 이명서와 증인을 소환하는 소환장을 발송하는 일
   ② 당회에서 소집한 본 교회 공동의회 회록을 작성하여 비치할 일
   ③ 회록을 정서하여 두고 1년에 한 번씩 노회로 보내어 검사를 받는 일
   ④ 재판회의 회록과 소송서류와 같은 요긴한 문서는 서기보다는 회장이 관리한다.
   ※ 정치 제19장 제4조, 제21장 제1조 3항, 권징 제8장 제64조 참고

853. 다음 중 서기의 임무에 관한 규정 설명으로 옳은 것은?
   ① 회장과 서기가 날인한 등본은 각 치리회는 원본과 같이 인정한다.
   ② 서기는 회의 중 의사진행을 자세히 기록하고 일체 문부 서류를 보관한다.
   ③ 재판회의 회록과 소송서류와 같은 요긴한 문서는 서기보다는 회장이 관리한다.
   ④ 총회에는 총무가 있고 사무국이 있어서 서기의 임무를 수행할 일은 없다.
   ※ 정치 제19장 제4조

854. 서기의 임무가 아닌 것을 찾으시오.
   ① 회중 의사 진행을 자세히 기록
   ② 일체 문부 서류를 보관
   ③ 회록의 어떤 부분에 대해 등본을 청구하면 등본해 준다
   ④ 서기가 날인한 등본은 원본과 같이 인정한다
   ※ 정치 제19장 3조

● 예배와 의식

855. 다음 중 세례와 성찬식을 가질 때 집례자는?
   ① 강도사   ② 전도사
   ③ 목사   ④ 장로

856. 다음 중 장로는 목사가 없고 노회가 당회장을 파송하지 않을 때 누가 강론하게 해야 하는가?
   ① 강도란 하나님께서 목사에게만 위탁하신 신성불가침의 권한이므로 목사가 없으면 누구도 강도할 수 없다.
   ② 시찰회의 지도로 강론할 목사를 청해야 한다.
   ③ 목사 없을 때는 반드시 장로가 강론해야 한다.
   ④ 목사가 없을 때는 강도는 하지 않고 찬양으로 예배하면 된다.
   ※ 정치 제5장 제2조 참고

정답 852.④ 853.② 854.③ 855.③ 856.②

857. 다음 중 목사가 없을 때 장로와 강론에 대한 설명으로 옳지 않은 것은?
① 강도란 하나님께서 목사에게만 위탁하신 신성불가침의 권한이다.
② 장로는 목사가 없을 때는 목사를 방조하는 부교역자가 행하게 할 것이다.
③ 목사가 없을 때는 반드시 장로가 강론해야 한다.
④ 노회가 당회장도 파송하지 아니하였을 때는 시찰회의 지도로 강론할 목사를 청해야 한다.

※ 정치 제5장 제2조 참고

858. 다음 중 교회의 머리 되신 그리스도의 설립하신 예배의식에 대한 설명으로 맞지 않는 것은?
① 기도 : 교회 안에서 공예배 시에 드리는 기도를 공기도라고 한다.
② 찬송 : 찬송이란 예배의 일부분으로 받으실 대상이 하나님이시다.
③ 성경해석과 강도 : 성경해석과 강도는 원칙적으로 목사와 강도사 외에는 헌법이 용납하지 않는다.
④ 권징 : 당회의 지도를 거부하면 무조건 징계해야 한다.

※ 정치 제7장 1,2,4,10항

859. 다음 중 교회의 머리이신 그리스도의 설립하신 예배의식에 대한 설명으로 맞지 않는 것은?
① 성경낭독 : 반드시 목사나 그 밖에 허락을 받은 사람이 봉독해야 한다.
② 세례 : 죄를 회개하고 삼위일체 하나님을 공경한다는 신앙고백을 받고 교회 회원이 되게 하는 입교예식이기도 하다
③ 금식과 감사 : 금식은 고행주의로 교회가 권장할 일이 아니다.
④ 축복 : 축도할 때에는 예배모범에 있는 대로 "있을지어다"로 해야 한다.

※ 정치 제7장 3,5,7,11항 참고

860. 다음 예배 의식 중 기도에 대하여 옳지 않은 것은?
① 기도는 예배의 한 요소이다.
② 기도는 기원의 요소만 아니라 감사와 찬미를 포함한다.
③ 개회 기도에서는 전 성도들의 형편을 살펴 구체적으로 성도들을 위해 기도해야 한다.
④ 설교 전 기도는 진리의 올바른 증거와 설교자와 회중에게 같은 성령의 역사하심과 보호하심을 구해야 한다.

※ 정치 제7장 1, 제85회 총회결의 (헌금 기도를 하면서 "예수님의 이름으로 기도하옵나이다"로 끝맺지 않고 바로 축도로 들어가는 것은 잘못된 것이다.)

정답 857.③ 858.④ 859.③ 860.③

861. 다음 예배의식 중 찬송에 대하여 옳지 않은 것은?
   ① 찬송은 곧 예배의 일부분으로 받으실 대상이 하나님이시다.
   ② 복음 성가는 복음을 내용으로 노래하는 것으로 전도나 혹은 그 신앙을 간증하는 사람을 향한 노래이다.
   ③ 복음성가도 은혜가 되는 것은 예배 의식에 넣어 예배 시간에 불러도 된다.
   ④ 웨스트민스터 신도게요의 교훈을 좇아 개혁 교회는 철두철미 성경의 교훈대로만 예배드려야 한다.
   ※ 정치 제7장 2 참고

862. 다음 예배의식 중 성경 낭독에 대하여 옳지 않은 것은?
   ① 성경 낭독은 공식 예배 순서 중의 한 부분이니 엄숙하며 경건하게 하여야 한다.
   ② 아무나 자의로 낭독할 수 없고 반드시 목사나 그 밖에 허락을 받은 사람이 봉독하여야 한다.
   ③ 성경은 반드시 구약과 신약을 함께 균형 있게 봉독하여야 한다.
   ④ 성경은 청중들이 알아듣게 하기 위하여 한글 성경을 봉독하여야 한다.
   ※ 정치 제7장 3번

863. 다음 예배의식 중 성경 해석과 강도에 대하여 옳지 않은 것은?
   ① 성경 해석과 강도는 목사와 강도사가 하되 경우에 따라 장로나 사모가 하는 것을 헌법은 용납한다.
   ② 평신도라고 해도 말씀을 읽고 증거할 수는 있어도 공적인 예배에서의 성경 해석과 강도는 목사와 강도사의 직무로 하고 있다
   ③ 강도자는 신구약 성경을 하나님의 말씀이요 신앙에 대한 정확 무오한 유일의 법칙임을 믿어야 한다.
   ④ 개혁 교회 예배 절차 중에서 가장 소중한 절차가 성경을 해석하거나 강도하는 절차다.
   ※ 정치 제7장

864. 다음 중 세례에 대하여 옳지 않은 것은?
   ① 세례는 어떠한 형편에서라도 평신도가 베풀 수 없다.
   ② 부득이한 상황에 따라서는 장로도 베풀 수 있다.
   ③ 특별한 경우에는 사가(私家)에서도 행할 수 있다.
   ④ 만 7세부터 13세는 어린이 세례를 줄 수 있되 부모 중 한 분이 세례교인이어야 한다.
   ※ 정치 제7장

865. 다음 중 축도에 대하여 옳지 않은 것은?
   ① 모든 공예배의 폐회는 목사의 축도로 하되 목사가 없는 경우는 주기도문으로 폐회한다.
   ② 축도자는 하나님 편에 서서 회중에게 축복을 선언하는 것이다.
   ③ 축도는 목사만이 할 수 있으나 목사가 없을 시는 노회 허락을 받아 장로도 할 수 있다.
   ④ 축도는 고후 13:13대로 "있을지어다"라고 해야 한다.
   ※ 정치 제7장

정답 861.③ 862.③ 863.① 864.② 865.③

● 헌법개정

866. 교단 헌법을 개정하려고 한다. 요건에 부합하지 않는 것은?
   ① 헌법 개정은 반드시 노회 수의를 거쳐야 한다.
   ② 권징조례의 변경은 노회에 수의하여 노회 과반수와 모든 노회 투표수의 3분의 2 이상의 가표를 받아야 한다.
   ③ 신조와 예배모범의 변경은 각 노회에 수의하여 노회 중 3분의 2 이상과 모든 투표수의 3분의 2 이상의 가표를 얻어야 한다.
   ④ 신조와 요리문답을 개정하려면 노회로 보내기 전에 특별히 위원 15인 이상을 택하여 1년간 그 문제를 연구하게 해야 한다.
   ⑤ 소속 노회 3분의 1 이상이 헌법을 개정하고자 헌의를 총회에 제출하면 그 연구를 위한 위원을 선정해서는 안 된다.
   ※ 3번은 신조와 예배모범이 아니라 신조와 요리문답으로 변경해야 한다.

867. 다음 중 헌법 정치, 권징조례, 예배모범을 변경하는 개정에 관한 규정 설명으로 옳지 않은 것은?
   ① 노회 헌의 혹은 총회 관계 상비부의 제안이 있어야 한다.
   ② 총회는 그 안을 각 노회에 수의한다.
   ③ 소속노회의 3분의 1 이상이 헌법을 개정하자는 헌의를 제출하면 총회 가결 없이 각 노회에 수의한다.
   ④ 소속노회 3분의 1 이상이 헌법을 개정하자는 헌의를 제출해야 총회가 과반수로 결의하고 각 노회에 수의한다.
   ※ 정치 제23장 제1조, 제4조 참고

868. 정치 권징조례 및 예배모범을 변경하고자 할 때에 해당되는 것은?
   ① 노회에 수의하여 노회 1/3 이상과 모든 노회투표수 2/3 이상으로 가결한다.
   ② 노회에 수의하여 노회 2/3 이상과 모든 노회투표수 2/3 이상으로 가결한다.
   ③ 총회결의 2/3 이상과 노회결의 2/3 이상으로 한다.
   ④ 노회에 수의하여 노회 과반수 이상과 모든 노회 투표수 2/3 이상으로 가결한다.
   ※ 정치 제23장 1조
   ※ 2016년 기출문제

869. 다음 중 헌법 정치, 권징조례, 예배모범을 변경하는 개정에 관한 규정 설명으로 옳은 것은?
   ① 소속노회의 3분의 1 이상이 헌법을 개정하자는 헌의를 제출하면 총회 가결 없이 각 노회에 수의한다.
   ② 소속노회 3분의 1 이상이 헌법을 개정하자는 헌의를 제출해야 총회가 과반수로 결의하고 각 노회에 수의한다.
   ③ 헌법을 개정하자는 하회 혹은 총회관계 상비부의 헌의와 제안이 없어도 필요하면 총회가 개정할 수 있다.
   ④ 총회의 3분의 2 이상의 가결이 있어야 한다.
   ※ 정치 제23장 제1조

정답 866.③ 867.④ 868.④ 869.①

870. 다음 중 헌법 정치, 권징조례, 예배모범을 변경하는 개정에 관한 규정 설명으로 옳지 않은 것은?
   ① 총회의 과반수 가결이 있어야 한다.
   ② 투표수 과반수 이상으로 가결된 노회가 전국 노회 수의 과반수 이상과 투표에 참가한 전국 모든 노회 노회원 수 3분의 2 이상의 가표를 받아야 한다.
   ③ 각 노회 서기는 투표의 가부를 총회서기에게 보고하고 총회는 그 결과를 공포 실행한다.
   ④ 헌법을 개정하자는 하회 혹은 총회관계 상비부의 헌의와 제안이 없어도 필요하면 총회가 개정할 수 있다.

   ※ 정치 제23장 제1조

871. 총회 헌법이 정하고 있는 헌법에 들어 있지 않는 것은?
   ① 정치   ② 권징조례   ③ 대소요리문답   ④ 하이델베르크요리문답

   ※ 정치 제23장 제1,2,3조, 제12장 5조 1항 참고

872. 신조와 요리문답을 개정하는 규정 설명으로 옳지 않은 것은?
   ① 총회는 신조나 요리문답을 개정하는 의안을 각 노회에 보내기 전에 특별히 위원 15인 이상(목사와 장로)을 택한다.
   ② 15인 위원은 1년간 그 문제를 연구한 후 총회에 보고하도록 해야 한다.
   ③ 그 위원은 1노회에 속한 2인 이상 됨을 금한다.
   ④ 노회 수 3분의 1과 모든 투표수 3분의 2 이상의 가표를 받고 그 다음회가 채용하여야 한다.

   ※ 정치 제23장 제2,3조 참고

873. 다음 중 신조와 요리문답을 개정하는 규정 설명으로 옳은 것은?
   ① 총회는 신조나 요리문답을 개정하는 의안을 각 노회에 보내기 전에 특별히 위원 15인 이상(목사와 장로)을 택하여 연구한 후 총회 때에 보고하게 한다.
   ② 노회에 수의하여 노회 중 3분의 2와 모든 투표수 3분의 2의 가표를 받으면 공포 없이 바로 시행한다.
   ③ 노회 수 3분의 1과 모든 투표수 3분의 2 이상의 가표를 받고 그 다음회가 채용하여야 한다.
   ④ 투표수 과반수 이상으로 가결된 노회가 전국 노회 수의 과반수 이상과 투표에 참가한 전국 모든 노회 노회원 수 3분의 2 이상의 가표를 받아야 한다.

   ※ 정치 제23장 제2,3조

874. 신조와 요리문답을 개정하고자 할 때 정족수는?
   ① 노회 중 3분의 2와 모든 투표수 3분의 2의 가표를 받는다.
   ② 노회 3분의 1과 모든 투표수 과반수의 가표를 받는다.
   ③ 총대 과반수의 가표를 받는다.
   ④ 헌법 개정위원회에서 결정한다.

   ※ 정치 제23장 2조

정답 870.④ 871.④ 872.④ 873.① 874.①

875. 총회는 신조와 요리문답을 개정하는 의안을 각 노회에 보내기 전에 몇 명을 택하여 몇 년을 연구하게 하는가?
① 9명과 2년 ② 15명과 2년
③ 15명과 1년 ④ 9명과 1년
※ 정치 제23장 2조
※ 2016년 기출문제

876. 신조와 요리문답을 개정하고자 할 때 총회는 그 의견을 제출하고 각 노회에 수의하여 모든 노회 중 ( ) 이상과 모든 투표 수 ( ) 이상의 가표를 받고 그 다음 회가 채용하여야 하는가?
① 3분의 2와 3분의 2 ② 과반수와 3분의 2
③ 과반수와 과반수 ④ 3분의 2와 과반수
※ 2017년 기출문제

정답 875.③ 876.①

제4부
부록

I. 이렇게 준비하라
  1. 주해 이렇게 준비하라
  2. 설교 이렇게 준비하라
  3. 논문 이렇게 준비하라

II. 기출문제
  1. 2021년
  2. 2022년
  3. 2023년

I. 이렇게 준비하라

1. 주해 이렇게 준비하라
(목사와 설교)

김근수 목사
(칼빈대학교 총장)

1. 들어가는 말

목회의 꽃은 주해설교임에 틀림이 없다. 그럼에도 불구하고 대부분의 작은 교회 특히 농어촌 교회의 목회자들은 설교를 준비할 여유도 없고 설교를 연구할 학비나 여건도 없다. 한국 교회의 나눔에 있어서 대형교회나 강단목회를 돕고자 하는 교회는 우선적으로 설교자들을 협력하여 말씀 사역이 살아나도록 하면 쇠퇴해가는 한국교회의 회복과 갱신이 가능할 것이다. 강단의 개혁 없이는 한국교회의 미래도 없다. 말씀이 죽으면 교회도 같이 죽는다는 것은 서구교회를 통해 볼 수 있다. 이 글은 총회에서 실시하는 강도사 고시의 『주해』를 준비하시는 분들을 위하여 준비하였다. 그러나 부족하지만 나의 경험을 기초하여 설교학적 주해에 관해 제한적임을 밝힌다.

설교자들이 하나님의 말씀에서 멀어지는 현상을 보면 매우 안타깝다. 말씀보다는 신유와 축사(축귀)에 그리고 경배와 찬양에, 하나님의 기쁨보다는 인간의 기쁨을 지나치게 추구하는 현실과 타협하고 있다. 또한 오늘날 각 교회들은 말씀의 재미보다는 코이노니아(성도의 교제)에 강조점을 두어 성경공부반보다는 문화와 취미반에 성도들이 모여들게 한다. 이런 현상은 목회 현장 속에서 말씀의 자리가 점점 뒤로 밀려나게 하며 강론의 시간을 점점 짧아지게 한다.

말씀의 위기가 아닐 수 없다. 뿐만 아니라 선포되는 말씀도 원저자인 성령의 본래적 계시의 의미와 그 정신에서 변질되고 설교자의 자의적 해석으로 왜곡됨으로써 강단이 죽어가고 있는 형국이다. 교회와 목회가 말씀으로 돌아가야 목회자도 살고 교회도 산다. 그러므로 목사는 강단 목회에 전력투구해야 한다. 말씀 중심의 교회가 되도록 목회의 최우선순위를 강단에서의 설교에 두어야 한다. 강단에서 전도하고, 강단에서 교육하며, 강단에서 심방과 양육이 이루어지도록 설교의 목적을 맞추어야 한다.

부족하고 부끄러운 설교 경험이지만 조금이라도 도움이 될까 하여 편집자의 부탁에 응하여 개인의 설교 준비 과정을 소개하려 한다.

2. 설교의 구성

매일 새벽기도회에서 돌아와 성경을 읽으면서 설교의 영감을 받고자 한다. 어떤 새벽에는 성경을 몇 장이나 읽어도 번쩍하는 설교의 영감이 없을 때도 있지만, 성경의 원저자이신 성령께서는 때마다 우리 성도들에게 필요한 말씀이 새롭게 눈에 띄도록 역사해 주신다. 그때에는 언제나 성경본문에 있는 말씀 그대로 설교의 제목을 정한다. 또한 주경의 주요 초점에 그 구절, 그 단어에 집중해 설교를 정리한다. 나의 경우, 제목이나 주제를 정하고 성경 본문을 찾아가는 경우는 지양한다. 필히 성경을 먼저 읽어 성경적 맥락을 찾고 그 속에서 본문과 제목을 정하는 일을 우선으로 한다. 그렇게 정해진 본문과 제목은 연간 일정의 적합성에 따라 설교 수첩에 적절하게 배치해 둔다. 간혹 설교 일정이 바뀔 때도 있지만, 가능한 1~2달 전에는 설교날짜를 확정하려 한다.

간혹 설교 시행의 날짜가 바뀔 때는 주로 해당 설교가 설교 청중에게 시기적으로 적합하지 않을 경우이다. 이는 다른 것이 아니라 성도의 어려움에 주의를 기울여 살피는 일이기도 하다. 이혼, 결혼, 독신 등의 설교를 하려고 할 때에 마침 이혼하는 혹은 이혼당하는 성도들이 있다면 피하는 편이다. 해당 설교가 그 성도에게 시험과 상처가 될 수 있기 때문이다. 이렇듯 설교할 때에는 '한 사람도 은혜 받지 못하면 시험 받는다'는 생각으로 설교를 준비하고, 시행한다.

3. 설교의 선택

설교본문 선택 시에는 신구약의 균형을 고려한다. 구약을 한 번 설교했다면 신약에서 한 번 설교하기 위해 항상 계산을 한다. 이를 헤아려 새벽기도회는 '항상' 구약에서 설교하고, 심방설교는 '가능한' 구약에서 하며, 성경공부 때는 신약을 인용하려 한다. 이는 율법과 복음의 조화를 늘 생각하기 위함이다. 율법의 교훈이 약하면 교회가 방종해지기 쉽고 복음이 약하면 성도의 기쁨이 빈약해지는 것을 느끼기 때문이다. 이에 대한 예시로, 성도의 '윤리'와 '신앙의 자유'에 대해 설교를 작성할 때면 어느 쪽으로도 치우치지 않도록 심히 고민하며 정진한다. 이토록 심혈을 기울여 신구약의 균형을 유지하려 애쓰면서도 끊임없이 중요하게 살피는 부분은 '교회가 초상집 분위기가 아니라 잔칫집 분위기'가 되도록 '복음의 기쁨'을 분명하고 명확하게 전하는 일이다.

주일 낮 설교의 본문은 신약에서 주로 한다. 주본문이 신약일 경우에는 해당 본문의 구약적 배경을 반드시 찾아보려고 노력하며, 이에는 예외가 없다. 삼일기도예배는 대부분 피곤과 시장을 무릎쓰고 주의 면전에 오르는 성도들이기에 담임목사로서 애틋한 심정으로 설교할 때가 많다. 설교 내용은 주로 한 권의 책이나 하나의 주제로 한다. 가령 이때에는 '예수님의 비유'나 '사도행전의 성령의 역사' 등의 시리즈로 성경을 가르치는 시간으로 쓴다.

어떤 설교이든, 당일의 설교가 성도들에게 일방적 선포가 되지 않기를 마음에 새기며 신중하게 준비한다. 목회자이기에 최선을 다해 성도들의 환경과 생활들을 사색해야 한다. 성도의 눈높이에 맞게 소통을 이루려 많은 노력을 기울여야 한다. 이를 성실히 수행하여 설교를 완비한다. 특별히 성실한 성도, 믿음의 가정, 건강한 교회가 되기를 마음 깊이 바라며 강론의 방향을 늘 고정한다.

4. 설교의 작성

설교 작성 노트에 언제나 서론, 본론, 그리고 결론으로 먼저 표시해놓고 작성을 시작한다. 서론은 언제나 '문제 제시'로 이 설교가 어느 방향으로 갈 것인가를 설교 청중에게 가늠할 수 있게 한다. 이를 위해 설교의 첫마디는 언제나 질문(문제 제시)으로 시작한다. 궁극적으로 서론에서의 이 질문에 대한 확실한 답을 결론에서 제시하여 반드시 '답'을 깨우치게 한다. 고로 본론의 전개는 서론 질문에 대한 답을 찾아가는 과정이다. 이는 설교의 처음 부분부터 섣부르게 특정 결론을 드러내지 않기 위함이다. 서론에서 결론을 드러내는 것은 설교의 긴장성을 떨어뜨리기 때문이다. 그렇기에 설교를 풀어가는 방식으로 귀납적 서술을 채택하고 있다.

본론의 구성은 보통 세 단락으로 구성한다. 첫 단락에서는 본문의 배경(Context)을 주해하며 접근한다. 사실 이 부분에 많은 시간을 할애한다. 이를테면 설교 본문의 삶의 정황(사고방식이나 생활양식)이 어떠했는지, 그때의 본문의 목적, 그때의 청중 혹은 독자들의 이해는 어떠했는지 등에 대한 설명을 필수적으로 설명하려 한다. 이를 위해 다양한 주석들과 신구약 신학사전(TDNT, TDOT) 등을 살펴보며 탐구한다. 둘째 단락에서는 본문이 주는 두세 가지의 메시지를 가지고 성도들이 삶에 적용할 수 있도록 도전을 준다. 이 단계에서는 본문의 문자적, 역사적, 신학적 의미에 머물지 않고 그 본문의 정신적(영적) 의미에 강조점을 둔다. 예를 들면, "피 먹지 말라"(Text)는 말씀은 피는 생명의 근원이기 때문에 음식법에 얽매이지 않고 살인, 살생하지 말라고 해석하는 것(Context)과 같다. 성도들이 해당 메시지를 정서적·감정적으로 수용(point of Contact)할 수 있도록 간절하게 호소하는 편이다. 왜냐하면 같은 내용일지라도 직접적인 책망보다는 간곡하게 호소하는 편이 설교 청중의 마음 문을 여는 데 더욱 효과적이라고 느끼기 때문이다. 셋째(혹은 마지막) 단락의 결론 부분에서는 본문 말씀에서 도출된 '신앙과 순종', '불신앙과 불순종'의 양면적 결과를 숨김없이 내보인다. 성도들의 실제 삶을 변화시키는 일이 설교의 궁극적인 역할이자 실효이기 때문이다. 이때 간결하면서도 함축된 표현을 전달하기 위해 각별히 신경 쓴다. 결론 부분에서 설교 핵심 메시지에서 도출된 적용점을 들은 성도들에게 정서적 긴장감과 결단을 촉구하여 삶 속에서 도전할 수 있도록 만들어야 하기 때문이다.

5. 작성 시간과 장소

설교의 본문과 제목은 대부분 오랜 시간을 두고 미리 정해놓는다. 이는 평소 성경을 읽을 때면, 성령께서 영감을 주시는 순간에 설교의 본문과 제목이 정해지기 때문이다. 결정된 설교 본문 및 제목은 곧바로 설교수첩에 옮겨놓는다. 그러한 이후에 그 설교가 선포될 적당한 시기를 고려하며 설교 본문을 모든 면에서 사색한다. 필요시 정해진 공간에 메모하며 말씀을 정비한다. 주보에 설교본문과 제목을 실어 설교를 한 주 앞둔 주간은 특별히 주일날 시행할 설교 리허설을 해보며 설교의 맥락을 점검한다. 맥락을 다듬며 집중적으로 설교를 준비하는 기간을 갖는다. 참고 서적으로 재차 확인하고, 설교의 흥미를 유발할 수 있는 예화도 찾는다. 이 기간에 설교자는 삶과 주일 설교의 관계를 밀접하게 살아야 한다. 한 주간의 삶과 묵상이 주일 설교 준비의 연속성하에 있다. 설교자의 삶의 자리는 설교와 무관하지 않음을 기억해야 한다.

모든 과정을 체득하였다면 설교 맥락을 구체화한다. 구체적인 설교원고를 추가 작성하는 일은 토요일 오후부터 시작하여 늦으면 밤늦게까지 한다. 이 설교원고는 주로 손으로 직접 작성하며 좋아하는 설교노트의 지면 위에 기록한다. 추가 설교문은 설교원고의 흐름에 따라 메모 형식으로 세 쪽 정도로 기록한다. 설교 원고 한 쪽당 실제 설교에서 10분 정도의 시간을 할애하기 때문이다. 특히 설교에 인용하는 성경구절은 반드시 기록한다.

설교원고는 주일 아침 이른 시간에 방송실로 복사본을 넘겨준다. 설교 진행에 따라 성경본문과 인용구절은 강단 전면 화면에 띄운다. 한 설교에 열 번 이상 성경인용은 하지 않도록 스스로 제한한다. 이는 성경 인용 및 자막 사용을 너무 자주 하면(Multi-focus) 설교의 강조점이 흐려지기 때문이다. 설교 시에 성경 인용구절은 또박또박 읽는 습관이 있다. 하나의 교훈적 초점에 무게를 싣고자(Mono-focus) 세밀하게 살피었기 때문이다.

설교 작성의 장소는 항시 설교자료가 갖추어져 있는 서재가 좋다. 다른 곳에서의 설교 작성은 산만할 수 있다. 설교 준비 장소에 대해 신경을 쓰는 이유는 순간순간에 주어지는 설교영감은 한 번 떠올랐다가도 다시 떠오르지 않을 수 있기 때문이다. 성령께서 주시는 영감을 조금도 소홀히 하지 않기 위해 (집의 서재와 같이) 설교에만 집중할 수 있는 장소에서 설교를 기록한다. 한 번뿐인 그 순간을 놓치면 설교의 영성이 희석되는 것을 느끼기에 더욱 신경을 기울인다.

6. 설교의 선포

설교는 원고에서 자유롭게 이야기 형식으로 한다. 이는 설교를 쉽게 풀어내기 위한 노력이다. 설교 내용이 선명해지도록 하기 위해 원고에 매이지 않으려 한다. 되도록 자유롭고 편안한 마음으로 청중에게 다가가 관계를 맺으며, 가장 중요한 '청중의 영적인 부분'은 오직 말씀으로 긴장(도전)을 주려 한다.

설교 청중에게 가장 중요한 것은 말씀이다. 그렇기에 설교자는 청중들이 말씀에 집중할 수 있는 방안을 스스로 고민하며 연구해야 한다. 설교자가 전하는 말씀을 오롯이 마음에 품고 삶을 살아갈 수 있도록 해야 한다. 목회의 경험을 통해 여러 방안들을 고안하였다. 한 가지 방법으로는 설교시간이 30분 이상 길어지지 않도록 시계를 강단에 놓고 진행하는 일이다. 오직 말씀의 핵심만을 정해놓은 시간 내에 전하려다 보면 설교의 뼈대를 중심으로 내용을 다듬을 수 있다. 더불어 설교 청중과 호흡을 같이하려고 중간 중간에 '할렐루야'로 설교의 반응을 요구하여 예배의 방관자가 아닌 예배의 참여자로 초대한다.

7. 나가는 말

목회자 자신도 교회도 설교 연구를 위한 재정적 투자와 자원이 필요하다. 농어촌 교회 목회자들에게는 총회나 노회 그리고 뜻있는 교회들의 도움이 절실하다. 목사가 강단으로 돌아가 말씀에서 뛰어나올 선지자같이 외친다면 한국교회의 쇠퇴기는 피해갈 수 있을 것이다.

2. 설교 이렇게 준비하라
(설교 작성 준비)

문병호 교수
(총신대학교 신학대학원)

I. 설교란 무엇인가?

1. 설교와 설교자

설교는 하나님의 말씀을 해석하거나 각색하는 것이 아니라 충실하게 전하는 것이다. 설교자는 하나님의 음성을 전하는 대언자가 되어야 하므로, 설교자 자신의 소리를 내려고 해서는 안 된다. 그러므로 올바른 설교를 위해서는 무엇보다 먼저 설교자 자신이 성경을 통하여 하나님의 말씀을 들어야 한다. 설교자가 먼저 귀를 열고 하나님의 말씀을 올바로 듣고 난 후에야, 그 전하는 말이 분명해진다(막 7:35).

2. 설교의 목적

설교는 여러 목적을 위하여 다양하게 할 수 있지만, 원칙상 예배의 한 부분을 구성한다. 그러므로 설교 제목과 본문 및 그 분량과 내용이 예배에 적합해야 한다. 설교는 성경 본문을 풀어서 선포해야 하며, 설교자 자신의 신념이나 경험이나 사변을 늘어놓아서는 안 된다. 설교자는 복음을 위하여 세움을 받았으므로(딤후 1:11), 세상의 윤리나 처세술을 가르쳐서는 안 된다. 설교는 하나님이 은혜로 베푸시는 언약의 신령한 복을 전해야 하며, 세상의 명예와 부를 궁극적 가치로 여기는 기복적인 것이 되어서는 안 된다.

3. 올바른 설교

설교는 주제 설교나 강해 설교나 교리 설교 등 다양한 형태가 있지만, 언제든 본문에 가장 충실한 설교가 최고의 설교가 된다. 설교의 본문은 성령의 감동으로 기록된 하나님의 말씀이므로, 설교자는 이 말씀을 가감(加減)해서는 안 되며, 내 말을 전해서도 안 된다. 그래야 회중이 "사람의 말"이 아니라 "하나님의 말씀"으로 받게 된다(살전 2:13).

II. 설교의 작성

1. 설교의 주제

설교의 목표는 성경 본문을 풀어서 전하는 것이다. 설교는 뚜렷한 주제를 담고 있어야 한다. 그 주제는 하나님이 '지금' '이곳에서' '회중에게' 내려 주시는 '하나님의 말씀'이다. 이 땅에 오신 그리스도는 말씀을 가르치시고 전파하셨으며(마 4:23), 성경을 풀어 주셨다(눅 24:32). 이제는 보혜사 성령이 '진리의 영'으로서 주님이 가르치시고 말씀하신 모든 것을 생각나게 하시고, 주님 자신을 증언하신다(요 14:16, 26; 15:26). 설교는 그 진리를 말씀의 강도를 통하여 회중이 듣고 '아멘'에 이르도록 돕는 것이다. 설교자는 기쁨을 만들어 내는 자가 아니라 돕는 자이다(고후 1:24).

그러므로 설교의 주제는 본문 말씀에 적합해야 하고, 신앙고백에 적합해야 하며, 교리에 적합해야 한다. 그리고 그 적용이 성도의 신앙과 경건한 삶의 진보에 유익해야 한다. 설교는 단지 귀를 즐겁게 하는 데 그쳐서는 안 되며, 영적인 감화로 신령한 꼴을 먹이는 데 이르러야 한다. 설교의 지향점은 성도 다수의 동의에 있지 않고 성도 각자에게 새 생명을 주시고 날마다 영적 만나를 주셔서 자라게 하시는 하나님의 거룩한 섭리와 경륜에 있다.

그러므로 설교의 주제는 설교자가 풀어서 전하는 말씀 그 자체, 즉 말씀의 진리에 있어야 한다. 그 진리는 하나이다. 그 한 진리를 성도 각자에게 적용하시는 분은 보혜사 성령이시다. 설교자는 전하는 자이지 적용하는 자가 아니다. 설교의 주제도 이런 설교의 가치에 부합해야 한다.

2. 성경 본문 해석

성경은 성경으로 해석되어야 한다. 성경 자체가 성경 해석의 궁극적인 원리이자 유일한 원리가 되어야 한다.

설교를 위한 성경 본문의 해석은 개혁신학의 입장에 따라 자구적, 역사적, 신학적 해석을 견지해야 한다. '자구적'이라 함은 성경의 완전축자영감과 무오함이 그 내용뿐만 아니라 자구에도 미침을 뜻하고, '역사적'이라 함은 성경이 역사적 진리임을 뜻하며 '신학적'이라 함은 성경의 가르침이 전체 맥락에서 체계적이고 종합적으로 받아들여져야, 즉 수납(受納)되어야 함을 뜻한다.

성경은 하나님의 존재와 속성과 사역을 계시한다. 그러므로 설교는 성경 본문을 통하여 말씀하시고자 하는 하나님의 뜻을 정확하게 분별하여 전하여야 한다. 이를 위해서는 신구약 성경 전체에 대한 구속사적 이해가 필요하다.

설교는 성경 본문이 뜻하는 바를 교리에 부합하게 하도록 엄격하게 해석해서 전해야 한다. 예컨대, '칭의'에 대한 본문을 '성화'의 관점에서 선포하거나 중보자 그리스도의 신성(神性)에 대한 본문을 그의 인성(人性)의 관점에서 선포한다면 그 폐해가 극심할 것이다.

성경의 권위는 모든 성경 66권에 동일하게 미치므로, 어느 성경, 어느 말씀이 더 중요하다거나 덜 중요하다고 하면서 성경에 위아래의 계층을 두어서는 안 된다. 또한 성경 본문의 뜻을 지나치게 과장하거나 축소하여 전해서도 안 된다. 이렇게 될 때, 윤리주의, 경건주의, 기복주의, 신비주의 등 특정화의 오류와 자유주의, 비평주의, 혼합주의, 다원주의 등 보편화의 오류에 빠질 수밖에 없게 된다. 그러므로 좌로나 우로나 치우침 없이 성경이 가라면 가고 서라면 서야 하며, 본문의 뜻을 성경 전체에 대한 종합적이고 체계적인 교리적 이해 가운데 파악해야 한다.

3. 설교의 제목

설교 제목을 정함에 있어서 다음을 철칙으로 삼아야 한다.

첫째, 그 제목이 성경 본문을 충실히 반영해야 한다.
둘째, 그 제목이 설교 내용을 충실히 반영해야 한다.

설교 제목은 진부하지 않고 독창적일 필요가 있으나, 너무 자의적이거나 세속적이어서는 안 되며, 성경 본문의 단어나 구나 절 및 그 교리나 주제를 직접 활용해서 정하는 것이 가장 바람직하다. 설교 제목은 가급적 일목요연해야 하며, 너무 장황해서는 안 된다.

4. 설교의 구성

설교의 구성은 성경 본문의 성격이나 설교의 취지나 지향점에 따라 다소 달리 할 수 있으나, 본문에 대한 주해를 철저히 하여 그 뜻을 확정하고, 이를 몇몇 대지로 분류한 후, 그 가르침을 신앙과 삶에 적용하는 방식을 취해야 한다. 무엇보다 중요한 것은 어떤 설교든 그 전하는 바의 궁극적인 목적이 하나님께 영광을 올림에 있어야 한다는 점이다.

설교는 언약신학적 관점에서 구속사적으로 전개되어야 한다. 칼빈이 말했듯이, 신구약은 그 경륜은 다양하나 실체는 하나이다. 그 실체가 중보자 그리스도이시다. 구약은 오실 그리스도를 전하고, 신약은 오신 그리스도를 전한다. 구약의 언약, 절기, 제사는 그리스도에 의해서 다 이루어졌다(요 19:30). 이는 율법과 선지자가 폐지되었음을 말하는 것이 아니다. 그리스도가 율법의 마침이 되신다고 함은 율법을 완전하게 하셨다 함을 뜻하는 것이지 율법의 폐지를 뜻하는 것이 아니다(롬 10:4; 마 5:17). 그러므로 구약의 율법을 전할 때에도 오실 그리스도의 성취를 생각해야 하고, 신약의 그리스도를 전할 때에도 율법에 순종하는 삶의 열매를 생각해야 한다.

5. 설교의 서론

서론은 설교의 도입부에 해당하는바, 설교의 주제와 유익함을 전체적으로 환기시킴으로써, 설교에 대한 회중의 관심과 흥미를 진작시키는 주요한 역할을 한다. 서론이 없는 설교는 있을 수 없다. 서론은 본론과 철저한 긴밀함을 지녀야 한다. 서론 따로 본론 따로, 그렇게 되어서는 안 된다.
설교의 성격에 비추어 필요하다면, 서론에서 본론의 역사적 배경을 설명하거나, 그 구속사적 의의와 가치를 소개하거나, 본론의 대지(大旨)를 정리해서 알리는 것도 효과적일 것이다. 서론은 함축적이어야 하며, 그 분량이 길지 않아야 한다.

6. 설교의 본론

설교는 설교자를 포함하여 모든 회중에게 내려 주시는 살아 계신 하나님의 말씀이다. 설교는 회중이 알아들을 수 있는 모국의 언어로, 회중의 고백과 신앙과 삶에 유익하게, 회중이 믿음 가운데 '예'와 '아멘'의 영적인 화답을 할 수 있는 말씀을 전해야 한다(고전 1:18-20).

설교는 그 전하고자 하는 바가 교리적으로나 신학적으로 분명해야 한다. 그것은 선포적이어야 하며, 선언적이어야 한다. 설교는 하나님의 말씀을 전하는 것이므로 불분명한 논변이나 추상적인 사변으로 진리를 얼버무려서는 안 된다. 세상의 인문 지식을 앞세워서는 안 되며, 복음이 아니라 윤리나 심리로 결론을 도출해 내고자 해서도 안 된다.

설교의 내용은 서론에서 결론까지 모든 부분이 성경 본문이 전하고자 하는 말씀에 집중하는 응집력을 지녀야 한다. 설교를 전개함에 있어서 수미쌍관(首尾雙關)하는 통일성이 있어야 하며, 기승전결(起承轉結)이 뚜렷한 논리성이 있어야 한다.

예화는 필요한 경우 사용할 수 있을 것이나 극히 자제해야 하며 지나쳐서는 안 된다. 예화는 설교를 돕는 보조 자료에 불과할 뿐이므로, 예화가 설교를 이끌어 가게 해서는 안 된다. 최고의 예화는 성경 말씀 자체이다.

7. 설교의 적용

성경은 하나님의 말씀으로서 살아 있고 활력이 있는바, 영혼과 골수를 찔러 쪼개기까지 한다(히 4:12). 성도가 설교를 들어 하나님을 아는 지식을 얻는 것과 그 지식대로 거룩한 삶을 사는 것이 모두 성령의 조명과 감화에 따른 말씀 자체의 역사(役事)이다. 그러므로 말씀의 선포와 적용을 별개로 여겨서는 안 된다. 진정한 선포는 이미 적용을 함의하기 때문이다. 그리스도가 생명의 진리요 길이시라는 것을 온전히 선포하여 회중이 그것을 심중에 받아들인다면 그 길이 아무리 좁고 협착하다고 한들 누가 그 길로 행하지 않겠는가(요 14:6; 마 7:14)?

성경 말씀은 생명의 규범과 생활의 규범을 모두 아우른다. 전자는 살아남과 후자는 살아감과 관계된다. 달리 말하면, 전자는 칭의와 후자는 성화와 관계된다. 설교는 이 모두를 전해야 한다. 거듭나서 영생의 새 생명을 얻음과 거룩한 새 삶을 살아감이 모두 하나님의 은혜임을 선포해야 한다. 설교는 그 은혜가 성도 개인이나 교회에 국한되지 않고 온 세상과 우주 전체에, 모든 영역에 구체적으로 미침을 선포해야 한다.

8. 설교의 결론

서론과 다름없이 결론도 간결해야 한다. 결론에서는 가장 함축적으로 본론에서 다루었던 것을 되새길 필요가 있으며, 성도에 대한 권면과 축복을 더불어 전하는 것이 좋다. 무엇보다 설교의 마지막에는 하나님께 영광을 올려드림이 합당하다.

영원히 오직 하나님께 영광을 올립니다(Soli Deo gloria in aeternum)!

3. 논문 이렇게 준비하라
(논문 작성 준비)

황건영 교수
(칼빈대학교 부총장)

1. 정확한 논지를 정하라(The Clear Thesis).

논문이라 함은 어떤 주제에 대한 주장을 인문과학적 논리로 증명해 내는 것이다. 일반 논문과는 달리 강도사 고시 과목 중 하나인 논문은 이미 제목이 주어지기 때문에 제목과 주제를 무엇으로 결정해야 할지에 대한 고민은 하지 않아도 된다. 그렇지만 정해진 제목을 잘 논술하기 위한 정확한 논지를 결정해야 하는 과정은 반드시 필요하다. 그러므로 논문 작성의 가장 중요한 첫 번째 단계는 정확한 논지를 정해야 하는 것이다. 명확한 논지를 결정해야 논리적인 논술 구성이 가능하기 때문이다. 그래서 논지란 논자가 그 논문에 대하여 무엇을 논술해야 할지를 한 문장으로 요약한 것이라 할 수 있다. 즉 논지란 논문의 목표와 같은 것이다.

2. 객관성을 가지라(Objectivity).

대부분의 논자들이 논문을 논술함에 있어서 이미 자신이 가지고 있는 관점을 전제로 하여 기술하려고 하는 경향이 있다. 그러나 만약에 논자가 논문을 기술할 때에 그처럼 미리 어떤 선입견을 가지고 있다면 그 논문은 자칫 객관성을 잃을 수 있게 된다. 그래서 논자는 인문과학적 자료들을 통해서 그 논지에 맞는 논술들로 그 논지를 입증해 낼 때 객관성을 통한 설득력이 가능하다. 그러므로 논문이란 논지를 증명해 낼 수 있는 객관성이 있는 논술에 집중해야 한다. 논문이란 설교와는 달리 자신이 주장하려고 하는 논지를 인문과학적 자료들을 가지고 논리적인 전개과정을 개관적으로 증명하는 것이다.

3. 연역법적으로 전개하라(Deduction method).

논문의 구성은 서론과 본론과 결론이란 다양한 전개과정을 요한다. 즉 논문이란 이런 구성과정들을 통해서 자신이 주장하고 싶은 논지나 주장을 입증해 가는 것이다. 그래서 논문이란 귀납법적이라기보다는 연역법적이라고 할 수 있다.

논문의 구성은 제목이 설정된 후에, 그 제목에 따른 동기와 논지가 결정이 된다. 그 후에 그 논문을 어떻게 논술해 나갈 것인가에 대한 방법론을 제시하게 된다. 그런 방법들을 제시할 때에

서론에서는 연구 동기와 논지를 결정하고, 방법론과 자료들에 대한 언급을 하게 된다. 본론의 구성에서는 대주제와 중간의 주제들과 또한 그 하부에 소주제들로 나누어 구성하게 된다. 이런 다양한 구성들은 모두가 논자의 주장이 될 수 있는 논문의 논지를 증명해 나가는 과정으로서 부합되어야 한다. 결론에서는 서론에서 언급한 논지의 증명과 주장에 대한 결론을 반드시 언급하게 된다. 이런 논문의 구성 방법이 연역법적 과정이라고 할 수 있다. 특히 강도사 고시에 출제되는 논문의 구성은 이처럼 연역법적 방법에 속한다고 할 수 있다. 이런 과정을 치밀하게 논술해 나갈 때에 그 논문을 논리적 논문이라고 할 수 있고, 독자의 이해와 마음을 움직일 수 있는 설득력 있는 논문이 될 수 있다.

4. 논문의 평가에 있어서 몇 가지 질문들

(1) 논문의 공헌도가 얼마나 있는가?

일반적이고 보편적인 주장은 논문을 아무리 많이 써낸다 할지라도 의미가 없다. 논문이란 그 주장과 논자의 주장에 따른 논쟁의 과정과 결론이 독자들로 하여금 깨달음과 새로운 이해를 도전해야 하는 공헌이 있어야 한다. 그럼에도 불구하고 아무런 새로운 도전과 이해가 없다는 것은 그 논문의 가치 면에 있어서 그 어떤 의미도 부여할 수 없다. 결국 논문의 공헌도 문제이다.

(2) 논문이 얼마나 논리적으로 논술되었는가?

논문은 그야말로 논리적 싸움이다. 논자가 주장하려고 하는 논지를 입증하려 하는 분야를 어떻게 더 논리적으로 설명해 낼 수 있느냐가 관건이다. 논문은 논쟁이 없으면 논문이 될 수 없다. 또는 아무도 관심을 두지 않는다. 가치 없는 논문이라는 의미이다. 그래서 논지를 주장함은 새로운 관점이라 할 수 있고, 그것은 논쟁점이 될 수 있다. 여기서 논쟁점이란 그 논지를 부정적으로 보는 자료나 학자, 또는 긍정적인 입장에 있는 주장이나 학자들과의 논리적 싸움이다. 누가 더 객관성을 가지고 설득력 있게 주장하느냐에 달려 있다. 논자가 자신의 논지를 더 잘 설명하거나 증명해 낼 수 있으면 그 논문은 설득력이 있는 자료가 될 수 있다. 그래서 논문은 반드시 논리적 논술이 논지를 설득할 수 있고, 또한 반대 주장자들에 대한 학문적 설득이 가능하다.

논문 구성을 간단히 정리하여 보자

---

1. 서론(10 점 배점)
   서론에서는 논자의 연구 동기와 분명한 논지를 밝히고, 논술해 가는 방법을 정리하고, 어떻게 결론에 도달할지에 대한 논술로 정리한다.

2. 본론(70 점 배점)
   본론에서는 다음과 같은 몇 가지 질문들로 정리해 본다.
   (1) 논지를 증명해 나가기 위한 논의와 논쟁들이 충분하게 이루어졌는가?
   (2) 논자의 논증들이 본 논문의 논의들과 서로 적절하게 연결이 되었는가?

> (3) 문장의 구성들은 독자들에게 설득력이 있도록 논술되어 있는가?
> (4) 논술을 증명하기 위한 자료들은 1차 자료들로 적절했는가?
> 즉 논문의 본론은 대주제와 소주제로 구성을 하되 논리적 형식을 잘 갖추어서 논술되어야 한다.
>
> 3. 결론(10점 배점)
> 서론과 결론은 일맥상통한다. 서론의 도전은 결론에서 논리적인 설명으로 정리해야 한다. 서론의 주장은 결론과 일치함을 가져야 한다. 본론의 주장들은 결론에서 함축되어 설명되어야 한다. 즉 결론에서는 서론에서 언급되었던 논지가 충분한 논의로 결론에 도달해야 한다. 도달한 결론은 모든 독자들에게 대부분이 설득력을 가져야 한다. 그리고 그 결과물이 지대한 공헌도가 있어야 한다.
>
> 4. 참고문헌
> 참고문헌에서는 객관성이 있는 자료들이나 정보들로 사용되어야 한다.

(3) 논문이 얼마나 정확한 논술 형식을 갖추었는가?

논문이란 논자와 독자의 관계성을 결코 분리할 수 없다. 논자만 이해할 수 있는 논문은 아무런 가치가 없다. 그 논문이 독자들에게 새로운 지식이나 이해도를 넓혀줄 수 있는 공헌도가 필요하다. 그렇게 하려면 논문을 논술해 나가는 데 서로 약속과 같은 정해진 논술 형식이 필요하다. 논문의 논술 형식이나 표기 형식이 독자들에게 일목요연하게 눈에 들어올 수 있어야 한다. 논술 형식에도 관심을 가져야 한다. 특히 자료인용에 있어서 가급적 1차 자료(Primary Source)를 사용해야 한다. 특히 강도사 고시의 과목인 논문에서 최고의 자료는 성경이 되어야 한다. 성경은 결코 인간의 지혜로 증명할 수 없다. 성경 자체 스스로가 객관적이다. 그러므로 논자는 성경이 최고의 1차 자료임을 전제해야 한다. 만약에 객관적이라고 하는 역사와 성경이 부딪칠 때는 역사보다도 성경을 우위에 두어야 한다. 성경은 하나님의 영감으로 기록된 말씀으로 객관적이기에 자료로서 다른 것과 비교하여 선택의 여지가 없다.

(4) 논문의 표절에 조심하라(Plagiarism)

논자가 논문을 스스로 혼자만의 생각으로 논술한다는 것은 대단히 주관적일 수 있다. 물론 1543년에 유일하게 주장했던 코페르니쿠스의 지동설처럼 완벽하게 새로운 학설이 될 수도 있다. 보편적으로 세상이란 지구를 중심으로 이해했지만 그러나 코페르니쿠스는 천문학을 통해서 지구가 태양을 중심으로 해서 돌고 있다는 최초의 주장을 했다. 그 당시 이 진리를 아무도 이해할 수 없었고, 증명할 수 있었던 학자도 없었다. 이렇게 완전 획기적인 주장이 될 수도 있다. 그러나 논자가 논문을 논술할 때에 너무나 자기 일변도의 주장은 표절로 오해받기 십상이다. 어떤 주장을 할 때는 이 주장이 앞선 시대에 누가 주장을 했는지 논증을 했는지 연구를 해야 하는 과정이 반드시 필요하다. 그래야 표절을 피해갈 수 있다. 물론 누구나 아는 아주 일반 보편적인 진리는 자연스럽게 표기를 해도 표절이라고 인정하지는 않는다. 표절은 그 논문을 작성한 논자에게 치명적인 손상을 가져다줄 수 있다. 그래서 언제나 논자는 표절을 주의해야 한다.

II. 기출문제

1. 2021 강도사고시 기출문제

조직신학

1. 구원의 서정에서 "죄와 죄의 결과로부터 구원을 얻기 위해 그리스도를 받아들이는 영혼의 감화로 하나님의 약속을 성심적으로 신뢰함"은 무엇에 대한 설명인가?
   ① 신앙　　　　　② 소명　　　　　③ 성화　　　　　④ 회심

2. 다음 중 내용 연결이 옳지 않은 것은?
   ① 요 4:24 - 창조주와 피조물의 존재론적 구분
   ② 잠 4:23 - 중립적 이성은 없음
   ③ 사 57:15 - 하나님은 초월적 존재시면서 동시에 내재적 존재이심
   ④ 엡 4:4 - 성경은 구원과 구원의 삶에 있어 반드시 필요함

3. 다음 중 그리스도의 삼중직에 해당되는 것은?
   ① 왕, 선지자, 사도　② 왕, 제사장, 선지자　③ 선지자, 제사장, 사도　④ 왕, 제사장, 사도

정답　1.① 2.④ 3.②

4. 다음 중 교회의 세 가지 표지가 아닌 것은?
   ① 말씀의 순수한 선포
   ② 사도적 계승
   ③ 성례의 합법적 거행
   ④ 권징의 합당한 시행

5. 다음 중 작정에 관한 내용으로 옳지 않은 것은?
   ① 작정은 신적 지혜에 기초한다.
   ② 작정은 결과에 있어서 반드시 유효하다.
   ③ 작정은 이차적 원인에 따라서 성취된다.
   ④ 작정은 죄에 대해서 허용적이다.

6. 다음 중 은혜의 방편의 3요소로 바르게 된 것은?
   ① 하나님의 말씀/성례/예배
   ② 하나님의 말씀/기도/섬김
   ③ 하나님의 말씀/성례/기도
   ④ 하나님의 말씀/기도/찬양

7. 다음 중 예정에 관한 설명으로 옳은 것은?
   ① 선택은 모든 사람과 천사를 포함한다.
   ② 선택은 성령 안에서 이루어진다(엡 1:4).
   ③ 선택은 하나님의 기뻐하시고 자유롭고, 조건적이고, 주권적 작정이다.
   ④ 예정은 선택과 유기로 구성된다.

8. 삼위 하나님의 위격적 관계에 대한 설명으로 가장 거리가 먼 것은?
   ① 위격의 존재방식에 있어서 성부, 성자, 성령의 순서
   ② 세 인격의 하나님이 동시에 한 분 하나님
   ③ 하나님은 인간에게 세 모습으로 나타나심
   ④ 삼위는 한 존재 안에 있는 세 병립적 존재가 아님

9. 다음은 속죄의 이론 중 무엇을 말하는지 고르시오.

   > 16세기에 소시너스에 의해 주장된 설로 그리스도의 죽음은 제사적 대속의 죽음이 아니라, 자신이 가르친 교훈의 진실성을 나타내기 위한 하나의 순교적 죽음이라고 함.

   ① 도덕 감화설
   ② 신비설
   ③ 모범설
   ④ 만족설

10. 다음 중 그리스도의 승귀에 해당되지 않는 것은?
    ① 부활
    ② 재림
    ③ 우편보좌(재위)
    ④ 중보

정답 4.② 5.③ 6.③ 7.④ 8.③ 9.③ 10.④

11. 다음 중 그리스도의 명칭이 바로 되어 있지 않은 것은?
    ① 예수 - 자기 백성을 그들의 죄에서 구원할 자
    ② 그리스도 - 기름 부음을 받은 자
    ③ 하나님의 아들 - 그리스도의 인성을 의미함
    ④ 임마누엘 - 하나님이 우리와 함께 계시다

12. 다음 중 그리스도의 신성을 부인한 유대교 계통의 학파는?
    ① 사벨리안파   ② 에비온파
    ③ 아포리나리스파   ④ 영지주의자

13. "다른 복음은 없나니 다만 어떤 사람들이 너희를 교란하여 그리스도의 복음을 변하게 하려 함이라"는 구절이 기록된 곳은?
    ① 고후 1:17   ② 행 1:8   ③ 갈 1:7   ④ 골 3:2

14. 다음 중 그리스도의 부활을 설명한 것으로 거리가 먼 것은?
    ① 몸의 부활   ② 첫 열매   ③ 영으로 살아남   ④ 성부가 하시는 일

15. 예수 그리스도가 재림하실 때의 모습에 해당하지 않는 것은?
    ① 은밀하게 비가시적으로 오신다.   ② 영광스럽게 오신다.
    ③ 구름타고 오신다.   ④ 갑자기 오신다.

16. 다음 중 일반은총에 관한 설명으로 가장 거리가 먼 것은?
    ① 구원의 사역과 구분되는 하나님의 일반적인 선하심
    ② 성령의 사역에 속하지 않아 그 어떤 신학적 의미도 없음
    ③ 신자·불신자의 차별 없이 모든 인류에게 주어짐
    ④ 심판을 지연하여 택한 자들을 보존하심

17. 다음 중 칭의와 관련하여 가장 거리가 먼 것은?
    ① 다가올 심판이 사실이기 때문에 칭의가 복음
    ② 의인을 칭의하는 것이 아니라 죄인을 칭의
    ③ 칭의는 믿음의 공로를 필요로 함
    ④ 죄책이 사하여지고 의인의 신분이 됨

18. 다음 중 구원의 서정에 대한 설명으로 맞지 않는 것은?
    ① 회심 - 죄에서 떠나 하나님께로 돌아가는 의식적 변화
    ② 중생 - 구원을 얻기 위해 부르심에 답하는 것
    ③ 영화 - 그리스도의 재림으로 이루어지는 구원의 완성
    ④ 견인 - 택자들을 끝까지 인도하는 하나님의 사역

정답 11.③ 12.② 13.③ 14.③ 15.① 16.② 17.③ 18.②

19. 다음 중 성령의 사역 가운데 잘못 설명한 것은?
   ① 성령의 조명 - 계시(진리)는 성령의 도우심이 없이는 이해할 수 없음
   ② 성령의 기름 부음 - 성령의 내주와 같은 의미로서 신자의 현 상태를 나타냄
   ③ 성령의 인 치심 - 성령의 내주하심으로 신자가 주관적 확신을 지님
   ④ 성령 충만 - 구원의 삶 전 영역에 걸쳐 지속적으로 성령의 지배를 받는 것

20. 다음 중 하나님을 아빠 아버지로 부르는 양자의 영에 대하여 전하는 성경 구절은?
   ① 살전 1:3/벧전 1:3
   ② 롬 8:15/갈 4:6
   ③ 요일 1:1/엡 1:4
   ④ 갈 5:22/히 11:6

21. 다음 중 회개의 세 요소가 아닌 것은 무엇인가?
   ① 지성적 요소 - 죄를 죄로 인식하는 것
   ② 결의적 요소 - 죄에서 떠나는 방향 전환
   ③ 신앙적 요소 - 죄를 신앙으로 벗어 버리는 것
   ④ 감성적 요소 - 죄를 슬퍼하는 것

22. 다음 중 신약에 나타나는 음부의 뜻으로 맞지 않는 것은?
   ① 죽음   ② 무덤   ③ 죄악   ④ 지옥

23. 다음 중 하나님께서 말씀으로 창조하셨다는 성경구절이 아닌 것은?
   ① 롬 9:21   ② 시 33:6   ③ 히 11:3   ④ 요 1:3

24. 다음은 그리스도의 연합 가운데 무엇을 말하나?

   "하나님과 피택자 사이의 구원을 내용으로 하는 언약으로 예수 그리스도의 의의 전가로 영생을 얻게 되는 그리스도 안에서의 연합"

   ① 속죄언약에서의 연합
   ② 은혜언약에서의 연합
   ③ 구속적 용에서의 연합
   ④ 구속 성취에서의 연합

25. 다음 중 천년왕국과 가장 연관이 많은 것은?
   ① 지상의 평화
   ② 그리스도의 통치
   ③ 유대인 왕국
   ④ 번영의 시대

26. 다음 중 학자들의 천년설에 대하여 주장한 내용으로 잘못된 것은?
   ① 카이퍼 - 무천년설
   ② 바빙크 - 무천년설
   ③ 박형룡 - 역사적 전천년설
   ④ 칼빈 - 역사적 전천년설

정답 19.③ 20.② 21.③ 22.③ 23.① 24.② 25.② 26.④

27. 다음 중 최종심판의 중요성이 아닌 것은?
    ① 진지한 삶을 살게 함
    ② 회개를 촉구함
    ③ 두려움을 갖게 함
    ④ 위로와 격려가 됨

28. 다음 중 그리스도의 재림의 방식이 아닌 것은?
    ① 인격적 재림
    ② 육체적 재림
    ③ 가시적 재림
    ④ 영적 재림

29. 다음 중 죽음과 영생의 설명 중 바르지 않은 것은?
    ① 한번 죽으면 모든 것이 끝이기 때문에 내세관이 중요하다.
    ② 사망은 사람의 범죄에 대한 하나님의 형벌이다.
    ③ 육체적 죽음은 사람의 영혼과 육체가 서로 분리되는 것을 의미한다.
    ④ 육체의 죽음이 있으나 영혼은 죽지 않는다. 다만 영벌과 영생이 있을 뿐이다.

30. 다음 중 무형교회의 특징으로 가장 거리가 먼 것은?
    ① 택자들의 모임
    ② 우주적 교회
    ③ 전투적 교회
    ④ 하나님 나라 실현

31. 다음 중 교회의 통일성에 대한 설명으로 맞지 않는 것은?
    ① 모든 세대와 나라에 걸쳐 교회는 하나
    ② 그리스도의 몸이 하나라는 뜻
    ③ 교회라는 제도적 직제가 하나라는 뜻
    ④ 성령도, 주도, 믿음도, 세례도 하나

32. 다음 중 교회의 보편성과 관련있는 구절은?
    ① 마 11:23
    ② 요 3:16
    ③ 갈 3:28
    ④ 계 1:3

33. 다음 중 교회의 말씀 사역에 대한 설명으로 가장 연관이 적은 것은?
    ① 순수한 말씀 전파는 교회의 가장 중요한 사역
    ② 교회가 해석하는 진리는 언제나 순수하고 무오함
    ③ 교리와 생활이 말씀 하에 있지 않으면 거짓교회
    ④ 지상교회의 말씀 사역은 완전무결하지 못함

34. 다음 중 유아세례와 관련하여 가장 연관이 적은 것은?
    ① 유아들도 언약 백성
    ② 모세와의 언약
    ③ 사도들의 전통
    ④ 할례 대신 세례

정답 27.③ 28.④ 29.① 30.③ 31.③ 32.③ 33.② 34.②

35. 교회와 하나님 나라의 관계 중 가장 거리가 먼 것은?
    ① 무형 교회는 궁극적으로 하나님 나라를 실현
    ② 유형 교회는 무형 교회에 포함
    ③ 유형 교회에서 구현되는 하나님 나라는 불완전할 수 없음
    ④ 유형 교회는 하나님 나라를 실현하는 수단

36. 하나님의 공유적 속성 중 도덕적인 속성은?
    ① 하나님의 거룩함   ② 하나님의 진실성
    ③ 하나님의 주권적 의지   ④ 하나님의 지혜

37. 삼위 하나님의 사역 중 성령의 사역은?
    ① 구속 적용   ② 구속 계획   ③ 구속 작정   ④ 구속 성취

38. 신학에서의 원리에 대해서 바르지 않은 것은?
    ① 존재의 원리는 하나님이시다.
    ② 신학적 지식의 유일한 원리는 성령 충만이다.
    ③ 외적 인식의 원리는 하나님의 특별계시이다.
    ④ 내적 인식의 원리는 믿음이다.

39. 다음 중 교의학에 대한 설명이 바르지 않은 것은?
    ① 교의들은 성경의 가르침에 대한 체계적인 진술들을 담고 있다.
    ② 신학은 교의들의 형성에 보조적인 역할을 해왔다.
    ③ 교의신학은 교회의 교의들을 그 자료의 핵심으로 삼는다.
    ④ 교의학의 과제는 교회가 그리스도와의 연합에서 경험하는 주관적 감정들을 기술하는 것이다.

40. 하나님의 무한성에 대한 내용이 아닌 것은?
    ① 절대적인 완전성   ② 시간적 영원성
    ③ 공간적인 광대성   ④ 불변성

41. 천사에 대한 설명 중 옳지 않은 것은?
    ① 피조된 존재이다.
    ② 영적이고 무형적인 존재이다.
    ③ 이성적, 도덕적이며 불멸하는 존재이다.
    ④ 모두 선한 존재만 있다.

42. 다음 이름들 중 그 성격이 다른 것은?
    ① 아볼루온   ② 디아볼로스
    ③ 유앙겔리온   ④ 사탄

정답 35.③ 36.① 37.① 38.② 39.④ 40.④ 41.④ 42.③

43. 인간의 기원에 대한 성경의 서술 중 옳은 것은?
   ① 인간의 창조 후에 하나님의 거룩한 경륜이 온다.
   ② 인간의 창조는 엄밀한 의미에서 하나님의 간접적인 사역이었다.
   ③ 창 1:27과 2:7은 사람이 하나님의 형상으로 지음 받았음을 보여주는 주요 구절이다.
   ④ 하등 동물과 마찬가지로 인간은 하나님의 형상을 따라 창조되었다.

44. 성경적 죄 개념이 아닌 것은?
   ① 죄의 본질은 하나님의 명령에 대한 불순종에 있다.
   ② 원죄는 아담의 타락으로 인하여 모든 인류에게 전가된 죄이다.
   ③ 아담의 타락으로 모든 인류는 사망의 형벌 가운데 태어났다.
   ④ 죄에는 중죄와 경죄가 있으며, 경죄는 어겨도 사망의 형벌에 이르지 않는다.

45. 다음 중 은혜언약의 특성이 아닌 것은?
   ① 은혜로운 언약이다.
   ② 삼위일체적인 언약이다.
   ③ 영원한, 파기되지 않는 언약이다.
   ④ 보편적인 언약이다.

46. 물세례의 3가지 요건이 아닌 것은?
   ① 물로 씻음
   ② 삼위 이름으로 씻음
   ③ 그리스도와의 연합의 인침
   ④ 구원의 조건

47. 다음 중 행위언약에 대한 설명으로 가장 올바른 것은?
   ① 창 3:15을 통해서 시작
   ② 구약의 모든 언약은 행위언약
   ③ 임시적 조치 후 규범 자체가 폐지
   ④ 마지막 아담을 통해 성취

48. 죄의 전가와 관련하여 가장 연관이 깊은 본문은?
   ① 롬 5장   ② 사 53장   ③ 고전 15장   ④ 롬 3장

49. 다음 중 용서 받지 못할 죄를 규정하고 있는 구절은?
   ① 롬 14:23   ② 히 11:6   ③ 마 12:32   ④ 갈 5:16

50. 다음 중 그리스도의 인성에 대한 설명으로 가장 거리가 먼 것은?
   ① 성장 과정을 거치심
   ② 영혼이 있으심
   ③ 고난을 받지 않으심
   ④ 공포와 두려움을 느끼심

정답 43.③ 44.④ 45.④ 46.④ 47.④ 48.① 49.③ 50.③

교회사

1. 초대교회가 로마제국으로부터 박해를 받았던 이유와 가장 거리가 먼 것은?
   ① 황제권의 확립을 위한 정치적 동기
   ② 기독교 예배 의식에 대한 로마인들의 오해
   ③ 육체의 부활 등 교리에 대한 멸시
   ④ 기독교인들의 도덕적 타락에 대한 우려

2. 다음 중 기독교를 박해한 로마의 황제와 그 당시 순교한 인물들을 바르게 연결한 것은?
   ① 데시우스 - 폴리갑
   ② 마르쿠스 아우렐리우스 - 저스틴 마터
   ③ 네로 - 이그나티우스
   ④ 도미티아누스 - 사도 바울

3. 사도들의 제자로 알려진 속사도교부에 속하는 인물로서 마그네시아와 에베소에 보내는 편지를 비롯한 7편의 서신을 저술하여 그리스도의 신성을 설명했던 교부는?
   ① 테오필루스
   ② 이그나티우스
   ③ 폴리캅
   ④ 유스티누스

4. 카르타고 출신의 교부인 터툴리안에 대한 설명으로 올바르지 않은 것은?
   ① 말년에 몬타누스주의에 빠져 정통교회를 벗어났다.
   ② "한 본질인 세 위격"을 주장하여 삼위일체의 개념 정립에 기여했다.
   ③ 헬레니즘 사상을 적극적으로 받아들여 기독교 신앙을 변증했다.
   ④ "순교자들의 피는 교회의 씨앗이다"라고 말하며 로마 제국의 박해에 대응했다.

5. 삼위일체 교리 논쟁으로 인한 동방교회의 분열 문제를 해결하기 위해 325년 콘스탄티누스 황제에 의해 소집된 최초의 보편 교회회의는 무엇인가?
   ① 콘스탄티노플 회의
   ② 칼케돈 회의
   ③ 니케아 회의
   ④ 에베소 회의

6. 다음 중 알렉산드리아의 감독이었던 아타나시우스에 대한 설명으로 가장 부적합한 것은?
   ① 칼케돈 회의에 참석하여 동일본질파의 지도자로서 정통교리의 결정을 주도했다.
   ② 아리우스주의자들에 의해 다섯 차례 감독직을 박탈당하고 추방되었다.
   ③ 전임 감독 알렉산더의 후임으로서 알렉산드리아의 감독이 되었다.
   ④ 367년 저술한 편지에서 신약정경 27권의 목록을 제시했다.

정답 1.④ 2.② 3.② 4.③ 5.③ 6.①

7. 다음 중 어거스틴의 신학적 주장과 가장 거리가 먼 것은?
   ① 하나님의 조건적 선택
   ② 인간의 전적인 타락
   ③ 불가항력적 은혜
   ④ 원죄의 유전

8. 초대교회 이단 중 마르키온주의와 거리가 먼 것은?
   ① 2세기 중엽 로마를 중심으로 확산
   ② 기독교 신앙과 헬레니즘을 혼합한 혼합주의
   ③ 구약을 거부하고 신약 일부를 인정
   ④ 교회가 정경확립에 필요성을 느끼는 계기 제공

9. 콘스탄티누스 황제에 대한 설명으로 거리가 먼 것은?
   ① 콘스탄티우스 클로루스와 헬레나 사이에 태어남
   ② 312년 막센티우스를 밀비안 다리에서 격파
   ③ 313년 밀라노칙령 공포와 함께 세례를 받음
   ④ 제국을 통일한 후 330년에 새로 건설한 콘스탄티노플을 수도로 정함

10. 속사도교부와 저술이 바르게 연결된 것은?
    ① 폴리갑 - 빌립보 교인에게 쓴 짧은 편지
    ② 로마의 클레멘트 - 주님의 말씀 강해
    ③ 이그나투스 - 고린도인에게 보내는 서신
    ④ 파피아스 - 안디옥 감독으로서 7편의 서신

11. 다음 중 381년 콘스탄티노플 회의와 거리가 먼 것은?
    ① 디오클레티아누스 황제 2년에 소집
    ② 나지안주스의 그레고리우스가 의장직 수행
    ③ 니케아신조의 확립
    ④ 아폴리나리스의 잘못된 기독론을 정죄

12. 웨스트민스터 신앙고백은 구체적인 신학적 진술과 더불어 신학적 체계를 논리적으로 잘 반영한 완성도 높은 구조를 보여준 수준 높은 문서였다. 다음 중 이 신앙고백의 주요 주제들의 목차로 바른 것은?
    ① 하나님과 삼위일체 - 하나님의 영원한 작정 - 성경 - 창조
    ② 하나님과 삼위일체 - 창조 - 성경 - 하나님의 영원한 작정
    ③ 성경 - 창조 - 하나님과 삼위일체 - 하나님의 영원한 작정
    ④ 성경 - 하나님과 삼위일체 - 하나님의 영원한 작정 - 창조

13. 독일의 30년 전쟁으로 독일과 스웨덴 사이에 맺은 평화조약은 어떤 것인가?
    ① 팔츠 조약   ② 베스트팔리아 조약   ③ 런던 조약   ④ 뮌헨 조약

정답 7.① 8.② 9.③ 10.① 11.① 12.④ 13.②

14. 세계교회협의회(WCC)에 대한 설명으로 합당하지 않은 것은?
   ① 선교사 파송보다 사회활동을 지원하는 방향으로 선교 노선이 수정되었다.
   ② 전통적인 교회의 선교가 포기되고 사회의 제반 활동을 선교로 정의하였다.
   ③ 전통적인 선교보다 '하나님의 선교'를 강조하였다.
   ④ 해방신학, 민중신학 등과 같은 토착화신학을 반대하였다.

15. 근대교회사의 출발점으로도 보는 유럽의 30년 종교 전쟁은 언제 있었나?
   ① 1618~1648년
   ② 1626~1656년
   ③ 1646~1676년
   ④ 1696~1726년

16. 아우크스부르크 종교화의(The Peace of Augsburg)에 대한 의의로 적합하지 않은 것은?
   ① 영주가 자기 관할권내 종교에 대하여 성직자 임명권, 재정권, 교리적 문제까지 관여하게 되었다.
   ② 황제가 지배하는 보편적 국가에서 영주를 중심으로 하는 근대 민족국가로서의 변천을 알리는 계기가 되었다.
   ③ 개신교의 각 교단이 가톨릭에 맞서 단일화되는 계기가 되었다.
   ④ 가톨릭이 개신교를 공식적으로 인정하게 된 사건이었다.

17. 다음은 누구에 관한 설명인가?

> 관념론을 논리적으로 발전시켜 범신론적 체계를 수립하였으며 라이프니찌의 주지설을 발전시켜 이성과 절대자를 동일시하였다. 변증법적 원리를 이용하여 역사발전 과정을 설명하려고 하였으며 "정신현상학", "논리학", "법철학" 등의 저서를 남겼다.

   ① 슐라이어마허 (Schleiermacher,1768-1834)
   ② 헤겔 (Hegel,1770-1831)
   ③ 괴테 (J.W.von Goethe.1749-1832)
   ④ 루소 (J.J.Rousseau,1712-1778)

18. 계몽주의가 끼친 영향에 대한 설명으로 타당하지 않은 것은?
   ① 계몽주의는 신앙은 반드시 인간의 이성에 뿌리를 두어야 한다는 경향을 촉발하였다.
   ② 계몽주의는 종교적 당면 관심사를 도덕적인 면에서 초자연적인 면으로 변경시켰다.
   ③ 계몽주의는 신학과 철학을 분리하려는 움직임을 가져왔다.
   ④ 계몽주의는 신앙을 절대적 순종의 영역에서 합리적인 이해의 영역으로 변경시켰다.

정답 14.④ 15.① 16.③ 17.② 18.②

19. 빈칸에 들어갈 연도를 순서대로 배열한 것은?

> (   )년의 아우크스부르크 종교화의와 (   )년의 프랑스 낭트 칙령 그리고 중세 천년의 역사를 마감하고 근대교회사의 출발이 된 (   )년의 베스트팔리아 조약은 근대교회사의 태동을 알리는 신호탄이 되었다.

① 1555, 1588, 1648　　　　② 1555, 1588, 1628
③ 1555, 1558, 1618　　　　④ 1555, 1598, 1648

20. 옥스퍼드 운동(Oxford Movement:1833-1841)에 대한 설명이 아닌 것은?
① 기독교의 침체를 회복하려는 열정이 담겨있었다.
② 주역은 홀리클럽의 멤버인 존 웨슬리와 찰스 웨슬리 그리고 조지 휫필드였다.
③ 건실하고 순수한 교회를 육성하기 위해 도덕적 재무장을 강조하였다.
④ 옥스퍼드 대학을 중심으로 일어난 종교 운동이다.

21. 아래는 4세기~5세기 사이의 교회 역사에 있었던 중요한 회의들이다. 역사적 순서대로 바르게 배열한 것은?

> a. 칼케돈 회의　　b. 콘스탄티노플 회의　　c. 니케아 회의　　d. 알렉산드리아 회의

① cdab　　　　　　　　　② cdba
③ cbda　　　　　　　　　④ dcba

22. 다음 중 중세 초기 영국과 아일랜드 지역에 대한 선교에서 중요한 역할을 했던 인물에 포함되지 않는 사람은?
① 패트릭　　　　　　　　② 콜롬바누스
③ 어거스틴　　　　　　　④ 메로비우스

23. 츠빙글리가 자신의 종교개혁 운동 과정에서 치열한 논쟁을 벌인 상대가 아닌 사람은?
① 펠릭스 만츠　　② 콘라드 그레벨　　③ 요한 외콜람파디우스　　④ 마틴 루터

24. 영국왕 윌리엄 1세에게 다음과 같은 편지를 보냈으며 그 결과로 하인리히 4세와 충돌을 일으킨 사람은?

> 조물주는 하늘에 두 빛을 달아두심으로 만물을 비추는 것처럼 땅에는 두 권력을 세우심으로 만물을 지배하여 잘못된 데 빠지지 않게 하신다. 두 권력은 교회과 국왕이다. 교황은 큰 빛이고 국왕은 작은 빛이다.

① 그레고리우스 7세　　　　② 오토 1세
③ 실베스터 3세　　　　　　④ 베네딕트 9세

정답　19.④　20.②　21.③　22.④　23.③　24.①

25. 다음은 샤를마뉴 대제에 대한 설명이다. 그 내용이 사실과 다른 것은?
   ① 어거스틴의 "신의 도성"에 도전을 받고 그것을 건국정신으로 삼았다.
   ② 어린이에게 시편, 음악, 문법교육을 시키고 주일성수와 십일조, 전도를 강조하였다.
   ③ 화상숭배를 용인하였다.
   ④ 궁정학교를 열어 영국학자 알퀸(Alquin, 735-804)을 교수로 초청, 학문의 중심이 되게 하였다.

26. 다음 설명은 누구에 대한 내용인가?

   · 810년경 아일랜드에서 출생한 수도사
   · 카롤링거 왕조시대 파리왕립학교의 교수가 되었다.
   · 코트샬트의 이중예정론을 반박하였으며 위-디오니시우스의 헬라어 저술들을 라틴어로 번역하고 실재론에 입각한 신학적 사변을 전개함.
   · 중세 스콜라신학의 초석을 놓았던 인물

   ① 알퀸   ② 아인하르트
   ③ 에리우게나   ④ 보에티우스

27. 비잔틴 제국의 유스티아누스 황제 때 기독론 논쟁과 관련하여 정죄당한 소위 3장의 저자에 속하지 않는 사람은?
   ① 몹수에스티아의 테오도루스   ② 에데사의 이바스
   ③ 알렉산드리아의 디오스코루스   ④ 키루스의 테도오레투스

28. 다음 인물들 중 세비야의 이시도르가 썼다고 알려진 "역대 교황의 교령집"이 위조임을 문헌학적으로 증명함으로써 중세를 지배해 온 교황의 권위에 타격을 입한 15세기 인문주의자는?
   ① 페트라르카   ② 로렌초 발라
   ③ 에라스무스   ④ 피코 델라 미란돌라

29. 십자군 원정에 관한 설명 중 바르지 않은 것은?
   ① 전쟁 기간은 우르바누스 2세 때부터 루이 9세까지였다.
   ② 출전한 귀족, 기사들 간의 전쟁의 목적이 다르고 이해 관계가 상반된 것이 실패의 원인 중 하나였다.
   ③ 동방교회는 십자군 원정에 매우 우호적이었으나 그 군대는 강하지 못해서 패배하였다.
   ④ 초기에 가졌던 신앙적 열의가 식어지고 내분이 일어났으며 재물을 약탈하는 등의 불온한 동기가 문제가 되었다.

30. 중세 대학에서 가르쳤던 학문 중 스콜라신학의 기초가 되었던 기초교양과정 세 과목(Trivium)은?
   ① 논리학·수사학·문법   ② 기하학·천문학·철학
   ③ 논리학·대수학·음악   ④ 기하학·문법·음학

정답 25.③ 26.③ 27.③ 28.② 29.③ 30.①

31. 중세 후기 시작된 이탈리아 르네상스 인문주의의 영향을 받아 바티칸에 성 베드로 성당 건축을 추진했으며 라파엘로를 등용해 교황청 집무실에 "아테네 학당"이라는 그림을 그리게 했던 교황은?
   ① 율리우스 2세   ② 식스투스 4세   ③ 레오 10세   ④ 알렉산더 6세

32. 다음 인물은 누구인가?

   > 가. 독일인의 사도라고 불리는 이 사람은 영국의 귀족 출신으로 고등교육을 받았다.
   > 나. 윌리브로드를 도와 선교활동을 하였다.
   > 다. 베네딕트 수도사로서 학업에 전념하였고 수도사가 되었다.
   > 라. 732년 교황에 의해 대주교로 임명되었다.
   > 마. 로마 가톨릭을 위해 공헌한 사람이었다.

   ① 카를 마르텔   ② 패트릭   ③ 보니파키우스   ④ 투르의 마틴

33. 다음 중 칼빈의 주요 저작인 "기독교강요"에 대한 바른 설명만을 묶은 것은?

   > 가. 1536년 바젤에서 처음 출판되었다.
   > 나. 라틴어로 먼저 출판되었다.
   > 다. 종교개혁 시대 나타난 최초의 조직신학적 저술이다.
   > 라. 프랑스 국왕에게 헌정되었다.
   > 마. 1559년 라틴어 최종판은 전체 3권으로 구성되었다.

   ① 가, 나, 라   ② 가, 다, 마   ③ 나, 다, 라   ④ 나, 라, 마

34. 카노사의 굴욕과 연관된 내용이다. 그 내용이 어울리지 않는 것은?
   ① 교황은 2월에 회의를 소집하여 하인리히 4세를 파문함과 동시에 폐위를 선언하고 국민은 그에게 충성을 다할 의무가 없음을 선언하였다.
   ② 독일 왕 하인리히 4세가 그레고리우스 7세의 교직 임명권, 교회 재산권에 반대하며 황제권을 강조하여 교황의 해명을 무시한 채 보름스 주교회의(1076)를 소집하여 교황 폐위를 결의한 것이 발단이 되었다.
   ③ 카노사의 굴욕은 그레고리우스 7세의 하인리히 4세에 대한 완전하고 영원한 승리였다.
   ④ 하인리히 4세가 교황이 있던 카노사 성을 찾아가 눈밭에서 밤낮 3일을 사죄하였다.

35. 다음 중 재세례파의 주장과 가장 거리가 먼 것은?
   ① 성경은 체계를 갖춘 신학적 관점에서 해석되어야 한다.
   ② 세속의 검과 영적인 검은 절대로 함께 할 수 없다.
   ③ 엄격한 권징을 시행하여 교회의 순수성을 확보할 수 있다.
   ④ 구약의 할례는 복음으로 인해 완전히 폐지되었다.

정답 31.① 32.③ 33.① 34.③ 35.①

36. 중세 신비주의자들과 그들의 사상을 연결한 것이다. 그 연결이 바르지 않은 것은?
   ① 토마스 아 켐피스 - 지식적 신비주의자이며, 저서로는 "그리스도를 본받아"가 있음.
   ② 존 타울러 - 내적 생명을 강조하고 외적 의식에 의존하는 것을 비난함.
   ③ 헨리 수소 - 어려서부터 어거스틴 수도원에 들어가 가르침을 받았다.
   ④ 버나드 - 그리스도를 사모하는 열정이 전 사상을 지배하였으며, 그리스도의 고난에 동참하는 신앙적 신비를 동경하였고, 평생을 클레르보 수도원장으로 지냄.

37. 다음 중 트렌트 회의에서 결정된 교령의 내용이라고 보기 어려운 주장은?
   ① 외경 역시 성령으로 영감된 하나님의 계시이다.
   ② 오직 교회만 성경의 참된 의미를 해석할 수 있는 권위를 갖는다.
   ③ 성경과 교회의 전통이 신앙과 신학에 있어 동등한 권위를 갖는다.
   ④ 라틴어 번역 성경인 벌게이트가 교회의 가르침과 경건을 위한 표준판이다.

38. 부르봉 왕실에 속한 앙리 4세가 1598년 프랑스의 위그노들에게 예배의 자유를 허락하기 위하여 발표한 칙령은?
   ① 샤토브리앙 칙령   ② 생 제르맹 칙령   ③ 낭트 칙령   ④ 퐁텐블로 칙령

39. 아래의 내용과 관계가 깊은 것은?

   a. 탈권위 강조(모든 권위에 도전하라)   b. 여성 및 노동자 인권 강조
   c. 페미니즘 사상 확산   d. 친동성애 사상 확산
   e. 반교회, 반기독교 사상 확대

   ① 러시아 볼세비키 혁명   ② 프랑스 68혁명
   ③ 영국 산업혁명   ④ 1906 미국 아주사 부흥운동

40. 다음 중 하이델베르크 요리문답 작성에 참여한 인물로 볼 수 없는 사람은?
   ① 자카리아스 우르시누스
   ② 틸레만 헤수시우스
   ③ 카스파르 올레비아누스
   ④ 선제후 프리드리히 3세

41. 다음 중 조선에 내한한 카를 귀츨라프(Karl Gutzlaff)에 대한 설명으로 틀린 것은?
   ① 그는 성경을 건네주고 서생 "양이"에게 주기도문을 번역하게 했다.
   ② 처음에 네덜란드 선교회에서 파송되었으나 중국선교를 위해 런던선교회로 옮겼다.
   ③ 1830년 제너럴 셔먼호의 통역관으로 승선하여 서해안에 도착했다.
   ④ 7월 25일 충청도 홍주만 고대도에 도착하여 관리들과 접촉할 수 있었다.

정답 36.③ 37.① 38.③ 39.② 40.② 41.③

42. 황사영 백서 사건과 거리가 먼 것은?
    ① 1801년(순조 1년)
    ② 베이징 구베아 주교에게 보낸 13,311자의 밀서
    ③ 대대적인 선교사 파송요청
    ④ 신유박해의 전말과 대응책 언급

43. 다음 중 언더우드(Horace Grant Underwood)에 대한 설명으로 틀린 것은?
    ① 승동교회를 설립했다.
    ② 1885년 4월 5일 제물포에 도착했다.
    ③ 한국 선교 촉구를 했으며, 테이트, 레이놀즈와 전킨의 입국에 크게 영향을 미쳤다.
    ④ "한국선교의 아버지", "성경번역", "복음전도자"라고 불린다.

44. 캐나다 장로회 출신 선교사로 1893년 12월에 입국하여 황해도 소래(송천)교회에서 한국인의 의식주를 몸으로 실천하였으며 헌신적으로 교인들을 돌보고 교회건축에 힘쓰다 소천했던 선교사는 누구인가?
    ① 제임스 게일   ② 사무엘 마펫   ③ 윌리엄 매켄지   ④ 존 헤론

45. 다음 중 초기 한국교회 부흥운동과 주요 인물을 잘못 연결한 것은?
    ① 원산부흥운동 - 하디   ② 목포부흥운동 - 저다인
    ③ 백만인구령운동 - 이반 로버츠   ④ 평양대부흥운동 - 길선주

46. 다음 중 한국교회사에서 1907년에 일어난 사건이 아닌 것은?
    ① 독노회가 7개 대리회를 노회로 승격하여 7개 노회의 총회 결성 결의
    ② 장로교 최초의 목사 7인 안수
    ③ 평양대부흥운동
    ④ 평양신학교 1회 졸업

47. 한국 장로교의 분열에 대한 역사적 사실 중 그 내용이 맞지 않는 것은?
    ① 1979년 제64회 총회에서 합동과 합동보수 측 분열
    ② 1953년 제38회 총회에서 김재준을 신학문제로 제명하고 기독교장로회가 분열되어 나감.
    ③ 1981년 제66회 총회에서 합동과 대신 측 분열
    ④ 1959년 제44회 총회에서 합동과 통합 측 분열

48. 다음 중 조선물산장려운동에 대한 설명으로 잘못된 것은?
    ① 1920년대에 일제의 경제적 수탈정책에 항거하여 벌인 범국민적인 운동
    ② 서상돈 선생의 주도로 대구에서 시작
    ③ 전국으로 확산되었고, 학생들과 기생들까지도 동참
    ④ 자작회와 토상애용부인회와 서로 협력

정답 42.③ 43.① 44.③ 45.③ 46.① 47.③ 48.②

49. 다음 중 권서인에 대한 설명 중 바르지 못한 것은?
   ① 이들에 의하여 성경이 널리 보급
   ② 성경 외에도 찬송가, 교리문답서, 선교달력 등을 보급
   ③ 이들을 통해 부유층보다도 가난한 민중들에게 복음이 전파
   ④ 백홍준은 한국 최초로 영국성서공회로부터 권서인으로 파송

50. 대한예수교장로회총회 창립에 관한 설명과 거리가 먼 건은?
   ① 1912년 9월 1일 평양에서 창립
   ② 초대회장은 언더우드 목사, 부회장은 길선주 목사
   ③ 17개 노회로 분할하여 총회를 조직
   ④ 총회조직 기념으로 중국 산동성에 선교사를 파송

정답 49.④ 50.③

헌법(정치)

1. 교회 자유에 대하여 옳게 설명한 것은?
   ① 교회는 국가의 세력을 의지하지 않고 오직 국가에서 각 종교의 종교적 기관을 안전 보장하며 동일시함을 바라는 것뿐이다.
   ② 교회의 머리되신 예수께서 직원을 세우신다.
   ③ 진리가 진리되는 증거는 사람으로 성결하게 하는 것이다.
   ④ 양심의 주재는 하나님뿐이시다.

2. 교회 직원의 선거권에 대하여 옳지 않은 것은?
   ① 교회 직원의 성격과 권한은 성경에 기록되어 있다.
   ② 교회 직원 선정은 객관성을 위하여 상회인 노회의 감독하에 진행한다.
   ③ 직원의 선거와 위임하는 규례는 성경에 기록되어 있다.
   ④ 어느 회에서든지 그 직원을 선정하는 권한은 그 회에 있다.

3. 교회의 설립에 대한 설명으로 옳지 않은 것은?
   ① 하나님이 만국 중에서 대중을 택하사 무한하신 은혜와 지혜를 나타나게 하신다.
   ② 저희는 생존하신 하나님의 교회요 예수의 몸이다.
   ③ 택하신 자로 성령의 전이다.
   ④ 전과 지금과 이후에 만국의 성도니 세속적 공회라 한다.

4. 교회의 항존직에 속하지 않은 것은?
   ① 교회의 환자나 환난 당한 자를 돌보며 권면하는 권사
   ② 강도와 치리를 겸한 목사
   ③ 교인의 대표자이며 치리만 하는 장로
   ④ 항존직의 시무연한은 만 70세이다.

5. 목사의 의의를 설명한 것이 아닌 것은?
   ① 목사는 노회의 안수로 임직 받아 복음을 전파하고 세례를 거행하며 치리하는 자로 교회에서 가장 중요하고 유익한 직분이다.
   ② 양의 무리를 감시하는 자이므로 목자라 한다.
   ③ 노회에 속하거나 치리 받지 아니하고 임의로 교회를 치리한다.
   ④ 죄로 침륜할 자에게 구원의 복된 소식을 전하는 자이므로 전도인이라 한다.

정답 1.① 2.② 3.④ 4.① 5.③

6. 시무목사와 관련이 없는 것은?
   ① 조직교회 시무목사는 공동의회에서 출석교인 3분의 2 이상으로 청빙을 받으나 시무기간은 1년이다.
   ② 조직교회에서 부득이 시무목사의 계속시무를 청원할 때는 공동의회에서 3분의 2 이상의 가결로 청원하며 1년간 더 허락할 수 있다.
   ③ 미조직교회에서의 시무기간은 3년이요. 연기를 청원할 때는 당회장이 노회에 더 청원할 수 있다.
   ④ 위임목사를 보좌하는 임시목사니 당회의 결의로 청빙하되 계속 시무하게 하려면 매년 당회장이 노회에 청원하여 승낙을 받는다.

7. 장로의 자격과 거리가 먼 것은?
   ① 만 35세 이상 된 남자 중 입교인으로 흠없이 5년을 경과한 자
   ② 노회의 허락을 받아 교육기관에서 성경과 기독교 교리를 가르친다.
   ③ 상당한 식견과 통솔력이 있는 자
   ④ 딤전 3:1~7 해당된 자

8. 목사의 칭호가 아닌 것은?
   ① 위임목사   ② 시무목사   ③ 공로목사   ④ 원로목사

9. 집사의 칭호로 틀린 것은?
   ① 시무집사   ② 원로집사   ③ 은퇴집사   ④ 무임집사

10. 당회의 설명 중 거리가 먼 것은?
    ① 지교회를 담임하는 목사와 치리장로로 조직하되 세례교인 25인 이상을 요한다.
    ② 당회의 성수는 장로 2인이 있으면 장로 1인과 당회장의 출석으로 한다.
    ③ 당회장은 지교회 담임목사가 되며 특별한 경우 당회의 결의로 노회에 속한 목사 1인을 대리당회장으로 할 수 있다.
    ④ 장로는 교회에 속한 자이므로 노회의 허락없이 지교회의 임의로 세울 수 있다.

11. 총회총대는 서기가 천서를 접수하여 호명한 후부터 무엇이 주어지는가?
    ① 대표권   ② 회원권   ③ 천서권   ④ 성수권

12. 다음 노회의 직무이다. 다음에 들어갈 단어를 아래 보기에서 찾으시오.

    | 노회는 그 구역에 있는 당회와 _____와 강도사와 전도사와 _____과 _____를 총찰한다. |

    ① 지교회와 목사, 목사후보생, 지교회
    ② 지교회와 목사, 목사후보생, 미조직교회
    ③ 지교회와 목사, 장로, 조직교회
    ④ 지교회와 목사, 장로, 지교회

정답 6.④ 7.② 8.③ 9.② 10.④ 11.② 12.②

13. 다음 노회 회집에 관한 사항 중 옳은 것은 무엇인가?
   ① 노회는 예정한 날짜와 장소에 회집하고 특별사건이 있는 경우에는 다른 지교회 목사 4인과 다른 지교회 장로 3인의 청원에 의하여 회장이 소집한다.
   ② 노회는 예정한 날짜와 장소에 회집하되 다수의 목사가 찬성하고 회원의 1/3이 청원할 때 회장이 소집한다.
   ③ 노회는 예정한 날짜와 장소에 회집하고 특별한 사건이 있는 경우에는 문제의 교회가 청원하고 노회장이 회집하여 임시회를 소집한다.
   ④ 노회는 예정한 날짜와 장소에 회집하고 특별한 사건이 있는 경우에는 각 다른 지교회 목사 3인과 다른 지교회 장로 3인의 청원에 의하여 회장이 임시회를 소집할 수 있다.

14. 노회가 보관하는 각종 명부가 아닌 것은 무엇입니까?
   ① 시무목사
   ② 원로목사
   ③ 강도사
   ④ 안수집사

15. 헌법정치 제17장의 목사 사면 및 사직에는 4가지가 있다. 그 중 아닌 것은?
   ① 권고사면
   ② 권고휴직
   ③ 자유사면
   ④ 권고사직

16. 다음 중 임시노회가 처리할 수 있는 안건에 대한 설명으로 옳은 것은?
   ① 임시노회는 긴급을 요하는 안건을 처리하기 위한 것이므로 임원회가 결정하여 통지한 대로 소집하여 처리할 수 있다.
   ② 통지에 기재되지 않은 안건도 본 회가 결정하면 처리할 수 있다.
   ③ 각 회원에게 10일 선기하여 통지하고 통지서에 기재한 안건만 결의할 수 있다.
   ④ 임시노회는 청원인이 목사 2명, 장로 3명이면 회집할 수 있다.

17. 노회의 언권은 있으나 결의권이 없는 사람은?
   ① 교단기관목사
   ② 정년이전의 원로목사
   ③ 무임목사
   ④ 지교회 담임목사

18. 총회 조직에 관한 설명으로 옳은 것은?
   ① 총회총대는 총회임원회가 선정하고 투표하여 개회 2개월 전에 총회 서기에게 보고한다.
   ② 총회총대는 노회에서 투표하여 선출되면 누구나 총대가 된다.
   ③ 총회총대는 총회 전 정기노회에서 투표로 선출하되 노회원 과반수 이상의 투표를 받은 자라야 한다.
   ④ 총회총대는 각 노회에서 매 7당회에서 목사 1인, 장로 1인씩 파송한 목사와 장로로서 조직하되 1당회에서 목사, 장로 각 1인을 초과하지 못한다.

정답 13.④ 14.④ 15.② 16.③ 17.③ 18.④

19. 제직회에 관한 설명으로 옳지 않은 것은?
   ① 제직회는 공동의회에서 위임하는 금전을 처리한다.
   ② 제직회는 매년 말 공동의회에 1년간 경과 상황과 일반 수지결산을 보고하며 익년도 교회경비 예산을 보고하고 회계는 장부의 검사를 받는다.
   ③ 구제와 경비에 관한 사건과 출납은 모두 회에서 처리하며 회의결의에 의하여 금전은 출납한다.
   ④ 제직회는 공동의회에서 위임하는 금전은 처리하지만 당회장이 임의로 결제하고 출납할 수 있다.

20. 다음을 읽고 해당되는 조항은 무엇인가?

   > 총회는 소속교회 및 치리회의 모든 사무와 그 연합 관계를 총찰하며, 하회에서 합법적으로 제출하는 헌의와 청원과 상고와 소원과 고소와 문의와 위탁 판결을 접수하여 처리하고, 각 하회록은 검열하여 찬부를 표하고 산하 각 교회 간에 서로 연락하며 교통하며 신뢰하게 한다.

   ① 총회의 권한   ② 총회의 직무
   ③ 총회 성수   ④ 총회 조직

21. 당회의 직무가 아닌 것은?
   ① 예배와 성례를 거행한다.
   ② 장로와 집사를 임직한다.
   ③ 권징한다.
   ④ 노회에 총대를 파송하고 교회 정황을 노회에 보고하지 않는다.

22. 다음 중 당회의 별명부는 어떤 교인을 기록해야 되는가?
   ① 1년 이상 실종된 교인   ② 6개월 이상 실종된 교인
   ③ 책벌받은 교인   ④ 다른 교회로 이명한 교인

23. 본 교단의 헌법의 역사와 관계없는 것은 무엇인가?
   ① 1901년 만국장로회 헌법 번역위원 선정
   ② 1902년 헌법준비위원회와 노회 규칙위원회 선정
   ③ 1912년 총회설립 시에 신경과 규칙을 정식으로 채용
   ④ 1917년 웨스터민스터 헌법책 번역하여 총회가 작성한대로 편집 국한문으로 출판

24. 선교사에 대하여 맞지 않는 것은?
   ① 다른 민족에게 파송한 자
   ② 노회에 위탁하여 임직할 수 있다.
   ③ 봉급과 기타 비용은 파송하는 치리회가 담당한다.
   ④ 소명받은 자는 훈련받지 않고도 갈 수 있다.

정답 19.④ 20.② 21.④ 22.① 23.③ 24.④

25. 장로교 정치 제도에 대한 설명으로 옳은 것은?
   ① 각 교회가 성도들이 자유로이 직접 교회를 치리함
   ② 상급치리회의 결정은 권고적 사항일 뿐 구속력이 없음
   ③ 항존직에 의한 교회 치리
   ④ 각 치리회를 동일체로 이해함

26. 교회 정치에 대한 설명 중 옳지 않은 것은?
   ① 감독 정치는 교회의 주도권이 감독에게 있음으로 교인의 양심의 자유가 유린될 수 있다.
   ② 자유 정치와 조합정치는 교회의 권위가 훼손될 가능성이 있다.
   ③ 장로회 정치는 개혁신학에 근거하며, 양심의 자유와 교회의 자유를 존중한다.
   ④ 장로회 정치는 교회를 거룩한 공동체로 인식함으로 죄인 된 인간에 의한 어떤 정치도 허용하지 않는다.

27. 다음 중 장로회 정치에 대한 설명으로 맞지 않는 것은?
   ① 주권은 교인들에게 있으며 당회로 치리권을 행사하게 하는 정치제도이다.
   ② 공동의회를 통해 직분자를 세우거나 해임하는 민주적인 정치이다.
   ③ 당회의 상회로서 노회, 대회, 총회가 있는 삼심제의 치리회가 있다.
   ④ 당회는 치리장로와 목사인 강도장로의 두 반으로 조직되어 지교회를 주관한다.

28. 권징에 대한 설명으로 옳은 것은?
   ① 교회의 권징은 도덕적인 문제를 취급하는 것은 아니다.
   ② 교회의 권징은 오직 신령상의 것이다.
   ③ 권징의 효력은 정치의 공정에 있다.
   ④ 권징은 시대의 여론을 잘 반영한 것이어야 한다.

29. 종교에 관계되는 모든 사건에 대하여 속박받지 않을 권리에 대한 설명으로 옳지 않은 것은?
   ① 하나님은 인간에게 양심의 자유를 주셨다.
   ② 치리회라고 할지라도 양심의 자유를 제한할 수 없다.
   ③ 모든 양심은 오직 하나님의 말씀에만 구속을 받는다.
   ④ 타락 이후 인류에게는 양심의 자유가 소멸되었다.

30. 직원의 자격과 선택에 관한 설명으로 옳지 않은 것은?
   ① 교회는 직원 선택을 위한 규칙을 제정할 것이다.
   ② 어느 회에서든지 그 직원을 선거하는 권한은 그 회에 있다.
   ③ 교회의 직원은 우선 입교인이어야 한다.
   ④ 성격과 주의가 다같이 선한 자라도 진리와 교규(教規)에 의견이 불합하므로 교회의 도리에 완전히 신복하지 못하는 자라도 서로 용납하며, 직원이 될 수 있다.

정답 25.④ 26.④ 27.② 28.③ 29.④ 30.④

31. 다음 중 장로회 정치 원리인 양심의 자유에 대한 구체적인 설명으로 맞지 않는 것은?
   ① 장로회 정치가 개교회와 각 치리회를 다스리는 법규를 제정하는 것은 양심의 자유를 억압하는 것이 아니다.
   ② 어떠한 경우라도 내 양심에 허락되지 않으면 하지 않는 것이 양심의 자유이다
   ③ 어느 교회나 교단의 예배의식이나 규범을 이행하지 않고 자기양심에 따라 신앙생활 한다고 고집하는 것은 신앙양심의 자유가 아니다.
   ④ 헌법이 말하는 양심의 자유는 중생한 신자의 성경적 양심을 가리킨다.

32. 다음 중 교회 자유 원리에 해당되지 않는 것을 고르시오.
   ① 양심자유는 개인을 전제로 한 원리요, 교회 자유는 단체를 전제로 한 것이 다르다.
   ② 양심 자유 원리와 교회 자유 원리는 본질적으로 동일하다.
   ③ 양심 자유 원리에 따라 용인할 수 있는 일도, 교회 공동생활로 인한 제약이 불가피하다.
   ④ 혼자 예배드리는 것은 양심의 자유이기 때문에 교회가 강요할 수 없다.

33. 다음 중 지교회에 대한 설명으로 틀린 것은?
   ① 한 곳에서만 회집하여 교제하며 하나님을 경배하기 위해 세워진 교회다.
   ② 예수를 믿는 자들이 일정한 장소에서 하나님을 경배하기 위해 모인 교회다.
   ③ 예수의 나라를 확장하기 위하여 성경에 교훈한 모범대로 연합하여 교회 헌법에 복종한다.
   ④ 시간을 정하여 공동 예배로 회집한다.

34. 교회의 창설직원에 대한 설명으로 옳은 것은?
   ① 교회의 창설직원은 현대교회에서 선교사 또는 전도목사 제도로 정착되어 있다.
   ② 교회를 새로 개척하여 세우는 직원이 교회의 창설직원이다.
   ③ 창설직원은 주님의 임명으로 최초로 이적 행할 권능을 받은 직원이다.
   ④ 교회의 창설직원은 목사와 교사와 선지자를 일컫는다.

35. 성경이 목사의 직분을 맡은 자에 대한 칭호로 그 책임을 나타낸 것이 아닌 것은 무엇인가?
   ① 목자 – 양 무리를 감시하는 자
   ② 집사 – 그리스도를 봉사하는 자
   ③ 장로 – 그리스도의 집을 근실히 치리하는 자
   ④ 사도 – 거룩한 뜻을 전하며 하나님과 화목케 하라 권하는 자

36. 목사의 위임 해제에 관한 설명으로 옳은 것은 무엇인가?
   ① 폐 당회 후 2년 내에 당회를 복구하지 않으면 위임이 해제된다.
   ② 교회는 공동의회를 통해서 목사의 위임을 해제할 수 있다.
   ③ 목사의 위임이 해제되면, 그 교회는 허위교회가 되며, 당회의 직무는 정지된다.
   ④ 장로가 없는 교회라도 위임목사를 청빙하여 장로를 세워 당회를 조직할 수 있다.

정답 31.② 32.④ 33.① 34.③ 35.④ 36.①

37. 다음 중 부목사에 관한 설명으로 맞지 않은 것은?
   ① 부목사는 당회원은 물론 제직회원도 될 수 있다.
   ② 부목사는 위임목사가 해임되고 허위교회가 될 경우 시무 잔여기간만 시무할 수 있다.
   ③ 104회 총회 결의에 따라 후임목사로 청빙된 부목사를 제외한 모든 부목사는 동일교회의 담임목사가 될 수 없다
   ④ 부목사도 노회에서 모든 선거에 투표권과 피선거권이 있다.

38. 원로목사에 대한 설명으로 옳지 않은 것은 무엇인가?
   ① 원로목사는 당회에 참석하여 발언할 권한이 있다.
   ② 정년 이전에 은퇴한 원로목사는 노회의 정회원이다.
   ③ 원로목사는 공동의회에서 투표하여 과반수로 결정한다.
   ④ 원로목사가 다른 교회에 부임하면 그 신분이 소멸된다.

39. 지교회 담임목사의 청빙을 위한 선거에 관한 설명으로 옳지 않은 것은?
   ① 대리 당회장이 강도 후에 선거해야 한다.
   ② 청빙하는 일에 투표할 것이라고 교인들에게 물어야 한다.
   ③ 청빙서에는 투표자뿐 아니라 무흠 입교인 과반수의 날인을 요한다.
   ④ 공동의회 투표수의 3분의 2 이상의 찬성이 있어야 한다.

40. 청빙할 때 약속한 목사의 사례비를 변경하고자 할 때에는 어떻게 하는 것이 옳은가?
   ① 교회가 공동의회를 통해 결정하면 된다.
   ② 그 변경 사항을 반드시 노회에 보고해야 한다.
   ③ 목사와 노회가 승낙하기만 하면 된다.
   ④ 청빙할 때 약속한 목사의 사례비는 변경할 수 없다.

41. 다음 중 목사 청빙서 제정에 관한 규정 설명으로 옳은 것은?
   ① 청빙서는 청빙 받은 자를 관할하는 노회에 드릴 것이요 그 노회가 가합한 줄로 인정할 때는 청빙 받은 자에게 전함이 옳다.
   ② 목사 혹 강도사가 시찰회를 경유하지 아니하고 직접 청빙서를 받지 못한다.
   ③ 지교회가 청빙하는 것이므로 청빙 받을 목사가 청빙하는 교회로부터 직접 청빙서를 받은 후에 노회의 허락을 받으면 된다.
   ④ 목사나 강도사가 어느 교회에 청빙을 받아 부임할 때는 반드시 청빙서를 가지고 갈 필요는 없다.

42. 다음 중 목사 위임예식의 교인에 대한 서약에 관한 규정이 아닌 것은?
   ① 여러분은 겸손하고 사랑하는 마음으로 그의 교훈하는 진리를 받으며 치리를 복종하기로 승낙하느뇨?
   ② 목사가 수고할 때에 위로하며 여러분을 가르치고 인도하며 신령한 덕을 세우기 위하여 진력할 때에는 도와주기로 작정하느뇨?
   ③ ○○교회 교우 여러분 목사로 청빙한 ○○○ 씨를 본 교회 목사로 받겠느뇨?
   ④ 본 교회의 화평과 연합과 성결함을 위하여 전력하기로 맹세하느뇨?

정답 37.① 38.① 39.① 40.② 41.① 42.④

43. 다음 장로의 기원에 대하여 옳지 않는 것은?
   ① 모세 시대에도 있었다.
   ② 율법 시대에도 있었다.
   ③ 족장 시대에도 있었다.
   ④ 복음 시대에도 있었다.

44. 다음 장로의 직무 중 교회의 신령적 관계를 총찰하는 것과 거리가 먼 것은?
   ① 목사와 협동하여 행정과 권징을 관리한다.
   ② 지교회 혹은 총대가 될 경우 전국 교회의 신령적 관계를 총찰한다.
   ③ 노회와 총회의 신령적 관계를 총찰한다.
   ④ 장로는 교인의 택함을 받고 교인의 대표자로 교회의 신령적 관계를 총찰한다.

45. 다음 원로장로의 자격에 대한 설명으로 옳지 않은 것은?
   ① 원로장로는 당회의 언권회원이 된다.
   ② 한 교회에서 20년 이상 시무하던 장로가 사임할 때에 교회가 그 명예를 보존하기 위함이다.
   ③ 원로장로는 공동의회에서 출석 회원 과반수의 찬성으로 교회의 추대를 받는다.
   ④ 원로장로는 동일한 교회에서의 시무기간의 합산이 20년 이상이어야 하고, 20년 이상 계속 시무해야 할 필요는 없다.

46. 장로, 집사 및 권사 선거는 투표수의 얼마를 요구하는가?
   ① 1/2 이상
   ② 1/3 이상
   ③ 2/3 이상
   ④ 참석회원의 과반수

47. 다음 중 권사에 대해 잘못 말한 것은?
   ① 권사는 믿음이 연약한 자를 돌아보고 권면한다.
   ② 권사는 당회의 지도를 받아 심방한다.
   ③ 권사는 임시직이다.
   ④ 권사는 항존직이다.

48. 다음 중 강도사에 관한 설명으로 옳지 않은 것은?
   ① 강도사가 4년간 아무 교회도 청빙을 받지 못하면 노회가 권고하고 1년 후에 노회의 결의에 의하여 인허를 취소할 수 있다.
   ② 강도사 인허란 총회가 실시하는 강도사고시에 합격한 자를 노회가 정식으로 강도함을 승인하는 것이다.
   ③ 강도사는 당회에 참석할 수 있고 공동의회 의장도 될 수 있다.
   ④ 강도 인허를 받은 목사 후보생을 강도사라 한다.

정답 43.③ 44.③ 45.④ 46.③ 47.④ 48.③

49. 다음 중 강도사고시 종목이 아닌 것은?
   ① 조직신학과 교회사
   ② 교회사와 교회헌법(정치)
   ③ 주해와 강도
   ④ 권징조례와 예배모범

50. 다음 중 노회가 파송한 당회장이 아닌 경우는?
   ① 당연직 당회장인 위임목사
   ② 노회에서 미조직교회에 파송한 목사
   ③ 당회가 회집하는 시간만 노회원 중 당회장으로 청함 받은 목사
   ④ 조직교회에 시무목사가 있는 경우에 노회가 허락한 목사

정답 49.④ 50.③

2. 2022 강도사고시 기출문제

조직신학

1. 다음 중 칭의에 대해서 바르게 말한 것은?
   ① 칭의는 법정적 선고이다.
   ② 칭의는 성화나 견인 여부에 달려있다.
   ③ 칭의는 죄가 용서되지만 신분상 죄인임은 벗을 수 없다는 교리이다.
   ④ 마 18:18은 부활을 통하여 단번에 의가 되어주신 그리스도에 대한 내용이다.

2. 다음 중 '속죄의 의미'와 관계없는 것은?
   ① 제사(히 9:12)   ② 유화(히 2:17)
   ③ 화목(고후 5:18) ④ 유기(벧전 2:8)

3. 다음 중 작정에 관한 내용으로 옳지 않은 것은?
   ① 작정은 신적 지혜에 기초한다.
   ② 작정은 결과에 있어서 반드시 유효하다.
   ③ 작정은 이차적 원인에 따라서 성취된다.
   ④ 작정의 주체는 삼위일체 하나님이다.

4. 신학에 있어서 이성의 역할이 잘못된 것은?
   ① 신학은 이성을 배제한다.
   ② 계시를 수납하는 기관이 이성이다.
   ③ 계시는 믿음으로 알아간다.
   ④ 이성이 계시보다 앞서는 방식은 잘못된 신학 방식이다.

5. 개혁신학 방법론으로 올바른 것은?
   ① 과학적 탐구   ② 체험적 확신   ③ 이성적 사색   ④ 계시 의존 사색

6. 다음 중 우리가 그리스도의 지체임을 나타내는 구절이 아닌 것은?
   ① 엡 5:30   ② 고전 13:10   ③ 고전 12:27   ④ 롬 12:5

정답 1.① 2.④ 3.③ 4.① 5.④ 6.②

7. 다음 중 참된 교회의 표지에 들지 않은 것은?
   ① 말씀
   ② 성례
   ③ 권징
   ④ 선교

8. 다음 중 교회의 보편성과 가장 연관이 많은 것은?
   ① 속회
   ② 공교회
   ③ 총회
   ④ 연합회

9. 다음 중 은혜의 방편이 아닌 것은?
   ① 기도
   ② 말씀
   ③ 성례
   ④ 봉사

10. 다음 중 교회의 바른 성례 집행의 사명과 관련하여 가장 거리가 먼 것은?
    ① 빌 3:20
    ② 행 2:42
    ③ 고전 11:26
    ④ 마 28:19

11. 다음 중 재림에 대한 성구와 거리가 먼 것은?
    ① 롬 11:26
    ② 마 24:14
    ③ 고후 13:5
    ④ 살전 4:14, 15

12. 다음 중 개혁주의 신학과 관계없는 자는?
    ① 그리스도가 육체로 오심을 시인하는 자
    ② 그리스도가 한 인격에 양성이 존재함을 믿는 자
    ③ 그리스도가 하나님의 사람사이에 유일한 중보자라고 믿는 자
    ④ 그리스도와의 연합은 언약적 연합인 고로 신비적 연합을 부정하는 자

13. 요 1:14이 말씀하는 교리는?
    ① 성육신
    ② 칭의
    ③ 최종상태
    ④ 죽은 자의 부활

14. 롬 8:15이 말씀하는 교리는?
    ① 칭의
    ② 양자
    ③ 견인
    ④ 영화

15. 다음 이름들 중 그 성격이 다른 것은?
    ① 아볼루온
    ② 디아볼로스
    ③ 유앙겔리온
    ④ 사탄

정답 7.④ 8.② 9.④ 10.① 11.③ 12.④ 13.① 14.② 15.③

16. 성도의 견인에 대한 성경구절이 아닌 것은?
   ① 마 24:13
   ② 벧후 1:10
   ③ 살전 4:16~17
   ④ 요 10:28~29

17. 다음 중 인간 창조와 연관이 가장 적은 구절은?
   ① 창 1:26
   ② 창 2:7
   ③ 고전 15:47
   ④ 창 2:24

18. 다음 중 행위언약의 구성으로 맞지 않는 것은?
   ① 조건: 믿음
   ② 당사자: 아담
   ③ 표징: 생명나무
   ④ 약속: 영생

19. 은혜언약의 특성이 아닌 것은?
   ① 폐기될 수 없다.
   ② 그리스도의 속죄로 그 효력이 발생한다.
   ③ 그리스도와 한 몸이 되는 것이다.
   ④ 모든 인류를 포함한다.

20. 루터파의 입장으로서 그리스도의 신성과 인성 사이의 관계를 말하는 이론은?
   ① 속성교류
   ② 네스토리우스주의
   ③ 아폴리나리우스주의
   ④ 희생의 가치

21. 다음 중 그리스도의 제사장직과 관련하여 가장 거리가 먼 구절은?
   ① 마 5:20
   ② 히 7:17
   ③ 롬 8:34
   ④ 요 1:29

22. 다음은 속죄의 이론 중 무엇을 말하는가?

   > 16세기에 소시너스에 의해 주장된 설로 그리스도의 죽음은 제사적 대속의 죽음이 아니라, 자신이 가르친 교훈의 진실성을 나타내기 위한 하나의 순교적 죽음이라고 함.

   ① 형벌 대속설
   ② 신비설
   ③ 모범설
   ④ 만족설

23. 다음 중 중생의 특징으로 가장 연관이 많은 것은?
   ① 그들의 마음을 열어 성경을 깨닫게 하심
   ② 두 번째 모태에 들어갔다가 남
   ③ 보기는 보아도 알지 못하리라
   ④ 내 양이 아니므로 믿지 아니하는도다.

정답 16.③ 17.④ 18.① 19.④ 20.① 21.① 22.③ 23.①

24. 다음 중 의의 전가와 가장 연관이 많은 것은?
   ① 성례적
   ② 실재적
   ③ 주입적
   ④ 법정적

25. 성화에 대하여 맞지 않는 말은 무엇인가?
   ① 성화는 살아 있는 동안에 완벽에 도달하지 못한다.
   ② 성화는 열심히 노력하면 이 땅에서도 완전 성화가 될 수 있다.
   ③ 성화는 점진적으로 이루어진다.
   ④ 그리스도와 연합 안에 칭의와 성화가 있다.

26. 다음 중 학자들의 천년설에 대하여 주장한 내용으로 잘못된 것은?
   ① 바빙크 - 무천년설
   ② 카이퍼 - 무천년설
   ③ 칼빈 - 역사적 전천년설
   ④ 박형룡 - 역사적 전천년설

27. 다음 중 계시의 필요성에 대한 설명으로 가장 거리가 먼 것은?
   ① 하나님의 자기 지식이기 때문에
   ② 우리는 피조물이기 때문에
   ③ 전적으로 타락했기 때문에
   ④ 만물의 영장이기 때문에

28. 성경의 필요성에 대하여 거리가 먼 것은?
   ① 구원의 지식으로 반드시 필요하기 때문에
   ② 영적인 삶을 유지하기 위해서
   ③ 육신의 삶의 성공을 위해서
   ④ 하나님의 뜻을 위하여

29. 하나님의 비공유적 속성이 아닌 것은?
   ① 하나님은 스스로 계신다.
   ② 하나님은 무엇에도 의존하지 않으신다.
   ③ 하나님은 변치 않으신다.
   ④ 하나님은 사랑이 많으시다.

30. 성경 말씀의 영감에 가장 합당한 것은?
   ① 기계적 영감
   ② 완전 영감설
   ③ 부분 영감설
   ④ 유기적 영감설

31. 다음 중 교회의 보편성과 관련이 있는 것은?
   ① 마 11:23
   ② 요 3:16
   ③ 갈 3:28
   ④ 계 1:3

32. 구약에 나타나는 스올의 뜻이 아닌 것은?
   ① 무덤
   ② 죽음
   ③ 음부
   ④ 림보

정답 24.④ 25.② 26.③ 27.④ 28.③ 29.④ 30.④ 31.③ 32.④

33. 다음 중 신지식에 대한 설명 중 옳은 것은?
   ① 동물도 신지식을 가질 수 있다.
   ② 사색과 묵상하면 신지식을 알 수 있다.
   ③ 하나님이 계시한 만큼 알 수 있다.
   ④ 구원받지 못한 자들에게는 신지식이 전혀 없다.

34. 성경의 속성에 대하여 잘못 말한 것은?
   ① 모든 성경은 하나님의 권위를 가지고 있다.
   ② 지식과 지혜가 있어야 깨달을 수 있다.
   ③ 오직 성경만이 신앙 법칙이다.
   ④ 구원받고 하나님 뜻대로 살기 위해서는 반드시 성경이 필요하다.

35. "다른 복음은 없나니 다만 어떤 사람들이 너희를 교란하여 그리스도의 복음을 변하게 하려 함이 라"는 구절이 기록된 곳은?
   ① 갈 1:7
   ② 골 3:2
   ③ 고후 1:17
   ④ 행 1:8

36. 하나님 이름에 대하여 잘못 말한 것은?
   ① 엘은 권위와 권능의 하나님이시다.
   ② 엘샤다이는 무적의 하나님이시다.
   ③ 파테르는 전능하신 하나님이시다.
   ④ 여호와는 홀로 계시며 언약에 신실하신 하나님이시다.

37. 삼위 하나님의 위격적 관계에 대한 설명으로 가장 거리가 먼 것은?
   ① 세 위격의 하나님이 동시에 한 분 하나님이시다.
   ② 존재 방식에 있어 성부, 성자, 성령의 순서이다.
   ③ 삼위는 본체에 있어 서로에 대해 종속되지 않고 동등하시다.
   ④ 성부, 성자, 성령의 하나님은 우열의 순서이다.

38. 다음 중 하나님의 작정과 가장 거리가 먼 것은?
   ① 하나님의 불변의 계획이시다.
   ② 인간의 죄를 포함하여 모든 행동을 작정하셨다.
   ③ 모든 사건을 정하신 신적 동작이시다.
   ④ 신적 지혜에 기초하여 영원하며, 결과는 사람의 책임이다.

39. 다음 중 지상교회를 말하지 않는 것은?
   ① 온전하고 승리한 교회
   ② 전투적 교회
   ③ 조직체로서의 교회
   ④ 유형교회

정답 33.③ 34.② 35.① 36.③ 37.④ 38.④ 39.①

40. 다음 중 성찬에 대한 견해 중 바르게 연결된 것은?
   ① 루터-화체설
   ② 츠빙글리-공재설
   ③ 로마가톨릭-기념설
   ④ 칼빈-영적 임재설

41. 다음 중 하나님께서 말씀으로 창조하셨다는 성경구절이 아닌 것은?
   ① 롬 9:21
   ② 시 33:6
   ③ 히 11:3
   ④ 요 1:3

42. 다음 중 그리스도의 재림을 알리는 구절로서 거리가 먼 것은?
   ① 마 24:30
   ② 행 1:11
   ③ 요 11:25
   ④ 살전 4:16

43. 다음 중 최종 심판과 관련하여 가장 거리가 먼 것은?
   ① 마귀도 심판 대상
   ② 모든 사람이 대상
   ③ 모든 행실이 드러남
   ④ 천사는 대상이 아님

44. 구원의 서정에서 "죄와 죄의 결과로부터 구원을 얻기 위해 그리스도를 받아들이는 영혼의 감화로 하나님의 약속을 성심적으로 신뢰함"은 무엇에 대한 설명인가?
   ① 믿음
   ② 소명
   ③ 성화
   ④ 회심

45. 다음 중 내용 연결이 옳지 않은 것은?
   ① 요 4:24 - 창조주와 피조물의 존재론적 구분
   ② 잠 4:23 - 중립적 이성은 없음
   ③ 사 57:15 - 하나님은 초월적 존재시면서 동시에 내재적 존재이심
   ④ 엡 4:4 - 성경은 구원과 구원의 삶에 있어 반드시 필요함

46. 다음 중 용서 받지 못할 죄를 규정하고 있는 구절은?
   ① 갈 5:16
   ② 마 12:32
   ③ 히 11:6
   ④ 롬 14:23

47. 다음 중 그리스도의 신성을 부인한 유대교 계통의 학파는?
   ① 영지주의자
   ② 아포리나리스파
   ③ 에비온파
   ④ 사벨리안파

48. 하나님의 공유적 속성 중 도덕적인 속성은?
   ① 하나님의 거룩함
   ② 하나님의 지식
   ③ 하나님의 주권적 의지
   ④ 하나님의 영원성

정답 40.④ 41.① 42.③ 43.④ 44.① 45.④ 46.② 47.③ 48.①

49. 신학의 원리에 대해서 바르지 않은 것은?
   ① 존재의 원리는 하나님이시다.
   ② 신학적 지식의 유일한 원리는 성령충만이다.
   ③ 외적 인식의 원리는 하나님의 특별계시이다.
   ④ 내적 인식의 원리는 믿음이다.

50. 다음 중 교회의 말씀 사역과 가장 연관이 적은 것은?
   ① 갈 1:7   ② 요일 4:1
   ③ 히 11:1   ④ 요 8:31

정답 49.② 50.③

교회사

1. 다음 중 유대주의적 이단이 아닌 것은?
   ① 나사렛파
   ② 에비온파
   ③ 엘크사이트파
   ④ 영지주의

2. 네로 황제의 박해와 거리가 먼 것은?
   ① 로마 중심의 한시적 박해
   ② 재위 54~68년
   ③ 베드로, 바울 순교
   ④ 황제숭배를 강요하고 숭배시 증서 발급

3. 콘스탄티누스 황제와 상관이 없는 내용은?
   ① 우상숭배를 금지하고 이교도의 재산을 몰수하여 교회에 주었다.
   ② 십자가형을 폐지하였고 330년 콘스탄티노플로 수도를 옮겼다.
   ③ 개종 후에 즉시 세례를 받았다.
   ④ 313년에 밀라노 칙령을 선포하여 기독교를 공인하였다.

4. 다음 중 4세기 후반부터 5세기 초까지 활동한 교부 제롬에 대한 설명으로 올바르지 않은 것은?
   ① 팔레스타인 베들레헴에서 성경을 라틴어로 번역했다.
   ② 금욕주의적 입장에 서서 동시대의 어거스틴과 달리 펠라기우스를 지지했다.
   ③ 교황 다마수스 1세의 지시를 받아 성경 번역에 착수했다.
   ④ 구약 히브리어를 배우기 위해 유대교 랍비들과 교제했다.

5. 다음 중 니케아 회의에 대한 설명으로 잘못된 것은?
   ① 삼위일체 교리를 둘러싼 교회의 분열을 해결하려는 시도
   ② 313년 5월 20일~7월 25일
   ③ 최초의 보편교회 회의
   ④ 교리 문제뿐만 아니라 감독 임명과 권징에 대한 교회법 제정

6. 니케아 시대의 예배와 신앙생활과 거리가 먼 것은?
   ① 예전 중심의 예배가 발전함
   ② 교회 건축과 예배 음악이 발전함
   ③ 성자 및 성물 숭배 사상 퇴보
   ④ 축일(부활절, 성탄절) 준수

정답 1.④ 2.④ 3.③ 4.② 5.② 6.③

7. 네스토리우스의 분리적 양성론뿐 아니라 단성론까지 모두 정죄하고 정통 기독론을 확정했던 451년 개최된 회의는?
   ① 칼케돈 회의
   ② 에베소 회의
   ③ 트렌트 회의
   ④ 니케아 회의

8. 암브로시우스에 대한 설명으로 잘못된 것은?
   ① 밀라노 감독
   ② 어거스틴에게 세례를 베풂
   ③ 유스티니아누스 황제 책망
   ④ 탁월한 설교

9. 다음 중 어거스틴의 저작이 아닌 것은?
   ① 고백록   ② 신학총론   ③ 하나님의 도성   ④ 삼위일체론

10. 다음 중 프랑크 왕국의 개종에 대한 바른 설명만 묶은 것은?

    가) 589년 톨레도 회의에서 니케아 신앙을 수용했다.
    나) 메로빙거 왕조의 클로비스 1세가 정통 신앙으로 개종했다.
    다) 클로비스 왕과 함께 군인 3천 명이 신앙교육은 없이 함께 세례를 받았다.
    라) 교황 자카리어스에 의해서 카롤링거 왕조는 인정받지 못했다.
    마) 교황으로부터 우상을 불태우라는 권면을 받았다.

    ① 가), 나), 다)
    ② 가), 다), 라)
    ③ 나), 다), 마)
    ④ 나), 라), 마)

11. 다음 중 중세 초기 아일랜드 수도원의 특징으로 볼 수 없는 것은?
    ① 금욕과 처벌을 강조했으며 매우 엄격했다.
    ② 지역 목회와 교육의 중심지 역할을 담당했다.
    ③ 교회와 세속 권세의 권한을 엄격하게 분리했다.
    ④ 전도와 주변 지역 선교에 열정이 있었다.

12. 다음 중 교황권 강화와 관련한 그레고리우스 1세의 정책에 해당하지 않는 것은?
    ① 수도사 출신으로 교황이 된 첫 인물로서 중요 직위에 수도사들을 등용했다.
    ② 고트족의 로마 침입을 막아내고 협상을 통해 이들을 개종시켰다.
    ③ 잉글랜드에 선교사 어거스틴을 파송하는 등 이교도 전도에 힘썼다.
    ④ 사제의 결혼과 성직매매를 금지했다.

13. 다음 중 중세 스콜라신학을 대표하는 인물들을 활동 순서대로 바르게 연결한 것은?
    ① 롬바르두스 - 안셀름 - 아퀴나스 - 둔스 스코투스
    ② 안셀름 - 롬바르두스 - 아퀴나스 - 둔스 스코투스
    ③ 안셀름 - 롬바르두스 - 둔스 스코투스 - 아퀴나스
    ④ 롬바르두스 - 안셀름 - 둔스 스코투스 - 아퀴나스

정답 7.① 8.③ 9.② 10.③ 11.③ 12.② 13.②

14. 다음 중 아퀴나스가 저술한 신학대전에 대한 올바른 설명만을 묶은 것은?

> 가) 아리스토텔레스의 철학 체계보다 플라톤의 체계를 더 많이 사용했다.
> 나) 아퀴나스 생전에 총 3부로 완성되었다.
> 다) 진리에 대한 단편적 분석을 넘어서 이를 유기적으로 체계화하려 했다.
> 라) 난해한 사변의 전개보다 효과적인 신학 교육을 목적으로 삼았다.

① 가), 나) ② 가), 다) ③ 나), 다) ④ 다), 라)

15. 다음 중 중세 스콜라신학을 대표하는 신학자와 그들의 대표적인 작품을 바르게 연결한 것은?
① 알베르투스 마그누스 – 성육신론(Cur Deus Homo)
② 토마스 아퀴나스 – 이교도 대전(Summa Contra Gentiles)
③ 둔스 스코투스 – 논리대전(Summa Logicae)
④ 윌리엄 오컴 – 신학대전(Summa Theologiae)

16. 다음 중 교황권의 전성기를 이룩한 교황 인노센트 3세에 대한 바른 설명들만 묶은 것은?

> 가) 교황에게 황제를 임명하는 권세가 있다고 주장했다.
> 나) 교황의 보편적 권세와 관련해 "한 목자 아래 한 양 떼가 있다"라고 주장했다.
> 다) 공의회를 통해 화체설을 공인했다.
> 라) 교황의 유일한 권력 하에서 성직매매 등 부패가 만연했다.
> 마) 여러 탁발수도회를 비롯해 분파들에 대한 관용 정책을 펼쳤다.

① 가), 나), 다)   ② 가), 다), 마)
③ 나), 다), 라)   ④ 나), 라), 마)

17. 베르됭 조약에 대한 설명으로 올바르지 않은 것은?
① 843년에 있었던 조약으로 프랑크 왕국이 셋으로 나누어졌다.
② 샤를마뉴 대제가 이룩한 대제국이 분열되는 첫 번째 단계였다.
③ 독립된 국가는 독일, 프랑스, 스페인이다.
④ 셋으로 나누어진 나라가 독립된 국가로서의 역사를 시작하는 계기가 되었다.

18. 카노사의 굴욕과 연관된 내용이다. 그 내용이 어울리지 않는 것은?
① 독일 왕 하인리히 4세가 그레고리우스 7세의 교직 임명권, 교회 재산권에 반대하며 황제권을 강조하여 교황의 해명을 무시한 채 보름스 주교회의(1076)를 소집하여 교황 폐위를 결의한 것이 발단이 되었다.
② 교황은 2월에 회의를 소집하여 하인리히 4세를 파문함과 동시에 폐위를 선언하고 국민은 그에게 충성을 다할 의무가 없음을 선언하였다.
③ 하인리히 4세가 교황이 있던 카노사 성을 찾아가 눈밭에서 밤낮 3일을 사죄하였다.
④ 카노사의 굴욕은 그레고리우스 7세의 하인리히 4세에 대한 완전하고 영원한 승리였다.

정답 14.④ 15.② 16.① 17.③ 18.④

19. 중세 신비주의자들과 그들의 사상을 연결한 것이다. 그 연결이 바르지 않은 것은?
① 존 타울러 – 내적 생명을 강조하고 외적 의식에 의존하는 것을 비난함
② 버나드 – 그리스도를 사모하는 열정이 전 사상을 지배하였으며, 그리스도의 고난에 동참하는 신앙적 신비를 동경하였고, 평생을 클레르보 수도원장으로 지냄
③ 토마스 아 켐피스 – 지식적 신비주의자이며, 저서로는 "그리스도를 본받아"가 있음
④ 헨리 수소 – 어려서부터 어거스틴 수도원에 들어가 가르침을 받음

20. 다음 중 종교개혁에 영향을 준 인문주의자에 속하지 않는 사상가는?
① 에라스무스
② 르페브르 데타블
③ 알베르투스 마그누스
④ 요한 로이힐린

21. 1525년 루터와 에라스무스 사이에서 벌어진 신학적 논쟁은 이 두 사람뿐 아니라 인문주의와 종교개혁이 각각 추구하던 개혁의 방향이 어떻게 다른지를 명확히 드러냈다. 이 두 사람이 벌인 논쟁은 무엇에 대한 것이었는가?
① 삼위일체 하나님의 속성
② 새로운 교회 제도의 형식
③ 성찬에 있어 그리스도의 임재 방식
④ 인간 의지의 자유 여부

22. 1523년 츠빙글리가 참여하여 개최된 회의로서 한 도시의 시의회가 종교와 신앙에 있어 공교회와 같은 권위의 결정을 할 수 있다고 결정한 논쟁은?
① 1차 취리히 논쟁
② 2차 취리히 논쟁
③ 라이프치히 논쟁
④ 로잔 논쟁

23. 교황의 바벨론 유수 후에 서방교회의 분열이 일어났다. 이탈리아, 독일, 영국은 로마의 교황을 인정했고 프랑스, 스페인, 스코틀랜드는 프랑스 교황을 지지하여 약 40년 동안의 분열 시대가 지속되었다(1378년부터 1417년까지). 분열의 문제와 실추된 교회권의 재확립을 위하여 1409년부터 1439년 사이에 있었던 세 번의 종교회의가 아닌 것은?
① 피사 회의
② 콘스탄츠 회의
③ 바젤 회의
④ 아비뇽 회의

24. 다음 중 츠빙글리의 종교개혁운동과 그의 신학적 강조점으로 보기 어려운 주장은?
① 루터와 성찬론을 놓고 논쟁하였다.
② 종교개혁적 견지에서 그리스도의 의와 십자가의 은혜를 강조했다.
③ 하나님의 섭리를 강조하여 취리히시 전체를 신앙공동체로 삼아 개혁하려고 하였다.
④ 교회와 국가는 엄격히 분리되어야 한다고 주장했다.

정답 19.④ 20.③ 21.④ 22.① 23.④ 24.④

25. 다음 중 성찬 이론에 있어 루터와 츠빙글리의 차이를 잘못 연결한 것은?
    ① 루터는 인성과 신성의 속성교류를 폭넓게 적용해 그리스도의 몸의 편재성을 인정했다.
    ② 츠빙글리는 "이것은 나의 몸이다"라는 말씀을 떡의 실제적 변화로 이해했다.
    ③ 루터는 떡 위와 아래와 옆과 함께 그리스도의 몸이 실제로 임한다고 주장했다.
    ④ 츠빙글리는 성찬을 통한 공동체적 헌신과 결단을 강조했다.

26. 다음 중 스위스의 종교개혁자 하인리히 불링거에 대한 설명으로 바르지 않은 것은?
    ① 츠빙글리가 죽은 후 그의 후계자가 되어 취리히 교회와 스위스 종교개혁의 지도자로 활동하였다.
    ② 제2스위스 신앙고백서 작성을 주도하였다.
    ③ 성찬론에서는 츠빙글리와 달리 루터파와 협력했다.
    ④ 1504년 스위스 아르가우에서 출생하였다.

27. 16세기 스트라스부르크는 교통의 요충지로 루터파와 개혁파 종교개혁이 함께 공존하였으며 재세례파를 비롯한 각종 급진세력들과 이단들의 활동지이기도 하였다. 이 도시를 중심으로 활동한 개혁파 종교개혁자가 아닌 사람은?
    ① 마틴 부써   ② 볼프강 카피토
    ③ 카스파르 헤디오   ④ 피에르 비레

28. 다음 중 재세례파의 주장과 가장 거리가 먼 것은?
    ① 구약의 할례는 복음으로 인해 완전히 폐지되었다.
    ② 엄격한 권징을 시행하여 교회의 순수성을 확보할 수 있다.
    ③ 세속의 검과 영적인 검은 절대로 함께 할 수 없다.
    ④ 성경은 체계를 갖춘 신학적 관점에서만 해석되어야 한다.

29. 다음 중 칼빈의 주요 저작인 "기독교강요"에 대한 바른 설명만을 묶은 것은?

    > 가) 1536년 바젤에서 처음 출판되었다.
    > 나) 라틴어로 먼저 출판된 후 불어로 번역 출판되었다.
    > 다) 종교개혁 시대 나타난 최초의 조직신학적 저술이다.
    > 라) 프랑스 국왕에게 헌정되었다.
    > 마) 1559년 라틴어 최종판은 전체 3권으로 구성되었다.

    ① 가), 다), 마)   ② 가), 나), 라)
    ③ 나), 다), 라)   ④ 나), 라), 마)

30. 복음과 율법의 구별을 너무 강하게 주장하다가 모든 율법이 완전히 폐기되었다는 율법폐기론을 주장함으로써 루터파 내에서 멜란히톤 등과 논쟁을 일으킨 인물은?
    ① 요한 아그리콜라   ② 안드레아스 칼슈타트
    ③ 카스파르 메간더   ④ 안드레아스 오시안더

정답 25.② 26.③ 27.④ 28.④ 29.② 30.①

31. 프랑스의 개신교도인 위그노들의 예배의 자유를 위하여 앙리 4세가 발표한 낭트 칙령이 발표된 연도는?
   ① 1588년　　　　　　　　　　② 1598년
   ③ 1688년　　　　　　　　　　④ 1698년

32. 근현대교회사에 대한 설명으로 합당하지 않은 것은?
   ① 유럽의 계몽주의는 계시 중심의 기독교를 이성과 감정 중심의 기독교로 세속화시켰다.
   ② 부흥운동은 교회성장과 해외선교를 촉진시켰다.
   ③ 교리주의를 특징으로 하는 소시니안파는 지나친 교리맹종주의자들이었다.
   ④ 찰스 피니를 중심으로 한 2차 대각성운동은 부흥신앙이라는 이름으로 인본주의적인 신앙관을 확장 시켰다.

33. 필립 제이콥 슈페너(1635-1705), 아루구스트 프랑케(1663-1727), 루드빅 폰 진젠도르프(1700-1760)에 대한 설명으로 적당하지 않은 것은?
   ① 경건주의운동
   ② 체험주의 신앙
   ③ 기독교인의 사회적 책임
   ④ 계몽주의

34. 17-8세기의 부흥운동에 대한 설명으로 합당하지 않은 것은?
   ① 대륙의 경건주의운동의 영향
   ② 영국에서는 웨슬리 형제와 조지 휫필드 등이 주역이었다.
   ③ 영성운동에 치우친 나머지 선교사역을 후퇴시켰다.
   ④ 조나단 에드워드는 미국부흥의 주역이었다.

35. 세계교회협의회(WCC)에 대한 설명으로 합당하지 않은 것은?
   ① 전통적인 선교보다 '하나님의 선교'를 강조하였다.
   ② 전통적인 교회의 선교가 포기되고 사회의 제반 활동을 선교로 정의하였다.
   ③ 선교사 파송보다 사회활동을 지원하는 방향으로 선교 노선이 수정되었다.
   ④ 해방신학, 민중신학 등과 같은 토착화신학을 반대하였다.

36. 다음은 무엇을 설명하는 것인가?

   > 반교리 주의를 특징으로 하는 17세기의 이 사상은 교리가 인간의 판단과 사고를 제한하는 것에 대해 반대하며 오직 인간의 자율성과 해방을 주장하였다.

   ① 경건주의　　　　　　　　　　② 소시니안주의
   ③ 부흥운동　　　　　　　　　　④ 스콜라주의

정답　31.②　32.③　33.④　34.③　35.④　36.②

37. 아우구스부르크 종교화의(The Peace of Augusburg)는 개신교 각 교단의 분열을 촉발하였고 그리하여 각 교단은 자신들의 신앙고백이 필요하였다. 신앙고백서와 시기가 바르게 연결되지 않은 것은 무엇인가?
   ① 루터교회의 아우구스부르크 신앙고백 1530년
   ② 영국교회의 39개 조항 1536년
   ③ 화란 개혁교회의 벨기움 신앙고백 1561년
   ④ 영국 장로교회의 웨스트민스터 신앙고백 1689-90년

38. 성바톨로매 대학살과 관계가 없는 것은?
   ① 프랑스 위그노와 가톨릭 신자인 마가레뜨 공주(Marguerite of Valois)와의 결혼식
   ② 가톨릭교도들이 프랑스 위그노 수만 명을 학살함
   ③ 1672년에 있었음
   ④ 낭트 칙령으로 일시적 평화가 옴

39. 독일 30년 전쟁을 마감하게 한 베스트팔렌 평화조약에 대한 설명으로 합당하지 않은 것은?
   ① 1668년에 있었다.
   ② 로마 황제 페르디난드 3세와 프랑스왕 루이 14세, 스웨덴 여왕 크리스티나 사이에 맺어졌다.
   ③ 이 조약이 체결될 즈음 사회에는 인간의 자율성과 인간 이성의 가치가 강조되기 시작했다.
   ④ 중세교회사를 마감하고 르네상스와 종교개혁을 통한 근대교회사의 태동을 알리는 신호탄이 되었다.

40. 계몽주의에 대한 설명으로 타당하지 않은 것은?
   ① 르네상스와 자연과학의 영향을 받아 개인주의가 강조되었다.
   ② 인간의 자율에 대한 강조는 결국 정치적인 자율을 요구하게 하였다.
   ③ 프랑스 혁명은 계몽주의 사상의 강렬한 표출이었다.
   ④ 계몽주의는 인간이 진정으로 따를 수 있는 성경의 절대 진리를 강조하였다.

41. 사건을 순서대로 배열하면?

   a) 유럽의 30년 종교 전쟁의 시작
   b) 아우구스부르크 종교화의
   c) 베스트팔렌 평화조약

   ① a) - b) - c) ② b) - a) - c)
   ③ b) - c) - a) ④ c) - a) - b)

42. 프랑스 68혁명에 대한 설명으로 합당하지 않은 것은?
   ① 반교회, 반기독교 사상 확대 ② 페미니즘 사상 확산
   ③ WCC(세계교회협의회)의 기원 ④ 친동성애 사상 확대

정답 37.④ 38.③ 39.① 40.④ 41.② 42.③

43. 다음 중 한국에 입국한 선교사들과 그들의 입국 연대를 잘못 연결한 것은?
   ① 알렌(Horace Newton Allen) - 1887년
   ② 로버트 J. 토마스(Robert J. Thomas) - 1866년
   ③ 카를 귀츨라프(Karl Gutzlaff) - 1832년
   ④ 언더우드(Horace G. Underwood) - 1885년

44. 초기 한국교회 선교정책인 네비우스 정책(Nevius Method)에 대한 설명으로 바르지 않은 것은?
   ① 자립, 자치, 자율을 주요 골자로 한다.
   ② 성경 공부를 중시했다.
   ③ 사경회를 자주 열어 말씀 전파에 힘을 기울였다.
   ④ 네비우스 정책하의 탄탄한 성경 교육의 토대 위에 1903년 원산, 1906년 서울과 목포, 1907년 평양부흥운동이 가능할 수 있었다.

45. 이 사람은 성경번역이 그에게 맡겨진 시대적 사명이라 확신하고 마가복음 번역(1883년), 신약 마가전 복음서 언해(1884년)를 완성하였는데 1885년 4월 5일 제물포 항을 통해 입국한 언더우드와 아펜젤러가 이 사람이 번역한 성경을 가지고 들어왔다. 그는 누구인가?
   ① 이응찬   ② 이수정
   ③ 서상륜   ④ 이성하

46. 국내 최초로 개신교 세례를 받은 노춘경에 대한 설명으로 잘못된 것은?
   ① 1886년 7월 11일 세례를 받음
   ② 알렌의 어학 선생
   ③ 언더우드 선교사가 집례
   ④ 만주 존 로스 선교사의 성경 번역에 참여한 의주인들의 세례보다도 앞섬

47. 다음 중 평양대부흥운동과 관련된 내용으로 올바르지 않은 것은?
   ① 장대현교회에서 시작된 부흥은 평양과 도시의 경계를 넘어 확산되었다.
   ② 부흥은 미션스쿨과 성경학교와 평양신학교에 일어났다.
   ③ 평양의 성령 역사는 서울, 선천, 청주, 광주, 대구 등 전국으로 퍼져나갔다.
   ④ 부흥운동은 한반도 내에서만 일어났다.

48. 다음 중 한국교회사에서 1907년에 일어난 사건이 아닌 것은?
   ① 평양대부흥운동
   ② 평양신학교 1회 졸업
   ③ 장로교 최초의 목사 7인 안수
   ④ 제1회 총회장으로 언더우드 선출

정답 43.① 44.① 45.② 46.④ 47.④ 48.④

49. 장로교 총회가 천주교와 감리교를 이어서 신차참배를 결의한 연도와 총회는 언제인가?
   ① 1938년 제27회 총회
   ② 1937년 제26회 총회
   ③ 1936년 제25회 총회
   ④ 1935년 제24회 총회

50. 한국장로교회 분열에 관한 설명 가운데 빈칸에 들어갈 알맞은 연대를 묶은 것은?

   > (   )년에 고신파(고려파)의 분열이 있었고, 조선신학교 신학사상으로 갈등이 시작되어 (   )년에 기장파가 분열되었다. 1959년에는 연동 측이 분열하여 합동 측과 통합 측으로 되었다.

   ① 1952 - 1953년
   ② 1953 - 1954년
   ③ 1954 - 1956년
   ④ 1954 - 1957년

정답 49.① 50.①

헌법정치

1. 다음 중 교회 정치에 대해 바르게 설명한 것은?
   ① 교황정치 : 감독이 교회를 주관하는 정치인 바 감독 교회와 감리 교회에서 쓰고 있는 정치
   ② 감독정치 : 주로 로마 가톨릭교와 희랍 정교의 정치인 바 교황 전제로 산하 전 교회를 관리하는 정치
   ③ 조합정치 : 다른 회의 관할과 치리를 받지 아니하고 각개 지교회가 자유로 행정하는 정치
   ④ 장로회정치 : 지교회 교인들이 장로를 선택하여 당회를 조직하고 그 당회로 치리권을 행사하게 하는 주권이 교인들에게 있는 민주적 정치

2. 권징에 대한 설명으로 옳은 것은?
   ① 권징의 효력은 정치의 공정에 있다.
   ② 교회의 시벌은 때로 국법상의 시벌이 되기도 한다.
   ③ 교회의 권징은 도덕상과 신령상의 것이 아니다.
   ④ 교회의 권징은 도덕적인 문제를 취급하는 것은 아니다.

3. 교회의 항존직원에 대한 설명으로 옳지 않은 것은?
   ① 장로는 두 반이 있으니 목사와 장로이다.
   ② 강도를 겸한 장로는 목사라고 일컫는다.
   ③ 장로는 치리만 하는 자로 교회의 대표이다.
   ④ 항존직원의 시무연한은 만 70세이다.

4. 다음 중 목사의 의의에 대하여 맞지 않는 것은?
   ① 목사는 노회의 안수로 임직을 받는다.
   ② 목사는 그리스도의 복음을 전파하고 성례를 거행한다.
   ③ 목사는 교회를 치리하는 자로 교회의 가장 중요하고 유익한 직분이다.
   ④ 목사는 교인의 대표로 교회를 다스리며 치리한다.

5. 다음 중 지교회를 관리하는 목사의 직무에 대한 설명 중 틀린 것은?
   ① 하나님 말씀으로 교훈하고 강도하는 일
   ② 교우를 심방하되 특별히 병자만을 위로하고 목사에게 보고한다.
   ③ 찬송하는 일과 성례를 거행하는 일
   ④ 하나님을 대리하여 축복하는 일

정답 1.④ 2.① 3.③ 4.④ 5.②

6. 다음 중 장로의 권한에 관한 설명으로 옳은 것은?
   ① 강도와 교훈은 그의 전무 책임은 아니나 각 치리회에서는 목사와 같은 권한으로 각항 사무를 처리한다.
   ② 목사가 없는 허위교회에서는 당회장이 될 수 있다.
   ③ 장로는 언제나 노회나 총회의 사무에 대한 권한이 있다.
   ④ 각 치리회에서 목사와 같이 치리회 회원이나 목사와 장로의 권한은 다르다.

7. 다음 중 장로의 직무에 대한 규정이 아닌 것은?
   ① 특별히 심방할 자를 목사에게 보고한다.
   ② 도리 오해나 도덕상 부패를 방지한다.
   ③ 교인의 신앙을 살피고 위하여 기도한다.
   ④ 목사와 협력하여 빈핍 곤궁한 자를 권고한다.

8. 다음 중 집사의 직무에 관한 설명으로 맞지 않는 것은?
   ① 목사, 장로와 합력하여 빈궁 곤궁한 자를 권고한다.
   ② 환자와 갇힌 자와 과부와 고아와 모든 환난 당한 자를 위문한다.
   ③ 재정 수납·지출에 관하여는 집사의 직무이므로 단독으로 처리할 수 있다.
   ④ 당회의 감독 아래서 모든 직무를 행한다.

9. 집사의 칭호에 대한 설명으로 맞는 것은?
   ① 시무집사 : 본 교회에서 임직 혹은 취임 받아 시무하고 있는 집사
   ② 휴직집사 : 타 교회에서 이명 와서 아직 취임을 받지 못한 집사
   ③ 은퇴집사 : 본 교회에서 집사로 시무하다가 휴직 중에 있거나 혹은 사임된 자
   ④ 무임집사 : 연로하여 은퇴한 집사

10. 다음 중 장로회 정치 원리가 아닌 것은?
    ① 직원의 자격
    ② 직원 선거권
    ③ 권징
    ④ 교회 집회 자유

11. 다음 중 조직 교회는?
    ① 권사회가 조직된 교회
    ② 남전도회가 조직된 교회
    ③ 당회가 세워진 교회
    ④ 제직회가 조직된 교회

12. 다음 중 교회의 준직원은?
    ① 목사
    ② 목사후보생
    ③ 장로
    ④ 집사

정답 6.① 7.④ 8.③ 9.① 10.④ 11.③ 12.②

13. 다음 중 목사에 관한 설명이 옳지 않은 것은?
    ① 위임 목사는 교회의 청빙과 노회의 허락을 받아야 한다.
    ② 시무 목사라도 노회가 허락하면 그 교회 당회장이 될 수 있다.
    ③ 부목사는 당회의 결의로 청빙한다.
    ④ 원로 목사는 공동의회 회원이다.

14. 다음 중 치리 장로에 관한 설명 중 옳지 않은 것은?
    ① 목사와 함께 강도와 교훈에 전담할 수 있다.
    ② 당회의 회원이며 총회에 회원이 될 수 있다.
    ③ 각 치리회에서 목사와 같은 권한으로 각 항 사무를 처리한다.
    ④ 치리 장로는 목사와 합력하여 지교회를 치리한다.

15. 다음 중 집사에 대한 설명 중 옳지 않은 것은?
    ① 집사는 치리권이 없으므로 당회에 참석할 수 없다.
    ② 공동의회 2/3 투표로 택함 받고 목사에게 안수 임직 받는 교회 항존직이다.
    ③ 재정 수납 지출에 관하여는 집사의 직무이나 단독으로 처리할 수 없다.
    ④ 집사는 당회가 임직할 수 없고 노회가 임직한다.

16. 다음 중 헌법에 있는 교회 예배의식이 아닌 것은?
    ① 세례와 성찬   ② 금식과 감사
    ③ 전도와 선교   ④ 권징

17. 다음 중 헌법에 있는 집사의 칭호가 아닌 것은?
    ① 원로 집사   ② 은퇴 집사
    ③ 시무 집사   ④ 무임 집사

18. 다음 중 헌법에 명시된 임직 연령에 관한 내용 중 옳지 않은 것은?
    ① 목사 임직 연령은 만 29세 이상이어야 한다.
    ② 장로 임직 연령은 만 35세 이상이어야 한다.
    ③ 집사 임직 연령은 만 35세 이상이어야 한다.
    ④ 권사 임직 연령은 만 45세 이상이어야 한다.

19. 다음 중 권사에 대한 설명 중 옳지 않은 것은?
    ① 권사는 임시 직원이나 항존직이 아니다.
    ② 권사는 제직회원이 된다.
    ③ 타 교회에서 이명 온 권사는 그 교회 시무 권사가 될 수 없다.
    ④ 원로 권사는 만 20년 이상 시무하고 명예롭게 퇴임한 권사이다.

정답 13.④ 14.① 15.④ 16.③ 17.① 18.③ 19.④

20. 다음 중 원로, 은퇴, 무임, 휴직 장로 구별에 대한 설명으로 맞지 않는 것은?
① 은퇴장로 : 70세 정년제 이후에는 연로하여 퇴임한 장로이다.
② 무임장로 : 택하여 세움을 받은 본 교회를 떠나 타 교회로 이거하여 아직 그 교회의 투표로 취임예식을 행하지 아니한 장로이다.
③ 휴직장로 : 스스로 시무를 사임하거나, 혹은 당회가 협의하여 시무를 중단하게 된 장로이다.
④ 무임장로 : 무임장로도 장로이므로 출석하는 교회 공동의회에서 과반수의 찬성으로 교회에서 취임식만 행하면 시무장로가 된다.

21. 다음 중 설명으로 옳지 않은 것은?
① 치리장로와 집사는 각 지교회가 공동의회 규칙에 의하여 선거한다.
② 공동의회의 일반적 결의는 과반수로 가결하고 목사, 장로, 집사, 권사 선거는 3분의 2의 찬성으로 가결된다.
③ 장로와 집사 선거는 선거운동을 통해서 자신의 소신을 밝혀야 하나 단 당회가 후보를 추천할 수 있다.
④ 양심의 자유와 교회의 자유에 의하여 어느 회에서든지 그 직원을 선정하는 권한은 그 회에 있다.

22. 다음 중 권고사직에 관한 설명으로 옳지 않은 것은?
① 장로나 집사가 범죄는 없을지라도 교회에 덕을 세우지 못하는 형편이면서도 본인이 휴직하지 않으면 당회가 결단하여 권고 사직할 수 있다.
② 권고 사직한 사실은 당회록에 기록한다.
③ 본인이 원하지 않으면 당회가 결정한 후 10일 이내에 노회에 소원할 수 있다.
④ 당회의 결정에 대하여는 소원할 수 없다.

23. 다음 중 강도사 인허와 인허의 중요성과 인허 후 이전에 관한 설명이 아닌 것은?
① 강도사 인허를 받지 못하면 강도할 공인의 자격이 없는 것이다.
② 강도사는 노회원이 아니므로 당회장의 이명증서로 다른 노회로 이명한다.
③ 강도사 인허를 받은 후에 다른 노회지방으로 이거하게 되면 노회의 허락을 얻어 강도사 이명증서를 받아 그 노회에 드린다.
④ 총회에서 시행하는 강도사고시에 합격한 다음 해당노회에서 인허 받는다.

24. 각 치리회의 고유한 특권에 대한 설명으로 옳지 않은 것은?
① 당회는 한 지교회의 교인을 다스리는 직무와 직권이 있다.
② 노회는 총회가 정한 구역 안에 교회를 설립, 합병 등 각 지교회를 통치한다.
③ 노회와 총회는 도리와 헌법을 해석할 전권이 있다.
④ 총회는 소원, 상소, 청원, 헌의건 등을 접수 처리하는 최종치리회이다.

정답 20.④ 21.③ 22.④ 23.② 24.③

25. 교회정치의 필요에 관한 설명으로 옳은 것은?
   ① 교회를 치리함에는 명백한 정치와 조직이 있어야 하며 교회 치리권은 개인에게 있지 않고 당회, 노회, 대회, 총회 같은 치리회에 있다.
   ② 교회는 하나님이 다스리시니 정치는 필요하지 않다.
   ③ 교회의 치리권은 당회, 공동의회 등 치리회에 있다.
   ④ 개인이 치리권을 행사하게 되면 치리권자의 영향력에 따라 소신껏 일할 수 있다.

26. 다음 중 각 치리회는 각립한 개체가 아니요 서로 연합한 것이므로 어떤 회에서 어떤 일을 처결하든지 그 결정은 법대로 대표된 치리회로 행사하게 하는 것인즉 전국교회의 결정이 된다는 치리회 동일체 원리에 대한 설명으로 옳지 않은 것은?
   ① 총회의 결정은 전국교회의 결정과 같은 것이다.
   ② 한 노회의 결정은 그 노회만의 결정이다.
   ③ 한 지교회의 결정은 전국교회의 결정과 같다.
   ④ 한 노회의 결정도 전국교회의 결정과 같다.

27. 다음 중 목사의 원심 치리회는 어디인가?
   ① 당회   ② 공동의회   ③ 노회   ④ 총회

28. 당회와 노회는 연 몇 회 이상 회집되어야 하는가?
   ① 1회   ② 2회   ③ 3회   ④ 4회

29. 다음 별명부에 대한 설명으로 옳은 것은?
   ① 1년 이상 실종된 교인의 명부이다.
   ② 별명부는 교회가 특별 관리해야 하는 대상에 대한 명부이다.
   ③ 임직자들의 직분과 임직년도를 기록한 명부이다.
   ④ 교회 내에 특별한 헌신으로 기념해야 할 사람들을 기록한 명부이다. 각 사람의 특별한 헌신 내용을 기록하고, 교훈을 삼는다.

30. 당회의 직무 중 권징에 있어서 권징의 종류가 아닌 것은?
   ① 권계   ② 금고
   ③ 수찬정지   ④ 제명

31. 다음 중 대리 당회장에 대한 것으로 옳은 것은?
   ① 노회가 파송하거나 허락한 당회장을 모두 대리 당회장이라고 한다.
   ② 당회장이 출타하거나, 신병이 있을 경우 등 특별한 경우에는 당회의 결의로 당회장이 노회원 중에서 초청하는 목사를 대리 당회장이라 한다.
   ③ 목사가 없는 교회에 목사를 청할 때까지 노회가 파송하는 목사도 대리 당회장이다.
   ④ 당회장이 출타하거나, 신병이 있을 경우에는 부목사가 대리 당회장이 된다.

정답 25.① 26.② 27.③ 28.① 29.① 30.② 31.②

32. 다음 중 노회 정회원이 아닌 목사는 누구인가?
   ① 지교회 시무 목사
   ② 정년 이전의 원로 목사
   ③ 노회가 파송한 기관 사무를 위임한 목사
   ④ 시무하는 교회가 없는 무임 목사

33. 노회 회집에 대한 설명으로 옳지 않은 것은?
   ① 예정한 날짜와 장소에서 회집한다.
   ② 특별한 사건이 있는 경우에는 각 다른 지교회 목사 3인과 다른 지교회 장로 3인의 청원에 의하여 회장이 소집할 수 있다.
   ③ 회장이 임시회를 소집할 때는 회의할 안건과 회집 날짜를 10일 선기하여 관하 각 회원에게 통지한다.
   ④ 임시이사회 안건은 특별한 경우에는 회집할 때 기재한 안건 외에도 의결할 수 있다.

34. 노회가 조직되려면 당회 수는 몇이 되어야 하는가?
   ① 25당회 이상   ② 21당회 이상
   ③ 15당회 이상   ④ 10당회 이상

35. 시찰 위원의 시찰권으로 맞지 않는 것은?
   ① 지교회의 재정 형편과 전도 형편과 교회 소속 각 회 형편을 시찰한다.
   ② 지교회의 신령상 형편을 시찰한다.
   ③ 지교회가 제출하는 청원서를 처리하거나 총회에 제출한다.
   ④ 지교회 장로와 당회와 제직회와 교회 대표자들의 제출하는 문의 및 청원서를 노회에 제출한다.

36. 총회의 설명으로 옳지 않은 것은?
   ① 대한예수교장로회 모든 지교회 및 치리회의 최고회
   ② 각 노회에서 매 9당회에서 목사 1인, 장로 1인을 총회에 파송한다.
   ③ 총회의 명칭은 대한예수교장로회총회라 한다.
   ④ 각 노회에서 파송한 목사와 장로로 조직하되 목사와 장로의 수는 서로 같게 한다.

37. 총회의 권한에 해당되지 않는 것은?
   ① 교회 헌법을 해석할 전권이 있다.
   ② 노회, 대회를 설립, 합병, 분립하기도 하며 폐지할 수 있다.
   ③ 강도사 지원자를 고시하며 전국교회를 통솔한다.
   ④ 전국 교회의 질의, 헌의, 고소, 소원 등을 직접 접수하여 처리한다.

정답 32.④ 33.④ 34.② 35.③ 36.② 37.④

38. 치리 장로, 집사 직의 임기에 대하여 옳지 않은 것은?
   ① 만 70세 까지
   ② 7년에 1차씩 시무 투표할 수도 있다.
   ③ 시무 투표의 표결 수는 2/3를 요한다.
   ④ 시무 투표의 표결 수는 과반수를 요한다.

39. 강도사에 대하여 옳지 않은 것은?
   ① 강도사 고시는 총회가 신중히 하고 인허는 노회가 한다.
   ② 강도사 인허 후, 이전은 본 노회 허락을 얻어 다른 노회 지방에 이거하게 되면 이명 증서를 받아 그 노회에 드린다.
   ③ 강도사가 4년간 강도하는데 덕을 세우지 못하는 경우에는 노회가 결의에 의하여 인허를 취소할 수 있다.
   ④ 강도사는 노회에서 총회강도사고시에 합격하였으므로 총회의 허락 없이는 노회에서 인허를 취소할 수 없다.

40. 장로와 합력하여 치리권을 행사하는 목사의 직무에 관한 설명으로 옳지 않은 것은?
   ① 치리권이란 행정권과 권징권이며 장로와 함께 할 목사의 직무이다.
   ② 치리회 안에서는 목사와 장로가 동등한 권한을 가진다.
   ③ 미조직교회 시무목사도 당회권을 가지고 권징권까지 처리할 수 있다.
   ④ 치리회의 장은 목사이어야 한다.

41. 다음 중 원로목사의 연수에 맞는 것은?
   ① 목회 20년 이상 시무함
   ② 목회 25년 이상 시무함
   ③ 한 교회에서 20년 이상 시무함
   ④ 한 교회에서 25년 이상 시무함

42. 위임목사와 시무목사의 청빙은 공통적으로 어느 치리회의 허락을 받아야 하는가?
   ① 당회   ② 노회
   ③ 대회   ④ 총회

43. 목사 사면에 대한 설명으로 옳지 않은 것은?
   ① 위임목사도 사면할 수 있다.
   ② 목사가 노회에 사면원을 제출하면 노회는 교회대표를 청하여 사면 이유를 묻는다.
   ③ 목사가 본 교회에 대하여 어려운 사정이 있으면 사면원을 노회에 제출한다.
   ④ 노회는 사면원을 받으면 즉시 처리해야 한다.

정답 38.③ 39.④ 40.③ 41.③ 42.② 43.④

44. 회장의 직권이 아닌 것을 찾으시오.
   ① 가부 동수일 때 다시 투표한다.   ② 회의장의 질서를 지키게 한다.
   ③ 개회, 폐회를 주관한다.   ④ 회원으로 회칙을 지키게 한다.

45. 제직회 재정 처리에 옳지 않은 것은?
   ① 제직회는 공동의회에서 위임하는 금전을 처리한다.
   ② 구제와 경비에 관한 사건과 금전 출납은 모든 회에서 처리하며, 회계는 회의 결의에 의하여 금전을 출납한다.
   ③ 목사가 지시하면 언제든 할 수 있다.
   ④ 제직회는 매년 말 공동의회에 1년간 경과 상황과 일반수지 결산을 보고하며 익년도 교회 경비 예산을 편성 보고하여 회에 통과하며 회계는 장부의 검사를 받는다.

46. 총회의 언권회원에 해당하는 자는?
   ① 본 총회신학교 및 지방신학교 학장
   ② 본 총회의 증경총회장
   ③ 노회가 추천한 큰 교회 목사
   ④ 각 노회의 여전도회 회장

47. 총회 헌법에 정하고 있는 헌법에 들어 있지 않은 것은?
   ① 정치   ② 권징조례
   ③ 하이델베르크요리문답   ④ 대소요리문답

48. 총회 총대 자격이 아닌 것은?
   ① 총회 총대는 총회 전 정기노회에서 선택할 것인데 총회 개회 6개월 이상을 격하여 택하지 못한다.
   ② 새로 조직한 노회는 타노회에 장로로 선출할 수 있다.
   ③ 새로 조직한 노회 총대는 개회 후 임원 선거 전에 그 노회 설립 보고를 먼저 받고 총대로 허락한다.
   ④ 그 회에 속한 장로 회원으로 한다.

49. 다음 중 지교회 세례교인이 500명 이상 1,000명 미만인 경우 노회 장로 총대로 파송하는 수로 맞는 것은?
   ① 1명   ② 2명   ③ 3명   ④ 4명

50. 다음 중 53당회 수의 노회에서 총회에 파송할 수 있는 목사 및 장로의 각각의 수는?
   ① 5명   ② 7명   ③ 8명   ④ 9명

정답 44.① 45.③ 46.② 47.③ 48.② 49.③ 50.③

3. 2023 강도사고시 기출문제

조직신학

1. '교의학(조직신학)의 임무' 중 합당하지 않은 것은 무엇인가?
   ① 철학적 임무　② 교육적 임무　③ 전도적 임무　④ 변증적 임무

2. '참된 신학'이라고 볼 수 없는 것은 무엇인가?
   ① 위로부터 신학　② 이성 신학　③ 믿음 신학　④ 말씀 신학

3. 하나님이 직접 사람의 영혼과 교통하기 때문에 사람은 감정과 직관을 통하여 진리를 깨달을 수 있다는 신학 방법은 무엇인가?
   ① 종합-발생적 방법　　　　② 귀납적 방법
   ③ 초월론적 방법　　　　　④ 신비적 방법

4. 신학 방식에 있어서 신 의존 감정에 중심을 둔 학자는 누구인가?
   ① 칼 라너　　　　　　　　② 안드레아 오시안더
   ③ 프리드리히 슐라이마허　④ 칼 바르트

5. 일반계시에 대한 설명 중 적절하지 않은 것은 무엇인가?
   ① 일반계시는 하나님의 은총의 선물이다.
   ② 일반계시는 피조물과 사람 등을 통하여 나타난다.
   ③ 일반계시는 하나님이 모든 사람에게 알게 하는 사실이다.
   ④ 타락한 인류는 일반계시만으로 구원 지식을 얻을 수 있다.

6. 구속사적으로 '계시의 정점'은 어떤 사건을 지칭하는가?
   ① 6일의 창조　　　　　　② 출애굽 사건
   ③ 그리스도의 성육신과 십자가　④ 오순절 성령 강림

7. 하나님의 공유적 속성에 해당하지 않는 것은 무엇인가?
   ① 단일성　② 인격성　③ 영성　④ 거룩성

정답　1.①　2.②　3.④　4.③　5.④　6.③　7.①

8. 성부, 성자, 성령 세 위격의 본질이 동등하심을 나타내는 용어는 무엇인가?
   ① 유사본질　　② 동일본질　　③ 위격본질　　④ 상이본질

9. 삼위일체 교리를 확증한 공의회는 무엇인가?
   ① 325년 니케아 공의회　　② 381년 콘스탄티노플 공의회
   ③ 431년 에베소 공의회　　④ 451년 칼케돈 공의회

10. '필리오케'(Filioque) 교리를 확정한 공의회는 무엇인가?
    ① 325년 니케아 공의회　　② 431년 에베소 공의회
    ③ 451년 칼케돈 공의회　　④ 589년 제3차 톨레도 공의회

11. 아리우스주의의 역사적 발전과 관계가 없는 것은 무엇인가?
    ① 사벨리우스주의　　② 종속주의　　③ 소시니우스주의　　④ 유니테리안주의

12. 아리우스주의가 부인한 진리의 내용은 무엇인가?
    ① 성자의 인성　　② 성부의 본질
    ③ 성자의 신성　　④ 성령의 존재

13. 하나님의 섭리의 성질이 아닌 것은 무엇인가?
    ① 섭리의 범위에 있어 보편성
    ② 만물을 다스리는 주권성
    ③ 죄에 대한 허용성
    ④ 만물 통치에 대한 제한성

14. 자연법칙에 의한 하나님의 섭리는 무엇인가?
    ① 일반섭리　　② 통상섭리　　③ 특별섭리　　④ 비상섭리

15. 인간의 구조에 관한 성경적 이분설의 내용으로 올바른 것은 무엇인가?
    ① '영혼'과 '육체'는 한 실체의 두 측면이다.
    ② '영'과 '혼'은 영혼을 구성하는 두 실체이다.
    ③ 인간은 '영혼'과 '육체'라는 두 실체의 연합체이다.
    ④ 인간에게 '영혼'과 '육체'는 함께 있지만 서로 대립한다.

16. 영혼선재설에 관한 비판으로 올바르지 않은 것은 무엇인가?
    ① 개별 영혼의 기원이 각각 다르다고 보기 때문에 인류의 단일성이 성립될 수 없다.
    ② 모든 영혼은 창세전에 존재하거나 천지창조 때 창조되었다.
    ③ 성경은 영혼이 선재한다고 가르치지 않는다.
    ④ 육체를 경시하는 헬라 이원론에 기초한다.

정답　8.② 9.① 10.④ 11.① 12.③ 13.④ 14.② 15.③ 16.②

17. 죄의 본질에 관한 성경적 이해로 올바르지 않은 것은 무엇인가?
   ① 죄는 인간 본성의 부패에서 나왔다.
   ② 아담은 자유의지로 죄를 지어 타락했다.
   ③ 죄의 좌소는 행함이다.
   ④ 죄는 외적인 행위와 사악한 기질과 영혼의 사악한 상태를 포함한다.

18. 전적 무능에 관한 설명으로 올바르지 않은 것은 무엇인가?
   ① 하나님의 율법에 대한 인격적 순종을 할 수 없게 한다.
   ② 전적 무능에 대한 성경적 근거는 롬 8:7-8이다.
   ③ 하나님 보시기에 선을 행할 자는 없다.
   ④ 타락 이후 인간은 전혀 도덕적인 삶을 살 수 없음을 의미한다.

19. 자범죄에 대한 설명으로 맞지 않는 것은 무엇인가?
   ① 사람이 자기가 아는 바대로 자기 뜻대로 행하는 죄를 가리킨다.
   ② 모든 죄는 영원한 형벌을 받아 마땅하다.
   ③ 원죄가 자범죄의 근원이다.
   ④ 모르고 지은 죄나 고의로 지은 죄나 죄책은 같다.

20. 구속 언약(구원 협약)에 관한 설명으로 올바르지 않은 것은 무엇인가?
   ① 구속자는 성령 하나님으로 작정하였다.
   ② 신인 양성의 중보를 통한 대속의 구속 방식을 작정하였다.
   ③ 선택과 유기의 이중 예정을 작정하였다.
   ④ 삼위 하나님의 창세 전 내적 협약이다.

21. 은혜 언약에 관한 설명으로 올바른 것은 무엇인가?
   ① 첫 언약(행위 언약) 이후, 구약 시대의 모든 언약은 은혜 언약이다.
   ② 은혜 언약은 믿음을 조건으로 한 쌍무계약이다.
   ③ 은혜 언약 아래에 있는 하나님의 백성은 율법에 대해 자유하다.
   ④ 은혜 언약에서 하나님과 사람 사이의 중보자는 모세이다.

※ (22~25) 아래 보기에서 맞는 성구를 찾으시오.

   ① 고전 5:7   ② 벧전 3:18   ③ 히 8:6   ④ 고전 15:45

22. 그리스도가 "단번에 죄를 위하여 죽으사 의인으로서 불의한 자를 대신하셨으니"라고 말씀을 전하는 구절은 어디인가?

23. 그리스도를 "더 좋은 언약의 중보자"라고 칭하는 구절은 어디인가?

정답 17.③ 18.④ 19.④ 20.① 21.① 22.② 23.③

24. 그리스도가 "우리의 유월절 양"이심을 전하는 구절은 어디인가?

25. 부활하신 그리스도가 "살려주는 영"이 되심을 전하는 구절은 어디인가?

26. 교리사적으로 그리스도의 양성 교리를 확정한 공의회는 무엇인가?
    ① 325년 니케아 공의회
    ② 431년 에베소 공의회
    ③ 451년 칼케돈 공의회
    ④ 381년 콘스탄티노플 공의회

27. 초대교회 유대교 분파로서 그리스도의 신성을 부인한 이단은 무엇인가?
    ① 프락세아스와 사벨리우스 등의 양태론자들
    ② 에비온주의자들
    ③ 소시니우스주의자들
    ④ 아리우스주의자들

28. '그리스도 인성의 무죄성'에 대한 설명 중 그릇된 것은 무엇인가?
    ① 주님은 원죄에 속하나 자범죄는 짓지 않으셨다.
    ② 주님은 성령으로 잉태되셔서 거룩하지 아니하신 적이 없으시다.
    ③ 주님은 죄의 본성과 성향 및 죄행이 모두 없으시다.
    ④ 주님이 시험 받으심은 내적 유혹에 빠졌음이 아니라 외적 유혹 상태에 놓였음을 뜻한다.

29. 칭의와 성화의 관계를 설명한 것 중 잘못된 것은 무엇인가?
    ① 칭의가 성화의 시작이며 칭의로 성화가 결정된다.
    ② 칭의와 성화는 구별되지만 분리되지는 않는다.
    ③ 칭의는 하나님의 일이며, 성화는 사람의 일이다.
    ④ 칭의와 성화는 모두 믿음으로 주어지는 하나님의 은혜이다.

30. 중생의 성질을 잘못 설명한 것은 무엇인가?
    ① 전 인격이 새롭게 되는 근본적 변화이다.
    ② 초자연적이고 불가항력적인 변화이나 취소될 수 있다.
    ③ 비밀스러운 불가해한 변화이다.
    ④ 갑자기 주어지는 즉각적 변화이다.

31. 일반 은총의 효과와 거리가 먼 것은 무엇인가?
    ① 예수 그리스도를 구주로 고백하게 하심
    ② 죄를 억제함
    ③ 진리, 도덕, 종교 의식을 갖게 함
    ④ 자연적 혜택과 축복을 받게 함

정답 24.① 25.④ 26.③ 27.② 28.① 29.③ 30.② 31.①

32. 그리스도와의 연합의 근본 특성 중 '생기적(생동적)'에 해당하는 설명은 무엇인가?
   ① 그리스도의 영이신 성령의 내주로 인한 연합이다.
   ② 우리의 이해를 초월하나 때가 되어 그 성질이 드러나는 연합이다.
   ③ 그리스도와 연합한 각 성도는 서로 간에 한 몸을 형성한다.
   ④ 그리스도가 성도의 거듭난 생명과 거룩한 생활의 능력과 힘과 원리가 되신다.

33. 성도의 견인이 추론되는 교리적 내용과 거리가 먼 것은 무엇인가?
   ① 외적 소명
   ② 무조건적 선택
   ③ 은혜의 방편
   ④ 창세 전 삼위일체 하나님의 구원 협약

34. 구원 서정의 의미와 거리가 먼 것은 무엇인가?
   ① 그리스도의 대속의 의가 성령의 역사로서 성도에게 적용되는 질서다.
   ② 구원 서정은 성도가 은혜를 누리게 되는 신학적 순서로서 시간적으로 이루어지는 순서이다.
   ③ 구원 서정을 논함에 있어서 주관적 체험을 부각해서는 안 된다.
   ④ 주님과 하나가 되는 생명과 생활의 역동성을 제시한다.

35. 다음 중 회개의 특징으로 적절치 않은 것은 무엇인가?
   ① 하나님의 초자연적 사역이다.
   ② 하나님의 재창조적 행위로서 신분의 변화가 아닌 상태가 개선되는 것이다.
   ③ 내면의 의식적 변화와는 관계없는 구원 서정이다.
   ④ 중생이 잠재의식에서 이루어진다면, 회개는 각성의식에서 이루어진다.

36. 교회의 특성에 들지 않는 것은 무엇인가?
   ① 사도성　　② 보편성　　③ 유일성　　④ 가시성

37. 교회의 사도성에 대한 그릇된 견해는 무엇인가?
   ① 교회는 말씀을 가르치고 선포하신 그리스도의 지상 사역을 계속한다.
   ② 교회의 사도성은 인적 혹은 제도적 승계에 있다.
   ③ 교회는 가르치는 교회와 선포하는 교회로서 어머니 양육을 감당한다.
   ④ 교회의 사도성은 사도적 가르침의 계승에 있다.

38. 다음 중 감독 정체를 취하지 않는 교파는 어디인가?
   ① 초기 로마 가톨릭
   ② 감리교
   ③ 영국 성공회
   ④ 침례교

39. 교회에 부여된 메고 푸는 권세는 궁극적으로 무엇에 기초하고 있는가?
   ① 직분의 권위
   ② 은사의 능력
   ③ 말씀의 권세
   ④ 교회의 규정

[정답] 32.④ 33.① 34.② 35.③ 36.④ 37.② 38.④ 39.③

40. 성찬에 대한 로마 가톨릭의 화체설에 대한 설명으로 잘못된 것은 무엇인가?
    ① 표징과 제시된 의미 사이의 성례적 연합을 적절하게 설명한다.
    ② 성찬의 표징 자체에 구원의 능력인 은총이 내포되었다고 주장한다.
    ③ 사제의 축성으로 표징인 떡과 포도주가 그리스도의 살과 피로 변화를 일으킨다고 여긴다.
    ④ 주님이 '이다'라고 말씀하신 것을 '변한다'로 곡해한다.

41. 성례 집례자가 목사에 한정되는 이유는 무엇인가?
    ① 성례에는 목사의 중보가 필요하므로
    ② 성례에는 말씀 선포가 필히 수반되어야 하므로
    ③ 성례에 불성실한 자를 권징하기 위해서
    ④ 성례는 교회의 대표에 의해 거행되어야 하므로

42. 교회의 은혜의 방편 세 가지에 속하지 않는 것은 무엇인가?
    ① 말씀   ② 성례   ③ 봉사   ④ 기도

43. 그리스도의 재림 방식에 관한 설명으로 올바르지 않은 것은 무엇인가?
    ① 인격적 강림   ② 영적 강림   ③ 가시적 강림   ④ 갑작스러운 강림

44. 후천년설에 관한 설명으로 올바르지 않은 것은 무엇인가?
    ① 천년왕국이 있은 후에 그리스도가 재림한다.
    ② 그리스도가 재림하셔서 천년왕국을 다스리신다.
    ③ 그리스도의 영의 역사로 큰 부흥의 시대가 있다.
    ④ 큰 부흥의 시대 후에 그리스도가 재림하신다.

45. 성도의 죽음이 의미하는 바가 아닌 것은 무엇인가?
    ① 죽음에 관한 올바른 지식은 경건에 도움이 된다.
    ② 부활하신 그리스도를 통해 죽음 이후의 영화를 확신한다.
    ③ 성도는 죽음과 함께 부활을 묵상하고, 죽음을 생각한다.
    ④ 그리스도의 재림 때까지 영적 수면이다.

46. 새예루살렘에서 하나님이 함께 계셔서 눈물을 닦아주심을 말하는 성경 구절은 무엇인가?
    ① 계 19:3-4   ② 계 20:3-4   ③ 계 21:3-4   ④ 계 22:3-4

47. 중간 상태에 관한 설명으로 올바르지 않은 것은 무엇인가?
    ① 인간의 죽음과 부활 사이의 기간을 '중간기'라고 한다.
    ② 인간이 죽은 후에 불완전한 의식으로 존재하는 상태를 '중간상태'라고 한다.
    ③ 성도가 죽으면 그리스도와 함께 있다.
    ④ 성도가 죽으면 천국에 거한다.

정답 40.① 41.② 42.③ 43.② 44.② 45.④ 46.③ 47.②

48. 죄와 죽음의 관계에 관한 설명으로 올바르지 않은 것은 무엇인가?
    ① 죽음은 죄에 대한 형벌이다.
    ② 육체의 죽음은 영적 죽음의 결과이다.
    ③ 죽음은 죄로 말미암아 들어온 것이다.
    ④ 본래 인간은 의존적이고 유한한 존재였기에 죽음은 자연스러운 것이었다.

49. 그리스도의 재림에 관한 설명으로 올바른 것은 무엇인가?
    ① 재림의 때는 알 수 없으나 결국 그 날짜를 특정할 수 있게 된다.
    ② 성경은 재림 이전에 어떤 징조도 없음을 강조한다.
    ③ 그리스도의 재림은 단일하며, 공중 재림과 지상 재림의 이중 재림으로 나뉘지 않는다.
    ④ 재림의 목적은 성도들이 지상의 환난을 피할 수 있도록 휴거시키기 위함이다.

50. 의인의 최후의 상태에 관한 개혁파의 설명으로 올바르지 않은 것은 무엇인가?
    ① 의인이 받는 상급이 있다.
    ② 새 하늘과 새 땅은 현 창조의 갱신이 아니라 전적으로 새로운 창조이다.
    ③ 신자의 최종적 상태에 앞서 새 하늘과 새 땅의 새 창조가 있을 것이다.
    ④ 의인은 무궁하고 완전하며 가장 충만한 생명을 누릴 것이다.

정답 48.④ 49.③ 50.②

교회사

1. 사제사임권을 둘러싼 갈등의 결과로 1077년 발생한 카놋사의 굴욕사건으로 인한 교황과 황제의 관계를 올바르게 엮은 것은?
   ① 그레고리우스 7세 - 하인리히 4세
   ② 파스칼 3세 - 하인리히 4세
   ③ 그레고리우스 7세 - 니콜라우스 2세
   ④ 요한네스 12세 - 카를 1세

2. 시토 수도회 출신으로서 교황의 요청에 따라 서유럽 여러 국가를 순회하여 2차 십자군 원정을 독려했던 인물은?
   ① 쾰른의 부르노
   ② 클레르보의 베르나르두스
   ③ 아미엥의 피터
   ④ 생 빅터의 휴

3. 다음 중 중세 스콜라신학을 대표하는 인물들을 활동 순서대로 바르게 연결한 것은?
   ① 안셀름 - 롬바르두스 - 둔스 스코투스 - 아퀴나스
   ② 롬바르두스 - 안셀름 - 아퀴나스 - 둔스 스코투스
   ③ 안셀름 - 롬바르두스 - 아퀴나스 - 둔스 스코투스
   ④ 롬바르두스 - 안셀름 - 둔스 스코투스 - 아퀴나스

4. 다음 중 십자군 운동의 발생된 동기에 해당하지 않는 것은?
   ① 서방 기독교 국가들의 군사적 지원에 대한 동방 황제 알렉시우스 1세의 요청
   ② 이슬람 국가들이 보존하고 있던 고대 그리스 문화와 사상에 대한 호기심
   ③ 셀주크 투르크의 세력 확장에 대한 기독교 세계의 위기감
   ④ 성지 수복을 위한 전쟁에 동참함으로써 구원의 공로를 얻을 수 있다는 기대

5. 다음 중 십자군 운동에 대한 평가로 가장 부적합한 것은?
   ① 십자군 운동을 통해 교황의 세속적 지배력이 단기적으로 크게 강화될 수 있었다.
   ② 새로운 문화권과의 교류를 통해 중세 유럽 사회가 새로운 자극을 받았다.
   ③ 신앙적 동기뿐 아니라 세속적 동기도 크게 작용했다.
   ④ 팔레스타인 지역에 기독교 국가는 세워지지 못했다.

정답 1.① 2.② 3.③ 4.② 5.④

6. 다음 중 스콜라신학의 전성기인 13세기에 활동한 신학자가 아닌 인물은?
   ① 아벨라르두스
   ② 알렉산더 헤일즈
   ③ 보나벤투라
   ④ 토마스 아퀴나스

7. 다음 중 14세기부터 15세기에 걸쳐 그 이전 시대에 막강했던 로마 교황청의 세속적 지배력을 약화시킨 역사적 배경이라고 보기 가장 어려운 것은?
   ① 비잔틴 제국의 멸망
   ② 백년 전쟁
   ③ 로마 교황청의 독재
   ④ 흑사병의 창궐

8. 다음 중 콘스탄츠 공의회에 대한 설명으로 합당하지 않은 것은?
   ① 공의회의 권위가 교황의 권위에 우선함을 선언했다.
   ② 대립하는 교황들을 소환해 협의를 진행했다.
   ③ 교황청의 통합을 이끌어내는 것이 가장 중요한 과제였다.
   ④ 대립하던 세 명의 교황을 모두 폐위했다.

9. 다음 중 중세교회의 시대적 특징이 아닌 것은?
   ① 역사의 중심이 동방에서 서방으로 이동
   ② 십자군 운동
   ③ 수도원을 중심으로 종교적 부흥이 일어남
   ④ 기독교가 로마의 국교가 됨

10. 아래 문장과 같이 성경번역의 중요성을 강조한 인물은 누구인가?

    "조선 글과 조선 말이 진정한 의미로 고생한 사상을 담는 그릇이 됨은 성경의 번역이 시초일 것이요, 만일 후일에 조선 문학이 건설된다면 그 문학의 제1면에는 신구약의 번역이 기록될 것이다."

    ① 최남선
    ② 신채호
    ③ 최현배
    ④ 이광수

11. 한국 장로교회의 분열과 합동에 대한 연결이 잘못된 것은?
    ① 1953년 김재준이 대표하는 조선신학교의 신학문제로 시작된 갈등으로 기장 측이 분열해 나갔다.
    ② 1940년 4월 19일 승동교회 지하에서 설립된 조선신학교는 보수교단의 정체성을 확립하는 데 중요한 기여를 했다.
    ③ 1952년 한국장로교회에서 고려파가 분열해 나갔다.
    ④ 1959년에는 WCC 참여를 둘러싼 논쟁으로 인해 승동 측과 연동 측 사이에 총회가 분열되어 통합과 합동으로 분리되었다.

정답 6.① 7.③ 8.② 9.④ 10.④ 11.②

12. 1938년 9월 9일, 제27회 조선예수교장로교 총회에서 회장 홍택기가 불법으로 신사참배를 가결할 때 반대하였으나 일본 경찰의 진입으로 뜻을 이루지 못한 선교사들은?
    ① 마포삼열, 피득 ② 베어드, 모펫
    ③ 한부선, 배위량 ④ 테이트, 레이놀즈

13. 르네상스운동은 14세기에 이탈리아의 도시에서 발생하였다. 르네상스의 특징에 해당되지 않는 것은?
    ① 인간세계의 발견
    ② 하나님 중심사상이 쇠퇴하고 근대적 사고관에 접근
    ③ 고전문학의 재발견
    ④ 스콜라철학으로 인한 우주의 발견

14. 3세기까지 초대교회의 교리가 발전하게 된 동기와 무관한 것은?
    ① 교회가 급속도로 성장했다.
    ② 로마 제국 정부의 박해가 발생했다.
    ③ 헬레니즘의 사상적 도전에 직면했다.
    ④ 교회 고위 성직자들의 부패가 확산했다.

15. 초대교회 당시 존재했던 헬레니즘 사상에 해당하지 않는 것은?
    ① 스토아주의 ② 에피쿠로스주의 ③ 스콜라주의 ④ 신플라톤주의

16. 초대교회 시대 기독교에 대한 박해를 주도했던 황제로 볼 수 없는 인물은?
    ① 갈리에누스 ② 마르쿠스 아우렐리우스
    ③ 네로 ④ 도미티아누스

17. 카르타고 출신의 교부인 터툴리안에 대한 설명으로 올바르지 않은 것은?
    ① 헬레니즘 사상을 적극적으로 받아들여 기독교 신앙을 변증했다.
    ② 몬타누스주의에 빠져 정통교회를 벗어났다.
    ③ "한 본질인 세 위격"을 주장하여 삼위일체의 개념 정립에 기여했다.
    ④ "순교자들의 피는 교회의 씨앗이다"라고 주장하며 로마 제국의 박해에 대응했다.

18. 초대교회가 3세기 이전 이단 사상에 맞서 교회의 정통성을 옹호하려 했던 대응 방법이 아닌 것은?
    ① 정경의 확립 ② 신앙의 기준 사용 ③ 헬레니즘 사상 배격 ④ 사도적 계승 주장

19. 다음 중 성부, 성자, 성령의 삼위일체를 태양과 빛과 열의 유비를 통해 설명했던 양태론자는 누구인가?
    ① 아리우스 ② 아타나시우스 ③ 사벨리우스 ④ 사모사타의 바울

정답 12.③ 13.④ 14.④ 15.③ 16.① 17.① 18.③ 19.③

20. 다음 중 381년 콘스탄티노플 회의에 대한 설명으로 올바른 것은?
   ① 마케도니우스의 주장을 정통교리로 승인했다.
   ② 코르도바의 감독 호시우스가 의장직을 수행했다.
   ③ 아리우스의 주장을 반대하여 그리스도의 완전한 인성을 주장했다.
   ④ 아폴리나리우스의 기독론을 정죄했다.

21. 펠라기우스의 사상을 정죄한 교회 회의는 무엇인가?
   ① 325년 니케아 회의 ② 381년 콘스탄티노플 회의
   ③ 553년 콘스탄티노플 회의 ④ 431년 에베소 회의

22. 어거스틴의 신학적 주장과 가장 거리가 먼 것은?
   ① 불가항력적 은혜 ② 하나님의 조건적 선택
   ③ 원죄의 유전 ④ 인간의 전적인 타락

23. 기독교가 탄생했던 당시의 세계 상황이 아닌 것은?
   ① 스토아주의의 배격 ② 헬라문명의 확산
   ③ 로마 제국의 주변국 통일 ④ 소크라테스와 플라톤주의의 신봉

24. 종교개혁운동이 발생할 당시의 시대적 배경이 아닌 것은?
   ① 인쇄술의 발달 ② 군주들의 권력 강화
   ③ 스콜라신학에 대한 동경 ④ 면죄부 판매

25. 다음은 누구에 대한 설명인가?

   | 1. 1491년 출생 | 2. 에라스무스의 인문주의에 영향을 받음 |
   | 3. 재세례파와 치열한 투쟁을 벌임 | 4. 로마 가톨릭과 연합 모색 |

   ① 루터 ② 부써 ③ 쯔빙글리 ④ 칼빈

26. 다음은 무엇에 대한 설명인가?

   | 1. 중생과 이신칭의를 부정함 | 2. 삼위일체를 부정함 | 3. 유니테리안파로 발전함 |

   ① 소시누스 파 ② 재세례파 ③ 루터파 ④ 퀘이커교도

27. 다음은 무엇에 대한 설명인가?

   | 1. 장로교회 제도가 성경적임을 주장 |
   | 2. 칼빈주의 신학을 기초로 함 |
   | 3. 전체 25장으로 구성 |

   ① 제1치리서 ② 제2치리서
   ③ 웨스트민스터 신앙고백 ④ 스코틀랜드 신앙고백

정답 20.④ 21.④ 22.② 23.① 24.③ 25.② 26.① 27.④

28. 다음중 에라스무스의 작품은 무엇인가?
   ① 유토피아
   ② 기독교강요
   ③ 신앙의 주해(1531)
   ④ 의지의 자유에 대하여

29. 다음 중 트렌트 공회의에서 결정된 교령의 내용이라고 보기 어려운 주장은?
   ① 라틴어 번역 성경인 벌게이트가 교회의 가르침과 경건을 위한 표준판이다.
   ② 성경과 교회의 전통이 신앙과 신학에 있어 동등한 권위를 갖는다.
   ③ 외경 역시 성령으로 영감된 하나님의 계시이다.
   ④ 오직 교회만 성경의 참된 의미를 해석할 수 있는 권위를 갖는다.

30. 청교도 목사였던 로저 윌리엄스가 정교분리와 모든 신앙의 자유를 주장하면서 1636년 프로비던스를 중심으로 개척한 신대륙의 식민지는?
   ① 메사추세츠
   ② 로드 아일랜드
   ③ 코네티컷
   ④ 메릴랜드

31. 다음 중 1974년 스위스의 로잔에서 열린 제1차 세계복음화국제대회(The First International Congress on World Evangelization)에 대한 설명으로 올바르지 않은 것은?
   ① 개신교의 보수적이며 복음주의적인 성향을 대표한 회의였다.
   ② 비서구 기독교 대표자들을 포함해 150개국에서 2,700명의 대표자들이 참석했다.
   ③ 영국의 대표적 복음주의자인 존 스토트가 의장을 맡았다.
   ④ 복음전도와 더불어 교회의 사회적 책임에 대해서도 적극적인 입장을 표명했다.

32. 다음 중 보기와 관련이 있는 것은?

   | 1. 게오르그 블라우독   2. 유아세례 거부   3. 회중에 의한 교회 지도자 선출 |

   ① 재세례파   ② 루터파   ③ 독일경건주의   ④ 얀센주의

33. 아래에 제시된 인물들과 관련된 사건은 무엇인가?

   | 1. 올리버 크롬웰   2. 존 오웬   3. 존 플라벨 |

   ① 청교도 운동   ② 로욜라 예수회   ③ 독일 경건주의   ④ 르네상스운동

34. 다음 중 종교개혁 이전의 개혁자가 아닌 사람은?
   ① 기롤라모 사보나롤라
   ② 얀 후스
   ③ 존 위클리프
   ④ 에른스트 블로흐

정답 28.④ 29.③ 30.② 31.③ 32.① 33.① 34.④

35. 다음 중 마르틴 루터의 저서에 해당하지 않는 것은?
  ① 그리스도인의 자유
  ② 교회의 바벨론 포로
  ③ 독일 귀족들에게 고함
  ④ 성경의 명료성과 확실성

36. 웨스트민스터 회의가 신앙고백과 대소요리문답을 작성하는 과정에서 신학적 위험으로 간주해 대처했던 사상과 가장 거리가 먼 것은?
  ① 알미니우스주의
  ② 보편적 가설주의
  ③ 율법폐기론
  ④ 계몽주의

37. 독일 30년 전쟁(1618-1648)의 결과가 아닌 것은?
  ① 교황권력의 강화
  ② 합리주의의 발달
  ③ 이주와 이동의 자유로움
  ④ 농업과 상업의 발달

38. 웨스트민스터 신앙고백은 구체적인 신학적 진술과 더불어 신학적 체계를 논리적으로 잘 반영한 완성도 높은 구조를 보여준 수준 높은 문서였다. 다음 중 이 신앙고백의 주요 주제들의 목차로 바른 것은?
  ① 하나님과 삼위일체 - 창조 - 성경 - 하나님의 영원한 작정
  ② 성경 - 하나님과 삼위일체 - 하나님의 영원한 작정 - 창조
  ③ 성경 - 창조 - 하나님과 삼위일체 - 하나님의 영원한 작정
  ④ 하나님과 삼위일체 - 하나님의 영원한 작정 - 성경 - 창조

39. 도르트 신조의 다음 구절은 개혁신학의 어떤 주제를 강조하며 주장하기 위한 것인가?

> 성경은 우리를 택하신 영원하고 감당할 수 없는 은혜를 우리에게 알려주는데 특히 모든 사람이 선택된 것이 아니라 어떤 사람은 선택되지 않았음을 증거할 때 그렇다. 하나님께서는 그분의 영원한 선택 가운데서 어떤 사람은 간과하신다. 하나님께서는 자신의 심히 자유롭고 공의롭고 흠 없고 변함없는 선하신 기쁨 속에서 자신들의 죄로 인해 떨어져 버린 그들의 공통된 비참 가운데 그들을 그냥 버려두고 구원의 믿음과 회심의 은혜를 베풀지 않기로 작정하셨다.

  ① 전적인 타락
  ② 무조건적 선택
  ③ 성도의 견인
  ④ 불가항력적 은혜

정답 35.④ 36.④ 37.① 38.② 39.②

40. 다음 중 웨스트민스터 신앙고백의 칭의에 대한 설명에 합당한 주장은?
    ① 그리스도와 그의 의(義)를 받아들여 의지하는 신앙이 칭의의 부가적인 기구이다.
    ② 신앙은 다른 모든 구원하는 은혜들을 항상 동반할 필요가 없으므로 사랑으로 역사(役事)하는 믿음을 강조하는 것은 부당하다.
    ③ 그리스도께서 죄인들을 위해 죽으시고 그들의 의롭다 함을 위해 부활하셨을 때 하나님께서 택하신 모든 사람들은 칭의 되었다.
    ④ 칭의된 사람이라 할지라도 죄를 고백하여 용서를 빌고 그들의 신앙과 회개를 새롭게 하기까지는 하나님의 얼굴의 빛이 그들에게 회복되지 않을 수 있다.

41. 다음은 누구에 대한 설명인가?

    > 1. 독일 경건주의 영향을 받음   2. 영국부흥운동의 주역   3. 1703년 출생   4. 감리교운동

    ① 조지 휘필드   ② 요한 웨슬리
    ③ 윌리엄 위버포드   ④ 니콜라스 진첸도르프

42. 다음은 미국 제1차 대각성운동에 대한 설명이다. 보기 중 올바른 설명은 무엇인가?

    > 가. 조나단 에드워즈의 사역이 중요한 계기가 되었다.
    > 나. 영국에서 방문한 조지 휫필드의 순회 설교가 영향을 주었다.
    > 다. "부흥"을 추구하는 북아메리카 기독교의 특징이 형성되었다.
    > 라. 신비주의적 성격으로 인해 칼빈주의적 예정론이 약화되었다.
    > 마. 부흥운동의 결과로 몰몬교와 안식교와 같은 신흥 종교가 등장했다.

    ① 가, 나   ② 가, 나, 다
    ③ 가, 나, 다, 라   ④ 가, 나, 다, 라, 마

43. 다음 중 제롬에 대한 설명으로 잘못된 것은?
    ① 헬라 교부
    ② 수도원적인 생활
    ③ 활발한 저술 활동
    ④ 성경의 라틴어 번역본인 벌게이트 완성

44. 로버트 J. 토마스 선교사와 관련된 내용으로 올바르지 않은 것은?
    ① 1839년 9월 7일 웨일즈의 라야다(Rhyader, Radnoshire)에서 출생했다.
    ② 1863년 6월 4일 하노버교회에서 목사안수를 받았다.
    ③ 런던선교회 소속으로 중국에 도착하여 선교활동을 시작했다.
    ④ 한국에는 1866년에 한 번 내한하여 순교했다.

정답 40.④ 41.② 42.② 43.① 44.④

45. 다음 중 초기 한국 개신교 선교정책으로 볼 수 없는 것은?
① 네비우스 선교정책
② 배재학당을 비롯한 미션스쿨 정책
③ 광혜원을 시작으로 하는 의료정책
④ 성경번역 및 문서출판 제한정책

46. 다음 중 3.1운동 준비과정에 대한 내용으로 올바르지 않은 것은?
① 서울에서는 박희도 등 YMCA와 이갑성 등 남대문 세브란스 병원에서 준비하고 있었다.
② 천도교 측은 교주 손병희가 처음부터 주도적으로 독립만세운동을 준비하도록 했다.
③ 1919년 2월 상해교포 대표 선우혁 집사가 비밀리에 입국하여 선천 양전백 목사를 만났다.
④ 서북지역에서는 윤원삼 집사가 교사들을, 안세환 집사는 숭실대학 학생 이보식, 박형룡 등을 설득하여 찬동을 얻어냈다.

47. 르네상스 인문주의의 표어로서 "근원으로 돌아가기"를 의미하는 용어는?
① via media
② ad fontes
③ sursum corda
④ sola fide

48. 한국교회 분열에 대한 설명으로 가장 부적합한 것은?
① 장로교회 분열은 전적으로 교권을 둘러싼 정치적 갈등의 결과였다.
② 침례교회는 1959년 대전총회 측과 포항총회 측으로 나뉘었다가 1968년 4월 16일 양 교단은 합동총회를 열고 새 출발했다.
③ 성결교회는 ICCC 가입문제로 1961년 예수교대한성결교회(예성)과 기독교대한성결교회(기성) 측으로 분열했다.
④ 감리교는 해방 후 부흥파와 재건파로 갈등하였고, 1955년 호헌파가 분열되었지만 1978년 다시 하나가 되었다.

49. 개신교의 한국 선교의 특징이 아닌 것은?
① 하류층보다 상류층 선교를 먼저 했다.
② 선교사가 입국할 때 번역된 성경을 갖고 입국했다.
③ 의료와 교육선교를 먼저 했다.
④ 선교지를 분할해 체계적으로 선교했다.

50. 1906년 숭실전문학교는 어디에 세워졌는가?
① 개성
② 서울
③ 인천
④ 평양

정답 45.④ 46.② 47.② 48.① 49.① 50.④

헌법정치

1. 장로교회의 특징이 아닌 것은?
   ① 지교회 교인들이 장로를 선택하여 당회를 조직한다.
   ② 당회로 치리권을 행사하게 하는 주권이 교인에게 있다.
   ③ 당회는 치리장로와 목사인 강도의 두반으로 조직한다.
   ④ 각개 지교회가 자유로 하는 정치이다.

2. 장로회 정치의 원리에 대한 설명으로 옳지 않은 것은?
   ① 양심대로 판단할 권리가 있는데 누구든지 침해하지 못한다.
   ② 국가는 각 종교의 종교적 기관을 안전 보장한다.
   ③ 교회의 덕을 세우기 위해서 교회 정치의 일체 조직을 임의로 설정할 자유권이 있다.
   ④ 신앙과 행위는 연락하고 나누지 못할 것이다.

3. 감독정치와 정반대되는 정치제도로 교회 구성원인 회중 개개인의 자율성을 강조하며 독립교회 등이 택하는 정치제도는?
   ① 조합정치   ② 장로정치
   ③ 자유정치   ④ 감독정치

4. 개인적으로는 당회에, 직무상으로는 노회의 관리 아래 있는 직원에 해당하는 것은?
   ① 전도사   ② 목사   ③ 강도사   ④ 장로

5. 강도사 고시 과목이 아닌 것은?
   ① 조직신학   ② 교회사   ③ 일반상식   ④ 구두

6. 제직회 조직 중 회원이 아닌 것은?
   ① 은퇴장로   ② 권사   ③ 집사   ④ 지교회 당회원

7. 제직회의의 재정 처리에 관한 규정 설명으로 옳은 것은?
   ① 회계는 반드시 재정부장의 결재를 받아야 출납할 수 있다.
   ② 제직회는 공동의회에서 위임하는 금전을 처리한다.
   ③ 제직회가 결의하면 공동의회의 위임과 상관없이 재정을 집행할 수 있다.
   ④ 구제와 경비에 관한 금전출납은 당회장이 결정하고 재정을 집행한다.

정답 1.④ 2.③ 3.③ 4.③ 5.③ 6.① 7.②

8. 장로교 정치에서 치리회가 아닌 것은 무엇인가?
   ① 당회
   ② 시찰회
   ③ 노회
   ④ 총회

9. 다음 중 장로에 관한 원심권을 가진 치리회는 어느 치리회인가?
   ① 당회
   ② 노회
   ③ 시찰회
   ④ 총회

10. 다음 중 치리회의 성질과 관할에 관한 설명으로 옳지 않은 것은?
    ① 각 교회 각 치리회는 치리의 범위에 따라 등급이 있다.
    ② 각 치리회의 회원은 목사와 장로뿐이므로 권한은 동등하다.
    ③ 각 회는 다 노회적 성질이 있다.
    ④ 각 치리회는 등급이 있으니 상회의 회원일수록 권한이 많고 지위가 높다.

11. 다음 중 각 치리회의 노회적 성질에 관한 설명으로 옳은 것은?
    ① 각 치리회 회원은 목사와 장로뿐이지만 치리회의 등급에 따라 권한이 달라진다.
    ② 각 치리회의 관할 범위가 넓고 좁은 차이에 따라 각급 치리회의 권한이 다르다.
    ③ 다투는 일이 신령한 문제로서 신성유지와 질서 유지권을 지닌 것이 노회적이다.
    ④ 장로회 정치의 중심치리회는 목사와 교인으로 구성되는 공동의회이다.

12. 교회 직원의 선거권에 관한 내용이 아닌 것은?
    ① 교회직원의 성격
    ② 교회직원의 권한
    ③ 교회직원의 자격
    ④ 교회직원의 신앙

13. 다음 중 치리권에 대한 설명으로 옳지 않은 것은?
    ① 당회에 있다.
    ② 노회에 있다.
    ③ 총회에 있다.
    ④ 당회장에 있다.

14. 다음 중 교회 직원의 자격에 관한 설명으로 옳은 것은?
    ① 원리에 의지하여, 교회가 선정하되, 1년 이상 출석한 자가 된다.
    ② 장로의 자격은 반드시 안수 받은 집사 중에 한다.
    ③ 교회의 도리와 헌법을 완전히 신복하는 자를 직원으로 선택하도록 규칙을 제정해야 한다.
    ④ 어느 회에서든지 그 직원을 선거하는 권한은 그 회에 있다.

15. 교회의 구별에 대한 설명으로 맞지 않은 것은?
    ① 유형교회와 무형한 교회이다.
    ② 무형한 교회의 교인은 하나님만 아신다.
    ③ 유형한 교회는 온 세계에 흩어져 있는 교회다.
    ④ 무형교회나 유형교회가 따로 없다.

정답 8.② 9.① 10.④ 11.③ 12.④ 13.④ 14.③ 15.④

16. 제직회의 정기회는 1년 몇 회 이상으로 정하는 것이 편한가?
    ① 2회   ② 4회   ③ 1회   ④ 3회

17. 제직회의 조직 대상이 아닌 직분은 무엇인가?
    ① 담임목사   ② 집사   ③ 권사   ④ 원로장로

18. 총회 총대는 총회 전 정기노회에서 선택할 것인데 총회 개회 몇 개월 이상을 격하여 선택하지 못한다고 했는가?
    ① 3개월   ② 1개월   ③ 1년   ④ 6개월

19. 총회 언권회원이 아닌 것은?
    ① 본 총회 파송으로 외국에서 선교하는 선교사
    ② 파견증서만 가지고 와서 본 총회 산하에서 선교에 종사하는 외국 선교사
    ③ 본 총회 기관에서 종사하는 목사
    ④ 본 총회 증경총회장과 증경장로부총회장

20. 연합제직회의 직무에 관한 규정 설명으로 옳지 않은 것은?
    ① 지방 내 교회 치리권   ② 합동재정처리
    ③ 주일학교 기독교 교육에 관한 사업 ④ 전도 및 교회 부흥에 관한 사업

21. 각 회의에서 회장의 직권에 관한 설명으로 옳지 않은 것은?
    ① 회장은 개회와 폐회를 주관한다.
    ② 회장은 회의 질서를 유지할 수 없는 경우에 비상정회를 선언할 수 있다.
    ③ 회장이 날인한 등본은 각 치리회에서 원본과 같이 인정한다.
    ④ 가부 동수인 경우에는 회장이 결정한다.

22. 다음 중 서기의 임무가 아닌 것을 찾으시오.
    ① 회중 의사 진행을 자세히 기록
    ② 회록의 어떤 부분에 대해 등본을 청구하면 회의 허락없이 등본해 준다.
    ③ 일체의 문부서류를 보관
    ④ 서기가 날인한 등본은 원본과 같이 인정한다.

23. 다음 중 장로회 치리회의 3심제에 대한 설명으로 옳은 것은?
    ① 치리회를 단계적으로 조직하여 동일한 사건을 한곳에서만 종결하게 하지 않고 상급치리회로 하여금 재심하도록 하여 신중을 기하는 제도이다.
    ② 각 치리회는 고유한 특권이 있는데 순서대로 상회의 감시를 받는 것은 옳지 않다.
    ③ 헌법에 네 단계의 치리회가 있으니 4심제가 헌법정신이다.
    ④ 목사에 관한 사건은 노회, 대회, 총회가 언제든지 처리할 수 있는 것이 3심제이다.

정답 16.② 17.④ 18.④ 19.③ 20.① 21.③ 22.② 23.①

24. 다음 중 각 치리회의 고유한 특권과 상회와의 관계에 관한 설명으로 옳은 것은?
   ① 당회: 어느 교회 교인이든 치리할 수 있는 원치리권이 있다.
   ② 노회: 지교회를 설립, 분립, 합병, 폐지하며 목사와 장로를 다스리는 원치리권이 있다.
   ③ 대회: 당회와 노회의 판결에 대한 공소 및 상고를 수리 처결하고 교회의 도리나 헌법에 관계되는 일이 아니면 대회가 최종심이 된다.
   ④ 총회: 헌법을 제정하거나 해석하는 전권이 있으며 도리를 해석하며 하회에서 제출하는 헌의와 청원과 상고와 소원과 문의와 위탁판결을 접수 처리한다.

25. 각 지교회에 대한 설명으로 옳은 것은?
   ① 예수를 믿는다고 공언하는 자들과 그 자녀들이 교회헌법에 복종하며 시간을 정하고 공동예배를 회집하면 이를 지교회라고 한다.
   ② 지교회란 누구나 예배당에 모여서 예배하면 지교회라 한다.
   ③ 목사는 노회 결의 없이도 언제든지 자유로이 지교회를 설립할 수 있다.
   ④ 지교회란 시찰회의 허락으로 교인들이 15인 이상 모여 예배하면 지교회라 한다.

26. 다음 중 교회 신설에 관한 설명으로 틀린 것은?
   ① 장년 신자가 15명이어야 한다.
   ② 당회와 공동의회의 결의로 노회의 허락을 받아야 한다.
   ③ 예배처소가 준비되고 교회 유지 방침이 서야 한다.
   ④ 인근 교회와의 거리나 주변 가호 수까지 살펴서 노회가 설립을 허락한다.

27. 교회의 항존직의 설명이 잘못된 것은 무엇인가?
   ① 강도와 치리를 겸한 자를 목사라 말한다.
   ② 치리만 하는 자를 장로라 하고 이는 교인의 대표자이다.
   ③ 여성도 중에 만 45세 이상을 권사라고 하는데 심방을 담당한다.
   ④ 항존직의 시무 연한은 만 70세로 한다.

28. 다음 중 목사의 원심치리회는 어디인가?
   ① 공동의회   ② 노회
   ③ 당회   ④ 총회

29. 다음 중 치리회의 회장에 대한 설명으로 옳지 않은 것은?
   ① 당회장은 교회의 대표자로 담임목사가 된다.
   ② 본 교회 목사가 그 노회에 속한 목사 1인을 청하여 대리회장이 되게 할 수 있다.
   ③ 교회의 형편상 장로가 당회장이 될 수 있다.
   ④ 교회에 목사가 없으면 교회가 목사를 청빙할 때까지 노회가 당회장 될 사람을 파송한다.

정답 24.④ 25.① 26.② 27.③ 28.② 29.③

30. 당회의 직무에 해당하지 않는 것은?
   ① 각종 헌금을 수집할 날짜와 방침을 작정한다.
   ② 교회의 신령적 유익을 도모하며 각 기관을 감독한다.
   ③ 목사가 없을 때 노회의 지도로 다른 목사를 청하여 강도와 성례를 시행한다.
   ④ 총회에 파송할 총대를 선정하여 청원한다.

31. 다음 중 공동의회 회원이 아닌 자는?
   ① 수찬정지 중인 시무장로
   ② 만 45세의 여자 권사
   ③ 만 18세의 남자 세례교인
   ④ 만 20세의 무흠입교인

32. 다음 중 당회 결의로 공동의회를 소집할 요건이 아닌 것은?
   ① 상회의 명령이 있을 때
   ② 무흠입교인 과반 수 이상의 청원이 있을 때
   ③ 당회가 필요로 인정할 때
   ④ 제직회의 청원이 있을 때

33. 시무목사가 신체 섭양이나 신학 연구나 기타 사정으로 본 교회를 떠나게 되는 경우 1년을 경과하면 어떻게 되는가?
   ① 권고사면
   ② 자유사직
   ③ 권고사직
   ④ 위임해제

34. 다음 중 조직교회가 36개인 노회가 총회에 목사, 장로 총대를 각 몇 명 파송하나요?
   ① 3명
   ② 4명
   ③ 5명
   ④ 6명

35. 다음 중 선교사의 자격이 아닌 것은?
   ① 총신대학교 신학대학원 졸업자
   ② 총회에서 실시한 강도사 고시 합격한 자
   ③ GMS에서 실시한 선교훈련을 수료한 자
   ④ 만 30세 이상인 자

36. 외국 선교사를 설명한 것 중 옳지 않은 것은?
   ① 파견증서를 받고 시무하는 선교사는 대한예수교장로회 율례를 꼭 준행할 의무는 없다.
   ② 외국 선교사는 본 총회에서 정한 서약서에 서명을 해야 한다.
   ③ 외국 선교사는 본 총회와 관계가 있는 선교사이다.
   ④ 파견증서만 받은 선교사는 투표권은 없으나 언권은 있다.

정답 30.④ 31.① 32.② 33.④ 34.③ 35.④ 36.①

37. 다음 중 목사의 전임승인권은 어디에 있는가?
    ① 당회　　　② 총회　　　③ 노회　　　④ 공동의회

38. 다음 중 세례교인이 600명인 교회는 노회에 장로 총대를 몇 명 파송하나요?
    ① 1명　　　② 2명　　　③ 3명　　　④ 4명

39. 다음 중 준직원에 대한 설명이 아닌 것은?
    ① 강도사는 당회의 추천에 의하여 총회의 고시로 노회에서 강도할 인허를 받는다.
    ② 목사후보생은 목사직을 희망하는 자로 노회에서 자격 심사를 받는다.
    ③ 강도사와 목사후보생은 개인으로는 그 당회 관리 아래 있다.
    ④ 군종목사는 노회에서 파송하여 군인교회에 담임이 된다.

40. 다음 중 목사의 자격이 아닌 것은?
    ① 학식이 풍부하여야 한다.
    ② 신앙이 진실한 자
    ③ 존경 받는 자로 만 30세 이상인 자
    ④ 모든 행위가 복음에 합당해야 한다.

41. 다음 중 목사의 직무에 대한 설명이 잘못된 것은?
    ① 당회의 감독 아래서 지교회를 관리한다.
    ② 양무리된 교인을 위하여 기도하는 일을 한다.
    ③ 교우를 심방하는 일을 한다.
    ④ 장로와 협력하여 치리권을 행사하는 일을 한다.

42. 미조직교회에서 3년간 시무 만기된 목사는 다시 노회에 몇 년 더 승낙을 받을 수 있는가?
    ① 1년간　　　② 2년간　　　③ 3년간　　　④ 5년간

43. 치리장로에 대한 설명으로 옳은 것은?
    ① 치리장로는 교회에 항상 있어야 하는 직분은 아니다.
    ② 치리장로는 목사와 협력하여 지교회를 치리한다.
    ③ 치리장로는 당회에서 선출하여, 반드시 안수를 받아야 한다.
    ④ 치리장로는 종신토록 그 신분이 유지되는 종신직이다.

44. 다음 중 집사직에 대한 설명이 잘못된 것은?
    ① 집사는 치리권은 없으나 당회에 참석하여 언권을 행사할 수 있다.
    ② 집사직은 목사 장로와 합력하여 빈핍 곤궁한 자를 권고한다.
    ③ 환자와 갇힌 자와 과부와 고아와 모든 환난 당한 자를 위로한다.
    ④ 교회에서 수금한 구제비와 일반재정을 수납 지출한다.

정답　37.③　38.③　39.④　40.③　41.①　42.③　43.②　44.①

45. 당회의 회집에 관한 설명으로 옳지 않은 것은?
    ① 당회는 1년 1회 이상을 정기회로 회집한다.
    ② 본 교회 목사가 필요한 줄로 인정할 때 회집할 수 있다.
    ③ 장로가 청원하면 회집한다.
    ④ 상회의 명령이 있을 때 회집한다.

46. 특별한 경우에 당회의 결의로 본 교회 목사가 그 노회 속한 목사 1인을 청하는 당회장은?
    ① 당회장   ② 대리당회장
    ③ 임시당회장   ④ 제직회장

47. 노회가 개회할 수 있는 성수에 대한 설명으로 옳은 것은?
    ① 목사, 장로회원 과반수의 출석으로 개회한다.
    ② 목사, 총대 장로 출석인원이 6인 이상이면 개회한다.
    ③ 목사와 총대 장로 각 3인 이상으로 출석인원이 6인 이상이면 개회한다.
    ④ 전체 출석이 과반수가 되면 장로가 1인이어도 개회한다.

48. 장로가 노회의 회원권을 갖게 되는 것과 무관한 것은?
    ① 총대 천서는 노회 서기에게 한다.
    ② 장로는 천서를 받아야 노회의 회원권을 가질 수 있다.
    ③ 천서가 접수되어도 서기가 호명하기 전에는 회원권이 없다.
    ④ 천서가 없는 장로는 노회의 언권회원이 된다.

49. 다음 중 노회가 접수하여 처리할 수 있는 안건이 아닌 것은?
    ① 상소와 소원, 고소와 문의와 위탁판결을 접수처리한다.
    ② 정회원이 노회원이 제출한 안건은 처리할 수 있다.
    ③ 노회는 각 당회에서 규칙대로 제출하는 헌의와 청원을 접수 처리한다.
    ④ 재판권은 노회의 결의로 권징조례에 의하여 재판국에 위임 처리하게 할 수 있다.

50. 임시노회가 처리할 수 있는 안건에 대한 설명으로 옳은 것은?
    ① 임시노회는 긴급을 요하는 안건을 처리하기 위한 것이므로 임원회가 결정하여 통지한 대로 소집하면 처리할 수 있다.
    ② 각 회원에게 10일 선기하여 통지하고 통지서에 기재한 안건만 결의할 수 있다.
    ③ 소집청원서에 없는 안건도 본 회가 만장일치로 결정하면 처리할 수 있다.
    ④ 출석 회원 만장일치로 긴급한 안건은 처리할 수 있다.

정답 45.③ 46.② 47.③ 48.④ 49.② 50.②

총회 강도사고시 문제집(최신개정판)

발   행 : 대한예수교장로회총회
편   집 : 대한예수교장로회총회 고시부
제   작 : 대한예수교장로회총회 출판부

초 판 감 수 : 김상현 목사(106회)
개 정 편 집 : 108회 고시부장 나기철 목사
위원(임원) : 박철수 목사, 윤영민 목사
개 정 위 원 : (총신) 윤종훈 교수, 윤형철 교수
개정판 감수위원 : (칼빈)김지호 교수, (대신)최대해 총장, (광신)박성수 교수

초 판 발 행 : 2021년 3월 18일
개 정 1판 : 2023년 2월 3일
개 정 2판 : 2024년 3월 20일

주   소 : 서울특별시 강남구 영동대로 330 l www.gapck.org
전   화 : 02) 559-5655   팩스 : 02) 6940-9384
인터넷 서점 : www.holyonebook.com
출판등록 : 제1977-000003호
ISBN : 979-11-93071-61-8

ⓒ 2021, 대한예수교장로회총회
※ 이 출판물은 저작권법에 의해 보호를 받는 저작물이므로 무단 전재와 복제,
내용 및 형식을 변형하여 사용하는 것을 금합니다.

여호와여 주의 도를 내게 가르치소서
내가 주의 진리에 행하오리니
일심으로 주의 이름을 경외하게 하소서
- 시86:11 -